复旦哲学·中国哲学丛书

东亚朱子学新探

中日韩朱子学的传承与创新

上册

吴震 主编

创于1897

商务印书馆
The Commercial Press

图书在版编目(CIP)数据

东亚朱子学新探：中日韩朱子学的传承与创新：全
二册/吴震主编.—北京：商务印书馆，2020
（复旦哲学·中国哲学丛书）
ISBN 978 - 7 - 100 - 18945 - 3

Ⅰ.①东…　Ⅱ.①吴…　Ⅲ.①朱熹(1130－1200)-
哲学思想-研究-中国②朱熹(1130－1200)-哲学思想-
研究-日本③朱熹(1130－1200)-哲学思想-研究-韩国
Ⅳ.①B244.75

中国版本图书馆 CIP 数据核字(2020)第 152201 号

东亚朱子学新探

中日韩朱子学的传承与创新

吴　震　主编

———————————————————

商 务 印 书 馆 出 版
（北京王府井大街36号　邮政编码100710）
商 务 印 书 馆 发 行
上海新艺印刷有限公司印刷
ISBN 978 - 7 - 100 - 18945 - 3

———————————————————

2020 年 11 月第 1 版　　　开本 710×1000　1/16
2020 年 11 月第 1 次印刷　印张 63.25
定价：260.00 元

谨以本书纪念朱子诞辰 890 周年

鸣　谢

本书为国家社会科学基金重点项目"日韩朱子学的传承与创新"（13AZD024）结项成果

本书得到复旦大学哲学学院资助

目　录

导论：东亚朱子学研究的回顾与反省

吴　震（复旦大学）

这部《东亚朱子学新探——中日韩朱子学的传承与创新》是 2013 年度国家社会科学基金重点项目"日韩朱子学的传承与创新"的结项成果。此次整理，共分四篇结构，所收论文三十七篇。

四篇结构如下：一、"东亚儒学与中国朱子学"；二、"日本朱子学的传承与创新"；三、"韩国朱子学的传承与创新"；四、"比较研究与回顾综述"。最后附有两篇"附录"，对近十年来日韩学界的最新研究成果进行了简要的介绍，它们分别是《近十年来日本朱子学研究著述简目》和《近十年来韩国朱子学研究著述简目》。下面，就本书各章的内容及其旨趣从几个方面做若干提要式的解说。当然，任何解说和介绍都难免挂一漏万，望识者鉴之。

一　以"东亚"为视域的中日韩儒学研究

在进入第一篇"东亚儒学与中国朱子学"的内容介绍之前，首先，须郑重指出的是，我向来有一个固执的看法，以为若就"性之所近"作为选择学术研究的一个取向标准，那么，对我而言，"通史"类的学术研究及其撰述方法便立即被排除在我的选项之外；当然，这个想法纯属个人的一种学术取向之偏好，而无意指责"通史"著作的学术性价值。在当今国际学术界，常听闻一种声音：以为人文领域中的历史研究需要打破"一国史"或"民族史"的学术视野，以"世界史"的眼光来改变各国各民族的历史叙述。但在我看来,这并不意味着在不远的将来,便会诞生一部严格学术意义上的《世界史》或《东亚史》。或许有人会问,早在20世纪,不是已有《西方哲学史》或《东方哲学史》之类的鸿篇巨制问世了吗?为什么不能在东亚儒学研究领域,编撰一部《东亚哲学史》或《东亚儒学史》《东亚思想史》呢?倘若真有一天,编写此类通史著作的"天时地利人和"等各种条件已经完全成熟,我倒是非常愿意"乐观其成"的,而我目前不愿看到的是,将"中国儒学史""日本儒学史""韩国儒学史"做一番特殊的加工,便拼凑起一部所谓的《东亚儒学史》。套用一句中国古话,"是不为也,非不能也",尽管这句话的本意在于强调"能"比"为"更重要,然而我们却反其意而用之,强调在当前大量科研资金的灌注下,要编一部《东亚儒学史》或许并不难做到,但在我看来,却大可不必有此"作为"。

为什么呢?因为说实话,我们对何为"东亚"这一概念仍有诸多学术问题至今没有弄清楚,它究竟是一个"实体"性的概念,还是一个"方法"的概念?究竟是一个纯学术的文化概念,还是一个伴随诸多地缘政治因素的政治地域概念?对此,国际学界仍有不少的争议。请看本书的第一篇所收的第一章**《东亚儒学的特殊性与普遍性》**、第二章**《东亚儒学的视野与方法论》**以及第三章**《东亚儒学研究的再思考》**三篇文章,便可对此问题的复杂性有一个初步的了解。

客观而言,根据近十年来东亚儒学研究的经验,"东亚"是一个有待澄清的概念,至少它不是一个"实体"性概念,从地域疆界的存在角度讲,东亚与其说是一个"实体"存在,还不如说是一种史学的概念预设,因为从理论上说,任何"实体"必由其结构性和同一性作为条件,故"实体"一旦形成,便意味着有一个所指确定的对象,并附带着某种"非我族类其心必异"的排他性;同样的道理,所谓"世界史"中的"世界"也不是"实体"概念,我们不可想象存在一种作为实体而存在的所谓结构同一的"世界";归根结底,所谓"世界史",主要具有方法论的意义,是审视"世界"各民族文化历史发展的一种视角,我们无法在史学意义上建构一部真正的《东亚史》或《东亚儒学史》。

我们对于"东亚儒学"的一个基本思考是:东亚既不是经纬度分明的、可以准确测量的单纯地理空间概念,也不是帝国时代的充塞地缘政治纷争气息的政治地缘学概念,而是指具有跨文化特征的"文化东亚"概念,其内部带有地域性多元民族文化的特征，故并不存在某种单一的同一结构；而"文化东亚"之所以具有"跨文化特征"，因为，"文化东亚"不是一个封闭系统而具有阐释的开放性，在文化东亚的内部存在各种不同文化传统的差异性。

例如日本文化与朝鲜文化、越南文化显然并不一致，而中国文化也有不同于东亚各地域文化的特质，所以，即便在"文化东亚"的内部也存在"跨文化"之特征，因而也就使得东亚儒学具有内在的可比较性，而不至于只有东亚儒学与西方哲学之间才可进行外在的比较。正是在此意义上，"文化东亚"可以作为一种视角或方法，来审视其中各种不同文化的差异性、多元性特征，而不必试图建构井然有序、谱系一致的所谓《东亚史》。同样，在"东亚"的历史文化中所存在的儒家思想也不会是单调一元的，而必然呈现出异彩缤纷的图景。因此，在我们所设想的"东亚朱子学"研究计划中，首先想到的便是在某些方面要敢于"不为"——例如建构一部所谓的《东亚朱子学思想史》。

本书第一篇首先对于何为"东亚儒学"以及"东亚儒学"何以必要又如何可能等问题展开了学理性的深入探讨，有助于我们进一步了解东亚儒学领域的研究对象、方法、目标等问题。毋庸讳言，我们之所以在本书之首，便来探讨"东亚儒学"这一问题，理由在于为我们今后进一步开展东亚朱子学研究提供一种可资参照的思路。这几篇论文所表达的核心观点是：东亚儒学既是一种地方性知识，同时又不受"东亚"地域的局限，可以超越东亚各国历史上的"政治认同"与"国家认同"纠缠不清的框架，打破前近代或近代帝国时期的"中心一元论"的自我设限，将东亚儒学视作"文化认同"的"东亚儒学"，从东亚各国的历史文化的具体差异性当中，认取儒学作为一套文化价值系统所应具有的普遍性价值，例如"仁心""王道"与"仁政"等一套儒学理念便应当是东亚儒家学者共同追求的"精神原乡"（黄俊杰语，参见第二章《东亚儒学的视野与方法论》）。

在第三章《东亚儒学研究的再思考》一文中，蔡振丰立足于宽阔的视域，对东亚儒学研究之所以可能与必要的问题，做出了整体性的思考和反省，深刻指出东亚儒学研究不是为了与西方或非东亚国家进行抗争的某种"对抗化"或"政治化"的论述，为此就有必要走出"对抗"思维影响下的历史观，而将东亚儒学的研究定位为一种文化的研究，摆脱或受政治摆布或企图影响政治的妄想；为实现这一点，重要的是，有必要将东亚儒学研究走过的历程置于"全球化"的背景中来认真省思其中的经验与得失,以纠正这样一种严重的误解:以为台湾学界近年来的东亚儒学研究是以"去中国化"为取向的一种学术动向。

将"去中国化"与台湾学界的东亚儒学研究关联起来,原本是出自澳大利亚学者梅约翰(John Makeham)带有几分猜想的说法,并没有任何真凭实据可以坐实此说,然而由于我在第一章《东亚儒学的特殊性与普遍性》一文对此有所引用,不期然引起了学界一部分人的注意。其实在我看来,台湾地区东亚儒学研究所采取的"去中心化""去一元论"的立场态度是值得赞赏的。因为在台湾学界,大凡从事东亚儒学研究者,他们所反对的是包括台湾在内的中国一元论或中国中心论,如同他们也坚决反对西方中心论一样,这是因为在21世纪全球化已成不可逆转之势的当下,任何试图回到帝国时代或冷战时期的文化一元论、政治单极主义或意识形态一体化都将是一条死胡同。东亚儒学研究之所以自20世纪90年代初悄然兴起,直至今日已蔚为一股潮流,便与上述时代大背景密切相关。

要之,东亚儒学的一个基本预设是:"去中心化"或"去一元论";具体而言,此说盖指打破"中华文化中心论"或"中华文化一元论"。毋庸置疑,在当今全球化时代,如同"西方中心论"不再有任何学术市场一样,"中国中心论"也不会再度引起国人的自我陶醉。然而,倘若由大陆学界挑头呼唤"东亚儒学"的研究,便有可能在暗地里借助近年来中国经济的"崛起",欲在文化领域重建帝国时代的"中华文化中心论",而台湾学界于21世纪初花费巨大的科研资金,投入到"东亚儒学"研究新领域,无疑是为中国"崛起"背书,是企图在"东亚文化圈"这一主题之下,重建"中华帝国的话语"(子安宣邦语,参见本书第一章)。这些批评显然过于苛刻,不免杞人忧天,错会了从事东亚儒学研究的一大批中国(包括台湾)学者的良苦用心。

不过,子安宣邦不仅对台湾学界有严肃批评,其对中国大陆学界以及日本学界的批评也同样严厉,归根结底,他所深感忧虑的是,东亚儒学研究有可能再度使"东亚"实体化、"中华"一元化,因此有必要彻底打破这种实体化或一元化的任何企图。在他看来,任何现代性的中心主义、实体主义、本质主义都必须解构;而在东亚儒学研究过程中,首先须预设"作为方法的东亚"这一立场。然而如上所述,作为跨文化的"文化东亚"之本身并非"实体"存在,而只具有方法论的功能性意义，这是从事东亚儒学研究者大多能达至的一项共识。

若借用当今中国学界的一句套话来表述，那么，可以说东亚儒学研究正是为了使儒学走向"国际化"而必须迈出的第一步，东亚朱子学研究领域的开辟更是对儒学研究的进一步深化与拓展。最后我愿意以蔡振丰的乐观说法为知音，他指出：东亚儒学研究可以带来文化"革新"的力量，不仅可以改变儒学的生存环境，更能为儒学的未来发展提供助力；只是需要注意文化的"革新"与"创造"还有"间文化性"所导致的文化"混血状态"的"交错"现象，这是东亚内部各不同文化得以"存活、成长的重要因素"，故应格外重视。这些重要论断无疑在今后东亚儒学研究中值得引起深思。

二　将中国朱子学置于东亚儒学的视域

然而，"去中心化"的论调一旦走向极端，如同一时兴起的"解构主义"哲学一旦偏离正轨，便会掉入某种文化相对主义的窠臼当中。为什么呢？因为，任何文化作为一种人文现象，其中必内含价值体系，而在人文价值的系统当中，也必存在某种普遍性的核心价值，对此，凡是从事儒学研究者大致不会表示过激的反对。只是这种普遍性价值不会处在一种自我封闭、停滞静止的状态之中，它会随着历史文化的发展而发生转移变化乃至创新发展。

举例来说，孔孟时代原创的儒学思想体系中所含有的核心价值，随着先秦、汉唐、宋明等时代的历史变迁，早已越出了山东半岛的地域范围，而在全域性发挥重要的广泛影响，其内涵也必发生某些与时俱进的损益现象，即便像"仁"这一核心价值观念，到了宋明新儒学的时代，通过一番哲学的重新诠释，显然注入了更丰富的哲学内涵；再如，若就横向看，12 世纪在中国产生的朱子学，到了 13 世纪末传入朝鲜之后，经朝鲜本土化的转向，形成了独具特色的朝鲜朱子学（以下改称当今流行的韩国朱子学），而且在随后的几个世纪里，经过朝鲜性理学家的理论阐发，极大地丰富了朱子学的理论内涵，导致朱子学的中心也发生了相应的转移，由原本产地福建的朱子学，转化出朝鲜"安东"李退溪为首的韩国朱子学，只是中国本土学者在当时不可能自觉地意识到这一点，正是通过后世"东亚儒学"研究的历史追溯，这一中心转移现象才慢慢被揭示了出来。

可见，所谓"文化中心"并非固定不变，而是随着历史的变化而发生相应的变化，此可称为"多元中心论"（陈来语）。

但须注意的是，"多元中心论"内含两层彼此相关的内涵：一方面"中心"有"多元"的发展可能性，另一方面"多元"并不排斥"中心"的存在，所以，中心与多元在人类文化发展史上往往是积极互动的。只不过"中心"之类的概念，经过当今"解构主义"的洗礼，似乎已显落伍而常遭批判。然而人类思想文化史上的"多元一体论"发展则是不用否认的事实，而这一点也正符合中国朱子学有关"理一分殊"的思想智慧。所谓"多元一体"，即指在"多元"中可寻求一体的承诺和肯定，又指在"一体"中承认多元的存在和意义。由此，多元与一体并存不悖而不至于陷入互相二元对抗的窠臼之中。

在东亚儒学研究领域提倡"多元中心论"和"多元一体论"，旨在强调东亚儒学研究不应片面追求儒家文化在东亚的"去中心化"，而忽视儒学作为人文主义传统的价值在东亚文化发展过程中具有"一体"性的历史意义。尤其是当我们关注儒学在"东亚"的历史存在，儒家文化的多样化发展，亦可促进我们了解儒学的人文价值在东亚地域文化中又有哪些调适转化，而这正是本项目研究努力追求的目标，更是今后推动这项研究的意义之所在。

然而当今的研究有一种偏向却值得注意，即把中国本土的儒学置之度外而单纯地考察日本、韩国或越南等地的儒学历史，仿佛在东亚儒学研究过程中，一旦搬出中国儒学便会自陷于"中心对边陲""一元对多元"的紧张对立中，似乎就会被人质疑是否存在这样一种"潜在的动机"：欲以中国儒学为判教设准，由此衡断日韩等国的儒学思想的是非得失。于是乎，总觉得在东亚儒学研究领域，例如研究日本朱子学或研究韩国朱子学，不宜置入中国朱子学的视域中，以此便可获得日韩朱子学的真实面相或独立意义。这种自外于中国的日本研究或韩国研究的姿态和取向并不可取。

为什么呢？理由很简单，倘若我们不以"中心对边陲"这类"意识形态化"的学术框架来自我设限，采取更为开放多元的研究姿态，那么，以中国"原生态"的朱子学为审视坐标，去考察经本土化转向或思想再生产而形成的日韩朱子学亦未为不可；反过来说，假设对于"原发"朱子学缺乏一定的知识储备或理论素养，而欲了解清楚日韩朱子学究竟在义理上有何重大的理论推进，便几乎是不可能之事，而且这种缺乏比较视野的研究也必将偏离东亚儒学的研究方向，因为东亚儒学研究从其学术本性看，跨文化比较研究的问题意识必内在于自身的研究过程之中。我觉得20世纪80年代中国大陆有少数学者开始涉足东亚儒学研究（如张立文和陈来）便是基于中国哲学的立场，故其研究视域就非常开阔，20世纪90年代在台湾地区兴起东亚儒学研究之际，大多数学者的出身原本都是中国哲学，故他们对日韩儒学的考察便很有理论深度，从学术质量看，相比于此前留学日韩之后而从事日韩儒学研究的前辈学者更显示出创造性发展，原因就在于，立足中国以审视东亚或立足日韩以反观中国已成为东亚儒学跨文化研究的重要方法。

毋庸讳言，本书第一篇之所以设定"中国朱子学"便是基于上述理由。只是作为项目研究有其自身的重点所在，由于本论集的重点在于日韩朱子学，故在择取"中国朱子学"的选题之际，便有轻重缓急之考量，其篇幅自然不能过于庞大以免喧宾夺主。故有关"中国朱子学"的讨论仅有五章，以下仅列篇名而不一一介绍，它们是：《朱子仁学思想》《朱子工夫论思想》《朱子与"德性之知"》《朱子的"慎独"思想》以及《朱子的"气论"思想》。

以上各章分别就朱子的仁学思想、格物诚意的工夫论思想、有关德性之知的思考、有关"慎独"工夫论的重建以及朱子气学论述等问题展开了集中的理论性探讨，提出了一些独到的新见解。我们相信这些研究正代表了朱子学研究领域的新成就，其研究思路显然超越了以往偏重于宇宙论、心性论、人生论、理气论等问题框架的设定，而是就朱子哲学内部的某些关键问题为导向，对此进行了深入而富有创见的理论阐发。至于具体论点在各章已有详尽阐发，这里不必花费过多的笔墨来介绍，下面我们仅举一例以窥一斑。

例如，"仁"无疑是儒家思想的重要观念以及核心价值，是孔子开创儒学的一项最为重要的理论贡献，也是儒学之所以为儒学的理论关键。然而及至宋代二程在重建道学话语的过程中，竟然发现《论语》《孟子》及《中庸》有关"仁者爱人""仁者人也"的各种表述无一是对"仁"概念所下的定义语而只不过是有关何为"仁者"的描述语，以至于要从哲学上重新思考和定义"仁"字，颇令二程犯难，发出了"仁至难言""仁道难名"的感叹，并试图以"仁性爱情"说、"以公言仁"说、"一体之仁"说等观点视角来重新诠释"仁"的思想含义；而自觉继承程颐思想的朱子更是断定在孔孟之后二程之前"学者全不知有仁字",而且认为孔子《论语》言"仁"均是"指示语"而非定义语,因此,他要在二程思想的基础上,对"仁"做一番重新诠释的工作,在其中年"中和新悟"之后,便开始与湖湘学者展开了一场有关"仁学"的激烈辩论,最终诉诸文字,撰成《仁说》一文,以为儒家仁学的宗旨定调。然而关于朱子的仁学思想,学界向来以为《仁说》中的"心之德,爱之理"六字便是朱子仁学思想的核心旨意,特别是由于其中使用了"理"字,于是,后世学者便以为这是将儒家"仁"字做了一番抽象化的解释,遂致儒家贴近人伦的"仁学"思想最终落入玄虚之境,殊不知朱子仁学更有丰富的哲学内涵。例如第四章《朱子仁学思想》通过深入的文本解读,揭示出朱子的"仁学四句"①才是其仁学思想的整体意涵,抽离了其中的任何一句,便有可能导致对朱子仁学思想的理解发生偏差。而朱子仁学思想在日韩朱子学的理论建构中究竟有何传承或转化,更是我们颇感兴味的一项课题。

最后,须强调指出的是,我们设定"中国朱子学"的目的在于,以此作为进一步考察日韩朱子学的出发点,而不是以此作为裁断日韩朱子学的判教设准。因为,日韩朱子学的理论开展虽不能游离于朱子学之外,然又不必受中国本土朱子学的思想局限;相反,经过日韩本土文化的转化,朱子学在异域的发展便会展露出异彩纷呈的景象,开发出朱子学理论的发展前景。这正是东亚儒学研究的学术魅力所在。但是正如上述,我们固不必在"去中心化"的前提下,将中国儒学自外于东亚儒学之外,而应当首先坦然面对中国儒学的问题本身,以儒学为立足点,才能更好地获取对东亚儒学的整体性、系统性的全面认知与价值肯定。

三 江户日本朱子学与反朱子学的交错

第二篇是关于"日本朱子学的传承与创新"。朱子学大致在镰仓时代

---

① "仁者天地生物之心也";"仁者人之所以为人之理也";"仁者心之德爱之理";"仁者人之所以尽性至命之枢要也"。须提及的是,拙文《朱子仁学思想》最初在 2015 年复旦大学主办的"东亚朱子学国际学术研讨会——日韩朱子学的传承与创新"会议上宣读之际,中山大学陈立胜教授提示道:朱子的这四句话可归纳为"仁学四句"。笔者欣然接受,并表示感谢!

（1185—1333）中叶便开始了东传日本的进程，最初由京都禅林五山的僧侣作为诵习中国古文之用，于朱子学之义理并无多大的兴趣，朱子思想在社会上开始广受关注并得以流行，则在 17 世纪以后德川幕府的江户时代（1603—1868），又称日本近世时代。

一般认为，日本朱子学的开山祖师是藤原惺窝，据说他的思想经历了脱佛入儒的转变，在 17 世纪初拜见德川家康之时，竟身着儒服衣冠以示对儒学的身份认同，这一行为对日本近世思想史具有重要的象征意义，意味着以朱子学为核心的儒家思想在德川日本的正式出场。但是，藤原的思想并非是"原教旨"主义的朱子学，而是具有糅合中国儒学与日本神道——即近世日本思想史上所谓的"神道一致"之倾向，本书所收第九章《近世日本的朱子学与反朱子学》一章便明确指出惺窝"并非纯粹的朱子学者"，其思想甚至有儒释道三教合流之趋向，故藤原对朱子学有何理论上的新拓展，似不宜过度诠释。不过，他的门下弟子辈出，特别是大弟子林罗山深受幕府赏识，被委以"大学头"（日本最高学府的负责人）的重任，而这一重要官职此后一直由林家代代世袭，标志着朱子学以官学的身份长期在德川时代占据重要的地位。可是，林罗山虽以传授朱子学为自身的职业，然而就其思想来看，他对朱子学的义理是否有正确的理解，却不断受到后人的质疑。

可见，朱子学在日本扬帆启程并不一帆风顺。然而在以往的很长一段时期（如近代日本以来），人们大多以为朱子学才是地地道道的德川幕府的政治意识形态，在政教等领域发挥着一统江湖的巨大作用，例如著有《日本政治思想史》这部名著的丸山真男便坚持此说。当然，始作俑者有可能要算在井上哲次郎的头上，他在 1903 年出版的"汉学三部曲"之一的《日本朱子学派之哲学》早已为此定下了基调，编纂出一部看似谱系有致、脉络清楚的所谓日本近世朱子派的学术思想史。然而，谱系排列过于整齐的学术史，往往会有明显的人为雕琢痕迹。随着 20 世纪 90 年代"后丸山"时代的到来，近代以来上述这种所谓的主流观点开始不断受到挑战，认为朱子学包括儒学在整个江户时代，从未享受过官方政治意识形态的待遇，德川时代在政治文化领域独占鳌头的与其说是儒教（日本学界惯用的说法，意指儒学教化体系而非指宗教），还不如说是神道教和佛教，神佛两教才是德川政治意识形态乃至精神领域的重要支柱，并在日本社会各层有着强烈的渗透力，至于儒学则在日本社会可能只是作为一种知识教化在社会治理方面发挥有限的作用，而朱子学在18世纪江户时代中期便日渐式微，取而代之的却是古学派、国学派或折衷派、考证派的纷纷崛起，尽管在各藩的藩校（各地藩主国的官方学校）中，朱子学仍然占有一定的地位，然而从藩校的教育历史看，朱子学只是其中的一部分知识来源而非全部，呈现出经史子集等多元多样的知识传播状态。

之所以如此，其根本的原因在于德川幕府是一特殊的依靠武力建构起来的封建国家体制，是由全国三百多个藩国支撑起来的由武士阶层组成权力机构的政权形态，在这种体制性的形态之下，需要的是武士对藩主的绝对忠诚以及藩主对最高统治者德川将军的绝对忠诚，而儒家知识对武士而言，并不是他们社会地位的必要保证，因为德川政权推行的是武士世袭制，不需要另外设计一套科举制度来保证其地方官员的来源可以滚滚不断；换言之，德川政权不需要借助科举制向社会平民开放，这就决定了德川政府在文化政策上对儒学特别是对儒士的社会定位是不明确的，他们在精神信仰领域依赖于佛教和本土宗教，在文化知识领域、社会治理方面则借助于儒家的一套道德观念，甚至在德川政府以及各藩主国还有儒官职位的设定，但儒家知识人却没有一套根本的制度保障可以让他们进入政权中枢发挥决定性的影响力。所以生活在17世纪末18世纪初的一心一意想要恢复中国古制的荻生徂徕虽然十分欣赏日本社会的封建制要比汉以后中国的郡县制更能保持古圣的传统，但他在晚年却不得不深深叹息：在"一切武断"的幕府体制下，儒官只能起到"陪臣"的作用，"于史之外"并无任何真正的决策力，这恐怕是整个德川时代的一般现象而非徂徕一人的牢骚而已。①

这就说明，几乎在整个德川时代，儒家学说在社会上始终处在十分尴尬的地位，因为甚至连严格意义上的儒家士人阶层在江户时代也并未得以真正形成，所以德川政府实行的文教政策其实是非常宽松的，他们允许多元的外来思想同时竞争，而并不担心这些思想学说会转化为反对幕府的意识形态。《近世日

---

① 根据渡边浩的研究，在日本历史上直接参与幕府朝政的"儒者"唯有四人，而在德川朝则只有两人而已（参见氏著：《近世日本社會と宋學》，东京：东京大学出版会，1985年，第186页）。

本的朱子学与反朱子学》一章颇为敏锐地指出，就在与林罗山大致相同的时代
（17世纪中期），反朱子学的思潮已经暗中涌动，呈现各方较劲的态势。这意味
着在日本近世时代朱子学发轫之初，江户官、学两界并未出现朱子学一边倒的
现象，相反，当时的思想风气毋宁是朱子学与反朱子学的两股势力处在同时并
进或同生共灭的交错状态。这是令人颇感兴味的江户日本的思想现象。

例如与林罗山在东京（时称"江户"）主导官学几乎同时，京都出身的古学
派代表人物伊藤仁斋便已经揭竿而起，开始了一场批判朱子学的思想运动。更
饶有兴味的是，几乎与此同时，"原教旨主义"的朱子学者山崎闇斋开创的崎门
派也正在推动另一场朱子学的"思想运动"（土田健次郎语）；再者，属于同一
时期的以朱子学信奉者面貌现世的贝原益轩却在晚年奋笔直书《大疑录》，不仅
公开倒向反朱子学的阵营，而且对反朱前辈的仁斋学也不无微词，以为其批判
的准星还有待调整。此可见，德川早期的思想"交错"、学派"缠斗"的现象非
常严重，此一现象正预示着德川儒学的命运只能沿着"非意识形态化"的走向
直至终点。但从事情的反面看，这一思想走向却也预示着德川儒学在不受中韩
两国科举制的影响下、在并无庞大儒家士人社群的背景下，却能保持自身的思
想活力以免受国家政教体制的束缚，并在不断的思想论辩过程中[1]，逐步形塑
出近世日本思想的开放性格。而这种对各种思想资源都可拿来就用的所谓"挪
用"主义（余英时语）的开放性极有可能便是明治维新之后，日本能坦然接受西
学的奥秘所在。

话说回来。根据山崎后学蟹养斋对仁斋等反朱子学的考察，认为在江户初
期首揭反朱之大旗者乃是山鹿素行，他是兵学家出身，立论有点古怪，而仁斋
踵其后，却喜欢夸耀自己一得之见，"以为复古，古学之称于是乎立焉"。这就
告诉我们一个重要信息：原来，反朱子学者是以"复古"为口号的，而且是以
"古学"为标榜的。那么，何谓"复古"呢？就是要回归孔孟时代，恢复孔孟经
典原本之"古义"。这场复古运动在此后江户时代中期蔚为大观，包括前文提到
的荻生徂徕更是其中的一员干将，然而他们甘愿抛弃当时走在时代最前列的以

---

[1] 可参见今井淳、小泽富夫编：《日本思想論争史》（东京：ぺりかん社，1979年；中译本有王新生等译，北京：北京大学出版社，2014年）；小岛康敬：《徂徠學と反徂徠學》（东京：ぺりかん社，1987年）等。

朱子学为代表的儒家新理论（宋明理学），却梦想回到中国先秦孔孟的时代，其中的深层原因究竟何在，令人深思。

若以一种"后见之明"的立场观之，质言之，德川儒者缺乏形上学的理论兴趣，对于朱子每每理气二元对立的观念，抬出"理"字以贬抑"气"，使得灵动活泼的"生气"常被气息奄奄的"死理"（仁斋、徂徕批判朱子学的惯用语）所压抑，感到愤愤不平。因此，对于德川儒者而言，"气之妙用"更受青睐，而"理之森然"却令人生厌，在他们看来，"理在气先"的那套形上学设定，不仅是一种玄虚空洞之论，更是与人伦日常等经验事实不符的"颠倒之说"（仁斋语："倒说"）。根据古学派对儒家原典的解读经验，"道者"无非就是"人伦日用当行之路"而已，孔孟所谓"道者"也无非都是"举人道而论之"（仁斋语）的一套切合人伦生活的言说；由于人是由元气所构成，故道就不能脱离元气之生生而言。原典儒家的那种切合伦常的道德精神，被朱子学抽象化为一套天理学说，这在仁斋看来，不仅荒唐更不合"古义"（以上参见第十一章**《仁斋学的"反朱子学"思想建构》**以及第十二章**《徂徕学对朱子形上学的颠覆》**）。

看来，"古义"成了仁斋学的一个绝对标准，他坚信《论语》《孟子》中的"古义"不但客观存在，而且通过解读可以重新"恢复"，进而便可彻底颠覆朱子形上学。这与清代乾嘉考据学派相信通过文字训诂的手法便可重新恢复经典本义的想法看似颇为相类，以致近代日本学界有戴震之书乃抄袭伊藤仁斋而来的说法（尽管此说已被证明是查无实据的猜测），有学者还特地撰写《戴东原与伊藤仁斋》一文以澄清这段历史的误会①，这里也就不必赘述。

事实上，古学派或许没有意识到他们在进行这项恢复"古义"的工作中存在一个巨大的悖论：即"古义"须是客观存在而容不得任何主观见解的掺杂，始能保证"古义"的客观性；然而任何对于"古义"的所谓客观再现，都不可避免地须经后人的主观解释始能成立。因而，一方面，"古义"的客观性容不得主观解释，一方面，恢复"古义"又须经过主观解释。这就令人难以适从。究竟"古义"之恢复完全不需要后人的解释是否可能？答案是否定的。因为经典一旦产生，其中的"本义"（接近仁斋学所谓的"古义"）就不能脱离读者的理解，而经

---

① 参见余英时：《戴震与章学诚》，北京：生活·读书·新知三联书店，2000 年。

典本义的追寻者，其本身便必然是读者，倘若将经典与读者分离开来，那么，经典本义即便客观存在于经典本身，它也将会变得毫无意义，使人根本无从知晓更无法去呈现经典本义。

因此究极而言，经典本义离不开读者，正是因为有了读者才能使经典本义得以呈现，从这个角度说，经典本义归根结底是人所发现的。于是，人与经典的关系便值得思考。这种"关系"其实就是经典与人的互动过程，进言之，也就是人对经典的释读过程、理解过程乃至诠释过程。套用阳明心学著名的"南镇观花"的案例来说，离开了人的解读过程，经典本义便与人的存在"同归于寂"，一旦人与经典发生解释上的接触，经典本义乃至意义便"一时明朗起来"——便在人的心中得以彰显。这说明客观存在的"古义"须经由主观的解读才能重现。

由此以观，难怪在另一位古文辞学派（亦称古学派）的开创人物荻生徂徕看来，仁斋学孜孜以求的所谓"古义"仍不免落入意见的窠臼，他洞见到仁斋学对经典古义的恢复工作已掺杂了主观解释的因素，因而在许多方面误解了经典古义。为避免重蹈覆辙，他提出了"以古言征古义"的方法论原则，甚至提出了"以汉语会（引者按，领会）汉语"的基础读书法，以为利用日本的那套训诂方法（他称之为"和训"）必导致对汉文的严重误解。他认为打下了"以汉语会汉语"的坚实基础，从而"始得为中华人"，然后读起中国经典"经史子集"来，便能"势如破竹"，于是就能达到"最上乘"之境界。

然而，正如第十二章《徂徕学对朱子形上学的颠覆》所指出的那样，徂徕学的问题可能比仁斋学更为严重。因为就在"以古言征古义"这一方法论的促使下，使得徂徕反对"以今言视古言"的用力过猛，反而走向"以古言视今言"的另一极端，他欲通过这种方法以求复归原典、重现孔子之道，实质上，在他对古典的理解过程中有着非常浓厚的个人解释的价值判断，未必如其自信的那样，其解释完全与"圣经本意"吻合无间。更重要的是，他视"古言"具有超历史的神秘魔力，以为可以恢复孟子之前的所有儒家经典（不包括思孟学派的著作在内）的古义，却对《论语》中的某些词语在做出判断此为"古语"、彼为"古义"的时候，并未详细列出文献证据，他所依据的往往是自己阅读的经验直觉；他还断言不必读汉以后书，当然宋明理学书就更不必读，这就必将造成对古今文化的历史性连续的切割,其结果便会走向另一极端:历史虚无主义。

固然,我们今天已不必信从丸山真男的大胆判断:徂徕学经由颠覆德川官方意识形态的朱子学,从而表明古学派思想隐含着日本近代思维的内发因素。因为这个判断不免倒果为因,朱子学从未成为德川政治意识形态,何来朱子学被推翻便迎来了近代新曙光之说? 但是,我们切不可低估徂徕学所具有的思想影响以及历史意义,其历史意义也许并不取决于徂徕念兹在兹的古道、古学、古礼的三项重建工作是否获得了真正的成功——毋宁说,没有一项重建工作得以真正完成;而在于他对自然与人为、政治与道德的连续性这一朱子学思维的两重切割,加速推动了外来中国儒学向日本本土化儒学的转化进程,并使德川思想在此后的发展过程中展现出各种理论发展的可能性和多样性;而其思想影响还表现在他敢于反对一切:在历史观上反进步、反成长,在经济上反城市化、反市场经济,在政治上反自由、反平等、反启蒙、反民主(渡边浩语)[1],这些"反近代性"的思想因素也正是其思想魅力之所在。尽管徂徕学≠近代化,这一点已经是毋庸置疑的了。

第二篇"日本朱子学的传承与创新"还有不少精彩的章节,对于我们从整体上了解江户时代日本朱子学有重要参考价值,以下再稍举几例。例如第十章**《仁斋学的"天人合一"论》**深入探讨了仁斋学"天人合一"的思想,颇有创见。作者一反以往学界历来以为仁斋学力主天道与人道必须分离的观点立场,相反,他认为仁斋学正是通过对"天人合一"的独到理解和重新定义,进而将"天人合一"转化为一种实践命题,认为"天"的世界就是"人伦世界"而不是权力阶层独占的"政治世界",因而平民大众也足以成为人伦世界的实践主体,参与到"天人合一"的社会共建实践当中。仁斋学的这一思想面相无疑表明,日本儒学很善于将中国儒学的某些理论命题转化为日常生活的一般知识,一方面反映了日本儒学不喜形上学之类的玄谈与思辨,另一方面也凸显出日本儒学注重知识的实用性转化这一特征。

上面提到与伊藤仁斋几乎同时的山崎闇斋的朱子学,属原教旨主义朱子学,一方面他恪守朱子学的原则原理,主张"述而不作";另一方面,他又经过

---

[1]　参见渡边浩:《近世日本社会と宋学》,第197页。

长期的苦心经营，隐秘地将神道密义掺进朱子学的教义当中，遂将朱子学转化为与日本垂加神道相结合的日本朱子学，故他所开创的崎门朱子学也就成为最富有本土色彩的日本化朱子学，而不同于那些古学派只是竭力反朱，却并未能建构出日本朱子学。崎门学对后世具有深远影响，至今不绝，特别是在近代日本帝国时期，崎门学与水户学受到官方的特别青睐，原因在于这两派的学问（尤其是后期崎门学和后期水户学）被认为是最接近日本国粹的特殊学问，其思想对于维护日本特殊"国体"（以天皇制为核心的日本国家政体）尤有贡献。

第十五章《崎门学的"智藏"论》则关注崎门学的独家密义——"智藏"说，根据本文的观察，"智藏"一说虽源自朱子，然而在中韩两国朱子学的发展史上，却从未引起重视，元明以后的中国朱子学者基本上未对"智藏"说有任何关注，然而日本崎门学却将此视作朱子学的一项重要理论，并对此展开了独特的诠释，构成了崎门学的思想特色，也是崎门学的一大奥义。

比方说，如果我们乍看山崎的这首诗，或许会如坠五里雾中："仁智交际间，万化同出自，虽孔朱后生，不过启此秘。"要解开此诗的"秘密"，还得从朱子说起。朱子晚年65岁所作《玉山讲义》首次提出"智藏"说，后在《答陈器之·问玉山讲义书》的书信中对此有进一步的说明。概而言之，"智"为仁义礼智之"智"，"藏"为包藏、伏藏、收敛、翕聚等义；朱子认为，仁为生生义，智为收藏义，若用比喻的说法，两者则分别代表一始一终、一头一尾，仁意味着万物的发生和开始，相当于春夏秋冬的"春"、元亨利贞的"元"；智意味着万物的收敛和结束，相当于春夏秋冬的"冬"、元亨利贞的"贞"。但是，"智"的重要性在于，正如易学所说的"贞下起元"，"智"既指万物收敛、翕聚，同时又蕴含着万物复苏的内在契机，故"智藏"既意味着结束又意味着开始；换言之，既意味着仁义礼的成就又意味着仁义礼的重启这一双重含义。

山崎闇斋所谓"仁智交际间，万化同出自"的命题所欲表明的就是上述这层意思，这句诗盖从朱子"仁智交际之间，乃万化之机轴"（《答陈器之》）一语转化而来，是对天地造化、四时流行、万物生长发育及其发展过程的一种描述。看似无甚奥秘可言，然在山崎看来，自孔子、朱子之后，儒学思想的奥秘却尽在于此。故他同会津藩主保科正之一起合编了《玉山讲义附录》，竭力将《朱子文集》《朱子语类》等有关"智藏"问题的资料搜罗殆尽。崎门三杰之一的三宅尚斋则撰述《智藏说》《智藏论笔札》两书，不仅阐发山崎师说，而且网罗中国儒学方面的资料，甚至将同门佐藤直方、浅见䌹斋有关"智藏"的见解也收录其中，成为崎门派的一部秘藏。

根据崎门派对"智藏"说的重新解释，他们对朱子的"仁包四德"说不甚关注，反而特别重视朱子"智藏四德"说（《朱子语类》卷五十三）的思想意义，并加以特别的理论发挥，认为仁义礼智中的"智"才是贯穿四德的根本性存在。理由呢？他们运用日语的思维来加以表达：例如"智"是"理ノイキタモノ"（理之活者）、甚至就是"理ノナリ"（理之本身），而作为"智"之"理"，它具有日文的"アハレ（aware）"（表现）的情感能力，"ヒビク"（响应）、"応ス"（回应）的自然功能，甚至具有"キラリ"（闪耀）的生命能量。假设这个世界上没有了"智"，那么，不仅仁义礼无法得以充分发挥自身的功能，甚至"理"也就变成了毫无生息的"死理"。之所以说万化生机在于"智"而万物奥秘亦在于"智"的理由就在于此。于是，智被提升至理的高度被重新审视。然而重要的是，在崎门朱子学的理论构造中，"理"却并不完全等同于朱子哲学中的所以当然之故的那个形上之"理"，而是涵指宇宙万物生化不息、充满动力而又"神妙不可思议"的一种"存在"能量。

由此可见，崎门派"智藏说"已经对朱子学做了一番重要的转化，成为日本化朱子学特别是崎门朱子学的一个重要理念，同时也不妨说是日本儒者对朱子学的一种理论拓展。根据19世纪日本维新期的儒者楠本端山的说法，"智藏说"历来为中国元明诸儒所忽略，而崎门朱子学将此发扬光大。这是符合实际的历史描述，尽管对此究竟应做出怎样的理论评估，则可另当别论。

在日本朱子学研究领域，另有一项重要议题有待发覆，即日本儒教的礼仪问题。这个问题其实由来甚久，上面提到的徂徕学便有一个重要愿望：实现礼仪制度的重建工作，用徂徕的话来说，叫作"制度建替え"（"重建制度"），其目标是恢复古礼特别是周公制定的那套古代礼仪规范，还设想了三套"制礼"（制度之礼）、"传礼"（经典之礼）、"行礼"（生活之礼）的不同方案，试图整体恢复古代礼仪的典章制度、礼仪观念以及礼仪规范，然而他最终不得不感叹在当时江户时代的现实日本，若要重建儒家礼仪制度已经基本无望，因为他意识到中日两国社会存在"代殊、土殊、俗殊"（即时代、风土、风俗之不同）的巨大差异，日本武士阶层也不像中国传统士大夫那样，拥有优裕的生活条件可以私自建立"家庙"。因此，他最终建议还是不妨按照日本中世以来的习俗，一切丧祭交由佛教寺庙去办。尽管他发出一声"悲哉"的感叹，对此表示了一种深深的失望和无奈。及至近代日本的20世纪初，一位著名的东洋史学家津田左右吉提出了非常尖锐的观点，认为儒教对日本而言，只不过是一种知识趣味以供传授讲习之用，而根本没有进入到日本人的"实际生活"当中，也没有对日本人的行为方式以及精神领域留下任何实质性的影响，因为"日本人绝不学习儒教的礼，也不把礼运用到生活中去"。

然而近年来，吾妻重二教授由朱子《家礼》的研究拓展到日本及韩国的礼仪研究领域，目前已编就《家礼文献集成·日本篇》七册，他通过扎实的文献学考察，发现江户日本其实对朱子《家礼》有相当深入的研究，这里不妨罗列一份书单以为实证：例如在荻生徂徕的17与18世纪相交的时期，相继出现了伊藤仁斋《读家礼》、伊藤东涯手泽本《文公家礼仪节》、山崎闇斋《文会笔录》卷一《家礼》笔记、三宅尚斋《朱子家礼笔记》、浅见絅斋《家礼师说》《通祭丧葬小记》、若林强斋《家礼训蒙疏》、三宅鞏革斋《丧礼节解》《祭礼节解》、中村惕斋《慎终疏节》《追远疏节》、大和田气求《大和家礼》、室鸠巢《文公家礼通考》以及新井白石《家礼仪节考》等，几乎到了不胜枚举的程度。

这里收录的第十六章《江户日本礼学思想与实践——以藤井懒斋〈二礼童览〉为例》则对17世纪京学派朱子学大家藤井懒斋有关儒教礼学思想进行了专题考察，具有开创性的学术意义。"二礼"是指丧礼和祭礼，"童览"是指"儿童之辈亦可读之"的意思。也就是说，藤井对中国典籍遗留下来的那些复杂烦琐的礼仪规范，尽量采用日本流行的通俗语言，做了一番通俗化的解释工作。当然，他的文本依据主要是朱子《家礼》，只是他并没有全部照抄照搬，而是有选择性地摘录了其中一些能让妇女儿童理解的便于实施的部分，并对此进行了详细的通俗性解说。在解说过程中，他对日本的国情及民俗也有充分的考量，充分说明朱子《家礼》传入日本之后，便不得不发生日本化的转向。正是通过对江户日本流传的朱子《家礼》的文献与思想的严密考察，从一个侧面揭示了朱子学与"孝"思想在江户日本得以传承与创新的重要面相。值得引起我们的重视。

第二篇所收的日本朱子学研究各章未及详细介绍，包括有关伊藤仁斋的思想考察、有关荻生徂徕的鬼神观问题考察、有关佐藤一斋与朱子学的关系问题研究等，由于篇幅关系，只得略下不表。

四　韩国朱子学者对性理学的理论贡献

第三篇"韩国朱子学的传承与创新"共由十三章组成，占据了全书较大的篇幅，内容也比较丰富多彩，这与近年来韩国儒学研究在国内外较受重视这一学术现象有关，特别在台湾地区的东亚儒学领域中，许多原本从事中国哲学研究者在 20 世纪 90 年代开始纷纷转向韩国儒学研究，取得了出色的研究成果，加上日本学界向来有韩国研究的长久传统，近年来也有不少学者加入到韩国儒学研究的行列等因素，所以近年来韩国朱子学又称韩国性理学的研究在东亚地区呈现出非常活跃的态势，研究的学术水准也有大幅度的提高，十分可喜。

李氏朝鲜（1392—1910）时代的儒学特别是朱子学，呈现出与中国朱子学和日本朱子学很不一样的面貌，当代韩国学界一般统称为韩国朱子学，本论集按约定成俗的习惯而沿用。根据第十九章**《高丽末期韩国对朱子学的吸收》**一文提供的信息，1290 年高丽朝末期，由朝鲜儒者安珦（1243—1306）自元朝携带朱子书籍回国，成为朱子学传入朝鲜的重要标志。然而事实上，在此之前，朝鲜的民间学者以及僧侣早已不断地将中国儒学的书籍带入朝鲜，其中亦有可能包含朱子学的相关著作。只是朱子学真正被朝鲜社会所吸收，则是安珦赴元朝访学之后，所以一般认为朱子学在朝鲜的传播是从安珦开始的。流传之初，朱子的经学制度思想受到关注，而朱子的心性理气哲学则相对未被重视。

及至高丽朝末期李穑（1328—1396）的出现，对朱子学的研究出现了转向，对朱子学理论的研究兴趣显然有了明显的提升。在高丽末期代表新旧两派的政治势力当中，朱子学成为两派共同的思想基础，守旧派的核心人物李穑力图利用朱子学以维护"先王之法"，主张稳健的改革，而新法派的中心人物郑道传则建议将朱子学定位"官学"，主张激进的改革，甚至试图改朝换代，模仿中国建立一元化的中央集权政治体制。然而奇妙的是，守旧人物李穑对朱子学的理解却达到了相当高的水平，特别是对朱子学的形上学理论表现出深刻的理解，这一点与日本朱子学自始便对朱子形上学缺乏兴趣形成了鲜明的对照。

须提及的是，朝鲜儒者的汉文水平显然比江户儒者要高出一等，这是后来17世纪初朝鲜与日本之间通过"通信使"的方式进行政治文化交流的过程中得到进一步印证的事实。最为明显的案例是，日本朱子学的开山祖师藤原惺窝与"壬辰倭乱"（1592年丰臣秀吉侵略朝鲜的历史事件）之后被作为俘虏带至日本的朝鲜儒者姜沆结为异国朋友，并从姜沆那里得到了韩国朱子学的大量知识信息，其中包括韩国朱子学大家李退溪的思想，对藤原产生了重要影响。两人的结交及其思想交流，可谓是朱子学在异域文化交流史上的一大异数。后来，藤原弟子林罗山在给朝鲜通信使的书信中，竟然提到李退溪与奇高峰之间有关"四端七情"的理论争辩，谦虚地表示"末学肤浅，岂容喙于其间哉"，表现出对韩国朱子学的佩服之情。上面提到的崎门派朱子学的开创者山崎闇斋也对李退溪赞不绝口，并且正确地指出退溪思想的精要尽在其著《朱子书节要》当中，而崎门三杰之一的佐藤直方更是直言退溪学识之高超"大非元明诸儒之俦矣"[①]，这语气是说，退溪学在当时已可独步东亚思想界，而朱子学原产地的中国本土儒者也无法与之相比。可见，在日本儒者的眼里，当时的朱子学中心已经转移到朝鲜，日儒甚至推尊东儒退溪为"东方朱子"。我们在"导论"开首提出的"多元中心论"，在此意外地得到了一个例证。

话题再回到韩国朱子学。一般认为，在韩国儒学史上，存在三大思想论争：16世纪李退溪与奇高峰的"四端七情"之争、17—18世纪栗谷学派内部的"未发论争"以及19世纪退溪学派与栗谷学派的"心说论争"。特别是韩国朱子学有关"四端七情论"（又称"四七理气论"）等与心性论、理气论密切相关的理论探讨及其研究水准超越了中国朱子学，是对朱子学的进一步理论发展。因此在本书中有多章涉及上述三大论争，特别是在韩国儒学史上几乎延续了五百年之久的"四端七情论"成了不可绕过的问题。例如《**宋时烈的方法论及四七之辩**》与《**栗谷后学田愚的四端七情论**》两章虽未以李退溪与奇高峰、李栗谷与成牛溪之间发生的两场"四七之辩"为主要探讨对象，却仍通过对17及18世纪末

---

① 佐藤直方：《韫藏録讨论笔记》，转引自山田思淑：《闇斋先生年谱》，日本古典学会编：《山崎闇斋全集》第4册，东京：ぺりかん社，1978年，第426页。

两位大儒宋时烈与田愚的思想考察，为我们揭示出"四七之辩"的丰富哲学意涵以及韩国朱子学的复杂面相。这里有必要先就"四七之辩"的要旨略做介绍。

　　在上述两场争论过程中，退溪和栗谷分明在与对手的论辩过程中占据了上风。退溪根据朱子"四端是理之发，七情是气之发"①之说，进而推论出理有活动性的结论，主张"理发""理动"，至晚年更提出了"理自到"这一新说，意谓四端理发而气随之，气随的同时而"理自到"，强调了理的活动义、能动性和主宰性；同时，由于气随也是一种发动，故在"主理"的原则立场上，又能认同"理气互发"说。可见，退溪的这套理论显示出其思想已然不同于朱子的形上之理无所谓动静而须挂搭在气上并随气之动而动的观点。林月惠据此判定："退溪的见解超越朱熹的理气论，有所发明，是朱熹思想的创造性转化者"（见第三十四章《**韩国儒学研究的视野与反思**》），当有以也。②然而，栗谷并不认同退溪的说法而力主"气发理乘"说，他在与牛溪论辩过程中主张，所谓"理发"并非理自身具有活动性，而只是四端之情在不为气所杂的情况下的一种表现，栗谷认为"发动"者毕竟是"气"而不能是"理"，理只是随气之发而"乘之"，故他竭力主张"理乘"说，以为"理无为"才是朱子的理无造作、无计度、无情意的根本立场；另一方面，栗谷也承认"非气则不能发，非理则无所发"，因为"所以发者，理也"，也就是说，理才是气发的根据，所以，即便主张"气发理乘"，也并不意味栗谷放弃了"主理"立场而片面强调"主气"。

　　由此可见，这两场论辩存在许多理论上的交结和纠缠，涉及理气性情等诸多关键问题，辩论之激烈、分析之细致、影响之广泛，确是元明朱子学未曾所见之现象。不过，其理论焦点则在于理是否具有活动性这一点上。正是这一点引发了台湾学者的极大兴趣，认为这与牟宗三有关朱子之理"只存有不活动"的理论判定具有重要的比较研究之价值，例如第三十二章《**田艮斋的朱子学理解与牟宗三说法的比较**》就别具参考价值，容待后述。

---

　　①　参见《朱子语类》卷五十三。不过，在朱子文字中仅见一处，朱子对此命题没有更多的理论阐发。这也是引起韩儒争议的原因之一。

　　②　不过，林月惠同时在文中也提醒大家注意：韩国学界有些学者则认为根据古代韩语的"发"在语义上只是"发见"之意，即今日汉语所谓的呈现、显现之意而已，故"理发"并不意味理的活动义，而仅意谓理自身的呈现或理在气上显现。由此，"理发"说并不牵涉"理能否活动"的问题。

第二十一章《韩国儒学中的"心学"因素》别具一格，因为其对学界历来将近世韩国儒学分为"性理学""实学""心学"的三种类型这一传统观点提出了自己独到的见解，他通过对性理学的代表人物李退溪的思想考察，发现韩国儒者其实自始就对"心"的问题非常重视，而且抱有非同寻常的关注。他通过史料的收集，发现《朝鲜王朝实录》中有关"心学"一词的出现频率高达143次，而在《韩国文集丛刊》中，"心学"一词的检索数竟达到1546项之多。而且他还发现"心学"概念的出现具有一定的普遍性，即便是那些性理学者或实学者，也在大量使用这一概念，这就说明一个重要现象，在近世韩国儒学史上，其实"心学"占有不可忽视的重要地位。不仅在学者层面，而且在政治上也有一定的表现，例如根据《朝鲜王朝实录》的记载，我们就可发现在李氏朝鲜的几位重要君主例如太祖、中宗、明宗、仁祖等有关记录中，就有"人主之治系于心学"这一重要政治主张。又如在有关明宗的记录中，出现了"夫学术有三：一曰心学，二曰训诂之学，三曰词章之学"的学术分类的说法，也很值得注意。倘若按照宋代理学家有关学术类型学的划分方法，也有三种类型：即义理之学、训诂之学、词章之学。两相对照即可发现，韩国儒者在此使用的"心学"概念，大致相当于中国朱子学所说的"义理之学"。或许在韩国儒者的眼里，性理学与心学名异而实同，即在思想实质上，这两种学术形态具有同等的价值。所以在朝鲜时代，竟有不少儒者要求君主研习朱子学的重要文献《近思录》之际，需特别注意《近思录》乃心学之阶梯""治心"之要法。

当然，本文作者的意图并不在于用"心学"来取代韩国儒学史上的"性理学"或"实学"的概念，而是特别指出一个事实："心学"与"性理学"及"实学"的思想并未构成如后人所想象的那样，互相之间存在激烈对抗、互不相容的关系，相反，"心学"作为一种"帝王之学"历来受到韩国儒者以及各代君主的重视。作者指出：韩国心学的提法大致源自朱子后学的真德秀《心经》以及《大学衍义》，如李退溪就非常推崇《心经》一书，更有可能受到了明初永乐帝纂修的《圣学心法》(1408)一书的直接影响。特别是，早在李氏朝鲜建国初期，就得到了朱元璋颁赐的《大学衍义》，此后便成了朝鲜君主以及儒家士人的必读书。而《大学衍义》具有"帝王之学"的重要性格，因为其首卷便标为"帝王为学之序"，第二至第四卷则标为"帝王为学之本"，凸显出该书撰述的旨意就在于向帝王传授历代圣人传授之"心法"。故"朝鲜心学"（井上语）的概念在内涵上就显然不同于日本心学——例如江户时代中期的"石门心学"；事实上，在我看来，"朝鲜心学"与中国宋代陆象山、明代王阳明的"陆王心学"也不可相提并论，尽管作者未提到与中国心学的比较。总之，作者揭示出"朝鲜心学"作为一种政治学意义上的帝王之学贯穿整个朝鲜时代，并在一定程度上，影响了韩国儒学的思想走向，这是具有启发意义的观点，值得重视。

为什么呢？因为韩国朱子学作为一种国家政治意识形态，向来与政治走得很近，故而在对朱子学做深入的义理阐发之同时，又竭力将朱子学提升至帝王之学的高度，以便为自己的学说赢得政治话语权，于是我们就可以看到在整个韩国儒学的发展史上，学派与学派之间、学派内部之间的争论极为惨烈，其中既有学说观点分歧所致的因素，又与当朝儒臣的政治权力分布有着千丝万缕的关联。当然我们也不能仅从政治学的角度来评估这些学派之争的学术意义，因为观念论辩毕竟在客观上对于韩国儒学的理论发展有着积极的推动作用。

其实若就学术而言，根据当代的研究，已有学者指出，尽管性理学大家李退溪对阳明心学采取了异常激烈的批判态度，然而退溪可能没有意识到在其理论内部，某些思想观念距离阳明心学并没有他自己想象的那么遥远[1]，这是一个相当有趣的悖论现象。其中涉及理论判准的问题，这里不便细说。仅举一例，例如退溪的"理发"说尚有诠释的空间，由于"四端之心"的道德情感属"心"，而此道德情感的发动之根据在于"理"的话，那么，心与理的间距就变得非常接近，此正是退溪自身所未明确意识到的一点。这里涉及的是"理"自身能否活动这一根本问题，倘若理须借助于"心"或依赖于"气"才能活动，而退溪既然不能认同"气发理乘一途"的观点，那么留给他的唯一一条理论路径就是：理的活动须借由"四端之心"的道德情感之发动才有可能，这就逸出了朱子学的义理系统而趋近于阳明学的心即理之观念。显然，这其实是在退溪学的义理系统之外另设一个诠释框架所获致的结论，这种被称为"脉络性转向"（李明辉语）的再诠释应当是"合法"的，而且是比较研究所不能避免的，至于解释结论的是

---

[1] 李明辉:《四端与七情：关于道德情感的比较哲学探讨》，上海：华东师范大学出版社，2008年，第257页。

非对错自当别论。

我们接着说李退溪。接下来的第二十三章**《栗谷学派的儒家"图像学"构想》**探讨了韩国儒者有关儒家"圣学"的图像学问题。其实，在宋代道学的传统当中，除了《太极图》或《朱子语类》卷十五末所附《大学图》等以外，并不多见，这种为通俗起见而将理论学说用图表方式来制定的方法，实行起来并不方便，一不小心便有可能犯简单化的错误——将系统性的理论构架化约为一张简单的图表，故在中国并不通行。然而，朱子后学元朝学者程复心（1255—1340）却编纂了一部《四书章图》（1337 年刊行）二十二卷，用图的方式将朱子学的重要理论体系揭示了出来，为读者提供了阅读的方便，但是这部书在元代以后显然并不流行，清代以后便已失传。然而，这部书在高丽朝末期传入朝鲜之后却大为流行，甚至在朝鲜时代还进行了翻刻，尽管只有三卷单刻本。今天，原刻本在韩国和中国均未见传，现仅存的海内孤本元刻本见藏于日本国立公文书馆（内阁文库）。

李退溪不仅曾目睹此书，而且非常推崇程复心在书中提出的有关"四端七情"说。在其与奇高峰进行四端七情说的论辩过程中，退溪曾多次修改自己的说法，直至 1566 年，他发现程复心《四书章图》中的《心统性情图》正与自己的观点吻合，故最终将四端七情的命题表述为："四则理发而气随之，七则气发而理乘之。"[1] 同时，在其逝世前两年的 1568 年，又撰成便于阅读的《圣学十图》一书，进呈宣祖，以供帝王日常功课之用，其中就采用了《四书章图》的部分内容，同时该《图》也集中展现了退溪哲学思想的体系性。自此以往，一方面，宣祖命儒臣对《圣学十图》进行注释，出现了一股有关"圣学"之图的解释学动向；一方面，在韩国儒林掀起了一股编写"圣学"图说——姑称之为"图像学"的潮流。根据崔在穆的介绍，先后出现了朴世采《圣学知行脉络之图》、李东干《圣贤心学四图说》、张显光《圣学之图》、李震相《圣可学图》以及金秉宗《圣学续图》等，可谓不胜枚举。

第二十三章还介绍了另一部与退溪的同名作《圣学十图》，出版刊刻等文献学情况一概不详，现只能推测为早于退溪而逝的金范（1515—1566）之作。但

---

[1] 参见田炳郁：《程复心的〈四书章图〉与四端七情说的源流》，《中国哲学史》2017 年第 1 期。

是，其中却包含了晚出的李栗谷《击蒙要诀》（1577）的思想内容，据此可初步断定该图为栗谷系岭南学派的作品，有可能是在退溪之后，有人假托金范之名而作，目的在于对抗退溪的《圣学十图》。结论是：与退溪《圣学十图》相比，金范的《圣学十图》晚出十年左右，内容上有近一半相同，也有个别独创之处。根据考察，有关这两部《圣学十图》的关系问题即便在韩国学界迄今为止尚未见学者有所关注。因此，该章的研究具有发覆的意义，具体论点这里也就不详细介绍了。我们将《圣学十图》之问题的上述过程简略表出，意在显示韩国朱子学开发出一种儒家"图像学"，构成了不同于中国朱子学的另一重要面相，值得关注。

中韩两国朱子学的又一重要差异表现在对朱子思想早晚异同的考察方面。在中国，元明以降的朱子学者对于《朱子文集》或《朱子语类》不乏深入钻研和阅读经验，然而对于其中的朱子语言所反映的思想观点究竟有何具体的细微差异或重要不同，大致上并不措意。王阳明的一部《朱子晚年定论》，以心学为判准，力图从朱子文字中找出早晚思想之异同，其结果是徒生是非，经不起顾东桥等朱子学者的批评，至少从文献学的角度看，阳明此作并不成功。在韩国，却呈现出另一番景象，栗谷弟子宋时烈在阅读朱子文献的经验中发现，不仅在《文集》与《语类》之间存在诸多言论前后不一的矛盾，即便在《文集》或《语类》的内部也存在彼此抵牾的现象，但是欲从《朱子文集》《续集》《别集》共120卷以及《语类》140卷这般浩如烟海的大量文献中，仔细挖掘出朱子言论及其思想的前后相异之处，绝非一般寻常之事。

第二十四章《宋时烈的方法论及四七之辩》便从宋时烈开始着手编撰《朱子言论同异考》的考察开始，经由考察宋时烈再传弟子韩元震完成祖师遗志而最终编完《朱子言论同异考》（1741）的过程，揭示了韩儒在展开"四七论辩"等理论工作的同时所做的坚实的文献学功夫，令人不禁叹为观止。

《同异考》是宋时烈在晚年发愿要完成的一项巨大工程，但仅完成二十余条，便因年衰逝世而告中断，直到宋的再传弟子韩元震用了一生精力才完成该书的编纂大业。他在该书《自序》中很自信地宣称，他的这项文献整理工作对于朱子言论的"异同之辨"达到了八九不离十的完美程度。具体而言，他首先做了三个步骤的梳理工作："或考其日月之先后，或参以证左之判合，或断以义理之当否"，最终达到的目标则有两项：一是"别其初晚，表其定论"；二是"言异指同者，亦皆疏释而会通之"。

当然，仅凭这个说明，我们还是不清楚韩元震这项工作的具体成就，那么，这里不妨举例说明韩的一个重要新发现：他指出朱子思想一共有先后四变：1."始则以人心为人欲"；2."既而改之以为饮食男女之欲，可善可恶者，始则曰：'道心为人心之理。'又曰：'道心性理之发，人心形气之发'"；3."既而改之，以为'或生于形气之私，或原于性命之正。'其曰或生或原者，乃即其已发而立论也"；4."其于《禹谟解》则曰：'指其生于形气之私者而谓之人心，指其发于义理之公者而谓之道心。'"最后，韩元震对于朱子第四变的"定论"展开详细的分析，指出：朱子在形气"不下'发'字"，在义理"虽下'发'字，而亦以义理字换性命字"，那么，其含义已经有所不同；由于义理是就"共公言者也"，所以不能"就发处分别理气而言也"；接着，在"性命"问题上，"虽下'发'字亦无妨"，这是因为"道心虽是气发，然直由仁义礼智之性而发故也"；若在"形气"字下，"则终不可下'发'字"，这是因为"谓人心由耳目口体而生则可，谓人心即乎耳目口体而发之则不可"，更是因为"耳目口体"怎么可能是"自发之物"？基于上述原因，所以"朱子所以于形气则终不肯下'发'字，而此乃晚年定论也"。

由上可见，韩元震的义理辨析，步步紧凑、丝丝入扣，竟创造出别具一格的"朱子晚年定论"，这是韩元震运用其义理考据法才能收获的重大成就，殆无疑义。也就是说，《同异考》以其义理考辨为基础，而绝非只是文字考订而已。而他的这项工作有明确的问题意识：是以退、栗"四七之辩"中的"理发""气发"问题作为其考察朱子言论早晚异同的立足点。

关于朱子言论竟有上述前后四次的异同表现，我们不便在此展开具体讨论。因为若要展开讨论，我们必须下一番比韩元震更进一步的文献与思想两方面的溯源性考订工作，显然，这是另一项议题和任务。我们通过这一事例可以看到的是，继退溪、栗谷之后，韩国朱子学在思想与文献两个方面展现出卓越的学术研究成就。相比之下，元明朱子学且不论，即便如清代重考据的一批朱子学者恐怕也是望尘莫及了，因为这批人的大多数或已沦为护教形态的朱子学者，或已将关注的学术重心移向其他领域的"饾饤之学"了。

　　韩元震不仅留下了上述文献考证的业绩，同时他还积极参与了韩儒三大论辩之一的"人心道心之辩"，并提出了富有创见的人心道心说。这是第二十五章**《韩南塘的人心道心思想》**的主题。韩的人心道心说的独特处在于：他不仅未墨守其祖师李栗谷的"四端即道心及人心之善者"之说，而且提出了一个重大的转向，认为四端并非纯善，而是兼有善恶，而这一论点的理论基础则是他所提出的"四端七情同质论"。这一观点不仅在韩国朱子学史上不多见，而且富有重要的理论意蕴。因为其中涉及"恶"的根源问题如何解释这一重要理论问题。上面提到与退溪论辩"四七"问题的另一方高峰曾经注意到朱子提出过"恻隐羞恶也有中节不中节"（《朱子语类》卷五十三）的观点，他据此推断：一方面，"夫以四端之情为发于理而无不善者"；另一方面，"若泛就情上细论之，则四端之发亦有不中节者，固不可皆谓之善也"。显然，高峰已经察觉到在"理发"之际，四端固然"无有不善"，而"气发"之时，则"乌可以为情无有不善？又乌可以为四端无不善耶？"也就是说，在理气互发的前提下，四端之情已有善与不善之可能。只是高峰对此观点并没有展开进一步理论阐发。

　　韩元震的祖师宋时烈也注意到朱子的上述说法，进而断定"朱子之言恻隐羞恶之有善有恶者，亦因性有善恶而言也"，并认为孟子主性善说，"故于恻隐羞恶亦指善一边而言"，而二程、张载根据孔子"性相近之说"，因而"兼言有善有恶之性"，朱子则继承了二程、张载的立场，故有上述观点的提出。这一思想溯源，在我们看来可能有误。然韩元震对此却表示了认同，并明确反对栗谷"四端纯善"说，在当时韩国儒林引发了轩然大波。

　　根据韩元震对"四七"问题的基本理解，他认为四端与七情在本质上都属于"情"，此即"同质论"，故说"四外无七，七外无四。则四七非二情也"；然在根源上两者都必受"气发理乘"的牵制，故"四端之情"的"发见"则必然表现为"皆兼善恶"。正是基于"四七同质论"，他在人心道心问题上也有新的创见，认为人心道心皆有善恶，而不可认定人心为恶、道心纯善。在他看来，历来将人心视作知觉的活动，将道心视作性理的体现，便不免严重割裂了人心道心的内在联系；而退溪力主的人心气发、道心理发的理气互发说也是犯了同样的错误。当然，韩元震有关人心道心的理论论证还涉及诸多环节，这里就不必细说了。要之，可以确定的是，在韩国儒学史上，韩元震的人心道心论达到了新的理论高度，占有重要的历史地位。

在人心道心之辩的过程中，涉及如何理解"人心"与"知觉"的关系问题。第二十六章《韩国朱子学的"知觉"论争——以金昌协论"知觉"为例》探讨了17世纪宋时烈弟子金昌协的性理学思想，就学派言，金属于栗谷学派一系，然其思想颇有异彩，常对栗谷观点提出修正或发明新旨。特别是继退、栗"四七论辩""人心道心之辩"之后，17世纪末期出现了"人物性同异论""知觉论争"等新论争，这两场论争的理论范围及其深度已远远超出退、栗的时代。金昌协在"知觉论争"过程中，别立异说，提出了"知觉为心之用"的观点，由此引发了一场激烈的辩论，例如上面提到的同属宋时烈传人的韩元震便坚持师说而参与了这场激辩。

我们知道，心有知觉义，知觉属心，这是朱子的固有观点，但朱子又有"若夫知觉，则智之用，而仁者之所兼也"（《答吴晦叔》）之说，这就涉及"知"与"智"的微妙差异问题。不过，朱子有时又笼统而言，如在《大学》"格物补传"中就说"人心莫不有知，万物莫不有理"，此"知"究应作何解，就须参照朱子其他文本才能获得善解。一般而言，心有知觉功能，具有感知"饥饱寒暖"等功能作用，同时又有"知是知此理""觉是觉此事"的道德认知功能。宋时烈敏锐地察觉到心的这两种知觉功能存在重要区别，前者为"心之用"，后者为"智之用"，前者指感官知觉，后者指"识事之所当然，悟理之所以然者"。故他判定："二者各有所指，不可混沦说也。"为什么呢？因为，"盖心，气也；智，性也"。原来，心、智的区别又跟理、气的存在有关；"知之用"属"气"的作用，"智之用"属"理"的作用，两者当然不可"混沦说也"。问题是，这两类不同的知觉是否在本质上须纳入理气领域做出严格的区别？朱子本身并没有对此有明确的讨论，直至宋时烈才将此点出，然而也没有进一步深入的理论阐发。就此问题展开充分论述的则是金昌协，并与尹拯门人闵以升等人展开了辩论。

就结论言，金昌协坚持的观点是：知者属气，为心之用；智者属理，心非智之用。对"知"与"智"做出了严格的概念区分，强调知觉为心之用而不能是智之用。这一严分知与智的观点立场在当时被大多数性理学者视作异论，金昌协逝世之后，这场争论仍然持续了一段时期。这场辩论的理论意义在于：对于我们重新理解朱子学的"心"以及"智"这两个概念的确切内涵提供了新思路。

"心"的问题在朱子哲学中过于纷繁复杂，在此不宜细说。"智"的问题有必要在此重提一下。因为我们在上面介绍朱子"智藏"说的时候，事实上，已经涉及"智"的问题，并指出这一问题受到崎门朱子学的特别关注，而被元明儒者以及韩儒所忽略。然而若就"智"而言，韩儒不但没有忽略，而且有更为深入的探讨。我们已经知道，朱子65岁之作《玉山讲义》正式提出"智藏"说，然而在该文本中，朱子又明确提出"智则是个分别是非底道理"的说法，作为四德之"性"的"智"不仅是一种德性存在，更具有分别"是非道理"的知觉能力——即道德判断能力，这是朱子这句话的确切含义。可见，此所谓"分别"实指"知觉"，而"知觉"必涉及"心"，须由"心"作为中介才能"分别是非底道理"，故"智"又是"心"之能力的表现。只是"智"之"知觉"的对象有所特指，非指知饥知饱，而是指知是知非。因此，知觉对象有二，应当是朱子学的一个固有观点。回到韩儒"知觉论争"来看，他们的主流看法亦能坚持朱子立场，认为"知觉有二"，知者为心，所知者为理；因此，知觉就有两种表现："心之用"与"智之用"。这里就不仅涉及理气之辩，更涉及心性之辩的问题。所以，表面看，"知觉论争"只是在争论心的"知觉"问题，其实不然。

然而，金昌协的"知觉论"的立场是，一定要严分"智"与"知觉"的不同，其根据是：智是"是非之理而居五性之一"；知是"灵觉之妙而专一心之用"；意谓智属理，知属心。其文本依据有两条：《论语或问》"智则别之理，而其发为是非"以及《玉山讲义》"智则是个分别是非底道理"。金昌协断定这两条都是出自朱子"手笔"，而且"其意义明的，自无可疑"。进一步，金昌协对"心之用"和"智之用"的两个"用"字的含义微有区别亦有辨析，他说"心之用"是"专一心之妙用而言也"；"智之用"则是"偏以智之端绪而言也"；至于两者的关系，则是"智之端绪，则故不能外于心，而若心之妙用，则岂可偏属于智哉？"这一辨析具有重要意义，朱子后学对此缺乏明确意识，故留下"千古未了之案"（林月惠语）。质言之，若主张知觉既为"心之用"又是"智之用"，则显然互相矛盾。根源就在于没有察觉"用"字有上述二义之区别。"用"作为表现义、作用义，前者"心之用"盖指"心之妙用"，此固然可以成立；后者"智之用"不能理解为"智之妙用"，而应理解为"端绪"之义始可成立；既然是"智之端绪"，那么就具有心之知觉的"发用"义。由此推论，知觉就不能是"智之用"而只能是"心之用"。

总之，在金昌协之前，韩国性理学者并未明确意识到朱子学有关"知觉"与"智"所隐含的哲学问题，宋时烈等人虽能坚持朱子的知觉"智之用"，但却忽视了"智"与"知觉"在理气论、心性论上存在不同内涵指谓的哲学问题。经金昌协的"知觉论"一出，"知觉"问题在韩国朱子学历史上正式"出场"，深化了朱子学理论的逻辑发展。这正是"知觉之辩"的理论意义之所在。由于金昌协在与韩儒进行论辩的过程中，对元朝朱子学者胡炳文《四书通》的有关观点展开了全面的批判，因此林月惠在最后指出："从东亚儒学的视域来看，相较于朝鲜后期的'人物性同异论'论争，'知觉'论争反而是一跨文化的哲学论题。"这就为我们揭示了一项发人深省的重要议题。

由于我们停留在介绍第三篇韩国朱子学的时间已经过长，最后我想避免一一罗列，仅从剩下的若干论文中挑选几篇做一简单的介绍。第二十七章**《栗谷后学田愚的四端七情论》**探讨的是朝鲜末期田愚（1841—1922）的"四端七情论"，田愚继承的是栗谷学派的思想，属于畿湖学派中的洛论系统。他的理论贡献在于，对栗谷一系"四端七情论"有一个理论上的总结，又试图弥合退溪与栗谷之间的观点分歧，但在思想立场上，仍然坚持朱子"理不活动"之义，在为栗谷思想进行辩护的同时，对栗谷观点又有所纠正，特别在"四端亦有不中节"的问题上，试图越出栗谷而直承朱子的传统；在理气问题上，他提出了"理主而气配之"之说取代退溪"理发而气随之"之说；但他又试图"同情了解"退溪的晚年立场，造出所谓的"退溪晚年定论"，意将退溪与栗谷的两大理论体系合二为一。然就结果看，他为挽回退溪之失而生造出的"退溪晚年定论"并不成立。

第二十八章**《韩儒实学思想与朱子学》**别开生面，其关注的是朝鲜朝后期"实学家的朱子学"的思想问题，旨在阐明朝鲜朝末期的一个重要思想现象："朱子学相对化"。此所谓"相对化"，具体表现为朝鲜实学两大学派的代表人物李瀷（1681—1763）与洪大容（1731—1783）之间发生的思想缠斗现象，与此同时，这一现象又表现为"宗朱与攻朱的奇妙混合"。而在此现象的背后存在更为重要的思想因素则是：西学的渗入。也就是说，西学的渗入一方面导致了朱子学的相对化，一方面对于朝鲜实学思想产生了决定性的作用。由于该文讨论了诸多西学知识问题，例如李瀷的"天文筹数法"、"星历象数学"、"三魂论"（源自亚里士多德的灵魂论）、"脑囊论"、"天体论"、"地理学"等，还有洪大容的"人物均论""域外春秋说""地球说"等，有关这些问题的讨论对于笔者而言，显然已经远远超出了我所能介绍的能力。这篇看似不属于韩国性理学研究的文章其实给我们一个重要的启发是：经西学的渗入与冲击，大大推动了朝鲜朝实学思想的发展，在此过程中，朱子学被相对化；然而，由于这些实学家的思想资源、家学背景都与韩国性理学有着密不可分的关联，因此在他们推动实学思想的发展过程中，却又将朱子学与西学进行了奇妙的"完美的"（川原语）的结合。这是历史的吊诡，实在发人深思。

最后值得一提的是第三十章《**韩儒崔象龙的经学思想**》也别开生面。文章探讨了 18、19 世纪之交的韩儒崔象龙（1786—1849）的经学思想，揭示了岭南退溪学派四书注释学的一个重要面相，同时也提醒我们有必要重视韩国性理学领域中的经学传统。按照崔象龙的《论语》诠释，他揭示了一个重要观点：认为"仁"是《论语》全书之大旨，"敬"是贯穿《论语》全书之工夫。应该说，这一看法比较接近于中国朱子学的传统观点，也接近日儒仁斋的"仁是圣门第一字"的观点，反而有异于韩国性理学的鼻祖李退溪的主张：《论语》乃"散记之书"，无法"以一二字求大旨"。退溪此说，掷地有声，致使韩儒日后不敢"以一二字"来归纳《论语》大旨。直至退溪之后的一个半世纪，崔象龙著《论语辨疑》才将"仁"为《论语》之核心旨意凸显了出来，这在韩国性理学的经学史上具有重要意义。事实上，朱子在《仁说》等文章中，通过对"仁"的重新诠释，已经全面地揭示出"仁"在儒学传统中的核心价值。至于"敬"的问题，当然这是退溪学思想中的一个要点，构成了退溪思想的一大特色，甚至对日本崎门朱子学也产生过直接的影响。在退溪的传世之作《圣学十图》的《大学图》当中，"敬"被置于突出的"居中"地位，由此可见一斑。对于朱子而言，同样在其工夫论思想系统中，"敬"具有贯穿所有工夫的核心地位，这也应当是朱子学传统的一个常识，毋庸置疑。崔象龙的贡献则在于，他通过严密的经学研究，明确断言："四书大旨，不出乎敬也。"表明崔象龙的经学研究既能继承韩国性理学的传统，同时又表现出融通经传、融通宗派、融通异学、融通中韩、融通古今这五大特色，故值得引起我们的关注。

五　将朱子学置于东亚视域的比较研究

在第四篇 "比较研究与回顾综述" 中，我们收录的比较研究文章只有三章，篇幅明显不多。但是正如上述，东亚文化的多元性决定了东亚儒学研究内在地具有比较视野，此即说，在研究韩国或日本的朱子学的过程中，我们会自觉或不自觉地与中国本土朱子学进行比较对照，甚至将中日韩朱子学同时放在一张比较研究的平台上来加以审视；这种比较的目的不在于指出日韩朱子学偏离或违背了中国朱子学的 "本义" 有多么严重，而在于运用这种比较的方法，尽量展示日韩朱子学之不同于中国朱子学的新意何在或问题何在，进而揭示日韩朱子学对中国朱子学有哪些值得关注的传承、转化或创新。例如当我们看到退溪说 "理气互发"、栗谷说 "气发理乘"、徂徕说 "道者安民之术"、仁斋说 "理本死字" 等观点主张时，一方面需要将这些观点置于他们的哲学文本中做整体系统的了解，另一方面，我们也会与朱子哲学发生联想，甚至欲与中国儒学进行比较，以便发现朱子学有哪些理论发展的可能性，从而进一步丰富我们对朱子学的整体认知。这才是我们将朱子学置于东亚儒学视域进行跨文化比较研究的真正用意之所在。

我们在介绍韩国朱子学之际，注意到在韩国性理学传统中隐含着 "心学" 的要素，特别是当 "心学" 作为 "帝王之学" 而被强调和凸显的时候，我们看到 "心学" 话语在韩国儒学史上其实很强势，并不像后人所想象的那样，以为韩国朱子学完全放弃了有关 "心" 之问题的学理性探讨，因为李退溪对阳明心学的批判火力是何等的猛烈。于是，对韩儒而言，心学便似乎成了烫手山芋而碰不得。其实，韩儒之不能认同阳明心学一方面固然有学术分歧的原因，另一方面，也有朱子学为国家政治意识形态这一重要因素。若深入韩国性理学的理论内部来看，其实有不少学者也显然注意到朱子学并未忽视 "心" 的问题探讨，相反，在如何通过 "居敬" 工夫以实现 "治心" 等问题上，朱子学也有一套重要理论资源可以利用，李退溪之所以竭力推崇朱子后学真德秀的《心经》，原因就在于此。同样，在中国朱子学的传统当中历来有关 "心" 的问题讨论也并不少见，只是在义理关节处，朱子理学与阳明心学毕竟是两股道上跑的车，这一点也是毋庸置疑的事实，尽管两者均属儒学传统。至于在日本传统文化中，"心"的传统就更为悠久，形成了独特的"日本心学"，即便在阳明学传入日本之后，18世纪"町人"出身的日儒石田梅岩竟然在未受阳明学的任何影响下，独自开创出一套颇具近世日本商人精神的心学理论，堪称东亚思想史上的异数。

第三十一章《近世中日儒者的"制心"问题》的立意可谓别出心裁，他意图通过跨文化比较的视野，对近世中日儒学史上如何应对"制心"问题进行全方位、多角度的比较考察，其中固然涉及孟子、阳明一系的心学论说，同时也涉及朱子学有关"制心"问题的独特思考，更对日本江户时代的"以礼制心"说的思想特色及其理论盲点进行了仔细缜密的考察以及入木三分的剖析，全文的精彩处也由此得以充分展露。以下我们不妨列举几例，以窥作者毒辣老练的审视问题的眼光。

例如按照日本人所理解的朱子学，被呈现为一系列形上形下的充满矛盾对立的结构，这对于偏爱务实的江户日本而言，无疑有了多项选择的余地和可能，在中国被朱子学贬斥为形下之气的大部分选项，如气质才性、人情欲望等反而大受日本社会的欢迎，而那些形上性理的玄思妙想就被日本社会有选择性地无情抛弃，正是在这种特定的时空背景下，日本学界对朱子学敢于怀疑和批判的精神得以慢慢滋长。如早年笃信并专讲朱子学的贝原益轩，到了晚年却公开质疑朱子学，他采用的是以孔孟证伪的手法，认为朱子学在根本处与孔孟精神不符，儒家在道德上要求做到"忠信"两字，从来没有听说过"以敬为主"的说法，从理论上看，忠信与主敬均与人心有关，如果既要忠信又要主敬，两套工夫同时并进，那么就必然导致"一心有二主"的后果，这是对朱子学的主敬工夫论的根本质疑。

然而，若从比较视野出发，我们便可发现益轩断言儒学从来不讲"敬"，其实只不过是他对孔子思想的诠释结论，而未必符合孔子思想之精神，因为《论语》一书中，孔子从正面论述"敬"的言论其实并不少见，而且显得很重要，例如"敬鬼神而远之"的"敬"就清楚地表明，我们对于超越存在应保持一种"敬畏"之心，又如"居处恭，执事敬，与人忠"，讲的也是为人处世须有一种"恭敬"心态等，这里不必一一列举。然而，益轩却不看前面两个"恭敬"字，只看重后面一个"忠"字，这是否与江户日本幕府体制下最为强调下对上的绝对忠诚的伦理要求有关呢？这里我们就不必过度猜测了。

在前面第二篇提到的反朱子学的健将荻生徂徕在"心"的问题上又有何看法呢？可以说，在江户儒学史上，对"心"之排斥最甚者，莫过于徂徕。他一生的思想工作集中在两个方面，一是努力恢复所谓儒家经典的古义，另一个就是竭力拆解朱子学的形上原理，然后将两项工作合并为一，进一步展开于从"人性论"到"人情论"、从"仁论"到"礼论"以及从"天论"到"人论"等一系列转变过程中，因此在他的审视之下，不唯程朱陆王大错特错、一无是处，而且中国儒学的问题症结若追根寻源，其实就在于思孟学派对"本心"的张扬，所以他特别欣赏《尚书·仲虺之诰》中仲虺向商汤的一句进言：只要按照"以义制事，以礼制心"的社会治理原则，就可最终实现"平治天下"的政治理想；他也特别欣赏荀子利用《中蘬之言》（即《仲虺之诰》）这部经典，摈弃"心治"而大力主张外在"礼治"的思想主张，认为"以礼制心"才是儒家先圣先王发明的最高政治原理，并为孔子所继承和发扬；在徂徕看来，自子思在《中庸》大谈特谈"性与天道"、孟子大谈特谈"良知本心"，才将这一根本政治原理置诸脑后，更被后世儒者彻底遗忘了。这一历史遗忘症所导致的结果非常严重，弃置"以礼制心"转为"以心治心"，其后果不堪设想："治之者心也，所治者心也。以我心治我心，譬如狂者自治其狂焉，安能治之？"因此，在"以心治心"的思想泛滥下，个个都将变成丧心病狂者，无以自拔。这就是 17 世纪末，日本东儒的徂徕对中国西儒的朱子学（包括阳明学）所下的一份判决书。

至此可见，在徂徕学的思想深处存在一种内在的比较方法，从纵向比，他将孔子与思孟、程朱、陆王放在一个比较视域中，认为孔子之后，"道统"已彻底中断，圣人之道已湮没不彰；从横向比，他将中国与日本置于一个比较平台上，认为"孔子没而千有余年，道至今日而始明焉"，这个使"道统"得以"始明"者究竟是谁呢，他说"岂不佞之力哉"，原来就是他徂徕自己，所以他相信未来终将在"东海"（指日本）重现新一代的"圣人"，他也就可以"藉此而死不朽矣"（参见第十二章《徂徕学对朱子形上学的颠覆》）。总之，发生在东亚思想史上的徂徕学这一思想事件告诉我们，通过对中日儒学的跨文化比较，可以重新改写儒学在东亚的认知版图。

接着我们再看韩儒与中国当代新儒家的一项有趣的比较研究。第三十二章

《田艮斋的朱子学理解与牟宗三说法的比较》通过对朝鲜末期的儒者田愚与当代新儒家的代表人物牟宗三有关朱子学理解的比较考察，展示了一些重要的理论发现。质言之，当代牟宗三对朱子学的两项基本判定：理不活动、他律伦理学，竟然在19世纪韩儒田愚及其上几代祖师栗谷当中可以找到异国的"知音"，但是，尽管在两个基本的判定上，田愚以及所代表的栗谷学派可以得出与牟相同的结论，然而他们却坚持说，这是从朱子学文本内部得出的诠释结论，正表明朱子不但不是儒家的别子，反而是儒家的正宗，其他人才是"别子"呢，这是田愚推尊朱子和栗谷的一贯立场所致。于是，问题就来了，一方面，在理不活动的诠释上，田愚可以成为牟的"知音"，另一方面，根据牟对朱子学的诠释，田愚又成了牟的"对垒"（杨祖汉语），因为他们对朱子学的理解尽管大体相似，但却给出了迥然不同的评价。的确，这是一个有趣而又严肃的问题。

我们先看田愚。田愚属后起之辈，故能总结栗谷学派跟其他学派以及栗谷学派内部的论辩史，站在前辈们的肩上，从不同诠释当中提炼出自己的新见解。艮斋著述繁多，讨论的问题也非常丰富，但他的思想主旨十分明确，特别是对朱子的理气心性论有很清楚而一贯的理解。例如他主张"性为心本""性师心弟""性尊心卑""理气二分"，动者是气、理不活动，心能活动，故心不是理，心有虚灵知觉的能力，但它自己不能为自己做主——即不能作为道德实践的根据。如此等等，田愚的观点都可从朱子学那里找到依据，他都可以征引朱子文本作为诠释自己也为诠释朱子的观点张本。田愚的理论思辨性很强，比起栗谷来，他更能直探理论的细微处，展开更深入的论辩，例如他认为朱子有时会根据经典记载，承认天道流行的说法，但是朱子之意并不在于承认道体或性体本身有活动，这些活动是随着气化流行、依理而动所致；之所以要有这一步的严格分辨，是要避免理被等同于气化的误解。这些细微之处显示出田愚对朱子学的特殊体会，确比栗谷学有更进一步的地方，也对朱子学的形态何以是合理的做出了理论说明。由此看来，田愚的朱子学诠释正好是对牟宗三批评朱子为儒家别子的一种回应。

但是，问题并不这么简单。如果理不活动、性为心主、心属形气，那么道德实践的动力来源只能依赖他律，而不能诉诸心体的直接发动，如此一来，田愚认定朱子为正宗的意义仅在于承认他律伦理学为一有意义的形态，如果儒学不能走向他律伦理学，那么田愚为朱子的辩护就无法得出朱子为儒门正宗，而田愚的立场恰是认定朱子为孔孟的传统，是儒家最好的理论形态，因此，朱子与孔孟在田愚的审视下，就都应该是同一形态的他律伦理学。这便与牟的判定大异其趣。倘若从牟的立场出发，由田愚的坚定不放松的思想立场来看，那么，其思想与朱子学便应同属他律伦理学，其为儒家及朱子的辩护都失去了理论的效力。如果文章到此为止，画上句号，将会索然乏味。

接下来，杨祖汉欲为田愚进一说。如果性尊心卑、性师心弟说与儒家的本质不相容，则艮斋所阐发的是朱子这一形态可以有的义理，如果朱子与艮斋的说法可以与儒家的本质兼容，则艮斋此一形态所表现的特殊精神，便可以是对儒者从事成德之学的一个很好的提醒。即在强调自发自主的道德实践时，要留意此心必须是以性理（道德法则）作为依循的对象，或要正视此自发自主的道德主体是以道德法则作为内容的，进而必须体会到本心良知所含有的道德法则的种种内容，不能只强调良知自主而忽略法则的意义。进言之，由于人的感性存在限制，故受感性影响的心灵未必能随时呈现无条件的律令以展现道德实践的要求，于是，随时须以性理作为心的主导，这也应该是道德实践的一个应有形态。依照牟宗三著名的"三系说"，此一形态接近于胡五峰、刘蕺山的"以心著性"的形态，由于人心易受生命的限制，故道德实践在人的现实生命中只能逐步地接近天道，要求自己的道德自觉之实践要按步步形著的方式，以使人性天道逐渐呈现，最终实现成德之学的目标。如此看来，田愚及其诠释下的朱子可以不是他律伦理学，而不失为儒学另一应有的理论形态，更不必斥之以"别子"。

杨祖汉的论考详细周密，新见迭出，其对田愚、朱子的批评与辩护之苦心昭然若揭，经由东亚朱子学的比较视野对朱子学理论形态的这一新发现，值得引起我们的关注。

第三十三章《仁斋、戴震与茶山的比较研究》更是一篇名副其实的跨文化比较研究的典型之作，将东亚三国中日韩的三位重要儒者置于同台竞争的比较平台，当然，18世纪的这三位儒者互不相识，然而却不约而同地对朱子学提出了尖锐的批评，与朱子学将伦理奠基于形上学的理论趋向截然不同，这三位思想家将人们的情感、欲望、需求以及广义上的福祉置于其思想的核心地位，因而具有跨文化比较研究的可行性，同时也具有综合考察的重要性。此重要性表现为该章作者艾文贺的一个立场偏向，他认为这三位思想家对朱子学的多数批评是"合理的"，代表了儒家思想中的"独特面向"，甚至对我们理解儒学传统在当代的丰富性、多样性以及启发性也具有"重要意义"。

当然毋庸赘言的是，任何比较研究的目的并不在于为比较而比较，而应当透过比较的视野和方法，从不同的思想资源中获取一种由比较对象给予的思想启发或理论灵感。作者坦言他的比较目的在于：通过描述和解释东亚三位思想家的哲学转向以及为建构一个清晰客观的儒家伦理学的基础所做的相关探索。这就引发了我们莫大的兴趣：仁斋、东原和茶山对朱子学的"颠覆性"（艾文贺语）批判，究竟意味着一种怎样的哲学转向？而且通过这一转向又何以能为儒家伦理学重新奠基？

先说仁斋。其实第二篇第十一章《仁斋学的"反朱子学"思想建构》已对仁斋学有较详细的考察，只是我们省略了介绍，在这里有必要重提一下仁斋。他是日本古学派的创始人，创造了一套所谓"古义学"的方法，他略晚于山鹿素行而早于荻生徂徕一代，是一位典型的17世纪江户日本批判朱子学的急先锋，但他又是坚定的孔孟儒学的捍卫者，他有两句著名格言：孔子为"最上至极宇宙第一圣人"、《论语》为"最上至极宇宙第一书"，他最为欣赏孔子的是"仁"的思想，认为"仁是圣门第一字"；但是，他的哲学思想基础却另有所在，其所谓"天地之间一元气而已"便清楚地表明他的哲学基础在于"元气"概念，认为万物世界都是由"元气"构成的，并由气化流行而展现为生生不息的"天道"，因此"道是活字"，盖因"道以往来言"故也，此处"往来"一词，盖指基于元气生化流行之意。相比之下，"理是死字"，一方面，儒家经典文本中少言"理"字，故"理"绝不是儒家学说的核心概念；另一方面，"理以条理言"，表明的只是事物属性，而与万物生生不息的活动以及人的日常生活活动没有必然的关联。也正由此，他对宋明理学家特别是朱子学大倡"理学"而陷于无节制的主观思辨、形上论证大不以为然，认为这是未能抵挡住佛教思想的结果，而并非儒家的本来教旨。在他看来，正是元气为天地生成乃至人类活动提供了源源不断的动力，这种无止息的创造生命的过程就是"天地之大德"，也是"天道"之存在"以所行言"的理由所在。基于此，他把宇宙都看成是一大"活物"，把社会看成是一巨大有机体的组成部分，构成其核心的就是"道"也就是"仁"，因此，他在批评宋明理学之余，仍然保留了他富有特色的"万物一体之仁"的重要思想（艾文贺称其为"道德命令"，此当别论），表明仁斋思想对于朱子理学所持的是选择性的批判态度。难怪，后来徂徕奋起批评仁斋批朱仍有拖泥带水的痕迹，这是另外一个话题了。

艾文贺对仁斋学的思想评价保持了一位思想史家应有的克制，他在描述和解释了仁斋学的主要观念之后，并没有过多的直接评述或溢美之词，但我们仍然可以从他的解释过程中，看出其对仁斋学的观念显然具有更多的同情和正面的评价，认为仁斋通过史学考证和义理论辩相结合的"古义学"手法，判定宋明理学家将"理"作为伦理基础的理论在整体上是错误的，并促使他发展出一套关于美满人生的更有活力的理念，这体现在仁斋对情感、欲望和需求等概念所做的重新界定和理论辩护的工作。但是这项工作显然并不完备，缺乏思想史家必要的细腻和耐心的功夫，不足以令人全盘了解仁斋到底对情感、欲望和需求等概念做出了多少富有创见的理论诠释或严密论证。不过，我们在总体上仍可相信，仁斋对人情、情感、人欲等被理学家贬抑的这些概念是充满欣赏的，在这一点上，如同徂徕学，可谓是古学派的一个重要共识。然而正如上面提到的第十二章《徂徕学对朱子形上学的颠覆》所揭示的，运用"古义学"（仁斋）或"古文辞学"（徂徕）的学术手法，例如运用"道者路也"等文字考据学的结论，能否从义理上成功地颠覆朱子形上学，总不免令人有所疑虑。所以，运用史学方法如何实现义理的重建，即如何由考据开出义理，这仍然是有待探讨的议题。

下面我们越过戴震而直接进入茶山，因为茶山的思想显然对于我们更有吸引力。在韩国儒学界以及在东亚儒学研究领域，当今茶山学颇受关注。茶山的思想身份及其来源有点复杂，一般认为他是朝鲜末期的一位实学思想家，他的思想背景有天主教的因素，其对江户日本儒学不仅熟悉，而且还颇为欣赏，表明日韩之间的思想信息的交流也得以加速，特别是对仁斋学和徂徕学有很高评价，对徂徕学尤为欣赏，显示出他的考据与义理并重的思考方式或许受了日本古学派的某些影响，但在诸多关键的哲学议题上，显然他的思想更富有独创性。

茶山跟仁斋和戴震一样，其批判朱子学的矛头也首先对准"理"字下手，认为理学家们的"理"的观念论述没有古典儒家文本的支持，其来源当在佛教禅学，他特别反感的是，"理"被设定为一种抽象的形上存在的观点，把"理"说成是"无爱憎""无喜怒""空空漠漠，无名无体"的奇怪东西，而且人性竟然被说成是禀受这种"理"而来，进而还将性与理直接等同起来，提出所谓"性即理"的命题，在他看来，这些理学思路都不能成立。我们知道"性即理"无疑是程朱理学特别是朱子学的关键命题，如果抽去了这一命题，那么，不但理学失去了立足的根基，而且儒家的性善理论也将无以成立。然而在茶山看来，这个命题不能成立有两个根本原因，即理学家所谓的"理"和"性"都存在理论上的严重问题，两者是无法互相界定的。因为"理"并不是第一性的先于"气"的形上存在，同时，"性"也不是禀受"天"或"理"而来的。因此，朱子所说的"气以成形，理亦赋焉"的先天人性论就必须从根本上加以推翻。

那么，茶山又是如何解释"性"的来源问题呢？他首先批判理学家所谓"本然之性"与"气质之性"之分，指出"本然之说"这类先天论并非儒家传统而是来自佛教之说，至于"气质之性"概念被用以区分人禽之别，也是难以成立的。于是，他提出了有关"性"的根本观点，明确指出："性者，人心之嗜好也。"这个观点成为茶山学的一个重要标志，也是当今学者对茶山学发生浓厚兴趣的主要原因之一，因为人们透过这一观点表述，看到了一个在儒学思想史上从未看到过的具有相当理论冲击力的新观念，所以茶山自己也承认："余尝以性为心之所嗜好，人皆疑之。"然而，茶山坚持这一基本观念，认为儒学传统的人性理论特别是朱子学以来的人性本善等观念必须推倒重来、重新思考。的确，茶山的这句命题表明人性观念必须与"理"脱钩，不能因为来源于"理"，因而推出人性必然是先天至善的结论，其实，人性只不过是人心的一种"嗜好"的展现——即一种喜好、需求和乐趣的表现，是人心向善的一种倾向或发展，人性"嗜好"又表现为三个层面，他这样说道："欲、乐、性三字，分作三层，最浅者欲也，其次乐也，其最深而遂为本人之癖好者性也。'君子所性'犹言君子所嗜好也。"这里的"君子所性"乃是孟子语，可见，在他的理解中，人性"嗜好"说才是孟子之言性的根本宗旨。

孟子的本义如何如何，茶山用的是日本古学派的一种口吻，总以为他们对经典"古义"的发现，才是儒学的真正"本义"，此且不论。要之，他对儒学的认同意识仍然构成其思想的基础。问题的关键是，茶山的这一人性说是依据何种理路而来的呢？首先，人在初生时并没有圆满的道德本性，只具备某些感官感受的倾向，因此"理"赋予人性以根本善性的说法不成立，因为"理"并不是道德动力的根源；其次，"嗜好"是人生禀赋的共同趋向，而非对人性的本质规定，嗜好构成人性的情感动力，其中包含道德的喜好和乐趣，因此欲望才是道德动力的源泉。至此可见，这是完全不同于朱子学乃至儒家孟子的另一套人性理论，构成对朱子学的根本冲击，提出了人性理论发展的可能性。然而与仁斋和东原不同的是，茶山仍然在思考能为道德奠基的根源究竟何在的问题，他得出的结论是"上帝"。这里显然有天主教的宗教因素，同时茶山又认为儒学历史上的"上天""皇天"等概念的意向所指也就是"上帝"，而上帝赋予人以诸多天赋，包括道德之心、道德意志以及道德愿望、动机乃至动力。用他的话来说，上帝犹如"天之喉舌"能发号施令，能发出"儆告"。在其概念当中，"天"与"帝"属于同格存在，故说："谓帝谓天，犹谓王为国。……指之为上帝也。"由上帝或上天的意志，"授之以好德之情"——赋予人以道德喜好的情感，"畀之以择善之能"——赋予人以道德选择的能力。

至此，我们对茶山的思路已经基本明了，原来，他反对宋明理学的天理概念、人性概念、性即理的命题，是欲以宗教性的"上天""上帝"观念来取代"天理"，来切断人性与天理的联系，但他仍然需要人性本源论的证明，而拒绝人性自然论的主张。从这个意义上可以说，他的人性学说仍然属于"前近代"的本质主义人性论，只是他将人性根源诉诸另一本质存在——上帝，而理学家的天理已经不适合担当人性本源的角色。正是在上帝的关照下，人具有向善的倾向和能力，而人之所以具备道德的情感和动力的根源就在上帝，因为上帝具有发号施令的最高权威和力量，赋予人以道德的根本能力。然须注意的是，茶山的宗教观或许有来自天主教的影响，但他同时也诉诸儒家经典中"帝""天"的观念，在他看来，这才是早期原典儒家的一个重要面相、旨意和预设。这就表明茶山的理论指向并非斥儒归耶，走向西方宗教，他仍然希望从儒家经典中找到其"新"理论的"旧"资源。

总之，在我们看来，茶山、东原与仁斋这三位18世纪东亚思想家具有相同的理论意向：挑战朱子伦理学的理论基础，颠覆理学的形上学根基，将眼光投向道德情感、欲望、动机及动力等人心自然机制的领域，他们的这套人性理论对于转化儒家伦理的理论预设和言说方式具有何种理论效力值得引起重视，而对他们的思想差异进行深入的比较研究，也应当具有重要的学术价值。

六　朱子学研究史的综述及其未来展望

在第四篇的最后四章，我们特意安排一组研究回顾与展望的文章，分别从不同的角度，对韩国儒学研究、台湾地区的韩国儒学研究、中国（较多涉及台湾学者）的朱子学研究、韩国朱子学研究以及日本朱子学研究等进行了学术史的回顾以及方法论的反思，最后我们还附录了两篇文献资料：《近十年来日本朱子学研究著述简目》以及《近十年来韩国朱子学研究著述简目》，以便为学界了解近年来日韩朱子学的研究概况提供某些方便。

一般而言，"研究综述"有其固定的目标、功能和作用。

首先，它是为我们进入研究主题之前必须做的一项"预备功课"，也就是说，先要了解我们将要展开研究的课题和对象究竟在学界进行到了什么程度、取得了哪些主要成果、尚有哪些有待解决的问题等，对于这些预备知识在没有充分掌握之前而贸然进入研究课题本身，将不免遭遇"闭门造车"的局面，这是目前研究生在撰写毕业论文之际就应充分了解的常识，目的在于为今后的研究奠定一个基本的目标和方向。

其次，毋庸讳言的是，在"知识爆炸"的当今学术界，撰写研究综述是一件吃力不讨好的"苦差事"，各种五花八门的所谓学术专著和论文，已经到了浩如烟海的地步，令人目不暇接，许多学者在忙于各种学术事务之余，根本没有时间和精力去收集和通读这些名目繁多的论著，于是，只能望而却步。但是，就本来意义而言，作为学者必须充分了解和掌握前沿研究，撰写研究动态、综述研究成果，应当是学者应尽的本分和义务。

第三，严格来说，我的这篇"导论"其实也就是一篇"综述"，所不同者，"导论"仅限于本书所收文章的范围，但在撰写过程中，有时不得不越出作者的论述范围，而将论述主题的背景、问题的由来等略做必要的陈述和介绍，还要另加适当的评论，这就使得这篇"导论"具有了狭义上的"综述"性格。

第四，最后我还觉得"综述"其实并不好写，它可以有许多种不同的写法，可以是一种平实的成果介绍、论著罗列，也可以是侧重问题的分析和评述，或可透过现有的研究以反思各种方法的得失；更有甚者，可以借助综述、通过理论总结，来建构该领域的新理论、新视野和新方法，指明未来研究的新方向。

总之，一篇好的"综述"大致需要具备四种要素：良好的学术训练、出色的归纳能力、宽阔的学术视野、基本的理论素养。

言归正传。有关第四篇最后四章的内容介绍，我想尽量做到简明扼要。

第三十四章《韩国儒学研究的视野与反思》是一篇"综述"的典范之作。其中的第一、第二两节侧重于对韩国儒学研究历史所存在的问题进行客观的评述和必要的反思，进而建议在韩国儒学研究领域有必要纳入比较的视野，通过比较考察中韩儒学的理论得失，以求在儒学研究领域得到"双赢的收获"，同时指出也有必要将韩国儒学置于东亚儒学视野中，打破"国界"的设限，加强多国的交流和互相学习，以拓展学术对话，才能更好地整合东亚地区学者的研究资源，共同推进儒学研究的发展。这些都是基于高屋建瓴的眼光而提出的富有建设性的学术建议，值得倾听。

在对韩国儒学研究历史进行反思之际，作者将问题主要集中为两点：一是对开创日本朝鲜学研究之前辈学者高桥亨（1878—1967）的韩国儒学解释框架进行了全面认真的反思，一是对韩国儒学史内部的"概念史"做了一番正本清源的厘清工作。具有十分重要的参考价值。作者强调指出，韩国儒学的精神世界、文本族群有其自身的特殊性，故面对韩国儒学，需要具备三种基本能力：汉学的基本功、哲学的思辨力和思想的敏锐度。毫无疑问，这三种基本能力是否具备是研究能否成功的关键。

若允许稍加补充的话，所谓思想的敏锐度，实质上就是一种批判性的思想敏锐度，此即说，我们应对某些非学术性因素也要保持一定的思想敏锐度，这是因为在韩国儒学史上所发生的令人眼花缭乱的思想激辩的背后，往往由更多的非学术性因素或政治因素、学派因素在起着奇妙的作用，对此，我们有必要以一种思想敏锐度去加以审视，切勿被有些夹杂着意气之争的所谓"学术之争"所迷惑。

又如刚才提到的高桥亨，他有特殊的双重身份，在被日本殖民化的近代韩国，他作为朝鲜学专家而被委任为汉城帝国大学教授，同时又是当时韩国殖民教育的推动者,因此在对他的学术思想进行研究和评估之际,就应有一种批判性的思想敏锐度。同样的道理,我们在进行东亚儒学研究之际,对于"东亚"概念进行学术史清理工作的同时,对"东亚"概念中的帝国因素也有必要保持一种批判性的思想敏锐度。

另须补充的是,韩文的语言能力也不可忽视,事实上,环视台湾地区的韩国儒学研究,他们更多地借助中国哲学的研究素养、哲学的基本训练,直接面对古代朝鲜时代的韩文资料来展开思辨的分析和理论的判断,对于当今韩国学术界用韩文撰述的大量研究成果的了解欲望有点单薄,而林月惠可能是一个例外,她非常重视韩文语言的基本训练,对于当今最新的韩国学界的动态几乎了如指掌,很值得借鉴。

另一方面值得反思的是,在中国韩国儒学研究的前沿阵地,汉文的基本功、韩文的语言能力都不缺乏,然而由于大多出身韩语专业或历史文学专业,比较缺乏哲学和思想的敏锐度和思辨力,不过近年来这一局面已有基本改善,只是仍需做出更大的努力。

话题再回到该章作者对高桥亨的解释框架的反思。质言之,高桥亨提出的解释框架是"主理派"和"主气派",以为韩国儒学史的理论发展完全可以按照这两个框架按部就班地进行归类,以决定某些儒学家的思想属性,但这一框架的解释效力,目前已经得到韩国、日本乃至台湾地区学术界的全面反省。从历史的角度看,"主理"与"主气"固然是退溪、栗谷的时代便已开始使用的两个重要概念,但是,主理与主气只是一种学说主张,在韩国儒学史上是否由此构成了两种壁垒森严的"学派"却是值得怀疑的。

因为透过现象看本质,事实上,主理与主气的两种学说主张只是表明在理气问题上所持的立场不同、侧重有别,而并不表示主理者就排斥气,主气者就不讲理,其实在主理和主气的理论内部,往往对理气关系问题有一套互相纠缠的复杂论说,例如主理派的李退溪就主张理气互发,而主气派的李栗谷就宣称理发气乘,可见,理气构成了他们思想理论的共同要素。这就难以采用主理派或主气派来截然两分。通过对高桥亨这一解释框架的反思和批判,就为重新思考韩国儒学史上的理气之争,展现出一种新的前景。

又如该章第二节,作者在"比较哲学视野下的韩国儒学研究"的问题设定下，为我们介绍了韩国学界的新动态，就很富有参考的价值。作者指出，相对于东亚儒学的视野，比较哲学的视野充满更大的思想"异质性"，需要我们直接面对。比较哲学的意义不在于以西方哲学的框架或思考强加于儒学研究，而在于厘清或思索儒学的"开放成素"（劳思光语）。

比如，韩国学者金炯孝运用比较哲学的方法来研究韩国思想，他在《从元晓到茶山——韩国思想的比较哲学解释》一书中，从自然神学的观点指出退溪思想中具有"理学""心学"与"上帝学"三位一体的思想特质，从现象学的角度来诠释栗谷的四端七情说，由梅洛-庞蒂的知觉现象学来分析栗谷"心、性、身"三位一体的融合关系，而且他还敏锐地指出茶山思想中的"焦点不一致"现象，提示我们应当注意不宜对茶山哲学做过度的诠释。这些研究结论都具有重要的启发意义。总之，通过不同的审视方式和哲学语言，可以使诸多韩国儒学和哲学的议题发生"主题化"的转变，尽管有时也可能使得韩国儒学原本的语言表达和思考模式发生"位移"甚至"偏离"，但是却有可能开发出某种更好的理解方式，并通过比较哲学研究来提升理论建构力。

第三十五章《台湾学界韩国儒学研究的反思》主要聚焦于台湾地区的韩国儒学研究的主要特色，着重对李明辉《四端与七情——关于道德情感的比较哲学探讨》（2005）、杨祖汉《从当代儒学观点看韩国儒学的重要论争》（初编，2005）、《从当代儒学观点看韩国儒学的重要论争续编》（2017）、蔡振丰《朝鲜儒者丁若镛的四书学：以东亚为视野的讨论》（2010）以及林月惠《异曲同调——朱子学与朝鲜性理学》（2010）五书进行了概论性质的综述和评析。内容的综述在此不必重复，我们主要来看第五节"台湾学界韩国儒学研究的若干评论"。

作者指出，根据李明辉的自述以及对韩国儒学的具体研究，可以看出李是以牟先生架构来诠释退溪学，而此一架构并不属于退溪学所固有，若欲对退溪学做真正的客观了解，仍应以其本人见解为准，"而不需外取一个架构来套用"。这是对李明辉研究取向的一个质疑。平心而论，这个质疑反映出作者对台湾学界的韩国儒学研究往往套用当代新儒学的哲学语言、叙述格套来展开表达了不满。就韩国儒学研究的属性而言，本来，首先须做到切入韩儒的文本内部以求对其本身的"脉络"做出客观的了解，当然是理所应当的学术要求；然而事情的另一方面却是，正如我们在上面屡次提到的那样，如果将韩国儒学置于东亚儒学或比较哲学的视域来审视的话，那么，研究的性质就会相应地发生转化，利用"去脉络化"与"再脉络化"双管齐下的手法，通过比较哲学的视域，采用开放性的哲学架构去重新审视韩国儒学，也应当是"合理合法"的研究取径和正当手法，并不值得讶异。

问题是，我们不能以某种哲学观点作为唯一绝对的"判教标准"来裁断作为"他者"的文化传统中的哲学思想，就像上面提及的林月惠所主张的那样，比较哲学研究的目的并不在于采用另一套哲学语言（如西方哲学）的框架或思考强加于儒学研究。所以，在比较哲学过程中，如何保持一种平等对话的姿态、注意厘清或思索儒学的"开放性"思想资源才是问题的关键。

蔡振丰一书对茶山的研究颇与艾文贺不同，显然蔡的研究用力更深、析论更精，而且也不乏比较的视野，他通过对茶山与东原的比较哲学考察便发现两者在人性这一关键问题上，其实两者的相近处不如两者的分离远甚，关键就在于按照茶山的人性嗜好说，他必不会同意东原以血气心知释人性的观点，同时，由于茶山对朱子学理论持全盘否定之立场，因此对于东原的气论亦不会表示认同，因为从东原思想的性格来看，他的理论仍属于一种气论形上学，将阴阳五行看作是一切存在（包括人性）的哲学基础。对此论点，蔡振丰表示了保留的意见，认为东原思想是否属于气的形上学似可再议。在蔡振丰看来，东原所言血气心知，其中已含有嗜欲、情感的理论因素，就此而言，其实东原与茶山之间可能并不如蔡振丰所断定的那样距离遥远，相反，在肯定情感、欲望、嗜好等方面，戴、丁二说实可相通。

第三十六章《近年来中国朱子学研究述评》的任务与日韩朱子学无涉，他所面对的是中国朱子学的问题。其审视范围非常宽阔，涉及许多理论方面，概而言之，大致可做以下梳理：

首先是朱子哲学诠释的三种观点：（一）牟宗三以朱子为"别出"的论断；（二）钱穆以朱子为心学的论断；（三）唐君毅对朱子"心本具理"的判释。其次是"当代朱子学之论证"，大致包括三个方面的理论问题：（一）心本具理的诠释系统，其中又有三种不同的论点：1.李瑞全的"朱子的道德学型态之重检"；2.陈来对朱子"心"概念的解析，引发台湾学界如李明辉等人的质疑和批评；3.杨祖汉对牟宗三朱子学诠释的反省。（二）维护牟宗三的诠释系统，其中介绍了两个主要论点：1. 李明辉对朱子"心"之判定；2. 刘述先有关朱子哲学的诸观点。（三）朱陆会通的诠释系统，其中又有三种典型的论点：1. 金春峰《朱熹哲学思想》一书的观点；2. 杨儒宾对朱子"豁然贯通"中的"心"之阐释；3. 杜保瑞对牟宗三的朱子诠释之回应。

在全文"结论"中，作者提出了三个观点：（一）对朱子的心必须重新定位，主要有四点看法：1. 朱子学与阳明学对心的含义有不同的规定；2. 朱子的心不只是道德主体亦为认知主体；3. 朱子之心中性理是一呈露的端倪，此端倪夹杂着欲望，故为"气心"；4. 朱子的本心义是一端倪，"究极而言，朱子体系中是有一纯善而具理的心体"。（二）必须正视朱子本有"已知之理"的意思。（三）"反对逆觉体证"与"心中本具性理"可同时成立。

这篇文章反映出作者具备非常重要的问题意识，其论述对象较多涉及台湾地区的学者对中国朱子学研究的各种观点乃至歧义，并提出了自己的独到见解。对于我们全面了解当今台湾学界朱子学研究的主要动态和观点无疑具有重要的帮助。

最后第三十七章《近年来日本朱子学研究述评》是对 2011 至 2013 年度的朱子学研究的专著及其论文所做的概要性介绍和述评，这里也就不必赘述了。

总之，东亚朱子学研究有待深入探讨，而且随着研究的深入，新问题会层出不穷甚至更显错综复杂，因而不可能寄望于借助某个项目或一本专著便可彻底解决所有问题。好在通过本书共三十七章对东亚朱子学的问题探索，进一步拓展了该领域的研究深度与广度。在我们看来，有理由相信"东亚朱子学"作为一个研究领域已得以形成 ①，同样，有理由相信有别于"西方哲学"的"东亚儒学"或"东亚哲学"也正日益受到国际学界的关注。随着今后儒学研究的国际化发展，不仅可以展现中国哲学的丰富性，而且也表明东亚哲学同样具有重要的思想资源。

---

① 最早以东亚视域研究朱子学的论文集，似是杨儒宾主编的《朱子学的开展——东亚篇》（所收论文 11 篇，台北：汉学研究中心，2002 年）；继而有黄俊杰、林维杰主编的《东亚朱子学的同调与异趣》（所收论文 10 篇，台北：台湾大学出版中心，2008 年）；另有朱人求、井上厚史主编的《东亚朱子学的新视野》（所收论文 9 篇，北京：商务印书馆，2014 年）。

第一篇
东亚儒学与中国朱子学

第一章　东亚儒学的特殊性与普遍性

吴　震

自 20 世纪 80 年代，主要以美国为发信源的"儒教文化圈"这一概念的提出，一度风靡学界，不少学者纷纷以此为审视角度，将亚洲"四小龙"经济腾飞的原因往"儒教"身上追根寻源，尽管这一概念的提出为人们思考东亚社会发展的制度性原因提出了省思的空间，然而近来人们意识到这样一种"目的论"式的探讨方法显然问题重重，因为问题的答案显然已经包含在问题的设定当中，何谓"东亚"及其"儒教"竟成了不言自明的概念构架，而对于"儒教"以及"东亚共荣圈"等概念极为敏感的当代日本知识界来说，他们对于"儒教文化圈"概念之使用往往有一种抗拒心理。

自 20 世纪末 90 年代开始，随着"冷战"格局的瓦解、全球化浪潮的兴起以及东亚经济的再一次腾飞，特别是进入 21 世纪以后的近十年来，在汉语学界悄然兴起了一股"东亚儒学"的研究热潮。这股研究热潮主要发源于 90 年代末的台湾地区及韩国学界，至今绵延不断，并开始波及中国大陆学界。台湾学界的研究成果非常丰富，我们将在后面有详细讨论。

至于大陆的中国哲学史学界，就管见所及，目前所能看到的有关东亚儒学的论著，可以张立文《和合与东亚意识》（上海：华东师范大学出版社，2001 年）为代表，这里的"东亚意识"，主要是指以儒学为核心的"文化意识"，而有关东亚儒学的专题性论著则唯有陈来《东亚儒学九论》（北京：生活·读书·新知三联书店，2008 年）。① 日本的亚洲论述由来甚久，自 19 世纪末以来就有"东洋学""东亚"等学术研究的丰厚积累，然而有关东亚儒学的研究却意外地少见，仅见子安宣邦《东亚儒学：批判与方法》（陈玮芬等译，台北：台湾大学出版中心，2003 年），而该书的撰述显然是与台湾地区东亚儒学研究互动的结果。②

关于东亚儒学研究的发展及其所存在的问题，2005 年黄俊杰编纂的《东亚儒学研究的回顾与展望》（台北：台湾大学出版中心，2005 年）一书对此做了总结及展望，其中黄俊杰《东亚儒家经典诠释传统研究的现况及其展望》③一文对于 2005 年之前的将近十年来在东亚研究领域的成果有很详细的回顾，其中以台湾学界为主兼及大陆学界，以东亚儒学为主兼及经典诠释等问题。文章揭示出这一时期的东亚儒学研究有一个基本特色：亦即以经典诠释为探索方法，以多元开放为合作模式，整合东亚地区人文学界的一批学者，共同推动东亚儒学的国际性研究，并获得了相当丰硕的研究成果。

2009 年 10 月，叶国良《台湾大学对日本汉学研究的努力》④一文在回顾台湾大学对日本汉学研究的长久历史之同时，着重介绍了近年来在台湾大学主持的"东亚近世儒学中的经典诠释传统研究计划"和"人文社会高等研究院东亚

---

① 另可参见刘宗贤、蔡德贵编：《当代东方儒学》，北京：人民出版社，2003 年。当然若论东亚儒学领域的专题论文则数量更多，这里仅举三例：李甦平《东亚儒学与东亚意识》（《中国文化》1998 年春季号），郭齐勇《东亚儒学核心价值观及其现代意义》（《孔子研究》2000 年第 4 期），牟钟鉴《东亚儒学的复兴》（2002 年在中国人民大学孔子研究院成立庆典暨"孔子与当代"国际学术研讨会上的发言）。相关编著则举一例，王青主编《儒教与东亚的近代》（保定：河北大学出版社，2007 年）。

② 按，《东亚儒学：批判与方法》共由 12 章组成，除了 3 章以外，其余均为子安参加台湾地区的学术会议而撰，除一篇作于 1997 年以外，余均为 2000 年至 2002 年期间的作品。另按，子安宣邦著述十分丰富，现已译成中文的专著尚有：《东亚论：日本现代思想批判》，赵京华编译，长春：吉林人民出版社，2004 年；《国家与祭祀》，董炳月译，北京：生活·读书·新知三联书店，2007 年；《福泽谕吉〈文明论概略〉精读》，陈玮芬译，北京：清华大学出版社，2010 年。有关其论著的详细目录，参见林封良、林郁晔整理，孙军悦译：《子安宣邦著作目录》，《文化研究》第 6 期（增刊），2008 年夏季号，第 221—229 页（按，该《文化研究》为"子安宣邦专辑"，共收子安论文 6 篇及相关讨论文章 7 篇，值得参见）。感谢台湾清华大学祝平次教授惠赠此刊。

③ 黄俊杰：《东亚儒家经典诠释传统研究的现况及其展望》，氏著：《东亚儒学：经典与诠释的辩证》，台北：台湾大学出版中心，2008 年。

④ 叶国良：《台湾大学对日本汉学研究的努力》，日本关西大学亚洲文化交流中心：《東アジア文化交涉研究》第 5 号，大阪：关西大学出版部，2010 年。

经典与文化研究计划"的情况,指出自 2000 年至 2009 年 8 月止,在已出版的
"东亚文明研究丛书"的 92 种当中,有 45 种与日本汉学研究有关。① 作者在此
用"汉学"而不用"儒学"一词,显然是由于作者考虑到"儒学"一词比"汉学"
一词所指范围要小得多,有许多涉及历史的、文学的研究,并不能以"儒学"概
念来涵盖。

　　本文以上述黄俊杰、叶国良的两篇回顾性文章为基础,主旨在于回顾近十
年来东亚儒学的研究史,并探讨其中所存在的某些问题,而将焦点聚集于儒学
与东亚之间所呈现的普遍与特殊的张力问题,并就近来日本学界对东亚问题的
看法提出一些感想。至于"东亚儒学"如何可能而又何以必要等问题的答案则
唯有随着"东亚儒学"的深入开展才会逐渐明朗起来。

前言　何为"东亚儒学"

　　关于"东亚儒学"这一概念的含义,黄俊杰曾明确指出:

> 　　所谓"东亚儒学"这个研究领域,既是一个空间的概念,也是一个时
> 间的概念。作为空间概念的"东亚儒学",指儒学思想及其价值理念在东
> 亚地区的发展及其内涵。这个意义下的"东亚儒学",因为视野较"宋明
> 儒学""德川儒学"或"朝鲜儒学"更为广阔,所以从"东亚"视野所看到的
> 儒学的问题,与仅从中国、日本或韩国单一地区所看到的儒学内部的问题
> 大不相同。作为时间概念的"东亚儒学",在东亚各国儒者的思想互动之
> 中应时而变、与时俱进,而不是一个抽离于各国儒学传统之上的一套僵硬
> 不变的意识形态。所以,"东亚儒学"本身就是一个多元性的学术领域,在
> 这个领域里面并不存在前近代式的"一元论"的预设,所以不存在"中心
> vs. 边陲"或"正统 vs. 异端"的问题。②

---

　　① 顺便指出,上述这套丛书于 2008 年由上海的华东师范大学出版社出版了 31 种大陆简体字版,其中
有关东亚儒学(包括日本汉学、朝鲜儒学)的专著达 22 种之多,可以预测东亚儒学研究将在中国大陆学
界产生更为广泛的影响。
　　② 黄俊杰:《东亚儒学:经典与诠释的辩证》,"自序",第 1—2 页。

这是对"东亚儒学"概念较为清晰明确的一个界定,同时也回应了某些学者对"东亚儒学"概念的提出所抱有的一些疑虑(参见下述子安宣邦有关"东亚"的论述)。所谓从空间上说,即谓"东亚"为一地域概念,因此东亚儒学就在于探讨"儒学思想及其价值理念"在这个地域中的发展及其内涵。但是这里就引发出一个问题:在东亚地域的不同国度及其文化传统中存在着普遍的儒学价值理念吗?换种问法,儒学思想是否作为一种"一元论"的思想体系在东亚地域的空间中存在过?对此问题的解答,文章又预设了一个时间概念,以为作为时间概念的"东亚儒学"正可打破这种"一元论"的预设。所谓时间概念的东亚儒学,旨在强调儒学在东亚地域的历史性、发展性,亦即强调中国儒学在东亚地域的传播有一个"本土化"过程。黄文认为在此过程中,东亚儒学展现为"一个多元性的学术领域",意谓中国儒学在朝鲜、日本或者其他诸如越南等地,其发展演变是各不相同的,因此儒学在东亚并不必然地呈现为"一元论",由此,中国与朝鲜或日本之间,就不存在"中心对边陲"或"正统对异端"的问题。

然而,如果设定儒学思想有一普遍的价值理念,那么即使在异地异域的历史发展中有各种不同形态的表现,但是其价值理念却不会因此而消失,我们是否仍然能够从中抽取出儒学思想的普遍性原理?也就是说,虽然在文化形态上可以有各种不同呈现,但是在终极意义上,儒学价值是否具有超越时空的普遍性?这却是从事东亚儒学研究者不得不回应的一个重大问题。仅从文字上声明东亚儒学研究不预设"中心对边陲""正统对异端"是不够的,因为在具体的研究过程中,必然遇到儒学价值的普遍性与不同地域文化的特殊性如何调适的问题。

很显然,黄俊杰也意识到这个问题的重要性,所以他又设定了一种研究途径,要求重视"经典中的普世价值与诠释者身处的地域特性之间的张力"问题,同时也要注意"诠释者的政治身份认同与文化身份认同之间的张力"问题。[①]这里的第二个问题暂且不谈,就第一个问题来看,其实也就是上述儒学价值的普世性与东亚地域的特殊性如何调适的问题。黄俊杰指出:"前者(引者按,即

---

① 黄俊杰:《东亚儒学:经典与诠释的辩证》,第 3 页。

第一种张力问题）既是'普遍性'与'特殊性'之间的紧张性，又表现为解经者与经典互动的紧张关系。"关于东亚儒学的"普遍性"，黄俊杰更为明确地断言："儒家经典中所传递的是一套所谓'放诸四海而皆准，百世以俟圣人而不惑'的超越时间与空间的永恒的价值理念。"同时，黄俊杰也指出："所谓'特殊性'是指：历代经典解释者都不是超时空的存在，他们都身处具体而特殊的历史情境之中，受时间与空间因素之制约。他们对经典的解释，常常不免展现他们所身处的时代的'特殊性'。"[1] 然而在我看来，所谓"特殊性"并不仅仅是指"解经者"的时空存在所规定的"特殊性"，还应涵指"普遍性"如何在具体的地域空间及时间上得以历史地展现。也就是说，特殊性既是指解经者的经典解释所展现的主观特殊性，同时也是指普遍性在具体的时空领域中所存在的客观特殊性。如同普遍性既是存在又是展现一样，特殊性同样不仅是解经者的一种思想展现，同时也应当是一种历史存在。因此，所谓"普遍 vs. 特殊"的紧张性所要面对的是这样一个根本问题：在拥有不同文化传统的"特殊"的各东亚地域是否拥有"普遍"的同一的儒学价值体系？

对此问题，黄俊杰在上述文章中没有正面涉及，但从其字里行间却也不难读出他的基本观点应当是：东亚儒学拥有一种普遍价值观。他指出东亚儒学在历史上的发展呈现出两大特点：一是"（思想）发展的连续性"，一是"思想结构的类似性"。所谓"连续性"和"类似性"，所指各异，一是指向历史，一是指向结构，然就其实质言，无非是说东亚儒学无论是在动态的历史发展上还是在静态的思想结构上，都表现出"同"的一面。若将这一观点放在日本儒学史领域来考量的话，那么结论就是：一方面，日本儒学的思想发展具有自身的"连续性"特征；另一方面，日本儒学的思想结构又具有与中国儒学的"相似性"特征。毫无疑问，这一结论的前提是：有一种抽象的、普遍的儒学存在，那就是中国儒学；日本儒学（还可包括朝鲜儒学）的思想发展及其思想结构都无法摆脱中国儒学的笼罩。诚然，既然是在"儒学"这一领域范围，那么各种特殊形态的日本或朝鲜的"儒学"，就必然与"原发"的中国儒学具有家族相似性，我们也不能否认中国儒学在历史上对日本或朝鲜产生过一定的影响。但是，正如

---

[1] 黄俊杰：《东亚儒学：经典与诠释的辩证》，第 132—134 页。

下文的探讨将要看到的那样，古代且不论，就近世至近代的日本儒学而言，实在很难说其儒学思想发展只有连续而没有挫折，更不能说其儒学思想的结构与中国儒学完全类似。须指出的是，作为儒学研究者也许无法接受这样一种观点：儒学经典的普世价值可以因为地域之异而发生根本性的改变，发展出另一形态的具有日本特色的儒学价值。但是，就德川儒学（朝鲜儒学且不论）而言，当今日本学界普遍认为德川儒学在理论形态及其核心关怀上，与中国儒学之"异"要远远大于两者之间的"同"。当然，这里涉及诸多事实判断的问题，有待具体入微的历史研究。现在的问题是，到底有没有一种所谓的"东亚儒学"？还是说只有中国儒学、日本儒学、朝鲜儒学而根本没有所谓的"东亚儒学"？

这一问题令我们联想起前段时期一度引起热议的"中国有没有哲学"的问题讨论，质言之，也就是如何为"中国哲学"正名的问题。这个问题其实又是20世纪30年代以来的老问题——亦即所谓"中国哲学"到底是指"哲学在中国"还是指"中国底哲学"？笔者无意在此重议这一问题，我想提示的是，如同"中国哲学"的正名问题一样，所谓"东亚儒学"也存在如何正名的问题。我认为"东亚儒学"是指"儒学在东亚"，更具体地，可以表述为中国儒学在历史上存在于东亚地域的各自文化传统之中，它是一个历史性的概念。这个说法的含义可以分两层来看，首先如果没有中国儒学，那么日本或朝鲜等东亚地域就不可能自发地产生出"儒学"，因为儒学从来不是数学、物理学那样的一般知识，所以"东亚儒学"是指中国儒学在东亚地域的历史存在；其次，当儒学走出中国而传入东亚其他地域之际，这些地域也并非是文化真空，而是在自身的文化传统中来容纳儒学，因此就有一个熔铸重塑儒学的"特殊化"过程，由此而形成不同于中国儒学的另一种形态的儒学，例如日本儒学、朝鲜儒学。要之，"东亚儒学"是一个历史性概念，它是指在东亚地域的儒学思想史，它既是东亚地域文化的一种历史形态，同时又是东亚地域儒学的一种思想形态，但是东亚儒学这个概念绝不意味着中国儒学可以取代东亚地域的各种儒学形态。

不过，也有学者对"东亚儒学"概念表示质疑。例如在中国，台湾学者张崑将以多年专攻日本儒学的经验，提醒我们要慎用"东亚儒学"（或"东亚儒教"）这一概念。他认为在论述"东亚儒学"之际，如果是以中华文化为核心或整体，其他东亚国家的儒教吸收仅仅是被看作部分地接受（此即"中心对边陲"的思维方式），那么这样的论述就有危险，如同当年日本幕府晚期的水户学、国学派以本国为中心的文化主义论述一样，其结果只是构造一种自我优越的心理。因此，他指出："'东亚儒学'或'东亚四书学'这一词语的问题在于：以中国的儒教或四书学为文化核心，企图为'东亚'概念填补一个具有共同实体的文化素材。然而这恐怕不过是一个虚构概念，也不可能存在这样的事实。"他甚至断言，若就日本吸收中国儒学的具体状况来看，我们也不能采用"东亚朱子学"或"东亚理学"之类的概念，因为这类概念同样"不适用于日本"。①

　　然而依我之见，"东亚理学"姑置不论，"东亚朱子学"一词却有一定的来由。事实上，将朱子学纳入东亚视野展开研究，也许始于 2000 年由台湾汉学研究中心等学术机构主办的"朱子学与东亚文明研讨会"，会后由杨儒宾主编出版了《朱子学的开展——东亚篇》，主编者在"导论"中宣称：朱子学不仅是"东亚的"而且是"世界的"；并指出："'东亚的朱子学'这个概念是暧昧的，因为它不可能不存在以'朱子学'为旨归的中心；但由于位于中心的这种文本必然要不断地再诠释，也要作更深刻的再体现，所以落实来讲，'东亚的朱子学'逃避不了是种多元中心的朱子学"。②所谓"多元中心"，概指"中心"的多元化。由此推论，则可引申出"中心对次中心"这对概念，而与上述"中央对边陲"的设定便有根本不同；所谓"次中心"，是相对于原发性"中心"而言的概念，正可用来取代"边陲"这一概念。因此从诠释的角度看，"中心对次中心"的设定正可避免"正统对异端"的后果。③又如，2006 年 2 月台湾大学召开了一场名为"东亚朱子学的同调与异趣"的学术会议，会后由黄俊杰、林维杰主编出版了同名论文集，黄俊杰在该书"序"中强调："'东亚朱子学'是一个值得大力推动的研究领域。"④该书收入子安宣邦的一篇论文，是为《朱子学与近代日本的形成》（陈玮芬译），然而该文的日语原文发表在《台湾东亚文明研究学刊》第 3 卷第 1 期

① 参见张崑将：《安藤昌益的儒教批判及其对〈四书〉的评论》，黄俊杰编：《东亚儒者的四书诠释》，台北：台湾大学出版中心，2005 年，第 210、211 页。
② 杨儒宾主编：《朱子学的开展——东亚篇》，台北：汉学研究中心，2002 年，第 4、7 页。
③ 按，"中心对次中心"（陈来语），意谓"中心"并非固定不变的，而会随着特定的历史条件发生转移，例如 16 世纪以后，也许朱子学的中心已不在中国而转向李氏朝鲜。
④ 黄俊杰、林维杰主编：《东亚朱子学的同调与异趣》，台北：台湾大学出版中心，2006 年，第 1 页。

（2006 年 6 月）时，正式标题却是"朱子学と近代日本の形成——東亜朱子学の同調と異趣"。这是子安事后将会议主题挪作论文副标题之用，还是另有他故，笔者未做考证，至少可以看出子安是同意"东亚朱子学"这个名称的。不过，他又强调在广义上能接受"东亚朱子学"的提法，但从狭义上理解"东亚朱子学"，则将落入"辨别真伪的二分法"当中，这种研究便是"错误的、无意义的，同时也是有害的研究"①。所谓"辨别真伪的二分法"，就是预设东亚地域的朱子学与原发性的朱子学之间存在"真实与虚伪"两层构造而必须加以辨别为前提的一种"方法"。而所谓"真实与虚伪"两层构造，表明子安担心在"东亚朱子学"的名义之下，以中国朱子学为中心，故是"真实"的，并以此作为裁断日本朱子学的判准，相对而言，日本朱子学则有可能是"虚伪"的。显然，子安此说的一个出发点仍然是对"中心对边陲"这一思维构架的担忧及其反拨。尽管如此，2009 年作为上书的"接续之作"，又由蔡振丰主编出版了《东亚朱子学的诠释与发展》一书。② 可见，"东亚朱子学"一词虽是在东亚儒学名义下的新造之词，但已成一定气候而开始流行了。

当然，张崑将之所以担忧的理由也是显而易见的，他是基于这样的历史考察：在日本江户时代，儒学并没有一统天下，他们也有本国的"学问风格"，例如他们的徂徕学以及水户学，其中我们根本看不到"曾经存在一个'东亚儒教''东亚四书学'此一概念思维的共通性，更不用说日本还存在着国学派、神道学派以及广大的佛教学术团体，他们对儒教的态度，不是有敌意，就是视之具有潜在的威胁"。所以他提议，当我们在处理"东亚××"之课题的时候，要注意防范自大心理作怪，"而从特殊性出发，以多元的视角与方法来发展普遍性"③。应当说，他的提议及其担忧不是没有道理，他的一些提法也是很多日本学者喜欢使用的，例如特殊、多元，反对中心主义、反对中华文化的实体性，尤其是"中心对边陲""整体对部分"等问题设定原本就是用来批判中国中心主义话语的。

---

① 黄俊杰、林维杰主编：《东亚朱子学的同调与异趣》，第 155 页。
② 蔡振丰主编：《东亚朱子学的诠释与发展》，台北：台湾大学出版中心，2009 年，第 5 页。
③ 张崑将：《安藤昌益的儒教批判及其对〈四书〉的评论》，黄俊杰编：《东亚儒者的四书诠释》，第 212 页。

的确，张崑将提议要注重日本的"特殊性"，而不要用儒学的普遍性去宰制这种特殊性，这有助于我们重新审视日本德川时期儒学思想的发展状况。事实上，在近世日本的思想史上，儒学与非儒学等各种思想是同时并存的，例如自德川家康开国（1600）以后不久，进入德川时期的17世纪，出现了这样一批思想风格各异的学者：林罗山（1583—1657）的朱子学，中江藤树（1608—1648）、熊泽蕃山（1619—1691）的阳明学，山鹿素行（1622—1685）的兵学，伊藤仁斋（1627—1705）、荻生徂徕（1666—1728）的古学派，以及进入18世纪的三宅石庵（1668—1730）、井上金峨（1732—1784）的折衷学派，贺茂真渊（1679—1769）、本居宣长（1720—1801）的国学派，等等。在他们当中既有拥儒者也有批儒者，他们的儒学观也呈现出很不一致的样态，开创了一个德川日本的百家争鸣时代。①

必须指出，当17世纪的中国儒学特别是宋明时代的朱子学和阳明学传入德川日本以后，并没有取得独尊天下的地位，更没有上升为国家意识形态，因为在信仰及祭祀等国家体制的层面，主要由神道、佛教占据主导地位，而在社会上，又没有像中国或朝鲜那样的科举制度为儒学的传播提供重要的制度保证，所以儒学只是成了武士阶层或一般民众的一种知识趣味，这与当时日本社会属于"幕藩体制"而非中央集权体制有着莫大的关联。不过在我看来，尽管历史表明近世日本的思想形态、知识活动并不是单一的，对此我们要有充分的关注，不要以儒学来覆盖整个近世日本思想史，但是我们也不可由此而否定儒学思想在近世日本的存在历史，儒学在日本文化历史上的存在及其影响也是有目共睹的，只是我们不要再抱有"同文同种"的幻想，也不要以"中华文化一元论"的预设，想当然地以为中国儒学在近世日本社会及其一般民众中具有压倒性的影响力。

此外，当我们用"东亚××"的称呼来概括东亚思想史之际，还要特别注意"儒教"和"儒学"这两个概念的区分。一般而言，在日本学界，"儒教"和"儒学"的使用很随意，前者系指儒家思想的教化体制，后者系指儒家的义理形态。

---

① 以上参见张崑将：《日本德川时代古学派之王道政治论——以伊藤仁斋、荻生徂徕为中心》，第1章"绪言"，台北：台湾大学出版中心，2004年，第1—2页。并参见泽井启一：《"記號"としての儒學》，东京：光芒社，2000年，第125—126页。

两者的含义是有细微之差别的。若使用"东亚儒教"来概括日本近世思想史，的确会给人造成一种印象：在德川日本已有了中国儒学的一套教化体制，事实上，儒教在德川日本不但没有一统天下，更谈不上以儒家思想为核心建构起了一套遍布社会各层的教学制度。因此在这个意义上，我们的确要慎用"东亚儒教"的说法，以免"儒教"成为覆盖东亚的宰制性概念。[①] 但就德川思想的历史状况而言，事实告诉我们，儒学思想例如孔孟之道在德川日本的大多数学者身上有着深厚的影响，这也是不容否认的历史事实。因此在这个意义上，我们即便使用"东亚儒学"来概括当时的中国、日本还有朝鲜的思想状况，我看也不会是违反史实的虚构。至于"东亚儒学"概念是否含有"中心对边陲""整体对部分"的思维痕迹，是否含有"中国中心主义"的强烈意向，端在于从事东亚儒学研究者自己是否对此问题有清醒的意识，这是因为"东亚儒学"作为一个后设的概念以概括近世东亚的思想状况之际，已然不免后人的判断及立场。事实上，近世东亚的儒学思想史本身并不必然地具有"中国中心主义"的内涵，也并不构成对日本儒学或朝鲜儒学的排斥，相反，儒学在东亚地区的流传必然与各地域的文化传统构成相斥或相融的关系，进而产生出各自独特的"本土化"儒学——又可称为"儒学本土化"或"儒学在地化"，就近世日本而言，亦即"儒学日本化"。

与黄俊杰和张崑将的探讨偏重于"儒学"这一关键词相比，日本思想史研究专家子安宣邦在参与台湾大学举办的各种东亚研究会议之初，就再三提醒人们必须注意另一个重要的关键词——"东亚"，特别要注意"东亚"论述的历史性内涵。他指出：作为文明史、文化史的"东亚"是"热切地想要'脱亚'的近代日本内部的东方主义（orientalism）者所建构的概念。但是我们要注意，所谓'东亚'正是为了改变指向中华主义文明中心的一元论要素而发展出来的文化地域概念。我们可以预知，这个新的文化地域概念'东亚'将会产生地域内的

---

① 在日本学界通常也使用"日本儒教"一词，例如服部宇之吉（1867—1939）为安井小太郎（1858—1936）《日本儒教史》（东京：富山房，1939 年）作序云："言'日本儒教史'有两个意义，其一是作为日本儒学的历史，另一则是在形成日本儒学史上，与吾固有的皇道融会，成为浑然一道，此即'日本儒教'也。"（第 1 页）可见，这里的"儒教"涵指与日本皇道融为一体的日本儒学，显示出与中国儒学的根本差异。要之，"日本儒教"盖指日本化的儒教，如果说"东亚儒教"，则是涵指东亚化的儒教，这里的儒教一词就有了强烈的覆盖性、宰制性。

多元性的文化发展"①。这就告诉我们,"东亚"不是一个不言自明的地域概念,它作为一种文化地域概念,是具有历史内涵的。它的历史与近代日本的"东方主义"密切相关。② 在子安看来,近代日本在审视东亚之际,就是运用了这种"东方主义"的眼光。这就提醒我们必须将"东亚"放在近代日本的历史场景中来加以思考,这一概念往往是两层含义纠缠交织在一起:一方面是采用西方普遍主义来拒斥中华文化的一元主义论述,另一方面又站在日本特殊论的立场来对抗欧洲的所谓普遍价值。③ 更为重要的是,到了20世纪30年代,随着帝国日本的形成,"东亚"这一概念的背后又预设了"帝国日本的地政学"含义。子安宣邦之所以再三强调这一点④,这是因为他有一个无法消解的忧虑:如果我们不严肃认真地检讨这个被帝国日本重组出来的"东亚"概念,说不定在哪一天"东亚"又会成为"往日帝国日本幻想的再生"。⑤ 由日本学者发出的这一沉重的声音,值得我们认真倾听。

　　除了对"东亚"论述展开严肃批评以外,子安宣邦还积极提议由实体的"东亚"向方法的"东亚"进行转换。他承认对于东亚各地的儒学史研究者来说,若能将儒学史与作为文化地域之概念的"东亚"结合起来,是可以"找到论述之原点"的,但是他同时又严肃地指出:如果只是记述"起源于中国的儒学、儒教文化在东亚细亚各地的多样性展开,这就与1930、40年代帝国日本的'东亚'文化史论述并无二致"。为了避免这一点,有必要在重构"东亚"时,将实体的

---

　　① 子安宣邦:《"東亜"概念と儒学》,氏著:《"アジア"はどう語られてきたか——近代日本のオリエンタリズム》(《"亚洲"是如何被言说的——近代日本的东方主义》),东京:藤原书店,2004年,第187页。

　　② 所谓"东方主义",盖指西方学者常常以自身为普遍性准则,而将东方视作停滞落后的特殊性空间,因此东方应按西方的普遍原则来融入西方的普遍世界。参见萨义德(Edward W. Said, 1935—2003):*Orientalism*, New York: Vintage, 1979;中译本有王宇根译:《东方学》,北京:生活·读书·新知三联书店,1999年。将萨义德的东方主义批判理论纳入东亚领域来审视近代日本与中国,则可参见石之瑜:《日本近代性与中国——在世界现身的主体策略》,台北:"国立"编译馆,2008年。

　　③ 参见子安宣邦:《"アジア"はどう語られてきたか——近代日本のオリエンタリズム》,第188页。

　　④ 按,关于"东亚"问题,子安宣邦在2000年11月参加韩国成均馆大学主办的"东亚学术国际会议"发表的一篇论文《昭和日本と"東亞"概念》已有明确的阐述,该文发表在《環》第5号,东京:藤原书店,2001年4月,又收在作者的《"アジア"はどう語られてきたか——近代日本のオリエンタリズム》一书中。

　　⑤ 参见子安宣邦:《"アジア"はどう語られてきたか——近代日本のオリエンタリズム》,第189页。

东亚概念转换成作为"思想方法的概念"。① 所谓"作为方法",乃是现代日本学者非常喜欢使用的一个特殊概念,从竹内好的"作为方法的亚洲"、沟口雄三的"作为方法的中国",到子安宣邦的"作为方法的江户",等等,这个"作为方法"的提法虽然不太符合中文的表述习惯,然而究其意旨,无非是说须将研究对象——例如"中国"或"儒学"——"他者"化、"特殊"化。基于此,所以"作为方法的东亚"便是主张"东亚"是一多元性的文化概念,而儒学在东亚并不意味着拥有整体性、同一性的实体存在,它只具有"他者"的意义。依我看,这一观点的实质在于:打破"中华文化圈"或"汉字文化圈"等概念所建构起来的中华文化一元论论述,将以往"东亚"的论述实践由实体性描述转向方法论建构,而在此过程中,须彻底否认作为对象的——亦即"他者"化的中国主体性,只有这样才能反衬出解释者的主体性。

子安宣邦充满热情地认为 1997 年在成功大学召开的"台湾儒学研究'国际'学术研讨会")便是作为方法的"东亚"论述的最佳例证②,然而若干年以后,却使他由期望转而感到失望,渐渐地从台湾大学主持的东亚文化研究活动中淡出。

一　何谓"东亚":一场没有交锋的论战

在 20 世纪与 21 世纪之交的前后几年,子安宣邦曾是台湾学界的座上客,他的那部论著《东亚儒学:批判与方法》的大部分文章便是在 2000 年至 2002 年期间参加台湾东亚会议而撰写的,此可见子安参与"东亚儒学"的论述实践原本是十分积极的。然而他在 2005 年 2 月 22 日却以书面形式表达了对台湾大学东亚文化研究的不满。③ 关于个中缘由,笔者并不清楚,也不宜妄加揣测。

---

① 以上参见子安宣邦:《"アジア"はどう語られてきたか——近代日本のオリエンタリズム》,第194—195 页。

② 同上,第 196 页。

③ 据户仓恒信所言,子安宣邦在信中"宣布退出"台湾大学的东亚研究计划(参见氏著:《省思"东亚的近代"的必要性:从子安宣邦的"来台"意义谈起》,《文化研究》第 6 期[增刊],2008 年夏季号,第 186 页)。然而事实上,子安并非该研究计划的成员,也就无所谓"退出"。显然,户仓之说不免夸大其辞。

我们所关心的是，子安宣邦与台湾学界在东亚儒学问题上究竟发生了什么意见冲突？而这些意见分歧又显示出哪些值得思考的问题？以下我们先从"东亚"一词说起。

无疑地，"东亚"原本是一个日本词汇，如前所述，带有第二次世界大战以来的"战争记忆"，与我们今天所使用的"东亚"一词不可同日而语。至于"东亚"一词的词源学问题，特别是在中国和日本的近代历史上，该词是如何出现及其演变的问题，陈玮芬的论文[①]所述甚详，她在子安宣邦的论述基础上[②]，指出这个词汇未见诸中国的《词源》《辞海》等主要辞书，而是出现在20世纪20年代的日本，最早是作为学术性的专用名词而出现，亦指文化意涵的地域概念，到了30年代以后，逐步演变成地政学概念，并且被进一步扩大为帝国日本建构"东亚共同体""大东亚共荣圈"的理念。

较早的有关"东亚"论述，可以左翼思想家尾崎秀实（1901—1944）的下述言论为代表：

> 在当下的情势下，作为实现"新秩序"之手段的"东亚协同体"，确实是日中事变（引者按，即1937年"七七事变"）进程中所孕育的历史产物。[③]

所谓"新秩序"是相对于西方帝国主义的"世界旧秩序"而言的一个说法，可见"东亚共同体"这一概念是在战争背景之中提出的，因而具有浓厚的政治性意图。直至后来出现的"大东亚共荣圈"，这一政治意图被阐释成："大东亚"是"以日本为主"的，包括"中国及其周缘、隶属中国政治文化圈的诸国家、民

---

① 陈玮芬：《近代日本汉学的"关键词"研究：儒学及其相关概念的嬗变》，台北：台湾大学出版中心，2005年，第101—135页。

② 参见子安宣邦：《"アジア"はどう語られてきたか——近代日本のオリエンタリズム》。

③ 尾崎秀实：《"東亞協同体"の理念とその成立の客観的基础》，原载《中央公論》1939年1月号，收入米谷匡史编：《尾崎秀實時評集——日中戰争期の東アジア》，东京：平凡社，2004年"东洋文库"本，第187页。关于尾崎秀实参与"东亚共同体"（又称"东亚协同体"）理论建构的过程，参见野村浩一：《近代日本的中国认识：走向亚洲的航迹》，第2章"尾崎秀实与中国"，张学锋译，北京：中央编译出版社，1998年，第171—199页。按，作为左翼思想家的尾崎，他理想中的所谓"东亚新秩序社会"乃是"世界革命的一环"（同上，第196页），这与帝国日本的东亚论述并不相同。

族"，也包括"中国政治文化圈之外的南方国的诸国家、民族"。① 这个以"日本为主"的所谓"大东亚共荣圈"，就是当年日本发动侵略的一种观念表述。

为什么必须以"日本为主"呢？这是因为在当时帝制日本的国家意识形态之下，人们已然形成了这样一种看法："体现了三千年东方文化之精髓"的是日本而不是中国，更重要的是到了近代，又唯有日本能够"摄取西方文化与科学，融合了东西方文化，成了东方的主要势力。所以，日本有绝对的资格为东方文化的融合无间预作准备"。② 这些学者的议论及其观点无疑为帝国日本的侵略行为提供了意识形态的需要；换言之，他们欲从观念上为当时的那场战争提供合理性证明。作为国家的宣言，1943 年帝国日本发表的《大東亚共同宣言》（东京：新纪元社，1944 年）则意味着"东亚共同体"已然上升为国家的意识形态，公开宣称在中国以及在南太平洋展开的战争是为使亚洲"从英美之桎梏中解放"出来的"正义"战争，同时也是为了"建立世界之和平"的战争。

那么，1945 年以后，"東亚"一词从社会上的消失，是否等于该语的历史含义及其问题本身也随之消失呢？回答是否定的。更不用说，"東亚"所含有的战争记忆从来没有从东亚各国消失过。对于 20 世纪初日本帝国的侵略行为进行思想批判在现代日本（1945 年以后）不断地进行着，但是这种批判的声音局限在一部分学界内部，长期以来并没有向日本以外的世界特别是深受侵略战争之害的东亚地区积极传达这种声音，以至于在中国、朝鲜、韩国等地的老百姓印象里，日本政府仍然没有对那场侵略战争有深刻的反省，所以自 20 世纪 90 年代中期以来，才会出现由 105 名日本国会议员组成的"历史研究会"，1995 年编纂出版了《大东亚战争的总结》③，公然否认那场战争的侵略性质，这就令人怀疑他们的声音是否代表了日本国民的声音呢？更令人瞩目的是，不仅该书的出版恰逢战后 50 周年，而且与日本政府发表"村山讲话"（承认那场战争的侵略性并对亚洲受害国表示谢罪）为同一年。这一年还有一件标志性的"事件"发生，由右翼知识分子构成的"自由主义史观研究会"成立，鼓吹修正历史，两年

---

① 参见矢野仁一：《大東亞史の構想》，东京：目黑书店，1944 年，转引自上引陈玮芬论著，第 133 页。

② 参见平野义太郎：《大アジア主義の歴史的基础》，东京：河出书房，1945 年，转引自上引陈玮芬论著，第 131 页。

③ 由日本辗转社于 1995 年出版，新华出版社于 1997 年出版了中文译本。

后的 1997 年，持有同样立场的"新历史教科书编纂会"成立，将知识界的战争批判及其反省统统斥之为"自虐史观"。可见，"东亚"不仅是一个历史问题，而且至今依然是一个敏感的现实问题，尽管对这股右翼思潮展开严厉批判的日本知识人亦大有人在。[1]

　　所以，将"東亜"改换成"東アジア"，不是解决问题的方法，反而更令问题显得复杂。子安宣邦便质问道："'東亜'は死に'東アジア'は生まれたか"[2]，翻译成中文就是"'东亚'之死而能产生'东亚细亚'吗？"——子安给出的答案是否定的。他指出，在二战以后的很长一段时期，伴随着"冷战构造"的出现，日本关于亚洲问题的"国家判断"一直处在"停止状态"，意谓日本一直没有以"国家意思"的姿态，对过去的历史清算以及对亚洲新关系的构想向亚洲各国做过明确的表态。更令人沮丧的是，即便到了 80 年代"冷战构造"崩坏之后，这样的判断中止状态仍然持续着。因此，在对二战前"東亜"概念的"死"没有做出清算之前，便要异想天开地重构"东亚细亚"，无异于欺骗自己。

　　关于"作为文化概念的'东亚'"是否可能？子安提出了一个定义："所谓文化概念的'东亚'，是对中华主义的文明一元论指向，以相对化的形式而重构起来的地域概念。"[3] 这是说，作为文化概念的"东亚"是对战前"东亚"的地政学概念"东亚"的一种反省和批判之上才能形成，它涵指以中国为起源的文明这一广泛地域的"共通性"的地域内部所存在的"多元"文化形态。而且这不仅仅是一种文化概念，更是一般意义上的"广域"性概念。他指出，根据这一概念的"广域性"，而将本国本民族中心主义相对化，所以这一概念可以包含从文化到经济等各种生活领域，在空间上也可包含多样多层的相互交流，"东亚细亚"并不是国家间关系的"实体化"，而是使生活者的相互交流成为可能的一种表示

---

　　① 参见小森阳一：《天皇的玉音放送》，东京：五月书房，2003 年；中译本有陈多友译，北京：生活·读书·新知三联书店，2004 年。高桥哲哉：《靖国问题》，东京：筑摩书房，2005 年；中译本有黄东兰译、孙江校，北京：生活·读书·新知三联书店，2007 年。针对此书的评论，可参见小岛毅：《靖国史観：幕末維新という深淵》，东京：筑摩书房，2006 年；高桥哲哉：《国家与牺牲》，徐曼译，北京：社会科学文献出版社，2008 年。中文论著可参见赵京华：《日本后现代与知识左翼》，北京：生活·读书·新知三联书店，2007 年。

　　② 子安宣邦：《昭和日本と"東亜"の概念》，《"アジア"はどう語られてきたか——近代日本のオリエンタリズム》，第 101 页。

　　③ 同上，第 103 页。

"关系域"的文化地域概念；换言之，也就是一种"方法的"概念。[①] 这才是用我们的手来解构帝国日本的"東亜"概念，以便重新建构"东亚细亚"的一个可能途径。要之，子安所揭示的"东亚细亚"是一种方法论概念，是将中华文明相对化了的文化概念，是承认这一广泛地域中文化多元性的概念。所以，可以称其为"作为方法的东亚论"或者"文化地域东亚论"。由此也就能理解他为何对 20 世纪 90 年代开始出现的"东亚论"非常敏感而又小心谨慎的缘由了，他担忧的是，在没有对 20 世纪 30 年代帝国日本的"东亚论"做出彻底清算之前，便轻易地提出重构"东亚"，这是不负责任的缺乏批判精神的态度。

不过，子安的担忧虽有一定道理，作为历史学家对于 20 世纪初的"东亚"论述也确有必要加以厘清，确定其产生的政治文化背景，把握其内在的蕴涵及其指向。但是及至 21 世纪，当中国大陆以及台湾学者重提"东亚"之时，并不是从地缘政治学的角度来讲的，更没有将其与帝国日本的"东亚"论进行比附的任何意图。说穿了，在当今中国或许对于日本为何在"东亚"问题上"停止判断"有一定的关心，而且常有过激言论，然而就学界的状态看，只是有部分学者对于作为历史事件的近世东亚的"儒学"问题略有关注而已，他们所谈论的也大多是近世东亚儒学问题，很少涉及帝国日本的"东亚"论问题。对此，子安一再表示忧虑，认为那些学者不是过于迟钝，就是别有用心，其实这有点多虑了。事实上，帝国日本的"东亚论"的历史清算，应当是日本学者自觉努力的一项任务，并有义务向东亚其他国家的学者发出明确的信息，而不宜与中国学者从事东亚儒学研究的学术趣向混为一谈。当然也须承认，作为日本学者的这种时代忧患意识以及历史批判意识是值得重视的，他们对"东亚"问题的批判性建议也应当引起我们深思。

然而子安并没有停留在对东亚问题的历史反省，他对当今东亚儒学研究的趋向也提出了一些应当特别注意的问题。例如子安宣邦非常警觉当今"东亚"论述有可能使"中华文化一元论"得以复活，他指出，历来以中华文明一元论为核心的所谓东亚论，有一个基本的思维结构，亦即中心/周边的思维结构，由此出发，政治上落为主导/服从的结构，文化上落为发源/接受的结构。这一思维

---

① 参见子安宣邦：《昭和日本と"東亜"の概念》，《"アジア"はどう語られてきたか——近代日本のオリエンタリズム》，第 103—104 页。

结构的实质则是中国自古以来的"华夷秩序"结构，其结论必将导致"中华帝国为核心的文化一元论"。[①] 对于这一"文化一元论"，子安的批判非常强烈，也引起了黄俊杰的关注（详见后述）。从历史上看，这种所谓"一元化东亚世界"的首次出现是以隋唐中华帝国为标识的。[②] 令人颇感奇妙的是，隋唐中华帝国的"一元论"到了20世纪初，帝国日本也出现了另一种以建设东亚新秩序为口号的"一元论"，我们姑且可以称其为"二种一元论"。如果前者是以中华文明为中心的话，那么后者则以何种文化为中心呢？无疑就是以已经宣告近代化（亦即欧化）成功的日本为中心。显然"二种一元论"的内涵有着根本不同，但其论述方式却惊人地一致——亦即均以某种普遍主义的"一元论"为观念基础。

其实，"东亚世界"是日本史学家西嶋定生（1919—1998）提出的一个著名观点[③]，其目的在于批评"一国史"日本论——亦即日本的历史是与中国毫无关联而独自发展形成的这种偏见。正如李成市所指出的："西嶋的东亚世界论的构想，意在克服战前体制下的自以为是的特殊化日本史，是欲从世界史的文脉中来重新理解日本史的一种尝试、一种理论。"[④] 西嶋以"东亚世界"来批评"一国史"的日本论述到底具有何种理论效力，可以暂置勿论，但他反对"日本史特殊化"的努力却引发了学界的强烈关注。有趣的是，针对他的有关东亚世界的四大要素之定义，高明士认为除了四大要素以外，还应加上一条"科技"，他指出，西嶋"此说大致可被接受，惟仍欠周延，即忽略中国科技要素在此一地区之流通。所谓科技，此处特指中国官府所传授的天文、历法、阴阳学、算学、医学等"[⑤]。

后来，高明士将有关东亚文化圈五大要素的这一见解纳入2002年6月由

---

① 参见子安宣邦：《东亚儒学：批判与方法》，"序"，第6页。

② 参见2002年6月台湾大学主办"东亚文化圈的形成与发展"学术研讨会的"会议提要"。又见子安宣邦：《"东亚"概念与儒学》，《东亚论：日本现代思想批判》，第91页。

③ 西嶋定生：《東アジア世界の形成：総説》，岩波书店讲座：《世界歴史》第4册，东京：岩波书店，1970年，后收入西嶋定生：《中国古代国家と東アジア世界》，东京：东京大学出版会，1983年。

④ 西嶋定生著、李成市编：《古代東アジア世界と日本》，"解説"（李成市），东京：岩波书店，2000年"岩波现代文库"，第269—270页。

⑤ 高明士：《当代东亚教育圈的形成——东亚世界形成史的一侧面》，台北：中华丛书编审委员会，1984年，第15—54页。又见氏著：《天下秩序与文化圈的探索——以东亚古代的政治与教育为中心》下篇，第一章"东亚文化圈的形成"，上海：上海古籍出版社，2008年，第228页。按，该书原由台北的喜马拉雅研究发展基金会于2003年出版，原书名是"东亚古代的政治与教育"，2004年再由台湾大学出版中心出版。

台湾大学主持召开的"东亚文化圈的形成与发展"学术研讨会的主旨说明①，而且意外地引发了争议。子安宣邦对此"五大要素"说虽然没有特别的批评，但是他对这个会议主旨表示了相当的不满，在他看来，这个会议主旨的说明只不过是"传统的'中华帝国'话语的重构"②。这一解读显然有子安自己对东亚问题的解释立场，但他对台湾大学东亚会议的这种极为苛刻的评论，显然缺乏冷静的理解姿态。问题的复杂性在于，子安这篇会议论文的前言部分，却未见此后出版的该会议论文集。③ 据我的推测，会议论文的编辑者不至于大胆到随意删除子安论文的文字，合理的情形是，子安提交会议论文之际，原本没有这段"前言"，后来子安在藤原书店的杂志《环》第 9 号（2002 年夏号）上发表该文时特意增补了这段说明。

不过，有一位在台湾大学攻读博士学位的日本留学生户仓恒信撰文④ 为子安宣邦抱不平，指出这次会议的研究群体显然表明了"'自我实体化'的立场"，"宛如是为了挑战几年来子安所提出的'方法'概念而来，但其背后的理论根据却有相当薄弱之处"。⑤ "挑战"一词具有相当的火药味，然而事实上据我对会议论文集的初步阅读，完全看不出任何学者有意"挑战"子安的"方法"（按指子安的"作为方法的"概念），因此"挑战"一词不免太过意气用事了。那么，所谓理论依据"薄弱"，又体现在什么地方呢？据该文作者的分析，其中之一是因

---

① 关于这次会议主旨说明的中文版，参见《东亚论——日本现代思想批判》上篇，第 6 章 "'东亚'概念与儒学"，第 89—92 页。原文略云："东亚文化圈包括汉字、儒教、律令、中国科学技术（特别是医学、算学、阴阳学、天文、历算等）和中国佛教五个要素。东亚文化圈的形成并非一朝一夕之事，而是经历了多次的转变。至七八世纪上述的汉字等五个共同因素才全部出现了，这就是隋唐时代。这以前可以称为东亚文化的酝酿期，中国文化的这些要素陆续传到东亚地区，历经时间和环境的考验才得以见到具备了上述汉字等五大特征的东亚文化圈的出现。19 世纪中叶以来，强大的西方文化大举东渐，致使东亚文化圈陆续解体。"

② 子安宣邦：《"東亜"概念と儒学》，《"アジア"はどう語られてきたか——近代日本のオリエンタリズム》，第 176 页。

③ 高明士主编：《东亚文化圈的形成与发展：儒家思想篇》，台北：台湾大学历史学系，2003 年（后由台湾大学出版中心于 2004 年再版）。亦收入子安宣邦：《东亚儒学：批判与方法》。笔者使用台湾大学历史学系 2003 年版。然而，上引户仓恒信的论文却尖刻地指出，"前言"部分的失落乃是会议论文编辑者的有意"删除"，此说显然有悖事实。

④ 户仓恒信：《省思"东亚的近代"的必要性：从子安宣邦的"来台"意义谈起》，《文化研究》第 6 期（增刊），2008 年夏季号。

⑤ 同上，第 178 页。

为会议组织的主旨说明将"中国的科技"这一要素莫名其妙地添入西嶋定生的"东亚世界论"之中,由于"中国的科技"是"中国文化圈"所"塑造出来"的,所以"中国的科技"是"中国文化圈"的一部分,而这样的论证方式是一种"循环论"而"无法成为有效的概念'定义'"。① 不得不说,这一批评似是而非,中国的科技当然是中国文化圈的一部分,构成其要素之一,何以有中国科技是"中国文化圈"塑造出来的说法? 可以看出,户仓欲为子安辩护而批评台湾大学的东亚研究,然而其论述却有不少揣测部分,本来并不值得一驳,但是既然该篇文字已公开发表,故有必要做以上的澄清。②

重要的是,上述子安的批评引起了黄俊杰的注意,他也意识到了问题的严重性,故有《"东亚儒学"如何可能》之作,然而依户仓恒信的看法,黄文的论证仍有漏洞。他特别针对黄文所说的东亚儒学在其形成过程中"既展现'发展的连续性',又呈现'结构的整体性'"提出了批评:"那么为何于文中无法提出对于'战前日本'到现在的'东亚'论述之所以能免于被批判的理由? 这都是因为其(引者按,指黄俊杰)无法向读者提出'如何可能'的根据。"③ 其意是说,黄文在讨论东亚儒学如何可能之际,必须对于"战前日本"的东亚论以及当代日本对这种东亚论的历史批评做出必要的回应,如果忽视了这一点,就无法回答东亚儒学如何可能的问题,然而户仓恒信的这个质问过于牵强。我以为中国学者在探讨东亚儒学的问题时,有关日本东亚论的批判并不应当是东亚儒学这一问题设定的学理性前提。

诚然,黄俊杰一文欲为其研究团队推动东亚儒学研究提供一种观念上的基

---

① 参见户仓恒信:《省思"东亚的近代"的必要性:从子安宣邦的"来台"意义谈起》,《文化研究》第6期(增刊),2008年夏季号,第180页。

② 不过子安宣邦似乎很看重户仓恒信的这篇论文,他在相隔八年之后的2010年3月26日成功大学的一次讲演中,指出户仓该文对其"东亚"论述"是很重要的补充与佐证"(参见子安宣邦:《再论"作为方法的东亚"》[未刊稿],注4)。然而依我看,户仓论文未免给人以一种印象:他处处将子安宣邦与黄俊杰做两极对立的处置。这个做法也是有悖事实的,其实两人之间虽有意见分歧,但总体来看,却是一种良性的互动。事实上,子安对黄俊杰的东亚研究多有肯定(参见氏著:《"亚洲"是如何被言说的》,第105页注9,第192—194页等),如下文所述,黄俊杰对子安的研究亦颇多赞赏。

③ 参见户仓恒信:《省思"东亚的近代"的必要性:从子安宣邦的"来台"意义谈起》,《文化研究》第6期(增刊),2008年夏季号,第184—185页。按,关于"结构的整体性"一词,后来黄俊杰将此文收入《东亚儒学:经典与诠释的辩证》时修改为"思想内涵的相似性"(第39、40页),又称"思想上的家族相似性"(第41、42页)。这一改动很重要,若推测无误的话,这应当是黄俊杰相应于子安宣邦之批评的互动结果。

础和方法上的进路，但他明显地意识到子安宣邦的批判性东亚论述，他引其说：

> 如果把"东亚儒学"当作不言自明的概念，以此为出发点所记述的东
> 亚儒学史，将成为朝鲜、日本等周边地域的儒学发展史，带着向儒学核心
> 回归的性质。这样的儒学史记述，以"中心—周边"的结构关系为前提。
> 政治上它是支配（中心）—服从（周边）的结构，文化上就变成发源（中
> 心）—接受（周边）的结构。这个结构传统称之为"华夷秩序"，是一个中
> 华中心主义的文化秩序、国际秩序。当"东亚儒学"被认知为不言自明的
> 概念时，我们就被迫无条件接受中心—周边的文化结构，与以中华帝国为
> 核心的文化一元论。①

黄俊杰称赞此论"的确一针见血"，并表示以中国儒家传统作为中心的文
化一元论正是"中华帝国政治上的'华夷秩序'作为基础而展开论述"的，而且
这种"文化唯我论"实不可取。接着黄俊杰表示，这种"文化一元论"随着1911
年辛亥革命成功、清帝国的瓦解而进入历史，在当今21世纪的世界政治与文化
是建立在"多元文化"与"多元现代性"的肯认之上而展开的。黄俊杰在此基础
上，发表了他对"东亚儒学"概念的一个基本看法：

> 在承认儒学传统在东亚……各地域，各自展开其多彩多姿、多元多样
> 的面貌与内涵，但却又异中有同，东亚各地之儒者都心仪孔孟精神原乡，被
> 《论语》《孟子》等原典所感召，并因应他们身处的时空情境的需求，而出新
> 解于陈编，建构深具各地民族特色的地域性儒学传统。简言之，"东亚儒学"
> 的特质在于"寓一于多"，在儒学传统的大框架中展现东亚文化的多元性。②

这是说东亚儒学并不是文化一元论，而呈现出"文化多元性"之特质③，也

---

①　黄俊杰：《东亚儒学：经典与诠释的辩证》，第42页。

②　同上，第43—44页。

③　这个"寓一于多"的说法，是黄俊杰"东亚"研究的一个重要立场。有趣的是，日本学者山室信一也有与此相似的"多而合一"说，参见氏著：《"多而合一"的秩序原理与亚洲价值论》，吴志攀、李玉主编，包茂红副主编：《东亚的价值》，北京：北京大学出版社，2010年。

就是说,东亚儒学既有多元性又有同一性。至此,黄俊杰巧妙地回应了子安宣邦的质疑,但又不是将多元论化约为相对论。其实,黄俊杰的相关论述充满了一种"张力",用他自己的话说,也就是"中国儒学价值理念与东亚地域特性之间的张力"①。意谓东亚文化的普遍性与东亚各地域文化的特殊性之间的张力,关于这一点,我们稍后再做较详的讨论。

事实上,既然说到"儒学价值理念",就必然涉及一个问题,何谓"儒学价值"? 如果这种"儒学价值"在东亚历史上是存在的,那么它是否具有普适性? 至少对于东亚来说,它应该具有普适的意义。黄文的措辞虽然微妙,但其内心仍然认为,儒学存在着一种普遍性的价值观念,上引所谓的"结构的整体性"以及后来修改成的"思想上的相似性"的表述都表明其有一个基本想法:东亚儒学必有普遍价值之存在,而且这一点是不由解经者的立场所左右的。所以他在该文的结语中,就明确指出:

> "东亚儒学"是一个自成一格的(*sui generis*)、自成体系的学术领域,它并不是⋯⋯各地儒学的机械式的组合或拼装,也不是东亚各地儒学的总合而已。相反地,当东亚各地儒者共同诵读孔孟原典,企望优入圣域的时候,东亚儒者已经超越各地之局限性而形成一种"儒学共同体",共同体的成员都分享儒家价值理念。②

在这里,黄文不用中华文化圈或中华共同体的提法,而是直接使用"儒学共同体",至于这一概念如何成立,黄文并没有具体论证,他只是表明这一共同体成员都分享着"儒家价值理念",反过来说,正是儒家价值理念构成了"儒学共同体"的本质要素。然而在我看来,"儒学共同体"的概念设定可能有点轻率了。坦率地说,所谓"儒学共同体"与主张文化多元论而反对文化一元论的立场难以避免自我冲突,何况所谓"儒学价值"在东亚地域多元文化的历史中如何展现,这个问题更是需要澄清,其中将涉及普遍性与特殊性的纠缠。不管怎

---

① 黄俊杰:《东亚儒学:经典与诠释的辩证》,第49页。
② 同上,第55—56页。

么说，黄俊杰与子安宣邦之间虽然没有形成正面的交锋，但是子安对台大东亚研究计划由期待转而警戒最终表示不满，似已不可挽回。不过站在第三者的立场观之，子安的东亚批判虽不可轻视，然而他以此为出发点来解读乃至评判 21 世纪台湾地区的东亚研究未免有过度之嫌。

数年之后的 2008 年 4 月，黄俊杰在台湾大学做了题为"作为区域史的东亚文化交流史：问题意识与研究主题"①的公开讲演，提到二战期间日本学界出现的"世界史的使命"这一问题，他说："太平洋战争以'世界史的使命'作为合理化的基础，却使得日本所谓'世界史的使命'随着二战结束而走入历史"，然而在子安宣邦看来，这个"世界史"的问题远远没有得到清算。②看来，在这一问题上的认识差异，也是导致子安宣邦对台大东亚研究深致不满的重要原因之一。事实上，在 2008 年特别是 2010 年，子安宣邦又多次来台湾地区参与学术会议，话题仍然主要围绕东亚问题而展开。③值得一提的是其中的一场报告：《再论"作为方法的东亚"》（2010 年 3 月 26 日于成功大学）。子安在报告中回顾了多年来参与台湾的东亚研究之过程，特别提到 2002 年 6 月的那场"东亚文化圈的形成与发展"学术研讨会，表明当他读到由高明士主笔的"研讨会缘起与背景"的主旨说明之后，便对"这场研讨会所抱持的态度不禁由期待转为警戒"。

为什么呢？因为在子安看来："这篇文章像在陈述历史事实的同时极具政治意涵。'东亚'这个概念，并不是地图上有的地域概念，而是政治地理概念，是与政治支配、文化支配的欲望共存而成立的概念。"故在子安眼里，这场会议的性质是"以实体的中国文化圈作为东亚文化圈，为探究其形成与发展而举行的学术研讨会"。这是子安由其"作为方法的东亚"之立场出发而断然不能接受

---

① 黄俊杰：《作为区域史的东亚文化交流史：问题意识与研究主题》，《台大历史学报》第 43 期，2009 年，第 187—218 页。

② 参见户仓恒信：《省思"东亚的近代"的必要性：从子安宣邦的"来台"意义谈起》，《文化研究》第 6 期（增刊），2008 年夏季号，第 191 页。

③ 2008 年 4 月，子安宣邦在台湾交通大学做了《战后日本论：从冲绳来看》的讲演，同年 11 月在台湾清华大学做了《近代日本与两种伦理学》的讲演。2010 年 3 月，子安又分别在台湾交通大学、台湾清华大学和成功大学做了三场报告，依次是：《现今，询问伦理的意涵》《"伦理"语汇的死亡与再生》《再论"作为方法的东亚"》。以上各篇讲演稿的中文译本，承蒙台湾清华大学祝平次教授惠赠，谨此致谢！

的。所谓"政治地理概念""政治支配、文化支配"以及"实体"性的中国文化圈之概念，正是子安的东亚论述中所欲竭力解构的对象。当然平心而论，这场会议的组织者是否想把"东亚"纳入"地政学"范围来定义？是否想把实体的中国文化圈来覆盖东亚文化圈并进而将"东亚"实体化？我看未必尽然。问题只是会议组织者对于"东亚"论述的历史缺乏一种敏锐的批判意识。如有学者以为"东亚"是一个"很中性化的语言"[①]，这个"中性化"的说法很引人注目，意谓当今台湾学界所说的"东亚"已完成了"去脉络化"的处理，而不再含有 20 世纪帝国日本时期的那种将东亚"实体化"的意味。所以我想在 20 世纪 90 年代末，台湾大学之所以能够实施东亚文化研究计划，或许正是由于当时社会对"东亚"概念的这种认同态度为基础的。

　　然而在上述武汉大学的研讨会上，陈来则指出，在 20 世纪 90 年代以降台湾地区的政坛上兴起的一股所谓"去中国化"的风潮中，台湾学者有意识地将中国研究转向东亚研究，这是当今台湾地区何以热衷于东亚儒学之研究的一个重要背景。[②] 当时与会者之一的澳大利亚国立大学梅约翰（John Makeham）教授在会后提供给笔者的一篇论文中，也指出展开东亚研究是台湾学界研究中国传统文化的学者为应对"去中国化"的新形势而采取的一种"策略"。[③] 说实话，当时我对这种外缘性的背景分析不敢遽下断言，通过 2010 年 9 月重访台湾大学，使我进一步了解到台湾学界的不少知识精英关注于"东亚"问题由来甚久，绝非始于 20 世纪 90 年代末。

　　不过，我觉得更令人关注的是，台湾学者在推进东亚儒学研究的过程中，往往呈现出"东亚意识"与"台湾意识"彼此交织的心态，同时还存在着"文化认同"（即对"文化中国"的身份认同）的问题，只是他们对两岸的政治现状所

---

　　① 杨儒宾语，参见《子安宣邦思想论坛·东亚世界与儒学》，《文化研究》第 6 期（增刊），2008 年夏季号，第 93—94 页。

　　② 2016 年 5 月 9 日补注：陈来之意只是说，2000 以后台湾当局推行的"去中国化"构成了当时的一种社会背景，而不是说台湾大学的东亚儒学研究之目的在于迎合"去中国化"政策。今天看来，台湾地区的东亚儒学研究所秉持的是"多元中心论"意义下的"去中心化"之学术立场，与"去中国化"不可同日而语。这是必须加以明确区分的。

　　③ 参见梅约翰：《东亚儒学与中华文化民族主义：一种来自边缘的观点》，复旦大学文史研究院编：《从周边看中国》，北京：中华书局，2009 年，第 122 页。

采取的大多是一种超脱的态度而拒斥单纯的"政治认同"。至于"台湾意识"以及两种"认同"之间的张力等问题，则有待今后的深入考察。我以为通过考察或将有助于我们了解当今台湾地区东亚研究的社会文化背景，反过来也将促使大陆学界对东亚问题表明自身的学术立场。

二　近世以来东亚文化差异巨大论

由上可见，在有关何谓"东亚"的问题上，子安宣邦认为这不仅是一个文化地域概念，还是一个具有特定历史内涵的概念，我们只有将20世纪帝国日本的"東亜"论述做出彻底清算，才能重新面对"东亚细亚"（即"东亚"），而且更重要的是，为避免重蹈覆辙，必须彻底放弃"东亚"实体化、一体化的幻想，只有将"东亚"视作"方法"，才能重建"东亚"的多元论述。所以他一再重申："'东亚'与其他'东洋'等一样，乃是历史的、政治的概念，绝非单纯的地理概念。"他甚至强调："我认为，亚洲问题对于日本人来说，离开了20世纪的历史体验是无法表述的，而且也是不可论述的。"[①] 这种"不可论述"的态度很令人同情也能理解，但这毕竟已经是一种论述，只是这种"论述"颇有一点"后现代"的味道，他总是将论述的着力点放在"解构"上而不是放在"建设"上。关于这一点，子安自己也有清醒的意识，并且也试图为如何建构"东亚"提供答案，例如他在2010年3月的成功大学举行的会议上这样说道：

> 虽说反对"东亚"概念的实质化和"东亚文明圈"的重新建构，但并不表示我有明确的取而代之的答案。我知道在全球化的进展与20世纪式国家概念的动摇之下，需要新的地域概念，但目前只能反对单纯再生20世纪广泛的区域概念，并以如下的暂定提案回答。我建议不要把"东亚"概念实体化，而是作为论述的关系框架将"东亚"视为方法的概念。例如，借由拥有"东亚"这共通的关系框架，将单一国史或帝国式的历史纪录相对化，让新的亚洲历史纪录成为可能，这样的方法性概念。……总之，我希

---

① 子安宣邦：《昭和日本と"東亜"の概念》，《"アジア"はどう語られてきたか——近代日本のオリエンタリズム》，第87—88页。

望是透过以"东亚"为关系框架的多层多样的交流实践，产生所有在此区域生活的人所真正需要的"东亚"。①

可见，"东亚"需要在未来建构，就此而言，子安宣邦的态度是明确的。只是他坚决反对重建一个实体性的"东亚"，亦即反对视东亚为本质之同一这类观点，而主张将"东亚"方法化。要之，在如何建构东亚的问题上，子安的答案就是一个：唯有将东亚视作"方法的东亚"。

另一方面，黄俊杰所关注的不是"东亚"问题本身的论述，而是儒学在东亚抑或东亚中的儒学之问题，他以文献批判为方法、经典诠释为手段，意图从东亚历史中寻找儒学的普遍价值，从而重新建构起有关东亚儒学思想史的一套论述。他一方面承认东亚文化的多元性，另一方面也强调在多元中存在着"一"，这个"一"就是儒学价值的普遍理念，这个"多"与"一"的关系，他表述为"寓一于多"，以为儒学价值乃是"儒学共同体"所共享的。尽管黄俊杰在近作《作为区域史的东亚文化交流史》讲演稿中强调他注重的是作为"过程"的东亚儒学而不是作为"结果"的东亚儒学，意谓我们不能仅仅关注作为历史存在的东亚儒学，更应关注的是作为当下存在的东亚儒学。同时他也坚持《"东亚儒学"如何可能》一文的立场：亦即不预设"中心 vs. 边陲"以及"正统 vs. 异端"的框架，但他并没有明确指出东亚儒学研究的目的是什么及其所能预期的结论又是什么，这就难免导致旁观者疑神疑鬼，甚至担心台湾学界想要重构"中华帝国"的东亚论述。

更令那些心怀疑虑者感到不安的是，黄俊杰已经大胆预测：随着中华帝国（1911）、日本帝国（1945）以及20世纪90年代"冷战"结构的毁灭，"进入21

---

① 　子安宣邦：《再论"作为方法的东亚"》，第6页。按，这段话引自2010年3月子安宣邦在成功大学的一次讲演，但据子安所说，这段话原是2002年子安参加台湾大学举办的"东亚文化圈形成与发展"学术研讨会上的口头说明，而这段说明并没有刊载于此后出版的会议论文集（高明士主编：《东亚文化圈的形成与发展——儒家思想篇》）。按，另据子安在接受时的自述："我（引者按，指子安）过去常被人贴了解构者的标签，而且也被当作是不事建构而不负责任的批评家。然而……我是试图建构一项运动，而非试图去解体。其中很重要的地方是，不能让死者被吸纳到国家里面去。"（刘纪蕙：《他者视点与方法：子安宣邦教授访谈》，《文化研究》第6期［增刊］，2008年夏季号，第215页）此可见子安并非是一味地解构，他另有建构的目标。

世纪以后，中国的崛起则使东亚的政经秩序再度面临重组"①。这个说法触目惊心。问题是，如何重组？由谁重组？不用说，由其文脉不难看出，这个重组的主体只能是 21 世纪崛起的中国，而重组的重要途径之一无疑是重构"东亚儒学"，作为其结果所体现出来的就不仅是文化秩序更是政经秩序了。

细心的读者马上会注意到，此所谓"东亚"已超越了一般的文化意义，而变成了"地缘政治学"或"地缘经济学"意义上的概念。这类概念不免与帝国日本所宣扬的"东亚共同体"之概念一样，"东亚"成了霸权主义以及地理政治秩序的一种象征。② 难道东亚儒学的研究是以这种"地政学"东亚概念为前提，并以重组政经秩序为目标的吗？我可以肯定地说，通过阅读黄俊杰有关东亚儒学的大量论述，可知他绝不会有一丝一毫这样的想法，他的旨意在于阐明在全球化的浪潮之下，东亚地区也难免政治经济的重组，值此之际，东亚儒学是否拥有某些可供参照的思想资源，仅此而已。所以他郑重地宣称："'东亚儒学'撤除一切藩篱，以'东亚'为整体，为'东亚'而存在。在这个意义下的'东亚儒学'，正是 21 世纪全球化时代中进行'文明对话'的重要精神资产!"③ 然而即便如此，也很难说当子安宣邦等当代日本的东亚论者看到"政经秩序重组"这个字眼就不会做这样的联想：他们会以为所谓重组是否在谋求政治经济上的东亚霸权，进而要重新建构起一个"中华文化一元论"或"中国中心论"？

不过，令子安宣邦感到事态之严重的原因还不止于此，更有日本学者也发出了类似的声音。例如日本哲学家广松涉（1933—1994）早在 1994 年 3 月 16 日，在《朝日新闻》上发表了一篇文章，标题就十分醒目："东北亚成为历史的主角——以日中为轴心建设'东亚'新体制"④，广松涉指出："人们正在要求新世界观、新价值观。这一动向由欧美尤其是欧洲的知识人作了前期准备。不过，毕竟他们不能免于欧洲的局限。混乱还会延续一段时期。新世界观以及价

---

① 黄俊杰：《作为区域史的东亚文化交流史：问题意识与研究主题》，《台大历史学报》第43期，2009年，第192页。

② 作为"地政学"概念的这个"东亚"，历来是子安宣邦猛烈批判的对象，在他看来，这个概念无疑就是帝国日本的"象征"，参见子安宣邦：《昭和日本と"東亜"の概念》，《"アジア"はどう語られてきたか——近代日本のオリエンタリズム》，第83~108页。

③ 黄俊杰：《"东亚儒学"如何可能》，《东亚儒学：经典与诠释的辩证》，第56页。

④ 广松涉：《東北アジアが歴史の主役に——日中を軸に"東亜"の新体制を》，《広松渉著作集》第14卷，东京：岩波书店，1997年。

值观最终将从亚洲产生，并将席卷世界"，而且他还断然宣称："作为日本的哲学工作者是可以这样断言的。"① 对此，子安宣邦不能掩饰他读到该文时的吃惊心情。

他对该文十分恼火的原因主要有二：一是"东亚新体制"尤其是其中的"东亚"概念，一是由欧美世界观的崩坏而导向东北亚的新世界观、新价值观的产生——而且是以日中为轴心。对于第一点，子安的批评之严厉简直到了苛刻的程度，他认为广松的主张无疑是在重现"40年代帝国日本的世界史的表象以及世界观的标语"（指"东亚新秩序""东亚共荣圈"），这一批评的语气与上述子安对"东亚"会议的批评可谓如出一辙。对于第二点，子安严厉指责广松的思路仍然停留在20世纪40年代战争时期的所谓"近代超克论"②。不管怎么说，虽然提法不同，但是不论是"政经秩序重组"论还是"东亚新体制"论，在子安宣邦的眼里所反映出来的影像几乎差不多，都是帝国时期东亚论的老调重弹。

可见，若要回答"东亚儒学"如何可能的问题，其实并不容易。因为"东亚"已然不是一个单纯的学术概念，它的含义十分广泛复杂，甚至涉及种种"帝国时期"的记忆。然而说到"儒学"，特别是说东亚的"儒学"，情况也不那么简单。例如一说到近世日本（1600—1868）的儒学史，人们常会搬出"文化"来说事，由于日本文化与中国文化的不同，因此日本儒学与中国儒学也就是两回事，不可画上等号。例如葛兆光曾指出：

> 它（引者按，指近来的"亚洲"论或"东亚"论）想象了一个具有共同性和同一性的亚洲，而忽略了亚洲和东亚的内在差异。中国、朝鲜和日本是很不一样的，他们的差异可能比中国和英国、中国和法国的差异更大，

---

① 转引自子安宣邦：《何が問題なのか：広松渉"東亜新体制"発言をめぐって》（《问题何在：就广松涉"东亚新体制"之发言而谈》），《"アジア"はどう語られてきたか——近代日本のオリエンタリズム》，第112页。

② 关于"近代超克论"（"近代の超克"），这是日本二战时期由部分知识分子兴起的一场带有强烈政治意识形态之色彩的所谓学术讨论，二战以后的日本学界长期以来对此有着非常深厚的研究积累，可分别参见竹内好著、孙歌编：《近代的超克》，李冬木等译，北京：生活·读书·新知三联书店，2005年；子安宣邦：《"近代の超克"とは何か》，东京：青土社，2008年；广松涉：《"近代の超克"論——昭和思想史への一視角》，东京：讲谈社，1989年"学术文库"。中文论述则可参见孙歌：《竹内好的悖论》，北京：北京大学出版社，2004年。

未必中国和日本的差异就小。……所谓"同文同种",是很有疑问的。①

　　这个所谓的"差异论",我们姑且称之为"17世纪以后东亚文化差距巨大论",其旨在于指出亚洲或东亚不存在什么"共同性""同一性"。当然作者对此有一个历史时间的限定,即指17世纪中叶以后,也就是特指"近世东亚",在中国,是指明亡入清(1644)以后,在日本,是指德川(1603)日本,在朝鲜,是指朝鲜王朝后期(17世纪以降),当然事实上,"近世"作为一个史学概念,原本可以指中国10世纪以后。

　　葛兆光又指出:"在十七世纪以后的三百多年中,由于历史的变迁,在文化上,东亚三国实际已经分道扬镳了。……在东亚三国的观念世界里面,十七世纪以后,根本就没有什么文化上的'东亚',充其量也只是一个地理上的'东亚'。""从历史上看,十七世纪中叶以后的中国、朝鲜和日本之间,在文化上已经互相不认同了。……应当说,过去东亚的对于所谓中华文化的想象和认同,只不过是汉唐时代的那个中华,连这个想象,到了十七世纪以后都没有了。"总体说来,葛兆光的看法非常尖锐。他的基本见解是,汉唐中华且不论,17世纪中叶以后的东亚三国已经分化得相当厉害,其严重程度已经到了如同东西洋之隔那样巨大。而且他强调17世纪以后的所谓"东亚文化"已经解体,所谓"东亚"只能是一个地理概念而不具有"文化"的意义了,因此,视"东亚"为一种"方法"的观点也就难以认同,至多只能认为"亚洲视野"仍有一定的意义而已,但这种"意义"相当有限,因为东亚至多只是研究中国的一个"背景"。②我很赞成葛氏的上述立场,因为由此立场出发,正可反省20世纪80年代以来出现的所谓"儒家资本主义"的讨论中将东亚想象为铁板一块式的整体性思维模式。

　　其实,这个"差异巨大论"与东亚三国的文化"差异论""非同一论"可谓如出一辙。尽管从表面上看,"差异巨大论""非同一论"与子安宣邦等人竭力主张的亚洲或东亚的"非实体论"是趋于一致的,对于近来台湾学界出现的那股东亚研究思潮也无疑敲响了一声警钟。然而,葛兆光并不能认同将中国视作方

----

　　① 葛兆光:《地虽近而心渐远——17世纪中叶以后的中国、朝鲜和日本》,《台湾东亚文明研究学刊》第3卷第1期,第290页。

　　② 同上,第291—292页。

法，更反对抽离中国的历史而来谈什么中国学。在这点上，葛兆光否认亚洲为一"实体"存在的用意便与子安宣邦等人有着微妙的差异。这差异主要表现为，在葛兆光，经过对东亚文化同一性的批判，意在指明17世纪中叶以后的东亚三国的文化心态已有了巨大变化，我们只有充分意识到这一点，才能更好地面对将来的东亚文化共同体之问题，因为所谓东亚文化共同体不是历史的存在也非现实的存在而是将来的建构问题；在子安宣邦，他通过对亚洲、东亚乃至儒教等问题的历史批判和解构，彻底否认建构东亚文化共同体的可能，而中国只能是一种"他者"、一种可以借用的"方法"，可以说，迄今为止，他的主要工作仍在东亚论述的批判而不在于探讨如何重建东亚。

按照上述17世纪中叶以后东亚文化"差异巨大论"的观点，那么到了18、19世纪以后，这种情况就变得日益明显，日本对中国的所谓文化认同感几近丧失，这一点在海外中国史学界已有不少相关的考察，例如美国的日本史专家马里乌斯·B.詹森（Marius B. Jansenze）指出，1876年日本驻华公使森有礼（1847—1889）与李鸿章（1823—1901）的一番对话反映了他们对世界局势的看法大相径庭，这充分表明日本已经与中国分道扬镳，不再将中国视作顶礼膜拜之对象了。[①] 不过，历史是复杂的，特别是19世纪近代日本在"脱亚"还是"兴亚"等问题上常常显得摇摆不定。历来以为，日本自明治维新以后，开始走向"脱亚入欧"的道路，社会上下已经呈现西学一边倒的现象，从日本近代史的大致趋势来看，此说虽不为过[②]，然而事实上，在19世纪70年代以后的相当一段时期里，在日本学界却有重振"儒教"的迹象，而且中日两国仍有不少人抱有"同文同种"的观念想象。

又如1879年前后，中国面临如何应对沙俄南侵，而日本则面对因"琉球事

[①]　Marius B. Jansenze, *China in the Tokugewa World*. Cambridge, MA: Harvard University Press, 1992, pp.116—119. 转引自王晴佳：《中国近代"新史学"的日本背景——清末的"史界革命"与日本的"文明史学"》，《台大历史学报》第32期，2003年，第200页。按，这场对话的中译及分析，可参见王晓秋：《近代中国与日本——互动与影响》，北京：昆仑出版社，2005年，第88—91页。

[②]　例如在明治初年的1872年，根据学校教育制度的最初法令《学制》，废除了幕府以来的私塾、藩校，这就从制度上使得原来的汉学及儒教失去了教育再生产的场所。1877年东京大学设立的法、理、文三学科中，一直到1883年左右，除了和汉文学专门课程以外，几乎所有学科的都用英语教学，甚至包括日本教师在内（参见黑住真：《近世日本社会と儒教》，东京：ぺりかん社，2003年，第177页）。

件"而引发的如何得到中国认同以及作为中国之属国的朝鲜是否应该"独立"等复杂国际问题,同年12月,经明治政府授意,时任天津总领事的汉学家兼外交家竹添进一郎(1842—1917)向李鸿章表示:日中两国"同种同文,势又成唇齿,宜协心勠力,以御外侮。"这里的"同种同文"的说法或有外交辞令之嫌,未必是说话者的真实想法。但事实上,明治初年确有不少官僚是主张"日清提携"论的[①],1880年11月,不少赞同此论的明治官僚及学者还组织了一个"兴亚会",当时驻日的中国外交家何如璋和黄遵宪也被邀参加。该会的宗旨是日清联合,团结亚洲,对抗西方,其依据则是"东亚同文论"。不过,已有学者指出这个所谓的"兴亚会"的成员背景及其思想理念相当复杂,很快就在1884年中法战争后,该会的论调就由"亚洲连带论"渐渐地转向"清韩改造论"乃至"日本盟主论"。[②]再过十年,甲午战争之后,这种所谓"同文同种""唇齿相依""兄弟之国"[③]的幻想便彻底破灭了。

有趣的是,也就在1880年,在首任驻日公使何如璋(1838—1891)的指示下,黄遵宪(1848—1905)起草了一万多字的《朝鲜策略》[④],内容是向朝鲜政府建议,要求采取"亲中国,结日本,联美国"的外交策略。而为了寻找理论上的支持,黄遵宪从文化的角度来追溯中朝以及中日的关系,指出中朝两国不仅"文字同,政教同,情谊亲睦",而且在地理上"形势昆连",因此两国的命运是"休戚相关而患难相共"的,两家"情同一家",至于日本与朝鲜,同样也是"壤地相接",且"种类相同"。[⑤]这里黄遵宪将中朝日的互相关系表述为"文字

① 陶德民:《明治の漢學者と中國——安繹・天囚・湖南の外交論策》(大阪:关西大学出版部,2007年)分别对19世纪末20世纪初在日本学界出现的"日清连衡论""日清同盟论"等有精彩分析,值得参见。

② 以上参见薄培林:《晚清中国官僚的中日韩联合论》,日本关西大学亚洲文化交流中心:《東アジア文化交涉研究》第5号,2010年,第470、472页。另据杨天石,1880年7月,日本人宫岛诚一郎在与驻日公使何如璋、朝鲜修信使金宏集等人会晤之际便提出了一个期望:"自今以后永好,图三国之益","联络三大国而兴起亚洲"(《黄遵宪与宫岛诚一郎笔谈遗稿》,宫岛吉亮家藏。转引自氏著:《黄遵宪的〈朝鲜策略〉及其风波》,日本关西大学亚洲文化交流中心:《東アジア文化交涉研究》第5号,第17页)。按,关于19世纪末以降日本的亚洲主义论述,可参见王屏:《近代日本的亚细亚主义》,北京:商务印书馆,2004年。

③ 按,"兄弟之国"乃是黄遵宪《致王韬函》中语,参见《黄遵宪全集》上卷,北京:中华书局,2005年,第309页。

④ 参见同上。

⑤ 转引自薄培林:《晚清中国官僚的中日韩联合论》,日本关西大学亚洲文化交涉研究中心:《東アジア文化交涉研究》第5号,第467页。按,关于黄遵宪《朝鲜策略》的撰写经过及其在朝鲜朝野引起轩然大波的经过,详参上引杨天石《黄遵宪的〈朝鲜策略〉及其风波》一文。

同""政教同""种类同"，实质上也就是用"同文同种"说将中朝日东亚三国置于同一的文化圈内，他似乎根本没有意识到日本自明治初年以降就已经开始努力挣脱所谓的中华文化圈而要"入欧"了，在他的意识中，日本仿佛仍然是中华文化的"属国"，因为所谓"文字同""种类同"的这个"同"正是在"中心—边陲"的框架中所设定的一种关系，是由作为"边陲"的日本向"中心"的中国"同化"。

但是，正如一句中国老话所说的"同则不继"，只有"同"而没有"异"，这样的"同"其实并不牢靠，即便一时存在也会在瞬间毁灭，更何况这个"中心—边陲"的定义也会随着时代的推移而发生变化，特别是到了19世纪末20世纪初的甲午战争和日俄战争，这种"中心"观便有了根本改变，这个"中心"，中国是再也没有资格自居而完全被日本所取代了。[①]若从思想史的角度看，则可说从明治初期直至20世纪中叶为止，"在日本，儒教的思想和文化的创造性最终消失了"[②]。

要之，所谓"东亚文化差距巨大论"，主要是对17世纪中叶以后直至明治维新前夕，东亚三国（中日朝）的文化心态由渐渐分离而最终分道扬镳的一个现象描述。从中我们可以发现这种"差异巨大"的心态主要发自日本和朝鲜而

---

①　例如日本明治期的著名史学家重野安绎（1827—1910）在为冈本监辅（1839—1904）编译的《万国史记》（作于1878年）作序时，就直言不讳地指出：1849年传入日本并引起轰动的《海国图志》的作者魏源以中国为天下之中心的观念很陈旧落伍（尽管他欣赏魏源重海防之苦心），他十分尖锐地批评魏源以"五洲诸邦为海国"，而将中国"自称曰中土，是童观耳，井蛙之见耳"（转引自王晴佳：《中国近代"新史学"的日本背景——清末的"史界革命"与日本的"文明史学"》，《台大历史学报》第32期，第203、204页）。然而就在甲午战后，1898年，那位洋务派著名人物张之洞（1837—1909）却向公众强调"同种"说，以勉励年轻人赴日学习现代科技，而革命派人物章太炎也曾使用这一用语，期望与日本共同建构亚洲（参见卡尔·瑞贝卡：《世界大舞台：十九、二十世纪之中国的民族主义》，高瑾等译，北京：生活·读书·新知三联书店，2008年，第218—219页）。

②　参见黑住真：《近世日本社会と儒教》，第187页。不过，有关"同文同种"的观念想象即便到了20世纪以后不但没有完全消失，而且这一概念时常在中日二元对立构造中被人作为重建亚洲秩序所利用，例如1901年日本人在上海建立的"东亚同文书院"即是一个典型事例。可参见沪友会编：《上海东亚同文书院大旅行记录》，杨华等译，北京：商务印书馆，2000年；薄井由：《东亚同文书院——大旅行研究》，上海：上海书店出版社，2001年。按，东亚同文书院的前身则是1898年在东京建立的"东亚同文会"，会长近卫笃麿（1863—1904）曾发表《同人种同盟》一文，指出："东亚将不可避免地成为未来人种竞争的舞台。……我们注定有一场白种人与黄种人之间的竞争，在这场竞争中，中国人和日本人都将被白人视为盟敌。"（《近卫笃麿日记》，东京：鹿岛研究所出版会，1968年，第62—63页）

不是中国（参见上引葛兆光论文）。朝鲜且不论，就日本而言，所谓差异巨大，乃是为了突出日本的特殊性，从而摆脱以中国为中心的观念。若从思想史上看，摆脱中国中心论就是要否认儒学价值的普遍性。由此可见，儒学普遍性与日本特殊论构成了一种紧张关系。事实上，近代以来及至现代，人们对东亚问题的思考，往往受制于"普遍—特殊"这一思维框架。其实说到底，强调日本的"特殊性"乃是针对"中华普遍论"而言的。

三　儒学日本化与日本特殊论

我们知道自 1945 年日本由近代进入现代以后，丸山真男（1914—1996）的一系列日本思想研究在战后日本知识界产生了极其深远的影响，奠定了日本思想史学界的一种研究范式。其标志性论著便是著名的《日本政治思想史研究》。[1] 然而近年来，日本学界对丸山的思想史研究提出了诸多批评和反省。例如黑住真便认为在丸山的思想史观当中隐藏着一种"近代主义式的日本特殊论"，他指出"将作为东洋思想的朱子学视作反动的、否定性的东西，虽然在其影响之下，但是批判和克服其思想的日本式思想是更值得肯定的、近代性的东西，这一丸山的认识构架明显地具有一种脱亚论的近代主义式的日本特殊论的国家主义之色彩"[2]。也就是说，"日本特殊论"构成了丸山的思想史观。

对丸山的思想史立场有所修正的尾藤正英在《日本封建思想史研究——幕藩体制の原理と朱子学的思惟》（东京：青木书店，1961 年）一书中也强调"儒

①　丸山真男：《日本政治思想史研究》，东京：东京大学出版会，1952 年；中译本有王中江译，北京：生活·读书·新知三联书店，2000 年。按，书中所收的三篇论文，分别撰写于 1940 年至 1944 年期间，于 1952 年结集出版，此后丸山对自己的观点又有所修正，另参见《丸山真男講義録》第 7 册，东京：东京大学出版会，1998 年。关于丸山的德川儒学研究的批判和反省，可参见子安宣邦《徂徠を語るとは何を語るのか》，《思想》第 839 号，1994 年；黑住真：《日本思想とその研究——中国認識をめぐって》，《中國——社会と文化》第 11 号，东京：东京大学，1996 年；蓝弘岳《战后日本学界德川儒学研究史论评：以对丸山真男〈日本政治思想史研究〉的批判与修正为中心》，黄俊杰编：《东亚儒学研究的回顾与展望》，上海：华东师范大学出版社，2008 年，第 151—185 页。
②　黑住真：《德川儒教と明治におけるその再編》（《德川儒教与明治儒教的重组》），《近世日本社會と儒教》，第 168 页。

学日本化"之说,他以德川时期山崎闇斋的朱子学为例,指出山崎朱子学虽然具有普遍主义特征,但究极而言,那是"日本化了的儒教",尽管日本的儒教在表面上与中国儒教类似,但这种相似性只是表现为中国语言的借用,就其思想之实质而言,无疑具有"与中国儒教不同性格的道德思想及政治思想",因此山崎朱子学在本质上乃是"日本思想之一种"。[1] 不过,尾藤对当时日本思想史学界的日本儒学特殊论也有批评。

另一方面,尽管论说的方式及其立场与上述丸山及尾藤都有所不同,沟口雄三则明确指出:在日本思想史上,朱子学(包括丸山意义上的朱子学)并没有扎根,因此也就没有所谓的朱子学解体过程,更不存在"儒教的内部发展"以及"儒教思想自体"的分解过程(按,这是针对丸山的思想史观而发的),有的只是与儒教——严密而言,亦即中国儒教——完全异质的要素在其自身中萌芽发展的过程。[2]显而易见,沟口此说,是以丸山的问题意识为出发点,并对其观点所进行的反省和批评。

而且,沟口雄三还有一个极端的说法,最能体现他的一个基本立场,他说:"在中国被称为'朱子学'或'阳明学'的东西,无论是怎样的形态,都没有在日本被受容。"[3]其意是说,中国的朱子学或阳明学只是中国的,到了日本以后,就只有日本的朱子学或阳明学。换言之,只有具体的日本或中国的朱子学、阳明学,而根本不存在以中国为中心的所谓抽象的朱子学、阳明学。由此推论,便可得出一个结论:中国思想与日本思想在本质上是完全不同的。很显然,在这个意义上,沟口的思路及其立场与丸山的思想史观又有相近之处,都表现为"日本特殊论"或"儒学日本化"的一种立场。[4]质言之,沟口雄三的这一立场就是反对有什么普遍性的儒学价值。

须指出的是,日本特殊论或儒学日本化的观点在 20 世纪 60 年代以后,渐

---

① 参见尾藤正英:《儒教》,氏编:《中國文化叢書》第10册《日本文化と中國》,东京:大修馆,1974年,第425页。

② 参见沟口雄三:《反宋學の道》,《實存主義》第54号,东京:理想社,1960年12月,第22页。

③ 沟口雄三:《中國思想の受容について》,《日本の美學》第9号,东京:ぺりかん社,1984年,第110页。

④ 参见高島元洋:《山崎闇齋:日本朱子學と垂加神道》,东京:ぺりかん社,1992年,第16页。

渐成为德川儒学研究的主流性见解，关于这一问题，可参见平石直昭《新德川思想史像的可能性——"现代化"与"日本化"的统一为目标》。[①] 所谓日本儒学特殊论，表现德川儒学史上，就是指日本朱子学与中国朱子学之间存在着"巨大差异"，这不仅意味着两者的异质性要远远大于两者之间的同质性，从根本上说，两者之间就根本不存在什么"同质性"，正因为存在着异质性，故而不得不说这是一种"日本化"的朱子学。这种日本化现象落在德川思想史来看，大致可以追溯到徂徕学，其实这正是自丸山以来就已明确提出的一个论述思路，也就是认为儒学日本化可以从徂徕学那里找到其典型形态。

有趣的是，尽管对丸山的德川思想研究有不同意见，例如田原嗣郎于1960年发表的《德川思想史研究》对丸山的现代主义式的研究立场有所批评，但他在儒学日本化问题上，其观点显得更为激进，甚至有将徂徕思想的独特性扩大为日本民族的特殊性之嫌。同样，另一位对丸山研究亦不无微词的京都学派的代表人物之一吉川幸次郎（1904—1980）的《徂徕学案》等研究亦主张徂徕乃是主张日本优越的民族主义者，其思想具有相当程度的日本特性。

平石直昭则在《战中、战后徂徕论批判——以初期丸山、吉川两学说之检讨为中心》[②]一文中，一方面对丸山的徂徕研究有所继承，采用内在理解的立场来挖掘徂徕思想的独特性，但另一方面他也注意到徂徕思想的独特性不能简单地化约为日本特殊性。[③]此外，自称研究方法为"思想的社会史"的衣笠安喜在其论著《近世儒学思想史の研究》（东京：法政大学出版社，1976年）一书中则将儒学日本化问题置于这样一种观察视野之中：亦即从荻生徂徕、贝原益轩等日本近世思想当中去探寻日本现代性思维的因素，从而凸显出近世日本儒学的独特性。这一思路显然也正是丸山的思想史思路。

---

①　平石直昭：《新しい德川思想史像の可能性——"现代化"と"日本化"の统一をめざして》，转引自蓝弘岳：《战后日本学界德川儒学研究史论评：以对丸山真男〈日本政治思想史研究〉的批判与修正为中心》，黄俊杰编：《东亚儒学研究的回顾与展望》。

②　平石直昭：《戰中、戰後徂徠論批判——初期丸山、吉川兩學説の檢討を中心に》，《社会科学研究》第39卷第1号，1987年。中译本见蓝弘岳译文（张宝三、徐兴庆编：《德川时代日本儒学史论集》，台北：台湾大学出版中心，2004年，第99—174页）。

③　参见蓝弘岳：《战后日本学界德川儒学研究史论评：以对丸山真男〈日本政治思想史研究〉的批判与修正为中心》，黄俊杰编：《东亚儒学研究的回顾与展望》，第170页。

20 世纪 80 年代以后，丸山弟子渡边浩集中探讨了儒学日本化问题，并对其师丸山的观点有所批评。[①] 渡边浩强调儒学在日本近世社会实现了日本化，这是因为中国的儒学尤其是朱子学与德川社会并不适应。可以说，渡边浩的这项研究标志着"儒学日本化"或"日本儒学论"的确立。[②] 不过，与丸山注重观念的思想史研究不同，渡边的研究乃是一种社会思想史研究进路。后来他在 1997 年出版的《東アジアの王権と思想》(东京：东京大学出版会，1997 年)一书延续了他的这一考察方法，并将其视野扩展到了东亚儒学相关问题的论述，更为具体地论证了由于德川日本在社会体制上与东亚其他主要国家的不同，以及"思想成立之社会的场"不同，因而在思想形态上表现出了相当不同的面相，他通过对中国、朝鲜的儒学史考察，为重新理解德川儒学提供了一个异质性的参照系。关于渡边的德川思想研究虽然有一些争议，但是渡边所提出的德川时期朱子学绝非一统天下，并没有构成德川体制的意识形态，也未出现流行的迹象等观点大致得到了后来的日本思想史研究者的赞同。

到了 20 世纪 90 年代，对于丸山的日本思想研究的现代主义进路进行深刻批判的是子安宣邦。他曾严厉批评丸山的德川思想史的建构无疑是一种关于"现代"的"历史哲学的故事"[③]，丸山从现代主义的观点出发对徂徕学的解释往往落入了一种"肆意的解释"[④]，而战后日本有关德川思想的研究无非是从"普遍"的现代西方知识立场出发的，但其对"普遍性"(亦即"现代性")的追求结果却不无讽刺地落入了反面——亦即强调"日本特殊性"。重要的是，这一结果表明无论是丸山本人还是那些丸山的批评者，都未能避免陷入了将儒学实体化的窠臼之中，并在日本的现代性这一虚构中来论述德川儒学。因此子安意图运用现代性批判理论，来解构现代日本知识人所陷入的这种"普遍与特殊之间的纠缠"。[⑤] 在子安看来，"普遍与特殊"这对问题的解决只有通过对现代性知识系谱的彻底批判和解构才能实现，不可否认他的理论勇气值得钦佩。事实上，

---

① 参见渡边浩：《近世日本社會と宋学》，东京：东京大学出版会，1985 年。
② 参见蓝弘岳：《战后日本学界德川儒学研究史论评：以对丸山真男〈日本政治思想史研究〉的批判与修正为中心》，黄俊杰编：《东亚儒学研究的回顾与展望》，第 160 页。
③ 子安宣邦：《"事件"としての徂徕學》(《作为事件的"徂徕学"》)，东京：青土社，1991 年，第 23 页。
④ 同上，第 48 页。
⑤ 子安宣邦：《徂徕を語るとは何を語ることか》，《思想》第 839 号，1994 年，第 65 页。

东亚儒学研究也正面临着如何应对"普遍与特殊"的问题。

黑住真在《德川儒教与明治儒教的重组》一文中指出了一个令他颇感疑惑的现象，亦即在"近代儒教"的问题上，日本学界（特别是日本思想史学者）长期以来采取了一种无视的态度，因而相关的研究积累很少，这与"近世儒教"的研究有着特别丰富的积累形成了鲜明的对照。究其原因，他认为由于近代社会的思想及其意识形态呈现出复杂多样性，在此背景之下，儒教存在并不是不言自明地被正当化的，特别是在战后的许多思想史学家的眼里，儒教与近代简直像是"不共戴天"的存在一样，因为儒教本身被认为具有"反近代性"之特征，它是"对近代化的一种反动的否定事项"。黑住真认为，尽管"在日本近代，儒教呈现出复杂而难解的状态，但它却起到绝不能无视的巨大作用"[1]。

诚然，当我们一谈起日本儒教，大致是以德川至明治维新为止的所谓近世日本儒教为主，至于明治维新以后的近代日本，一般认为日本的社会进程已经完全西化，尤其是 19 世纪末 20 世纪初，日本已完成了向帝国主义的转变，这一时期的国家意识形态已毫无东方之色彩可言，其对中国以及朝鲜的蔑视态度非常鲜明地表现为对中国儒教的排斥和批评。黑住真的研究便是要推翻前人的这种成见，努力挖掘近代日本思想史上的儒教因素，其理论胆识是值得引起我们重视的。

依黑住真的观察，丸山的"日本特殊论"的着眼点在于德川向明治的社会转型，这一转型表现在思想史上，便是以近世日本的仁斋学、徂徕学为代表的"古学"以及与此一脉相承的"国学"意识形态对朱子学的否定，进而发展成明治日本的近代思想。也就是说，在丸山的意识当中，古学和国学是更为接近"近代"的"日本式"的思想，而德川儒教只有经过这一"日本式"思想的"颠覆"，才为近代的到来完成了"准备"。[2] 丸山的这一思想史观一直成为战后日本思想史界的主流观点。然而事实上，若追溯其源，那么 18 世纪国学家本居宣长为对抗儒学而极力主张日本所"固有的生"这一观点就已经蕴含了相同的观念。只是在德川时期，国学派的思想影响有限，到了明治以后，随着西学已成

---

① 黑住真：《德川儒教と明治におけるその再编》，《近世日本社会と儒教》，第 165 页。
② 同上，第 168 页。

压倒之势，于是国学以及神道的国家主义也就赢得了社会市场，与此相应，儒教思想渐渐退出了历史舞台。

但是正如黑住真所指出的，上述这种思想史的描述是近代主义的观念反映，从历史上看，是很成问题的。事实上，19世纪末20世纪初，儒教由退居幕后又一次跃上了舞台，儒教毋宁作为"现代的实践而得以再构筑、再强调"。例如就在甲午战争（日文表述为"日清战争"）之后的1900年至1906年，井上哲次郎（1855—1944）出版的三部曲《日本阳明学派之哲学》《日本古学派之哲学》《日本朱子学派之哲学》，便是当时重新唤醒日本儒教的代表作。虽然这些作品的基调不是对儒学的否定，然而作者的意图却在于通过"日本""哲学"等关键词，以标榜日本过去的各种思想不但不是近代的障碍，相反对于建构近代具有很大的意义。

井上通过对明治初期的儒教否定论的反省，力图超越这一否定论，进而揭示出西洋也能通用的、崭新的日本思想的未来走向。井上的这一指向，到了20世纪30年代以后的帝国日本时期，竟然演变了超越西洋（近代超克论）的一种思想武器而被扩大化。丸山对近代日本儒教的批判正是以这一时代背景为出发点的，只是丸山的批判是以"西洋传统"为参照，于是，古学和国学便成了西洋传统在日本的"等价物"，这一思路则并不可取。[1]

那么，在德川日本，除了"差距巨大"现象以外，是否还有"文化亲近"之现象呢？如果要注意收集这方面的资料，可能还会有其他很多的发现。例如德川初期的阳明学者熊泽蕃山（1619—1691）曾就中华文明与日本的关系这样说道：

中华乃四海之师国，尤于日本之有功者大矣。礼乐、书数、宫室、衣服、舟车、农具、武具、西药、针灸、官职、位阶、军法、弓马之道，其外至于百工技艺，无一不由中华而至，不由中华而学。[2]

根据这里的说法，中华相对于日本而言具有"师国"的地位，对于日本文化

---

① 黑住真：《德川儒教と明治におけるその再編》，《近世日本社會と儒教》，第169、170页。

② 熊泽蕃山：《集義外書》卷二，《全集》第2册，第25页，转引自黑住真：《近世日本社會と儒教》，第15页。

的影响可谓遍及社会的各个方面。论者或谓,在德川日本的儒学史上,朱子学的存在要远远超过阳明学的存在,阳明学从未占据过德川思想的主流地位,因此蕃山的言论不足为信。例如蕃山自己也坦承:"道德之真、大学之道,尚未行于(日本)。……故中华虽有大功,但其道其教未行。"[1]这是说,虽然中华的各种文物已遍传至日本,然而儒教(道德之真,大学之道)却未能在日本得以推广实行。而蕃山相信在儒教之后,必有圣人之道兴焉。对于蕃山此说,黑住真指出,事实上,就在熊泽蕃山的时代以后,"儒教随着时代的推移,得到了飞跃性的深化和发展"。也就是说,德川初期以后直至末期,儒教不但没有衰微,反而逐渐迎来了高潮。他指出,就整体而言,"可以说,德川时期的儒教是极其显著的、兴盛的"。[2]

然而须注意的是,这个说法并不意味着德川时期儒教已经具有了政治上的特权,实际的情况是作为幕府政权的精神工具毋宁是佛教和神道,儒教真正在"公"的场合的出现,是在保科正之(四代家纲的辅佐,1651—1669)和纲吉(1680—1709年在位)时期,为适应文治、礼教的需要而出现的,这时期的儒教虽有一定的发展,但其本质无疑属于古典主义的知识训练,而儒教本身独自占领思想界的事实并不存在。据此,黑住真提出了一个独特的说法,即"德川儒教——日本儒教的非特权性"或"在复合性之中的儒教"。[3]我们可以称之为"儒教非特权论"。导致这一结果的原因与日本社会的特质有关,其中主要有二:一是在祭祀宗教领域,儒教没有特权,而被佛教和神道所独占;一是科举形式的儒教官僚制度在近世日本没有形成。由第一点,故儒教不能上升为德川期的国家意识形态,由第二点,故儒教的知识再生产就非常有限,同样,儒者作为行政及教育的功能也非常有限。

因此,儒教在德川的存在方式就不同于中国和朝鲜,它主要是以提供"一般性用语"这一方式获得成功的。要之,德川儒教并没有作为"宗教的、政治的正统性"来确立自身[4],它通过与既有的正统思想(例如天皇、神道)相连接,从

---

[1]　转引自黑住真:《德川前期儒教の性格》,《近世日本社會と儒教》,第15页。

[2]　同上,第25、16页。

[3]　同上,第18、20页。

[4]　黑住真:《德川儒教と明治におけるその再編》,《近世日本社會と儒教》,第172页。

而提高自己的存在意义。虽然总体而言，"德川时代其实是中国最受尊重的时代"①。但是真正意义上的作为"体制"而确立起来的儒教则要等到明治以降天皇制国家的时期才最终实现。②

无疑地，黑住真通过对德川儒学的历史考察，一再表明了一个观点：儒教对日本而言，是一个特殊的历史存在，特别是在德川思想史上，儒教根本没有"特权"可言，它被淹没在各种"复合性"当中，至多只是德川思想的历史形态之一种。应当说，他的这项研究与渡边浩有相似之处，同样属于社会思想史研究，对于丸山以来的那种观念史研究的历史"虚构"具有批判的意义。在我看来，这项将儒学与日本社会相结合的研究工作对于我们从事东亚儒学研究无疑具有重要的启发意义，因为所谓东亚儒学研究，除了通过经典诠释以挖掘东亚儒学的思想意义这一路径以外，更需要我们对东亚各地的儒学史背景有一基本的客观把握，否则便不免有抽象空谈之感。例如当我们谈论日本朱子学或阳明学之际，如果缺乏对德川日本社会的基本了解和分析，便会给人造成这样一种片面的印象：仿佛日本思想就是中国的化身。日本学者最为感冒的就是这一点，他们会以为中国历来就有的两种毛病至今未改：一是自大主义的态度，一是外国有的中国早已有了的态度。

当然也须看到，在日本的当今学界，无论是日本思想史学者还是中国思想史学者，都非常强调"日本特殊性"，例如子安宣邦在为自己提出的"作为方法的江户"这一命题所导致的误解作了这样的申辩：他是为了突出近代日本和近世江户的"相异性"，而"这就是'作为方法的江户'的观点。……这个观点就是：理解近代日本是以某种方式展开历史时代的，所以与其说是和前近代的连续性，不如说是更强烈地看出其间差异性的观点"③。换言之，"作为方法"这一提法本身虽与竹内好的"作为方法的亚洲"以及沟口雄三的"作为方法的中国"看似相近，然而，子安更为突出强调的是通过"作为方法"的建构，以"强烈地"显示作为方法的对象之间的差异，子安便是要从这种"异"中来凸显作为方法

① 中村久四郎：《近世支那の日本文化に及ぼしたる勢力影響》一，《史學雜誌》第25编第2号，1914年，第131页。

② 参见黑住真：《德川前期儒教の性格》，《近世日本社會と儒教》，第27页。

③ 子安宣邦：《"世界史"和日本近代的观点》，《台大历史学报》第28期，2001年12月，第244页。

之江户与近代的距离。同样，按照子安的解读，竹内好以及沟口雄三所欲建构的作为方法的亚洲和中国，也是为了凸显与西洋相异的亚洲以及与中国相异的日本，目的在于揭示亚洲特殊、日本特殊的观点。

葛兆光也敏锐地觉察到 20 世纪 90 年代以来日本学界兴起的"东亚论"或"亚洲论"的那些学者"格外强调日本思想史的特殊性"，他们特别反复提到近代日本不同于东洋或西洋的"'日本'自我意识的凸显"，他们总是要追问：在世界和东亚的背景下，"日本思想的'日本性'来源"到底何在，"日本的特点究竟是什么"。[①] 我想，在强调日本特殊性的背后，明显地存在着一种思维方法：亦即将近世以来日本文化中的儒学因素或西方近代因素"他者"化、"对象"化——亦即所谓的"作为方法"的"方法"化，从而显示日本文化的主体性——即所谓的"特殊性"，进而以这种特殊性为理据，反过来解构东洋或东亚的同一性、同质性。

例如津田左右吉（1873—1961）便曾指出："将日本纳入东洋，是来自于以日本文化与西洋文化的对立而强调其特殊性的想法，或者说是由这样的想法派生出来的。"[②] 这个说法大致不差。不过，他由这种"特殊性"立场出发，却得出了一个著名而又极端的论断："儒家之德教，从未支配过我国民之道德生活。"（《儒教的实践道德》）他认为，日本从来不属于儒教文化圈，所谓"东洋文明"或"东洋文化"也完全是虚构，这就非常偏激。显然，对"东洋文化"的这种解构，其目的在于强调日本的"特殊性"，而其论述的背后既含有批判西洋普遍性的意图，同时又充满对中国的蔑视（黄俊杰语）。

黄俊杰指出，根据津田左右吉的逻辑来推论，"东亚儒学"作为一个整体是不存在的，真正存在的只有中国儒学、日本儒学、朝鲜儒学等具体而特殊的"个体"，而且作为"整体"的"东亚儒学"之特质只有在个别的地域性的儒学传统中寻觅。[③] 值得注意的是，类似津田左右吉的这种论调在当今日本的中国学界

① 参见葛兆光：《谁的思想史？为谁写的思想史？》，氏著：《西潮又东风：晚清民初思想、宗教与学术十论》，上海：上海古籍出版社，2006 年，第 23—24 页。

② 津田左右吉：《東洋文化とは何か》，氏著：《シナ思想と日本》，东京：岩波书店，1938 年，第 112 页。

③ 黄俊杰：《"东亚儒学"如何可能》，《东亚儒学：经典与诠释的辩证》，第 34 页。关于津田左右吉的研究，还可参见增渊龙夫：《日本の近代史學史における中國と日本（Ⅰ）——津田左右吉の場合》，氏著：《歷史家の同時代史的考察について》，东京：岩波书店，1983 年，第 3—48 页。

仍然还有一定的市场。当然对于这种偏激的观点也有批评，例如当今日本思想史研究专家泽井启一便认为津田左右吉等人的日本研究，其片面的视角恰恰构成了"日本的'闭止域'"。[①]不过在我看来，不用等到这些主张日本特殊论的学者来解构历史一元论，其实有关东亚文化多元多样的认识已然得到了当今大多数日本及中国学者的认同。

四　日本儒学中的普遍与特殊

迄今为止，日本学者主张儒学在日本历史上之所以显得非常"特殊"，一者可以归因于日本文化的特殊性，一者可以归因于近世日本社会的特殊性。而两者构成了一内一外、彼此关联的关系。本来，从文化学的角度看，各地域各民族的文化具有与其他文化的不同之处——亦即特殊性，这是理所当然的。而且正视这种文化之"异"，较诸强调文化之"同"，在某种意义上更具有积极性，也颇为符合中国文化所强调的"和而不同""同则不继"的精神。

事实上，日本的儒家学者对此问题也有一定的关注。例如19世纪日本幕末的儒官古贺侗庵（1788—1847）的弟子阪谷素（1822—1881）在其《尊夷说》一文中，指出任何事物都具有两个方面："亲和的固有合同性"与"无别的固有分异性"。因此，若从事物的"功用"角度看，"异"的层面更为重要。他举例来说明这一点，例如师弟朋友之间因为各有不同，所以才能互相切磋，究极而言，人之所以能够建功立业，其因亦在于能够"包容其异而尊之"。因此对"异"采

---

① 按，"闭止领"意谓"自我封闭"。参见泽井启一：《"记号"としての儒學》，转引自荻生茂博：《大國主義と日本の"實学"》，氏著：《近代・アジア・陽明學》，东京：ぺりかん社，2008年，第314页。按，日本思想史研究专家荻生茂博的研究值得重视，他指出在当今考察日本儒教思想之际，要注意三点：（1）有必要将日本儒教正确定位为东亚思想运动的一部分；（2）彻底断绝过去在"汉学"当中所具有的东亚意识形态＝日本盟主论的想法；（3）在此基础上，有必要提出新的思想史图像（同上，第315页）。他的研究与丸山真男的思想史观有很大不同，他认为儒教在江户后期特别是在幕末时期，已经在日本社会得以渗透，"在包括日本在内的东亚世界已经形成了儒教这一共通的思想之'场'"（同上）。而丸山的研究思路则是，日本由徂徕学而开始摆脱作为"持续帝国"的朱子学世界，形成了与西洋相近的近代性思维，因此19世纪以降"脱亚入欧"的思想渊源其实可以追溯至这种"日本思想特权化"的传统思想内部（同上）。我以为，荻生茂博的这些分析和批评很值得引起我们的重视。

取鄙视而拒斥之态度反而是一种"野蛮"的表现。[1] 也就是说，由于事物存在"异"的面相，所以我们就有必要采用"包容其异"的态度来审视。而这一审视角度对于我们了解儒学在日本的特殊性是十分重要的。

具体地说，自朱子学传入日本之后，由于没有成为国家的意识形态，因此知识人看待朱子学就不会采用"护教式"的态度，这就表明他们在面对外来的异文化（例如19世纪东传的西洋文化）的冲击之际，就能从普遍性理念出发坦然接受。这一点与朝鲜朱子学做一比较就更为明显。在朝鲜，特别是17世纪以后，他们自信中华的普遍原理唯有朝鲜得以保存下来，因而产生了一种"小中华"意识[2]，因此对于任何企图破坏普遍性原理（例如礼教）的行为都应该以"斥邪卫正"的态度加以彻底否定和批判。也正由此，所以他们对于西洋的先进技术的态度也就可想而知，他们不能容忍"异"样文化的侵入，正是在这个意义上，朝鲜的朱子学已经成为一种拥护现实社会体制的国家意识形态[3]，其结果便导致拒绝"他者"的自我绝对化。

在德川日本，儒学之不同于中国的特征主要表现为二点：一是"治国不用儒者"[4]，这是从外源性的角度指出日本儒学之特征在于，儒学被排斥在治国安邦的学说领域之外；二是日本儒学例如朱子学较少关注形而上学问题，用平石直昭的话来说，亦即"日本朱子学往往较不关心形而上的实在"问题[5]，这是从

---

[1] 以上参见前田勉：《兵学と朱子学、蘭学、国学——近世日本思想史の構図》，东京：平凡社，2006年，第126页。

[2] 关于17世纪以降朝鲜王朝的"小中华意识"问题，历来已有很多研究，可参见孙卫国：《大明旗号与小中华意识——朝鲜王朝尊周思明问题研究（1637—1800）》，北京：商务印书馆，2007年。

[3] 参见前田勉：《兵学と朱子学、蘭学、国学——近世日本思想史の構図》，第128—129页。

[4] 长盘潭北语，参见《野總茗話》，享保十八年（1733）刊，《通俗経済文庫》，东京：日本経済叢书刊行会，1917年，转引自渡边浩：《儒学史异同的解释："朱子学"以后的中国与日本》，蓝弘岳译，张宝三、徐兴庆编：《德川时代日本儒学史论集》，台北：台湾大学出版中心，2004年，第30页。

[5] 参见平石直昭：《战中、战后徂徕学批判：以初期丸山、吉川两学说的检讨为中心》，《德川时代日本儒学史论集》，第112页。按，田原嗣郎早已指出，江户时代的所谓朱子学者林罗山、贝原益轩、山崎闇斋等人的朱子学理解呈现出这样的特征：他们将朱子学的核心概念"理"从朱子学的脉络中抽离出来，解释成为"事物的条理"，这表明德川前期的朱子学者在有关朱子学的核心问题上都脱离了朱子学，因此其思想就有"非朱子学的"特征（参见田原嗣郎：《山鹿素行と士道》，《日本の名著》第12册《山鹿素行》，东京：中央公论社，1983年，第64页）。显然，田原此说基于这样一个立场，亦即在他看来，存在着一种普遍的"朱子学"，其云"非朱子学的"，意指非中国的朱子学。

思想的内在性角度指出日本儒学的特性，而这一特性也正是"儒教日本化"的一个典型表现。应当说，以上两种看法属于"内"与"外"的分析方式，而这两种视角都是有必要的。但问题是，日本儒学的"特殊性"是否能充分证明日本儒者对儒学的"普遍性"问题一概缺乏关心与认同？事实上，当我们深入思想家的理论内部去做具体观察，仍可发现近世日本的儒家学者对普遍问题也是有所关注的。

有研究表明，日本在历史上接受中国文化的过程显得非常"特殊"，德川之前的战国时代，朱熹的《四书集注》在朱熹死后不久的镰仓初期就已由日本留学僧将其传入日本，然而却在此后的四百年间，主要在京都的博士家及五山寺院为核心的场所，作为传佛之次要文献得以宣讲。直至 17 世纪初叶，随着武家统治的战国时代结束，德川政权的确立，社会秩序得以恢复，儒教开始在社会上得以流行，可以称之为"儒教流行现象"[①]。从制度层面看，江户时代的讲学教育已开始逐渐从寺院转向幕府及各藩地方政府，在民间则形成了各种学校、私塾、寺子屋等，到了 18 世纪后期，教育已深入到武士阶层及平民阶层，因此在二百余所的地方藩校中，几乎没有不讲儒学的。[②]那么，从思想层面看，德川儒者对于中国儒学所宣扬的天命天道、天理良知等普遍原理又是如何接受的呢？当然，这里所说的"接受"，意近日文的"受容"，既有正面继承的含义，也有批判性的含义。

令人颇感兴味的是，德川幕府的儒家掌门人林罗山（1583—1657）之师、近世日本儒教之祖的藤原惺窝（1561—1619）[③]曾向罗山说道：

> 理之在也，如天之无不帱，似地之无不载。此邦亦然，朝鲜亦然，安南亦然，中国亦然。东海之东，西海之西，此言合，此理同也。南北亦若

---

① 吾妻重二：《江戸初期における学塾の発展と中國、朝鮮》，日本关西大学亚洲文化交流中心：《東アジア文化交渉研究》第 2 号，2009 年，第 48 页；另参见阿部吉雄：《日本朱子学と朝鮮》，东京：东京大学出版会，1965 年，第 549 页。

② 参见辻本雅史：《教育社會文化史》，东京：放送大学教育振兴会，2004 年，第 81 页，转引自同上。

③ 按，惺窝曾与朝鲜大儒李退溪（1501—1570）的传人姜沆（1567—1618）交往，深受其教，故有惺窝思想属退溪朱子学之说。姜沆是因 16 世纪末因丰臣秀吉侵略朝鲜时而被虏至日本的，而惺窝则曾任幕府将军德川家康的御前侍讲，参与政事。

然。是岂非至公、至大、至正、至明哉！若有私之者，我不信也。（引者按，原汉文）①

我推测，藤原大概看过陆象山的书，否则他所说的"此言合，此理同"，何以与象山的"此心同，此理同"如此相似？不仅语句模仿得惟妙惟肖，重要的是其中所透露出来的观念也几乎完全一致。只是放在藤原的语境中来看，他所强调的"言合理同"，不是抽象地指东海圣人、西海圣人，而是具体地指朝鲜、安南、中国、日本，恰好就是现在所使用的"东亚"概念所覆盖的地域。顺便指出，藤原内心十分向往和崇敬中国以及朝鲜文化，这一点已有许多研究做了充分的阐明。②

藤原还曾经在替德川家康（1543—1616）所写的一封给安南国王的书信中，十分强调儒学普遍主义思想：

夫信者，吾人性中之固有，而感乎天地，贯乎金石，无以不通。岂啻交邻通好而已哉。虽是千里不同其风，所以五方皆不殊，此性也欤。由是见之，则其不同者，特衣服言语之末而已。然则千里万里虽远，衣服言语虽殊，有其不远者不殊而存。是所以谓一信也。……③

这里所显示出来的观念亦与象山"心同理同"说几无二致。当然，藤原此说本身显然直接源自孟子学的人性学说，而他的这个说法出现在给安南国王的书信中，就颇值得吟味，他是用儒学观念来教育安南国应当相信人性中固有的存在是没有地理区域之隔阂的，他强调虽然地理不同、风俗各异乃至于衣服言语也很不相同，但是有一样东西则是完全一致的，那就是"人性"。因此落在行

---

① 藤原惺窝：《惺窝问答》，《藤原惺窝集》下册，《日本思想大系》第28册《藤原惺窝·林罗山》，东京：岩波书店，1975年，第202页。

② 参见吾妻重二：《江戸初期における學塾の發展と中國、朝鮮》，日本关西大学亚洲文化交流中心：《東アジア文化交渉研究》第2号，2009年，第48页。

③ 《惺窝先生文集》卷九《致書安南國》，转引自荻生茂博：《大國主義と日本の"實學"》，《近代·アジア·陽明學》，第325页。

为上讲，就必然表现为"信"，也就是人性中固有的"信"。不用说，"信"乃是儒家伦理德目中的重要一条。

藤原惺窝还在制定与安南货船贸易的规则——《舟中规约》一文中，强调了这种普遍主义思想，其中他直截了当地揭示了"天赋之理"的观念：

> 异域之于我国，风俗言语虽异，其天赋之理未尝不同。忘其同，怪其异，莫少欺诈慢（谩）骂。彼且虽不知之，我岂不知之哉？信及豚鱼，机见海鸥。惟天不容伪，钦不可辱我国俗。①

依此口气，天赋之理未尝不同的普遍主义乃是国与国之间建立外交关系的基石，推而言之，普遍主义才是世界秩序的真正保证。可见，藤原的思想立场其实非常接近于朱子学的普遍主义立场。

藤原还是一位教育家，他培养出了一大批德川时期的著名儒者，其弟子松永尺五（1592—1657）也于建立私塾教育非常热心，相传其门下竟有弟子五千之众，其对象非常广泛："朝暮讲圣经不断，贵介公子、缙绅武弁之辈，罗辂交迹而来听言。"② 在松永门下出现了像木下顺庵（1621—1698）、安藤省庵这样的大学者，而在顺庵门下又出现了新井白石（1657—1725）以及雨森芳洲（1668—1775）等名儒。与松永和顺庵都与亲密交往的朱子学者贝原益轩（1630—1714）更是大名鼎鼎的教育家、儒学家，他是第一位在日本朝廷开设《近思录》讲筵的学者。再从藤原弟子圈在德川时期的教育实践来看，例如他的首席大弟子林罗山可谓是江户时期学校教育的奠基者，他所创办的家塾成了后来幕府的"昌平坂学问所"的原型，不仅对幕府而且对此后的文教政策也有深远影响。据传，他在与德川家康的对话中，强调要学习"大明之道"，亦即向中国明朝学习，尤其须先学习"大明"的学校教育。怎么学呢？他提议可以大

---

① 《惺窝先生文集》卷九《致书安南国》，转引自荻生茂博：《大国主义と日本の"实学"》，《近代・アジア・阳明学》，第 325 页。

② 语见《尺五堂先生全集》所收《尺五堂集》坤卷《尺五堂恭俭先生行状》（东京：ぺりかん社，2000 年），转引自吾妻重二：《江户初期における学塾の发展と中国、朝鲜》，日本关西大学亚洲文化交流中心：《东アジア文化交涉研究》第 2 号，第 55 页。

胆模仿"中华先儒书院文房"的制度以及朝鲜的书院制度①,而且他亲自实践,为德川前期的儒学教育打下了坚实的基础。上面所介绍的大多属于 17 世纪德川前期的儒家学者,在日本思想史研究领域却不太受人关注,事实上这批学者所构成的思想圈及其思想活动足以表明,儒学在德川时代已有了广泛的社会基础。

藤原晚年已跨入德川时期,其思想也应看作德川儒学的典型之一。荻生茂博通过对德川儒学的考察,指出"儒教为江户时代的政治思想提供了超越国家的普遍主义"。的确,儒教在整个江户时代虽然从来没有正式成为"官学",但是在幕府任职的某些儒官在参与政事之际,儒家提供的那套有关人伦关系的普遍主义学说却是有用武之地的。然而令荻生茂博感到遗憾的是,"近代日本的'汉学'却没有继承这一点",相反,儒教在近代国家主义的背景之下,不得不遭遇"再编"的命运。②他举例说,例如近代日本东洋哲学研究的开拓者井上哲次郎(荻生茂博称其为"两种阳明学"之中的"坏的阳明学者")的后继者高濑武次郎(1868—1950)在第一次世界大战之后,强调世界秩序的建构必须遵循"优胜劣败"这一进化论的"法则",而对于中国儒学的"四海兄弟,一视同仁,万物一体之仁"等主张却认为是不顾现实之差别现象的"空理",在此观念之下,他坚持的是"本国中心主义"。③由此可见,德川前期所能看到的儒教普遍主义在明治时期的某些所谓汉学家手里几乎被彻底推翻。

然而事实上,在近代日本,儒学的普遍性原理仍然受到相当程度的关注。例如 19 世纪近代日本的著名哲学家西周(1829—1897),令西周闻名于东亚世界的是他最先将 philosophy 译成"哲学",而他对哲学的定义便是"论明天道人道兼立教法者"④。显然,对西周来说,"哲学"是追求人类"同一之旨趣"的最高学问,所以他撰述的《百一新论》,其实质就在于"以近世社会既存的普遍性儒

---

① 参见《尺五堂先生全集》所收《尺五堂集》坤卷《尺五堂恭俭先生行状》,转引自吾妻重二:《江戶初期における學塾の發展と中國、朝鮮》,日本关西大学亚洲文化交流中心:《東アジア文化交涉研究》第 2 号,第 59 页。

② 荻生茂博:《大國主義と日本の"實學"》,《近代·アジア·陽明學》,第 326 页。

③ 同上,第 328 页。

④ 西周:《百一新論》,《明治文學全集》第 3 册,东京:筑摩书房,1967 年,第 23 页。

学知识为基础，说明近代知识在明治社会的形成过程"①。对此，子安宣邦追问道：那么，"近世日本的普遍性知识"的内容为何？它又是怎样形成的呢？他以17世纪贝原益轩的思想为案例，指出德川政权确立以后，儒学作为近世社会的学说体系得以形成，并逐渐取得了"普遍性"——即所谓"儒教"的成立，不过前后大约花了一个世纪的时间，其标志性人物便是贝原益轩，当然，这并不意味着当时儒学已实现了"制度化"②。要之，在子安看来，德川前期确已形成了以儒学（朱子学）为标识的"普遍知识"。

及至18世纪德川后半期，幕府在老中松平定信（1758—1829）的推动下，实行了著名的"宽政异学之禁"的政策，对于非朱子学的思想学说视作"异学"而加以排斥，同时又由幕府及各藩建立学校，以朱子学为教学体制，从而使得儒学的权威有了显著的提升。及至18世纪末19世纪初，广岛藩儒赖春水（1746—1816）在《学统论》（1786）引《礼记·王制》篇"一道德以同俗"一语，强调须以统一的道德原理（主要指朱子学）来整饬风俗，他以"学统论"作为学问之基础，指出："君子之学，知统为先。学焉无统，不如不学也。"③又说："其统之所在，昭如白日。君相奉之，端其化源。学士禀之，宣其德意。政术一于上，风俗岂二三于下哉？学统明白，而后治教可得而言也。不学则已。"④可见，赖春水是非常坚定的朱子学者，他视徂徕学以及阳明学为异端，欲以朱子学普遍原理来治国安邦。

---

① 子安宣邦：《日本朱子学究竟何事——贝原益轩与近世知识的成立》，《东亚儒学：批判与方法》，第25页。

② 同上，第26页。按，关于近世日本是否存在"儒学制度化"这一历史现象，是一个值得探讨的问题。据辻本雅史的考察，他认为在近世日本，曾经有过儒学制度化的历史阶段，这主要是指1790年由幕府松平定信推动的宽政异学之禁（直至维新时期），这一政策以朱子学为"正学"，标志着儒学成了一种道德教化的体系，在此意义上，"近世日本的儒学迈向了制度化"（辻本雅史：《谈日本儒学的"制度化"——以十七至十九世纪为中心》，田世民译，《台湾东亚文明研究学刊》第3卷第1期，第267页）。换言之，宽政改革"从儒学的制度化和知识的再生产的观点来看，可以说是划时代的"，"可以评价是近世日本将儒学制度化的一种达成"（同上，第263页）。但是，辻本雅史又认为，由于近世日本并没有实行科举制度，同时又由于儒学缺乏政治上的独立地位，这就使得日本儒学的制度化并不充分（同上，第272页）。

③ 赖春水：《学统说送赤崎彦札》，《宽政异学禁关系文书》，转引自辻本雅史：《十八世纪后半期儒学的再检讨：以折衷派、正学派朱子学为中心》，田世民译，《德川时代日本儒学史论集》，第187页。

④ 同上。

另一位与赖春水几乎同时的尾藤二洲（1747—1813）也从"理"的角度对古学派的代表人物、反朱子学的徂徕学提出了尖锐批评：

> 古文辞学起于物徂徕。余早年尝学，故能知其意。其学之所主，在于功利。假圣人之言者，止缘饰也。言道乃先王之作者，非自然之理。为安天下之具，非当行之路。其纲要之处……其学唯理民之术而已，至自己只身心而不问也。①

这一批评涉及一个理论问题：亦即"道"究竟是徂徕所说的先王制作的"安天下"之工具，还是先验的"自然之理"。尾藤的这一质疑显然站在普遍主义立场之上的，这与朱子学的基本立场非常接近。据此可见，尽管一般而言，德川儒者对朱子学的形上学缺乏理论兴趣，但是这并不意味着他们缺乏普遍主义的关怀，因为他们也能认同"道"的公共性和普遍性。例如尾藤二洲还说：

> 道乃天地之规矩，非一人之法。教乃天下之权衡，非一人之则。道本出于天地之自然，学乃与天下之人所共行。然天人一体，为一道理。若无天下一枚一流，则不相谋合。故此教乃疗天下人之大医药，而此学乃可令天下之人与天地成一体一枚之大权衡。是故与医学之疗一人，弓箭之敌一人之具，有若天地悬隔、云泥之违乎！②

这里的说法就很明确，"道"是普遍的，而非"一人之法""一人之则"，意谓"道"是天下公共之法则，这与宋明儒的理为天下公共之理的普遍主义思路是可以吻合的。不过，辻本雅史却认为正学派朱子学的这些主张"在根本上毕竟是与徂徕学息息相关的"③，理由是，这些主张所反映的仍然是将"道"视为统合天下、规范社会的标准。这一看法可能忽视了尾藤二洲指责徂徕学落入"功利"

---

① 尾藤二洲：《正學指掌附録》，《日本思想大系》第37册《徂徕學派》，转引自辻本雅史：《十八世纪后半期儒学的再检讨：以折衷派、正学派朱子学为中心》，《德川时代日本儒学史论集》，第189页。
② 尾藤二洲：《答問思言》，《寛政異學禁關係文書》，转引自同上，第190页。
③ 同上。

这一重要立场。

子安宣邦对正学派朱子学以及宽政异学之禁的看法则与历来的评价有所不同，他认为正学派就是徂徕学的反对派，正学派通过异学之禁以及建立藩校，以使朱子学来统一教育，实现"教学的统一性、体系性"，然而正学派朱子学所重视的修身之学，则与明治时期重视修身、宣扬国民道德的近代日本教育体系有着承继关系，因为这一近代教育体系之祖型便是正学派所主张的"学统论"。① 子安的这一结论大致是正确的。他所说的近代教育体制，盖指以 1890 年（明治二十三年）《教育敕语》的颁布以及次年井上哲次郎《敕语衍义》的发表为标志。

的确，经井上哲次郎的阐释与发扬，国民的教育在于培养"国民道德"，而"国民道德论"被上升为"国家至上主义"。所以到了 1912 年（明治四十五年），井上又在《国民道德概论》一书中再三强调日本是以天皇为中心的"综合家族国家"，并强调日本具有与"中国差异化"的"优越性"。这里的"优越性"等于"先进性""普遍性"，是一个具有现代性意味的概念。要之，构成近代日本教育体制的思想基础在于将日本儒教与中国儒教的"差异化"，从而凸显出日本的"普遍性"。须指出，这与德川儒者所关注的普遍问题已有了根本的不同，因为井上哲学无疑是一种官方的"御用哲学"。也正由此，明治末年兴起的一场所谓儒教复兴——又称"汉学"复兴所欲建构的学问并不是中国古来的学问而是翼赞日本国体的学问，其本质是一种"御用运动"。②

饶有兴味的是，作为国家主义者的汉学家井上哲次郎也承认"道"是一元的，所以在他看来，"古中国"的道可以适用于当代日本③，只是这个"道"在当今中国已经沦丧，而在日本则表现为万世不易、流衍不绝的"皇道"，由此便可开创出"新东亚文化"④。井上的学生西晋一郎（1873—1943）有更深入的考察，他指出德川后期崎门派儒者浅见絅斋（1652—1711）就已存在普遍性思维，他

---

① 子安宣邦：《朱子學と近代日本の形成——東亞朱子學の同調と異趣》，《台湾东亚文明研究丛刊》第 3 卷第 1 期，第 94—95 页。

② 参见荻生茂博：《大國主義と日本の"實學"》，《近代·アジア·陽明學》，第 312—313、314 页。

③ 参见井上哲次郎：《東洋文化と支那の將來》，东京：理想社，1935 年，第 155—160 页。

④ 参见同上，第 263—264 页。

认为絅斋的"成气之理"说便是透过形式与内容的特殊化,"化特殊性为普遍性",而他自己的观点也非常鲜明:"理者无穷,人生之理亦无穷。……由于理有绝对性,各各的理于是又气自全的天地"[1],所谓"自全的天地",是说"理"的绝对性、自足圆满性。

因此,他将浅见絅斋的"成气之理"做了另一层转换诠释,以"理一"观念来解释日本的儒教伦理早已具有普遍性。根据陈玮芬的考察,实际上西晋的意图在于祛除儒家发源于中国的"特殊性",而把"日本式"儒教伦理的特殊性,直接当作"普遍性"的伦理来加以定位及宣扬。[2]西晋指出:

> 儒教是汉人的国民道德。国民道德如果没有涵盖道德的普遍真理,就不能成为国民道德。所以儒教必具备此普遍性,而此普遍性亦可滋养我国民道德。在三学派之中(引者按,指朱子、阳明、古学派)知晓如何发扬普遍性,泯除特殊性的,唯少数朱子学者而已。徂徕学派和仁斋学派皆莫知所衷。王政维新之精神亦仅关乎朱子学,与其他二学派无关。[3]

在这个说法当中,蕴含着作者欲对德川思想史重新建构的意图。在他看来,德川儒学中的阳明学以及徂徕、仁斋的古学派均未能认识到儒教的普遍主义,而唯有崎门派朱子学对此有深切的认同。因此,唯有崎门朱子学才能在近代日本担当起建构国民道德的责任,最终成就了王政维新,成为"国民道德"的原型。同时,西晋还表达了一个重要的信念:

> 若要令外来之教真正日本化,必须超脱其历史内容,发挥其普遍性,并与我的历史精神相互联结,才能达成。[4]

这段话完全可以成为现代日本盛行的"作为方法"的亚洲论(竹内好)、中

---

① 西晋一郎:《東洋倫理》,东京:岩波书店,1934年,第47—48、64页。
② 参见陈玮芬:《近代日本汉学的"关键词"研究:儒学及其相关概念的嬗变》,第141页。
③ 西晋一郎:《東洋倫理》,第251页。
④ 同上,第276页。

国论（沟口雄三）以及江户论（子安宣邦）的一个注脚。所谓"超脱其历史内容"，无非是说，必须对中国儒教文化做一番"去实体化"的超越，将"外来之教"（这里是指中国儒教）的普遍性做一番"日本化"的脉络转换，然后才能与日本固有文化的精神相衔接，从而创造出一种"真正日本化"的文化，亦即"新东亚文化"（井上哲次郎语）。

不过，若按丸山真男的观点，早在 17 世纪闇斋学派那里已经成功地将朱子学"日本化"了，他指出："敬义学派（引者按，指闇斋学派）是将朱子学'日本化'的最初的学派。"[①]与此相反，若按井上哲次郎的观点，山崎不但没有实现朱子学的"日本化"，而且是"盲信朱子之言说的精神奴隶"[②]。显然，这个说法言过其实。

由上可见，在江户时代，日本儒学虽然由于社会体制等因素，始终未能上升为国家意识形态，但是就在儒学日本化——亦即日本特殊化——的复杂多变的过程中可以看出，不少儒者对于儒学的普遍原理是有所认同的，不能因为反对"中华文化一元论"，反对东亚文化的"整体性"观点，强调日本文化具有不同于中国的特殊性，从而否认中国儒学的普遍原理曾对德川儒者有过相当程度的影响。关键在于我们不能忽视儒学的普遍原理在德川日本的儒学史上必然有一个本土化过程，这是任何文化交涉过程中的必然现象。

重要的是，对于这些历史过程及其现象，有必要结合思想人物的具体个案做出全面深入的客观考察，而不能仅仅停留在某些抽象的方法论口号之上。诚然，学术研究需要方法论的引导，将中国作为"他者"或者"方法"的视野也不是没有道理，然而更重要的毋宁是，方法论建构须以历史的客观了解为基础而不能相反。当今日本的中国史研究专家岸本美绪指出，近年以来以沟口雄三等人为代表的提倡作为方法论的"亚洲学"，而缺乏研究对象的具体设定，因而不免给人以某种"抽象论"的印象。[③]笔者亦颇有同感。

---

① 丸山真男：《闇齋學と闇齋學派》，《日本思想大系》第 31 册《山崎闇齋學派》，东京：岩波书店，1970 年，第 638 页。

② 井上哲次郎：《日本朱子學派之哲學》，第 410 页。

③ 岸本美绪：《東洋のなかの東洋學》，《岩波講座："帝國"の學知》第 3 卷《東洋學の磁場》，"序章"，东京：岩波书店，2006 年，第 5—6 页。

五　建构"作为方法的东亚"

子安宣邦曾撰文《"東亞"概念と儒學》(以下简称子安论文)[1]，对"东亚儒学"特别是对"东亚"这一概念的问题提出了独到的看法。子安论文有着强烈的问题意识和反省意识，他对"东亚"问题的思考，可以归结为这样一点：亦即通过对现代日本知识界"亚洲问题"之认识的反省，对于当今的"东亚论述"(包括东亚儒学)如何可能的问题才能提出积极的建议，他指出应该努力克服"中华文化一元论"的倾向，由"实体的'东亚'转向方法的'东亚'"。以下我们就对子安论文的主要观点进行必要的梳理。

该文的撰述有一重要背景，值得注意。2001年10月，子安宣邦接到台湾大学等主办"东亚文化圈的形成与发展"学术研讨会的邀请函(会议召开则在次年6月)，该会"缘起与背景"的主旨说明(由高明士执笔，以下简称"背景说明")引起了他对该会之旨意的注意以及质疑。在他看来，该文以对东亚文化圈形成的历史过程的叙述"代替了对'东亚文化圈的形成与发展'研讨会缘起和主题设定的相关说明"，这是说"背景说明"以回顾"东亚文化圈"之形成过程的历史性话语"取代了其会议主旨的说明"[2]，这就使得子安敏感地意识到这一"背景说明"的用意很有问题，因为这意味着在中国的"台湾地位日益变得重要"的今天，要由其来重新组合"东亚文化圈"形成的历史性话语，这样一来，所谓"东亚文化圈"不过是包括了韩日中三国的一元化的"中国文化圈"的"代名词而已"。

更严重的是，他还可从该文中清楚地看出会议主办者的企图在于重构"传统的'中华帝国'话语"，而且"'中华帝国'的话语，现在要由台湾于'东亚文

---

① 子安宣邦:《"アジア"はどう語られてきたか——近代日本のオリエンタリズム》，第172—198页。原载《環》第10号，2002年夏季号，东京：藤原书店，2002年。中文译本有二：童长义译，《东亚儒学：批判与方法》，第1章；赵京华译，《东亚论：日本现代思想批判》。按，子安论文是为参加2002年6月台湾大学"东亚文化圈的形成与发展"学术研讨会而撰写，同名会议论文集于2005年由台湾大学出版中心出版，2008年华东师范大学出版社出版了简体字版，所收均为童译本。本文据日语原文翻译。

② 同上，第176页。

化圈’这一新主题之下加以再生和重组了”。不得不说，子安的批评之尖刻、语词之锋利，令人震撼。在《“东亚”概念と儒学》的前言末尾，子安郑重声明他撰述这篇文章是“对‘东亚文化圈’研讨会的批判性报告”[①]。可以想见，台湾学界不期然地迎来了一位重要的批评者。在我看来，这未必是坏事，子安之敢于直言，正表明他对台湾学界的看重。

很显然，子安的上述批评有其自身的问题意识为背景，关于这一点，我们稍后再说。事实上，会议主办者的“背景说明”已经说得很清楚，它开宗明义地表明：“所谓‘东亚文化圈’，是指近代以前的东亚文化世界而言。”所以整篇有关“东亚文化圈”的说明是有时代下限之设定的，是对近代以前——主要是指隋唐中国时期——所形成的“中华文化圈”所做的相关说明。

细读全文，可以看到这篇文字无非是对隋唐以来“中华文化圈”的构成要素、历史过程所做的一个史学性的描述，当然也就没有涉及近代日本的“东亚”论述。因此在我看来，会议主办者并没有这样的企图：意在当今台湾学界“再生和重组”作为“传统的‘中华帝国’话语”的“中华文化圈”。不得不说，子安论文是有意的“误读”（从诠释学而非历史学的角度讲，这并非是贬义）。那么，为什么会发生这样的“误读”呢？这就需要从子安自身的“东亚”论述说起。

子安论文的第一节标题为“‘东亚’概念与日本”，一上来，他就表明“东亚”并不是不证自明的概念，并提出了两个问题：当今为何要谈“东亚”？为何要将“东亚”和“儒学”联系在一起？可以看出，子安的问题意识在于，他首先要追问“东亚”论述的历史渊源，进而要追问何谓“东亚儒学”。从该文的核心旨意来看，他要告诉我们：“东亚”是“于1920年代的帝国日本作为文化的地域概念被建立起来的”，在此后的三四十年代，“东亚”则变成了“一个具有强烈政治意味的地缘政治学色彩的概念”。基于这一点，所以他自始至终强调，在对“东亚”概念未做出彻底的历史清算之前，便口口声声地谈论“东亚”，仿佛“东亚”已是一个自明的前提，这是缺乏反省和批判意识的不负责任的表现。不难

---

①　按，以上所引皆在子安宣邦《“東亞”概念と儒學》一文的“前言”。又按，这篇“前言”未见此后出版的同名会议论文集，而上引赵京华译本则据《环》第10号译出。我推测该“前言”是子安在参加会议后，向《环》投稿之际，新撰的一段文字，故不存在同名会议论文集所收童译本删除这篇“前言”的可能。

发现，子安的话外之音是，台湾地区的东亚儒学研究团队还没有对"东亚"问题做出必要的反省，就在谈论"东亚"，这在子安看来，问题就相当严重。

所以，子安论文的整篇基调是对"东亚"论述进行历史清算，他的工作基本上属于批判性的解构，他要努力解构20世纪初以来作为帝国日本的那套"东亚"论述以及批判现代日本知识界对此论述的缺乏反省的冷漠态度。在他看来，这一时期的"东亚"论述有一个非常明显的特征也是非常危险的倾向：这就是"东亚"成了一个"一体性"的、"实体化"的东亚，而"绝不是一个多元的世界"。那么，为什么说这是一个非常危险的倾向呢？因为帝国日本鼓吹的所谓"东亚共荣圈"，便是企图要建立这样一种一体化的、实体化的以日本为盟主的东亚世界。为了不让帝国日本"亡灵一般的言说"死灰复燃，就有必要将这种实体性的"东亚"观念彻底解构。无疑地，子安的这种批判精神十分难得也令人同情。

也正由此，所以我曾指出，一方面，子安担忧当今台湾地区的东亚儒学研究有可能是要重现"帝国"的亚洲主义论述，虽然有杞人忧天之嫌，"但他批评台湾学者的东亚论述缺乏历史性批判却未必是无的放矢"；另一方面，作为日本学者，他对"东亚"问题的反省批判十分重要，其心情固然可以理解，但是中国学者（包括台湾学者）在探讨东亚儒学问题时，"有关近代日本的东亚论述批判并不应当是东亚儒学这一问题设定的学理前提"（参见上引未刊稿）。

值得一提的是，子安除了有非常清醒的历史批判意识以外，他还非常注重方法论问题，这在日本思想史学界并不多见。子安论文除了企图对近代日本的东亚论述进行解构以外，他还有一个重要提议，亦即该文最后一节所设定的标题："从实体的'东亚'转向方法的'东亚'"。所谓"实体的东亚"，已如上述，其意是指无视东亚文化的多元性而将东亚视作同质性的存在体，说白了，也就是说仿佛日本就是中国、中国就是日本，彼此之间已无差异可言；于是，"东亚共同体"①所指向的便是作为实体存在的一体性的东亚，以为由此便可从欧美的西方霸权（包括话语霸权以及武力霸权）中解放出来，想当年，帝国日本自诩他

---

① 参见子安论文《昭和日本と"東亞"概念》第3节"'東亞協同體'の理念"及第4节"'東亞'から'大東亞'へ"（《"アジア"はどう語られてきたか——近代日本のオリエンタリズム》，第92—101页），该文是作者于2000年11月为参加韩国首尔成均馆大学"东亚学国际学术会议"而写。

们对东南亚的侵略，就是为了从西方殖民主义之下解放亚洲。显然，这种怪论的一个观念基础便是"东亚"的实体化论述，因此必须对此加以彻底的批判。

为了实现这一点，子安极力主张有必要建构"方法的东亚"。但是，"从实体的'东亚'转向方法的'东亚'"一节只有短短两段文字，其中并没有清楚地阐明"方法的东亚"的具体设想，子安反复强调的是，东亚这个概念"应该是方法论上的一个概念"，"所谓方法论上的，乃是指对立于'东亚'的实质性的或实体性的重生而将'东亚'重新组合成作为思想的、方法的概念"，这后面一句看似解释，其实还是没有解释清楚究竟什么是"方法的东亚"。他的用意在于从根本上推翻"东亚"是一种实体存在的观念论述，这一点不难了解，然而由此推论，所以"东亚"必然可以作为一种方法论建构起来，这个说法却有深入思考的余地。

所谓"方法的东亚"这个说法，从其观念模式来看，其实与竹内好（1910—1977）的"作为方法的亚洲"以及沟口雄三（1933—2010）的"作为方法的中国"是互相呼应的，子安自己则有"作为方法的江户"之说。[①] 可见，"作为方法的……"这一表述原是现代日本思想学界非常喜欢使用的一种套语，当然，竹内、沟口、子安他们三人之间的研究取向及其立场各有不同，这里就不便展开讨论了。表面看来，这一表述方式不太符合中文的表述习惯，其实也并非那么难解，也就是要将研究对象"他者"化、"方法"化，反对将研究对象的"中国""亚洲"或"江户""东亚"实体化、同质化；同时，这种方法论也是对二战之前以及战后仍然流行一时的以西方中心主义的视野来研究亚洲、中国包括日本的一种批判，强调不能以西方或中国的视野作为评判标准来思考，而应当反过来，应当从"自我"的视野进行内在的思考。因此，在"作为方法的……"的表述中，重要的是要阐明对于历史现象及其相关论述的一种重新审视的立场和观念，因此"方法的东亚"这个观点所指向的是对"实体的东亚"的批判和解构，就此而言，这个说法具有一定的理论意义，不过至于这个"方法"如何建构，却是另一层面的问题。不得不说，这种方法论的探讨留给人们很多想象的空间，

---

① 参见子安宣邦：《方法としての江戸》，东京：ぺりかん社，2000年。按，2002年2月22日，子安在台湾大学所做的一场报告中，对于所谓"作为方法的江户"也有简要的叙述，参见《东亚儒学：批判与方法》，第4章"作为'事件'的徂徕学——思想史方法的再思考"，第58—59页。

然而这种"方法"对于我们审视东亚有何种理论效应，则应当取决于对"东亚"历史的具体研究，不用说，东亚儒学研究也应当是其中之一。

六　文化多元视域中的东亚儒学

当然，对于 21 世纪台湾地区的东亚儒学研究，特别是对 2000 年以降台湾大学推动的东亚儒学研究的系列计划，子安宣邦原本是充满期待的，而且他对黄俊杰的东亚研究也曾给予很高评价①，另一方面，黄俊杰对子安宣邦的"东亚"研究也非常重视，他曾亲自为子安的《东亚儒学：批判与方法》一书撰写了长篇"跋文"，颇多赞誉肯定之词②。同时，上述子安对"东亚"论述的批评也引起了黄俊杰的关注，他也意识到问题的严重性，故有《"东亚儒学"如何可能》③（以下简称黄文）之作，试图从学理上来建构"东亚儒学"这一概念，并从方法论上解答"东亚儒学"何以可能的问题。

黄文首先同意子安的观点，认为"东亚儒学"并不是不证自明的概念，黄文进而指出"东亚儒学"受到"东亚"与"儒学"这两个概念的互相规范或限制，所以一方面，"东亚儒学"的研究对象受到中国、韩国、日本、越南这些被称为"东亚"的这一地理概念的限制，另一方面，"东亚"又被"儒学"所界定，亦即"东亚儒学"中的"东亚"是指受到儒学传统所浸润的东亚地域为其范围。前者从研究对象的角度来解答什么是"东亚儒学"，后者从文化传统的角度（儒学传统）来解答什么是"东亚"。这个说法非常平稳，是容易接受的。不过，黄文对

---

① 参见子安宣邦撰于 2000 年的《昭和日本と"東亞"概念》（《"アジア"はどう語られてきたか——近代日本のオリエンタリズム》，第 91、105 页注 9 等）。按，这条文献线索是黄俊杰向笔者提供的。根据我的观察，早在 1997 年 4 月，子安宣邦参加成功大学举办的"第一届台湾儒学'国际'学术研讨会"之际，便对黄俊杰《战后台湾儒学的保守化倾向——以〈孔孟月刊〉为中心》所表明的反对儒教文化一元论的立场赞赏有加，他指出黄文对于《孔孟月刊》坚持的"儒学主义"及其"文化一元论"所进行的"严厉批评"，向我们展示了一种"开放的新的言说地平"（参见子安宣邦：《儒教文化的多元性》，《方法としての江戶》，第 83—84 页）。另按，上引黄俊杰论文，后经修改，收入氏著：《台湾意识与台湾文化》，台北：台湾大学出版中心，2009 年初版三刷，第 235—266 页。

② 参见子安宣邦：《东亚儒学：批判与方法》，第 203—218 页。

③ 原载《清华学报》新 32 卷第 2 期，新竹：台湾清华大学，2003 年 12 月，后收入黄俊杰：《东亚儒学：经典与诠释的辩证》，第 29—56 页。

"东亚"论述的历史渊源及其日本因素并没有展开正面的讨论，这就使得在他人的眼里看来，黄文对"东亚"的理解缺乏批判。

的确，从历史上看，在东亚论述中有两种背景因素：一是在传统中华帝国的"华夷秩序"意义上的所谓"东亚"，一是在近代日本帝国的"东亚共同体"意义上的所谓"东亚"。不妨称之为"二种东亚论"。诚然，对于前一种东亚论，中国学者应当有自觉的反省和批判，而对于后一种东亚论，则是日本学者首先应该努力解构和批判的对象，重要的是，这两种批判应当建立起必要的联系，甚至可以形成互相批判。对于"二种东亚论"，黄文没有从正面探讨，应该说这是黄文的一个不足之处。

不过，这并不意味着黄文探讨东亚儒学问题之目的在于重构中华帝国的"话语"。对于黄文的这种批评显然是风马牛不相及的。归根结底，将"中国"乃至"东亚"他者化、方法化，这是作为日本学者子安宣邦所能直言的，但能否将此观点上升为普遍之共法，则尚有探讨之余地。根据我目前的初步了解，台湾学界之所以自 20 世纪 90 年代末重提东亚儒学研究，自有其自身的"东亚意识"以及"台湾意识"为背景，只是这一背景问题所涉台湾地区的政治文化等因素十分复杂，笔者一时尚未理清，容当别论。① 重要的是，对"东亚"的历史论

① 黄俊杰对"台湾意识"的历史变迁有一较清晰的梳理，他指出"台湾意识"萌发于1895年台湾割让日本之后，在此之前，台湾人只有"漳泉意识"及"客家意识"，割台后，台湾人面对日本的殖民统治，"才共识到'台湾意识'"，这是一种台湾人抗拒日本殖民统治的中国文化意识；1945年光复之后，由于国民党统治台湾的专制手法，于是台湾人产生了区分"本省人与外省人"的省籍性"台湾意识"；及至80年代末以及后"解严"时代，随着外省人与本省人的统治地位发生变异，于是又出现了一种"新台湾人意识"，"其目的在于愈合由于权力重组所带来的社会族群关系的紧张"，但是现阶段的这种"新台湾人意识"其实是一个"空白主体"，缺乏"具体思想内涵"，"常被不同立场的人注入不同内容"。在上述概念史的梳理基础上，黄俊杰进而指出只有将历史上"台湾意识"的"抗争论述"转化为"文化论述"——意谓在海峡两岸互动的脉络中，求得"文化认同"与"政治认同"保持一个动态的平衡——才是未来应有的积极方向（参见黄俊杰：《论台湾意识的发展及其特质》，《台湾意识与台湾文化》，台北：正中书局，2000年初版；台北：台湾大学出版中心，2007年第2版，第3—38页）。这里提到的两种"认同"的动态平衡问题，的确值得深思，不过，笔者倒是觉得潘朝阳对于"台湾意识"的文化本质问题的追问更值得关注，他一针见血地指出："台湾意识的本质性内容，实则是汉族移民将大陆原乡熟习的生活方式带到台湾建立新天地之后的乡土文化意识"，而这种"台湾的乡土文化意识，根本就是汉文化或中国文化中的区域小传统，本质上，是中国文化的台湾意识"（参见潘朝阳：《从原乡生活方式到中华文化主体性——台湾的文化原则和方向》，原载《台湾研究季刊》总第87期，厦门大学台湾研究院，2005年1月，后收入氏著：《台湾儒学的传统与现代》，台北：台湾大学出版中心，2008年，第246—247页）。

述进行批判固然是东亚儒学研究的一个必要前提,但是反过来,东亚儒学之研究也必将推动我们对"东亚"论述进行深刻的反思,也正由此,所以东亚儒学研究具有批判和建构的双重意义。就此而言,21世纪台湾地区东亚儒学研究具有重要的开创性意义,这是毋庸置疑的事实。

那么,何谓"东亚儒学"呢?关于这一问题,黄俊杰在《东亚儒学:经典与诠释的辩证》"自序"中提出了一个较为明确清晰的定义,大致有三层意思:1.作为空间概念的"东亚儒学",是指儒学思想及其价值理念在东亚地区的发展及其内涵;2.作为时间概念的"东亚儒学",是指在东亚各国儒者的思想互动之中应时而变、与时俱进,而不是一个抽离于各国儒学传统之上的一套僵硬不变的意识形态;3.因此,"东亚儒学"本身就是一个多元性的学术领域,在这个领域里面并不存在前近代式的"一元论"的预设。我觉得黄俊杰有关"东亚儒学"的上述定义大致是不错的。

关于"东亚儒学"之研究立场的问题,黄俊杰也有一个较为明确的观点:"在承认儒学传统在东亚……各地域,各自展开其多彩多姿、多元多样的面貌与内涵,但却又异中有同。"因此质言之,"'东亚儒学'的特质在于'寓一于多',在儒学传统的大框架中展现东亚文化的多元性"。[①]这是说东亚儒学并不是文化一元论,它具有"文化多元性"之特质,呈现为"异中有同""寓一于多"的特性。[②]也就是说,东亚儒学既有多元性又有同一性。然而,异与同、一与多的结构关系正表明东亚儒学存在着一种内部张力,用黄俊杰的话说,也就是"中国儒学价值理念与东亚地域特性之间的张力"[③],按照我们的理解,也就是东亚文化的普遍性与东亚各地域文化的特殊性之间的张力,关于这一点,上述未刊稿已有较详的讨论,这里也就不再赘述了。要之,黄俊杰主张"东亚儒学"所预设的是一文化多元性的学术立场,这与子安宣邦主张东亚儒学研究不应指向重建中华文化一元论的立场是一致的。

---

① 黄俊杰:《东亚儒学:经典与诠释的辩证》,第43—44页。

② "寓一于多"之说,是黄俊杰东亚研究的一个重要立场。有趣的是,京都大学教授山室信一也有与此相似的"多而合一"说,参见氏著:《"多而合一"的秩序原理与亚洲价值论》,《东亚的价值》,第311—325页。按,另可参见山室信一:《思想课题としてのアジア——基軸・連鎖・投企》,东京:岩波书店,2001年。

③ 黄俊杰:《东亚儒学:经典与诠释的辩证》,第49页。

平心而论，子安批判近代以来日本的东亚论述，这一点值得肯定，而黄俊杰则以"多元文化"[①]作为自己的学术立场，强调东亚儒学并不是以中国为绝对的中心，也不预设"中心对边缘"的结构关系[②]，这就为解答"东亚儒学"何以可能提供了重要的理论前提，质言之，这是以文化多元论来反对文化一元论。由此出发，21世纪台湾学界提倡东亚儒学研究便在文化多元立场上成为可能，具体地说，东亚儒学研究既能"建构深具各地民族特色的地域性儒学传统"，同时又能"在儒学传统的大框架中展现东亚文化的多元性"。[③]毫无疑问，黄俊杰对东亚儒学如何可能之问题所做的上述回答有其自身多年来东亚儒学研究实践作为背景。的确，我们唯有通过对前近代的一元论思维模式的克服，从多元文化的立场出发，才能真正建立起东亚儒学的研究领域。

然而对于黄文的观点，子安并没有做正面的回应。值得注意的是，在2008年特别是2010年，子安多次参与学术会议，话题仍然主要围绕东亚问题而展开。[④]尤当一提的是其中的一场报告：《再论"作为方法的东亚"》（2010年3月26日于成功大学）。子安在报告中回顾了多年来参与台湾地区东亚研究之过程，特别提到2002年6月的那场"东亚文化圈的形成与发展"学术研讨会，表

---

① 按，关于"多元文化"论，其出现甚早，可追溯至18世纪德国历史哲学家赫尔德（Johann Gottfried Herder, 1744—1803）提出的"多元文化"论，意在打破以欧洲文化为衡量其他文化的普遍准则的观念，可参见1984年余英时的论文《从价值系统看中国文化的现代意义》（《余英时文集》第3卷，桂林：广西师范大学出版社，2004年，第2页）。另参韩国学者宋荣培1993年的一篇文章《与西方式不同的儒家式现代化是否可能》（氏著：《东西哲学的交汇与思维方式的差异》，补论第1章，石家庄：河北人民出版社，2006年，第239页）。要之，"多元文化"论在20世纪70年代出现的一个重要时代背景却是对西方中心论以及"现代性"问题的反思，而当代新儒家之所以对此观点引起重视，其因在于"多元文化"的思考方法正可用来反拨西方中心论。

② "中心"是指以中华文化为中心的文化秩序，"边缘"（又称"周边"或"边陲"）是指处于中华文化中心的边缘地区，而"中心对边缘"的结构则表明，东亚文化的秩序展现为作为中心的中华文化向其"边缘"地域不断扩展而形成覆盖性之影响的一种形式，这种结构形式与传统中华帝国的"华夷秩序"观非常相似，作为"边缘"的文化主体永远只是被动地接受"中心"的文化影响，从而建构起覆盖东亚地域的中华文化一元论。关于这一点，子安宣邦有强烈的批判（参见《东亚儒学：批判与方法》，"序"，第6页）；黄俊杰对此也深表赞同（参见《东亚儒学：经典与诠释的辩证》，第42页）。

③ 黄俊杰：《东亚儒学：经典与诠释的辩证》，第44页。

④ 2008年4月，子安宣邦在台湾交通大学做了《战后日本论：从冲绳来看》的讲演，同年11月在台湾清华大学做了《近代日本与两种伦理学》的讲演。2010年3月，子安又分别在台湾交通大学、台湾清华大学和成功大学做了三场报告，依次是：《现今，询问伦理的意涵》《"伦理"语汇的死亡与再生》《再论"作为方法的东亚"》。这里要感谢台湾清华大学祝平次教授惠赠以上各篇讲演稿的中文译本。

明当他读到"研讨会缘起与背景"的主旨说明之后，便对"这场研讨会所抱持的态度不禁由期待转为警戒"。

为什么呢？因为在子安看来："这篇文章像在陈述历史事实的同时极具政治意涵。'东亚'这个概念，并不是地图上有的地域概念，而是政治地理概念，是与政治支配、文化支配的欲望共存而成立的概念。"所以在子安的眼里，这场会议的性质是"以实体的中国文化圈作为东亚文化圈，为探究其形成与发展而举行的学术研讨会"。这是子安由其"作为方法的东亚"之立场出发而断然不能接受的。所谓"政治地理概念""政治支配、文化支配"以及"实体"性的中国文化圈之概念，正是子安的东亚论述中所欲竭力解构的对象。至此，我们终于明了子安对于以黄俊杰为代表的台湾大学东亚文化研究计划是否意在建构"实体性"的中华文化秩序始终不能释怀，这是导致子安对台湾地区东亚儒学研究由期待转而不满的主要原因之一。

行文至此，不由得使我联想起王汎森的一个看似无奈却又严肃的说法："近代中国与日本的爱恨情结，使得任何有关这个问题（引者按，指戊戌前后中国思想中的日本因素问题）的研究都难以下笔，而且不容易被平情看待，总觉得在字面之后，应该还有潜在的动机。这种情形当然不是全然子虚乌有。"[1] 如今，我们仿佛看到台湾地区的东亚研究正被人怀疑另有"潜在的动机"。其实，据我近几年对台湾学界的观察，其东亚儒学研究是否想把"东亚"纳入"地政学"范围来定义？是否想把实体的中国文化圈来覆盖东亚并进而将"东亚"实体化？纯属子虚乌有。

值得一提的是，杨儒宾曾在与子安宣邦的一场对话中坦率地指出，尽管"东亚"一词很容易使人想起"大东亚共荣圈"，"但就在台湾成长的这一辈学者（引者按，指杨儒宾这一辈）的印象，这样的负面意象却是不太有的，至少我是没有的。所以我们很容易使用'东亚'这个很中性化的语言"。[2]"中性化"这个说法很引人注目，意谓当今台湾学界所说的"东亚"首先是一个地理概念，而不再

---

[1] 王汎森：《戊戌前后思想资源的变化：以日本因素为例》，《二十一世纪》（网络版），香港中文大学，2002年9月号（总第6期）。

[2] 《子安宣邦思想论坛·东亚世界与儒学》，《文化研究》第6期（增刊），2008年夏季号，第93—94页。感谢台湾清华大学祝平次教授惠赠该期刊物。

含有 20 世纪帝国日本的那种将东亚"实体化"的含义。这个说法看似平实，然而从中反映出战后台湾人对"日本"的基本认知。所以我想在 20 世纪 90 年代末，台湾地区之所以会有一股"东亚热"，或许正是由于当地社会对"东亚"乃至"日本"的这种认同态度为基础的。不过依我之见，严格说来，东亚既是一个地理概念，同时又是一个文化概念，合而言之，东亚是一个文化地理概念，这一点也是不能否认的。我们将在下一节，对此问题稍加详细的探讨。这里只需指出，批评台湾学者将东亚理解为"地政学"意义上的东亚，显然言过其实。

那么，21 世纪台湾学界重提东亚儒学又有何背景因素呢？澳大利亚国立大学梅约翰教授在上面提到的武大会议以后，特意提供给笔者一篇论文，他指出近年来台湾地区之所以兴起东亚研究，乃是一部分学者为了应对"去中国化"的新形势而采取的一种"策略"。① 这个分析虽是外缘性的，但作为第三者的一种审视观点，值得引起重视。因为显而易见的事实是，"中国"与"台湾"可以同时被置入"东亚"而显得堂堂正正。然须指出，早在 20 世纪 80 年代初，台湾地区东亚儒学的研究已经受到关注。② 根据李明辉提供的一份资料表明，1992 年 9 月，台湾清华大学与大阪大学合作举办了"东亚儒学与近代'国际'研讨会"③，这或许是以"东亚儒学"命名的"国际"会议在台湾地区的滥觞。

次年 1993 年，"中研院"中国文哲所制订了"当代儒学研究主题计划"，由戴琏璋、刘述先主持，黄俊杰亦一同参与，其背景之一在于扭转"中研院"自成立以来对于儒学研究一贯轻视之偏向以及应对 80 年代末中国大陆推动的"现

---

① 梅约翰：《东亚儒学与中华文化民族主义：一种来自边缘的观点》，复旦大学文史研究院编：《从周边看中国》，第 122 页。

② 黄俊杰发表的第一篇东亚儒学领域的论文则相对早，参见氏著：《东亚近世儒学思潮的新动向：戴东原、伊藤仁斋与丁茶山对孟学的解释》，原载《韩国学报》第 1 期，1981 年 4 月，后收入氏著：《儒学传统与文化创新》，台北：东大图书公司，1983 年、1986 年。

③ 李明辉：《"中央研究院""当代儒学主题研究计划"概述》，《汉学研究通讯》19：4（2000.11），台北：汉学研究中心，第 567 页。按，该会由时任大阪大学教授的子安宣邦提议，会议简讯见《汉学研究通讯》11：4（1992.12），几部主要的会议论文日文版见《季刊日本思想史》第 41 号（东京：ぺりかん社，1993 年 5 月）。须注意的是，该会议的日文表述为"東アジアの儒教と近代"（参见子安宣邦：《儒教文化的多元性》，《方法としての江戸》，第 91 页注 3）。可见在日本，"东亚儒学"一词首先在概念使用上就存在十分棘手的难题："东亚"作为"死语"是否可作为学术用语在当今学界复活？子安的立场是断然反对的（参见下文第 111 页注 1 子安对大沼保昭编著的批评）。所以，今后在中日学术交流中或许仍将不断遭遇"东亚"一词如何"一词双表"的尴尬局面。

代新儒家思潮研究课题"。三年后的 1996 年,为继续推进该项"主题计划",制订了该项目的第二期计划,揭示了"儒家思想在近代东亚的发展及其现代意义"这一新主题,目的之一在于反思历来在儒学研究中隐然存在的"中国中心论"之偏向,并明确了该项研究的旨趣在于:"由于各自不同的历史背景,儒家思想也以极为不同的方式在这些地区(引者按,指东亚)发生作用,而各自形成同中有异的传统。因此,我们不但有必要将东亚视为一个整体,来考察儒家思想的影响,也有必要就这些地区的不同历史、文化背景来探讨儒家思想在其中所呈现的殊异性。"①

显而易见,这一立场也反映在 2000 年以后台湾大学推动的各项"东亚儒学"研究计划之中。当然,21 世纪台湾地区的东亚儒学研究迅猛发展的社会背景及其学术背景还有待从 20 世纪 80 年代末至今的东亚社会大背景中来加以观察。重要的是,对于学术背景的观察之目的在于探寻东亚研究中学术与社会的积极互动关系,摆脱意识形态口号对学术研究的干扰②,进而展望儒学在东亚社会中的未来走向。

通过上述回顾可以看出,在"东亚儒学"隐然成为当今学界一种新的学术研究领域的过程中,不断出现何谓"东亚儒学"以及何谓"东亚"这类问题。子安宣邦对帝国日本的"东亚"论述的历史批判发人深省,黄俊杰对"东亚儒学"何以可能等学理性问题的深入阐发亦极具启发意义。接下来,我要谈一些有关东亚儒学问题的个人意见。在我看来,所谓"东亚儒学",指的是儒学在东亚,这是一种历史现象学的描述,其意是说,儒学在历史时间上曾经存在于东亚这个地域空间,也就是说"东亚儒学"所内含的时间与空间的概念,是一个史学概念,是在历史的构架中所存在的。

然而,问题的复杂性在于:在"东亚儒学"这一概念构架中的所谓"东亚"到底只是一个地理概念,还是一个含有价值内涵的文化概念?抑或是地域与文

---

① 参见李明辉:《"中央研究院""当代儒学主题研究计划"概述》,《汉学研究通讯》19:4(2000.11),第 564—571 页,这里的引文则见第 567 页。

② 例如后"解严"时代的"台独运动"所高扬的所谓"台湾意识"或"台湾本土化"成了反中国文化的口号,潘朝阳尖锐指出:这种所谓的台湾本土化,已经"变成了'反台湾本土性'的异化性台湾本土化"(《台湾儒学的传统与现代》,第 250 页),故其本质"只是虚构的"(同上,第 252 页)。

化两者兼而有之的文化地理概念？能否说由于"东亚"概念创立之初便烙上了帝国日本的意识形态影子，其中已内含有文化地域的含义①，因此我们就应该弃若敝屣？我以为东亚首先是一个地理概念，这一点是毋庸置疑的，但是当我们从"儒学"思考"东亚"或者从"东亚"思考"儒学"，那么所谓"东亚"无疑是一复合型概念，而非单纯的地理概念。在这个意义上，我们有理由提出"文化东亚"这一概念。

其意何在呢？其实，从"儒学"所看到的"东亚"，已然不是纬度和经度都十分清晰的自然地理学的概念，而是一人文地理学意义上的概念，按照人文地理学的基本规定来说，东亚就是含指东亚地域各种社会、政治、经济和文化现象的人文地理。若将历史的因素考虑在内，那么可以说，"东亚儒学"中的"东亚"乃是一历史人文地理之概念。因为事实上，儒学之在"东亚"，既不能脱离历史的时间，也不能脱离人文的空间，也就是说，作为中国这一地域文化之产物的儒学在向"东亚"进行传播之时，既有一个历史的过程，同时又有与"东亚"其他地域的文化历史发生冲撞、摩擦、糅合的过程。反过来说，例如作为"东亚"地域之一的日本，他们在接受儒学之际，自身绝不是文化上的一片空白而可以任由儒学一统天下。历史表明，日本自身的文化对于外来儒学的传播有一个吸收、容纳乃至反拨等复杂的过程，要之，儒学之在日本有一个"本土化"过程，从而构成了不同于中国理论形态的日本儒学。

可见，"东亚"乃是一个具有特定历史内涵的文化地理概念。若从"文化

---

①　关于内含文化地域之含义的"东亚"概念形成于20世纪20年代的帝国日本，这一点已如上述。这里顺便介绍子安宣邦特意列举大沼保昭的编著《東亞の構想——二十一世紀東アジアの規範秩序》（东京：筑摩书房，2000年），指出该书以"东亚"作为书名的做法非常"怪异"，尽管该书的编者预先声明所谓"东亚"，仅指"包含东北亚细亚和东南亚细亚在内的东亚细亚这一地理的概念"（子安宣邦：《昭和日本と"東亞"概念》，《"アジア"はどう語られてきたか——近代日本のオリエンタリズム》，第86页），然而子安尖锐地指出，在《東亞の構想》一书中的各篇论文的执笔者却都采用"東アジア"而没有人采用"東亞"一词（同上，第104页注4）。不管怎么说，由此可见在当代日本，也有学者欲将"东亚"仅仅作为地理概念来看待而并不认同（或者极力回避）这一概念的文化历史含义。当然，由子安对"东亚"论述的历史批判之立场出发，这种态度断不可取，他严肃地批评道：抽离"东亚"概念的历史含义而将此视作与"东亚细亚"（東アジア）可以"互换"的概念，这一做法正反映出"在当今日本，人们对亚洲问题的暧昧态度，以及日本人对历史上的亚洲问题的暧昧态度"，他强调指出"东亚"是一个"历史的、政治的概念，绝不是单纯的地理概念"（同上，第87—88页），所以有必要对"作为文化史的'东亚'"（同上，第89—92页）这一历史问题进行深刻的反省。我以为子安此说值得倾听。

交涉"①的角度看，东亚所构成的正是一种多元文化体系。这种多元性不仅是不同地域之间的表现，而且在同一地域的内部也有多元性文化表现，即如台湾地区而言，自有文献记载的明郑时期（1662—1683）以来，历经清朝领台时期（1683—1895）、日据时期（1895—1945）及至光复以后至"解严"以前（1945—1987），当地社会所呈现的便是一个多元并存、多元融合的文化融合体。因此，儒学之在台湾，就不得不与"台湾意识"发生关联，表现出其不同于大陆儒学的发展形态，例如20世纪50年代以降台湾地区的学院派"当代新儒学"不仅是对中国传统儒学的一个新发展，在我看来更是构成了当今"台湾儒学"运动的一部分，当然就其本质而言，"当代新儒学"更是"中国底儒学"，因为它仍然是以"中国儒家道德慧命为根柢"的。②

那么，为什么强调"文化东亚"这一点很重要？关于这个问题，我们可以从两个方面来谈。首先，从文化传播的"本土化"这一审视角度看，任何一种文化向其他地域进行传播之际，都有一个与当地文化如何磨合的过程，这个过程就是"本土化"过程，因为文化传播绝不是出口商品那样，进口国只能被动接受，而是一种文化与另一种文化的对话过程，在这个过程中，文化传播就有了"文

---

① 关于"文化交涉"一词的含义，藤田高夫《東アジア文化交涉學の構築にむけて》（关西大学文化交涉学教育研究基地：《東アジア文化交涉學研究》创刊号，大阪：关西大学出版部，2008年，第3—7页）有详细说明，大意说，所谓"交涉"不同于单向的"传播"，而是指不同文化之间的动态交往，因此作为"文化交涉学"具体而言是要超越国家和民族等分析单位，设定一个具有一定关联性的文化复合体，并在关注其内部的文化形成、传播、接触及变迁的同时，以多维性和综合性的视角来全面剖析文化交涉的各个方面，为此需要双重超越：一是超越以往人文学科各个学术领域的研究框架，一是超越国家民族意义上的研究框架。2008年，余英时在关西大学"东亚文化交涉学中心"的成立仪式上，发表演讲表示赞同文化交涉学这一研究计划之同时，进而指出在把研究视角关注于"各大文明之间的交涉上面"这一意义上，"Toynbee（汤因比）无疑是'文化交涉学'的一位重要的先驱"（氏著：《中日文化交涉学的初步观察》，关西大学文化交涉学教育研究基地：《東アジア文化交涉學研究》别册1，大阪：关西大学出版部，2008年，第4页）。

② 参见潘朝阳：《台湾儒学的传统与现代》，"自序"，第2页。按，"台湾儒学"一词首见于陈昭瑛1995年在台湾"中央研究院""当代儒学"计划的第三次研讨会上提交的论文：《当代儒学与台湾本土化运动》（收入《台湾文学与本土化运动》，台北：正中书局，1998年）。旋即便引发了一场极其激烈的"论战"，据称受到"独派学者围剿"（陈昭瑛：《台湾儒学：起源、发展与转化》，"初版自序"，台北：台湾大学出版中心，2008年，第3页）。至于陈昭瑛出于其个人"内心深处的台湾情感和中国情感如何安顿"的问题意识而提出"台湾儒学"这一"新的领域"（同上，第4页）如何建构的问题，台湾学界已有相当的学术累积，足以构成今后东亚儒学之研究的有机部分。据潘朝阳：《战后台湾儒家研究的几个侧面：问题及其意义》（收入黄俊杰主编：《东亚儒学研究的回顾与展望》，台北：台湾大学出版中心，2005年），与"台湾儒学"相关的研究专著及会议论文集计有10部。

化交涉"的性质。在这个意义上,我们说东亚既是一个地理概念,同时又是一个文化概念。如果我们片面地强调东亚只是一个地理概念,那么东亚儒学之概念的提出就含有了这样一种意味:亦即意味着主张由于东亚本身并没有文化的内涵,所以儒学之在东亚只是单向传播而没有与当地文化如何交涉的过程。这个观点就将导致一个十分严重的后果,儒学成了一个覆盖东亚地域的宰制性概念,因为东亚本身只是白板一块的缺乏文化的地理存在,如此一来,东亚儒学就必然成为一种"中华文化一元论"或"中国中心论"的变相说法,显然在当今世界文化日趋多元的格局中,这是亟应克服的偏见,否则的话,真会被人怀疑是否有"潜在的动机"。

其次,我们强调指出"东亚"是一个文化地理概念的原因还在于,我们要注意另一种理解,亦即将东亚理解成政治秩序或地理政治的概念,在 20 世纪 20 年代,"东亚"概念盛行于日本之际便蒙上了"地政学"的浓厚色彩,比如大家耳熟能详的并有沉痛记忆的"大东亚共荣圈"就是一种地政学概念,其中含有强烈的帝国主义、殖民主义的意味,这一概念随着二战终结已经成为"死语",只要是正直的知识分子是不会希望它复活的。我们强调作为文化地理概念的东亚,就是为了杜绝这种作为地政学概念的"东亚"死灰复燃。将东亚视为一种具有文化内涵的地理存在,既可以使我们注意到东亚本身构成一个意义世界,同时又可突破史学研究中传统民族国家(Nation-State)概念带来的困扰,以更为明确的多元视角来重新审视中国的儒学在东亚区域文化中的历史问题。

七 余 论

总而言之,在"东亚儒学"的研究过程中,正逐渐显示出问题的复杂性及多样性,不论是"东亚"还是"东亚儒学",并不是不言自明的概念。关于东亚以及东亚儒学之概念所蕴含的历史内涵如何把握,东亚儒学的建构如何可能等问题,需要我们进一步努力做出更为具体的历史考察以及理论批评,目前我们很难得出一个大家都能接受的一致看法。不过有一点已经明确:关于东亚的问题,绝不仅仅是中国的问题,更是日本、韩国乃至越南等东亚地域所面对的问题,特别是作为"东亚"一词的始作俑者的日本对此问题拥有重要的发言权,这是我们今天从事东亚儒学研究之际所不能忽视的。

近年来台湾学界在东亚文化研究计划之下所展开的东亚儒学研究已取得了相当可观的成果，但是东亚儒学作为一种新的学术领域，在如何自我定位的同时，更需要明确这项研究的未来目标如何设定。黄俊杰认为"东亚"是一多元文化的地域概念，并指出东亚儒学研究应注意普遍与特殊的张力以及政治认同与文化认同的张力，这些观点无疑具有方法论意义。然而黄俊杰在关注东亚儒学如何可能之余，却并没有清楚地回答东亚儒学何以必要这一问题。子安宣邦由积极参与到最后退出台湾地区东亚儒学研究计划的过程表明，一方面台湾学界对于"东亚"概念所蕴含的历史性、现代性等问题确有可能缺乏清醒而自觉的批判意识，另一方面也是更为重要的是，台湾学界自身有必要追问并且回答大力推动东亚儒学研究的目的何在的问题。子安宣邦担忧当今台湾地区的东亚儒学研究有可能是要重现"帝国"的亚洲主义论述，虽然这一担忧有过虑之嫌，但他批评台湾学者的东亚论述缺乏历史性批判却未必是无的放矢。

在我看来，"东亚儒学"只是东亚文化或东亚思想的一个分支，在性质上属于跨文化比较研究。如同东亚文化本身所具有的多元特征一般，东亚儒学也不可能有什么结构上的"整体性"或历史上的"同一性"。发源于中国的儒学在东亚各地域的展开及其呈现是一复杂多样的过程，而且这一过程又必然表现为"本土化"的过程。因此中国儒学相对于东亚其他地域的儒学而言只具有"相对性"，而并不具有绝对的宰制性。这里所谓的"相对性"，是指跨文化研究领域中的方法论意义上的相对主义。这种相对性固然是针对抽象绝对性而言，但并不等于模棱两可、毫无原则的折衷主义，也不等于隔绝于普遍性的特殊主义，而是指历史上的各种不同社会及其文化自有其一套独特的道德观念及其实践理论，此独特性是在比较意义上呈现的，即相较于其他文化系统而言，各具体的文化传统自有独特性而不可能存在没有差异的文化传统。正是基于这样一种文化独特性，故任何一种文化观念及其实践理论对于该社会来说就是"正当"的，但是我们不能在文化比较的名义下，用一种文化传统来横加指责或评判另一套文化传统的"好"与"坏"。例如在"帝国日本"时期，也许日本人相信"大东亚共荣圈"的亚洲主义论述是"对"的，但是对于当时的中国或朝鲜来说，那就断然不是"正确"的。故有必要将这种论述"相对化"。

由此看来，在近年有关东亚论述中出现的将中国相对化、他者化也未尝不可，把中国看作是东亚文化研究的一种背景也并没有错，在这一视角当中，需要我们有一种对"他者"的尊重态度，而跨文化研究中的相对主义正是提倡这种尊重他者而避免偏见的研究态度。我想，东亚儒学研究之所以可能的关键就在于我们如何认真看待儒学之在东亚的互为他者性及互为主体性。所谓互为他者性及互为主体性，意谓在将对象他者化的同时，并不预设自己的绝对性、普遍性，同时又不是消极地对待自己的主体性。也就是说，对于日本而言，中国固然是一种他者存在，但这并不意味着日本就是绝对性、普遍性在东亚的代表，同样通过对中国的他者化，亦可确认日本固有文化的主体性。如果我们把"儒学"从东亚文化的历史场景中剥离出来，用一种抽象的中国儒学来覆盖乃至宰制东亚其他地域的儒学历史，就必将陷入中华文化一元论、绝对主义的独断论。

问题是，从事哲学史或思想史研究的学者往往容易偏向于相信某种哲学思想的理论体系具有绝对普遍性原理。事实上，即便就东亚各地的思想史、文化史来看，正如上面所看到的那样，确有不少学者相信儒学所宣扬的"道"具有普遍意义。这就表明在一定历史时期，人们对于儒学的普遍价值的文化认同是确实存在的，例如足以代表儒学伦理之普遍性的忠诚原理就在日本思想史上留有深厚的足迹。但是，所谓思想的普遍性也不能脱离社会历史而成为一种抽象普遍性，当中国儒学的忠诚原理落实在日本江户时代，便变成了对皇室以及藩主家室的忠诚，因此忠诚思想在日本就表现为一种具体的普遍性。

又如有学者从儒家伦理"孝"的角度着眼，注意到中国"孝"文化虽在江户日本受到一定的重视，但是不少儒者对于中国"二十四孝"的故事（例如"割股行孝"）却不以为然，甚至有人讥讽为"怪异"，"非有道之者所述也"（林罗山语），因此从中国和日本对"孝"文化的不同理解中可以"抽取出中国和日本的儒教伦理在本质上的差异"①。这个说法，姑且可称之为中日文化的"本质差异论"，此论是否符合史实，须另外探讨，此不赘述。要之，儒学价值的普世性与

---

① 前川享：《身體感覺としての孝——二十四孝と寶卷にみる孝の實踐形態》（《作为身体感觉的孝——由二十四孝与宝卷所见的孝的实践形态》），土屋昌明编：《東アジア社會における儒教の變容》，东京：专修大学出版局，2007年，第189页。关于"孝"文化在江户日本特别是受到阳明学派的重视等情况，参见张崑将：《德川日本"忠""孝"概念的形成与发展——以兵学与阳明学为中心》，台北：喜马拉雅研究发展基金会，2003年。

东亚地域的特殊性所构成的张力问题应如何应对，在很大程度上规定了今后东亚儒学研究的一个方向。

须指出的是，从互为他者性的视角出发，最令人忌讳的有两点：一是将中国儒学的价值观抽象为绝对普遍性，以此作为裁断其他形态的儒学例如日本儒学、朝鲜儒学之"对"与"错"的绝对标准，这就将落入"正统对异端"的窠臼之中；一是将东亚儒学的价值观特殊主义化，以此作为对抗西方思想形态例如欧洲大陆哲学之"对"与"错"的评判标准，这就将落入"东洋对西洋"二元对抗的窠臼之中。众所周知，所谓"东洋对西洋"，正是20世纪以来帝国日本的一种思维模式，同时也是国家主义、民族主义的一种论述，这种论述在哲学上便表现为特殊主义，在二战时期，更是表现为"西洋普遍／东洋特殊"的对抗性思维构造。他们把发动太平洋战争吹嘘为从西方殖民主义之下解放亚洲，便是这种思维作用之下的怪论。

因此，我们要特别警惕中国儒学特殊主义化，以为儒学只有在中国才是唯一的"正宗"，这种想法其实是对中国传统文化的自我矮化，不理解在"特殊性"当中蕴含着"普遍性"；换言之，也就是说不理解特殊性只是比较视域下的一个概念，其实特殊性乃是整体性的一部分而不能脱离整体而言，若就各种文化的个别性来看，自有不同于其他文化的特性，但是这种特性所构成的文化传统之整体必然是一有价值、有意义的系统存在，如儒家所说的"道"便是一普遍性的存在，倘若中国儒学不存在这种普遍的"道"之价值信仰，那么儒家文化必定早已灭亡。要之，当今之务不在于以特殊对抗普遍，而在于如何清醒地认识儒学普遍性以应对文化多元的发展趋势，并坚信中国传统文化之一的儒学"特殊性"恰恰表现为对普遍性理念的追求。

当然另一方面，我们也要特别小心当今在东亚儒学研究中偶尔听到的"儒学价值观"这一提法。尽管我们并不反对"儒学价值观"这一概念本身，因为儒学之有"价值观"，这是不容争议的事实。只是须注意的是，这一概念在外人眼里，很容易被解读为是一种"非西方化"主张。这种"非西方化"也就蕴含着以东方对抗西方的情绪化内涵。而且我们也要充分注意"儒学价值观"的提法与20世纪70年代新加坡首先提出的"亚洲价值观"这一含有意识形态之色彩的说法区别开来。

例如早在 1978 年，李光耀在一次公开场合，便明确地表明了他有关"亚洲价值观"的构想①，与李光耀一唱一和的是长期以来担任马来西亚领导人的马哈蒂尔，他在 1995 年与日本的右翼政治家石原慎太郎合著的《亚洲的声音》中宣称："亚洲将创造一个史无前例的伟大文明圈。"②这些观点随后便遭到来自彼方如美国等学者的批评。如美国学者罗伯特·艾里甘特（R. Eligent）指出，李光耀的说法是将儒家价值观"制度化"了，因为"亚洲价值观"之实质无非就是"儒家伦理"，其目的虽然在于避免"西方式的道德沦丧"；但是正如庄礼伟所指出的，新加坡与 20 世纪 50 年代中国的港台新儒家复兴儒学的思想并不相同，他们鼓吹的这种亚洲价值观完全是为了维护官方意识形态及其政府的权力合法性所服务的，因此他们所尊奉的儒家思想已不是原型的儒学了，它缺乏现实的、历史的批判精神，倒是助长了国家主义的情绪。③我以为这是值得倾听的声音。也就是说，若是在东洋对西洋的思维框架下提倡"儒学价值观"，很有可能成为"亚洲价值观"的一种变相说法，这是当今东亚儒学研究所应竭力避免的。更重要的是，在上述"东亚价值观"的出台背后，存在这样一种思维惯性：以为在东西方二元对立的构架下，西方的伦理宗教传统已经丧失了自我更新的机制而有待东方的价值信仰系统来加以拯救。这就不免落入另一种意识形态的"一元论"，而与当今世界多元文化的发展趋向格格不入。④

---

① 参见《李光耀40年政论选》，北京：现代出版社，1994年，第365页。更为具体的有关亚洲价值观的"国家定义"，则是出现在 1991 年 1 月 4 日新加坡内阁向国会提交的一份关于"共同价值观"的白皮书中，一共五条：1. 国家至上，社会为先；2. 家庭为根，社会为本；3. 关怀扶持，同舟共济；4. 求同存异，协商共识；5. 种族和谐，宗教宽容。这是新加坡关于亚洲价值观的官方版本，转引自庄礼伟：《"亚洲价值观"的语义与渊源考证》，《东亚的价值》，第 297 页。

② 转引自庄礼伟：《"亚洲价值观"的语义与渊源考证》，《东亚的价值》，第 297 页。

③ 参见同上，第 303、308 页。

④ 早在1984年，余英时在其论文《从价值系统看中国文化的现代意义》中基于法国启蒙主义历史哲学家维柯（Giovanni Battista Vico, 1668—1744）以及 18 世纪德国历史哲学家赫尔德（Johann Gottfried Herder, 1744—1803）提出的"多元文化"论，强调指出"所谓多元文化即以为每一民族都有它自己的独特文化；各民族的文化并非出于一源，尤不能以欧洲文化为衡量其他文化的普遍准则"（《余英时文集》第 3 卷，第 2 页）。韩国学者宋荣培则在 1993 年发表的一篇文章中指出："70 年代在欧美学术界重新提起的文化多元论，使中国的新儒家受到很大的鼓舞。他们以此为契机，批判并克服由西方中心、西方本位文化发展史观刻画出的'现代化＝西欧化'的观点。"（氏著：《东西哲学的交汇与思维方式的差异》，补论"儒家式现代化问题"第 1 章"与西方式不同的儒家式现代化是否可能"，朴海光、吕钼译，石家庄：河北人民出版社，2006 年，第 239 页）

以上我们对近年来东亚儒学研究的兴起、展开之过程做了简单的回顾，并指出了其中所蕴含的以及今后当注意的一些问题，也简略阐述了有关东亚儒学如何可能这一问题的看法，但是仍然未能回答在当今东亚社会，东亚儒学何以必要这一问题。对此问题的解答，唯望东亚各国的时下诸贤共同探讨。我们所希望看到的是，儒学仍然能够保持住现实的、历史的批判意识，如同一句老话所说的，没有批判就没有哲学，同样没有批判也就没有儒学，因为批判精神不仅是儒学的生命力而且是儒学的价值观之所在。因此我们须切忌视儒学为"主义"（一种意识形态化之倾向），儒学既不能是无视历史、维护现实而供人朝拜的对象，更不能成为衡定东亚地域文化之判准。为了避免这种"自我中心论"，既需要挣脱政治意识形态之束缚而以多元性的东亚文化为思考方向，同时更需要有一种时代的批判意识以审视传统儒学，否则我们甚至没有资格与"他者"（例如日本或韩国甚至是欧美）对话。在这个意义上，东亚儒学何以必要的问题就引人省思。

最后，我们要尝试回答本文所设定的东亚儒学何以必要的问题。在解答这一问题之前，有必要对"东亚儒学"的研究性质和对象及其研究途径等问题提出几点初步看法。质言之，大致有这样几层意思：

其一，东亚儒学乃是东亚文化或东亚思想的一个分支，因此东亚儒学研究在性质上属于跨文化比较研究，由于东亚文化本身具有多元性之根本特征，所以东亚儒学也不可能有什么结构上的"整体性"或历史上的"同一性"，这是跨文化比较研究得以成立的前提；其二，发源于中国的儒学在东亚地域的展开必然呈现出历史时间上及地域空间上的殊异性，而在这一展开过程也必然表现为"本土化"的过程，因此中国的儒学以及日本或韩国的儒学在构造形态及义理阐发上就表现为多元多样，正是在这个意义上，所以说东亚儒学是一多元性的学术研究领域[①]；其三，因其多元，故而彼此互为他者而又互为主体，例如对日本而言，中国是一种他者存在，但这并不意味着日本就是绝对性、普遍性在东亚的代表，同时通过对中国的他者化亦可确认日本自身的主体性，这一点对于中国或其他东亚国家来说都是一样的，可以称之为互为他者性或互为主体性，如

---

① 关于这一点，黄俊杰《"东亚儒学"如何可能》一文已经指明，可以参见。

果仅仅单方面地强调"他者"或"主体",那么这种所谓的"他者"或"主体"就具有排他性,容易陷入"他者/非他者"二元对立的窠臼之中;其四,重要的是,如同在当今全球化的浪潮之下,文化上的不同、差异、他者不是被泯灭或消除,相反在多元文化的认同意识日趋明显的当今社会,各种文化之间的不同、差异、他者是可以彼此沟通、互相认同的,而古老中国的一个智慧"和而不同,同则不继"正可为当今世界不同文明之间的文化认同提供一种观念基础;其五,东亚儒学的研究既然是一种跨文化研究,因此从根本上说,这种研究就是不同文化之间的对话,而这种对话又是构成当今世界"文明对话"的要素之一,从本质上说,对话不是要求征服对方,不是将自己的观点强加给对方,而是为了增进互相了解,其前提当然是对"他者"的尊重。

关于东亚儒学何以必要的问题,大致可以归结为以下四个方面。需要说明的是,笔者所能提出的还只是一种展望性的看法,需要今后有更多的学者来参与有关这一问题的探讨和论证。这四个方面是:

第一,就学术研究而言,东亚儒学作为一种跨文化研究,对于中国自身的儒学传统的再认识、再评价具有积极的意义。举例来说,比如我们通过对日本儒学及朝鲜儒学的研究,就可以更为深入地了解中国儒学所包含的逻辑发展的可能性以及中国儒学多元发展的可能性,相反,如果仅就中国儒学来审视中国儒学而缺乏一种"他者"的眼光,就有可能助长一种"自我中心论"的情绪,而不能了解中国儒学在东亚的区域文化中被挑战的可能性。[①] 若从跨文化比较的视域出发,将儒学看作是具有"区域史"(regional history)[②]之特性的"东亚儒学"而非作为"一国史"的儒学,那么可以说如果不了解中国的儒学,同样也不能真正了解日韩儒学之所以不同于中国儒学的独特性及其作为东亚儒学的发展

[①]　这里所说的中国儒学所面临的发展可能性以及被挑战的可能性等问题,采自陈来:《东亚儒学九论》,"前言",第3—4页。陈来还指出如果只了解中国的儒学而不了解日韩的儒学,就"难以真正认识中国儒学的特质"(同上,第3页)。对此笔者深表赞同。

[②]　关于"区域史"研究领域,黄俊杰指出:"区域史"研究有两种不同类型:一是"区域史"介于"国别史"与"地方史"之间,一是"区域史"介于"国别史"与"全球史"之间。前者是国家之内不同区域的历史,如江南史;后者则是跨国界的区域的历史,如东亚史(参见氏著:《作为区域史的东亚文化交流史——问题意识与研究主题》,《台大历史学报》第43期,2009年,第191页)。此说值得参考。所谓作为"区域史"的东亚儒学,大致相当于这里的第二层意思。

可能性。所以说，正是为了更好地认识中国的儒学传统，故东亚儒学研究就显得非常必要。

第二，通过东亚儒学的研究，对于我们从历史上客观地了解"文化东亚"的特质、把握"文化东亚"的多元形态具有重要的促进作用，积极地看，这种作用还将产生增进东亚地域不同文化之间的相互了解的效应，以避免"中华文化一元论"意义上的所谓"儒学价值观"对东亚地域文化的宰制性，从而进一步认识到儒学的价值观、普遍性必然落实在东亚文化中而展现为多元性、具体性、地域性，与此同时，也可促使我们对 20 世纪二三十年代作为帝国日本的东亚论述而出现的以日本为盟主的所谓"大东亚共荣圈""东亚共同体"等言论做出深刻的反省和批判。也就是说，在对帝国主义论述的东亚观（包括中华帝国、日本帝国时期）进行历史清算的意义上，东亚儒学研究也是完全有必要的。

第三，必须指出近现代东亚中日韩三国的历史进程充满崎岖曲折，至今仍然有诸多令人不快的因素未能消除，有时甚至有一些情绪化的因素渗入或干扰学术研究，故而近来有一种呼声，要求三国学者从学术良知出发，联起手来对近现代三国的历史进行反省和总结，以推进彼此的互相了解，众所周知，目前已经成立了"中日历史共同研究委员会"和"日韩历史共同研究委员会"，正在着手开展三国的近现代史的共同研究。但是这些研究在目前还处在对重大历史事件逐步寻找共识的阶段，奇怪的是，一旦涉入思想文化领域则人人不免噤若寒蝉或者欲言又止。[①] 我以为，作为一种思想文化之研究的东亚儒学研究领域的深入拓展反过来对于深入了解东亚的近现代史也有重要的意义，至少对于我们重新认识近代以来东亚的政治—文化历史、社会—文化历史可以提供重要的补充。

第四，不用说，当今的时代已是"全球化"（globalization）的时代，经济、信息以及人员的往来交流等方面已日益呈现出全球一体化之趋向，然而"全球化"

---

① 须指出，与这两个带有半官方色彩的组织不同，2008 年 10 月，日本关西大学发起成立的"东亚文化交涉学会"则纯属学术组织，同年，关西大学召开了"关西大学文化交涉学教育研究基地"（ICIS）第一届国际研讨会，2010 年 5 月，台湾大学召开了"东亚文化交涉学会第二届年会"，随着这一学会活动的深入开展，可以渐渐整合东亚地区乃至世界其他地区有关东亚研究的学术力量，我相信这不仅对于推动"东亚儒学"的国际性研究而且对于加深世界对"文化东亚"之了解必将起到积极的作用。

也必然带来"本土化"的问题，亦即在全球化的趋势之下，如何面对世界上各种不同民族的文化特性的问题，是否可以说全球化必将取消本土化？答案是否定的。有学者从当今全球"文明对话"的角度指出，全球化不同于以往呈现为向西方看齐的所谓"西化"或"现代化"，它所追求的是一种持久发展的多元文化模式，那种以为现代化会导致消除各种文化差异，从而形成一个统一的现代社会的所谓现代化观点已不再有任何说服力，因为全球化在产生同质化的同时，也产生地方化（localization）和本土化（indigenization），结果必然是各种文化传统仍然是全球化的组成部分。①我觉得这个观点对于我们从事东亚儒学研究有重要的启发意义，换言之，正是在当今全球化的趋势之下，对于本土文化、传统价值的研究显得更为重要，所以对我们来说，有必要将传统儒学置于"文明对话"的视野，而要做到这一点，显然有必要对于构成文化东亚传统之重要内核的儒学思想展开深入具体的研究，进而为儒学走向世界奠定基础，同时也能使儒学为如何应对全球化问题提供某些有益的思想资源。总之，东亚儒学研究对于在多元文化论的前提下重建"文化东亚"无疑是一项重要且有意义的工作。

---

① 杜维明：《相互学习：社会发展的一项议程》，杜维明著、彭国翔编译：《儒家传统与文明对话》，石家庄：河北人民出版社，2006年，第71—72页。另参见杜维明为联合国2001年《文明对话宣言》撰写的《全球化与多样性》一文（哈佛燕京学社编：《全球化与文明对话》，南京：江苏教育出版社，2004年，第75—105页）。黄俊杰在其新著《东亚文化交流中的儒家经典与理念：互动、转化与融合》（台北：台湾大学出版中心，2010年8月）的"导论"中则强调在对外参与同其他文明对话之同时，更应关注"回归并重访"亚洲文化传统（第35页），这也是对东亚儒学何以必要之问题的一种回答。

第二章　东亚儒学的视野与方法论

黄俊杰（台湾大学）

前　言

所谓"东亚儒学"一词，并非不证自明的名词，我们必须论证"东亚儒学"作为一个新学术领域的内涵、必要性及其研究方法。汉语学术界有关"东亚儒学"的研究，虽然可以溯及 20 世纪 70 年代以降若干单篇论文[①]，但较多学者参与这个领域的研究则始于 2000 年台湾大学推动的"东亚近世儒学中的经典诠释研究计划"（2000—2004）；经过几个阶段的发展，直至"东亚儒学研究计划"（2011—2016），十余年来许多学者致力于这个领域的研究，台湾大学出版中心持续出版中的"东亚儒学研究丛书""东亚儒学研究资料丛书""东亚文明研究丛书"等书系也出版有关"东亚儒学"与东亚文化的专著[②]，日本与韩国学者也有许多从东亚视野论述儒学的著作，中国大陆学界也有以"东亚儒学"为

[①]　例如余英时：《戴震与伊藤仁斋》，《食货月刊》复刊第 4 卷第 9 期，1974 年 12 月，第 369—376 页；黄俊杰：《东亚近世儒学思潮的新动向——戴东原、伊藤仁斋与丁茶山对孟学的解释》，原载《韩国学报》第 1 期，1981 年 4 月，后收入氏著：《儒学传统与文化创新》，台北：东大图书公司，1983 年，第 77—108 页。本文有韩文译本，郑仁在译：《东亚近世儒学思潮의　신동향——戴东原·伊藤仁斋와　다산의　孟学에　대한　해석》，《茶山学报》第 6 集，茶山学研究院，1984 年。

[②]　最近十年来在台湾大学出版的"东亚儒学研究丛书""东亚儒学资料丛书""东亚文明研究丛书"等 8 大书系共出版近 200 册，并另选 44 册在上海华东师范大学出版社，出版简体字版"儒学与东亚文明丛书"。

题的专书出版①。

一　什么是"东亚儒学"?

20 世纪中、日、韩各国的儒学研究都取得可观的成绩,但各国的儒学研究多数均在国家框架内进行,基本上是一种国族论述,表现而为"中国儒学""日本儒学""韩国儒学"。20 世纪 60 年代以降,前辈学者阿部吉雄(1905—1978)②、余英时(1930—　)③等人,就已提倡从宏观的、比较研究的视野研究东亚儒学的发展,但相对于"中国儒学""日本儒学"或"韩国儒学"而言,"东亚儒学"一词在学术上却不是不证自明的名词,有待详细论述。关于"东亚儒学"的特质与内涵,可以从不同角度切入思考,其中较为有效的是以下两个角度:

第一,从"部分"与"整体"互动的角度来看,相对于中、日、韩、越各国的儒学传统而言,"东亚儒学"的提法强调在各国儒学多元多样的表现之中,仍呈现源起于古代中国,但在各地获得新生命并发展出具有东亚文化特色的思想元素。"东亚儒学"的特质可以从以下三方面来看:

首先,所谓"东亚儒学"指儒家价值理念影响所及的地区所呈现的儒家思想及其文化。这样的一个儒家思想文化圈,并不只是具有地域文化特性的东亚各国的儒学传统的拼图而已,事实上,东亚各国儒学既分享中国儒学的核心价值如"仁""礼""仁政""王道"等,而又通过交流互动而与各地域文化互相影响与渗透,而形成一个相对于西方的"Christendom"而言的"Confuciandom"的儒家共同体(Confuciandom)。在"儒家共同体"这个意义下,我们可以说"东亚儒学"虽然包括各国儒学的"分殊性",但更具有"整体性"。

---

① 例如陈来:《东亚儒学九论》,北京:生活·读书·新知三联书店,2008 年;郭齐勇主编:《东亚儒学论集》,长沙:岳麓书社,2011 年。

② 阿部吉雄:《日鮮中三國の新儒學の發展を比較して》,《東京支那學報》第 12 号,1966 年 6 月,第 1—16 页; Abe Yoshio, "The Characte ristics of Japanese Confucianism," *Acta Asiatica*, 5 (Tokyo: Toho Gakkai, 1973), pp. 1-21; 阿部吉雄:《中国儒学思想对日本的影响——日本儒学的特质》,龚霓馨译,《中外文学》第 8 卷第 6 期,1979 年 12 月,第 164—177 页; 阿部吉雄:《日本朱子學と朝鮮》,东京:东京大学出版会,1965 年,1975 年。

③ 余英时:《戴东原与伊藤仁斋》,《食货月刊》复刊第 4 卷第 9 期,1974 年 12 月,第 369—376 页。

我在这里所说的"儒家共同体"一词,很容易引起误解,误以为历史上中国、朝鲜、日本都是所谓"儒教国家"(Confucian state)。我必须在此强调的是,所谓"儒家共同体"一词,指儒家价值理念(尤其是"仁""忠""孝"等)为中、日、韩三国之知识分子所共享此一事实而言,并不是指中、日、韩三国的国家体制皆依儒家之思想与制度而成为"儒教国家"。事实上,中国历史上的政治传统,就不能以"儒教国家"一词简单综括。萧公权(1897—1981)先生就指出帝制时代中国政治文化的特征如下:

> (一)帝制中国开始时是一个法术之国,然而当君主体认到只赖武力与法律权威无法维系广大帝国时,乃思依赖儒家道德的稳定影响以控制臣民之心,帝制中国遂变成一部份是儒家式的;(二)在中国是官式儒教国的时代,儒家思想并非是对帝国行政独一无二的影响力,反而大都仅作为实质上源自法家思想之专制措施的辅助工具;(三)赞成儒家思想的君主是有选择性的,强调为他们的政治利益服务的箴言而接近法家,同时忽视不能与专制政体的基本目标相调和的儒家学说。因此,自秦至清,中国有一段时间仅仅部份是儒家式的,而且是在一特殊意义上的儒家。[1]

萧先生之说完全可以说明帝制中国的政治文化"阳儒阴法"之实相。[2]再看德川时代的日本,佛教在社会上的影响力远大于儒家,是不争之事实。正如赫尔曼·乌姆斯(Herman Ooms)所指出,16世纪的日本天台宗僧人天海(1536—1643)对德川幕府就颇有政治影响力。[3]就历史视野来看,日本从大和时代开始所形成的皇权衰落、贵族政治、等级制度、集团性统治都有其日本社会文化之特质。大化改新以后,日本逐渐放弃中华制度文明,所以日本不应被称为"儒教国家"。[4]

---

① 萧公权:《法家思想与专制政体》,氏著:《迹园文录》,台北:联经出版公司,1983年,引文见第89页。

② 如汉宣帝曾云:"汉家自有制度,本以霸王道杂之。"(《汉书》卷九《元帝本纪》,台北:鼎文书局,1986年,第277页)

③ 参见 Herman Ooms, *Tokugawa Ideology: Early Constructs, 1570–1680*, Princeton: Princeton University Press, 1984, pp. 173–186. 日译本有黑住真等译:《德川イデオロギ》(《德川意识形态》),东京:ぺりかん社,1990年,第224—236页。

④ 李卓:《"儒教国家"日本的实像》,北京:北京大学出版社,2013年,第486页。

在东亚各国知识分子参与共建"儒家共同体"的过程中，儒家经典是重要的整合平台。20世纪以前东亚各国儒者，都研读中国儒家经典（尤其是《四书》），并从经典出发思考，提出他们的新诠释。就在这种经典研读与新诠释之中，逐渐建构一个声气相求、意气相通的"儒家共同体"，他们超越各自的时空条件的限制，而共享儒家传统诸多核心价值，思考共同关怀的生命课题。

但是，我想接着指出：在东亚各国儒者通过经典诠释而建构"儒家共同体"的过程中，中日韩各国儒者都面对三个不同层次"诠释的权威"（interpretiveauthority）：第一层次的权威是先秦儒家孔孟所代表的权威。孔子"祖述尧舜，宪章文武"（《中庸》）[①]，孟子以孔子的私淑弟子自居（《孟子·离娄下》）[②]，深化孔学，孔孟共同奠定东亚儒学义理的规模，异时异域的儒者凡有论述，皆必须考虑是否不违孔孟原始教义；第二层次的权威是朱子学的典范。朱子一方面遥契孔孟，远绍汉唐诸儒，近承北宋诸老先生；另一方面则以《四书章句集注》集儒学之大成，为此后七百年之儒学开宗立范。朱子学既融旧而又铸新，他所建立的新典范成为13世纪以后东亚儒者论述必须严肃面对的权威，所以，王阳明说："平生于朱子之说，如神明蓍龟，一旦与之背驰，心诚有所未忍，故不得已而为此。"[③]以"不得已"三字说明他扬弃朱子思想典范时的心境。朝鲜朱子学大师李滉（1507—1571），穷数十年之力，在1556年完成编纂《朱子书节要》巨著，更显示朱子学的权威在朝鲜儒学抟成过程中的重要性；第三层次的权威则是各国儒者所必须面对的本国前辈儒者的论述所建立的权威。举例言之，在朝鲜儒学史上，退溪学成为16世纪以后朝鲜儒者不可逃避的对话典范；18世纪日本的荻生徂徕（物茂卿，1666—1728）提出他的论述时，也必须从对伊藤仁斋（维桢，1627—1705）的批判切入。

更进一步来说，以上所说东亚儒者形成"儒家共同体"时，所必须面对的三种论述权威，虽然在时间的发生程序上可以明确区分，但是，在东亚各国儒者经典诠释事业中，常常是同时出现，而且三者之间互相渗透，交互作用，并互为影响，而形成类似克利斯提娃（Julia Kristeva, 1941—　）所谓的"互文

---

① 朱熹：《中庸章句》，《四书章句集注》，北京：中华书局，1983年，第37页。
② 朱熹：《孟子集注》，《四书章句集注》，第295页。
③ 陈荣捷：《王阳明传习录详注集评》，第176条，台北：学生书局，1983年，第253页。

性"（intertextuality）之现象。①

其次，这种具有"整体性"之特质的"东亚儒学"，并不是存在于东亚各国儒学的交流与互动之上，而是存在并发展于东亚各国儒学的交流与互动之中，并在交流与互动之中壮大。这里的关键词是"之中"，而不是"之上"。

复次，因为"东亚儒学"存在于各国的交流"之中"而不是"之上"，所以它不是源起于二千六百多年前中国山东半岛之后，就一成不变的稳固的一套意识形态，它在近三千年东亚地区的发展过程，与时俱进，因地制宜，各地的儒学传统既有其地域之特色，又分享源起于中国儒学的若干重要核心价值与命题。

以上所说具有"整体性"特质的"东亚儒学"，既存在于东亚各国文化与思想交流与互动"之中"而不是"之上"，所以它必然是一种不断"演化的"（evolving）思想传统。这个在时间中不断"演化的"思想传统，虽然在历史上源起于先秦孔门，但随着儒学的流布，接触不同地域文化与社会之后，发展出具有各地域文化特色的儒学版本。例如在中国儒学传统中，以朱子学为主的闽学固然不同于湖湘学派；而在东亚儒学中，中国朱子学与日本朱子学或朝鲜朱子学，在相似性之中潜藏着巨大的差异性，所以，所谓"东亚儒学"研究，实不宜将中国儒学当作是最高而唯一的标准模式，而用来检核日、韩各国儒学的发展，因而使中国儒学沦为如古希腊神话中的"普罗克鲁斯的床"（Procrustean bed），我们反而应经中国儒学与东亚各国儒学的互动与发展，而分析各国文化主体性展开及建立的过程。简言之，作为"一"的中国儒学，只有在多元的地域文化发展脉络与广袤视野之中，以及绵延的时间发展历程中，才能被塑造、被感知。② 如果我们说：中国作为儒学的原乡，中国儒学是"一"，而各地的儒学是"多"，那么，我们就可以引用20世纪德国哲学家伽达默尔（Hans-Georg

---

① 克利斯提娃所谓的"互文性"，并不是某一"文本"（text）作者对另一"文本"作者的影响，而是指某一"符号系统"（textual system，如小说）之移位（transposition）到另一套"符号系统"。这种"移位"通常伴随着文意解明之类的新论述而进行。参见 Julia Kristeva, ed. By Leon S. Roudiez, tr. By Thomas Goraetal, *Desire in Language: A Semiotic Approach to Literature and Art,* New York: Columbia University Press, 1980, p. 15, 利昂·S. 鲁迪兹（Leon S. Roudiez）对"互文性"这个名词的解释最为清楚。

② 我完全同意甘怀真对于这一点的理解，参见甘怀真：《从儒学在东亚到东亚儒学：东亚儒学研究计划的省思》，《东亚观念史集刊》第1期，台北：政大出版中心，2011年12月，第381—400页，尤其第393页。

Gadamer, 1900—2002）的"流出"（emanation）理论来说 ①，各国儒者的诠释之"多"并不减损作品中的"一"，反而丰富了"一"的内涵。

第二，从"形式"（form）与"本质"（substance）对照的脉络来看，东亚各国儒学的表现形式不一而足，多元多样，例如儒家价值的传承者在中国是"士大夫"；在德川时代的日本，儒家价值的传承者则被称为"儒者"，是指传授儒家知识的一般知识分子；在朝鲜时代的朝鲜，儒者则是掌握政治权力的贵族"两班"，他们在中、日、韩三地的社会地位与政治权力都不一样。② 但是，中日韩的儒学传统却有异中之同，具有共同的本质，它们都在不同程度与范围内分享源自中国的儒家核心价值。

东亚各国儒学所分享的核心价值至少有以下两项。首先，东亚儒家学者都相信，"修身"是从"自我"到"家庭""社会""国家"以及"世界"的同心圆展开过程中，最为根本而核心的起点。东亚儒家都坚持"自我"的转化是世界转化的起点与基础③，因此，东亚儒学发展出最为深刻的修身理论，东亚儒家哲学基本上是一种作为实践哲学的修身学说与家庭伦理。东亚儒学的经典诠释学，是种"实践诠释学"（praxis hermeneutics）。因为从个人到家庭、社会、国家、天下是一种连续而不是断裂的关系，所以东亚儒家实践哲学必然触及"从'仁心'到'仁政'如何可能？"这个政治哲学的问题。这个政治哲学的核心哲学问题在于"'主体性的客观化'（the objectification of the subjectivity）如何可能？"这个问题。

---

① H. G. Gadamer, *Gesammelte Werke, Bd. 1: Hermeneutik I: Wahrheit und Methode: Grundzügeeiner philosophischen Hermeneutik*, Tübingen: Mohr Verlag, 1990, p. 145. 伽达默尔说："流出（Emanation）的本质在于，流出物是一种溢出物（Überfluß）。然而，那个能让它有所流出者本身，并不会有所减少。……因为，如果始源的'一'通过其流出的'多'而自身并没有减少，那就表示存有变得更丰富了。"我不谙德文，承蒙"中央研究院"林维杰教授代为译出，谨敬申谢意。

② Hiroshi Watanabe, "Jusha, Literati and Yangban: Confucianist in Japan, China and Korea," in Tadao Umesao, Catherine C. Lewis and Yasuyuki Kurita, eds., *Japanese Civilization in Modern World V: Culturedness* (Senri Ethnological Studies 28) (Osaka: National Museum of Ethnology, 1990), pp.13–30.

③ 这是劳思光（1927—2012）先生的创见，参见劳思光：《新编中国哲学史》三卷下，台北：三民书局，1981 年，第 894—895 页；Lao Sze-kwang, "On Understanding Chinese Philosophy: An Inquiry and a Proposal," in Robert A. Allinson ed., *Understanding the Chinese Mind: The Philosophical Roots* (Hong Kong: Oxford University Press, 1989), pp. 265–293；劳思光：《对于如何理解中国哲学之探讨及建议》，《中国文哲研究集刊》创刊号，1991 年 3 月，第 89—116 页。

　　其次，东亚各国儒学分享的核心价值甚多，如"忠""孝""仁""礼"等皆是，但最重要的是"仁"。"仁"字在《论语》全书58章中共105见，以"仁"为核心价值所建构的世界，无疑正是孔门师生魂牵梦萦的理想国。汉唐儒者继先秦孔门之旧轨，如董仲舒云："仁之法在爱人，不在爱我。"① 韩愈云："博爱之谓仁"②，均以爱言仁。北宋张载（1020—1077）撰《西铭》③与朱子《仁说》，皆将"仁"提到宇宙论的高度。但是，朱子的仁学论述东传日本之后，激起大量的正反两面的回应言论，而以批判意见居多。伊藤仁斋（1627—1705）④、大田锦城（1765—1825）⑤、丰岛丰洲（1737—1814）⑥、浅见絅斋（1652—1711）⑦都有专文论辩朱子"仁"学的内涵。不仅德川时代的日本儒者高度关心"仁"这个儒家核心价值，朝鲜时代（1392—1910）⑧朝鲜君臣常常讨论的也是"仁政"的相关问题。诚如杨儒宾（1956—　　）所说："'仁'概念的发展恰似一组英雄征战的伟大史诗"⑨，东亚各国儒者都是这部伟大史诗的吟唱者。我们可以说，中国文化的博大精深，儒学核心价值（如"仁"）的普遍性与普适性，只有放在东亚视野或全球视野中，才能清晰呈现。

　　总之，从17世纪以后东亚各国儒者共享儒家核心价值这个现象观之，我们可以说，一个"东亚儒家共同体"已隐然形成。这种儒家共同体意识，不仅具体地表现在1600年江户初期朱子学者藤原惺窝（1561—1619）着儒服见德川家康（1543—1616，在位于1603—1605）这件划时代的历史事件之上；也表现在17

---

①　苏舆著，钟哲点校：《春秋繁露义证·仁义法第二十九》，北京：中华书局，1996年，第250页。

②　韩愈：《原道》，《韩集校诠》上册，北京：中华书局，1986年，第400页。

③　张载：《西铭》，冈田武彦主编：《和刻影印近世汉籍丛刊》第一册《周张全书》，台北：广文书局；京都：中文出版社，1972年，第261—274页。

④　伊藤仁斋：《古学先生诗文集》卷三《仁说》，《近世儒家文集集成》第1卷，东京：ぺりかん社，1985年，第60—61页。

⑤　大田锦城：《洙泗仁说》，《日本伦理汇编》卷九《折衷学派之部》，东京：育成会，1901年，第456—472页。

⑥　丰岛丰洲：《仁说》，《日本儒林丛书》第6册，东京：凤出版，1978年，第5—6页。

⑦　浅见絅斋：《絅斋先生文集》卷六《记仁说》，《近世儒家文集集成》第2卷，东京：ぺりかん社，1987年，第124—125页。

⑧　朝鲜王朝于1897年改国号为"大韩帝国"，1910年被日本吞并，朝鲜王朝告终。朝鲜时代的结束年代或作1897年，或作1910年。

⑨　杨儒宾：《"仁"与〈论语〉的东亚世界》，《台湾东亚文明研究学刊》第5卷第1期，台北：台湾大学出版中心，2008年6月，第253—256页，引文见第255页。

世纪日本古学派大师伊藤仁斋（1627—1705）推崇《论语》为"最上至极宇宙第一书"[①] 之上；也表现在 16 世纪朝鲜朱子学者李滉以毕生之力选编《朱子书节要》之上；更表现在 19 世纪日本社会经历所谓"教育爆发"[②] 之后，各地私塾大量增加，许多民间学者致力于讲解《论语》这项事实之上。

二 "东亚儒学"何以必要？

现在，我们可以考虑"'东亚儒学'研究何以必要？"这个问题。这个问题可以从两个方面讨论：

第一，作为 21 世纪学术研究的新愿景之"东亚儒学"的提法，首先是针对 20 世纪东亚各国人文学术界的儒学研究的反思。20 世纪中国新儒家学者从国族命脉不绝如缕的历史变局之中奋起，在方法论上批判"科学主义"（scientism）与清代考证学，在文化立场上坚守文化民族主义立场，致力于以儒学研究唤醒国魂的事业，当代新儒家以中国文化之复兴自任，展现徐复观（1904—1982）先生诗所说"岂意微阳动寒谷，顿教寸木托岑楼"[③] 的气概。20 世纪中国新儒家弘扬儒学作为安身立命的精神资源，并将这种精神资源转化成诸多体大思精的著作，在 20 世纪世局板荡、花果飘零的时代里，确实贡献卓著。

但是，因为受到民族主义框架的局限[④]，20 世纪中国儒学研究基本是一种

---

① 伊藤仁斋：《論語古義》第 4 册，关仪一郎编：《日本名家四书注释全書》第 3 卷《論語部一》，东京：凤出版，1973 年；亦参见伊藤仁斋：《童子問》第五章，家永三郎等校注：《近世思想家文集》卷上，东京：岩波书店，1966 年，1981 年，第 204 页。

② 参见辻本雅史：《近世教育思想史の研究》，京都：思文阁，1992 年，第 V 页。

③ 徐复观：《悼念萧一山、彭醇士两先生》，氏著：《徐复观杂文·忆往事》，台北：时报文化出版公司，1981 年，第 202 页。

④ 但我必须强调：20 世纪中国儒家学者所持的"民族主义"注重的是内在世界的建构，近于史密斯（Anthony D. Smith）所谓作为"历史的民族象征主义"（Historical ethno-symbolism）的民族主义类型，在帝国主义国家侵略中国的苦难时代，撑起中华民族的心魂。20 世纪中国儒者的民族主义是一种拯救国族命脉于危亡之际的论述，它与近代西方以侵略他国为目标的攻击性民族主义完全不可同日而语，不能混为一谈，我曾以钱穆（1895—1990）史学中的"国史"观为例，阐释这项论点，参见黄俊杰：《儒家思想与中国历史思维》，第 7 章，台北：台湾大学出版中心，2014 年，第 224—268 页。参见 Anthony D. Smith, Nationalism: *Theory, Ideology, History*, Cambridge: Polity Press, 2010, pp.60-63。

国族论述。其实，日本的儒学研究也深深地浸润在文化民族主义的氛围之中。吉川幸次郎（1904—1980）早已指出，德川时代（1603—1867）日本儒者所努力的基本上也是将中国儒学"日本化"的学术事业，是一种民族主义色彩很强烈的学问。[1]在20世纪30年代第二次大战期间甚至出现以"日本魂"重新解释《论语》的著作，将《学而》解释成为天皇的教育敕语而背书，极尽扭曲之能事。[2]20世纪韩国儒学的研究，也是在韩国的国家框架中进行。

"东亚儒学"的提出，就是有心于使儒学研究挣脱各国民族主义的牢笼，不再受困于日语所谓"一国史"（いっこくし）的格局之中，使儒家"致广大而尽精微，极高明而道中庸"（《中庸》）[3]的人文精神传统，更弘扬于21世纪全球化新时代的东亚思想界，使儒学研究贡献于世界的和平。

从20世纪东亚各国民族主义挣脱出来之后，"东亚儒学"研究就能够免于为单一国家而背书，而且较能宏观地分析儒学与东亚各地域社会文化的互动与融合，将东亚各国儒学的发展视为儒学的普遍性价值与东亚各地域之社会、经济、政治与文化特殊条件互动之表现，并分析各国文化主体性在与儒学互动中的发展与融合。

第二，"东亚儒学"的提法之所以必要，乃是针对20世纪东亚各国学术界所采取的"以西摄中"的研究进路的反思，而有心于在21世纪重访并弘扬作为东亚文化主流的儒家核心价值，以作为全球化时代新人文精神的重要基础。

随着全球化趋势的发展以及亚洲的崛起，知识界许多有识之士愈来愈感到建立在18世纪以降欧洲启蒙文明的人文精神（humanism），由于具有强烈的欧洲中心论色彩，已不足以因应21世纪全球化时代的需求，所以，必须重视并开发非欧洲文化传统（尤其是中国文化传统）所蕴蓄的人文精神资源。[4]在迈向文明对话时代新人文精神建构的过程中，东亚儒家文化中所潜藏的丰沛的人文精神传统的重探与诠释，是一项值得努力以赴的学术事业。

---

[1]　参见吉川幸次郎：《我的留学记》，钱婉约译，北京：光明日报出版社，1999年，第4页。

[2]　参见伊藤太郎：《日本魂による论语解释学而第一》，论语研究会，1935年，第34与35页之间的附表。

[3]　朱熹：《中庸章句》，《四书章句集注》，第35页。

[4]　从2009年开始，德国的余森（Jörn Rüsen）教授与索林（Sorin Antohi）与我结合各国学者，编辑出版《全球化时代人文精神丛书》（*Humanism in the Era of Globalization*, Bielefeld: Transcript Verlag, 2009-　），2012年起又编辑《人文精神思考丛书》（*Reflectionson (In) Humanity,* Göttingen and Taipei: V & Runipress and National Taiwan University Press, 2012-　）。

论述至此，读者不免滋生疑问："东亚儒学"研究的提倡，如果只是为了 21 世纪东亚的和平与全球化时代新人文精神的建构，那么，我们所重视的岂非仅着眼于"东亚儒学"的边际效用而不是它的"内在价值"（intrinsic value）？正如涩泽荣一（1840—1931）撰写《论语算盘》一书①，提倡"义""利"并行，所着重的是《论语》在现代资本主义社会的工具性价值一样。果如是，则"东亚儒学"的提倡，在 21 世纪也就不能免于被工具化的危机。

针对上述疑虑，我想强调的是：我们之所以提倡"东亚儒学"研究，不仅重视儒学所能产生的效用，更重视儒学的内在价值内涵。东亚儒学源远流长，发展出一套"建诸天地而不悖，质诸鬼神而无疑，百世以俟圣人而不惑"（《中庸》）②的道德价值理念。这一套价值系统，将修己与治人熔于一炉而冶之，"成己""成人"不断为两橛，"内圣"修为不遗"外王"事业，这一套所谓"儒家整体规划"（the Confucian project）③以"修身"为核心，始于家庭伦理，而延伸于政治伦理、环境伦理与宗教伦理。

如果说作为价值意义的"东亚儒学"是"内在范畴"（inner realm），那么，作为效用意义的"东亚儒学"就可以说是属于它的"外在范畴"（outer realm）。两者对照而言，价值义的"东亚儒学"是"体"，效用义的"东亚儒学"是"用"，前者是后者的基础，由"用"以显"体"，在"体"以摄"用"，体用不二，内外一如。因此，"东亚儒学"研究首先应聚焦于东亚儒学传统中之核心价值，尤其是"仁"学的溯源、重建与新诠。东亚儒家"仁"学所潜藏的人文精神，才能获得梳理与弘扬，儒学之贡献于 21 世纪才能水到渠成。

三 "东亚儒学"的视野与方法

现在，我们探讨如何研究"东亚儒学"这个新的研究领域，我想提出两点有

---

① 涩泽荣一：《论语と算盘》，国书刊行会，1985 年，2001 年。中译本有洪墩谟译：《论语与算盘》，台北：正中书局，1988 年。

② 朱熹：《中庸章句》，《四书章句集注》，第 37 页。

③ 余英时：《试说儒家的整体规划》，氏著：《宋明理学与政治文化》，台北：允晨文化实业股份有限公司，2004 年，第 388—407 页，引文见第 400 页。

关研究方法的建议：

第一，从东亚儒学中的重要命题或核心概念的发展史来看，许多重要的论述确实是由中国儒者首先提出，然后层层推扩到周边地区，类似同心圆的展开过程。举例言之，朱子在南宋孝宗乾道九年（1173）撰写《仁说》这篇重要而深刻的哲学论文①，将人之存在提高到宇宙论与形上学的层次，为儒家核心价值"仁"之论述建立一个新的典范之后，朝鲜儒者与日本儒者的"仁"学论述，都环绕着朱子的解释典范而展开，日韩儒者可以羽翼朱子或批驳朱子，但绝不能绕过朱子。德川时代日本儒者伊藤仁斋（1627—1705）早年长期浸润于朱子学中，在32岁时撰有《仁说》一文②，基本上循朱子思路而发挥。18世纪日本儒者丰岛丰洲（1737—1841）以"仁说"为题撰文批判朱子学的"伦理二元论"的哲学立场。③ 浅见絅斋（1652—1711）也撰《记仁说》一文，强调体用一贯，不可分割。④ 大田锦城（名元贞，1765—1825）更撰有《仁说三书》，其中《洙泗仁说》一文取以爱言仁之立场。⑤

从上述东亚儒者"仁"学论述的展开来看，我们研究"东亚儒学"确实首先必须先对作为问题意识之起点的中国儒学有所掌握，才能对同一个概念或命题在日、韩、越各地之展开与争辩有切实的了解。我们可以再举一例阐释上述研究方法的建议。在朝鲜儒学史上出现极为重要的"四七之辩"⑥，其中"四端"一词出自《孟子》，"七情"一词出自《礼记》，均可见中国儒学中的核心价值理念确实是韩儒"四七之辩"的源头。朱子诗云："问渠那得清如许？为有源头活

---

① 陈荣捷主张《仁说》撰成于1171年，参见陈荣捷：《论朱子之仁说》，氏著：《朱学论集》，台北：学生书局，1982年，第40—42页；Wing-tsit Chan, "Chu Hsi's 'Jen-shuo' (Treatise on Humanity)," in his *Chu Hsi: New Studies*, Honolulu: University of Hawaii Press, 1989, pp. 155—157. 但刘述先与束景南主张应为1173年，参见刘述先：《朱子哲学思想的发展与完成》，台北：学生书局，1982年，第139—146页；束景南：《朱熹年谱长编》卷上，上海：华东师范大学出版社，2001年，第506页。李明辉从思想内涵认定为1173年较可信，参见氏著：《四端与七情：关于道德情感的比较哲学探讨》，台北：台湾大学出版中心，2005年，第80页。我采取1173年之说。

② 伊藤仁斋：《古学先生诗文集》卷三《仁说》，《近世儒家文集集成》第1卷，第60—61页。

③ 丰岛丰洲：《仁说》，《日本儒林丛书》第6册，第5页。

④ 浅见絅斋：《絅斋先生文集》卷六《记仁说》，《近世儒家文集集成》第2卷，第124—125页。

⑤ 大田锦城：《洙泗仁说》，《日本伦理汇编》卷九《折衷学派之部》，第456—472页，以爱言仁之文字见第460页。

⑥ 李明辉《四端与七情：关于道德情感的比较哲学探讨》对这个问题分析最为精审。

水来"①，东亚儒学之所以生生不息，日新又新，与中国儒学之源头活水实密不可分。

但是，上述研究方法的提议，也不能持之太过，而以中国儒学为唯一而最高的范本，并取之以检核周边地域之儒学，距离此一最高范本尚有多远。如果采取这样极端的一元论研究进路，我们就很可能忽略儒学传统在与各地域文化互动之后的多元发展，从而忽视儒学与时俱进，因地制宜，生机勃勃的伟大生命力，使彩色的东亚儒学图像，被简化为单色的中国儒学的不同版本。因为忽略"一"存在于"多"之中，从而未能正确理解潜藏在"一"之中的丰富思想内涵与活泼的生命动力，所得实不能偿其所失。上述论点引导我们进入第二个研究方法的提议。

第二，"东亚儒学"的研究可以聚焦于儒学的核心价值或命题，与各地域文化或特殊政经社会条件之互动与融合，一方面观察源起于中国儒学的核心价值或命题，在异域所开展的新生命；另一方面也可以观察各地域文化与思想的主体性之形成、建立与发展之过程。

举例言之，当中国战国时代孟子提出"仁政"这个政治理念时，"仁政"一方面是对战国纷扰世局的一种充满理想主义的针对战国时代"争地以战，杀人盈野；争城以战，杀人盈城"（《孟子·离娄上》）②的政治现实的"反事实性"（counter-factuality）的论述；另一方面从"仁政"源自"仁心"而言，"仁政"论述又展现"观念论"（idealism）的哲学立场。这种哲学立场虽然是儒家的主流思想，但是，17 世纪以后日本与朝鲜近世儒者论"仁政"，所强调的是"政术"而不是"政理"，日韩儒者判断"仁政"与"仁者"时，所采取的是"功效伦理学"远过于"存心伦理学"的立场③，他们所重视的是"功利伦理"（utilitarian ethic）而不是"道义伦理"（deontological ethic）。④ 凡此皆与东亚近世实学思潮之发展

---

① 朱熹：《晦庵先生朱文公文集》卷二《观书有感二首》，朱杰人等主编：《朱子全书》第20册，上海：上海古籍出版社；合肥：安徽教育出版社，2002 年，第 286 页。

② 朱熹：《孟子集注》，《四书章句集注》，第 283 页。

③ 另详参拙文：《从东亚视域论德川日本儒者的伦理学立场》，黄俊杰：《思想史视野中的东亚》，第5章，台北：台湾大学出版中心，2016 年，第 79—100 页。

④ 我采取李明辉的定义："功效伦理学主张：一个行为的道德价值之最后判准在于该行为所产生或可能产生的后果；反之，存心伦理学则坚持：我们判定一个行为之道德意义时所根据的主要判准，并非该行为所产生或可能产生的后果，而是行为主体之存心。"（李明辉：《孟子王霸之辨重探》，氏著：《孟子重探》，台北：联经出版公司，2001 年，第 47 页）

密不可分。① 因此，我们在研究东亚儒学中的"仁政"概念之发展时，如果只以孟子的"仁政"理论作为唯一典范，我们就很可能未能正确掌握日韩儒者所处的实学思想氛围与语境。

第三，"东亚儒学"的研究，除了以上所说两类有关"核心价值理念"研究工作之外，也可以从社会史、经济史或政治史角度进行研究。举例言之，社会史的东亚儒学研究，可以对东亚书院组织或东亚礼仪制度等进行比较研究，也可以进行东亚读经方法、三教合流现象或《易经》理念的风水学等的比较研究。政治史的东亚儒学研究，可以进行东亚儒家政治思想与王权秩序或天下体制之关系进行比较研究。经济史的东亚儒学研究，可以研究东亚儒者对各国经济问题的论述等。这种类型的研究，聚焦于东亚儒学与社会经济政治史的交光互影之处，确实值得努力以赴。

总而言之，"东亚儒学"这个思想传统，呈现的是宋代诗人杨万里（1127—1206）的诗所刻画的"万山不许一溪奔，拦得溪声日夜喧"②的景象。如果说中国儒学是"一"，而日韩等各地域的儒学是"多"，那么，我们研究东亚儒学必须"一"与"多"兼容并蓄，并且深刻体认："一"正是在"多"之中才能开发其潜能，壮大其生命；各地域儒学的多元诠释，不但不减损中国儒学的"一"，反而经由"多"的孳乳浸润而繁衍丰富"一"的意涵。因此，"东亚儒学"的研究，既必须追溯其中国儒学的遥远源头，从"多"观"一"，体察中国儒学日新又新的生命力量，但又必须从"一"观"多"，以厘定各地文化主体性之发展，庶几通观全局而得其肯綮焉。

四　超越东亚疆界的儒学

"东亚儒学"由"东亚"与"儒学"这两个名词组成，但是，当"东亚"与"儒学"结合以后，就衍生两个问题：第一，20世纪的东亚人民在帝国主义国家的

---

① 源了圆（1920—　）先生曾说德川日本的"实学"包括"实践的"与"实证的"两个面向，其说甚是。参见源了圆：《近世初期实学思想の研究》，东京：创文社，1980年，第64—65页。

② 杨万里：《桂源铺》，《诚斋集》第1册，台北：台湾商务印书馆，1965年影印四部丛刊初编缩本，第139页。

侵凌之中以血和泪写作东亚现代史，"东亚儒学"中的"东亚"一词确实承载太多 20 世纪"帝国的记忆"，尤其是日本帝国在 1943 年发表《大东亚共同宣言》[①]，宣告构筑"大东亚共荣圈"的野心，日本帝国侵略战争，为亚洲各国（尤其是中国）人民带来刻骨铭心的伤痛，至今难以抹去，因此，直至今日在东亚各国人文学术界中，"东亚"一词仍有深沉的历史负担，所以战后许多日本学者另创"东アジア"，而避免使用日文汉字"東亜"二字。进入 21 世纪以后，随着中国的崛起，历史上中华帝国的"帝国的记忆"再度获得国际知识界的瞩目[②]，"东亚儒学"源起于二千五百多年前中国山东半岛这项历史事实，又引起部分日本学者疑忌中国可能成为 21 世纪的霸权国家，怀疑"东亚儒学"的提法有为 21 世纪新兴的中国背书之嫌，因此，主张"东亚儒学"中的"东亚"应作为方法而不应作为实体，才能避免成为 21 世纪新帝国的霸权论述[③]。第二，我们所提出的"东亚儒学"一词似已预设儒学以东亚这个地理范围为框架，那么，儒学能否超越东亚的框架而成为全球化时代的普遍价值呢？

以上这两个问题既涉及东亚各国儒者的政治认同与文化认同问题，又涉及儒学作为东亚各国文化主体性之表现与作为普遍性价值之载体之问题，都值得深入讨论。我们先从第一个问题开始讨论。

第一个问题的核心在于"儒学研究者能否超越国家的藩篱？"这个问题的答案可以一分为二：从"政治认同"与"文化认同"的互动与张力这个角度来看：就儒者的"政治认同"言之，从 17 世纪以降东亚各国的国家主体性茁壮以后，东亚各国的儒家学者确实难以跳脱国家的框架，从 17 世纪山崎闇斋（1618—1682）对弟子提出的如果孔子与孟子"牵数万骑来攻我邦"的假设性问题开始[④]，一直到山鹿素行（1622—1685）、浅见絅斋（1652—1711）、上月专庵

---

① 《大东亚共同宣言》，新纪元社，1946 年。

② Charles Horner, Rising China and Its Postmodern Fate: Memories of Empireina New Global Context, Athens: University of Georgia Press, 2009.

③ 子安宣邦：《东亚儒学：批判与方法》，陈玮芬等译，台北：台湾大学出版中心，2003 年，第 17—18 页。吴震指出：所谓"作为方法的东亚"，就是反对将"东亚"实体化与同质化，而将"东亚"加以"他者"化、"方法"化。其说甚是。参见吴震：《试说"东亚儒学"何以必要？》，《台湾东亚文明研究学刊》第 8 卷第 1 期，台北：台湾大学出版中心，2011 年 6 月，第 301—320 页，尤其是第 306 页。

④ 原念斋：《先哲丛谈》第 3 卷，庆元堂、拥万堂，1816 年，第 4—5 页。

（1704—1752）、佐久间太华（？—1783）、佐藤一斋（1772—1859）等儒者之努力于解构"中国"一词的政治含义①，都可以显示作为东亚近世各国儒者之"政治认同"的国家框架，确实难以超越。

我想以近世东亚儒者对儒家经典中的"中国"一词的解释，进一步详细阐释儒者难以超越国家框架这项论点。在近代以前，东亚世界有关"中国"的各种论述之中，主要以两种"中国"论述的对抗为其主流。第一种"中国"论述是中国自远古以来源远流长的以中国为中心的世界秩序观，最为完整的论述可以以11世纪上半叶北宋的石介（1005—1045）所撰的《中国论》为其代表。石介的《中国论》是自古以来"第一篇以'中国'为题的著名政治论文"②。第二种论述，则从16世纪开始已见于日本与朝鲜知识分子的言论之中，而以17世纪下半叶号称"崎门三杰"之一的日本儒者浅见絅斋的《中国辨》为其代表。

我最近曾撰文比较石介与浅见絅斋的"中国"论述，现在仅综述其要义。在石介的中国论述中作为"中心"的"中国"，是天造地设、固定不变的，"中国"与"边陲"的疆界有其不可逾越性，"中国"不仅是东亚国际秩序中唯一的"中心"，而且是宇宙的"中心"。在石介看来，"中国"与"四夷"是"内"与"外"的关系，宇宙的"本然"（to be）就是世界的"应然"（ought to be）。在石介的世界观中，"所以然"与"所当然"绾合为一。

石介的中国论述建立在二元对立（binary）的理论基础之上，"中国"与"四夷"、"内"与"外"互为光谱之两端，界限分明，绝不混淆。再从二元对立之中，引申出"伦理的二元性"（ethical duality）或"道德的二元性"（moral duality）的预设，"中国"居于道德的发源地与最高点，"四夷"则道德低下。

相对于石介的中国论述，浅见絅斋的中国论述中未经明言的理论预设就是：世界以及宇宙的"中心"并不是固定不动或一成不变的。"中心"与时俱进，所谓"华夷之辨"不在固定的空间或地理界限，而在流动的时间中文化的发展，凡是文化发展或"道"流行之地就是"中心"，就可以以"中国"自居。

其实，这种世界观是近世日本与朝鲜知识分子的共识。17世纪的山鹿素行

---

① 参见黄俊杰：《东亚文化交流中的儒家经典与理念：互动、转化与融合》，第4章，台北：台湾大学出版中心，2010年，第85—98页。

② 葛兆光：《宅兹中国：重建有关"中国"的历史论述》，台北：联经出版公司，2011年，第41页。

认为日本风土优越、人才辈出，日本才是"中国"。[①] 与浅见絅斋同时代的佐久间太华更明言日本"得其中"，政治安定，所以应称为"中国"。[②] 事实上，不仅日本知识分子提出这种世界观，18 世纪朝鲜的洪大容（湛轩，1731—1783）在《毉山问答》一文中，也借实翁之口而说："使孔子浮于海，居九夷，用夏变夷，兴周道于域外，则内外之分、尊攘之义，自当有域外《春秋》，此孔子之所以为圣人也"[③]，又说："中国之人，以中国为正界，以西洋为倒界；西洋之人，以西洋为正界，以中国为倒界。其实戴天履地，随界皆然，无横无倒，均是正界。"[④] 晚于浅见絅斋约一百年的 18 世纪朝鲜儒者丁若镛（1762—1836），也强有力地宣称：在世界上"无往而非中国"[⑤]！

从石介与浅见絅斋的"中国"论述之形同水火，我们可以推论：从儒者的"政治认同"来看，儒学研究确实不易超越国家框架。[⑥]

以上对本节多提出的第一个问题"儒学研究者能否超越国家的藩篱？"的分析，是从儒者作为国家的公民这个角度切入。本节所提出的第二个问题，则是从儒学作为一套价值系统来看。从儒家作为人类普遍性价值的一套论述观之，我们可以说：儒学首先是一种自我修身理论，展现一套所谓"儒家整体规划"[⑦]再从"个人""家庭""社会""国家"到"天下"，层层推扩，是一套内外交辉、人己一贯的价值理念。在这个意义上，儒学可以超越东亚各国的国家之藩篱。中国儒家所提出的"仁心"与"仁政"的理念，都是周边国家儒者魂牵梦萦的精神原乡。儒学精神原乡曾使朝鲜朱子学大师李退溪穷数十年之力编纂《朱子书节要》；也使山田方谷（1805—1877）在 29 岁时（1833 年，日本天宝四年癸巳）读王阳明（1492—1528）《传习录》而为之感动不已，他以"犹空水明月相映于

---

① 山鹿素行：《中朝事实》上册，第 234 页。

② 佐久间太华：《和汉明弁》，"序"，《日本儒林丛书》第 4 册《论弁部》，第 1 页。

③ 洪大容：《湛轩先生文集》第 1 册《毉山问答》，韩国文集编纂委员会编：《韩国历代文集丛书》第 2602 册，首尔：景仁文化社，1999 年，第 351 页。

④ 同上，第 382 页。

⑤ 丁若镛：《文集》第 2 册《送韩校理使燕序》，茶山学术文化财团编：《（校勘·标点）定本与犹堂全书》第 3 册，茶山学术文化财团，2012 年，第 45 页。

⑥ 以上仅略论这两种"中国"观的对比，详细讨论另详拙文：《石介与浅见絅斋的中国论述及其理论基础》，黄俊杰：《思想史视野中的东亚》，第 6 章，第 101—124 页。

⑦ 同上。

无间"一语，形容他所受到阳明精神的感召。① 进入 21 世纪以后的东亚各国，随着战争苦难记忆的远离、战后东亚各国经济发展所带来的自信心，各国的民族主义氛围甚嚣尘上，令人忧心。在这样的现实背景中，作为"文化认同"的"东亚儒学"，就取得了新的高度与新的重要性。

关于"东亚儒学"这个名词中的"东亚"一词的疑虑，主要是由于帝国日本的侵略历史所带来的负担。在这个问题上，我完全同意吴震的意见，他说："帝国日本的'东亚论'的历史清算，应当是日本学者自觉努力的一项任务，而不宜与中国学者从事东亚儒学研究的学术趣向混为一谈。当然也须承认，作为日本学者的这种时代忧患意识以及历史批判意识是值得重视的，他们对'东亚'问题的批判性建议也应当引起我们深思。"②

那么，进一步的问题是：儒学可以超越所谓"东亚"的框架，而提供全球化时代人类共同接受的价值理念吗？我认为这个问题的答案是肯定的。现在所谓"普世价值"如"民主""自由""人权"等，都是源起于近二百多年来的西欧与北美，随着近代西方霸权的支配亚非拉等地区与人民，而发展成为全球"普世价值"。源起于中国而普及于东亚文化圈的儒学，以其高度、广度与深度，当然也可以经由"解释的"（interpretive）、"桥接的"（bridging）、"规范的"（normative）③ 途径或其他途径，而成为 21 世纪全球化时代的普遍性价值，尤其是"仁""孝""修身""王道"等核心价值，在文明对话的新时代里，更具有新启示与新意义。

总而言之，东亚各国儒者的"政治认同"，固然难以完全却除国家框架的局限，但是儒家思想世界更是一种"文化认同"的精神原乡。在 21 世纪全球化时代，源自东亚的儒学及其核心价值，具有极大潜力可以成为新世纪文明对话的共同平台。

---

① 山田方谷：《传习录拔萃序》，《山田方谷全集》第 1 册，山田方谷全集刊行会，1951 年，第 178—179 页，引文见第 178 页；参见 Chun-Chieh Huang, *East Asian Confucianisms: Texts in Contexts* (Göttingen and Taipei: V & R unipress and Taiwan University Press, 2015), chapter 11, pp. 199–214。

② 吴震：《关于"东亚儒学"的若干问题》，《儒家文化研究》第 6 辑，北京：生活·读书·新知三联书店，2013 年，引文见第 442 页。

③ 南乐山曾说当前西方学术界研究中国哲学与儒学的学者，可以归纳为以上三个途径，参见 Robert Cummings Neville, *Boston Confucianism: Portable Tradition in the Late-Modern World*, Albany: State University of New York Press, 2000, p. 43ff.。

五　结　论

本文探讨"东亚儒学"这个学术领域的"是什么""为什么"以及"应如何"等三个问题。根据我们的分析，作为一个学术领域的"东亚儒学"确实是落英缤纷，芳草鲜美，值得我们策马入林，探骊得珠。儒学的核心概念或重要命题，如果置于东亚广袤的视域分析，将为之"显题化"（epitomize），其意义与价值也更获彰显。但是，过去百年间不论是中国、韩国或日本的儒学研究，主要是在民族国家（nation-state）的框架之内进行，其优点是以儒学作为中、日、韩各国的国族论述，成为振兴各国国魂的精神资源；其局限则使儒学研究终难以挣脱国家视野的限制，而儒学的核心价值之普适性与普遍性未能获得充分弘扬。将中、日、韩各国儒学的发展兼容并观的"东亚儒学"研究，仍是山阿寂寥，千载谁赏。

展望未来，在东亚崛起并参与文明对话的新时代里，在东亚宏观视野中重访并发扬东亚儒学的核心价值，是一项极具学术价值与现实意义的工作。

第三章　东亚儒学研究的再思考

蔡振丰（台湾大学）

一　对抗与政治化

在中国，台湾学界具体提出"东亚儒学"的概念始于 1992 年 9 月由台湾清华大学与大阪大学所合作举办的"东亚儒学与近代国际研讨会"，其后 1998 年由台湾大学黄俊杰教授主导的"东亚近世儒学中的经典诠释传统研究计划"（2000—2004），"东亚文明研究中心计划"（2002—2005）、台湾大学人文社会高等研究院的"东亚经典与文化研究计划"（2006—2010）以及"东亚儒学研究计划"（2011—2016）陆续得到台湾教育主管部门卓越计划的奖助，至今已超过十六年，其成果"东亚文明研究丛书""东亚儒学研究资料丛书""东亚儒学研究丛书"等书系近两百部，陆续由台湾大学出版中心印行。如果回顾台湾地区东亚儒学研究的发展及其成果，可以发现参与的学者的研究取向并不具有统一性。所以产生如此结果的原因，在于台湾人文学界除了少数学门外，原本就没有强烈的政治性格。学术性之政治性格的产生可能有两个主要的来源，一是基于国家政策或政党意识形态的要求，二是由学术权威透过研究经费之分配所建立的典范研究。黄俊杰教授所领导的东亚儒学研究虽然得到政府经费的奖助，但其最初的目的并不是基于政府政策的需要，而其召集人本身也不要求其他研究成员必须遵循某些既成的方法或者朝向一定的研究目的，因而"台湾东亚儒学研究计划"比较像是在建立一个交换研究资讯与成果的平台，而非树立一个新的研究典范。

由于台湾学界东亚儒学研究缺乏政治上的动机及目的, 因而其团队成员就具有多元组合的意义, 其中具有研究日、韩儒学的专家, 也有初次接触东亚其他国家之儒学文献的学者。初期时, 由于"东亚儒学"尚属新兴的领域, 因此也有探寻摸索的意义, 学者之间并未建立坚实的研究共识。基于这种情况, 当2002年子安宣邦在《"东亚"概念と儒学》一文中①, 质疑台湾学界缺乏对"东亚文化圈"的历史话语进行反省, 而有陷入重组"中华帝国话语"及"中华文化一元论"的危险时, 台湾学者大多认为子安未免过度忧心, 毕竟台湾地区的东亚儒学研究的产生并非决定于政策取向, 不受任何政治力的指导。

子安宣邦也能理解台湾学界推行东亚儒学不是基于政治考虑, 因而他也认为由台湾学界推行东亚儒学可以避免由中国大陆或日本来推动的疑虑②, 所以他真正的忧心应该在于台湾学者未深入检讨过去的历史的发展, 而可能成为"中华文化一元论"的马前卒。因此子安宣邦在《"东亚"概念と儒学》中区分了"作为文化概念的东亚"与"帝国日本的东亚概念", 并且指出"文化上的东亚作为地域概念而成立, 但它的背后正预设了作为日本帝国之地政学概念的东亚"③。从历史的现象上看, 子安的推论似有道理, 但若讨论当时学者所提出的论点, 则文化上的东亚概念似乎不必然要与帝国的东亚地政学概念形成坚实的连接关系。如被子安点名的"京都帝大西田学派的历史哲学家"虽然有将"帝国日本广域圈东亚主张"表述为"世界史哲学"的倾向④, 但京都学派也曾明白地拒斥当时倡导"八纮一字""国体明征"的皇道哲学, 试图和以陆军势力为主的军国主义划清界限。

---

① 该论文原是为参加2002年6月台湾大学"东亚文化圈的形成与发展"学术研讨会而撰写, 其后改写发表于《环》第10号(2002年夏季号, 东京: 藤原书店, 2002年)。中译本见童长义译文, 收于子安宣邦:《东亚儒学: 批判与方法》, 陈玮芬等译, 台北: 台湾大学出版中心, 2003年, 以及子安宣邦:《东亚论: 日本现代思想批判》, 第1章, 赵京华编译, 长春: 吉林人民出版社, 2004年, 赵文据《环》一书的译文, 较童译多出一段"前言"。

② 子安宣邦言:"我的关心来自于这个以'东亚儒学'为名的研究计划, 是从中国文化、汉语圈内部所产生的一事上。这件事之所以可能, 大概是因为这个计划的舞台是位于'中国'之边陲台湾。如果站在中国中心的观点, 大概不容易产生出所谓'东亚儒学'这样的构想。因为'东亚'儒学的前提是: 儒学在东亚细亚各地有多元文化的展开。这个多元性的观点, 本身就和'文化一元论'的观点背道而驰。"(《东亚儒学: 批判与方法》, 第15—16页)

③ 同上, 第11页。

④ 参见同上, 第12—13页。

以西田几多郎（1870—1945）为例，影片《西田几多郎：物来照我》曾述及西田在战争前后的一些言行①，如 1935 年西田对美浓部达吉（1873—1948）被免职②、弟子三木清（1897—1945）被捕及自己被宪兵的监视感到愤怒及忧心，以及 1943 年国策研究会的矢次一夫（1899—1943）受陆军之命来访，要西田写一篇支持国策的文章时，西田曾对陆军的政治指导怒不可遏。然而在矢次一夫来访的两个月后，西田答应了陆军的要求，写出了《世界新秩序の原理》。西田何以对日本军方有前后不一的表现？为其辩论的学者会主张是他生命受到威胁所致。然而相近于西田的情况却不是孤立的，如竹内好（1908—1977）在反思日本的战争责任时，区分了对华侵略战争和太平洋战争，他认为就前者而言，日本必须无保留地承担战争责任，但就后者而言，作为帝国主义对帝国主义的战争，日本不能单方面承担战争责任。③ 这两位日本的大学者何以能在否定军国主义的同时又肯定太平洋战争？这应该可以由两人相同的思考结构来追究。

西田在写作《世界新秩序の原理》时或许接受了日本军方的政治指导，但也透露了他认为"东亚共荣圈的构成原理"在于：被帝国主义压迫、殖民地、夺去了世界史使命的东亚民族，终于有所自觉而构成了一个特殊的世界，并实行东亚民族的世界史使命。④ 西田这种由"东亚的世界"转换为"世界史的世界"的论点很容易与竹内好以东洋"抵抗"欧洲及"近代超克"的理念连续起来，这说明这两者可能因为相似的思维结构而产生了相近的论点及行为的抉择。因此，问题的重点应该不是子安宣邦所言文化或哲学上的东亚概念预设日本帝国地政学的东亚概念，而是文化或哲学的东亚概念在屈辱性与对抗性的历史观点下屈服于对抗西方帝国主义的东亚概念。因为屈辱性与对抗性的史观是关乎民

---

① 参见《DVD 学問と情熱西田幾多郎物来って我を照らす》，纪伊国屋书店，2006 年。

② 美浓部达吉于所著《宪法讲话》中，否定了"天皇主权说"，主张天皇不是国家的统治者，而只是统治权的行使者，结果被以"不敬罪"起诉，失去了东大的教职。

③ 在《近代的超克》中，竹内好支持了龟井胜一郎的观点，即"排除了一般的战争观念，从战争中只抽取出对于中国（以及对于亚洲）的侵略战争这一侧面，而试图单就这一侧面或者部分承担责任"（氏著：《近代的超克》，李冬木等译，北京：生活·读书·新知三联书店，2005 年，第 322 页）。

④ 《世界新秩序的原理》言："今天的世界大战之课题就是世界新秩序的原理，则东亚共荣圈的原理亦从此而来。从来，东亚民族被欧洲的帝国主义所压迫，东亚被视作殖民地，被夺去了各自的世界史的使命。现在，东亚民族自觉了东亚民族的世界史的使命，各自超越自己构成了一个特殊的世界，并实行东亚民族的世界史的使命。这就是东亚共荣圈构成的原理。"（全文见于《西田几多郎全集》卷 12，东京：岩波书店，1966 年，第 426—434 页，中译文为张政远所译）

族而非个人的事情，则其实践之道就必须借助统一的政治力来完成，如此必然导致在学术上牺牲了与日本军部进行"伦理之战"的结果。

　　为了避免东亚儒学研究陷入过去"实体化"或"一体化"的危险，子安主张"作为方法的东亚"取代"作为实体的东亚"，他的论点得到了多数学者的同意。[①]然而，如果问题的重点是在于屈辱及对抗的史观，则仍然有必要去问这样的史观在当代还有多少的残留，而且是以何种形式存在？事实上，这种与西洋对抗或"近代的超克"的想法在当代仍然存在，如2014年华东师范大学出版社出版了曾亦、郭晓东编著的《何谓普世？谁之价值？——当代儒家论普世价值》一书，该书是2011年复旦大学会议上自称"当代儒家"的青年哲学家们的座谈纪录，他们大都曾留学海外，但也严格批判西方的"普世价值"，认为这是西方支配和征服世界的一种意识形态工具，因而在该书的座谈会纪录中，有学者戏谑地说：孟子有人禽之辨，而当代的人禽之辨即是辨识西方人为禽兽。[②]这些当代儒家也猛烈地批评中国的港台新儒家，认为他们先接受了西方的"普世价值"并将其作为讨论的基础，因而既不能批判性地思考西方的价值观，也不能阐述儒家价值观的完整性，因此，作为一个博大精深的文明，中国在与西方对话之前，必须先牢固树立儒家文本与观念，建立自己的话语体系。这本书明显地将中国或中国文化特殊主义化、理想化。在某些学术会议的场合，甚至可以听到"中国不需要西方的人权概念，却可以保障个人的政治权及财产权"的论点。从学术的立场，似乎没有理由去反对这论调，特别是言论本身如果具有自我的实践力，自然能在当代的社会扎根，而对西方的"普世价值"论形成补充或对照性的启示。然而若这样的意见只是为了搭上大国崛起时亟须补强的文化论述的顺风车，则可能在缺乏自我实践力的情况下转而依附在政治力上[③]，一旦它与政治

　　[①]　除了黄俊杰外，如张伯伟有《作为方法的汉文化圈》（北京：中华书局，2011年）一书，其书中的导言对"作为方法的"一词有充足的理论说明，也主张多元文化论。

　　[②]　参见曾亦、郭晓东编著：《何谓普世？谁之价值？——当代儒家论普世价值》，上海：华东师范大学出版社，2013年，第3页。

　　[③]　美国学者田浩（Hoyt Clevel and Tillman）在《走向普世价值？——〈朱子家训〉之个案研究》一文中曾提及："我们可以看到，除了这本书中过于简单化的西方观以外，这些当代儒家抛弃了儒家价值和社会主义早先关于普遍有效性和特征的假设，而赞成儒家和社会主义为中国人所特有的价值。"田浩文可见于2013年由"中央大学"所主办之"第二届当代儒学国际学术会议：儒学的全球化与在地化"会议论文集。

权力结合，也可能是国族内部意识形态一体化的前兆。同样的，在韩国也可以看到许多"儒学复兴"这类的学术会议，从内容看也充满了"近代超克"式的意见，只是可以预见的是这类的意见在民主多元的韩国社会中，因为缺乏对现实困境的回应，也无法依附在政治力上，因而无法在学界之外造成真正的影响。

除了延续与西方对抗的思维结构外，东亚内部在清朝建立之后也不乏屈辱与对抗的历史事实，这些传统的历史因素，加上日本殖民侵略及第二次世界大战后的美日韩同盟，使得东亚内部的对抗更加复杂化。这种情形反映在当代东亚儒学的研究上，就产生了张崑将《儒学复兴中知识分子对"东亚儒学"的思考之探讨》①一文所论的"逆中心的东亚儒学"②或者是"没有东亚的本国儒学"（"中国中心的儒学"）的立场③。"逆中心的东亚儒学立场"认为自身的儒学成就高于中心而可以影响中心。从学术上看，这种影响的论点只是一种宣示，缺乏社会学上的基础。相对而言，"没有东亚的本国儒学""中国中心的儒学"可能同时扮演建立民族文化之自信，以对抗西方与其他东亚国家之儒学发展的角色，因而也可能在依附政权的基础下进一步的政治化。

由子安宣邦所提示的东亚概念实体化的危险，到本文所延续讨论的实体化必然依附在强大的政治力上，则所谓"东亚儒学"要避免实体化的方式，莫过于走出屈辱与对抗的史观，并将东亚儒学的研究定位为一种文化的研究而不是一种"意识形态一体化"的研究或是"作为国民道德论"的研究。在此定位之下，

---

① 张崑将：《儒学复兴中知识分子对"东亚儒学"的思考之探讨》，《哲学与文化》第42卷第9期，台北：辅仁大学，2015年9月，第69—91页。

② 张崑将解释"逆中心的东亚儒学立场"言：这种立场认为"中国并非作为完全他者，而是部分他者，处处扮演给中心刺激反应的作用，这方面可以韩国儒学为代表"（第72页），另外他也指出崔英辰与白景瑞二位学者有此倾向，崔英辰主张"突显'韩国儒学'比强调'东亚儒学'来得急切，而且更显出韩国儒教的独特性，这种'独特性'甚至可以向'中国儒学'自豪，并不亚于甚至超越'中国儒学'"（第76页），而白景瑞则主张"要逆向用周边影响中国"（第78页）。

③ 对于"没有东亚的本国儒学""中国中心的儒学"，张崑将举澳洲梅约翰（John Makeham）在《东亚儒学与中华文化民族主义：一种来自边缘的观点》一文中的观点为例。梅约翰在考察部分中国学者（如马振华、徐远和及郑家栋）所说的"东亚儒学"之内涵后说："一旦有关东亚儒学的主张带有了推进文化民族主义目标的倾向，问题便复杂了起来。……问题在于，从这些表述中，可以感到一种'中心—边缘'论或中国中心观的话语模式。显然，这种话语实际上已构成了这群学者研究进路的潜在参照系——他们的书以'儒家文明'为题，却未涉及中国以外的国家，而他们的解释是，中国本身即是最典型的儒家文明。"梅约翰之文收入复旦大学文史研究院编：《从周边看中国》，北京：中华书局，2009年，第121—122页。

东亚儒学研究才能摆除政治指导与企图影响政治的设想，而随时准备与政治力进行所谓的"伦理之战"。

二　变迁与全球化 [①]

吴震在《试说东亚儒学何以必要》一文中，曾注意到前文注解所引澳大利亚学者梅约翰（John Makeham）的论文之说："近年来台湾所以兴起东亚研究，乃是一部分学者为了应对'去中国化'的新形势而采取的一种'策略'" [②]，并指出这种说法似是而非。如果台湾地区的儒学研究是为了迎合当时的民进党当局，则其研究并不能宣称是一种学术性的工作。但若说东亚儒学研究计划的提出具有一种"策略"以取得其他人文社会学门的认同并取得政府的研究经费，则其策略不在于"去中国化"，而在于当时"全球化"的浪潮。因此，由"全球化"产生有别于"一国"研究的"东亚"研究，是基于学术趋势而产生的，并不是一种附和于国家政策的作为。

事实上，国际学界对东亚儒学的区域研究早于20世纪80年代，当时美国学者的研究重点在于：日本、韩国、新加坡和中国的香港、台湾地区等"工业亚洲"（Industrial East Asia）何以能成为经济快速发展之区域？由此可见早期学者的东亚研究与全球化的议题息息相关。不难看出，当时国际学界对儒家文化与现代化的讨论，笼罩于韦伯（Max Weber，1824—1920）论新教伦理与西方资本主义的关系，以及他对中国宗教与中国现代化研究的理论

---

① 全球化的定义甚多，本文意见主要采自 Thomas Friedman, *The Lexus and the Olive Tree* (New York: Farrar, Straus Giroux, 1999）及 M. Albrow, *The Global Age* (Stanford, CA: Stanford University Press, 1997）。托马斯·弗里德曼（Thomas Friedman）认为全球化："在不断进行的动态过程：包含市场、民族国家以及科技的无情整合，其彻底之程度为历来所仅见——一种让个人、企业以及民族国家，得以用比以前更广泛、更快、更深以及更便宜的方法来接触世界……背后的驱策理念就是市场自由资本主义（free-market capitalism）……全球化意味着将市场自由资本主义散布到全世界每一个国家。"而 M. 阿尔布劳（M. Albrow）的主张是："历史转变中出现的状况，当中各种行为、价值观、科技以及产品向世界各地传播，并对人类生活产生巨大影响，令'全球'成为人类活动的单一基础。"另外，也有许多学者更喜欢使用"国际化"而不是"全球化"。这二者的区别在于国家的角色在"国际化"中更重要，而且"全球化"程度比"国际化"要深，可以使国家的边界消失，因此从历史上考虑，"国际化"从来没有变成"全球化"。

② 吴震：《试说东亚儒学何以必要》，《台湾东亚文明研究学刊》第8卷第1期，台北：台湾大学出版中心，2011年6月，第301—320页。对梅约翰的引述见于第312页。

之下。①80 年代的学者修正了韦伯的说法，转而认为儒家文化并不阻碍资本主义之发展，而且是"东亚优势"的基础。②之后波士顿大学著名的社会学家彼得·伯格（Peter Berger）以为韦伯所论阻碍现代化的儒家思想是指作为帝国意识形态的理论，而不是支配普通百姓日常行为规范的儒家伦理，他特别把儒家体现于普通百姓的日常伦理称为"世俗化的儒家伦理"（Vulgar Confucianism）。③伯格的解释，得到研究东亚经济发展之华人学者的支持。

随着 20 世纪 90 年代初日本经济泡沫破裂，儒家文化可促成东亚经济发展的论点再度遭受质疑。针对这种现象，美国学者福山（Francis Fukuyama）的著作《历史之终结与最后一人》（*The End of History and the Last Man*, Free Press, 1992）认为：人类社会在制度体系上的演进，最终将以"自由民主"加"市场经济"结束，后者解决物质需要问题，前者不仅能保障市场经济，而且能解决人的非物质需求问题，所以，虽然社会与个人的生活还会继续颠簸，高潮性的喜剧和悲剧仍将重叠发生，但人类漫长的"大制度"追寻历程到此为止了。随着中国逐步成为世界第二大经济体后，福山的论点在中国又引发了讨论。

本文所以重提这段研究东亚的历史，在于指出西方学界之重视东亚的区域研究，最初的重点在于在全球化的经济体制下，东亚世界如何适应、转化的问题。从另一方面，也可以看到东亚对于全球化经济体制的发展，及其所带来的生活变化几乎没有任何的抵抗能力。因此，即使认为全球化是一种西方霸权对

---

① 在 20 世纪 60 年代以前大部分的学者都赞成韦伯主张，以为儒家伦理与作为理性化（rationalization）的现代化过程是不相协调的。主要的理由是儒家思想在本质上是"实质性的伦理"（substantive ethic），贯寄于此种伦理的是"实质理性"，而不是"形式理性"。而且，儒家伦理是一种乐观主义，缺乏新教徒为了得到上帝拯救而努力工作的内在焦虑及紧张，因此儒家伦理与新教伦理虽同属理性主义，但前者表现为对世界的理性的适应，后者则表现为对世界理性的主宰。此可参见 Max Weber, *The Religion of China: Confucianism and Toaism* (1951)，中译本有简惠美译：《中国的宗教》，台北：远流出版，1989 年。

② R. 霍夫亨兹（R. Hofheinz）和 K. E. 柯德尔（K. E. Calder）合著有《东亚优势》（*The Eastasia Edge*, New York: Basic Books, 1982）一书，对"东亚优势"的解释有二种具代表性的意见，一是"制度解释"（institutional explanation），二是"文化解释"（culture explanation）。前者以为东亚的发展得力于家长式的政治领导与经济政策，其中渗透着非个人的集体精神，这种精神与韦伯及西方学界认为可以促成现代化的个人主义不同；后者则以为东亚社会的成功在于组织成员的儒家传统。此亦可参见金耀基《儒家伦理与经济发展：韦伯学说的重探》（李亦园编：《现代化与中国化论》，台北：桂冠图书公司，1985 年，第 44 页）及陈来《传统与哲学——现代儒家哲学与现代中国文化》所言"结构性的解释"与"文化性的解释"（台北：允晨出版社，1994 年，第 356 页）。

③ Peter L. Berger, "Secularity-East and West", Paper presented at Kokugakuin University Centennial Symposium on Cultural Identity and Modernization in Asian Countries, Japan, Jan. 1983.

东亚世界的殖民，也不能阻止全球化生活形态对人们的改变，这显见全球化的过程中，人们确实感受到全球化所带来的正面效益。相同的，我们也可以依此方式去观察 19 世纪以前的"东亚化"。"东亚化"意谓东亚各国在其原本政经文化的形态下，卷入了三股文化的力量，而产生了生活风貌上的改变。东亚化初期所面对的是中国的政教思想与印度佛教之宗教形式的输入，而后期所面对的则是西风东渐后基督教文明及近代化物质生活形态的输入。换言之，19 世纪以前的东亚世界的变化，正是一个全球化的缩影，东亚各国的人们首先遭遇的是外来的思想及生命观改变了他们对生命与生活的思考。由此而言，东亚儒学的研究者首先要问的问题应该是：针对这种改变，儒学在其中扮演着什么角色，带来什么影响？而不是他们是否能正确理解中国的儒学。更何况不论是中国儒学或其他国家的儒学也都处在一种与其他文化的交融变化之中，如 9 世纪以来的中国儒学所面对的是佛教所带来价值及经济上的混乱，这种情形随后也发生在 14 世纪的朝鲜半岛，而后再影响到日本。由此，可以看到儒学在东亚所扮演的是如何面对、改变、适应政治及生活情势的理性参照基础，而非仅仅是一种知识社会的文化装饰品。以儒学作为一种理性的参照基础，它所能作用的范围何在？从黄俊杰所言的"脉络化"而言[1]，儒学可以作用在"本土的""外来的""制度的""世俗的"等四个个别的脉络，以及这四个脉络之交错、辩证的关系中。以佛教的传入为例，佛教在东亚各国中原先是"外来"的，但后来却是"本土"的，如宋明儒学中的许多新的解释，就与佛教的理论有不可分割的关系。又如日本德川时期末期的阳明学，是促成了德川幕府退位之"大政奉还"及"明治维新"进展的重要力量，但因为阳明学最为鼓舞的是下层武士，因而比较像是"世俗"的而与"制度"的儒学无关。另一方面，明治维新之后产生了"作为国家主义者所提倡国民道德的阳明学"[2]，这种发展也使得日本的阳明学

---

[1]　黄俊杰认为：在东亚文化交流史上，不同地域间的文本、人物或思想的交流，常出现"脉络性转换"的现象。所谓"脉络性转换"指将异地传入的文本、人物或思想加以"去脉络化"，再予以"再脉络化"于本国情境之中以融入于本国的文化风土。参见黄俊杰，《东亚文化交流史中的"去脉络化"与"再脉络化"现象及其研究方法论问题》，《东亚观念史集刊》第 2 期，台北：政大出版中心，2012 年 6 月，第 55—78 页。

[2]　阳明学是日本明治维新的精神动力之一，然而在明治维新后产生了"作为反洋气·反洋学的阳明学"、作为"国家主义者"与"和平主义"者所提倡国民道德的阳明学、作为民权论者与宗教的阳明学等三种发展现象。参见张崑将：《近代中日阳明学的发展及其形象比较》，《台湾东亚文明研究学刊》第 5 卷第 2 期，台北：台湾大学出版中心，2008 年 12 月，第 35—85 页。

走入了"制度"的脉络。儒学在朝鲜也是如此，朝鲜儒学的表现在于上层的制度面是十分明显的，但由《大学》中所推及的"孝""悌""慈"的概念[①]，一方面又有朝鲜儒学对《大学》的特殊解释，一方面又与普遍的人性有关，因而同时具有"世俗""制度""本土""外来"的性质。

对照讨论东亚化与全球化的种种问题，可知两者共同具有"世俗""制度""本土""外来"这四个脉络，因此前现代的"东亚化"与现代化的"全球化"似乎可以归入相近的范畴。如果"东亚化"与"全球化"具有相近的讨论结构，则在思考"全球化"的问题时，也具有思考"东亚化"的意义，反之亦然，二者之间具有参照意义上的连接点。从"东亚化"及"全球化"的角度思考儒学的意义，可以发现在"东亚化"的过程中，儒学在不同的层次具有不同的作用。对于真正的儒学接受者而言，儒学的重要意义在于其经典所透显出的应对生活世界变化之智慧；而对于在朝贡体系从事外交工作的官方学者而言，儒学或诗学所代表的是本国的汉化水平，因而在各国聚会的场合中，儒学或诗学的修养具有竞赛性。[②] 就研究方法而言，后者或许可以用"中央—边陲"概念来说明，但前者却不适合用"中央—边陲""高—下""主—从"的范畴去讨论。引申而言，在现代全球化的趋势中，朝贡体系已然瓦解，取代它的是大国对小国的经济合作及援助体系，在经济合作及援助体系中儒学是否能发挥作用？这是值得再加思考的问题。

三　革新与混血化

东亚化及全球化的发展并不是单一的，由于各地的初始环境不同，再加上发展的步伐不一致，因而不能让所有人都受惠。以东亚化的朝鲜半岛为例，佛

① 如丁若镛依《大学》本文"古之欲明明德于天下者，先治其国"的说法，"明明德"的意义应该就"治国、平天下"而言，且对照于"孝者所以事君也，弟者所以事长也，慈者所以使众也""上老老而民兴孝，上长长而民兴弟，上恤孤而民弗倍"之上下文，可得出孝悌慈是修身、齐家、治国、平天下之基本德目，是"明明德"的所在。参见拙著：《朝鲜儒者丁若镛的四书学》，台北：台湾大学出版中心，2010年，第271页。

② 1764年的朝鲜通信使透过与日本人作诗酬唱及对日本古学派学者的了解，意识到了日本的汉学已经威胁到了朝鲜的"小中华"地位。此可参见张伯伟《汉文学史上的1764年》及夫马进《1764年朝鲜通信使と日本の徂徕学》（《史林》89卷第5号，2006年9月）。张伯伟文见《作为方法的汉文化圈》（北京：中华书局，2011年），第95—148页。夫马进文收入夫马进：《朝鲜燕行使与朝鲜通信史》，第六章，伍跃译，上海：上海古籍出版社，2010年，第117—144页。

教原是自觉解脱之道，然而高丽时期的僧侣在免除租税劳役的同时，又能得到执政势力大量赠予的土地，因而造成国家财政恶化经济动乱；而儒教作为朝鲜建国的意识形态，虽然使得王权受到士大夫阶层的节制，却无力改善上层的嫡庶身份及下层贱民的处境。全球化的情况也是如此，在种种新的发展中，不同的群体、组织、国家、地区所面对的机遇与挑战不尽相同，因得益与损失不一致而引起新的争端，这些争端涉及了利益与价值之争，要消解并不容易。然而"东亚化"及"全球化"所以能继续进行，也说明了人们在此过程中满足了部分生命或生活的需求，而可抵消负面的效应。这也就是说东亚化或全球化所以能推进的原因在于它能对原有的文化或生活产生"革新"的作用。

19世纪后，由于国际间的交流频繁、朝贡体制的瓦解、新的技术与财富聚集效用的扩大，使得儒家这种在哲学上以道德主体为主，在政治社会学上以家庭伦理为基础的学说，逐渐失去适应新的生活形态的能力，而无法处理现代社会中复杂的国际纷争、家庭问题，以及经济技术所带来的价值调适问题。也由于儒学不再成为"革新"的力量，因而在被边缘化的情况下有所谓"儒学复兴"的口号。然而，若论及复兴，首先要问的应是"儒学如何在现代社会中产生新的诠释而形成革新的基础"这一问题，而且这个革新的基础应该能面对全球化生活形态逐渐趋同的事实，而具有超越种族、地域的普遍主义的意义。[①] 回顾中国的历史，在面对西方思潮时，晚清儒者首先提出的是"中体西用"说。"中体西用"说虽然维持了文化的自尊，却也意味着儒学因为外部功用上的不足而开始由文化普遍主义的立场上退却。[②] 而当改革思想家逐渐认识到中国落后西方在于制度上的因素大于技术时，就造成儒家普遍主义理念的全面崩溃。[③] 针对这种溃败，1949年至今的儒家学者基本上有两种主要的倾向。其

---

① 普遍主义的理想是忽视文化界限，并进而尝试在差异化的文化、民族和个体间实现沟通。而特殊主义的核心在于时间、地点和人物的相对性，特殊主义容易导致相对主义，它虽然可以与世界的内在复杂性、多变性和矛盾性相吻合，但却取消了深入沟通和追求共同利益的可能性。参见时殷弘：《普遍主义、特殊主义和综合的中间立场，关于全球性挑战的一种论析》，《当代世界与社会主义》2009年第4期，第99页。

② 此可参见张灏：《晚清思想发展试论——几个基本论点的提出与检讨》，张灏等：《近代中国思想人物论·晚清思想》，台北：时报出版公司，1982年。

③ 参见萧公权：《行政制度现代化——康有为之主张及其意义》，张灏等：《近代中国思想人物论·晚清思想》。

一是港台新儒家回到"反复性普遍主义"（reiterative universalism）的立场 ①，主张中国与西方可以互相学习对方文化的文化互补论 ②，这种论述除了高扬儒家文化的特殊性外，也期待中国文化的理论可由心性之学的"道德实践主体"开出"政治主体""认识主体"与"实用技术的活动之主体" ③；其二是强化了儒学特殊主义的大陆新儒家 ④，他们承接了狄百瑞（Theodore De Barry）《中国的自由传统》及贝淡宁（Daniel A. Bell）《超越自由民主》的想法，强调不能以西方的标准来衡量中国古典思想 ⑤，应该在西方式自由主义民主规范外去寻求新的

---

① 社群主义者迈克尔·沃尔泽（Mechael Walzer）区分"覆盖律的普遍主义"（covering-law universalism）与"反复性的普遍主义"（reiterative universalism）。前者主张只有一个上帝、一种法律、一种正义，而一切人类行为、社会安排和政治实践都服从于一套原则、一种权利观念或者一种善的观念；后者则赋予这些具有普遍主义性质的原则以特殊的解释，认为多样的民族中每一个都有自己得救经历和得救的道路，每一个具有历史传承的民族文化都具有普遍主义传统。参见 Michael Walzer: "Nation and Universe", The Tanner Lectures on Human Values delivered at Brasenose College, Oxford University, May 1 and 8, 1989, 以及童世骏：《普遍主义之种种》，《华东师范大学学报》2008 年第 6 期。

② 牟宗三、唐君毅等《为中国文化敬告世界人士宣言——我们对中国学术研究及中国文化与世界文化前途之共同认识》第八节"中国文化之发展与科学"言："如中国有通哲学道德宗教以为一之心性之学，而缺西方式之独立的哲学与宗教，我们亦愿意中国皆有之，以使中国文化更形丰富。但是如依中国之传统文化之理想说，则我们亦可认为中国无西方式之独立的宗教与哲学，并非如何严重的缺点。如西方之哲学、宗教、道德之分离，缺少中国心性之学，亦可能是西方文化中之一缺点。"第十一节"我们对于西方文化之期望及西方所应学习于东方之智慧者"开头即言："西方文化是支配现代世界的文化，这是我们不能否认的事实。自十九世纪以来，世界各民族的文化都受到西方文化的影响，都在努力学习西方之宗教、科学、哲学、文艺、法律、实用技术，亦是不能否认事实。但是毕竟西方文化之本身，是否即足够领导人类之文化？除东方人向西方文化学习以外，西方人是否亦有须向东方文化学习之处？或我们期望西方人应向东方文化学习者是什么？由此东西文化之互相学异相互学习，我们所期待于世界学术思想之前途又是什么？这是一个大问题。我们于此亦愿一述我们之意见。"（《唐君毅全集》卷 4 之 2，台北；学生书局，1991 年校订版）

③ 牟宗三、唐君毅等《为中国文化敬告世界人士宣言——我们对中国学术研究及中国文化与世界文化前途之共同认识》第八节"中国文化之发展与科学"言："我们说中国文化依其本身之要求，应当伸展出之文化理想，是要使中国人不仅由其心性之学，以自觉其自我之为一'道德实践的主体'，同时当求在政治上，能自觉为一'政治的主体'，在自然界知识界成为'认识的主体'及'实用技术的活动之主体'。这亦就是说中国需要真正的民主建国，亦需要科学与实用技术，中国文化中须接受西方或世界之文化。但是其所以需要接受西方或世界之文化，乃所以使中国人在自觉成为一道德的主体之外，兼自觉为一政治的主体，认识的主体及实用技术活动的主体。而使中国人之人格有更高的完成，中国民族之客观的精神生命有更高的发展。"（同上）

④ 此可参见任剑涛：《复调儒学——从古典解释到现代性探究》第10章，台北：台湾大学出版中心，2013 年。

⑤ 狄百瑞认为必须杜绝以西方的标准来衡量中国古典思想，以及武断认定中国儒家思想中有没有西方某种理念。参见氏著：《中国的自由传统》，李弘祺等译，台北：联经出版公司，1983 年，第 8 页。

突破①。不论是反复性的普遍主义立场，或者文化特殊主义的立场，都残留着本文第一节所论的"近代超克""对抗性"与"一体性"的思维。②换言之，二者都是从"异—己"的角度，企图使两种文化的优劣更加明晰，而没有注意到西方文化对整体生活形态的改变，因而其重点往往在于呈现过去儒学的文化价值，而不在于讨论儒学该如何回应当代生活的现象、该如何革新的问题。

本文所说"革新"，其基础不在于理性的计算能力，这种理性的计算能力使得自以为比其他民族更有理性的现代西方人，为世界带来了更多的暴力，诸如第二次世界大战德国之屠杀犹太人，以及目前美国境内的种族问题、对外的中东政策等皆是。"革新"的基础在于在当代生活中建立普遍的规范原则，而非以某种特定的制度或价值内容取代旧有的制度与价值。举例而言，如果欧洲共同体意味着政经形式上的革新，则这个革新的重点在于展现跨文化中最基本的人类准则和共识的重叠。换言之，形成"欧洲共同体"这种文化和价值碰撞交汇下的差异性政治文化，其背后重要的统筹力量是具有普遍主义的规范原则、道德意识以及作为设计与执行的工具性价值。③这也意谓"革新"本身不是指建立对所有人都普遍适用的"价值内容"，而是在个人自由、民主权利、法律规则或者宪政原则等"普遍规范"的基础下，深入经验世界，不断地思考并产生更好的制度与价值内容。这种"革新"的意义，不但表现在全球化的当代，也表现在传统的东亚的儒学世界。传统儒学之革新基础的核心并不在于"孝""悌""忠""信"这些价值内容，而是肯定作为规范内容背后的德性根源，再

①　贝淡宁是从差异性民主，甚至是替代性民主的视角讨论儒家（以及法家）的民主理念。他认为"只有最独断的帝国主义分子会坚持，政治思想家不能在西方式自由主义民主规范与实践之外寻找灵感"，吁求"比西方式民主运转更好的精英模式"。又，对于东亚人权观，贝淡宁从孟子思想中提炼出"东亚的""圣王维系的"人权观，试图超越西方基于权力哲学的人权观；对于东亚民主观，他从儒家贤人政治与家庭价值中提取东亚民主的基本元素，试图超越竞争性选举产生领导人的西方民主；对于资本主义，他从儒家的财富分配观中提炼东亚资本主义的纯正理念，希望超越西方资本拥有者雇佣剥削的资本主义。参见贝淡宁著：《超越自由民主》（*Beyond Liberal Democracy*），李万全译，上海：上海三联书店，2009年，第8—18页。

②　虽然港台新儒家在《为中国文化敬告世界人士宣言——我们对中国学术研究及中国文化与世界文化前途之共同认识》一文中也同意"西方文化之有各种文化来源"，但目的在于对照中国的"一本性""一脉相承的统绪"，而不在于反对一体化的西方。

③　参见伍慧萍：《普遍主义的困境：从文化冲突看欧洲认同的宗教文化向度》，《欧洲研究》2013年第5期，第116页。

依此德性根源来判断生活世界中的变化。德性根源意味着人能进行"善恶的选择及实践"的能力。不论是宋明儒者讲的"性""心""理",日本古学派伊藤仁斋所说的"仁义血脉"①,或朝鲜儒者丁若镛所论的"性嗜好"说②,皆是对此善恶的选择及实践能力的重新诠解。而仁斋所言的"以天下治天下"即是唤醒人人的此种伦理能力,并随时向不合理的经验进行"乐以天下,忧以天下"的"伦理学之战"。③因此,传统的东亚儒学的研究的重点之一,即是如何重新去解释德性的根源,并使之在日常生活、经济生活与政治生活中发挥作用,此亦即仁斋所谓的"人伦日用之道"或中国明代学者所常言的"吃饭穿衣之道"。就由"人伦日用"或"吃饭穿衣"上论革新的意义而言,港台新儒家所说的"良知的坎陷"④虽然具有曲折的哲学性,但不易在生活上发生真正的影响,而大陆新儒家所主张的以"春秋公羊法"作为政治判准⑤,实有以"复古的内容"否定当代生活形态的倾向。

---

① 仁斋说:"学问之法,予歧为二:曰血脉,曰意味。'血脉'者,谓圣贤道统之旨,若孟子所谓仁义之说是也。'意味'者,即圣贤书中意味是也。盖意味本自血脉中来,故学者当先理会血脉;若不理会血脉,则犹船只,宵之无烛,茫乎不知其所底止。然论先后,则血脉为先;论难易,则意味为难,何者?血脉犹一条路,既得其路程,则千万里之远,亦可从此而至矣。若意味,则广大周遍,平易从容,自非具眼者,不得识焉。予尝谓:读《语》《孟》二书,其法自不同。读《孟子》当先知血脉,而意味自在其中矣;读《论语》者,当先知其意味,而血脉自在其中矣。"(伊藤仁斋,《語孟字義》,井上哲次郎、蟹江义丸编,《日本倫理彙編》卷之五,古学派の部[中]卷下,东京:育成会,1901—1903年,第50页)

② 丁若镛言:"天命之性,亦可以嗜好言。盖人之胚胎既成,天则赋予灵明无形之体,而为其物也。乐善而恶恶,好德而耻污,斯之谓性善也。"(《中庸自箴》,《与犹堂全书》第4册,首尔:骊江出版社,1985年,总第178页)

③ 伊藤仁斋《論語古義》言:"论曰:桀溺欲变易天下,圣人不欲变易天下。欲变易天下者,是以己之道强天下也。不欲变易天下者,是以天下治天下也。盖天下以人而立,不能去人而独立。故圣人乐以天下,忧以天下,未尝避天下而独洁其身,如长沮桀溺之流,固非通乎天下,达乎万世之道也。"(关仪一郎编:《日本名家四書注釋全書》第9卷,东京:凤出版,1973年,第273页)

④ "良知坎陷"说是牟宗三对于如何由道德主体过渡到知性主体及政治主体的一个关键说明,简单地说,就是良知自我坎陷成为知性主体的意思。参见牟宗三:《中国文化的特质》,周阳山:《中国文化的危机与展望——文化传统的重建》,台北:时报文化出版公司,1982年,第33页,以及牟宗三:《现象与物自身》,台北:学生书局,1984年,第122—129页。

⑤ 如蒋庆:《政治儒学——当代儒学的转向、特质与发展》(北京:生活·读书·新知三联书店,2003年)一书为了避免中国成为西方的文化殖民地,因而在反对西方理念之外,也反对港台新儒学家以内圣开出民主与科学新外王的进路,将心性儒学与政治儒学分开,希望以"春秋公羊法"建构中国政治的正当性和政治判准。又,其《关于重建中国儒教的构想》一文载于《中国儒教研究通讯》第一期(北京:中国社会科学院,2005年12月)设计了具备十大社会功用的"中国儒家协会"以"吸取世界各大宗教的长处依中国的具体国情和儒教传统来对儒教进行新的创造"。

　　东亚儒学如何恢复革新的力量？除了上文所说的面对新的生活形态赋予德性根源新的解释外，在方法上也应取法于当代哲学与科学的发展。首先，在近代的超克、文化特殊主义及文化互补论的思维中，似乎预设了东、西方两种本质主义的想法，如此很容易产生既接受西方的生活形态，却又由东方文化的立场否定西方文化所带来之经验生活的情况。为了避免这种矛盾的困境，至少在面对生活世界时，应该采取"无前设原则"①，以保证能够深入经验生活的种种现象，并由中思考革新之道。其次，若能深入经验生活而形成革新的想象，接下来仍需要有类同于自然科学的明确目标与方法，才能逐步实践革新的信念。在近当代的儒学诠释中符合于上述方法之运用者，或可以涩泽荣一（1840—1931）的《論語と算盤》为例。《論語と算盤》一书有三个值得注意的论点：（一）以"义利合一"的思维肯定资本主义所讲求的利及其所带来的生活方式；（二）认为《论语》具有普遍的性质，其道德原理无异于西方之说②；（三）主张《论语》所论的规范之理应该涉入生活或学问的各个领域，与商才、战争之才、处世之才相结合③。上述三个论点事实上也展现在《論語と算盤》所论的"士魂商才"。所谓的"士魂"是指士依规范之理而有的精神表现，因此士魂不但有《论语·泰伯》曾子所谓"士不可以不弘毅，任重而道远""仁以为己任，不亦重乎？死而后已，不亦远乎？"的形式性规范原则的意义，也有日本武士道的"义""勇"（敢为坚忍的精神）"仁"（恻隐之心）"礼""诚""名誉""忠义"等内容性的规范价值之义。④结合了《论语》的形式原则与武士道的价值内容，这即是涩泽荣一所言的以"士魂"取代"和魂"的意义，这是高层次的结合。而就基础层而言，"武士

---

　　①　在此借用了现象学家胡塞尔（Edmund Gustav Albrecht Husserl, 1859—1938）在《观念Ⅰ》第24节"所有原则的原则"（the principle of all principles）中所提出：现象学要成就彻底无前设的严格性必须坚持"认识只能建基于原本地给予的直观之上"的说法。参见胡塞尔：《纯粹现象学通论：纯粹现象学和现象学哲学的观念（Ⅰ）》，李幼蒸译：北京：中国人民大学出版社，2004年。

　　②　《论语与算盘》"士魂商才"言："德川家康与下的训言《神君遗训》）与《论语》对照而观之，竟若合符节，始知原亦大半出《论语》。""欧美各国的新学说不断传入，其实，彼之所谓新，从我们的眼光看来根本不新，大多数千年前东洋已经说过的东西，只不过措辞改得更漂亮吸引人而已。"（上述与以下引文皆见于涩泽荣一著、蔡哲茂、吴璧雍译《论语与算盘》"士魂商才"一节［台北：允晨出版社，1987年，第18—20页］）。

　　③　《论语与算盘》言："仅有武士精神而无商才的话，在经济上又会招来灭亡之运。"

　　④　以上所述的武士道的精神内容依新渡户稻造（1862—1933）的 *Bushido: The Soul of Japan*（1899）一书的章节内容而列，中译版可见林永福译：《武士道》，台北：联合文学，2008年。

道"原来就是儒学、禅学与日本神道教结合的产物。[①]在武士道上再强调《论语》规范之理，而后再与西方的资本主义结合，可见这种融合或结合具有多层、多面的意义。《論語と算盤》出版后，对往后的日本企业家有很大的影响，虽然这本书未具体的谈论到具体的目标与方法的操作问题，但其后的继承者如松下幸之助（1894—1989）、稻盛和夫（1932—　　　）[②]，都具体地谈论到如何将《论语》所涉及的规范之理与规范内容运用到企业经营，包括如何察觉企业存在的意义、如何使劳资形成伙伴的关系、如何面对经济不景气的裁员问题等，从中可以看到企业家如何以一种具有科学性之方法的操作来达到《论语》的精神要求。

在涩泽荣一、松下幸之助与稻盛和夫对《论语》与算盘的结合上，可以看到他们对《论语》的理解都不回避于正在改变中的生活世界，故而呈现出诠译与运用的混血化现象。事实上不论是儒学在中国，或者在东亚各国的发展、传播过程中，这种混杂性，或者说多元文化的交互现象都未曾断绝过，因此很难从极端的本质主义和民族主义的角度指称儒学是一种"纯粹中国"的产物。[③]也因如此，东亚儒学的研究不应该是一种区分异、己的"间文化"研究，而应该是强调"文化混血的动态交错"、"当下之共同问题"的"跨文化"研究。[④]跨文化的"跨"意谓超越而不是否定不同文化的存在；而"文化"是"混血"的"混"，也即便表明文化的交涉不只是静态的传播与接受，而具有动态的成长性。这种"跨"与"混"的文化现象不仅出现在当代，也常见于传统的东亚儒学史上，如

---

① 参见《武士道》第 1、2 章。

② 松下幸之助的部分可参见周慧菁：《松下幸之助：再困难，一个也不可以解雇》，《天下杂志》第 324 期，2011 年 4 月；松下幸之助日文原著《素直な心になるために》（1976）及《経営のコツここなりと気づいた価値は百萬両》（1980）的简体中文版张红、清光译《经营的本质》（海口：南海出版公司，2010 年）。稻盛和夫的部分可参见皆木合义：《论语教会我这些事》，郭勇译，台北：商周出版社，2012 年；稻盛和夫：《高收益企业：企业为什么存在》，彭南仪译，台北：天下杂志，2009 年。

③ 李明辉曾指出：中国哲学、西方哲学等都是在多种文化互相影响下所产生的，是非常多元的。论"中国哲学"之正当性的研究经常出现两个错误的进路："第一个进路是将中国哲学完全纳入西方哲学的概念架构里，并且从西方哲学的视角来衡断中国哲学。第二条进路则是反其道以期保持中国哲学的主体性或特殊性。"（《省思中国哲学研究的危机——从中国哲学的"正当性问题"谈起》，《思想》第 9 期，2008 年 5 月，第 172 页）

④ 何乏笔《跨文化批判与中国现代性的反思》指出："依笔者的界定，间文化性以己者与异己的对比为焦点，而跨文化性乃由文化混血的动态交错，以及当下的共同问题出发。"（《文化研究》第 8 期，2009 年春季号，第 130 页）

"四端七情之辩"这种基于哲学进展的问题，虽然开端于中国却未明显地开展，但在朝鲜儒学中却有长久的讨论历史，这表示中国、朝鲜两国学者共同关心的问题并不相同。而在现在，这不同的发展也可以再参照当代西方哲学的意见，使其论争的哲学意涵更为显明。① 此外，基于中国、日本、朝鲜的政治或社会环境所产生的问题，有些也具有跨国的共同性，如丁若镛读到了黄宗羲《明夷待访录》的"原君""田制"与"胥吏"，因而注意到朝鲜也存在着相同的政治困境，由此而产生了他自己的政治构想。② 由此可见对"当下共同问题"及"混血之动态交错"的抉发，对19世纪以前的东亚儒学研究也具有方法上的重要性。

四　结　语

本文借由"政治化""全球化""混血化"三个关键词，重新讨论了过去常被提及的"什么是东亚""东亚儒学何以必要""东亚儒学的研究方法"等问题。虽然论述的方式与黄俊杰《"东亚儒学"的视野与方法论》③、吴震《"东亚儒学"何以必要》有所不同，然而大部分的结论如反对实体化的东亚概念、反对一国史的儒学、主张多元文化、重视本土化等并无太大的歧义。"对抗与政治化"一节中主要在于指出：实体化的东亚与中华文化一元论的主张残留着近代以来的屈辱感与对抗感，且有依附政治力的倾向。因而要避免实体化、一体化的最佳方法，莫过于去除政治化的倾向，以及坚持学术的独立性。而"变迁与全球化"一节主要在于讨论"东亚化"与"全球化"的相似性，由此引申一些研究方法与观点视野上的相互借鉴。在本节中也强调东亚化与全球化所以能有所进展，在于其中的思想成分能为原有的文化体系注入了新的革新力量，因而其方法学的意义不应该是在如张崑将《儒学复兴中知识分子对"东亚儒学"的思考之探讨》中所言的"顺中心""逆中心""去中心"与"超中心"的思维结构，而应该在于儒学

---

① 参见李明辉：《四端与七情：关于道德情感的比较哲学探讨》，台北：台湾大学出版中心，2012年。

② 此可参见蔡振丰：《丁茶山的政治社会论：与黄宗羲及官箴书观点的比较》，《茶山学》第28期，首尔：茶山文化财团，2016年6月，第139—178页。

③ 黄俊杰：《"东亚儒学"的视野与方法论》，《杭州师范大学学报》第38卷第3期，2016年7月，第25—34页。

如何成为促成"革新"的基础上。继此观点,本文在第三节中讨论了"革新与混血化"的问题,认为在革新的要求下,混血化是在跨文化的交涉下所形成的必然结果。值得一提的是在"混血化"这节中,本文所提的《論語と算盤》一例,与黄俊杰先生的看法有所不同。黄先生认为"《論語と算盤》一书提倡义利并行,所着重的与《论语》在现代资本主义社会的工具性价值一样。果如是,东亚儒学的提倡,在 21 世纪也就不能免于被工具化的危机",本文则认为由《論語と算盤》系列而下的思考,所反映的不是儒学在资本主义社会的效用,而是面对资本主义的一种革新的思维,它虽然无法导正资本主义在当今社会所产生的病态,但也确实提供了一种东方式资本主义的可能性,而且这种义利并行的想法也与现行的社会企业概念有所相合,因此其中含藏着具有革新意义的混血性。本文与黄先生之意见最大的不同在于不对资本主义采取否定的态度,因为除非采取激烈的革命手段,这种否定也无法唤回传统的生计方式与价值观。

或许有人会认为强调混血性会导致主体的失却,特别是些中国的学者私下喜欢说日本的文化长期处于模仿外来文化的状态,是没有根的文化,因此日本的混血文化并不足取。然而,即使日本文化是一种如竹内好所说的"转向型的文化"①,但它在生活及思维上仍然具有可以与其他民族相区别的长久传统,而且其特色的表现并不亚于某些自喻为文化大国的国家。从文化发展的过程看来,文化主体不可能在与他者文化的交互作用下而仍然呈现为一种静止的独我。从否定极端的文化本质主义和民族主义的角度看,混血文化有助于开放文化中心主义所构成的封闭系统,提供一些空间,让不同文化和思想更有互相"交错"的机会,"交错""革新"与"创造"是各种文化和思想能够存活、成长的重要因素,如果文化不被淘汰,也必然保留了文化生命的独特性。本文以为:就儒学的发展而言,也应做如是的思考。

---

①　竹内好在《近代とは何か》中曾指出中国是"回心型"的文化,日本是"转向型"的文化。他说:"回心是根据保持了自己而展现,转向则是从放弃自己而产生。""在日本文化中,新的东西一定成为旧的,旧的东西不能成为新的。"(《近代とは何か》,《竹内好全集》第 4 卷,东京:筑摩书房,1980 年,第 162—163 页)

第四章　朱子仁学思想

吴　震

前言　"仁"何以"难言"

朱子（1130—1200）在己丑（1169）"中和新悟"之后，与湖湘学派等学者展开了仁说之辩，这场论辩的意义不仅在于使各种道学议论得以规范化，从而促成道学话语的形成①，更重要的是，对于朱子仁学思想的建构具有十分关键的意义，朱子通过对二程前后各种仁说的批判继承，最终建立了一套儒家新仁学。

从历史上看，孔孟以来直至宋初，有关仁的问题，争议不断，道学奠基人物二程就曾经发出"仁至难言""仁道难名"的感叹②，及至南宋朱子之师李侗（1093—1163）仍说："仁字极难讲说。"③朱子友人张栻（1133—1180）亦感慨仁

---

① 参见陈来：《论宋代道学话语的形成和转变》，原载刘东主编：《中国学术》2001年第4辑；后收入氏著：《中国近世思想史研究》，北京：商务印书馆，2003年。陈来指出："在哲学史的意义上说，《仁说》并不是朱子最重要的著作"，比不上《太极西铭解义》《四书章句集注》《已发未发说》等"来得重要"（《论宋代道学话语的形成和转变》，《中国近世思想史研究》，第77—78页）。这一看法在其"立意以仁本体回应李泽厚的情本体"而撰述的造论之作——《仁学本体论》（北京：生活·读书·新知三联书店，2014年）发表之后，似已得到修正。

② 程颢、程颐：《河南程氏遗书》（以下简称《遗书》）卷二上，《二程集》，北京：中华书局，1981年，第15页；《遗书》卷三，《二程集》，第63页。

③ 李侗：《延平答问·壬午六月十一日书》，朱杰人等主编：《朱子全书》第13册，上海：上海古籍出版社；合肥：安徽教育出版社，2002年，第331—332页。

字"难言"而"为仁"更难。① 朱子则明确指出孔孟说仁大多是"指示"语而非定义语，如他判定孟子"仁，人心也"并不是用人心来定义仁，而是"把人心来指示仁也"，因此"非以人心训仁"②，意谓仁与人心并不构成字义界定关系，只是透过人心来"指示"仁之所在。及至晚年，尽管朱子已建构起一套四书学的经典诠释系统，但他仍深深叹息"仁字最难形容"③。这表明仁的问题并不简单。从解释学上看，它牵涉字义训诂及义理诠释等诸多方面的问题，但它最终又是实践的问题，即如何以儒家仁学来引领修身实践，才是如何重建仁学的关键所在。例如"仁者爱人"这句名言，按道学家的理解，这不是以"爱"来确定"仁"的字义，而是指点人们通过"爱"来体会"仁"，故爱与仁就不是字义上的解释关系，而是实践上的行为关系——即爱的行为可以呈现仁的意义。

也正由此，故朱子认为周敦颐"爱曰仁"并非定义性命题，而是"就爱处指出仁"，至于韩愈的"博爱之谓仁，'之谓'便是把博爱做仁了"，所以这两个说法"终不同"。④ 朱子认为"博爱"只是对"仁"的现象描述，而不能成为对"仁"的整体性意涵的确切定义，故"博爱之谓仁"为不成立。可是事实很显然，按传统的语法结构看，"爱曰仁"中的"曰"意近判断系辞"是"，于是，"仁"成为"爱"的述词对象，故可将"爱"看作是对"仁"的一种定义描述；重要的是，"爱曰仁"乃是源自《论语》"樊迟问仁，子曰爱人"的孔子之说，此说表明"仁"的本义应当就是"爱"。但是朱子不以为然，他认为"爱曰仁"只是就爱言仁的描述句，而不是爱即仁的述谓句式；换言之，只是对"仁"的行为描述。朱子的理由是：何况在孔门"问仁"的语境中，"孔门学者问仁不一"而"圣人答之亦不一"，这是由于孔子"亦各因其人而不同"，然而"大概不过要人保养得这物事。所以学者得一句去，便能就这一句上用工"，这是朱子对孔门言仁的总体判断。至于仁是什么？这是儒学知识化（如经学知识）之后伴随而来的问题，对此，朱

---

① "嗟乎！仁虽难言，然圣人教人求仁，具有本末。譬如饮食乃能知味，故先其难而后其获，所为为仁，而难莫难于克己也。"（《南轩文集》卷十四《洙泗言仁序》，《张栻集》，长沙：岳麓书社，2010 年，第 616 页）

② 黎靖德编：《朱子语类》（以下简称《语类》）卷五十九，北京：中华书局，1986 年，第 1405、1406 页。按，朱子记李侗《壬午六月十一日书》："孟子曰：'仁，人心也。'心体通有无、贯幽明，无不包括，与人指示于发用处求之也。"（《延平答问》，《朱子全书》第 13 册，第 331 页）此即说孟子"仁，人心也"是"指示"语而不是用"人心"来定义"仁"。

③ 《语类》卷六十一，第 1459 页。

④ 《语类》卷二十，第 464 页。

子毋宁是非常不满的："今人只说仁是如何，求仁是如何，待他寻得那道理出来，却不知此心已自失了。"① 可见，朱子对于孔门仁学重在实践是有认同的。就此而言，朱子判定孔子言仁多是"指示"语，应当说是十分贴切的。②

对于宋代道学家而言，如何透过孔子的"指示"语来了解"仁"的真义，便成为他们在建构道学思想之际而不得不面临的重大思想课题。一方面需要梳理清楚孔子言仁的确切含义，另一方面又要通过对仁字的理解来重建仁学的传统。问题是，为何一千余年以后，朱子断言"大抵二先生（引者按，指二程）前，学者全不知有仁字"？这是因为在他看来，孔孟以降，仁的精神已经失传，故汉代以来儒者凡是看到"圣贤说仁处"，就把仁字"只作爱字看了"，似乎仁再也没有其他的意义。直到二程以后，"学者始知理会仁字，不敢只作爱字说"③。那么，"爱"不足以训"仁"的理由何在呢？朱子继承小程的观点，他也认为以爱释仁的实质是以情为性，必使"性情"的地位发生严重错置。④ 不过，朱子也并未全然否定仁有爱之意，相反他对程门后学言仁而不讲爱的观点表示了深刻的担忧。

总之，"仁道难名"不只是针对汉儒释仁的批评，同时也表明在宋代道学家看来，自汉代以降，孔孟仁学精神已经失传。一方面，爱、人、心等概念不足以训仁，另一方面仁字的丰富意义有待重新阐发，进而从根本上重建儒家新仁学，这项思想工作始于二程而大成于朱子。

一 仁性、仁道、仁体

朱子仁学与程子言仁有重要继承关系，然朱子显然更重视程颐（1033—1107），而于程颢（1032—1085）言仁有认同也有批评，对于程门后学谢良佐

---

① 《语类》卷五十九，第 1046 页。

② 牟宗三也强调："孔子说仁大抵皆指点语也。"因此"仁是要超越字义训诂之方式来了悟"（《心体与性体》中册，上海：上海古籍出版社，1999 年，第 181 页）。这个说法几乎已成学界常识。另参见杨儒宾：《理学的仁说——一种新生命哲学的诞生》，《台湾东亚文明研究学刊》第 6 卷第 1 期，台北：台湾大学出版中心，2009 年 6 月。

③ 《晦庵先生朱文公文集》（以下简称《朱子文集》）卷三十一《答张敬夫》第 6 书，《朱子全书》第 21 册，第 1334 页。

④ "由汉以来，以爱言仁之弊，正为不察性、情之辨，而遂以情为性尔。"（《朱子文集》卷三十二《答张敬夫·又论仁说》第 13 书，《朱子全书》第 21 册，第 1412 页）

（1050—1103）、杨时（1053—1135）等人主张以觉训仁、以一体言仁等观点的批评则更为严厉。我们先从程子言仁说起。

朱子指出："谨按程子言仁，本末甚备，今撮其大要，不过数言。"此"程子"，是指程颐。所谓"不过数言"，朱子归纳为四点：

> 1. 仁者，生之性也；
> 2. 爱，其情也；
> 3. 孝悌，其用也；
> 4. 公者所以体仁，犹言"克己复礼为仁"。

朱子进而指出："学者于前三言者可以识仁之名义，于后一言者可以知其用力之方矣。"①关于"用力之方"的第4点，暂置勿论。有关"仁之名义"的前三点分别对应于三段程颐语：

> 心譬如谷种，生之性便是仁也。

> 问仁。曰："此在诸公自思之，将圣贤所言仁处，类聚观之，体认出来。孟子曰：'恻隐之心，仁也。'后人遂以爱为仁。恻隐固是爱也。爱自是情，仁自是性，岂可专以爱为仁？孟子言恻隐为仁，盖为前已言'恻隐之心，仁之端也'，既曰仁之端，则不可便谓之仁。"

> 盖仁是性也，孝弟是用也。性中只有仁义礼智四者，几曾有孝弟来？仁主于爱，爱莫大于爱亲。②

朱子认定以上数语便是"程子言仁"的基本要点，以为这是程颐对"仁之名义"的确切定义，其中最重要的便是"仁性爱情"说。程颐认为仁是性，爱是

---

① 《朱子文集》卷三十二《答张敬夫·又论仁说》第13书，《朱子全书》第21册，第1411页。
② 《遗书》卷十八，《二程集》，第184、182、183页。

情，故以爱说仁，便会使本体之性与发用之情发生错位。这个观点反映出儒家仁学开始向本体论的论述发生转向，一方面这种新论述意在解构汉唐以来以爱释仁的解释传统①，与此同时，也为重建道学模式的新仁学奠定基础。在程颐看来，从"性体"观念出发，才是构建"仁说"的关键。而"性体"既指性之本体，同时亦与道学的本体概念"道"或"理"属于同质同层的概念，故性体概念的提出，也就意味着仁须提升至道或理的高度来重新诠释。程颐明确指出：

　　仁即道也，百善之首也。苟能学道，则仁在其中矣。

　　仁者，天下之正理，失正理则无序而不和。②

　　此所谓"仁即道"，显然与程颐（亦含程颢）的"性即理"这一程朱道学至上命题密切相关。既然仁是性而性是理，那么在理论上就必能推出"仁即道"的命题，这就意味着仁具有与道或理一样的本体性、实在性。正是通过这样一番重新诠释，以仁为核心内涵的性体（即仁体）才得以确立。③

　　其实，朱子早年从学李侗时起，便已注意到程颐"仁即理"说，他指出："仁是心之正理，能发能用底一个端绪。"这是用"端绪"一词来表明仁是发用的根源（意近本体）。对此，李侗加以充分肯定："此说推扩得甚好！"④并断言："仁只是理，初无彼此之辨。当理而无私心，即仁矣。"⑤这说明李侗对"仁是心之正理"的观点是从本体论上来理解的，所以说仁与理更无彼此之分。另一方面就工夫言，"当理而私心"则表明在工夫上实现合理而无私心，即可谓之"仁"。另

---

① 关于汉儒仁说的主流观点在于以爱释仁，例如董仲舒甚至以"博爱"说仁。参见陈来：《汉代儒学对"仁"的理解及其贡献》，《船山学刊》2014 年第 3 期。

② 《遗书》卷二十二上，《二程集》，第 283 页；《程氏粹言·论道篇》，《二程集》，第 1173 页。

③ 不过程颐并没有直接提出"仁即理"，及至弟子谢良佐才明确指出："仁者天之理，非杜撰也。"（《上蔡语录》卷上，《朱子全书外编》第 3 册，上海：华东师范大学出版社，2010 年，第 3 页）这个说法显然是对程颐"仁者，天下之正理"的推论。另外，谢良佐根据程颐"仁性爱情"说，竭力反对以爱说仁（同上，第 6 页），又根据程颢"麻木为不仁"的观点，力主"有知觉，识痛痒，便唤作仁"（同上，第 10 页）的知觉说。这个以觉训仁的观点，一时成为程门后学的主流解释，一直影响到湖湘学派。

④ 《延平答问·壬午六月十一日书》，《朱子全书》第 13 册，第 332 页。

⑤ 《延平答问·辛巳二月二十四日书》，《朱子全书》第 13 册，第 328 页。

外，李侗还用"天理统体"①来指称"仁"。可见，"仁即理"可以有两个角度的讲法，一是从"百善之首"的角度讲，意谓仁是最高的道德原理；一是从"当理而无私心"的角度讲，意谓仁即道德原理的实践方式。

至于程颢，他首次提出的"仁体"概念②以及《识仁篇》"学者须先识仁"的观点，既是其思想的一大标志，同时也意味着仁的问题成为道学思潮中的核心问题之一，对宋明儒学思想发展产生了深远的影响，特别是《识仁篇》中的"仁者，浑然与物同体"的主张，与明代阳明心学的"万物一体"论更是有着直接的渊源关系。不过在程颢自己的意识中，他很清楚"与物同体"说可以上溯至孟子的"万物皆备于我"，并坚信"同体"之仁乃是打通人己物我之隔阂、实现宇宙社会之和谐的依据，因为"与物同体"不仅有境界义，更有本体义。所以程颢特别强调"仁者，全体""仁，体也"③的观点，而此"全体"之"体"即与"仁体"同义，"体"字既非载体义亦非体认义，而应当是本体义。正是在仁即全体的意义上，故仁具有一体义、统摄义。④这些说法后来被朱子发展为"仁包四德"说。另外程颢又强调"仁道"概念，他说："盖不知仁道之在己也，知仁道之在己而由之，乃仁也。"⑤这表明"仁道"是内在于人的存在，故有必要按"仁道"去体认，便可使仁得以呈现。可见，"仁体"与"仁道"是同义词，均含本体义，强调仁作为一种"道之在己"，乃是人之所以为人的内在本质。后来朱子明确提出"仁者，人之所以为人之理也"（详下），应当与程颢的这个思想是一脉贯通的。

当然，对程颢而言，仁既是一种本体存在，如同"与物无对"的道体一般，与此同时，仁体又是一种境界，表现为"与物同体"，故有"仁者以天地万物为一体"之说⑥，这是说"与物同体"乃是一种仁者气象或仁者境界。达此境界者便已超越了"以己合彼"的对治，而与"万物"构成一体存在。可见，与程颐重在字义分疏的诠释思路有所不同，程颢更强调仁的两层意义：浑然一体的仁者境界义以及与物无对的仁道本体义。更重要者，在程颢看来，由仁者之境界可

---

① 如："仁字极难讲说，只看天理统体便是。"（《延平答问·壬午六月十一日书》，《朱子全书》第13册，第331页）

② "学者识得仁体，实有诸己，只要义理栽培。"（《遗书》卷二上，《二程集》，第15页）

③ 同上，第14、15页。

④ 如："仁义礼智信五者，性也。仁者全体，四者四支。"（同上，第14页）。

⑤ 《程氏外书》卷三，《二程集》，第366页。

⑥ 《遗书》卷二上，《二程集》，第15页。

以展现仁体之实义。换言之，仁体之实义不是抽离于"诸己"之外的概念设定，而是真实地存在于人心之中的"体"——即"仁体"或"仁道"。

在程颢的仁说中，还有一层重要的含义——即仁体具有感通无碍的能力，可以打通人己物我之区隔，此可称作仁的感通义。程颢喜欢以医家所言"手足痿痹为不仁"为喻，认为"此言最善名状"，盖谓描述仁的感通义最为贴切。[1]反过来说，"痿痹"则意味着全身脉络阻隔不通，恰是感通的反义词。与此相关，程颢又强调仁的"生生"义，这也是其仁说的重要特色。他说：

> "天地之大德曰生"。……万物之生意最可观，此元者善之长也，斯所谓仁也。人与天地一物也，而人特自小之，何耶？[2]

这是基于儒学"天地之大德曰生"的立场，以为天地万物生生之意便是"仁"的体现。于是，仁就不仅是表示伦理学的人性概念，而是宇宙论领域中的普遍概念，表明仁才是人生乃至宇宙的生命力、创造力之源泉。在这个问题上，不仅程颐有基本认同，如"生之性便是仁也"即与程颢生生谓仁之意同，而且朱子更是对此观点有所继承和发挥。及至明代心学的时代，生生、生意、生理等观念更是大行其道，几乎所有儒者都对此持有基本认同的立场。因此可以说，以生言仁几乎成了宋明儒者的共认之义。

归结而言，程颢将仁置于体、道及理的本体论视域来审视，突出仁具有本体、境界、感通、生生等方面的意义，与程颐的"仁是性""仁即道""仁即理"等观点一样，在理论上丰富和发展了儒家仁学思想。尽管历来以为二程在思想归趣上不尽一致，但有一点是可以明确的，即在仁说问题上，二程论说虽偏重不同，然基本立场并无重大差异。尤其是在以生言仁这一点上，两者是完全一致的。[3]

---

[1] "医书言手足痿痹为不仁，此言最善名状。仁者，以天地万物为一体，莫非己也。认得为己，何所不至？若不有诸己，自不与己相干，如手足不仁，气已不贯，皆不属己。故博施济众，乃圣之功用。仁至难言，故止曰'己欲立而立人，己欲达而达人，能近取譬，可谓仁之方也已。'欲令如是观仁，可以得仁之体。"（《遗书》卷二上，《二程集》，第15页）

[2] 《遗书》卷十一，《二程集》，第120页。

[3] 程颢有"万物之生意最可观"之说，程颐则指出："心生道也，有是心，斯具是形以生。恻隐之心，人之生道也。虽桀、跖不能无是以生。"（《遗书》卷二十一下，《二程集》，第274页）又说："道则自然生万物。……道则自然生生不息。"（《遗书》卷十五，《二程集》，第149页）可见，对二程而言，"生"的问题贯穿天道、人性等论域。

要之，二程仁说的基本特质也是其主要思想贡献在于：提出了由仁即性而仁即道、仁即理，乃至"仁体""仁道""识仁"等观念，赋予"仁"以本体和境界的普遍意义。既然仁即道、仁是理、生生之谓仁，那么仁就超越人性论域而进入本体论域，仁不仅是人的德性问题，也是普遍的宇宙本体问题，标志着儒家仁学的理论发展到了一个新的阶段，也就为后来朱子仁学思想奠定了基础。

二 对"程门言仁"的批评

乾道八年（1172）朱子撰成《仁说》，在结尾处，朱子展开了对程门后学各种仁说的批评，引起了后人的议论及关注。归纳而言，主要有两点：一是"万物与我为一为仁之体"的"一体"说，一是"以心有知觉释仁之名"的"知觉"说。[1]朱子虽未点名，但我们知道前者是指杨时[2]，后者是指谢良佐。往上追溯，这两个观点都与程颢有关，特别后面所述"泛言同体者"的"同体"，显然暗指程颢"仁者浑然与物同体"说，在朱子的语脉中，此"同体"说与"与物为一"的"一体"说实是异名同实。

朱子以为一体说只说得"无不爱"而"非仁之所以为体之真"，究为何意呢？其实，朱子不喜境界语，在他看来，"物我为一"乃是一种境界语，唯有做到"无不爱"，才能实现"物我为一"——即泯灭物我差别相，朱子担心按照这种说法，会使人"含糊昏缓"——即物我不分、以己为是，这是所谓"无不爱"的弊端。另一方面，知觉说则"非仁之所以得名之实"，意谓此说并不是对仁之名义的确实定义，因为"觉"属"智之端"，属于"智"一边事，故未得仁名之"实"。朱子列举了两条经典资料作为理由：一是孔子对"博施济众"的表述，可用以批评一体说；一是程颐"觉不可以训仁"之说，可证知觉说在训诂上不能成立。

关于"博施济众"与仁的关系，依朱子的理解，"博施济众"唯有"圣人能之"，且圣人"犹有所不足于此"，故按"博施济众"的方法来"求仁"，则必导致"愈难而愈远矣"[3]。因此，"博施济众"不是求仁之方，"能近取譬"才是求仁之

---

① 以下所引《仁说》，均见《朱子文集》卷六十七，《朱子全书》第23册，第3280—3281页，不再一一出注。

② 语见《龟山先生语录》卷二《京师所闻（丙戌四月至六月）》，四部丛刊续编本。

③ 朱熹：《论语集注·雍也》，《四书章句集注》，北京：中华书局，1986年，第92页。

方的真正落实。朱子还注意到程颢曾有"故博施济众，乃圣人之功用，仁至难言"①的说法，这就表明博施济众非求仁之方的观点是程颢亦能认同的。但在朱子看来，程颢的"仁者以天地万物为一体"之说，却不免与"能近取譬"的求仁之方不相契。这就涉及朱子对"万物一体"问题的理解。

一方面，朱子承认程颢的"万物一体"说在原理上是成立的，并表示了极大赞许："明道这般说话极好"；另一方面，就在表示赞许之后，朱子紧接着又指出："只是说得太广，学者难入。"②故朱子编《近思录》，甚至未将《识仁篇》采纳其中，以至于晚年有所反省，以为"仁者浑然与物同体"一段"当添入《近思录》中"。③这表明朱子的基本立场是：从道理上说，万物一体说是成立的，但从工夫上看，万物一体说却是难以适从的。质言之，朱子是将"一体"说理解成工夫熟后之境界，此境界虽高，然而却不是工夫下手处。④另一方面从仁爱与同体的关系上看，朱子认为仁之爱"不在同体上说，自不属同体事"，仁自是"无所不爱了，方能得同体。若爱，则是自然爱，不是同体了方爱"，因此"同体"不能视作"仁爱"的前提设定。不过，这并不意味着朱子对"同体"说的全盘否定，其实朱子同时也强调：

> 惟其同体，所以无所不爱。所以爱者，以其有此心也；所以无所不爱者，以其同体也。⑤

这是说，仁爱的推广扩充必至于"无所不爱"而后已，而"无所不爱"之所以可能，恰是由于人人共具"仁体"，由此必可推出仁乃"同体"存在的结论。

但是，朱子又坚持认为，仁与一体绝不是互相界定的关系，他说："仁者固能与万物为一，谓万物为一为仁亦不可。"并由此判定"龟山言'万物与我为一'

---

①　《语类》卷三十三，第 841 页。

②　《语类》卷六十，第 1437 页。

③　"明道曰'学者须先识仁。仁者浑然与物同体，义礼智信皆仁也'云云，极好，当添入《近思录》中。"（《语类》卷九十五，第 2447 页）

④　如："与天地万物为一体，是仁之后事。惟无私，然后仁；惟仁，然后与天地万物为一体。"（《语类》卷六，第 117 页）

⑤　以上均见《语类》卷三十三，第 852 页。

云云，说亦太宽"①。如同他判定程颢《识仁篇》"说得太广"一般。至此可见，朱子对"万物一体"或"一体之仁"说有义理上的了解，但他始终对"一体"说保持警惕，原因在于朱子在实践问题上更注重由"分殊"而"理一"、由"下学"而"上达"的为学旨趣。

然而，与朱子判定杨时言"一体"只是"说亦太宽"不同，谢良佐之言"觉字太重，便相似说禅"②，显然，"知觉"说的问题更为严重。这是由于朱子坚决站在程颐"觉是觉此理"的立场上，从而认定谢良佐所言"知觉"只是"知痛痒"之意——即生理知觉义，于是便与禅学所言知觉"无异"。③上引《仁说》"张皇迫躁"一语正是指此而言，意谓不免坠入"禅障"。朱子的这类批评引发了湖湘学者如胡实（广仲，胡宏从弟）、胡大原（伯逢，胡宏从子）、吴翌（晦叔，胡宏弟子）等人的强烈不满，对此，朱子进行了辩解："愤骄险薄，岂敢辄指上蔡而言？"但他最终还是认定"张眉努眼"必是"说知说觉"者的弊端之表征④，这是朱子的坚定看法。而所谓"张皇迫躁"或"张眉努眼"绝非泛泛之言，而是概指"狂禅"作风。⑤在朱子看来，谢良佐的"心有知觉"说难辞其咎，因为其所谓知觉，"正谓知寒暖饱饥之类尔"，即将生理义的知觉作用等同于仁体，其后果必将是任由心中"知觉"为是而不必顾虑"知觉"本身是否可靠，在行为上必表现为"张皇迫躁"，在观念上必表现为"认欲为理"。

依朱子，必须这样表述："谓仁者心有知觉则可，谓心有知觉谓之仁则不可。"⑥对知觉与仁做了清楚分别，其因在于"觉"只是"智之端"。同样也必须说："仁者固能与万物为一，谓万物为一谓仁，亦不可"，明确区分一体与仁的关

---

① 《语类》卷六，第 118 页。

② 同上。

③ 参见《语类》卷三十三，第 851 页。

④ 《朱子文集》卷四十二《答胡广仲》第 5 书，《朱子全书》第 22 册，第 1903 页。按，此书作于乾道八年（1172），据陈来《朱子书信编年考证》（北京：生活·读书·新知三联书店，2007 年增订本，第 98 页）。以下朱子书信系年，均出此书，不再注明。

⑤ 又如朱子所批评的"禅家擎拳竖拂"，亦同此意，均为宋以后狂禅之弊，参见《朱子文集》卷六十二《答甘吉甫》，《朱子全书》第 24 册，第 2991 页。按，此书作于 1197 年。

⑥ 《朱子文集》卷三十二《答张敬夫·又论仁说》第 14 书，《朱子全书》第 21 册，第 1413 页。又如乾道九年（1173）在《答游诚之》第 1 书中，朱子也指出："若以名义言之，则仁自是爱之体，觉自是知之用，界分脉络，自不相关。"（《朱子文集》卷四十五，《朱子全书》第 22 册，第 2061 页）

系，其因在于"一体"说"只是说得仁之量"而非"仁之体"。^① 当然也须看到，朱子判定一体说将导致"认物为己"，知觉说将导致"认欲为理"，只是属于理论推断而非现实判断，即不等于说"认物为己""认欲为理"已然是程门后学言仁所导致的思想现实。

由上所述，朱子亦承认一体是"仁之后事"，知觉是仁之所"固有"，只是一体或知觉不能"训仁"。而朱子更关心的是工夫问题，当他将一体说界定为"仁之后事"的境界语，便意味着"仁之前事"的工夫更为重要，同样，他批评知觉说，主要是针对湖湘学所坚持的"识仁"有赖于"先察识"的工夫论观点。在朱子看来，湖湘学者的"识仁""察识"都建立在此心"必有所觉知，然后有地可以施功而为仁"的设定之上，对此，朱子虽肯定"此则是矣"，但是他同时又认定湖湘学者的知觉说之实质就在于主张为仁之前"苟能自省其偏，则善端已萌，此圣人指示其方，使人自得"的自省、自得说（又叫"自知自治为说"），其结果便似有两样工夫，即在"克己复礼而施为仁之功"之前，已另有"觉于天理人欲之分"的所谓"自得于仁"的察识工夫，朱子对此则有严厉批评："不应无故而先能自觉，却于既觉之后，方始有地以施功也。"^② 意谓若先以知觉为功，等到"自得于仁"之后，然后再"有地以施"求仁之功，这就无疑将工夫打成两橛、不相连贯，如此而谓"识仁"、讲"察识"，断无可行之理。

在朱子看来，湖湘学者坚持"以觉训仁"当与其"先察识"的工夫主张有关，而所谓"先察识"，要在察识其心之偏，并对此"自省""自知""自治"之后，便"善端已萌"，进而加以"涵养"之功，此即湖湘学所谓"体仁"工夫的进路。问题是，"自省"之主体究竟为何？朱子敏感地捕捉到这一问题，故他对湖湘学者将知觉说解释成"知仁觉仁"以便为"察识"工夫的主张提供支持的观点表示了重大质疑：如果说"心有知觉"是指"知仁觉仁"，那么，"仁本吾心之德，又将谁使知之而觉之耶？"^③ 也就是说，知觉之主体为"心"，而知觉之对象是"吾心之德"的仁，那么其结果岂不出现"以心察心"（详后）的奇妙现象？犹如有两个心在自我搏斗。

---

① 参见《语类》卷六，第118—119页。
② 以上参见《朱子文集》卷四十六《答胡伯逢》第3书，《朱子全书》第22册，第2149—2150页。
③ 《朱子文集》卷三十二《答张钦夫·又论仁说》第14书，《朱子全书》第21册，第1412页。

朱子的担忧非为无故。根据庚寅（1170）朱子弟子杨方所录，朱子在读到胡宏（1102—1161）《知言》一书中"彪居正问仁一段"，发现胡宏弟子彪居正曾就"求放心"问题，向胡宏表示了"以放心求放心，可乎"的疑问，朱子立刻意识到这个疑问正是湖湘学提倡"察识涵养"不得不面对而又难以解决的问题。朱子说：

> 既知其放，又知求之，则此便是良心也，又何求乎？又何必俟其良心遇事发见，而后操之乎？①

这是说，倘若知其放心之主体是"良心"，则已不必再做"求之"之功，亦不必等待"良心"发现后再下"操存"工夫，因此也就不存在"以放心求放心"的问题。关键在于"良心"如何自我发现？然而在朱子，良心不依赖于如何发现，而有赖于通过居敬穷理的工夫，在心体未发之际加以涵养之功，若能存养得"此心常明"，则"物来自见"。②这其实是朱子己丑之悟之后竭力主张居敬工夫的一项重要内容，另当别论。

另据壬辰（1172）朱子与吴翌书，对湖湘学的"察识"说将导致以心察心的严重后果提出了更尖锐的批评：

> ……且心既有此过矣，又不舍此过而别以一心观之；既观之矣，而又别以一心知此观者之为仁。若以为有此三物递相看觑，则纷纭杂扰，不成道理。若谓止是一心，则顷刻之间有此三用，不亦匆遽急迫之甚乎？③

这是说，依湖湘学者的主张来看，首先是己心有过，继以一心"不舍此过而别以一心观之"，再以一心"知此观者之为仁"，朱子讽批为"三物递相看觑"、

---

① 《语类》卷一〇一，第 2593 页。

② 如朱子晚年针对胡宏"如齐宣王不忍觳觫之心乃良心，当存此心"以及张栻"观过知仁，当察过心则知仁"之说，指出："二说皆好意思，然却是寻良心与过心，也不消得。只此心常明，不为物蔽，物来自见。"（同上）

③ 《朱子文集》卷四十二《答吴晦叔》第6书，《朱子全书》第22册，第1910—1911页。

一心不免"三用"，并呵斥为"不成道理"！不过，湖湘学的察识涵养、观过体认之主张是否便如朱子所云已落入"一心三用""三心相觑"的怪圈，这是另一层面的问题，自当另议。①事实上，朱子在己丑之悟之后，已经对心性论问题获得了根本的了断，认为在工夫上更须回到致知穷理、居敬涵养上来。这一观念上的转进，是朱子与湖湘学者展开仁说之辩的基础。故而他在与张栻的论辩中，便尖锐指出湖湘学察识说的症结就在于"以心察心"，其后果则有可能导致"释氏擎拳竖拂、运水搬柴之说"那样的弊端——即唯以知觉运动为是，而迷失了知觉者知此理觉此事的方向，这与我们在上面看到的《仁说》一文对"知觉"说的批评如出一辙。②至此已可断定，朱子不惟推翻了自己的"中和旧说"——即以为"良心萌蘖""因事而发见"然后"致察而操存"③的观点，同时也彻底摆脱了湖湘学"先察识后涵养"之观点的阴影笼罩，朱子认为"以觉训仁"不仅在训诂上犯错，更在义理上导致危害无穷，故他绝不能认同将"识仁"工夫建立在"心有知觉之谓仁"的前提之上。

须提及的是，朱子对"别以一心观之"的质疑，一方面表明他与胡宏为代表的湖湘学"察识"说的彻底决裂，同时又表明朱子在理论上非常警惕在意识之心之上或之外另有"一心"以作为本体之心的形上学观点，即朱子向来对心的实体化、形上化保持一种特别的警觉，特别是在"操舍存亡"的存心工夫问题上，朱子断然指出："存者此心之存也，亡者此心之亡也，非操舍存亡之外别有

---

①　其实在朱子看来，"以心察心"之弊源自胡宏的"识心"说，朱子认为心的问题不能依赖于"察识"工夫以求得解决，而须依靠即物穷理、居敬涵养这套双管齐下的工夫以祛除心中物欲之障蔽，便能实现"此心自明"的效果，他说："如湖南五峰多说'人要识心'，心自是个识底，却又把甚底去识此心？……故学者只要去其物欲之蔽，此心便明。"（《语类》卷二十，第477页）朱子在此虽未明言如何祛除物欲之蔽的方法，但是根据朱子的工夫理论，不难理解其所谓方法，不外乎"涵养须用敬，进学则在致知"。关于这一点，请参见拙文：《格物诚意不是两事——关于朱熹工夫论思想的若干问题》，原载《杭州师范大学学报》2014年第6期，后收入中国人民大学书报资料中心：《中国哲学》2015年第4期。

②　"若曰于事物纷至之时，精察此心之所起，则是似于应事之外别起一念，以察此心。以心察心，烦扰益甚，且又不见事物未至时用力之要，此熹所以不能亡疑也。儒者之学，大要以穷理为先。盖凡一物有一理，须先明此，然后心之所发，轻重长短，各有准则。……若不于此先致其知，但见其所以为心者如此，识其所以为心者如此，泛然而无所准则，则其所存所发，亦何自而中于理乎？且如释氏擎拳竖拂、运水搬柴之说，岂不见此心？岂不识此心？"（《朱子文集》卷三十《与张钦夫》第2书，《朱子全书》第21册，第1313—1314页）。按，是书作于己丑（1169）。

③　《朱子文集》卷三十《与张钦夫》第3书，《朱子全书》第21册，第1315页。按，是书作于丙戌（1666），为"中和旧说"四书中的第1书。

心之本体也。"① 这是对形上化实体之心的本心论表示了明确的反对，故在朱子的心说中并无"本心"义。② 朱子心论的形成，显然与仁说之辩也有相当程度的理论关联，这是需要注意的。

三 心之德、爱之理

在乾道五年（1169）己丑之悟至乾道八年（1172）的数年间，朱子借以清算历史上特别是程门后学的各种仁说，逐渐形成了对"仁"的一套系统看法。其中蕴含诸多方面的义理问题：一方面与其理气论有不少牵涉，另一方面也是最为主要的方面，则是与其心性论有着密不可分的关联；一方面他从天理天道的本体论角度来审视仁学问题，另一方面他更关注的则是"体仁"工夫如何可能的问题；一方面他要在字义训诂上解决何谓"仁"的名义问题，另一方面又不能仅止于此，而要在总结和继承孔孟仁学思想精神的同时，更上一层楼，从本体与工夫融会贯通的新视野来重构儒家仁学。

那么，在《仁说》中，"仁"是被如何重构的呢？朱子开宗明义地指出：

> 天地以生物为心者也，而人物之生，又各得夫天地之心以为心者也。故语心之德，虽其总摄贯通、无所不备，然一言以蔽之，则曰仁而已矣。请试详之。③

这段话可谓是《仁说》的纲领。关于第一句"天地以生物为心"，我们准备在下一节来专门讨论，这里将集中探讨第二句"心之德"以及与此相关的"爱之理"的问题。

在"请试详之"之后，朱子用四段文字来展开论述，依次是第 2 段"盖天地

---

① 《朱子文集》卷四十七《答吕子约》第 10 书，《朱子全书》第 22 册，第 2183 页。

② 所以朱子会说："心是做工夫处。"（《语类》卷五，第 94 页）"心字只一个字母。"（同上，第 91 页）另参见拙文：《"心是做工夫处"——关于朱子"心论"的几个问题》，吴震主编：《宋代新儒学的精神世界——以朱子学为中心》，上海：华东师范大学出版社，2009 年，第 112—138 页。

③ 《朱子文集》卷六十七《仁说》，《朱子全书》第 23 册，第 3279 页。按，以下凡引《仁说》，见第 3279—3281 页，不再出注。

之心"，第3段"盖仁之为道"，第4段列举了孔子的五句话来回应"此心何心"的问题，第5段采取"或曰"的方式来解答"以爱为仁"的问题，其中出现了"爱之理"三字，用以"名仁"。出于论述上的逻辑需要，我们将首先来探讨"心之德"和"爱之理"的问题。这里先将第5段的全文抄录如下：

> 或曰：若子之言，则程子所谓"爱，情；仁，性。不可以爱为仁"者，非欤？曰：不然。程子之所诃，以爱之发而名仁者也。吾之所论，以爱之理而名仁者也。盖所谓情性者，虽其分域之不同，然其脉络之通，各有攸属者，则曷尝判然离绝而不相管哉！吾方病夫学者诵程子之言而不求其意，遂至于判然离爱而言仁，故特论此以发明其遗意，而子顾以为异乎程子之说，不亦误哉？

朱子对问题的设定已经表明"以爱为仁"能否成立乃是问题之关键。而此设问的一个思想背景便是自程颐说出"不可以爱为仁"之后，程门后学变得谈爱色变，纷纷反对"以爱言仁"。然而在朱子看来，这是莫大误会，他认为程子所反对的只是"以爱之发而名仁者也"。言外之意难道说，"爱"还有"已发之爱"与"未发之爱"之分吗？

依朱子的看法，既非"以爱名仁"亦非"爱之未发名仁"，而必须说"爱之理"才是完整的表述，故云："吾之所论，以爱之理而名仁者也。"这是朱子对"仁"所下的最为明确的定义性描述。[①] 其中的关键词是"理"。显示出朱子理学的强烈色彩，仿佛朱子是在以理释仁，如同他以理释天一般。的确，倘若仅凭这里的文字表述，或许"以理释仁"是朱子仁学的一个指向，但是严格来说，与朱子以理释天——如"天即理"——的思路不同，朱子以"爱之理"为仁，并不意味着"理"字可以用来直接规定"仁"，这是其仁学思想的一个重要特质。

---

① 与《仁说》第一段出现的"故语心之德，虽其总摄贯通、无所不备，然一言以蔽之，则曰仁而已矣"中的"心之德"三字合并，成为朱子《论语集注》及《孟子集注》中解释仁字的著名语句。在《论语集注》中出现一次，即《论语集注·学而第一》"仁者，爱之理，心之德"（《四书章句集注》，第48页），其余三次表述为"仁者，心之德"。在《孟子集注》中亦出现一次，即《孟子集注·梁惠王上》"仁者，心之德，爱之理"（同上，第201页），另外"仁者，心之德"的表述也有一次，见《孟子集注·告子上》。

至于"未发之爱",这是涉及如何理解"爱之理"这一概念的关键。朱子在上引"以爱之理而名仁者也"之后,接着就开始讲"盖所谓情性者"的性情问题,关于这一点我们稍后再说。先来看朱子有关"未发之爱"的论述:

> 以名义言之,仁特爱之未发者而已。程子所谓"仁,性也;爱,情也",又谓"仁,性也;孝弟,用也",此可见矣。其所谓"岂可专以爱为仁"者,特谓不可指情为性耳,非谓仁之与爱了无交涉。……①

这是从名义角度指出仁者是特指"爱之未发"而言的。接着朱子引用了程子的两段话(见上引),意在强调仁与爱分别属于性情两个不同领域,由此便可得出"仁特爱之未发者"的结论。朱子之意在于指出:由于性为心之未发,情为心之已发,而仁属性、爱属情,故仁必属"爱之未发"——即情感未发状态之下的性之本体。唯有如此,一方面可以清楚区分仁与爱,不至于混淆仁性与爱情的不同,与此同时,也可说明仁并非与爱全无交涉,只是爱之情尚未发动而已。故朱子接着引用程子"岂可专以爱为仁"之说,并对此做了全新诠释:程子此说绝非主张仁与爱"全无交涉",而是告诉我们不可混同性情——即"不可指情为性"而已。

在壬辰(1172)与张栻《论仁说》书信中,朱子又说:

> ……却于已发见处方下爱字,则是但知已发之为爱,而不知未发之爱之为仁也。②

《语类》中也有不少相关表述:

> 仁是未发,爱是已发。

> 仁是爱之理,爱是仁之用。未发时,只唤做仁,仁却无形影;既发后,

---

① 《朱子文集》卷四十六《答胡伯逢》第4书,《朱子全书》第22册,第2152页。
② 《朱子文集》卷三十二《答张钦夫·论仁说》,《朱子全书》第21册,第1409—1410页。

方唤做爱，爱却有形影。①

　　所谓爱之理者，则正谓仁是未发之爱，爱是已发之仁尔。②

　　这几段话更是直接用未发与已发来分指仁与爱。至此我们已经明确朱子之所以拈出"未发之爱"的概念，其旨意在于揭示"爱之理"的真正内涵。从中可见，朱子对"仁"的思考是从本体论角度出发的，当他将仁认定为性之本体，就势必推出"仁即理"的结论，故有"仁是理""仁是天理"等说法，不一而足，他甚至断言：仁"只是一个浑然天理"，"仁是本有之理"。③朱子还用体用这对概念来进行解释：

　　以名义言之，仁自是爱之体，觉自是智之用，本不相同。④

　　"爱之体"应与"爱之理"同义，相对而言，爱则是"仁之迹"⑤而不是仁之体。这些说法都表明仁须置于本体领域来审视的思维特征，也是朱子对二程以来的"仁道""仁体"之思想的继承与拓展。按朱子的体用论思维，仁乃性之本体，性体即理，本是未发，而其所发则为情，爱作为情，必有其"体"作为依据，必是性体之发，否则便会落入肆情溺爱之结果。重要的是，仁之本身有体有用，未发之爱即仁之体——性之体，已发之爱乃仁之用——性之用。所以说："'仁者爱之理'，只是爱之道理。……盖仁，性也，性只是理而已。""仁者爱之体，爱者仁之用。"⑥这里已将何谓"爱之理"的意义说得十分清楚。壬辰朱子撰成《仁说》后，在与张栻论仁过程中又指出：

---

　　①　《语类》卷二十，第464、465页。
　　②　同上，第470页。该语又见戊申（1188）朱子《答周舜弼》第5书（《朱子文集》卷五十，《朱子全书》第22册，第2333页）。
　　③　以上分别见《语类》卷二十，第462页；《语类》卷六，第118、117、116页。
　　④　《语类》卷六，第118页。
　　⑤　"爱分明是仁之迹。"（同上）按，这个说法只是就严格体用之分的意义上而言的，并不意味朱子是在贬斥"爱"，仁之有爱、仁不离爱，这才是朱子的固有观点，故而又有慈爱乃是仁的"本相"（同上）说，关于这一点，详见后述。
　　⑥　《语类》卷二十，第464、466页。

仁乃性之德而爱之本，因其性之有仁，是以其情能爱。(原注：义、礼、
智亦性之德也。义，恶之本；礼，逊之本；智，知之本。因性有义故情能
恶，因性有礼故情能逊，因性有智故情能知，亦若此尔。)①

这里"性之德"当与"心之德"同，而"爱之本"即与"爱之理"同义。与
"爱之理"引发众多争议相比②，关于"心之德"的争议却不多。大致而言，"心
之德"有三层意思：

首先，仁是心中之德，换言之，仁是德之在心者。但此心有广狭两义，就狭
义言，专指人心，如仁"乃恻隐之心"③，此义较易理解；就广义言，则指"天地
生物之心"，就"心之德"主要含义来看，盖指心有生生之德，如："仁者，天地
生物之心"，"天地之心别无可做，大德曰生，只是生物而已。"④因此，"心之德"
正是为了表明仁是天地生生之"大德"（详见后述）。

其次，关于心之德与爱之理的关系，朱子指出这两种说法的角度有所不同，
前者是"专言"，后者是"偏言"。所谓"专言"与"偏言"，原是程颐的说法："四
德之元，犹五常之仁，偏言则一事，专言则包四者。"⑤朱子的具体解释是：心之
德是专就仁的统体而言，故称"统言"又称"统看"，可包仁义礼智四德；爱之理
则是"分言"又可称"分看"，是就仁义礼智之性的作用而言。经过这样的区分，
更加明确了"心之德"是专指"仁"的基本特性，即"只是仁专此心之德"⑥。不
过，这种区分并不意味仁有两种，从根本上说："爱之理便是心之德""爱之理即
是心之德，不是心之德了，又别有个爱之理。"⑦

再次，"心之德"是为表明仁不可直接等同于心，如同"爱非仁，爱之理是

---

① 《朱子文集》卷三十二《答张钦夫·又论仁说》第14书，《朱子全书》第21册，第1411页。
② 朱子曾透露："某尝说'仁主乎爱'，仁须从'爱'字说，被诸友攻道不是。吕伯恭亦云'说得来
太易了'。"（《语类》卷二十，第476页）
③ 《语类》卷六十八，第1691页。
④ 《语类》卷五十三，第1298页；《语类》卷六十九，第1729页。
⑤ 《周易程氏传》卷一，《二程集》，第697页。朱子引程颐此语，不一而足，如《朱子文集》卷五十八
《答陈器之·问玉山讲义》，《朱子全书》第23册，第2780页。
⑥ 《语类》卷二十，第465页。
⑦ 均见同上，第467页。

仁"一般，"心非仁，心之德是仁"。^①众所周知，孟子有"仁，人心也"之说，朱子认为孟子此言绝非定义语而是指示语，是使人由"人心"而见"仁"之"不可须臾失矣"。^②换言之，所谓"仁，人心"，只不过是"要就人身上说得亲切，莫如就'心'字说"，这表明"孟子是兼体用而言"。^③显然，"心之德"是对孟子"仁，人心也"的重新诠释，以免后人误将心与仁画等号。所以朱子断言"仁，人心也"只是说"仁只在人心，非以人心训仁"^④。

总之，朱子《仁说》以"心之德""爱之理"释仁，可谓是儒学史上的一项重要理论创新，其意义在于：经过朱子的这项重新诠释，仁既非心字亦非爱字可以定义，由此避免仁被理解为只是一种（道德上）感情表现，与此同时，仁又必然经由心与爱才能呈现作为人心之德、仁爱之理的意义，故又不能仅以德或理的本体观念来限定仁的意义，以避免仁的纯粹抽象化或纯粹观念化，否则的话，仁便成了"死理"了（如牟宗三、李泽厚所批判的那样）。也正由此，故朱子再三强调两层意思：心虽不可直接名仁，但又"不是心外别有仁"^⑤；爱虽不足以训仁，但仁又"主乎爱"。尽管德或理在朱子思想中，具有本体义而不免抽象性，然而正如上述，如果德与理脱离了心与爱，不仅不足以言仁，更是对仁的片面理解。因此，"心之德、爱之理"六字才是"仁"的整体意义的展示。

四　《仁说》的义理构架

上面提到，《仁说》第 1 段话是朱子仁说思想的总纲。朱子晚年回顾道："《仁说》只说得前一截好。"^⑥指的便是这段文字。其中"天地生物之心"一句，

① 《语类》卷二十，第 474 页。
② 《孟子集注·告子上》，《四书章句集注》，第 333 页。
③ 《语类》卷二十，第 475—476 页。
④ 《语类》卷五十九，第 1406 页。按，此说原是李侗之主张，壬辰朱子与何叔京书指出："孟子之言固是浑然。……然则仁字心字亦须略有分别始得。记得李先生说孟子言'仁，人心也'，不是将心训仁字。此说最有味，试思之。"（《朱子文集》卷四十《答何叔京》第 30 书，《朱子全书》第 22 册，第 1841 页）
⑤ 《语类》卷六十一，第 1459 页。
⑥ 《语类》卷一○五，第 2632 页。按，撰于同年而略早的《克斋记》也有"盖仁也者，天地所以生物之心"（《朱子文集》卷七十七，《朱子全书》第 24 册，第 3709 页）的说法。不过，《克斋记》于次年（1173）又有更定，故已非旧貌。

无疑是全文的核心。所谓"天地生物"原本是一种宇宙生成论表述，然而朱子却将此转化为宇宙本体论的论述，如朱子释《中庸》"天命之谓性"，其曰："天以阴阳五行化生万物，气以成形，而理亦赋焉，犹命令也。"[①] 在天地化生万物的过程中，气是物得以构成的质料，理则由天而被赋予万物，这一过程即"天命"之过程。更重要的，"于是，人物之生因各得其所赋之理以为健顺五常之德，所谓性也。"这是说借由被赋予的理而形成健顺五常之德，此即是"性"。这是朱子所描述的宇宙生成及人性形成的图景。根据这里的描述，仁作为"五常之德"之一而被蕴含其中。与此不同，《仁说》却强调指出天地生物之心作为天地之心，而其"心之德"又在万物之中"总摄贯通、无所不在"，此心之德即"仁而已矣"。这是朱子《仁说》对"仁"的经典表述，显然与历史上"仁者，人也""仁，人心也""仁，性也"等说法均不同，仁被明确地描述成"天地之心"。

《仁说》第 2 段"盖天地之心"从元亨利贞、春夏秋冬、仁义礼智这三个方面来论述天地之心"其德有四"的问题，提出"元无不统""春生之气无所不通"以及"仁无不包"的观点，认为仁在天地人整个宇宙存在当中具有首出地位，并以不同方式流行发用，如仁义礼智四德之"发用"便表现为"爱、恭、宜、别之情"，反过来说，发用之中"恻隐之心无所不贯"，所以说"仁无不包"（又称"仁包四德"）。这个观点突显了宇宙的整体性、关联性特征，强调作为天地之心的仁遍在于整个宇宙。

《仁说》第 3 段"盖仁之为道"，对何谓"仁"进行了说明："盖仁之为道，乃天地生物之心即物而在。情之未发，而此体已具，情之既发，而其用不穷。诚能体而存之，则众善之长，百行之本，莫不在是。此孔门之教所以必使学者汲汲于求仁也。"其中"即物而在""此体已具"的说法相当重要，这是说仁之所以为仁，原因在于仁作为天地生物之心必随任何生物"而在"；另一方面，不论心之未发还是已发，仁之体"已具"而仁之用"无穷"。因此，若能做到体仁而存养之，则作为众善之长和百行之本的"仁"便无所不在。可见，"仁之为道"既是普遍存在，同时又是实践依据。

《仁说》第 4 段以"其言有曰"为始，援引了五句孔子语，依次是："克己复

---

① 《中庸章句》,《四书章句集注》, 第 17 页。

礼为仁""居处恭，执事敬，与人忠""事亲孝，事兄弟，及物恕""求仁得仁""杀身成仁"，并指出这五句话都涉及一个根本概念，即"心"。具体而言，1."克己复礼"盖谓"克去己私，复乎天理"，于是，"此心之体无不在，而此心之用无不行也"；2."居处恭"一句"则亦所以存此心也"，意谓恭、敬、忠这三种伦理要求也无非是存养仁心之工夫；3."事亲孝"一句"则亦所以行此心也"，意谓孝、弟、恕这三种道德行为都是推行仁心的实践；4."求仁得仁"如同历史上的典故"让国而逃，谏伐而饿"那样①，表明"为能不失乎此心"才能做到；5."杀身成仁"如同"欲甚于生，恶甚于死"②一般，这是不得已而做出的道德选择，表明"为能不害乎此心也"才能做到。最后，朱子回答了"此心何心也"的问题：

> 此心何心也？在天地则块然生物之心，在人则温然爱人利物之心，包四德而贯四端者也。

在《仁说》的义理系统中，这段话的重要性绝不亚于"天地以生物为心"这句命题，因为这是从"块然"、"温然"、包贯这三个方面，具体阐释了何谓"天地之心"。其意大致可分三层：一是就天地言，仁象征着春意盎然、生机勃勃、化生万物的生命力，这是从宇宙论的角度，强调了仁的生生义；二是就人而言，仁表现为温然爱人、润泽万物的人文精神，这是从人文的角度，强调了仁的感通义；三是就体用而言，仁心之体足以"包四德"（仁义礼智），仁心之用足以"贯四端"（恻隐、羞恶、辞让、是非），这是从体用的角度，强调了仁的总摄义、贯通义。

概括而言，第2至第4段是从各种角度对第1段"仁说"总纲展开了详细

---

① "求仁得仁"，语见《论语·述而》。关于"让国而逃，谏伐而饿"，朱子释曰："伯夷、叔齐，孤竹君之二子。其父将死，遗命立叔齐。父卒，叔齐逊伯夷。伯夷曰：'父命也'，遂逃去。叔齐亦不立而逃之，国人立其中子。其后武王伐纣，夷、齐扣马而谏。武王灭商，夷、齐耻食周粟，去隐于首阳山，遂饿而死。……程子曰：'伯夷、叔齐逊国而逃，谏伐而饿，终无怨悔，夫子以为贤，故知其不与辄也。'"（《论语集注·述而》，《四书章句集注》，第96—97页）

② 语见《孟子·告子上》："生亦我所欲，所欲有甚于生者，故不为苟得也；死亦我所恶，所恶有甚于死者，故患有所不辟也。"朱子释曰："……而欲恶有甚于生死者，乃秉彝义理之良心，是以欲生而不为苟得，恶死而有所不避也。"（《孟子集注·告子上》，《四书章句集注》，第332页）

的阐释，其核心问题无疑是：为什么说仁是"天地生物之心"？文中以"心之德""爱之理"对"仁"做了全新诠释。接下来，我们有必要对"天地之心"的问题稍加详细的考察。

五　天地之心

按《仁说》，仁即天地之心。其实，"天地之心"是"天地以生物为心"的简化表述，其"生物"两字是指"人物之生"，涵指万物化生，用以解释"天地之心"。《仁说》中关于天地之心的表述大致有以下四层意思：

第一，《仁说》第 1 段总纲所说："天地以生物为心者也，而人物之生，又各得夫天地之心以为心者也。"这是表示天地之心其实就是"天地以生物为心"，而在"人物之生"的过程中，人物无不禀受此天地之心，由此构成禀受者之"心"。这个表述显然是宇宙论的讲法，其重点在于强调"生"，认为整个宇宙处在生生不息的过程中，仁作为天地之心就是"生生"的体现。因此朱子常说："仁字恐只是生意。"[①]"天地之心别无可做，大德曰生，只是生物而已。"[②]他甚至用"生道"来表述仁的"生意"，其曰："仁字有生意，是言仁之生道也。"[③]据此，可以断定《仁说》首句"天地以生物为心"，旨在表达"仁者，天地之心"或"仁者，天地生物之心"[④]这层道理。

第二，第 2 段出现两次"天地之心"的表述，"盖天地之心，其德有四"以及"故论天地之心，则曰乾元坤元"，这是描述天地之心的特质。关于"其德有四"，包含天地之心和人物之心，具体指的是元亨利贞、春夏秋冬、仁义礼智。不仅如此，朱子更为强调"元无不统""仁无不包"的观点。这就与"乾元坤元"的表述有关。在儒家宇宙论体系中，乾坤两元是天地的象征，也是"万物资始"的根源，一切存在无不由此而发，无不以此为源头，因此"四德之体用"就根源于乾元坤元，这表明天地之心具有宇宙本体的意义，其本身是具足圆满的，包

---

①　《语类》卷六，第 110 页。
②　《语类》卷六十九，第 1729 页。
③　《语类》卷六十一，第 1460 页。
④　《语类》卷五十三，第 1298 页。

含一切存在的要素。所谓"不待悉举而足""不待遍举而赅"，就是强调在所有现象中，都存在天地之心。所以说"一个物里面便有一个天地之心"。[①]

第三，第 3 段阐述了"仁道"问题，其曰："盖仁之为道，乃天地生物之心即物而在。"所谓"即物而在"，这是从存在论的角度阐明天地之心必是一种存在，换言之，仁之道是"即物而在"的。既然是仁道，故其存在必具普遍性，而此普遍性并不脱离人伦庶物，这是由仁道"即物而在"所保证的。另一方面，就心的未发已发来看，此心未发（性），仁之体"已具"，此心已发（情），仁之用"无穷"，故可说众善百行之"本源"就在于"已具"或"而在"的仁道，而体仁工夫之依据亦在于"即物而在"、"此体已具"的仁道。

第四，最后在《仁说》第 4 段，朱子对天地之心有一个总结性的表述，即有关"此心何心也"的一段表述，这一点已如上述，这里从略。

归结而言，"天地之心"是对"仁"的一项重要规定，甚至可说仁直接就是天地之心，天地之心即仁心。重要的是，仁心既是普遍超越的，同时又必然在化生万物过程中"即物而在"，在情感未发之前"此体已具"。正是由"而在""已具"，可证仁心如同仁道、仁体一般，必是一普遍之存在，因而赋予仁以本体的意义。须指出，若从本体立论，必可得出仁即理或仁即道的结论，故朱子断言仁是"万理之原，万事之本"[②]，然而《仁说》却以"天地之心"作为其论述的逻辑起点，这就表明朱子的解释理路明显具有宇宙本体论的特征，目的在于赋予人心之仁以宇宙本体论的依据，而其理论效果则在于：在实现心性本体化的同时，也导致心性宇宙化。这应当是朱子为何不止于以理说仁，更要将仁置于"天地之心"的论域中来加以审视的根本原因之所在。

至于"天地之心"作为概念而出现，最早见诸《周易》复卦"象辞"："复，其见天地之心乎？"《礼记·礼运》："故人者，天地之心也"，两者都是耳熟能详的古老说法。前者是说，复卦之象"一阳来复"，正是"天地之心"得以展现之几；后者是说，人是天地生物之主导，而且是万物之灵。只是两者都没有具体阐明何谓天地之心。按照一般的理解，此"心"意味着某种主导力量、内在根

---

①　《语类》卷二十七，第 689 页。
②　《语类》卷六，第 114 页。

源；它虽不是人格化的精神意识，但又如同意识具有主导力一般，能够主导万物生长的发展方向。朱子在解释《论语》"人能弘道"章时指出："'人者，天地之心。'没这人时，天地便没人管。"①这个观点其实是宋明学者的共识。又如王阳明亦指出："人者，天地万物之心也；心者，天地万物之主也。"②都是把"心"理解为主宰义，看作某种主导力量，认为天地须由人的参与和主导，才能使这个世界成为一有价值意义的存在，而宇宙万物之所以秩然有序而构成一关联性的有机整体，也是由于人的参与，在这个意义上说，人为天地之心。但是，宇宙世界从来不是某种外在的人格意志之下的产物，同时又不是毫无秩序可言的一团乱麻。天地生物的秩序性就是由天地之心所规定的，所以说天地之心乃是天地生物的主导。表面看，天地之心的说法是拟人化的，仿佛天地也具有人那样的"心"③，但这个说法并不意味"心"是某种人格化或实体化的意志或精神，人的参与和主导也并不意味着人可以宰制自然万物。

及至北宋初，欧阳修（1007—1072）对《易传》"天地之心"概念进行解释之际，明确提出了"天地以生物为心"的观点。④朱子早在师从李侗之际，在辛巳（1161）与李侗书中既已讨论了"天地之心"的问题，朱子指出："既言'动而生阳'，即与《复卦》一阳生而'见天地之心'何异。窃恐'动而生阳'，即天地之喜怒哀乐发处，于此即见天地之心；二气交感，化生万物，即人物之喜怒哀乐发处，于此即见人物之心。"⑤这是就太极动静的角度来理解天地之心，以为"复卦"第六爻的"一阳爻"即意味着动，故强调天地之心于动处见的观点，这应当是承袭程颐"动则见天地之心"的观点而来，但是这里的天地之心并没有与仁

---

① 《语类》卷四十五，第 1165 页。

② 《答季明德（丙戌）》，《王阳明全集》上册，上海：上海古籍出版社，1992 年，第 214 页。

③ 如张载所云："天无心，心都在人之心。"（《经学理窟·气质》，《张载集》，北京：中华书局，1978 年，第 256 页）

④ 《易童子问》，《欧阳修全集》，北京：中国书店，1986 年，第 563 页。按，张载、邵雍也有类似之说，这里仅以张载为例："大抵言'天地之心'者，天地之大德曰生，则以生物为本者，乃天地之心也。地雷见天地之心者，天地之心惟是生物，天地之大德曰生也。"（《横渠易说·复卦》，《张载集》，第 113 页）这是根据"天地之大德曰生"的观念，以"生物"来解释天地之心，应当与二程的立场是一致的。关于张载及邵雍有关"天心"问题的讨论，详参拙著《罗汝芳评传》第 3 章第 5 节"天心观"（南京：南京大学出版社，2005 年）；另参见陈来《仁学本体论》"天心第六"。

⑤ 《延平答问·辛巳二月书》，《朱子全书》第 13 册，第 328—329 页。

联系起来。

如果说欧阳修和程颐提出"天地生物之心"的观点，其理论贡献在于以"生"解释天地之心，那么，朱子仁说的理论贡献则在于以"天地生物之心"来为"仁"重新定义。根据朱子晚年的回顾，可知其所以用"仁"来解释天地之心，意在防止一种误解：即误将"天地之心"理解为实体化的"有心"——具有某种"思虑""营为"的人格意志；同时，又要防止误将"天地之心"理解为空洞化的"无心"——导致天地生物的失序（如"牛生出马"之类）。《语类》载：

> （朱子曰：）"《易》所谓'复，其见天地之心'，'正大而天地之情可见'，又如何？如所说，只说得他无心处尔。若果无心，则须牛生出马，桃树上发李花，他又却自定。……心便是他个主宰处，所以谓天地以生物为心。……"问："程子谓：'天地无心而成化，圣人有心而无为。'"曰："这是说天地无心处。且如四时行、百物生，天地何所容心？至于圣人，则顺理而已，复何为哉！所以明道云：'天地之常，以其心普万物而无心；圣人之常，以其情顺万事而无情。'说得最好。"①

这里讨论了天地有心无心的问题。朱子援引程颢的"心普万物而无心""情顺万事而无情"，来说明天地既有心又无心的道理，反映的其实是儒家宇宙论的重要智慧。宇宙之有序则表明其自有主宰处——即有心，宇宙之生物并无思虑安排而是"合当如此"——即无心。有心者即是仁，无心者亦是仁。故关键在于："今须要知得他有心处，又要见得他无心处。"②不能偏执于有无的任何一端，而有无统一才是仁体的整体性。须指出，这里的有无统一说乃是本体论的说法，也是仁体的说法，而从仁体立论，便可说"仁者，天地生物之心"。

其实，从概念史的角度看，以仁者为"天地之心"，并非朱子的发明，最早见于董仲舒的说法："天，仁也"，"仁，天心。"③陈来称其为宇宙论形态的仁体

---

① 《语类》卷一，第4页。

② 同上。

③ 《春秋繁露》卷十一《王道通三第四十四》，浙江书局辑刊：《二十二子》，上海：上海古籍出版社，1986年，第794页；《春秋繁露》卷六《俞序第十七》，浙江书局辑刊：《二十二子》，第780页。

论，不同于近世宋代以后的本体论形态的仁体论①，此说甚是。因为董仲舒的观点不仅是建立在气化宇宙论之基础上的，而且其所谓"天心"，实具有某种宗教性意涵，即与源自《尚书》早期中国宗教文化中的"天心"观念有关②，涵指上天意志。宋代以降，"天心"转而与"天地之心"趋近，如朱子极为赞赏的邵雍（1011—1077）《冬至吟》中"天心无改移"一句，讲的便是"复卦"一阳初生的问题，显然指"天地之心"，对此，朱子的解释是确切的："凡发生万物，都从这里起，岂不是天地之心！"③

此外，张载也喜讲"天心"，如："天本无心，及其生成万物，则须归功于天。曰：此天地之仁也。"这可能是道学史上第一次出现以仁释天心的案例，而张载对"天心"的理解显然已经人文化，而不是指某种超越的上天意志，这由其"天本无心"以及用"生物"来解释"天心"便可得到证明。对张载而言，从人文的角度看人在宇宙中的意义，而人如何通过"大其心"以与"天心合"，乃是其思想的核心关怀，故他所说的"天心"又有"熟后无心如天"④的境界义。及至南宋胡宏，更有"仁者天地之心也"的明确说法⑤，强调"仁之一义，圣学要道""夫圣人之道……曰仁而已""唯仁者为能一以贯天下之道"⑥等重要观点。可见，以仁释天地之心，这是自张载及胡宏以来就已出现的主张。须指出的是，尽管朱子对胡宏《知言》一书屡有微词，但是在朱子的《胡子知言疑义》中并未见其对胡宏仁说有任何批评，相反他坦承《知言》一书"提掇仁字最为紧切"⑦。其中应当包含胡宏的"仁者天地之心"说。

总之，从概念发生学的角度看，天心与天地之心，意自有别，及至宋代以

---

① 陈来：《仁学本体论》，第 229—230 页。

② 即《古文尚书·咸有一德》所载"克享天心，受天明命"，此"天心"之意近于《论语·尧曰》所引"汤诰"语"帝心"一词。

③ 《语类》卷七十一，第 1793 页。按，朱子还称"康节此诗最好"。

④ 以上张载语分别见《经学理窟·气质》《横渠易说·系辞上》《横渠易说·系辞上》《正蒙·大心篇》《经学理窟·气质》，《张载集》，第 266、189、189、24、269 页。

⑤ 《知言·天命》，《胡宏集》，北京：中华书局，1987 年，第 4 页。

⑥ 以上胡宏语分别见《与孙正孺书》《求仁说》《论语指南》，《胡宏集》，第 147、196、305 页。

⑦ 《朱子文集》卷三十《答张钦夫》第 10 书，《朱子全书》第 21 册，第 1327 页。尽管朱子不忘批评："但其间亦有急于晓人而剖析太过，略于下学而推说太高者，此所以或启今日之弊。"（同上）所谓"剖析太过""推说太高"，概指胡宏的"察识""求仁"说。

降，天心观念的宗教性意涵逐渐减杀，而被放置在天道宇宙论的领域来重新阐释，便与"天地之心"的含义趋近。于是，仁既是天地之心，而此仁心又可化约为天心，甚至人心与天心亦可实现贯通的观点渐渐蔚为主流，这也就是中国哲学中老生常谈的某种意义上可以说是终极问题：即天人合一如何可能？无疑地，实现人心与天心的融贯会通，其关键就在于"仁"。换言之，仁才是打通天人的依据所在。从北宋初直至南宋朱子，在各色各样的仁说思想中，之所以频繁出现"天地之心"这一主题词，并以此来规定仁，可以肯定这与宋代道学家念兹在兹的如何贯通"性与天道"、实现"尽性至命"这一核心关怀有着重大关联。正如朱子早在乾道四年（1168）所指出的那样：

> 盖仁也者，心之道，而人之所以尽性至命之枢要也。①

这句话已经和盘托出"仁"在儒家思想中的重要意义。及至晚年，朱子仁学思想成熟之后，更直截了当地将天地之心与万物之心、天下之心、圣人之心贯穿起来，指出：

> 万物之心，便如天地之心；天下之心，便如圣人之心。天地之生万物，一个物里面便有一个天地之心；圣人于天下，一个人里面便有一个圣人之心。②

此即朱子仁学的万物一体论。但有别于程颢"浑然与物同体"的仁者境界说，因为境界属工夫以后事，而朱子在此所表达的却是工夫以前既已存在的事实，因此这是一种存在论的表述。朱子的仁学观认为，天人物我之所以可以彼此贯通，关键就在于仁心，而仁心才是使所有存在构成一有意义的连续体之依据。

须注意的是，仁是本体，心非实体，天地之心（或圣人之心）必仁，故仁是

---

① 《朱子文集》卷三十《答张钦夫》第 10 书，《朱子全书》第 21 册，第 1327 页。
② 《语类》卷二十七，第 689—690 页。

"心之全体"①，然而这并不意味着心即本体，此心只是意味着"生"。朱子说得很明确：

> 发明"心"字，曰：一言以蔽之，曰"生"而已。"天地之大德曰生"，人受天地之气而生，故此心必仁，仁则生矣。②

至此我们终于明白朱子仁说何以从"天地之心"说起的缘由了。原来，朱子专就心之生处着眼，为证明"心必仁，仁则生"的道理，进而得出宇宙万物乃为一体的结论。对此，钱穆（1895—1990）的一句评论堪称至言："当知从来儒家发挥仁字到此境界者，正惟朱子一人。"③这是值得重视的论断。

六　结　语

从历史上看，孔子言仁大多是"指示"语，即孔子并不回答"仁是什么"，而是告诉人们怎么做才是"仁"，此即说，怎么做才能体现出"仁"的意义；换言之，仁的意义和价值必须在实践中得以体现，这是宋代以来诸多儒者（特别是程朱）既已注意到的现象。然而，从名义角度看，"仁者爱人""仁者人也""亲亲，仁也"等孔孟言仁，不妨看作是孔孟原始儒家对仁的定义性描述，尽管这种说法属于伦理学的论述，突出了人与人的关系（包含家庭与社会两个层面）这一维度的重要性。

及至宋代二程，发展出仁体、仁道、仁理、仁性等重要观念。特别是程颢的仁学思想，强调了仁的一体义、感通义、生生义。尽管程门后学以"一体"言仁等观点而遭到朱子的批评，然而程颢的仁体三义无不为朱子所继承和发展。也就是说，在仁学问题上，朱子其实与程颢并没有显出根本性的隔阂，朱子对"同体"说之所以不满，是从工夫论着眼，认为"同体"之类的境界说未免说得"太

---

① 《语类》卷六，第115页。
② 《语类》卷五，第85页。
③ 钱穆：《朱子学提纲》，氏著：《朱子新学案》上册，成都：巴蜀书社，1986年，第41页。

高"，但在理论上，朱子其实并不反对"万物一体"说。[①]至于程颐，则是朱子仁学的主要源头，他的仁性爱情说、以公体仁说、心如谷种说、仁道仁理说，显示出其在理论分解上更为严密，相比之下，不是程颢的那种注重仁者气象、一体境界的"识仁"说法，而是程颐的这种严判仁字属性的理论界定，更赢得朱子的青睐。

朱子《仁说》是其仁学思想的纲领性文献，也是其仁学思想的挺立标志，尽管单以这篇文字还不足以涵盖朱子仁学的全部内涵，但其仁学的要义应当已经完备。我们以《仁说》为基础，结合朱子的其他论述，不妨对朱子仁学的理论构造及其思想意义做出几点归纳：

第一，既然认定孔孟言仁多是"指示"语，故而孔孟言仁所使用的"爱""人"或"心"等概念都不足以为仁字定名。朱子认为，仁的基本义应当是"德性"，而此德性必普遍存在于每个人的人心之中，故心不足以训仁，唯有"心之德"才符合仁的基本属性。

第二，"心之德"不仅指向人——即不仅具有伦理学的意义，更是指向整个宇宙，从而具有宇宙论的意义，而且具有"总摄贯通、无所不备"的特征，以此名"仁"，就使朱子仁论具有伦理学和宇宙论的双重意义，此"心"既是人之心，又是天地之心。若从根源上说，人之心"得夫天地之心以为心者也"，故作为"心之德"的"仁"必然是总摄贯通、普遍超越的。

第三，仁还具有本体论的意义。从体用论的角度看，仁自有体有用，故说"圣贤言仁，有专指体而言者，有包体用而言者"[②]。就体而言，仁之体具有"无所不统""无所不包""无所不通"之特征；就用而言，仁之用则展现为义、礼、智等德行乃至众善百行，直至无穷。重要的是，"仁之为道"既是普遍超越的，同时又是"即物而在"的，即便情感尚未发动，此仁之体"已具"。这表明仁之体用相即不离，故朱子仁论是一种"体用不二"论的形态。

第四，不论就人心之仁还是就天心之仁来看，或表现为"块然生物之心"，或表现为"温然爱人利物之心"，"块然""温然"便是仁的本质属性，所以说慈爱

---

① 《近思录》虽未采录《识仁篇》"仁者浑然与物同体"一段，但已经录入与此相似的另一段话："仁者以天地万物为一体。"

② 《语类》卷六，第115页。

是仁的"本相","仁是爱底道理",仁"毕竟本是个温和之物"①,因此从"仁"的角度看世界,世界不会是冷酷无情、充满争斗的,而是宇宙大和谐的显现。但是严格意义上说,爱不等同于仁,而应这样说,仁者必爱人,爱人未必是仁。所以说"仁自是爱之体"②。

第五,所谓仁是爱之体,这正说明情感的发动表现为爱,是不能无缘无故、毫无来由的,用必须是体之发用,而仁体既然是"本有之理""浑然天理",故仁体之发所表现的爱,也就必然是"爱之理"。所谓"爱之理",是欲表明仁爱精神如同天下公理一般,因而具有普遍性、共通性。后人以为朱子以理释仁,减杀了仁的伦理情感的意义,这是一种误解。依朱子,慈爱既是仁的本相,也是仁体之大用,若无仁体则无大用。在这个意义上,所以说仁是爱之体。对于"爱之理",也唯有从这个角度来理解才是善解。所以说"仁者,人之所以为人之理也"③,这也是朱子为何强调"爱之理"的根本缘由所在。

综上所述,可以看出朱子仁学在继承孔孟原典儒家的仁学思想的基础上,在义理上有了更为全面深入的推演和发展,从这个意义上可以说是一种"新仁学"。其所谓"新",主要体现为方法之新,即从方法论讲,朱子仁学显然体现出宇宙论、本体论、心性论的思维向度;从理论结构看,朱子仁学在概念名义上,对于仁与人、仁与心、仁与公、仁与爱、仁与德、仁与天等问题做了一番正本清源的思想工作。由于这项工作必须在原典解读、概念梳理及义理诠释等多方面同时下手,从而使其所建构的仁学言说系统略显繁复,然而其宗旨则是明确的,我们可以用朱子的四句话来概括其"新仁学"的思想特质:

> 仁者天地生物之心也。
>
> 仁者人之所以为人之理也。
>
> 仁者心之德爱之理。
>
> 仁者人之所以尽性至命之枢要也。

---

① 《语类》卷六,第118、116、114页。

② "以名义言之,仁自是爱之体。"(同上,第118页)

③ 《孟子集注·尽心下》,《四书章句集注》,第367页。

第五章　朱子工夫论思想

吴　震

前　言

　　朱熹的格物论及诚意论，构成其工夫论域中的两大论述，对此，学界已有大量研究，在此不遑详述。值得一提的是唐君毅先生的相关研究，他的研究令笔者受益匪浅，同时也感到略有重新探讨之余地，这里先对其主要论述略加介绍，以引出本文所要面对的问题。

　　唐君毅（1909—1978）对《大学》一书的文本结构及其思想义理有精深独到的研究，整理出了被学界称为"唐本"的《大学》改本。[①]唐君毅首先对《大学》文本有一基本梳理，以为《大学》之文，原自具首尾，而文义完足"[②]，此立场接近于王阳明（名守仁，1472—1529）以《古本大学》为义理自足圆满之立场，然而唐氏却以为"朱子、阳明之论致知格物，皆无当于大学本文之文理，及朱子重订章句，与阳明一派固守大学古本，皆非是"[③]，对朱王两家《大学》诠释的基

---

　　① 参见李纪祥：《两宋以来大学改本之研究》，第7章第1节之二"唐君毅改本"，台北：学生书局，1988年，第261—263页。另参见唐君毅：《中国哲学原论·导论篇》，第9章"原致知格物上：大学章句辩证及格物致知思想之发展"；第10章"原致知格物下：大学章句辩证及格物致知思想之发展"，北京：中国社会科学出版社，2005年，第181—223页。

　　② 唐君毅：《中国哲学原论·导论篇》，第10章"原致知格物下"，第202页。

　　③ 同上。

本立场提出了批评。进而唐氏对朱王两家在《大学》诠释上的具体理论得失做了如下判断："朱子讲格物,不直对物讲,而冒过物字,而以物之'理'为所对之故","阳明讲格物,已不对物讲,而以正意念之不正,使归于正,而使事得其正,即为格物。……如此释大学,亦将使大学之物之一字落空。物字在于二家,既皆落空,则吾之本末之次序,与事之始终之先后之次序之重要,即亦为二家所忽视。"① 质言之,唐氏立足于《大学》经文"物有本末,事有始终"之义,来衡断朱熹阳明两家之于《大学》诠释均有不足之处,具体表现为二家都看轻"物"字,因此,不论是朱熹(晦庵,1130—1200)注重穷物理,还是阳明注重正意念,其结果却使得穷理与诚意彼此分离而不能兼容。

的确,上述唐君毅以本末之物与始终之事作为理解《大学》义理系统的关节点,为历来注家所忽略,诚为洞见。重要的是,他所提示的朱王两家在工夫论域中所表现出来的问题之关键——亦即格物穷理与诚意正心如何打通为一的问题,更是十分重要。然而我以为,若在阳明,他以《大学》之要在诚意 ② 为基本立场而排斥格物在其工夫论域中的首要地位,所以对阳明而言,格物与诚意自然不构成工夫次第的关系问题,因为这并不是阳明所要解决之问题;若在朱熹,由于他在工夫论领域中秉持涵养居敬、进学致知③这一两条腿走路的方针,因此他就时常被居敬与穷理、格物与诚意究竟何者为先或何者为本的问题所困扰,构成其工夫论域中必须面对的一大问题。从表面上看,格物与诚意在《大学》工夫论系统中自有其先后次第问题,然而就问题之实质而言,两者之间的关系问题构成了朱熹整套工夫论域中的理论问题,例如其中特别涉及朱熹的居敬涵养工夫在其格物论中的地位问题,如果我们将《大学》八条目看作是一整套工夫论系统,那么格物与诚意显然同属于内圣领域的问题而与齐家治国平天

---

① 唐君毅:《中国哲学原论·导论篇》,第 9 章"原致知格物上",第 197 页。

② 参见王阳明:"《大学》之要,诚意而已矣。"(《大学古本序·戊寅》,《王阳明全集》卷七,上海:上海古籍出版社,1992 年,第 242 页)

③ 不用说,此观点源自程颐(伊川,1033—1107)言:"涵养须用敬,进学则在致知。"(《河南程氏遗书》[以下简称《遗书》]卷十八,《二程集》,北京:中华书局,1981 年,第 188 页)按,朱熹对伊川此说,终身坚守不渝,并将这两套工夫比作车之两轮、鸟之双翼:"涵养、穷索,二者不可废一,如车两轮,如鸟两翼。〔德明〕"(黎靖德编:《朱子语类》[以下简称《语类》]卷九,北京:中华书局,1986 年,第 150 页)按,廖德明字子晦,癸巳(1173)以后所闻。

下的外王工夫又构成必然的理论紧张。① 因此, 对朱熹来说, 格物与诚意之关系问题其实是其整套工夫论述不可回避的一大问题。

本文出于论述上的逻辑需要, 不可能对整套朱熹工夫论思想进行全盘的考察, 而将探讨之重点放在朱熹的格物论及其与诚意论之关系方面, 主要探讨五个方面的问题: 首先, 我们将对朱熹格物论形成过程中的问题意识之由来做一简要的梳理, 指出朱熹构成其格物理论的过程中对二程的格物论述有取有舍, 反映出朱熹在格物问题上的独特思想立场; 其次, 对于朱熹的 "格物致知是《大学》第一义" 这一正面论述进行必要的考察, 分析其在何种理论企图之下, 再三强调格物在《大学》工夫系统中的首要地位; 第三, 我们将考察伊川 "察之于身" 的格物论及其与朱熹 "反身穷理" 之命题的理论关联, 进而考察反身穷理之于格物论的关系, 指出朱熹已明确意识到居敬穷理具有 "互相发" 的关系; 第四, 问题将逐渐逼近本文的核心: "格物致知与诚意正心不是两事", 我们将要揭示朱熹的工夫论述自成一系统, 正是在此系统之中, 格物与诚意既可两立又不可分离, 但这种不可分离又不具有浑然合一性, 至多只能是齐头并进、互相发明; 第五, 我们将审视问题的视野转换至政治文化的层面, 来进一步考察以程朱为代表的宋代道学家在面对君主进行思想劝说之际, 他们是如何劝导君主从事工夫实践的, 从中我们意外发现, 格物致知理论几乎让位于诚意正心理论。最后在结语部分, 我们将对朱熹工夫论存在的某些问题展开探讨。

一　问题由来: 朱熹格物论的形成

关于朱熹格物理论的形成过程, 目前学界已有研究做了较为清晰的历史梳理, 似已不再需要旧题重做。② 然而, 为了本文论述上的整体需要, 有必要对朱

---

① 关于朱熹的主敬思想及其有关内圣外王的问题, 请分别参见拙文:《敬只是此心自作主宰处——关于朱熹 "敬论" 的几个问题》,《哲学门》总第 22 辑, 北京: 北京大学出版社, 2011 年, 第 17—58 页, 又载《人文与价值——朱子学国际学术研讨会暨朱子诞辰 880 周年纪念会论文集》, 上海: 华东师范大学出版社, 2011 年, 第 444—475 页;《对 "内圣外王" 的一种新诠释——就余英时〈朱熹的历史世界〉而谈》,《国学学刊》2010 年第 2 期, 北京: 中国人民大学国学院, 2010 年, 第 76—85 页。

② 参见陈来:《朱子哲学研究》, 第 12 章 "格物与致知", 上海: 华东师范大学出版社, 2000 年, 第 276—278 页; 乐爱国:《朱子格物致知论研究》, 第 2 章 "朱子格致论建构的心路历程", 长沙: 岳麓书社, 2010 年, 第 65—88 页。

熹格物论形成过程中的问题意识略加探讨。

我们知道，就文献学上看，格物问题主要是《大学》第5章补格致传阙文的问题，因此朱熹格物论思想的成熟无疑应当以其完成该章《格物补传》作为最终标志，尽管有历史记载显示，朱熹一生对《大学》修改不断，直至逝世前三天，仍在修订"诚意章"①，然而如果撇开对个别字句所做的训诂学意义上的修改，我们仍然应当认定在朱熹完成《大学章句》并将此与《四书章句集注》合并刊刻的时节点上，就有充分理由认为朱熹的格物理论得以正式确立。

就结论而言，朱熹初定《大学章句》在淳熙元年（1174）前后，然而其最终定稿，则要一直等到十五年后的淳熙十六年（1189）与《中庸章句》合并以及同年撰成《大学章句序》为标志。因此，格物补传之作当于淳熙初年草成《大学章句》时已基本完成，最终定稿则在1189年，时朱熹六十岁。关于草成格物补传的一个证据是朱熹的《记大学后》一文②，其云：

> 右《大学》一篇，经二百有五字，传十章，今见于戴氏《礼》书。而简编散脱，传文颇失其次，子程子盖尝正之。熹不自揆，窃因其说，复定此本。盖传一章释明德……五章释致知并今定。……③

这里所说的"五章释致知并今定"，当是格致补传今定之意。当然，所谓"今定"，应理解为只是初定而非定稿。因为有资料显示，此后朱熹曾多次修改《大学章句》，例如淳熙十二年（1185）朱熹《答潘端叔》云："今年诸书都修得一过，《大学》所改尤多，比旧已极详密。"④ 此后淳熙十三年（1186），朱熹在《答詹帅书》（第3书）、《答潘恭叔》（第4书），淳熙十五年（1188）《答黄直卿》（第20书）

---

① 参见王懋竑：《朱熹年谱·年谱考异》卷三，"庆元六年七十一岁三月辛酉改《大学》诚意章"条，北京：中华书局，1998年，第407页。

② 据陈来，该文作于淳熙初年，参见氏著：《朱子哲学研究》，第277页。另据束景南，朱熹于乾道八年（1172）初定《大学》新本，至淳熙元年九月正式修订《大学章句》，参见氏著：《朱熹年谱长编》卷上，上海：华东师范大学出版社，2001年，第510—512页。

③ 《晦庵先生朱文公文集》（以下简称《朱子文集》）卷八十一《记大学后》，朱杰人等主编：《朱子全书》第24册，上海：上海古籍出版社；合肥：安徽教育出版社，2002年，第3829—3830页。

④ 《朱子文集》卷五十《答潘端叔》第2书，《朱子全书》第22册，第2292页。

等书信中,一再说到修改《大学章句》(以及《大学或问》)事。①

由上述《记大学后》一文可知,朱熹修订《大学》之际,面对《大学》文本"简编散脱,传文颇失其次"的状况,朱熹主要是采用了"子程子"之说而"复定此本"的。这里所说主要是指朱熹根据二程的《大学》改本而对《大学》经传的文字进行了重新厘定。总计,朱熹移错简一(三纲传与本末传)、异字二(齐治传中之二"帅"字)、改字一(改"亲"为"新")、删字四(删"此谓知本")、另增格物补传128字。②

问题在于二程的《大学》改本并未作"格物补传",那么,朱熹在另作"格物补传"之际,其思想建构与二程特别是伊川的格物论又有哪些理论关联?这是我们了解朱熹格物论之问题由来的关键所在。朱熹的另一部与《大学章句》几乎同时完成的《大学或问》(当在淳熙初年)③为我们把握程朱格物论之间的思想关联提供了重要的线索。

朱熹在《大学或问》中,具体表明了他引用了哪些二程的格物致知论,他首先指出:

> 此经之序,自诚意以下,其义明而传悉矣。独其所谓格物致知者,字

① 参见乐爱国:《朱子格物致知论研究》,第74页。又如,朱熹庆元六年二月即逝世前一月仍在修订《大学章句》,据吕柟《朱子抄释》引杨与立《朱子语略》所载:"先生捐馆前一月,以书遗廖子晦曰:'《大学》又修得一番,简易平实,次第可以绝笔。'"(转引自束景南:《朱熹年谱长编》卷下,第1410页)

② 参见李纪祥:《两宋以来大学改本之研究》,第2章第4节"朱子改本",第64页。另按,二程的《大学》改本,见《河南程氏经说》卷五《明道先生改正大学》《伊川先生改正大学》,《二程集》,第1126—1132页。

③ 按,最初将《四书或问》合为一帙的刻本,为书商偷刻于建阳的丁酉(淳熙四年,1177年)本,参见王懋竑:《朱熹年谱》卷二"淳熙四年"条,第76页。另参见《朱子文集》卷六十二《答张元德》第7书:"(张元德问)《语孟或问》乃丁酉本,不知后来改定如何?(朱熹答)《论孟集注》后来改定处多,遂与《或问》不甚相应,又无功夫修得《或问》,故不曾传出。"(《朱子全书》第23册,第2988页)据陈来,该书作于庆元三年(1197),参见陈来:《朱子书信编年考证》(增订本),北京:生活·读书·新知三联书店,2007年,第446页。按,以下有关朱熹书信的年代考证,均出陈来此书。另按,朱熹对《或问》颇为不满,他曾说:"张仁叟问《论语或问》。曰:'是五十年前文字,与今说不类。当时欲修,后来精力衰,那个工夫大,后掉了。'〔节〕"(《语类》卷一〇五,第2630页)按,甘节字吉父,癸丑(1193)以后所闻。这里所说"五十年前",不可解,据王懋竑《朱熹年谱》卷二"淳熙四年"条,"年"为"岁"字之误(第79页),即1179年,当从之。朱熹甚至说:"先生说《论语或问》不须看。请问,曰:'支离。'〔泳〕"(《语类》卷一〇五,第2630页)按,汤泳字叔永,乙卯(1195)所闻。这个"支离"的说法大概可信。可见,朱熹自己看重的是《四书章句集注》,而对《四书或问》则有不满之意,且一直"无功夫"对此重修。

义不明，而传复阙焉，且为最初用力之地，而无复上文语绪之可寻也。子乃自谓取程子之意以补之。①

这段话表明，在朱熹看来，《大学》本文自"诚意以下"至"治国平天下"，其"义明而传悉"，不复有何疑义，唯有"格物致知"一章，不但"字义不明"，而且其"传复阙"，重要的是，恰恰就是这一章乃是整部《大学》工夫论系统中具有"最初用力之地"的地位，于是，朱熹在采用程子的格物致知之论的基础上，以"补"其阙——亦即现在的《大学章句》第5章"格物补传"。由此可见，《大学》工夫论的整体建构，关键就在于格物致知章，朱熹所作的"补传"128字可谓是构成其《大学》经典诠释的核心。

那么，朱熹采用了哪些程子的格物致知论呢？朱熹将问题分成三大类：一、"格物致知所以当先而不可后"，其中引二程语两条；二、"格物致知所当用力之地，与其次第功程"，其中引二程语十条；三、"又言涵养本原之功，所以为格物致知之本者"，其中引二程语五条。总计引用了二程格物论共17条。②总起来看，朱熹有关格物论的问题意识有三点值得注意：第一，格物致知是《大学》工夫系统中具有"当先而不可后"的首要地位，这也是朱熹以格物为《大学》之要的基本立场；第二，关于格物工夫的次第问题，用朱熹的话来说，亦即"格物之论""亦须有缓急先后之序"③；第三，涉及涵养本原与格物致知的关系问题，朱熹明确指出当以涵养为"格物致知之本"的观点，这一问题对于本文的主旨而言尤为关键，有待下文展开讨论。

至此可见，朱熹格物论的问题由来与程子尤其是伊川的格物思想有重要关联。上引伊川有关格物致知论17条语录，便是明证，这些语录构成了朱熹建构格物致知论的主要问题意识及其思想资源，已经毋庸置疑。事实上，朱熹对其自身形成的格物致知论有一个很明确的自我意识，据其自称，他曾详参格物问题三十年，最终是以程子所论为"本"的，其云：

---

① 《大学或问》下，《四书或问》，上海：上海古籍出版社，2001年，第20页。
② 参见同上，第20—22页。
③ 参见《朱子文集》卷三十九《答陈齐仲》，《朱子全书》第22册，第1756页。按，作于乾道二年（1166）。

格物之说，程子论之详矣。而其所谓"格，至也"，"格物而至于物，则物理尽"者，意句俱到，不可移易。熹之谬说，实本其意，然亦非苟同之也。盖自十五六时，知读是书而不晓格物之义，往来于心，余三十年。近岁就实用功处求之，而参以他经传记，内外本末反复证验，乃知此说之的当，恐未易以一朝卒然立说破也。①

这段话凸显出朱熹之于程子的格物论抱有坚定的信念，他以为自己所形成的格物"谬说"基本上都可从程子那里找到根源。

须指出的是，尽管朱熹这么说，但是，事实并不全然如此，其实朱熹对于二程尤其是伊川的格物学说是有取有舍的，显示出朱熹自身在格物问题上的思想立场。这里我们不宜对二程格物论做全面的介绍，我们就对上述朱熹所引用的第二类问题中的 10 条二程语录中的择取两条重要条目略加分析，由此窥看二程尤其是伊川之格物论的特色，并以此来了解朱熹对二程格物论有哪些取舍：

（第 1 条）又有问进修之术何先者。程子曰："莫先于正心诚意。然欲诚意，必先致知，而欲致知，又在格物。致，尽也；格，至也。凡有一物，必有一理，穷而致之，所谓格物者也。然而格物亦非一端，如或读书讲明义理，或论古今人物而别其是非，或应接事物而处其当否，皆穷理也。"②

这段话为伊川语，我们对照《二程集》中的原文可以发现，朱熹做了不少语言修饰，文意更通畅，但基本观点未变。此语主旨在于讲述工夫次序，从"进修之术"的角度，伊川首先肯定须以"正心诚意"为先，这一点值得注意，然而从工夫的角度看，诚意在致知，致知在格物，因此结论是，工夫须从格物做起。这句

----

① 《朱子文集》卷四十四《答江德功》第 2 书，《朱子全书》第 22 册，第 2037 页。按，作于淳熙二年（1175）左右。

② 《大学或问》下，《四书或问》，第 20—21 页。按，《二程集》中的原文为："或问：'进修之术何先？'曰：'莫先于正心诚意。诚意在致知，"致知在格物"。格，至也，如"祖考来格"之格。凡一物上有一理，须是穷致其理。穷理亦多端，或读书讲明义理，或论古人物别其是非，或应接事物而处其当，皆穷理也。'"（《遗书》卷十八，《二程集》，第 188 页。）

结论才是引起朱熹欣赏的原因。然后讲到"致""格"的字义以及格物的前提是"凡有一物，必有一理"，最后讲到各种格物方法如读书、讨论、应接事物等。应当说，伊川的这段话也就是朱熹格物论的基本立场。引起我们注意的是，朱熹忠实地转述了"莫先于正心诚意"这句表述，表明这也是朱熹所能认同的观点。若就此句表述来看，"正心诚意"在《大学》工夫论中占有重要地位，这是不用怀疑的，只是从工夫次第上看，格物致知必然在正心诚意之先，这才是朱熹欲从伊川语当中读取出来的旨意之所在。

> （第8条）问："观物察己者，岂因见物而反求诸己乎？"曰："不必然也。物我一理，才明彼即晓此，此合内外之道也。语其大，至天地之所以高厚；语其小，至一物之所以然，学者皆当理会。"又问："然则先求之四端可乎？"曰："求之性情，固切于身。然一草一木亦皆有理，不可不察。"①

对于伊川的这段话，朱熹也有一些修辞学上的处理，此不待说。我们所关注的是，对于伊川在此处所表明的观点应当如何解读的问题。显然这里向伊川提出的两个问题可以归纳为这样一个关键性的问题：格物除了向外求理之外，是否还应该"反求诸己"，甚至应该"先求之四端"（即孟子的四端之心：恻隐、羞恶、辞让、是非）——亦即先做一番切身的"性情"实践？伊川的回答是，从原理上讲，这是对的，但是话不必这么说，因为"物我一理"，所以明白了"物"的道理，也就等于明白了"我"的道理，这就叫作"合内外之道"。从这段对话中可以看出，伊川并没有否认格物致知工夫其实包含了两个方面：一是反求诸己的道德践履，一是外在事物的知识追求。

将以上两条合起来看，应当说，不论是伊川还是朱熹，他们都清楚地意识到，格物的问题并不是单纯的客观知识问题，还有切身的道德实践问题，这可以表现为一外一内的问题，而对这两个问题的解决，就是"合内外之道"。然而

---

① 《大学或问》下，《四书或问》，第21页。按，《二程集》中的原文为："问：'观物察己，还因见物，反求诸身否？'曰：'不必如此说。物我一理，才明彼即晓此，合内外之道也。语其大，至天地之高厚；语其小，至一物之所以然，学者皆当理会。'又问：'致知，先求之四端，如何？'曰：'求之性情，固是切于身，然一草一木皆有理，须是察。'"（《遗书》卷十八，《二程集》，第193页）

通过朱熹的语言修饰，我们从中可以看出，朱熹欲从伊川语当中读取出来的意思是，以为伊川突出强调的是唯有格物在工夫次序上才具有首要地位。

由上可见，朱熹对伊川格物论既有继承又有拓展，他利用《大学》格物致知论欲建构起一整套道学工夫理论，其论述的完备性以及义理的丰富性都要远远超过伊川，在整个宋代道学史上，可谓是独一无二的。因此以朱熹的格物论作为切入点，进一步深入了解并揭示朱熹工夫论思想之义理系统的丰富性及复杂性，无疑是朱熹思想研究中的重要一环。

二　格物致知是《大学》第一义

关于上述朱熹的问题意识中的第一点——亦即"格物致知所以当先而不可后"，历来学界所论颇多，几乎成为研究朱熹格物论的常识性问题，亦即在朱熹看来，格物乃是《大学》之要，在《大学》工夫系统中具有首出的地位，其引程子语："故《大学》之序，先致知而后诚意，其等有不可躐者"①，也是为了证明这一点。其中，"致知"一词，在朱熹的理解中，几乎与"格物"为组合词，此不赘述。显而易见的是，这里所引程子的观点也正是朱熹的立场。朱熹自己曾在修订完成《大学章句》的同一年就明确指出：

> 格物致知是《大学》第一义。②

这句话可谓是朱熹工夫论思想的基本立场，如果我们翻开《朱子语类》，更可看到大量朱熹有关这方面问题的集中论述，这里仅举两例：

> 此一书之间要紧只在"格物"两字。……本领全只在这两字上。〔贺孙〕③

---

① 《大学或问》下，《四书或问》，第20页。按，所引程子语，在《二程集》中未见其完整表述，似采自伊川以下语："未致知，便欲诚意，是躐等也。"（《遗书》卷十八，《二程集》，第187页）

② 《朱子文集》卷五十八《答宋深之》第5书，《朱子全书》第23册，第2773页。按，作于淳熙十六年（1189）。

③ 《语类》卷十四，第255页。按，叶贺孙字味道，辛亥（1191）以后所闻。

《大学》是圣门最初用功处，格物又是《大学》最初用功处。①

显然，朱熹的工夫论立场首先便是将格物致知定位为《大学》之要旨及本领。至于具体的工夫次第问题——亦即"进修之术何先"的问题，朱熹则引用了伊川的一个说法：

莫先于正心诚意，然欲诚意，必先致知，而欲致知，又在格物。②

这个说法也强调了格物的首要性，不过其中显示有一层曲折，首先说正心诚意当为工夫之"先"，但是推论下去，根据《大学》经文的论述脉络，一旦涉及具体操作，正心诚意又不得不在格物致知之后，这就清楚地表明，在具体操作问题上，伊川以及朱熹都严格遵守《大学》经文所说的"欲诚其意者，先致其知；致知在格物。物格而后知至，知至而后意诚"的先后次序。因此，在工夫次第问题上，朱熹的结论就是格物致知才是真正的"用力之地"，至此已不可动摇。

既然格物为《大学》工夫之首，那么，我们又应当如何审视和理解上述朱熹所列举的有关程子所论格物致知的第三类问题："又言涵养本原之功，所以为格物致知之本者？"其中，朱熹引程子五条语录，所表明的却是涵养为格物之本的观点，就未免与格物为工夫之首的观点形成冲突，所以非常值得关注。我们有必要了解程子究竟是在何种意义上提出这一主张的，而朱熹又是如何理解和诠释的。这里我们先将这五条语录引用如下：

1. 格物穷理，但立诚意以格之，其迟速则在乎人之明暗耳。
2. 入道莫如敬，未有能致知而不在敬者。
3. 涵养须用敬，进学则在致知。

---

① 《朱子文集》卷五十八《答宋深之》第3书，《朱子全书》第23册，第2772页，按，作于淳熙十六年（1189）。

② 《大学或问》下，《四书或问》，第20—21页。按，伊川语见《遗书》卷十八："或问：'进修之术何先？'曰：'莫先于正心诚意。诚意在致知，致知在格物。'"（《二程集》，第188页）

4. 致知在乎所养，养知莫过于寡欲。

5. 格物者，适道之始，思欲格物，则固已近道矣，是何也？以收其心而不放也。①

朱熹在此集中引用了五条伊川论格物与诚意、致知与涵养的关系，其用意十分显然，从上述伊川语所蕴含的语意来看，仅是格物致知一条腿走路是不行的，更要注意"涵养须用敬""入道莫如敬"的主敬工夫；换言之，也就是上面已提到的必须贯彻涵养居敬、进学致知这一两条腿走路的方针才行。然而，若将上述5条作为一套工夫论述的整体来看，我们却可发现，第1、2、4、5各条都非常清楚地表明，诚意、居敬、涵养、收放心等道德层面的修养工夫较诸格物致知占据着主要的地位，相对而言，格物致知反而位居其次。如果从整体来看，那么第4条"涵养须用敬，进学则在致知"这条非常著名的工夫论主张，也就可以做这样的解读：涵养至少不能落在致知之后，其中的一个"则"字，不仅含有语气转折之意，还有先后次第之意。其中，意思表达得最为明显者莫不过于第1条"格物穷理，但立诚意以格之"以及第2条"入道莫如敬，未有能致知而不在敬者"，这显然是说，格物致知须有赖于诚意及主敬，这样一来，岂非要推翻格物致知是《大学》第一义这一朱熹的重要立场吗？

那么，我们就来看朱熹对这句话的解释。然而对于伊川的这些观点表述，朱熹的解释仅一句："此五条者，又言涵养本原之功，所以为格物致知之本者也。"②更没有在《大学或问》中就此展开论述。那么，朱熹的这一解释或理解是出自什么角度呢？其实，如果熟悉朱熹的思路，那么就不难发现，所谓涵养或居敬（诚意暂且除外）之工夫，在朱熹的工夫论思想系统中，属于小学阶段就应着手的工夫，而非大学阶段才开始的工夫，正是在此意义上，朱熹能够认同"入道莫如敬""致知在乎所养"的观点，似乎主敬涵养在致知之先，然而此所谓

① 《大学或问》下，《四书或问》，第22页。按，朱熹所引五条均为伊川语，出处为：1.《遗书》卷二十二上，《二程集》，第187页；2.《遗书》卷三，《二程集》，第66页；3.《遗书》卷十八，《二程集》，第188页；4.《河南程氏外书》（以下简称《外书》）卷二，《二程集》，第365页；5.《遗书》卷二十五，《二程集》，第316页。

② 《大学或问》下，《四书或问》，第22页。

"先"，不是说在《大学》工夫论系统中可以将涵养置于格物之先。我们来看朱熹的两段表述：

> 故程子曰："敬而无失，乃所以中。"此语至约，是真实下功夫处，愿于日用语默动静之间，试加意焉，当知其不妄矣。近来觉得敬之一字，真圣学始终之要，向来之论，谓必先致其知，然后有以用力于此，疑若未安。盖古人由小学而进于大学，其于洒扫应对进退之间，持守坚定，涵养纯熟，固已久矣。是以大学之序，特因小学已成之功，而以格物致知为始，今人未尝一日从事于小学，而曰必先致其知，然后敬有所施，则未知其以何为主，而格物以致其知也？故程子曰："入道莫如敬，未有能致知而不在敬者。"又论敬云："但存此，久之则天理自明。"①

> 盖古人之教，自其孩幼而教之以孝悌诚敬之实；及其少长，而博之以诗、书、礼、乐之文，皆所以使之即夫一事一物之间，各有以知其义理之所在，而致涵养践履之功也。此小学之事，知之浅而行之小者也。及其十五岁成童，学于大学，则其洒扫应对之间，礼乐射御之际，所以涵养践履之者略已小成矣。于是不离乎此而教之以格物以致其知焉。致知云者，因其所已知者而推而致之，以及其所未知者而极其至也。是必至于举夫天地万物之理而一以贯之，然后为知之至。而所谓诚意、正心、修身、齐家、治国、平天下者，至是而无所不尽其道焉。此大学之道，知之深而行之大者也。②

这两段话为我们如何理解涵养居敬与格物致知先后关系问题道出了玄机。原来，涵养主敬主要指小学阶段如何践履"洒扫应对""孝悌诚敬""礼乐射御"之工夫，由于古人小学工夫已成，所以"由小学而进于大学"之际，便"以格物致

---

① 《朱子文集》卷四十二《答胡广仲》第1书，《朱子全书》第22册，第1894—1895页。按，作于乾道六年（1170）。

② 《朱子文集》卷四十二《答吴晦叔》第9书，《朱子全书》第22册，第1914—1915页，按，作于乾道八年（1172）。

知为始"，意谓大学工夫仍然应以格物致知为先。问题只是今人比古人已经远远不如，小学工夫未能完成，所以即便是大人，也有必要补上小学一段工夫，从涵养本原的居敬工夫做起，由此亦可打通格物致知，因为"敬之一字"原是"圣学始终之要"①。故朱熹又一次引伊川语"入道莫如敬"，再次突出强调了居敬的重要性。至此我们终于明白，根据朱熹的理解，在原本的意义上，居敬涵养不属于大学工夫而属于小学一段工夫，因此就大学工夫本身而言，格物致知仍为首出。朱熹强调指出：

> 故《大学》之教，而必首之以格物致知之目，以开明其心术，使既有以识夫善恶之所在，与其可好可恶之必然矣，至此而复进之以必诚其意之说焉。②

> 为学之实固在践履，苟徒知而不行，诚与不学无异。然欲行而未明于理，则所践履者又未知其果何事也。故《大学》之道，虽以诚意正心为本，而必以格物致知为先。③

应当说，上述说法显然是朱熹从《大学》经典的工夫次第本身出发，不得不强调格物致知在诚意正心之先。只是这里的最后一句"虽以诚意正心为本，而必以

---

① 从道理上讲，既然"敬"是"圣学始终之要"，是彻上彻下之工夫，那么"敬"在《大学》工夫论系统中理应占有重要之地位甚至是首出之地位，然而朱熹在《大学章句》的历次修改过程中，始终未将"敬"字工夫纳入"格物补传"当中，引人不解。故在朱熹晚年遇到其弟子的质疑："'格物'章补文处不入敬意，何也？"对此，朱熹答曰："敬只就小学处做了。此处直据本章直说，不必杂在这里，压重了，不净洁。〔寓〕"(《语类》卷十六，第326页）按，徐寓字居父，庚戌（1190）以后所闻。朱熹此说道出了他的本意。然而值得注意的是，朱熹在《大学或问》中却开始大量讨论敬的问题，这引起了陆九渊及后来王阳明的反拨，陆九渊曾批评："持敬字乃后来杜撰。"(《与曾宅之》，《陆九渊集》卷一，北京：中华书局，1980年，第3页）王阳明亦云："如新本（引者按，指朱熹《大学章句》）先去穷格事物之理，即茫茫荡荡，都无着落处，须用添个敬字方才牵扯得向身心上来。然终是没源头。……今说这里补个敬字，那里补个诚字，未免画蛇添足。"(《传习录》上，第129条）按，《传习录》条目数字据陈荣捷《王阳明传习录详注集评》(上海：华东师范大学出版社，2009年）。关于朱熹论"敬"，详参拙文：《敬只是此心自作主宰处——关于朱熹"敬论"的几个问题》。

② 《大学或问》下，《四书或问》，第29页。

③ 《朱子文集》卷五十九《答曹元可》，《朱子全书》第23册，第2811页。按，作于绍熙二年（1191）。

格物致知为先"的说法，值得进一步深究，其中"为本"一词究应如何理解，涉及朱熹工夫论的整体问题，还有待后面再做进一步的考察。①

这里须先指出的是，朱熹将工夫分成小学与大学两个阶段，将涵养居敬与进学致知分成这两个阶段所应努力的目标，由此来解释上引伊川"但立诚意以格之""入道莫如敬"等五条对涵养与格物、居敬与致知之关系的论述，应当内含有朱熹个人对《大学》的理解，而是否完全符合伊川之本意，可能未必。当然，朱熹在《大学或问》中引用了伊川这些语录之后，非常自信地坦言：

> 此愚之所以补乎本传阙文之意，虽不能尽用程子之言，然其指趣要归，则不合者鲜矣，读者其亦深考而实识之哉！②

这是说，朱熹所作《格物补传》虽未能尽采程子之言，但该作之旨趣仍与程子之论格物的精神吻合无异。

不过，也有学者指出，事实可能并不尽然，二程特别是伊川的格物思想中有些偏向于主观内省的观点并未被朱熹所取。例如日本学者吾妻重二就曾指出，伊川的以下一些言论，便被朱熹的《近思录》及《大学或问》剔除在外③：

> 穷理尽性至命，只是一事。才穷理便尽性，才尽性便至命。④

> 理也，性也，命也，三者未尝有异。穷理则尽性，尽性则知天命矣。⑤

> 尽其心者，我自尽其心；能尽心，则自然知性知天矣。如言"穷理尽

---

① 按，淳熙十六年（1189）朱熹在与宋之汪的书信中就曾披露宋氏有《大学》以正心诚意为本"之说，对此，朱熹劝道："且请试考经文（引者按，指《大学》经文），正心诚意、致知格物何者为先后耶？"这句质问便已透露出朱熹的立场，亦即若就《大学》经文的工夫次第而言，"《大学》以正心诚意为本"的说法显然有误。参见《朱子文集》卷五十八《答宋容之（之汪）》第1书，《朱子全书》第23册，第2775页。

② 《大学或问》下，《四书或问》，第24页。

③ 参见吾妻重二：《朱子学の新研究》第2部第3篇，第2章"格物穷理のゆくえ"，东京：创文社，2004年，第361页。

④ 《遗书》卷十八，《二程集》，第193页。

⑤ 《遗书》卷二十一下，《二程集》，第274页。

性以至于命"，以序言之，不得不然，其实，只能穷理，便尽性至命也。①

程颢（明道，1032—1085）的说法与伊川基本一致：

> "穷理尽性以至于命"，三事一时并了，元无次序，不可将穷理作知之事。若实穷得理，即性命已可了。②

> "穷理尽性以至于命"，一物也。③

看来，以上乃是二程共同的主张。对二程的上述见解，张载曾提出批评，以为将穷理尽性至命理解为"三事一时并了"未免"失于太快"。④ 对于二程及张载之间的这场争论《朱子语类》有如下记载，其中朱熹表明了赞同张载而反对二程的态度：

> 伯丰问："'穷理尽性以至于命'，程、张之说孰是？"曰："各是一说。程子皆以见言，不如张子有作用。穷理是见，尽性是行，觉得程子是说得快了。如为子所以孝，为臣知所以忠，此穷理也。为子能孝，为臣能忠，此尽性也。能穷此理，充其性之所有，方谓之尽。'以至于命'是拖脚，却说得于天者。尽性，是我之所至也；至命，是说天之所以予我者耳。"⑤

朱熹还认为，"穷理尽性以至于命"不宜当作学者的方法论来看待的，而是"圣人作《易》之事"。⑥

---

① 《遗书》卷二十二上，《二程集》，第 292 页。

② 《遗书》卷二上，《二程集》，第 15 页。

③ 《遗书》卷十一，《二程集》，第 121 页。

④ 参见《遗书》卷十："亦是失之太快，此义尽有次序。须是穷理，便能尽得己之性，则推类又尽人之性；既尽得人之性，须是并万物之性一齐尽得，如此然后至于天道也。其间煞有事，岂有当下理会了？"（《二程集》，第 115 页）

⑤ 《语类》卷七十七，第 1969 页。

⑥ 参见同上；又参见《朱子文集》卷四十《答何京叔》第 19 书，《朱子全书》第 22 册，第 1830 页，按，作于乾道八年（1172）。

　　据吾妻重二的分析，上述二程有关穷理尽性至命的理解未免偏向于主观内省之一途，而对于朱熹来说，外在的客观知识是必不可缺的，做学问要有客观的依据，这才是朱熹不能动摇的立场，由此就显示出程朱在格物论问题上并非完全一致。[①] 我以为，吾妻的这个分析是有一定道理的，也是有文献依据的。但是，看来他可能过于强调了二程与朱熹的分歧，却未能充分注意伊川的格物论更有大量被朱熹所赞赏的观点，或许这些观点才是伊川格物论的真实想法、根本立场。例如，伊川就曾把穷理比作医生看病，指出医生诊病必须"诣理"，需要通过"食其味、嗅其臭、辨其色"而知其性，然后才能下药治病，他说：

　　　　医者不诣理，则处方论药不尽其性，只知逐物所治，不知合和之后，其性又如何？……故之穷尽物理，则食其味、嗅其臭、辨其色，知其某物合某则成何性。[②]

可见，在伊川看来，穷理乃是指对客观物理的了解和把握。因此，上述有关易学问题而阐发的伊川穷理论不能孤立地看，而要将此与其格物论等量齐观，庶可从整体上把握其真实的思想立场。举例来说，对于伊川所说"穷理尽性至命，只是一事。才穷理便尽性，才尽性便至命"，我们不妨参照伊川的另一些说法来加以参照斟酌，如伊川在格物问题上，曾经指出：

　　　　求一物而通万殊，虽颜子不敢谓能也。夫亦积习既久，则脱然自有贯通。所以然者，万物一理故也。[③]

---

　　①　参见吾妻重二：《朱子学の新研究》，第362—363页。
　　②　《遗书》卷十五，《二程集》，第162页。
　　③　《河南程氏粹言》（以下简称《粹言》）卷一《论学篇》，《二程集》，第1191页。朱熹对此深表赞赏，见《大学或问》下，朱熹引子"皆言格物致知所当用力之地，与其次第功程也"第2条（《四书或问》，第21页）。朱熹又说："如曰：'一物格而万理通，虽颜子亦未至此。但当今日格一件，明日又格一件，积习既多，然后脱然有个贯通处。'此一项尤有意味。向非其人善问，则亦何以得之哉？〔道夫〕"（《语类》卷十八，第391页）按，杨道夫字仲愚，己酉（1189）以后所闻。另可参见伊川之语："或问：'格物须物物格之，还只格一物而万理皆知？'曰：'怎生便会该通？若只格一物便通众理，虽颜子亦不敢如此道。须是今日格一件，明日又格一件，积习既多，然后脱然自有贯通处。'"（《遗书》卷十八，《二程集》，第188页）

> 物我一理，才明彼即晓此，合内外之道也。语其大，至天地之高厚；语其小，至一物之所以然，学者皆当理会。①

> 一物之理，即万物之理。②

表面看来，"脱然贯通"之说法未免有"一超直入"的味道，如同朱熹批评吕本中《大学解》那样，吕本中主张"存心于一草木器用之间"③，这在朱熹看来，就未免有佛教所说的"一闻千悟""一超直入"④之弊。然而，在伊川的真实想法中，格物穷理能达到脱然贯通的依据在于"所以然者，万物一理"，"物我一理……合内外之道也"，"一物之理，即万物之理"，由此推论，则"穷理"也就可以实现"尽性""至命"。然而重要的是，"穷理"是前提，犹如格物，至于"尽性""至命"，则可能并不是每一个人都能亲身做到，可以通过穷理工夫的积累来实现"脱然贯通"。这在伊川看来，只要遵循的是格物穷理的工夫次序，自然不存在任何问题。因为即便是"脱然贯通"，也必须置于"积习既久"的条件之下才有可能，"物我一理""万物一理"固然是原则性命题，是宇宙一切存在莫不皆然的事实，但是伊川也明确表示：在工夫论上，"求一物而通万殊，虽颜子不敢谓能也"；所以对于学者而言，就必须是"至一物之所以然，学者皆当理会"。伊川在此所表明的立场已经很明确，格物穷理是一个渐进的过程，"一超直入"

---

① 《遗书》卷十八，《二程集》第193页。又见朱熹《大学或问》下所引程子"皆言格物致知所当用力之地，与其次第功程也"第8条（《四书或问》，第21页）。

② 《遗书》卷二上，《二程集》，第13页。

③ 按，王阳明的"格竹"事件，倒可以说与这种"存心于一草木器用之间"的格物方法相类，这种方法其实是被朱熹所批评的，因此从朱子学的立场看，阳明的格物实践未免是对朱熹格物论的一种误解。

④ 《朱子文集》卷七十二《杂学辨·吕氏大学解》，《朱子全书》第24册，第3493页。按，《杂学辨》作于乾道二年（1166）。顺便指出，朱熹所针对的吕本中《大学解》的一段话是这样的："吕氏曰：致知格物，修身之本也，知者良知也，与尧舜同者也。理既穷则知自至，与尧舜同者忽然自见，默而识之。"这是将致知的"知"字作"良知"解，然后将穷理所达到的最终目标设定为修身者"与尧舜同也"——亦即成就圣人。对此朱熹表示了强烈不满："愚（引者按，即朱熹）谓致知格物《大学》之端，始学之事也。一物格则一知至，其功有渐，积久贯通，然后胸中判然不疑，所行而意诚心正矣。然则所致之知，固有浅深，岂遽以为与尧舜同者，一旦忽然而见之也哉？"（同上）可见，朱熹竭力将格物致知纳入知识论领域，他认为致知的"知"不能简单地规定为与尧舜相同的"良知"，而且对于通过知识积累能否实现尧舜这样的道德人格，也是持谨慎态度的，至少在朱熹看来，成就圣人不是"忽然而见之"那般容易的。值得注意的是，这个想法在朱熹37岁时就已形成。

之类的直觉内省方法是不足为取的，这与朱熹所赞赏的伊川格物穷理理论并不发生任何龃龉，相反，由此正可显出，在格物论问题上，伊川与朱熹的基本立场是一致的。例如朱熹所说：

> 上而无极太极，下而至于一草一木一昆虫之微，亦各有理。一书不读则阙了一书道理，一事不穷则阙了一事道理，一物不格则阙了一物道理，须著逐一件与他理会过。〔道夫〕①

应当说，这个说法其实正是伊川"至一物之所以然，学者皆当理会"的老调重弹。

综上可见，不论伊川还是朱熹，注重客观知识的考察构成其格物理论的一个重要特质，至此已十分明显。以至于在朱熹门下，就已有人意识到那种外向型的格物致知一路恐怕有"外驰"之弊：

> 问："格物则恐有外驰之病？"曰："若合做，则虽治国平天下之事，亦是己事。'周公思兼三王，以施四事。其有不合者，仰而思之，夜以继日，幸而得之，坐以待旦。'不成也说道外驰！"又问："若如此，则恐有身在此而心不在此，'视而不见，听而不闻，食而不知其味'，有此等患。"曰："合用他处，也著用。"又问："如此，则不当论内外，但当论合为与不合为。"先生颔之。〔节〕②

这段对话值得吟味。提问者连续提了两个问题都十分尖锐，乍见之下，这里的"外驰之病"的质疑不免令人联想这似乎是阳明学者发出的疑问，而朱熹的回答也正可回应数百年后阳明心学对程朱格物难免有"遗内逐外"之疑。

对于"外驰之病"之质疑，朱熹的回答可谓斩钉截铁，首先他断然否定格物有所谓"外驰之病"。其次，对于格物恐有"身在此而心不在此"之忧，朱熹的回答也很巧妙，他以"视而不见，听而不闻"这类事例来表明，导致身在此而

---

① 《语类》卷十五，第 295 页。按，杨道夫字仲愚，己酉（1189）以后所闻。
② 同上，第 288 页。按，甘节字吉父，癸丑（1193）以后所闻。

心不在此的症结在于格物者自己将"心"遗落了。换言之，就格物本身而言，既没有"外驰"之弊，也没有"心不在此"之忧。要之，在他看来，格物工夫的关键在于"合做"与"不合做"，而不存在"在内"还是"在外"的问题。这里所谓的"合"字，意谓理当如此。至于注重"反求者"或偏向于"外驰"与注重"博观者"或偏向于"内省"，从而导致"学者之大病"的问题，这在朱熹，则是格物论域之外的问题，可置诸勿论。①

总之，朱熹在格物问题上与伊川并无根本之分歧，而且朱熹格物论的问题意识也大多源自伊川，已是确定无疑的事实。但是其中也透露出一些问题，例如涵养与致知、格物与诚意的本末、先后之关系问题，伊川对此已有涉及，对于这些问题，朱熹也不得不做出回应。向来以为在程朱道学的工夫论域中，容易偏向于对外在客观事物做穷理工夫，而未免轻忽诚意正心的内向工夫，对此可能尚须做一番更全面的重新探讨。

三　从"察之于身"到"反身穷理"

事实上，朱熹不但看重格物，而且对诚意也非常重视，这已是学界的一般常识。朱熹曾说过一段著名的话：

> "格物是梦觉关。格得来是觉，格不得只是梦。诚意是善恶关。诚得来是善，诚不得只是恶。过得此二关，上面工夫却一节易如一节了。到得平天下处，尚有些工夫。只为天下阔，须著如此点检。"又曰："诚意是转关处。"又曰："诚意是人鬼关！"诚得来是人，诚不得是鬼。〔夔孙〕②

这段话记录于庆元三年（1197）以后，属于朱熹最晚年的观点。在这里，朱熹仍然将格物与诚意看成是一种平置的关系，若放在《大学》工夫系统中看，那么格物与诚意却有两个关头，工夫实践必须得过此"二关"，他把格物称作"梦觉

---

① 朱熹指出："务反求者，以博观为外驰；务博观者，以内省为狭隘，堕于一偏。此皆学者之大病也！〔道夫〕"（《语类》卷九，第 160 页）

② 《语类》卷十五，第 298 页。按，林夔孙字子武，丁巳（1197）以后所闻。

关"，相应地，诚意则被称作"善恶关""人鬼关"，显然，其语气甚重。在朱熹看来，若能过此"二关"，《大学》的其他工夫已经不在话下，例如他说：

> 致知、诚意，是学者两个关。致知乃梦与觉之关，诚意乃恶与善之关。透得致知之关则觉，不然则梦；透得诚意之关则善，不然则恶。致知、诚意以上工夫较省，逐旋开去，至于治国、平天下地步愈阔，却须要照顾得到。〔人杰〕①

这段话的记录于1180年左右。由此我们可以看到朱熹晚年其实有一个一贯的态度，亦即在其工夫论述中，格物与诚意乃是最为重要的两项基本工夫，其重要性毋庸置疑。若分而言之，则格物与诚意是两个关头，若合而言之，其实两者便是"凡圣界分关隘"②，意谓格物与诚意的成功与否就是决定一个人到底是凡人还是圣人的关键处、分水岭。

但是当朱熹这样表述之时，是否意味着诚意在格物之前或在格物过程之中具有实质性的工夫论意义？这里涉及格物与诚意的关系问题，如果将其置于《大学》工夫论系统中看，那么不管怎么说，在朱熹的观念当中，由格物至诚意或由知至到意诚，其间还有一个关口，亦即在工夫次第上，朱熹仍不能放弃格物在先而诚意在后的基本立场。所以他有时也坦承："'知至而后意诚'，这一转较难"，他说：

> 叔文问："正心诚意莫须操存否？"曰："也须见得后，方始操得。不然，只凭空守，亦不济事。盖谨守则在此，一合眼则便走了，须是格物。盖物格则理明，理明则诚一而心自正矣。不然，则戢戢而生，如何守得他住。"……又曰："今却不用虑其他，只是个'知至而后意诚'，这一转较难。"〔道夫〕③

---

① 《语类》卷十五，第299页。按，万人杰字正淳，庚子（1180）以后所闻。
② "知至、意诚，是凡圣界分关隘。未过此关，虽有小善，犹是黑中之白；已过此关，虽有小过，亦是白中之黑。过得此关，正好著力进步也。〔道夫〕"（同上）
③ 《语类》卷十八，第392页。

这是淳熙十六年（1189），朱熹思想已相当成熟后所表明的一个看法。很显然，朱熹在此对格物与诚意的关系已说得很清楚。朱熹认为，心、意的操存工夫，"须见得后"始可，所谓"见得后"，便是指格物致知完成以后，用《大学》经文的说法，即"知至"以后，可见，朱熹仍然将道德意义上的存心工夫至于格物致知之类的知识问题之后。更重要的是，"物格"——即格物的实现——之后，自然能实现心中"理明"，而由心中之"理明"就可自然实现"诚一而心自正"，这就意味着，意诚心正的实现端赖于物格知至。如此一来，问题重大，诚意不仅总是落入后手，且由格物转至诚意的一关不免变成一种虚设或悬置，而朱熹所谓"这一转较难"的问题之关键全都落在了如何实现"知至"上而与"诚意"工夫并无实质性的关联。不得不说，这是朱熹工夫论中存在的一大问题。

所以朱熹在修订《大学章句》那一年，即淳熙十六年，在与弟子杨道夫的对话中，针对《大学或问》所引伊川语"格物穷理，但立诚意以格之"，朱熹做了这样一番苦心的解释：

> 问"格物穷理，但立诚意以格之"。曰："立诚意，只是朴实下工夫，与经文'诚意'之说不同。"〔道夫〕[1]

这是说，伊川所说的"立诚意"然后格物的所谓"立诚意"，并不是《大学》经文所说的那个"诚意"工夫，只是一般意义上的"朴实下工夫"之意。这个说法透露出朱熹的真实想法是诚意固然重要，但不能取代格物为第一序工夫的地位，因此这里的所谓"立诚意"并不是《大学》经文中的"诚意"，他又说：

> 问"立诚意以格之"。曰："此'诚'字说较浅，未说到深处，只是确定徐录作'坚确'。其志，朴实去做工夫，如胡氏（引者按，指胡宏）'立志以定其本'，便是此意。"〔淳〕[2]

---

[1] 《语类》卷十八，第401页。
[2] 同上。按，陈淳字安卿，庚戌（1190）、己未（1199）所闻。

及至朱熹最晚年，他仍然坚持这个说法：

> 诚意不立，如何能格物。所谓立诚意者，只是要著实下工夫，不要若
> 存若亡。遇一物，须是真个即此一物究极得个道理了，方可言格。若"物
> 格而后知至，知至而后意诚"，《大学》盖言其所止之序，其始则必在于立
> 诚。〔佐〕①

可见，对于伊川所说的"立诚意以格之"的解释，在朱熹是前后一贯的，他在
《大学或问》中虽然引用了伊川的这段话，但他绝不能将诚意置于格物之前来加
以理解，而将这里的"立诚意"解释成立意做格物工夫之意，如同胡宏所说的
"立志"做格物的意思。② 当然，至于伊川此说之本意究竟为何，我们可以暂不
深究，因为此非这里的主题，问题在于经朱熹这样的解释，所以"立诚意"成了
一种泛泛之谈，因为做如何工夫实践，何尝不需要首先立定一个朴实用功的志
向？③ 这种立志，并非指立定成圣成贤的道德志向，而只具有心理学意义上的
集中精力之意。此集中精力之意，在朱熹，却与其"主敬"思想有关，在某种意
义上，主敬恰恰含有集中精力之意。④

大约在绍熙四年（1193），朱熹与弟子廖德明在同年春秋间就有关格物问题
有过两次对话，朱熹对于春天所讲的格物之论有如下的反省，其中牵涉到主敬

---

① 《语类》卷十八，第 401 页。按，萧佐字定夫，甲寅（1194）所闻。

② 朱熹基本同意胡宏有关格物问题的一句话："格之之道，必立志以定其本，而居敬以持其志。志立
乎事物之表，敬行乎事物之内，而知乃可精。"（《复斋记》，《胡宏集》，北京：中华书局，1987 年，第 152
页）朱熹晚年一方面称赞道"这段话本说得极精"，另一方面却批评道："然却有病者，只说得向里来，不
曾说得外面，所以语意颇伤急迫。……他言语只说得里面一边极精，遗了外面一边，所以其规模之大不
如程子。且看程子所说：'今日格一件，明日格一件，积久自然贯通。'此言该内外，宽缓不迫，有涵泳
从容之意。〔偶〕"（《语类》卷十八，第 419 页）按，沈偶字杜仲，戊午（1198）以后所闻。另外在《大学或
问》下，朱熹对胡宏此说也有评论，一方面认为此说"合乎所谓'未有致知而不在敬'（引者按，即伊川
语）者之旨"，同时也批评："但其语意颇伤急迫。"（《四书或问》，第 27 页）与其晚年的评论完全一致。
可见，在朱熹看来，胡宏将"立志"与"居敬"看作格物之本，未免有遗外逐内之弊，倒是伊川的"今日
格一件，明日格一件"之说是"内外"兼顾。

③ 对此，朱熹也并非不知，他明确是说："立志之说甚好，非止为读书说，一切之事皆要立志。〔椿〕"
（《语录》卷十八，第 403 页）。按，魏椿字符寿，戊申（1188）所闻。

④ 参见拙文：《敬只是此心自作主宰处——关于朱熹"敬论"的几个问题》。

的问题：

> 问："春间幸闻格物之论，谓事至物来，便格取一个是非，觉有下手处。"曰："春间说得亦太迫切。只是伊川说得好。"问："如何迫切？"曰："取效太速，相次易生出病。伊川教人只说敬，敬则便自见得一个是非。"〔德明〕①

又说：

> 问："春间所论致知格物，便见得一个是非，工夫有依据。秋间却以为太迫切，何也？"曰："看来亦有病，侵过了正心诚意地步多。只是一'敬'字好。伊川只说敬，又所论格物、致知，多是读书讲学，不专如春间所论偏在一边。今若只理会正心诚意，池录作'四端情性'。却有局促之病；只说致知格物，池录作'读书讲学'，一作'博穷众理'。又却似泛滥。古人语言自是周浃。若今日学者所谓格物，却无一个端绪，只似寻物去格。如齐宣王因见牛而发不忍之心，此盖端绪也，便就此扩充，直到无一物不被其泽，方是。致与格，只是推致穷格到尽处。凡人各有个见识，不可谓他全不知。如'孩提之童，无不知爱其亲；及其长也，无不知敬其兄'，以至善恶是非之际，亦甚分晓。但不推致充广，故其见识终只如此。须是因此端绪从而穷格之。未见端倪发见之时，且得恭敬涵养，有个端倪发见，直是穷格去，亦不是凿空寻事物去格也。"〔德明〕②

可见，朱熹反省春间所论格物"太迫切"的原因在于，过于强调格物而忽视了主敬，致使格物"侵过了正心诚意地步多"，变成了"凿空寻事物"了。但值得注意的是，为了纠正春间的说法，朱熹的主张不是返回到正心诚意，而是应返回到伊川主敬的路线。依朱熹，如果只是理会正心诚意，也难以避免"局促之

---

① 《语类》卷十八，第 402 页。按，廖德明字子晦，癸巳（1193）以后所闻。

② 同上，第 402—403 页。

病",同样,如果只说格物致知,也会导致"泛滥",所以结论是:"且得恭敬涵养,有个端倪发见,直是穷格去。"

也正由此,所以及至朱熹最晚年,即庆元三年(1197)逝世前三年,他仍然坚持主敬在格物工夫论域中具有彻上彻下的意义,他说:

> 问:"格物,敬为主,如何?"曰:"敬者,彻上彻下工夫。"〔祖道〕①

其实,朱熹的这个说法,自绍熙元年(1190)后便已确定不移,例如他在绍熙二年(1191)就曾说过应当"用诚敬涵养为格物致知之本":

> 问:"伊川说格物致知许多项,当如何看?"曰:"说得已自分晓。如初间说知觉及诚敬,固不可不勉。然'天下之理,必先知之而后有以行之',这许多说不可不格物致知。中间说'物物当格',及'反之吾身'之说,却是指出格物个地头如此。"又云:"此项兼两意,又见节次格处。自'立诚意以格之'以下,却是做工夫合如此。"又云:"用诚敬涵养为格物致知之本。"〔贺孙〕②

这里的"诚敬涵养"之说,或许仍然是在"立诚意以格之"的意义上所说的,因此表面看来,"诚敬涵养"似乎提升到了"格物致知之本"的高度,以此推论,格物致知则变成了"诚敬涵养"之后的工夫,但是,若从上述所看到的朱熹之基本立场来看,这种解释又是难以成立的,否则的话,朱熹对"立诚意以格之"这句话,就不会煞费苦心地宣称此"诚意"非《大学》经文中之"诚意",而只是一般意义上的"立志"。

其实,在上引的这段话中,令我们关注的有一句表述:"中间说'物物当格',及'反之吾身'之说。"这是指伊川之说,其中的"物物当格"与"反之吾

---

① 《语类》卷十八,第403页。按,曾祖道字择之,丁巳(1197)所闻。

② 同上,第407页。按,叶贺孙字味道,辛亥(1191)以后所闻。

身"便是伊川格物论的两项主要意思（"此项兼两意"）①，一方面主张任何事物都要"格"，另一方面又要求返至自身上来，这里就涉及在工夫论上或主内或主外的理论紧张，其实这就是儒学史上在工夫论域中的"博识"与"反约"的关系问题。然而在朱熹看来，这个问题似乎不成其为问题，因为在这两项"意思"当中，自有格物工夫次第在，依朱熹，这其实便是伊川"指出格物个地头如此"，意谓无论是"物物当格"还是"反之吾身"，都是在格物前提之下的工夫方向，如伊川说过："自一身之中，以至万物之理，理会得多，自当豁然有个觉处。"②按朱熹的解读，这是说格物工夫的对象原本包括"一身"与"万物"，对此，朱熹也深表认同，故提出了"反身穷理"这一重要概念，来回应"然则所谓格物致知之学，与世之所谓博物洽闻者，奚以异"的问题，朱熹指出：

> 此以反身穷理为主，而必究其本末是非之极至；彼以徇外夸多为务，而不核其表里真妄之实。然必究其极，是以知愈博而心愈明；不核其实，是以识愈多而心愈窒。此正为己为人之所以分，不可不察也。③

这里的问题原是朱熹自设的，但未尝不是反映在当时对于格物致知已经存在一个重大疑问：是否有可能导致一味向外追求博学多识之偏向，而忽略向内作"反身诸己"的道德省察？对此，朱熹以"反身穷理"这一概念作为立论依据进行了反驳，意谓他所主张格物致知不仅要穷索事物之理及其本末，还要反身诸己以明确心之是非，最终可以达到"知愈博而心愈明"这两种效果，不会产生"识愈多而心愈窒"的弊病。可见，反身工夫亦为朱熹所注重，只是此所谓反身工夫仍然须纳入即物穷理（格物致知）的工夫程序之中，而不能脱离致知而一味向内"存心"，不然，则会与朱熹早年在《杂学辨》中批评二程再传弟子吕本中（东莱，1084—1145）的"存心于一草木器用之间"的格物主张一样，坠入

---

① 例如在朱熹《大学或问》所引伊川语十条"皆言格物致知所当用之地，与其次第功程"的第10条，伊川这样说："格物，莫若察之于身，其得之尤切。"（《四书或问》，第22页）按，伊川语的原文为："'致知在格物'，格物之理，不若察之于身，其得尤切。"（《遗书》卷十七，《二程集》，第175页）此"察之于身"，即这里的"反之吾身"之意。

② 朱熹《大学或问》下所引伊川语十条"皆言格物致知所当用之地，与其次第功程"的第3条，参见《四书或问》，第21页。

③ 同上，第28页。

"一超直入"之佛学窠臼中而不自觉,这才是朱熹所担忧的现象。①

其实,细按上述朱熹所言,不难发现其中涉及心与理的关系问题,关于此一问题,此处不宜细说,有兴趣者,可参看拙文《"心是做工夫处"——关于朱熹"心论"的几个问题》②,质言之,在朱熹,"心"是工夫问题而非存有问题,是具体的工夫对象而非超越义的道德本心。这里我们仅对朱熹逝世前一年所说的一段话略加分析:

> 曰:"理必有用,何必又说是心之用!夫心之体具乎是理,而理则无所不该,而无一物不在,然其用实不外乎人心。盖理虽在物,而用实在心也。"又云:"理遍在天地万物之间,而心则管之;心既管之,则其用实不外乎此心矣。然则理之体在物,而其用在心也。"次早,先生云:"此是以身为主,以物为客,故如此说。要之,理在物与在吾身,只一般。"〔焘〕③

这是说,理不仅存在于物而且还存在于人之心,理之用必在心中呈现,故说"理在物与在吾身"都是一样的,由此,落实在格物工夫领域中看,则理与心同时可以是工夫之对象,由格物穷理便可实现理明而心明。朱熹所谓"反身穷理",便是在此意义上说的。至此我们终于明白,此所谓"反身穷理",不是说先做一番反求诸己的内心省察,然后再具体实施外在的格物穷理,这在朱熹看来,就不免将"反身"与"穷理"打成先后、内外两截。

也正是基于这一立场,所以朱熹能够认同伊川的"格物,莫若察之于身,其得之尤切"之说④,却不能认同胡宏(五峰,1105—1161)的"身亲格之"之说⑤。表面看来,胡宏此说来自伊川"察之于身"之说,然在朱熹看来,两者却有本质

---

① 参见《朱子文集》卷七十二《杂学辨·吕氏大学解》,《朱子全书》第24册,第3493页。按,《杂学辨》作于乾道二年(1166)。

② 参见拙文:《"心是做工夫处"——关于朱熹"心论"的几个问题》,吴震主编:《宋代新儒学的精神世界——以朱子学为中心》,上海:华东师范大学出版社,2009年。精简版又见郭齐勇主编:《儒家文化研究》第4辑,北京:生活·读书·新知三联书店,2012年。

③ 《语类》卷十八,第416页。按,吕焘字德昭,己未(1199)所闻。

④ 《大学或问》下,《四书或问》,第22页。

⑤ 参见胡宏《复斋记》:"儒者之道,率性保命,与天同功,是以事事取物,不厌不弃,必身亲格之,以致其知。"(《胡宏集》,第152页)

差别，他说：

> 格物以身，伊川有此一说。①然大都说非一。五峰既出于一偏而守之，亦必有一切之效，然不曾熟看伊川之意也。〔方〕②

如果说朱熹此言之意仍不甚明了，那么，朱熹的以下两段话则说得非常明确：

> 《知言》要"身亲格之"，天下万事，如何尽得！龟山"'反身而诚'，则万物在我矣"，太快。伊川云："非是一理上穷得，亦非是尽要穷。穷之久，当有觉处。"此乃是。〔方〕③

> 问："湖南'以身格物'，则先亦是行，但不把行做事尔。"曰："湖南病正在无涵养。无涵养，所以寻常尽发出来，不留在家。"〔方〕④

以上所引三段语录，均为朱熹弟子杨方记录于1170年，这是朱熹刚刚经历了乾道五年己丑（1169）"中和新悟"，并开始向湖湘学发起挑战的一个特殊时期，其间对于胡宏的格物说也有所批评。

总起来看，朱熹认为胡宏一系的湖湘学主张"身亲格之"偏向于向内用功⑤，但却在根本上欠缺涵养一路的工夫，不得不说，朱熹的评论相当苛刻。他其实也未尝不清楚，在二程后学中，对于格物问题的论述，"只有五峰说得精"，亦即胡宏《复斋记》中的两句话："身亲格之""必立其志以定其本，居敬以持其志。"⑥然而朱熹在"只有五峰说得精"之后，接着就说："其病犹

---

① 按，即上引伊川语："'致知在格物'，格物之理，不若察之于身，其得尤切。"

② 《语类》卷十八，第419页。按，杨方字子直，庚寅（1170）所闻。

③ 同上，第418—419页。

④ 《语类》卷一〇一，第2595页。

⑤ 参见《大学或问》下："（胡宏）独有所谓'即事即物，不厌不弃，而身亲格之，以精其知'者，为得致字向里之意。"（《四书或问》，第27页）

⑥ 参见《大学或问》下，《四书或问》，第27页。另参见朱熹评语："五峰说'立志以定其本，居敬以持其志。志立乎事物之表，敬行乎事物之内，而知乃可精'者，这段语本说得极精。然却有病者，只说得向里来，不曾说得外面，所以语意颇伤急迫。"（《语类》卷十八，第419页）按，该条为沈僩字杜仲，戊午（1198）以后所闻。

如此。"① 所谓"其病",即有两条:一是"语意颇伤急迫"②,二是说胡宏"无涵养"。后一条所谓"无涵养",乃指淳熙初年朱熹对湖湘学的思想主张"先察识,后涵养"的一个批评,其意或许并非指胡宏本人无涵养,而是说涵养反而落入后手。前一条"语意颇伤急迫"则另有两层意思:一是指"'身亲格之',说得'亲'字急迫。自是自家格,不成倩人格!〔赐〕"③;二是指"身亲格之"之说:"但只不是正格物时工夫,却是格物已前事。〔道夫〕"④ 要之,从原则上看,"身亲格之"之说并没有错,与伊川"察之于身"相合,亦与朱熹"反身穷理"的命题并不完全背离,然而错就错在胡宏"只说得向里来,不曾说得外面",只说得格物前一段工夫而不曾说得格物如何用功。由此反观朱熹"反身穷理"说,其意已经非常明显,不论是"反身"还是"穷理",绝不能断成两截,而应将此看作"正格物时"的工夫过程,只有在此意义上,才可说反身与穷理本非两事,故朱熹明确指出:

> 学者工夫,唯在居敬穷理二事。此二事互相发。能穷理,则居敬工夫日益进;能居敬,则穷理工夫日益密。〔广〕⑤

这是说,在工夫论域中,唯有居敬与穷理最为根本,若落实在《大学》工夫领域而言,则相当于说格物与诚意最为根本。很显然,这里所谓的"居敬穷理",相当于"反身穷理"。

然而须注意的是,在朱熹,所谓"反身",还有"切己"这层意思,意谓格物

① 《语类》卷十八,第 421 页。按,该条为沈僩字杜仲,戊午(1198)以后所闻。

② 《大学或问》下,《四书或问》,第 27 页。另参见朱熹之评语:"问:'先生说格物,引五峰《复斋记》曰"格之之道,必立志以定其本,居敬以持其志"云云,以为不免有急迫意思,何也?'曰:'五峰只说立志居敬,至于格物,却不说。其言语自是深险,而无显然明白气象,非急迫而何!'"(《语类》卷十八,第 420 页)按,此条为徐寓字居父,庚戌(1190)以后所闻。

③ 《语类》卷十八,第 417 页。按,林赐字闻一,乙卯(1195)以后所闻。

④ 同上,第 420 页。按,杨道夫字仲愚,己酉(1189)以后所闻。

⑤ 《语类》卷九,第 150 页。按,辅广字汉卿,甲寅(1194)以后所闻。按,湖湘学者张栻(南轩,1133—1180)亦有相同主张:"盖居敬有力,则其所穷者益精;穷理寖明,则其所居者益有地,二者盖互相发也。"(《南轩文集》卷二十六《答陈平甫》,《张栻集》,长沙:岳麓书社,2010 年,第 733 页)按,张栻此说与上引朱熹之说非常接近,由于两人常有思想交流,因此居敬穷理"互相发"的观点似是两人的共识,而不一定存在谁影响谁的问题。

须从自己身边的切近之事做起, 故朱熹有云: "格物, 须是从切己处理会去。待自家者已定迭, 然后渐渐推去, 这便是能格物。〔道夫〕" ①因此, 所谓 "反身" 虽有道德涵养之意, 但这种实践也不能脱离 "事事物物"。②否则的话, 就会犯胡宏偏向于内的那种毛病。至于上述朱熹所说的居敬与穷理 "互相发" 之说, 这涉及格物与诚意的关系问题, 我们将在下一节来展开探讨。

四　格物致知与诚意正心不是两事

由上可见, 朱熹工夫论不唯重格物亦重诚意, 若扣紧宋明道学之问题以观, 则可谓格物诚意其实便是居敬穷理之问题。事实上, 关于《大学》八条目之工夫, 朱熹最看重的也唯有格物与诚意, 他在最晚年引其弟子周谟之说: "《大学》之道, 莫切于致知, 莫难于诚意。" 周谟还说: "意有未诚, 必当随事即物, 求其所以当然之理。" 对此, 朱熹深表赞同。③在这封书信往来的对话中, 其实已涉及格物与诚意的关系问题。

上面提到, 反身与穷理当 "互相发", 其实, 这是朱熹在解释伊川 "格物, 莫如察之于身, 其得之尤切" 时, 就已提出的一个主张:

> 前既说当察物理, 不可专在性情, 此又言莫若得之于身为尤切, 皆是互相发处。〔道夫〕④

那么, 如何 "互相发" 呢? 在朱熹看来, 不仅有必要先从身上做起, 还有必要格物后反求诸身, 朱熹的这个看法围绕伊川的格物问题而展开, 在针对 "观

---

① 《语类》卷十五, 第 284 页。

② 然而也有朱熹弟子以为 "切己工夫" 就是从身上体察 "仁义礼智" 的道德实践, 如《语类》记载: "子渊说: '格物, 先从身上格去。如仁义礼智, 发而为恻隐、羞恶、辞逊、是非, 须从身上体察, 常常守得在这里, 始得。'" 朱熹答道: "人之所以为人, 只是这四件, 须自认取意思是如何。……事事物物上各有个是有个非, 是底自家心里定道是, 非底自家心里定道非。就事物上看, 是底定是, 非底定是非。……如今若认得这四个分晓, 方可以理会别道理。〔贺孙〕"(同上, 第 285 页) 这表明, 朱熹也并不反对在自己身上做切实的道德实践。只是这种道德实践, 在朱熹看来, 也应纳入格物工夫的领域。

③ 《朱子文集》卷五十《答周舜弼》第 10 书,《朱子全书》第 22 册, 第 2336 页。按, 作于庆元三年 (1197)。

④ 《语类》卷十八, 第 401 页。

物察己，还因见物反求诸身否"的问题时，伊川曾明确指出："不必如此说，物我一理，才明彼，即晓此，合内外之道也。"①这里涉及"内外之道"——亦即内外合一的问题，这一点也引起了朱熹门下的关注，有弟子问："格物须合内外始得？"朱熹答道：

> 他内外未尝不合。自家知得物之理如此，则因其理之自然而应之，便见合内外之理。目前事事物物，皆有至理。如一草一木，一禽一兽，皆有理。草木春生秋杀，好生恶死。……自家知得万物均气同体，"见生不忍见死，闻声不忍食肉"，非其时不伐一木，不杀一兽，"不杀胎，不殀夭，不覆巢"，此便是合内外之理。〔寓〕②

可见，由格物而反身，实现内外合一，有一个重要的前提预设，亦即1.从"气"的角度看，"万物均气同体"，故构成一体之存在；2.从"理"的角度看，又何尝不是人物同此一理？所以，所谓内外合一，其实就是"才明彼，即晓此"——这是由于彼此一理才有可能的缘故。正是由此出发，所以格物也好反身也好，彼此相通，尤不可偏执一边。

在朱熹工夫论的问题意识中，他也充分了解工夫有内外之分，但割裂内外便是学者大病。重要的是，在朱熹看来，内外相合的途径正在于格物穷理，知得物之理以后，"因其理之自然而应之"，于是便可实现"合内外之理"，也就是说，将反求内省置于格物致知之前或之外，反而有碍于内外合一。当然另一方面，朱熹也意识到反求诸己的重要性，他说：

> 要之，内事外事，皆是自己合当理会底，但须是六七分去里面理会，三四分去外面理会方可。若是工夫中半时，已自不可。况在外工夫多，在内工夫少耶！此尤不可也。〔广〕③

---

① 《语类》卷十八，第401页。
② 《语类》卷十五，第296页。
③ 《语类》卷十八，第406页。

可见，朱熹毋宁更看重"里面理会"的工夫。关键是，此所谓"里面理会"，其实是指"切己"处去理会①，而不能错以为可以脱离格物穷理，比如"去父慈、子孝处理会"这类切合人身之道德实践便是"里面理会"，而不是一味守住内心而与日常生活相脱节之类的所谓内省工夫。因为朱熹最为反对也是他最为痛恨的一种学说便是"以心尽心"或"以心存心"。②按朱熹的理解，孟子所说的"尽心""存心"，都不能置于格物穷理之外。反之，即便在格物穷理的过程中，也不能做所谓的"存心于一草木器用之间"的工夫，而是应把握事物的"所以当然之则"而已。

要之，在朱熹，从狭义上看，所谓内外的"外"无非是指外界存在的事物，其所谓"内"无非是指身家之内的实事，然而从广义上说，这类内外之事都是"物"，所以都离不开格物的领域。若以工夫次第言，则可说格物为先而反求为次，若以轻重言，则当以反求为重而以外求为轻。如朱熹曾明确说过："以反身穷理为主，而必究其本末是非之极至。"③而穷理也是可以通过"反身"工夫获得的，在自己身心上究其"本末是非"，也是一种穷理工夫，更是一种格物工夫。故在朱熹看来，博学多识固然重要，但是更重要的是如何真正做到贯通——亦即"一以贯之"，此所谓贯通，当是指在格物基础上的内外贯通：

圣人也不是不理会博学多识，只是圣人之所以圣，却不在博学多识，而在"一以贯之"。今人有博学多识而不能至于圣者，只是无"一以贯之"。然只是"一以贯之"而不博学多识，则又无物可贯。〔夔孙〕④

博学多识离不开"物"，同样，一以贯之也离不开"物"；"物"既是博学多识的必要前提，同样，"物"也是一以贯之的必要条件。

因此究极而言，格物依然是《大学》工夫的首要工夫，诚意工夫则在其次，

---

① 有关朱熹格物论中的"切己工夫"问题，详参乐爱国：《朱子格物致知论研究》，第4章"朱子格致论的理论内涵"，第133—135页。

② 参见《朱子文集》卷七十二《观心说》。

③ 《大学或问》下，《四书或问》，第28页。

④ 《语类》卷四十五，第1149页。按，林夔孙字子武，丁巳（1197）以后所闻。

就两者之关系，朱熹有一个经典的说法，也是其基本立场：

> 物格者，事物之理各有以诣其极而无余之谓也。理之在物者，既诣其极而无余，则知之在我者，亦随所诣而无尽矣。知无不尽，则心之所发能一于理而无自欺矣。①

这里的"一于理而无自欺"，与朱熹对《大学》经文"诚意"的经典解释"一于善而无自欺"②虽相差一字，然语意基本一致，也是其晚年所持的一个诠释立场。③

在上述这段话的叙述脉络中，须等到格物后"知无不尽"，而后"心之所发"，才能实现"一于理而无自欺"，此则可见，诚意工夫之实现须有赖于格物工夫而后才有可能。这一过程的关键无疑在于，如何首先做到物格与知至，否则的话，如果"理有未穷""知有不尽"，则心之所发必会产生问题——亦即必会受到外来物欲私意等影响而不能真正实现诚意。问题在于，如果假设物已格、知已至，然后随其心之发动的意，自能保证"一于理而无自欺"的话，那么，这已不是诚意工夫，而是诚意的实现——"意诚"。换言之，诚意工夫已经不再需要着手去做。由此推论，也就是说，诚意工夫已无必要。难道朱熹真的以为诚意工夫是如此不重要吗？

行文至此，有必要指出，到目前为止，我们所看到朱熹有关格物与诚意之关系问题的讨论，都是在围绕《大学》经典的诠释而展开，也就是说，就《大学》工夫次第而言，朱熹始终坚持格物在先而诚意在后这一基本立场，即便讲到彻上彻下的居敬工夫，甚至讲到"合内外之道"的问题，朱熹也并没有从这一基本立场退让半步。如果我们转换一下视角，不是从工夫次第的角度，而是将《大学》工夫视作是一整套工夫系统，那么，格物与诚意或居敬与穷理，是否可以是

---

① 《大学或问》上，《四书或问》，第 8 页。

② 参见《大学章句》首章释诚意："诚，实也。意者，心之所发也。实其心之所发，欲其一于善而无自欺也。"（朱熹：《四书章句集注》，北京：中华书局，1983 年，第 3—4 页）关于诚意章的修改问题，参见许家星：《论朱子的"诚意"之学——以"诚意"章诠释修改为中心》，《哲学门》总第 24 辑，北京：北京大学出版社，2011 年，第 329—331 页。

③ 例如《语类》卷十五载林夔孙丁巳（1197）以后所闻，有云："问：'实其心之所发，欲其一于理而无所杂。'曰：'只为一，便诚；二，便杂。'〔夔孙〕"（第 304 页）

一种互相涵摄、同时并进的关系呢?

我们来看一些朱熹的说法:

> 存心养性便是正心诚意之事,然不可谓全在致知格物之后。但必物格知至,然后能尽其道耳。①

一则说正心诚意不全在致知格物之后,一则说必等到"物格知至",然后才能真正做到正心诚意。朱熹之意似在强调:前者是就工夫系统而言,后者是就工夫次第而言。为理解这一点,我们不妨再来看一下朱熹有关涵养与穷理交相为用、同时并进的观点:

> 穷理涵养,要当并进。盖非稍有所知,无以致涵养之功,非深有所存,无以尽义理之奥,正当交相为用,而各致其功耳。②

此说更为明确。朱熹是说,涵养居敬与即物穷理是彼此相即不离之关系,若无所知则无以致涵养之功,若无涵养工夫则无以尽物理之奥,所以涵养与穷理正当互相为用,涵养中不离穷理,穷理中亦不离涵养。依此推论,《大学》各种工夫作为一套系统,彼此紧密关联,不能缺少其中的任何一个环节,而在任何一个工夫环节中,其实已有其他工夫与之"交相为用",对于工夫节次也不能固执死守。事实上,朱熹有关这方面的论述颇多,例如:

> 若以《大学》之序言之,诚意固在知至之后,然亦须随事修为,终不成说知未至,便不用诚意正心!但知至已后,自不待勉强耳。③

---

① 《朱子文集》卷四十《答何叔京》第19书,《朱子全书》第22册,第1830—1831页。按,作于乾道八年(1172)。

② 《朱子文集》卷四十五《答游诚之》第2书,《朱子全书》第22册,第2061—2062页。按,作于乾道九年(1173)。

③ 《语类》卷四十二,第1076页。

蔡元思问："《大学》八者条目，若必待行得一节了，旋进一节，则没世穷年，亦做不彻。看来日用之间，须是随其所在而致力：遇著物来面前，便用格；知之所至，便用致；意之发，便用诚；心之动，便用正；身之应接，便用修；家便用齐；国便用治，方得。"曰："固是。他合下便说'古之欲明明德于天下'，便是就这大规模上说起。只是细推他节目紧要处，则须在致知、格物、诚意迤逦做将去"云云。又曰："有国家者，不成说家未齐，未能治国，且待我去齐得家了，却来治国；家未齐者，不成说身未修，且待我修身了，却来齐家！无此理。但细推其次序，须著如此做。若随其所遇，合当做处，则一齐做始得。"〔僴〕①

在上述两段语录中，可以看出朱熹虽然一再强调工夫次第不可乱，若"细推其次序"，还必须按照《大学》工夫次第做，然而正如蔡元思所说，也是得到朱熹之认同的：若按照《大学》八条目的次第去做，恐怕一生"亦做不彻"，重要的是，在朱熹看来，若固执死守工夫次第，严格按照修身齐家治国平天下的次序去做，其结果将导致工夫的层层断裂："终不成说知未至，便不用诚意正心"，"有国家者，不成说家未齐，未能治国，且待我去齐得家了，却来治国；家未齐者，不成说身未修，且待我修身了，却来齐家！"

朱熹又说：

《大学》自致知以至平天下，许多事虽是节次如此，须要一齐理会。不是说物格后方去致知，意诚后方去正心。若如此说，则是当意未诚、心未正时，有家也不去齐，如何得！……须是多端理会，方得许多节次。圣人亦是略分个先后与人知，不是做一件净尽无余，方做一件。若如此做，何时得成！又如喜怒上做工夫，固是，然亦须事事照管，不可专于喜怒。如《易·损卦》"惩忿窒欲"，《益卦》"见善则迁，有过则改"，似此说话甚多。圣人却去四头八面说来，须是逐一理会。〔明作〕②

---

① 《语类》卷十五，第310—311页。
② 同上，第311页。按，周明作字符兴，壬子（1192）以后所闻。

这里朱熹所说的"一齐理会""多端理会"，便是强调应把工夫当作一种系统看，而不能把工夫节次看死了。与此相同，朱熹还说：

> 说为学次第，曰："本末精粗，虽有先后，然一齐用做去。且如致知格物而后诚意，不成说自家物未格、知未至，且未要诚意，须待格了、知了，却去诚意，安有此理！圣人亦只说大纲自然底次序如此。拈著底，须是逐一旋旋做去始得。"〔雉〕①

这里所说的意思与上引几段资料的意思大致相同，朱熹甚至用"安有此理"这一极其强烈的反问，来表示"自家物未格、知未至，且未要诚意"之观点荒谬至极。

既然《大学》工夫是一套系统，那么，在格物致知的过程中，是否也可同时做诚意工夫呢？这个设问看似唐突，其实不然，朱熹曾有一段语录涉及于此，他说：

> 舜功问："致知诚意是如何先后？"曰："此是当初一发同时做底工夫，及到成时，知至而后意诚耳。不是方其致知，则脱空妄语，倡狂妄行，及到诚意方始旋收拾也。孔子'三十而立'，亦岂三十岁正月初一日乃立乎！白乐天有诗：'吾年三十九，岁暮日斜时。孟子心不动，吾今其庶几。'此诗人滑稽耳。"〔璘〕②

这段话很值得吟味。朱熹以孔子"三十而立"为例，指出孔子此说的含义绝不是指正好在三十岁正月初一那一天实现"而立"，意谓"三十而立"乃是孔子的活生生的生命历程，其中自然包含前一阶段的"吾十有五而志于学"之内涵，同时也意味着指向"四十而不惑"，同样的道理，格物致知虽是《大学》工夫的第一阶段，然而这并不意味着格物工夫过程中就应当截然排斥诚意工夫，因为工

---

① 《语类》卷十五，第300页。按，吴雉字和中，不详何年所闻。
② 同上，第303页。按，滕璘字德粹，辛亥（1191）所闻。

夫实践既是一套系统，同时也是一个过程，如果硬将格物与诚意割裂为二，恐怕在致知阶段就会导致"脱空妄语，倡狂妄行"，这是不可想象的。应当说，朱熹在此又一次明确表示格物与诚意在某些情况之下，应当彼此并进，是可以"一发同时做底工夫"。

如果说以上材料采自《朱子语类》的可信度比不上朱熹的亲笔书信，那么我们不妨再摘取几段朱熹书信中的材料：

> 《大学》之序，自格物致知以至于诚意正心，不是两事。但其内外浅深自有次第耳，非以今日之诚意正心为是，即悔前日之格物致知为非也。①

> 持敬格物工夫本不相离，来喻亦太说开了，更宜审之，见得不相离处，日用间方得力耳。②

> 治国平天下与诚意正心修身齐家只是一理，所谓格物致知亦曰知此而已矣。此《大学》一书之本指也。今必以治国平天下为君相之事，而学者无与焉，则内外之道异本殊归，与经之本旨正相南北矣。③

> 敬字之说，深契鄙怀。只如《大学》次序，亦须如此看始得，非格物致知全不用诚意正心，及其诚意正心却都不用致知格物。④

要之，由以上所引这一组史料可见，朱熹显然明确地意识到，《大学》工夫是一整套系统，须要"一齐理会""一齐做去"，这与上述"反身穷理"须"互相发"或"穷理涵养，要当并进"的观点，其旨趣是完全一致的。而且朱熹也非常

---

① 《朱子文集》卷五十六《答方宾王谊》第 1 书，《朱子全书》第 23 册，第 2654 页。按，作于淳熙十五年（1188）。

② 《朱子文集》卷五十五《答苏晋叟》第 3 书，《朱子全书》第 23 册。第 2633 页。按，约在淳熙十五年（1188）以后。

③ 《朱子文集》卷四十四《答江德功》第 2 书，《朱子全书》第 22 册，第 2040 页。

④ 《朱子文集》卷四十二《答石子重》第 5 书，《朱子全书》第 22 册，第 1923 页。按，作于乾道四年（1168）。

明确地表示："《大学》之序,自格物致知以至于诚意正心,不是两事";"持敬格物功夫本不相离。"需要说明的是,这些书信资料大多在淳熙十五年以前,由此表明,朱熹几乎在修订《四书章句集注》的同时,他的工夫论思想已相当成熟,在重视格物的同时,并未轻视《大学》的其他工夫尤其是诚意工夫。当然,朱熹仍然十分谨慎小心,即便到了晚年,他也不忘一再强调,最为理想的实践方法仍然是"须在致知、格物、诚意迤逦做将去""须是逐一理会""逐一旋旋做去始得",意谓工夫次序仍然重要而不可忽视。若以一言以蔽之,也就是说,朱熹不会因为认识到"格物致知以至于诚意正心不是两事""持敬格物工夫本不相离",从而放弃"格物致知是《大学》第一义"、格物为《大学》之要的观点,毋宁说,在朱熹的工夫论思想体系中,上述两种观点是可以互相并存的。

五　从政治文化角度看诚意的重要性

从政治文化的独特视角来审视宋代士大夫的思想活动,有的学者关于朱熹的新研究 ① 无疑为我们开创了这方面的一个先例。笔者受此启发,于是,在探讨宋代道学工夫论问题之际,在最后一节亦想尝试从政治文化的视角出发,来重新审视宋代道学家们(特别以二程朱熹为代表)在某些重大的政治场合——例如与皇上轮对或给人主上疏时,他们是如何劝人主应以儒家的何种工夫作为生活实践方法的。透过这样的视域,对于我们重新了解道学家们是如何诠释格物与诚意的关系问题或许会有一个新的了解。

我们先从程明道说起。明道曾于宋神宗熙宁年间(1068—1077),受到吕公著的推荐,一时在中央做官,尽管后因与王安石合不来而遭罢黜,但他在任太子中允期间,获得了与神宗会面交谈的机会。据伊川所撰《明道先生行状》载,明道前后向神宗"进说甚多,大要以正心窒欲,求贤育材为先",并说:"先生(引者按,指明道)不饰辞辩,独以诚意感动人主。"具体而言,明道曾经向神宗劝道:"人主当防未萌之欲",神宗俯身拱手曰:"当为卿戒之。"② 这里的"当

① 参见余英时:《朱熹的历史世界——宋代士大夫政治文化的研究》,台北:联经出版公司,2003年;北京:生活·读书·新知三联书店,2004年。

② 以上见《河南程氏文集》卷十一《伊川先生文七》,《二程集》,第633页。

防未萌之欲"，便是上述明道"以正心窒欲"向神宗"进言"的具体内容，神宗并不责怪反而欣然接受，此即明道"以诚意感动人主"的具体印证。显然，从《大学》工夫论域中看，"正心窒欲"之说无非就是"正心诚意"之工夫而已。

关于明道与神宗的交往应对，《河南程氏粹言》所载更详：

> 神宗首召伯淳（按，即明道），首访致治之要。子对曰："君道稽古，正学明善恶之归，辨忠邪之分，晓然趋道之至正，君志定而天下之治成矣。"上曰："定志之道如何？"子对曰："正心诚意，择善而固执之也。夫义理不先定，则多听而易惑，志意不先定，则守善而或移。必也以圣人之训我必当从，以先王之治为必可法，不为后世驳杂之政所牵滞，不为流俗因循之论所迁改。"①

此所谓"定志之道"，也就是要求神宗首先"立志"，这应当是儒学思想的题中应有之义，但具体到政治文化的场合，所谓"立志"乃是针对人主而言的"治道之要"三要素中位居首位的要务，如二程所说："治道之要有三：曰立志、责任、求贤。"②

《粹言》亦记录了明道告诫神宗当防"未萌之欲"：

> 明道告神宗曰：人主当防未萌之欲。上拱手前坐，曰：当为卿戒之。③

另有一段史料虽未明确是明道还是伊川的话，但我推测或许应是明道语：

> 子曰：人君欲附天下，当显名其道，诚意以待物，恕己以及人，发政施仁，使四海蒙其惠泽，可也。④

---

① 《粹言》卷二《君臣篇》，《二程集》，第1251页。
② 《粹言》卷一《论政篇》，《二程集》，第1218页。
③ 《粹言》卷二《君臣篇》，《二程集》，第1251页。
④ 同上，第1242页。

这是明道告诫神宗应以诚意待物、以恕道待人。显而易见的是，这个说法在儒家伦理学当中，当属内省涵养之事——亦即内圣工夫。至于"发政施仁"，意即实施仁政，则属于外王工夫，殆无可疑。而在明道看来，这两种工夫之间，当以前者"内圣"为首为主，而以后者"外王"为次为末，这已是再明白不过的事情。至此，令我们惊奇地发现，在以上这些工夫论述中，格物致知丝毫不见身影，似乎显得并不重要。与此相应，二程指出，若从"臣"的角度言，也应当做到诚意为先：

> 非特人君为然也，臣之于君，竭其忠诚，致其才力，用否在君而已，不可阿谀奉迎，以求君之厚己也。虽朋友亦然，修身诚意以待之，疏戚在人而已，不可巧言令色，曲从苟合，以求人之与己也，虽乡党亲戚亦然。①

这里所谓"修身诚意以待之"，其实也就是"臣之于君，竭其忠诚"的要求，重要的是，这个行为原则已经被抽象为一般性原则，不唯臣下对待君主为然，即便对待朋友以及乡党亲戚亦当如此。因为在二程看来，君臣关系在五伦中最接近朋友关系，均属于一种外在关系，而与父子、夫妇、兄弟等家庭伦理关系有所不同，所以说：

> 君臣朋友之际，其合不正，未有久而不离者。②

须注意的是，这里将"君臣朋友"相提并论，这大概又是宋代政治文化中富有特色的政治表述。或许正是由于把君臣看成犹如朋友关系一般，所以在宋代道学家中敢于说出这样的话："义当往则往，义当来则来。"这句话出自张载，是张载表达自己在为官处世之际应采取的态度③，从中我们可以感受到宋代士大夫毅然而然之气质，他们对待君主，是以一个"义"字当先的，而绝非是"利"字

---

① 《粹言》卷二《君臣篇》，《二程集》，第 1242—1243 页。

② 同上，第 1243 页。

③ 整段记述是这样的："张子厚再召如京师。过子曰：往终无补也，不如退而闲居，讲明道义，以资后学，犹之可也。子曰：何必然？义当往则往，义当来则来。"（同上，第 1244 页）

当头的,所以他们往往在君主面前敢于以"格其君"作为一种信念、一种行为准则,出处进退也唯有以"义"作为最高原则。同样地,在这里我们所能看到的工夫理论,并不是格物致知那套面向客观世界的知识追求,而是对于人主之心的道德要求——正心诚意。

然而须指出的是,道学家们虽然从原则上要求君主以诚意正心为首要之工夫,不能为外利所诱惑,但是他们也并不是一概反对从事实际事务,道学家们的思路是首先做好正心诚意工夫之后,自然就能随顺事物、应对外在事功,所以二程又说:

> 事事物物各有其所,得其所则安,失其所则悖。圣人所以能使天下顺治,非能为物作则也,惟止之各于其所而已。止之不得其所,则无可止之理。①

这是告诉君主做事应当随顺事物来应对,以使事物各得其所,这就可以达到"止之"的境界。具体而言,二程要求君主"养民"以及重视"教化",其云:

> 养民者,以爱其力为本,民力足则生养遂,然后教化可行,风俗可美。是故善为政者,必重民力。②

这里所表述的其实便是孔孟以来一贯强调的以民为本的"仁政"理想。二程是说,儒家所说的仁政,主要包括两条:一是养民,一是教化;只要做到这两条,就是一个"善为政者",换言之,也只有先实施仁政,然后社会教化自然"可行",地方风俗自然"可美"。

当然我们也须看到,二程所主张的这些实际政治方针,若要真正得到实现,就离不开具体的格物致知,光靠正心诚意就远远不够。因为唯有通过格物致知的方法,然后才能具体了解怎样的制度措施为可行。关于这一点,朱熹似乎

---

① 《粹言》卷一《论政篇》,《二程集》,第1211页。
② 同上。

有更深切的体会。

朱熹一生的政治经历颇为曲折坎坷，据《宋史》本传，"仕于外者仅九考，立朝才四十日"，似乎并没有什么显赫的大作为，但他 19 岁便考中进士，出道甚早，就在高宗绍兴三十二年（1162）六月，高宗内禅、孝宗即位之后，朱熹就曾因孝宗诏求直言而上封事，其中便根据《大学》工夫次第，指出：

> 是以古者圣帝明王之学，必将格物致知以极夫事物之变，使事物之过乎前者，义理所存，纤微毕照，了然乎心目之间，不容毫发之隐，则自然意诚心正，而所以应天下之务者，若数一二、辨黑白矣。……盖致知格物者，尧舜所谓精一也；正心诚意者，尧舜所谓执中也。自古圣人口授心传而见于行事者，惟此而已。[1]

朱熹在此运用《尚书·大禹谟》"道心惟微，人心惟危，惟精惟一，允执厥中"——即道学家所谓"十六字心诀"中的"精一"与"执中"的工夫分别指称格物致知与正心诚意，这个说法有点特别，很值得注意。这说明时年 33 岁的朱熹已对《大学》工夫系统有了自己的独到看法：首先格物致知，然后"自然意诚心正"。不待说，这个看法在《大学章句》及《大学或问》中被正式定格。

次年隆兴元年（1163）四月，朱熹又有一场重要的政治体验，这一年他受召赴行在，获得了与孝宗见面"登对"的机会，他向孝宗上的第一封《奏札》一上来就宣讲《大学》之道，他首先指出："臣闻《大学》之道，'自天子以至于庶人，壹是皆以修身为本'，而家之所以齐，国之所以治，天下之所以平，莫不由是出焉。"这是告诉孝宗首先当以"修身"作为主要工夫，这是一个君主实现"平治天下"理想的首要条件，那么修身工夫又应如何做起呢，朱熹接着指出：

> 然身不可以徒修也，深探其本，则在乎格物以致其知而已。夫格物者，穷理之谓也。盖有是物，必有是理，然理无形而难知，物有迹而易睹，

---

[1]　《朱子文集》卷十一《壬午应诏封事》，《朱子全书》第20册，第572页。按，据束景南《朱熹年谱长编》，朱熹上《封事》在该年八月（第282页）。

故因是物以求之，使是理了然心目之间而无毫发之差，则应乎事者，自无
毫发之谬。是以意诚心正而身修，至于家之齐、国之治、天下之平，亦举
而措之耳。此所谓《大学》之道，虽古之大圣人生而知之，亦未有不学乎
此者。①

从整篇《奏札》的基调来看，朱熹通篇强调的是"修身"以及"格物致知"，至于
修身是否可从"正心诚意"着手做起，朱熹并未明确点出。他在《奏札》的末尾
进一步强调指出若能按照《大学》工夫顺序进行实践，那么，"则意不得不诚，
心不得不正，于以修身、齐家、平治天下，亦岂有二道哉！"②在这里，诚意正心
被描述成格物致知之后自然而然的结果，这与朱熹40岁以后中年时期对《大
学》工夫的解读是一致的。

事后，朱熹在与朋友的一封书信中，对自己的《癸未垂拱奏札》第一封《奏
札》以及与孝宗会面的情景有这样一番回顾：

熹六日登对，初读第一奏，论致知格物之道，天颜温粹，酬酢如响。③
　　　　　　　　　　　・・・・・・・

看来，朱熹对自己的这场政治秀非常得意，他的意识很清楚，他跟孝宗进讲时
所强调的乃是《大学》工夫之要——"致知格物之道"而非诚意正心之论。重要
的是，他的这一观点及至晚年亦没有发生根本变化。例如绍熙五年（1194），朱
熹时年已届65岁高龄，是年七月宁宗即位，八月，朱熹除焕章阁待制兼侍讲，
十月，奏事行宫便殿，朱熹获得了最后一次向皇上进讲的机会，同样，朱熹讲的
还是《大学》，留下了一篇著名长文《经筵讲义》，其中说道：

格物、致知、诚意、正心、修身者，明明德之事也，齐家、治国、平天

---

① 《朱子文集》卷十三《癸未垂拱奏札一》，《朱子全书》第20册，第631—632页。
② 同上，第632页。
③ 《朱子文集》卷二十四《与魏元履书》，《朱子全书》第21册，第1082页。按，在这封书信中，朱熹
还回顾了自己第二及第三封《奏札》："次读第二奏，论复仇之义；第三奏，论言路壅塞，佞幸鸱张，则不
复闻圣语矣。"（同上，第1082—1083页）书中，朱熹还透露了他对时局的悲观看法："和议已决，邪说横
流，非一苇可杭。"（同上，第1083页）

下者,新民之事也。格物致知所以求知至善之所在,自诚意以至于平天
下,所以求得夫至善而止之也。……物格而后知至,知至而后意诚,意
诚而后心正,心正而后身修,身修而后家齐,家齐而后国治,国治而后天
下平。(臣熹曰物格者,物理之极处无不到也,知至者,吾心之所知无不
尽也。知既尽,则意可得而实矣,意既实,则心可得而正矣。)臣谨按此
覆说上文之意也。物格者,事物之理各有以诣其极而无余之谓也,理之
在物者,既诣其极而无余,则知之在我者,亦随所诣而无不尽矣。知无
不尽,则心之所发可一于善而无不实矣。意不自欺,则心之本体可致其
虚而无不正矣。心得其正,则身之所处可不陷于其所偏,而无不修矣。
身无不修,则推之天下国家亦举而措之耳。岂外此而求之智谋功利之
末哉?①

可见,当朱熹在宣讲《大学》之际,他的演讲仍然严格按照《大学章句》及《大
学或问》的诠释思路,格物致知被置于《大学》的头等工夫,而诚意正心则是第
二序工夫,并没有强调格物致知与诚意正心本非两事的观点。很显然,朱熹的
宣讲受到《大学》经典义理系统之制约,他不得不按照《大学》经文的工夫叙述
脉络来讲,容不得任何题外发挥。

同年十一月,朱熹来到江西玉山,讲学于县庠,这次讲演的内容非常丰富,
但基本上抛开了《大学》的问题②,主要阐发的是他对"仁"说以及孟子的性善
学说的看法,此处不论。令人颇感兴味的是,朱熹在讲演中提到了《中庸》的尊
德性与道问学的关系问题,并发表了这样的观点:

故君子之学,既能尊德性以全其大,便须道问学以尽其小。……
学者于此,固当以尊德性为主,然于道问学亦不可不尽其力,要当使
之有以交相滋益、互相发明,则自然该贯通达,而于道体之全无欠阙

① 《朱子文集》卷十五《经筵讲义》,《朱子全书》第20册,第696—698页。
② 朱熹仅简单提及:"……但为科名爵禄之计,须是格物、致知、诚意、正心、修身而推之,以至于齐
家、治国,可以平治天下,方是正当学问。"(《朱子文集》卷七十四《玉山讲义》,《朱子全书》第24册,
第3588页)不过,朱熹并未展开讨论格物与诚意的问题。

处矣。①

据此看来，朱熹对于尊德性与道问学的主次本末关系的看法非常肯定，他认为尊德性为大为主，道问学则相应地处于为小为末的地位。尽管从原则上说，朱熹认为两者是不可偏废、同样重要的，但在最终的价值判断上，他坚定地认为尊德性要比道问学更重要。

须指出，朱熹的上述说法推翻了人们以往在朱陆之辩中得到的一般印象：似乎陆九渊专讲"尊德性"而朱熹专讲"道问学"，由此两人开辟了道学史上两条路线的重要争论。现在我们根据这篇《玉山讲义》，可以明确的一个事实是，其实朱熹心里并非不清楚，在价值判断上，尊德性为重，道问学为次，然而在为学次序上，朱熹则仍然强调道问学乃是尊德性得以实现的必要条件，因此道问学"亦不可不尽其力"。重要的是，尊德性与道问学应当是"交相滋益，互相发明"的关系而不是对抗的关系。必须看到，格物与诚意的问题，就好比是这里的尊德性与道问学的问题，两者之间的关系其实非常相似。也就是说，从轻重本末的角度看，诚意正心为本、格物致知为末，若从工夫次第的角度看，则格物致知为要、诚意正心为次。但究极而言，两者的关系应当是"交相滋益，互相发明"。

现在我们再回到政治场合，来考察一下朱熹对格物与诚意的态度。根据余英时的研究，他注意到淳熙十一年（1184）冬发生在朱熹与陆九渊之间的一个事件。是年冬，陆九渊终于有了一次与孝宗直接会面进言（称作"轮对"）的机会，陆九渊先后做了《轮对五札》。② 这件事很快传到了朱熹那里，引起了朱熹的极大兴趣，并得到了陆九渊的《奏札》，然而当朱熹读了以后，却语带揶揄地说道："但向上一路未曾拨转处，未免使人疑著，恐是葱岭带来耳。如何如何？一笑。"③ 本来，这句话可能有点朋友之间开玩笑话的味道，但是陆九渊却相当认真，以为这玩笑有点过分，于是他在回信中严肃说道："肺肝悉以书写，而兄尚有'向上一路未拨转著'之疑，岂待之太重，望之太过？"④ 那么，这里的所谓"向上

---

①　《朱子文集》卷七十四《玉山讲义》，《朱子全书》第 24 册，第 3592 页。

②　《年谱》淳熙十一年条，《陆九渊集》卷三十六，北京：中华书局，1980 年，第 496 页。

③　《朱子文集》卷三十六《寄陆子静》第 1 书，《朱子全书》第 21 册，第 1564 页。

④　同上，第 497 页。

一路"，又有何具体所指呢？余英时依据其师钱穆先生的一个推测，做了这样的断定："至于'向上一路未曾拔转'，先师钱先生疑指对语未在'正心诚意'功夫上开导孝宗，可谓洞见隐微。"[①]笔者曾在一篇旧文中指出："倘若钱、余师徒所见果然的确，则可断言'正心诚意'不惟被朱熹视为'内圣'工夫，更是被朱熹认定为'向上一路'的最高学问。"[②]现在我又有了一些新的发现，可以从朱熹文献中对于钱穆上述"推测"找到几项重要的内证，以下略作介绍，唯不能详论。

就在朱熹与陆九渊之间发生上述"不愉快"之后的若干年——淳熙十五年（1188），朱熹自己获得了一次上封事的机会，亦即著名的《戊申延和奏札》，朱熹向孝宗直谏应当做诚意正心工夫，他这样说道：

> 臣愚不肖，窃愿陛下即今日之治效泝而上之，以求其所以然之故，而于舜禹、孔颜所授受者少留意焉。自今以往，一念之萌，则必谨而察之，此为天理耶，为人欲耶？果天理也，则敬以扩之，而不使其少有壅阏；果人欲也，则敬以克之，而不使其少有凝滞。推而至于言语动作之间，用人处事之际，无不以是裁之。知其为是而行之，则行之惟恐其不力，而不当忧其力之过也；知其为非而去之，则去之惟恐其不果，而不当忧其果之甚也。……如此则圣心洞然，中外融彻，无一毫之私欲得以介乎其间，而天下之事将惟陛下之所欲为，无不如志矣。[③]

这是要求孝宗存天理去人欲、做一番"知其为是而行之""知其为非而去之"的为善去恶之工夫。显然，这属于诚意正心的道德实践，已是非常明显的事实。

有趣的是，朱熹弟子黄榦在《朱子行状》中亦摘录及此（自"窃愿陛下"至"无不如志矣"），并记录了一则轶闻："是行也（引者按，指朱熹出任江西提刑），有要之于路，以'正心诚意'为上所厌闻，戒以勿言者。先生曰：'吾平生

---

①　余英时：《朱熹的历史世界——宋代士大夫政治文化的研究》，北京：生活·读书·新知三联书店，2004年，第434页。

②　参见拙文：《对"内圣外王"的一种新诠释——就余英时〈朱熹的历史世界〉而谈》，《国学学刊》2010年第2期，第81页。

③　《朱子文集》卷十四《延和奏札五》，《朱子全书》第20册，第664—665页。

所学,止有此四字,岂可回互而欺吾君乎?'及奏,上未尝不称善。"①这里所谓的"要之于路"当是指当道的一位重要官员,他究竟是谁,则不重要,重要的是,朱熹的那段自白:我平生所学只有正心诚意"四字"。尽管这段自白似乎与王阳明"吾平生讲学,只是'致良知'三字"②这一思想宗旨的自我表白不可同日而语,但至少可以说明这是朱熹明确地将"正心诚意"视作自己平生学问关注之重点所在。那么有何证据可以说明这一点呢,其实以朱熹易箦前三日仍在修改"诚意章"为例,便足以证之。不过,关于黄榦传闻"以'正心诚意'为上所厌闻,戒以勿言"是否可信,似尚可一辨。我从余英时书中偶尔读到一则史料,可释此疑。约在淳熙十五年(1188)楼钥(1137—1213)有一篇题为《论道学朋党》的奏议,其文略曰:"比年以来,曰执中、曰克己、曰谨独、曰正心诚意,往往有所讳而不敢言。人主躬行此道于上,而士大夫反讳言于下。试考之十数年间章奏,无虑千万,未闻以一语及此,而又相戒以毋言。"③此处末句"相戒以毋言"最值得留意,竟与黄榦转述"戒以勿言"正心诚意之说法如出一辙。据此,黄榦之转述乃是当时之史实而无疑,而朱熹则显然是有意反其道而行之。

同年数月后的十一月,朱熹又有《戊申封事》,其中朱熹又明确指出"陛下之心"乃是"天下之大本",因此"人主之心"的正与不正,关涉到天下之事的正与不正,诚非同小可,朱熹说:

> 然天下之事所当言者不胜其众,顾其序有未及者,臣不暇言,且独以天下之大本与今日之急务深为陛下言之。盖天下之大本者,陛下之心也。……臣请昧死而悉陈之,惟陛下之留听焉。臣之辄以陛下之心为天下之大本者,何也?天下之事千变万化,其端无穷而无一不本于人主之心者,此自然之理也。故人主之心正,则天下之事无一不出于正,人主之心不正,

① 《朱子全书》第27册,第546页。另参见《语类》卷一〇七李闳祖记,所录多为朱熹与孝宗讨论地方政务以及选贤任能等事,却一言未及"正心诚意"语。

② 《寄正宪男手墨二卷》,《王阳明全集》卷二十六,第990页。

③ 楼钥:《攻媿集》卷二十,转引自余英时:《朱熹的历史世界》上册,第340页。余先生入木三分地分析道:导致这一现象的根本缘由在于当时朝野已有一种氛围,以为正心诚意之类的经典词语为道学家所常用,故而一旦使用这类词语便有"道学"嫌疑,于是,其"政治前途便会受到很严重的负面影响"(同上)。这是形成"相戒以毋言"之风气的一个合理解释。

则天下之事无一得由于正。……是以古先圣王兢兢业业，持守此心，虽在
纷华波动之中、幽独得肆之地，而所以精之一之、克之复之，如对神明，如
临渊谷，未尝敢有须臾之怠，然犹恐其隐微之间或有差失而不自知也。①

细读朱熹此奏，我们不免为他的大胆直言而深深感慨，其用词沉痛激昂，兼而
有之，他苦苦劝说孝宗"天下之大本者，陛下之心也"，并教导孝宗当以"十六
字心诀"中的"惟精惟一"及孔子"克己复礼"为主要工夫，才能实现"人主之
心正"。日后朱熹在为《戊申封事》这一段落下注时，具体指明"正心诚意"之
学便是三代圣人之学，其经典出处就在于儒家经典《周礼》一书当中：

　　臣窃见《周礼·天官·冢宰》一篇乃周公辅导成王垂法后世，用意最
深切处，欲知三代人主正心诚意之学，于此考之可见其实，伏乞圣照！②

　　如果说上面所引资料均属政治文献，因此有其特殊性，那么我们不妨来引
用朱熹书信中的一段话，其中他将正心诚意提到了"天下万事"之"大根本"的
高度，是人主平治天下的根本工夫，他说：

　　熹常谓天下万事有大根本，而每事之中又各有要切处。所谓大根本
者，固无出于人主之心术，而所谓要切处者，则必大本既立，然后可推而
见也。……此古之欲平天下者，所以汲汲于正心诚意以立其本也，若徒言
正心，而不足以识事物之要，或精核事情而特昧夫根本之归，则是腐儒迂
阔之论、俗士功利之谈，皆不足与论当世之务矣。③

---

① 《朱子文集》卷十一《戊申封事》，《朱子全书》第 20 册，第 590—592 页。
② 同上，第593页。按，次年淳熙十六年（1189），朱熹在《己酉拟上封事》中同样指出："臣闻天下之
事，其本在于一人，而一人之身，其主在于一心，故人主之心一正，则天下之事无有不正，人主之心一
邪，则天下之事无有不邪。……是以古先哲王欲明其德于天下者，莫不壹以正心为本。"（《朱子文集》卷
十二《己酉拟上封事》，《朱子全书》第 20 册，第 618 页）
③ 《朱子文集》卷二十五《答张敬夫》第 3 书，《朱子全书》第 21 册，第 1112—1113 页。按，作于乾道
六年（1170）。

　　至此我们已可断然指出，若从政治文化的角度看，由程至朱，当他们在面对君主，向君主劝导工夫实践之际，他们都拥有一股"正君心"的勇气，而且他们也一致认为，君主所应实行的第一序工夫恰恰应该是正心诚意。诚然，在他们看来，作为士大夫或许应当按照《大学》的工夫程序，从格物致知做起，然后自能实现意诚心正，然而作为一国之君主则有必要从正心诚意做起，必须以正心诚意之内圣工夫为天下建立道德楷模，至于平治天下等外王事业则是随后而至之事，相反，如果要求人主"精核事情而特昧夫根本之归"，这在朱熹看来，无疑是"腐儒迂阔之论、俗士功利之谈"。

　　最后，我要用另一段史实来试加说明朱熹劝人主以正心诚意为首要工夫的想法另有强烈的政治意图。我们若读过《朱熹的历史世界》一书①，大都知道朱熹晚年于淳（熙）末绍（熙）初开始与官僚集团围绕政治思想史上的《尚书·洪范》"皇极"概念发生了一场重要争执，我们撇开其中具体字义诠释的是非问题，就朱熹的解释来看，便可充分了解，朱熹釜底抽薪般地推翻了孔安国《传》以来释"皇极"为"大中"的主流观点，而竭力主张以"君"释"皇"、以"极至"或"标准"释"极"之良苦用心在于：劝导人主以身作则，为天下树立道德典范，故其释"皇极"曰："此是圣人正身以作民之准则。"②所谓"正身"，用朱熹在另一场合的说法，就是"正心修身"，朱熹在绍熙初年（1190）给门人梁琭（字文叔）的一封书信中便已指出："'皇极'之说，来说亦得之。大抵此章'皇建其有极'以下，是总说人君正心修身，立大中至正之标准以观天下而天下化之之义。"③至此已很明确，在朱熹的理解当中，《洪范》"皇极"概念正是要求人主实行正心诚意修身之工夫而无疑，除此之外，不能有其他的解释。④

---

　　① 参见余英时：《朱熹的历史世界——宋代士大夫政治文化的研究》，第12章"皇权与皇极"，第808—844页。

　　② 《语类》卷七十九，第2045页。按，此条为廖德明，字子晦，癸巳（1193）以后所闻。

　　③ 《朱子文集》卷四十四《答梁文叔》第2书，《朱子全书》第22册，第2025页。按，据余英时，此书约作于绍熙初年（1190），参见氏著：《朱熹的历史世界——宋代士大夫政治文化的研究》，第823页。

　　④ 参见朱熹：《皇极辨》，《朱子文集》卷七十二。按，《皇极辨》作于庆元二年（1196）。又按，例如朱熹弟子蔡沈（1167—1230）在其著《书集传》中，便恪守朱熹所释"皇极"之义而不敢越雷池半步，其释"皇极"曰："皇，君。建，立也。极，犹'北极'之极。至极之义，标准之名。"（钱宗武、钱忠弼整理：《周书·洪范》，《书集传》卷四，南京：凤凰出版社，2010年，第143页）此处解释几乎尽出自朱熹。

　　至此可见，以诚意正心之工夫要求人主以身作则，毋宁是朱熹在政治场合上的一种态度。但是我们也必须指出，朱熹在几次上封事及论对时的态度并非一致，有时他仍然要求人主以格物致知为工夫之首，而有时却强烈要求人主须先着手正心诚意之工夫。这就说明，如果我们对朱熹的《大学》诠释既有政治上又有学术上的因素做一综合的考虑，或许可以说格物诚意"不是两事"而应对此做统一之把握的观点才是朱熹心中的真实想法。然而如何真正做到这一点，其实在朱熹的工夫论述中仍有一些问题有待解决，关于这个问题，我们留待下面的结语中再来略加讨论。

六　结语：几点讨论

　　综上所述，在朱熹庞大的哲学体系当中，除了理气心性等本体问题、宇宙问题的理论建构以外，应当说，朱熹所建构的一套工夫论思想体系也十分庞大，其重要性绝不亚于其对本体论、宇宙论的思想建构。就他所看重的《大学》经典而言，朱熹几乎倾其一生注力于这部经典的诠释工作，足见《大学》一书对于朱熹工夫论的思想建构具有十分重要的意义。其中，格物论与诚意论始终是萦绕在朱熹心头的两大问题，故他有时说"格物最难"[1]，有时又说"莫难于诚意"[2]，便是他这一心境的写照。而朱熹将《大学章句》看作是自己一生最为重要的注释工作，也不是没有理由的，因为他的工夫论的主要建构几乎都与《大学》诠释有关。他在《大学章句》以及《大学或问》和晚年的《经筵讲义》当中，严格按照《大学》经文的义理脉络，坚持强调格物致知是《大学》第一义。但是，朱熹的工夫论述绝非这么简单，他所要面对的问题其实非常繁复，其中最为关键且重要的便是格物与诚意、涵养与致知或居敬与穷理的关系问题。

　　我们知道，在朱熹的工夫论述中，他还曾经强调"居敬"是儒门彻上彻下的工夫，甚至被提到了"圣门第一义"的高度，但是饶有兴味的是，朱熹拒绝将

---

　　① 《语类》卷十五，第285页。
　　② 原为朱熹引周舜弼语："《大学》之道，莫切于致知，莫难于诚意。"（《朱子文集》卷五十《答周舜弼》第10书，《朱子全书》第22册，第2336页）想必这也是朱熹所能认同的观点。

"敬"字纳入他的《大学》诠释当中，特别是他所做的《格物补传》并未采纳居敬思想。根据朱熹自己的解释，如果这样做，是不符合传统的经学解释之手法的，然而这只是表面的理由，更深一层的原因却在于：朱熹在经典诠释问题上，他坚持严守经典本身的义理脉络而不愿越雷池一步。在朱熹看来，居敬涵养原本属于小学阶段诸如"洒扫应对"之工夫，而到了大学阶段则应从格物致知做起，这是儒家圣人在《大学》经典为何省略居敬涵养而直接从格物致知讲起的根本原因。

然而，工夫论述固然需要以经典为支撑，不能游离于经典之外而胡乱发挥，但是作为一位思想家在建构自己的一套工夫理论之际，必须充分注意到各种工夫论述的自足圆满性，而不能彼此之间发生龃龉冲突。由此以观，我们不得不说，到底是坚持格物致知是工夫第一义，还是坚持居敬涵养是工夫第一义，就应当对此做出必要的理论说明。在我们看来，朱熹在这一问题上，并没有给我们做出充分的解答。事实上，当朱熹将涵养须用敬、进学则在致知看作是工夫论域中两条腿走路的方针之际，就将导致这样一种理论后果：即便这两条腿走路不至于互相打架，但是最终涵养居敬与进学致知究竟孰先孰后、孰本孰末的问题，始终是朱熹不得不面临的一大难题。从原理上看，朱熹也知道两者应当是互相发明的关系，但从现实上看，朱熹不得不从《大学》工夫论的立场出发，始终强调格物致知在先诚意正心在后，而居敬涵养却被解释成小学一段工夫，其结果使得所谓圣门第一义的居敬工夫未免旁落。[1] 不得不说，这是朱熹整套工夫论述中所遇到的一大理论难题。

当然，我们也充分地关注到，当朱熹将《大学》工夫作为一整套系统来看的时候，朱熹十分清楚地意识到，格物致知、诚意正心一直到修身齐家、治国平天下，乃是彼此层层相扣、互相不可或缺的重要环节，若用朱熹有关知行问题的表述来看，这叫作"知行同时并进"——亦即互相之间都以对方为自身的必要

---

[1] 当然，朱熹之"敬论"所涉义理并不简单，笔者曾在拙文中指出："要之，朱熹所关注的始终是人心意识的现实状态及其分解状态，如何就现实当中扭转人心的错误走向乃是其思想的核心关怀，故他要求通过层层下就的脚踏实地的居敬工夫以解决如何上达天德、实现心理合一的问题，由此看来，朱熹之主敬亦在另一层面开辟出一条工夫入路的途径，亦不失为儒学的一种理论形态。"（《敬只是此心自作主宰处——关于朱熹"敬论"的几个问题》，《哲学门》总第22辑，第55页）

条件，彼此之间可以实现同时并进。此处所谓"同时并进"，我们可以朱熹的知行观来进行参照，尽管格物与诚意的关系问题是否可以套用知行概念模式来进行解释需要谨慎，然而朱熹自己也的确做过这样的比喻：

> 如格物、致知、诚意、正心、修身五者，皆"明明德"事。格物、致知，便是要知得分明；诚意、正心、修身，便是要行得分明。若是格物、致知有所未尽，便是知得这明德未分明；意未尽诚，便是这德有所未明。……〔僩〕①

在这里，朱熹将格物致知比作"知"，而将诚意正心修身比作"行"，这个提法应格外注意。又如，我们不妨重引一次上引朱熹《答曹元可》的一段话，其中讲得更明确："为学之实固在践履，苟徒知而不行，诚与不学无异。然欲行而未明于理，则所践履者又未知其果何事也。故《大学》之道，虽以诚意正心为本，而必以格物致知为先。"②很显然，道德践履属"行"而格物致知属"知"，由于知在行先，若欲行而不明于理，则践履为不可能，故诚意正心虽为《大学》之本，但工夫次第必以格物致知为先。再如，朱熹在解释"知至至之"和"知终终之"这两个概念时，也套用知行这对概念，指出行有赖于知，知亦有赖于行，《大学》以格物致知为始，但并不等于说在致知之前可以不要"行"（涵养践履），如果说我们必须要等到"知"实现之后才可"行"，那么日常生活中的"事亲从兄、承上接下"这类人生不能"一日废者"的道德践履也可以"暂辍以俟其至而后行哉"！朱熹说：

> "知至至之"，则由行此而又知其所至也，此知之深者也；"知终终之"，则由知至而又进以终之也，此行之大者也。故《大学》之书，虽以格物致知为用力之始，然非谓初不涵养履践而直从事于此也。……若曰必俟知至而后可行，则夫事亲从兄、承上接下，乃人生之所不能一日废者，岂可谓

---

① 《语类》卷十四，第264—265页。另可参见《朱子文集》卷四十二《答吴晦叔》第9书，《朱子全书》第22册，第1914—1915页，按，作于乾道八年（1172）。

② 《朱子文集》卷五十九《答曹元可》，《朱子全书》第23册，第2811页。

吾知未至而暂辍以俟其至而后行哉？①

至此可以明确，朱熹确有一种想法，将格物与诚意的问题看作犹如知行关系问题一样，两者不可分离。也正由此，与知行并进、知行相须的思考模式相同，朱熹提出了格物致知与诚意正心"不是两事"的重要观点。我以为，这才是朱熹工夫论思想中的终极之论、出彩之处。

但是，我们却仍然要追问：格物与诚意"不是两事"如何可能？换言之，格物与诚意"同时并进"如何可能？朱熹自己也承认，《大学》经文中的"知止而后意诚"的这一转进"较难"，也就是说，在朱熹的意识中，他所关注的仍然是由格物致知向诚意正心如何转进的问题。至此就充分可见，事实上，朱熹对于格物与诚意不是两事的命题仍需要进一步论证。或许在朱熹看来，格物与诚意不是两事，只是一种原则上的设定，或者说这只是一种理论上的理想状态，一旦落在具体的工夫次序上看，格物致知仍然是诚意正心的前提条件，理论上的终极之论并不能在具体的工夫实践过程中发挥其重要作用。也正由此，所以朱熹到其最晚年绍熙五年（1194），是年宁宗即位，十月，朱熹受诏进讲《大学》时，仍然在重复强调格物致知在先而诚意正心在后的观点。②只是在某些政治场合，朱熹的观点又有一些重要变化，突出了正心诚意的重要性，他一方面仍然相信对于君主来说，格物致知依然不可或缺，然而在另一方面，朱熹又坚持认为诚意正心对于君主而言才是落实工夫的关键，并坦言"吾平生所学，止有此四字（引者按，正心诚意）"。

总之，朱熹所建构的一套工夫论思想具有一定的复杂性、歧义性，其中也包含着一些有待解决的问题，主要有以下两点：

第一，就《大学》的工夫程序来看，格物致知断然在诚意正心之前，只有先做到物格知止，然后才能实现意诚心正。这是朱熹《大学》诠释的基本立场、核心观点。但是这样一来，诚意正心的工夫变成了格物致知实现之后的一种效

---

① 《朱子文集》卷四十二《答吴晦叔》第 9 书，《朱子全书》第 22 册，第 1914—1915 页。

② 按，朱熹在宣讲中仍然按照《大学章句》的诠释思路，将格物致知置于工夫的首位，这与他向孝宗即位之初所上封事的说法相似，而与孝宗晚年朱熹多次所上的封事中将正心诚意置于工夫之"大根本"的讲法则有所不同，参见《朱子文集》卷十五《经筵讲义》，《朱子全书》第 20 册，第 696—697 页。

验，而诚意正心作为工夫本身，也就失去了实质性的意义，不得不说，这是朱熹工夫论思想中所存在的一个矛盾。因此，尽管朱熹有时也意识到涵养与穷理应是"互相发"的关系，并提出"反身穷理"的重要观点，主张从自己切身处做起，然而朱熹这种所谓的"互相发"，只是一种原理上的设定，难以在《大学》工夫的实际操作中得以落实；至于所谓的"反身"工夫，虽然也有道德实践的含义，但是朱熹始终非常警觉这种反身工夫有可能落入内省之一途而忽略在事事物物上用功的正常入路，他对湖湘学的批判正反映了这一点。

第二，就《大学》的工夫系统来看，格物致知与诚意正心不是两事，而且由格物致知一直到治国平天下，形成了彼此不可或缺、一环扣一环的有机联系，任何一项工夫的落实推动，必然已经包括了其他工夫的实践内容，这是朱熹工夫论思想中的最为重要的观点，也是其工夫论思想中的出彩之处。然而我们也不得不说，朱熹的这个设想似乎只是向我们表明了一种理论上的可能性，至于说到现实上的可操作性，却仍然必须落实在《大学》工夫的次第上讲。

归结而言，朱熹的工夫论思想中之所以存在这些问题，其根本原因正如本文开头所说的，朱熹并不能像王阳明那样彻底放弃格物在《大学》中的核心地位[①]，因此，只要朱熹坚持格物致知为《大学》之要（工夫次序之意义），同时他又无法否认诚意正心为《大学》之本（工夫价值之意义），那么，他就无法在根本上摆脱格物与诚意究竟何者为先或何者为本这一问题的魔咒。尽管在朱熹工夫论述当中，他提出了格物与诚意不是两事这一重要观点，但是这个观点至多只是论证了格物与诚意既可两立又不可分离，至于这种不可分离性却并不意味浑然合一，两者的关系最终只能指向齐头并进、互相发明，而在齐头并进或互相发明的命题当中，显然已经有一个前提预设：格物与诚意毕竟是二元之存在。因此，就朱熹而言，格物与诚意如何得以真正贯通，这并不是一个不证自明的问题，而是一个仍然有待解决的问题。尽管如此，若就《大学》经典诠释的角度看，朱熹的《大学》诠释自成一套系统而在儒学的《大学》诠释史上自有一定的历史地位，这是不容置疑的。如果朱熹真能从尊德性为主而道问学为次的立场

---

① 当然，王阳明是否真正解决了《大学》各条工夫的融合贯通的问题，这是另一层面的问题，不是这里所能展开讨论的。

出发，由此推进，或许便能实现格物与诚意不是两事，因为朱熹自己也曾明确说过，由格物致知至诚意正心修身乃为"明明德之事"——即同为内圣工夫①，所以若能在尊德性的统领之下，则格物诚意同为明明德之事，如此才能真正实现格物与诚意不是两事的理想境地，足以建构起一套儒学工夫论的理论形态。

---

① 例如："格物致知诚意正心修身者，明明德之事也，齐家治国平天下者，新民之事也。"（《朱子文集》卷十五《经筵讲义》，《朱子全书》第 20 册，第 696 页 ）

第六章 朱子与"德性之知"

杨儒宾（台湾清华大学）

前言 有没有德性之知

本节标题所说的"有"或"没有"不是指作为哲学问题的"德性之知"到底存在不存在，笔者探讨的是理学史上出现过的一个重要概念"德性之知"引发的议题，这个问题是理学内部的议题，但很可能带有更普遍性的工夫论的内涵，所以视为哲学史视野下的议题也是说得通的。因为是理学史内部的议题，所以本节所说的"为什么"，不在讨论"德性之知"如何可能，笔者无意也无能对此概念进行超越的分析。

本节所说的"有或没有"指涉的理学史现象当是"说或没说"。"说或没说"之所以值得讨论，乃因这个概念是理学系统极核心的内涵，但在北宋之前，这个概念在儒学内部是不存在的，北宋新儒学运动展开后，张载与程颐都分别提出过这个概念，这样的现象应当重视。如果"言说"需重视，"沉默"一样也是种立场的陈述，可能更值得重视。我们发现当"德性之知"被表述出来之后，而且是经过长时期的实践与讨论之后，身为理学枢纽人物的朱子对此概念却几乎不发一语。这种有意的沉默和北宋时期的特别表述，同样地突兀，同样地显示宋代理学和之前的儒学论述有种决裂，至少是相当重要的转折，言与默皆指向了新的精神方向。

本节所说的新的精神方向指的是理学对人的图像与此图像所寄托的学问有种新的想象。众所共知，儒家奠基者孔子是不太说"性与天道"的，所以他的学生无从得闻。北宋儒学兴起后，却大力宣扬"性与天道"的学问，而且"性与天道"常被视为有内在的关系，人性的内涵即蕴有天道的消息，"德性之知"即隶属此波新兴的人性论中的一个核心概念。"德性之知"的语词牵连到几个概念，这个提法中的"德性""德性之知""圣人"都只能放在理学的脉络下理解。因为"圣人"的概念已不再只是此世的，他要介入超越界，而所谓的介入即是合一的经验，至于合怎么合，一怎么一，都是理学工夫论中有待检讨的问题。但"合一"此语确实是常见的理学语汇，"合一"的经验之理论依据要预设人有合一的能力，理学家称此核心的能力为"德性之知"，"德性之知"顾名思义，乃是人性具有的一种特殊属性的"知"，这种"知"异于一般感官的知，它由德性所发，具有切入超越界的能力。

理学脉络中的"德性之知"就像"圣人"的概念一样，它是新兴的词汇，需要依其新义理解。有关具体内容的解释，我们下文探讨各家的争议时会再细论。此处我们仅撮其核心义稍加解释，理学"德性之知"论述中的"德性"不是作为行为事件的德行，它指向先天义。"德性之知"之异于一般的知者，在于它是由先天义的德性所发用的知。至于"德性"此超越领域之物之所以有"知"可言，乃因此词语预设了"德性"具有活动义，亦即作为人的本质的道德之性具有朗现或体现的功能。"德性之知"的知不是辨识对象的认识作用，它是穿透现象事件的体现作用。从"所"一方面说，"德性之知"本来无对象可言，但总有被体现者，被体现者不是认识的对象，因为"德性之知"的认识不同于经验性之知的认识，"德性之知"所知的"德性"不是日常经验中的道德事件或道德规范，而是超越层的道德之理。"德性之知"无疑是为儒家重视的道德意识做更进一步的规定，这个规定固然属于道德意识的范围，其结果却踏入了形上学的领域。

关于"德性之知"的问题，理学家论及工夫论问题时，曾引发各种的讨论，这些讨论并没有获得足够的澄清，我们不妨再反思一番。首先，"德性之知"或"德性之知"所代表的经验之价值就曾被质疑。"德性之知"虽然常被肯定为一种可以切进更高层真实的心知，但切进此更高层经验的心灵状态到底是具有"知"的含义？还是只是一时的恍惚出神之情感状态？这个问题是引发讨论过的。其次的争议是更落实的工夫议题，争议点在是否有以"德性之知"为核心的工夫？这个议题成为一个时代的风潮的时间点有二，一是南宋朱子活动的时期,二是明中叶后王畿活动的时期。朱子自从确立"主敬穷理"双管齐下的工夫论后,即彻底反对任何直证心体的工夫法门,他的争辩自然引发了一系列的争辩。明嘉靖后,王畿(龙溪)继承王阳明的良知学,但推得更远,他主张在一种名为"乾知"的"德性之知"之上立根基,由此做工夫,也引发了同时期理学内部一系列的争辩。朱子与王畿并不常使用"德性之知"一词,朱子在主要的工夫论论辩中,"德性之知"一词甚至没有出现过,但他们的问题是不折不扣的"德性之知"的论题,笔者认为他们两人的论点可分别代表理学传统中对"德性之知"的两种思考,具有典范的意义。

一　"德性之知"的两种解读

在理学的概念系统中,"德性之知"是种另类的心知,它和现实生活世界的知构成了对照组,现实生活的知称为"见闻之知"。儒家两种知的分别始于张载、程颐,他们两人使用了类似的一套组语,但赋予这组词语的理论地位不一样,他们的用法代表两种不同的思考,对后世的理学工夫论传统都产生了很大的影响。

张载《正蒙·大心》篇言:"见闻之知,乃物交而知,非德性所知;德性所知,不萌于见闻"。"见闻之知"与"德性所知"成了一组对照的词汇。"德性所知"又可称作"诚明所知"[1],张载说:"诚明所知乃天德良知,非闻见小知而已。天人异用,不足以言诚;天人异知,不足以尽明。所谓诚明者,性与天道,不见乎小大之别者也"(《正蒙·诚明》)。张载对分"德性之知"("德性所知"不妨以"德性之知"代之)与"见闻之知",或"诚明之知"("诚明所知"以"诚明之知"代之)与"闻见小知",后一组的诚明之知/闻见小知的语式在后世较罕用,德性之知/见闻之知的语式成了典型的用法。两种知的对分在中国有悠久的传统[2],佛、道两教使用得尤为频繁,张载虽然取法《易经》《中庸》,"诚明所知"

---

[1]　程宜山主张"德性之知"与"诚明之知"不同,参见《关于张载的"德性所知"与"诚明所知"》,《哲学研究》1985年第5期,第65—68页。笔者不赞成此种论点,因张载的"识明所知"的"诚明"借自《中庸》,"诚"的地位与心体同,"明"则近乎"用"的位置。"诚明"的知与"德性"的知都是源于心体的功能,心体无二,其知在本质上也就不会有差异。

[2]　最早使用者应该思想介于儒道之间的庄子所用的"无"与"无知知"之对分。《庄子·人间世》云:"闻以有翼飞者矣,未闻以无翼飞者也;闻以有知知者矣,未闻以无知知者也。"(郭庆藩编:《庄子集释》,台北:河洛图书公司,1974年,第150页)

云云，明显地即是引《中庸》的语言介入另类之知的领域。但我们有理由相信：如果不是佛道两教中含有那么多"另类之知"的成分，这样的思想风土孕育了理学发展自己另类之知的形态，否则，"开出"之期势必遥遥无期。

张载重构儒学传统的魄力很大，毅力惊人，他自觉地将两种知的分别溯源至先秦的儒家经典。但我们如采严格的经典诠释的观点立论，实在不能不承认：先秦儒家经典有关两种知的分别其实是很淡的，后儒喜欢引为圣言量的经典文献证据，如《论语》里孔子所说的"有知、无知"，或游夏之徒的"多识"与颜回的"屡空"之对照，这些用语未必蕴含超越之知与经验之知的内容，它们的本体论差异之区隔通常是后儒（尤其是明儒）的分别所致。何以同样的工夫论，同样是依儒家教义立论，先秦儒家没有明确提及两种知之区分，汉唐儒者也没有提出此一分别，此区分要等到一千多年之后，才由张载提出来？

学者论及宋明理学的重要哲学命题，大概都无法脱离"本体"的概念立论，"本体"意味着在此世之外另有某种意义的超越界，超越界与此界的关系可以有各种的解读，但超越界之真实则是"本体"一词所蕴含。"本体"的概念蕴含只有在一种"无限的人性论"的视野下才会产生此套论述，从"无限的人性论"的立场立论，一种超越性之知之提法是很容易出现的。无疑，超越性之知是由佛道先行提出的，庄子的"无知之知"说开启了源远流长的另类知之论述，佛教的解脱论述更强化了另类知的内涵，"般若"是最容易令人想及的概念。"另类之知"是佛道超越论述下的用语，佛道在此世的经验性世界外（所谓方内），另立更高价值的超越性理境（所谓方外）；在现实的人性外，另立超越的本来性（如佛性、道性），这样的教相是相当突显的，另类之知也是在这样的背景下出现的。当理学要重新贞定儒家的核心价值时，一种相应的性命之学就被提出了，性命之学是结合个体生命与本体的一套学问，理学的性命之学被视为是佛老性命之学的对跖体系。理学家认为他们的学问同样是——甚至"才是"——可以照透人与世界本源的性命之学，儒家的经典因而是直透先天未划前的性命之书。知识的性质翻转了以后，理学的性命之学同样提供了超越性的道体、性体、心体、知体概念，超越性的知体即是"德性之知"。

超越论的语言是理学家的典型语言，张载是第一波使用此一套语言的儒者。张载的思想在理学工夫论史上占有重要的地位，他自己本人的工夫也是非常绵密的，两种知的分别乃是他的工夫论体系中的一环。张载在工夫论上的极大贡献除了提出"德性之知"的说法外，他在人性论上也提出了两种人性的区分，他在"气质之性"外，另立"天地之性"一义。"天地之性"在朱子后学的用法中，以"义理之性"的面目出现，"义理之性"乃"气质之性"的对分概念，此组对分和"德性之知"与"见闻之知"的对分是同时而来的，事实上，两组概念本来隶属同一套的工夫论的语言。当"义理之性"被视为超越的人性，而且是人与天交汇的玄奥之区时，如果它不是设准，也不是只存有的超越之理，它有活动义，那么，它即不能没有一种另类的知以起创造性的作用。作为感性直觉的见闻之知的功能建构了现象的世界；作为智的直觉的德性之知的功能则是创造性的活动，但此种创造不是创造对象，也不是物理学意义的创造，它是心体穿透表现的一种朗照。北宋儒学的一大特色在于建立一种先天义（超越义）的本体概念，在理学史上，程颐的理气二分之结构彰显超越界的面向特别明显，贡献特大。但如语其实，超越概念的建立是北宋理学的共法，张载在建立超越界与经验界的联系方面，也就是天道与性命的联系点上，笔者认为：甚至比程颐讲得还透彻。张载的"德性之知"即是性命之学的一环，它用以衔接天与人之间的本体论的裂缝。

作为性命之学的概念的"德性之知"，意指"德性"有种独特的洞鉴本体的功用，张载借用传统的语汇，称之为"神"。"德性之知"的创造是种"神"的活动："虚明照鉴，神之明也。无远近幽深，利用出入，神之充塞无间也。"（《正蒙·神化》）"神"在儒道思想中，常用以指涉道体或心体（圆融义讲，心体即道体）之用，其义犹如牟宗三先生所说的"智的直觉"，或者牟宗三先生早年曾用过的"神知"一词，张载此处的用法亦是如此。神的虚明鉴照、充塞无间，即是"神知"给予所照者一种本体论意义的存在，是"自在物"（eject）而非"对象物"（object）的存在。[①] 神的活动不落方所，亦即不属"空间"之事，所以可以"充塞无间"。在东西方的体证传统中，与至高存有同一或合一的境界通常被认为是超越时间的流变与空间的方所的，"与时空关连的图像"是检证知的性质很

---

① "eject"与"object"的对分出自海德格尔，牟宗三先生借以立论，参见氏著：《智的直觉与中国哲学》，台北：台湾商务印书馆，1987年，第24—41页。

好的测试剂。

"德性之知"不落方所，"见闻之知"落方所，就概念的划分而言，两者不能不分属两种异质性的心灵功能，一个为自在物的朗现而负责，一个为对象物的呈现而负责。然而，张载强烈主张：为落实于具体的人生活动起见，这两种知是无从切割的，也不允许切割。德性之知之"虚明鉴照"于行为事物，不能不承体起用，两知连贯，才是具体的道德实践。否则"天人异用，不足以言诚；天人异知，不足以尽明"。如前所述，张载这对联语是承续"诚明之知与见闻之知"的话语而来的，可以说是对两者关系的补语。两者的关系简而言之，乃是就概念而言，德性之知与见闻之知的性质迥然有别，因为主体的依据、作用的方式与所作用者都不相同。但就现实经验来说，没有两种知的区别，"德性之知"一定融化于"见闻之知"，两者一体呈现。张载一方面是理学的两重本体论的建构者，一方面他又是特别强调本末、体用一以贯之的"一本论"者。① 张载的一本论之说具有普遍的意义，这种架构和僧肇谈"般若"与"沤和"的关系如出一辙。大抵中国哲学传统中，带有体用论思想者，都会面临两种知的分合问题。他们大抵都主张本体论秩序上的差异，以及实践境界上的贯通，"两种知的分合"模式可视为三教共法。

除了张载外，程颐是另一位提出两种知的对照的儒者，他说："闻见之知，非德性之知。物交物则知之，非内也。今之所谓博物多能者是也，德性之知，不假见闻"②，"闻见之知"犹"见闻之知"也。程颐此段话和张载很像，二程与张载关系非比寻常，谊兼亲友，两人分别提出类似的概念，连名称都差不多雷同，表达方式也接近，因此，我们很难想象他们竟然会没有相互影响的关系。只是影响方与受影响方何人，不同的论者或者会有争议而已。北宋诸子中，程颐的学界声望特高③，张载曾向他问学，所以这个概念先发之于程颐的可能性比

---

① "一本论"经由程颢的宣扬，大白于世，但程颢的"一本论"思想其实可视为理学共法。张载思想的"一本论"格局同样明显。

② 程颢、程颐：《河南程氏遗书》（以下简称《遗书》）卷二十五，《二程集》，北京：中华书局，1981年。

③ 北宋五子中，周敦颐生前的声名不大，他的声名主要是南渡后，由湖湘学派、朱子等人宣扬出来的。邵雍、张载生前对学界的影响也不如二程，所以我们才会看到邵伯温替其父打抱不平的记载，也才会看到程颐制止学生对张程关系过度的抑扬。二程齐名，但程颐之学后来有朱子此不世出的豪儒为之彰扬，其历史影响更为深远。

较大。但在今日学界的讨论中，或许受到牟宗三先生的影响，程颐这组语言显然没有受到足够的重视。

张、程两人的用语极接近，但在后儒的眼光中，两人的思想似有差距，因此，如何分辨程颐的"德性之知"与张载的"德性之知"之不同，遂成了关键。牟宗三先生严分理学体系，为求理论内部的一致性，他不得不将程颐这组概念的内涵和"格物致知"的理论合在一起，并且和张载的用法做了切割。牟先生的析论关联文本的细部解读，精巧而烦琐，但其文理仍清楚可见。简单地说，牟先生的解读要弥缝程颐文本里的两个命题之缝隙，这两个命题一是"见闻之知"求之于外，"德性之知"则不假见闻；另一则是"格物穷理"必求之于外，且假于见闻。众所共知，牟先生将"德性之知"解作"智的直觉"，并以"人有无智的直觉"作为中西哲学分歧最关键性的因素。至于在儒学内部，牟先生认为理学中除程朱系外，其余的陆王、胡刘两系皆主人具有智的直觉之无限心之系统，在工夫论上，程朱的"格物穷理"和陆王的"致良知"说乃是不同方向、不同本质的两个系统。但恰好程颐既主张"德性之知"，又主张"格物穷理"，困难在这个地方。如果要同时肯定"德性之知"与"格物穷理"在程颐工夫论上的本质关联，那么，是否有两位彼此矛盾的程颐？或者其出入乃是早晚期的程颐之差异所致？

牟先生认为只有一位程颐，两组语言的矛盾其实只是表象，可以解释得通的。他解程颐版的"德性之知"何以既须"格物"而又能够不假见闻，牟先生说道："故依'格物'之方式以致德性之知，可以明其实能'反之于上'，盖虽'格物'，而却不留滞于物自身曲折之相，其目的是在穷究其超越的所以然之理故也。"[①]格物是要格"所以然之理"，"德性之知"所知者不是求之于外，而是求之于上，它指向了超越的目的。牟先生将程颐的"德性之知"放在主体活动的目标，而不是主体本身的性质上解释。主体本身其实仍是见闻之知，只是此见闻之知要受性理指导，且通向于物之"所以然之理"而已。程颐与张载所言之德性之知，因而是貌合神离。

牟先生的解释很曲折，但至少将"两位程颐"的可能性解消了，引文的两组

---

① 牟宗三：《心体与性体》，第 395 页。

语言并不矛盾。牟先生如此一解释，"德性之知"的格物遂和经验无涉。但连带地，此概念也和主体脱钩了。牟先生的解构工作不是偶然的，他校正程颐的"不当之主体用语"不只此处，在《心体与性体》第二册第三部分论二，论程颐的"心"概念此节处，他更作了大量的语言治疗师的工作。因为收录在这节的18条文字，多有"一人之心即天地之心""圣人之心，天也""心也、性也、天也，非有异也"之语，可以说这一小节的"心"就票面价值而言，皆是心学意义的本心，与程颢所说的语汇，其实没有两样。牟先生为求得"程朱一系"内涵的完整性，他不得不做大量的破坏性之解释工作。他认为程颐这些语言都不是决定语，要决定之，就得放在体系下定位。所以他一定要将程颐所说的"一"解释成不是同一，而是"具"之"一"，亦即前文所说的证其"所以然之理"的一，两者是异质的合一，但不是同一。

　　牟先生对程颐的理解非常精致，他严分二程两人的学问，主张二程分别代表不同的学术类型，他的二程学是理学研究史上的一大业绩。按牟先生的解释，我们可以说：牟先生之了解程颐甚于程颐之了解自己。因为程颐在程颢过世后，撰写其兄行状时，曾断然宣称自己的道与兄长程颢所追求的相同，原来他的夫子自道是严重的误解。牟先生的判断背后有个完整的理学光谱，其判断不能不说是大手笔，然而，牟先生对程颐思想动的手术未免太大了一些，这样的改造工程之规模实在不小。通常我们总希望在理路能读通的前提下，尊重作者原意，哲学的诠释越符合日常语言意义的解释越好。为免瓜蔓，笔者认为最经济而有效的方法，乃是将引文中所说的"心天为一""心理为一"之类的述词中的"心"，视为在终极境界呈现的本心。因为此时的"心"之状态是先天的，它与经验中的心之呈现模态不同，所以他给超越义的"心"保留一席之地。亦即经验界的心是气之灵之心，但心转化后，也可以有超越义。我们这样的解读既符合《心体与性体·论心篇》中大量引文的文义，而且也符合程颐曾经特别标举"心"有已发之义的心，也有未发之义的心。① 程颐这个修正很重要，笔者认为：对这个修正最方便的解释，莫过于承认：他的"心"可以指向工夫极处的

---

① 程颐云："心一也，有指体而言者，寂然不动是也。有指用而言者，感而遂通天下之故是也。"（《河南程氏文集》卷九《与吕大临论中书》，《二程集》，第609页）

一种超越境界,此境界中的心、性、天之内涵是一致的。程颐既讲"德性之知",也讲"义理之性",也讲类似"本心"的概念,这些语词接连而来,很难被解释掉的。笔者认为它们同是超越之心的状词,只是功能有别而已。因是"本心",所以这样的"心"不能以"动"形容之。至于能以"动"形容的,乃是经验世界中的"气之灵"之心,"气之灵"之心会带动另一系列的故事。程颐只将"本心"保留在超越的境界处,不能即体即用,心气一体。依笔者如此解释,"本心"与"气之灵"的心同时成立。

　　笔者所以提出此修正意见,乃因在体验的终极处——亦即悟境——有种独特的体验经验,这种经验因进入不可思议境,与世俗的任何经验绝然不同,所以此超越境被视为和日常境界是断层的。但虽然是断层的,此超越之境却是可直觉之的一种现量,所以它仍属于"主体"最深层或最边界的范围。笔者上述这种解法在东西的体证传统中都不陌生,程颐说的"不动之心"可指此境。而凡是与超越之境同等级之心之属性,如"神""德性之知"诸词语也同样只能施用于超越之境。程颐之主张"德性之知",因而可以说指的是学者在突破现实的存在状态,跃入"一"之超越之境时的心灵动能。程颐的"德性之知"特地保留给超越境界的本心使用,他的用法和张载的"大小之道具合为一"或"天德良知与见闻之知合流"的用法成了强烈的对照。

　　两相对照,我们发现:首先,张载、程颐两人使用"德性之知"皆指向超越义的心体之属性,张载固然如此,程颐使用"德性之知"也不当例外。程颐使用语言很精确,"德性之知"一词只能指此知是"德性"所发,就像"见闻之知"的知是由耳目之"见闻之感官"所发一样。"性即理"是程颐所下的著名定义,"德性"也是"理",如果我们依牟宗三先生"存有而不活动"的语式解释"性",那么,"德性之知"的用语根本是违法的,因为它违反了程颐自己的界定,"性理"怎么可以有活动义,即使是某种特殊心知的活动义?结合"德性之知"一词及"心、性、天一也"之类的命题,然后放在程颐"理气二分"的架构下考虑,笔者认为最方便的解释就是:程颐将超越性语汇(含"德性之知")保留给终极体验境界的层次使用,它下不来,一下来之后的"知"即是见闻之知。

　　笔者相信张、程两人对"德性之知"理解的差异,不当在此知是否具有"本体"义,而是"德性之知"除了向上突破,进入性天相通之境的功能外,它能否贯穿下来？张、程两人给的答案显然是不同的。程颐将"德性之知"保留在性天相通的超越之境，著名的"未发"之境庶几近之。至于落实到现实世界来，"知"则仅能是"见闻之知"，其工夫只能落在"格物穷理"与"主敬"上面，因为此际的心灵并非直贯而下之本心。至于张载，他主张德性之知下贯到见闻之知，大小之知浑合而一，才是工夫究竟。程颐为分别说，张载则为非分别说。

张载与程颐是理学家中首度揭举"德性之知"与"见闻之知"的法匠，两人对"德性之知"的解释虽有出入，但一重融通义，一重超越义，它们各代表一种类型，两种类型对后世都有影响。张载对"德性之知"的超越义与圆融义皆有说明，所言非常透彻，其论可谓圆照。程颐所言其实也具有相当的普遍性，我们如果将它放在宗教义的心性经验来看，其特色更明显。"德性之知"的超越义与圆融义都可成说，在后世引发了理学史两期有关"德性之知"的著名论辩，这两场论辩虽然名目不同，但实质内涵皆指向"德性之知与工夫论"的关系。讨论这两场争辩的论著虽多，新义时出，但待发覆之处似仍有之，我们下文将择要检讨之。

二 真知或幻象

程颐与张载使用"德性之知"一词时，虽然一重此语的工夫终点之超越义，一重工夫下回向时的具体圆融义，但圆融不能不预设超越的分解，两人其实都预设了一种更高层次的"知"的用法。而且正如前文所示，这种更高层次的"知"是更高层次的人性（所谓义理之性）的属性。它们之所以属于更高层次，乃因它们被视为属于"道"的层次，更确切地说，它们属于"先天"层。相对于高层的"德性之知"，低层的知则是"见闻之知"，"见闻之知"是"气质之性"的属性，它们同属于形下界之物。笔者这里使用"高层""低层"的价值判断，当然是依概念的分析。如圆融而论，当然没有高低上下之别。很明显地，儒家的强烈人伦关怀使得两种知的本体论区分以及价值高低之安排不能不以贯通论的形式表现出来。

由于先天／后天、形上／形下涉及了精微的心性经验，概念划分困难，所以两层世界的关系不能不成为理学系统中常起论辩的老议题，但异中有同，就张、程两人来说，"德性之知"的真实以及它可以获得一种更高的真实，所谓"诚明"即是，他们都是确信无疑的。然而，反对的声音也不算少。对于脑中没有两层存有论划分图像的儒者来说，"德性之知"之类的提法可谓空穴来风，是理学家投降于佛老的铁证。对严分理气的朱子学者来说，"德性之知"这类特殊的直觉之知既非理论所必要，而且对德行来说可能还会带来相当大的破坏作用，所以他们通常也不承认它的存在。

在理学史上，儒者对"德性之知"的质疑通常是连着两重世界的划分而来，对不承认此两重世界划分的儒者来说，"德性之知"就像"悟""义理之性"此类语言一样，同属非法的用语，不合儒家义理。落在工夫上讲，即使这类儒者真有恍然一悟的经验，这种经验通常也被认为和道德是不相干的，甚至是有害身心的。我们很容易想到颜元、伊藤仁斋的故事，他们在年轻时都曾做过心上工夫，调气、静坐，恍惚有见。后来对此段经验的解释却是相当负面，他们的这趟修行之旅在后来竟蜕变成了悔过之旅，因此也是分手之旅，他们的思想从此走向了与超越层断裂的人伦日用的儒学。

颜元、伊藤仁斋的例子因已不属于理学范围内的例子，所以我们可以不予讨论，但罗整庵的例子我们不能不正视。罗整庵是明中叶的理学大家，有明一代代表性的朱子学者，他提出修正的朱子学论述，力反陈白沙、王阳明的心学。不但言论上如此，他还曾以身试法，再以身说法，并以此次的体验为例，证明"恍然而悟"之不可靠。我们前文已说过，"悟"的可能性是和"德性之知"连接在一起的，"悟"是与道合一的状态之指示词，"德性之知"则是此状态之得以成立的主体之条件，否定"悟"的正当性等于否定"德性之知"的正当性。我们且看他的第一人称的报道如下：

昔官京师，偶逢一老僧，漫问："何由成佛？"僧亦漫举禅语为答，云："佛在庭前柏树子。"愚意其必有所谓，为之精思达旦，揽衣将起，则恍然而悟，不觉流汗通体。既而得禅家《证道歌》一编，读之，如合符节。自以为至奇至妙，天下之理，莫或加焉。后官南雍，则圣贤之书，未尝一日去手。潜玩久之，渐觉就实，始知前所见者，乃此心虚灵之妙，而非性之理也。自此，研磨体认，日复一日，积数十年，用心甚苦。年垂六十，始了然有见乎心性之真，而确乎有以自信。①

这一则例子是程朱学派（其实是朱子学派）学者对"悟"，其实也就是对某种定义下的"德性之知"的指控。罗整庵的指控是源于朱子学的立场，很有代表性。从朱子学的观点看，"悟"这类的经验总是杳杳茫茫，它只是一种情绪性的经验，或者说：等同于情绪性的经验，靠不住的。至于朱子是不是承认有"心体朗现"的经验，这样的经验是否可称作"悟"，那是另外一回事。②

罗整庵的解释是依朱子学立场说的，但没有"天道性命"意识的儒者也很能接受他的论点；换言之，朱子学学者和反理学学者在反"德性之知"这点上面，两者居然是联手的。然而，"德性之知"所引发的"悟"此种经验，以及此种经验的依据之"德性之知"所朗照之"物"，真的只有情绪的内涵，而没有"真实"义，或某种意义下的"知识"义吗？

有关"知识"与"真实"的内涵，容当再细论。然而，"德性之知"引致的悟觉经验之内容并非幻象，这是有经历此种经验的儒者相当一致的共识。所谓共识，如果我们采融贯说或一致说的解释，就是当事者有此信念，而且有类似经验的儒者不约而同，发出了接近的报道。我们且看下列的证词：

> 超然见大体，皎日破重阴。重新邹鲁传，挽回韶濩音。当年不自勉，与物终埋沉。神龙倏变化，岂复顾泥涔。③

> 偶一事相提触，亟起旋草庐中，始大悟变化云为之旨，纵横交错，万变虚明，不动如鉴中象矣。学不疑不进，既屡空屡疑，于是乎大进。④

> 甲午秋九月廿二日予左目发瞖。人曰：耽书过思故也。遂屏事齐居，

---

① 罗顺钦：《困知记》卷2，台北：艺文印书馆，1966年，第4—6页。
② 笔者认为是有的，朱子在《格物补传》所说的"豁然贯通"就是悟的境界。
③ 张栻：《再用前韵》，《南轩集》卷1，台北：广学社印书馆，1975年，第8页。
④ 参见杨简：《宝谟阁学士正奉大夫慈湖先生行状》，《慈湖先生遗书》，山东：山东友谊出版社，1991年，第918—919页。

焚香静坐。十月六日中夜熟寐而觉,忽忆邵子诗二句:"宝鉴照形难隐发,鸾刀迎刃岂容丝。"已觉心体莹,念虑俱泯,广大无际。是后值儿汲生辰,三日中处俗务,待拜客,从容和豫,各有条法,无用排置,仆有过亦不动怒。因知《大学》所云:定静安一节,主本也;虑自居一节,研几也。静而无虑,用鲜不谬。盖天命我者,无物不具,故我率天者,无功不周。是月九日壬寅纪。①

昔者,先生读濂洛诸子而有感,闻甘泉子、阳明子而益愤。先生之乡传阳明子之说而以告者多矣。先生置而求诸心,静居道林者几十年。其一旦而悟也,若驾白日,凌大虚,与元化升降乎八纮之中,往来乎十二万九千六百年之上下。然后叹曰:"斯其孔氏立己立人、达己达人之心也夫,斯其羲农尧舜之所以为羲农尧舜也夫。夫其生生不息之机则固在一动一静之间,不可诬也。"②

上述四则引文,一出自张栻(1133—1180),一出自杨简(1141—1225),一出自崔铣(1478—1541),一出自蒋信(1483—1559)。两位宋儒,两位明儒,杨简与蒋信是陆王学派中人,他们两人都是心学传统中著名的悟道者,学界对他们的例子当然不会陌生。崔铣的学派意识不强,勉强说来,他或许可算是广义的王学中人。然而,张栻是朱子畏友,他们的思想在经过彼此长期的磋商后,后来渐趋一致,可是张栻的文献中却不时可以见到他对"超然见大体"的肯定。张栻与崔铣其实都不该列入程朱陆王的范围,但他们都有性命之学的要求。我们抽样地以这四人作为理学人物的代表,这样的抽样应该算是蛮公平的。

这四人的叙述(其中蒋信部分,是学者对他的引述)都涉及了"悟"的经验,也就是一种突如其来的一体之感,更重要的是,他们对这种一体之感的真

---

① 崔铣:《崔氏洹词·附录》卷4《记我》,《四库全书存目丛书》,台南:庄严文化事业公司,1997年,第66页。

② 蒋信:《蒋道林先生文粹》卷4《林南记》,《四库全书存目丛书》集部第96册所收明万历四年姚世英刻本,济南:齐鲁书社,1997年,第60页。

实性相当确信,崔铣甚至将"悟道"的时辰都写出来,显示有作为见证的用意。这四人不但相信所证为真,而且此真的层级相当高,他们相信羲、农、尧、舜的学问在此,孔、孟、邹、鲁之传的奥妙在此。何以一种独特的心性经验,会给他们带来这么大的自信?我们几乎可以确定的,即使这四位大儒平素洗心澄怀,深造自得,但他们之前未必曾有过此类的体验,孤例何以证成"知识"?人的心灵经验内容常是不可靠的,今人固然知道心灵的内容常是可以被导引出来的,它或是久已掩埋的前尘往事,或是被植入的集体幻象,古人又何尝不知?他们的自信不知从何而来?

我们举这四个例子旨在显示:当学者处在悟觉经验的时刻时,当事者对这种经验的真实性是确信不疑的,要不然,他们不会将这种经验和儒门圣典的叙述比较而观。然而,我们也不得不承认:在理学家的案例中,确实也有少数如罗整庵的例子一般,他们在觉悟的刹那,更确切地说,当是觉悟后不久的追忆,他们当时相信所体证者是真实的。然而,经过一段长时期后的反思,反而会认为自己当初所证者仍不够确实。笔者认为这类型的例子主要见于朱子学者,或受朱子影响甚深的学者。在朱学的系统下,对于任何非经长期主敬穷理过程所得的证悟,都是被视为"禅"的,而"禅"在朱学的用语中即是"异端""莽裂",一种错误的伪知识。

笔者相信朱子学者或准朱子学者对这类经验的解释是后来因理论的制约而再度诠释出来的,未必符合悟的经验本身。笔者不是说:体证者所述说的"悟"之经验的叙述都是真的,而且具有更高层的真实的意义,其中完全没有虚假或情绪泛滥的成分。事实当然绝非如此,这种不带真实义的心灵经验肯定是有的。宋明时期装神弄鬼的巫风还颇盛的,即使今日世界中仍然很盛。就算宣称有此体验者不是以敛财为生的神棍,但任何意识变形的经验或潜意识、无意识浮现为意识的经验,如何区别真伪,本来就不是一件容易的事。

但是我更相信正因朱子对"悟"的经验已有明确的定位,所以后世的朱子学者的理论不能不受到朱子有形无形的影响,他们自行调整过的论点反过来会不断渗透到对原初现象的解释。事实上,除了广义的朱子学者外,有悟觉经验的儒者对于此经验的真假并不是没有检证的标准。我们不会忘了:理学时代也是中国学术史上师友之道最发达的时代,理学家对性命之学的追求是在团体的氛围中成长的，他们内在生命的成长是和师友互动、切磋、印证中产生的。上述四位见证者的报道几乎都在师友之间得到过印证，杨简之于陆象山，蒋信之于湛甘泉，就是最明显的例证。证悟经验是独特的，但不是私密到不可沟通。就像我们一般不会质疑"他者之心"的存在，人的"共在"性格是人的本质性定义。对体证导向的团体成员来说，他们的经验的有效性也是在共同文化的氛围中得到印证的。从事性命之学的团体成员固然不能说没有集体幻象或自我欺骗的可能，但就可理解的生活世界的运作而言，我们很难怀疑这种集体的一致性或交互的承认性的作用。

如果"德性之知"意指一种本体之知，那么，凡是没有主张人的无限性，也就是没有主张天道性命贯通的宗教都不会有"德性之知"的概念，这是狭义的用法，哲学命题的语言。然而，如果采广义的用法，"德性之知"意指人可以达到万物一体的境界，此境界为意识的直觉所证，此处的体证功能可称作广义的"德性之知"。换言之，如果一种体证天地万物一体的经验在其他传统也有的话，也就是如果宗教体证经验中的冥契论（mysticism）是普遍的话，那么，类似良知或般若知的说法，在别的传统中未尝不会出现。笔者这里所以并列哲学命题的狭义用法以及证体经验的广义用法，乃因对作为工夫论语言的"德性之知"的理解不可能脱离体证的脉络。

冥契经验不免令人联想到狂喜的心灵状态，如果"冥契论"一词译作"神秘主义"的话，这样的联想就更容易产生了。事实上，我们也都知道甚至都见过当事者陷入非意识所能控制的自发状态，如扶乩或精神病患的状态。然而，典型的中国式冥契经验恰好是反酒神式般的激情作用，如果说个中境界有情感的因素的话，这种情感毋宁是种另类的情感，此另类的情感如佛教所说的"常乐我净"的"乐"或庄子所说的"至乐无乐"之义，这类平淡之情不带有情绪的内涵。不仅如此，这种超越状态的情感或许更接近知的性质，这是没有认知活动的知，这种无知之知可称作冥契论的知。

笔者所说的冥契论的知的性质可用詹姆士（W. James）所说的"知悟性"（noetic quality），一词解之，"知悟性"虽然像是感觉的状态，但对经验过这种状态的人来说，绝非如此，它毋宁"是一种知的状态。……是对于推论的理智所无法探测之深刻真理的洞悟，它们是洞见、启示，虽然无法言传，但充满意识与重要性"①。詹姆士所提出的"知悟性"一词很重要,因为悟觉的经验很容易被视为是种强烈的情感,它缺乏理性的力量,事实恰好相反。对有此经验的人而言,他们很明确地可以分辨出真正的冥契经验的知悟性与一般狂热的非理性经验之差异。由于一般人不见得都有冥契的经验,而且就我们日常共享的生活世界而言,我们也没有理由将冥契经验视为真理的泉源。然而,詹姆士特别提出冥契经验对认识真理的重要意义,因为它会打破日常经验中理性意识的权威感,日常理性的权威感是建立在感性与智性的基础上的。可是,冥契经验显示感性、智性所代表的只是一种意识状态,另一种层次的意识状态,通常是被视为更高层次的心灵状态是可能存在的。② 如果我们站在中国哲学传统的立场回应詹姆士的观察,我们更有理由支持他的论点。事实上,超越日常理性之上或之外的更大精神作用力几乎是理学各宗各派的共识。

任何重要的学术语汇都承载了其文化传统下的特殊内涵,詹姆士论冥契论传统的"知悟性"一词也不能免。然而,正是因为冥契经验常被视为具有跨文化、跨教派的性质,冥契叙述常被认为是普遍意义的,所以"共同性"的问题比较好谈。何况,詹姆士对西方宗教以外的东方宗教,不见得就不熟悉。东海、西海、南海、北海有圣人出焉,此心同,此理同。詹姆士提"知悟性"的冥契论用法并没有限制于西方宗教范围内,而是适用于各宗教下的共同因素。笔者相信"知悟性"一词义含的"冥契经验"及"真其实知"的内容在理学家的悟道论述中也是常见的。

如果"德性之知"意指悟觉经验中的"知悟性",它不是情念作祟,而是带有"知"的性质,那么,我们很难不问:这样的知是怎么地知?它所知者是何种意义的"知识"?依理学的标准答案来答,答案应当是很清楚的。理学家会回答:"德性之知"所知者乃能所不分、主客不分的境界,而"德性之知"的样态是"无知之知"等。关于传统的答案,论者已多,笔者不拟再予细论。然而,我们今日论"德性之知"的问题时,很难不考虑牟宗三先生的论点,有关"德性之知"的体相与所知的问题,牟宗三先生以"智的直觉"解之,此解虽是以现代语

---

① 威廉·詹姆士(W. James):《宗教经验之种种》,蔡怡佳、刘宏信译,台北:立绪出版社,2001年,第458页。

② 同上,第502—503页。

言重新肯定理学家的洞见，但新语总会带来新的理解，我们权借牟先生之语一解，多少有补强论证的功用。

牟先生的“智的直觉”之说在他的哲学史专著与个人的哲学著作中不断出现，此概念可视为开启他的哲学体系的钥匙。众所共知，此概念原本源于康德，在康德的知识论图像中，世界的成立是离不开主体的建构的，由于人的主体具有时空形式、感性摄取的能力与智性提供的范畴，我们才能认识世界。然而，我们所认识的世界基本上是依我们有限之人的主体之建构而成的，依康德一句很容易引发争议的语言说即是“主体为自然立法”。因为我们所知道的知识总是限于有性主体所摄取的现象界，至于世界的本质乃是永不可切入的在其自体，作为非对象的世界万物的本相即是“物自身”。“物自身”是不可切入的，因为人只有感性直觉，所以不能对之有所体证，只有上帝的智的直觉才可对物自身有积极的认识。只是这种认识不是经验世界中的主客对列之认识，因上帝不需感性。牟先生所用的“智的直觉”的概念是在认识论的架构底下呈现的，但介入了神学的领域。①

康德的思想一方面赋予主体极高的位置，主体为自然立法；但另一方面也给主体很大的限制，因主体只能在现象世界内活动。康德对于“物自身”“智的直觉”的知识论的追问，遂不能不带出理智的存有论的性格，因为我们所知的世界只能是依智性所建构而成的现象界，现象界即是人唯一的世界，人的智性的限制即是世界的界限。康德的现象—物自身的前提，也可以说是康德哲学的前提，乃是人是有限的。超越了“有限人”的框架，即会造成理性的误用。康德举出的理性误用的例子如世界有限、无限，时间有始、无始，这类提问即是理性误用的显例，因为这些问题不在人的理性所能处理的范围，它不属于“人”，而当属于无限存有者的范围。人应该知道什么，人想知道什么，这是一回事；人能知道什么，这个提问更根本，因为越出了“能”的范围，其知识就不可靠了。

---

①　自从现代哲学的开山祖笛卡尔开始，“我思”的主体与“展延”的客体的划分已开启了表象的世界观，表象的世界观底下的“物”是“主体所对应的对象之物”。当物成了“对象”，主体对物的认识进而就成了洛克的“观念”对物的理解，由观念对物的理解，世界因而也就是主体认知界限所止的界限，存在即是被知觉。不管“存在即被知觉”在常识上看起来多么怪异，但从笛卡尔以“我思”定位此主体以后，物的存在即是我知觉到的事物，从笛卡尔到贝克莱，其发展的痕迹是可想象得出来的。康德的现象与“物自身”的划分乃是知识论的要求所致。

因为人是有限的, 这个存在的本质限定了人此一生命种属能进入物自身的可能性, 人的本质与现象世界是同时成立的, 人的有限性使得世界成了表象的世界。

然而, 牟先生质疑康德的基本预设: 为什么人不能有智的直觉? 有没有智的直觉此一命题的前提在于人是否是有限之人, 然则, 何以人的定义一定要和"天"划分开来? 如果人的概念是由感性、智性所界定的存有者, 那么, 人自然没有智的直觉, 康德的判断可以成立。然而, "有限""无限"的问题不是某某文化范围内的封闭问题, 如果我们依另外的文化传统, 比如中国的文化传统立论的话, 定位可能就大不相同。比如: 依理学家的理解, 人性除了所谓的"气质之性"外, 为什么不能拥有另外一种与世界本源同根甚或同体的性, 我们且称之为"天地之性"? 如果有的话, 那么, 我们即有一种与世界本源同根或同源的智的直觉, 我们且称之为"德性之知", 甚至称之为"乾知"亦无不可, "乾知"意指一种事涉天地奥秘的知。因为"天地之性"如果不是设准, 而是一种呈现, 一种理性的真实, 那么, 其发用就不能不是"智的直觉"。笔者这里所用的"天地之性""乾知"并非笔者自创, 而是张载与王畿的用词, 在本文中我们随时会碰到。

在牟先生的用语中, "智的直觉"是和物自身的概念紧密联系在一起的, 而这两个概念又是和有限人性论与无限人性论的划分绑在一起的。"智的直觉"之语因此不能不预设是两重本体论的世界观, 人的有限人性论的感性直觉只能呈现现象界, 无限人性论的部分则可自"智的直觉"进入物自身, 人的主体的样式决定了"界"的性格。"界"当然是空间的隐喻, "现象界"可言"界", "本体界"其实无界可言, 因为本体不落方所。牟先生探讨"智的直觉"的目的终究是要将"物自身"的概念引进"本体"的概念中来, "本体"落于"道"言则为"道体"; 落于"心"言则为"心体"; 落于"性"言则为"性体", "物自身"的概念不能不与"性体"同化, "智的直觉"则不能不同化于"另类的知"之内涵。

"德性之知"所知的真实因此不是认知意义下的知识, 后者这个意义的知识是委由"见闻之知"去处理。"德性之知"所知者乃为非思虑所及的本体论概念下的"本来面目", 它不能被认知, 所以"德性之知"的知也只能是无知之知, 无知之知没有知识意义的功能, 但它却是使得一切知识所以可能的依据。[1] 悟者

---

[1]　悟觉不会提供知识的内涵, 但此种经验可能可以提供"过来人"更如理、更当位地使用知识, 如前引崔铣所说: "各有条法, 无用排置。"

所以会觉得悟境很真实，而且是比感官知觉所知的真实还真实，关键在此。

三　朱子何以缺席

张载、程颐分别提出"德性之知"与"见闻之知"的对照后，两种知的分别遂实质上成为理学的重要论述。然而，在理学的"两种知"的潮流中，我们发现到一个特殊的例外：朱子从来不主动论两种知。[①]"德性之知"与一般知的对照牵连到成德如何可能的依据。张载、程颐两种知的对举是和两种人性的对举，亦即天地之性与气质之性；两种心的对举，亦即心和大心之分，一起来的。他们都强调在经验的人性外，另外有种独立于现实之外的人性。恰好在这一点上，我们看到朱子扮演了沉默者之角色，以朱子思考之精悍，对北宋理学家终身的孺慕之情，对北宋儒学文献理解之精纯，他不可能不知道张载与程颐著作中有两种知的对举与区隔，他也不可能不知道两种知的提法是"共法"，佛、道也用。可能正是佛、道也用，所以朱子故意不提，好像两种知的分别不存在一样。

如果我们对照朱子对气质之性的独特解释，对于朱子何以不言另一种知，可以更加理解。我们前文已说过：两种知的对分和两种性的对分是同一种思维的产物，但在另类的性这个论域当中，朱子是可以接受一种超越的性体的。朱子以"理—气"解释万事万物的存在，落在人性上来讲，即是"性—气"的对照。朱子是承认"气质之性"的用法是合法的，但他所说的气质之性乃是"性落于气质之中"，"气质之性"是复合名词，它等于"气质"加上"性"。"气质之性"不是和"义理之性"对照的一种性，天底下没有和"气质之性"对照的另类之性，朱

[①] 我们遍查《朱子语类》《朱子文集》，或朱子所编的《四书章句集注》《近思录》等书，除了在《朱子语类》中出现此词汇四次外，其余的文本中，我们再怎么找，都找不到朱子提及"天德良知""德性之知"的概念。这四次的用法大概都是回应学生的问题而被动带出来的，朱子的回答很草率，大概不得不尔。笔者认为朱子的回避这个现象很值得重视，也可以理解，因为朱子对张载、程颐非常景仰，对程颐的向往更是不能自己，因而对程颐提出来的另类之知的观点，虽然不赞成，却只能避而不谈。至于学生发问时会触及这个议题，此事不难理解，我们只要想到张载、程颐在理学史上的地位，即可了解这个议题是不可能不被提出来的，所以朱子只能闪躲地涉及，朱子的回避事实上已很明显地是对另类的超越性之知的否定。

子认为持两性对照之说者非常"丑差",朱子的定义与其他儒者不同。然而,朱子却不承认"德性之知"可以解成"德性落于知之中"或"知落于德性之中"①,因为依据朱子学的基本规定,具有本体论意义的宇宙心的概念在朱子系统里是不存在的②,知属于心,心的诸种活动不可能有超越义。反过来说,超越层的性也不可能有活动义,虽然朱子主张:性理有"能然"的属性,但不能"动",至少不能以"动"叙述之,所以超越性之知在朱子学里是找不到位置的。在朱子的思想世界中,容不下一种与认知心相对照的超越性之知的概念。

然而,朱子不提两种知的分别,这样的现象只是故事的一面,虽然这一面传达的讯息已够清楚了,但沉默传达的声音有时比喧嚣还要响。如果我们读懂故事的另一面,另一面的故事传达的消息更清楚。所谓的另一面,即是我们在朱子的著名学术论辩中,如"观过知仁""先涵养后察识""知行并进"诸说中,都可读出朱子对"德性之知"的否定。其否定的态度非常彻底,朱子的真意昭然若揭——"沉默的抗议"一向不是朱子的风格。

朱子这些著名的论辩从根源上讲,源于他的"格物致知"的论点。朱子在三十七岁时,苦参中和,这场苦参是理学史上一场著名的思想搏斗。参透中和之义后,朱子的思想发生了急剧的转化。众所共知,当朱子提出"中和新说"后,他的思想基本上就定型了。中和新、旧说的主要差别在于旧说基本上是本心论的系统,新说则是"气之灵"的心之系统。在新说中,朱子提出理气二分、心统性情的三分之理论架构,这种理气二分、心情三分的架构有层层的预设,首先的预设是:作为主体论述的心性论是作为本体论论述的理气论的分支,在两者的相映构造中,理即性,气为情,至于"心"的性质最为特殊,虽然说"心统性情",但"心统性"的"统"是虚说,因心性不同层,所以此处的"统"是"呈现"义;"心统情"的"统"才是实说,因为"心""情"同质同层,同为"气"。因"心""性"不再是同构型的,但"心"是性理的体现原则,所以如何透过"心"的

---

① 如果就"知属于心,而心统性情,正确的心知活动总是要依循心所具之性理",那么,"德性之知意指德性落于知",此说可备一格,但这种意思的"德性之知"与理学的用法不同,朱子也不这样用。

② 朱子所说的"道心"不是陆王所说的"本心"义,朱子的"道心"仍是此心"符合"天理的圆满之心,心与理仍不能同质化,"道心"与"宇宙即吾心,吾心即宇宙"这样的宇宙心仍有质的差异。然而,朱子是否可以承认:人能体证一种非与心性同一的"天理流行"之境?亦即理在"豁然贯通"的心境下是否可于此境呈现出"流行"的样态?笔者认为有讨论的空间。

认知作用（格物）与自我凝摄作用（主敬），以达成最终的内外合一之结果，遂成为学说的旨归。

朱子的"格物穷理"说预设着：人心有认知之灵，"心"的特质在"虚灵明觉"；"理"则是事事物物可被认知之理，有"所以然"与"所当然"的重层构造。所谓的道德实践，乃指学者必须透过渐教的格物过程，再加上主敬的工夫，日积月累，双管齐下，体证"理"愈密切，体证之心愈清澈。随着工夫逐步深化，"复性"的工程逐步逼近，有朝一日，其主体会产生豁然贯通的效应。然而，在达到终点前，心灵始终处于灵敏之气的状态，灵敏之气并非本心。即使学者的心知愈明，物格愈多，他体证到万物一体的境界时，这样的心仍然不是性天相通的本心。虽然原则上说来，只有在最终的"豁然贯通"之际，心知在其自体之本来面目才可呈现。然而，朱子始终认定即使在终究处发生类似悟觉之经验，此际的境界乃不可言说地自然发生，此时突破的心灵可谓道心，道心是心与理合，但"心理合一"不是质的同一，道心的"知"仍是气之灵，仍不足以证成本心，作为宇宙心的"本心"在朱子学系统中是没有意义的。

确定了中和新说后的格物穷理的内涵，我们对朱子的工夫论与德性之知的关系可以理解得更明确。首先，在"涵养与察识"的先后这个议题上面，我们知道朱子的论点是有特定指向的。观"察识"一词，恍若指的是心知的格物穷理的叙述，事实不然，宋代理学传统中的"察识"往往指的是对心灵的体证。理学传统中一直有"察识"优先的声音，这种声音如溯其源，当是源于程颢的"学者须先识仁"之说，程颢这句话是《识仁》篇的破题语。《识仁》篇是程颢的名文，但朱子对此文一直有意见，面对程颢的说法，他只能委婉地表达了不赞同的态度。但当程颢的学生如谢上蔡继承程颢之说，也提出"识仁"的论点时，朱子的批判就很激烈了。朱子认为识仁会带来"以心识心"的后果，"以心识心"不但在实践意义上不可能，它还会给身心两面带来极坏的后果。所以平日工夫只宜涵养，不可察识。[①]

同样的批判也见于对"观过斯知仁"的批判，"观过斯知仁"此语出自《论

[①]　关于"察识""涵养"先后的问题，参见戴君仁：《涵养与察识》，氏著：《梅园论学集》，台北：开明书局，1970 年，第 194—212 页。

语》，此语在《论语》中扮演何种角色，这是一回事。但在宋明理学的脉络中，此语之所以重要，乃因谢上蔡与湖湘学派很重视：人在犯过时，因一念警觉，返察自身，遂可知仁体之如如呈现。朱子对此的批判一样激烈，他甚至说："仁本是恻隐温厚底物事，却被他们说得抬虚打险，瞠眉努眼，却似说麒麟做狮子，有吞伏百兽之状，盖自'知觉'之说起之"。[1] 朱子这些话不见得是他故意给论敌戴帽子，因为朱子始终讨厌"察""识""观"这些带有视觉意象的法门的正面功能，他相信这些法门来自佛教，与儒教原不相干。朱子对这种"观想"法门的态度密集地呈现在《观心说》此名文上。我们如果观察朱子的前后态度，不难看出他始终认为这种法门原来出自佛家："释氏之学，以心求心，以心使心，如口龁口，如目视目，其机危而迫，其途险而塞，其理虚而其势逆。盖其言虽有若相似者，而其实之不同，盖如此也"[2]，与儒家了不相涉。所以将此法门引进儒家的人，根本上是向禅佛挥舞白旗，投降了佛教的意识形态。

朱子厌恶带有视觉意象的工夫论语言，他的论证是这种工夫论意味着一个现实的心被另一个凌越在上的心所观察，这种工夫会造成主体的紧张关系。工夫如果意味着主体整合与深化的过程，朱子认为"观"的工夫论却会导致主体的分裂，他甚至还提出分裂成三个心的可能性。就实际下工夫而言，朱子反对"以心观心"，不会是无的放矢。当学者有意转换意识以证成心体时，亦即有意"转识成智"时，如用功不得其法，或不善巧，不是没有可能引发血气不宁、身心失调的疾病。在历代的修行案例中，我们不时可以见到类似的记载。黄宗羲说及罗近溪年轻时求道的经验云："少时读薛文清语，谓：'万起万灭之私，乱吾心久矣！今当一切决去，以全吾澄然湛然之体'，决志行之。闭关临田寺，置水镜儿上，对之默坐，使心与水镜无二，久之而病心火。"[3] 罗近溪后来碰到颜山农，得其指教，以动化静，其病乃解。罗近溪年轻时遇到的问题，可以说即是犯了"以心观心"的毛病。

然而，朱子所批判的"察识""观过知仁"诸义，恰好不是"以心观心"之谓。我们且看首先提及此工夫论法门的程颢如何教人下工夫的，"学者识得仁体，实

---

[1] 黎靖德编：《朱子语类》卷六，北京：中华书局，1986年，第120页。

[2] 陈俊民校编：《朱子文集》卷六十七，台北：德富文教基金会，2000年，第3390页。

[3] 黄宗羲：《明儒学案》卷34《泰州学案三》。

有诸己，只要义理栽培"①；"医家以不认痛痒谓之不仁，人以不知觉不认义理为不仁，譬最近"②。明显地，程颢主张心灵可以自我转化，亦即人有意识地在意识层下工夫时，不是一种主客对立的判断的关系，而是主体自会不安，不忍，悱恻，恻隐，其心自不能已。在这种不安、悱恻的意识状态中，自然有主客交互渗透的一种全体性的朗现关系。程颢系统的"识"是返身内证，有意识地向深蓄积精力，使精力弥满，因而逆觉体证心体的超越性格。"观""识"其实就是"常惺惺"之意，在惺惺然的状态中，本心觉醒，人因而可体认自家本来面目。在这种工夫历程中，心灵是以自体作为非对象的对象而呈现的，我们可称这种非主客对列的体证关系为"返身性"。

观察朱子"观心说"的正反两面，我们发现朱子的论点之贡献与限制具有普遍性的意义。大体中国工夫论传统中，都有类似"观心"的法门，也有类似朱子对观心说的批判，观心说的正反两面因此都可依上述的检证标准加以检证之。简而言之，观心说如果不善加使用，很可能流于身心失调的禅病。然而，如果学者做工夫时，没有蓄意地以超越一层的心凌观被凝视的对象之心，则"观心"并不必然会造成能所的分裂，"观心"与朱子所说的"涵养"之距离反而较近。以朱子之精熟各家义理与工夫法门，他似乎不该不知道"观心"之"观"不必理解为主客分裂的凝视与被凝视的关系。朱子年轻时，有可能下手太猛，得了"心恙"③，所以后来遂引以为戒。

关键是朱子将他个人的经验转化为普遍性的工夫论的问题，理学内部的争论由此展开。朱子既然不承认心即理，也不承认当下认取的心可保证为作为世界根源的本心，所以他的心虽然具众理，具有宇宙心的资格，但此具只是潜具，潜具要发挥出来，必须经过长期的格物穷理的过程，每向外穷一理，内心潜存

---

① 见《遗书·第二上》，此卷为吕与叔东见二先生语，未注明出自何人，牟宗三先生判为明道语，其说可从。参见《心体与性体》第 2 册，第 230 页。

② 见《遗书·第二上》，原文未标记是二先生中的明道或伊川语，其判断可从。参见牟宗三：《心体与性体》第 2 册，第 226 页。

③ 李侗（延平）在一封写给朱子的信里说道："元晦偶有心恙，不可思索，更于此一句内求之，静坐看如何，往往不能无补也。""此一句"是"观喜怒哀乐未发前气象"，杨时一脉相传之"指诀"。朱子之"心恙"不知缘何而起，然朱子十五六岁时曾悟得"昭昭灵灵底禅"，后复受宗杲门人释道开的影响，宗杲以参话头法门立教，此法具动态观禅的特色。朱子之心恙，不无可能因参话头以观心，因而致病。

的众理即可相应地朗现一理。然而，只格物仍没办法体现心之本体，因为心之本体是作为本体而呈现的，在日常经验中，它所呈现的心灵内容只是学者工夫所及的意识全体，日常行为的意识再如何完整，都与作为目标的心体有质的差异。工夫就从质的差异的转化开始，此后，学者需要涵养的工夫，"涵养"就是"主敬"，心灵集中在"一"的层次上，也就是集中在"整体"的层次上。这种主敬的工夫做久了以后，原则上，学者可以因意识的突破，体证一种独特的天理流行的境界。朱子的"天理流行"是个极易引致混淆的语言，其义此处姑且不论，但朱子相信心灵可以引致一种"豁然贯通"的经验，这时的心灵原本可以视同"德性之知"朗现的等第的。只是朱子一方面不会将"天理流行"的心灵内涵视同"德性之知"，更不会同意在心知之外，有直贯下来的德性之知，所以他不能不走向另一种工夫论形态的路途。

当朱子将"心知"和"性体"切断关系后，"德性之知"一词就变成非法的观念。"心知"的内容是虚灵明觉，它的功能被设定在格物穷理，也就是格物明理，使理内外相合。朱子之所以一再言及"观"之失，主要是针对一种直接唤醒心体，亦即唤醒德性之知的法门的不满。朱子虽然没有明言他所批判的大宗何人，但大致可以确定，朱子在儒门传统中，主要批判的是程颢系统所主张的"体证本体"的工夫。朱子批判谢上蔡的"识仁""作用是性"，批判湖湘学派的"观过知仁"，这些语言中的"识""知"都是体证的意思，他们的用法都是承自程颢，朱子的批判因而可以说是"程明道路线的总批判"。朱子之所以反对程颢之所以立，根本的原因在于程颢持的是作为本体的本心之系统，而朱子却不承认"心体"的概念。因为心只是气之灵，心知是寻得流浪在外的理返家，使之团圆的捕快，所以学者返身观心纵有所得，其所证所得最多只是一个灵敏的心，更不要说它可能冒的风险了。朱子所想到的风险主要不在生理层次上的走火入魔，而是心灵没有规范以后的知觉作怪，作用是性。

格物穷理是朱子参毕中和后的标准工夫论，"参中和"之前，我们看到朱子旧说中所提到的工夫论常是返身内证的模式，这也是逆觉的系统。朱子早期的思想格局反而近于张载、程颢，如言："虽汩于物欲流荡之中，而其良心萌蘖亦未尝不因事而见。学者于是致察而操存之，则庶乎可以贯乎大本达道之全体而复其初矣！"这是中和旧说时期的论点，此书收在"中和新旧说"中。此书信中所提的论点不就是他后来大力批评的"观过知仁"吗？朱子的中和旧说显然是直证本心，也就是直证超越性之知的模式，这样的途径却是朱子四十岁后极力批判的法门，"德性之知"在"中和新说"后已是违法的概念。不惜以今日之我与昨日之我斗争，朱子庶几近之。

四　致知议辩

在理学史上，第二波讨论"德性之知"的热潮见于明中叶，更具体地说，即是嘉靖之后，此波的"德性之知"是以"良知"的面貌出现。王阳明提出"良知"宗旨后，原本千顷无波的明代学坛再也不得安静。阳明过世后，"良知"议题，主要指的是如何"致良知"的工夫论议题，更成了阳明后学长期讨论的核心。

王学是朱子学的反动，"良知"尤其是反动的总源头，如果我们反思"德性之知"在理学体系中的位置，王阳明"良知"之学的特点可以更清楚地对照出来。如前所述，"德性之知"与"见闻之知"对分，这样的格局几乎在同一段时间分别由张载与程颐提出，朱子继承程颐的思考，但他彻底地放弃了"德性之知"的概念，因为就"性即理""凡动皆气"的观点彻底地往下推演，在洁净空阔的理世界的性理是不动的，它自然不能知，因为只要知，即是气的活动，即属心而不属性，所以"德性之知"的概念是矛盾的。代朱子想，他所以放弃"德性之知"，如果不是认为这个概念不合法，要不然，他就是继承程颐的想法，把"德性之知"放在工夫的终点处。但在工夫终点处的"德性之知"在工夫的历程中是无作用的，其性相如何也是不能设想的，所以他不能不割舍这头尊贵的白象。朱子没有像程颐那般给"德性之知"保留了一个席位。

王阳明在朱子割断了"见闻之知"与"德性之知"连接的线索之后，又重新连接了起来。只是在阳明的概念世界中，他很少提到两种知的对照，这样的对照主要见于阳明后学，但阳明不折不扣地接受了"德性之知"的概念，只是他以孟子学的"良知"义取代之。众所共知，王阳明的"良知"不仅是道德事件的先天的主宰，它也是世界的先天的依据，王阳明语言中不乏"越界"的语言，如言"无声无臭独知时，此是乾坤万有基""良知生天生地"，南镇观花时说道："天下无心外之物"，这些语言都越过了道德界，施用到存在界。王阳明的良知不仅管辖人的领域，这个模拟"知县"的"知"之辖区扩充到"存在"一词所遍布的法界。王阳明的"越界"并不是自我作古，他的论述其实和张载所说没有两样。事实上，凡在理学范围内而带有纵贯型的体用论思想者，其模式也是相同的。

王阳明的"良知"概念虽远绍张载，但在继承中，关心的焦点却有转移。张载思想的关怀是道论，这样的道论以贯穿先天后天、幽明有无的气论模式呈现出来，"德性之知"是被置放在"人在天地间"的架构下呈现的。张载的模式一方面可以说是主客并彰，但对"性命之学"的狂热者来说，主客并彰的路途却嫌迂回。相对之下，王阳明的"良知"主轴始终是个人的安身立命，他将主体的"我性"发挥得淋漓尽致，他的"良知"呈现的模式始终是以直上直下的纵贯为主轴，再旁通于人伦世界。人伦以外的事事物物虽然也在良知光圈的范围内，其被实践的位置却是晕黄模糊的边区，不再被显题化。

众所共知，王阳明逝世后，阳明后学对良知之学的诠释产生了极大的争议，大体说来，"二王"（王龙溪与王艮）一翼，江右王学另一翼。就"德性之知"的观点来说，王艮对此殊少发挥，引发激烈争辩的是王畿。王畿与江右的重要学者，尤其是聂豹与罗洪先，围绕着如何致良知，展开长期的争辩。王畿更曾将他与聂豹对良知学的反复辩论辑成《致知议辩》，《致知议辩》是阳明后学讨论良知学的定位之重要文献。他们的争议简单地说：王畿主张良知的先天学，当下从混沌中立根基，"德性之知"是永恒的当下之心灵活动。江右学者则主张"复性"的工夫历程，当下的意识要经由长期的致虚主静，才可朗现"良知"，也就是"德性之知"的本来面目。

王畿与江右学者的争辩具有很高的学术价值，因为嘉靖之前的明代理学论辩殊少触及"德性之知"的范围。即使陈白沙以心学名家，"德性之知"在江门风月的照拂下，圆融地被淡化了。然而，圆融义原则上不能不预设概念的分析，分析即分离。两义相对照之下，其超越义最容易突显理学家深入性天、洞鉴幽明的向度。从此观点出发，笔者认为王畿（龙溪）的良知说才将"德性之知"内涵的先天义摊展开来，虽然其摊展也可以说是将此概念推到一个险峻的绝峰。王畿身为阳明座下的重要弟子，他将王阳明"良知彻上彻下"的作用带到前所未有的境地。在有名的四句教之争议中，我们都知道王畿将阳明良知学基本架构之四句教转化成玄秘的四无句："无心之心则藏密，无意之意则应圆，无知之知则体寂，无物之物则用神。"王畿的四无句虽然是"四无"并列，其实心、意、知可列为一组，物是另一组。心、意、知是同一个主体的不同的功能，物则是相对照的非意识语汇。在主体的语汇中，心偏于"总摄"义，意偏于"意志"义，知偏于"主宰"义或"判断"义。① 心、意、知既然是属于同一主体的不同功能，因此，当主体的性格改变时，不同属性的功能也跟着改变。提升后的心遂不再是日常生活世界中的心，此可谓无心之心；提升后的意也不再是日常意义下的意，此可谓无意之意；提升后的知也不再是日常生活中的知，此可谓无知之知。由于在阳明系统中，知的功能被放在首位，良知学是阳明学的核心石，因此，无知之知可视为四无句的关键。

在王畿的用语中，除了"无知之知"可作为"良知"的代称外，我们还看到"乾知""根本知""独知""神知""自然之知""先天之知"的用语。"乾知"取自《易经》，王畿加以改造，"乾知"成了具有本体论的或宇宙论意义的"知"，至于本体论或宇宙论的认定，端看我们对"天"如何界定。"神知"的语义也是取自《易经》的"蓍之神""神明其德"的用语，王畿用以说明"神知即是良知""神知即是神明"。"根本知"的"根本"不只是基础之意，而且是本体论基础的知，根本知的特性乃是"无知无不知"。"自然之知"意指良知不是造作的，是先天义，"自然之知即是未发之中"。"先天之知"的用语则显示"乾知"是非经验性质的，它的本源也出自《易经》："先天而天弗违。""先天之知"虽然是连着血肉之躯而来，却不是血肉之躯所产生的。"独知"之得名，乃意指良知作为宇宙的真宰，它独立无倚，不与万法为侣。上述这些知都是"良知"的化身，都是从体证的高峰下的转语。王畿对于"德性之知"的解释，大抵都是从超越的面向解释，也可以说是从化境解释。王阳明所以称之为"上根人"之法，即是此意。

王畿的"四无"之说在当时及在后世都引发了极大的波澜，"四无"说加上王阳明的"无善无恶心之体"之说，引发了狂风暴雨的涨潮效应，彼此加乘，"王学是禅学"的批评遂排山倒海而来。笔者认为：王学与禅学，甚至三教之间的共法是不能讳而不讲的，既是共法即有共相，既是共相即可共享。"无"不必

---

① 在朱子学的系统中，知偏于"判断"义，阳明学系统中，知则偏于"主宰"义，"知"义的分歧意味着学派的分歧。

避讳，"无善无恶""无知之知"之说不一定要有谁抄袭谁的问题，它是性命之学固有的内涵。我们不会忘了无知之知是体验语言，它源出独特的悟觉经验。通常体认本体之知最清楚的时间点是在悟觉的体验中，此时，万物一体，无主客之分，无动静之知，一切是纯粹的活动。或者说：连纯粹的活动的"活动"义也很特别，它是无动之动。此际，作为智的直觉的核心义的"无知之知"特别容易彰显出来。"无知之知"和"无意之意""无心之心""无物之物"同等级，而且是同时而至，一立一切立，王畿的"四无"说的立论基础在这里。

毫无疑问，王阳明与王畿的用法中，无知之知皆指向一种来自非经验性质的非肉身性的心灵机能。这种"无知之知"的性质和"本体""体用"的概念一同兴起，"体用"的源头固然可溯源到《易经》等先秦儒典，但其胜义却得等到后世才得大显。当佛教进入中国以后不久，在经验世界之外另立一个根源性的本体界，这种思考方式即相当流行，很快地，它即成了三教的共识，这种两重世界观的模式常以"理—事""理—气""体—用""真—俗"之类的概念对显出来。在圆融精神的影响下，三教的大师们通常也会在这两重的世界之间搭上沟通的桥梁，因而产生了"真俗不二""即此是形而上"之类的表述语。然而，圆融义不能排斥超越义，三教的性命之学同样主张：有种独立于世间之知之外的另一种知，这种知是先天的，它是人之所以能摆落"知识"的纠缠，而得以进入人与宇宙的真相，亦即进入非思虑所及的本体界。

这种脱世界的、脱身体的无知之知的概念普见于六朝后的高僧、高道、大儒之著作中，佛教的僧肇与儒家的王畿大概是其间表现得特别突出的人物，王畿的"乾知"之说很有特色，也可以说很险，如禅偈所谓"高高山顶立"也，但它所付出的代价却是儒家的特色模糊了。如放在"德性之知"这个概念的脉络解释，也就是"德性之知"的"德性"被大量稀释掉了，"德性之知"与"玄智""般若"的功能高度重叠。我们不会忘了：王畿对良知的主要诠释之一在于良知统合三教，他的统合事实上是以"四无"统合佛老的空无。然而，儒家本来即以道德意识立教，"德性之知"因而不能不重视它在人间的表现，也就是不能不重视它的规范因，也不能不重视它与见闻之知的关系。王阳明在"天泉证道"之际，所以承认王畿的四无说虽然所说非常透彻，却不以其说为究竟，他的提醒是符合儒家的本怀的。因为先天之知只有落实到个体性的心、意层上，其展现才是具体的，四无说毕竟是境界义浓，而立教义薄。相对之下，四句教才是彻上彻下，没有弊病。王阳明的下语很有分寸，理据非常地道，良知学发展到高峰，仍须落实人间。良知贯穿先后天，就像"德性之知"穿透"见闻之知"，不见小大之别，王阳明和张载的观点又重合了。

王畿讲"良知"总是强调良知的先天义，但此先天义的良知也要在人间世显现，良知即"现成良知"。王畿的争辩对手也就是江右学派对王畿的争议不在"良知"是否是现在的或现成的，事实上，就良知的本质而言其先天义，江右与王畿并没有冲突，良知的先天义可视为阳明之学的法印，各派都接受。江右学者的质疑是：在当下的意识，学者如何保证良知的纯粹？江右与王畿的争议连绵不绝，直至明亡前，其讨论仍在王学学者之间漫衍。理学家彼此之间的争辩有时不免琐碎，失掉准头，但笔者相信：江右与王畿之辩是工夫论的性质，不是"良知"的概念内涵，争辩的问题只在于如何保证良知可以如其自如地流行？王畿认为当下即是，江右则认为需要经过一番致虚守寂的工夫，栽培良知，良知才可清楚地显其自家面目。牟宗三先生对于此辩的定位恐怕失焦了。

如果我们反省"德性之知"在北宋时期的用法，王畿显然支持张载之说，但他更强调脱离"见闻之知"后的自家面目，也就是重视"无知之知"的先天义。江右学者其实也同意张载的基本设定，但在张载的用法中"见闻之知"是被当作知识的来源理解的，它是小知，虽然很容易流于"物交物"，但原则上，它和"德性之知"共同分享人类对两种真实的理解。在江右学者的用法中，"见闻之知"变成性命之学格局下一种次级甚至是负面的概念。它的位置就像佛教解脱哲学中的"识"之地位，它是困住良知的桎梏，现实的良知总和它纠缠在一起，所以说是"在缠良知"。学者的要务因而需要去掉这副桎梏，良心乃得透明。

王畿与江右的争辩因而不在"现成良知"之有无，就像东林大佬顾宪成（1550—1612）嘲讽式地质疑道："良知不是见成的，难道是做成的？"[①] 顾宪成的话表面上是对罗念庵反现成良知的反讽，实质上却是对罗念庵的大力支持。因为就理念而言，"良知"当然是现成的，然而，就现实的处境来看，常人反而常将现成情识当作现成良知，导致了自我欺骗。江右学派的聂双江、罗念庵批

---

① 　顾宪成：《小心斋札记》，《顾端文公遗书》卷11，台北：广文书局，1975年，第274页。

判王畿先天学的工夫论走向时，因为要强调良知提炼的艰辛，有时不免遗忘掉王阳明"在事上磨炼"的警语，所以连同样是江右学派的邹守益等人偶尔也会指出聂、罗之说会出现的毛病。然而，邹守益的针砭基本上仍是工夫论的意义，亦即下手处当如何的问题，"现成良知"之说在原则上是不能反对的，江右学者也没有反对的意思。东林学派很注重工夫修持，他们的论点乃继承江右而来。

江右与王畿之争如放在广义的体证哲学来看，它们各有类型的意义，王畿是站在高高山顶上的巅峰经验立言，所以才有"四无"。江右则是站在具体的世界论工夫问题，江右的论点显然符合我们的日常经验，我们即使相信良知的先天义，但现实的良知总是纠缠在一起的，现实的人所理解的现实心灵之知不会是照见五蕴皆空或天理流行。良知的先天义只能是修行境界的语言，不是现实语，它通常要经由致虚守寂的历程后，才可以较清楚地显现出来。江右之说的理路甚正，是立教之言。江右学派和王阳明的早期良知说无疑地较接近，在阳明成熟的良知论中，良知是不分动静的，当下即须"致"。以成熟期的王学为准，王畿与江右之学各有所偏。然而，笔者相信：在致知的争辩中，如果王阳明在场，他对王畿与江右学者的判断和他在《天泉证道记》的立场是一致的。

五　结论：三种形态

在理学的系统中，"德性之知"概念的出现是不可免的，它是一整套超越论论述中的一环。这套超越论的学问将儒门原有的知识安置在天人关系下重新定位。"天人"这组古老的词组在宋代有新的含义，"天"被赋予价值渊源的内涵，这样的"天"和人的本质有本质的关联，处理天的本质和人的本质的学问即是所谓的性命之学。性命之学有套完整的概念系统，其中的任何概念都不是单提，而是连着"天地之性""义理之性"的超越论人性；"本心""神"这样的超越性之心；"太极""太虚"这类的超越性本体概念，一起来的，这几个概念合在一起即是无限性的人性论的内容。"无限性的人性论"是"无限性的人"的后设反省，"无限性的人"是北宋儒学一种新的人之想象。如果无限的人性论可以成立,而且如果无限的人性论落在心体上立论也可以成立,那么,另类的知的提法不可能不出来。

无限人性论关键的概念是"本体",和"本体"这个概念相关的叙述即是"体用论"。"体用论"的论述通常可在两种脉络下呈现,如果体用论的"本体"一词意味着"本体"与"现象"(或"现实")的对分,体用论遂不能不在概念上预设着两重存有论的划分。"本体"在超越的彼岸,它是更高一层的真实,它只能被仰企,而不会主动地涉入经验界的事物来。然而,体用论也意指本体与功用,当"本体"和"功用"对分时,"本体"意味着它是种活动,它可自行转化切入经验界。即体即用,即本体即工夫,这是理学的套语,"体用"一词很自然地就会带来这种纵贯的语感。体用论的思维模式基本上是由程朱奠立的,但由于程朱两人都不允许本体下贯到人世来,所以他们的"体用"观反而较接近本体—现象的模式。相对地,其他理学家大都采取本体的活动义。

体用论的思考落在心体上讲时,则是"德性之知"与"见闻之知"的关系之问题。当"德性之知"收缩在心体上理解时,那是无声无臭、万有之基的状态,我们在刘宗周论"独"的状态时,看到对于此种心体独耀最好的描述。然而,当心体的活动一涉入此世间时,也就是心体由虚拟时间的凝止状态涉入时间的流动,由虚空间的太虚状态涉入气化的世界性时,"德性之知"遂不能不与"见闻之知"合流,一起呈现,此种合流是何种模态?如何辨识其间的"德性之知"到底是何等模态,这是理学系统内部一个不断被提出来讨论的议题。

在理学史上两次有关"德性之知"的争议中,朱子与王畿恰好站在对立的两头。朱子自从提出中和新说后,即不断地对直接由心体做工夫的法门展开批判,他的批判可称为"程明道路线"的总批判,这种批判既包含对程颢为学风格的批判,但也包含实质的工夫入手之批判,批判的焦点遂集中于《观心说》此文。朱子认为只要是"人"的意识活动,即属气(该说"气之灵")边事,没有证心体也没有由心体直贯下来的"德性之知"这回事。朱子之学由"格物"与"主敬"双管齐下,也可说由现实的心灵逆溯而上。因而他虽可承认在工夫的终极处,有"豁然贯通"的理境,但自始至终,心灵总是处于"格物"的工夫之历程中,因而,一种直透本体的心知在此种工夫论模式中是不需要的,而且是有害的。朱子之不说"德性之知",和他讨厌"悟"字,不喜"观心"此逆觉体证,都是同一种工夫论的内涵。朱子对"程明道路线"的批判也可以说是对"昨日之我"的批判,"中和旧说"时期的朱子是新说时期的朱子之对立面。

朱子不说"德性之知",显示他根本不承认"德性之知"一词的合法性,他只是以沉默代替论述,但渊默而雷声,沉默的分贝往往更大。即使我们采取最宽松的解释,也许朱子可视"德性之知"为"理世界"的存在,所以抱"存而不论"的态度,那么,他的立场就向程颐靠近。不管在程颐或在朱子,当他们把"德性之知"搁在理世界时,工夫论就不能不急剧地转向。学者所能做的就是安于此世,他一方面透过"格物致知"的活动,让此心与世界不断地交涉,使此心世界化,世界也此心化,由此产生心与世界的共鸣关系。一方面经由"主敬"的历程,让此心的性质不断地清明感通,不断地向心之本源靠近。朱子因为和"德性之知"切断了关系,所以工夫只能是渐教的。渐教的工夫是唯一合法的工夫,因为超越的理境之诸功能再也不能下凡,它只能被学者立足于杂驳的气质之性的基础上,无止境地逆溯而上地加以体证。严分理气,将"德性之知"赶出"人"的辖区,这条不准跨越的红线是朱子立下的,划清心性的离合关系是他的工夫论的起点。

"德性之知"的争议在阳明后学处全面地引爆开来,王畿对"德性之知"的理解始终扣紧"心即理"的根本义。在王畿的思想中,我们几乎只看到身体对良知的体现之作用,而看不到肉身性的抗拒,也看不到身体与世界的互涉。不管"见闻之知"在知识论上的意义,或在修行论上的负面意义,我们在王畿的著作中都不太看得到。在"体用论"思维当道、无限心作为主流的文化情境下,王畿提法的胜义很容易凸显出来。依牟宗三先生的解读,王畿与江右的争辩被视为正误之别的路线之争,王畿之学不但是王学的正统,也是儒学的正统。牟先生解读王畿良知之学的关键其实就在"良知"一词,因为"良知"即意味着"现成良知"或"见在良知",这是个分析命题。王畿的论述虽然高明俊朗、英飒生风,但其义只是阳明学"良知"义的辗转演绎所致。

牟宗三先生主张:王畿的"现成良知"之说乃"良知"一词的分析命题。其说自有理路。然而,理路不一定只有一条,我们分析现实经验中的"良知",其"知"总是与"见闻之知"混杂在一起的,"现成良知"不可能即是"良知"本体,即使现实经验中呈现出最好的良知状态,它也不可能不是经由"身体"的中介所产生的, 而"身体"与"世界"是互涉的。我们如借用黑格尔"在其自体""对其自体"的模式, 我们不能不说:"良知在其自身"与"良知之在其自体与对其自体", 终究属于不同的发展阶段,"良知"与"现成良知"不能说是纯粹的分析命题, 两者之间仍有复杂的"身体"与"世界"的中介关系。

王畿的"现成良知"之说, 明显地采取由上而下的纵贯立场, 这是有过体证而且其体证深刻到足以拣别现实经验中的"体"的作用的过来人的论述观点。王畿的立场并不孤单, 类似的想法我们在禅宗处可见到, 我们在后世常"淡然独与神明居"的儒者如李二曲身上也可见到。这些高僧大德所以常能处在"浑沌中立根基"或"灵光独耀, 迥脱尘根"的心境, 乃因他们或是上根之才, 或是有机会也愿意活在离心源处甚近的身心氛围里, 我们观李二曲一天之中几乎有半天都处于静坐状态, 由此可知个中消息。正因他们常处于靠近良知在其自体的氛围中, 所以我们可以确定良知学中"无知之知""无物之物"的命题是在这种状况呈现的。

人如果只是本心的存在, 那么, 智的直觉的呈现即不言可喻, 王畿之论自可成立。然而, 人的存在恰好不只是本心的存在、太极的存在、天理的存在, 而是此身、此世的存在。严格说来, 本心、太极、天理这类超越体的存在也不是经验世界中的物之存在, 超越体不落时空, 不以个人计, 其存在因而只能是存而不在, 因为存在总是要落在经验世界中的个体来论的。本心、太极、天理这些(或这种)超越体的实质性内涵总要透过具体性之物才可显现出来, 而且必须经由身体此中介物, 所以如何落在此身此世的心灵活动中, 辨识一种本体之知, 遂不能不为工夫所在。因为只要落到现实的意识中来, 所有意象之物都有千缘万缕地与世界共在互渗的关联, 这种关联既可能是认知性的, 也可能是情意性的。现实中的"致知"不是致独体的"无知之知", 不是杨简所说的"此心虚明无体象, 广大无际量……昼夜常光明"那种理境。江右学派学者对王畿的批评, 应该更切近现实工夫的情况。

相较于王畿的四无句, 王阳明的四有句才是更贴切的工夫论语言,"四无句"最多只能说是上根人谈自己所证的本地风光, 无工夫可言。江右学派虽然对"无善无恶"之说有所纠弹, 超越的体证模式与成熟期的王学也有距离, 但他们的论点其实是比较接近王阳明的。而相较于王学, 朱子严格划分理气、性心,

"德性之知"已经无与于人事，学者只有抛弃这个不属于"人"的天宠，认清人之所以为人的限制，性理的归性理，心知的归心知，工夫只能在血气心知与天理的实践差距之张力下做。如果从工夫论的观点着眼的话，我们看朱子完全抛弃"德性之知"，王畿只从"德性之知"立论，江右学派在现实的意识中提炼"德性之知"，他们对"德性之知"的论点恰好可分成三个类型。

第七章 朱子的"慎独"思想

陈立胜（中山大学）

一

在先秦与两汉文献之中，"独知"通常为动词，且有两义，一是"只知道"，或"仅限于知道"，而对其他方面则不知。一是"独自知道"，其他人则不知。

先看前者。如《墨子·兼爱中》："今诸侯独知爱其国，不爱人之国，是以不惮举其国以攻人之国；今家主独知爱其家，而不爱人之家，是以不惮举其家以篡人之家；今人独知爱其身，不爱人之身，是以不惮举其身以贼人之身。"又如《韩非子·解老》："民独知兕虎之有爪角也，而莫知万物之尽有爪角也，不免于万物之害。"两处文字中，"独知"的意思非常明显，即是仅仅知道。

再看后者。如《墨子·非儒下》："……若将有大寇乱盗贼将作，若机辟将发也，他人不知，己独知之……"；《韩非子·说林》："箕子谓其徒曰：'为天下主而一国皆失日，天下其危矣，一国皆不知，而我独知之。"又如《淮南鸿烈·兵略训》云："夫将者，必独见、独知。独见者，见人所不见也；独知者，知人所不知也。见人所不见谓之明，知人所不知谓之神。"再如《尸子》："夫骥惟伯乐独知之，不害其为良马也；行亦然，惟贤者独知之，不害其为善士也。"另如《论衡·讲瑞》："颜渊独知孔子圣也。"这种种"独知"之文字，皆是说某人拥有某种常人所不具备的见识、能力。

前者在严格意义上并不是一个术语，它只是描述常人因其心智之限制而导致认知上之偏颇,所谓"只知其一,不知其二",故有贬义。后者作为一种特殊能力(所谓"独知之明""独知之虑"),非常人所备。形势发展之某种隐秘态势、苗头,人、物所拥有的某种特殊的资质、品质,常人无从了解,唯拥有"独知"能力的智者能见人所不见,知人所不知。此种"独知"属于一种特殊的德性,拥有此德性者自是卓越不凡之人。

无论如何,在两种情形下,独知的对象都是外在的人物、事物,而不及于个己之内心生活领域。

二

"独知"之"新意"源自朱子对《大学》与《中庸》"慎独"之解释。两处慎独的文字中,均未提到"知"字。但朱子均从"知"的角度对"独"字加以阐述。

"所谓诚其意者,毋自欺也。如恶恶臭,如好好色,此之谓自谦。故君子必慎其独也",朱子对此《大学》慎独文本注曰:"独者,人所不知而己所独知之地也",言"欲自修者,知为善以去其恶,则当实用其力而禁止其自欺,使其恶恶则如恶恶臭,好善则如好好色,皆务决去,而求必得之,以自快足于己,不可徒苟且以徇外而为人也。然其实与不实,盖有他人所不及知而己独知之者,故必谨之于此,以审其几焉"。而对《中庸》"莫见乎隐,莫显乎微,故君子慎其独也",朱子则注曰:"隐,暗处也,微,细事也。独者,人所不知而己所独知之地也。言幽暗之中,细微之事,迹虽未形,而几则已动,人虽不知而己独知之,则是天下之事无有著见明显而过于此者,是以君子既常戒惧,而于此尤加谨焉,所以遏人欲于将萌,而不使其滋长于隐微之中,以至离道之远也。"这两处注释文字是高度一致的,其中有两个要点,一是以"知"训"独",将"独"训为人虽不知己所独知之地,一是以"几"进一步界定"独知"之对象,"迹虽未形而几则已动",独知之所知在此。朱子曾谓前一义为游酢首发,后一义出自程子,朱子本人则将程门对慎独的理解综合为一,合而论之。①

---

① 黎靖德编:《朱子语类》(以下简称《语类》)卷六十二,朱杰人等主编:《朱子全书》第16册,上海:上海古籍出版社;合肥:安徽教育出版社,2002年,第2033页。朱子将"独知"之训首创权(转下页)

　　自郑玄至孔颖达,汉、唐儒对《中庸》《大学》"慎独"之"独"的理解与解释,均从"闲居""独处"着眼。郑玄注曰:"慎独者,慎其闲居之所为。小人于隐者动作言语,自以为不见睹,不见闻,则必肆尽其情也。"孔颖达进一步疏通曰:"故君子慎其独也者,以其隐微之处,恐其罪恶彰显,故君子之人极慎其独居。"慎独实际上就是"谨慎其独处(之所为)",这一理解自有其文本上的依据,《大学》"小人闲居为不善,无所不至",《中庸》引《诗》"潜虽伏矣,亦孔之昭"及"相在尔室,尚不愧于屋漏",均有此意。刘安《淮南子·缪称篇》"夫察所夜行,周公(不)愧乎景,故君子慎其独",徐幹《中论·法象》"人性之所简也,存乎幽微;人情之所忽也,存乎孤独。……是故君子敬孤独而慎幽微",这些说法大致均未逸出郑玄、孔颖达"闲居"注疏之矩矱。《刘子·慎独》:"居室如见宾,入虚如有人……暗昧之事,未有幽而不显;昏惑之行,无有隐而不彰。修操于明,行悖于幽,以人不知。若人不知,则鬼神知之;鬼神不知,则己知之。而云不知,是盗钟掩耳之智也。"人不知、鬼神知;鬼神不知,己知,这一说法似对郑玄注有所突破,通常慎独的意思是,你在无人的暗处做了不善的事情(闲居之所为),以为无人知晓,可以瞒天过海,但群众的眼睛是雪亮的,"人之视己也,如见其肺肝焉",然而,是不是真的如此? 白居易有诗云:"周公恐惧流言日,王莽谦恭未篡时。若使当时身便死,一生真伪复谁知?"而依刘昼,即便他人不知,还有鬼神知之(举头三尺有神明),即便鬼神不知,毕竟自己还知之,说"不知"显然是"自欺",是掩耳盗铃。但这里"知"的对象恐怕很难说是隐秘的心灵生活,"修操于明,行悖于幽"的说法暗示着"知"之对象还是郑注"闲居之所为"("动作言语")。

　　朱子"人所不知而己所独知之地"说,乍看起来,仍是以他人不在场而唯有自己在场的"地方"训"独",并无"新意",这跟郑玄以"闲居"训"独"似区别不大,以至于学界不乏有人将朱子对"独"解释归为郑玄一系,而由于马王堆帛

(接上页)归于游酢,今观《中庸义》"莫见乎隐"一节:"人所不睹,可谓隐矣,而心独知之,不亦见乎? 人所不闻,可谓微矣,而心独闻之,不亦显乎? 知莫见乎隐,莫显乎微,而不能慎独,是自欺也,其离道远矣。"(游酢撰:《游鹰山集》卷一,《景印文渊阁四库全书》第1121册,台北:台湾商务印书馆,1986年,第650页)游酢虽将隐微解释为人所不睹闻、己所独知闻,但却并未点出独知之对象即是"人欲之将萌"处。

书《五行》、郭店竹简《五行》先后出土，学界意识到郑玄将"独"训为闲居、独居之不妥，"独"当指"心君"或"内心的专一"，朱子"人所不知而己所独知之地"说亦因被想当然地认为与郑注无别——即把"诚其意"内在精神的理解为"慎其闲居"的外在行为，把精神专一理解为独居、独处——而受人诟病。

究是朱子解错了，还是错解了朱子？绎味朱子文字，不难发现，朱子之"独知"虽是仅限于自己知道的意思，但"独知"的对象则有其专指，即指内心生活中"一念萌动"但却又未及发露之隐秘状态（"几"），在《中庸或问》中，朱子更加明确地指出，独知乃是"随其念之方萌而致察焉，以谨其善恶之几也"。而对"方萌之念"的省察又聚焦于念之"正"与"不正"上面。

依朱子，心为虚灵明觉之心，但或生于"形气之私"，或原于"性命之正"，故致危殆不安的人心与微妙难见的道心"杂于方寸之间"，因道心，故知好善恶恶之为是，但又因人心而于隐微之际，苟且自瞒，常有"一念在内阻隔住"，常有个"不肯底意思"，"有个为恶底意思在里面牵系"，"夹带这不当做底意在"，此情形即是意之"虚伪不实"、意之"亏欠"，朱子称此现象为"自欺"（"只几微之间少有不实，便为自欺"，"自欺，只是自欠了分数"），而他人所不及知、己独知者正是这种"自欺"，所谓慎独、所谓"毋自欺"亦不过是"正当于几微豪厘处做工夫"而已。①

职是之故，朱子以"人所不知而己所独知之地"训"独"，跟以往的郑玄、孔颖达之注疏实根本有别，不应混为一谈。在朱子那里，闲居与否不是"独"之重点，重点在于对"一念萌动"之觉察、审查。独处、独知之地不是一"物理空间"概念，而是一私己的、隐秘的心理空间概念，这个对私己的、隐秘的心理活动之"知"并不限于独自一人之"闲居"，即便是大庭广众之下、在与他人共处之际，仍是独知之范畴。问："'谨独'莫只是'十目所视，十手所指'处，也与那暗室不欺时一般否？"先生是之。又云："这独也又不是恁地独时，如与众人对坐，自心中发一念，或正或不正，此亦是独处。"②可见"独处"乃是一心理空间之概念，且其意涵又相当明晰，即收紧在意念萌发之际，而"独知"则专指对此萌发意念之实与不实、正与不正的觉察。这一觉察乃是一种切己的、当下的意识行为，

---

① 《语类》卷十六，《朱子全书》第 14 册，第 526 页。
② 《语类》卷六十二，《朱子全书》第 16 册，第 2033 页。

在这个意义上，它也具有"独自知道"、其他人则不知的意思，这倒不是说唯有自己才拥有这种独一无二的先见之明的能力，而是每个人都有这种能力，认知对象的特殊性质（本己的、第一人称领域）决定了这种能力仅限于当事者本人，所谓如人饮水，冷暖自知，他人无能与焉。心中发一念，倘有所愧歉于中，必会见于颜色，或表情不自然，或言不由衷，或动作做作，故他人总会觉察，所谓诚不可掩。这是流俗对"莫见乎隐，莫显乎微"之理解，而在朱子"独知"的诠释下，这个"莫见""莫显"乃是指自家对心中一念之觉察，念之正与不正、意之诚与不诚、事之是与不是，正是在此隐微之际而成为最易见、易显者。①

<h2 style="text-align:center">三</h2>

思想家的灵光一现，犹平地起惊雷，无疑是思想史演进的一个契机，但任何思想的创新总是因缘和合而成。"国之将兴，必有祯祥。国之将亡，必有妖孽。现乎蓍龟，动乎四体。祸福必先知之，善必先知之，不善必先知之"，吉之兆、凶之萌，唯有至诚者方能察之、知之，能独察、独知此"兆萌"者方能及时修明，未雨绸缪。人之所以贵此独知之明，端因知此兆萌，方能逢凶化吉，遇难成祥。同样，"一念之萌"之所以成为"独知"之对象、成为哲学思考的显题（thematic），亦必是因为此"一念"事大。

《尚书·周书·多方》有语："惟圣罔念作狂，惟狂克念作圣。"论者通常认为此处的"罔念"与"克念"是说圣人如无念于善，则成为狂人；狂人如能念于善，则为圣人。善恶之端、吉凶之判，皆系于此一念之微、一念之几。《逸周书·小开武解第二十八》有四察之说："目察维极，耳察维声，口察维言，心察维念。"同书还中出现了修"四位"的说法："呜呼，敬哉！朕闻曰何修与躬，躬有四位、六德"，"四位"者："一曰定，二曰正，三曰静，四曰敬。敬位丕哉，静乃时非。正位不废，定得安宅。"此处定、正、静、敬之论确实可谓开《大学》知止、得止之先，依潘振："定，谓志有定向，敬位丕哉，言敬则心广也。时非，言心待时不妄动也。废，怢也，正心不骄泰也。定则有天理自然之安，无人欲陷溺

<hr>

① "事之是与非，众人皆未见得，自家自是先见得分明。"（《语类》卷六十二，《朱子全书》第16册，第2029页）

之危，常在其中，而须臾不离也，故曰安宅。"这里的"四位"都是"心之位"，是君子心灵生活当处的四种心态。唐大沛云："四位皆以心体言之，定，谓心有定向。正，谓心无偏私。静（引者按，原文误为'定'），谓心不妄动。敬者，小心翼翼之谓。"①此种种看法都说明古先哲对心灵生活之重视，当然，无论是《周书》抑或《逸周书》中的"念"是不是心灵反思意义上的"一念之微"确实还值得再斟酌。②

佛教传入东土，"念念受报"的观念渐为流传。晋人郗超（336—378）《奉法要》云："凡虑发乎心，皆念念受报。虽事未及形，而幽对冥构。夫情念圆速，倏忽无间，机动毫端，遂充宇宙。罪福形，道靡不由之。吉凶悔吝，定于俄顷。是以行道之人，每慎独于心，防微虑始，以至理为城池，常领本以御末，不以事形未著，而轻起心念，岂唯言出乎室，千里应之，莫见乎隐，所慎在形哉？"③这里，慎独之对象显系"心念"，而之所以要慎此心念乃是因为"凡虑发乎心，皆念念受报"。此文虽不是专门章句《中庸》，但却明确援引《中庸》隐微之说，此足以说明郗超对《中庸》"慎独"之理解乃是扣紧在对"心念"之谨慎上面，此与汉唐诸儒释"慎独"明显不同。

六祖"一念"定生死的说法更是屡屡见于《坛经》："一念愚即般若绝，一念智即般若生。"（《坛经·般若第二》）"自性起一念恶，灭万劫善因；自性起一念善，得恒沙恶尽。"（《坛经·忏悔第六》）"汝当一念自知非，自己灵光常显现。"（《坛经·机缘第七》）延寿亦说："若起一念善，如将甜种子下于肥田内；或生一念恶，似植苦种子下向瘦田中。"（《宗镜录》卷七十一）又说："起一念善，受人天身；起一念恶，受三途身。"（同上，卷七十三）这些思想对于出于佛老的理学家来说，当属老生常谈。故至李衡（字彦平，"平日剧谈道学"，尤服膺明道之学，朱子书信中曾提及此人）而有"一念善处，便是天堂；一念恶处，便是地狱"之说。④一念事如此之大，可不慎欤？后朱子称诚意是"转关处"，是

① 《逸周书汇校集注》，第 296 页，第 298—299 页。

② 徐复观先生认为："就周初一般的思想大势看，是不可能出现此一思想的。所以此处的'念'，固然离不开心，但并不是在心的自身上转动，而系向外在的天命上转动。所谓'罔念''克念'，只是'不想到天命'，及'能想到天命的意思'。"（氏著：《中国人性论史》，上海：上海三联书店，2001 年，第 29 页）

③ 僧祐撰：《弘明集》卷十三，上海：上海古籍出版社，1991 年，第 88 页。

④ 龚昱编：《乐庵语录》卷五，《景印文渊阁四库全书》第 849 册，第 311 页。

"人鬼关",过此一关,方是人,否则即是鬼,即是贼 ①,亦反映出某种类似于此种佛教防心摄行的修行观。

四

无疑,朱子"独知"之训乃是出于对《大学》《中庸》文本字字称量、反复推敲之结果,但更与他个人艰辛的修身历程分不开。众所周知,朱子早年跟李延平习静坐,以验夫喜怒哀乐未发之前气象,但卒无所入。后闻张钦夫得胡五峰学,而往问焉,沉潜数年而有所谓"丙戌之悟",遂有"中和旧说"。旧说之要点在于"未发""已发"非以"时"言之认识:因为心灵生活一直处在发用之中("人自婴儿以至老死,虽语默动静之不同,然其大体莫非已发","莫非心体流行"),所以"未发"不应是指"心"而言的某个心理生活阶段,而是指寂然不动之"性"。② 未发与已发不是时间范畴,而是体(性)用(心)范畴。在严格意义上,未发之"前"(程伊川)、未发之"际"(杨龟山)、未发之"时"(李延平)这些将未发时间化的说法都是不谛当的。心既然始终处在"已发"(发用流行)阶段,于是,工夫便只能在"已发处"用功,朱子这一工夫取向在伊川"凡言心者皆指已发而言"与胡五峰"未发只可言性,已发乃可言心"那里找到了理论根据。然而朱子这条"察识端倪"的路子走得极为不顺,"已发处"入手,随事察识,看似容易,然实际动手,却又"浩浩茫茫,无下手处",不啻如此,依其自叙,这一路数在心灵与举止上面均有弊端,前者表现为"胸中扰扰,无深潜纯一之味",后者表现为"发之言语事为之间,亦常急迫浮露,无复雍容深厚之风"。

---

① 《语类》卷十五,《朱子全书》第14册,第481页。后来,藕益智旭大师解《中庸》"慎其独"章即明确说:"道犹路也。世间之道六:曰天,曰人,曰神,三善道也;曰畜生,曰饿鬼,曰地狱,三恶道也。凡起一念,必落一道。一念而善则上品为天,中品为人,下品为神;一念而恶则上品为地狱,中品为饿鬼,下品为畜生。人不能须臾无念,故不能须臾离道。生死轮回之报所从来也,可不戒慎恐惧乎? 一念因也,天、人、神、畜、鬼、狱果也。因必具果,无果非因,故众生畏果,菩萨畏因。在因之果,凡夫视之不睹,听之不闻,若佛则悉睹悉闻,故曰莫见乎隐,莫显乎微。君子之所以必慎其独也。"(释智旭撰、释延佛整理:《禅解周易四书》,北京:九州出版社,2011年,第236页)

② 有学者认为后来王阳明"无未发之时"与早期朱子"大体莫非已发"说若合符节,两者实有重要区别,在朱子,丙戌之悟心无未发时乃着眼于人之心灵生活情识流转无有停机,而王阳明心无未发时则着眼于心之生机流行不息这一面向。

在察识端倪之路上的碰壁，让朱子意识到"急迫浮露"之病象乃是工夫"偏动"（少却"平日涵养一段工夫"）所致。正是这一修身教训，使得朱子蓦然回首，原来伊川"存养于喜怒哀乐未发之前则可，求中于喜怒哀乐未发之前则不可"说已经指明"动工夫"与"静工夫"之分际：存养、涵养的工夫系是未发的工夫，而不是察识工夫（求之则不可，"求"即主动地思索、寻求），于是，他将早年随延平习静之学（静工夫）与丙戌所悟的察识端倪之学（动工夫）加以折中，遂成就一静养动察工夫：静时涵养，动时察识（"静之不能无养，犹动之不可不察"），是谓"中和新说"。在工夫论上，新说的意义在于动静两端都可以下工夫："大抵心体通有无、该动静，故工夫亦通有无、该动静，方无渗漏。若必待其发而后察，察而后存，则工夫之所不至多矣。"① 这就克服了"有得于静而无得于动"（此着于涵养之弊）与"有得于动而无得于静"（此着于察识之弊）工夫落入一偏之弊端。

这种新的修身工夫之切己体验，让朱子对中和旧说之中的"已发""未发"范畴感到"命名未当""顿放得未甚稳当"，他通过重新检读二程（尤伊川）关于已发、未发之文本，遂对已发、未发范畴进行重新厘定：已发、未发是心灵生活的两个时段，他以"思虑""念虑"之"起"与"不起"作为划分两类范畴的指标②："未发"乃指思虑未起之状态，此时为"静时""未接物时""无事时""无行迹

---

① 《晦庵先生朱文公文集》（以下简称《朱子文集》）卷四十三《答林择之书》，《朱子全书》第22册，第1981—1982页。朱子由中和旧说到新说之改宗之过程颇为曲折，可参见刘述先：《朱子哲学思想的发展与完成》，台北：学生书局，1995年增订三版，第71—118页；陈来：《朱子哲学研究》，上海：华东师范大学出版社，2000年，第157—193页。

② 《答吕子约书》极称程子《遗书》"才思即是已发"语，云"能发明子思言外之意"："盖言不待喜怒哀乐之发，但有所思即为已发，此意极精微，说到未发界至十分尽头，不复可以有加矣。……盖心之有知，与耳之有闻，目之有见，为一等时节，虽未发而未尝无；心之有思，与耳之有听，目之有视，为一等时节，一有此则不得为未发。"（《朱子文集》卷四十八，《朱子全书》第22册，第2222—2223页）此处心之有知、耳之有闻、目之有见跟心之有思、耳之有听、目之有视并置而比照，前者是未发状态，后者是已发状态，未发状态湛然渊静、聪明洞彻，所谓"至静之时，但有能知能觉者，而无所知所觉之事"，所谓"静中有物"即指此知觉不昧。故未发并不是无知、无闻、无见，否则，"未发"便成"瞑然不省"，未发工夫便成"瞌睡"，那只是"神识昏昧底人，睡未足时被人警觉，顷刻之间，不识四到时节，有此气象"。圣贤之心，湛然渊静、聪明洞彻，决不如此。若必如此，则《洪范》五事当云貌曰僵，言曰哑，视曰盲，听曰聋，思曰塞乃为得其性，而致知居敬费尽工夫，却只养得成一枚痴呆罔两汉矣"。是故朱子将吕子约引程子未有闻、未有见为未发，所谓冲漠无朕万象森然已具一说径直斥为是"程门记录者之罪"。（参见同上，第2235页）

时","已发"乃指思虑已起之状态,此是为"动时""已接物时""有事时""有行迹时"。问:"'谨独'是念虑初萌处否?"曰:"此是通说,不止念虑初萌,只自家自知处。如小可没紧要处,只胡乱去,便是不谨。谨独是已思虑,已有些小事,已接物了。'戒谨乎其所不睹,恐惧乎其所不闻',是未有事时。在'相在尔室,尚不愧于屋漏''不动而敬,不言而信'之时,'谨独'便已有形迹了。"①此处"不止念虑初萌"说法表明朱子"独知"的范围并不仅仅限制在"念虑初萌"之时的心理状态,"小可没紧要处""已思虑""已有些小事""已接物了",亦属于"独知"之领域,两者区别何在? 朱子并无给出进一步之阐述,前者或是指平常无事时吾人憧憧之念的萌发状态,后者则指应物之际念虑之萌发状态,或无事时萌发的念头进一步转化为思虑(即要诉诸行动之念头)状态。无论如何,"独知"工夫更具体地限定在隐微之际的意念省察上面。

在朱子看来,"独知"所知之心理状态既有别于喜怒哀乐之未发时的状态,又有别于喜怒哀乐已发后的状态,它是介于"未发"与"已发"之间动而未形、萌而未彰、有无之间的状态("几""几微"——由于《系辞》中有知几、研几之说,周濂溪《通书》云"诚无为,几善恶",故朱子亦经常将欲动未动、欲发未发之间称为"几",这是善恶分判之最初的环节)。毫无疑问,独知之对象为"意"(实与不实),"意"为心之所发,故"独知"亦属于泛泛的已发范畴,只是朱子讲慎独工夫总是扣紧在意念之萌发之际。(1)对于"万事皆未萌芽"(事之未形,"静时")之"未发",则须戒慎恐惧之(提起此心,常在这里,此"存养""涵养"之谓也),此为"防之于未然,以全其体",此为"存天理之本然"。(2)而对于人虽不知而己独知之"几",则须慎之、谨之,此是"察之于将然,以审其几","遏人欲于将萌"。"慎独"即是慎此独知之地。故在朱子那里独知的准确意义不仅是对"一念萌动"的心理欲望的觉知②,而且这种对自家心理活动的觉察并不是一般意义上的反思意识,而是对"意"之"实"(天理)与"不

① 《语类》卷六十二,《朱子全书》第 16 册,第 2032 页。

② 《中庸或问》对此有明确的阐述:"又言莫见乎隐,莫显乎微,而君子必谨其独者,所以言隐微之间,人所不见,而己独知之,则其事之纤悉,无不显著,又有甚于他人之知者,学者尤当随其念之方萌而致察焉,以谨其善恶之几也。……而细微之事,乃他人之所不闻,而己所独闻。是皆常情所忽,以为可以欺天罔人,而不必谨者,而不知吾心之灵,皎如日月,既已知之,则其毫发之间,无所潜遁,又有甚于他人之知矣……必使几微之际,无一毫人欲之萌……"(《四书或问》,《朱子全书》第 6 册,第 554—555 页)

实"（人欲／自欺）的一种警觉，带有强烈的道德审查意味。于此"独知"环节用功，即是能为善去恶，漫忽而过，则流于恶而不自知。

五

这一将心灵活动区别为"未发"与"已发"两个时段的做法，易招致两方面质疑。一者是范畴界定上的质疑，一者是工夫论说上的质疑。

就范畴界定而言，人心非瓦石，故无时无刻不在活动（"心体流行"，"无一息之或停"），"戒慎恐惧"岂不亦是"心已动了"，心何来"静时""无事时""未发"之说？对此质疑，可做两点申辩：（1）倘把心灵活动本身亦当作一事，则确实无"静时"、无"无事时"、无"未发时"，但朱子区别"未发""已发"乃是基于修身工夫之考量，即吾人待人接物之际，总会起"念"做一具体的事情，此时存在"念"之"正"与"不正"的问题，此"正"与"不正"唯自家先知之（所谓"独知"），故此时须谨慎，此为独知工夫、慎独工夫。此待人接物即是"动时""有事时""已发时"之谓，而在格物、读书等致知工夫之中，吾人更是处在一专题化的上下求索的心理活动之中，此更是习常所谓"有事"之所谓。而在此两种情形之外，吾人总是有闲来无事之时，此即是静时、未接物时，此时亦有工夫可用，此即涵养工夫、戒慎恐惧工夫、持敬的工夫。[①]（2）"戒慎恐惧"跟血气层面的恐惧不同，血气层面的恐惧乃是一对象化活动，它因某个对象（即便是想象的对象）而生惧心，或感惊悚，或感不安，故是一种负面的、强烈的情绪活动，伴随着这种恐惧乃是一种强烈的逃避倾向，从暗处逃到明处，从危险处逃到安全处，从陌生处逃到熟悉处。与此对照，戒慎恐惧并不是一种对象化活动，它更不是一种负面的、强烈的情绪活动，故亦不会伴随产生逃避的冲动（恰恰相反，它镇定自如，所谓"勇者不惧"是也）。有弟子问："致中是未动之前，然谓之戒惧，却是动了"，朱子谓："公莫看得戒慎恐惧太重了，此只是略省一省，不是怰惊惶震惧，略是个敬模样如此。然道着'敬'字已是重了。只略略收拾来，

---

① "或问：'恐惧是已思否？'曰：'思又别。思是思索了，戒慎恐惧正是防闲其未发。'或问：'即是持敬否？'曰：'亦是。'"（《朱子语类》卷六十二，《朱子全书》第16册，第2028页）

便在这里。伊川所谓'道个敬字，也不大段用得力'。孟子曰：'操则存。'操亦不是着力把持，只是操一操，便在这里。如人之气才呼便出，吸便入。"①可以说，"戒慎恐惧"乃是一种精致细微的精神活动，朱子说道着"敬"都是重了，甚至说子思说"戒惧不睹，恐惧不闻"，"已是剩语"，"已自是多了"，朱子还强调："敬莫把做一件事看，只是收拾自家精神，专一在此。"②这些说法表明戒慎恐惧的工夫并不容易把捏，下手重了，便成把捉，便不复是静的工夫，且有助长之嫌疑；下手轻了，却又难免流于"忘"。为免"助"病，朱子反复强调戒慎恐惧的工夫"大段著脚手不得"，它"只是略略地约在这里"而已③，为避"忘"嫌，朱子又说戒慎恐惧只是一种警醒（"耸然提起在这里""常惺惺在这里"）的心理状态，其工夫"只是常要提撕，令胸次湛然分明"④。要之，它是一种心灵生活贞定其自身而不走作的精神活动（所谓"敬，心之贞"是也）。

就工夫论上的质疑而言，"戒慎恐惧"与"慎独"究竟是两节工夫、是两事，还是一节工夫、是一事？如果说心理活动存在未发、已发两个时段，修身工夫因此而区分为"致中"（涵养于未发之前）与"致和"（省察于已发之际），则工夫明显是两节、两事，但在程门那里并未见到如此区分，故弟子对此区分颇有质疑：

　　曰："诸家之说，皆以戒谨不睹，恐惧不闻，即为谨独之意，子乃分之以为两事，无乃破碎支离之甚耶？"曰："既言道不可离，则是无适而不在矣，而又言'莫见乎隐，莫显乎微'，则是要切之处，尤在于隐微也。既言戒谨不睹，恐惧不闻，则是无处而不谨矣；又言谨独，则是其所谨者，尤在于独也。是固不容于不异矣，若其同为一事，则其为言，又何必若是之重复耶？且此书卒章'潜虽伏矣''不愧屋漏'，亦两言之，正与此相首尾。但诸家皆不之察，独程子尝有不愧屋漏与谨独是持养气象之言，其于二者之间，特加与字，是固已分为两事，而当时听者有未察耳。"⑤

①　《朱子语类》卷六十二，《朱子全书》第 16 册，第 2031—2032 页。
②　《朱子语类》卷十二，《朱子全书》第 14 册，第 378 页。
③　《朱子语类》卷六十二，《朱子全书》第 16 册，第 2047—2048 页。
④　《朱子语类》卷一一四，《朱子全书》第 18 册，第 3625 页。
⑤　《中庸或问》，《朱子全书》第6册，第555—556页。又参见《答胡季随》："作两事说，则不害于相通；作一事说，则重复矣。不可分中，却要见得不可不分处，若是全不可分，《中庸》何故重复作两节？"（《朱子文集》卷五十三，《朱子全书》第 22 册，第 2510 页）

问："'不睹不闻'与'谨独'何别？"曰："上一节说存天理之本然，下一节说遏人欲于将萌。"又问："能存天理了，则下面谨独似多了一截。"曰："虽是存得天理，临发时也须点检，这便是他密处。若只说存天理了，更不谨独，却是只用致中，不用致和了。"①

"戒慎"一节当分为两事，"戒慎不睹，恐惧不闻"，如言"听于无声，视于无形"，是防之于未然，以全其体。"谨独"是察之于将然，以审其几。②

朱子在这里给出三点理由：（1）戒慎恐惧与慎独之间是有差异的，戒惧是统贯的工夫（"无处不谨"），慎独则是隐微之处的工夫，前者是存天理之本然，是致中的工夫，后者是遏人欲于将萌，是致和的工夫，两者非一事，否则，不仅经文便为重复，而且致和便成多余。（2）经文卒章之引《诗》"潜虽伏矣"与"不愧屋漏"分别对应于"慎独"与"戒惧"，两事自是首尾照应。（3）程子已将"不愧屋漏"与"慎独"并提，说明两者原是二事，诸家之说（程门）以戒惧即是慎独分明是未能领会乃师之精义（"听者有未察"）。更为重要的，朱子之所以要区别出两节工夫，乃是因为单纯的静存、涵养工夫是不充足的，必须辅之以点检（慎独），方为妥当。故在朱子那里慎独与戒慎恐惧乃是两节工夫，戒惧在先，慎独在后，戒惧是保守天理，慎独是检防人欲。③前者是"静工夫"，后者是"动工夫"。④

戒慎恐惧与慎独两节、两事说后来受到阳明的强烈批评，然而通观朱子全书，却又不乏"一事""一节"说：

①　《朱子语类》卷六十二，《朱子全书》第16册，第2031页。
②　同上。
③　同上，第2035页。又曰："未发有工夫，既发亦用工夫。既发若不照管，也不得，也会错了。但未发已发，其工夫有个先后，有个重轻。"（《朱子语类》卷九十四，《朱子全书》第17册，第3151页）
④　"存养是静工夫，静时是中，以其无过不及，无所偏倚也；省察是动工夫，动时是和，才有思为，便是动，发而中节无所乖戾，乃和也。"（同上，第2049页）标点略有改动。

"敬"字通贯动静，但未发时则浑然是敬之体，非是知其未发，方下敬底工夫也。既发则随事省察，而敬之用行焉，然非其体素立，则省察之功亦无自而施也，故敬义非两截事。①

已发未发，只是说心有已发时，有未发时。方其未有事时，便是未发；才有所感，便是已发，却不要泥着。谨独是从戒慎恐惧处，无时无处不用力，到此处又须谨独。只是一体事，不是两节。②

两段话均明确指出戒惧与慎独并非两事、两节，问题是，既然戒惧是涵养的工夫、致中的工夫、静的工夫，慎独是省察的工夫、致和的工夫、动的工夫，为何又说是"一体事"，"一体"之"体"以何为"体"？引文中"体立而后用以行""敬之体"与"敬之用"以及"谨独是从戒慎恐惧处，无时无处不用力"已经说明"一体事"之所谓，即戒惧、持敬乃是体，省察、慎独工夫是"敬之用行"，是从"戒慎恐惧"中而来③，敬、戒慎恐惧乃是贯彻动静、有事无事之一元工夫（无时无处不用力），只是到了应物、有事之时，到了"念"之将萌之隐微之际，原"只是略略地约在这里"的戒慎恐惧的工夫遂猛然一提，这如同狩猎者在狩猎途中只是常惺惺（戒慎恐惧），但走近猎物可能藏身的灌木丛之际，任何风吹草动，心中都不免悚然一提。"念之将萌"之于修身者一如"风吹草动"之于狩猎者。朱子本人则有流水与骑马之喻："未发已发，只是一件工夫，无时不涵养，无时不省察耳。谓如水长长地流，到高处又略起伏则个。如恐惧戒谨是长长地做，到谨独是又提起一起。如水然，只是要不辍地做。又如骑马，自家常常提掇，及至遇险处，便加些提控。不成谓是大路，便更都不管他，任他自去之理？"显然，戒惧工夫在朱子那里乃是一切工夫之底色，故朱子又称戒惧工夫乃

---

① 《朱子文集》卷四十三《答林择之》，《朱子全书》第 22 册，第 1980 页。

② 《语类》卷六十二，《朱子全书》第 16 册，第 2039 页。

③ 朱子还用"大本""达道"关系阐明"戒慎恐惧"与"慎独"之工夫论上的体用关联："惟君子自其不睹不闻之前，而所以戒谨恐惧者，愈严愈敬，以至于无一毫之偏倚，而守之常不失焉，则为有以致其中，而大本之立日以益固矣；尤于隐微幽独之际，而所以谨其善恶之几者，愈精愈密，以至于无一毫之差谬，而行之每不违焉，则为有以致其和，而达道之行，日以益广矣。"（《中庸或问》，《朱子全书》第 6 册，第 559 页）

是"统同说"①，是"普说"②。

　　那么，朱子时说"戒惧"与"慎独"是"两事"，时又说是"一事"，因记者不审，故两说必有一错，抑或是记者不误，两说各有侧重？谛观两说，并无实质之异同。"两事说"中亦点出戒惧工夫作为"大纲"无处无时不在③，"一事说"亦不否认慎独有别于戒惧。前者强调同中之异，后者突出异中之同。善观者自不会因其言异而将两者固化为不相干之两截，亦不会因其言同而泯灭两者之分际。实际上朱子尚有许多更加圆活浑化的说法："已发未发，不必太泥。只是既涵养，又省察，无时不涵养省察。若戒惧不睹不闻，便是通贯动静，只此便是功夫。至于谨独，又是或恐私意有萌处，又加紧切。若谓已发了，更不须省察，则亦不可。如曾子三省，亦是已发后省察。"④"大抵未发已发，只是一项工夫，未发固要存养，已发亦要审察。遇事时，时复提起，不可自怠，生放过底心，无时不存养，无事不省察。"⑤无疑，朱子此类通透之点拨语乃是针对将两节工夫固化而致工夫蹉跎之弊端而发："有涵养者固要省察，不曾涵养者亦当省察。不可道我无涵养工夫，后于已发处更不管他。若于发处能点检，亦可知得是与不是。今言涵养，则曰不先知理义底，涵养不得。言省察，则曰无涵养省察不得。二者相捱，却成檐阁。……要知二者可以交相助，不可交相待。"⑥

---

　　①　"'戒慎不睹，恐惧不闻'，非谓于睹闻之时不戒惧也。言虽不闻之际，亦致其谨，则睹闻之际，其谨可知。此乃统同说，承上'道不可须臾离'，则是无时不戒惧也。然下文'谨独'既专就已发上说，则此段正是未发时工夫，只得说：'不睹不闻'也。'莫见乎隐，莫显乎微，故君子必谨其独。'上既统同说了，此又就中有一念萌动处，虽至隐微，人所不知而己所独知，尤当致谨。如一片止水，中间忽有一点动处，此最紧要著工夫处。"（《语类》卷六十二，《朱子全书》第 16 册，第 2034 页）

　　②　"戒慎恐惧是普说，言道理偪塞都是，无时而不戒慎恐惧。到得隐微之间，人所易忽，又更用谨，这个却是唤起说。戒惧无个起头处，只是普遍都用。如卓子有四角头，一齐用著工夫，更无空缺处。若说是起头，又遗了尾头；说是尾头，又遗了起头；若说属中间，又遗了两头。不用如此说，只是无时而不戒慎恐惧，人自做工夫，便自见得。曾子曰：'战战兢兢，如临深渊，如履薄冰。'不到不到临死之时，方如此战战兢兢？他是一生战战兢兢，到死时方了。"（同上，第 2045—2046 页）又参见："黄灏谓：'戒惧是统体做工夫，谨独是又于其中紧切处加工夫，犹一经一纬而成帛。'先生以为然。""问'谨独'。曰：'是从见闻处至不睹不闻处皆戒谨了，又就其中于独处更加谨也。是无所不谨，而谨上更加谨也。'"（同上，第 2030 页）

　　③　"'不睹不闻'是提其大纲说，'谨独'乃审其微细。方不睹不闻之时，不惟人所不知，自家亦未有所知。若所谓'独'，即人所不知而己所独知，极是要戒惧。自来人说'不睹不闻'与'谨独'只是一意，无分别，便不是。"（同上，第 2035 页）

　　④　同上，第 2045 页。另一弟子录此段云："存养省察，是通贯乎已发未发功夫。未发时固要存养，已发时亦要存养。未发时固要省察，已发时亦要省察。只是要无时不做功夫。"

　　⑤　同上，第 2041 页。

　　⑥　同上，第 2045—2046 页，标点略有改动。

六

"戒慎恐惧"跟"慎独"作为工夫究竟区别何在？在朱子这里，戒惧工夫有"专言"、有"偏言"之别：作为通乎未发已发而言的戒惧工夫（朱子往往又称为"敬"①）可以说是"专言"（"'敬'之一字，真圣学始终之要"；"圣门之学别无要妙，彻头彻尾只是个'敬'字而已"），而作为特指未发前的戒惧工夫（朱子往往又称为"涵养"）则可以说是"偏言"（特为未发而设之工夫）。

（1）就其发生作用的时段来说，戒慎恐惧是彻头彻尾、无时无处不下工夫，而"慎独"则通常"限定"在念之将萌这一"独知"时段上。

（2）尽管戒慎恐惧的工夫无处、无时不在，但在"独知"一环这种本"只是操一操""不大段用力"的戒慎恐惧猛然加力，故变成"慎上加慎"的慎独工夫。

（3）戒慎恐惧并不是一具体的指向某"意向对象"的心灵活动，而是心灵贞定其自身、保持其湛然、澄澈自体之力量，这不是一种反思性的力量，而是一种第一序的、主宰心灵活动的力量，故朱子才说"未发时浑然是敬之体"，而"非是知其未发，方下敬底工夫"。与此不同，省察、慎独则既有明确的时间点，又有明确的对象，即在"念之将萌"之时间点上对念之"是非""正与不正"加以判定。只是这个省察、慎独的力量并非另有源头，它恰恰就是戒慎恐惧、敬这一全体工夫进一步展现而已："见得此处是一念起处、万事根原，又更紧切，故当于此加意省察，欲其自隐而见，自微而显，皆无人欲之私也。……然亦非必待其思虑已萌而后别以一心察之，盖全体工夫既无间断，即就此处略加提撕，便自无透漏也。"②职是之故，省察心即是戒惧心，在念之将萌之际，此戒惧心只是"更开阔眼耳"。明儒顾泾阳对朱子戒惧慎独之异同颇有发明："问戒惧慎独有作一项说者，有作二项说者，未审孰是？"先生曰："两说皆是。要而言之，一固一也，二亦一也。今只要理会他立言本指，盖戒慎不睹，恐惧不闻，是全体功夫。'慎独'二字则就中抽出一个关键而言也。如《易》言'极深'，又言'研

---

① 钱穆说：朱子"专用一敬字，似较分用涵养省察字更浑然。"（氏著：《朱子新学案》第2册，北京：九州出版社，2011年，第285页）

② 《朱子文集》卷五十三《答胡季随》，《朱子全书》第22册，第2507—2508、2510页。

几'，《书》言'安止'，又言'惟几'。又如《论语》言'君子无终食之间违仁'，更没渗漏了，却又言'造次必于是，颠沛必于是'，乃是把人最易堕落处提破，须到这里一切挈得定，方才果无渗漏也。譬如人家儿子出路，父母分付他一路小心便完了事，却又絮絮切切，早晚要如何，寒暖饥饱要如何，陆行遇着险阻，水行遇着风波，要如何，就旁人看来，何不惮烦，非但旁人，便是那儿子不经过利害的，亦安知不疑老人家这等过虑，不知此正父母的心肠也。圣贤为人的心肠，真不减父母之于子，所以有许多堤防，有许多转折，吾侪只要说笼统话，遇此等处便谓支离，出于孔子以上，犹代为之分疏，出于朱子以下，即公然直斥其谬，此亦无异骄子之笑田舍翁矣。岂不可痛！"[1] 戒慎恐惧是全体功夫，而慎独只是在此全体功夫之中，特针对关键环节（"几"，"人最易堕落处"）而论，一如人家儿子出门，父母在叮咛一路小心之外，还特别嘱咐路遇险阻如何。要之，戒惧（静存）与慎独（动察）乃是两轮一体之工夫。

<h1 style="text-align:center">七</h1>

能够扣紧在意念萌发这一心理空间讲"独处"与"独知"，在朱子学阵营中不乏其人。如朱子学重镇、北山四先生之一金仁山在解慎独之"独"时，就着重强调："独者，人所不知而己所独知者。盖独者，非特幽隐无人之地谓之独，凡昭明有人之地，而己心一念之发皆独也。是则自知而已，而岂人之所能知哉！"[2] 未与物接时固是"独"，与物接时才萌一念也是"独"，"独"跟一人之"闲居"与大众之"共处"无关，独之为独在于"己心一念"。

又如朱子再传弟子饶双峰，顺着朱子将"独知"限定在"念虑初萌"之思路进一步阐发说："独字不是专指暗室屋漏处，故程子于'出门如见大宾，使民如承大祭'言慎独。慎独亦不是专指念虑初萌时，故程子于洒扫应对时言慎独。盖出门使民，洒扫应对，事也；所以主此者，意也。事形于外，固众人之所共见，意存其中，则己之所独知，故谓之独。意与事，相为终始：意之萌，事之始也；意之尽，事之终也。自始至终，皆当致谨，岂特慎于念虑初萌之时而已哉？《中庸》云：'诚者终始，不诚无物'，正此之谓也。"① 依双峰，"独"字乃是指"意"，念虑初萌固是"意"，事为言动亦是"意"之"形于外"者，无论身处暗室屋漏之中还是大庭广众之下，这个内心生活中的"意"字则只为自己所切己体验到。

元代以朱子为宗的胡云峰则径直把"独"字训为"意"字。在《大学通》中，云峰说"毋自欺"三字是释"诚意"二字，"自"字与"意"字相应，"欺"字与"诚"字相反。而对朱子"独者，人所不知而己所独知之地也"，云峰明确指出：此"独"字，"便是'自'字，便是'意'字。"②

八

"独知"自朱子始，成为一个重要的修身学范畴。独知是对"一念萌动"的心理欲望的觉知，这种对自家心理活动的觉察并不是一般意义上的反思意识，而是对"意"之"实"（天理）与"不实"（人欲/自欺）的一种警觉，带有强烈的道德审查意味。一念萌动时，"意"之"实"与"不实"，他人不及见、不及闻，故往往为"常情所忽"，自以为可以"欺天罔人"——此处"自以为"之"自"乃是"经验"/"知觉"之"自我"，"以为"亦是经验自我想当然之"以为"，殊不知"吾心之灵，皎如日月，既已知之，则其毫发之间，无所潜遁，又有甚于他人之知矣"③，此处"吾心之灵"则实与阳明"良知"无异，阳明亦屡屡说"本心之明，皎如白日，无有有过而不自知者"。观朱子论"自欺"之文字，多是讲"意"本要"为善"，或本要"去恶"，但常有私念随之而在内阻隔，致使为善去恶的"意"有所掺杂而不实，经验/知觉之自我以为出于私欲的念头无人知晓，其实"吾心之灵"当下清清楚楚。故任何"意"之伪装与不实皆逃不过吾心之灵这一火眼金睛，"欺天罔人"于此明明白白之独知而言只是一种"自欺"，"吾心之灵"实不可欺。由此不可欺之"独知"入手，"必使几微之际，无一毫人欲之萌"即是慎独工夫，即是密证自修的工夫。这跟汉儒将"独"训为"独处""独居"根本不是一个

套路。可以说，端因朱子以"知"解"独"，将"独知"之对象由外在的闲居、独处之行为转化为个己的心灵生活，并进一步扣紧在"意"之诚与伪、念之正与不正之觉察上面，郑注长期垄断"慎独"解释史的格局才在根本上得以改变。

不啻如此，朱子讲"独知"其旨趣一直扣紧在"意"之实与不实、诚与伪这一"善恶关"之觉察上面，"吾心之灵"对此"善恶关"洞若观火之精察明觉之能力实际上已预设了此独知乃是良知之自知。朱子甚至说"几既动，则已必知之"①，此亦即说，在吾心（此处之"吾心"乃是人心道心杂于方寸之间的"吾心"）萌发一念之际，吾心（此处之"吾心"乃是阳明意义上良知之心）则必有所觉察。问题来了，在吾人心灵生活之隐秘处，谁能省察"念"之"正"与"不正"，谁能辨别"意"之"实"与"不实"，此"一念独知处"非"良知"而何？

职是之故，后来王阳明标举"此独知处便是诚的萌芽"，是诚身立命的工夫所在，正可以说是承继朱子"独知"之路线而水到渠成之结果，故心学一系对朱子以"知"解"独"推崇备至，阳明后学胡庐山云："'独知'一语，乃千古圣学真脉，更无可拟议者。……晦翁独知之训，已得千古圣学真脉。……阳明先生虽忧传注之蔽，所云'良知即独知也'，又岂能舍此而别为异说哉？"②冯少墟亦指出："'独'字，文公解曰'人所不知而己独知之地也'，以'知'字解'独'字，真得孔、曾之髓。"③心学殿军刘蕺山则说："朱子于'独'字下补一'知'字，可谓扩前圣所未发"，又说："《中庸》疏独，曰'隐'，曰'微'，曰'不睹不闻'，并无'知'字。《大学》疏独，曰'意'，曰'自'，曰'中'，曰'肺肝'，亦并无'知'字。朱子特与他次个'知'字，盖为独中表出用神，庶令学者有所持循。"④凡此种种说法，一方面可证朱子独知训独与汉唐以闲居之所为训独乃属全然不同之进路，一方面亦可见朱子独知说在儒学工夫论之中的历史地位。要之，朱子独知说可谓开辟了儒家修身哲学的新的向度，是儒家修身学发展历程之中的一个重要"时刻"。

---

① 《朱子语类》卷六十二，《朱子全书》第 16 册，第 2033 页。

② 胡直撰：《答程太守问学》，《衡庐精舍藏稿》卷20，"四库明人文集丛刊"，上海：上海古籍出版社，1993 年，第 477 页。

③ 冯从吾撰：《少墟集》卷九，《景印文渊阁四库全书》第 1293 册，第 170 页。

④ 刘蕺山撰：《学言》，吴光主编：《刘宗周全集》第 2 册，杭州：浙江古籍出版社，2007 年，第 419 页，第 457 页。

第八章　朱子的"气论"思想

郭晓东（复旦大学）

　　素来研究孟子者，多重视其"心""性"等概念，并在此基础上确立孟子心性哲学之纲维。相对来说，孟子"气"的概念较少有人注意。但是，"气"的概念在孟子那里并非无足轻重，《公孙丑上》之"知言养气"章与《告子上》之"牛山之木"章等都将"养气"作为工夫论的重要环节。尽管孟子本人说浩然之气"难言"，但"至大至刚，以直养而无害，则塞于天地之间"之类的表述，使我们可以认为"人身之气也有道德的涵义"[①]。若如此，对于孟子而言，便出现两条工夫路径：其一是我们多数人熟知的由存养扩充"四端"而实现人的善性，工夫的对象是"心"；其二则是通过"浩然之气"与"夜气"来成就道德，工夫的对象是"气"。[②] 这两条工夫路径似乎是正相反对的，因此，如何在孟子之心性论哲学纲维上理解他的"气"论，遂成为一个难解的问题，在宋代道学家那里尤其如此。

　　按北宋的道学传统，"气"一般被认为是成德之负面因素，故张载与小程子都有"气质之性"和"变化气质"的提出，以便在上接孟子心性论传统的基础上安顿汉儒之"气性"。也正因为如此，二程兄弟虽然也十分重视"知言养气"章[③]，但孟子那里"气"所具有的道德意涵却被选择性地忽略了，以致以"论性

---

　　① 杨儒宾：《儒家身体观》，台北："中央研究院"文哲研究所筹备处，1997年，第151页。

　　② 杨儒宾有类似的论述，可参见同上，第153页。

　　③ 如小程子曾教诲门人对这一章"宜潜心玩索，须是实识得方可"。参见程颢、程颐：《河南程氏遗书》（以下简称《遗书》）卷十八，《二程集》，北京：中华书局，1981年，第205页。

不论气不备"①来隐隐然批评孟子。就张、程"天地之性"与"气质之性"对分的格局而论，孟子确实"论性不论气"。然孟子《公孙丑上》之"知言养气"章与《告子上》之"牛山之木"章等将"养气"作为工夫论之重要环节而言，又不容不加以重视。这一问题在朱子作《孟子集注》时彻底朗现。

朱子显然比他的前辈们更重视"知言养气"章，如他说："孟子养气一段，某说得字字甚仔细，请仔细看。"②同时，朱子对于他对孟子的解释，似乎也颇为自信，如他说："若与孟子不合者，天厌之，天厌之。"③然而，正是朱子对孟子的注释在当代学界备受批评，以为朱注以《大学》及其中心观念"格物致知"之理路来诠释《孟子》，从而将孟子之德性问题转为知识问题。④当代诸贤对朱子的批评自有其合理之处，但对孟子之"气"是否具有道德之意义，似乎没有得到正面的回应。不过，朱子本人对这一问题的解答，似乎也多少有扞格难通之处，而这一点前贤却较少有注意到。因此，本文试图通过朱子对"浩然之气"的诠释入手，来进一步探究朱子"气"论中的道德意义。

一

在《孟子·公孙丑上》之"知言养气"章中，记载了孟子与公孙丑的如下一段对话：

> 曰："敢问夫子之动心，与告子之不动心，可得闻与？""告子曰，'不得于言，勿求于心；不得于心，勿求于气'。不得于心，勿求于气，可；不得于言，勿求于心，不可。夫志，气之帅也；气，体之充也。夫志至焉，气次焉。故曰，'持其志，无暴其气'。""既曰，'志至焉，气次焉'，又曰，'持其

---

① 《遗书》卷六，《二程集》，第81页。

② 黎靖德编：《朱子语类》（以下简称《语类》）卷五十二，北京：中华书局，1986年，第1248页。

③ 同上，第1250页。

④ 参见黄俊杰《孟学思想史论（卷二）》（台北："中央研究院"文哲研究所筹备处，1997年）第五章"朱子对孟子知言养气说的诠释及其回响"。黄俊杰在该书的一条长注中列举了以唐君毅、牟宗三为代表的十八家学者对知言养气章及朱注之研究，亦可供参考；他尤其指出，除钱穆之外，其余诸家对朱子之说皆未能印可（第193—194页）。

志，无暴其气'者，何也"？曰："志壹则动气，气壹则动志也。今有蹶者趋者，是气也，而反动其心"。"敢问夫子恶乎长"？曰："我知言，我善养吾浩然之气"。"敢问何谓浩然之气？"曰："难言也。其为气也，至大至刚，以直养而无害，则塞于天地之间。其为气也，配义与道；无是，馁矣。是集义所生者，非义袭而取之也。行有不慊于心，则馁矣。我故曰告子未尝知义，以其外之也。必有事焉而勿正，心勿忘，勿助长也。"①

对于"浩然之气"，尽管孟子说"难言"，但就上述文字本身来说，孟子还是表达了如下几层意思：第一，气者，"体之充"；第二，气可以"反动其心"；第三，此气"至大至刚"，可以"塞于天地之间"；第四，此气可以"配义与道"。更进一步化约地说，则如黄俊杰所说的："它一方面指生理的事实（气，体之充也），另一方面又指道德的原则（其为气也，配义与道；无是，馁矣）。"② 然而，生理的事实与道德之原则如何统于一体，在孟子那里并没有被充分论说，从而为后人留下了一个巨大的诠释空间。

在《孟子集注》中，朱子在注释"我善养吾浩然之气"一段时说：

> 浩然，盛大流行之貌。气，即所谓体之充者。本自浩然，失养故馁，惟孟子为善养之以复其初也。③

朱子此说，显然是试图与孟子的文本相呼应。朱子以"盛大流行"解"浩然"，无疑是对这种"浩然之气"的正面肯定。这种浩然之气，也即是"体之充"者，乃是构成我们的身体和生命禀赋的气，并非另外别有一种浩然之气。④ 不过，这里特别值得我们注意的是朱子"本自浩然"这一表述，作为我们生命禀赋的气"本自浩然"，即意味着作为人之生理事实的"气"是一种本然之善气，它原本就具有道德之属性，并非是需要工夫驯致才能"浩然"。朱子在注释"至大

---

① 朱熹：《四书章句集注》，北京：中华书局，1983 年，第 231 页。
② 黄俊杰：《孟学思想史论（卷二）》，第 212 页。
③ 《四书章句集注》，第 231 页。
④ 《语类》中多次指出"浩然之气"与构成我们生命的"血气之气"并无区别，如："问血气之气与浩然之气不同。曰：'气便只是这个气，所谓"体之充也"便是。'"（卷五十二，第 1237 页）。

至刚"一段时又说:

> 至大初无限量,至刚不可屈挠。盖天地之正气,而人得以生者,其体段本如是也。①

"至大至刚",是孟子形容"浩然"语。朱子解"至大"为"初无限量","至刚"为"不可屈挠",盖皆是在弥漫宇宙的气之全体上说的,此是未生人物之前,"天地之正气",本然状态(体段)即是如此。这种本然状态,朱子有时直接称为"气之本体"。例如《语类》中有这样的说法:

> "至大至刚"气之本体,"以直养而无害"是用功处,"塞乎天地"乃其效也。②

> 气虽有清浊厚薄之不齐,然论其本,则未尝异也。所谓"至大至刚"者,气之本体如此。但人不能养之,而反害之,故其大者小,刚者弱耳。③

"气之本体"的说法颇值得探讨。对朱子理气论的整体哲学框架而言,气只是形而下者,故不能说以气为本体,可以说的,只是气有一个"天地之正气"的状态,这个状态就是气的本来原初的状态,即朱子所说的"本来体段",亦即所谓"本体",所以作为"气之本体"之"本体",恐怕不是体用之"体",不是在理气论或心性论构架下的"本体"。④ 但即便如此,朱子已然为"气之本体"赋予了一种相当强的价值色彩。

---

① 《四书章句集注》,第231页。
② 《语类》卷五十二,第1253页。
③ 同上。
④ 不过,对朱子而言,"体段"之"体"与"体用"之"体",恐怕也难以截然切割。对于朱子以"盛大流行"注"浩然之气",其高弟辅广曰:"其体段本如是者,孟子以至大至刚指言气之本相也。""体段"、"本相",皆可谓本来状态。然辅氏又曰:"盛大言其体,流行言其用",又曰"不言用者,举体则足以该之也"。则"体段""本相"之"体",又与"用"相对举。参见赵顺孙:《孟子纂疏》卷三,台北:文史哲出版社,1986年,第1672、1675页。

朱子又称此"天地之正气"为"而人得以生者"，意味着人所禀得的，即是此具有强烈之价值色彩的本然"正气"，即人之道德的依据在于此"正气"。[1]不过，既然"天地之正气""本自浩然"，人又皆禀此"天地之正气"以生，按道理应该人人都具有此"浩然之气"才对：但从经验的事实看，我们身上的气何以不那么"浩然"呢？朱子在《孟子集注》中已经说得比较明白："失养故馁"。也就是说，人原初所禀受的气的确是"浩然"的，但如果人不能善养这浩然之气，反而戕害之，久而久之，就看不到本来浩然的体段了。[2]所以朱子以为，学者所当下的工夫便是如《集注》所说的，要效法孟子以"善养之以复其初"。所谓"复其初"，也即是人所初禀的那一"天地之正气"的状态，亦即一种浩然无所亏欠的状态。

二

按上述朱子的诠释，事实上也就意味着道德的依据在于人初禀的这一"浩然之气"，所以工夫的目的就在于"复其初"。"复其初"这一表述是相当值得我们注意的。在《大学章句》中，朱子同样也讲到要"复其初"：

> 明德者，人之所得乎天，而虚灵不昧，以具众理而应万事者也。但为气禀所拘，人欲所蔽，则有时而昏，然其本体之明，则有未尝息者。故学者当因其所发而遂明之，以复其初也。[3]

按照这里的说法，"人之所得乎天"的是人的"明德"，亦即人的心性"本体"，这是人的道德的依据所在，亦即孟子所谓的"善性"。[4]这是《大学章句》

---

① 黄俊杰将此解读为"自然秩序充满道德内涵"（《孟学思想史论（卷二）》，第224页）。

② 如朱子在《语类》卷五十二中说："气之体段，本自刚大，自是能塞天地，被人私意妄作，一向蔽了他一个大底体段。故孟子要人自反而直，不得妄有作为，以害其本体。"（第1251页）又如《语类》同卷文蔚问："塞天地莫只是一个无亏欠否？"曰："他本自无亏欠，只为人有私曲，便欠却他底。且如'万物皆备于我，反身而诚，乐莫大焉'，亦只是个无亏欠。"（第1249页）

③ 《四书章句集注》，第3页。

④ 《语类》中有诸多相关论述，如："或问：'明德便是仁义礼智之性否？'曰：'便是。'"又如："明德是自家心中具许多道理在这里。本是个明的物事，初无暗昧，人得之则为德，如恻隐、羞恶、辞让、是非，是从自家心里出来，触著那物，便是那个物出来。"（卷十四，第263页）

与《孟子集注》的最大不同。与前文可以有相同的逻辑是，若依此说，人既禀有"天命之性"，其道德即获得"天命"之保证，那么现实经验中的恶又从何而来呢？朱子回答说，是因为"气禀所拘，人欲所蔽"。也就是说，经验中的不善，仅仅是因为"本体之明"被局限与遮蔽而已。但从另一面讲，"本体之明"亦非总是处于被局限与遮蔽的状态，即本心性体总有发现的时候，此即朱子所谓的"未尝息者"。也正因为如此，工夫才有可能，即"因其所发而遂明之"，也就是因人在现实生活中总有透露出的那点良知而加以发明与扩充，而工夫最终的效验则是要"复其初"。显然，这里所讲的"复其初"，是"复"其"人之所得乎天"的"本体之明"之"初"，同《孟子集注》所要"复"的，显然大不一样，后者是人所初禀的那一"天地之正气"的"初"。换言之，《孟子集注》所要复的是"正气"之本来体段的"初"，《大学章句》所要复的是人之为人的本心性体之"初"。于是，我们不得不问，这两种"复其初"的说法是否矛盾？或换言之，若既承认有一"天地之正气"之初，又承认有一"人之所得乎天"的本心性体之初，二者是否能同时成立？

　　按《大学章句》来说，这显然是不能成立的。从《大学章句》来讲，"本体之明"之所以受遮蔽，就是因为"气禀所拘"。这里所谓"气禀所拘"之"气禀"，我们可以看朱子在《大学或问》中的进一步解释：

> 天道流行，发育万物，其所以为造化者，阴阳五行而已。而所谓阴阳五行者，又必有是理而后有是气，及其生物，则又有因是气之聚而后有是形。故人物之生，必得是理，然后有以为健顺仁义礼智之性；必得是气，然后有以为魂魄五脏百骸之身。①

　　也就是说，人物之有生，其所禀受者，具有双重之属性：一则为"理"，是为《中庸》所谓"天命之谓性"，其落实于个人即《大学》之"明德"，此赋予我们以道德之属性，所谓"健顺仁义礼智之性"，亦即《大学章句》所说的"本体之明"，

---

① 朱熹：《大学或问》，朱杰人等编：《朱子全书》第6册，上海：上海古籍出版社；合肥：安徽教育出版社，2002年，第507页。

其所要"复其初"者即复此；一则为气，通过"气之聚"而赋予我们以肉体之形，即所谓"魂魄五脏百骸之身"。

依此说，则"气禀"只具有赋形之意义而不具有道德之意义，因此它应该是无所谓善恶的。但从另一方面来讲，朱子又承汉儒之说，以为"气禀"有偏正清浊之分，从而既决定了人与物之间的差别，又决定了人与人之间贤愚善恶的分别。如《大学或问》中说：

> 然以其理而言之，则万物一原，固无人物贵贱之殊；以其气而言之，则得其正且通者为人，得其偏且塞者为物。是以或贵或贱，而不能齐也。彼贱而为物者，既梏于形气之偏塞而无以克其本体之全矣。唯人之生，乃得其气之正且通者，而其性为最贵，故其方寸之间，虚灵洞彻，万理咸备。①

在朱子看来，就人物所禀之理来讲，并没有区别，都来自那个本然之性。然而，就所禀之气而言，因为气有正通偏塞之别，从而就有人物贵贱之区别，即人所禀得之气为正为通，而物所禀得之气为偏为塞，故人物之间有贵贱之殊别。不仅人物之别由所禀决定，就人而言，虽然与物相比其所禀气为通为正，按朱子这里的说法，人之生得其气之"正"者，似与《孟子集注》所谓"天地之正气"之"正"的意义不同。《集注》的表述有较强烈的道德色彩，正是以其"正"，故人所受的天地之气才能说"本自浩然"，或"至大至刚"。而作为人与物所禀气之区别且与"偏"相对举的"正气"，则显然不具有道德的意义。在朱子看来，在人所禀气的"正气"中，真正具有道德意义的是，决定人之为人的"正气"本身又有清浊之不同，由此人才有贤愚善恶之差别：

> 天地间只是一个理，性便是理，人之所以有善有不善，只缘气质之禀各有清浊。②

---

① 《大学或问》，《朱子全书》第 6 册，第 507 页。
② 《语类》卷四，第 68 页。

又曰：

> 性者万物之源，而气禀则有清浊，是以有圣愚之异。①

从初禀上讲，既然每一人都禀有天命之性，即每一个人都具有仁义礼知之性，那么理论上讲，每个人在现实中就应该是善的，所以孟子道性善。而事实上人却有善有不善，其根源在朱子看来就在于所禀之气质的不同。在朱子看来，人禀气以成形，然既禀得气以后，若所禀之气是"清"的，则成圣成贤；若所禀的气是"浊"的，那么，就有可能局限与遮蔽人本来受之于天的那一"本体之明"，即限制了人之得天命本然之性，或说以所禀之气局限所受之理，从而成为凡人或愚人。他比喻说：

> 性如日光，人物所受之不同，如隙窍之受光有大小也。人物被形质局定了，也是难得开广。②

可见，对朱子而言，人物之禀受，需要在两个层面上讲，一则从"初禀"上说，人物之所禀，虽然有理有气，而理只是在"万物一原"的意义上说。至于人物之殊别，人与人之间的贤愚善恶，乃至命数之不同等，都是由气禀所决定，故朱子于《答黄商伯书》称："论万物之一原，则理同而气异。"③其次，就"既得"而论，每个人因其所禀之气之万殊，使得其所受之理因气质所拘而绝不相同，此即《答黄商伯书》所谓"观万物之异体，则气犹相近，而理绝不同"④。就此而言，对学者之成德来讲，从"论万物之一原，则理同而气异"来讲，不过是指出在本然意义上我们成德之可能性的依据；但更重要的是，就现实存在之实然层

---

① 《语类》卷四，第76页。

② 同上，第58页。

③ 《晦庵先生朱文公文集》（以下简称《朱子文集》）卷四十六，《朱子全书》第22册，第2130页。

④ 所谓"初禀"与"既得"之两个层面，亦即朱子在注《中庸》之"天命之谓性"与注《孟子》"生之谓性"中所说的两个层面。在《朱子语类》中有朱子与学生进行相关问题讨论的记载，有学生即归纳说："《中庸》是论其方付之初，《集注》是看其已得之后。"（《语类》卷四，第57页）

面来讲，我们所受之理既受气禀之局限，那么我们理应所受的本然之性就或多或少地要受到遮蔽，特别是对普通人而言，因为气质使本性受到遮蔽与局限，故已失去其本应该禀受之"天命之性"的全体，进而以这样一种所谓"气质有蔽之心"去应事接物，则自然是害德不可胜言，甚至是"有人之形"，而实际离禽兽已不远。

因此，对朱子来说，从"观万物之异体，则气犹相近，而理绝不同"这一现实性原则对于学者之成德恐怕更为重要。一则我们要时时警惕气禀对于成德而言可能存在的负面意义，故需要有《大学》之"明明德"之工夫，需要有"格致诚正"之工夫。从另一方面来讲，朱子显然非常重视"气犹相近"者，而所谓"气犹相近"者，即《朱子语类》卷四所说的："气相近，如知寒知煖，识饥饱，好生恶死，趋利避害，人物都一样。"① 因此，若因为是气同理异，专在气上说而忽视作为万善之源的理者，却是学者尤其需要加以警惕的，如告子在朱子看来即是如此，其学生亦认为是"欲指其气而遗其理"②，而这样的危害便是以所生之性为本然之性，即以知觉运动为性，从而不能自别于禽兽，即如其于《答程正思》第16书中所说的："学者当于此正当审其偏正全阙而求所以自贵于物，不可以有生之同反自陷于禽兽而不自知己性之大全也。"③

总之，按照本节的论述，我们可以清楚地看出，《孟子集注》的说法与以《大学章句》为代表的朱子一般性论说歧义甚大，它至少表现为如下两个方面：第一，《孟子集注》以为，"人得以生者"，在于"本自浩然"的"天地之正气"，此可以解读为人类道德之依据所在；以《大学章句》为代表的朱子一般性论说则以"性"和"理"作为道德之依据，而"气"则成为成德的消极因素。第二，从工夫上说，既然《孟子集注》以"浩然之气"为道德之依据所在，故工夫只在"善养之"而已，即工夫全在"养气"；而《大学章句》既以"气"为成德之负面因素，故工夫必须表现为对治此"气"的消极面，以期"变化气质"，让气质与本心性体相顺应，是以工夫在于"治气"。

---

① 《语类》卷四，第58页。
② 同上，第59页。
③ 《朱子文集》卷五十，《朱子全书》第22册，第2328页。

三

上述的两大歧义似乎是难以调和的。如果我们认可以《大学章句》为代表的论说是朱子的一般性论说，那么，是否意味着朱子在《孟子集注》中的说法有不够谛当之处？或许我们可以考察另外一个参照文本，即《朱子语类》中的相关论说。尽管《朱子语类》只是朱子日常所讲，有时未必严谨；同时《语类》杂出于众人之手，记者之不同亦导致所记的内容未必完全客观地转达了朱子的本来意思。但是，《语类》毕竟是朱子师弟间讨论相关问题的第一手记录，同时《语类》所记的大多是朱子晚年的说法，以《语类》来考察《集注》，可能对于我们更好地理解朱子会有所助益。事实上，《语类》卷五十二便相当详细地记载了朱子与其弟子之间针对《孟子》之"浩然之气"以及朱子的注释所展开的诸多讨论，而在这讨论的过程中，上述的矛盾就随之呈现：

> 或问："孟子说浩然之气，却不分禀赋清浊说。"曰："文字须逐项看。此章孟子之意，不是说气禀，只因说不动心，滚说到这处，似今人说气魄相似。有这气魄便做得这事，无气魄便做不得。"①

显然，当时已经有弟子意识到朱子所解的"浩然之气"说与朱子日常所说的"禀赋清浊"说有不能相容之处，故就正于朱子。朱子的回答表达了两层意思，第一，他直接指出，"孟子之意，不是说气禀"，即认为"浩然之气"并非指气禀；第二，与之相关的，朱子认为，"浩然之气"只是孟子在形容"不动心"时的"气魄"。在《语类》卷五十二的多处讨论中，朱子都提到"浩然之气"只是一种"气魄"②，这种"气魄"朱子有时又称之为"刚果"③。但不论用何处说法，按

---

① 《语类》卷五十二，第1243页。

② "文振说浩然之气。曰：'不须多言，这只是个有气魄、无气魄而已……他本只是答公孙丑不动心，缠来缠去，说出许多养气、知言、集义，其实只是个不动心。人若能不动心，何事不可为？然其所谓不动心，不在他求，只在自家知言集义，则此气自然发生于中。'"（同上，第1243页）

③ "浩然之气乃是于刚果处见。"（同上，第1247页）又："浩然之气，清明不足以言之。才说浩然，便有个广大刚果意思，如长江大河，浩浩而来也。富贵、贫贱、威武不能移屈之类，皆低，不可以语此。公孙丑本意，只是设问孟子能担当得此样大事否，故孟子所答，只说许多刚勇，故说出浩然之气。只就问答本文看之，便见得仔细。"（同上，第1243页）

这一解读,"浩然之气"都只能是一种"虚说",即把"浩然之气"从实然的作为人物之生所具有构成意义之层面拉了下来,使之成为一种工夫之后的效验,一种状态、气象乃至是一种境界。如是则"浩然之气"与气禀本然的性质便毫无关涉了。

既然"浩然之气"只是一种"气魄",它与气禀本然的状态无关,那么,它又从何而来呢?孟子本人其实已有回答:"是集义所生。"朱子亦随文顺着此说曰:

> 浩然之气,是养得如此。①

> "养浩然之气",只在"集义所生"一句上。气,不是平常之气,集义以生之者。②

据此,所谓"浩然之气"就必然不是初禀之气,而只是人们后天工夫之后的结果。《语类》中有许多条都讨论到了浩然之气与初禀之气的关系:

> 问:"浩然之气,是禀得底否?"曰:"只是这个气。若不曾养得,刚底便粗暴,弱底便衰怯。"③

> 或问:"人有生之初,理与气本俱有。后来欲动情流,既失其理,而遂丧其气。集义,则可以复其性而气自全。"曰:"人只怕人说气不是本来有底,须要说人生有此气。孟子只说'其为气也,至大至刚,以直养而无害',又说'是集义所生者',自不必添头上一截说。吕子约亦是如此数折价说不了。某直敢说,人生时无浩然之气,只是有那气质昏浊颓塌之气。这浩然之气,方是养得恁地。孟子只谓此是'集义所生',未须别说。"④

---

① 《语类》卷五十二,第 1243 页。
② 同上,第 1259 页。
③ 同上,第 1243 页。
④ 同上,第 1260 页。

根据上引的两条材料，朱子断然否定了所禀之气是浩然之气，从"不曾养得"的所禀上讲，"刚底便粗暴，弱底便衰怯"，又说"人生时无浩然之气，只是有那气质昏浊颓塌之气"，从而明确否定了气禀具有本然善的可能性，此说与《集注》"本自浩然"说正相反。不过，就"浩然之气"需要"养"的角度来讲，《语类》中也有材料可以支持《集注》的说法：

> 问："此气是当初禀得天地底来，便自浩然，抑是后来集义方生？"曰："本是浩然，被人自少时坏了，今当集义方能生。"①

> 天地浩然之气，到人得之，便自有不全了，所以须着将道理养到浩然处。②

据此，朱子虽然顺着孟子"是集义所生"而认为浩然之气须培养而后驯致，但又回到了《集注》的立场，认为是"本自浩然"，只不过是"自少时坏了"，即《集注》所说的"失养故馁"。由此亦可以看出，朱子在这个问题上，态度仍然是游移不定的。

不过，我们还可以进而参考《语类》中朱子对"浩然之气"的另一种理解。正如前文指出，作为"体之充"的"浩然之气"，就是构成我们的身体和生命禀赋的血肉之气，并非别有一种浩然之气。那么，二者的区别何在呢？《语类》回答说：

> 气，只是一个气，但从义理中出来者，即浩然之气；从血肉身中出来者，为血气之气耳。③

> 问："浩然之气，即是人所受于天地之正气否？"曰："然。"又问："与

---

① 《语类》卷五十二，第 1260 页。
② 同上，第 1259 页。
③ 同上，第 1243 页。

血气如何?"曰:"只是一气。义理附于其中,则为浩然之气。若不由义而发,则只是血气。然人所禀气亦自不同:有禀得盛者,则为人强壮,随分亦有立作,使之做事,亦随分做得出。若禀得弱者,则委靡巽懦,都不解有所立作。唯是养成浩然之气,则却与天地为一,更无限量!"①

也就是说,"浩然之气"与人所禀得的"血肉之气"固然只是一"气",但"血肉之气"若合于"理",则此"气"就是"浩然之气"。据此,我们可以合理推出,初禀之气与浩然之气亦"只是一气",只不过在禀得之初,尚未及养,故未必合于理义,从而才有"人生时无浩然之气,只是有那气质昏浊颓塌之气"的说法。值得注意的是,这里朱子虽说人禀气有或强或弱的不同,但无例外的都要通过知言、集义等手段,养成"浩然之气"后,才能"与天地为一,更无限量",而这正是朱子体系中通过工夫而变化气质之后的效验所在。

总之,在《语类》中朱子对"浩然之气"的诠释大致有三个面向:第一,浩然之气为"气魄"说;第二,浩然之气是"养成"说;第三,浩然之气由义理出来说。这三种说法中,第三种说法其实与第二种说法没有根本的差别,不过论说的角度有所变化而已。在这三者间,除了"养成"说有少数几条材料仍然可以支持《集注》的说法外,其余无不例外都不承认"浩然之气"是"本自浩然"的天地"正气",亦即不承认有一道德属性的本然善气。

四

假如前面的理解无误的话,我们可以初步得出一个结论:朱子在《孟子集注》中"本自浩然"的表述,既与朱子固有的体系不相合,同时在朱子师弟间的讨论中也很难找到相关的理论支持。但是,朱子本人却信心满满地认为自己的注释并不违背孟子原意,甚至不惜说"若与孟子不合者,天厌之,天厌之"。于是,这就不免让我们怀疑,何以会产生这种现象?究其原因,不外乎有四:第一,《孟子集注》成于朱子中岁(淳熙四年[1177],朱子48岁),其后朱子对其

---

① 《语类》卷五十二,第1244页。

理论做了修正；第二，朱子本人的理论错乱；第三，朱子只是在迎合孟子的说法而顺文释读；第四，朱子的两种说法并不存在矛盾，或者说，朱子的气论中，本来内在地可以开出气具有道德意义的一面。

第一种情况是最合理的解释，但从相对代表朱子晚年学说的《语类》中仍有若干条目支持《集注》的说法上看，似乎朱子并没有完全放弃这一早期的观点；就第二种情况来说，从朱子论学一贯之缜密周洽上看，犯这样错误的可能性并不大。即便朱子事实上在此陷入一种理论上的错乱，那么进一步追问朱子何以会犯这样的错误便成了问题的关键所在。第三种情况也是有可能的，注释家为了注释本文，有时难免会受文本的牵引，但就《语类》中的讨论所表现出的深度上看，这种可能性其实不大。于是，我们不妨有一个假设，即第四种情况，在朱子的气论中，本来内在地可以开出气具有道德意义的一面。

从理气对分的理论架构上看，理已经为性善做了形而上的保证，那么对气而言，既然只有赋形的意义，那么大可不必说存在一种本然的善气，这是朱子总体的立场，尽管这一说法并不支持《集注》的观点。但朱子又认为，我们所禀气的品质在事实上规定了人的贤愚善恶，那么也就意味着人自有生以来即被气决定了，这就是《答黄商伯书》之"气犹相近，而理绝不同"①。对朱子来说，这一论说固然使得我们的工夫有了必要，即因为有"气禀所拘，人欲所蔽"，所以才要下工夫去"复其初"。但是，这一"气禀所拘"却是有决定意义的，每个具体的个人身上所能得到多少的"本体之明"，几乎完全是由其所禀的气质决定的，换言之，即是每个人身上所得的"理"完全是由其所禀的"气"决定的，如其于《答杜仁仲》第 1 书中所说的："气禀既殊，则气之偏者便是得理之偏，气之塞者便自与理相隔。"②是以陈来有受气禀所决定的"理禀"之说。③这其实是一种事实上的道德之气决定论，但在某种程度上说，它同时意味着朱子气学思想中必须内在地开出气的道德意义，否则的话，作为

---

①《朱子文集》卷四十六，《朱子全书》第 22 册，第 2130 页。

②《朱子文集》卷六十二，《朱子全书》第 24 册，第 3000 页。

③ 陈来认为："朱子晚年更倾向于理禀有偏全而导致人物之性有同异的说法。"（氏著：《朱熹哲学研究》，北京：中国社会科学出版社，1987 年，第 68 页）

一种纯粹的决定论，则显然与儒家的一贯立场不能相容，亦不是朱子所能接受的。[①] 同时，对于宋代的道学家们来说，更进一步的问题是，如果"气"当体本然即无善无恶，或当体即恶，而且这种"气"是随"禀"而来而被已然决定的，那么变化气质又何以可能呢？事实上，如王充等汉儒不讲变化气质，故说"用气为性，性成命定"[②]，完全是一种彻底的决定论。而从张载、程颐开始讲变化气质，固然被朱子认为极有功于圣门，但张、程似乎对变化气质何以可能的问题并未做出正面的回答。顺着这一问题而来，我们认为，朱子似乎必须在"气"自身体段处找到可以被变化的依据所在，这或许是朱子讲"本自浩然"的原因所在。然而，对朱子而言，此中存在的巨大理论风险是，一旦在"气"中找到道德的属性，则难免专在"气"上下工夫，从而又偏离了思孟以来的儒家心性学传统，这一点始终是朱子十分警惕的。因此，朱子在相关的问题上就不免表现出了一种游移不定乃至前后抵牾的态度，对"浩然之气"的解释是这样，对"牛山之木"章之"夜气"与"平旦之气"的解释也是如此。[③] 也许我们可以因此说朱

---

① 李明辉指出："如果朱子混同'道德之恶'与'自然之恶'，将它们一概归诸气质，他将陷于决定论、乃至命定论的观点；而这将使道德责任及道德工夫完全失去意义。因为在这种情况下，我们势必要承认有些人是天生的恶人，有些人是天生的善人、乃至圣人。这个结论自然不是朱子所能接受的。"（氏著：《朱子论恶之根源》，锺彩钧编：《国际朱子学会议论文集》上册，台北："中央研究院"中国文哲研究所，1993 年，第 564 页）

② 黄晖：《论衡校释》，北京：中华书局，1990 年，第 59 页。

③ 与朱子在讨论"浩然之气"之游移不定的立场相类似的是朱子对《告子上》"牛山之木"章之"夜气"与平旦未与物接时的"清明之气"的论述。《孟子集注》中说："平旦之气，谓未与物接之时，清明之气也。"又说："言人之良心虽已放失，然其日夜之间，亦必有所生长，故平旦未与物接，其气清明之际，良心必有发见者。"（《四书章句集注》，第 331 页）又《语类》中说："心之存不存，系乎气之清不清。气清，则良心方存立得；良心既存立得，则事物之来方不惑。"又曰："气清则心清。"（《语类》卷五十九，第 1399 页）如是，则于朱子而言，"气"之"清明"与否，决定了人之良心能否发见，而人心之能存否，亦是由此"气"决定。然而，朱子在另外的场合，朱子又将"气"之"清"否，取决于能否存心，如他说："若存得此心，不特平旦时清；若不存得此心，虽歇得些时，气亦不清，良心亦不长。"又说："夜气上却未有工夫，只是去'旦昼'理会，这两字是个大关键，这里有工夫。"（同上，第 1393—1394 页）故对朱子而言，一方面似乎要从"气"中挖掘出某种道德的属性，然而，又十分警惕专门在气上下工夫，以至于认人心为道心，其于《答蔡季通》第 2 书中说："但此所谓清明纯粹者，既属乎形气之偶然，则亦但能不隔乎理而助其发挥耳，不可便认以为道心，而据执之以为精一之地也。如《孟子》虽言夜气，而其所欲存者乃在乎仁义之心，非直以此夜气为主也；虽言养气，而其所用力乃在乎集义，非直就此气中择其无过不及者而养之也。来论主张'气'字太过，故于此有不察。"（《朱子文集》卷四十四，《朱子全书》第 22 册，第 1989 页）然朱子于此对蔡氏之批评，反对其主张"气"太过，然而从朱子的话中，我们似乎可以理解为，言"气"是必须的，只要不太"过"即可。当然，此中过与不及之处，尚待我们进一步去体贴与领会。

子并没有真正彻底地解决这一问题，或者也可以说，本文事实上尚未对这一问题做出令人满意的回答①，但是，这一问题的提出，本身所具有的哲学意义就已经不容忽视。

---

① 本文的匿名评审专家在评阅本文时指出："朱子虽有气之本然或气之本体的讲法，但是否就与人之为恶是受到气禀的影响的理论不一致，或甚至相矛盾？我看并非如此。气固然有其本然或本体，此是倾向于善的，但气不同于理，理是定然之善，不会改变。气虽倾向于善，但乃是活物，又有心知用于其上，便成为善恶不一定的活动，而且气在运转的过程中不能没有轻浊厚薄、参差不齐的情况出现，故可把人的为恶归于气的作用。当然人之为恶的根源如何说明，是十分精微的问题，并非一篇短文可以充分说明。"对于这一批评，笔者在此深表致谢。

第二篇
日本朱子学的传承与创新

第九章　近世日本的朱子学与反朱子学

〔日〕土田健次郎（早稻田大学）

一　仁斋时代的思想氛围

江户时代，朱子学与反朱子学的正式抗争起始于伊藤仁斋（1627—1705）。仁斋的登场时期乃林罗山之子林鹅峰（1618—1680）之时代。自初始起，被称作江户朱子学之祖的藤原惺窝便非纯粹的朱子学者。惺窝对"格物"的解释也不是基于朱子学的立场，而是倾向于主张儒、道、佛三教一致说的林兆恩之解释。不过，惺窝又有诸儒之学最终趋于一致的观点，他说：

> 圣人千言万语，只要人理会得。故所示不同，所入即一也。且古人各自有入头处，如周子之主静，程子之持敬，朱子之穷理，象山之易简，白沙之静圆，阳明之良知，其言似异，而入处不别。（《惺窝答闻》）

罗山在思想上并不注重朱熹的文献，相比之下，他更倾向于以《性理大全》为据，属于明代型的朱子学者（同上），由其著作中之内容来看，也足以使人质疑其对朱子学理解的正确性。且罗山之学问本身虽以朱子学为中心，但总体而言，其特长在于涉猎思想文化等全方位的广泛教养。相比之下，其子林鹅峰的思想则更具有儒教本家之特色。①

---

① 矢崎浩之：《林春齋の學問—その〈私考〉をめぐって—》，《早稻田大學大學院文學研究科紀要》別册 10，1994 年。

与仁斋处于同一时代的儒者中，山崎闇斋（1619—1682）试图对朱子学做一番纯粹化的工作。与上述惺窝及罗山的掺杂诸多杂质的朱子学不同，闇斋直接根据朱熹的文献，力求获得对朱子学的正确理解。惺窝及其罗山在内的弟子们（即所谓京学派之学者）的朱子学，与其说是思想运动，毋宁说是启蒙教育。与此相比，闇斋的情况则可定义为思想运动。反朱子学之始祖的仁斋与试图纯化朱子学的闇斋处于同一时代，这正意味着日本的朱子学与反朱子学处于并行前进、同时发展之状态。另外，虽是朱子学者但晚年对朱子学产生疑问，并将之整理成《大疑录》一书的贝原益轩（1630—1714），及同属反朱子学者的山鹿素行（1622—1685）皆与仁斋生于同一时期。闇斋学派的蟹养斋（1705—1778）以素行为仁斋之先驱者，他指出：

> 至于山鹿氏，则初立私见，而兵家陋劣，世罕见者。仁斋继出，盖窃取山鹿氏之意，又考明儒之说，张自所喜，以为复古，古学之称于是乎立焉。（《弁复古》）

然而，两者实际上是同时并行的。且两者之间并无直接交流。另外，近年有学者认为"古学"之称始于明治时代之后，但观蟹养斋如下之文便可知江户时代已有此称呼："仁斋、徂徕妄斥朱子，自称古学，实是新义。"（《跋非徂徕学》）至于日本阳明学之祖中江藤树之弟子熊泽蕃山（1619—1691）亦与仁斋同处同一时期（藤树与蕃山虽非纯粹的阳明学者，但一直被认为在系统上属于阳明心学），此亦是朱子学与反朱子学同时并行之例证。

在此须注意的是，此类具有代表性的反朱子学者们，原本都是朱子学者这一事实。素行与仁斋如此，对朱子学始终持疑但终其一生皆为朱子学者的益轩或许也可列入此一划分。他们在熟悉朱子学之后。转向了反朱子学一方。也因此才采用了通过与朱子学进行对比来陈述自身思想的方式。

二 反朱子学者的共通点

当时的反朱子学者有一共通之处，即否定朱子学理气二元对立之论，其主张通过强调气之重要性，主张理气融合这一形式来进行表现。另一方面，否定朱子学将"性"分为"本然之性"与"气质之性"，以"性"为"气质之性"，这点亦是诸家共通。

如素行有如下之说：

> 理气妙合而有生生无息底、能感通知识者性也。……学者嗜性善，竟有心学、理学之说。人人所赋之性，初相近，因气质之习相远。宋明之学者陷异端之失，唯在这里。……圣人不分天命气质之性。若相分，则天人理气竟间隔。此性也，生理气交感之间，天地人物皆然也。(《圣教要录》下"性"）

而仁斋言之如下：

> 理本死字。在物而不能司物。在生物有生物之理。死物有死物之理、人则有人之理、物则有物之理。然一元之气为之本、而理则在于气之后。故理不足以为万化之枢纽也。……惟圣人能识天地之一大活物、而不可以理字尽之。(《童子问》中，第六十八章）

> 宋儒论性以本然气质分之，以孟子性善之说为本然之性，以孔子相近之旨为气质之性。然言本然之性，则不得杂气质，言气质之性则自不及本然，必归一而后可矣。观此章专以气质论之，则凡孟子所谓性者，皆就气质而论之，彰彰矣。(《孟子古义》尽心下·第二十四章）

益轩亦有如下论述：

> 理气不可分而为二物，且无先后，无离合，故愚以谓理气决是一物。朱子以理气为二物，是所以吾昏愚迷而未能信服也。(《大疑录》上）

> 故圣人未尝以理气为二物，然朱子以为理气决是二物。……然则气质

之性,亦是天地之性耳。不可分而为二。(同上)

上述内容中有否定理之论述,亦有将理气一体化之论述。然即便是理气一体化的情况下,理所具有的纯粹性自是荡然无存,结果亦是接近于气。同时否定理的内容,亦是否定朱子学之流的理,并非否定及气之理又或气中之条理。即是说,就结果而言两者的特征相类似。

另外,益轩著述中与仁斋类似之处,除上述内容外,尚有重视日常道德相对否定高深缥缈之论,及相较敬而言更重视忠信等。同时,素行所谓的"道者日用所共由当行,有条理之名也"(《圣教要录》中"道"),与仁斋所说的"道者人伦日用当行之路"(《语孟字义》上"道"二)之论,亦是指向同一方向。问题是,这些反朱子学者之理论来自何处?

三　仁斋学与气学的思想关系

明代思想家吴廷翰的《吉斋漫录》一直被认为是伊藤仁斋的学问蓝本。[①]但仁斋并无阅览过该书之痕迹。虽然仁斋之弟子中江岷山在其著《理气辩论》中引用了吴廷翰之学说,然仁斋在总结自身思想经历后,吐露出此乃其自身之领悟体会。我们当然应该相信其亲口所言(《读予旧稿》《同志会笔记》等)。

吴廷翰所述与仁斋类似之处,可以列举如下:"盖上天之事,只是气。理即气之条理,用即气之妙用"(《吉斋漫录》上);"凡言性,则已属之人物,即是气质";"盖性即是气……故凡言性也者,即是气质。若说有气质之性,则性有不是气质者乎"(同上)。可见,吴廷翰在分类上属于所谓"气之思想家"之一派。[②]

将宋代以后的中国思想史分为三大系统进行整理的方法在中国及日本都不

---

① 以各种文献为基础,对此问题进行整理的论述首推井上哲次郎《日本古學派之哲學》(东京:富山房,1902 年)第二篇第一章第六。

② 荒木见悟氏在《吴蘇原の思想—容肇祖論文の批判に寄せて—》(《中國思想史の諸相》,福冈:中国书店,1989 年)中,以吴廷翰为朱子学之支流。

时可见。即朱子学理气二元论（又或 "理之思想"）、阳明学心学（又或 "心之思想"）、罗钦顺、王廷相、吴廷翰、王夫之直至戴震等 "气之思想"。[1] 同时部分论文中仁斋亦被编入 "气之思想" 这一系统之中。[2]

然而仁斋与中国的气之思想家有着本质性的区别。吴廷翰有如下论述：

> 人之初生，得气以为生之之本，纯粹精一，其名曰性。性为之本，而外焉者形，内焉者心，皆从此生。（《吉斋漫录》上）

> 生者，人之性也。性者，人之所以生也。盖人之有性，一气而已。朕兆之初，天地灵秀之气孕于无形，乃性之本，其后以渐而凝，则形色、象貌、精神、魂魄莫非性生，而心为大。（同上）

此处言天地之气为心之性，亦即持以天道来阐述性之方法。而仁斋则有如下的论述：

> 凡圣人所谓道者，皆举人道而论之。至于天道，则夫子之所罕言，而子贡之所以为不可得而闻也。（《语孟字义》上 "道" 四）

> 道者人伦日用当行之路。（《语孟字义》上 "道" 二）

仁斋在此将天道与人道分而为二，与吴廷翰之思想构造有着根本上的区别。同时，仁斋另有如下论述：

> 晦庵谓："人物各循其性之自然，则日用之间，莫不各有当行之路，是倒说也。盖性者，以有于己而言，道者以达于天下而言。易曰：立人之道

---

① 中国有张岱年《中国哲学大纲》（北京：商务印书馆，1958 年）等；日本则有冈田武彦《宋明哲學序說》（东京：文言社，1977 年）、山井涌《明清思想史の研究》（东京：东京大学出版会，1980 年）等。另外朱谦之有关于日本儒学的《日本古学及阳明学》"前言"（上海：上海人民出版社，1962 年）。

② 参见朱谦之《日本古学及阳明学》，他认为仁斋属于持气之思想的唯物论者。

日仁与义是也。故有人，则有性；无人，则无性。道者，不待有人与无人，本来自有之物，满于天地，彻于人伦，无时不然，无所不在。岂容谓待人物各循其性之自然而后有之哉?"若晦庵所说，则是性本而道末，性先而道后，岂非倒说乎?(《童子问》上，第十四章)

此处仁斋批判朱熹在《中庸章句》第一章中，以天赋之性为先，视人道之道为后的论述乃是"倒说"。对于仁斋之批判，益轩展开了如下的反驳：

道之有名，通天地人而言，其理乃一也。然在天在人，其事自殊，不可混而同之。盖一阴一阳者，在天之道也。此在人之先，为性之本。(《童子问批语》)

这是说，益轩此著依旧停留在朱子学的立场上。[1] 然须注意的是，相对于仁斋以人道为中心这一姿态，益轩则是以天道为根据展开论述。此正是仁斋与朱子学及气之思想家之间最明显的区别。朱子学与气之思想皆以天道为本来阐述人道。

从根本上来讲，对朱子学进行批判时，理自然而然会成为批判之中心，而与之相对的气亦理所当然被放大。仁斋与素行相互之间并未接触过对方的著述，但在议论上却大同小异的理由亦在于此。两者皆以朱子学为与其自身思想对立之物，同时以朱子学的用语来组建自身之理论。另外，气之思想家们亦并不否定理之概念本身，而是认为问题在于朱子学对理的解释有误。[2] 仁斋也并不否定理这一概念本身。气之思想家们试图从气的自然运动中寻得理的存在。而仁斋则尝试从日常社会中找寻人们应当追求之道。天与地皆有道，然其道非

---

① 井上忠：《贝原益轩的〈童子问批语〉について》，《九州儒學思想の研究》，福冈：九州大学中国哲学研究室，1957 年；荒木见悟：《贝原益轩の思想》，《日本思想大系》第 34 册《贝原益軒・室鳩巢》，东京：岩波书店，1970 年。

② 沟口雄三在《中國中前近代思想の屈折と展開》（东京：东京大学出版会，1980 年）中，将虽则理的内容在改变，但始终以理来分析宇宙之原理的思想称之为"理观"，试图通过"理观"的变化来分析宋代以后的思想史。

人类所应追寻之物，人所追寻者唯人道而已。这一限制性正是仁斋思想之特色所在。

仁斋言天道乃一元气之生生，此正是仁斋被误解为气之思想家的原因，其曰：

> 何以谓天地之间一元气而已耶？此不可以空言晓，请以譬喻明之。今若以版六片相合作匣，密以盖加其上，则自有气盈于其内。有气盈于其内，则自生白醭。既生白醭，则又自生蛀蟫。此自然之理也。盖天地一大匣也，阴阳匣中之气也，万物白醭蛀蟫也。是气也无所从而生，亦无所从而来。有匣则有气，无匣则无气。故知天地之间，只是此一元气而已矣。（《语孟字义》上"天道"三）

然而，此处的论述并非在积极展开天道论的基础上设定人道论之基础，而是阐述天地乃一元气之生生不息，因此不可能尽获其理。生生不息这一现象虽亦出现在人道论中，但一元气生生之论从本质上来讲是为了防止将天道论导入人道论的存在。仁斋思想的特色在于将人类所应关怀的对象限定在人道内。其所言一元气生生论，在提示了世界观的同时，亦使得追求天道之理的行为变得毫无意义。同时，仁斋以"性"为"气质之性"，此亦仅仅是利用朱子学之用语，而非为了将"气质之性"与天地之气拉上关系。

另一方面，仁斋与气之思想家戴震间的相似之处亦时有耳闻。戴震所生活的时代晚于仁斋近百年，彼此互不知晓。因此一直以来都被视作偶然的巧合[1]，然而有学者却认为这是朱子学扩散过程中，日本与中国同时出现的平行现象[2]。仁斋虽在《论语古义》中频繁地引用明代《论语大全》，同时熟读罗钦顺的《困知记》，但其思想归根结底仍是仁斋在自身思考的基础上，蜕化自朱子学之结果，不可过度评价明代儒学所带来的影响。

---

[1]　青木晦藏论及此一问题，怀疑戴震是否接触过仁斋之著作。以及吉川幸次郎《仁斋東涯學案》（《日本思想大系》第 33 册《伊藤仁斋·伊藤東涯》，东京：岩波书店，1971 年）。

[2]　余英时：《论戴震与章学诚》外篇二"戴东原与伊藤仁斋"，台北：华世出版社，1977 年。

四　贝原益轩"大疑"之由来

有学说认为，益轩《大疑录》中所述之朱子学批判亦是受中国思想家影响所致。[1]朱子学者贝原益轩至其晚年，将自身对朱子学所抱持的疑问著录于《大疑录》中一事十分有名。《大疑录》初稿的脱稿年代不明，而流传于世之版本皆为经过相当程度改订之物。[2]

牧克己氏在调查了益轩所做的读书摘要《知约》后，认为《大疑录》之内容乃根据明代林希元、柯尚迁、魏壮渠、郝京、张燧，清代王嗣槐，南宋黄震等人而来。[3]同时注意到益轩曾读明代吴廷翰之《吉斋漫录》《瓮记》《椟记》，尤其对《吉斋漫录》爱不释手。[4]因此与仁斋不同，益轩思想中有着受明代思想家影响的可能性。特别是其对罗钦顺的"理只是气之理"（《困知记》一）、"理须就气上认取"（《困知记》二）等主张有着高度评价（《大疑录》上）。然而必须注意的是，这些部分毕竟仅是在受到外部思想刺激后而产生，本质性的核心部分依旧是益轩自身思考的结果，是其对朱子学之理产生疑问所致。三浦秀一氏注意到，益轩在其39岁时所著《近思录备考》中，已有对朱子学产生怀疑的内容，认为益轩自我思考的结果，便是完成《大疑录》的过程。[5]

另外，益轩在日记中记述了曾与仁斋晤会，但最终并未达成意见上的一致。[6]同时益轩著述《童子问批语》，对仁斋主要著作之一的《童子问》进行了批判[7]，其曰：

其说往往与时习新知所录同意者多矣。……初吾不知仁斋之所说之

---

[1]　井上忠：《貝原益軒と"吉齋漫録"—古學派成立の一問題—》（《西南學院大學論集》1-1，1950年）、牧克己：《大疑録の主張と陸象山吳蘇原二氏の影響》（《九州儒學思想の研究》）。

[2]　初稿被收入井上忠等编：《貝原益軒資料集下》，《近世儒家資料集成》第6册，东京：ぺりかん社，1989年。

[3]　参见牧克己：《大疑録の主張と陸象山吳蘇原二氏の影響》。另外牧克己虽还言及陆九渊对益轩之影响，但笔者认为并无此可能。

[4]　参见井上忠等编：《貝原益軒資料集下》。

[5]　三浦秀一：《〈大疑録〉に至る道》，《貝原益軒・天地和樂の文明學》，东京：平凡社，1995年。

[6]　参见井上忠等编：《貝原益軒資料集下》。

[7]　关于《童子問批語》，参见同上。

出处，还见郝景山之《时习新知》，始知其学有所本。盖仁斋所说，皆是郝景山之所见也，如合符节。

亦即益轩认为仁斋之思想根源来自郝敬（1558—1639）。确实，郝敬有"天地之间惟气，人身亦惟气，人与天地相通亦惟气。……世儒离气言理，空谈性命，与孔孟之旨戾"（《时习新知》一）等论述，然此亦同于前述吴廷翰之情况相同，仅为结果上之相似，若从思想骨架等整体角度来看，则不可与仁斋之思想混作一同。[1]

五　仁斋学的思想特质

仁斋从理气论这一框架中抽身而出，试图单独对儒学进行重新定义。但仁斋的著述采取以朱子学为对手进行展开这一方式，因此其论表面上似乎始终在理气论中徘徊。仁斋所提出的主张在于，如朱子学般试图靠自身力量达到圣人境地之态度，反导致学者走入以非日常而自负这条死路中。朱子学与阳明学从一开始就认为任何人都可到达圣人境界，而大多数的宋明学者亦是以此为前提进行论战。而与之相对，仁斋及荻生徂徕（1666—1728）等古学派思想家则将此一前提亦相对化，并对其展开批判。

仁斋所追求的，是将自身投入到这个世界，始终以日常之道处于其中，并以此使儒学成为存活在现实生活中的思想。下述轶事中亦可得出仁斋思想以适应现实世界为目的这一结论：

> 参州鸟原邑，有菅谷氏者，农夫也。质直方正，持身甚谨。尝从傍邑夏目氏，受四书及朱子小学书，深信笃好，求道之志愈力。辛酉春，闻予讲古学，从参州来，留止半岁余，受语孟古义字义归。其后又与夏目氏俱来。……夏目氏本士（土）人，尝在于备州，讲王氏之学，后好朱学。其与菅谷氏来，与予款语欢甚。顿觉旧说之非，归于参州，殚弃旧学沛如也。

---

[1]　关于郝敬，参见荒木见悟：《郝敬の立場—その氣學の構造—》，《中國心學の鼓動と佛教》，福冈：中国书店，1995年。

时时击手叹曰："某误矣，某误矣。"殆若狂人，亦奇士也。今既没，尤可惜。初二人皆严毅清苦，与人寡与。邑老人将死，必勑其子弟曰："勿学二人之所为。"其后二人之学，渐就平实，无复旧日朱学诡异之行。故邑人皆服其笃行，又能信学问之为美，靡然好学至于若此，殆有古昔之风。(《仁斋日札》)

这段轶事极好地展现了朱子学者是如何落入孤芳自赏的陷阱中，而仁斋思想又是何等获得世间的评价的。但如此思想在之前的日本却并无表达之方式。通过将朱子学这一高度抽象性理论体系设定为对手之后，才首次得以将自身之思想表现而出。重要的是，仁斋并非单纯的原始儒学家。仁斋对佛教、朱子学、阳明学皆有涉猎。在此基础上，仁斋依旧提出要回归古代孔子所提倡的日常道德。仁斋称"故愚断以论语为最上至极宇宙第一书，而以此八字冠诸每卷题目上。意以不如此，则人不能知论语之理如此之大也"(《论语古义》纲领六)。以"最上至极宇宙第一书"来称赞《论语》，是因为孔子在知晓五经中关于鬼神天地之论的基础上，仍特意提出须以日常道德为中心，因此仁斋给予其最高评价。仁斋在知晓关于天道之精密哲学的基础上，依旧以独立的体系来把握人伦问题，同时提出对人类而言此为最重要命题的主张。

原本而言，朱子学亦是试图通过批判禅宗等佛教宗派之非日常性来阐述日常思想的学派。如今则是仁斋以非日常思想对朱子学进行批判，试图建立新的日常思想。但此日常并非中国之日常，而是日本之日常。[①]仁斋与徂徕皆肯定人情一事广为人知，而所谓人情便是指现实生活中能实际感受到之物。而人情在儒教教理中能得以理论化，是由于日本将外来思想的儒学本土化的结果。

仁斋思想是找寻任何人都可理解、皆能实践之道，并将之实现的思想。"一人知之而十人不能知之者，非道。一人行之而十人不能行之者，非道。"(《论语古义》纲领七)而在当时，任何人都可理解、皆能实践之道，便是日常生活中自然感受到的价值观，这又是无比具体、十分单独之物。而正是仁斋将此原本

---

① 土田健次郎：《伊藤仁斎と朱子學》，《早稻田大學大學院文學研究科紀要》42-1，1997年；同《"日常"の回復—江戶儒學の"仁"の思想に學ぶ—》，东京：早稻田大学出版部，2012年；同《日常の思想としての儒教》，《現代思想》2014年3月号，东京：青土社，2014年。

难以抽象化之思想成功理论化。将人类所应面对的问题限定于人道之内的态度，是基于实际生活的现实世界来发现道之存在，而恰恰是对这一看来浅近之思想的贯彻，才使得对天道的深刻省察成为可能。

六　反朱子学与朱子学的交错

仁斋通过将自己的思想与朱子学的彻底比较这一方法来进行理论构筑。因此若无朱子学则仁斋亦无法对自身之理论进行表达。仁斋之子东涯在对其父的著作《论语古义》进行讲义的同时，始终与朱熹所著《论语集注》进行对比。亦即若要理解仁斋学，必须先认识朱子学，在学习仁斋及东涯之思想的同时，亦对朱子学产生进一步的了解。[①]

丸山真男试图从仁斋、徂徕的连续性中寻求古学派思想家走向近代思维之过程。这些思想家将自然与规范合二为一的朱子学解体，使自然与规范分离，从而产生了能客观又相对的认识传统规范的空间。[②] 对此，尾藤正英则列举江户时代初期不仅朱子学、儒教本身并未在武士社会中得以流传，以及朱子学者人数实际上在幕末时期最多等事实，对丸山真男所论朱子学、仁斋学、徂徕学、近代化这一思想流程提出质疑。[③] 笔者认为，仁斋以朱子学为假想敌，而徂徕则同时以朱子学及仁斋学为假想敌来对自身之思想进行表现，而此一论述上之过程顺序，被丸山原封不动地解释为历史性发展过程。[④]

另一方面，徂徕学虽亦属人道之思想，但徂徕所谓的道则是礼乐行政等文化性政治性制度。因此在徂徕看来，仁斋仅于个人道德中徘徊，而日常生活中所面临的各种场面之意义，必须在整个社会制度中进行定义。因此徂徕赋予"天"这一概念宗教性的性格，同时"天"超越一切理论范畴，无条件的为徂徕所述之道提供理论基础。而在徂徕学风靡一世之后，出现了再度回归朱子学之现象。然而此时的朱子学已蜕变为了解徂徕学之后的朱子学。徂徕批判朱子学

①　土田健次郎：《伊藤东涯之〈论语〉研究》，《东亚论语学·韩日篇》，台北：台湾大学出版中心，2009 年。

②　丸山真男：《日本政治思想史研究》，东京：东京大学出版会，1952 年。

③　尾藤正英：《日本封建思想史研究：幕藩體制的原理と朱子學的思惟》，东京：青木书店，1961年。

④　参见土田健次郎：《伊藤仁斎と朱子學》。

过于主观，他主张必须以礼这一客观标准为根据。对此，与徂徕有思想交流的益轩门下朱子学者竹田春庵（1661—1745）早已提出反驳：

> 其谓以礼制心，亦以我心治我心，而使合其理耳。苟不以我心治之而使谁当其责乎。（《弁弁道》）[1]

认为习礼这一行为本身，最终亦是心之问题。蟹养斋于其后亦提出，徂徕的道乃先王所作之论，会导致学者对道的尊崇之念变得淡薄，否定穷理则会造成疏于精益求精，气质不变之论将带来自我堕落：

> 其曰道者，先王所造，故士子尊道之心薄。曰穷理察微非也，故研精峻行之志弛。曰气质不可变，故不必遏放荡。（《非徂徕学自序》）

通过认识徂徕学，朱子学中之重视个人学问修养的部分得以被重新审视。日本思想家们在朱子学与反朱子学的相互对抗之过程中，形成了将心与社会、主观与客观、道德与欲望、个人与社会等概念进行相互比较的思想平台，而通过如此这般的思考训练，最终产生了接纳近代西欧思想的理论性基础。[2] 这一基础是为了与尊重理的思想对抗产生强调气或心之思想这一简单模式所无法获得的广阔空间。

缘何有此一说？因为仁斋与徂徕的思想否定了理、气、心等思想之共同前提，即天道与人道之一贯、圣人可学之可能性。而其表达方法则是通过与朱子学的彻底对比来进行，也因此人们得以在相同的平台上进行比较与讨论。在中国，朱子学、阳明学、气之思想、禅宗等，以个人通过自身努力到达最高存在为目标，相互间展开激烈的哲学性争论。与此相对，日本思想界关于此命题之争论并不似中国般充满紧张感。同时在日本出现了将上述中国思想之共同前提本身相对化并进行批判的思想，甚至将所有思想置于同一平台进行相互比较与

---

① 井上忠等编：《貝原益軒資料集下》。
② 土田健次郎：《江戸の朱子學》，东京：筑摩书房，2014 年。

探讨。中国于明清交替之际诞生了经世致用之学，但并未出现与朱子学平行并置，并进行不断的相互比较之平台。迄今为止，认为日本的近代化得益于某一儒学流派这一思潮占据主流。例如丸山真男以徂徕学，受岛田虔次影响的中野三敏则认为当属阳明学。但笔者却认为日本近代化最大的贡献者并非某一特定学派，而是由于江户时代后期的日本构筑了将各学派相对化并进行比较探讨的平台，才得以对西欧近代思想之理解给予贡献。①

同时朱子学对日本的贡献除近代化外，尚有对日本式性情进行思想性表现这一重要功绩。儒学之所以在江户时代广为流传，亦正因此缘故。笔者曾指出，在日本无论是朱子学还是反朱子学，皆有着向日常接近之倾向。仁斋批判朱子学的非日常性，而闇斋的弟子浅见絅斋则反击说朱子学才是日常之思想。②絅斋等山崎闇斋学派制作了大量的假名讲义稿，为使朱子学之理与日本人的日常感性相吻合而付出努力。同时亦向神道靠拢，通过将理与神相结合来获得对理的真实体会。③贝原益轩亦以大量和文假名所著之道德书籍流传于世而闻名。仁斋虽不可思议地丝毫未有以假名著述之意图，但其同样致力于表达上的平易近人，其子东涯则有以《邹鲁大旨》为首的大量启蒙类书籍流传于世。

朱子学者也好反朱子学者也罢，皆致力于展现符合日本人感性的儒学。通过此一方式来使得外来思想的儒学最终成为本土化思想。而引人深思的是，朱子学这一在东亚极具普遍性之思想，却对各地域带来了独自的思想性表现这一结果。仁斋等人得以表达日本式性情的原因便在于将朱子学置于对立面，通过对朱子学之比较来阐述自身之认识。将日本固有的生活感情融入思想中这一困难的工作因朱子学的传入而大功告成。正是因为朱子学的存在才产生了仁斋学，而其结果则是导致徂徕学之登场，古学派实质上是建立在朱子学之上的思想。在日本，朱子学与反朱子学之同时并行可谓是必然现象。

①　参见土田健次郎：《伊藤仁斋と朱子學》。丸山之论见氏著：《日本政治思想史研究》。中野三敏见氏著：《戯作研究》，东京：中央公论社，1981年，《江戸文化再考—これからの近代を創るために—》，东京：笠间书院，2012年。

②　土田健次郎：《淺見絅斎の伊藤仁斎批判—〈語孟字義弁批〉を中心に—》，《福井文雅博士古稀紀念論集・アジア文化の思想と儀禮》，东京：春秋社，2005年。另外，当时来自朱子学者对仁斋的批判，尚有大高坂芝山（1647—1713）之论。

③　土田健次郎：《鬼神と"かみ"—儒家神道初探—》，《斯文》第104号，1996年。

第十章　仁斋学的"天人合一"论

〔日〕山本正身（庆应义塾大学）

本文的目的是对江户前期儒者伊藤仁斋（1625—1705）的思想体系，从"天人合一"说的视点出发予以再讨论、再评价。

有关仁斋学的思想史评价，目前已经形成"定说"。主要是：（1）以《论语》《孟子》为标准建立文献实证的儒学思想解释体系（"古义学"的构建）；（2）对于江户初期思想界产生持续影响的朱子学思想予以正面的批判（与朱子学的对立）；（3）构建在日常生活的"人伦世界"中追求"道"的独特的儒学体系（提倡"人伦日用之道"）；（4）使原本为外来思想的儒学被江户社会接受（儒学的日本化），等等。[1] 在这些以往的评价中，几乎没有从"天人合一"的视角出发讨论仁斋学。我想其原因在于，一般认为仁斋学的基本立场是"天道"与"人道"的分离，所以相关论述中亦不会涉及"天人合一"说。

但是，所谓"唐虞古代之道"，是源于与天地合其德的圣人之治，无疑"天人合一"说乃儒学思想的核心。[2] 而仁斋学作为儒学思想体系之一，亦很难想

---

① 有关仁斋学的思想史评价，具体参见渡边浩：《近世日本社會と宋學》（东京：东京大学出版会，2010年增补新装版），黑住真：《近世日本社會と儒教》（东京：ぺりかん社，2003年），子安宣邦：《伊藤仁齋の世界》（东京：ぺりかん社，2004年），土田健次郎：《江戸の朱子學》（东京：筑摩书房，2014年）等。

② 原本儒学所说的"圣人之道"，是通过尧、舜、禹、汤王、文王、武王等先王的事绩而理解，其指的是具备"与天地为一体"之德的圣人治理下充满秩序与和谐的盛世。这一观念在尧传舜的"咨尔舜，天之历数在尔躬，允执其中，四海困穷，天禄永终"（《论语·尧曰第二十》）与舜传禹的"予懋乃德，嘉乃丕绩。天之历数在汝躬，汝终陟元后。人心惟危，道心惟微，惟精惟一，允执厥中"（《书经·虞书·大禹谟》）等话语中，有明确的描述。

象其会否定"天人合一"说，或者外于其学问的关心范围。笔者认为，仁斋学中一个重要的思想特质，即是基于独自的立论重新定义"天人合一"说。另外据此可以说，包含一般庶民的众人皆可被认为"天地"的担当者，有关"儒学的主体"构建了独自的学说，在这一点上可以肯定仁斋学的思想史意义。

那么，仁斋尝试重新定义"天人合一"，具体如何做呢？以下，本文将不仅论述这一尝试在江户思想史中的地位，还将对仁斋学的思想体系予以再讨论、再评价。

一　朱子学的"天人合一"

"天人合一"说广泛地影响日本江户社会，是通过朱子学的普及带来的。在此，本文希望首先大致地确认一下朱子学是基于何种理论而讨论"天人合一"。

第一，朱子学思想中，只有"天地"才是秩序与和谐的象征。若看一下"天地"的变化，则繁星的运行，昼夜、日月、四季的交替，总是基于一定的规则。在这一"天地"中所孕育的各种各样的生命活动，亦总是展现出和谐、充实的生机。所有的生命，茂盛的草木、飞鸟游鱼，以各种各样应有的状态生长、繁殖。如此，朱子学中所谓"天地"，其本身就是一切秩序与和谐的根源，同时也是一切秩序与和谐所呈现的现实世界。①

第二，由此为了带给人类世界秩序与和谐，人的活动与"天地"变化为一体，这是最为重要的。与"天地"的变化充满秩序与和谐相对，人类世界的现实被混沌与昏迷所笼罩。每一个个人的前途、社会的命运都是未知数、不透明的。因此，若要赋予混沌的人类世界以正当的规则，则必须将其纳入"天地"的秩序之中，这是必要的前提。

第三，其"人与天地为一体"，通过对《中庸》"诚者，天之道也。诚之者，

---

①　有关充满秩序与和谐的"天地"变化，朱子高足陈北溪（1159—1223）提出："天道流行，自古及今无一毫之妄。暑往则寒来，日往则月来。春生了便夏长，秋杀了便冬藏。元亨利贞终始循环万古常如此。……如天行一日一夜一周而又过一度，与日月星辰之运行躔度万古差。"（《北溪先生性理字义》卷之一"诚字"，中野市右卫门刊行，宽永九年，1623）天地宇宙的万物都有其内在规定的原理和法则，而这被认为是天之所予的观念，如《诗经》所言"天生烝民，有物有则。民之秉彝，好是懿德"（《大雅·荡·烝民》）是不限于朱子学的、儒学整体的最基本认识。

人之道也"（第二十章）的注释①，可以在以下的三个层次中予以讨论：（1）"天道"乃"诚"之本身，即作为"天理之本然"的"真实无妄"；（2）圣人之德是与"天道"完全相同的"诚"，因此圣人能够自然且必然地与"天地"为一体；（3）未能达到圣人境界的普通人，能够通过行为的努力（学问的培养）达到与"天道"参。

如此虽说是"天人合一"，但是圣人与一般人存在着这样的差异。因为虽然圣人与一般人中由"天"所赋予"理"是没有差别的，但是形成一般人之肉体与心性的"气"则有着过与不及的偏差，由此人欲之生就会妨碍"理"之发现。不过这一论述中重要的是应认识到，即使是一般人只要通过学问的积累都可以达到道德的真实无妄，其最终所获得的"德"处于"诚"的层次，故与圣人无异。②

这样的朱子学可以看作，人无论是谁都能通过学问达到"与天地为一体"，这至少在理论上是可能存在的。"圣人必可学而至"③ 的立论，在理论上予以了担保。这一理论在现实的社会中，可以推动众人从事学习，追求"与天地为一体"。

确实在中国社会，通过"科举"制度，具备德养的士大夫阶层作为"天人合一"的实践主体发挥政治作用，在一定程度上形成了这样的社会环境。但是，即使如此学习朱子学的士大夫们，实际上到底在何种程度上发挥与圣人匹配的政治作用呢？不得不说这是不确定的。另外，追求普通的庶民全部成为"天人合一"的实践主体的历史、社会环境，即使在朱子学所植根的中国亦是不完全具备的。

---

① "诚者，真实无妄之谓，天理之本然也。诚之者，未能真实无妄，而欲其真实无妄之谓，人事之当然也。圣人之德，浑然天理，真实无妄，不待思勉而从容中道，则亦天之道也。未至于圣，则不能无人欲之私，而其为德不能皆实。故未能不思而得，则必择善，然后可以明善。未能不勉而中，则必固执，然后可以诚身，此则所谓人之道也。"（朱熹：《中庸章句》，朱杰人等编：《朱子全书》第6册，上海：上海古籍出版社；合肥：安徽教育出版社，2002年，第48页）

② "唯圣人能举其性之全体而尽之。其次，则必自其善端发见之偏，而悉推致之，以各造其极也。曲无不致，则德无不实，而形、著、动、变之功自不能已。积而至于能化，则其至诚之妙，亦不异于圣人矣。"（同上，第50页）

③ 朱熹：《近思录》卷之二，《朱子全书》第13册，第176页。

　　总而言之，"天人合一"在理论上是向众人开放，但在现实的社会实践层面中，这不得不仅限于对一部分人的期待，如何理解并克服朱子学这一内在的思想矛盾，在江户社会接受儒学的过程中，是儒者们不得不面对的困难问题。本文将尝试围绕如何回答这一难题，以考察仁斋学在江户儒学发展过程中的地位。

二　江户儒学的"天人合一"

　　儒学作为实现太平之世的思想根据，受到了将军家以及有力大名的欢迎。德川家康提出，德川家居于天子（将军）的地位是基于"天道"。幕藩体制确立期的有力大名，亦在"天道"中发现了天子、诸侯身份的根据。① 他们基于幕藩体制的政治统治，要在朱子学中追求法"天道"的理论根据。为此，只有以内心自觉到"天理"之所在，对外展开以"天理"为法则的实践，才能实现与"天地"并立的政治效果。这即是对于他们而言的"天人合一"。

　　但是，这意味着朱子学所说"天人合一"的担当者，在江户社会的现实中，仅限于天子、诸侯等被赋予卓越品德的一部分人。实际上，相比一般庶民和下级武士，对于讲解儒学的多数儒者而言更不主张自己的日常生活情感以及实践活动是与"天人合一"说相隔绝的。

　　当然，江户初期朱子学的主要人物，在理论上就是如此直接地接受"天人合一"。作为一个代表，从藤原惺窝以下的见解中即可看出。

　　　　夫天道者理也。此理在天，未赋于物曰天道。此理具于人心，未应于事曰性。性亦理也。……凡人顺理，则天道在其中，而天人如一者也。狗

---

　　① 德川家康有关基于天道的为政认识，记载于其重臣本多正信的《本佐录》(《日本思想大系》第28册《藤原惺窝・林羅山》，东京：岩波书店，1975年）、本多平八郎的《本多平八郎聞書》(《日本思想大系》第38册《近世政道論》，东京：岩波书店，1976年）。另外，有关有力武家的认识，可参见《池田光政日記》(同上）、《黑田長政遺言》(《日本思想大系》第27册《近世武家思想》，东京：岩波书店，1974年）等。在幕藩体制的确立期，作为诸侯重视儒学的事例，由会津藩主保科正之聘请山崎闇斋，尾张藩主德川义直聘请崛杏庵，冈山藩主池田光政聘请熊泽蕃山，水户藩主德川光圀聘请朱舜水，加贺藩主前田纲纪聘请木下顺庵等即可体现。

欲，则人欲胜其德，而天是天，人是人也。①

人性中具备天所赋予的"理"，因此只要遵循"理"则"天人合一"就是可能的，而顺从"气"的过与不及而生的人欲则人就会远离天。这一基于朱子学"性即理"原则的"天人合一"说，被林罗山、松永尺五等惺窝门人（京学派）与山崎闇斋及其门人（闇斋学派）所继承。

但是，"天人合一"是对于众人可能的"理论"，与其实践主体不得不被限定于天子、诸侯等上层武家的"现实"之间，存在着难以逾越的鸿沟。能否对此问题予以完整的回答，这是江户儒学所预设的重大课题。江户儒学提出的回答，大致有以下三种类型。

第一，提出生育万物的"天地之心"与奉行仁义礼智的"人心"为一体。这是从林罗山、松永尺五等（京学）主要人物的讨论中所能看到的一个典型。如春萌（元）、夏茂（亨）、秋实（利）、冬藏（贞）的生育"天地"万物之心，即人所具有的"仁""义""礼""智"之心。人无论是谁都要努力践行"仁义礼智"，以此即能实现"与天地为一体"。

第二，同样提倡"天地之心"与"人心"为一体，但是作为二者联结的媒介，则强调某一象征性的儒学价值人概念。山崎闇斋的"敬"，晚年接触阳明学之前的中江藤树的"孝"，皆被赋予媒介的作用。通过"敬"与"孝"所说的道德含义在于，已经充分地将一般庶民的存在考虑在内。

第三，基于"事天地"的解释重新定义"人与天地为一体"，这一立场的代表即贝原益轩的思想。益轩提出只有"天地"才是生长、发育万物的根源，对于人而言最大的努力即是报其大恩。通过"事天地"而阐发"天人合一"的理论，将一般庶民的存在亦考虑在内，可以说这是益轩独特的理论。

以上三种类型，可以说基本上都是根据朱子的学说，认为"天人合一"的可能性向万民开放。与此相对，在根本上批判朱子学的"天人合一"说，通过与朱子学说不同的思想观念理解"人"与"天地"的关系，这即是江户儒学中所谓的"古学"思想一派。

① 《惺窝先生文集》，《日本思想大系》第 28 册《藤原惺窝·林羅山》，第 92 页。

特别是荻生徂徕基于以下立论：（1）"天地"的变化是不可知的；（2）但是，"天地"给予圣人聪明睿智之德，圣人亦敬畏"天地"；（3）借助这样的圣人治世，其德与"天地"之德为伍，重新解读了儒学的"天人合一"说。① 徂徕将追求"与天地为一体"的实践主体限定于天子、诸侯，充分地认清德川时代现实的政治、社会管理体制，重新定义了儒学的"天人合一"说。

那么，同样被认作是"古学"派的儒者伊藤仁斋，如何回应这一问题呢？另外，其思想态度中具有哪些特点，在此体现出什么样的思想史意义呢？以下，将按照上述的江户儒学史动态，分析仁斋学的"天人合一"理论。

三　仁斋学的"天人合一"

（一）仁斋学的"天地"含义

如上所述，朱子学在"天地"的变化中发现万物的秩序与和谐。因此，朱子学中所谓的"天地"就意味着第一义的自然世界。所谓"天人合一"就意味着使自然世界中存在的秩序与和谐在人类世界中实现。

与此相对，仁斋学将"天地"解读为"人伦世界"。仁斋明确地提出，

> 夫有人伦，则天地立。无人伦，则天地不立，日月亦不明，四时亦不行。无人伦，则虽有犹无。（童下 50）

以人与人之间的道德关系形成的"人伦世界"理解"天地"，这一仁斋的观点在其著作中随处可见。"盖天地之道存于人。人之道莫切于孝弟忠信"（论古·学而 4，论注），"天地之间，唯一实理而已，更无奇特。自有生民以来，有君臣、

① 徂徕的"天人合一"说可以集中地表述为："盖上古伏羲神农黄帝颛顼帝喾，田渔农桑衣服宫室车马舟楫书契之道，亘万古不坠，民日用之。视以为人道之常，而不复知其所由始。日月所照，霜露所坠，蛮貊夷狄之邦，视效流传，莫不被其德。虽万世之后、人类未灭，莫之能废者，是其与天地同功德，广大悠久，孰得而比之。故后世圣人，祀之命诸天，名曰帝。"（《辨名》下，《日本思想大系》第 36 册《荻生徂徕》，东京：岩波书店，1973 年，第 237 页）

有父子、有夫妇、有昆弟、有朋友"(童上8),"夫有充满天地,贯彻古今,自不磨灭之至理,此为仁义礼智之道,又此为仁义礼智之德"(字义下·学2),等等。如此,仁斋所说构成"天地"之本质的"孝弟忠信""五伦""仁义礼智",显然都是作为"人伦世界"基础的儒学道德观念。

当然,亦应承认仁斋也有将"天地"看作自然世界的意味,下面即是一个例证。

> 日月星辰,东升西没,昼夜旋转,无一息停机。日月相推而明生焉,寒暑相推而岁成焉。天地日月,皆莫不乘斯气而行。(童中69)

但是,从仁斋所说"盖天者,专出于自然,而非人力之所能为也"(字义上·天命2)来看,这一自然世界的变化是人力所不能操控、改变的。仁斋提出:"天有必然之理,人有自取之道。"(论古·述而22,论注)自然世界(天道)中有"必然之理",与此相对人伦世界(人道)中有"自取之道"。由此仁斋强调,人之当为所相关的不是"必然之理",而是能够自主选取的"自取之道"。对于仁斋而言,所谓"天地"就意味着人作为人而生存的世界。不是日月星辰的运行、时间季节的推移和各种生命成长而展现的世界,而是由君臣、父子、夫妇、兄弟、朋友的关系而成立的人伦日用世界。①

(二)仁斋学中"天人合一"的实践主体

仁斋并不将为人伦世界的"天地"带来秩序与和谐的任务,只委任于所谓天子、诸侯的一部分人,而是根本上对众人充满期待。因为人之本性中已经具备天之所与的"四端之心"(恻隐、善恶、辞让、是非之心),基于此心,人无论是谁都具备担当"天地"的能力。仁斋提出:

---

① 最为直截地表明仁斋这一观念的立论是:"人伦之外无道,仁义之外无学。人之所当务力者,人伦而已矣;人之所当竭力者,仁义而已矣。夫天运于上,地载于下,日月代明,四时错行。人不能为力于其间。在君惟当尽君之道,在臣惟当尽臣之道,在父惟当尽父之道,在子惟当尽子之道。人人尽己之道,而天下平矣。"(字义下附·邪说)

　　　　　人必有恻隐羞恶辞让是非之心，是四者人之性而善者也。而仁义礼智
　　　天下之德，而善之至极者也。苟以性之善而行天下之德焉，则其易也犹以
　　　地种树以薪燃火，自无所窒碍。（字义·仁义礼智 3）

强调只有众人本有的"四端之心"才是天下之达德"仁义礼智"的起点，即只有
以"四端之心"才能容易地践行"仁义礼智"。"四端之心，人人固有，而至于仁
义礼智之本根也。"（孟古·告子上，篇注）这清楚地表明，仁斋所说的"天地"
是作为"仁义礼智"之基础而成立的"人伦世界"，因此众人具备"仁义礼智之
本根"的立论可以看作是在主张，广泛地包含一般平民的所有人都是担当"与
天地为一体"的实践主体。
　　但是仁斋并不认为，众人本有"四端之心"的能力，就自然地可以担当"天
地"的秩序与和谐。如仁斋所言"人性虽善，然不充之，不足以事父母，则性之
善不可恃焉"（字义下，学 2），特别强调"四端之心"的能力非常微弱，仅以天
之所与的状态连侍奉身边的父母尚不可能。因此，其能力不得不需要学问的
"扩充"。以下仁斋所言最为清晰地表达这一点。

　　　　　夫四端吾心之所固有者也，仁义礼智天下之大德也。四端之心虽微，
　　　然扩而充之，则仁义礼智之德至以放乎四海。……所谓扩充云者即学问之
　　　事也。（孟古·公孙丑上 6，章注）

仁斋学中，所谓"天人合一"的担当者，并不由地位、身份、才能、境遇所决定，
而是由学问的培养而形成。

（三）仁斋学中实践主体的形成——仁斋学的学问论

　　如上所述，仁斋认为人之善性（四端之心）的扩充是以学问的培养为必要
条件。有关其学问的基本内容，仁斋提出，

　　　　　学有本体，有修为。本体者，仁义礼智是也。修为者，忠信敬恕之类
　　　是也。盖仁义礼智，天下之达德，故谓之本体。圣人教学者由此而行之，

非待修为而后有。忠信敬恕力行之要，就人用工夫上立名，非本然之德，故谓之修为。（字义下·忠信5）

获得"道"之真义之知的"本体之学"，与个体通过"道"的行为实践的"修为之学"有很大的不同。

仁斋以"仁义"（或者是以此总括的仁义礼智）为"本体之学"："学者，求人之所以为人之道焉耳。而人之所以为人之道者，仁义而已。"（孟古·告子上11，章注）自然将学问的目标集中于对"仁义"的追求。但是，所谓"仁义"是应当在"天下"践行的理念，每个人对于"仁义"的态度，因为"由"此而不能"行"此。"由仁义行，非行仁义。"（《孟子·离娄章句下》第19章）孟子所说的意义就在于此。由作为"本体"的"仁义"，个人实际所进行的道德实践即"修为"。没有"本体之学"则不可能理解道德的真义，没有"修为之学"则不可能实际地践行道德。①

"修为"可以被解说成各种各样的工夫论，其中以孔子所说的"主忠信"尤为"学之根本"。所谓"忠信"，是指对他人彻底地融合自己的理解②，是达到人与人之间人伦关系和谐与充实的行为实践起点。"忠信"在一切"修为"中的位置，就相当于"仁义"在一切"道德"中的位置。

仁斋为了进一步地确证众人"天人合一"的实践可能性，在孔子的"主忠信"以外，又强调孟子所说的"扩充四端之心"的意义。③仁斋认为无论是谁都本有"同情他人之心"，其心由亲近之人渐渐地推及疏远之人，这一"易知易行"

---

① 例如有关"本体"的"仁义"和"修为"的"忠恕"的关系，仁斋论述："仁义固道之本体，虽忠恕之功亦不能不以仁义为本。然至于待人接物，必以忠恕为要。"（字义下·忠恕4）

② 仁斋解说"忠信"的字义为："夫做人之事，如做己之事，谋人之事，如谋己之事，无一毫不尽，方是忠。凡与人说，有便曰有，无便曰无，多以为多，寡以为寡，不一分增，方是信。"（字义下·忠信1）

③ 有关孔子之教与孟子之教，仁斋提出："孟子之书，为万世启孔门之关钥者也。盖孔子之言，平正明白似浅而实深，似易而实难。……孟子谆谆然指其向方，示其目标，使学者知源委之所穷。……呜呼！孟子之书，实后世之指南夜烛也。"（孟古·总论，纲领4）如此所论，孟子的"扩充四端之心"说，作为孔子"主忠信"说的"指南夜烛"，有着思想史的作用。由此孔孟之说的关系，仁斋认为"扩充四端之心"的意义为："人之性有限，而天下之德无穷。欲以有限之性尽无穷之德，非由学问其能之乎？然非性之善，则虽学问之功亦无所施。故性之善可贵焉，学问之功大矣。是孔子所以不以率性为言，专以学问教人，而孟子所以屡道性善，而以扩充之功为其要也。"（字义下·学2）

的学说是使一般庶民成为"天人合一"之担当者的思想根据。

仁斋学中,所谓"道"就是个人的"四端之心"向"仁义礼智"的扩充,"仁义礼智"即意味着"人伦世界"中的交往,但是其终点并非永恒固定的。仁斋提出"天下之道无穷"(童上 21),其原因即在于此。虽然是"易知易行",但其终点是不易窥见的"道"的特点,要求其担当者要不断地予以"扩充"。

(四)"扩充"的主体性与自律性

仁斋要求人人践行扩充"四端之心"的行为,其自律的行为努力是达到"天地"秩序与和谐的必要前提。其学说中为了使人人都成为自律的主体,有着完整的思想方法。

第一,仁斋主张人无论是谁都具备向"善"的本质(四端之心),但是其作用非常微弱。正因为非常微弱,故需要每个人发展、扩充这一本质。人自主地、自律地向善,这样的素质是必需的。但是,假如这一素质已经圆满,那么就不需要人自主地培养。对此问题,仁斋以"四端之心"的本有及其扩充的必要予以克服。

第二,但是,虽说是自主地、自律地,不过其"学"的作用并非不需要任何前提或约束即可进行。而是不断地需要"由"圣人之教,即"由"作为道德之本体的"仁义",这是其必要的条件。换言之,仁斋所理解的自主性、自律性,意味着个人内发的、能动的行为实践,而其行为实践的目标亦不过是所谓"仁义"的普遍价值。

第三,个体的学的工夫是不断地由"本体"而求,给予其实质意义的"修为"实践,并非基于外在的强制与干涉而为,不过是以个人的"自得"为宗旨。① 按照仁斋的理解,本来圣人之教即"易知易行",因此并不仅限于部分的聪敏之人,在根本上其具备唤醒所有人之自主性与自律性的特征。

      盖学者之进道,其初学问与日用扞格龃龉,不能相入。及乎真积力久

---

① 例如有关孔子之教的"主忠信",仁斋提出:"盖道之广大,何所执守。故唯要主忠信,而不要强为。主忠信则虽不中不远,强为则外似而内实非。圣人之道,优优洋洋,不得促迫,不得牵强。"(童下 25)强调"主忠信"是各人内发的、能动的行为实践。

自有所得，则向视之以为远者，今始得近，向视之以为难者，今始得易。渐次近前，非学问不乐，非学问不言，及乎愈熟，殆如布帛菽粟不可须臾离焉。（童中 61 ）

以上所述看出，虽是经过时间的积累以达到"自得"，但学问的内容就是身边的平易之事，并且强调切实感受到学问与衣服、饮食一样是日常生活所必需的，这样的境界无论是谁都能够达到。

为"天地"带来秩序与和谐，以"仁义"之德联结人与人之间的人伦关系是必要的，为此各人自主地学问，自律地担当"道"的培养，不得不做。这可能想想都是困难的，但圣人在提出众人可能的同时，也以平易地形式向众人展示其实践之"教"。因此，只要个人立"志"学圣人之"教"就足够了，这是完全具备实践的可能性。① 如此，从一般庶民的立场上，说明基于为学工夫的"天人合一"，可以说正是仁斋学的思想特征之所在。

四 结 语

如上所述，仁斋重新定义作为儒学思想之核心的"天人合一"，将众人看作通过学问培养足以担当"人伦世界"的实践主体。将"天人合一"的实践主体设定为众人的架构，已经融入"圣人必可学而至"的朱子学。但是"自然世界"的原理（"天理"）在自己内心之中自觉，践行以"天理"为准则的朱子学说，不能否认对于一般庶民而言过于遥远且感觉难知难行。此外，在以士农工商的身份秩序为社会结构核心的江户社会中，期待成为"天人合一"之担当者的，现实中只不过是上层武士的成员，或者说一部分卓越的有德之人。

实际上，古学一系的徂徕学提出，"天人合一"的担当者仅限于天子和诸侯。徂徕学（以及江户儒学一般）所设想的"天地"，是作为现实统治体制的"政治世界"而描述。"天地"的含义只能在"政治世界"中寻求，那么要求一般

---

① 仁斋的这一思想可以凝练为："人若立志不回，力学不倦，则可以为圣为贤，而可以尽人物之性，而赞天地之化育。"（童上 21 ）

庶民发挥担当这一世界的作用，在江户封建社会中是不现实的。

与此相对，仁斋学将"天地"的含义解读为"人伦世界"，明确提出使众人都能够成为世界之担当者的理论。仁斋提到："人心之所同然谓之道，制一时之宜谓之权。"（孟古·梁惠王下8，大注），作为基于"人心所同然"而形成社会的"道"，与由于为政者而一时形成社会秩序的"权"相对。在此之上仁斋提出，为了"道"的实现，众人参与"人伦世界"的构建是必要的条件。[①] 在此，"天地"不是被看作一个"政治世界"，而是被解读为"人伦世界"，可以说这是仁斋学最重要的思想特征。

需要强调的是，仁斋在江户封建社会中，"天地"的含义不是在政治语境（以为政者为核心形成的秩序）中，而是在人伦语境（人与人之间结成的人伦关系）中重新解读，大力提倡众人是担当"天地"秩序与和谐的实践主体。有关"天人合一"的实践主体，将其设定为包含一般庶民的所有人的思想，是着眼于人与人之间人伦关系的广泛联结，在学理和实际中建构起来的，这大概是仁斋学中最值得注意的独特性。

申绪璐　译

〔附注〕

一、本文所用伊藤仁斋的著作，原则上依据天理大学附属天理图书馆古义堂文库所藏的仁斋生前的最终稿本，引文末尾所附的括号内，以如下形式略记出处：

《論語古義》学而第一·第四章"论注"→（论古·学而4，论注）

《孟子古義》尽心章句上·第十五章"小注"→（孟古·尽心上15，小注）

---

① 仁斋有关众人是"天地"之担当者的观念，在"凡欲治天下者，当与天下之人共治之。欲治一国者，当与一国之人共治之。欲治一家者，当与一家之人共治之"（论古·子路2，大注）"所谓大路者，贵贱尊卑之所通行……上自王公大人，下至于贩夫马卒、跛奚瞽者，皆莫不由此而行。唯王公大人得行，而匹夫匹妇不得行，则非道；贤知者得行，而愚不肖者不得行，则非道"（字义上·道3），与"至于子女臧获之贱，米盐柴薪之细，大凡接乎耳目，施乎日用者，总是莫非道。俗外无道，道外无俗"（童中61）等论皆可确定。

《語孟字義》卷之上"道"第一条→（字义上·道1）

《語孟字義》附"论尧舜既没邪说暴行又作"→（字义附·邪说）

《童子問》卷之上·第二十一章→（童上21）。

二、本文所用朱熹的著作，原则上依据朱熹撰，朱杰人、严佐之、刘永翔主编：《朱子全书》，全27册，上海：上海古籍出版社；合肥：安徽教育出版社，2002年。

第十一章　仁斋学的"反朱子学"思想建构

吴　震

前　言

"朱子学"之名其实来自日本,确切年代暂无考证,至少在 19 世纪末近代日本已作为学术概念得以确立[①],其狭义盖谓朱熹本人的哲学思想,其广义则指后朱子时代由其弟子或后世朱子学者继承和阐发的朱子学思想,更宽泛地说,则应包含 13 世纪以后传入朝鲜以及日本的朱子学思想,其中含有朝鲜及日本儒者对朱子思想再诠释而形成的朝鲜(韩国)朱子学或日本朱子学,恰与中国朱子学构成鼎足之势。近年来,随着东亚儒学这一研究领域的开拓,在中国,台湾学界甚至出现了"东亚朱子学"之名称。[②]要之,朱子学固然拥有一定的价

[①]　一般认为1905年井上哲次郎《日本朱子學派之哲學》一书的出版,标志着"朱子学"获得了"市民权"。依其定义,朱子学只是一种"道德哲学",是以成就道德人格为旨归的一套学说,与新康德派的"自我实现说"有相近之处,在此意义上,朱子学也有一定的"近代性",但与德国观念论的"纯粹哲学"不可同日而语。参见泽井启一:《"近代儒教"の生產と丸山真男》,《現代思想》第 42 卷第 11 号,2014年 8 月临时增刊号,第 78 页。

[②]　如杨儒宾《朱子学的开展——东亚篇》"导论"中便提出"东亚朱子学"这一概念(台北:汉学研究中心,2002 年,第 4 页)。又如 2006 年台湾大学召开主题为"东亚朱子学的同调与异趣"的学术会议,会后出版了同名论文集(台北:台湾大学出版中心,2008 年)。与会的日本学者子安宣邦在会后发表的日文论文则是:《朱子學と近代日本の形成——東亞朱子學の同調と異趣》(《台灣東亞文明研究學刊》第 3 卷第 1 期,台北:台湾大学出版中心,2006 年 6 月),他表示能接受广义的"东亚朱子学",却对狭义的"东亚朱子学"表示了诸多忧虑,此处不赘。另参见拙文:《"东亚儒学"刍议——普遍性与特殊性问题为核心》,刘东主编:《中国学术》总第 31 辑,北京:商务印书馆,2012 年,第 352—353 页。

值关怀、义理构造等一套思想系统，但是这套系统并不是固定不变、自我封闭的，必然经由后人的诠释和阐发，从而得以再生或重组，显示出朱子学无论是作为一个学派概念还是作为一套思想系统，它本身就处在历史过程当中而得以不断发展。

不过就大陆学界看，数十年前，人们在谈论朱子学之际，尚不免受国别史的意识限制，似乎朱子学仅有本国的地域性意义，较少关注乃至无视朱子学是否具有跨地域、跨文化的意义等问题。当今，自 20 世纪 90 年代以来，在经济全球化与文化全球化的互动趋势日益增强的背景下，随着东亚儒学研究领域的开拓，人们已意识到儒学既是一种地域性知识，同时也具有跨地域的普遍意义，套用时下全球化理论的说法，儒学恰是一种"全球地方性"（glocalization）的知识价值体系。重要的是，儒学既有国别史的狭义地域性因而有其分殊性特征，但同时又有包含东亚地域各国在内的广义地域性因而又有跨文化的普遍性意义。

无疑地，孔孟原始儒学且不论，12 世纪由朱熹（1130—1200）开创的朱子学曾在东亚社会风靡一时，或作为国家意识形态（如李氏朝鲜）或作为一般知识形态（如德川日本）而获得了某种普遍形式，这早已是不争的事实。由此可说，朱子学不仅是中国的而且是东亚的。当然这样说并不意味着以儒家式的文化本质主义来笼罩或宰制其他地域的本土文化，相反，文化多元性恰恰是保证全球地域性知识得以成立的前提，因此朱子学只有与各地域文化展开积极对话，才有可能获得新的生机。然须指出，文化多元论并不意味文化相对主义，也就是说，强调地域性知识的特殊性并不能成为全球化发展趋势的对抗性论述，套用朱熹理学的说法，"分殊"中有"理一"，而"理一"必展现为"分殊"。

那么，当朱子学传入日本，又遭遇了怎么样的命运呢？朱子学的普遍原理在日本文化的语境中又有哪些特殊转化？或者说，当我们将朱子学置于东亚儒学的视域来考察，又能看到朱子学有哪些值得深思的变化及其发展的可能性？本文以德川儒学"古学派"代表人物伊藤仁斋（1627—1705）为例，来考察其通过重新发现儒家经典古义，以颠覆朱子学对儒学核心概念"仁""道"的形上学建构，从而重建仁斋学意义上的"仁学"和"道论"，其结果却推动了儒学日本化的历史进程。

众所周知，仁斋学又被称为"古义学"，在德川早期"古学派"当中很有代表性。① 仁斋的两部重要著作《论语古义》和《孟子古义》便以"古义"命名，显示其有复原《语》《孟》古义的思想企图——即欲以"复古"为名义来重构孔孟的思想世界。在他看来，孟子以后，儒典本义尽失，及至宋代，情况已十分严重，无论是朱子学还是阳明学，他们的经典解释及其建构的所谓"理学"或"心学"不但与儒学古义发生严重偏离，而且掺杂了佛老异端之学的诸多因素，使儒学面临迷失方向的危险。为使儒学重返正轨，首先要做的就是恢复孔孟学的原义，而孔孟原义即在《论》《孟》"古义"之中，与此同时，更有必要对朱子学发起挑战，反过来说，批判朱子学是关涉到孔孟儒学之本义能否得以重见天日的大问题。

仁斋的朱子学批判几乎是全方位的，他不仅企图颠覆朱子的形上学，特别是对朱子学的天理观、天道观来一个兜底翻，同时，对朱子学的居敬穷理的一套工夫论也予以重新审视甚至批判改造。但是倘若批判仅止于批判而无任何理论建树，那么批判就只是情绪性的发泄而已。事实显然并非如此，仁斋学有自己的理论追求，他批评"理为死字"，是为了重构"生生不已之理"的天道观，他批评"以仁为性""以仁为理"，则是为了证成"仁为圣门第一字"、仁即"爱而已矣"的命题，以此来重构"仁学"。然而在当代日本学界，几部颇有代表性的仁斋学论著，却对其仁学思想鲜有正面关注②，有点令人费解。那么，"仁"与

---

① 日本德川儒学史上的"古学派"，以倡导回归儒学原典、复原儒学古义为口号，以批判宋儒形上学为标识，其代表人物概指山鹿素行（1622—1685）、伊藤仁斋（1627—1705）、荻生徂徕（1666—1728），有古学"三杰"之称。素行思想的民族主义情结最重，仁斋对孔孟儒学的信仰最笃，而徂徕学则对整个中国儒学最具破坏力。然饶有兴味的是，三人互不相识亦无交往，却在彼此相近的问题意识之下，对宋儒尤其是朱子学口诛笔伐，由此形成了一股"反朱子学"思潮。相关研究的成果积累在日本学界几乎到了浩如烟海的程度，这里仅例举两部参考书：田原嗣郎：《德川思想史研究》，东京：未来社，1967年，该书由三章构成，分别是素行学、徂徕学、仁斋学；吉川幸次郎：《仁斋·徂徕·宣长》，东京：岩波书店，1975年，此书虽缺素行学，然其对仁斋和徂徕的研究仍然具有典范意义。

② 例如仁斋学专家三宅正彦的《京都町眾伊藤仁齋的思想形成》（京都：思文阁，1987年）以及子安宣邦《伊藤仁齋——人倫的世界的思想》（东京：东京大学出版会，1982年）均未设专章或专节来讨论仁斋的仁学思想，另一位学界元老田原嗣郎在其名著《德川思想史研究》（东京：未来社，1967年）仅以一节两页篇幅简单介绍了仁斋有关"仁"的思想，并未展开深入讨论。土田健次郎在近著《"日常"的回復——江戶儒學的"仁"的思想に學ぶ》（东京：早稻田大学出版部，2012年）这部仅有98页的小册子当中则有一节的篇幅进行了探讨，指出其思想特质在于建构如何使自他共存得以可能的"仁"学，应当说这是一项很有见地的考察。反观中文世界，黄俊杰《伊藤仁斋对〈论语〉的解释：东亚儒学诠释学的一种类型》（《中山人文学报》第15期，2002年，第21—42页）对仁斋"仁学"有专题讨论；韩东育《"仁"在日本近代史观中的非主流地位》（《历史研究》2005年第1期）一文以为自江户及至近代日本，以"仁"为核心的儒家道德标准被降格至次要地位而未受到正面的关注和肯定，尽管在日常生活中日本人并非不讲"仁爱"，但在日本近代史观中，"仁"始终位居下风则是事实。此说值得参考。

"道"在仁斋学的思想体系中究竟意味着什么，又有何重要思想意义？他的仁说及道论的思想建构与孔孟儒学及程朱理学又有哪些异同？他的"反朱子学"的理论企图是否获得了相应的理论成功？这些将是本文尝试探讨的课题。

一　仁为孔门第一字

"仁"不仅是《论语》的核心概念，更是孔子创建儒学的最大理论贡献，构成了儒家文化的重要精神传统，这是对中国传统文化稍有了解者都不会否认的事实。不过正如众所皆知的那样，孔子《论语》一书言"仁"字尽管出现105处，但大多是孔子对"仁"的指点，而不是对"仁"字所下的定义，同时孔子也不轻易以"仁"许人，但毕竟孔子曾许管仲等人以"仁"，故在孔子心目中必有何谓"仁"的标准。而如何将此标准清楚地表述出来，成了后世儒者不断追索探讨的问题。

的确，孔子曾以"爱人"来回应樊迟问仁，《中庸》引"子曰"亦有"修身以道，修道以仁，仁者人也，亲亲为大"之说，《孟子》亦有"仁也者，人也"等说法，但严格来说，这些都不是对仁是什么的定义，而是对仁是怎样的描述，以至于后儒如北宋程颐感叹："自古元不曾有人解仁字之义。"[①]直至朱熹以"心之德，爱之理"六字来为"仁"字定义，仁被诠释为这样一种含义：仁既是内在美德，同时又是普遍之理；此"理"在人情中展开而呈现为"爱"，而此"爱"又根源于当然之则的"理"，故而为性之理的"仁"。至此，"人"或"爱"已不足以训"仁"，必上提至"理"本体之高度，才能使"仁"这一儒家核心概念具有贯穿性理、统合心情的本体义[②]，并使儒家仁学真正实现了"第二次的飞跃"，成就了一

---

① 程颢、程颐：《河南程氏遗书》（以下简称《遗书》）卷十五，《二程集》，北京：中华书局，1981年，第154页。

② 按，以理释仁，始于程子，朱熹《答程允夫》第8书（1172）引程子语："理之至实而不可易者，莫如仁。"（《晦庵先生朱文公文集》[以下简称《朱子文集》]卷三十一，朱杰人等编：《朱子全书》第22册，上海：上海古籍出版社；合肥：安徽教育出版社，2002年，第1880页）又，《答程允夫》第4书引程子语："仁者，天理也。"（同上，第1865页）及至朱熹，他更为明确地以"理"来定义"仁"，例如其释孟子"仁也者人也"一句曰："仁者，人之所以为人之理。然仁，理也；人，物也。"（《孟子·尽心下》，《四书章句集注》，北京：中华书局，1986年，第367页）

套"理学新仁说"①。

　　尽管朱子学早在13世纪初即已传入日本,不过有关朱子学的经典传授、文本解读却长期被"五山禅僧"这一狭隘的学术圈所垄断,而真正在知识界得以普及推广则是在17世纪初进入德川江户时代(1603—1868)以后。仁斋在建构儒家原典《语》《孟》的诠释系统时,为批判回应朱子学的种种理论问题,首先触及的便是"仁"这一核心问题,与此同时,只有通过对仁的反思,才能使其理学批判显示出重构日本化儒学的正面意义。

　　天和三年(1683),仁斋所撰《语孟字义》其实是《论语古义》和《孟子古义》的精简版,反映了仁斋思想的精义,而该著显然有模仿朱子弟子陈淳《北溪字义》的痕迹,说明仁斋的目的在于从内容及形式两个方面对宋代理学思想来一个兜底翻,欲从根本上推翻朱熹理学。就在《语孟字义》中,仁斋明确揭示儒学宗旨就在于"仁义"二字②,但在具体的字义问题上,仁斋依其古义学原则,指出"仁,人也"只是音训而非"正训":"仁人也,义宜也,天颠也,地示也,皆仮音近者,以发其义,本非正训也。"③按,所谓"正训",盖谓对文字"意味"的确切训释,而"意味"的获得须以把握文本"血脉"(即"脉络")为前提,他认为须对文本的"意味"与"血脉"有全盘把握,才能了解文本的确切意义。他说:

> 学问之法,予歧而为二,曰血脉,曰意味。血脉者,谓圣贤学问之条理,若孟子所谓仁义之说,是也。意味者,即圣贤书中意味,是也。盖意味本自血脉中来,故学者当先理会血脉,若不理会血脉,则犹船之无柁,宵之无烛,茫乎不知其所底止焉。不理会血脉而能得意味,未之有也。然论先后,则血脉为先,论难易,则意味为难。④

很显然,此处有关血脉意味的论述,涉及经典解释学方法问题。"血脉"是指文

---

① 杨儒宾语,其说甚确。参见氏著:《理学的仁说:一种新生命哲学的诞生》,《台湾东亚文明研究学刊》第6卷第1期,台北:台湾大学出版中心,2009年6月,第30、32页。

② 《語孟字義》卷上,《日本思想大系》第33册《伊藤仁齋·伊藤東涯》,东京:岩波书店,1971年,第130页。按,以下文献收入《日本思想大系》者,首次出现标明册数,以后仅简注页码。

③ 《語孟字義》卷上,第127页。

④ 《古學先生文集》卷五《同志會筆記》,《近世儒家文集集成》第1卷,东京:ぺりかん社,1985年,第107页。按,据仁斋子东涯"跋"文,《同志會筆記》为仁斋50岁左右之作(同上,第114页)。

本的脉络，又称"条理"；"意味"是指文本的意义，即经典的精神旨趣。其实，在血脉意味之外，另有"字义"问题，"字义"虽属"小"的学问但很重要，因为"一失其义，则为害不细"，然而字义的理解又必须"一一本之于语孟，能合其意思语脉，而后方可"①，意谓字义与血脉、意味犹如一套三匹马牵动的马车，构成一整体系统，彼此缺一不可。归结而言，从理解的角度看，先字义、次血脉然后意味；若从诠释的角度看，字义小、血脉轻、意味最重。要之，若要把握文本的确切意味，须对经典文本有一整体的观照才有可能。不过究极而言，这套血脉意味论的解经方法能否保证解经者客观忠实地再现儒学古义或经典本义，其中所涉问题颇为繁复，这里不便深究。②

值得重视的是，在仁斋对"仁"的理解中显示出他对孔子文本中的"仁"已经有了血脉意味的通盘了解，所以他才会明确提出"仁为圣门第一字"的判断，此一判断显然已经超出了"字义"问题。不过，这一判断并未出现在《论孟字义》，而是出现在稍后成书的《童子问》及《仁斋日札》当中，前者成于元禄四年（1691），后者则始撰于元禄五年（1692），前后时期基本相当，均属仁斋最晚年的著作。特别是《童子问》的撰写手法以自问自答为形式，故能摆脱经典注疏的格式限制，以使仁斋能展开其思想观点的论述。其中，仁斋对仁的问题提出了一个基本判断：

《论语》为宇宙第一书，而仁为孔门第一字。③

---

① 《語孟字義》卷上，第 115 页。

② 荻生徂徕对仁斋的血脉意味论颇不以为然，以为不过是其一家之言，他曾注意到"仁斋先生《語孟字義》曰'孔孟之意味血脉（自序）'"，然后批评道："孔孟之意味血脉，吾不知何谓，亦其家言。"（《蘐園随筆》卷五《文戒》"第一戒和字"条，第 2 页上。日本山形县酒田市立光丘文库藏宝永六年［1709］刊本，http://base1.nijl.ac.jp/iview/Frame.）他又引述仁斋《童子问》"血脉自有照应"说，然后轻描淡写地指出："'血脉自有照应'，不知何语，亦其家言。"（同上，第 3 页下）徂徕的这一批评与其自身拥有经典解释的方法立场有关。然而客观地说，仁斋的血脉意味论的提出，表明他对经典诠释的方法问题已经有了某种自觉意识，此亦不容否认。只是若以后人的眼光视之，其中固然存在不少值得探讨的问题。特别是从仁斋对朱子学的诠释实践中可以看出，他的朱子学理解竟在多大程度上把握了朱子学的血脉意味，却是值得怀疑的，因为事实很显然，仁斋的朱子学批判不是建立在对朱子学的血脉意味的整体把握，毋宁说他对朱子学先做了一番"去脉络化"的工作，然后来颠覆朱子学文本中的"意味"，而并没有做到"血脉自有照应"。随着后文讨论的展开，这一点将逐渐呈现出来。

③ 《童子问》卷中，第 1 章，《日本古典文學大系》第 97 册《近世思想家文集》，东京：岩波书店，1966年，第 220 页。按，以下文献收入《日本古典文學大系》者，首次出现标明册数，以后仅简注页码。

问：仁为圣门第一字者，其旨如何？曰：仁之为德大矣。然一言以蔽之，曰爱而已矣。在君臣谓之义，父子谓之亲，夫妇谓之别，兄弟谓之叙，朋友谓之信，皆自爱而出。盖爱出于实心，故此五者自爱而出则为实，不自爱而出则伪而已。故君子莫大于慈爱之德，莫戚于残忍刻薄之心，孔门以仁为德之长，盖为此也。此仁之所以为圣门第一字也。①

《仁斋日札》的记述较简洁明了：

圣人学问第一字是仁，以义为配，以知为辅，以礼为地，而进修之方，专在忠信。②

依上引《童子问》所言，仁斋之所以将"仁"说成是"圣门第一字"，约有两义。一是指儒门宗旨在"仁"之一字，一是指孔门"以仁为德之长"——即以"仁"为四德之首的意思，《日札》分别将义、智（知）、礼看作"仁"之"配""辅""地"，亦同此意。事实上，仁既是仁义礼智四德之首，同时也是孔门论学之宗旨，这是仁斋的一个基本判断。

也正由此，仁斋又将"仁"提升至"天下之大德"或"天下之美德"的高度来加以肯定，他说：

仁者天下之美德，岂可以性情分之哉？③

仁者天下之大德也。④

---

① 《童子問》卷上，第39章，第215页。

② 《仁齋日劄》，"甘雨亭丛书"本，叶2上，http://base1.nijl.ac.jp/iview/Frame.jsp.。山形县酒田市立光丘文库藏。

③ 《童子問》卷上，第56章，第218页。

④ 《論語古義》卷一《学而篇》，《日本名家四書注釋全書》第3卷，东京：凤出版，1973年，第3页。按，《論語古義》的版本学问题非常复杂，刊本（经伊藤东涯整理校勘）与林本（仁斋弟子林景范写本）之间存在一些重大差异。刊本《論語古義》该句作"仁者天下之达道"，林本则作"仁者天下之大德"。关于林本与刊本之间的异同，参见三宅正彦：《京都町眾伊藤仁齋の思想形成》，"序章"三"基本的著作の問題"以及第11章"仁齋學の展開"一"論語古義諸稿本／分析方針"。上引"仁者天下之大德"一段文字见该书第295—296页。

那么，仁斋对"仁"又有怎样的理解呢？在上引《童子问》的一段话当中，其实仁斋已经对"仁"下了一个明确定义："一言以蔽之，曰爱而已矣。"换言之，"爱"便是"仁"的本义。① 其中"岂可以性情分之哉"一句显然是批评程颐（1033—1107）的观点：

> 爱自是情，仁自是性，岂可专以爱为仁？②

在仁斋看来，伊川这是将"仁"与"爱"割裂为二而分别以"性"与"情"属之，人为爱只能说情而不能说仁，这显然是根本错误的。仁斋则认为仁之本义无非就是"爱"之一字而已。事实上，正如后述，仁斋的基本观点是："仁"即"情"而非"性"③，故伊川的"以仁为性"之观点同样是错误的。

至于所谓"君子莫大于慈爱之德，莫戚于残忍刻薄之心"，则常见诸仁斋对"仁"的定义性描述，散见于仁斋的各种著作当中，以下所引两段，一则出于《字义》，一则见诸《童子问》：

> 慈爱之德，远近内外，充实通彻，无所不至之谓仁。④

> 慈爱之心，浑沦通彻，由内及外，无所不至，无所不达，无一毫残忍刻薄之心，正谓之仁。⑤

两者意思完全一致，均以"慈爱"作为"仁"的确切含义。只是后者多了"无一

---

① 故他有时又强调"仁"者"毕竟止于爱"（《童子問》卷上，第45章，第216页），意谓"爱"足以涵盖"仁"。

② 《遗书》卷十八，《二程集》，第182页。

③ 其实若从伊川的角度看，上述"岂可专以爱为仁"并非意谓爱非仁，伊川旨在强调"爱"不能涵盖"仁"的全部含义，但"仁"表现为"爱"却是不能否认的，故他说："仁者固博爱，然便以博爱为仁，则不可。"（同上）仁与爱之间的这层分疏，自当体会。只是程门后学大多以伊川此语为据，反对以爱言仁，朱熹对此表示了强烈不满，详见后述。

④ 《語孟字義》卷上，"仁义礼智"第1条，第128页。

⑤ 《童子問》卷上，第43章，第216页。

毫残忍刻薄之心"一句,而这也是仁斋对"仁"字下定义时特别强调的一个关节点,对此,我们稍后再来讨论。

值得注意的是,《字义》用"慈爱之德",而《童子问》用"慈爱之心",表明仁斋的观点是:仁是表现为"慈爱"的"心之德"。而此"德"既然是"天下之大德",故而为人所必有,具有普天之下的意义;而此"德"根源于"实心",故而又是"实德",其具体表现就是"爱"。① 应当说,仁斋的"实心""实德"说与朱熹以"心之德"来定义"仁"的观点是接近的②,因为仁斋所说爱之"实德"毕竟是心中之德,其与朱熹的重要区别在于,绝不能说爱等同于理——即不能说"爱之理"。

至于"慈爱",在仁斋,其含义已经超越了儒家所说"父慈子孝"这一家庭伦理意义上的"慈爱",而具有了一种"无所不至,无所不达"的普遍性,他有一个简洁明了的说法来表明什么是"无所不达",他说:

> 存于此而不行于彼,非仁也;施于一人而不及于十人,非仁也;存乎瞬息,通乎梦寐,心不离爱,爱全于心,打成一片,正是仁。故德莫大于爱人。③

这是将"仁爱"普遍化了,显然是对孔子"仁者爱人"说的推演和发展。他甚至将"爱"提升至"天下之美德"的高度,而且断定"爱"是天下最真实的心之德——"实德"。④

至于"苟有一毫残忍刻薄忮害之心,则不得仁"⑤,则是强调"仁"与"不仁"之间的分水岭就在于"残忍刻薄"。事实上,仁斋此说是针对朱子学而发的,如下所述,他将"残忍刻薄"归结为"以理决断"所导致的一种后果。可问题是,朱熹在有关"仁说"的格式化及规范化的过程中,既承认仁心体现为"慈爱",

---

① "问:仁毕竟止于爱乎? 曰:毕竟止于爱。爱,实德也,非爱则无以见其德也。苟有一毫残忍刻薄忮害之心,则不得为仁。故学至于仁,便为实德。种种善行,皆其推也。仁之德,其余波溥哉。"(《童子问》卷上,第44章,第216—217页)

② 朱熹说详见其著《仁说》,后面我们会对朱熹仁说略做探讨。

③ 《童子问》卷上,第43章,第216页。

④ 《童子问》卷上,第39章:"实德为心"(第215页)。

⑤ 《童子问》卷上,第45章,第217页。

也曾提到"残忍刻薄"之心正是恻隐之心的反面——"不仁"。以下我们将透过朱熹的仁说，以反观仁斋仁说的新义及其问题所在。

二 朱熹与仁斋的《仁说》比较

应当说，自孔孟以降，仁学的理论建构完成于朱熹；换言之，朱熹在孔孟以后对儒家仁学做出了最重要的理论贡献。朱熹《仁说》一文是一篇有关"仁"之问题的字义训释及理论阐释的重要文字，对于仁学理论的建构起到了重要作用。该文传入日本后的影响轨迹到底如何，笔者尚未具备充分的实证知识，亦非本文论旨所在，但至少有两事可证实朱熹《仁说》在德川儒学史上之影响是明显的，如仁斋早年在朱子学的影响下，于 32 岁撰有《仁说》一文，与此同时，略早于仁斋的另一位朱子学者山崎闇斋（1618—1682）则有《仁说问答》之作，他在该文序言中提到朱熹的另一篇重要文字《玉山讲义》，指出该《讲义》所揭示的"孔门说仁"具有无比的重要性，乃是"列圣相传"的儒学宗旨，而仁学问题直至朱熹才"方渐次说亲切处尔"。① 可见，朱子学的仁学思想受到德川儒者

---

① 《日本思想大系》第31册《山崎闇齋學派》，东京：岩波书店，1980年，第244页。按，闇斋《仁說問答》其实只是抄录了朱熹《仁说》全文以及《朱子语类》中的《仁说图》，其中并没有"问答"的内容，倒是闇斋弟子浅见絅斋（1652—1711）撰《仁說問答師說》一文，对其师《仁說問答》用日语进行了通俗性解释，其释"仁"为"イトヲシム"（同上，第292页）——即现代日语的动词"愛おしむ"，相应的形容词则是"愛しい"，亦即中文"爱"的意思。他对朱熹的"心之德，爱之理"六字深表赞同。另按，闇斋虽为朱子学者但同时更是一位民族主义者的神道学家，他几乎没有撰写任何有关朱子学的论著，留下的只是有关其创发"垂加神道"的大量著作，以至于当代学者在编撰《日本思想大系》时，竟无法为其专列一册，故只能将其与弟子合编为《山崎闇齋學派》。其实，闇斋另一项重要工作，即对朱熹言仁进行了一番"类聚"的工作（主要录自朱熹的《文集》及《语类》），这主要体现在名为闇斋弟子保科正之（1611—1672，三代将军德川家光异母弟，会津藩主）而实为山崎闇斋所编纂的《玉山講義附錄》（1665年刊）一书中，特别是下卷专讲"仁"字，该书今有影印本（台北："中央研究院"中国文哲研究所筹备处，1994年），使用的是宽文十二年（1672）刊本。顺便指出，《玉山講義附錄》为崎门派的基本教科书，其中特别是"智藏"说构成了崎门派思想的一大特色，该说以仁义礼智之智，配以元亨利贞之贞以及春夏秋冬之冬所含"藏"字之义而提出，出典是《周易·系辞上传》"神以知来，知以藏往"等，以为"智藏"乃是人类智慧之奥义所在，显示出闇斋学及其崎门派对朱子学的拓展及转化，由慈爱温厚之"仁"转向对收敛退藏之"智"的重视。参见闇斋弟子三宅尚斋（1662—1741）《智藏說》及冈田武彦《朱子と智藏》（氏著：《中國思想における理想と現實》，东京：木耳社，1983年）一文。据冈田，自朱子揭示"智藏"说以来（参见《朱子文集》卷五十八《答陈器之问玉山讲义》），元明清诸儒及朝鲜、日本朱子学者均未对此加以关注，唯闇斋深契此义（第270页）。

的关注，这大概是没有疑问的。①

再说朱熹在为"仁"字定义之际，也注意到"慈爱"与"残忍"的问题，或许正是仁斋强调"残忍刻薄"即不仁的思想来源。朱熹明确指出："四端未见精细时，且见得恻隐便是仁，不恻隐而残忍便是不仁。"②说得更为明确的是："残忍便是那恻隐反底。"③朱熹又说："然四端皆有相反者，如残忍（饶录作'忮害'）之非仁，不耻之非义，不逊之非礼，昏惑之非智，即故之不利者也。"④有时朱熹又称"义"之过度则为"残忍"："羞恶之心，义之端，本是善，才过便至于残忍。"⑤由以上数例足见，残忍刻薄便是"不仁"，原是朱熹的固有观点。

那么，仁斋以"爱而已矣"来解释"仁"，与朱熹对仁的解释是否有所关联呢？这个问题看似唐突，其实这是有关仁字的名义训释的基本问题，这一问题不挑明，则德川早期儒者何以批朱子以重建仁学的思想考察便缺了一层东亚儒学史的脉络。故有必要对朱熹仁说略加考察。

事实上，由汉至唐，以爱言仁乃儒学史上的主流，韩愈（768—824）"博爱之谓仁"便是典型，而宋初周敦颐（1017—1073）的"德爱曰仁"⑥仍未脱旧套，然自伊川提出"仁性也，爱情也，岂可便以爱为仁"⑦以来，"以爱言仁"的问题，自程门后学直至朱熹便一直颇受关注。朱熹在"己丑之悟"（1169）之后的一段

---

①　顺便一提，18世纪另有一位日本儒者、与古学派有渊源关系的丰岛丰州（1737—1814）亦撰有《仁說》（《日本儒林叢書》第6册，东京：凤出版，1978年）一文，只是笔者尚未弄清此人的思想概貌。有关朱熹仁学在德川日本引发的回应，可参见黄俊杰的近作：《朱子〈仁说〉在德川日本的回响》，锺彩钧编：《"中央研究院"第四届国际汉学会议论文集：东亚视域中的儒学——传统的诠释》，台北："中央研究院"中国文哲研究所，2013年10月，第409—429页（笔者尚未目睹该文）。

②　《朱子语类》（以下简称《语类》）卷五十三，北京：中华书局，1986年，第1287页。

③　《语类》卷五十九，第1381页。

④　《语类》卷五十七，第1353页。按，其中"忮害"一词，是否便是仁斋所言"忮害之心"一词的来源，因无文献确证，难下断言。

⑤　《语类》卷九十七，第2487页。

⑥　《通书·诚几德第三》，《周敦颐集》，北京：中华书局，1990年，第15页。按，该《集》陈克明点校本作："德：爱曰仁，宜曰义，理曰礼，通曰智，守曰信。"故"德爱"两字非连读，"德"指仁义礼智信之五德。然而德川儒者多读作"德爱曰仁"。窃以为，敦颐此说不妨另读为：仁之德曰爱。若此，则"德爱曰仁"的读法亦未为不可。

⑦　此见朱熹《答张钦夫论仁说》（《朱子文集》卷三十二），与伊川语（《二程集》，第182页）之文字略异而意则全同。其实伊川亦曾明言"仁主于爱，爱莫大于爱亲"（同上，第183页），而朱熹所言"仁主乎爱"（《语类》卷二十，第2487页）当是源自伊川。

时期，围绕仁的问题与湖湘学者有过不断的讨论，可参见朱熹后来所撰《仁说》
（1173）以及《语类》卷六廖德明所录有关"先生答湖湘学者书，以'爱'字言
仁，如何？"等记录。

要之，程门后学大都反对以爱言仁，出现了以"觉"言仁（谢上蔡）、以"一
体"（杨龟山）言仁等观点。针对于此，朱熹指出："仁者固能觉，谓觉为仁，不
可"，因为觉只是对仁或不仁的一种分别意思而非"仁"的本来属性，这是其一；
其二，"仁者固能与万物为一，谓万物为一为仁，亦不可"，因为"万物为一"只
是说"仁之量"而不是说"仁之体"。① 依朱熹的结论，"仁之体"即"仁体"，其
含义唯有以用六字来概括："心之德""爱之理"，并释以"仁之为道，乃天地生物
之心"。② 正是经过朱熹对"仁"字的重新界定，孔孟儒学的"仁"不仅具有伦理
学意义，而且被赋予了一种宇宙论以及形上学的意义。然而在仁斋看来，正是
朱熹的这一诠释思路，开启了后世"以理言仁"的种种弊端，为害无穷。此有待
后议。

那么，在"以爱言仁"的问题上，朱熹的态度如何呢？朱熹的立场很坚定，
他断言"仁自是爱之体"，意谓仁自然包含"慈爱"之意，他说：

> 或问："仁当何训？"曰："不必须用一字训，但要晓得大意通透。'仁'
> 字说得广处，是全体。恻隐、慈爱底，是说他本相。"〔高〕③

> 以名义言之，仁自是爱之体，觉自是智之用，本不相同。但仁包四德。
> 苟仁矣，安有不觉者乎！〔道夫〕④

可见，仁自有"慈爱"的意思，而慈爱乃是仁的"本相"——意谓"仁"的本来如
是的表现，但是"爱"并不表示"仁"的全部意涵。故若从"整体"言，则"仁"

---

① 《语类》卷六，第 118 页。

② 以上见《朱子文集》卷六十七《仁说》，《朱子全书》第 23 册，第 3279、3280 页。"心之德，爱之理"六
字连用则分见《论语集注·学而篇》以及《孟子集注·梁惠王上》（《四书章句集注》，第 48、201 页）等。

③ 《语类》卷六，第 118 页。

④ 同上。

不能"用一字训",而应当把握"仁"字的"全体"义,用朱熹在另外场合的说法,此即"人身上全体皆是仁"①。

所谓"全体是仁",在朱熹,主要含有两层意思:一是指"仁包四德",一是强调仁即爱之理。也正由此,故朱熹指出在究竟意义上,"爱"只不过是"仁之迹"②。换句话说,仁是"爱之体",但不可倒过来说爱是"仁之体",爱只是"仁之用"。然须指出,尽管说"慈爱"是仁的"本相",但此所谓"本相"并非"本体"义。正是在这一点上,仁斋的仁说显示出与朱熹的不同之处。因为事实很显然,朱熹虽说慈爱是仁之"本相",但朱熹却不能认同以"爱"字来为"仁"下定义,而坚持以"爱之理"作为仁的确切定义。

须指出的是,尽管朱熹用"爱之理"来规定"仁",但此说并不意味着"爱"非仁的固有属性,更正确地说,如朱熹所言"仁是未发之爱":

> 所谓爱之理者,则正谓仁是未发之爱,爱是已发之仁尔。③

> 仁是未发,爱是已发。④

此"未发"指性亦指理,而"已发"则指情。故"未发之爱"便是"爱之理"而非爱之本身。后一句"仁是未发",指"仁"在本质上仍属"性"或"理",而并不完全等同于"爱"或"情"。然尽管如此,若直接将"仁"定义为"理",在朱熹看来,此说就不免"太宽"——太过宽泛而有欠严密,故说:"程子曰'仁是理',此说太宽。"⑤依朱熹,性固是理,仁固是性,然直谓仁即是理却不可,因为倘若此说成立,则有可能遮蔽了慈爱这一仁之"本相",朱熹说:

> 仁是根,爱是苗。……古人言仁,多以慈详恺悌。《易》则曰:"安土敦

---

① 《语类》卷九十五,第 2454 页。
② 《语类》卷六,第 118 页。
③ 《语类》卷二十,第 470 页。
④ 同上,第 464 页。
⑤ 《语类》卷二十五,第 606 页。

乎仁，故能爱。"何尝以知觉为仁！①

又说：

> 义礼智，皆心之所有，仁则浑然。分而言之，仁主乎爱；合而言之，包是三者。②

朱熹强调古人言仁，常以"慈详恺悌"立说。若"分而言之"——即就仁之本相言，则不得不断之以"仁主乎爱"，反之，若"合而言之"，则仁包义礼智——即仁包四德。朱熹有时也借用伊川的说法，称前者为"偏言"，后者为"专言"③，他说：

> "爱之理"，是"偏言则一事"；"心之德"，是"专言则包四者"。故合而言之，则四者皆心之德，而仁为之主；分而言之，则仁是爱之理，义是宜之理，礼是恭敬、辞逊之理，知是分别是非之理也。〔时举〕④

至此已很明显，尽管在字义上，朱熹坚持仁须释以"爱之理"，既不可单训作"爱"，亦不可单训作"理"，然而朱熹依然肯定仁有"温和""慈爱"之特质，故有"说仁便有慈爱底意思"⑤之说。他在晚年著名的《玉山讲义》（1194）中也强调"盖仁则是个温和慈爱底道理"⑥。

可见，仁斋所言"慈爱之心"正与朱熹所谓"温和慈爱底道理"若合符契。仁斋所谓"浑沦通彻，由内及外，无所不至，无所不达"，亦可从《玉山讲义》中以"通贯周流"来表述仁之特性的观点相通。因为朱熹论仁有一重要特征，就在于他再三强调仁是具有无所不通之特质的"流行"之体，不论是人之一身的"四德"（仁义礼智），还是元亨利贞、春夏秋冬的宇宙造化，其中无不有"仁"的

---

① 《语类》卷二十五，第 606 页。
② 《语类》卷二十，第 468 页。
③ 《程氏易传》"乾卦·象辞"释"大哉乾元"："四德之元，犹五常之仁，偏言则一事，专言则包四者。"（《二程集》，第 697 页）
④ 《语类》卷二十，第 466 页。
⑤ 《语类》卷六，第 105 页。
⑥ 《朱子文集》卷七十四《玉山讲义》，《朱子全书》第 24 册，第 3589 页。

贯穿流行，析而言之，犹如仁流行于义礼智，元流行于亨利贞，春流行于夏秋冬一般，正是在此意义上，朱熹以"天地生物之心"来解释"仁"(见《仁说》)。当然，朱熹此说其实与其主张"仁"即"生"——即"以生释仁"的观点有密切关联。正因天地生物生生不已，故天地生物之心(即"仁")能贯穿流行于一身之中以及天地之间。

那么，仁斋是否读过朱熹《玉山讲义》，我们现在不得而知，就其所谓"无所不至，无所不达"的说法，确与朱熹所说"若认得熟，看得透，则玲珑穿穴，纵横颠倒，无处不通"①，在语意上并不存在根本冲突。这是因为在仁斋思想中，其对"生"的强调和重视其实并不亚于朱熹，尽管两者对"生"字表示认同的理由存在差异，唯此处不宜详论，若以一言以蔽之，即在仁斋，其所谓"生"的理论依据必诉诸"元气"论，因而与朱熹从"天地生物"这一宇宙论角度来强调"仁"的贯通义、流行义不免发生歧义。

由上所述，可以看出仁斋对"爱"的强调，其实也正是朱熹仁说的一项重要内容。但是对仁斋而言，他绝不承认自己有关"仁"的观点与朱熹有任何关联，不用说他在晚年撰写的《语孟字义》及《童子问》中如此，即便在其早年32岁所作《仁说》一文中，虽多有模仿朱熹《仁说》的痕迹，但仁斋也绝口不提朱熹《仁说》。例如仁斋《仁说》开首云：

> 盖天地之大德曰生，人之大德曰仁。而所谓仁者，又得夫天地生生之德以具于心者也。②

而朱熹《仁说》开首亦云：

> 天地以生物为心者也，而人物之生，又各得夫天地之心以为心者也。③

两人的措辞虽不尽相同，但是其中的"天地生生""具于心者"等关键词，应当是

---

① 《朱子文集》卷七十四《玉山讲义》，《朱子全书》第 24 册，第 3590 页。
② 《古学先生文集》卷三《仁说》，《近世儒家文集集成》第 1 卷，第 60 页。
③ 《朱子文集》卷六十七《仁说》，《朱子全书》第 23 册，第 3279 页。

仁斋有取于朱熹的一个表现。当然,两者也有差异,即仁斋《仁说》绝不提"心之德"和"爱之理",他在《仁说》中的提法是"仁者,性情之美德,而人之本心也",并已明确揭示"故仁之为德,一言以蔽之,曰爱而已矣"的观点,除去"本心"一词以外,上述有关"仁"的界说与晚年《童子问》中对"仁"的定义基本上是一致的。

总之,仁斋之仁学的重要特色就在于强调"爱"字而排斥"理"字,故其不能接受朱熹"爱之理"说也就不难理解了。重要的是,由此分歧而表现出朱熹重"理"而仁斋重"情",质言之,在仁斋看来,朱熹以理言仁,而他自己却是以情言仁。其实在某种意义上,我们可以说重情主义或许正是德川儒学的一个重要特征,而与中国儒学对"情"的认知颇有不同,值得关注。

三 人情之至:道论的重建

不待说,仁不但涉及性的问题,更涉及情的问题。

我们知道,性情问题当然是儒学理论的题中应有之义。一般而言,情具有情实、人情、情感、情欲等含义,故是一个多义性的概念。《孟子》一书"情"字不多见,凡四处,且基本属于"情实"义,即便"乃若其情,则可以为善"(《告子上》)一语中的"情"亦当作"情实"解,但这并不表明孔孟儒学对情感问题缺乏思考,事实上,相传孔孟之间的儒家文献——郭店楚简《性自命出》便出现大量有关"情"的讨论,且多属人情义或情感义,如爱、欲、恶、怒、喜、乐、悲等,并提出了"情出于性""礼生于情""凡人情为可悦"[1] 等重要命题。

根据汉代王充(27—约97)的记述,性情问题在孔门中是有谱系可查的,即世硕直至宓子贱、漆雕开、公孙尼子一系,乃是以"情"为主要关注对象的,不过在王充看来,"自孟子以下,至刘子政(向)",儒学之重要议题的性情问题"竟无定是",他在原则上赞同的是世硕"人性有善有恶"的观点,并指出:"唯世硕(儒)、公孙尼子之徒,颇得其正。"[2] 可见,"情"的问题在孔门中自有

---

① 《性自命出》,《郭店楚墓竹简》,北京:文物出版社,1998 年,第 179、203 页。
② 以上见王充:《论衡·本性篇》,上海:上海人民出版社,1974 年,第 43、46 页。

传承，特别是儒家经典《礼记》一书对"情"的问题更有重要论述。依《礼记》作者的基本观点，人情若缺乏某种正面力量的引导，任其本能肆意发用，却极易流于荒淫邪恶，故主张以礼乐来加以管制，如《礼记·乐记》"礼乐之说，管乎人情矣"主张的便是以礼制情的观点；然而另一方面，从礼乐之由来的角度看，若无人情，则礼乐无以成立，故《礼记》又说："礼者，因人之情而为之节文"（《坊记》），更以"称情而立文"来解释"三年之丧何也"（《三年问》）①的问题，《史记》则通过对三代礼制的观察，明确指出"观三代损益，乃知缘人情而制礼"（《礼书》），可归纳为"缘情制礼"这一结论。②这是从礼的起源之角度而论，若从礼的社会功能之角度看，则《礼记》所言"故人情者，圣王之田也，修礼以耕之"（《礼运》），才是对情与礼之关系的重要界定，几乎为历代儒者奉为不刊之论，也就是说，"以礼治情"才是儒学有关情礼关系的最后定见。

　　然而无论是缘情制礼抑或以礼治情，这种情礼关系毕竟是一种外在关系，若就人之一身而言，与"情"构成内在关系者则应当是"性"，对此，荀子最早给出了一个定义："性者，天之就也；情者，性之质也；欲者，情之应也。"（《正名篇》）此"质"字即材质义，意谓情乃性之质料，无情则性无由体现亦无法存在，至于"欲"则是情因感而应的表现——即"情之应"。在此，"情"显然不是一个道德的概念，无所谓善恶的。从哲学上——即从本末的角度对性情关系做出明确规定的或许是王弼（226—249），他在注《周易》时提出了"性其情"的著名论点，标志着性情被定格为某种本末关系——性为本而情为末。王弼的这一命题得到了后来程伊川的极大赞赏，而伊川显然是从道学的立场出发，即从扬性贬情的立场出发，主张"性其情"的，他在少年之作《颜子所好何学论》中指出：五性"仁义礼智信"与七情"喜怒哀惧爱恶欲"必存在"情炽"而"性凿"的紧张关系，因此"正其心，养其性，故曰'性其情'"，反之，如果"纵其情""牿

---

　　①　此语又见《荀子·礼论》"三年之丧"条，文字全同。

　　②　这个观点亦为宋代道学家们所赞许，例如程明道明确宣称："圣人创法，皆本诸人情，极乎物理。"（《河南程氏文集》卷一《论十事劄子》，《二程集》，第452页）按，此"创法"自应包含制礼而较诸制礼更为宽泛。足见"人情"在道学家那里并不一定是贬义词，制度与人情、物理三者之间如何保持平衡而非偏执一端，才是道学家所关心的一项重要议题。另见朱熹《孟子集注·滕文公上》释"井地（引者按，即井田）之法"曰，必"使合于人情，宜于土俗"方可（《四书章句集注》，第257页），亦可见"人情"一词的重要性。

其性",必导致"性其情"的反命题——"情其性"。① 自此以往,以性治情或存
理灭欲,便成了程朱道学工夫论的标志性口号,情被置于性或理之下,成为应
当克治的对象,而不能逆而反之,主张所谓的人情至上,或任由情凌驾于性之
上而成为所谓绝对的普遍标准。

然而德川古学派在"情"之问题上的观点主张却与宋代道学大相径庭。

上面提到,仁斋以"爱而已矣"来规定"仁"而反对"以仁为理",这是因为
仁斋在面对情与理二者必择其一的困逼之下不得不做出舍理取情的缘故,那么
"情"对仁斋而言意味着什么呢? 就结论言,仁斋的立场可以"情即是道"这句
命题来归纳。其曰:

> 父子相隐,人情之至也。人情之至即道也。②

按,"父子相隐"见《论语·子路》"叶公语孔子"章,对此章的解释,仁斋与朱
熹又出现很大不同,仁斋反对朱熹"父子相隐,天理人情之至"的解释,以为表
面看这是将人情与天理"歧而为二",实即将人情置于天理之下,使两者构成对
反之关系,仁斋断然斥朱熹之释"非也",进而指出:

> 夫人情者,天下古今之所同然,五常百行,皆由是而出,岂外人情而
> 别有所谓天理者哉? 苟于人情不合,则藉令能为天下之所难为,实豺狼之
> 心,不可行也。但在礼以节之,义以裁之耳。后世儒者,喜言公字,其弊
> 至于贼道,何者? 是是而非非,不别亲疏贵贱,谓之公。今夫父为子隐,
> 子为父隐,非直也,不可谓之公也。然夫子取之者,父子相隐,人之至情,
> 礼之所存,而义之所在也。故圣人说礼而不说理,说义而不说公。若夫外
> 人情、离恩爱而求道者,实异端之所尚,而非天下之达道也。③

文中有关圣人"说义而不说公",涉及能否以公言仁的问题,仁斋的态度显

---

① 《河南程氏文集》卷八《伊川先生文四》,《二程集》,第577页。
② 《论语古义》卷七《子路》,《日本名家四书注释全书》第3卷,第197页。
③ 同上。

然是否定的，对此本文暂不深究。① 此处首句意将人情提至"天下古今之所同然"的高度来肯定，继而强调不仅"五常百行"皆出于人情，而且"天理"亦须与人情相合，若此，则人情几乎成了天理的根源所在而不是相反，所以说"岂外人情而别有所谓天理者哉"！

只是人情也须有节制，即须用礼义（但不是天理）节之，才可称之为"道"，故说：

> 《书》曰"以义制事，以礼制心"，孟子曰"君子以仁存心，以礼存心"，苟有礼义以裁之，则情即是道，欲即是义，何恶之有？②

至此已很明显，在仁斋的观念中，虽说"情即是道"不是先天必然命题，情仍须受制于礼义，但是与宋儒道学所不同的是，情不再是"灭"的对象，也不与"理"构成水火不容之关系，其本身并无"恶"之可言，故其重要性已不言而喻。倘若是"人之至情"（又称"蔼然至情"）的话，那么反而是"礼之所存""义之所在"，也就是说，礼义并不是单方面地压制人情，反之，人情也应当是礼义的正当体现。也正由此，"情即是道""欲即是义"并不是主张情欲主义，恰恰是主张

---

① 关于公与仁的关系，伊川有句著名判断："仁道难名，惟公近之，非以公便为仁。"（《遗书》卷三，《二程集》，第 63 页）然仁斋直言儒家"不言公"则与史实不符，若是，则"大道之行也，天下为公"（《礼记·礼运》）便无从说起。其实仁斋此说并非历史陈述而是价值判断，如其所云："至高害仁，故圣人不言高；至公害义，故圣人不言公。"（《古学先生文集》卷五《同志会笔记》，《近世儒家文集集成》第 1 卷，第 109 页）显然，在此价值判断的背后必另有思想缘由。在我看来，他坚持儒家"居仁由义"之教义，认为"至公"必导致"残忍刻薄"而悖仁害情，而"义"非公正之谓，乃"为其所当然，而不为其所不当为"者即"谓之义"（同上）；另一方面，仁斋坚持认为道亦不可言公，用以批判宋儒每以"天理之公"裁断人事而陷入"刻薄"，他说："宋儒每以公字为学问之紧要，曰天理之公，曰公而以人体之。是也。然公字屡见老庄书，而于吾圣人之书无之。……然人情之至，道之所存也。故圣人仁以尽其爱。……苟居仁由义，则不待言公，而自无所偏私矣。"（《論語古義》卷十《堯曰》，《日本名家四書注釋全書》第 3 卷，第 293 页）若将仁斋此说与朱熹之论"公"比照合观，颇见两者异趣。朱熹谓："公者，仁之所以为仁之道也。……故为仁者，必先克己，克己则公，公则仁，仁则爱矣。"（《朱子文集》卷四十二《答吴晦叔》第 10 书，《朱子全书》第 22 册，第 1917 页。按，是书作于 1172 年。）强调"公"虽非仁字本义，但却是"仁之道"，且是为仁的必然取向。这显然是对伊川不可"以公为仁"说的回应。按，关于中日思想史上的"公私"观问题，请参见沟口雄三：《中国的公与私·公私》，郑静译、孙歌校，北京：生活·读书·新知三联书店，2011 年。

② 《童子問》卷中，第 10 章，第 222—223 页。

情欲的合道德性。

更重要的是，作为道德的礼义绝非抽象之存在，而就在情欲之中。因此，若按宋儒"存理灭欲"，则必导致"断爱灭欲"，以至于"蔼然至情，一齐绝灭"，这就从根本上悖逆"人之至情"、违反"天下之道"，自非圣人之所为。① 显而易见，此处所谓"蔼然至情"应当也是仁斋所说的"仁"字之本义。

须注意的是，在仁斋，析而言之，"情"有三义：人情、同情、情欲；合而言之，仁斋唯主"至情"而斥"私情"，故其所谓"情即是道"之"情"字盖指"至情"，而"至情"即"天下之所同然"者，故又有公共性。可见，仁斋之"情"不仅有伦理意义而且还有政治社会意义，不仅有特殊性更有普遍性。他说：

> 道者，天下之公共，非一人之私情。……唯汤武不狥己之私情，而能从天下之所同然，故谓之道。
>
> 夫人情无古今、无华夷，一也，苟从人情则行，违人情则废，苟不从人情，则犹使人当夏而裘，方冬而葛，虽一旦从之，然后必废焉。……而圣人之为政也，本于人伦，切于人情，而无虚无恬淡之行，无功利刑名之杂。②

这是强调人情乃是超越时间上的"古今"及空间上的"华夷"而为普遍之存在，故圣人之"为政"就是以通古今、合天下之人情为本的。他又说：

> 盖情以天下之所同然而言，故曰天下之同情，又曰古今之情。盖父欲其子之贤，子欲其父之寿康，此所谓天下之同情，而古今之所同然也。凡人见当喜怒哀乐爱恶欲者，不能不喜怒哀乐爱恶欲，是天下之同情也。③

这是解释何谓"同情"。依仁斋，古今天下之所同然者，便是"同情"。我们知道，所谓"天下之所同然"，原是孟子用以强调"理义"之普遍必然性的一个特

---

① 《童子問》卷中，第10章，第223页。
② 《論孟字義》卷下，"权"第4条，第149页；《論孟字義》卷下，"總論四經"，第159页。
③ 《仁齋日劄》，"甘雨亭丛书"本，叶15下。

殊说法,指向的是性善之性或本心之心,即在孟子看来,由人心之见性善何以必然,是由天下之所同然者的"理义"提供保证的,人人都有内在的理义,如同人人都有内在的仁义之性、仁义之心。显然,仁斋借用孟子"心之所同然"的说法,并对此做了另一层义理转化,用以强调人情的普遍必然性。故此所谓"同情",非指怜悯之情,而是意指人同此情、情同此欲("父欲其子之贤"之欲),是人与人之间得以一体共存的纽带,故古今虽不同,华夷或有异,然在人之有情这一点上,却无不"同然"。在这个意义上,我愿意称仁斋为重情主义者,而仁斋之所以强调以爱释仁而反对以理释仁,其因之一就在于此。

细心的读者或许会注意到,仁斋以"天下之所同然"取代孟子"心之所同然",这里出现了一词之改——即以"天下"取代"心",究竟有何用意呢? 事实上,仁斋对"天下"一词特别看重,认为是儒家经书中的重要"字眼",用其另一说法,亦即"血脉",他曾说:

> 读圣人之书,必有字眼。"天下"二字,是圣人书中字眼。凡读孔孟之书,遇有"天下"二字处,必须著眼看,勿草草。[1]

当然,此"天下"并非国家概念,而是泛指普天之下,具有普遍性意涵,而"仁"作为"天下之大德",且道德本身又是"以遍达于天下而言"的[2],故其所谓"天下"正有"公共"之意。据此,仁斋所谓人情乃"天下之人情",同情乃"天下之同情",则此"情"字便被赋予"天下公共"之意。然而众所周知,在程朱道学当中,唯有"理"才称得上"天下公共之理"。可见,从朱子学到仁斋学,在有关普遍性、公共性的问题上,发生了一次重要的思想翻转,不再是"理"或"性"而是"情"才具有了"天下公共"之超越品格。[3]

饶有兴味的是,不仅仁斋是一位重情主义者,环视德川早期的儒学思想史,

---

[1]《童子问》卷中,第13章,第224页。按,杨儒宾指出此"天下"一词"意指普遍性,普天之下皆为有效之意",是为确论。参见氏著:《异议的意义——近世东亚的反理学思潮》,台北:台湾大学出版中心,2012年,第181页。

[2]《语孟字义》卷上,"仁义礼智"第3条,第129页。

[3] 关于仁斋学之重情及其与"公共"问题的关联,可参见上安祥子:《近世論の近世》,第3章"私情から至情への交通——古义学の'公共'概念",东京:青木书店,2005年,第57—78页。

重情者大有人在，绝非孤立现象。例如古学派早期代表人物山鹿素行（1622—1685）也是人情肯定论者，他提出了与仁斋极其相似的主张："人情无古今，同于四海。"[①] 当然，素行与仁斋并无交流，不存在谁抄袭谁的问题，两者之言如此高度一致，应当是当时德川社会的某种思想氛围所使然。另一位德川早期阳明学派创始者中江藤树（1608—1648）的著名弟子熊泽蕃山（1619—1691）亦十分看重人情，他认为一位合格的为政者必须做到"识世俗之人情"[②]。

另一位古学派的健将荻生徂徕（1666—1728）与仁斋生当同时而略晚，但两人并无面识，徂徕对仁斋学何以持批判态度，这里不宜细述。引人关注的是，徂徕曾批评仁斋有关"父子相隐"的解释，以为仁斋批朱熹"天理人情"不免是一种"执拗之说"，指出：

> 天理诚宋儒之家言，然欲富、欲贵、欲安佚、欲声色，皆人情之所同，岂道乎？要之，道自道，人情自人情，岂容混哉？至道固不悖人情，人情岂皆合道哉！[③]

这里的最后一句表明，徂徕甚至不承认人情与"道"有任何关联，其实严格说来，徂徕之意在于强调人情不应与"道"对置而成对立之两极，相反，"夫圣人之道，尽人之情已矣"[④] 才是徂徕的坚定信仰。要之，徂徕之所以不满于仁斋，其因在于在徂徕的审视之下，仁斋反对将人情与天理"歧而为二"便隐约有一种欲将两者合一的意图在，故不免仍有理学气。而在徂徕看来，不存在人情与"道"是否相合的问题，而是"道"必须与人情相吻合才是，两者之间的上下关系不能颠倒。由此可以看出，徂徕的重情主义主张较仁斋更为彻底。徂徕认为，

① 山鹿素行：《謫居童問》，《山鹿素行全集》第12卷，东京：岩波书店，1937年，第54页。

② 熊泽蕃山：《集義和書》卷五，《日本思想大系》第30册，东京：岩波书店，1971年，第92页。顺便指出，蕃山之"仁"说竟与仁斋酷肖，其定义"仁"亦突出"慈爱"及"生理"这两层含义："仁者，天之元德而生理也。……感而通于天下者慈爱恻隐之心也。天下国家，无此慈爱则一日难立。"（《集義和書》卷六《心法圖解》，第102—103页）

③ 《論語徵》庚卷，《荻生徂徕全集》第4卷，东京：みすず书房，1978年，第523页。

④ 荻生徂徕：《學則》第6条，《日本思想大系》第36册《荻生徂徕》，东京：岩波书店，1973年，第258页。

在所有儒家经典当中，最能集中体现"人情"的就是《诗经》，而且其中所抒发的
"人情"与"义理"毫无交涉，学者只需要通人情，就能了解经书的意义，他说：

　　夫古之诗，犹今之诗，言主人情，岂有义理之可言哉！……盖先王之
道，缘人情以设之，苟不知人情，安能通行天下莫有窒碍乎？①

　　其中提到"道"与"人情"的关系是："先王之道，缘人情而设"，而不能倒
过来说人情须合乎道（或合乎礼义）。他为加强这一观点，进而假设如果"不知
人情"，那马"道"势必难以"通行天下"。故在他看来，最识人情者莫如孔子，
其云："孔子可谓善识人情。"②由此，"人情"成了徂徕学的一个核心概念。须
指出，若"道"须置于"人情"之下，那么"人情"反而拥有了"本体"地位，因
为先王之道的设立也须以人情为依据（这显然是对儒家"缘情设礼"的夸大解
释）。在此意义上，可以说徂徕不但是重情主义者，甚至是"情本论"者③，尽管
徂徕对宋儒的核心概念"本体"避之唯恐不及④。

　　由上所述，可见德川儒者之重"情"几乎成了一种普遍现象，这也从一个侧

---

　　①　荻生徂徕：《弁名》卷上，"义"第5条，《日本思想大系》第36册《荻生徂徕》，第222页。

　　②　荻生徂徕：《論語徵》壬卷，《荻生徂徕全集》第4卷，第307页。

　　③　例如根据徂徕弟子太宰春台（1680—1747）的转述，徂徕认定"人情"具有超越时空的普遍性，其
曰："我先师徂徕先生云：异国与我国，风俗大异，唯诗与歌之道，词虽有异，然其趣则全同。人情之同
故也。"（太宰春台：《獨語》，《日本随筆大成》第1期第17卷，原日语。转引自若水俊：《徂徕とその門
人の研究》，东京：三一书房，1993年，第89—90页）按"异国"当指中国。应当说，在承认人情具有
普遍超越性这一点上，徂徕与仁斋可谓志同道合。故徂徕亦承认性情问题于宋儒已"不得其解"，而"至
于仁斋先生而后始明矣"（《弁名》卷上，"义"第5条，第222页）。

　　④　当然徂徕拒斥"本体"、"本然"等词，而以"实"训"情"（意近中国古训"情实"）。在他看来，情既
是人之情感或情欲，更是人与物的真实存在，具有"不涉思虑""不匿内实"之特质（参见《弁名》卷上，
"性情才"第5条，第242页），故情即真实，任何约情以理的企图都是错误的，他直言"先儒有约情之语，
非也"，理由是"情者不涉思虑者也。……无义理之可言，无思虑之可用"（同上）。至于徂徕"人情"论
的具体内涵，当另文探讨。须指出，与徂徕相比，仁斋的概念使用缺乏一定的敏感性，常用"本然"、"本
体"等词，或与宋明道学用语混而不分，他在晚年成名作《語孟字義》中就说："故圣人以是四者（按，指
仁义礼智）为道德之本体。"（《語孟字義》卷上，"仁义礼智"第1条，第128页）当然亦须看到，此所谓
"道德本体"并非形上学意义上的"本体"，只是载体义。仁斋言仁为"心之实体"的"实体"亦同此意。
尽管如此，仁斋仍常遭徂徕奚落，徂徕甚至断言仁斋学未脱程朱学之臭味，特别是以《孟子》来解释《论
语》尤为非也，其曰："近岁伊氏（引者按，即仁斋）亦豪杰，颇窥其似焉者，然其以《孟子》解《论语》，
以今人视古文，犹之程朱学耳。"（《弁道》第1条，《日本思想大系》第36册《荻生徂徕》，第200页）

面说明仁斋之"仁说"何以突出强调一个"爱"字的缘由之所在。徂徕且不论，对仁斋而言，仁学之确立必清除干净理学在诠释"仁"字之际所留下的污染，主要有三点，即"以仁为理为性为知觉"①，分别指朱熹、程伊川及谢上蔡。正是在批判理学的同时，仁斋才能为自己的仁说主张寻找合法性来源——即在"孔门"，而"孔门"以"求仁"为宗，正显示出与宋儒以"穷理"为宗的根本歧义，而仁斋自己却要承担接续孔子仁学传统之重任，他说：

> 自穷理之学兴，而世之学者，重看知而低看仁，尽力于彼者，而用力于此者少。故其气象卑薄狭隘，于充实光大之妙，必不免有歉焉，岂圣门所谓穷理者？舍仁之外，复有所为言哉？②

总之，仁斋以批判理学为手段，以恢复儒学古义为方法，以重建仁学为目标，由其再三强调"仁为孔门第一字""孔孟学问第一字是仁""孔孟之学，仁而已矣"③的观点中可以读取其思想宗旨在于重建"仁学"。换言之，为实现这一目标，有两项工作须同时推进：一是恢复儒学古义，其中自然也包括对"仁"字古义的重现；一是有必要清除理学对儒经肆意解释的恶劣影响。

诚然，儒学古义的重现基本属于经典诠释的领域，而其中涉及经典诠释的方法论等问题，非本文之主旨，故不宜具论。④要之，仁斋紧扣《语》《孟》两部文本的"血脉"，以为从中便可直接发现儒家仁学的"意味"，即"仁，爱而已矣"，而仁又是"慈爱之德""蔼然至情""以爱为心"⑤，故重建仁学之关键就在于

---

① 《童子问》卷上，第39章，第215页。

② 《古學先生文集》卷四《仁人心也章講義》，《近世儒家文集集成》第1卷，第80—82页。按，该文为宽文二年（1662）仁斋36岁时所作。伊藤东涯《跋》文曰："排穷理之说，而专以求放心为要，与初年之见大异矣。"（同上，第82页）

③ 《古學先生文集》卷五《同志會筆記》，《近世儒家文集集成》第1卷，第111、112页。

④ 关于德川早期古学派的经典诠释方法论问题，笔者曾以徂徕学为例进行了探讨，请参见拙文：《德川儒者荻生徂徕的经典诠释方法论初探》，《中山大学学报》2014年第3期，第115—125页。

⑤ 原文为："盖仁者以爱为心，造次于是，颠沛于是，自内及外，自迩及遐，应事接物，起居动息，无往而非是心。"（《古學先生文集》卷五《同志會筆記》，《近世儒家文集集成》第1卷，第112页）所谓"是心"，即指仁爱之心。仁斋对"心"字有一基本定义："人之所以为人者，在于心，而心之所以为心者，仁而已矣。"故仁者即"心之实体"（《古學先生文集》卷四《仁人心也章講義》，《近世儒家文集集成》第1卷，第80页）。然须注意的是，仁斋对"心"字有所忌讳，以为"心学"自禅宗来，而"圣人言德而不言心"（《童子问》卷下，第71章，第238页），他只认同孟子"良心"意义上的"心"（参见同上）。

如何确立起对"人情"的尊重和信念，因为人情乃是仁爱之人情、天下之美德，具有跨古今、无华夷、天下之所同然的普遍意义。据此，仁学也理应具有跨文化的普遍性，而不能局限在或"华"或"夷"的一域之内。

很显然，当朱熹重建仁学之际，他也许对于"仁"具有超越古今之普遍性这一点有清醒的认识，但他或许没有意识到作为"他者"的异域日本也理应存在"仁"的种子，同样可以发扬光大"仁"之精神。对比之下，作为日本（夷）的儒学家仁斋，在其思想的背后总是存在着一个巨大的"他者"——中国（华），令其挥之不去、难以磨灭，故其重建仁学的一个重要特质就表现为不但要穿越"古今"而且要打通"华夷"。在这个意义上可以说，仁斋不仅是重情主义者，而且是普遍主义者，当然更是一位道德主义者。

同时，也正是基于仁即爱、爱即情这一基本立场，故仁斋排斥一切后儒有关"仁"的义理解释，诸如"以仁为性"或"以仁为理"等。在他看来，宋儒穷理之学，必导致重知轻仁，已然有误，而理学"以理求仁"等工夫方法也在为学方向上偏离了正轨，不可信从。因此，对仁斋而言，为重建仁学，有必要颠覆理学特别是朱子学的那套形上学。

四　"理"的批判与重构

如上所述，在仁斋对"仁"的一项基本规定中，有"苟有一毫残忍刻薄忮害之心，则不得仁"的说法，同时我们也看到朱熹亦以"残忍刻薄"为"不仁"。但是朱熹将"残忍刻薄"归咎为"义"之过，认为"义之端，本是善，才过便至于残忍"。与此不同，仁斋则将"残忍刻薄"归咎为"依理断决"，隐然将批判矛头指向理学。他指出：

> 宋儒以为一理字可以尽乎天下之事，殊不知天下虽无理外之物，然而不可以一理字断天下之事也。学者据一理字，以断天下之事理，议论可闻，而求之于实，则不得其悉中矣。……然圣人三赦三宥 [①] 惟刑之恤者，

① "三赦三宥"语见《周礼·秋官司寇》，"三赦"一曰"幼弱"，二曰"老耄"，三曰"蠢愚"；"三宥"一曰"不识"，二曰"过失"，三曰"遗忘"，参见《秋官司寇第五》，《周礼注疏》卷四十二，上海：上海古籍出版社，2010年，第1382—1383页。

岂非过为姑息哉？善善而恶恶，亦理之常也，然圣人善善每长，恶恶每短者，亦岂非爱憎失宜耶？然圣人皆不然者，足见不可依理字以断天下之事也。故凡事专依理断决，则残忍刻薄之心胜，而宽裕仁厚之心寡。上德菲薄，而下必伤损，人亦不心服，须有长者气象方可。①

这段文字的核心意思便是"依理断决"四字，这无疑是对宋代理学的控诉。仁斋以为"理"虽遍在于物，但宋儒的"理"一旦成为某人"断天下之事"的标准，则此"理"便只是一人之标准，其结果往往"不得其悉中矣"，而偏离了事物之"实情"。另一方面，上古社会圣人制定礼法之际，尚有"三赦三宥"的设计，以示宽恤之心，而非一以"善善恶恶"之"常理"来决断人事，然又不失"爱憎"之宜，这表明在圣人时代，"不可依理字以断天下之事也"。然而到了后圣人时代（特指理学横行的宋代），"凡事专依理断决"，其结果是"残忍刻薄之心胜，而宽裕仁厚之心寡"。可见，"残忍刻薄"与"宽裕仁厚"正相反，构成一对非此即彼的矛盾。宽裕仁厚之心的丧失，就意味着残忍刻薄之心的上升。导致这一现象的根源就在于"依理断决"。那么，"依理断决"何以必导致"残忍刻薄"呢？这就涉及仁斋对"理"的理解。

仁斋深知"理"字本身出自先秦儒学资源，例如孟子便有"理义之悦我心"之名言，但按他的理解，此"理"字盖谓"条理"而非宋儒理学所谓的"万物本原"或在气之先的形上抽象之理。他说：

> 问：理学之称，信不称圣学之实。然如理字，亦不可轻。曰：然。孟子曰"理义之悦我心，犹刍豢之悦我口"，是也。孟子之意，谓物之有条理，与宋儒之意颇异矣。②

> 问：然则理字未尽善欤？曰：言各有攸当。理字实之于事物则可，用之于天地则不可。孟子所谓"始条理，终条理"及"理义之悦我心"等

---

① 《童子问》卷中，第 65 章，第 236 页。
② 同上。

语，皆以事各得其条理而言。《易》曰"穷理尽性，以至于命"，穷理就事物而言，尽性就人而言，至命就天而言。措词之序，自可见矣。若以理为万物之本原焉，则自流入于老佛之学，与圣人之旨实天渊矣，可不谨哉？①

由此可知，原来在仁斋，"理"仅指条理、物理或事理，所以说"理字实之于事物则可"，但是他不承认有所谓的性理或天理存在于"天地"之间而构成"万物之本原"，所以说"用之于天地则不可"。他认为，孟子所说的"理义"及"条理"是一个意思，都是指"条理"而不能有其他的解释；如果将"理"上溯至"万物之本原"的高度来肯认，便已"流入于老佛之学"，而与"圣人之旨"相去不啻有天壤之别。显然，这是仁斋针对宋代理学所下的针砭。

然而仁斋一方面承认物有物之条理，另一方面又坚持认为理不能是物之本原，更不能构成"万化之枢纽"，其因还在于仁斋对"理"有一个根本判断，即"理本死字"，他指出：

理本死字，在物而不能宰物，在生物有生物之理，死物有死物之理，人则有人之理，物则有物之理，然一元之气为之本，而理则在于气之后，故理不足以为万化之枢纽也。……惟圣人能识天地之一大活物，而不可以理字尽之。故《彖》赞之曰"大哉乾元，至哉坤元"，至矣尽矣。若知天地真活物，许汝即身即伏羲。②

这个"理本死字"之说，是在宣判理学形上之"理"的死刑。所谓"不能宰物"，是指物之上并不存在"主宰者"，意谓理不能是物之上的存在，所以说"理则在于气之后"，显然这又是针对朱熹"理在气先"说而发的。既然理不在气先，那么理就应在气中。在仁斋看来，在理气问题上，理学家的思维逻辑犯了一个方向性的错误，即他们总是习惯往上推，由万物推至五行，由五行推至阴

---

① 《童子问》卷中，第66章，第236页。
② 《童子问》卷中，第68章，第237页。

阳，最终"推而至于阴阳之所以然，则不能不归之于理，既归于理，则自不能不陷于虚无"①。而被理学规定为"所以然"的理其实不过是"虚无"，此"虚无"乃佛老之学，意味着观念上的"死"，而与儒家注重"天地之一大活物"的取向正背道而驰，此即仁斋力斥"理"的思想缘由。

然而若追问下去，必遇一问题：理究为何物？对此，仁斋亦承认"理"字作为"条理"而存在的合理性，如"物则物之理"一般，然此非形上抽象之理，亦非"所以然"之理。同时，仁斋亦承认"凡天地间，皆一理耳"，此说容易引起误解，因为既然说"一理"，似乎便意味着存在某种同一性的"理"，意近宋儒所讲的"理一"，然而这却是仁斋绝不能认同的观点。因此，所谓"凡天地间，皆一理耳"只能这样理解：意谓天地间任何事物都有其自身的条理，而此理非抽象之理，亦非可以"宰物"的实体之理，倘若理是实体，便是万物之本原，独立于天地之外，而又能"主宰"万物，这在仁斋看来，这种观点只不过是虚幻的想象而已。故仁斋所谓理之在物，非谓理为物之宰（"宰物"），也正由此，故依理决断天下事物，必将危害无穷。

然而既然说"理本死字"，又说天地是"一大活物"，那么理与物就不能构成相应之关系。对此，仁斋从另一个角度，提出了"一乎生故也之理"的命题——可归结为"生生之理"或"生理"——来为"理"字重新定义，他说：

> 问：先生谓天地一大活物，不可以理字尽之，即《字义》所谓有生而无死，有聚而无散，一乎生故也之理？曰：然。凡天地间，皆一理耳。有动而无静，有善而无恶，盖静者动之止，恶者善之变，善者生之类，恶者死之类，非两者相对而并生，皆一乎生故也。②

劈头一句"天地一大活物，不可以理字尽之"，是接着《童子问》卷中第68章劈头一句"理字""不足为生生化化之原"而来，两句话的意思是相通的，都清楚表明理字不足以涵盖天地造化。

---

① 《童子问》卷中，第68章，第237页。
② 《童子问》卷中，第69章，第237页。

那么何谓"一乎生故也"？依其语义，当是指天地间任何事物都具有"生"的特质，都不得不处在生生化化的过程之中，而"理"并不是在生生化化之外的独立存在，生生化化之过程本身即是理，这应当便是"一乎生故也之理"的确切含义。文中提到的《字义》即《语孟字义》，在《语孟字义》中，仁斋是这样表述的，语意更为清晰：

> 《易》曰"天地之大德曰生"，言生生不已即天地之道也。故天地之道有生而无死，有聚而无散，死即生之终，散即聚之尽。天地之道，一乎生故也。①

原来，仁斋是以《易传》"天地之大德曰生"为依据，得出"生生不已即天地之道"的结论，换言之，"天地之道"即"一乎生故也"的意思。区别在于《童子问》所说的"理"，《语孟字义》说的则是"天道"，表明仁斋在概念使用上似乎并不严密，因为如此一来，本是"死字"的"理"变成可与"天道"交换使用的概念了。事实上，"一乎生故也之理"盖谓生生之理，与"一乎生故也之道"的说法在措辞上虽有异，但其重点在于强调一个"生"字则是相通的。

重要的是，与"理本死字"相对，仁斋又有"道本活字"之说，他对此区别得很清楚：

> 理字与道字相近。道以往来言，理以条理言。……道字本活字，所以形容其生生化化之妙也。若理字本死字，从玉里声，谓玉石之文理，可以形容事物之条理，而不足以形容天地生生化化之妙也。②

> 盖道以所行言，活字也；理以所存言，死字也。③

---

① 《語孟字義》卷上，"天道"第 4 条，第 116 页。
② 《語孟字義》卷上，"理"第 1 条，第 124 页。
③ 《語孟字義》卷上，"理"第 3 条，第 124 页。

可见,"死字"与"活字"的根本区别在于:前者如"玉石之文理"一般,只可表述"事物之条理"——即"所存"之意;而后者足以"形容天地生生化化之妙",是"一阴一阳生生不已"之本身——即"所行"之意。用我们的话来说,仁斋意在强调:理只是一种抽象概念,而道则是宇宙万物活生生的象征。当然这是仁斋为拒斥天道形上义而提出的一种解释,至于这种解释在理论上是否成功则是另一回事,关于这一点,我们将在小结中再来探讨。

总之,仁斋虽拒斥"死字"之"理"——即抽象形上之理,但并不拒斥生生不已之"理",他断言天地之一大活物必有生生不已之理。因此,关键在于对"理"字要有一个诠释上的转换——即须认定理只是事物之条理而非抽象之天理,须即事言理或即气言理,而不能离事说理或离气讲理。可见,仁斋之所谓"理"既是事物之"条理"又是宇宙万物"生生之理",强调"理"的即事物性及具体性,绝非抽象的作为"万物之本原"的理。即便是说"一理",承认理的普遍性(凡物皆有理),但此普遍性亦须落实在具体性当中才能呈现其意义。如下所述,仁斋有关"理"的基本观点,其实与其"道在事中"的立场是一致的。因为事实上,仁斋从"生"的角度所讲的"理"与其所讲的"道"是相通的,当然作为其思想的核心概念,他更强调"道"的重要性,相比之下,"理"并不占据核心地位。他说:

> 求道于高,求事于远,学者之通病。唯《诗》《书》之为教,近于人情,达于日用,初不远人以为道,亦不远人以为言。①

这段话充分表明仁斋之言"道"具有即事物性、即具体性、不离人情而又切于日用之特质,可归结为"道"的人伦日常性、具体普遍性。② 关于这一点,我们下面将要展开稍详的讨论。

---

① 《論語古義》,《日本名家四書注釋全書》第3卷,第104页。

② 关于仁斋思想十分注重"人伦日常性",日本思想史著名学者相良亨(1921—2000)即已指出,参见氏著:《人倫日用における超越——伊藤仁齋の場合》,《相良亨著作集》第2册,东京:ぺりかん社,1996年,第220—300页。若以仁斋语证之,则莫如以下一句:(孔子之道)"人伦日用平常可行之道。"(《童子問》卷下,第50章,第257页)

五　"道"的批判与重构

　　然而，既然说"天地之道，一于生故也"，以天地万物"生生不已"来解释"道"，并将"道"直接规定为"生生不已"本身，那么，"道"就不能是超越于"生生不已"之外或之上的另一种实体性存在，"道"即"生生不已"之过程本身，这与"一乎生故也之理"的说法在含义上是一致的。由此"道"变成了一种描述词，而非实体存在，也就是说，"道"是对"生生不已"之过程的一种描述——即"生生不已即天地之道"之意，由于"生生不已"只是一过程状态，故其本身并非实体。在这个意思上，仁斋对"道"或"理"做了一番"去实体化"的解释，"道"不再是阴阳气化、生生不已之上的根源性实体存在。故对仁斋而言，宋儒的"道体"观也就必然是一有待解构的对象。

　　另从文献学的角度看，仁斋又断定"道体二字不经见"，而是"宋儒发之"的一种观念虚设，最典型的便是程伊川的"以阴阳无端动静无始为道体"以及朱熹的"以无声无臭所以然之理为道体"这两句话。[①]在仁斋看来，伊川语虽较接近《易传》"'一阴一阳之谓道'之旨"，但伊川之误在于别立"道体之名"，而朱熹语则全是"渊源老庄虚无之说来"[②]，在根本上已错，不值一驳。可见，仁斋只认可"道"，但不认同"道体"这一观念设定，原因就在于他不能认同"道"的实体化，而"道"只能是"生生不已"而已。须指出，其实对于"生生不已"的强调，显然与仁斋的气学思想有关，而其"道论"其实是建立在其"气论"之基础

---

　　① 按，所谓伊川语，应当是指"动静无端，阴阳无始"（《程氏易传》），而伊川并未将此与"道体"关联起来，显然是仁斋对伊川的解读。至于朱熹之说当见诸《太极图解》以及朱陆之辩"无极太极"，特别是以下一段文字或许正是上引仁斋语的出典所在，朱熹曰："一阴一阳虽属形器，然其所以一阴一阳者，是乃道体之所为也。故语道体之至极则谓之太极，语太极之流行则谓之道，虽有二名，初无二体。周子所谓之'无极'，正以其无方所、无形状，以为在无物之前而未尝不立于有物之后，以为在阴阳之外而未尝不行乎阴阳之中，以为通贯全体，无乎不在，则又初无声臭影响之可言也。"（《朱子文集》卷三十六《答陆子静》第 5 书，《朱子全书》第 21 册，第 1568 页）由此段文字正可归纳出"以无声无臭所以然之理为道体"之结论，当然严密说来，仁斋的归纳与朱熹本意仍有差异，此不待详说。事实上仁斋早年就对朱陆之辩显示出浓厚兴趣，撰有《鹅湖异同辨》一文（《古學先生文集》卷三），自然对于朱陆之辩的文字是相当熟悉的。

　　② 以上参见《語孟字義》卷上，"道"第 4 条，第 123 页。

上的。

我们知道在宋代道学中，对"气"之问题最有理论贡献的是张载（1020—1078），他曾说过一句名言："由太虚而有天之名，由气化而有道之名。"即从名义的角度看，"天"或"道"的名称来由与"太虚"或"气化"有关。这个观点受到朱熹及其弟子的强烈关注，如朱熹弟子陈淳便注意到张载的这一论述，指出这是一种"推原来历"的思维方式，亦即将"道"的"来历根原"追溯至"气化"之前，以为一切存在都源自一阴一阳之"气化"，而阴阳之所以然者则是"道"。按陈淳（1159—1223）对儒家经典的考察，尽管儒家圣人"说道"大多就人事上而言，但《易传·系辞上传》"一阴一阳之谓道"一句，"乃是赞《易》时，说来历根原"①，又说：

> 阴阳，气也，形而下者也；道，理也，只是阴阳之理，形而上者也。孔子此处是就造化根原上论。②

陈淳的这些表述反映的其实是朱子学的典型观点——"道"即"形而上者"，既是事物之理则（所以然之故），又是行为之规范（所当然之则），是超越于阴阳之上的本体存在，这是"推原来历"之运思方式的必然结论。

然而仁斋却绝不认同在阴阳气化之前或之上另有所谓的"道体"作为"来历根原"而存在，故他严厉批评陈淳的"来历根原"论，指出：

> 北溪曰："《易》说'一阴一阳之谓道'，孔子此处是就造化根原上论。大凡圣贤与人说道，多是就人事上说，惟此一句，乃是赞《易》时，说来历根原。"愚谓不然，谓天人一道则可，为道字来历根原则不可。《易》语是说天道，如"率性之谓道"及"志于道""可与适道""道在迩"等类，是说人道。《说卦》明说"立天之道，曰阴与阳；立地之道，曰柔与刚；立人之道，曰仁与义"，不可混而一之。其不可以阴阳为人之道，犹不可以仁义为天

---

① 陈淳：《北溪字义》卷下，"道"第 8 条，北京：中华书局，1983 年，第 41 页。

② 同上，第 40—41 页。

之道也。倘以此道字为来历根原，则是以阴阳为人之道也。①

表面看，仁斋反对的是将天道与人道混而为一的论述方法，实质上，令仁斋耿耿于怀的乃是"来历根原"四字所反映的形上学思维方式。但不得不说仁斋对"来历根原"的拒斥方式有点奇特，他反对"道"具有"来历根原"的意义，视"道"为"一阴一阳"之过程，此说能否成立，端在于持何诠释立场，或可另当别论。然而陈淳之意在于指明"一阴一阳之谓道"之"道"绝非"一阴一阳"本身，而是"一阴一阳"之所以可能的依据，因而是"形而上者"，而不能混同于"形而下者"之气，绝没有将天之道与人之道混而为一的意思。然而仁斋却以为陈淳将"道"提升至"来历根原"的角度进行抽象的规定，是误将"立阴与阳"的天之道与"立仁与义"的人之道混而不分。仁斋坚持认为"道"只有具体指向的天道或人道，而不存在天道人道之上还有什么形上之道，显然这表明仁斋的企图在于欲从根本上颠覆宋儒形上学。

事实上，仁斋对"道体"观的批判，与其对"理"字的批判，在思路上是完全一致的，亦即他不能认同在现实存在的背后另有所谓的作为"所以然者"的形上实体之存在。不过，与其批评"理为死字"，对宋儒意义上的"理"做了基本否定相比，他对"道"的观念是非常注重的，他所竭力反对的是"道体"概念有可能将"道"实体化的诠释理路，坚持主张"道"即阴阳气化"生生不已"之过程本身。至于"一阴一阳往来不已上面"一层之问题——即宇宙之"根源"问题或"形上"问题，仁斋采取的毋宁是"存而不议"的立场，他说：

> 或以为自天地既辟之后观之，固一元气而已，若自天地未辟之前观之，只是理而已，故曰无极而太极。适圣人未说到一阴一阳往来不已上面焉耳。曰：此想象之见耳矣。夫天地之前，天地之始，谁见而谁传之邪？若世有人生于天地未辟之前，得寿数百亿万岁，目击亲视，传之后人，互相传诵，以到于今，则诚真矣。然而世无生于天地未辟之前之人，又无得寿数百亿万岁之人，则大凡诸言天地开辟之说者，皆不经之甚也。……或

---

① 《語孟字義》卷上，"道"第 1 条，第 122 页。

谓：既不可谓天地有始终开辟焉，则又不可谓无始终开辟。曰：既不可谓
天地有始终开辟，则固不可谓无始终开辟，然于其穷际，则虽圣人不能知
之，况学者乎？故存而不议之为妙矣。①

仁斋以"往来不已上面"一层的本原问题从未有人"目击亲视"为由，从而
将此问题置于存而不议的领域，显然是以经验论来反对形上学，这在理论上是
否有效是值得怀疑的。②仁斋的理由在于这样一点："凡圣人所谓道者，皆以人
道而言之，至于天道，则夫子所罕言，而子贡之所以不可得而闻也。"③然而另一
方面，夫子罕言不等于说天道不在或夫子不知天道，因为"一阴一阳往来不已
之谓天道，其义甚明矣"，子贡之所以不得而闻，"盖于一阴一阳往来不已之理，
则学者或可得而闻也，至于维天之命於穆不已之理，则非聪明正直仁熟智至者，
则不能识之"，唯有圣人识之而已，如孔子以下之言便可作为明证：

孔子曰"天生德于予，桓魋其如予何"，又曰"获罪于天，无所祷也"，
亦是也。是子贡所谓不可得而闻也者，盖若此。……宋儒谓天，专言则谓
之理，又曰天即理也。其说落乎虚无，而非圣人所以论天道之本旨。④

至此可见，仁斋对于"往来不已之理"与"於穆不已之理"进行了区分，认
为前者"可得而闻"，后者"不可得而闻"而唯有圣人"识之"，在《语孟字义》
中，仁斋将这两种"理"称为"天道"的两个方面，指出"一阴一阳往来不已者，
以流行言；维天之命於穆不已者，以主宰言"，所谓"流行"，盖指气的造化运
动，至于"主宰"则有点玄妙，仁斋用人来比喻，他说：

---

① 《語孟字義》卷上，"天道"第5条，第116—117页。
② 倘若不可知论（agnosticism）仅是指对于某种特殊知识领域保持沉默，例如"子不语怪力乱神"所表
明的是孔子对"怪力乱神"之领域保持沉默那样，那么这种态度并非不可取。但是，不可知论须建立在
承认不同知识有其自身价值这一观点的基础才是健康的，它不能成为排斥其他知识的绝对理由。然而
仁斋以不可知论的态度去排斥宋儒有关根源来历之终极问题的思考，则不免陷入排他主义的不可知论，
这显然并不可取。
③ 《語孟字義》卷上，"道"第1条，第122页。
④ 《語孟字義》卷上，"天道"第6条，第117页。

> 一阴一阳往来不已者，以流行言；维天之命於穆不已者，以主宰言。
> 流行犹人之有动作威仪，主宰犹人之有心思智虑，其实一理也。然论天道
> 之所以为天道，则专以主宰而言，《书经》《易象》孔子所谓天道者，是也。
> 故《中庸》引维天之命之诗，而释之曰："盖曰天之所以为天也。"可见虽若
> 有二端，然至论天道之所以为天道，则专在于主宰也。①

这是说"天命"犹如人有"心思智虑"一般，乃是一有意志的存在，故主宰
者当指天命。这与仁斋对"命"字的理解有密切关系，他认为天命之"命"犹如
人在发号施令——即"命令"，相应地，"天"犹如"君主"。仁斋在《语孟字义》
"天命"条一上来就明确指出：

> 天犹君主，命犹其命令。天者，命之所由出，命者，天之所出。②

的确，自董仲舒（前179—前104）提出"命者天之令也"这一观点以来，
直至朱熹才表示了积极的回应，以为"近子思之意"③，并在《中庸章句》中，释
"天命"谓"命，犹令也"。这些都应当是仁斋所熟知的。但他也许没有注意到
朱熹在提出上述解释之后，立即指出此"命令"犹近"禀赋"之意，盖指上天生
物，"气以成形，而理亦赋焉"④，而此赋予之过程，看似有人在"主宰"一般，故
朱熹在回答弟子提出的"以主宰谓之帝，孰为主宰"的追问时，他表示承认：

> 自有主宰。盖天是个至刚至阳之物，自然如此运转不息。所以如此，
> 必有为之主宰者。这样处要人自见，非语言所能尽。⑤

---

① 《語孟字義》卷上，"天道"第7条，第118页。
② 《語孟字義》卷上，"天命"第1条，第118页。
③ 《朱子文集》卷七十二《杂学辨》，《朱子全书》第24册，第3474页。按，董仲舒之说见其《策对》
（《汉书》卷五十六《董仲舒传》）。另朱熹对董仲舒"命者天之令"的赞赏可参见《语类》卷一三七，第
3260—3263页。
④ 《中庸章句》，《四书章句集注》，第17页。
⑤ 《语类》卷六十八，第1684—1785页。

而且在解释《尚书》《周易》中"天"之概念时,他指出:"这便自分明有个人在里主宰相似。"①

但是归根结底,在朱熹,由于他坚持"天即理也"的观念立场,故"禀赋"看似是由"主宰"者的"命令"之过程,其实乃是"理"之"禀赋"于"物"的过程,故说"于是人物之生,因各得其所赋之理,以为健顺五常之德"②。同样,对于朱熹的这套解释,仁斋理应有一定的知识了解,尽管他并没有做出相应的义理解释。他以"心思智虑"来形容主宰者,则此主宰者便成了有意志一般的人格存在。基于此,故他主张应将流行义的"天道"与主宰义的"天命"严加区分,指出朱熹将太极说成是"天命之流行",而程子将天道说成是"一阴一阳往来不已者",都完全错了:

> 晦庵《太极图解》云"太极之有动静,是天命之流行也",盖依《周颂·维天之命》之诗而言之,程子亦曰"天道不已,文王纯于天道亦不已",皆指一阴一阳往来不已者而言,尤非也。所谓命者,乃谓上天监临人之善恶淑慝,而降之吉凶祸福。《诗》曰"维天之命於穆不已",其意盖谓天命文王,王斯大邦,延及子孙,永笃保之。……可见《诗》意总言保佑命之,自天申之之意,本无阴阳流行之意,太甚分晓。③

这是说,"一阴一阳往来不已"是指天道之流行,"维天之命於穆不已"则是指天命之主宰,而主宰乃是"上天监临"之意,能为人类带来"吉凶祸福",与"阴阳流行"并无任何关联。这一观点显示出仁斋思想的宗教关怀,至于仁斋对天命的这种宗教性理解是否合理,已逸出本文主旨,似不必赘述。

我们再回到生生不已的天道观上来。其实,仁斋的天道观是建立在元气论之上的,所谓生生不已,盖指气而言,他甚至明确指出"盖天地之间,一元气而已"。在他看来,阴阳两气盈虚消长、往来感应而未尝止息,"此即是天道之全

---

① 《语类》卷四,第 60 页。
② 《中庸章句》,《四书章句集注》,第 17 页。
③ 《語孟字義》卷上,"天命"第 5 条,第 119—120 页。

体、自然之气机，万化从此而出，品汇由此而生"，故他断言："圣人之所以论天者，至此而极，自此以上更无道理，更无去处。"意谓在元气之上或往来不已之前，去追问什么"来历根原"都是徒劳的。因此，他特别反对朱熹以"所以然者"来解释"道"："考亭以谓阴阳非道，所以阴阳者是道，非也"①，而他自己的观点则是："阴阳固非道，一阴一阳往来不已者，便是道"②，重申阴阳"往来不已者即天道"的思想。也就是说，按仁斋的观念，有关天的言说只能到"气"为止，故一切有关"道"或"天道"的言说亦只能到"气"为止，在气之上或之前，是否有所谓"道"的实体存在，对此我们不能言说。

既然"所以阴阳者"不是道，"往来不已者便是道"，这就意味着"道"失去了形上学意义，显然这是仁斋对"道"所做的"去形上化"批判，与其对"道体"概念所做的"去实体化"批判是一致的。与此同时，仁斋欲将"道"从上往下拉，认为天地之道只"存于人"，故他甚至断言儒学只讲"人道"③，并提出"人伦之外无道"的观点，强调"道"的人伦日用性，他说：

> 人伦之外无道，仁义之外无学。人之所当务力者，人伦而已矣；人之所当竭力者，仁义而已矣。④

在仁斋看来，"圣人之设教"只是"因人以立教，而不立教以驱人"，故此，所以说"道外无人，人外无道"，道与人"亦何远之有"？只有那些不知"道"者，才会"自以为高为美，为若升天然"，而其结果必是："视道甚远，而人益难入，悯哉！"⑤

仁斋进一步强调指出正是由于"道不远人"，故"道"就在于"事"中，就在"俗"中，从而提出了"俗即是道"的命题：

---

① 按，这是朱熹对《易传》"一阴一阳之谓道"的著名解释。当然，这个解释原是朱熹继承二程而来。

② 以上仁斋语均见《語孟字義》卷上，"天道"第 1 条，第 115 页。

③ 如仁斋断言："凡圣人所谓道者，皆以人道而言之。至于天道，则夫子之所罕言，而子贡之所以为不可得而闻也，其不可也必矣。"（《語孟字義》卷上，"天道"第 1 条，第 122 页）

④ 《語孟字義》末附《論堯舜既没邪說暴行又作》，第 166 页。

⑤ 以上见《論語古義》，《日本名家四書注釋全書》第 3 卷，第 5、145 页。

夫事苟无害于义，则俗即是道。外俗更无所谓道者。故曰："君子之
道，造端于夫妇。"故尧舜授禅，从众心也。汤武放伐，顺众心也。众心之
所归，俗之所成也。故惟见其合于义与否，可矣。何必外俗而求道哉？若
夫外俗而求道者，实异端之流，而非圣人之道也。①

可见，"道"不能脱离世俗、人伦之外，所谓"俗"则是由"众心所归"所构
成的，应当就是世俗社会或生活世界。这种存在于"俗"中的"道"也必然存在
于"日用常行之间"，是"平平荡荡"的，而且"甚至近也"。②在此意义上，故说
"俗即是道"。应当说，这是仁斋之"道论"的终极之论、出彩之处。

但是，社会世俗性总是具体而特殊的，某一地域的世俗性并不同于其他地
域的世俗特性，那么何以保证"俗"中之"道"又具有普遍性？仁斋将道从天上
拉至人间之后，再三强调日用伦常性的道同时又具有超越"古今"的普遍性，故
"圣人之道"必然是"天地之常经，古今之通谊"③，他说：

> 盖道无古今之异，故人亦无古今之别。今斯民即三代之时，所以直道
> 而行之民，其性初无以异也。④

> 道也者，天下之公共，人心之所同然，众心之所归，道之所存也。⑤

总之，在仁斋，"道"不是极高穷远之抽象存在，也不是阴阳之气"已后"的
形上存在，它就在人伦日常之中、世俗生活里面，与人"甚至近也"，因而是一
种切实的具体存在；但同时"道"又是天下公共之"道"，具有超越古今的品格，
是人心之同然、众心之所归，因而"道"又有超越地域的普遍性、公共性。质言
之，仁斋之所谓"道"是一种具体普遍性之存在，这应当是仁斋之"道论"的基

---

① 《論語古義》，《日本名家四書注釋全書》第3卷，第130页。
② 同上，第135页。
③ 同上，第288页。
④ 同上，第238页。
⑤ 《孟子古義》，《日本名家四書注釋全書》第3卷，第36页。

本特色。

由上可见，仁斋对宋儒的形上之理及形上之道的批判很有力度，其欲彻底颠覆宋儒形上学的理论企图十分明显而又坚决，当然，他的理学批判具有何种理论效应，他由此而重构的"道论"是否成功，则是另一回事。平心而论，仁斋自以为掌握了儒家经典的古义，并以此为据来判定"理本死字"，认为其与天地之"一大活物"不能相应，但他由此批判宋儒形上学，显然是缺乏理论说服力的，因为仅凭字义训释难以真正撼动形上学。另一方面，他以"一乎生故也之理"与"一乎生故也之道"的命题将理或道规定为"一阴一阳生生不已"之过程本身，断然否定作为"所以然者"的理或道，并且武断地判定孟子之"理"皆是条理而否定其秩序义、规范义，显然也不过是仁斋的一家之言，虽有其自身的价值判断及思想立场，但从根本上说，生生不已只是气化之过程，可以理解为天道运动的一个方面或道体存在的一种呈现方式，却不能由此否定天道存在的超越性。由此可说，仁斋断言儒学只讲人道而不讲天道等说法显然过于独断，而缺乏对儒家天道论之超越义、形上义的根本了解。

不过须看到，仁斋强调道在事中、俗即是道，由此凸显出"道"的人伦日用性、平常可行性，这应当是仁斋之"道论"的出彩之处，也是符合儒学天道与人事相即不离之观点立场的。只是仁斋可能没有意识到，他的这一观点是就道的呈现方式而言的，而不是就道的存在方式着眼的。事实上，就呈现方式言，道的意义必由事显，据此则可言道不离事，换言之，道就存在于人事之中；若就存在方式言，则道既发用流行于现实之中而生生不息，同时道又作为"道体"而必然超越于人事之上，否则道就不成其为"所以然之故"及"所当然之则"。

要之，"道体"既超越于现实之上而又内在于具体之中，故"道体"的普遍性必表现为具体的普遍性，而不是单极主义的绝对抽象性。对于这层义理，孔孟已有涉及，只是所论或有不详，而宋明道学家对此有更深的理论拓展，也就是说，性与天道、形上与形下并非隔绝的而是相即不离的，这理应是宋明道学的一项共识。从这个角度看，我们不得不说仁斋对宋明道学的义理系统缺乏相应的了解，这一点大概是不能否认的。为进一步说明这一点，我们不妨再举一例来略做申述。

仁斋常用"道犹路也"的说法来规定"道"，并且以此批判宋儒的形上之道，

他说:

> 道犹路也,人之所以往来通行也。故凡物之所以通行者,皆名之曰道。①

又说:

> 道犹路也,人之所以往来也。故阴阳交运谓之天道。②

很显然,这是以释字学来代替释义学而得出的结论,其理论效果是颇值得怀疑的。"道犹路"其实是一种拆字解字法,是从字形上说的,此说固然不错,但却不可据此来解释孔子"朝闻道夕死可矣"之"道"、孟子"其为气也,配义与道"以及"仁政""王道"之"道"等"道"字的思想意义。

事实上,宋代道学家亦非不懂这套文字训诂学,朱熹就曾说:

> 道训路,大概说人所共由之路。③

陈淳也说:

> 道是就人所通行上立字。④

但是这并不妨碍朱熹对"道"的规定:

> 道,理也,阴阳,气也。……形而上者谓之道,形而下者谓之器。⑤

---

① 《語孟字義》卷上,"天道"第 1 条,第 115 页。
② 《語孟字義》卷上,"道"第 1 条,第 121 页。
③ 《语类》卷六,第 99 页。
④ 《北溪字义》卷上,"理"第 1 条,第 41 页。
⑤ 《语类》卷六十七,第 1970 页。

同样，也并不妨碍陈淳对"道"的义理解释：

> 道之大纲，只是日用间人伦事物所当行之理，众人所共由底。①

可见，"道"既不与"日用人伦"相离，但同时它又是"所当行""所共由"的观念存在而非经验物的实体存在。诚然，仁斋也使用了"所以往来"的说法，但其所谓"所以"，绝非"所以然"之意，而只是表明"路"可供"往来通行"之意，故最终未能将实体字的"路"向上提升而抽象出形上义的"道"。②

总之，仁斋缺乏观念论思维的偏好或兴趣，故其所理解的原典儒学之"古义"，终不免要打些折扣。更严重的是，仁斋以经验论或实证论的立场出发来试图颠覆宋儒形而上学，就其理论效应来看，是缺乏说服力的。

六　余　论

行文至此，我们遇到两个问题需要思考：1.仁斋何以由早年信奉朱子学至中年以后便来了一个180度的大翻转，转向对朱子学的全面批判？2.仁斋之猛批朱子学，究竟意欲何为——换言之，他试图实现怎样的理论目标？如果说略早于仁斋而提倡"古学"的山鹿素行（1622—1685）之不满于朱子学，可能与其妄自尊大的民族主义情结——例如他称日本为"中国"而将中国贬为"外朝"（《中朝事实》）——多少有点关联；如果说晚于仁斋约一个世纪的国学家本居宣长（1730—1801）不仅将宋学而且将整个汉学视若仇敌，必欲彻底排除"汉意"及"佛意"而后快，竭力主张回归《古事记》以前的日本传统，才能达到净化日本文化的目的；如果说朱子学在日本遭遇的乖舛命运与上述这些存

---

① 《北溪字义》卷上，"道"，第38页。

② 按，朱熹曾与吕祖俭围绕张元德训"道"为"行"的观点有过一场讨论，朱熹之大意在于指出"道之得名，只是事物当然之理"，元德训作"行"固然有误，然只须告之以"当行之路"即可，朱熹的结论是："形而上者谓之道，物之理也；形而下者谓之器，物之物也。"并指出"只以此二句推之"，"亦自通贯而无所遗也。"（《朱子文集》卷四十八《答吕子约》第12书，《朱子全书》第22册，第2226—2227页）这是说，道不仅仅是路，更是"当行之路"，道与器决然为二物，犹言道与行绝不能混为一。若允许假设的话，仁斋就好比是张元德，两人对"道"的曲解（在诠释学上或可允许）竟如此相似。

在于德川早中期的思想现象多少有点关联，那么，仁斋学之对朱子学的批评与拒斥，是否表明其与素行或宣长等人无非是一丘之貉而已？我的结论是，未必尽然。

事实应当是很明显的，仁斋之排击宋儒、批评朱子，并不是为了宣泄日本民族主义情感，也不是由于其对中国传统儒学的鄙视，相反，他视孔子为"最上至极宇宙第一圣人"、视《论语》为"最上至极宇宙第一书"①，他甚至相信孔孟之道就是普世真理，他断定中国圣人之原型的尧舜所代表的"尧舜之道"便是"人道之极"，而且是"万世不易"的，由此可证他确是一位普遍主义者。尽管我们看不出其批朱是为了将儒学拒日本国门之外，以为只要回归"记纪神话"时代之前的日本文化传统源头便好，也就是说，在仁斋，其信儒与排朱可以同时并存而不悖，但是，在仁斋思想的背后除了有一个巨大的"他者"——中国因素以外②，毫无疑问，日本文化的思想资源以及日本社会的背景因素应当是其敢于揭起"反朱子学"这面大旗的缘由所在。

或许对仁斋而言，他须分辨清楚朱子何以背离了孔子，但是对我们而言，作为日儒的仁斋以回复儒学古义为口号，究竟意欲何为？换种问法，如果复古只是手段而非目的，那么他为何要复古？如果说仁斋将当时在中国或朝鲜正占据意识形态之要道的朱子学打压下去，可能是为了向日本政权当道者献计献策，这种过于强调某种思想的社会背景因素作用的想法可能会陷于片面，因为思想固然是社会以及生活的反映，但却不是机械式的反映，思想作为一种观念有其自身的逻辑链条。在我们看来，极有可能对两个方面的因素都要进行思考：一是仁斋所处的日本背景，使其对中国儒学的理解自有一套独特的思维理路，二是仁斋越是对儒学问题思之越深，便越有可能形成自己的有关儒学知

---

① 《童子问》卷下，第50章，第258页。按，特别是后一句在仁斋文献中俯拾皆是，如其称《论语》是"万世道学之规矩准则""通万世而不变，准四海而不违，于乎大矣哉！"（《論語古義·綱領》，《日本名家四書注釋全書》第3卷，第3页）可见，《论语》对仁斋而言就如圣经一般，是放诸四海而皆准的真理化身，给人以一种特异之感。林本《論語古義》的各卷卷首本甚至冠有"最上至极宇宙第一"八字，后被东涯修定的刊本所删除。林本为仁斋生前最后稿本，关于林本与刊本之间的异同，参见子安宣邦：《伊藤仁齋研究》，原载《大阪大學文學部紀要》第26卷，1986年7月，后收入氏著：《伊藤仁斎の世界》，东京：鵜鵠社，2004年。

② 按，"巨大的'他者'"一说，有取于子安宣邦：《"アジア"はどう語られてきたか——近代日本のオリエンタリズム》，第6章"大いなる他者——近代日本の中國像"，东京：藤原書店，2003年，第149—170页。

识价值的判断标准。前者表明儒学传入日本必经历一番本土化，才有可能被理解、被诠释，与此同时，理解和诠释的过程本身就是儒学日本化之过程；后者则表明儒学作为一种思想观念，其自身必有一价值判断标准可以用来审视其他理论的是非对错。当然严格来说，作为社会背景的日本因素之问题属于史学研究的范围领域，这也是历来仁斋学研究的一个重点，至于仁斋自以为他发现了儒学的终极价值蕴藏于孔孟经典的古义当中，则应当有其自身的思维逻辑，对此就需要我们从哲学的角度来认真对待而不能一味以朱子学为标准来横加非议。

在我看来，仁斋对孔孟原典儒学的理解和诠释显然有其自身的理论标准，他坚持"以爱释仁"，坚持"道即人道""道在事中""俗即是道"等观念立场，反对"以仁为理""以理求仁"，更反对抽象玄谈的形上之道，都表明仁斋对于"仁""道"等关涉儒学核心观念的理解自有独到的理路，而他对儒学的身份认同意识也是非常明确的，他反宋学的目的正在于追求放诸东亚而皆准的所谓原典儒学，因为在其心目中，何止东亚即便环视整个"宇宙"，孔子也有资格称得上是"第一人"。很显然，在 17 世纪中国，中国本土的儒学家们可能并没有如同仁斋那样的清楚意识：儒学原来就有一种跨地域、跨文化的普遍性，至少在东亚社会，儒学价值可以得到普遍认同。从这个角度看，仁斋学在东亚思想史上有其独特的历史地位和思想意义，可以促使我们反省儒家文化中有哪些优劣长短；只是仁斋学的这种思想意义却是经由反朱子学而得以反显，于是极易引起人们的误会，以为仁斋学之反朱子学，正表明中日两地在思想文化问题上处于水火不容的对立两极。的确，从历史的角度看，中日两国自 17 世纪后所呈现的"差异"日趋严重，甚至出现了中日"文化差异巨大论"[1]，这从当时东亚社会文化的发展趋势看，上述判断是有充分理由的。因为"文化"概念与"文明"概念毕竟有所不同，它总是指向具体的文化而不存在什么抽象的文化，所以一旦涉及中国文化或日本文化，两者之间必存在差异而不能彼此抹消对方，互相之间可互动却不能吞没对方。

---

　　[1]　参见拙文：《"东亚儒学"刍议——普遍性与特殊性问题为核心》，第3节"十七世纪以后东亚文化差异巨大论"，《中国学术》总第31辑，第345—405页。按，此"差异巨大论"的滥觞者似是葛兆光，参见其文：《地虽近而心渐远——十七世纪中叶以后的中国、朝鲜和日本》，《台湾东亚文明研究学刊》第3卷第1期。

重要的是,儒学作为一种哲学,同时又作为一种文化,随着时空迁移及历史变化,必导致一方面作为哲学形态的儒学有其自身的价值立场而获得某种普遍性,并具有跨地域、跨文化的特质,而另一方面作为文化形态的儒学又在与异文化相遇过程中呈现出分殊性,而这种分殊性不是以消解普遍性为指向,相反,正是普遍性在具体文化形态中的展现。仁斋对孔孟学与朱子学所采取的迥然不同的态度便生动表明当我们将儒学置于东亚儒学的视域来看,孔孟之道的普遍性可以在异域日本的文化背景中得以展现,然此种展现又须通过某种特殊形态得以可能,而仁斋学之所以反对朱子学的那套抽象理论,也正表明儒学普遍性若抽离于具体的社会文化背景便难以获得认同。

但是,如果换种角度——即从哲学的视域看,仁斋的朱子批判是否得当,这是可以充分探讨的,而仁斋所取的理论标准看似尽出自他对《语》《孟》古义的复原,但显然他对孔孟经典的义理解读是颇成问题的。举例来说,他只认同"理"字在儒学脉络中仅具"条理"义,而排除其他解释的任何可能,然而《孟子》一书"理"字凡七见,除了用"条理"一词来说明"金声玉振"问题以外,如"心之所同然者何也,谓理也义也"以及"理义之悦我心"中的"理"字便显然难以解释成条理,而应指某种普遍必然的理则或规范。显然,若要指出仁斋的经典诠释存在种种误读是容易的,但令我们关注的是其误读的缘由究竟何在的问题,特别是仁斋何以唯孔孟古义是从而根本不容于朱子学,仿佛儒学只能原地踏步于先秦而无任何发展之必要与可能。①

原因可能是多重的,故其答案不可能只有一种。例如有一种说法认为,历史表明日本儒者缺乏观念论兴趣,对形上学问题向来不喜深究,故德川儒者大多对宋儒的性理学非常反感,而对充满人生智慧的《论语》倒是比较容易亲近②;也有一种观点以为,儒学价值及其所反映的行为方式根本不符日本传统文

---

① 我曾指出表面上古学派徂徕学颇看重历史性,然究其实质而言,其唯以"古义"为是的立场却是对古今文化的历史性连续的切割,从而使其思想蒙上了"非历史性的色彩"(参见拙文:《德川儒者荻生徂徕的经典诠释方法论初探》,《中山大学学报》2014年第1期,第115页),这一判断无疑亦可适用于仁斋学。须补充说明的是,此所谓"非历史性"乃指以复古为口号的"拟似历史主义",其实质是"历史虚无主义"。

② 平石直昭便坦言德川儒者"往往较不关心形而上的实在"问题,参见氏著:《战中、战后徂徕学批判:以初期丸山、吉川两学说的检讨为中心》,蓝弘岳译,张宝三、徐兴庆编:《德川时代日本儒学史论集》,台北:台湾大学出版中心,2004年,第112页。

化之精神，故从未对日本人的生活、行为、道德乃至审美等方面发生过任何影响，儒学至多只是作为一种知识趣味赢得了部分精英阶层日本人的偏好而已 [①]。这些看法或许有其合理性也有其片面性。然就仁斋学而言，他通过批判宋儒并由此展示的所谓古义学，可能还是要从日本文化传统以及当时日本政治社会的背景中寻找其原因。简要地说，大致有三点值得思考：

第一，从学理上看，宋儒所建构的一套性理学或形上学，虽在某种意义上可以说是对先秦儒学的推进和发展，但在仁斋眼里，这种发展毋宁背离了"道"不离"俗"、即在人伦日用中的儒学古义，既无补于"世道"亦无补于"生民"，那些有关"六合之外"的抽象议论颇有点像"近世讲天学者好说无限道理"，与"孔子之道"相去不啻霄壤之隔 [②]，故有必要彻底扭转；

第二，从文化背景看，日本文化对儒学的接受方式从来就有多元性、差异性的特征，也就是说从来就没有将儒学的某家某派学说定于一尊，更没有将儒学视为唯一的绝对的国家意识形态加以政治化，除儒家以外，在日本文化史上拥有更广泛社会基础的毋宁是佛教以及神道教，特别是日本神道教在 17、18 世纪以后的近世日本社会已呈现出理论整合及系统化的发展趋势；

第三，从社会背景看，17 世纪中叶以降的日本社会迎来了高速发展，随之出现的日本型"华夷意识"也正逐渐蔓延 [③]，视日本仍是"武国"或"神国"的民族主义思想逐渐抬头，与此同时，明清更替令不少德川儒者深感惶惑，并渐渐意识到"上国"（藤原惺窝语）的中华文明已一去不返，或许只有东方"神国"的日本有可能在不远将来取代中国而成为新"中华"的象征。

---

① 津田左右吉（1873—1961）最具代表性，他断言："儒教只是作为书本上的知识，作为思想而被学习和讲习的，因为从一开始就没有进入也不会进入到人们的实际生活中。"（《支那思想と日本》，东京：岩波书店，1938 年，第 161 页）

② 《童子问》卷中，第 65 章，第 236 页。按，文中所谓"天学"即指天主教，德川朝对此采取的是极严厉的禁教政策，故任何与"天学"有染者无疑要冒极大的政治风险。仁斋将"今讲理学者"与"近世讲天学者"进行比附，用心不可谓不毒。

③ 关于日本型"中华意识"在德川时代的萌发及其发展，参见桂岛宣弘：《思想史の十九世纪——"他者"としての德川日本》，第 7 章"'华夷'思想の解体と国学的'自己'像の生成"，东京：ぺりかん社，1999 年，第 165—192 页。

　　正是在上述种种社会与文化、政治与思想交错运作的背景中，以素行、仁斋、徂徕为代表的古学派德川儒者对宋明儒学敢于大胆质疑，认为只有"返本"至原典儒家，才能杜绝宋儒对日本的精神污染，才能使圣人之道重现于东土。但有一点切不可忘记，德川的这股复古思潮绝不是企图重返上古中国，而是假借中国圣人之言，以证明当代日本恰与古圣人的理想社会若合符契，相反，秦汉以后以郡县代封建、以法律代礼乐 ① 的中国倒是与古代圣人之道渐行渐远，而不该是日本应走的道路。

　　由此我们或可说，自德川早中期始，与"反朱子学"同时并进的是德川儒学已开启了"去中心化" ② 与"再日本化"的进程。尽管仁斋自身对此是否已有清醒意识尚可存疑，但他的复古心态显然与其"现世心态"是重叠的，其"现世心态"不唯表现为不满于德川社会的道德状况，而且对"后世文人（引者按，指日本文人）动以经济藉其口"，追逐于"古今成败、制度沿革、区区史传故事"的书本知识之间，而根本忘记了"经济以道德为本" ③ 的儒家教诲，故复兴儒学以便为改造日本社会之用，便成了他的自觉使命；然而，若就其复原儒学古义的理论效应看，无疑地，与孔孟儒学虽形似却神离，与宋明儒学的义理方向更是相去甚远。

　　总而言之，仁斋学的出现绝非偶然，自有其本土思想的机缘运会为之暗中支持，只是其自身或有所不知而已。但从客观上看，仁斋学对儒学的再诠释无疑对推动儒学本土化，将孔孟之道的普遍性落实为符合日本风土的具体性起到了鼓动作用。其后出现的徂徕学虽不满于仁斋学，以为其思想不仅未脱宋学臭味，而且其批判朱子也往往不得要领，不过在回归原典、重现古义、颠覆形上学

---

　　① 按，徂徕就曾感叹秦汉以来"以郡县代封建，以法律代礼乐"（《復水神童》第 2 书，《徂徕集》卷二十四，东京：ぺりかん社，1985 年，第 258 页）的制度安排已然导致经术与吏治、文史与武士的割裂，而与中国形成鲜明对照的则是日本不但仍实行封建，而且文武结合的传统依然不失，故更接近古代中国圣人的时代，而圣人之道更有望在日本得以复兴。参见拙文：《道的"去形上化"——德川日本徂徕学建构政治化儒学的一项尝试》，《华东师范大学学报》2014 年第 1 期，第 38 页。

　　② 韩东育称之为"脱中心化"或"脱儒"，参见氏著：《从"脱儒"到"脱亚"——日本近世以来"去中心化"之思想过程》，台北：台湾大学出版中心，2009 年。

　　③ 《古學先生文集》卷五《同志會筆記》，《近世儒家文集集成》第 1 卷，第 113 页。

这一致思方向上，仁斋与徂徕毋宁是一条战线上的战友，预示日本儒学不再可能重蹈宋明儒的覆辙，而要坚决走日本特色的发展道路。在此意义上，我们有理由说仁斋学乃是德川早期儒学日本化的一个典型案例①，而这一案例又充分说明儒学在东亚文化发展过程中却有可能产生新的转化或生机。

①　从仁斋学的经典诠释及复古取向中读取出"儒学日本化"的意味，这在当今日本学界似已成常识，参见渡边浩：《近世日本社會と宋學》，"补论：伊藤仁斋·东涯——宋学批判と古义学"，东京：东京大学出版会，1985年；土田健次郎：《東アジアにおける朱子學の機能——普遍性と地域性》，《アジア地域文化學の構築》，京都：雄山阁，2006年。另有学者认为不宜用"儒学日本化"而应直接采用"日本儒学"一词，如仁斋学与徂徕学经由独特的儒家经典诠释而得以形成具有浓厚"日本性"色彩的日本儒学（泽井启一：《"記號"としての儒學》，东京：光芒社，2000年，第178页）。意谓仁斋学乃是"日本儒学"得以形成的标志之一。

第十二章　徂徕学对朱子形上学的颠覆

吴　震

前　言

日本德川幕府享保十三年戊申（1728）正月十九日，江户城内，漫天大雪，荻生徂徕（字茂卿，1666—1728）病重垂危，他留下的一番"临终"感言可谓前无古人后无来者：

> 海内第一流人物茂卿将殒命，天为使此世界银。[1]

徂徕以"海内第一流人物"自许，并且说上天为他的行将离世而感动得降下大雪，将世界大地披上银装，语气中透露出徂徕的狂放性格。

徂徕曾在回答学问之外有何爱好的提问时，这样说道：

> 余无他嗜玩，惟啮炒豆，而诋毁宇宙间人物而已。[2]

所谓"诋毁宇宙间人物"应当是徂徕的一句大实话，这一点从其思想的强

---

[1]　原念斋著、源了圆、前田勉译注：《先哲丛谈》卷六，"荻生徂徕"第20条，东京：平凡社，1994年"东洋文库"本，第290页。

[2]　同上，第288页。

烈批判性可以得到印证,徂徕除了孔子以外,孟子、程朱、陆王乃至日本的仁斋等一大批中日儒学史上的第一流人物均不在他的眼里,都是其思想的批判对象。可以说,徂徕学的批判性在"诋毁宇宙间人物"与"海内第一流人物"这两句自述中已经表露无遗。

不仅如此,徂徕还期望着中国"圣人"在日本重现,据徂徕二传弟子汤浅常山(1708—1781)《文会杂记》所载,徂徕平时常念叨一句话:

> 徂徕每自言:"熊泽之知,伊藤之行,加之以我之学,则东海始出一圣人。"[①]

"东海"这是古代中国对日本的一个称呼,熊泽即阳明学派中江藤树(1608—1648)的弟子熊泽蕃山(1619—1691),他的"经世论"在江户时代很出名,伊藤即古学派代表人物伊藤仁斋(1627—1705),以恢复儒学古义为一生事业。关于熊泽,徂徕所言不多,至于仁斋,则是徂徕中年以后的攻击对象,但他对此二人都表示了尊重,徂徕曾说熊泽和仁斋是德川之世百年来的两位"儒者巨擘",余者皆碌碌之辈。[②]可证上引汤浅常山之记述当非虚言。

其实,"圣人"概念在徂徕的心目中分量很重。按照他的历史观来判断,"圣人"产自中国,如尧舜禹汤文武周公,广义上还可包括伏羲、神农和黄帝,孔子因其诏述六经有功而亦可算是圣人。徂徕对圣人有一项严格定义:"圣者作者之称也。"[③]所谓"作者"盖谓圣人"制作礼乐"[④],据此,圣人必须是能为天下制定礼乐秩序的拥有君主地位的天子,故圣人又等同于"天子"[⑤],不仅如此,圣人制作礼乐须符合"天时",只有在"革命之秋"才可能实现[⑥]。因此,中国圣

---

① 《先哲叢談》卷六,"荻生徂徕"第20条,第288页。
② "盖百年来儒者巨擘,人才则熊泽,学问则仁斋。余子碌碌,未足数也。"(《徂徕集》卷二十三《與藪震庵》第4书,《近世儒家文集集成》第3卷,东京:ぺりかん社,1985年,第246页)
③ 《辨名》"圣"第1则,《日本思想大系》第36册《荻生徂徕》,东京:岩波书店,1973年,第216页。按,以下仅注篇名、条目及页码。又按,徂徕蹈袭的是《礼记·乐记》"作者之谓圣",又见《辨名》"圣"第1则。
④ 同上,第216页。
⑤ 荻生徂徕:《太平策》,《日本思想大系》第36册《荻生徂徕》,第448页。按,以下仅注篇名及页码。
⑥ 如徂徕所云:"制作礼乐,革命事,君子讳言之。……而孔颜之时,革命之秋也。……故孔子以制作礼乐告之。"(《論語徵》辛卷,今中宽司、奈良本辰也编:《荻生徂徕全集》第4卷,东京:みすず书房,1978年,第231页)"孔子时当革命之秋,孔子之道大行于天下,必改礼乐。"(《論語徵》壬卷,第303页)按,《論語徵》甲乙丙丁四卷收入《荻生徂徕全集》第3卷(东京:みすず书房,1975年),戊己庚辛壬癸六卷收入《荻生徂徕全集》第4卷,以下仅注卷数及页码。

人唯存在于上古"而今无圣人"①，至于日本则从未有过圣人，他说："东海不出圣人，西海不出圣人。"②然而，现在我们却得知徂徕心中其实渴望着"东海"有圣人重现于世。只是徂徕纵有冲天之豪气，尚不至于以"圣人"自许。

可是，若从学术立场出发，徂徕却坚信圣人之道在孔子之后的彼邦中国既已踏上日薄西山之一途，及至宋儒以降则已完全失传，甚至宋代大儒朱熹或者德川大儒仁斋都无以承担起重振圣人之道的大任，唯有他才有资格担此大任，这由其亲口所述可以为证：

> 呜呼，孔子没而千有余年，道至今日而始明焉，岂不佞之力哉！天之命之也。不佞藉此而死不朽矣！③

若与徂徕自许"海内第一流人物"合观，可以断言上述这句徂徕语不啻是说"孔子之后第一人"非他莫属，而且是上天赋予他的使命，他亦可借此而"永垂不朽"了。

至此，我们不禁会想：徂徕到底是何许人也？徂徕学究竟意味着什么？

一 问题由来："近代性"与"日本化"

在德川（1603—1868）思想史上，荻生徂徕可谓是一位尽领时代风骚的人物，没有他的存在，整个德川思想史将会索然无趣、褪色不少。而他的学说及其所开创的"蘐园学派"在享保年间（1716—1735）即已"风靡一世"，引起了"海内翕然，风靡云集，我邦艺文为之一新"的巨大反响。④然而与此同时，徂

---

① 《徂徕集》卷二十四《復水神童》第2书，《近世儒家文集集成》第3卷，第259页。按，《徂徕集》文献以下仅注卷数、篇名及页码。

② 荻生徂徕：《學則》，《日本思想大系》第36册《荻生徂徕》，第256页。按，以下仅注篇名、及页码。又按，这是徂徕《學則》开宗明义的第一句话，"西海"非指中国，而是指中国以西，显然徂徕所欲颠覆的是陆象山的普遍主义"圣人观"：东海西海有圣人出焉。但其中的中国中心主义的"西海"地理观念却为徂徕所取。

③ 《徂徕集拾遗》卷上《與縣次公書》第1书，《近世儒家文集集成》第3卷，第402—404页。

④ 江村北海（1713—1788）：《日本詩史》卷四，早稻田大学藏明和八年（1771）抄本，无页码。

徕学在德川中期直至幕末所引发的争议也从未中断过，甚至有一股"反徂徕学"的思潮出现。[1]原因之一或许在于徂徕"诋毁宇宙间人物"过甚，故其引发的反弹也就格外强烈[2]，但更重要的原因显然在于徂徕学的产生在德川思想史上意味着一场"事件"，甚至也是东亚儒学思想史上的一场"事件"[3]，因为徂徕学不仅是仁斋学的"反命题"，更是孟子学、朱子学的"反命题"[4]，所以说徂徕学的"事件性"不仅限于日本，也正由此，故有必要将徂徕学置于东亚儒学的视野中来加以审视和评估。

　　徂徕学在18世纪初诞生以来，对于德川儒学而言，从来就是一个热议话题，近代以后更是不寂寞。虽然在1790年由幕府推动的以尊崇朱子学为口号的"宽政异学之禁"中一度受到严厉打压，但在明治维新一切向西方看齐的近代化运动中，徂徕学的"近代性"很快被不少进步知识人重新发现，明治早期的启蒙思想家西周（1829—1897）和加藤弘之（1836—1916），还有明治晚期的山路爱山（1865—1917）《荻生徂徕》（1893）以及近代的"御用学者"井上哲次郎（1855—1944）《日本古学派之研究》（1902），都从徂徕学那里发现了近代西方思想特别是功利主义思想的因素，以此证明日本"近代化"是有本土思想资源的。直至1945年战后日本学界，这种探寻"近代性"思想根源的研究方式依然强势，例如徂徕学之研究大家今中宽司也将徂徕学的特质定位为功利主义，只是他将视角转向中国宋代，以为叶适和陈亮的功利主义可能与徂徕学具有某些亲缘性，构成了东亚形态的功利主义而并不尽同于西方近代的功利主义

------

　　① 按，小岛康敬《徂徕學と反徂徕學》一书罗列了24名学者的43部反徂徕学的著作（东京：ぺりかん社，1987年，第135—137页）。不过其中有一些遗漏，例如宇野明霞（1698—1745）的《論語考》便专驳《論語徵》，至谓徂徕为"孔子之罪人，先王之罪人，天下之罪人"（《論語考》卷二《為政》），参见《先哲叢談》卷七"宇野明霞"条，第383页。

　　② 江村北海《日本詩史》卷四："徂徕才大气豪，言多过激，故其行也骤，而其弊亦速。"

　　③ 参见子安宣邦：《"事件"としての徂徕學》，"序论：'事件'としての徂徕學への方法"及第二章"'事件'としての徂徕學"，东京：青土社，1990年。

　　④ 丸山真男明确指出："徂徕学是朱子学的反命题。"（氏著：《日本政治思想史研究》，东京：东京大学出版会，1952年，第115页）丸山弟子渡边浩则指出徂徕学几乎在所有方面都表现出"反"的倾向，例如他在历史观上是反进步、反成长；在经济上是反城市化、反市场经济；在社会观上是反自由、反平等、反启蒙；在政治上他则是彻头彻尾的反民主主义。这些"反近代的"各种因素，在徂徕学中得到奇妙的合一。参见渡边浩：《近世日本社會と宋學》，东京：东京大学出版会，1985年，第197页。须说明的是，在日语的背景中，"近代"一词包含中文"现代"一词的含义，"近代性"意同"现代性"。

形态。①

对于战后的日本思想史研究具有奠基作用的丸山真男（1914—1996）《日本政治思想史研究》②虽然其审视角度不同于近代西方的功利主义，但他认定徂徕为日本近代精神的先驱，是日本由近世（前近代）迈向近代的代表人物，故"近代性"恰恰是其研究的主要问题意识。丸山认为近代性思维的形成有两个主要指标：一是政治与道德由浑沦不分趋向分离的过程；一是由自然的秩序原理向人为的秩序观发生转化的过程（即秩序规范不再是自然之理所规定的而是人为的重建）。这两个分离过程意味着思想的重大转型，在德川思想史上主要就表现为朱子学的瓦解到徂徕学的确立。按照丸山的分析，徂徕学的"近代性"就表现为：朱子学的"规范与自然的连续性被一刀两断"，"治国平天下从修身齐家中独立出来另立门户，这样，朱子学的连续性思维在此已完全解体，一切都走向了独立化"。③对于丸山的这套徂徕学解释，子安宣邦不无严厉地指出，徂徕学的历史图像就这样被近代主义者丸山真男"虚构"了出来，直至战后的很长一段时期，人们毫不犹疑地用徂徕学来叙述日本近代思维的产生。④

可见，徂徕学几乎成了如何理解日本"近代性"问题的一个关键所在。须指出，徂徕学是否具有日本近代思维的萌芽等问题则有近代日本走过的那段曲折历史的背景因素在内，非本文所能深论。质言之，日本的"近代性"问题之实质其实是以西方为中心的"近代性"（即"现代性"）问题在日本社会的一种折射。就丸山的徂徕学研究而言，甚至"何谓近代"也不是他关注的核心，他所要努力寻求的是，在日本人的意识深处到底什么是"日本性的东西"（"日本的なもの"）成了明治以降近代化道路的阻碍因素，在他看来，日本的近代化甚至从来没有真正实现过。无疑，我们不能否认丸山的问题意识相当重要，他的徂徕

① 参见今中宽司：《徂徕學の史的研究》，第3章第1节"永嘉、永康學と徂徕の功利主義"，京都：思文阁，1992年，第253—263页。顺便指出，今中宽司也认为徂徕学存在"近代性"，他是从徂徕学"气质不可变"这一命题中发现的，参见该书第3章第2节"徂徕の氣質不變說とその近代性"，第266—279页。

② 按，丸山真男该书共由三章组成，其中有关徂徕学的两章完成于1940年至1944年之间，1952年结集出版。

③ 丸山真男：《日本政治思想史研究》，第115页；王中江译本，北京：生活·读书·新知三联书店，2000年，第74页。

④ 参见子安宣邦：《作为事件的徂徕学：思想史方法的再思考》，朱秋而译，《台大历史学报》第29期，2002年6月，第181—182页。

学研究仍有一定的典范意义，但问题在于经过他的解读之后，徂徕学已经不再是原来的徂徕学，而是经过他自己的"近代主义"的想象而重构起来的。当然从哲学诠释学的角度看，任何对经典文本的解读必然伴随着诠释者的"前见意识"，不可能达到解释结论的纯粹客观，在这个意义上说，丸山的徂徕学研究带有强烈的时代批判意识，因而其诠释结论也就带有其强烈的时代色彩，这一点是无可厚非的。但是就徂徕学研究而言，"近代性"问题的预设是否必要，确有反思的余地。

在当代日本的徂徕学研究领域，无论是赞成者还是批评者，人们都无法绕过丸山的徂徕研究。在众多的批评者当中，尾藤正英的看法具有代表性，他虽然也赞同儒学传入日本之后必然遇到"日本化"的问题，但是他反对由"近代主义"的视角来为徂徕学定位，他认为与其将徂徕思想放入由"封建"向"近代"挺进这一时间序列中加以定位，还不如转换我们审视问题的视角，将徂徕思想置于"由中国思想向日本思想发生变化"的历史进程中加以考察，更能真切地把握徂徕学的特质。[1] 另一位日本思想史研究家泽井启一对于上面提到的种种从日本近世当中努力寻找"近代性"的研究进行了批评，他认为丸山的徂徕研究之问题就在于其审视眼光仅仅集中在徂徕身上，而中国儒学（朱子学）则被置于视域之外，于是，"近代"的问题似乎只是日本的问题，而明治以降的近代日本的历史走向才是"东亚唯一的近代"而被"特权化"。[2] 为此，泽井主张应当把徂徕学置于"日本儒学"与"中国儒学"的交错背景中来考察，如此才能发现和理解儒学在日本"土着化"（意同"本土化"或"在地化"）过程中徂徕学所具有的意义。[3] 须注意的是，泽井特意指出"土着化"不同于"日本化"，因为在"日本化"这一概念中已经先预设一种"日本固有的东西"存在，然后外来文化都必然与此"同化"——即"日本化"。泽井认为这其实是一种"闭止域"（即

---

① 参见中村幸彦等编：《近世の思想——大東急紀念文庫公開講座講演錄》，大东急记念文库，1979年，第47—48页。转引自渡边浩：《近世日本社會と宋學》，第212—213页。按，"封建"乃是尾藤正英使用的重要概念，参见其代表著：《日本封建思想史研究——幕藩體制の原理と朱子學の思惟》，东京：青木书店，1961年。

② 泽井启一：《"記號"としての儒學》，东京：光芒社，2000年，第59页。

③ 参见同上，"前言"及第2章"徂徕學は近代的か——日本儒學における'近代性'をめぐって"，第7—14、49—73页。

"封闭性")的思维态度,是不可取的,而"土着化"则是指"东亚各地域共通的儒学渗透过程",这一过程本身就是"土着化"过程。[1]诚然,这种与日本"同化"的所谓"日本化"缺乏建设性和开放性,但是如果我们不以辞害意,在中国思想转入日本之后必发生思想转化这层意义上使用"日本化"恐怕也未尝不可,犹如佛教传入中国而有中国佛教,传入日本而有日本佛教一样,都是中国化和日本化的结果。泽井倡导使用的"日本儒学"其实就是"日本化"的儒学,在此场合,若使用"土着化儒学"反而不能显示出"日本儒学"的蕴涵。本文也正是在"日本化"的意义上,使用"日本儒学"这一概念,凡是日本历史上的儒者所建构的思想学说,都属于日本儒学的范围。

本文所关心的是,通过对后孔子时代的儒学理论进行全面批判而建构起来的所谓"徂徕学"对于我们理解德川思想乃至日本儒学究竟有何意义的问题。当然对这一问题的探讨有待本文的展开,但在进入正文之前,我们不妨将几句简单的结论揭示如下,以便在进入徂徕学的思想世界之前,有一条基本线索可供参考:

徂徕学的思想特质是:以回归孔子为口号,以批判宋儒为手段,以古言古义为依托,以制度重建为归趣。对其思想的历史定位不妨这样表述:徂徕学将山鹿素行、伊藤仁斋等着手推动的"儒学日本化"的事业全面提速,加快了中国思想转化为日本思想的历史进程,徂徕学对朱子学的公然挑战预示着德川思想的下一波新动向是在与中华文化一元论的对抗背景中,日本文化自负情结逐渐高涨乃至趋向膨胀。

二 "去形上化"与政治化

在丸山的徂徕学经典研究中有一个重要观点已广为人知,亦即他发现徂徕学的一个重要特质在于:不论是在"道"还是在"术"等层面上的问题都被徂徕做了一番政治化的解释,从而在根本上切断了道德与政治的连续性,在反对政治的道德化之同时,也反对道德的政治化[2],从而使其理论形态既与宋代理学完

---

① 参见泽井启一:《"記號"としての儒學》,第 11—12 页。
② 参见丸山真男:《日本政治思想史研究》,第 110、115 页。

全不同，也与清儒重考证辨伪的考据学不尽一致，在德川思想史上也不同于日本的朱子学或阳明学，呈现出非常独特的思想风格和强烈的批判精神，他所努力建构的其实是一种日本型的政治化儒学。而徂徕欲达成这项建构，他首先是从重新诠释儒学的"道"开始着手的。

（一）"道"即"安民之道"

> 孔子之道，先王之道也；先王之道，安天下之道也。[①]

这是享保二年（1717）徂徕在《辨道》一书中对"道"的一项重要定义，可以视为徂徕学的"哲学宣言"。徂徕对自己的这一重要见解有非常清醒的自我意识，享保六年（1721）他在一部政论性文献《太平策》中对自己的思想形成有过一段告白，原文为古日语，译成中文则大意如下："圣人之道即治天下国家之道也"，人们对此圣经之"本意"渐渐淡忘了，而我茂卿观察到世间的这种错误已经发生很久，故用心守执"圣经"的一言一句，以使圣经之"本意"不失，并将此验诸行事，如今"圣人之道"犹如在我之"掌心"一般。[②]此处"圣人之道"与"孔子之道""先王之道"同义，其含义为"治天下国家之道"，即"安天下之道"又叫作"安民之道"。在徂徕看来，"道"的这层含义便是儒家"圣经"之"本意"，重要的是，儒家经典的这一"本意"已经失传很久，要由他来接续承当。

然而仅以这段表述我们很难判断：徂徕是先有"圣人之道即治天下国家之道"的意识进而对儒家"圣经"的一字一句进行重新解读，还是先对儒家"圣经"做了一字一句的解读之后从而重新发现儒家"圣经"之"本意"原来就在于"安天下之道"。就徂徕对儒家经典的诠释结论来看，毋庸置疑，他的经典解释存在主观意识先行的明显特征，他的经典解释往往并不遵循文字训诂学的原则，其解释结论也往往与经典常识发生乖戾现象，以至于他所说的经典"本意"与其自身的观念立场纠缠在一起，带有浓厚的"徂徕学"印记。

我们不妨再来看几段极富"徂徕学"色彩的有关"道"的解释：

---

① 《辨道》第2条，《日本思想大系》第36册《荻生徂徕》，第200页。按，以下仅注篇名、条目及页码。
② 《太平策》，第448页。

六经即先王之道也。

道者统名也，举礼乐刑政凡先王所建者，合而命之也，非离礼乐刑政别有所谓道者也。

先王之道，先王所造也，非天地自然之道也。盖先王以聪明睿智之德，受天命，王天下，其心一以安天下为务，是以尽其心力，极其知巧，作为是道。使天下后世之人由是而行之，岂天地自然有之哉？

先王之道多端矣。……然要归于安天下已。

先王之道，古者谓之道术，礼乐是也。①

道者统名也，以有所由言之也。……辟诸人由道路以行，故谓之道。②

这几段有关"道"的论述都非常著名，大致是论徂徕者都不会错过的。综合起来看，徂徕之意大抵有六层意思：道在六经、道为统名、道为先王所造、道是多端的、道即道术、道犹道路。其中有一个核心义：道即"作为是道""作为"即"安天下"（意同"安民"）之意，故道"非天地自然之道"，强调"道"是人为创造的而非天地自然的安排。也正由此，所以"道"不是绝对唯一的，而是"多端"的——意谓道有多样性的呈现，犹如"道路"可以有各种不同途径，"道术"也有礼乐刑政等各种多样表现。

不用说，徂徕的上述观点显然是针对"后儒不察，乃以天理自然为道"③而发的，按其惯用说法，此处"后儒"应该包括程朱以及"近岁伊氏"（即伊藤仁斋），他认为宋儒有一个通病，就是"以天理自然为道"或者以为"圣人之道本然"。④徂徕的意识很明确，他要通过对道的重新诠释，对"自然""本然"意义

---

① 以上均见《辨道》，第200—206页。
② 《辨名》"道"第1则，第210页。
③ 《辨道》第5条，第201页。
④ 《辨道》第1条，第200页。

上的"道"来一个彻底颠覆，而强调"天理自然之道"或"本然"之道的思想观点正是程朱理学的哲学基础，因此徂徕的目的就在于从根本上动摇宋明时代出现的新儒学之根基。

所谓"自然"或"本然"，意谓"道"不是人力安排的、后天产生的，而是先天存在的、抽象超越的，"道"是秩序的象征，宇宙秩序包括人间秩序都是本然如此的，如同天道或天理是自然而然的而不由人为意识所操纵的一般。但是，徂徕要从根本上抽去"道"的这种先天性、抽象性、超越性，质言之，就是要"去形上化"——抽去"道"的形上性，将它重新放回它原本应该在的位置——礼乐制度之中。经过对"道"的这番意义转化，于是，"道"就成了一种后天的、人为的创造——而且只有先王才有资格创造，故徂徕断定："盖道者，尧舜所立。"①这就意味着在尧舜之前，"道"是没有的；在尧舜之后，人们所行之"道"都是"尧舜之道"——即圣人之道、先王之道，它具体存在于六经、礼乐及各种"道术"之中。在徂徕看来，他的这番有关"道"的重新发现是符合儒家"圣经"之"本意"的。

然而通观《辨道》一书，我们竟然没有发现他有任何经典文本上的依据来证成他的解释。我们只能在其《辨名》中，勉强地找到两条原始文献，一是孔安国"解《论语》"的一句话"道谓礼乐也"，一是孔安国"解《孝经》"的一句话"道者扶持万物也"。然而稍有经学史之常识的话，立即就会意识到这两句话虽然出自何晏《论语集解》以及孔传《古文孝经》，但是两书所引是否为孔安国语，是十分可疑的，特别是孔传孝经，已有定论认为是后人假托之作。然而徂徕根据其"古文辞学"方法论（详见后述），以为后世儒者之所以在"道"的问题上犯错，就是由于后世儒者大多"不识古文辞"，所以往往"以今言视古言"，而"圣人之道不明，职是之由"。②但问题是，徂徕自己在运用所谓的西汉以上"古文辞"之际，却往往不注意经书辨伪的工作，以上所引孔安国语，若由清代考据学家的眼光来审视，不免落为笑柄。不仅如此，徂徕也根本不在意朱熹及仁斋对《古文尚书》既已表明的怀疑态度，还是照样大量使用《古文尚书》来为其观点作奥援，甚至深信汉代以后的作品《孔子家语》为先秦孔门遗书，其中孔子语是

---

① 《辨名》"道"第 2 则，第 211 页。
② 《辨道》第 24 条，第 207 页。

千真万确的。这就让人怀疑他建立所谓的"古文辞学"之用意并不在于通过考据辨伪以重塑经典权威，而在于使之成为阐发自己思想以及批判宋儒的工具。

话再说回来，对徂徕而言，孔安国的"道谓礼乐""道者扶持万物"，与他的"非离礼乐刑政别有所谓道者也"以及道者即"道术"的诠释观点可谓若合符节，至于孔安国语是否为信史，则非徂徕所关心的问题。徂徕坚信"道"的唯一解释就是"安天下之道"，而孔子《论语》中的"道"之概念全部都是"安天下之道"的含义，更不可有其他任何解释。例如孔子有一句著名的话："天下有道，则礼乐征伐自天子出；天下无道，则礼乐征伐自诸侯出"（《论语·季氏》），其中的"道"若是指"安天下之道"，这样一来，孔子的话就变成了这样的意思：如果天下存在"先王之道"，那么礼乐征伐就应当由天子来制定，反之，则由诸侯来制定。换言之，若按徂徕对"道"即礼乐刑政的理解，所谓"天下有道，则礼乐征伐自天子出"，必须这样解释：即便天下依然存在礼乐征伐，天子也要制定礼乐征伐。对此我们就会有这样的疑惑：既然"天下有道"意味着"先王之道"安然无恙，而"先王之道"也就是"礼乐刑政"，那么"天子"又有何必要来重新制定"礼乐征伐"？显然，徂徕偏执于以"安民"释"道"而忽视"道"的秩序义，可能难以对《论语》中的"道"做出圆融的解释。

须指出的是，有关上引《论语·季氏》的那段孔子语，徂徕在《论语征》中并没有做出相关的解释，他完全越过了孔子此语，我们现在无从判断徂徕这样做的原因。[1]针对孔子所言"天下有道，丘不与易"（《论语·微子》），徂徕则有一个正面解释："天下有道，丘不与易，亦谓若使天下人君皆有道，则丘何必欲辅之变易风俗哉？朱注尽之矣。"并说："凡诸书'天下有道''邦有道''〔邦〕无道'，皆以人君言之，而所谓道，皆先王之道。"[2]这是说，"天下"专指"人君"之

---

[1] 按，徂徕《論語徵》并非章句注疏体，其对《论语》文句的处理常常出现跳跃的现象。土田健次郎指出：徂徕《論語徵》"与其说是持平中庸的注释书，毋宁说是一本议论之书。"相对而言，仁斋的"《论语古义》则是一本具备作为注释结构的经典注释书"（参见氏著：《伊藤东涯之〈论语〉研究》，张崑将编：《东亚论语学：韩日篇》，台北：台湾大学出版中心，2009年，第381页）。此说值得参考。

[2] 《論語徵》壬卷，第319页。按，"朱注"系指朱熹对该句的解释："先王之制，诸侯不得变礼乐，专征伐。"（《论语集注·季氏》）对此，徂徕表示了赞同，他所看重的显然是"先王之制"一语。但是徂徕可能没有注意到朱熹在此并未解释何谓"天下有道"，而朱熹思想中的"道"显然具有规范义、秩序义，例如朱熹曾说"天下有道"是"十分太平"而"天下无道"是"十分大乱"（黎靖德编：《朱子语类》〔以下简称《语类》〕卷四十四，北京：中华书局，1986年，第1142—1143页）。按，"邦有道""邦无道"，《论语》屡见，如《宪问》《卫灵公》《公治长》《泰伯》等。

天下，而"道"专指"先王之道"。于是，"天下有道"便是指人君的"先王之道"存而不失的状态，反之，便是丧失状态。这个解释与徂徕的"道"的政治化解释立场是一贯的。

要之，在徂徕，"道"是圣人人为制作的结果，是后天产生的，是政治秩序的表征，除此之外别无他义。然而在我们看来，如果抽去儒家所言"道"的先天性、超越性，仅留下后天义、人为义，那么我们将无法对先王之道得以成立的依据获得善解。

（二）"道"的非道德化

由上可见，"安民之道"或"安天下之道"乃是徂徕有关儒学"道"之解释的根本义，而"安民之道"作为"道术"层面上的定义，显然又具有后天人为义，由此，"道"的超越义、抽象义已被完全抽空。与此同时，徂徕还有一项重要工作是，他必须彻底颠覆宋儒以性释道、以理释性以及仁斋以德释道的观点，从而断绝"道"与"性""德"或"理"在观念上的抽象关联，由此也就杜绝了"道"的道德化解释的可能，从而为"道"的政治化解释奠定基础。他指出：

> 道也，非性亦非德。汉儒宋儒以为性，非也。仁斋先生以为德，亦非也。[1]

徂徕在此强调"性"或"德"不能用来规定"道"，其中涉及他对"性"及"德"的观点立场，这里暂不讨论，以免枝蔓。质言之，在徂徕，"道属先王"，属于政治层面或制度层面的外在问题，而"德属我"，属于私人层面的内在问题[2]，至于"性"则是"生之实"（又称"质"），属于自然生命层面的问题，所以"德"或"性"均与"道"在层次上完全不同。由此反显出徂徕已经将"道"完全外在化、政治化、制度化，在他看来，"先王之道"完全可以用来贯穿所有儒家经典

---

[1]　《論語徵》甲卷，第45页。

[2]　参见徂徕所言："夫道属先王，德属我。唯依于仁，而后道与我可得而合言。"（《辨名》"仁"第1则，第214页）当然，所谓外在内在，是我们的一个分析用语，而非徂徕的概念，在徂徕，他对孟子以后儒者喜欢争论仁义内外问题毋宁是非常讨厌的，参见《論語徵》辛卷，第244页等。

有关"道"的解释，以便杜绝将"道"诠释为人性之内在本质的任何可能。例如针对孔子的一句名言"人能弘道，非道弘人"，徂徕断然指出：

> 道者，先王之道也。道不虚行，必存乎人，孔子所以云尔者。……朱注以道体言，以性言，及"人外无道，道外无人"，皆混道德一之，非古义矣。①

这充分表明徂徕对"混道德为一"十分警惕，表面理由是"道德"一词不合"古义"，意谓孔子时代无此说法，然而究其实，徂徕所欲反对的是将"道"作道德化解释，如后所述，徂徕最为讨厌的便是宋儒满口"道德仁义，天理人欲"。

其实，当徂徕指出宋儒以道为性，在他的念头中，指的也许是宋儒的"性即理"这一命题，由于"道"在宋儒的语境中，几乎等同于"理""性"或"德"，因此"性即理"也就意味着道与性以及道与德的同一。然而正是在"理"的问题上，徂徕对宋儒的批判锋芒尤为锐利，在他看来，"理"只是一种抽象的说辞，这种抽象的"理"并不客观存在，其实质乃是一种主观的设定，是与人心分不开的，若此，则人的道德行为如为善为恶都可以己心之理作为依据，故而"理"就毫无准则可言。徂徕指出：

> 理者，事物皆自然有之。以我心推度之，而有外见其必当若是与必不可若是，是谓之理。凡人欲为善，亦见其理之可为而为之，欲为恶，亦见其理之可为而为之，皆我心见其可为而为之，故理者无定准者也。②

由第一句"理者，事物皆自然有之"来看，徂徕似乎并不至于全盘否定"理"的存在，尽管在他看来，先王孔子之道"言义而不言理"，但又不完全废理，所以"苟能执先王之义以推其理，则所见有定准而理得故也"。问题出在孟子身上，孟子与人好辩，"而欲言先王孔子之所不言者以喻人，故曰'理义之悦我心，犹刍豢之悦我口'，但其以义连言者，孔子之泽未斩耳"，意谓孟子之言理虽有过，

---

① 《論語徵》辛卷，第244—245页。按，"朱注"盖指朱熹《论语集注·卫灵公》："人外无道，道外无人。然人心有觉，而道体无为；故人能大其道，道不能大其人也。"
② 《辨名》"理气人欲"第1则，第244页。

然尚与"义"并言，故仍有孔子余味。更为严重者，及至宋儒"以理为第一义者"，而究其本质则在于"不师圣人而自用，是其所以失也"，意谓宋儒不师圣人而"师心自用"，其病根正在于宋儒所说的"理"只是一己之见而已。本来，从文字学上看，"理从玉从里，亦仓颉制字时，且以此便记忆耳"，别无深意，然而"老庄及宋儒皆主其所见，故喜言理耳"，可见"理"总是与"见"有瓜葛，容易沦为一种主观"意见"而不把圣人放在眼里。归结而言，错误之根源不在于"理"字本身而在于宋儒（包括老庄）往往容易以"见"为"理"。故徂徕一方面指出："要之，理岂容废乎？苟遵圣人之教，以礼义为之极，则理岂足以为病乎？"① 承认"理"字本身不容废，然而另一方面徂徕又经常表示一听到宋儒讲"理"便生"呕哕"：

> 世儒醉理，而道德仁义、天理人欲，冲口以发，不佞每闻之，便生呕哕。②

由上所述，我们并不知徂徕自己对"理"有何具体解释，其实，就在以上所引文献的出处《辨名》"理气人欲"第 1 则中，徂徕对"理"有过一句仅有两字的定义："夫理者事物皆有之，故理者，纤细者也。"这个解释显然是从"理从玉从里"这一文字定义而来，而在徂徕看来，任何事物都有"玉"有"里"，故"理者事物皆有之"。所以《易传》有"穷理"之说，但是《易传·说卦》"穷理"是专指"圣人之事，而凡人之所不能也"。至此我们大致已经明白，徂徕在理的问题上的核心观点无非是：理与道属于根本不同层次的存在，"道主行之，理主见之"③，道有实践义，而理是事物中非常纤细的条理或文理而已，所以理是千变万化、多种多样的，其本身并无"定准"之可言，也根本无法"穷尽"④，另一方面，徂徕最为反感的是宋儒之"理"过于独断主观，以一己之见来衡断是非，摆

---

① 以上均见《辨名》"理气人欲"第 1 则，第 244—245 页。

② 《徂徕集》卷二十二《与平子杉》第 3 书，第 235 页。按，"道德仁义"非宋儒所创，源自《礼记·曲礼》："道德仁义，非礼不成。"《礼记》此说不应为徂徕所反对，但若是出自宋儒之口，则徂徕必以为大谬矣。

③ 以上均见《辨名》"理气人欲"第 1 则，第 244、245 页。

④ 如："然天下之理，岂可穷尽乎哉？"（《辨名》"理气人欲"第 1 则，第 244 页）

出一副高高在上、压制他人的姿态，这是徂徕每生"呕哕"的原因。

总之，在徂徕的思想建构过程中，他对"道"所做的一番"去形上化"的工作很重要，与此同时，他对"理"尤其是宋儒的形上之"理"更要做一番彻底的颠覆，而他的这些工作都是为其建构政治化儒学奠定理论基础，倘若不然，则徂徕学无以立。

（三）"道"的历史性与普遍性

上面提到，徂徕要从根本上抽去"道"的先天性、抽象性、超越性，从而实现"道"的"去形上化"及政治化，质言之，徂徕的意图就是要对孟子以后直至宋儒以天道天理为绝对存在的"形而上学"来一个兜底翻。但这是否意味着徂徕对圣人之道的普遍性持全盘否定的态度，倘若答案为是，则圣人之道何以在后世仍有普遍效应？这就值得思考。就结论言，依徂徕，"道"尽管是圣人后天制作的，因而它不是抽象的超越，但这种后天制作的"道"所蕴含的规范意义却是普遍的，可以贯通古今，甚至具有超越于儒学一家私有的普遍性，而"圣人之道，万世可行"[1] 可谓是徂徕的一个标志性观点，如其曰：

> 夫吾所谓圣人者，古帝王也。圣人之道者，古帝王治天下之道也，孔子所传是也。秦汉已来，用法律治天下，而圣人之道无所用，唯儒者守之。……岂儒者之私有哉？[2]

这是说，圣人之道自孔子以后秦汉以下，由于社会制度以"法律"为重，从而使得圣人之道变得无用[3]，唯有儒家学者能守而勿失，但圣人之道不是"儒

---

[1] 《徂徕集》卷二十八《復安澹泊》第3书，第303页。

[2] 《徂徕集》卷十七《对问》，第499页。

[3] 徂徕对秦汉以下的中国社会制度有一个基本考察，指出："秦汉而下，以郡县代封建，以法律代礼乐。……而郡县之治凡百制度不与古同，而先王之道不可用。"（《徂徕集》卷二十四《復水神童》第2书，第258页）他感叹近世中国由于实行郡县、法律、科举这三样制度，所以导致经术与吏治、文士与武士的割裂，"至今不得而合焉"（同上，第259页），这才是徂徕为中国感到最可悲之事。而与中国形成鲜明对照的则是日本，日本乃是封建之国，而且文武之道结合得十分密切，故更为接近中国古圣人的时代，而圣人之道更有望在日本得以复兴。

者"之私产。既非儒家之私产，那么作为治天下的圣人之道就必然是公共的、普遍的。正是在这个意义上，所以徂徕强调"盖道者尧舜所立，万世因之"；然而"尧舜所立"——即"圣人制作"的道必表现为具体的礼乐制度，而制度不能是永恒不变的，所以徂徕又强调"然又有随时变易者，故一代圣人所更定，立以为道"，此处"一代圣人"，意谓每一代圣人，这是说圣人制作的"万世因之"之"道"是随着时代的变化而变化的，每个时代都有"圣人"所制定的与时相应的"道"。因此，"万世因之"是强调"道"的普遍性，而"随时变易"则是强调"道"的历史性，而两者之间并不排斥。也正由此，所以徂徕接着又强调一点："亦非必万世因之者为道之至，而随时更易者为次也。"① 所谓"道之至"，意谓道的终极状态。这是说，一方面"万世因之"的道并不意味着终极不变，另一方面"随时变易"的道也不意味着就是等而下之的"道"。

的确，一方面徂徕指出即便是圣人制作的礼乐制度，百年之后也必然"产生弊病"，"由此弊病必导致乱世"，夏商周分别长达六七八百年，而汉唐以来的朝代更替已缩短至不足三百年，此皆"制度不善之故"②，同时也说明制度不是永恒不变的；另一方面，徂徕又强调"天下国家之治，古今无异"③，"教无古今，道无古今，圣人之道亦即今日治国平天下之事矣"④。乍见之下，以上两种观点似乎互相矛盾，也就是说：随时变易的道不可能亘古不变，而贯通古今的道又不可能忽存忽亡。关于这一问题，日本学界早有探讨。⑤ 依吾之见，徂徕之意似乎并不难理解。要之，在徂徕，"道"既为圣人制定，就必然具有跨越时空、超越历史的普遍性，然而"道"之具体体现的礼乐制度却不是亘古不变的而是必然随时更易的，我们不能将礼乐制度也看作是"万世因之者"且以为之"道之至"，这样的礼乐制度是不存在的，故徂徕强调不能以"随时更易者为次也"。

---

① 以上见《辨道》"道"第 2 条，第 211 页。
② 以上见《太平策》，第 459 页。
③ 同上，第 448 页。
④ 《徂徕先生答问书》卷下，转引自衣笠安喜：《近世儒學思想史の研究》，东京：法政大学出版部，1976 年，第 142 页。
⑤ 例如丸山真男认为道的普遍性盖指道的制作者圣人的普遍性（参见《日本政治思想史研究》，第 84 页以下）；前田一良认为道的普遍性盖指礼乐制度的原则具有不变性和普遍性（参见氏著：《徂徕學》，《日本史研究》第 4、6 号）；衣笠安喜则认为道的普遍性表现为两个方面：一是指圣人具有超历史性的权威性，一是指圣人制作的内容广泛性所规定的普遍性（参见《近世儒學思想史の研究》，第 142—143 页）。

换言之，由于道是贯通古今的，故"道无古今""圣人之道"也能适用于治理当今之世，然而礼乐制度则必然是随时损益的，只是礼乐所蕴含的"道"是不变的。也正由此，所以圣人之道是可以期望的，是可以通过我们的努力来实现的，但这并不意味着可以照搬照抄圣人的礼乐制度而一成不变。质言之，徂徕所认同的圣人之道其实是一种具体的普遍性而非抽象的普遍性，因此"道"既是普遍的又是历史的，这才是徂徕"道论"之根本特质。

如果说以上所论大多依据徂徕的"哲学"作品而未免有点抽象，那么，现在我们就将讨论的场景具体设定为当时的中国和日本，来思考一个问题：中国的圣人之道对日本是否具有普遍意义？诚然，当徂徕关注于儒家经典诠释时，这个问题并不突出，但是在他的政治生活中[①]，他却不得不思考并回应这个问题。因此，我们也将相应地选择一篇徂徕的政论性文章——即《太平策》来作为涉入该问题的有效途径。[②] 该文撰述于享保六年（1721），是徂徕为向当时的将军吉宗建言而作，是一部在徂徕作品中少见的日语著述。其中所凸显的徂徕的审视方法是将中国与日本重叠起来，徂徕在文中主要强调了两个观点：一是向吉宗强调学习中国古代"圣人之道"的重要性，主张为政应以"圣人之道为规矩准绳"[③]，一是强调指出作为"道"之体现的礼乐制度具有历史具体性，故必须因地制宜、随时更易[④]。

首先，徂徕意识到当时日本有一种错误观点认为日本有自己的"道"，而中国"圣人之道"很难在日本加以运用，他说：

> 吾国另有吾国之道，武士有武士之道，此是与国土相应之道也。异国圣人之道，因国土风俗之不同，故难以适用于吾国，只可随其用而取之，

---

① 徂徕一生有过两次参与幕府政治的经历，分别为1696年至1709年的14年间以及1716年至1728年的13年间，历时不算短，官至年俸五百万石。

② 日本学界一直存在《太平策》伪作说，丸山真男《〈太平策〉考》（《日本思想大系》第36册《荻生徂徕》）则推翻了这个说法。平石直昭在丸山考证的基础上，断定《太平策》乃是"徂徕真作"（《荻生徂徕年谱考》，东京：平凡社，1984年，第239页），而且确定该篇的著述以及上呈的年月为享保六年八、九月之交（第236页）。笔者不具备相关的考据学知识，故不能对上述考证赞一词，唯有采取"借用"的策略。

③ 《太平策》，第474页。

④ 同上，第459页。

以为此方之助，未可勉强尽学之也。①

这是以"国土""风俗"为由，认为"异国"的圣人之道不能普遍适用于"吾国"日本。这种"国土"论及"风俗"论在德川早期的阳明学派中江藤树及其弟子熊泽蕃山主张的"时处位"论及"水土"论当中已有端倪可见，说明徂徕所述并非空穴来风，这是一种典型的"日本特殊论"，此当别论。② 问题是，如果以这种"国土"论、"风俗"论为是，那么徂徕念兹在兹的所谓"圣人之道"由于只是历史上的存在而且是遥远"异国"之"道"，与"吾国"日本不相关，退一步说，即便就实用的角度加以援用，也只能起外缘性的"助益"作用而已，因此对于"吾国"日本来说，这种圣人之道是不必一一照样学习的。

对此，徂徕做了这样的回应：

> 上之人若无学问，不知圣人之道，则世界早衰，及至末也，权势下移，犹如以手防大海，上之权威必渐趋薄弱，致乱则速矣。如今此类征兆已现。若止记得建国之初至今的治世之过程，而以为在圣人之道以外，另有与国土相应的武士道，则此毕竟是不文③之过，出于习染风俗之心以思之结果，此犹类乡下人之见都市而难以有得于心也。④

---

① 《太平策》，第450—451页。

② 参见中江藤树《翁问答》"仕置の學問"，熊泽蕃山《集義外書》卷十六《水土解》。类似的思想言论在当时的山鹿素行（1622—1685）《中朝事实》以及稍后的西川如见（1648—1724）《水土解辨》中亦屡屡出现。不过须指出，不论是藤树还是蕃山，他们的思想立场仍是儒学普遍主义，并相信日本与中国在文化上有同质性，参见宫崎道生：《熊澤蕃山の研究》，京都：思文阁，1989年，第162页。其实在20世纪初，就有一种观点认为在德川前期思想史上强调日本思想的特殊性毋宁是少数现象而并非主流观点，参见津田左右吉：《蕃山・益軒》，东京：岩波书店，1938年，第213—214页。

③ 按，"不文"一词有特别含义，承上文："虽吾国为小国，而且是不文之国，但与异国相比，却是格外易治之国也。"（《太平策》，第453页）可见，"不文"意谓缺乏文化制度。

④ 《太平策》，第451页。按，这段文字很重要，为慎重起见，将日语原文揭示如下："上ナル人ニ学問ナク、聖人ノ道ヲシラザレバ、世界早ク老衰シテ、末々ニ至リテハ、権勢下ニ移リ、大海ヲ手ニテ防グ如クニナリテ、上ノ威力次第ニ薄クナリユキ、乱ヲ醸スコト速ナリ。ソノ萌今已ニ見エ侍ル。シカルヲ国初ヨリ今マデ治リ来リタル筋ヲノミ覚ヘテ、聖人ノ道ノ外ニ、別ニ国土相応ノ武士道アリトイヘル、畢竟是モ不文ノ過ニテ、今ノ習俗ニ馴染リタル心ヨリ料簡スルユヘ、田舎人ノ都ノコトヲ会得セヌ類ナルベシ。"

这段译文虽然大意不差，但总觉得有些别扭。译成现代话来说，徂徕之意在于指出（略做删节）：作为最上层的统治者如果没有学问而又不了解圣人之道的话，那么他所治下的世界恐怕就会迅速衰亡，发生权势下移、威严渐失的现象，以致乱世将至，今已略见此端倪。在此情形之下，仍然固执于德川建国以来的治国之道，以为在圣人之道之外，另有所谓与"国土"相应的武士道，这就不免是缺乏文化素养而犯的过错，是为习俗所熏染的固执之见，就好比乡下人到了城市也不能了解城市一般。

看得出，徂徕有一种敢于直谏的勇气，这可能也是他敢于"诋毁宇宙间人物"的表现之一，他竟敢对依靠武力建国的德川幕府赖以维系统治的"武士"制度说三道四，不得不令人惊异。① 更重要的是，徂徕强调圣人之道是治理天下的关键，"吾国"日本不能因为自己有所谓的"武士道"便以为可以用来拒斥圣人之道，也不能以风土习俗不同为由而将圣人之道挡之门外。显然，徂徕在圣人之道的问题上是一位普遍主义者，他认为圣人之道是可以超越时空而适用于当下日本的。

如果说以上徂徕所论不免给人以抽象的印象，那么我们不妨再稍微涉入《太平策》的内容深处，来看一下徂徕讨论具体的"制度重建"（日文作"制度ヲ立替ル"）的一个问题："圣人井田之法"。他认为井田之法也是圣人制作的，其妙处在于可以使"万民归土"（日文表述为"土着"——"在着于土"），而这是"王道之本"，但在日本的场合，具体做法是首先对江户城内的"町人"（即城市居民，主要为商业手工业者）做一甄别，十年以前来的町人可以给他们永久居住权，对于近十年新来的町人则通知原住地的藩主，领他们各自返回故乡②，为何这么做，徂徕有大段论述，此不细述③。关于徂徕的这个设想，丸山真男指出此设想是将井田制视作"圣人之道"而欲加以普遍化的一种努力④，这个分析

---

① 其实，徂徕在该篇文章中对神道教也有所批评，特别是针对关乎神道教之命脉的所谓"三种神器"说（即八尺镜、天丛云剑、八坂琼曲玉，简称镜剑玉），断然指出此乃"出自后世传说之误，上代之世无此说"（《太平策》，第 451 页）。

② 以上见《太平策》，第 478—479 页。

③ 享保七年（1722）即完成《太平策》之次年，徂徕又有《政谈》（《日本思想大系》第 36 册《荻生徂徕》）之作，也是为上书吉宗而作，其中对"诸事制度"如何重建等问题有更具体的讨论，此处不赘。

④ 《太平策》，第 479—480 页。

是不错的。这说明除了礼乐制度以外，徂徕认为井田制等具体的社会经济制度也体现出圣人之道的普遍性，是可以在异域日本活学活用的。尽管事实上，井田制与德川日本的藩主制农业经济传统不相吻合，与当时日本随着城市商品经济的发达，人口从农村流向城市这一元禄享保期（1688—1735）的社会大趋势也不相符，但是徂徕仍以为井田制体现了圣人之道的普遍性，这就值得引起我们的关注。只是没有迹象表明徂徕的政治建言得到了实施，故徂徕徒有满腹经纶，最终他也不得不哀叹在"一切武断"的幕府体制下自己只是一介文儒的"陪臣"而难有用武之地。[①] 由此可说，徂徕以颠覆理学化儒学为手段而欲建构政治化儒学的尝试在现实政治生活中终究不免处处碰壁。

　　总之，我们不妨对徂徕思想的"道"论做如下几点归纳：（1）徂徕通过对"道即安民之道"这一新诠释，以推翻"道"的形上性和抽象性，并对宋代理学形上学做了彻底的方向性扭转。（2）在对"道"进行"去形上化"之同时，徂徕通过其独特的经典诠释，对"道"做了一番政治化、非道德化的诠释工作，从而凸显出徂徕学反对政治道德化的思想特色，完成了对政治与道德的连续性的切割。由此可说，徂徕学的旨趣在于建构日本型"政治化儒学"，尽管他的建构是否成功可以另当别论。（3）对于以"国土有别""风俗有异"的文化特殊论为由来排斥圣人之道的观点，徂徕也表示了反对，他坚持"道"的普遍性，认为中国的"圣人之道"所展现的礼乐制度在成就人之德的意义上具有普遍适用性。（4）与此同时，他又坚持认为即便是圣人安排的文化制度也应随时变易，这条法则同样适用于当时日本的幕府政治，这就突出了"道"的历史性和多样性，使得徂徕学的"道论"具有了具体普遍性之特征。（5）正是基于"道"既是普遍的又是历

---

　　①　这是徂徕对德川政治状况的一个判断，在这样的状态下，"文儒之职"的儒臣只是"备顾问"的虚职，故唯有修儒家"三不巧之说""以古为徒"，埋首历史，"于史之外"并无任何有武之地（《徂徕集》卷二十七《與縣云洞》第2书，第286—287页；《徂徕集》卷二十三《與藪震庵》第10书，第251—252页）。按，德川政权以"武威"建国，乃是史学界之常识，有学者认为德川日本的国家性质可以"兵营国家"来概括，值得重视（前田勉：《兵學と朱子學・蘭學・国學——近世日本思想史の構圖》，东京：平凡社，2006年，第188页）。据载，日本历史上直接参与幕府朝政的"儒者"唯有四人，而在德川朝则只有两人（大田锦城：《梧窗漫筆》，转引自渡边浩：《近世日本社會と宋學》，第186页）。其中之一是徂徕的政治对手新井白石（1657—1725），他是第六代将军家宣推行"正德之治"的策划者之一，然其政策得以施行者仅"十分之一"，其成就远远不如参与冈山藩政改革的熊泽蕃山（南川维迁：《閒散餘錄》卷上，"熊澤息遊軒"条，明和七年［1770］序，www2s.biglobe.ne.jp/~Taiju/1782_kansan_yoroku_2.htm.）。

史的这一观念，所以徂徕坚持认为一方面圣人是一历史概念，唯产生于上古中国，任何人再怎样通过道德努力也不可能成就圣人，但是另一方面"圣人之道"又可超越经典的范围及地理的局限，成为后人的学习榜样、政治典范，而且同样可以在德川社会加以变通运用。

三　"以古言征古义"的诠释法

上面提到，徂徕认为后孔子时代的儒者之所以不识"道"，原因在于他们"不识古文辞"，往往"以今言视古言"。其实，这一判断透露出徂徕学有一个重要的方法论立场：欲理解儒家经典，须先识古文辞，欲了解古义，须先把握古言。因此，徂徕在方法论上强调"以汉语会汉语""以古言征古义"。我们知道，在历史上，徂徕学提倡以"古文辞"作为解经的重要方法，故其学又有"古文辞学"之称，然其思想旨意在于通过"古言"以发现儒家经典中的"古义"，这与早徂徕一辈的伊藤仁斋倡言恢复儒学"古义"相似，故又有"古学"之称，同称为"古学派"。

（一）古文辞学的发现

徂徕关于"古文辞学"有一特殊的领悟经历，对此他非常得意，时常向人提起。经过大致是这样的：在其40岁左右，徂徕自称他"藉天之宠灵"[1]，忽然与明代"后七子"的两位代表人物李攀龙（1514—1570）、王世贞（1526—1590）的著作相遇，意外发现他们的文章才是真正的古文，徂徕以为掌握了这门学问，就能与古人直接对话，直入古典之堂奥，所以徂徕中年以后就发誓不读西汉以下文。他说：

> 不佞从幼守宋儒传注，崇奉有年，积习所锢，亦不自觉其非矣。藉天之宠灵，暨中年得二公（引者按，指李王）之业（书）以读之，其初亦苦难

---

[1] 《辨道》第1条，第200页。按，据徂徕自述，他根据"古文辞学"阐发为《辨道》就是为报答"天之宠灵"。

入焉。盖二公之文，资诸古辞，故不熟古书者，不能以读之，古书之辞，传注不能解者，二公发诸行文之际涣如也，不复须训诂。盖古文辞之学，岂徒读已邪，亦必求出诸其手指焉，能出诸其手指，而古书犹吾之口自出焉，夫然后直与古人相揖一堂上，不用绍介焉。……岂不愉快哉！①

何谓"古辞"呢，"辞"就是六经的一套语言系统、言说系统，意思接近徂徕常说的"古言"。"辞"的基本定义是："凡言之成文，谓之辞。"②可见，辞与"文"有关而非仅指字句。而"文"在徂徕那里，又是一个关键词，他引用《易·系辞下传》"物相杂，故曰文"之说，指出：

> 夫圣人之道曰文，"文者物相杂"之名，岂言语之所能尽哉？故古之能言者文，以其象于道也，以其所包者广也，君子何用明畅备悉为也。故孔子尝曰"默而识之"，为道之文不可以言语解故也。孟子而下，此道泯焉，务欲以言语尽乎道也，以聒争于不知者之前焉。③

> 古者道谓之文，礼乐之谓也。"物相杂曰文"，岂一言所能尽哉？……文者道也，礼乐也。④

可见，"文"是一个内涵非常丰富的概念，甚至可以涵指"道"以及礼乐文化制度。这表明在徂徕的理解中，"文"指向的是承载着"道"的整个"物"世界，显然不是"文字"所能限定的，而是内含"先王之道"的礼乐世界——即文化世界。⑤ 正是这样的"文"，可以"象道"——即"道"的具体象征，而其包容性极

---

① 《徂徕集》卷二十七《答屈景山》第 1 书，第 295 页。
② 《論語徵》辛卷，第 252 页。
③ 同上。
④ 《辨道》第 17 条，第 205 页。
⑤ 关于"文"的广泛性，徂徕又言："盖孔子之道，即先王之道也，先王之道，先王为安民立之。故其道有仁焉者，有智焉者，有义焉者，有勇焉者，……有礼焉者，有乐焉者，有兵焉，有刑焉，制度云为，不可以一尽焉，纷杂乎不可得而究焉，故命之曰文。"（《論語徵》乙卷，第 179—180 页）此处"文"是指圣人制作的一套"制度"，即文化制度。

其"广大",语言也不能穷尽此"道"。另一方面,"辞"又有动词义,即言说的含义,如孔子"死生有命"一语,徂徕释曰"言其不可辞"①,意谓不可言说。

要之,"辞"是理解六经的关键,因为"夫六经,辞也,而法具在焉"。只是孔子至西汉古文辞虽存,但降至东汉魏晋六朝以后遂致"辞弊而法病",唐代韩柳虽有古文运动之举,然已背离"文章之道",宋以后则仅知"议论","纵横驰骋,肆心所之,故恶法之束也,况辞乎"。②因此,对于我们来说,重要的是由古文辞进而掌握六经的"物与名","物与名合,而后训诂始明,六经可得而言焉"③。以上便是徂徕所谓的"古文辞学"的主要思路。具体而言,古文辞主要指西汉以前的古言及古义所构成的一套成文系统,主要以儒家六经为载体,亦含其他诸子如《荀子》及史书如《史记》等在内,在这套古文辞学当中,存在圣人之道,所以借由古文辞学的方法就可重新把握圣人之道。

然须注意的是,上引"训诂始明"云云或令我们联想起清代考据学家们津津乐道的"训诂明而义理明"的主张,似乎徂徕与清儒心有灵犀,都在强调"训诂"是通向义理的前提。不过,若将上引徂徕的自述与其所说的"物与名合,训诂始明"比照合观,我们会发现徂徕强调的重点在于"辞",掌握了古文辞,就连"传注"及"训诂"都不需要,这是徂徕经常透露的一个观点。细按徂徕之意,其实训诂落在了"物与名"之后,把握"物与名"才是与古人直接对话的先决条件。正如徂徕所言"夫六经,物也,道具存焉"④,显然,"物"又比"名"更重要,故他喜欢这样说:"故吾退而求诸六经,唯其物","故君子必论世,亦唯物。"⑤至于"物",徂徕有一定义:"物者,教之条件也。"⑥具体是指《周礼》的"乡三物":六德、六行、六艺;及其乡射礼:"乡射五物"(和,容,主皮,和容,兴舞)。实际上也就是"事"而非指自然界的客观物。而有其"物"必有其"名",亦即各种名物制度的具体称谓,它们都存在于古文辞中。归结而言,在徂徕的那套古文辞学中,核心概念有三:"辞""文""物"。相对而言,"传注""训

① 《論語徵》己卷,第 136 页。
② 以上见《徂徕集》卷二十七《答屈景山》第 1 书,第 294—295 页。
③ 《辨道》第 1 条,第 200 页。
④ 《學則》第 3 条,第 257 页。
⑤ 分别见《學則》第 3 条、第 4 条,第 257 页。
⑥ 《辨名》"物",第 253 页。

诂"则等而次之，并非是掌握圣人之道的必要条件。

总之，习古文辞以把握名物，再由名物而把握其中的"道"，在此过程中，传注、训诂就自然不言而明。可见，徂徕并不像清儒那样将训诂置于义理的另一极，更没有由字通词、由词明道 ① 的明确意识，所以有学者指出徂徕学尚未达到考据学的阶段 ②，或有一定道理，的确，徂徕所谓的古文辞学与清儒重文字学、音韵学、训诂学在旨趣上是不同的。这是因为徂徕作为日本儒者，他有自己的问题关怀，例如他想要解决的一个首要问题便是如何将中日语言打通为一，从而建立一种"译学"，进而实现更远大的目标："合古今而一之，是吾古文辞学。" ③ 而"古文辞学"只是徂徕诠释中国经典以建构其思想理论的一种方法手段。

（二）以汉语会汉语

不用说，对徂徕而言，中文是一门外语，故阅读中国典籍首先须通过语言关，然而根据他阅读中国古书的一个经验之谈，他的古汉语完全是无师自通的，表明他似乎有非同寻常的语言天赋：

> 记予侍先大夫，七八岁时，先大夫命予录其日间行事，或朝府，或客来，说何事，作何事，及风雨阴晴，家人琐细事，皆录，每夜临卧，必口授笔受，予十一二时，既能自读书，未尝受句读，盖由此故。……少小耳目所熟，故随读便解，不烦讲说耳。 ④

盖谓徂徕七八岁时就能写字，十一二岁时，在从未受过"句读"训练的情况下，便能自己"读书"且"随读便解"，无须旁人指点，也不依赖他人"讲说"。此

---

① 如戴震（1723—1777）："由字以通其词，由词以通其道。"（《东原文集》卷九《与是仲明论学书》，《戴震全书》第 6 册，合肥：黄山书社，1995 年，第 370 页）

② 参见赖惟勤：《徂徕門弟以後の經學說の性格》，《日本思想大系》第 37 册《徂徕學派》，东京：岩波书店，1972 年，第 574 页。

③ 《徂徕集》卷十九《譯文筌蹄題言十則》，第 198 页。

④ 同上，第 196 页。按，《譯文筌蹄》约草定于徂徕 36 岁元禄五年（1692），是一部用当时通俗日语对古汉语进行解释的一部辞典，重点在于对中日语言的同训异义现象进行解说，共收入 1675 个汉字，全书初编共 6 卷，于正德元年（1711）刊行，后编 3 卷则刊行于宽文八年（1796），卷首所附《題言十則》则是对编纂该书的宗旨进行说明，约草定于徂徕 49 岁正德五年（1715）。

处"句读"特指日本的一种阅读汉籍的训读法,又称"和训"——即依日语名词在前动词在后的语序,将汉语的语序颠倒过来读,徂徕贬称其为"和训回环之读"①,这是当时日本人阅读汉籍的一种主要手法。然而徂徕却完全不受此拘限便能自由地阅读汉籍,据其自述,这是得益于"少小"时,其父对他的"口授笔受"。对于徂徕这番自述,我们似乎没有理由质疑,因为通过自学而掌握一门外语并非绝对不可能。但是徂徕根据他的经验,归结出直接"以汉语会汉语"的读书法(徂徕称之为"学问之法"),与他在经典解释学上主张"以古言征古义"的方法配套,这就值得关注。

徂徕晚年在《译文筌蹄题言十则》中,就如何做学问总结出一套方法论原则,他指出他特别厌恶"讲说"——即指听人讲解汉书,以为"讲说"有"十害"而无一利,由此"十害"还将引发"百弊",其病根在于"贵耳贱目,废读务听",为断绝此类弊害,所以徂徕竭力主张直接读书,他引以为自豪的"最上乘"的学习方法是:

> 故予尝为蒙生定学问之法,先为崎阳之学②,教以俗语,诵以华音,译以此方俚语,绝不作和训回环之读,始以零细者二字三字为句,后使读成书者,崎阳之学既成,乃始得为中华人,而后稍稍读经子史集四部书,势如破竹,是最上乘也。③

这是说从学中文发音开始,而且是中文口语的发音,杜绝使用"和训回环"的方法,如果掌握了读音,便可成为"中华人",然后读"经史子集"四部书,积少成多,最后就能达到读汉书"势如破竹"的上乘境地。只是由于在语言学上看,

---

① 何谓"和训回环"呢?举例来说,《论语》"过则勿惮改",和训读法是:"過まてば改むるに憚ること勿れ",徂徕主张应当用中文发音直读:"コウツエホダンカイ。"这是用日语读音来标注中文读音。说穿了,好比说若要研究康德就须读康德的德文原著一样,从当代学术角度看,似乎并不足为奇。然而在17世纪德川日本的社会背景中,对于徂徕的主张"人乍闻之,莫不惊骇"(《徂徕集》卷十九《譯文筌蹄题言十则》,第194页)。然而方法只是一种工具理性,最终目标不是真地成为"中华人"而是为了洞穿中国文化的优劣,至少就徂徕而言,他有这样的雄心。

② "崎阳之学"是对当时长崎"唐通事"(中文翻译官)的译学的一种称呼,又称"唐话"或"唐音之学","崎阳"即长崎别名。

③ 《徂徕集》卷十九《譯文筌蹄题言十则》,第195页。

"中国语又简而文，此方语又冗而俚"，以日本的"冗而俚"之语言去对应中国的"简而文"的语言终究存在局限，"故译语之力终有所不及者存矣，译以为筌，为是故也"。① 可见，"译"只是一种"筌"，按照"得鱼忘筌"之说，"筌"最终是要忘却的，因此"译"只是理解中国语言的一种方便法门，重要的是通过直接把握中国的古文辞学才能掌握圣人之道。

除了"最上乘"法之外，徂徕为身处穷乡僻壤而无缘接触"崎阳之学"者又设定了"第二等法"，具体内容，此不繁引。有趣的是，徂徕对此"第二等法"也寄予很高期望，一开始允许诸生借用和训来读四书五经及小学、孝经、文选之类书籍，然后令读《史记》《汉书》"各二三遍"，而后"便禁其一有和训者不得经目，授以温公《资治通鉴》类无和训者，读之一遍，何书不可读，然后始得为中华诸生"，原来，即便按照"第二等法"读书，最终也能成为"中华诸生"。在此过程中，重要的是必须记住"读书欲远离和训，此则真正读书法"②。如果说"最上乘"读书法的适应对象是以业儒为志向的年轻学子，那么从研究的角度看，将他们培养成"中华诸生"似乎还可理解，然而对于那些边缘地区的"寒乡"出身的人来说，也以同样的标准来要求，则日本读书人岂非全部成了"中华人"？其实，徂徕之意无非是说，在读书能力上培养成如同"中华诸生"一般的超强技能，由此就能直捣中华典籍的巢穴，以中华人一样的语言能力同中华人进行对话——主要是经典对话。

表面看来，徂徕提倡的这套以摈除"和训"而主张"直读"汉籍为特色的"学问之法"有点高深莫测，然而在当时特别是在其创立的"蘐园学社"中影响却非常广泛，以至于形成了一种风气：评品文章概以是否有"倭气"为标准，学问素养的高深概以能否"通唐音"为准则。例如徂徕曾批评仁斋"未免倭训读字"③，又如徂徕门下有位并不擅长中国古文辞的弟子平野金华（1688—1732）的一部汉语著作《金华稿删》便遭人非议，理由是其中"有倭字，有倭句，有倭气，用古每谬，自运多妄"④。另据雨森芳洲（1668—1755）《橘窗茶话》的记载，他年

---

① 《徂徕集》卷十九《譯文筌蹄題言十則》，第 198 页。
② 同上，第 196 页。
③ 《論語徵》庚卷，第 180 页。
④ 宇野明霞（1698—1745）：《明公四序評》（1772 年刊）附《彈金華稿删》，转引自《先哲叢談》卷七，"平野精華"第 8 条，第 361—362 页。

轻时听说朱舜水弟子今井弘济（1652—1689）"深通唐音"，心慕不已，便向弘济弟子打听弘济"读书专用唐音耶？"得到的回答是"固用唐音，训读亦不废"，于是，雨森评品道："此乃学唐人中之杰然者也。"[①] 再如徂徕大弟子太宰春台（1680—1747）亦力主直读法而反对用"倭语"读"中夏之书"，他在《倭读要领》一书中重申了徂徕的读书法，指出："且先生（引者按，指徂徕）能华语，尤恶侏离之读，亦与纯（引者按，即春台）素心合。盖知倭读之难而为害之大耳。……夫倭语不可以读中夏之书，审矣。"[②] 该书分上下两卷，其中有些专论文章如"日本无文字说""中国文字始行于此方说""颠倒读害文义说"等引人注意，他从文字学等角度进一步强调徂徕学语言方法论——以汉语读汉书的重要性。

只是徂徕所谓的以汉语读汉书或以汉语会汉语，其实是初学入门"第一关"，至多成就个"不会文章的华人耳"[③]，所以高级目标是要懂得"古文辞学"。他之所以主张以汉语会汉语，因为在他看来，中文与日文之词往往"意同而语异"，若以和训方法读中文，则只能通其大意而不能得其语言韵味，重要的是，"语以代异"——即语言随着时代不同而有变化，而语言本身又有"气格、风调、色泽、神理"，所以如果不懂语言，就无法掌握"古今雅俗"的语言韵味，阅读《诗经》尤其如此，"得意而不得语者之不能尽夫《诗》也"，由于《诗经》表现的是人情，所以不能尽夫《诗》的结果就是"得意而不得语者之不能尽夫情也"[④]，意谓就不能真正掌握中国古人的"情"。

徂徕主张以汉语会汉语的另一重要理由是，语言翻译总有局限，他认为中文与日文"体质本殊，由何吻合"，亦即中日两国语言不同，故翻译也无法实现意义上的"吻合"，如果运用"和训回环之读"的方法，虽能了解大意，但实际上却颇为"牵强"，都不免"隔靴搔痒"，"故学者先务唯要其就华人言语，识其本来面目，而其本来面目，华人所不识也，岂非身在庐山中故乎？"[⑤] 可见，徂徕

---

① 转引自《朱舜水集》附录五"友人弟子传记资料·今井弘济"，北京：中华书局，1981年，第835页。

② 《倭讀要領》卷上，"序"，早稻田大学藏享保十三年（1728）刻本，第2页下—第3页下。

③ 例如徂徕明确指出他的"读书法"与其他学者的"根本分歧处，在以和语推汉语，与以汉语会汉语也。……此乃受学之基址，故设以为入门蒙生第一关。透得此关，才得为无学识、不会文章的华人耳。"（《徂徕集》卷二十六《與江若水》第5书，第276页）

④ 以上见《徂徕集》卷二十五《答崎陽田边生》，第265页。

⑤ 以上见《徂徕集》卷十九《譯文筌蹄题言十则》，第192—193页。

相当自信，他相信汉语的本来面目就连中国人自己也忘了，因为他们都"身在庐山"的缘故，而日本人倒是有可能更了解汉语的庐山真面目，此说值得回味。只是徂徕并未对何谓"本来面目"有具体阐述，然而不难推测，其意概指西汉以前的古文辞，这在当时宋代中国已经失传。总之，以汉语读汉书只是一种初级的但又是必要的语言训练，重要的是以古文辞学为标准来把握中国古言，由此才能更上一层楼，实现"以古言征古义"。

（三）以古言征古义

徂徕在《论语征》"题言"中这样说明他撰述该著的缘由：

> 余学古文辞十年，稍稍知有古言。古言明而后古义定，先王之道可得而言已。……是以妄不自揣，敬述其所知，其所不知者，盖阙如也。有故有义，有所指摘，皆征诸古言，故合命之曰《论语征》。[①]

这里的"古言明而后古义定""征诸古言"等表述，可以归结为"以古言征古义"，成为徂徕学经典解释的方法论主张。然须指出，"以古言征古义"并非出自徂徕之口，而是德川晚期儒学家龟井昭阳（1772—1836）对徂徕学的一个归纳，尽管其用意在于批判徂徕，我倒以为深得徂徕学经典解释方法的要领。昭阳说："以古言征古义，物氏得之矣。然其所征多卤莽，多牵合固滞，多诬，因其才识堂堂而少文理密察也。"[②] 意谓以古言征古义虽可成立，但是徂徕用错了这一方法，故其经典解读往往出错，其原因在于徂徕"才识"太高但缺乏小心求证的精神。这一批评是否得当，这里不论。我们要指出的是，以古言征古义乃

---

① 《論語徵·題言》，第 4 页。

② 《家學小言》，原日文。转引自赖惟勤：《藪孤山と龜井昭陽父子》，《日本思想大系》第 37 册《徂徕學派》，第 567 页。有趣的是，徂徕学的批判者片山兼山（1730—1782）却以"以古书征古书"的方法论来"攻古文"——即批判古学派（赤松丰泰：《题垂统後编首》，作于 1780 年，转引自张崑将：《片山兼山〈论语一贯〉的解释特色》，《东亚论语学：韩日篇》，第 442 页）。可见，在德川中晚期已然有一种风气以为以汉语读汉书或以古书征古书在方法上是可行的，但问题一涉及经典义理（即徂徕所言"古义"）便不免引发争议，兼山以为徂徕于义理上根本未能了解圣人之道的"大体"，一味"就一字一义求义，未广读古书故也"（赤松丰泰：《题垂统後编首》前编甲，转引自同上，第 449 页），便是一例。

是徂徕学的一个根本方法，也是他中年"悟道"（严格说来，只是领悟了"古文辞学"）以后树立的一种方法论立场，也是其"古文辞学"的重要内涵，实不可忽视。

如果说，通过对"道"即"安民之道"的重新诠释以实现对"道"的"去形上化"，是徂徕学思想建构的逻辑起点，那么，徂徕提倡的"以汉语会汉语""以古言征古义"则是其思想建构的语言方法论，而就徂徕思想的形成过程而言，他的方法论在其中年以前既已完成，从而为他重新发现儒经的"本意"或"古义"奠定了基础。但是"以古言征古义"的两项前提设定："古言"和"古义"如何证成，却是徂徕学的一大问题。

一般而言，徂徕相信他对何谓"古言"及"古义"是有史学判断标准的，这种判断标准是通过他对中国古籍的大量阅读经验获得的，因此是可以验证的，然而我们却发现事情并不这么简单，在许多场合，徂徕判断此为"古言"彼为"古义"之际，往往并不列举文献出处以告诉我们他这样判断的历史依据，于是就令我们怀疑他其实还有另一个判断标准：即理论标准——套用清儒对宋儒的一个批评：亦即以理释经的义理标准。所以徂徕的方法论之目的在于批判宋儒的义理学，然而其方法论本身已经融入了另一种义理学。尽管从历史学的角度看，经典中的古言古义经过字义训诂等手段是可以重新发现的，但是从解释学的角度看，解释者对古言古义的重新发现不可避免地会渗入解释者的主观见解及思想立场，特别是儒家学者作为思想家在面对儒家经典文本进行诠释之际，其诠释过程不可避免地伴随义理判断。除非解释者自觉地摈弃所有的观点立场，唯以追求文字原义为终极目标，然而倘若如此，则所谓"解释"便成了一种"释字学"而非"诠释学"。

尽管徂徕对宋儒的那套义理之学深恶痛绝，然而若以为徂徕只懂字义训诂，则未免太低估了他的思想能力。其实，在徂徕看来，解释何字为何意只是一种"字诂"工作，对此，徂徕常露出不屑一顾的态度，他甚至坦言"如字学者流，不佞所恶也"，那些文字学者"是皆不识六书本旨者，其陋可丑"①，尽显他"诋毁宇宙间人物"的本色，他不惜把文字学家和义理学家统统得罪。有趣

---

① 《徂徕集》卷二十四《復水神童》第 2 书，第 261 页。

的是，当他在诋斥文字学家之时，使用的说辞却是他们不懂"本旨"，似乎表明他更看重经典的"本旨"以及"本意"。不过在他看来，六经本旨存于"事"与"辞"，而不在于训诂或义理，例如《诗经》一书盖缘"人情"而作，都是出自"田畯红女之口"，所以"岂须训诂，且无义理可言。故解《诗》者，序其事由而足"①。这是说，训诂和义理都不足以"解《诗》"，只要把《诗经》看作是出自乡间风尘女子之口的"叙事诗"便可，没有什么难懂的。我们不知徂徕何以如此断言的确切依据，但能使人感到其语气颇有点"海内第一流人物"的自负。那么，儒家经典的"事"何以才能发现呢？徂徕认为关键在于先发现"古文辞"，事与辞既是六经之载体，又是把握经文旨意之关键，故徂徕不无自豪地自称："不佞直据经文，以事与辞证之，不复须训注。"②

如上所述，在徂徕，古文辞相当于"古言"而不同于字词，古言中自有古义，故掌握古言就能了解古义，此即以古言征古义的基本思路，也是其经典解释学的重要方法，相对而言，文字训诂并不重要，例如他对"仁"的解释是："仁者养之道也，故治国家之道。"③这一解释便已完全脱离了文字训诂的原则，乃是徂徕独到的义理发挥。故徂徕有时甚至对于文字注解也不屑一顾，以为只要直接读秦汉以前书，掌握了古言古义，圣人之道便在手中，他指出：

> 学者苟能读秦汉以前之书，而有识古言，则《六经》《论语》何假注解也？古言明，而后古义可得而言焉；古义明，而古圣人之道如示诸掌焉。④

不过，徂徕有时似乎也很看重"字义"，他常批评宋儒不识"字义"更不"知道"，如云："宋儒昧乎字义而不知道"，"大氐宋儒忽略字义，迁就以成其说。"⑤

① 《徂徕集》卷二十四《復水神童》第1书，第257页。
② 《徂徕集》卷二十八《復安澹泊》第3书，第303页。
③ 《辨道》第9条，第203页。按，"养之道"即"修身之道"，大致有"养其善"与"养其物"两层含义。例如："修身之道，亦养其善而恶自消矣。"（《辨道》第9条，第203页）"大氐物不得其养，恶也；不得其所，恶也。养而成之，俾得其所，皆善也。"（《学则》第6条，第258页）但徂徕不言"养性"，因为在他看来，"言性自老庄始"（《辨道》第13条，第204页）。
④ 《徂徕集拾遗》卷上《與縣次公書》，《近世儒家文集集成》第3卷，第401页。
⑤ 《論語徵》乙卷，第107、104页。

有时甚至与清代早期考据学家惠栋（1697—1758）所言"宋人不识字"的口吻一般，直斥"仁斋之不识字"，"朱子不识古言"①，语气有点过激。然而在有的场合，他却又说："大氐后世儒者，徒识字而不知古言。……不知古言，而欲以字解之，所以失也。"②这是批评宋儒只知字义，陷入"以字解字"的窠臼，原因在于他们不懂"古言"，也"不识古文辞"。③

　　这里不妨再举一个具体例子来说明这一点。例如关于《论语·为政》"温故而知新"章，徂徕就指出邢疏、朱注以"故"为"旧所学得""旧所闻"，"是皆据字义解，非也。……然不知古言，而以字解字，推诸他书有不通"。④可见，不知古言比不知字义所犯的错误更严重，因为宋儒虽"忽略字义"，但有时也会"以字解之"，至于"古文辞"则是宋儒根本欠缺的。在徂徕看来，宋儒只是"以字解字"而缺乏对古言的系统把握，就不可能真正了解"古义"。更严重者，莫过于宋儒"以义理解经"，徂徕痛斥道："后世儒者不知孔子之道即古圣人之道，古圣人之道唯礼尽之，其解《论语》皆以义理，义理无凭，猖狂自恣，岂不谬乎！"⑤可见在徂徕，如果经典解释须按"义理"先行，那么这种经典解释将导致比忽略字义、不知古言更为严重的错误，因为所谓"义理"是不足据的，都是后人的一己之见而已。

　　从历史上看，"以字解字"本属文字训诂的领域，是经典解释的必要一环，从这个意义上看，戴震所言由字通词由词明道以及徂徕所言训诂明而后六经可得而言，其实都应当是经典解释的一道正常程序。然而徂徕在此显然对"以字解字"不以为然，认为这是"不知古言"所犯的毛病，人们只要通过"推诸他书"便可立即察觉"以字解字"的局限性。此处"推诸他书"一言值得注意，其中似已蕴含"以经释经"的诠释思路。所谓"以经释经"，其实就是清代考据学家也

---

　　① 《論語徵》己卷，第136页；《論語徵》己卷，第123页。按，在徂徕，"不识字"只是一种低级错误，更严重者则是"不识古文辞"，他曾指斥"朱子不识古文辞"（《論語徵》庚卷，第178页）。又说："后儒昧乎辞義，亦不知抑亦字，是字未稳也。"（《論語徵》庚卷，第205页）可见，不识古文辞比不识字的错误更严重。若将仁斋与宋儒作比较，则徂徕以为仁斋显然是宋儒之亚流："是宋儒所不知也，况仁斋乎？"（《論語徵》庚卷，第169页）

　　② 《論語徵》乙卷，第130页。按，这是徂徕对朱熹的批评。

　　③ 《論語徵》戊卷，第19页。

　　④ 《論語徵》甲卷，第71—72页。

　　⑤ 《論語徵》戊卷，第13—14页。

通常使用的以他经释本经的一种经学诠释方法。徂徕所言"推诸他书"，意指使用儒家的其他经典甚至是其他古书便可解释《论语》中的某些"古言"，而不能局限在《论语》一部经典当中。① 可见在徂徕的解释学当中，他已经明确意识到儒家经典是一套系统，彼此环环相扣，可以互相印证。他所强调的古文辞学其实已有这样的特色：即"古言"是一套成文系统，而掌握"字义"或"字诂"虽然必要，但不能穷尽"古文辞学"的意蕴，也难以真正把握"古义"，故重要的是对经典系统有一整体把握。徂徕之所以敢于判断"凡古所谓道者，谓先王之道也"② 的原因就在于他能"推诸他书"，唯有如此，所以他才能截然断言："凡诸书，'天下有道''邦有道''〔邦〕无道'，皆以人君言之。"③ 同时，他也敢断言："以古书读之，宋儒之解无一合者。"所有这些断言都源自徂徕的自信："然吾所谓古言，推诸古书，一一吻合，例证甚明。"④

　　但是如果我们追问，徂徕所言"例证"出自何典，其所谓"古言"又源自何处，恐怕会有不少疑点。其实，只要略观《论语征》便可知，他所判断的此为"古言"此为"古语"几近独断，他并没有指证具体出自何典，不免令人望洋兴叹。举例来说："里仁为美，古言，孔子引之。……里仁，非孔子时之言，故知其为古言也。"⑤ 这是徂徕判断"古言"的一个标准——即"非孔子时之言"，然而何以断定"里仁"不是"孔子时之言"，徂徕没有具体说明。又如："观过斯知仁矣，盖古语。"⑥ "'为力''为政'，古言也。'主皮'，亦古言也。"⑦ "盖诗书礼

---

　　① 徂徕没有明确告诉我们"推诸他书"是一些什么书，我从他的一封书信中发现一张他推荐的书目名单，大概是他经常用来"推断"何为古言的凭据，他说："古无它书"，只有《尚书》是"史官所录，自古有之"，此外就只有"《论语》《易传》《左氏》《戴记》（即《礼记》）《家语》（引者按，即《孔子家语》）《孟》《荀》《晏》《墨》诸家所引诗书，与今存者适同，则其为古经，岂容疑乎？"（《復水神童》第 2 书，《荻生徂徕》，第 513 页）依徂徕，这份书单所列都是"古经"，除儒家经典外，诸子作品也在其中，值得注意者，《孔子家语》亦被视作"古经"，与《论》《孟》地位相同。可见，徂徕的经典观与今人迥异。不过，他虽相信《家语》"亦出孔门"，但与《论语》相比，其文字"殊觉其劣"（《徂徕集》卷二十四《復水神童》第 1 书，第 257 页）。

　　② 《論語徵》壬卷，第 274 页。

　　③ 同上，第 319 页。

　　④ 《徂徕集》卷二十五《復谷大雅》，第 272 页。

　　⑤ 《論語徵》乙卷，第 159 页。

　　⑥ 同上，第 170 页。

　　⑦ 同上，第 130 页。

乐，皆先王之道恶，故一言片句皆称为道，古言为尔。……道字，学者难其解，亦坐不识古言故也。"① 又如"智者乐水仁者乐山""克己复礼""三人行必有我师""笃信好学，守死善道""出门如见大宾，使民如承大祭"等脍炙人口的孔子名言，都是"古言"。② 其中有关"克己复礼"，徂徕指出又见《左传》，是"古书之言"③，此外的几乎所有"古言"，徂徕都未出示文献依据。何以至此呢？不免令人困惑。

　　不过有一条线索，似乎可以为我们提供一个解答方案。我们注意到徂徕在解释《论语·八佾》"林放问礼之本"一章时有一个说法，他说孔子在回答林放的问题时，突然冒出两句"礼，与其奢也宁俭；丧，与其易也宁戚"，徂徕马上判断这两句话"盖故语""何以知其为古语"呢？徂徕解释道"答与问不正相值也"④，意谓答非所问。至此我们终于明白徂徕对古言古语下判断的一个准则是这样的：亦即在孔子与弟子的问答过程中，突然出现不正面回答问题（答非所问）的现象时，孔子必是在"引述"或"引诵"古先王之古言古语，以使弟子自己去"思而得之"，徂徕还断言"孔子之教皆尔"。⑤ 原来，古言是要根据对话场景来判断的，换言之，语言文字的意义是在生动具体的思想对话中才能透显出来，所以徂徕的古文辞学并不等同于古文字学。要之，在徂徕看来，若要寻找孔子以前的书本依据，那是找不到的，因为"孔子而前，何尝有书！"⑥ 六经都是经孔子删述而得以保存下来的。

　　事实上，徂徕以《孝经》所引孔子语"非先王之法言不敢道"为依据，进而断言："故孔子多诵古言，《论语》所载不皆孔子之言矣。"⑦ 这也是徂徕判断"古

---

　　① 《論語徵》戊卷，第36—37页。

　　② 具体出处，此不繁引。参见张崑将：《日本德川时代古学派之王道政治论》，第二章"古学派思想渊源与背景"，台北：台湾大学出版中心，2004年，第80—81页。

　　③ 《論語徵》己卷，第130页。

　　④ 《論語徵》乙卷，第103页。

　　⑤ 同上。

　　⑥ 《論語徵》辛卷，第271页。顺便一提，根据学者的统计，《論語徵》中断定某言为"古言"或"古语"的例子共有三十几处。参见中村春作：《荻生徂徕之〈论语征〉及其后之〈论语〉注释》，金培懿译，张崑将编：《东亚论语学：韩日篇》，台北：台湾大学出版中心，2009年，第296页。不过这个统计数字可能保守了，如果考虑到徂徕批评宋儒及仁斋时所使用的"不识古文辞"或"不识古言"等案例，则统计数字还将大大上升，甚至我们还应考虑到这样一种可能：徂徕在撰述过程中，写到后来已经厌倦此为古言此为古语这类说辞而不再多言。

　　⑦ 《論語徵》乙卷，第186页。

言"的一个方法。徂徕的理由是若非"先王之言",孔子是"不敢道"的。由此,《论语》所载不尽是孔子语而大多是先王之"法言"——即"古言",或是孔子据"古言"而做的补充。[①] 然而有趣的是,《孝经》所载的这句孔子语是否为真,却不为徂徕所关心,他在《论语征》一书中所引孔安国《论语解》或孔传《古文孝经》到了触目皆是的地步,而且大多肯定之词而几乎没有质疑的口吻,原因在于"孔安国鲁人,岂不读《鲁论》乎"[②],这意思是说,孔安国的出生地决定了孔安国之于古言必已烂熟于心。至此我们已经无言以对,唯有一个小问题:徂徕为什么没有觉察有可能后人假托孔安国而作《古文孝经传》?

另一个疑惑是,徂徕在撰述《论语征》过程中,却没有一贯坚持其所谓的古文辞学的原则,例如他对后人不免怀疑的韩愈《论语笔解》[③] 深信不疑,他还特别喜欢引用在经学成就上颇遭后人非议的明代杨慎(1488—1559)的经学解释[④]。《论语征》译注者小川环树指出杨慎所注《论语》颇重古注而新解迭出,屡破朱注,故徂徕喜之,亦不足怪。[⑤] 此对徂徕之同情了解,诚不可谓非。然而从经典解释学的角度看,不得不说徂徕的经典解释存在过于强烈的"先见意识",这一点恐怕是不能否认的,而他在缺乏辨伪意识之下所建构的所谓"古文辞学"也不免留下种种疑点。

当然,经典解释存在"先见意识"(徂徕喜欢使用的是贬义词"先有此见"),本来无可厚非,诚不可避免。但是徂徕的问题是,在他非常痛恨宋儒及仁斋的经典解释往往"先有此见,横在胸中"[⑥] 的同时,却没有意识到他自己也

---

① 例如:"'父在观其志,父没则观其行。'观人之法也。然'三年无改于父之道,可谓孝矣',则父虽没,犹有未可观其行者也。此上二句盖古语,下二句孔子补其意。"(《論語徵》甲卷,第40页)按,此注为《论语·学而》"父在观其志"章,另在《里仁》"三年无改于父之道"章,徂徕却说:"'三年无改于父之道,可谓孝',亦古言也。"(《論語徵》乙卷,第186页)显示徂徕的"古言"判断不免有随意性。

② 《論語徵》戊卷,第83页。

③ 《四库全书提要》的作者就指出该书可能为宋人伪托。

④ 杨慎的经学研究,详见《升庵外集》卷三十六《经说》。

⑤ 参见小川环树《論語徵·解题》,收入小川环树译注《論語徵》卷末(东京:平凡社,1994年"东洋文库本",第378页)。按,其实按照中国儒学的诠释原则,忠实原文而排斥先人为主的观念,早已成为一种传统,对此朱子已有清楚的意识,他一方面承认孟子"以意逆志"作为诠释方法的有效性,另一方面则强调:"若便以吾先入之说横于胸次,而驱率圣贤之言以从己意,设使义理可通,已涉私意穿凿,而不免于郢书燕说之诮。"(《朱子文集》卷四十六《答胡伯逢》第3书,《朱子全书》第22册,第2149页)

⑥ 《論語徵》戊卷,第61页。

是"先有此见",更严重者,他破坏了自己所立的古文辞学的规矩,这就不得不令人怀疑他所断定的古言古义究竟是否可靠。正如上面已提及的那样,《论语征》与其说是一部注疏体的经学著作,更不如说是一部阐发义理的议论性著作,他竭力批判朱熹及仁斋以理释经的解释方法,但他自己的经典解释却也有不少以理释经的味道,例如他以"安民"释"道",又释"仁义"为"仁者,君道也;义者,臣道也"①等,无不显示徂徕的经典解释不按经学注疏的常规、超出字义训诂的格套,却自以为能够圆融己说,建构起颇具独创性的徂徕学体系,这也是不能否认的。

最后须指出两点,以便我们省思:

第一,若按照徂徕的古文辞学的原则立场,即便他痛骂"朱子不识古文辞""仁斋不识字""邢昺陋儒"②,尚情有可原,因为这与徂徕的价值判断有关,后人不宜妄置可否,然而他一再质疑子思、孟子,以为古言自思孟始已逐渐失落③,这就违反了他自己设定的古文辞学的判断立场——即孔子先秦时至西汉以前之文均属古文辞范围的原则,因为我们根本无法理解何以孟子已忘却"古言"而孔安国却能不失"古言"。此可见,当徂徕对思孟实施批判之际,其实已经动摇了他自己设立的"古文辞学"立场,因为其批判显然是依据他自己的义理立场,这就反过来说明,在徂徕的经典解释学中,一以古言古义为准的所谓"古文辞学"与徂徕自身的思想立场之间必会产生一种理论紧张,当他强力推出自己的观念主张时,其所谓的古文辞学立场便无法贯彻始终。也正是在这个意

---

① 《論語徵》辛卷,第 236 页。

② 《論語徵》戊卷,第 60 页。

③ 如徂徕所云:"祇二子(引者按,指子思、孟子)急于持论,勇于救时,辞气抑扬之间,古义藉以不传焉。可叹哉!……大氐后人信思孟程朱过于先王孔子,何其谬也。"(《辨道》第 5 条,第 202 页)不过徂徕措辞还比较谨慎:"子思去孔子不远,流风未泯,其言犹有顾忌","孟子亦去孔子不甚远,其言犹有斟酌。"(同上,第 201、202 页)然而既然"古义"在思孟已"不传",既然思孟被看作程朱的思想渊源,则徂徕之于思孟之批评态度昭然若揭。其实,揆诸徂徕之言论,其对孟子的批判几乎是全面性的,例如:"自孟子有性善之说"、"孟子则主仁义内外之说"(按,严格来说,应是"仁义皆内")、"孟子则人皆可以为尧舜"(《論語徵》壬卷,第 276 页)。故徂徕对孟子的总体判断是:"孟子之学,有时乎失孔子之久",孟子亦"以理言之"(同上,第 276、277 页);孟子学之本质则可归结为四个字:"以心治心。"(《辨道》第 18 条,第 205 页)关于徂徕的孟子批判非本文主旨,故不能详论,参见荻生徂徕:《孟子识》,"甘雨亭丛书"本,原为七卷,今仅存一卷,今收入《域外汉籍珍本文库》经部第 3 册(重庆:西南师范大学出版社;北京:人民出版社,2008 年)。

义上，以"古文辞学"来为徂徕学作历史定位并不妥，表面看来，"合古今而为一，是吾古文辞学"似乎是徂徕自己的立场声明，然而究其实质，徂徕学的用心在于通过古文辞学这一手段来建构他的一套有关儒家经典的解释理论，而在这一过程中，徂徕宣称他绝对忠实于古言古义，但他根本无法真正做到这一点，当他掌握了所谓的古言古义之后，欲对儒家经典进行诠释之际，其中已必然有徂徕学的立场预设。

第二，"以古言征古义"是徂徕经典解释的重要立场，也是其颠覆宋儒形上学的主要方法，他以此立场和方法为依据对朱子学甚至是仁斋"古义学"展开彻底批判，表面看来，徂徕学贯彻的是历史主义立场，因为他是以回归孔子、回归原典、回归古言为旨趣的，似乎一切以历史为准绳，然而事实却表明，他的立场有非历史的因素（套用上引渡边浩的一个说法，可谓徂徕学甚至是"反历史"的），因为他的儒学历史观显然非常保守，他忽视了思想和语言是发展的，其结果是他几乎无视经典诠释也有一个发展过程。一方面徂徕对儒学的诠释融入了自己的思想义理，然而另一方面他却不允许朱熹或者仁斋对儒学思想有任何创新发挥。他以为自己的经典解释都完全符合古言古义，然而实质上，这又是非历史主义的态度，因为当他反对"以今言视古言"之际，犹如反对"以今视古"一样虽可理解，但是他以此为绝对命题，视"古言"为绝对条件，便有可能走向"以古言视今言"的另一极端，其结果"古言"被视作超历史的存在，必将造成对古今文化的历史性连续的切割。他相信自己根据阅读经验及其史学素养所建立的"史学标准"就可彻底摧毁宋儒的那套理学形上学，然而他应该意识到他的批判另有一套"理论标准"在起着更为关键的作用，若非如此，仅凭"史学标准"是无法与理学进行对话的，以"史学标准"为依据的理学批判也根本无法对宋儒形上学产生真正的撼动效应。

四　礼乐制度在日本的重建

如上所述，对徂徕而言，孔子以后的儒学思想、秦汉以后的社会制度，特别是宋儒的形上哲学，几乎没有一样让他感到满意。根据他的观察，所有这些中国问题的思想根源可能都与思孟（特别是孟子）的"心学"传统有莫大关联，而孟子的最大问题在于先预设"善恶皆以心言之者也",所以就需要用一个善的心去对治另一个恶的心,这就导致"以我心治我心"——即"以心治心",其后果将是"譬如狂者自治其狂焉,安能治之",这就是"后世治心之说"的总根源。徂徕认为,若要克服这一弊端就须按照《尚书·仲虺之诰》"以礼治心"的方法去做,因为这才是"圣人之道",相反,"外乎礼而语治心之道,皆私智妄作也"。①可见,在徂徕的观念中,"礼"十分重要,是纠正孟子心学传统乃至后儒所有思想弊端的重要法宝,而且根据他的理解,道之实质便是礼乐,他说:"古者道谓之文,礼乐之谓也","先王四术,诗书礼乐","礼乐者,先王之道也,先王之道,安民之道也"②,这就清楚地表明,圣人之道具体呈现为礼乐。因此我们在考察徂徕学的"道"论及其经典解释的同时,也有必要对其礼乐观进行探讨。

事实上,徂徕学的核心工作有二:一是颠覆形上学,一是制度重建。而两者是密切相关的。所谓"制度重建",正是徂徕晚年欲在政治上有所作为的奋斗目标之一,用他的话来说,叫作"制度建替え"。在儒家经典的语境中,所谓"制度",按徂徕的理解便是"礼乐",还有"刑政",合起来叫作"四术",乃是先王的四种"道术"。徂徕所谓的"制度重建",当然是在德川日本中的制度重建,这一点我们不能忘了。我们在上面探讨徂徕有关"道"的普遍性和历史性问题时,已就徂徕有关制度安排的一些想法作了探讨,但显然是远远不够的。这里我们主要探讨徂徕有关"礼仪"问题的思考,以便进一步了解徂徕学在用"以礼治心"来推翻"以心治心"的同时,他对"礼"又有何具体设想和论述。

---

① 以上见《辨道》第18条,第205页。按,上述徂徕的孟子诠释当然是其基于思想立场之上的一种价值判断,若站在孟子学的立场来审视,孟子是否认同"善恶皆心"不免无疑。不过我们没有必要出于为孟子"护教"的心态,去与徂徕争执他的理解有误而我们的理解才符合孟子"本意",因为弄不好,这种争执将导致以中国儒学去宰制"日本儒学"或"韩国儒学"而忽视了儒学在不同地域文化的交涉过程中可以发展出与中国本土儒学之特色不同的儒学理论形态。这是一个涉及"东亚儒学"何以可能的学术问题,非本文所能详论。参见黄俊杰编:《东亚儒学研究的回顾与展望》,台北:台湾大学出版中心,2005年;简体字版有,上海:华东师范大学出版社,2008年;参见拙文:《试说"东亚儒学"何以必要》,《台湾东亚文明研究学刊》第8卷第1期,台北:台湾大学出版中心,2011年6月;《"东亚儒学"刍议——就普遍性与特殊性的问题为核心》,刘东主编:《中国学术》第31辑,北京:商务印书馆,2012年9月。

② 分别见《辨道》第17条,第205页;第22条,第206页;第3条,第201页。

（一）"礼"是先王所立的"准据"

我们知道，徂徕自中年转向"古文辞学"并确立了以古言征古义的立场之后，其思想唯以先王之道为是，而道又具体展现为礼乐，由于《乐》经已佚而只有《礼》经存在，故对徂徕而言，"礼"便成了他的主要关怀。那么，对徂徕而言，"礼"究竟意味着什么？

不用说，徂徕一贯反对程朱对"礼"的一项规定："礼者，天理之节文，人事之仪则。"[①]徂徕的定义是："礼者，道之名也。先王所制作四教六艺，是居其一。"[②]"四教"即礼乐刑政，"六艺"即礼乐射御书数，两者之间都有礼乐，徂徕强调"唯礼乐乃艺之大者，君子所务也"，因此礼乐实际构成了四教六艺的核心。具体而言，礼乐的教化作用最为明显，他说："盖圣王知言语之不足以教人也，故作礼乐以教之；知政刑之不足以安民也，故作礼乐以化之。"[③]可见，礼乐其实就是圣人教化的实质内容，也正由此，故有"礼者道之名"之说。

那么，圣人又是缘何而制礼的呢？徂徕以《孔子家语》"夫仁者，制礼者也"为据，以为这句话真是孔子语，进而断言："先王之所以制礼之意在仁焉，是所谓本也。"[④]这可谓是徂徕对仁礼关系问题的一个基本看法。他另有一个明确的说法："先王作礼乐，以仁而已矣。"[⑤]显然，"仁"被解释为先王制"礼"的依据，这个观察是敏锐的也是可以成立的，但问题是徂徕对"仁"的理解与中国传统儒学对"仁"的理解有很大差异。一般而言，"仁"作为一种恻隐之心、不忍人之心，乃是人的内在德性，这是孔孟以来的传统见解，但徂徕的定义将其外在化、政治化，他说："仁，安民之德也"。而"安民"的主体乃是"上之人"——即在位之君，故"仁者君道也"，所谓"君道"即"安民之道"，这就将"仁"的内在德性义完全颠覆，"仁"被外化为政治，成了"安民"的统治术。尽管传统儒学有"仁民爱物"及"仁政"这一政治向度，但从根本上说，"仁"是内在于人性中

---

① 朱熹：《论语集注·学而》，《四书章句集注》，北京：中华书局，1983 年，第 51 页。

② 《辨名》"礼"第 1 则，第 219 页。

③ 同上。

④ 《论语徵》乙卷，第 107 页。

⑤ 同上，第 102 页。

的德性，这是不容置疑的。然在徂徕，与其对"道"的非道德化解释一致，他对"仁"的道德化解释也是断然不能接受的。

然而，既然仁是"安民之德"，那么何谓"德"呢？在徂徕，"德"绝非抽象地内在于人性中的德性。从字义上讲，"德者得也"，但是这个"得"并非像朱熹理学所理解的那样，是"得"诸天性、禀受于天命而内在于人性的意思，"得"是通过后天的"养"而实现的，这是其一；其二，"德"是随性而有，是人性中的一种品德，但是由于"性人人殊"——即人性并不存在一种抽象的本质同一，每个人是不同的，所以"德亦人人殊"——德的表现也就因人而异。① 故在徂徕，"性"或"德"都不是一种本质的概念，所以无所谓善也无所谓恶。由此，徂徕在人性问题上非常坚决地站在告子一边，甚至认为荀子为纠正孟子性善之偏而提出的性恶说也不免导致另一偏向，有一种为与孟子争名而意气用事之倾向。以上便是徂徕有关"性"和"德"之问题的基本思路。②

关于"德"与"礼乐"的关系，徂徕指出相对于"诗书者义之府"而言，"礼乐者德之则"，意谓礼乐是成"德"之关键，他甚至强调：

> 凡先王之道，礼尽之矣。不知礼则无以立于君子之间，三代之世为尔。故学礼则可以立也。③

此说有点绝对，意谓在诗书礼乐当中唯有"礼"可以涵盖囊括"先王之道"的所

① 如："德者，得也。谓人各有所得于道也。或得诸性，或得诸学，皆以性殊焉。性人人殊，故德亦人人殊焉。……如《虞书》九德，《周官》六德，及《传》所谓仁智孝弟忠信恭俭让不欲刚勇清直之类，皆是也。"（《辨名》"德"第 1 则，第 212 页）

② 请看徂徕如下之言："'性相近，习相远'也，性者性质也，人之性质，初不甚相近，及所习殊，而后贤不肖之相去遂致辽远也。……故习诚有善恶，而孔子之意专谓及学而为君子，而后其贤知才能与乡人相远已。未尝以善恶言之也。……自孟子有性善之言，而儒者论性，聚讼万古，遂以为孔子论性之言，而不知为劝学之言也。"（《論語徵》壬卷，第 276 页）在他看来，孔子之言最为的确，其旨意在"劝学"而非以善恶论性。因为性之善恶取决于"学"，故学善则为善人，学恶则为恶人，至于人为何必然学善或学恶，则不能以抽象的人性善恶论来决定，而应归结为人性之"质"。"质"因人而异，故"性"亦因人而异，性各不同（"性人人殊"），故德亦各不相同（"德亦人人殊"），若欲成就其德，关键在"学"。其云："德以性殊，故有多品，然必学以成之，然后可以为德。"（《論語徵》壬卷，第 287 页）及其成功也，"各成其德，各达其材"（《徂徕集》卷二十四《復水神童》第 2 书，第 258 页）。由人性"多类"、道为"多端"（《辨道》第 7 条，第 202 页），故社会形态、礼乐文化也是多元的。

③ 《論語徵》辛卷，第 270 页。

有内容，人之所以为能挺立于君子之间的依据就在于"学礼"。

从经典的角度看，"礼"有《仪礼》《周礼》和《礼记》"三礼"，这是徂徕特别在意的三部经典，他甚至认为对于士人而言，必须精通"三礼"：

> 不佞之求古，必以事与辞，事莫详于三礼，故不佞以为士不通三礼，不足以为好古也。①

可见，对徂徕而言，"三礼"之重要不言而喻。只是"三礼"之有书的形式则始于孔门，在此之前，只是口耳相传而已：

> 如孔子以前，则诗存人口，礼乐皆以人传之，所谓"文武之道未坠地而在人"（引者按，见《论语·子张》）是也。是皆未尝有书者审矣，而礼之有书，自孔门始，其事见《戴记》（引者按，指《礼记·杂记》"士丧礼于是乎书"）。今观《仪礼》十七篇，直录升降进退器数之详，而未尝言义理，迥异于后儒所见，则所谓礼经者真耳。②

这是说，礼乐虽是圣人之道，但礼以书的形成出现，则在孔子时代，笔之于书，乃是孔门弟子。这是徂徕对"礼"经的基本看法。然而尽管礼之成书甚晚，但是礼之所言均为古言，而且是圣人所立，这一点不容置疑。所以说："道之大端有二：曰礼曰义。礼，圣人所立也；义，亦圣人所立也。"③不过有时徂徕又断言"礼"都出自孔子之言："凡周之《礼》《戴记》诸书所载，皆孔子言之，而后门人得书之者耳。"④

须指出，在"三礼"当中，徂徕尤为注重《礼记》，目前没有证据表明徂徕对《仪礼》和《周礼》有过专门研究，但他在《论语征》这部代表作当中，引用《礼

---

① 《徂徕集》卷二十四《復水神童》第2书，第261页。按，关于"事与辞"，由该书所言可知："不佞谓诗书辞也，礼乐事也。"（同上，第259页）

② 同上，第259页。

③ 《徂徕集》卷二十四《復水神童》第1书，第257页。

④ 《論語徵》辛卷，第271页。

记》之说的频度相当高，而且他相信其中的孔子语都是真正的孔子语而不用怀疑。要之，徂徕有一个结论性的判断："礼者先王所立以为极也。"① 关于这一点，他在《辨道》中阐述得更为明确：

> 先王所以纪纲天下立生民之极者，专存于礼矣。知者思而得焉，愚者不知而由焉，贤者俯而就焉，不肖者企而及焉。其或为一事出一言也，必稽诸礼，而知其合于先王之道与否焉。故礼之为言体也，先王之道之体也。②

不难想见，此处"极"字源自《尚书·洪范》"皇极"一语，徂徕训"极"为"礼"，这是他的一个创见。一般而言，汉儒训"极"为"中"，直至宋代朱熹之前，这个解释一直是主流解释。但徂徕认为"极"虽有"中"之意，但不能以"中"释"极"，严格说来，应以"准据"释"极"，而能成为"准据"者，非礼莫属。他说：

> 极者，谓先王立是，以为民之所准据者也。……《大学》曰："是故君子无所不用其极。"《周礼》曰："以为民极。"《洪范》曰："皇建及有极。"《祭义》曰："因物之精，制为之极。"皆是也。汉儒训极为中，盖先王建之，以使贤者俯就，而不肖者企而及之，故极有中之义，非直训中也。朱子以为至极之义，是其意谓人君躬行人伦之极以为万民标准也。先王之道，立人所皆能者为教，岂至极之义哉？祗人所皆能者莫至焉，则亦在所见如何耳。然极字之义，以准据为主义，它皆傍义，如北极，亦人所以为准据也。③

这里提到汉儒及朱熹对"极"的不同解释，而徂徕所释"准据"义则显然有取于朱熹的"标准"义。朱熹的"皇极"解释详见其文《皇极辨》，徂徕显然读过

---

① 《論語徵》乙卷，第 108 页。
② 《辨道》第 22 条，第 207 页。
③ 《辨名》"极"第 1 则，第 248 页。

此文，至少他对《朱子语类》所载"皇极"解释是熟悉的。尽管"标准"与"准据"仅一字之差而其意无差别，可是徂徕仍然对朱熹释"极"为"至极之义"很有非议。说穿了，这是因为在"极"字的诠释背后，徂徕与朱熹所欲表明的观念确有重大差异之缘故，朱熹之意在于要求人主须通过"正心诚意"等一套道学工夫的实践，以便为天下树立道德楷模[①]，而徂徕则认为作为圣人之道的"礼"乃是教育万民的"准据"，可见，"极"的字义解释虽相近，然其背后所蕴含的旨趣则相去甚远。

究其实，徂徕之所以对朱熹的解释非常敏感，其因在于徂徕反对以抽象的"至极"或道德来理解"标准"，而坚持将"礼"设定为"准据"，故他又有"先王立极，谓礼也"之说。据此，他对仁斋"以孝弟仁义谓为规矩准绳"的观点也非常不满，指出："果若是乎，则人人自以其意为孝弟仁义也。亦何所准哉？可谓无寸之尺，无星之称也。"[②]可见，徂徕对于宋儒以"事理当然之极"、对于仁斋"以孝弟仁义"来分别解释"先王立极"都示以强烈反对。在徂徕看来，宋儒的形上化解释以及宋儒和仁斋的道德化解释，必将导致严重后果：人人自以为先天自然地就已充分具备"孝弟仁义"，故一切行为正确与否的判断"标准"就在自己心中，如此一来，"标准"就成了"无寸之尺，无星之称"，其实也就无所谓"标准"可言。

徂徕认定先王的"礼"才是真正的"规矩准绳"，也是一套外在的制度，而非内在的"性"或"德"，故云："如礼者，经所言皆礼乐之礼，程朱以为性，仁斋以为德，岂非强乎？"[③]依徂徕，内在德性只是一种私人性的个人标准，而"礼"才适以成为社会性的共同标准，如同"道"具有普遍性一样，"礼"也具有相应的普遍性，而"性"只是特殊性的概念。要之，徂徕所言"礼者先王所立以为极也"的"极"正是一个普遍性概念，他将此喻作"北极"，也正表明了这一点。但是礼的普遍性落在具体的社会当中，必然受到社会文化历史的限制，因而就带有具体性——从而表现为礼的现实化问题。

---

① 关于朱熹的"皇极"解释，参见拙文：《宋代政治思想史上的"皇极"解释——以朱熹〈皇极辨〉为中心》，《复旦学报》2012 年第 6 期。

② 《辨道》第 22 条，第 202 页。

③ 《徂徕集》卷二十八《復安澹泊》第 3 书，第 303 页。

（二）"礼"的现实化问题

如果说，礼是先王所立的"准据"，是人人得以遵守的行为准则，从而使得"礼"获得了一种普遍性，那么这是否意味中国的"礼"也可同样适用于日本；换言之，"礼"既是普遍的，那么"礼"是否就有通行天下而不受时空限制的魔力？徂徕的回答当然是否定的。因为在他看来，"礼"毕竟是一种制度，而制度总是具体的，故必然是因地制宜、随时变易的；换言之，制度是随着历史的变化而必然发生变化的，所以作为行为之"准据"的礼虽有普遍意义，但这种普遍性又是具体的、历史的，而与"事理当然之极"的抽象普遍性有根本不同。为更进一步了解徂徕的这个观点，有必要考察徂徕对"礼"的现实化问题有哪些主要看法，而作为具体案例，我们将从徂徕对朱熹《家礼》的一些看法说起。

有研究表明《家礼》一书至迟在室町时代（1336—1573）中期即已传入日本，具体地说，应定在室町幕府的足利时代中期即 15 世纪为宜，然而《家礼》在理论和实践这两个层面上同时引起重视则在德川时代以后。[①] 我们的主人翁荻生徂徕不仅熟知《家礼》，而且还曾付诸实践，宝永二年（1705）徂徕为安葬其妻便采用了《文公家礼》。[②] 不过，徂徕家族在葬礼问题上的态度似乎并不是以儒教为一元的，据载，其祖母及母亲的葬礼按照的则是佛教仪式，祖母葬于佛教的园顿寺，取戒名为"丽心院"，而其母的戒名则是"朝云院高岩春贞大

---

① 以上参见吾妻重二著、吴震编：《朱熹〈家礼〉实证研究——附宋版〈家礼〉家校勘本》，吴震、郭海良等译，上海：华东师范大学出版社，2012 年，第 192—193 页。据吾妻考察，至少有以下这些江户早中期著名儒者的论著值得注目：伊藤仁斋《讀家禮》、伊藤东涯（1670—1736）手泽本《文公家禮儀節》、山崎闇斋（1619—1682）《文會筆錄》卷一有关《家禮》笔记、三宅尚斋（1662—1741）《朱子家禮筆記》、浅见絅斋（1652—1711）《家禮師說》及《通祭喪葬小記》、若林强斋（1679—1732）《家禮训蒙疏》、室鸠巢（1658—1734）《文公家禮通考》、新井白石（1657—1725）《家禮儀節考》等（参见同上，第 194—195 页）。另参见上揭吾妻重二论著第二章"江户时代儒教仪礼研究——以文献学考察为中心"（第 54—74 页）与第六章"近世儒教祭祀礼仪与木主、牌位"（第 176—203 页）。

② 参见徂徕《嫔三宅氏墓志》，然该文所述甚略，仅末尾一句："后事请于官，一遵《文公家礼》云。"（《徂徕集拾遗》卷上，《近世儒家文集集成》第 3 卷，第 345 页）另据逸名氏抄本《徂徕先生年譜細君墓表神主一卷》（关西大学泊园文库藏）所收《徂徕先生配三宅氏孺人之墓代》载：在"后事一遵《文公家礼》"一句后，尚有一段记录："门生田中省吾题铭其碑。铭曰：生为儒者妻，死获儒者葬。……"（转引自今中宽司《徂徕學の史的研究》，京都：思文閣，1992 年，第 8 页）

姊"。① 然而有趣的是,徂徕弟北溪(1669—1754)逝世后,其家族设计的"木主"是依《家礼》而制的,可见实行的应当是儒葬。② 徂徕自己也有一些礼制论著,如《答松子锦问神主制度》一文以及《丧礼略》和《祠堂式及通礼微考》两部专著。③ 由此可见徂徕的确认真思考过重建"礼制"问题,尤为关注的是"神主""丧礼""祠堂"以及《家礼》中的"通礼"问题,而这些问题无一不是朱熹《家礼》中的核心问题。

不待说,与《仪礼》及《周礼》主要涉及上层文化的礼仪问题不同,《家礼》的出现意味着长期以来"礼不下庶人"的局面发生了根本性的改观,制定了士庶两层均可通用的冠昏丧祭之礼仪,而《家礼》的这一性质也是使其得到日本儒者(尤其是朝鲜儒者)之重视的缘由所在。由此也表明朱熹并不只是关注心性理气等形上问题,他对儒学如何在社会生活中加以落实等现实问题也从来不缺乏热心,而朱熹对礼学的理论关怀也在《仪礼经传通解》这部巨著中得到体现。④ 然而徂徕一方面在自己的礼学著作中对《家礼》多有援引,另一方面却

---

① 分别参见《徂徕先生年譜細君墓表神主一卷》所收《徂徕先生年譜》《母儿鹿氏墓碑銘》,转引自今中宽司:《徂徕學の史的研究》,第8、9页。

② 参见吾妻重二著、吴震编:《朱熹〈家礼〉实证研究——附宋版〈家礼〉家校勘本》第五章"木主考"附图6《荻生北溪木主》,第175页。

③ 均参见《徂徕集》卷二十八以及《荻生徂徕全集》第13卷。按,《喪禮略》以《家礼》"丧礼"为蓝本,参考了明徐一夔《大明集礼》等后世礼书;《祠堂式及通禮微考》涉及祭礼中的祠堂问题以及通礼问题,然全文仅三叶,内容简略,主要是对《家礼》"通礼"的敷衍解说,被附于《喪禮略》之后。关于《喪禮略》及《祠堂式及通禮微考》的版本情况,可参见池田末利的《解题》(《荻生徂徕全集》第13卷,第446—469页)。

④ 朱熹《通解》将《仪礼》17篇分成六大类:家礼、乡礼、邦国礼、王朝礼、丧礼、祭礼。但朱熹只完成了前四类,后两类则由其弟子黄榦与杨复补写完成。参见上山春平:《朱子〈家禮〉と〈儀禮經傳通解〉》,原载《东方學報》第54号,京都:京都大学人文科学研究所,1982年,中文版见吴震、吾妻重二主编:《思想与文献——日本学者宋明儒学研究》,上海:华东师范大学出版社,2009年。按,徂徕津津乐道的"礼",根据朱熹《仪礼经传通解》,属于第三类即"邦国礼"。然在徂徕,"礼"被提升到圣人之道的高度,理应囊括"三礼"整体,具体可分"曲礼"和"经礼"两个部分,分指礼仪规范以及礼义思想,此说显然源自《礼记》"经礼三百,曲礼三千"之说。但是徂徕批评朱熹"不识礼",这显然忽视了朱熹《仪礼经传通解》这项工作的重要性。有趣的是,到了徂徕后学这一情况发生了根本改观,以服部南郭(1683—1759)为中心而组织的"三礼"文献"会读"显示出礼学研究被提到新高度,根据其"会读"心得,他们竟然发现还是朱熹的礼学最可靠,如:"朱子学问甚为可靠"(《文會雜記》卷二上),"朱子《经传通解》纠正《注疏》之误甚多"(同上),"朱子学问坚实无比,非后世理学家所能及"(同上,卷二下),"朱子《仪礼通解》亦觉甚佳"(同上),以上《文會雜記》原文转引自吾妻重二著、吴震编:《朱熹〈家礼〉实证研究——附宋版〈家礼〉家校勘本》,第62页。

断定宋儒"疏于礼""宋儒不问礼,动求诸心,妄也""宋儒不知礼""宋儒不知礼乐"① 等。此宋儒当然主要指程朱,故其又云:"至于程朱解礼乐,专以序和为言,是其意以礼乐为粗迹,以其理为精微。"②仿佛程朱只讲理而不讲礼,即便讲"礼"也是被置于"理"之下,结果把"礼"讲粗了。这口吻颇有点类似于清代中期"以礼代理"思潮中出现的理学批判语气。

那么,到底程朱如何把礼的问题讲粗了呢? 在徂徕看来,问题就出在宋儒和仁斋把"礼"往"理""性""德"等概念上靠,而徂徕则坚持认为"礼"就是圣人之道的"礼乐"制度之礼而非抽象的天理或内在的德性。但在礼的具体问题上,徂徕对程朱之"礼"的攻击主要集中在两点:"神主制"(祭祀时所用的"牌位""木主",前者为一般士人及庶民所用,后者则为官僚士大夫所用)和"祭四代"(祭祀祖先至高祖为止)。他在与安积澹泊(1556—1738)的六封书信中反复讨论了"礼"的问题③,其中说道:

> ……又如《家礼》神主制,长尺有二寸,象十二月,凡《礼》用十二,唯天子为然,祭四代,唯诸侯为然,伊川乃用诸庶人,岂非僭邪? 大氐孔子时学问,专用力于礼,而宋儒不尔。④

此处"《家礼》神主制"的提法不完全正确,《家礼》中并无"神主制"一

① 分别见《徂徕集》卷二十八《復安澹泊》第3书,第303页;《論語徵》戊卷,第69页;《論語徵》戊卷,第86页;《論語徵》庚卷,第161页。同时,徂徕斥责仁斋也有同样的毛病:"仁斋亦不识礼乐也。"(《論語徵》庚卷,第189—190页)

② 《辨名》"礼"第1则,第219页。按,"序和"盖谓程朱过于强调《论语·学而》"礼之用和为贵"而忽视了该段下文孔子所说的"以礼节之"这一重要层面,在徂徕看来,节制人之行为的"节之"才是礼乐之本质所在。

③ 安积澹泊《澹泊斋文集》(《續續群書類叢》第13册,东京:国书刊行会,明治四十二年刊本)则有七封与徂徕的书信。两者的书信在享保七年(1722)至享保十二年(1727)之间。按,安积澹泊为朱舜水弟子,水户藩儒,曾在水户藩主德川光圀的领导下主持编修第一部用汉文撰述的纪传体日本国史《大日本史》,于享保五年(1720)完成250卷,上呈幕府,但后来又不断续修,整个编纂过程自明历三年(1657)至明治三十九年(1906),历时二百五十年,内容自神武天皇讫至南北朝末期的小松天皇,篇幅扩充至397卷。

④ 《徂徕集》卷二十八《復安澹泊》第3书,第303页。按,其后在《復安澹泊》第5书中,徂徕强调上述对程朱祭礼的两点反对乃是自己的发现:"称祭则四代为僭,称主则尺有二寸为僭,是不佞之说也。"(《徂徕集》卷二十八,第305页)

篇，仅在卷首附有"木主全式"（又称"神主式"）一图，蹈袭的是程颐《作主式》（《河南程氏文集》卷十），其中确有"高尺有二寸，象十二月"一句。徂徕认为"十二"这个数字不能随便乱用，因为在《礼》经中，凡"十二"之数均为天子专用，故"伊川制"显然有僭越天子之重大嫌疑。至于"祭四代"，涉及祖先祭祀应当祭几代的问题，在宋代，祭三代乃是主流见解，根据北宋不同时期的礼制规定，祭四代须是官一品或正二品以上的官员才有资格，然而程颐和朱熹却力主祭四代，甚至还有祭始祖的主张，显得格外突出。[①] 朱熹后来也意识到"古者官师只得祭二代"，所以不仅祭始祖不免僭越，"遂不敢祭"，甚至"祭四代已为僭"[②]，故在《家礼》中改变了想法，从祭祀对象中去除祭始祖，但在实际操作中，朱熹根据"损益"原则，仍然主张可以在墓祭时不妨祭始祖，并在家庙中保留"一堂四龛"制。

然而徂徕却认为"祭四代，唯诸侯为然"，这是有《仪礼·丧服传》等文献根据的，他指责祭四代为"僭越"也并没有夸大其词。但是程朱制定"家礼"的目的不在回复"古礼"，毋宁是在参酌"古礼"的基础上，针对自古缺乏士庶阶层的祭祀礼仪的现象，从而重新制作一部社会基础更为广泛的礼仪新规范，故不宜一概以《仪礼》这类以天子或王公贵族为对象而制定的礼仪规范来加以苛责。徂徕则坚持他"圣人作者之谓也"的信仰，认定礼乐制度非圣人不可作，故朱熹贸然制定"家礼"的行为本身就已经大大冒犯了"圣人"[③]，这就近乎是一种儒教原教旨主义的态度。其实徂徕此说与仁斋批评朱熹擅自制定"家礼"的说法如出一辙。[④] 不过正如后述，徂徕将"礼"分成三个层面，在"行礼"层面上，徂徕也主张可以"斟酌己意""求合人情"而不能"责其必合先王之礼"（详

---

① 关于这一问题，详参吾妻重二著、吴震编：《朱熹〈家礼〉实证研究——附宋版〈家礼〉家校勘本》，第 4 章 "宋代的家庙与祖先祭祀" 第 3 节 "关于祭祀的范围"，第 144—148 页。

② 《语类》卷九十，第 2318 页。

③ 如："不佞曰：以制礼言之，程朱之拟圣人，非也；以传礼言之，程朱之乱古制，非也。"（《徂徕集》卷二十八《復安澹泊》第 6 书，第 307 页）

④ 仁斋以《中庸》"非天子不议礼，不制度"为依据，痛斥"有宋诸儒多定礼书""辄非为道而实贼道之具也。"（《古學先生文集》卷六，古义堂刻本，第 15 页下—第 16 页上）并批评朱熹："若使文公以其他礼若丧祭之礼，而酌古通今，以为自行之仪，而无意于为后学之规，则不亦善乎。而后之学者又当取以为法也。惜哉，其不知出于此，而还欲自定天下后世之礼，其亦谬矣。"（同上，第 17 页上）按《古學先生文集》刊于享保二年（1717），徂徕或当寓目。

见后述）。

值得深思的是，徂徕自己在《祠堂式及通礼微考》这篇短文所设计的"牌位"中，规定"主龛"之上分别自左至右赫然设立"始祖、二代、三代、四代"四龛，俨然是"一堂四龛"制，亦即朱熹《家礼》卷一"通礼·祠堂·为四龛以奉先世之神主"条的翻版。可见，徂徕在经典解释学上对程朱"祭四代"或"祭始祖"之主张批评甚严，然在具体的礼仪层面上，他不但主张祭祖先，且认为可以"祭四代"。当然，徂徕的这项设计要把朱熹的《家礼》借用到日本社会当中，使之成为日本社会丧祭礼仪方面活学活用的典范。

问题是，徂徕何以不参酌日本上古时代的"古礼"而要"隐蔽"地参酌他所"痛恶"的朱熹所作之《家礼》呢？这个问题颇为复杂，简单而言，所谓日本上古之礼，或许只是历史想象，徂徕根据他对中日上古史的通盘了解，认为"日本古礼以圣人之礼为本"，意谓在上古日本同样存在与中国"圣人之礼"一样的礼，但他承认这些古礼早已失传，现在连痕迹都找不到了。[①]这就不免令人怀疑，既然当今已不存在，徂徕又根据什么可以判定上古时代的中日两国存在着同样的"礼"，对此问题，其实徂徕已经无法回答。其实，所谓日本古礼，主要指天皇或公家的社会阶层存在的贵族之礼，而在士庶社会中，自古就不存在丧祭之礼，例如宝永七年（1710）由水户藩儒制定并上呈给幕府的《礼仪类典》这部礼书卷帙堪称浩大，共达一千卷，其中就有大量平安时代以来朝廷及公家举

---

① 原文为："日本ノ古礼モ圣人ノ礼ヲ本トシ玉フ"，それが"今ハ迹方モナク成タル也。"（《政談》，《日本思想大系》第 36 册《荻生徂徕》，第 413 页）不过，如果"礼"包括"礼乐"两个方面的话，那么徂徕认为日本保留的许多隋以前的"古乐"则可以"断为三代遗音也"（《徂徕集》卷二十三《復薮震庵》第 4 书，第 245 页），具体物证是他从民间访求而得的《猗兰琴谱》，徂徕据此推断："乃知古乐中华失传，而我邦有之。"（同上，第 246 页）按，该《琴谱》现存于日本宫内厅（参见田尻祐一郎：《音乐·神主と徂徕學——藪慎庵·安積澹泊との往復書簡をめぐって》，《日本思想史研究》第 14 号，1983 年，第 22 页）。其实，类似见解在徂徕之前就已存在，如熊泽蕃山指出，中国人精通音乐者多，故每个朝代不断修改音乐，于是逐渐丧失其本，而日本制乐较难，反而使得古乐得以完整保存（参见《集義外書》卷十五《雅樂解》，《（增訂）熊澤蕃山全集》第 2 册）。持有相同观点者在江户时代不乏其人，如太宰春台的再传弟子山县大弌（1725—1767）亦认为，不仅古乐，而且"古道"也同样"亡于"中国而"存于"日本，只是不在武家而在朝廷（参见氏著：《琴學發揮》卷上《温故》，转引自大川真：《近世王權論研究の新たな視座——文武論をてがかりとして》，《日本思想史研究》第 36 号，2004 年，第 35 页）。值得一提的是，朱熹也承认唐以后"古乐"已不复可考："自唐以前，乐律尚有制度可考，唐以后，都无可考。"（《语类》卷九十二，第 2342 页）"南北之乱，中华雅乐中绝。"（同上）"今之乐皆胡乐也，虽古之郑卫，亦不可见矣。"（同上，第 2347 页）

行重人礼仪的相关记录,但显然与士庶社会的丧祭礼仪无关。对徂徕而言,他不得不承认"吾邦"日本的"先王"没有指定丧祭礼仪,因此在如何制定"神主"或"神版"等问题上就颇为花费他的心思,他说:

> 吾邦先王不定丧祭礼,今国家复无定制。君子之生于斯邦也,亦行己之志,以俟后圣人,苟非中礼,可以为王者师,如之何,其可也? 茂卿谨按,主与版,意谓自别,主者庙之主也,有庙有主,无庙无主,毁庙藏焉瘗焉,所以寓神也。故六孔相通,神集于虚。初丧无主,则设魂帛,师行载毁庙主,无毁庙主则以币及圭祭之。奉而出以代之,是岂有题识乎? ①

所谓"主与版"是指神主与神版。"神主"与家庙有关,"无庙"则无须设"神主",一般说来,在唐代之前士大夫阶层并没有建"家庙"的制度,至于"神版",在历史上最为著名的是晋荀勖所制的"神版",为一般士人及庶民所使用。开首所云"吾邦先王不定丧祭礼,今国家复无定制",讲的是公认的一项事实。② 从上引这段文字来看,徂徕关心的是如何制定当时日本并无定制的丧礼以及与此有关的"神主"。

关于这一问题,徂徕与澹泊之间的往来书信有反复讨论。这场讨论的背景大致是:澹泊侍从的水户藩主德川光圀(1628—1700)以及澹泊师朱舜水(1600—1682)都热衷于"儒礼"改革,特别是光圀还按照《家礼》及中国礼仪为其家族在水户城建造了儒式墓地,并亲自撰述《丧葬仪略》,颁发给藩士及家臣,以图在水户藩推广儒家礼仪的实践③;与此同时,澹泊正在主持"大日本史"的编纂工作,对日本历史上的各种制度问题例如度量问题应当很熟

---

① 《徂徕集》卷二十八《答松子锦问神主制度》,第308页。

② 例如在丰臣秀吉入侵朝鲜后被虏至日本的朝鲜儒士姜沆(1567—1618)便惊讶地发现"日本素无丧礼"(姜沆:《看羊录》,朴钟鸣译注,东京:平凡社,1984年,第183页)。

③ 关于德川光圀与朱舜水的礼制改革,参见吾妻重二:《水户德川家と儒教儀禮——祭禮を中心に》,《アジア文化交流研究》第3号,大阪:关西大学アジア文化交流センター,2008年,第219—245页;徐兴庆:《朱舜水与德川水户藩的礼制实践》,《台大文史哲学报》第75期,2011年,第161—179页。按,朱舜水在这场儒礼改革运动中,撰有不少有关礼仪的重要文章,可分别参见《朱舜水集》,北京:中华书局,1981年;《朱氏谈绮》,上海:华东师范大学出版社,1988年。

悉,而徂徕若要重新制作神主,必涉及中国古代的尺寸如何转化为日本的尺寸等技术问题。① 正是在这样的背景下,故徂徕与澹泊之间的礼制讨论最为广泛和深入。值得注意的是,澹泊在回复徂徕《复安澹泊》第3书时的一个说法:

> 至于神主,府下士人,家家多所有,其制不合于礼。祭四代为僭,则凡为人子者,必有所不安矣。尝闻司马温公据荀勖《礼》作牌子,伊川杀诸侯之制,作神主,又以仪起始祖之祭。朱子后来觉似僭,不祭始祖,而祭四代。及作主之制,一从伊川之说,则朱子亦不免有疏漏处乎?此非敢轻议古人,亦欲考究切近之事也。今士人家不用木主而用牌子可乎?温公之制可据乎?战别有式乎?倘用木主,则其制如何而可乎?但祭祖祢,不及高曾为得乎?冀暇日命侍史劄记足下祭享之礼,及木主之式见投,则何觊如之,千万恳祈!②

他向徂徕介绍道,在水户藩内的士人,几乎家家都有“神主”,只是其制作并不完全合乎礼制,故在书信末尾,澹泊向徂徕请教了一系列有关丧礼的问题,希望得到徂徕的《木主之式》的大著,这大概是由于澹泊听闻徂徕已完成《丧礼略》或《祠堂式》等论著。书信中谈到有关伊川的《作主式》以及朱子《家礼》中的相关议论,还有“祭四代”等问题,澹泊对此也表示有所不满,以示对徂徕意见的赞同。在接下来的《答荻徂来书》第5书中,澹泊向徂徕透露自己家族“据《家礼》而修祭祀者”“据伊川式制木主以来”已经有“六七十年”的历史,并竭力主张士庶祭祀还是应以《家礼》为准,指出:“推之而言,府下之士皆然,岂啻府下,四方之士遵用《家礼》皆当然。”③ 可见,在徂徕之前,至少在水户藩的儒士阶层,依照《家礼》实行祭祀已经很普遍。

值得注意的是,徂徕在面对“礼”如何现实化的问题之际,提出应将“礼”

① 参见《徂徕集》卷二十八《復安澹泊》第6书。按,徂徕著有《度量考》一书(参见《荻生徂徕全集》卷13),其弟荻生北溪著有《衡考》,合为《度量衡考》三卷,于享保十九年(1734)刊行。

② 《澹泊斋文集》卷八《答荻徂徕书》第4书,《续续群书类丛》第13册,第414—415页。

③ 《澹泊斋文集》卷八《答荻徂徕书》第5书,《续续群书类丛》第13册,第422页。

划分为"制礼""传礼""行礼"三种不同层次来分别思考。[①] 事实上，"行礼"一说正是徂徕为应对"礼"的现实化问题所提出的一个重要观点。"制礼"当然属于"三代圣人"之事，"传礼"则是指"仲尼之徒"所做的各种礼书如《礼记》之类，问题是在"行"的层面上人们究竟应当怎么做？徂徕首先指出在"行礼"层面上，存在"古今华夏之分"，他说：

> 至于行礼焉者，乃有古今华夷之分焉，古之时，夏之礼不得行诸殷，殷之礼不得行诸周，周以后皆然。异代之礼，悖时王之制，臣子所不得为也。故繁文末节之至琐屑，或如可不必拘者，虽仲尼之圣，亦皆详问而固守之，凡《戴记》诸书所载，所以钦时王之制也。是古之行礼焉者为尔，后世则殊是。

这是说，"行礼"是随着时代及地域之不同而有不同的，因此应当随时变易，不可执定一时之礼而不变，由夏至殷而至周，莫不皆然，讲的似乎是大道理。然而作为随时变易的"行礼"由谁来制定，这却是一个大问题，徂徕指出：

> 故世之行礼者，于其无时王之制者，则不得已。遥取先王之礼，以己意斟酌以行之，如温公、朱子是也。既已斟酌，岂责其必合先王之礼乎？

"温公"指司马光的《书仪》，"朱子"则是指朱熹的《家礼》，这两部宋代最著名的礼书乃是"遥取先王之礼，以己意斟酌"而制定的，既然是"斟酌"，那么就不必尽合"先王之礼"，这里突出了"斟酌"的重要性。如何"斟酌"呢？例如日本：

> 况吾邦先王不制丧祭之礼，是以世之人莫有所遵守，则又苦于三代先王之礼难读，乃近取朱子《家礼》，而代殊土殊俗殊，故亦不得一一遵守以行之，则又必以己意斟酌其所宜，而后始得行之。

---

① 关于这个三分法，有学者指出，并不见诸徂徕的名著《辨道》《辨名》以及《論語徵》中，参见田尻祐一郎：《音乐·神主と徂徕學——藪慎庵·安積澹泊との往復書簡をめぐって》，《日本思想史研究》第14号，1983年，第26页。

这是说，日本现在流行使用朱子《家礼》乃是不得已而为之，但是由于中国与日本之间存在"代殊土殊俗殊"的巨大差异，所以不能生搬硬套《家礼》，而应当"以己意斟酌其所宜"，亦即应当考虑日本的特殊性而加以必要的转变。的确，《家礼》所涉及的冠昏丧祭四个方面的礼仪传入日本后，被日本儒者所吸收容纳的其实大多只有"丧祭"部分，因为"冠昏"礼仪显然与日本社会的习俗相距甚远，因此德川儒者对此几乎没有关注。

不过问题的关键还是如何"斟酌"，对此，徂徕根据《礼记》等记载，指出斟酌的依据在于"人情"，他说：

> 夫斟酌者何？求合人情也。传曰："非从天降也，非从地出也，人情而已矣。"（引者按，语见《礼记·问丧》）则圣人之制礼，本于人情矣。故今行礼而求合人情，可谓弗悖已。……昔者宰我欲短丧，仲尼曰："女安则为之。"（引者按，语见《论语·阳货》）虽责辞乎？然其所期必在心之安已。今足下（引者按，指澹泊）以心之安不安为说，可谓知礼之意已。不佞乃谓程朱之礼，使其自行之而已，亦何不可也？

可见，所谓"斟酌"无非就是要求"合人情"，特别是徂徕以孔子答宰我"三年之丧"的问题时所说的"女安则为之"为据，提出了"心之安"这一心理活动才是最终判断如何"行礼"的依据，至于徂徕对孔子的这句话存在严重误读，我们会在后面再谈，有趣的是，徂徕在行礼的层面上竟然认可了程朱之礼，认为亦不妨依此为之。关于这一点，徂徕还有进一步的阐述：

> 不佞曰：以制礼言之，程朱之拟圣人，非也；以传礼言之，程朱之乱古制，非也；若以行礼言之，程朱之礼亦可，世俗之礼亦可，特以己心斟酌先王之礼亦可。夫先王之礼既不可全行于今，则人人以己心所安断之可也。人异性，心如面，其心所安，人人而异，庸何伤乎？祗人安于习，故习于世俗之礼者，不以程朱所定为安，亦犹足下以程朱之制为安也，是亦不可不知如此。①

---

① 以上所引《復安澹泊》第 6 书，均见《徂徕集》卷二十八，第 306—307 页。

可见在"制礼"和"传礼"的问题上，尽管徂徕对程朱的批判甚严，然而在"行礼"问题上，徂徕表现出一种相当灵活的态度，其实这种态度在日本吸纳和改造中国儒学的过程中毋宁是一种常态。例如早徂徕一代的朱子学者山崎闇斋（1618—1682）就曾强调："朱子既多用俗礼，能考古礼，深酌其意而行诸时宜者，可谓儒者之事也。"他甚至假设朱子若生于日本，那么朱子亦肯定会根据日本情况来制作《家礼》，因此"拘泥于《家礼》，绝非所谓善得朱子之旨而用《家礼》者也。若能得礼之本，据事实之宜而行之，可谓得朱子之本意也"①。换言之，善得朱熹之本意者，就应当对其《家礼》活学活用并根据日本之时宜而加以适当修正。其实，这层道理不唯闇斋、徂徕知之，朱熹又何尝不知，如其曰："某尝说，使有圣王复兴，为今日礼，怕必不能悉如古制。今日要得大纲是，若其小处亦难尽用。"②

特别值得一提的是"人异性，心如面"这一可谓是徂徕学的独特"心性论"，他强调人性人心是具体的特殊的，人人不同，各各有异，根本不存在什么同一的人性或人心之本质，据此，"行礼"也就应该是因人而异的，可见，徂徕在现实层面上，他欲通过对中国礼仪的相对化来建构"礼"的多元化，即便中国的先王之礼再如何崇高，一旦落在现实世界，由于中日两国"代殊土殊俗殊"，差异太大，因此也就必须打破中国礼仪一元化，不论是"程朱之礼"还是"世俗之礼"，都可根据自己民族的"心情"来做出选择，而不能以"崇华"情结来对待中华文化，例如徂徕曾经奉劝一位慕"华风之深"的友人道："且三代而后，虽中华，亦戎狄猾之，非古中华也。故徒慕中华之名者，亦非也。"③可见，徂徕对于

---

① 若林强斋（1679—1732）：《家禮訓蒙疏》卷一《通禮》，转引自吾妻重二：《家禮文献集成·日本篇一》，"解说"，关西大学东西学术研究所资料丛刊27-1，大阪：关西大学出版部，2010年。第248页。按，若林强斋为山崎闇斋二传弟子，上面引用的两段话是其祖述闇斋的原话，而他在《家礼训蒙疏》中采用"按语"方式附上自己的独特理解，以说明应如何按照日本风俗来斟酌使用《家礼》（参见同上，第248页）。

② 《语类》卷八十四，第2185页。

③ 《徂徕集》卷二十五《復柳川内山生》，第270页。按，在德川后期特别是近代以来，有一种观点认为徂徕是典型"慕华"论者，这一观点所涉议题太大，非此处所能详论，我仅介绍一个相反的观点，例如吉川幸次郎便以为徂徕其实是站在普遍主义立场之上的民族主义者，而且是典型的日本思想家，参见其两篇重要论文：《民族主義者としての徂徕》和《日本の思想家としての徂徕》，氏著：《仁斋·徂徕·宣长》，东京：岩波书店，1975年。

"慕华"现象是有清醒意识的，故称徂徕为慕华者，可能徂徕并不认同。须指出的是，他在与安积澹泊探讨的是日本社会究竟应该如何"行礼"的问题，所以徂徕所说的"斟酌"并不是针对中国人而言，乃是针对当时日本人而言的，这一点我们也不能忘记。

（三）"行礼"的心理学基础

那么，"斟酌"又有何标准可循呢？徂徕以为《礼记》"求合人情也"正可成为"斟酌"的标准。因为圣人制礼是以"人情为本"的，所以行礼者更应"求合人情"。问题是什么叫"人情"？徂徕认为例如《诗经》就集中体现了"人情"：

> 夫古之诗，犹今之诗也，其言主人情，岂有义理之可言哉！……盖先王之道，缘人情以设之，苟不知人情，安能通行天下莫有所窒碍乎？学者能知人情，而后书之义神明变化，故以诗为义之府者，必并书言之已。是先王之教所以为妙也。①

"人情"是《诗》的主题，义理在这当中是不存在的。重要的是，"先王之道"在制定之初，便是以人情为标准的，若不知人情，先王之道无由而生，更谈不上如何实行。足见，人情在徂徕思想系统中是一极其重要的观念，具有核心的地位，在他看来，"孔子可谓善识人情"②。因此人情就存在于《论语》之中、六经之中，故此人情绝非一己之私情，而具有社会性、历史性的含义，换言之，圣人制作礼仪所依据的乃是社会人情，否则的话，"安能通行天下莫有所窒碍乎？"因此对于后世经典学习者而言，"能知人情"也就变得格外重要。另一方面，徂徕在上引徂徕《复安澹泊》第 6 书中还以《礼记·檀弓上》"其动也中"为据，指出"人情"乃是发自内心的情感，并以孔子针对宰我"三年之丧"的疑虑所说"女安则为之"为依据，强调基于"人情"的"心安"是把握"礼之意"的关键，换言之，对"礼之意"的把握不能仅仅依据外在规范，更要看是否合乎人情，而此"人情"又有内在心理活动的含义。

---

① 《辨名》"义"第 5 则，第 222 页。
② 《論語徵》壬卷，第 307 页。

要之，徂徕强调"行礼"既然是今礼，故须按"己意斟酌"，而"己意"是否"合乎人情"，关键要看行礼者内"心"是否"安"，因此在"行礼"层面上，人心的内在情感的问题显得十分重要。若就日本而言，由于日本古无丧礼，因此也就不存在遵循何种礼仪的问题，在此情形下，行礼者需要参酌日本社会的"人情"以及自己的内在情感才可，此即徂徕为何强调"人人以己心所安断之可也"的缘由，也是徂徕为何特别看重孔子所说"女安则为之"这句话的缘由，按徂徕的理解，孔子此语为我们指明了"行礼"准则。

但是徂徕对孔子"女安则为之"的解读是否符合孔子此语在《论语》中的义理脉络呢？对此似乎尚有仔细分疏的必要。为方便下文的讨论，这里先将《论语·阳货》所载孔子与宰我有关"三年之丧"的对话全文揭示如下：

> 宰我问："三年之丧，期已久矣。君子三年不为礼，礼必坏；三年不为乐，乐必崩。旧谷既没，新谷既升，钻燧改火，期可已矣。"子曰："食夫稻，衣夫锦，于女安乎？"曰："安。""女安则为之！夫君子之居丧，食旨不甘，闻乐不乐，居处不安，故不为也。今女安，则为之！"宰我出。子曰："予之不仁也！子生三年，然后免于父母之怀。夫三年之丧，天下之通丧也。予也有三年之爱于其父母乎？"

我们将孔子"女安则为之"放在整段对话的语境中来看，即可明了孔子此话是上承宰我的回答"安"而发出的，而宰我的"安"则是回答孔子若在居丧期间食稻衣锦 ① 于心可安的问题，对于宰我的回答"安"，孔子已然无可奈何，故有"女安则为之"之说。但是对话并没有就此打住，孔子进一步强调指出：若是君子的话，在居丧期间肯定是食不甘味、闻乐不乐、夜不安寐的，所以是不会做出"期年（引者按，即一年）之丧可已"之行为的，"现在既然汝心可安，那就不妨为之吧！"言外之意至为显然：孔子为"女安则为之"设定了一个前提，亦即如果你愿承认自己不是君子的话。从整段对话的语气及其隐含的旨意看，孔子

---

① 孔子语隐指《仪礼·丧服传》所载："居丧既虞，食蔬食水饮；既练，始食菜果，饭素食。"（刘宝楠：《论语正义》卷二十，北京：中华书局，1990 年，第 703 页）可见，在居丧期间食稻衣锦显然有悖于礼制。

所谓"女安则为之"绝非赞赏之辞，而是无可奈何之辞。不过一个显而易见的事实是，孔子在这段对话中也的确强调"心安"的重要性，亦即认为"行礼"需要情感的基础，只是孔子坚持认为君子行"三年之丧"也是于心所安的，可见所谓"心安"有一必要的前提条件，亦即行为本身首先须符合礼仪规范，在符合规范的前提下，才能考虑"心安"，不能倒过来，以"心安"为前提条件，在行礼之前，首先依据自己的心理感受来决定行礼的方式。然而按照徂徕的解读，孔子唯以情感为唯一绝对条件，进而积极鼓励宰我的行为。若此，则意味着孔子对于"三年之丧"采取的是无可无不可的无所谓态度。

更重要的是，后面一段记录表明，孔子对宰我表示了深深的失望，直斥之为"不仁"！并强调了孔子自己的立场："夫三年之丧，天下之通丧也。"也正由此，故孔子最后甚至怀疑宰我是否得到过父母的"三年之爱"。总之，明白了上述这段对话的语境及其脉络，我们可以说，对于宰我"三年之丧"的质疑及其"期年之丧"的主张，孔子是深不以为然的。在这个意义上，朱熹《论语集注》对这里出现的两处"女安则为之"所下的判断应当离孔子本意不远："初言'女安则为之'，绝之之辞"；"而再言'女安则为之'以深责之。"意谓孔子的态度是明确的，"安则为之"不能成为改变丧礼的理由。

的确，原则立场不可弃，孔子仍然坚持自己的价值立场，故他指责宰我的行为是"不仁"！而这一批评发生在宰我离去之后，是孔子当着第三者旁人的面发出的，这种情况的发生在整部《论语》中仅此一例，足见孔子几乎已到了忍无可忍的地步。值得一提的是，在传统经学注释史上，有史家为宰我辩白，如孔《疏》引缪协之言，以为"宰我思启愤于夫子，以戒将来，意在屈己明道"，刘宝楠谓"此解极确"[1]，显然此言出于护教心态，是否的确，已与本文主旨无关。重要的是在这一解释的背后所蕴含的意思却表明，无论是缪协还是刘宝楠，他们也都一致认为宰我为了让孔子道出三年之丧的理由，甘愿扮演反面角色。据此，"女安则为之"就只能是孔子一时的激愤之词，而不能证明孔子真的认同宰我之主张，以为可以缩短丧期至一年。

现在再看徂徕的解释，他的诠释结论与朱熹及传统注疏大异其趣。他首先

---

[1] 引自刘宝楠：《论语正义》卷二十，第701页。

对这段对话的时代背景做了一个重要判断：

> 孔子时当革命之秋，孔子之道大行于天下，必改礼乐。宰我之智，盖窥见其意，故有"期可已矣"之问，是非己欲短丧也。言若制作礼乐，则期可已矣耳。不然，三年之丧，先王之制也，当世之人遵奉而不敢违也。况宰我之在圣门，岂无故而有此问乎？①

依徂徕所述，孔子正处在"革命"的关键年代，而且"孔子之道"已然"大行于天下"了，值此之际，故孔子必重新制作"礼乐"，在此背景下，宰我才故意有"期可已矣"一问，意在激发孔子顺应"革命"重订"礼乐"，而不是为了自己真的想要缩短丧期。不客气地说，这个解释有点晚清今文学家如康有为以今释古的味道，以为孔子欲"托古改制"搞革命，因此整个儒学经典的诠释体系就应推倒重来，然而历史已经证明这种诠释态度是不可取的。但是徂徕的上述解释与其对"圣人制作"的历史观密切相关——若非"革命之秋"则无必要制作礼乐，反之，若圣人制作礼乐，必已面临"革命之秋"。

　　"言若制作礼乐"以下一段则又是徂徕的独到解释，在他看来，宰我的用意是，如果孔子要重新制作礼乐，那么"期可已矣"——按这里的"期"作一年解，意谓孔子只需一年便可完成，这是说，宰我不是主张丧期由三年改为一年，而是说孔子若改制礼乐，则一年时间就足够了。因为徂徕也认定"三年之丧"是"先王之制"，是不可更改的，当时世人都遵而不违，身在孔门的宰我哪有胆识主张缩短丧期。徂徕的这个解释其实是在做心理推测，他在推测宰我的心理不至于以为先王之制也可改变，显然这个推测显得非常突兀。现在史家一般认为，三年之丧在孔子的春秋时代其实久已不行了。②因此徂徕对"期可已矣"的重新解读能否成立是十分可疑的。

　　接着，徂徕开始抨击朱熹和仁斋，指出："宋儒好自高，轻议人，亡论也。

---

① 《論語徵》壬卷，第 303 页。
② 如刘宝楠据《公羊传》等书指出："是三年之丧，当时久不行。"不过也有人认为根据《礼记·檀弓》所载，孔门子夏、闵子骞皆三年丧毕而见孔子，故孔门之徒"皆能行之"（刘宝楠：《论语正义》卷二十，第 701 页）。

仁斋先生怪其孔门高弟而有此问也。"此处"宋儒"显指朱熹,自不待言,仁斋之解为何,这里无须赘言。接下来,徂徕跳过《论语》文本,运用"推诸他书"的诠释方法,以《礼记》来解释《论语》,并亮出了他的价值判断:

> 夫礼者,缘人情而作者也。① 故孔子曰安则为之。后儒不知道,故以为深责宰我,可谓谬矣。宰我曰:"君子三年不为礼,礼必坏;三年不为乐,乐必崩。"可见孔子之时,礼乐至重耳。故宰我不以它而以礼乐,若后世儒者何有此言乎?……夫三年之丧,以尽子之哀,圣人之心以此为足以报怀抱之恩,则岂不迂乎!然孔子所以云尔者,乃礼之所取于类为尔。曾子曰:"慎终追远,民德归厚。"是制礼之意也。②

在这段解读中,"礼者缘人情而作者"的"人情"成了徂徕释礼的一个核心观念,他把孔子"女安则为之"之说置于以情释礼的诠释立场上来解释,以为孔子之说恰恰表明礼重在人情,而"缘人情"之"缘"字则表明人情乃制礼者之所依。至于朱熹、仁斋以此为"深责"之辞,皆由不知"道"之故。

诚然,人情乃圣人制礼的重要因素,这是儒家的传统观点,如《礼记·坊记》所言"礼者,因人之情而为之节文",但是另一方面,从性情论的角度看,人情有喜怒哀乐等复杂表现,极易逸出正轨而发生偏向,故须治之以礼,如《礼记·礼运》所言:"故圣王修义之柄、礼之序,以治人情。故人情者,圣王之田也,修礼以耕之……"这是主张以礼义等来培养人情。《礼运》又称:"故圣人之所以治人七情,修十义,讲信修睦,尚辞让,去争夺,舍礼何以治之?"显然,一方面人情与制礼有关,但同时礼仪的作用正在于治情。然而依徂徕,他却从发生学的意义上,强调圣人"缘情"而制礼,如此则人情便解读成制礼的依据,而人情中的善恶是非等道德问题则不在他的视域之内。

由此可见,徂徕的整段解释之要点其实有二:一是揭起"礼者缘人情而作

---

① 按,徂徕此说源自《礼记·乐记》"礼乐之说,管乎人情矣"。或有可能直接引自《史记》卷二十三《礼书》:"观三代损益,乃知缘人情而制礼。"(上海:上海古籍出版社,1986年"二十五史"本,第154页)徂徕对《史记》向来很看重,以为是接近古言的,参见《徂徕集》卷二十三《與藪震庵》第7书,第248页。

② 《論語徵》壬卷,第303—307页。

者"这面大旗，一是据此判断孔子"安则为之"是对宰我的大大赞扬。而徂徕所强调的"安"，是指参酌己意、合乎人情这一意义上的心安，由此"行礼"就被置于"心之所安"这一心理活动的基础之上，由于徂徕所谓的"心"绝非道德义之"本心"，故其所谓"心安"就只是一种情感活动的心理表现，与道德判断无关。至于"三年之丧"这场对话的前后义理脉络，徂徕或者视若无睹或者按需所取，进行了截断式的判读。这种判断显然有徂徕的"前见意识"先行的特征，其对儒家经典的理解可能并非如其所言已经完全把握了"本意"。

当然，徂徕的儒家经典诠释也并非一无是处，例如他以社会人情及自我情感作为礼仪实践的基础，就充分显示出徂徕学的思想独特性。重要的是，徂徕由其自身的思想立场出发来重新解读儒家经典，以此解构后孔子时代几乎所有的儒学理论，进而建构起一套有别于中国儒学形态的"日本化"儒学。

（四）几点讨论

人们或许会问，徂徕在批判宋儒"不知礼"之后，他自己又有何建设性的礼仪方案？我们关注到，徂徕关心的礼仪制度重建问题其实范围很狭小，主要是"神主"制度亦即丧礼问题，至于祭礼部分如《祠堂式及通礼征考》虽有涉及，但已语焉不详。在神主问题上，徂徕历考许慎《五经异议》以降的各种典籍，并根据《通典》卷四十八所载荀勖"神版"制"皆正长一尺一寸"，以为"亦不为无据"，故今人不妨参之，以纠程朱"木主"制"高尺有二寸"之误。但问题是，这些中国的经典研究如何落实为日本的现实制度？即日本究竟应采用何种神主制度呢？对此，他的回答令人沮丧：

> 此方（引者按，指日本）儒者乃劝诸侯大夫用伊川制，何其谬哉！士人虽有采邑而不居，皆馆于城中，屋舍猥陋，百事苟且，穴迫无暇日，斋且不能，况祭荐乎！尚何问主牌异同乎！与其祀而亵渎，孰若且从世俗所为，荐于僧寺之为祖先所安享也，悲哉！①

---

① 《徂徕集》卷二十八《復安澹泊》第 5 书，第 305 页。

徂徕的看法很悲观，他以为中国官僚士大夫的神主制度几乎不可能在日本推广，因为日本士人的生态环境与中国有根本差异。的确，在近世日本并无科举制，故士人大多原为武士出身，往往离乡背井而移居城市，且居所狭小，根本无法在家里建立祠堂，所以如何制作神主也就无从谈起。故徂徕提议还是不妨按照日本中世以来的习俗，一切丧祭交由佛教寺庙去办。为此，一声"悲哉"的感叹已经表明徂徕实在非常无奈。①

须指出，徂徕由反宋儒的立场出发，因而在礼制问题上对程朱之礼多有不满，对此，吾人应表示同情之了解，他认为中国儒礼有诸多不适应日本风土之处，因为中日两国存在"代殊土殊俗殊"的巨大差异，这个见解更应值得重视。然而，我们却不得不说徂徕对江户早期以来日本儒者的《家礼》研究及其实践运动显得缺乏关心，他不仅对水户藩的儒礼改革运动似乎所知非常有限，而且对于这场改革运动的先驱性著作——林鹅峰的两部《家礼》著作——《泣血余滴》《祭奠私议》也没有表现出任何关注的迹象，而这两部礼学论著可谓是中国礼仪日本化的典范，有研究表明林鹅峰至少在十个方面对《家礼》做了日本化的改造，并对此后江户时代的《家礼》实践产生了示范性作用。② 所以说，在当时逐渐兴起的中国礼仪日本化的运动中，徂徕学的地位实在不足称道，他甚至流露出在心之所安的前提下，"行礼"即便按世俗之礼或佛教礼仪来安排也无妨，这就表明他在行礼问题上似乎缺乏经典理论的一贯支持。

的确，徂徕在学术上非常自信，他以为孔子之道到了他的手里，必将冲破宋儒的乌云笼罩而得以重见天日，他一方面努力扭转宋儒形上化的方向，将孔子之道收拢在礼乐制度之中，以为一切行为只要按"礼"而行便可接近圣人之道，但在另一方面，他可能过于轻视程朱学在制度安排上所做出的努力，他一

---

① 安积澹泊在回信中对徂徕的感叹"悲哉"却表示了同情了解，以为这是"有激而言"而非出自真心，他指出："今释教盛行于海内，其间稍辨气理，而知祀祖先于其家之为是者，仅存什一于仟佰，而一概举之，以托缁徒，则其害有不可胜言者矣。然以'悲哉'二字结之，则知足下有激而言也。"（《澹泊斋文集》卷八《答荻徂徕书》，第 422 页）据此推测，徂徕应当仍未忘却自己的儒者身份。不过其中"仅存什一于仟佰"一语也表明，在当时日本实行丧葬之际，佛教的势头远远盖过儒教。

② 参见吾妻重二：《日本における〈家禮〉の受容——林鵝峰〈泣血餘滴〉〈祭奠私議〉を中心に》，吾妻重二、朴元在编：《朱子家禮と東アジアの文化交渉》，东京：汲古书院，2012 年，第 185—187 页。

味对程朱学口诛笔伐，其中已不免有意气用事之因素。[①]事实上，已有大量研究表明，朱熹在制度安排上的理论探索及其实际贡献可能并不亚于儒学史上的任何一位儒者，他的《家礼》在近世东亚的广泛影响亦可充分说明这一点，尽管近世日本的情况尚显复杂，还有待梳理。

本来，对儒学而言，作为仁义礼智之一的"礼"是内在于人性中的一种德性存在，同时作为制度之"礼"又有秩序的含义而具有客观性。程颐甚至说过即便是"盗贼"亦须讲求"礼乐"秩序，否则"叛乱无统，不能一日相聚而为盗也"，结论是"礼乐无处无之，学者须要识得"。[②]这表明"礼"具有客观性和普遍性。然而正如朱熹在《家礼序》中所表明的那样，他的《家礼》是通过对《礼》经"少加损益"而成的，意谓"礼"在实际运用中是具体的，故须随时损益。因此，当《家礼》传入日本之后，日本儒者也必会遭遇如何使中国的"礼"与日本风土人情相结合的实际问题。其实这是文化交涉史上必然出现的问题。

但对徂徕而言，这个问题不但棘手，而且他在回应这个问题时，其实已陷入了种种理论上的严重困境：一方面徂徕以复归孔子之道为指向，但是另一方面作为孔子之道的具体内容——礼乐制度已经不可复原，特别是《仪礼》《周礼》的贵族礼仪尤其如此；一方面徂徕以批判宋儒为职责，认定宋儒不知礼，但是另一方面他又不得不参酌朱熹《家礼》以制定《丧礼略》；一方面徂徕深知礼乐制度的重建唯有"圣人"才有资格，但是另一方面他撰述《丧礼略》又违反了自己的这一立场；一方面徂徕试图通过"制礼""传礼""行礼"的三分法，将经典研究与应用研究区分开来，但是另一方面他深感在现实日本若要重建礼仪制度已经基本无望。

---

① 例如徂徕这样批评宋儒："后世儒者（引者按，指'宋儒'）徒好标异于世俗以自矜，而其意以为实无鬼神，故率沿伊川制，以为儒者之礼当然，而不知所以尊严之道，则先王敬鬼神之意荒矣。"（《徂徕集》卷二十八《復安澹泊》第 5 书，第 305 页）本文因论域所限，无暇涉及徂徕的鬼神观问题。然而徂徕指责后儒沿用"伊川制"是由于相信"无神"论，显然有点诠释过度了。我们只能说徂徕的理论勇气常常与其意气用事交错在一起，令人分辨不清。关于朱熹鬼神观，参见拙文：《鬼神以祭祀而言——关于朱子鬼神观的若干问题》，《哲学分析》2012 年第 3 卷第 5 期，第 73—95 页；关于徂徕鬼神观，参见子安宣邦：《（新版）鬼神論——神と祭祀のディスクール》，"新版序"第 8 节"徂徕鬼神說と國家神道"，东京：白泽社，2002 年，第 22—25 页。

② 《论语集注·阳货》，《四书章句集注》，第 178—179 页。

五 小 结

总之，从理论上看，徂徕对"道"的政治化解释，一方面彻底颠覆了"道"的形上化，同时也消解了"道"的道德化，从而阻断了政治与道德的连续，政治不再被看作是道德的延伸，与此相应，人为规范与自然天理也不存在连续性，对于这种独特的思想形态，我们已不能用中国传统儒学来加以规范。应当说，最早揭示这一点的丸山真男的徂徕研究仍具有典范意义。但是政治与道德、规范与自然的分离是否意味着西方"近代性"在近世日本的萌芽，则尚可再议。

在方法论上，徂徕以古言征古义的古文辞学方法作为儒家经典解释的手段存在诸多自身的局限，他在反对"以今言视古言"用力过猛之余，反而走向"以古言视今言"的另一极端，表面上，他欲通过这种方法以求复归原典、重现孔子之道，实质上，在他的解释理论中有个人色彩浓厚的价值判断，未必如其所言他的一套言说与"圣经本意"吻合无间。

在现实关怀上，徂徕欲重建制度的勇气十分可嘉，他基于礼是"缘人情而作"的立场，主张后人可以"斟酌己意"以及根据"心之所安"的心理学原则来解决礼的现实问题，符合当时中国礼仪日本化的历史走向，但是他也深深感到在与中国文化传统落差甚大的日本，理想的圣人礼仪显得非常遥远，而他的重订丧礼的尝试具有多少现实可行性也令人怀疑，这也是他为何在面对"行礼"层面的具体问题时颇感无奈的思想原因之一。

从历史上看，徂徕基于人心"如面"、人性"多样"、道为"多端"的多元主义立场，反对文化的本质同一性，并以此对中国朱子学以及反对朱子学的日本古义学（伊藤仁斋）展开猛烈批判，其理论企图且不论，就其理论效果看，必将对中华文化一元论产生巨大的冲击，而当朱子学的权威受到严重挑战之后，在思想文化舞台上就相应地增强了多元文化产生的可能性。对此，徂徕可能并没有清楚的意识，他也许只是想若要重现儒家原典的意义，就必须清算朱熹理学的谬误，但是当人们了解到朱子学也存在种种严重问题，于是就有可能令他们觉得作为外来思想的中国儒学也并没有什么了不起，儒家经典若不经过一番重新解释的意义转化，就无法与日本现实社会相适应。

　　最后须指出，事实上，徂徕通过对中国儒家经典的重新解读所建构起来的乃是日本化儒学。也正由此，所以我们说，虽然徂徕是宋儒形上学的颠覆者，但他不可能是孔子之道的重建者，徂徕学的历史意义在于加速推动了中国儒学向日本儒学的转化进程，从而使得德川思想在此后的发展过程中呈现出各种可能性和多样性，而徂徕学的思想意义或许也正在于此。

第十三章 荻生徂徕的"鬼神"观及其伦理学性格

蔡振丰

一 前 言

荻生徂徕（1666—1728）是日本古文辞学派的代表人物，他追溯先王的六经之道批判孔子后学，特别是朱熹以"理气论"之形上学架构所完成的理学思想。丸山真男（1914—1996）的《日本政治思想史研究》①认为朱子学是支撑德川封建体制的意识形态，因而将瓦解朱子学的徂徕学，与抨击朱子学以虚伪之"理"压抑真心之本居宣长（1730—1801）的国学，视为具有脱离封建体制之意义，也是日本思想中具有近代意识的开端。丸山由近代性精神的转换来分析徂徕学的意义，其背后的基本想法是假设日本近代化的进程具有一种日本文化的内在理路，这种理路展现在"政治与道德""国家社会与个人""个人的内在与外在"的分离过程，以及由"自然秩序"的社会观转变为"人之作为"的过程。

丸山的政治思想史论，在战后聚焦于近代论的学术环境下，得到知识界广大的支持与回响，但也具有一种"在近代性的思维中寻找近代"的意味，这对于什么是真正徂徕学的内涵而言，不免令人心生疑惑。因此本文并不先把徂徕学

---

① 参见丸山真男：《日本政治思想史研究》，东京：东京大学出版会，1976年；中译本有王中江译，北京：生活·读书·新知三联书店，2000年。以下本文所引《日本政治思想史研究》的中译文，皆出于王中江译本。

设在"近代的徂徕"上讨论，企图从批判的角度把徂徕学放回儒学的脉络，重新思考除去近代性观点缠绕下的徂徕学，其所反映或转变的儒学伦理观点是什么？本文所以以"鬼神观"切入问题，乃是本于徂徕自言"先王之道，莫不本诸敬天敬鬼神者焉"的说法①，希望借由徂徕的鬼神观，分析徂徕学与中国儒学的根本差异，并由此说明其伦理学性格在东亚儒学中的特殊性。

二 朱子鬼神论的二气感应观

鬼神的基本定义，依《说文解字》"人所归为鬼"及"天神，引出万物者也"的说法，鬼可指为人死后不可见的状态，而神可指泛指生养万物的天神地祇，故朱子解释《论语·八佾》第12章"祭如在，祭神如神在"时，将"祭"解为"祭祖先"，将"祭神"解为"祭外神"②，"祖先、外神"大致概括了"鬼、神"的指义，然而当大部分的人论及鬼神时，他们所在意的往往不是鬼神的指涉范畴，而是鬼神是否存在的问题。"有鬼"与"无鬼"的争论虽然起源久远，但真正展开这种争论的时期，是佛教传入后的魏晋南北朝，这个时期不但可见大量的"志怪"小说，即使在正史中也常见神怪之事的描述，故有阮瞻（307—312）无鬼论及其遇鬼而亡的传说。③就先秦儒学而言，对鬼神问题的讨论，并不聚焦于"鬼神是否存在"上，而是在"人如何看待鬼神"上。因此，也可以说"鬼神就栖息在人类的语言当中"④，或"鬼神就栖息在人类的祭祀当中"，故《论语·八佾》言：

① 荻生徂徕：《辨道》，今中宽司、奈良本辰也编：《荻生徂徕全集》第1卷，东京：みすず书房，1973年，第418页。按，以下仅注篇名、条目及页码。

② 朱熹：《论语集注》卷二，《四书章句集注》，台北：大安出版社，1999年，第86页。

③ 《世说新语》中卷《方正》言："阮宣子论鬼神有无者。或以人死有鬼，宣子独以为无，曰：'今见鬼者云，着生时衣服，若人死有鬼，衣服复有鬼邪？'"（刘义庆撰，徐震堮校笺：《世说新语校笺》，台北：文史哲出版社，1985年，第172页）《晋书》卷49《阮籍列传》载阮瞻事云："永嘉中，为太子舍人。瞻素执无鬼论，物莫能难，每自谓此理足以辩正幽明。忽有一客通名诣瞻，寒温毕，聊谈名理。客甚有才辩，瞻与之言，良久及鬼神之事，反复甚苦。客遂屈，乃作色曰：'鬼神，古今圣贤所共传，君何得独言无！即仆便是鬼。'于是变为异形，须臾消灭。瞻默然，意色大恶。后岁余，病卒于仓垣，时年三十。"（房玄龄等撰，杨家骆主编：《晋书》第2册，台北：鼎文书局，1979年，第1364页）

④ 这是子安宣邦在其《鬼神論——神と祭祀ディスクール》（新版）（东京：白泽社，2002年）所提出来的看法。又见于子安宣邦：《东亚儒学：批判与方法》，第五章"何谓鬼神论"，陈玮芬等译，台北：台湾大学出版中心，2004年。子安早期的论文亦可见于《鬼神論——儒家知識人のディスクール》（东京：福武书店，1992年）、《"事件"としての徂徕學》（东京：青土社，1990年）第三、四章。

"祭如在,祭神如神在。子曰:吾不与祭,如不祭",意指在祭祀之中,不当心生鬼神存不存在的问题,如此将使祭祀失去意义。

儒家的这种不先肯定鬼神存在而祭祀的态度,曾经遭受到墨子的批判,墨子言:"执无鬼而学祭礼,是犹无客而学客礼也,是犹无鱼而为鱼罟也。"[1] 但《礼记·祭统》云:"夫祭者,非物自外至者也,自中出生于心也;心怵而奉之以礼"[2],《礼器》云:"君子曰:祭祀不祈"[3],似乎是假设一种心学的立场,认为所有存在物必须关联于我之心才具有意义,假若鬼神真实存在,却与我心无所交接,则鬼神于我亦无意义。如此,儒学中所论的鬼神是指一种存心的状态,由于这种存心的状态无关于向一个实在的对象祈求,所以不必考虑鬼神是否存在或鬼神能否有迎祥致福之作用,因而祭祀的目的可能只是为了存续自我的敬畏、节制、忆念之心。祭祖先或父母也是如此,《祭义》云:"齐之日:思其居处,思其笑语,思其志意,思其所乐,思其所嗜。齐三日,乃见其所为齐者……于是,谕其志意,以其恍惚以与神明交,庶或飨之。'庶或飨之',孝子之志也。"[4] 这说明孝子思亲是行斋戒祭祖先的起因,由于祭祀的主体在于孝子,而不在于祖先父母,所以在此活动中孝子并不考虑丧亡之亲是否存在为鬼的问题。

儒学发展到宋代,理学家结合了《中庸》《易传》《礼记》的说法[5],将鬼神纳入"太极—阴阳"或"理—气"的形上学结构中,因而宋以后"鬼神"一词的使用大致有二种意义,一是由形上层指为不可测知的"阴阳屈伸、往来"的变化,二是由形下层指为可通于天地之气的人之魂魄。前者如张载(1020—1077)《正蒙·太和》所言之"鬼神者,二气之良能也",王夫之(1619—1692)注此语曰:"阴阳相感聚而生人物者为神;合于人物之身,用久则神随形敝,敝而不足以

---

① 墨翟撰:《公孟》,孙诒让注:《墨子闲诂》卷十二,北京:中华书局,1986年,第419页。
② 王梦鸥注译:《礼记今注今译》,台北:台湾商务印书馆,2002年,第773页。
③ 同上,第399页。
④ 同上,第746、751页。
⑤ 如《中庸》言:"子曰:鬼神之为德,其盛矣乎! 视之而弗见,听之而弗闻,体物而不可遗";《易·系辞上》言:"精气为物,游魂为变,是故知鬼神之情状";《礼记·祭义》:"子曰:气也者,神之盛也;魄也者,鬼之盛也;合鬼与神,教之至也。众生必死,死必归土:此之谓鬼。骨肉毙于下,阴为野土;其气发扬于上,为昭明、焄蒿、凄怆,此百物之精也,神之著也。因物之精,制为之极,明命鬼神,以为黔首则。百众以畏,万民以服。"

存，复散而合于氤氲者为鬼"①；而后者如朱子所言之"鬼神通天地间一气而言，魂魄主于人身而言"②"鬼神主乎气而言，只是形而下者"③。

宋代理学家由形上、形下二层论其鬼神说，是否赋予了鬼神精神实体的意义？在回答这个问题前，不妨先看《朱子语类》卷二十五《论语七·八佾篇·祭如在章》所载的这三段纪录：

> 问："范氏云：'有其诚则有其神，无其诚则无其神。'恐是自家心里以为有便有，以为无便无？"曰："若只据自家以为有便有、无便无，如此却是私意了。这个乃是自家欠了他底，盖是自家空在这里祭，诚意却不达于彼，便如不曾祭相似。"

> 曰："如非所当祭而祭，则为无是理矣。若有是诚心，还亦有神否？"曰："神之有无也不可必，然此处是以当祭者而言。若非所当祭底，便待有诚意，然这个都已错了。"

> "祭如在，祭神如神在。"此是弟子平时见孔子祭祖先及祭外神之时，致其孝敬以交鬼神也。孔子当祭祖先之时，孝心纯笃，虽死者已远，因时追思，若声容可接，得以竭尽其孝心以祀之也。祭外神，谓山林溪谷之神能兴云雨者，此孔子在官时也。虽神明若有若亡，圣人但尽其诚敬，俨然如神明之来格，得以与之接也。④

---

① 王夫之："鬼神者，二气之良能也：阴阳相感聚而生人物者为神；合于人物之身，用久则神随形敝，敝而不足以存，复散而合于氤氲者为鬼。神自幽而之明，成乎人之能，而固与天相通；鬼自明而返乎幽，然历乎人之能，抑可与人相感，就其一幽一明者言之，则神阳也，鬼阴也，而神者阳伸而阴亦随伸，鬼者阴屈而阳先屈，故皆为二气之良能。良能者，无心之感合，成其往来之妙者也。"（《太和》，《张子正蒙注》卷一，北京：中华书局，2009 年，第 18 页）

② 《性理大全书》卷二十八："鬼神通天地间一气而言，魂魄主于人身而言，方气之伸，精魄固具，然神为主。及气之屈，魂气虽存，然鬼为主。气静（一作尽）则魄降而纯于鬼矣，故人死曰鬼。"（胡广等编：《性理大全书》，北京：商务印书馆，2006 年［影印文津阁《四库全书》第 712 册］，第 703 页 a）

③ 《朱子语类》（以下简称《语类》）卷六十三："鬼神主乎气而言，只是形而下者。但对物而言，则鬼神主乎气，为物之体；物主乎形，待气而生。盖鬼神是气之精英。"（朱杰人等编：《朱子全书》第 16 册，上海：上海古籍出版社；合肥：安徽教育出版社，2002 年，第 2082 页）

④ 以上三段文字，并见《朱子全书》第 14 册，第 898—899 页。

上三段引文所记的朱子之意，大致与《论语》与《礼记》的意见相同，皆以祭祀的目的在于与鬼神"接"，而"接"的基础在于"心诚"，心诚则不会起"私意"而生鬼神存不存在的问题，也不会基于利益交换去祭"不当祭"的鬼神。[①]比较特别的是第三段引文，在此论中，朱子指出"祭祖先"与"祭外神"时有不同存心，"祭祖先"时要实化"一己的追思"，而"祭外神"时则要虚化而待"神明之来格"。不论是"实化"或"虚化"，基本上都会导向一种"无己"或"不起私意"的状态，孝以交鬼神是指祖先声容充满的无己状态，而敬以交鬼神则是指敬畏"为物不贰，生物不测"之存有的无己状态。朱子可能将这种无己的状态视为是"感应"的基础，认为唯有在无己的状态下，祭祖先者才能感应到祖考语言饮食的形象[②]，而祭外神者乃可感应到神祇在其在左右的情境。

由"无己"而可"感应"，《朱子语类》卷三《鬼神》有以"屈伸"说明"感应"的例子：

> 用之云："既屈之中，恐又自有屈伸。"曰："祭祀致得鬼神来格，便是就既屈之气又能伸也。"

> 用之云："人之祷天地山川，是以我之有感彼之有，子孙之祭先祖，是以我之有感他之无。"曰："神祇之气常屈伸而不已，人鬼之气则消散而无余矣。其消散亦有久速之异。人有不伏其死者，所以既死而此气不散，为妖为怪。如人之凶死，及僧道既死，多不散。僧道务养精神，所以凝聚不散。若圣贤则安于死，岂有不散而为神怪者乎！如黄帝、尧、舜，不闻其既死而为灵怪也。……"

> 用之曰："莫是元城忠诚，感动天地之气否？"曰："只是元城之气自散尔。他养得此气刚大，所以散时如此。……"[③]

---

① 问："'敬鬼神而远之'，如天地山川之神与夫祖先，此固当敬。至如世间一种泛然之鬼神，果当敬否？"曰："他所谓'敬鬼神'，是敬正当底鬼神。'敬而远之'，是不可亵渎，不可媚。如卜筮用龟，此亦不免。如藏文仲山节藻梲以藏之，便是媚，便是不知。"（《语类》卷三十二，《朱子全书》第15册，第1154页）

② "子孙既是祖宗相传一气下来，气类固已感格。而其语言饮食，若其祖考之在焉，则有以慰其孝子顺孙之思，而非恍惚无形想象不及之可比矣。"（《语类》卷九十，《朱子全书》第17册，第3044页）

③ 上三段文字，并见《朱子全书》第14册，第161页。

在上述的问答中，可知“无己”是一种“由伸到屈”的诚心状态，这可使原处于“屈”的鬼之散气再度能“伸”。若是神祇之气，因为常处屈伸的状态，只要我之气屈，则能感应其伸屈之活动。因此，若祭祀者能知屈伸之理，必能感应到鬼神来格。

朱子除了说明人死后气会慢慢散去外，也指出一些人死后气不易散去的例子，他认为不平而死者、凶死者、为僧道而死者，因为他们的精神的作用，会使气不易散去而成为妖、怪，而忠诚而死者，其消散之气则有刚大之象。这些说法表明朱子有将鬼神实体化的倾向，然而气之屈伸的实体只能是天理流行的部分呈现，不具有位格性的意志作用。因此，朱子所言的感格，也可以是他所论格物致知中穷尽天理的一环。

三　徂徕鬼神论的宗教社会观

与中国儒者的看法相较，徂徕的思想又呈现何种鬼神观？从徂徕所言“鬼神，天神人鬼也”①，可知他对鬼神的定义同于朱子“祖先”与“外神”的说法。然而，徂徕反对宋儒理气形上学的论点，也反对以“理”说“天”、以“阴阳”之“气”说“鬼神”。徂徕否定阮瞻的无鬼论，认为虙羲之世即有以龟筴卜筮，以祈问鬼神而决疑的做法，而先王也由仰观俯察天地之垂示建立六经之道，因此“天”“鬼神”不是理气的变化，而是确然存在的精神实体，若相信无鬼之论，将会连带地否定先生之道，而失却了孔子所传的祭祀鬼神之意。②

徂徕虽然肯定鬼神的存在，但他对鬼神的存在问题并非采取直接的论证，

---

① 如《論語徵》丁卷注“子不语怪力乱神”言：“鬼神，天神人鬼也”（《荻生徂徕全集》第3卷，第542页）。又《辨名》“天命帝鬼神十七則”第9条云：“鬼神者，天神人鬼也。天神地示人鬼，见《周礼》，古言也。不言地示者，合天神言之。”（《日本思想大系》第36册《荻生徂徕》，东京：岩波书店，1973年，第444—445页。按，以下仅注篇名、条目及页码。）

② 徂徕《私擬策問鬼神一道》言：“六菽以来，诸言鬼神者，若左丘明、董仲舒之流，虽其言人人殊，大要不越乎祸福灾祥之间。是何与世俗所见大相径庭哉，其断断乎以其无之者，唯晋阮瞻为然。……孔子之旨，果如瞻欤，先王祭祀事鬼神之意遂荒矣。”“虙羲之世，作为龟筴，以决其志；轩辕之建万国，封百神；重黎分职，世厘神人。夏商以降，莫有不由斯道者焉，是咸俾以尊其所不知，而行其所知也。”（《徂徕集》卷十七，《近世儒家文集集成》第3卷，东京：ぺりかん社，1985年，第173页b—174页a。按，《徂徕集》文献以下仅注篇名、卷数及页码。）

而是由万事万物的"所由生""本"推论而得，试看下列《辨名》《中庸解》之言：

　　盖先王之道，以敬天为本，奉天道以行之。人之奉先王之道，将以供天职也。人唯以天为本，以父母为本。先生之道，祭祖考配诸天，是合天与父母而一之，是谓一本。君者先王之嗣也，代天者也，故敬之；民者天之所以命我使治之者也，故敬之；身者亲之枝也，故敬之，是先王之道所以敬天为本故也。①

　　鬼神者，天地之心也。天地之心，不可得而见矣，故谓之德。鬼神之为德，犹如中庸之为德，人知德者鲜矣，又不知古文辞，故妄意以鬼神为一物，而鬼神有无之说起焉。鬼者，人鬼也；神者，天神也。先王祭祖考而配诸天，故曰鬼神者，合天人之名也。后儒不知，犹以为阴阳气之灵，悲夫。②

　　天之有心，岂不彰彰著明乎哉？故《书》曰："惟天无亲，克敬惟亲。"又曰："天道福善祸淫。"《易》曰："天道亏盈而益谦。"孔子曰："获罪于天，无所祷也。"岂非以天心言之乎？……呜呼！天岂若人之心哉？盖天也者不可得而测焉者也，故曰天命靡常。惟命不于常，古之圣人，钦崇敬畏之弗遑，若是其至焉者，以其不可得而测故也。汉儒灾异之说，犹之古之遗也，然其谓日食若何、地震若何者，是以私智测天者也；宋儒曰天即理也者，亦以私智测天者也。③

　　夫鬼神者，圣人所立焉，岂容疑乎。故谓无鬼者，不信圣人者也，其所以不信之故，则以不可见也，以不可见而疑之，岂翅（止）鬼乎？天与命皆然。故学者以信圣人为本，苟不信圣人，而用其私智，则无所不

---

　　① 《辨名》"恭敬莊慎獨六則"第2条，第436页。
　　② 《中庸解》"鬼神之为德，其盛矣乎"注语（《荻生徂徕全集》第2卷，东京：みすず书房，1978年，第645页）。
　　③ 《辨名》"天命帝鬼神十七則"第1条，第443页。

至已。①

由上四段引文，可知徂徕的立论主要有四：（1）人之所由有二，一是天，二是父母（祖先），而因为祖先亦由于天，故天与祖先只是一本。依此，"鬼神"为"合人、天之词"，代表祖先与天神的合一不分。（2）鬼神是有意志的存在，因其意志，鬼神在现象界的展现，也是天地意志的展现，因此鬼神可称为"天地之心"。"天地之心"可表现为"福善祸淫""灾异""亏盈而益谦"的天道律则，然而天与鬼神之心终究不可以私智测知，因此必须以"敬"侍奉之。（3）先王之道以敬天为本，敬天即是敬人之所由之本。敬表现在祭祀卜问的礼乐仪式中，人借由祭祖先而上祀于超越之天。（4）圣人能见天地之心，故圣人能知鬼神而建立礼乐制度。人不能知天心，故只能从祭祀中侍奉鬼神，而成就鬼神之德。人既然不能测知天地之心，也不能测知圣人之智，则不当不信圣人、不信鬼神而逞其私智。

由上述的四点说明，可以发现徂徕的说法除了缺乏宗教上的救赎说外，所论无疑比中国的儒学更接近宗教的伦理形式，因而他所论之祭祀鬼神，所关注并不是如朱子所言的"天理"，而是如何透过祭祀形成一个符合天的意志、圣人之意志的社会整体。在徂徕的说法中，鬼神成了提供人生、社会与宇宙事象的"意义"来源，而圣人就如同宗教上的先知与立法者，他见得鬼神之心，因而可为人民创建礼乐而完成统一的世界观。在此世界观下，人必须在先王的礼乐制度下才能找到自身的意义，而其行为也必须以此世界观为导向，因此尽管个别的行为具有逻辑上的异质性，但这些行为最后都会形成一种统合而且有意义的价值取向。

论及宗教的伦理形式，则不能避开对"幸福"一义的讨论，徂徕在《私拟对策鬼神一道》一文中，也曾表达近似于"幸福"观的看法：

> 方圣人之未兴起也，其民散焉无统，知有母而不知有父，子孙适四方而不问。居其土，享其物，而莫识祖先所基。死无葬而亡无祭，群鸟兽而

---

① 《辨名》"天命帝鬼神十七则"第11条，第445页。

殂落，俱草木以消歇，民是以无福，盖人极之不凝也。故圣人之制鬼，以统一其民，建宗庙以居之，作烝尝以享之，率其子姓百官以事之。俨然如临，洋洋在上，使人肃然以畏、凛然不敢肆者，有所取焉乎，夫然后配神毅明，人道以尊，能降百福，以辅造化，礼乐政刑由是而出，圣人之教之极也。①

在上段引文中，可以看到徂徕所谓圣人未兴起前的"无福"景象，这种无福的状态不是荀子所描述欲望争夺的混乱世界，也不是孟子所论不知德性根源之价值错乱的无道社会，而是生死无法归依下"知有母而不知有父，子孙适四方而不问""莫识祖先基业""死无葬而亡无祭"的状态，简单言之即是无别于草木、鸟兽之离散无聚的生存处境。由此可知，徂徕所谓的"幸福"似乎无关于个人对善恶的思考及由之形成的价值感受，先王或圣人存在的目的不在于建立一个合于理义的文化体系，而在于"统一其民"，借由宗教祭祀的行动，使所有的民能凝聚群体的意识，使个别之人能在此统合的世界观中，体认到生命的意义。

由于徂徕的鬼神观构筑了一个有集体统合的价值世界，这使得他必须面对这种宗教性统合世界与经验现实世界所形成的冲突，因而他批评了"私智"之不可取，并把宋儒的说法归为私智的表现。除了"私智"外，他也重视"不仁"对统合之价值世界的破坏。徂徕言"合知与仁而圣人之所以妙天地者见焉"②，但他所说的"仁"不指向人的自觉心，而指向由礼乐刑政所构成的"长人安民之德"或"先王之德"，此即徂徕所谓"礼乐刑政莫非仁者"义。③ 徂徕所谓的"知"或"智"也不是指一种智能或智识，而是实践"知命""知人""知礼""知言"之德，具体言之是"知先王之道"、知"德慧术知之文"。④ 由徂徕对仁与知（智）

---

① 《徂徕集》卷十七《私拟对策鬼神一道》，第 176 页。

② 同上。

③ 《辨名》"仁四则"第 1 条，第 424、425 页。

④ 《辨名》"智二则"第 1 条："智，亦圣人之大德也。圣人之智，不可得而测焉，亦不可得而学焉。故歧而二之，曰圣曰智是也。故凡经所谓智，皆以君子之德言之。如知礼、知言、知道、知命、知人是也。知道者，知先王之道也，是统其全言之，无所不包，故难其人焉。"又《辨名》"智二则"第 2 条："孟子有德慧术知之文，是古言也，非孟子所创也。谓慧由德而生，智由道术而生者也。古之所谓知者，必学道术以成其德而知慧至焉。"（分见第 426、427 页）

的说法，可知他将宗教统合世界与经验现实世界之冲突原因归于"不敬顺"先王之道。如此，只是加深了宗教的权威性色彩，实未对经验世界与统合世界之冲突问题提出有效的解决之道。虽然徂徕也有汤武是革命之圣人的说法[1]，但这革命的发动者仍然是圣人，而其成因也非人民与君主在政治权力上的冲突，因此他的鬼神论及祭祀论似乎与强调人民权利的近代性思想相去甚远。

四　徂徕论点的伦理学性格

论及鬼神与祭祀的问题，自然无法脱离宗教性的考虑，在此情形下，如何区分中国儒家与日本徂徕学间的差异？为了说明此一问题，不妨借助保罗·田立克（Paul Tillich，1886—1965）对信仰最初步的定义，即"终极关怀（ultimate concern）的态度"来做说明。早期田立克提出"终极关怀"时，常受到此词语是指"心灵主体的状态"（the subjective state）或者是"心灵所预设的客体"（the objectival reality）的质疑。田立克虽以"终极关怀结合了信仰主、客观意义""终极的信仰行为和信仰行为的终极意义其实并无二致""既是主体，也是客体，但它同时又超越了主、客体的层次"来回答这个质疑。[2]但如果考虑信仰者如何形成信仰行为时，"心灵的状态"与"心灵所预设的客体"似乎也可形成两种信仰行为的起点，前者是"人们借着它而相信的信仰"，后者是"被人们相信的信仰"。对照朱子与徂徕，则中国儒者或朱子对祭祀的解释，似乎偏向主观的心灵状态而非客观的实在，而徂徕学则偏向客观的实在。

不论是由"主观状态"或"客观的实在"形成祭祀的行为，都必然可从祭祀中得到"启示"。对儒者而言，鬼神早已内在于人的心性之中，而成为人存有的基础，因而任何一物，透过祭祀的过程，都可以从中获得极大的神圣性的启示，如在祭祖先中可以体悟到亲亲之仁，而在祭外神中可以体悟到生生之天理。相对而言，徂徕的观点是一方面肯定客观鬼神的存在，一方面又否定主观的心灵状态可感知客观的鬼神。他认为对一般人而言，鬼神是无限超越的、外在

---

[1]　如《辨名》"圣四则"第 3 条："后儒有谓汤武非圣人者，是无忌惮之甚者也。"（第 428 页）

[2]　Paul Tillich, *Dynamics of Faith*, New York: Harper & Row, 1957, p. 10. 中文译本有鲁燕萍译：《信仰的动力》，台北：桂冠出版社，1994 年，第 11 页。

（out other）的存有，是人不能认识的对象，而仅有圣人才具有这种存在的自身（being-itself），因而能见鬼神之情状。① 如此，徂徕所谓的圣人或先王就成了超越于常人的"先知"，人们在肯定客观鬼神之下，只能服从于如先知般之圣人所创作的礼乐刑政，而人们在祭祀中所感受的只能是客观鬼神的福泽。在上述的分析下，可以发现徂徕学具有强烈的神律性格。

神律伦理意谓行为的对错必须符合超自然的鬼神或天的旨意，以徂徕学而言，即天或鬼神总是顾念人的幸福，圣人见得鬼神的顾念，故作礼乐刑政以安民使民得到幸福，若人执意破坏礼乐，则必然得罪于鬼神，而使人离于幸福。徂徕学虽具有神律伦理的特色，但也不能完全归为神律伦理，其理由在于他不是直接主张人的道德行为决定于天或鬼神的旨意，而是主张道德的判准是得自于圣人的理性，得自于圣人仰观俯察、知天地之心而见得文化制度背后的运作原则。徂徕一方面肯定天与鬼神的超越意义及其不可知测的面向，一方面又肯定圣人能观、能知的面向，这说明他的神律伦理具有部分的理性取向，即鬼神固然有其超越理性的幅度，但由天地之心所形成的实践原则不是反理性的。基于这种看法，徂徕所说的圣人才会是复数的，圣人所创制的礼乐才会随着时代的变迁而改变②，而圣人的作为也必须"得众力以成之"③。如此，徂徕的说法，应可归之于有神论脉络下的理性伦理，意即先王的礼乐刑政具有两面性，它一方面是超越性之鬼神旨意的启示，一方面是人能依靠其理性而知晓的"表述出来的道德原则"（formulated moral norm）。

"表述出来的道德原则"相对于"有效的道德原则"（valid moral norm），它意谓在建构道德原则时，会以某种方式来表述之，一旦道德原则被表述出来，它就具有特定的内容，对人进行特定的要求或下达禁制的命令。因此，表述出来的道德原则通常是政治、社会乃至宗教权威的事，若它经得起时间的考验，

---

① 如《辨名》"天命帝鬼神十七则"第12条（第445—446页）。

② 《辨名》"道十二则"第1条："夫道也者，自上古圣人之时，既已有所由焉。至于尧舜而后道立焉，历殷周而后益备焉。是更数千岁数十圣人，尽其心力智巧以成之，岂一圣人一生之力所能为哉？"（第421页）

③ 《辨道》第7条："故人之道非以一人言也，必合亿万人而为言者也。今试观天下，孰能孤立不群者？士农工商，相助而食者也，不若是则不能存矣；虽盗贼必有党类，不若是则亦不能存矣，故能合亿万人者，君也；能合亿万人，而遂其亲爱生养之性者，先王之道也。"又《辨道》第14条："安天下，非一人所能为矣。必得众力以成。"（第415、416页）

并为大多数人所接受，往往反映它是有效的道德原则。由于徂徕论点所形成的伦理学具有强烈的"有神论"与"表述性"的色彩，也需要圣人的理性与众人的参与，使得他对人性善恶的看法，呈现出"差序"与"中性"①的论点，试看下列《辨道》的说法：

> 先王聪明睿智之德，禀诸天性，非凡人所能及焉，故古者无学为圣人之说也。盖先王之德，兼备众美，难可得名，而所命为圣者，取诸制作之一端耳。②

> 言性自老庄始，圣人之道所无也。苟有志于道乎，闻性善则益勤，闻性恶则力矫；苟无志于道乎，闻性恶则弃不为，闻性善则恃不为。故孔子之贵习也。子思、孟子盖亦有屈于老庄之言，故言性善以抗之尔；荀子则虑夫性善之说必至废礼乐，故言性恶以反之尔。皆救时之论也，岂至理哉。③

> 善恶皆以心言之者也。孟子曰：生于心而害于政。岂不至理乎？然心无形也，不可得而制之矣，故先王之道，以礼制心，外乎礼而语治心之道，皆私智妄作也。何也？治之者心也，所治者心也，以我心治我心，譬如狂者自治其狂焉，安能治之？故后世治心之说，皆不知道者也。④

徂徕认为圣人的"天性"非凡人所及，而又具有"众德之美"，这说明徂徕认为圣人与一般之人在天性上具有无法跨越的差序性。因而，徂徕所说的圣人，是一伦理型的圣人，而非如孔子或佛陀是可"学而至"的模范型圣人。既然圣不可学，圣只能是人"恭顺"的对象，且圣人的再生也只能待于天命。如此，

---

① 《辨名》"性情才七则"第3条："性者，人之所受天，所谓中是也。故以其婴孩之初，喜怒哀乐未用事之时言之，所谓人生而静者是也。是非谓必求复婴孩之初也，又非谓以静虚为至也，为乐能制其躁动，防其过甚，故以其未甚时言之耳。"（第448页）

② 《辨道》第5条，第414页。

③ 《辨道》第14条，第416页。

④ 《辨道》第18条，第417页。

当圣人不在时，徂徕虽然有君主"敬天""敬民"则不会形成独裁残暴的说法，但这种说法不但在其理论上无法成立，也不能证诸历史的事实。其次，在人性的差序格局下，圣人以外的一般人因无法由心性中产生自律性的道德原则，这使得徂徕反对中国理学家的"以心治心"，而主张人们必须遵循先王之道来达成"以礼治心"的目的。如此，徂徕可谓在天人、性情及礼乐的世界上都形成了绝对性的差序格局，而完全改造了中国儒学的思想性格。

早在七世纪中叶以后，中国的"天命"观早已成了为天皇巩固执政权的重要依据，天皇不但以受命于"天"的君主身份出现，而当时的学者也认为"天道"可支配个人之命运与政权的转移。[①] 之后，北畠亲房（1293—1354）在《神皇正统记》中绘制了"日本皇祖诞生图"，表示皇位的传承是天命所授，其顺序来自于"天照大神之神意"。[②] 作为江户日本的儒者，徂徕在企图塑造德川政权的权威性之外，似乎也无法避免天皇存在的事实。徂徕在其儒学中虽然没有较多的天皇、天照大神的论述，但他所主张"天不可得而测"及"敬天""敬天命""敬君"的思想似乎也受到这种潜伏的论述氛围的影响。因此，徂徕之改造中国儒学的性格，可能是有意识的，也可能未被他自己所意识。

五　结　语

经由比对徂徕与中国儒者的鬼神观，可以发现徂徕的鬼神观、祭祀观中都具有鲜明的神律伦理的特色，因此若说他的说法具有西欧近代性思维的特质，或与霍布斯（Thomas Hobbes，1588—1679）、卢梭（Jean-Jacques Rousseau，1712—1778）社会契约论有相近的论点 [③]，恐怕是言过其实。就最基本的理由

---

① 参见菅野真道、藤原继绳等撰：《續日本紀》"庆云四年""天平十九年""天平宝字八年"诸条。东京：吉川弘文馆，1988—1989 年。

② 参见石毛忠：《中世における歴史意識をめぐる對立》，今井淳、小泽富夫编：《日本思想論爭史》，东京：鹈鹕社，1979 年，第 87—89 页。

③ 如前引子安宣邦在《东亚儒学：批判与方法》所收《何谓鬼神论》中言："徂徕藉由圣人创制人类共同体之前的所谓自然状态，描绘人类存续的面貌。这篇文章让人联想到法国启蒙思想家卢梭在《社会契约论》中，描述社会形成之前人类的自然状态。只是徂徕认为人类社会的成立，并非透过卢梭所说的社会契约，而是藉由圣人的创制。同时，徂徕认为人类社会是以祭祀共同体的形式出现。"（第 72 页）。

言之，霍布斯在其名著《利维坦》（*Leviathan*）中虽有一半的篇幅谈论宗教问题，但他的目的在于揭露了宗教观念的虚假性、推翻神学理论体系，使宗教为现实社会服务，而卢梭的政治理论也致力于在神权与王权之外建构政治合法性的来源。因而这些思想与同意君权神授的徂徕论点，在根本上就不能相合。

除了将徂徕的观点推向西欧的近代性外，也有学者如津田左右吉（1873—1961）认为徂徕学的来源是荀子理论，尽管这种说法曾受到丸山真男的批驳 ①，但近来也有学者对丸山的论点提出异议 ②。荀子学与徂徕学之关系必须经过严谨的论证才能确定，但似乎也可以简单的处理，从本文的讨论而言，由荀子及法家韩非在天论上不具有神律的性格 ③，即可推断徂徕的思想难以直接与荀子或法家画上等号。如此说来，徂徕的神鬼论及其伦理学必须被放在何种脉络来理解？从东亚反朱子"天理观"之学者的意见看来，不论是中国的戴震（1724—1777）或朝鲜的丁若镛（1762—1836），他们都推崇孟子学并且主张性善论，因此徂徕的论点在东亚儒者的世界中，反而显示了它的日本性。

---

① 丸山真男言："一般认为，徂徕的思想来自荀子，如津田左右吉博士就持这种见解。诚然，两人的思想中确有不少共同点。但笔者的立场是，徂徕学只有被赋予朱子学分解过程中的最终完成者的历史地位，才能够获得正当的理解。从这一立场来看，徂徕与荀子之间，乃存在着根本性差异。如果硬要勉强比较的话，太宰春台倒是与荀子更为接近些。"（《日本政治思想史研究》，第 93—94 页，注 35；王中江中译本，第 142 页，注 194）而有关于太宰春台与荀子的关系，小岛康敬则以为太宰春台为"与法家同调"者。参见小岛康敬：《徂徕學と反徂徕學》，东京：ぺりかん社，1994 年。

② 如韩东育：《丸山真男的"原型论"与"日本主义"》，氏著：《日本近世新法家研究》，北京：中华书局，2003 年，第 388—400 页。

③ 尽管早期的日本学者，如板野长八的《荀子の的思想：特にその天人の分について》（《史學雜誌》卷 56 号 8，1946 年）、《荀子の禮說：儒教成立の前提として》（《歷史學研究》第 128 号，1947 年）、《荀子の樂論篇》（《廣島大學文學部紀要》辑 21 号 1，1960 年）、《荀子"天人の分"とその後》（《廣島大學文學部紀要》辑 28 号 1，1964 年）对荀子的解释与徂徕学相近，然而如果荀子的性恶论是作为其礼乐论的基础，则圣人所作的礼乐就不必然要与其天论相关联。故后来的学者如松田弘的《荀子における儒家理念と天の思想の位置》（《築波大學・哲學思想學系論集》，1975 年）一文认为荀子的思想不应只从"天"的概念上找，他认为荀子"天"的内涵是"使各种自然现象顺利运行的动因"，但在实践论上道家思想中的自然之天并不重要，"诚"才是道德法则的绝对依据，由此才能见到荀子思想的儒学传统。又如竹田健二《荀子における天》（《待兼山論叢》第 23 号哲学篇，1989 年）也指出荀子"天"的概念具有主宰之天与天人之分或"非命论"之天的双重性，且荀子之"理"的概念并没有到"形而上的理法"的层次，这可能是荀子害怕"理"之"形而上化"会发展成神秘主义之天人关系的缘故。有关日本的荀子学研究概况，参见佐藤将之：《二十世纪日本荀子研究之回顾》，《政治大学哲学学报》第 11 期，2003 年，第 39—84 页。

丸山真男虽然在《日本政治思想史研究》中将朱子学视为德川政权的意识形态，因而由朱子学的瓦解，论徂徕学及宣长学具有近代思维特质，但是在其后期的研究中似乎又意识到徂徕学期待德川幕府的绝对主义，与本居宣长强调幕府政治的神意性，都指向封建思想而背离了近代性的思维。① 丸山所以形成这样的看法，在于他改变研究策略而企图找出日本思想的病理所在。他一反过去将儒教（朱子学）或外来思想视为日本思想的病理，而发现了这个病理可能潜藏于整个吸收外来文化过程中的思维方法。基于这种想法，丸山提出了原型、古层、执拗的低音这些概念②，以说明这个作用于吸收外来文化过程中的，潜藏于传统中的深层精神构造。丸山反对只将日本原生的文化视为"土著"③，认为外来的思想也可以成为土著思想，他追究日本与外来文化接触的历史，将那些形成土著的精神构造的特质称为思维方法与认识世界的"原型"。"原型"一词历经数变，先是为了避免学者将原型视为历史最古的阶段，而被"古层"一词取代，其后又为避免学者误将古层视为是唯物史观中的下层结构，"古层"又被"执拗的低音"取代。"执拗的低音"指音乐主旋律背后不断重复的低音，以比喻言，进入日本的外来文化如同主旋律般，会被这些低音修改④，这种修改也可能导致削弱或甩掉外来文化中的普遍价值⑤。在此看法下，丸山将徂徕学视为是"历史意识"的"古层"现象，而指出："无论是儒学史中的古学派还是国学运动的登场，都是在'锁国'等条件下因'古层'隆起而发生的一个过程中的不同表现。"⑥

本文认为丸山的古层论是极富创意及解释力的，徂徕学似乎是将"社会"或"政治体"视为是"圣人依据天意而集合成的群体"，而自徂徕、宣长以下，到幕末后期水户学者会泽正志斋（1782—1863）主张祭祀"天祖"以赋予天皇的权

---

① 参见区建英：《丸山真男日本史学与日本的改革》，思想编辑委员会编：《思想》第27期，台北：联经出版公司，2014年，第59—86页。

② 参见水林彪：《關於丸山古代思想史》，《日本思想史學》第32号，2000年。

③ 丸山认为"如按这种思考方式，基督教就不可能成为欧洲的传统"，参见丸山真男：《日本思想史における"古層"問題》，《丸山真男集》第12卷，东京：岩波书店，1996年，第217—219页。

④ 参见丸山真男：《原型·古層·執拗低音》，《丸山真男集》第12卷，第146—153页。

⑤ 参见丸山真男：《历史意识の"古層"問題》，《丸山真男集》第10卷。

⑥ 参见丸山真男：《原型·古層·執拗低音》，《丸山真男集》第12卷，第150页。

威、德川政权的合法性、民心的统一 ①，再到明治时期天皇被推上《宪法》中不可侵犯的地位 ②、国民道德论将儒教的“忠”“孝”观注入国体思想中，乃至于战后国体论思想崩溃后的日本思想现况，似乎都可以或多或少发现一种源于天命之“祭祀共同体”的重复思维。

---

① 其《新論下·長計》：“以共邦君之令，奉幕府之法。戴天朝，以报天祖。”（关山延编，菊池谦二郎校阅：《水戶學精髓》，东京：诚文堂新光社，1941 年，第 506 页）

② 1889年公布的《大日本帝国宪法》也被称作“明治宪法”或“帝国宪法”，其第一条明定大日本帝国由万世一系的天皇统治，第三条则表示天皇的神圣不可侵犯。

第十四章 江户儒者的"鬼神"诠释及其转变

傅锡洪（中山大学）

在江户日本时代（1603—1868），以朱子学为核心的儒学日渐兴盛，由藤原惺窝（1561—1619）发其端，其弟子林罗山（1583—1657）因得到江户初期几代将军的垂青而被封为"大学头"，这一特殊身份对于推动儒学有着十分重要的作用。而在江户早期，山崎闇斋（1619—1682）以及惺窝的另一弟子木下顺庵（1621—1699）等人也堪称杰出的朱子学者，他们讲学不辍，门下弟子辈出，从而使朱子学在江户初期保持了良好的发展态势，尽管如下文所述，及至江户中后期，朱子学开始遭受来自各方面的质疑乃至批判，以致不得不面临"日本化"的转向。

然而，几乎与闇斋朱子学兴起之同时，以伊藤仁斋（1627—1705）为首的"古学派"却掀起了一场反朱子学的声浪，对江户中后期的日本儒学之走向产生了微妙而深远的影响。有趣的是，仁斋与闇斋分别开办的学塾尽管地处京师（即京都）堀川两岸，可以隔岸相望，但两人却从无任何来往交流，这似乎说明两人对朱子学截然不同的态度各有自身的思想机缘所致，同时也可说明儒学（包括朱子学）传入日本之后并非一帆风顺，而是在被接受、被认同之同时，也将经历种种非难乃至批判，显示出中国儒学必将遭遇"日本化"的命运。

本文以朱熹《中庸章句》对"鬼神"章的解释为例，通过考察江户日本儒者对《中庸》鬼神章的理解及其诠释，以窥看朱子学在江户儒学史上是如何展开的，又发生了哪些变化。本文将重点讨论伊藤仁斋在鬼神问题上对朱子学的质疑与批判,进而探讨仁斋学对于江户中后期的各派儒学思想究竟发生了何种影响。我们的初步结论是:以仁斋学的出现为标志,以至于朱子学在江户日本的发展偏离了朱子学原有的义理方向,进而在江户中后期形成了各派思想融汇折衷潮流。由此可以断言,在整个江户日本,朱子学从未真正获得过定于一尊的地位。

一　仁斋学对《中庸》"鬼神"章的诠释

仁斋早年醉心于宋儒的义理之学,中年开始怀疑义理之学不尽同于孔孟本旨,进而发觉《中庸》并非孔氏遗书,认为孔门并无"以中为传授心法",而《大学》则属汉代人附会之作,绝非孔子之言。他认为孔孟的真精神只在《论语》《孟子》之中,两书已经包含了天下所有的道理,足以成为万世遵守的规矩准绳。《四书》之中,仁斋尊《论》《孟》而贬《学》《庸》,以此为标志,朱子学以《四书》为核心的经典体系开始崩坏,而《中庸》正是其典型之一。

《中庸》面临的危机是双重的:一方面,仁斋认定"鬼神"章的后半部分并非《中庸》本文,属于后人伪作,由此否定了《中庸》文本的整体性;另一方面,以仁斋的"中庸错简说"为开端,经三宅石庵(1665—1730)和中井履轩(1732—1817)等大阪怀德堂学者的一番重新诠释,"鬼神"章的位置被大幅度后移,从而使《中庸》文本的连续性遭到否定。

仁斋认为《中庸》"鬼神"章为"伪作"的理由是什么呢?这里先将《中庸》"鬼神"章原文揭示如下:

> 子曰:"鬼神之为德,其盛矣乎!视之而弗见,听之而弗闻,体物而不可遗。使天下之人,齐明盛服,以承祭祀。洋洋乎如在其上,如在其左右。《诗》曰:'神之格思,不可度思,矧可射思。'夫微之显,诚之不可掩如此夫。"

这是说,鬼神无形无声,却能让天下的人都恭敬虔诚地祭祀它,真是虽然形体微妙但却功效显著,"诚"的表现也不过如此吧!朱熹(1130—1200)的

《中庸章句》"鬼神"章对此做了如下注释：

> 盖鬼神是气之精英，所谓"诚之不可掩"者。诚，实也。言鬼神是实有者，屈是实屈，伸是实伸。屈伸合散，无非实者，故其发见昭昭不可掩如此。①

以"实"为根本义的"诚"可以说是对"鬼神实有"的肯定与确认，因此这一章毫无疑问是以"鬼神"为中心而展开的。朱熹还有与"实有"相近的另一提法，即"鬼神是本有底物事"②。鬼神乃是自然而本有的，儒家经典所言并非虚妄。对此，崎门学派的朱子学者也给予了高度的赞同。山崎闇斋在《文会笔录》中引述朱熹《答欧阳希逊书》：

> 来喻言："如其神之在焉，非真有在者也。"此言尤害理。若如此说则是伪而已矣，又岂所谓诚之不可掩乎？③

闇斋晚年弟子、"崎门三杰"之一的三宅尚斋（1662—1741）详细分析朱熹《章句》，表示认同"鬼神实有之理""鬼神是实有者"④的观点。然而"鬼神实有之理"的说法容易使人误以为鬼神仅仅是"理"而已，其实不然。崎门学派一般以"理气妙合"来解释祭祀的感应，对此，闇斋的另一弟子，亦为"三杰"之一的佐藤直方（1650—1719）做了如下解释："未有此气，便有此理；既有此理，必有此气。不知此义，圣学尚未入门。理气妙合，即云此意。"⑤也就是说朱子学主张"既有此理，必有此气"，同时又说"鬼神实有之理"，那么据此便可推出鬼神也是实有之"气"的结论，这也就是上述朱熹所说的"鬼神是气之精英"，意

---

① 黎靖德编：《朱子语类》卷六十三，北京：中华书局，1986年，第1544页。

② 《朱子语类》卷三，第47页。

③ 山崎闇斋：《文會筆錄》卷六，京都：风月庄右卫门，1683年，关西大学图书馆藏本。朱熹原文可参见《朱子文集》卷六十一《答欧阳希逊》第3书，《朱子全书》第23册，第2960页。

④ 三宅尚斋：《尚斋先生中庸笔记》，出版者及时间地点不明，关西大学图书馆泊园文库藏本，封面题署《中庸章句笔记》，本文首页则题署《尚斋先生中庸笔记》。

⑤ 佐藤直方：《中庸鬼神大意》，《增订佐藤直方全集》第1卷，东京：ぺりかん社，1979年，第169页，原文为日文。

谓鬼神是极为灵妙的气,虽然无形无声,但不能以为没有"气"的感应,否则就会陷入自欺欺人的虚伪。

然而仁斋则认为:

> 夫鬼神之事,自《诗》《书》所载以来,古之圣贤,皆畏敬奉承之不暇,岂敢有所问然哉?①

在他看来,《论语》所载"子不语怪力乱神"以及"未能事人,焉能事鬼",正表明孔子一定不会像《中庸》那样来讨论鬼神之事的。故仁斋提出质疑:"此章恐非夫子之语。"②其理由显然是:《中庸》"鬼神"章对鬼神问题的正面讨论,违背了孔子"不语"以及主张"事人"为先的儒家原则,也违背了《诗经》《尚书》以来敬畏鬼神而非议论鬼神的儒家传统,因此该章对鬼神问题的阐述不可能出自孔子之口,而应当是后人的伪作。关于这一点,略后于仁斋的古学派另一代表人物荻生徂徕(1666—1728)则表示了断然否定的态度,他指出孔子在《礼记·祭义》《易传·系辞》等处都谈到了鬼神,绝非如仁斋所说的那样讳言鬼神。③关于徂徕的观点,此不赘述。

尽管仁斋认为在《中庸》文本中"鬼神"章的出现令人怀疑,但他所怀疑的是《中庸》有"脱简"之可能,而并非对《中庸》全书的否定。他指出:"上无所承,下无所启,则亦它书之脱简不疑。"④然而关于《中庸》文本存在"脱简"的问题,其实由来已久,例如朱熹和张栻便已涉及,中井履轩甚至撰有《中庸错简说》一文,其中也提到朱、张之说。朱熹指出:"鄙意此书既是子思所著,首尾次序又皆分明,不应中间出此数章,全无次序。"⑤此所谓中间数章,亦包含

---

① 伊藤仁斋《中庸發揮》,关仪一郎编:《日本名家四書注釋全書》第1卷,东京:凤出版,1973年,第24页。

② 同上。

③ 可参见荻生徂徕:《論語徵》,《荻生徂徕全集》第3、4卷,东京:みすず书房,1977年,第301、110页等处。

④ 伊藤仁斋:《中庸發揮》,第24页。

⑤ 朱熹:《再答敬夫论中庸章句》,朱杰人等主编:《朱子全书》第21册,上海:上海古籍出版社;合肥:安徽教育出版社,2002年,第1347页。

"鬼神"章在内,但朱熹并未由此而否认鬼神问题的重要性。但仁斋与此恰恰相反,他认为"鬼神"章不应出现,而且与上下章之间也无法衔接。如果说仁斋怀疑此章非孔子语,用的是"恐"字而带有推测的语气,那么这里他以"不疑"一词结句,表达了毫不迟疑的肯定态度。不过在三宅石庵等人看来,"脱简"不在"它书",而就在《中庸》的后半部分,由此将这一"脱简"说坐实,并对其"原有"位置进行了还原,于是就诞生了《中庸怀德堂定本》。①

以下我们将朱熹《中庸章句》与《中庸怀德堂定本》进行对比,以便了解《定本》是如何进行还原的。条目数字为《章句》本的分章,○是"鬼神"章在《章句》(同时也是汉代以来的古本)中的位置,●是按照"中庸错简说"移动之后,其在《中庸怀德堂定本》中的位置。从○到●的变化可以看出"鬼神"章的位置被大幅度地后移了:

15. 君子之道,辟如行远必自迩,辟如登高必自卑。《诗》曰:"妻子好合,如鼓瑟琴。兄弟既翕,和乐且耽。宜尔室家,乐尔妻帑。"子曰:"父母其顺矣乎!"

16. ○

17. 子曰:"舜其大孝也与!德为圣人,尊为天子,富有四海之内。宗庙飨之,子孙保之。故大德必得其位,必得其禄,必得其名,必得其寿。故天之生物,必因其材而笃焉。故栽者培之,倾者覆之。《诗》曰:'嘉乐君子,宪宪令德。宜民宜人,受禄于天。保佑命之,自天申之。'故大德者必受命。"

…………

24. 至诚之道,可以前知。国家将兴,必有祯祥。国家将亡,必有妖孽。见乎蓍龟,动乎四体,祸福将至:善,必先知之;不善,必先知之。故至诚如神。●

25. 诚者自成也;而道自道也。诚者物之终始,不诚无物。是故君子

---

① 据中井履轩自称,他是按三宅石庵之意而创作《中庸错简》的,现与《中庸怀德堂定本》一起,收入《中庸雕题:並中庸關係諸本》(《懷德堂覆刻叢書》第 7 册,东京:吉川弘文馆,1994 年,第 2—3、5—8 页)。

诚之为贵。诚者，非自成己而已也，所以成物也。成己，仁也；成物，知也。性之德也，合外内之道也，故时措之宜也。

经过这样的移动，"鬼神"章脱离了原文有关"孝"等问题的论述脉络，而进入了有关"诚"的讨论环节当中。在履轩等人看来，"鬼神"章的主题并不是正面讨论"鬼神"，而是借由"鬼神"以论述"诚"，这样一来，既回应了仁斋的质疑，又能使该章不必被清除出《中庸》文本。可是，在《中庸》的整全性得以挽救的同时，其代价却是牺牲了原文的连续性。

自仁斋以及怀德堂学者对《中庸》"鬼神"章提出质疑与回应之后，在江户后期发生了持续影响。人们面临的问题是：若要挽回《中庸》的经典地位，既须论证其文本的整全性（即"不伪"），又须论证其文本的连续性（即"不断"）。我们在下面一节将主要选取江户后期四种《中庸》解释，以显示他们虽然各自立场有所不同，却无一例外地认定"鬼神"章并非正面论述"鬼神"（此与徂徕立场相反），而是对于"诚""孝"或"微显"等问题的论述，"鬼神"只是服务于上述内容而已，由此"鬼神"章就与15章和17章的内容得以衔接而无须移动（此与怀德堂学者立场相左）。这样一来，《中庸》原文的整全性和连续性得以捍卫。而他们与朱熹的差异之处则在于：朱熹的解释方案也是以"微显"以及"费隐"为整体框架，但与此同时却也对于"鬼神"本身给予了充分的关注和深入的探讨，而上述四人则无一例外地否认这一章的论述对象为"鬼神"。那么，他们这种可以称之为"拯救"《中庸》的论述是如何展开的呢，我们以下具体加以讨论。

二　江户儒者对《中庸》的重新诠释

这里我们将主要探讨四位注释者的观点，即东条一堂（归入折衷学派或考证学派），大田锦城、海保渔村（均为考证学派大家），增岛兰园（属于宽政以后兴起的"正学派"朱子学）。不过，需说明的是，江户中后期日本儒学思想界风气转移虽然有一定的逻辑规律可以探寻，然而事实上学派之间的界限和时代区分并非是绝对的。

如前所述，古学派的思想影响至为深远，其表现之一便在于"撕裂"了江户儒学思想界，使得此后的各派儒家学者陷入纷争，尤其是各派的后学末流拘于门户，各执己见，相互攻击，引发了众多学者的不满，由此催生了折衷学风。另一方面，考证学风也随之兴起，这股学风既受到清朝学术提倡实证的思想影响，同时也是以上溯汉唐古注、寻求判断标准为手段，以便确定折衷学风盛行之后各种思想学说的是非对错。① 及至宽政年间（1789—1800），以昌平黉为中心的朱子学得以复兴。与此同时，各派思想趋于折衷和融合，以至于不少观点趋于相近。

第一位是东条一堂（1778—1857）。东条一堂年轻时前往京师，投入被认为是考证学派开创者之一的皆川淇园（1735—1807）门下求学。后来回到江户，在昌平黉边上开办私塾，昌平黉的众多师生都来向他拜师求学。他精通古代的章句注疏之学，极力排斥朱子学。

在《中庸知言》"鬼神"章的注释中，一堂引用仁斋第一点质疑的《中庸》第16章全文，并在注释末尾对仁斋的质疑做出了回应，他说："此章以'诚之不可掩'一句为主。"在他看来，按《中庸》所说"不诚无物"，人事是至为显著的，若不能感动人（物），那是因为没有诚心，与此相反，鬼神则是最为微妙的，它"视之而弗见，听之而弗闻"，却能使天下之人对它奉承敬畏、虔诚祭祀，原因就在于鬼神之"诚"，所以说此章的宗旨就在于："此正假无形之鬼神，以形有形之人事，非专赞鬼神之德也。"② 接着一堂引用徂徕的观点，将"诚"解释为"勉强伪饰"之反义词，"率性"而行即无须勉强，如此便是"诚"，而"鬼神"并无思虑勉强，故可用来比拟人之"率性"而"诚"。可见，他将视线拉回到"人事"领域，于是，"鬼神"章也就与前后几章得以贯穿，这样也就对仁斋第二点有关《中庸》存在"脱简"的质疑进行了反拨。

第二位是大田锦城（1765—1822）。大田锦城的学统可以经由山本北山（1752—1812）上溯至井上金峨（1732—1784），两位均为折衷学派的大师。锦城本人擅长经学，他将经学分为长于训诂的汉学、长于义理的宋学和长于考证

---

① 可参见市川本太郎：《近世篇下》，《日本儒教史》第5卷，东京：汲古书院，1995年，第275、352页等处。

② 均见东条一堂：《中庸知言》，《日本名家四书注释全书》第11卷，第28页。

的清学。他广泛阅读清朝考证学者的著作，积极吸收他们的成果，成为日本考证学派的大家。

锦城对“鬼神”章的整体看法与一堂比较接近。他在《中庸原解》“鬼神之为德，其盛矣乎”一句之下，便道出了对这一章主旨的看法：“是假鬼神之情状，说微之显，诚之不可掩。故曰：如此夫。此字，指鬼神也。可见此章非说鬼神矣。”[1] 他认为想要使父母真正安心（第 15 章），就必须内心真诚（第 16 章）地去孝顺父母，舜之所以称得上“大孝”（第 17 章），也正因为他能“反身而诚”。所以说：“顺乎亲有道，反诸身不诚，不顺乎亲矣。此章上承父母之顺，下起舜之大孝，一气贯穿，可谓妙矣。”所谓反身而诚，是从内心细微而隐秘的念头着手，即为“慎独”，锦城强调：“古之慎独，畏敬鬼神之降临也。”[2] 若于隐微之处能做到“慎独”，便可收到显著的效果，所以说“微之显，诚之不可掩”。由此，锦城将第 16 章与第 1 章的“莫显乎微，故慎其独也”以及最后一章“知微之显可以入德矣”贯穿起来，得出“微显二字，实贯穿一篇，是亦可谓妙矣”[3] 的结论。

第三位是海保渔村（1798—1866）。海保渔村 24 岁时来到江户投入大田锦城门下，锦城初次见到渔村便极为惊异其才学，料定他将来必然大有成就。而渔村也的确没有让锦城失望，因为锦城等人开创的日本考证学正是在渔村手上臻于成熟。渔村《中庸郑氏义》成书于 1851 年 54 岁之际，与 1834 年 37 岁时成书的《大学郑氏义》兼采郑玄及朱熹等人的注释不同，《中庸郑氏义》几乎全依郑注。不过两书均能博采众家之长，既注重文字训诂，又不偏废义理阐发，故被认为是训诂与义理兼备的上乘之作。

在鬼神问题上，由于朱熹极欣赏并采纳了郑玄（127—200）的解释，因此，一依郑注的渔村与朱熹的见解反而可以相通，只是在有关张载“良能”说和程颐“功用”说的具体提法上，他对朱熹全面接受张、程的观点提出了异议。通观渔村的注释，可谓精义迭出。例如他根据《中庸》文本的“体物而不可遗”一说，指出：“天地之间无一物而非鬼神纲维之而主宰之者。是故凡有一物，则必

---

① 大田锦城：《中庸原解》，《日本名家四书注释全书》第 12 卷，第 72 页。

② 同上，均见第 74 页。

③ 同上。

有鬼神寓焉。可见无物而无鬼神，无处而无鬼神。其每照鉴而谓祸福者以此也。否则圣人制礼，祀山川……岂虚设之耶？"① 可见，渔村将鬼神问题与天地万物、吉凶祸福、祭祀礼仪等联系起来加以考察，并强调祭祀礼仪制度是以天地自然为依据的，这是其他几种注释所未有的观点。

不过渔村也汲取了其师锦城的观点，认为应将"鬼神"章与上下两章打通，才能把握《中庸》有关鬼神论述的旨趣所在，他说："承上章言君子之道，自家以及国天下，其本在于反身而诚。顺乎父母，即明王之以孝治天下，其义亦犹是也。是此章所以承上章以起下文舜之大孝也。"② 这是说，鬼神章的重点就在于"反身而诚"，进而实现"孝治天下"，换言之，鬼神问题与"诚"及"孝"的问题不能割裂。其实，这是我们在锦城那里就已经看到的观点。

第四位是增岛兰园（1769—1839）。最后我们以日本朱子学者为例，来了解他们的看法与上述三位学者有何异同。增岛兰园是江户后期的朱子学者，曾师从号称"宽政三博士"之一的朱子学者古贺精里（1750—1817），后来出任昌平黉教授，成为幕府的儒官。他广泛涉及经史百家而归宗朱子学。著有《大学章句参辨》和《中庸章句诸说参辨》等重要著作，在这两部著作中，他首先列举后人对于朱熹章句的疏释，例如明代蔡清《四书蒙引》和清代李沛霖、李祯《四书朱子异同条辨》等，其次以朱熹章句为准，来判断疏释的得失，最后对各章宗旨进行综述。

兰园的思想立场完全忠实于朱子学，他对"鬼神"章的宗旨进行了这样的总结："此章言鬼神，以明费隐，见道不可离之义，非明鬼神也。"③ "费隐"出自第12章："君子之道，费而隐。"意思与"显隐"相同。"道不可离"则见第1章："道也者，不可须臾离也，可离非道也。"朱熹在第12章的总结中指出："右第十二章，子思之言，盖以申明首章道不可离之意也。其下八章杂引孔子之言以明之。"④ "其下八章"当然包括第16"鬼神"章，即第13章至第20章为止（第20章之后，是有关"诚"的讨论）。毫无疑问，兰园不仅对12章至20章的这

---

① 海保渔村：《中庸鄭氏義》，《日本名家四书注釋全書》第11卷，第83页。
② 同上，第89页。
③ 增岛兰园：《中庸章句諸說参辨》，《日本名家四书注釋全書》第11卷，第25页。
④ 朱熹：《四书章句集注》，北京：中华书局，1983年，第23页。

一"局部"进行了整合,而且还试图对《中庸》文本的整体构造进行整合。对于
《中庸》的这一解释立场,可以说与朱熹的立场是基本一致的。不过值得注意的
是,他认定"鬼神"章"非明鬼神也",在这一点上,其立场却又与东条一堂、大
田锦城和海保渔村等人如出一辙。由此可见,不论是朱子学者还是考证学派,
他们的思想已有趋于接近的一面,有关《中庸》鬼神问题的诠释便是一个明证。

三 江户晚期的鬼神新论

堪称江户儒学殿军的安井息轩(1799—1876)在其《中庸说》中也认为"鬼
神"的落脚点在于借"鬼神"以论"诚",他在该章注释的末尾以委婉的口气指
出:"诸家主鬼神说之,似失之。"①据此,"鬼神"章"非明鬼神也"的观点,可以
说是江户学者的最终定论。

然而事实上,"鬼神"章"非明鬼神也"这一观点并不新鲜,渔村即已引用
中国学者的相关看法,如明儒高拱(1512—1578)曾说:"此即鬼神也,以发明
显微之义耳,意非在于鬼神也。"②颇喜明人著述的江户儒者对此或许并不陌
生。不过,来自中国学者的观点并不足以解释上述各派江户儒者为何都如此讳
言"鬼神"。最让人惊异的是,以考证学著称的大田锦城在引用《礼记·祭义》
的"僾然必有见乎其位""肃然必有闻乎其容声"这段话时竟然将其中极重要的
"必"字予以删除,这就与一向讲求实事求是的考证学精神背道而驰,从中可以
窥见,对他们而言,此"必"字所具有的肯定语气,必将得出"鬼神"实有的结
论,这就与"非明鬼神"的观点立场难以圆融。于是,就有必要通过直接改动经
典原文来解除思想上的困惑。就其结果而言,这样的做法便与仁斋否定《中庸》
文本真实性的态度如出一辙。③由上可见,尽管上述四位注释家都致力于捍卫
了《中庸》文本的整全性和连续性,但仁斋设定的"红线"——不能正面谈论

---

① 安井息轩:《中庸说》,服部宇之吉校订:《汉文大系》第1卷,东京:富山房,1972年,第9页。
② 海保渔村:《中庸郑氏义》,第83页。高拱语,出自《问辨录》卷二《中庸》,参见《四库全书》经部八。
③ 另外中井履轩也否定了朱熹在解释"体物而不可遗"时提及《祭义》的"昭明、焄蒿、凄怆",认为"是愚昧妄诞之甚者,不当采入"(中井履轩:《中庸逢原》,《日本名家四书注释全书》第1卷,第70页)。

"鬼神"——在他们那里却始终未敢打破。

在此意义上,闇斋门下"三杰"之一的佐藤直方(1650—1719)针对仁斋的批评或许也适用于这些学者:

> 俗儒亦讨论仁义礼智信等儒家基本思想,关于鬼神却没有独立的见解。他们不论鬼神,遇人分析琢磨之际,即搬出"子不语怪力乱神"之论来搪塞,极力避开话题。号称近时大儒之人中,未闻有论说鬼神者。①

关于江户儒者何以讳言鬼神,大致有两方面的原因可以思考:一方面正如仁斋自己所说的那样,是基于"敬鬼神而远之"这一孔子的立场,这既是儒家传统,同时也反映了日本民俗中敬畏鬼神的风俗②;另一方面也与他们缺乏祭祀体验以及对汉代以来以"气"论鬼神的思路缺乏认同有关。也正由此,他们大多对中国的鬼神观在思想上感到"不适",故只能照着儒家经典所写来进行注释,却很少有自己的独立见解。同时由于在祭祀制度方面缺乏安排,由此导致祭祀体验也相应缺乏,故而对经典文本中难以理解的内容便倾向于怀疑乃至否定,从而使得经典体系发生"崩坏"的现象。更吊诡的是,经典"崩坏"之后,却并没有导致如他们所期望的"拯救"效果。

正如岛田虔次所指出的,对于中国本土思想家朱熹来说,是绝对不会否认鬼神祭祀的。③因此,讳言鬼神不仅与日本的荻生徂徕之立场截然不同,而且也与中国的朱熹有很大的距离。与朱子学的距离还可以从以下的事实中看出来。例如东条一堂在《中庸知言》中已经涉及《易传》之"鬼神"与《中庸》之"鬼神"(亦即朱熹《中庸章句》所谓"阴阳之鬼神"与"祭祀之鬼神")是否属于

---

① 原文为日文,佐藤直方:《中庸鬼神大意》,《增订佐藤直方全集》第1卷,东京:ぺりかん社,1979年,第168页。"近时大儒"即指仁斋,该文末尾直接点破:"仁斋等人论中庸之书,鬼神论以下,非本书云。学者一旦涉及鬼神论,皆止于探索踯躅,仅停留在名目层面,未能开封一一吟味。"(同上,第169页)

② 渡边浩认为仁斋有"轻视鬼神"的倾向,参见氏著:《近世日本社會と宋學》,东京:东京大学出版会,2010年,第171页。这个说法恐怕未必准确,《先哲叢談》卷四记载仁斋虔诚地"礼佛"和注重民俗的"驱鬼"仪式,表明仁斋对鬼神问题并未完全忽视。荻生徂徕的《中庸解》以及大田锦城的《梧窗随笔》也表达了敬畏"鬼神"的态度。锦城之说见三浦理编:《名家随笔集》卷下,东京:有朋堂书店,1913年,第501页。

③ 岛田虔次:《大學·中庸》第16章,《中國古典選》第6册,东京:朝日新闻社,1978年。

同一的问题。一堂对此的回答是否定的。然而，海保渔村则对两者进行了综合性的理解，他力图将鬼神与天地万物、祸福以及祭祀等统一起来加以理解。显然，这也正是朱熹所追求的目标。渔村的观点或许可以说是江户后期儒学在这一问题上与朱子学最为接近的一次"照面"，这也充分说明他的思想工作不仅在考证方面而且在义理方面也有相当的成就。

而关于朱熹的立场和目标，除了从朱熹在《中庸》注释时屡屡强调"阴阳之鬼神"与"祭祀之鬼神"这"两样鬼神""不是二事"以外，还可参考《朱子语类》如下一条正好涉及渔村提及的天地万物和吉凶祸福的语录："鬼神只是气。屈伸往来者，气也。天地间无非气。人之气与天地之气常相接，无间断，人自不见。人心才动，必达于气，便与这屈伸往来者相感通。如卜筮之类，皆是心自有此物，只说你心上事，才动必应也。"[①] 实际上在《中庸》的语境中，有关"显微"或"费隐"的讨论借助于对"鬼神"的讨论而得以展开的同时，"鬼神"之兼具"显微""费隐"的特点也得以充分显现，由此对于沟通天与人、平常自然与微妙神奇起到了关键作用。

只不过，与一堂立场如此不同的渔村，最终的结论也仍然是以"诚"为主线诠释"鬼神"章。这么说来，即使不满于仁斋以来日本思想界对于《中庸》之整全性与连续性的否定，但这些儒学者们在某些根本问题上，可能与朱熹的"朱子学"之间仍然有着一定的距离。这也就意味着对于《中庸》等儒家经典"拯救"的最终指向并非是朱熹等人建构起来的以《四书》为中心的学问思想体系，而有着他们自身对经典的理解，同时也可看出仁斋学在江户后期儒学思想界存在巨大的"阴影"，始终挥之不去。

四　结　语

在朱熹及其追随者如崎门派朱子学者看来，鬼神是"本有"的，而"真实无妄"之"诚"正是对"本有"的确认，而祭祀活动将微妙的天道鬼神与显著的孝悌伦常关联在了一起，由此可见"鬼神"章与前后章之间构成了连续的整体。

---

① 分别见《朱子语类》卷六十三，第 1545、1534 页。

将《中庸》的经典地位引入双重危机的伊藤仁斋却在整全性与连续性两个方面,对现有《中庸》文本发起了挑战,他的推理论证可以简要地表示如下:

大前提:子不语怪力乱神、敬鬼神而远之;小前提:《中庸》子曰鬼神。结论:小前提与大前提矛盾,而《论语》才具有绝对的权威性,故可判定《中庸》"鬼神"章是"错简",是后人伪作,是从别的书里窜入《中庸》的,因此为复原《中庸》的原貌,就必须将这一章清理出去。

补论:"鬼神"章和前后章内容之间是断裂的。这也强化了上述结论。

对仁斋学上述观点的反应,可以区分为三个派别:

(1)修正派(怀德堂学者):同意大前提和小前提,但不完全同意结论。他们认为"鬼神"章的确是错简,但来源不在别的书,而在《中庸》自身"至诚如神"一句之后。

(2)反对派(崎门朱子学者和荻生徂徕):不同意大前提,因而不同意结论。如在崎门学者佐藤直方看来,朱子所言极是,可是近来的儒者却轻视鬼神。对于"鬼神"的事情一知半解,只是照着书本说说而已,被问及鬼神的问题时他们就拿"子不语"做挡箭牌而说不出自己的主观意见。而荻生徂徕则从另一个方面提出了质疑,认为"鬼神"是圣人设立的,以便让人们联结为宗族,建立起社会的秩序,回避这一问题就从根本上违背了圣人之道。

(3)折衷派(江户时代后期多数注释家):同意大前提,反对小前提,而主张结论是"鬼神"章说的不是鬼神,说的是要像鬼神一样诚心正直,只有这样才能让父母顺心,配享幸福。由此挽救现有《中庸》文本的整全性和连续性,但这一"诚主神客"的立场,无疑也就背离了"神主诚客"的朱子学立场。

上述各派与朱子学立场之间的异同也可简要概括如下:

(1)朱熹与仁斋:都认为"鬼神"章所言即是"鬼神",差异在于儒家是否应谈论"鬼神",以及现有的《中庸》文本是否具有整全性和连续性,朱熹的回答都是肯定的,而仁斋的回答都是否定的。

(2)朱熹与徂徕:都认为"鬼神"章所言即是"鬼神",且现有的《中庸》文本具有整全性和连续性,差异在于朱熹认为鬼神自然而本有,徂徕认为鬼神本无而人为。

(3)朱熹与折衷学者:都认为现有的《中庸》文本具有整全性和连续性,差异在于儒家是否应正面谈论鬼神,鬼神章所说是否即是鬼神,朱熹的回答都是肯定的,折衷学者的回答都是否定的。

概括而言,日本江户时代的《中庸》"鬼神"章注释呈现如下的发展趋势:

第一,江户时代前期的儒学思想家山崎闇斋及其门下的朱子学者们继承了朱熹《中庸章句》的注释,强调"鬼神实有",而"诚"即是对此"实有"的肯定。

第二,几乎同时而稍后的伊藤仁斋发起的"古学"运动,却使得朱子学以《四书》为中心的儒家经典体系崩坏,表现在《中庸》上,认为对"鬼神"采取"敬而远之"态度的孔子不应如此正面论述"鬼神",从而判定"鬼神"章为后人伪作并窜入了《中庸》原文,而该章与上下章之间也无法衔接,由此否定现有《中庸》文本的整全性与连续性。

第三,仁斋的上述主张在后世引起巨大反响。江户后期的注释家们大多认为"鬼神"章"非明鬼神也",其意图只是借"鬼神"以论"诚"而已,将诠释立场由"神主诚客"扭转为"诚主神客",这就表明他们仍受仁斋学的影响,以为"鬼神"问题是不宜从正面谈论的,从而与朱子学的鬼神观保持了很大的距离。

上述江户儒学思想的变化趋势表明,自仁斋以后的众多儒学家的《中庸》诠释开始脱离以《四书》为中心的朱子学思想体系,尤其是宽政以后复兴的"正学派"朱子学实际上已带有浓厚的折衷色彩,反而是考证学派与朱子学的立场最为接近。总体而言,他们的立场游离于朱子学与仁斋学之间。通过以上的考察,可以使我们对江户日本朱子学的发展变化获得基本的了解。

第十五章　崎门学的"智藏"论[*]

〔日〕藤井伦明（九州大学）

前　言

　　朱熹思想中有所谓"智藏"这一观点，指的就是将四德（仁、礼、义、智）中的"智"，对应到天德（元、亨、利、贞）中的"贞"，以及四时（春、夏、秋、冬）中的"冬"，也就是将"智"视为具有收藏、收敛之意。然而此一"智藏"观，古来并未受到中、韩两国朱子学者的重视，因此中、韩朱子学者论述中几乎没有出现"智藏"相关议论。但在日本江户时代，以山崎闇斋（1618—1682）为开山祖师的崎门朱子学者们，却非常重视这一"智藏"观，将之视为朱熹思想的奥义，作为"智藏说"加以独立表扬，留下许多"智藏"相关论述。因此"智藏"这一观点，堪称是构成崎门朱子学的重要特色之一。

　　而关于崎门派朱子学者的"智藏说"，之前部分前辈学者虽然已提及或介绍，但皆止于概略性的说明，并未针对崎门"智藏说"进行全面而深入的剖析与阐明。因此，关于崎门派朱子学者为何如此重视"智藏"这一观点、"智藏"说在崎门派朱子学思想中具有何种地位，以及从崎门派朱子学者对"智藏"的重视与发展看来，是否可以观察出朱子学在日本传播的某一侧面，又凸显了何种

　　* 本文系笔者主持执行专题研究计划"江户崎门派朱子学者之'智藏说'研究"（99-2410-H-003-091-）之部分研究成果，特此声明，感谢补助。本文初稿刊登于《中正汉学研究》2016年第1期（总第27期），第191—210页。

中、日朱子学的同调与异趣等诸多问题,皆尚未获得厘清。本人认为对崎门派"智藏"说的探讨,是我们在思考日本朱子学究竟具有何种特色时,一个非常重要且值得深入探讨的研究议题。

本文作为崎门"智藏说"研究的第一步,析论以三宅尚斋(1662—1741)所编撰之《智藏说》中的"智藏"相关议论,来阐明崎门"智藏说"的具体内容以及逻辑结构。

一 朱子"智藏"观与山崎闇斋的宣扬

如上所述,朱熹晚年的思想中有所谓"智藏"这一观点。朱熹是在六十五岁时所讲授过的《玉山讲义》中,首次将之提出。《玉山讲义》中如下说道:

> 盖仁则是个温和慈爱底道理,义则是个断制裁割底道理,礼则是个恭敬撙节底道理,智则是个分别是非底道理。凡此四者具于人心,乃是性之本体。……盖一心之中,仁、义、礼、智各有界限,而其性情体用,又自各有分别,须是见得分明,然后就此四者之中,又自见得"仁义"两字是个大界限,如天地造化,四序流行,而其实不过于一阴一阳而已。于此见得分明,然后就此又自见得"仁"字是个生底意思,通贯周流于四者之中,仁固仁之本体也,义则仁之断制也,礼则仁之节文也,智则仁之分别也。正如春之生气贯彻四时,春则生之生也,夏则生之长也,秋则生之收也,冬则生之藏也。……孔子只言仁,以其专言者言之也,故但言仁,而仁、义、礼、智皆在其中。孟子兼言义,以其偏言者言之也,然亦不是于孔子所言之外,添入一个"义"字,但于一理之中分别出来耳。其又兼言礼、智,亦是如此。盖礼又是仁之著,智又是义之藏,而仁之一字,未尝不流行乎四者之中也。①

在此《玉山讲义》中,朱熹除了将"智"规定为"仁之分别"之外,将"智"对应到四时(春夏秋冬)中的"冬"而将它视为具有"生之藏""义之藏"之意。

---

① 《玉山讲义》,《朱子文集》卷七十四,台北:富文教基金会,2000年,第3733页。

在此《讲义》，朱熹的关注点就在仁、义，尤其是"仁"之生意通贯周流于四德之中这一点。虽然在这当中，"智"的重要性还没有凸显，但朱熹在给陈器之的书信中回答关于《玉山讲义》内容的问题时，明确指出四德中"智"的特别角色以及其重要意义。朱熹如此说：

> "仁义"虽对立而成两，然"仁"实贯通乎四者之中，盖偏言则一事，专言则包四者。故"仁"者仁之本体，"礼"者仁之节文，"义"者仁之断制，"智"者仁之分别；犹春、夏、秋、冬虽不同，而同出乎春，春则春之生也，夏则春之长也，秋则春之成也，冬则春之藏也。自四而两，自两而一，则统之有宗，会之有元矣。故曰："五行一阴阳，阴阳一太极"，是天地之理固然也。"仁"包四端，而"智"居四端之末者，盖冬者藏也，所以始万物而终万物者也。"智"有藏之义焉，有始终之义焉，则恻隐、羞恶、恭敬是三者，皆有可为之事，而"智"则无事可为，但分别其为是为非尔，是以谓之藏也。又恻隐、羞恶、恭敬，皆是一面底道理，而是非则有两面，既别其所是，又别其所非，是终始万物之象。故"仁"为四端之首，而"智"则能成始，能成终，犹元气虽四德之长，然元不生于元，而生于贞，盖由天地之化，不翕聚则不能发散，理固然也。"仁智"交际之间，乃万化之机轴，此理循环不穷，吻合无间，程子所谓"动静无端，阴阳无始"者，此也。[1]

在此，朱熹将四德的主轴从"仁义"转移到"仁智"，说明"智"德的特别性、重要性。据朱熹所言，"智"没有像其他三德（仁、义、礼）具有能看到的具体作用，它的功能只是分别以及收藏、翕聚而已。但朱熹认为这种收藏、翕聚的功能才是重要的。根据《易》学思想中的阴阳循环之理，有"始"（首）则有"终"（末），有"终"（末）才有"始"（首），因为有收藏、翕聚，所以才能发散、伸展。因此，"仁"的生意原来都是根据"智"的收藏、翕聚的。若没有"智"的收藏，就没有"仁"的元气。朱熹所以说"智能成始，能成终""仁智交际之间，乃万化之机轴"的理由就在这里。朱熹的"智藏"这一观点，在以下的文献中也

---

[1] 《答陈器之》第 2 书，《朱子文集》卷五十八，第 2825 页。

能看到。

> 智主含藏分别，有知觉而无运用，冬之象也。①

> 贺孙问："孟子四端，何为以知为后？"曰："孟子只循环说。智本来是藏仁义礼，惟是知恁地了，方恁地，是仁礼义都藏在智里面。如元亨利贞，贞是智，贞却藏元亨利意思在里面。如春夏秋冬，冬是智，冬却藏春生、夏长、秋成意思在里面。且如冬伏藏，都似不见，到一阳初动，这生意方从中出，也未发露，十二月也未发尽露。只管养在这里，到春天方发生，到夏天一齐都长，秋渐成，渐藏，冬依旧都收藏了。只是'大明终始'亦见得，无终安得有始。所以易言'先王以至日闭关，商旅不行，后不省方。'"②

> 四端，仁智最大。无贞，则元无起处。无智，则如何是仁。《易》曰："大明终始。"有终便有始。智之所以大者，以其有知也。③

　　如此，朱熹在晚年非常重视"智"，而提出如上所述的"智藏"观点。④ 然而此一"智藏"观，如上所述，古来并未受到中、韩两国朱子学者的重视，因此几乎都没有任何中、韩朱子学者针对"智藏"的问题开展深入讨论。但在日本江户时代，以山崎闇斋为开山祖师的崎门朱子学者们，却非常重视朱熹的这一"智藏"观，并留下了许多有关"智藏"观的学说主张。

　　山崎闇斋在《近思录序》中说："仁爱之有味，智藏之无迹，先生（引者按，朱熹）丁宁开示之。"⑤ 提到朱熹思想中有"智藏"这一重要观点。闇斋又受到朱熹上述"仁智交际之间，乃万化之机轴"一句的启发，撰写"仁智交际间，万化同出自，虽孔朱后生，不过启此秘"⑥ 这一首诗。

---

① 《答廖子晦》第 5 书，《朱子文集》卷四十五，第 2025 页。
② 《朱子语类》卷五十三，第 1290 页。
③ 《朱子语类》卷六十，第 1423 页。
④ 关于朱熹思想中的"智藏"观点，参见江俊亿：《由朱子思想发展过程考察其智藏说》（东吴大学硕士论文，2010 年 8 月）。
⑤ 《垂加草》卷十，《新编山崎闇斋全集》第 1 册，东京：ぺりかん社，1978 年，第 77 页。
⑥ 《垂加文集》下之一《元日诗・庚戌》，《新编山崎闇斋全集》第 2 册，第 326 页。

会津藩主保科正之（1611—1672）乃是山崎闇斋的弟子之一。保科正之与闇斋两人刊行的《玉山讲义附录》就是收集《朱子文集》《朱子语类》中有关《玉山讲义》的资料编辑而成的。而保科正之与山崎闇斋两人编辑、刊行这一本书的主要目的，就是阐发朱熹思想中的"智藏"之说。这一点，我们由以下所列的闇斋文章可以获知。

尝使嘉（引者按，闇斋）读《玉山讲义》，为之附录。则举其要曰："仁之生意亲切之味，即未发之爱一意，一理而万物之所以为一体也。"又曰："智藏而无迹。识此而后可以语道体，可以论鬼神。"又曰："仁智交际，万化机轴。此合天人之道也。"呜呼，可谓说约矣。知此要约者，朱门蔡季通、仲默、真希元之后，未有斯人也。①

又玩索《玉山讲义》而使嘉搜《朱子文集》《语类》之说可与此相发明者。反复之，分其类，为附录三卷。上之一明太极阴阳，二明健顺五常，三明仁义仁智。中明四德五常。下之一明仁，二明智，三明气禀死生。玉讲之义，精之如是者未之有。而性命之说之详，至于此无复以加焉。而未发之爱之为仁，无迹之藏之为智，而仁智交际之间则其独见默契处。朱门西山并九峰之外，人之所得而不识也。②

在此值得我们注意的是：闇斋认为能够真正体会、了解朱熹"智藏"观之奥秘的人，在中国只有蔡元定（1135—1198，字季通）、蔡沉（1167—1230，字仲默，号九峰）、真德秀（1178—1235，字希原，号西山）等人。③对闇斋而言，自

---

①《垂加草》卷二十七《土津灵神碑》，《新编山崎闇斋全集》第2册，第220页。

②《续垂加文集》卷上《土津灵神行状》，《新编山崎闇斋全集》第2册，第344页。

③ 闇斋的徒孙若林强斋也如此说道："朱子ノ知藏ノ藏ノ字ヲトカレタハ此講義カ始。平生ノ説ニハ説カレヌ。コノ説ヲ朱門テ承タハ一両人。陳北溪、丘瓊山、胡敬齋トレモ知ラレヌ。タタ明ノ薛文清一人ニ此旨ヲ得タレタトノコト。"（此讲义朱子首说智藏之藏字，朱子平生并未说之。朱门中承此说者仅一两人，陈北溪、丘琼山、胡敬斋亦皆不知之，仅薛文清一人得此旨而已。）在此值得注意的是，强斋认为除了朱门的一两人（可能是闇斋所谓蔡元定、蔡沉、真德秀等）之外，明代的薛文清也体会到"智藏"的奥义。关于薛文清思想中是否有"智藏"说，这个问题值得我们进一步调查探讨。

己以及其弟子保科正之才是真正体会朱熹"智藏"观之真意的人。这就意味着真正继承朱子学根本精神的，无非是日本的闇斋（崎门）学派这个学统。于是，闇斋的弟子们也特别重视"智藏"观。

闇斋虽然特别发扬"智藏"观，但以"述而不作"为宗旨，他本人针对"智藏"发表的相关言论并不多，无法掌握其整体面貌。因此，若要了解崎门"智藏"论的全貌，就必须依据弟子们留下的相关数据。据笔者的调查，崎门学者直接探讨"智藏"这一议题的相关资料有三宅尚斋（1662—1741）:《智藏说》、三宅尚斋:《智藏论笔札》、久米订斋（1699—1784）:《读智藏说笔记》、若林强斋（1679—1732）:《玉山讲义师说》、幸田子善（1720—1792）:《玉山讲义笔记》等。

在前人研究当中，已经对山崎闇斋、保科正之、三宅尚斋、楠本端山的"智藏"相关言论进行了概略性的说明。管见所及，针对崎门的"智藏"论有所介绍、分析、讨论的研究，有以下论著:（1）冈田武彦:《朱子と智藏》(《朱子与智藏》)，收入《中國思想における理想と現實》(《中国思想中的理想与现实》，东京: 木耳社，1983 年);（2）冈田武彦:《朱子の智藏說とその由來および繼承》(《朱子的智藏说及其由来与继承》)，收入《中國思想における理想と現實》(《中国思想中的理想与现实》，东京: 木耳社，1983 年);（3）冈田武彦:《山崎闇齋》(东京: 明德出版社，1985 年 / 中文版:《山崎闇斋》，台北: 东大图书公司，1987 年);（4）冈田武彦:《楠本端山》(东京: 明德出版社，1985 年 / 中文版: 马安东译:《楠本端山》，台北: 东大图书公司，1991 年);（5）海老田辉已:《三宅尚齋》(东京: 明德出版社，1990 年);（6）高岛元洋:《山崎闇齋——日本朱子學と垂加神道》(《山崎闇斋——日本朱子学与垂加神道》，东京: ぺりかん社，1992 年);（7）难波征男:《朱子學"智藏說"の變遷と展開》(《朱子学"智藏说"的变迁与展开》，《福冈女学院大学·人文学研究所纪要·人文学研究》第四辑，2001 年 3 月)。以下简单回顾这些研究的内容。

在学界第一位发现在朱熹以及崎门学中的"智藏说"的重要性，并进行相关探讨、研究的学者可能是冈田武彦。冈田在论文（1）中指出:"在历来的朱子学研究，有两个非常重要的学说被忽略了。一是'全体大用论'，二是'智藏说'。关于前者，幸好恩师楠本正继教授已经阐明了其本质以及全貌; 但关于后者，很遗憾地几乎都没有人进行深入探讨。"① 在此问题意识之下，为了补充历来研究的不足，冈田在（1）（2）的文章中详细介绍朱熹的"智藏"这一观点。透过（1）（2）论文，我们可以知道：朱子在晚年 65 岁时撰写的《玉山讲义》中，第一次提出"智藏"这一观点，而其"智藏"观的具体内容、意义在《答陈器之书问玉山讲义书》（《朱子文集》卷五十八）中有更进一步的说明。冈田在文章（2）（3）中，除了介绍、说明朱熹的"智藏"观之外，还介绍朱熹的"智藏"观流传到日本，受到崎门派的朱子学者重视而被继承的情况。透过（2）（3）文章，我们可以知道：闇斋所编的《玉山讲义附录》《程书抄略》《张书抄略》等书都是为了发扬"智藏说"而编的，闇斋的高徒佐藤直方、浅见絅斋、三宅尚斋都相当重视"智藏说"，对"智藏"意义做详细的解说，其中最热心研究"智藏说"的乃是三宅尚斋，幕末维新期的崎门派朱子学者楠本端山也非常重视"智藏说"。冈田在文章（4）介绍楠本端山的"智藏说"，而将"智藏说"从朱熹到端山的流传过程做以下整理："智藏说最先是朱子说起的，来自《易》的东西。将朱子的智藏说公诸于世的，是山崎闇斋，这是元明诸儒及其他学派未曾论及过的。……取朱子的智藏说又将之公诸于世的，是闇斋，这主旨也传至门人。继承这体系的，是三宅尚斋。这从他著有《智藏说》可知。……端山很好地继承了朱子以及闇斋、尚斋的智藏主旨，努力于体认。"②

　　海老田在《三宅尚斋》一书中的第四节介绍尚斋的"智藏说"。尚斋特别注重"知"，认为"知"先于"行"。尚斋将"知"理解为"心之德"、"思、知、意、虑"等精神作用，或运用万物之"理"的本体。本书虽然独立提到三宅的"智藏说"，但偏向于文献性的说明，并没有进一步深入探讨尚斋"智藏说"的具体内容以及思想意义。

　　高岛在《山崎闇斋——日本朱子學と垂下神道》第一部第七章《德と智藏說》中，独立探讨闇斋的"智藏说"。高岛将朱熹的"智藏"观与闇斋的"智藏"观详细比较，强调两者之间的差别。本书中出现将"智藏说"与神道说加以联结并检讨的观点，值得参考。但关于三宅尚斋等其他崎门派学者的"智藏说"，

---

①　冈田武彦：《朱子と智藏》，《中国思想における理想と現實》，东京：木耳社，1983年，第268页。
②　冈田武彦：《楠本端山》，马安东译，台北：东大图书公司，1991年，第117—119页。

在该文当中仍未见作者阐明。

难波《朱子學"智藏說"の變遷と展開》一文，基本上是根据冈田的研究，其见解也并未超出冈田研究的范围。但其中引用韩国朴洋子教授的《〈天命圖〉に見る退溪の智藏說について》(《在〈天命图〉中看退溪的智藏说》)，指出在李退溪思想中也能看到智藏说，提出崎门派的"智藏说"可能受到退溪学的影响之新见解，值得注意。

这些研究虽然注意"智藏"论的重要性，但并没有根据上列的文献进一步全面而深入地剖析、阐明崎门"智藏说"。笔者认为目前学界对崎门"智藏说"的研究还停留在概略性、部分性的程度。因此，以下根据上列的相关资料，来深入分析、探讨崎门学者"智藏说"的具体内容以及其思想特色。

二 三宅尚斋以及崎门学的"智藏"论

闇斋三大高弟(崎门三杰[①])之一的三宅尚斋特别编写了《智藏说》《智藏论笔札》，收集许多中、日两方有关"智藏"的论述。佐藤直方、浅见絅斋对"智藏"的见解也收录在这两篇文章中。这两本书没有正式出版，以抄本的形式流传。据笔者的调查，三宅尚斋《智藏说》有三种抄本，日本九州大学图书馆收藏其中两种版本。一是生田格抄写的版本(以下称为生田版)，一是楠本硕水抄写的版本(以下称为楠本版)。另外名古屋蓬左文库所藏的中村政永编：《道学资讲》中也收入一种版本(以下称为《道学资讲》版)。《道学资讲》版《智藏说》最后附录久米订斋《读智藏说笔记》。楠本版与生田版，结构、内容皆完全一致，在三宅尚斋的《智藏说》后面，作为"智藏说附录"，除了久米订斋《读智藏说笔记》之外，还附上三宅尚斋《智藏论笔札》、若林强斋《玉山讲义师说》、幸田子善《玉山讲义笔记》、宇井默斋《读思录》。楠本版与生田版都将《智藏说》与附录各篇合并，构成《智藏说》这一独立的著作。可说是目前能够搜集到的资料中最完整的崎门"智藏"说相关文献。因此，本文根据楠本版《智藏说》来分析、探讨崎门学者的"智藏"观。

---

① 崎门三杰指的是：佐藤直方、浅见絅斋、三宅尚斋。

《智藏说》乃是享保十四年（1729），尚斋六十八岁时的著作。但这部著作并非开展尚斋自己的见解，而是主要收录《礼记》的《月令》《乐记》《礼运》诸篇、《礼记·中庸》的郑注、《易·系辞上》《程氏遗书》《正蒙》《朱子语类》、《朱子文集》中的"智藏"相关文献，最后附录山崎闇斋、佐藤直方以及浅见绚斋针对"智藏"的见解。尚斋在跋文中说：

> 智藏之说，其由来久矣。至朱子详发其微意，《玉山讲义附录》，栉比其说，无复遗蕴焉。盖识智藏之意思者，而后可语祭祀卜筮之妙矣。……今编次《附录》之不载者一、二以为讲求之资云。①

由此可以确认，尚斋也认为朱熹《玉山讲义》的核心思想就在"智藏"，他为了补充保科正之编的《玉山讲义附录》的内容，而编纂这部《智藏说》。可以说《智藏说》这本也是立足于"述而不作"这一崎门学派的学术立场来撰写的。因此本书大部由中国古籍的引文构成，从其引文中很难窥知尚斋以及崎门学者自己具体的"智藏"观。若要了解崎门学者自己的观点，势必要参考书中最后面出现的山崎闇斋、佐藤直方、浅见绚斋三者的"智藏"相关见解。但在《智藏说》中，尚斋摘录的崎门学者见解，只有四条短文而已，因此，若要深入理解崎门"智藏"论的意涵，我们除了《智藏说》之外，必须参考附录中的三宅尚斋《智藏论笔札》、久米订斋《读智藏说笔记》、若林强斋《玉山讲义师说》、幸田子善《玉山讲义笔记》等文献。

三宅尚斋在《智藏说》中摘录闇斋《土津灵神碑》的以下文句：

> 智藏而无迹。识此而后，可以语道体，可以论鬼神。②

在此，闇斋认为了解"智藏而无迹"这件事，才能体会"道体"以及"鬼神"的问题。崎门学者将"智藏"理解为与"道体"密切有关的概念，这一点由以下

---

① 《智藏說》，8b。日本九州大学藏，楠本硕水笔写，未详抄写年月。

② 《智藏說》，7a。按，崎门学者有时说"智藏"，有时说"知藏"，具体解释见后文。

的数据也可以证明。①

　　夫智藏而无迹者，道体之妙也。②

　　知藏ハ道體仁義禮智ノコト，孟子鑿知筋ノ一處ニ云コトニ非ルナ
リ。③（中译：知藏是道体仁义礼智之事，非孟子凿知一条之处所谓之事。）

　　道體至極真實無妄，真味ハ藏ノ一字，コレアッテ天地造化ノ止ムコ
トナク，人倫日用ノ道ノ絶エルコトモナイ。④（中译：道体至极真实无妄，
真味是藏之一字，有此而天地造化无止，人伦日用之道亦无绝也。）

　　知藏而无迹，谓之有则无迹之可见，谓之无则有理之不泯。所谓人心
太极之至灵，无极而太极。⑤

　　如此，崎门学者将"智藏"理解为"道体"或"无极而太极"的境界。虽然
看不到任何作用、现象（迹），但这并不是意味着什么都没有、虚空的。若从形
而上的"理"这一角度来说，确确实实有存在物，这就是"智藏"的境界。宇井
默斋在《读思录》中将"冬藏"的位相认定为"寂然未发之体"：

　　天道则春夏秋冬无端无始，似不可分未发已发、体用、动静实然。冬
藏乃天心之未发而元亨利贞之性所以立也。盖春生夏长秋收，皆有化育
之可见。而冬藏则无迹之可见，岂非寂然未发之体乎。人心之未发亦犹此
也。恻隐羞恶辞让皆有可为之事，而是非之心则分别其为是为非，而已无

---

　　① 对崎门学者而言，"智藏"除了"道体"之外，还有与"鬼神"相关的概念，三宅尚斋也说："盖识智
藏之意思者，而后可语祭祀卜筮之妙"（《智藏說》跋文）。因此需要深入探讨"智藏"与鬼神、祭祀之间
的关系，但本文首先处理"智藏"与"道体"的问题。关于鬼神问题，拟另文撰写进行探讨、分析。
　　② 久米订斋：《讀智藏說筆記》，《智藏說》，10b。
　　③ 三宅尚斋：《智藏論筆札》，浅见絅斋之语，《智藏說》，12a。
　　④ 若林强斋：《玉山講義師說》，《智藏說》，15a。
　　⑤ 宇井默斋：《讀思錄》，《智藏說》，17b。

迹之可见矣。故在天道则冬藏无迹，乃元亨利贞之所以立也。在人心则分别为是为非而收敛无迹，乃仁义礼智之所以立也。天人一物、内外一理，知道者默而观之可也。①

在此我们看到在天道的"元亨利贞"中，以"冬藏无迹"的"贞"之位相为其他"元亨利"三者的根源、基础，同样在人道的"仁义礼智"中，以"收敛无迹"的"智"之位相为其他三德"仁义礼"的根源、基础这种思维逻辑。在朱熹思想中，"仁义礼智"这四德都是形而上的"性"，也就是"理"，都属于未发层次的概念。但崎门学者明显地将未发之"性"（理）的世界分为两层：有具体现象（"迹"）②的"仁义礼"之层次与没有具体现象（"迹"）的"智"之层次，而将后者视为前者所以成立的根本基础。笔者认为崎门学者在"仁义礼智"四德之中，特别将"智"抽离出来，将它视为"道体"或"太极"的理由也在这里（请参考附录的图一）。

但"收敛无迹"的"智"为什么能够成为"仁义礼"三德的根源、基础呢？既然"智"是无任何作用的"寂然未发"之存有，如何关系到"仁义礼"三德呢？我们可以参考《智藏说》所摘录的浅见絅斋之以下见解：

> 浅见先生曰：知是理之活者耳。知是理之体段。又曰：以物冲击物，徐徐时物不发动，急切则物飞跃突出，亦可以见贞下之元矣。朱子以静中有物为太极（说见《语类》九十六）。亦是智藏。故余尝谓：明德是知也。具众理应万事，非知而何也。舜之大知亦是道理之光耀者，即是太极。③

如此，絅斋将"知"（智）定义为"理之活者""理之体段"。这一定义在佐藤直方的见解中也可以看到。三宅尚斋在《智藏论笔札》中引用佐藤直方的见解如下说：

---

① 宇井默斋：《讀思錄》，《智藏說》，17a—17b。
② 严格来说，会产生现象的仁义礼三德。
③ 三宅尚斋：《智藏說》，《智藏說》，7b。

理ノイキタモノカ知ソ。理ノナリカ智ト云コトヲヨク合点セヨ。
物理ノツマリタコトテナケレハ涙ハ出ヌゾ。シキミヲ打ハナスニ、ソ
ロソロウチテハハナレヌ。ハヅマヌユヘナリ。ツントウテハヒヨント
ハナレルソ。玉録知藏ノ処ヘ太極也ト云等語ヲ引テアルハ細ナルコト
也。故ニ予日明徳ハ知也ト。具衆理應萬事ト云モノハ知テナウテ何ソ
ヤ。兎角理ノ生タモノ、理ノナリカ知シヤト云コトヲ合点セヨ。孺子
ノ井ニ入ホトアワレナト云ノ理ノツマリタコトハナイソ。故ニ井ニ入
ト其侭惻隠スルソ。長者カ井ニ入分ハサホトニナイソ。コフトヒビク
モノハ理ノ生タモノソ。ヒヒクト應ス。ヒヒクト云処カ知ソ。ヒヒク
ト應スルト云ヘハ、モフナリカナニトナクトモック。是カクレテ、ナリ
ノナニモノト云ニ、知ホトナモノハナイソ。聖賢ノ知ハ、キラリトシテ
アルホトニ、本来ノ知ナリ、藏ソ。小人ノハクモリテヲル。故ニ少ノコ
トテモモダック。ソレハソレ知藏ニ非ス。舜ノ大智ノ如キハ理ノキラ
リト照テアリテ太極ソ。知ハ理ノ生タモノト云ヲ、カヘスカヘス合点セ
ヨ。石佛ニハヒヒカヌモノソ。[①]（中译：理之活者是为知。须体会理之体
段是为智。若物理不充塞溢满胸臆，则泪不流。诚如以木击木，徐徐击之
则不发动，不弹之故也，急切击之则（其木）飞跃突出。《玉录》知藏之处
引"太极也"等语是细心留意也。故予曰："明德是知也。"所谓"具众理应
万事"无非是知。总之，须体会理之活者、理之体段，即是知此事。恻隐
之理充塞满溢莫若孺子入井之事，故孺子入井，恻隐之心立生；若年长者
入井，恻隐之心未必深刻若此，之所以响应如此，即理之活者。有所响应
就有所回应，响应之处乃是知。……圣贤之知辉耀如此，亦是本来之知故
也，藏也。小人之知隐晦不明，故有所磨磨蹭蹭，彼非知藏。如舜之大智，
理辉耀照映，此即太极。知者即理之活者，须再三体会之，若是石佛即无
响应。）

---

① 三宅尚斋:《智藏論筆札》, 佐藤直方之语,《智藏說》, 13a—13b。

在此，直方再三强调"智"的意思就是"理ノイキタモノ"、"理ノナリ"。"イキタモノ"就是"活生生的有生命的存在"的意思，"ナリ"可以翻译为"形状、样子、状态"。因此，直方的"智"义（"理ノイキタモノ""理ノナリ"）其实是将䌷斋的"智"义（"理之活者""理之体段"）用和文表示而已，两者的意思完全一样。由此可知，在崎门学派，"理之活者""理之体段"这两者就是"智"的核心定义，受到相当大的重视。"智"乃是"理之体段"，也就是"理"的本来面目，最根源原始的状态。关于这一定义，我们还可以理解，但"理之活者"这一定义，看字面无法马上了解其具体意义。"理之活者"到底表示什么呢？因为这段引文是使用古日文（江户时代的口语体），又是抄本手写的关系，有些字无法判别，也有意义、脉络不够清楚的地方，但笔者认为直方想要表达的整体意思大概是如下：

人类有时候会感动流泪，那是因为人类内在之"理"以"ツマリタ"状态，亦即紧张充实的状态存在待命，而面对各种情况，其"理"会回应的缘故。在看到婴儿快掉入水井时，马上出现"アハレ（可怜）"这种恻隐之情，也是因为存在着紧张充实的"理"的关系。如此，"理"具有按照外界的刺激，自然"ヒビク"（响应）的功能。因为"理"会响应，所以我们会产生各种情感，感动流泪。"理"会响应，因此"理"并不是死理，而是活生生充满生命力而起作用（"应ス"）的存有。也可以说，这种活生生的响应功能本身就是"理"的真相。"智"就是从这一角度来形容"理"的概念。因此"智"才是"理"的本来形态，亦即"理之体段"。直方将这种"理"活化着，若碰到它就会敏锐地响应的状态用"キラリ"（闪耀）一词来形容。直方认为"石佛"面对任何情况，受到任何刺激都不会响应，是因为石佛的"理"并没有活化，不是活生生闪耀的，也就是没有"智"的缘故。

浅见䌷斋也与直方相同，从"响应"（"ヒビク"）这一角度来说明"知"（智）。

事物ノ黒白是非善悪即固ヨリ吾心ニアリ。故事物ノ白黒ノナリ
カ　キラリト吾心ニ照テ、ドフ云コトナシニアルハ即知ゾ。ドフトナリ
トモ、ヲコッケハ知ニナリカ出来テ本ニ非ス。本来ノ知ハ譬ハ此家ニタ

タミ六帖敷ソナレハ六帖敷ト云カ、ナントナシニ心ニキラリト照テアリ。此カ理ト知覚ト更ニハナレヌ云モノソ。知藏ノ極ノ吟味ノツマリハ　コレニナルコトソ。切此カ貞下ノ元ト云コトニ引付テ、ズント面白テ、ズントスマシタコトソ。人心ニ事事物物ノキラトアルコトデ、サワルト　ヒビクモノカアルソ。知カ明德ト云モココゾ。サテ知カ四ノ者ノアタマト云モココゾ。仁ト云モ此サワルトヒビクモノカナクテハ出来ヌ筈ソ。或問曰、然ハ仁カアタマト云ハ如何ゾ。切ツマル所ハトウデモ仁ナルカ。曰、ソノヨウニ引合テ云ハムツチヤトシタコトソ。知カ四者ヲ兼ヌルトモ、仁カ四者ヲ兼ヌルトモ云ルルソ。ツメテ云ヘハ畢竟一ツニナルソ。①（中译：事物之黑白、是非、善恶即固在吾心，故事物之白黑真相，辉耀映照于吾心，自然显现，此即是知。……本来之知，譬如此家有六张草甸，就云有六张草甸，自然而然辉耀映照于心，此即所谓理与知觉不相离，再三吟味知藏之极之目的，正在达此境地。再者[若将此]与贞下之元相互关联，则是极有趣、极清楚之事。人心中有事事物物闪耀者，乃稍一触碰即会响应者，之所以云知是明德亦在于此。再者，之所以云知是四者之首亦在于此。即使是仁，若无此稍一碰触，即会响应者，则无法成立。或问曰：然则何以云以仁为首？莫非仁方才是充塞溢满胸壑者。曰：如此强合二者，牵强为说，甚是勉强。可说知兼四者，亦可说仁兼四者，若追根究底，毕竟为一。）

如此，絅斋也承认人心中有相应于外界的刺激而闪耀地响应的存在，将它视为"知"（智）。絅斋认为因为有会响应的"智"，所以才能产生"仁"，或者也可以说因为有"智"，所以"仁"才能产生意义、作用。据直方、絅斋的思维逻辑，"智"意味着"理"所具有的作为"本体"产生"作用"的形而上性能量本身，因此，不仅"仁"而已，一切万物之"理"以"智"为基础才能产生各种作用、各种意义。若没有"智"，一切之"理"就变成"死理"，丧失其具体意义。在这个意义上，仁、义、礼、智四者中都存在着"智"，"智"贯彻、贯通四德。对崎门学

① 三宅尚斋：《智藏論筆札》，浅见絅斋之语，《智藏說》，11a—12a。

者而言, 朱熹思想中, 除了 "仁" 兼四德之外, 也有 "智" 兼四德之观点的理由就在这里。

因为有 "智"（会响应、感应的形而上层次的能量）, 所以 "仁义礼" 能够作为 "本体" 确立, 实际生起具体作用。因此, 如上指出, 宇井默斋说 "收敛无迹" 之 "智" 的存在才是 "仁义礼智之所以立" 的基础。

"智" 的功能只在心内分别是非, 并没有展现具体现象, 亦即 "收敛无迹", 但对崎门学者而言, "收敛无迹" 并不是消极的状态, 而是包含着所有作用、现象之潜力的最充实状态。由于还没有作为具体现象发泄自己, 因此它是极度充满能量的充实状态。于是, 幸田子善在《玉山讲义笔记》中如下说道：

蓋冬者藏也、地中ニ引込コミ、梨柿熟シテシマフテ、天地ノハタラキハナニモナク、隠居シテ何モ蟄ハナイガソノ藏ル処、来年ノヲヲゴトヲスル、ソコニ以テヲル。又冬ヲシマウ、シカレバ冬ニハニ役ヲ以テヲルコト也。来年ノイロイロノ細工、コノ中ニ出来テヲルコトナリ。智有藏之義、易ノ顕仁藏用カラ出タコト也。コフ云コトユヘ、人ノ智ハソトニ出ルカワルイ。浅ヒ智ガソトニ出ル。深ヒ智ハソトニ出ヌコト也。ソレユヘ舜ノ智デモリコフ立テハセヌ。人ノ智ヲトラレルコト、大智ハ内ヘ内ヘシヅムト朱子ノ語アリ。智ハソコニアリテ物ヲ分ッバカリジヤ。ソレハワルイ、ソレハヨイト、ソトヘ出ルト義ニナルコト也。ソレユヘ朱子ノ智ハ太極ジヤト云ハレタモソレデ、ハタラクモノノ内ニハイリテヲルガ智ジヤ。然ルニ朱子ノ説ニモアリテ、老子ノ智ガココニ近ヒ。智ハ用ユレハワルイト見テ、自分ハタラカズ、人ヲツカフテ無為トシタ。[①]（中译：盖冬者藏也, 缩隐于地中, 梨柿熟而完尽, 天地之活动运化殆尽, 隐居蟄伏而不出。然其所藏处, 具隔年之大用。又冬为藏, 故此冬有两用也。来年之诸般运用, 已然备于此中。智有藏之义, 系源自《易》之 "显诸仁, 藏诸用" 也。是故, 人智显于外者不佳, 浅智现于外, 深智不出外也, 故舜之智亦未现其聪明。论及人之智, 朱子

---

① 幸田子善：《玉山講義筆記》,《智藏說》, 16a—16b。

亦言及"大智深沉向内"。智者，仅在分别事物何者不好、何者为好等等而已。分辨之智出于外，则为义也。故朱子曰"智乃太极"，其理亦在于此，存于发用之中者是为智。然诚如朱子亦言："老子之智近于此。""智"以为发用是为不善，故其自身不发用，然却使人发其用，以维持其无为之境界。）

如此，幸田子善在没有向外展现具体作用这一点看出"智"的积极意义。对幸田而言，"智"虽然自己没有具体的作用，不会展现具体现象，但它具有使其他"理"生起"作用"、展现具体"现象"（"自分ハタラカズ、人ヲツカフ"）的功能、特色。其实正因为自己没有具体作用，所以才成为使"万理"生起"作用"的基础，若其具有某种具体的作用、现象，那意味着它的功能、发展方向将受到某一个限定，无法成为"万理"的普遍性基础、根源。根据幸田的思维脉络，朱熹将"收敛无迹"的"智"定义为"太极"的理由也在这里。诚如众所皆知的，朱熹思想中的"太极"就是"无极"，未受到任何限定的未发层次最根源的"理"，亦即"万理"的起点、根源，笔者认为崎门学者所理解的"智藏"就等于这种"无极而太极"的位相。附带而言，"太极"就是"道"的根源、本体，亦即"道体"，因此，如前面所说，崎门学者将"智"理解为"道体"。

另外，笔者认为以上所介绍的崎门学者之"智"理解或"智藏"观中，将"仁义礼智"（或者"元亨利贞"）四者的循环从本体能量或形而上生命力的流露与收敛这一角度来理解。"智"（贞）相当于冬天的位相，虽然看不到任何现象、作用，但其中充满展现各种现象的本体能量、潜力，只是还没发现而已。到了"仁"（元），亦即春天的位相，其本体能量开始向外展现而现象化、作用化，到了"礼"（亨），亦即夏天的位相，其现象化的程度达到最高点，接下来又开始向内收敛，形而下的现象、作用渐渐缩小，"义"（利），亦即秋天的位相就是代表这种收敛之德，经过"义"的位相，这一收敛越来越加速，到了"智"的位相，其现象、作用完全消失，回到原来的"寂然无迹"之"智藏"状态。这一循环，若从形而下的现象、作用的角度来看，"智"之位相指数是零，接下来渐渐增加，到了"礼"之位相成为最高的一百，但接着渐渐减少，到了"智"，其指数又成为零。不过，外在的"现象、作用"原来是内在的"本体"本身展现出来的，因此，形而下的"现象、作用"之增加等于形而上的"本体"能量本身的减少，所以若从形而上的"本体"能量这一角度来看，同样的四德循环呈现不同的面貌。也就是说：作为四德之起点的"智"之位相的指数才是一百，接着渐渐减少，而到了"礼"的位相变成零，过了"礼"之后，渐渐增加，到了"智"又恢复成原来的指数一百。因此，若以形而上的"本体"世界为标准，可以说"智"的位相才是最完整、最充实、最有活力的状态（请参考附录的图二）。幕末的崎门派学者楠本端山将"智藏"的"无迹""至寂"之境界用"活泼泼地"一词来形容的理由也在这里：

> 知藏之无迹，冬收之至寂，无声无臭之全体，活泼泼地。①

根据崎门学者的逻辑，我们在"至寂""无迹"的"智藏"之位相中可以看到尚未受到限定的、尚未发散现象化的"理"之最原始、完整姿态，亦即"理"之原貌。对崎门学者而言，体会"智藏"等于了解"理"本身。现在我们已经非常明白了崎门学者再三强调体会"智藏"才能真正了解"道体""太极"的深层理由。

最后附带而言，在上列的"智藏"相关文献中，崎门学者有时说"智藏"，有时说"知藏"，看似将"智"与"知"没有严格加以区别。这可能在日语手抄本上，有时无意识地把"智"简略写成"知"的关系。严格而言，"智"与"知"是两种不同的概念，不用说，"智藏"才是正确的说法。那么"智"与"知"的差别在哪里？崎门学者如何理解"智"与"知"之间的关系？关于这一问题，三宅尚斋如下说明：

> 知，为智之用，非矣。知者心之神明，妙众理。是兼体用而言。便是智之兼气质而言者也。故知有深浅，有广狭也（原注：虚灵知觉之知，与大学致知之知同）。妙众理，静时知照而藏，动时与理运用。犹藏诸冬而

---

① 楠本端山：《學習錄》下，《楠本端山·硕水全集》，福冈：苇书房，1980年，第91页。

发诸冬也。①

如此尚斋明确将"知"定义为"智"（理、本体）加气质的概念；换言之，将"智"从体用合并的角度来说明的概念。尚斋的这种理解，基本上根据朱熹的"知"义。

朱熹在《大学章句》中将"知"解释为"心之神明""妙众理而宰万物"的存在。② 自不待言地，"妙众理"涉及"本体"，"宰万物"则表示其"作用"。尚斋根据朱熹的这一"知"诠释，认为"知"会"兼体用"③，进而认为"知"等于作为"人之神明"的"心"。尚斋如下说明：

> 心，虚灵知觉，人之神明，具众理，应万事者也。知，心之神明，妙众理，裁万事者也。言心，知觉在其中。分而言之，则心，人之神明，虚而照者也。知，心之神明，活底者也。故心，人之神，知，又心之神。知神一，故曰：神发知。④

> 万物备于我。而知则运用其理，以应万物者。我心未即物时，只是一理浑然，无声臭。⑤

人不只内具众理，还有运用其理而反应万事万物的功能，尚斋认为这种功能就是"心"，亦即"知"。根据尚斋的思维脉络，因为有"知"这一功能，所以仁、义、礼等"理"实际产生作用，可以避免变成丧失感应能力的"死理"。人所内具的理能够活泼泼地感应的原因就在"知"，此"知"的本体根据就是"智"。在这个意义上，"知"表示"理"之生命能量本身的展现，亦即"活底者"的面

---

① 三宅尚斋：《狼疐錄・格物致知說》，"甘雨亭丛书"本，《域外汉籍珍本文库》子部第6册，重庆：西南师范大学出版社；北京：人民出版社，2008年，第826页。
② 朱熹曰："若夫知则心之神明，妙众理而宰万物者也。"（《大学或问》，《四书或问》，上海：上海古籍出版社，2001年，第7—8页）
③ 浅见絅斋也说："余尝谓明德是知也。具众理应万事，非知而何也。"（《智藏說》，7b）
④ 三宅尚斋：《狼疐錄・祭祀卜筮詳說》，"甘雨亭丛书"本，《域外汉籍珍本文库》子部第6册，第782页。
⑤ 三宅尚斋：《默識錄・為學一》，东京：松云堂，1933年，第11页b。

貌。而其生命能量的形而上根据就是"智"。崎门学者将"智"定义为"理之活者"的原因也在这里。

三　结　语

若将以上探讨的内容加以整理，作为崎门"智藏"说的特色，可以指出以下的几点：

崎门学者将未发之"理"的层次，亦即形而上的世界理解为具有双重结构，也就是说"无迹"之"智"的层次与"有迹"的"仁、义、礼"等的层次。崎门学者认为"无迹"之"智"的层次就是未发之"理"的最深层根源，未受到任何限定，未加以特殊化之"理"的位相，也就是说"一理浑然"之"理一"的层次，"无极而太极"的境界。"仁、义、礼"也属于形而上的未发之"理"，但其已经带有具体特色，其发展、现象化的方向已经被确定、限定。这意味着丧失"理"的原始普遍性，也意味着脱离最根源之"太极"（智）的层次。因此，据崎门学者的理解，以"仁、义、礼"为代表的一切之"理"都是"智"所开展的，"智"就是万理的母体、根源，在这个意义上，对崎门学者而言，"智"才是"理"的本来面貌、真相。崎门学者将"智"定义为"理之体段"的理由就在这里。

崎门学者所理解的"智"，虽然是万理、万象的根源，但它是还没作为万理、万象实际展现出来的阶段，因此，"智"是将所有的发展潜力收藏于内部的状态，从本体能量的角度来说，"智"才是最圆满充实的。而且崎门学者所理解的"理"就是具有相对应外在的情况、刺激，会敏锐地"响应"（"ヒビク"）而使气起"作用"这种特色的"本体"。在这个意义上，"理"不是"死理"，而是"活理"，具有神妙的能量、动力。而这种能量、动力最充实的境界就是"智藏"的位相。崎门学者从"智藏"的位相看出"理"原本所具有的完整无缺之能量、动力。这个意义上，"智"代表"理"之能量、动力的全貌。笔者认为：崎门学者将"智"定义为"理之活者"的理由就在这里。大胆推测的话，崎门学者所理解的"智"可能就是"理"之能量本身，亦即一块"能量体"。这一"能量体"作为"本体"产生各种"现象、作用"，而将这一"本体"与由其产生的"作用"整体来掌握的概念就是"知"。进一步来说，对崎门学者而言，这种"知"不外乎是"心"

或"明德"。

这些崎门学者的"智藏"观、"理"观，究竟是否符合朱熹本人的看法，需要另外验证。如上所述，崎门学者明显地将"理"理解为具有起作用的"能量"的存在。但诚如众所皆知的，学界一般认为朱熹思想中的"理"是没有任何"动能"的存有，因此崎门学者的"理"观与学界主流的一般看法相抵触。但笔者认为，朱熹的观点中，确实可以展现崎门学者所开展的如上所介绍的要素，这一点无法否认。例如：

> 智本来是藏仁义礼。惟是知恁地了，方恁地，是仁礼义都藏在智里面。如元亨利贞，贞是智，贞却藏元亨利意思在里面。如春夏秋冬，冬是智。冬却藏春生、夏长、秋成意思在里面。且如冬伏藏，都似不见。到一阳初动，这生意方从中出，也未发露。十二月也未尽发露，只管养在这里。到春方发生，到夏一齐都长，秋渐成，渐藏，冬依旧都收藏了。只是大明终始。亦见得无终安得有始。①

> 且如万物收藏，何尝休了。都有生意在里面，如谷种、桃仁、杏仁之类。种着便生，不是死物。所以名之曰仁。见得都是生意。如春之生物，夏是生物之盛，秋是生意渐渐收敛，冬是生意收藏。②

在这里，朱熹确实在"冬"，亦即"贞"、"智"的位相看出"生意"的内在，而"生意"不外乎是产生事物的能量、动力。朱熹所理解的"智"，虽然是形而上之"理"层次的概念，但它并不是"死物"，而是充满"生意"的。因此，崎门学者的"智藏"观、"理"观也并不能说完全脱离朱熹的脉络。笔者认为我们在分析、探讨朱熹的存有论、心性论之时，崎门学的"智藏"观、"理"观相当值得参考。

---

① 《朱子语类》卷五十三，第1290页；《玉山讲义附录》，第282页。这两条朱熹之语都被收录于《玉山讲义附录》中。

② 《朱子语类》卷六，第113页；《玉山讲义附录》，第149页。

附 录

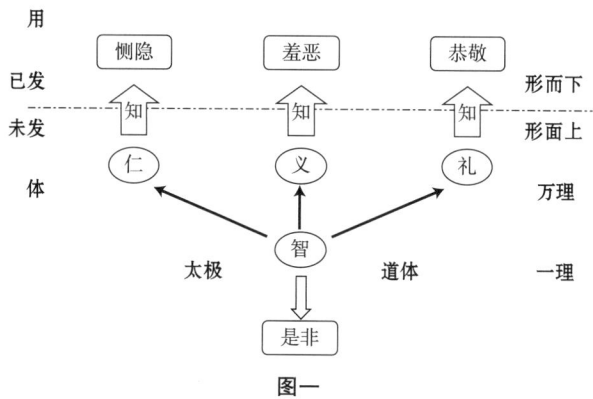

图一

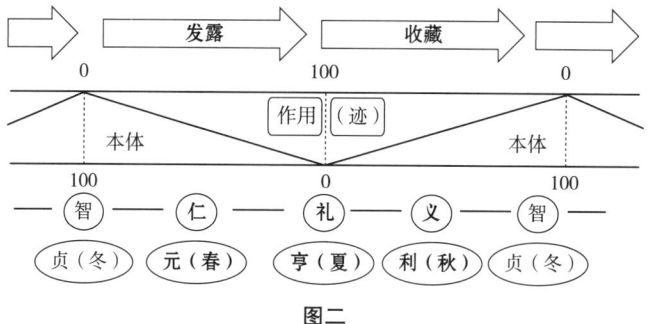

图二

第十六章　江户日本礼学思想与实践

——以藤井懒斋《二礼童览》为例

〔日〕吾妻重二（关西大学）

前　言

　　中国儒教的礼制构想涉及国家、乡村、家族以及个人等各个层面，在传统社会中发展出各种各样的礼仪。自先秦时代的《仪礼》以来，有关礼仪的书籍就有庞大数量的积累。与被称为"三礼"之经书有关的注释书及其解说书，不仅涉及所谓的"礼学"问题，更与如何在实际生活中依据三礼文献进行仪礼实践等问题有关，为此而制作的有关"礼制"的仪礼书也达到了相当的数量。

　　其中，作为家族礼仪的手册而最负盛名的礼仪书，便是南宋朱熹（1130—1200）亲自撰写的《家礼》。这是一部有关冠婚丧祭（葬祭）的指导书，其对象不是王侯贵族，而是以士人为中心的一般阶层，后来随着朱子学在东亚世界的传播，该书得到广泛的阅读，并引起了巨大的反响。尽管儒教礼仪与日本儒教的关系问题，常常容易被人遗忘，但是朱熹《家礼》在日本的影响，毕竟是不容忽视的。①

---

　　①　吾妻重二：《江戸時代における儒教儀禮研究——書志を中心に》（《アジア文化交流研究》第2号，关西大学东亚文化交流研究中心，2007年）；《日本における〈家禮〉の受容——林鵞峰〈泣血餘滴〉〈祭奠私儀〉を中心に》（吾妻重二、朴元在编：《朱子家禮と東アジアの文化交渉》所收，东京：汲古书院，2012年）。

在这里本文想以藤井懒斋为例。懒斋一般而言以《本朝孝子传》的作者而广为人所知,其作为儒者的面相则不太受到关注。但是,其所著《二礼童览》作为窥探江户时代初期《家礼》的接受情况的著作,不仅具有重要的意义,而且也能成为考虑"孝"思想与葬祭礼仪的关系的很有趣的事例。

一 儒学家藤井懒斋的生平

藤井懒斋(1617—1709)是京都人,名藏,字季廉,通称胜藏。号懒斋或伊蒿子。本来称为真锅(真边)仲庵,医术则是从学于京都的冈本玄治,随后在九州筑紫的久留米藩成为藩医。在长期作为优秀的医者的生活期间,他在京都遇上了山崎闇斋和米川操轩,开始钻研朱子学。此后,延宝二年(1674),五十八岁的藤井辞去了久留米藩的职务,回到京都,讲授儒书而广收门徒,随后就在京西的鸣滝隐居。他与中村惕斋有深交,作为笃实的朱子学者一直活跃着,享年九十三岁。[1]

其著作有《北筑杂藻》一卷(写本)、《藏筝百首》三卷(刊本)、《本朝孝子传》三卷(刊本)、《假名本朝孝子传》七卷(刊本)、《徒然草摘议》三卷(刊本)、《国朝谏诤录》二卷(刊本)、《二礼童览》二卷(刊本)、《大和为善录》三卷(刊本)、《竹马歌》一卷(刊本)、《睡余录》(写本)等,特别是他在久留米藩辞职之后居住京都的时期,投入大量精力到著述当中。他可以说是大器晚成型的学者。

懒斋的著述的特色之一是用日文书写的教育类书籍比较多,《藏筝百首》《徒然草摘议》《假名本朝孝子传》《二礼童览》《大和为善录》都是如此,被认为是面向一般大众的启蒙读物。

懒斋的名字在今天不太为人所知,但他其实是江户时代初期比较有代表性的儒者,作为京都的朱子学者也很有名。例如少年时代在京都学习医术的雨森

---

① 关于懒斋的传记,可参见关仪一郎、关义直主编的《近世漢學者傳記著作大事典》(东京:井田书店,1943 年)、近藤春雄:《日本漢文學大事典》(东京:明治书院,1985 年),大江文城《本邦儒學史論考》(全国书房,1941 年)第 479 页以下。另外,胜又基:《藤井懒齋年譜稿》(一)—(五)(《明星大學研究紀要》[日本文化学部言语文化学科]第 16—20 号,2007—2012 年)也是很有用的。又,关于汉文的引用,原则上原文的句读顺序符号省略,同时适当地加上句读。

芳洲在《橘窗茶话》卷中回顾道 [1]：

> 余童龀时，米川仪兵卫、中村迪斋、藤井懒斋，俱以经学教授京都。信从者众。

这里提到的米川仪兵卫和中村迪斋，就是后面会提到的米川操轩和中村惕斋。

又，宍户光风的《元禄太平记》是记录元禄时代之世态的同时代记录，在卷七以"今之学者掐指计之"为题，在列举了山崎闇斋、林罗山、松永尺五、三宅道乙这些江户草创时期的著名儒者之后，以"今此时若论所存之真儒，当属何者"为设问，称伊藤仁斋、中村惕斋、藤井兰斋（懒斋）、浅见絅斋四人为"京都儒者亲四天王" [2]。对懒斋的评价由此可见一般。

懒斋的著作中现在最有名的是《本朝孝子传》三卷。此书以中国的孝子传为范本，以汉文记录了日本的孝子七十余人，在贞享二年（1685）刊行之后数度增刷，成为畅销书。井原西鹤（1642—1693）的《本朝二十不孝》便是搭了这种爆发式流行的便车，以其为基础撰写而成为佳话。[3]《本朝孝子传》在江户时代诸多刊行的孝子传说当中，与幕府的《官刻孝义录》一并是非常重要的文献，懒斋在该书刊行两年之后的贞享四年（1687），又刊行了汉字与平假名交织并用的《假名本朝孝子传》。[4]

那么，关于《本朝孝子传》的写作动机，当然是懒斋作为儒者想要提倡"孝"。如他在同书的自序中就写道：

> 大哉孝之为行也，天下之善皆原乎此。若曰不原乎此而有善者，则无

---

[1] 井上哲次郎、蟹江义丸编：《朱子學派》部之上，《日本倫理彙編》卷七，东京：育成会，1902年，第331页。

[2] 说"亲（译者按，父母）四天王"是因为当时还有比他们小一辈的"若（译者按，年轻的）四天王"。可见他们在京都学者当中是重镇。参见中嶋隆校订的《都の锦集》（国书刊行会，1989年）所收《元禄太平记》第160页。

[3] 佐竹昭广：《本朝二十不孝（解說）》，《新日本古典文學系》第76册《好色二代男・西鶴諸國ばなし・本朝二十不孝》，东京：岩波书店，1991年。

[4] 胜又基：《〈本朝孝子傳〉の流行》，《金澤大學國語國文》第23号，1998年。

是理。故传有之曰："不得乎亲，不可以为人。"不可以为人，则禽兽也。

"孝"是一切善行的基本，不本于"孝"，则善行皆不可能，他又依据《孟子·离娄上》的"不得乎亲，不可以为人"，主张如果不实践"孝"，则等同于禽兽，强烈呼吁不成为禽兽而作为人的普遍性。这段话在同书的中村惕斋的跋文中也有被引用和强调，很好地体现出极度重视"孝"的儒者的形象。事先说一下，在后文中论及的葬祭礼仪的实践也与"孝"的理念有着无法切断的关系。

二　懒斋与京都朱子学者

（一）与中村惕斋的关系

懒斋的上述活动，实际上与中村惕斋、川井正直等京都朱子学者们有着极为密切的关系。首先让我们来看与懒斋最亲密的中村惕斋（1629—1702）。

关于两人的关系，可以举出很多事例，例如宽文元年（1661）中村惕斋完成了女训《比卖鉴》的草稿，此后惕斋在不断增补的过程中采用了懒斋《假名本朝孝子传》中描写孝女的几章内容。① 又如贞享元年（1664）五月，惕斋为懒斋的《本朝孝子传》写了跋文《本朝孝子传后叙》，贞享四年（1687）十一月，这次是懒斋为惕斋的《比卖鉴》撰写了序文。惕斋的《比卖鉴》和懒斋的《假名本朝孝子传》都是以日文书写的儒教的教育书籍，相互有所关联而成。

元禄十三年（1700），在九州佐贺的多久圣庙（孔子庙）中塑了孔子像。本来，多久圣庙是多久邑主多久茂文所创建的，由茂文的师傅佐贺藩的儒者武富廉斋所设计，廉斋是懒斋的久留米藩医时代的朋友。在这里安置的孔子像作为江户时代所铸造的孔子像，到今天也依然很有名，但本来这是惕斋和懒斋的共同设计。② 也就是说，多久茂文—武富廉斋—懒斋—惕斋，是这一系列的人使

---

① 胜又基：《〈比卖鉴〉の寫本と刊本》，《近世文藝》第 70 号，1999 年。

② 武富英亮：《鹤山書院遷座記》："藤公好善无息，于鹤山书院之境上，亦宫一堂宇，安孔圣之尊像……仲钦甚喜藤公之志愿，与藤藏相谋，考古今之圣迹，赖传来之模范，招铸工之妙手，朝监暮临，以制成自然之胜像。"（《重要文化财：多久圣廟》"关系诗文集"，第 7 页，多久市教育委员会，1983 年）这里所说的"藤公"是多久茂文，仲钦是惕斋，藤藏是懒斋。

得多久圣庙以及孔子庙的制作成为可能。另外，由此也可知，懒斋与惕斋一样，对于礼乐都有很深的造诣。①

惕斋在元禄十五年（1702）去世，此后，为惕斋的《孝经示蒙句解》撰写序文、为增田立轩的《惕斋先生行状》写跋文的，也正是懒斋。

如此，虽然在年龄上懒斋比惕斋要大十二岁，但两人作为朱子学者，出于共同的立场对彼此互有敬意，互相合作的事实，通过很多资料可以得到佐证。

（二）与川井正直的关系

川井正直（1601—1677）是京都的茶商，号东村。从学于山崎闇斋，以持敬体究为宗旨，与中村惕斋、藤井懒斋也有深交。② 年龄上比懒斋大十六岁。懒斋在《川井正直行状》中详细记述了其生平（《事实文编》卷十九），惕斋依据此而撰写了《跋东村翁行状》（《惕斋先生文集》卷十一）。③

应当注意的是，懒斋在畅销书《本朝孝子传》卷下《今世》部分中为川井正直立传，称许其孝行。

　　川井正直

　　正直，洛之商家〔号布袋屋与左卫门〕，川井其氏也。宅在铜驼坊之室町。

　　年垂五十始志于学，受读小学之书于山崎氏，然后方知往日之薄于奉亲，赧然耻悔，谨身节用务致父母之乐……

　　己丑正月父遂不起。正直哀戚踰节，饘粥绝口。至其丧纪，则遵朱子家礼，少出入之。屋后有一小亭，居之以为丧次，自非省母，不敢辄出其户，家事悉委妻子，无复所问。唯灵座昕夕之奠以致己力。

　　如是者既十有九月而母又逝。其礼皆不降于前丧。哀痛殊甚，毁瘠更加。通二丧计之，凡四十有余月，愈久而愈谨矣。忧色卒不去面。

　　初父没未葬时，父之执若干辈与浮屠氏相谋欲以火化。正直忧之，夜

---

① 懒斋在元禄十五年（1702）86 岁时，写了《多久邑字说》，对茂文的字进行了解说。
② 参见大江文城：《本邦儒学史论考》，第 479 页。
③ 《惕斋先生文集》全十三卷十一册为写本。九州大学附属图书馆硕水文库藏。

窃送椟，躬亲埋筑于洛东之紫云山，妣亦卒祔。方是之时，洛中以儒礼居丧者寂无闻焉。故正直反为众口所讪，然不敢为意，断然行之。自此之后，间有丧至三年者，安知其不兴起于正直哉。

据此可知，曾是室町商人的正直在接近50岁的时候才开始跟从山崎闇斋学习《小学》，然后醒悟到对父母之孝顺的重要性，对父母尽孝养之事。若仅仅如此，则他只是一个热心的孝行实践者而已，值得注意的是他在父母去世之后，遵循"朱子家礼"而进行葬礼并服丧。这里，父亲去世的"己丑"是在庆安二年（1649），正直50岁的时候，悲叹不已的正直将屋外的小亭定为"丧次"，也就是居丧的屋子，谨慎地服丧。"自非省母，不敢辄出其户"，是依据《家礼》的《丧礼·大敛》：

> 中门之外，择朴陋之室为丈夫丧次。斩衰，寝苫枕块，不脱绖带，不与人坐焉。非时见乎母也，不及中门。

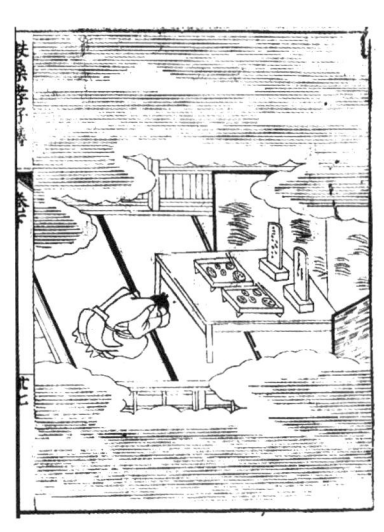

"川井正直"图（《本朝孝子传》卷下）

意思是说，在会见母亲以外不出丧次，在当中一直谨慎服丧。仅仅是对"灵主"也就是神主（位牌）进行供奉（"奠"），就十分齐备了。

如此，对父亲的服丧经过了十九个月，这次轮到母亲去世了。和父亲的情况一样，正直很悲痛地叹息并虔敬地服丧。"通二丧计之，凡四十有余月"，是对父亲服丧的十九个月加上对母亲服丧的二十七个月的月数吧。依据《家礼》，对于父亲以及母亲的服丧是在大祥之后的禫，要持续二十七个月的时间。要而言之，正直所服的是三年之丧。

不仅如此，依据上面的记述，害怕父亲会被火葬的正直在夜间偷偷地将椟运送到洛东的紫云山进行埋葬，在之后母亲也陪葬在那里。这应当会使周围人感到吃惊的行为，正直"断然行之"，毫不介意。

另外，这段纪事之后还引用了正直的话，他认为，对于家贫而无法祭祀父母的人，即便供奉之物较少，也应当持敬而祭之。他是依据《家礼》而重视葬仪和祭祀，并进行实践的吧。

在《本朝孝子传》中，每个传都附录有京都狩野家第四代画师狩野永敬的插图，在这里附上川井正直的图。图中描绘了他对父母之神主供奉供物并虔诚地叩头的姿态，给人留下了很深的印象。

《本朝孝子传》近世部分所收录的当代孝行谭一共有二十话，懒斋在其中记载了其友人川井正直的事迹。如前所述，《本朝孝子传》在当时得到了很高的评价，被广泛阅读，敢于实践儒礼的葬祭的正直的形象，也无疑是很脍炙人口的。

（三）其他朱子学者与儒教葬祭礼仪

除此以外，在懒斋的周围，与儒教葬祭礼仪相关的人物也不在少数。例如山崎闇斋（1619—1682）是如此，又如三宅鞏革斋（道乙，1614—1675）著有儒教葬祭礼仪之书《丧礼节解》二卷以及《祭礼节解》二卷。①

刚才提到的米川操轩（1627—1678）也是如此。操轩原本是京都乌丸的商人，名一贞，字干叔。少年时代跟随三宅鞏革斋的父亲三宅寄斋学习，是被寄托将来的秀才，随后跟从山崎闇斋、又从学于近江的中江藤树，不久就回归朱子学，在鞏革斋那里进行钻研，并收了很多门徒。他也是惕斋、懒斋的朋友。对其葬祭礼仪实践，中村惕斋的《操轩米先生实记》（《惕斋先生文集》卷十二）是如此描述的：

> 三十岁冬，父疾。先生侍奉匪懈，往往终夕不眠，内外皆称孝。明年二月，竟丁其艰。先生悲痛踰节，殡瘗馈奠之事虽为时所制，不能展志，然略依礼修之……三十四岁……是年十二月，母上坂氏没，先生宅忧毁戚，过于前丧。近世国俗，丧祭皆归释氏，不知有先王之典，士夫之家虽有据先儒家礼，粗仿其仪者，而尚稀稀。先生与家兄商议，治二丧皆以礼，

---

① 吾妻重二编：《家禮文獻集成·日本篇一》，关西大学东西学术研究所资料丛刊27-1，大阪：关西大学出版部，2010年。

> 至是又营祭室，奉父祖及旁亲神主，凡朔望节序之参，岁时忌日之荐，必
> 斋戒修洁以竭诚意。诸友皆感起，各讲其礼。

如此，在父亲去世之际，虽然有时俗的限制，但依然基本依据儒礼而进行
葬仪，此后，当母亲去世时候，也排除佛教色彩，而依据《家礼》进行葬仪，同
时设置"祭室"奉祀祖先之神主，对于时节的祭祀也没有缺漏。由此，其友人也
深受感动，开始采用儒教的礼仪。

米轩操办父母的葬礼是在三十岁也就是明历二年（1656）以及三十四岁也
就是万治三年（1660），是在前述井川正直给父亲举行葬礼的庆安二年（1649）
的稍后进行的。或许可以认为，是正直的行动具有一定的影响力吧。

其次，操轩与惕斋一样，都研究蔡元定的《律吕新书》等乐律之书，可见其
对儒教的礼乐也很关心。①

接下来，不管怎么说，中村惕斋率先进行了儒教的葬祭实践与研究，并留
下了相关著述，这一点很重要。承应二年（1653）对父亲进行儒礼之葬礼的惕
斋，不久就立了祭祀祖先的祠堂。在元禄三年（1690），惕斋基于长年的考察，
做了丧礼之书《慎终疏节》四卷、祭礼之书《追院疏节》一卷，并且撰写了对上
述文献的详细资料集《慎终疏节通考》六卷、《追远疏节通考》五卷。②

懒斋与惕斋的忠实门徒增田立轩（1673—1743）也有交往。③ 立轩依据惕
斋的《慎终疏节》以及《追远疏节》，记录了惕斋日常所言并整理出记录的笔记，
是以日文出版了总括性的《慎终疏节闻录》四卷以及《追远疏节闻录》不分卷的
人物。④

除此以外，虽然未必清楚是否有直接交友关系，与伊藤仁斋、中村惕斋、藤
井懒斋并称为"京都儒者亲四天王"的浅见绚斋对于《家礼》五卷进行了句读，

---

① 《操軒米先生實記》："学友仲钦敬甫论乐，始知今世之乐出隋唐燕乐，非古者雅乐，然又为能由今以
遡古，遂相与讨究蔡氏律书"。这里的"仲钦敬甫"就是惕斋。关于操轩的乐律研究，榧木亨：《中村惕
斋〈筆記律呂新書說〉とその日本雅樂研究について》（《關西大學中國文學會紀要》第34号，2013年）
也有所涉及。

② 吾妻重二编：《家禮文獻集成·日本篇一》以及吾妻重二编：《家禮文獻集成·日本篇四》（关西大学
东西学术研究所资料丛刊27-4，大阪：关西大学出版部，2015年）收录了上述文献的影印以及解说。

③ 参见胜又基：《藤井懒齋年譜稿》（五）。

④ 吾妻重二编：《家禮文獻集成·日本篇四》当中，收录了影印以及解说。

在元禄十年（1697）出版。另外，京都的书商兼学者大和田气求（？—1672）在稍早一些时候的宽文七年（1667），用日文翻译了丘濬的《文公家礼仪节》，题为《大和家礼》出版，这一点也值得注意。

如此看来，我们可以很清楚地知道，在江户时代初期，以中村惕斋为首的朱子学者为中心，进行儒教礼乐的研究，并且与孝的实践相配合，讲究儒教葬礼礼仪并进行实践。懒斋是在这股潮流中撰写《二礼童览》的。

另外，懒斋与伊藤仁斋（1627—1705）是完全同时代的人，也都是活跃在京都的学者，但出于朱子学者的立场，懒斋以及惕斋、川井正直对于仁斋的学问多有批判。[①] 因此他们的礼学以及葬礼实践都似乎与仁斋没有关系。

三　《二礼童览》的思想

（一）《二礼童览》的撰写

《二礼童览》二卷二册是丧礼和祭礼、也就是关于葬仪和祖先祭祀这两个儒教礼仪，依据《家礼》，并加上汉字和平假名交替使用的日文的解说。上卷为丧礼，总计三十九页，下卷为祭礼，总计十九页。[②]

关于该书的撰写目的，在其自序中写道：

> 丧祭之二礼，如从于世间之习俗则觉心头不快，遂希冀于稍许有朱文公《家礼》之面影，秘而自抄略其书，改为俗语，使妇女儿童之辈亦可读之，以此为可为而书之。终成此二卷，而名为《二礼童览》。

换句话说，他依据朱熹的《家礼》，为了在日本进行推广而摘录了《家礼》，为了让妇女儿童也能理解，而混合了俗语、俗礼来进行书写。该书的目录如下：

---

① 参见柴田笃、边土名朝邦：《中村惕斋·室鸠巢》（《日本の思想家》第11卷，东京：明德出版社，1983年）《中村惕斋》部分，第24页。另外，川井正直也批判仁斋为"异学"，懒斋《川井正直行状》（《事实文编》卷十九）有载："又会于伊藤维祯氏，听其所论，不悦以为是异学也，不可与言。退语之曰，伊藤氏之学，我虽未知其所造，而孰与朱门之高迈者，又孰与真西山、魏鹤山、许鲁斋之诸君子及明儒如薛敬轩、胡敬斋者"。

② 《二禮童覽》使用国立公文书馆（内阁文库）藏本。编号为190-509。

卷上　丧礼	卷下　祭礼
初丧一	卜日一
护丧主宾司书司货二	斋戒二
备用三	备物三
治棺四	陈器四
神主五	用人五
志石六	具膳六
沐浴七附袭	仪节七
入棺八	祔食八
发引九	忌日九
治葬十	墓祭十
虞祭十一	庶子十一
坟墓十二	通礼十二
居丧十三附祥禫	
奔丧十四	
返葬十五	
诸亲十六	
君丧十七	

由上可见,《二礼童览》基本遵循了《家礼》一书的构成,但并没有对所有细节都加以一一解说,而懒斋对于他认为是比较重要的事项进行了集中性的说明。

《二礼童览》是在元禄元年(1688)十一月,懒斋72岁的时候,由西村孙右卫门刊行,自序上面写的是"万治三年七月　日",因此原稿早在万治三年(1660)的久留米藩医时代就已经整理完毕了。①

---

① 在这之后,使用同样版型的后印本有好几种,国立国会图书馆藏本(编号: 127-152)就是其中一种。另外,早稻田大学图书馆藏有写本(编号: イ4-775)。但是衬页右下角写着"贝原先生著述",看似是贝原益轩所作,这是错误的。

至于为何在此时著述，则是因为次年也就是宽文元年（1661）六月，父亲了现去世，懒斋依据儒礼而服三年之丧，可能是预期到父亲之死而作的吧。

在父亲去世之后，懒斋是如何虔敬地进行葬仪以及服丧，其友人武富廉斋的《月下记》中有详细记载①：

> 伏父病床，不久而终，闻讣告，哭哀，闻丧之勤而逾礼。久之向主上请登三年之暇，葬于京北山鸣滝，临坟墓近而哭哀，诣其墓所而拜，就位而哭，全如初丧，行步徒跣，易服而著藤衣，庐居于塚之上，寝苫枕块，不脱带，拄杖起卧，朝一溢米［手里一合］、夕一溢米为粥，如此啜事三月，其后食龜饭而饮水，至一期年，祭小祥，初食野菜与木之实，居丧中寂寞度过，至哀而哭哀，不忘思亲。人来若不言则不答，沐浴亦如虞祔练祥之祭之时。过三年，祭大祥，大祥之后，中月而毕禫之祭，饮酒，食鱼肉，还归于常。阕丧，归筑紫久留米城而事之，久岁月而不怠职务。

如此，在父亲去世之后，懒斋从久留米藩主那里取得三年的休假，返回京都而实行葬仪和服丧。在这里记载了行步徒跣与庐居，寝苫枕块，朴素的饮食，更进一步地进行小祥、大祥与禫祭，基本是按照《家礼》的顺序进行，很容易看出，这当中贯穿了忠实于儒教之礼仪的意思。

另外，在居丧期间著"藤衣"，朝夕"一溢米"（一把米）为粥而啜之，这是在《二礼童览》卷上《居丧》中也能找到的记述，可见《二礼童览》撰述的直接动机就是即将到来的父亲的葬礼吧。

（二）特色

1. 基本方针——推荐儒教礼仪

《二礼童览》的特色有很多，首先，以日文书写，较平易近人。这是与前面介绍过的江户时代初期的《大和家礼》并肩的作品，基于尽可能使儒教礼仪为社会所知与普及之意图。又，如前所述，该书并非一一追随《家礼》的仪式先

---

① 转引自胜又基《藤井懶斋年譜稿》（一）。

后,而是选取重要部分加以说明,因此可以看作是关于《家礼》的一种启蒙书。

2. 对于日本国情的考虑

懒斋对于日本的国情与民俗也有所考虑。在该书自序中他说道:

> 阅此(引者按,指《二礼童览》)者曰,此事有阙漏,与法有违,而可言依从家礼哉。我答曰:暂且如此旁观而不以为可怪之事,亦不妨碍乡俗,自然对其方法不知不觉即会得,后若又遇丧,则渐次追加而当修订之。最初不省略事而全不违此法,己以不适而敬远之,见者闻者以为怪而难之。如此则何以行家礼哉。即便之后又加以订正,能做到此为止,亦甚于不作为远也。

在这里,懒斋对于有人会提出非难,认为《二礼童览》没有依循《家礼》,主张自己是考虑到在日本也能实行的可能性。即便是这样的内容,也要远远胜于完全无法实施《家礼》。由此我们可以看出,懒斋并非顽固的原理主义者,他有寻求与日本的国情相符合的意图。

除此以外,在居丧期间未必拘泥于《家礼》之说,有参照当时广泛流行的"神祇服忌令"[1](卷上《诸亲》)、对于供品避开"料理兽类"(卷下《备物》),都是考虑到日本的风俗习惯的结果。

3. 采用重要的儒教礼仪

如此考虑日本国情的懒斋,当然也有不肯让步的礼仪。其代表就是对于神主(位牌)的奉祀和祖先祭祀、哭之礼等。

首先关于神主:

> 神主为古圣贤依据天地阴阳之象数而始作。尤当尊之。(卷上《神主》)

---

① 关于"神祇服忌令",参见林由纪子:《近世服忌令の研究——幕藩制國家の喪と穢》,东京:清文堂,1998 年,第 11、14 页。

他说：

> 若有水火盗贼之难则当舍我身命而救神主。若为家财而使神主遭火
> 炙水浸，则当受天罚。（卷下《通礼》）

神主是去世的祖先之魂寄宿之所，可以说就是祖先，故应当得到尊重，这
是继承了《家礼》的思想。

关于祭祀神主的祖先祭祀，他说：

> 娶妻亦是为助此祭，生子亦是为使此祭相续，得官禄而喜亦是为使此
> 祭笃，流浪而不幸亦是因此祭之阙也。古人缘何视此为终身大事，当尽心
> 体之。（卷下《斋戒》）

他特别强调，这是"终身大事"。

另外，关于哭之礼，懒斋认为这应当是要举行的：

> 或曰：不解丧礼动辄教以举哀之意，盖人之哭泣自内而起。在此言哭
> 而其时内若无所动，则不能哭。若依然命哭之，则非诈伪之道乎。予曰：
> 不然。此处若知圣贤曰当哭之，则我心之悲自然能起，此非诈伪之哭也。
> 此教之妙也……若有丧而为小人平生之挂念，则与犬马丧亲之事无异。此
> 是圣贤之深意，使人不陷于为禽兽而垂教之。（卷上《发引》）

也就是说，对于哭仅仅是形式的批判，"我心之哀伤亦自然而被引起"，这
正是与"禽兽"有所不同的人类的存在方式，而承认其实行。

4. 佛教批判

还有一点，《二礼童览》的葬祭礼仪是以佛教批判为基调的。特别是对于火
葬的批判非常严厉。例如：

> 生为士之母之人,死而舍弃为人之乞食比丘尼,为人子者心能安否。
> 若于此时任凭俗法而置之,后闻圣贤丧葬之礼法而无限后悔,若悲伤之时
> 则又当如何。(卷上《入棺》)

他说:

> 朱子曰:父之心若固执不变,则随其心,唯独火葬则当逃之。其他皆
> 皮毛之事,火葬伤亲人之身。再无比此更忧心之事。(同上)

前者是攻击亲人在死后被作为出家者的看法的不合理性,火葬是"伤亲人
之身",对此必须了然于心,不管如何,火葬都是必须避免的。

本来懒斋作为儒者,对于佛教有种种非难,不过他对于佛教是对亲人薄情
的认识才是最根本的。[1] 为了让父母不坠入地狱而强调写经或者读经、念佛,
结果却是轻视对于父母生前的孝养。《二礼童览》作为儒教礼仪之书,可以说是
为了对抗佛教葬祭而写的。

四 结 论

本文围绕着藤井懒斋的《二礼童览》进行了考察。在这里我们能够清楚地
看到,17 世纪江户时代初期的京都朱子学者团体非常真挚地实践儒教葬祭礼
仪。特别是以中村惕斋为核心的人们——川井正直、三宅鞏革斋、米川操轩、
增田立轩等——相互提携,互相影响,懒斋在这当中是重要人物,声望很高。

他们(译者按,京都朱子学者)希望朱熹的《家礼》也能在日本得到实践,
留下了很多相关著作。在这当中,比较早的著作是三宅鞏革斋的《丧礼节解》
和《祭礼节解》,之后是懒斋的《二礼童览》,在这之后经过一段时间,中村惕斋
作《慎终疏节》《追远疏节》以及《慎终疏节通考》《追远疏节通考》,增田立轩又

---

① 关于懒斋的佛教批判,参见辻善之助:《近世篇》第四,《日本佛教史》第10卷,东京:岩波书店,
1955 年,第 89 页以下。

作《慎终疏节闻录》《追远疏节闻录》进行了概括。

大和田气求的《大和家礼》、浅见䌹斋的《家礼》标点本的出版等，这些也是在京都的朱子学者们的行动下顺水推舟而产生的东西。

懒斋的《二礼童览》基于《家礼》，是为了使得儒教礼仪在日本得到普及而用日文写作的著作，在那里有"父母去世之后，子女对于葬仪和祭祀应该以何种方式进行才是好的"这样的切实的关注。可以说，是在涉及儒教与日本国情之间的紧张关系的同时，试图推进儒教礼仪的劳苦之作。

最后想要指出的是与"孝"思想的关系。懒斋在《本朝孝子传》当中，编辑与刊载了日本的孝子美谈，是作为重视孝的儒者之所作。而且，《二礼童览》中所出现的葬祭礼仪，实际上是为了对亲人的"孝"，与《本朝孝子传》以及《二礼童览》可以说是硬币的正反面的关系。

"孝"不单是观念，在伴随实践的同时才开始具有意义。在此，郑重地埋葬逝去的父母，对其灵魂进行恭谨的祭祀也是孝不可缺少的行为。江户时代的儒者作为信奉儒教者，对于"孝"的思想（译者按，着重号原有，下同）并不仅仅停留在思想上，还试图在葬礼以及祖先祭祀之礼仪上有所表现，《二礼童览》可以说是很好体现了将江户时代对"孝顺父母"的颂扬与儒教葬祭礼仪的实践相结合的著作。

陈晓杰　译

第十七章　佐藤一斋与朱子学的关系

〔日〕永富青地（早稻田大学）

关于江户后期的大儒佐藤一斋 [1]，在他生前就流传着一种传说，以为他是"阳朱阴王"，然而，他到底是朱子学者还是阳明学者，学界仍有各种各样的议论 [2]。笔者此前撰文指出：佐藤一斋是他同时代人当中，最为优秀的阳明学研究者。[3] 但是，如果从思想家而不从研究者的角度看，他到底是朱子学的拥护者还是阳明学的拥护者呢？为寻找这个问题的答案，较为有效的一个方法是，探讨他在解释朱熹经书或其他儒者的著作时，到底持有怎样的观点立场。

所幸的是，佐藤一斋对朱熹编纂的《近思录》撰有注释书《近思录栏外书》，对朱子学而言最为重要的《四书集注》也撰有注释书《大学栏外书》《中庸栏外

---

[1]　佐藤一斋，讳坦，字大道，号一斋。安永元年（1772）十月二十日—安政六年（1859）九月二十四日。出生于江户浜町。在大阪师从中井竹山。归京后，在林述斋的门下从事教学，在文化二年（1805）任林氏私塾长。天保十二年（1841）提拔为儒员。

[2]　关于这个问题，即使在朱子学已经不是体制教学的今天也仍然存在，甚至冈田武彦监修《佐藤一齋全集》（东京：明德出版社，1990—2003 年）的注释者山崎道夫就特意写了一篇叫做《一斋是朱子学者》的文章，来反驳那些认为一斋是阳明学者的观点。他的依据在于："一斋は聖堂の儒者であり、それが祖父周軒以来その家學は朱子學であり、一斎がいかに陽明學を好むとも、一斎を'陽明學派'に列することは相成らぬ。"（中译："一斋是圣堂的儒者，并且从其祖父周轩以来，其家学就是朱子学，即便一斋如何崇尚阳明学，也不可能被列入'阳明学派'当中。"）（《佐藤一齋全集》，"解說"，第 5 页）关于这个说法，尚有商榷的余地。

[3]　《陽明學研究者としての佐藤一齋——〈傳習錄欄外書〉を中心に》（《作为阳明学研究者的佐藤一斋——以〈传习录栏外书〉为中心》），永富青地编：《儒教：その可能性》，东京：早稻田大学出版部，2011 年。

书》《论语栏外书》以及《孟子栏外书》，而且都流传了下来。[①] 本文的讨论将从上述著书中选取《近思录栏外书》、朱熹与王守仁之间见解差异很大的《大学栏外书》以及《孟子栏外书》等三部著作，由此来探讨一斋的思想，并尝试解答他是否是一位朱子学者的问题。通过考察，问题的结论将会自然地呈现出来。

一　《大学栏外书》的"格物致知"解释

众所周知，朱子在其《大学集注》当中，将《大学》分成"经"和"传"（所谓"新本"）；在其"格物补传"中，将"格物致知"解释为"所谓致知在格物者，言欲致吾之知，在即物而穷其理也"。另一方面，王守仁主张《大学》文本没有阙文（此即"古本"），对"经"和"传"的区分以及"格物补传"持否定态度，同时又将"格"解释为"正"，将"知"解释为"良知"。这些差异不仅是解释角度的不同，更是朱子学与阳明学的主要分歧所在。关于朱王分歧，佐藤一斋又持何看法呢？下面我们就从《大学栏外书》说起。[②]

首先，在"古本"与"新本"的取舍问题上，一斋认为"至于朱子疑其于错互阙佚，乃划诚意一段，又创为致格传文，则竟是朱子一家《大学》"，明确表示了不取朱熹"新本"的态度。对于王守仁采用"古本"而否定朱熹"新本"的做法，他指出：

> 文成（王守仁）《大学》诸说，皆原本于宋儒。其信用古本，与象山陆氏同。……世人见其与朱子有异同，概斥以为创新之说，则过矣。

认为王守仁的学说并非单纯的标新立异，那些根据他与朱熹的不同而对他进行批评的做法是错误的，从而为王守仁的学说进行辩护。值得注意的是，一斋还将陆九渊（象山）的主张也作为论据之一提了出来。

其次，在有关"格物"的解释问题上，一斋认为"格字固为多诂，竟不如文

----

① 除上述几部《欄外書》以外，佐藤一斋所撰的系列《欄外書》还有《論語欄外書》《易學啟蒙欄外書》《周易欄外書》《尚書欄外書》《小學欄外書》《中庸欄外書》等六部，都现存于世。

② 《大學欄外書》成书于文政十二年（1829）十二月以后。

成格正之训无渗漏"，明确表示他遵从王守仁的学说。① 而且在"知"即"良知"的解释问题上，他同样表示"文成以知为良知……据此则文成于致字最不易忽"，表明了他全面认同这个解释。

除此之外，有关朱熹与王守仁之间的思想分歧，还涉及有关"新民"的解释。在这一点上，一斋也表明他遵从王守仁的学说。

由上可见，围绕《大学》文本的解释，可以明显地看出佐藤一斋所信从的不是朱熹而是王守仁。

二 《近思录栏外书》的见解

接下来，我们考察一下《近思录栏外书》中佐藤一斋的见解。② 首先从结论来说，这本作为《近思录》的注释书是非常特殊的。尽管《近思录》是一部被称为"朱子学之圣典"的著作，但是，一斋却频繁地引用王守仁的观点来解释其中的内容。书中所引用的王守仁的观点共有 34 条，包括直接引文和一斋所概括的间接引文。除了引用朱熹学说（大多引自《朱子语类》）以外，引用王守仁的部分最多。③ 另有三处引用了陆九渊的学说。众所周知，王守仁的学说，大多是在对朱子学的反假定当中建立起来的。因此，在大多数的场合，一斋的引文内容与其说有助于对《近思录》的理解，倒不如说恰恰相反，大多是些与朱熹观点相对立的内容而有碍于理解《近思录》。例如，在《近思录》卷二"为学大要"第 78 条中，记述了程颐（伊川）与谢良佐（显道）之间的一段问答：

> 谢显道见伊川。伊川曰：近日事如何？对曰：天下何思何虑。伊川曰：是则是有此理，贤却发得太早在。伊川直是会锻炼得人，说了又道，恰好著工夫也。④

---

① 一斋的这个解释又见于其他论著当中，如《近思録欄外書》卷十"劉安禮條"，一斋也说："格，正也，兼感格。阳明于《大学》亦以'正'训。"

② 《近思録欄外書》成书于天保十年（1839）十二月二十日。

③ 《近思录》的条目数字，据陈荣捷：《近思录详注集评》，台北：学生书局，1992年。下引《近思录》文本，亦据此书。

④ 《二程外书》卷十二《上蔡语录》上。

在这段问答当中，程颐向谢良佐表明了修养工夫的必要性。对此，一斋引用了王守仁在《传习录》中卷《启问道通书》中讲的一段话："《传习录》，周道通举此条为问。文成答曰：'所论亦相去不远矣。只是契悟未尽。上蔡之问与伊川之答，亦只是上蔡、伊川之意，与孔子《系辞》原旨稍有不同。'……"在这段引文当中，王守仁认为，程颐与谢良佐的这段对话内容只不过是他们两人的个人见解，他们都没有真正理解孔子"天下何思何虑"这句话的本来含义。在引用了上述这段引文之后，一斋附上了自己的注释：

> 愚谓文成见解都出其独特，与旧说不同。《朱子语类》云：程子道恰好工夫，便是教他著下学底工夫。文成释此语，又与朱异。

在这里，一斋表明王守仁的理解"独特"，同时，他也表明这段问答所表述的正是朱熹教人"下学底工夫"的观点。关于王守仁的上述见解，因为与朱熹有所不同，后来受到了批评，但是，没有人进一步揭示朱王双方到底谁的理解更好。因此，从一斋的注释中我们看不到他到底偏向于朱熹和王守仁的哪一方。关于一斋大量引用王守仁学说的这种做法，上面提到的山崎道夫则表示："在调和程朱学与陆王学之主张的过程中，一斋的学术是有其亮点与特色的。"[①]明确地为作为朱子学者的一斋进行辩护。事实果真如此吗？我想接下来对此问题进行一些探讨。

《近思录》卷二"为学大要"第83条载："大其心，则能体天下之物。……天大无外，故有外之心，不足以合天心。"[②]在有关此条的注释中，佐藤一斋表示：

> 本书"天心"下尚有数语。曰："见闻之知，乃物交而知，非德性所知。德性所知，不萌于见闻。"愚谓此语极精诣，与余姚致良知之旨相吻合。文

---

① "程朱學の主張と陸王學の主張を調節融合せしめようとしたところに、一齋の學術の美點と特色があったと考える。"（中译："将程朱学的主张与陆王学的主张进行调节融合，这是一斋学术的优点和特色。"）（《佐藤一齋全集》第四卷，"解說"，第15页，东京：明德出版社，1992年）

② 张载：《正蒙・大心》。

公何以削之邪?

在一斋看来,朱熹《近思录》将该文接下来的有关"见闻之知"与"德性所知"的对比论述删去,这个做法是应当受到批判的,而批判的理由并不是来自文献学,而是来自是否与"余姚致良知之旨"相符这一纯粹哲学上的理由。众所周知,王守仁的"致良知说"是阳明学与朱子学的重大分歧点,两者之间没有"调和"的可能。由此我们可以看出,一斋明确地站在阳明学的立场上,对朱熹将"德性之知"与"见闻之知"的差异模糊化的行为进行了批评。

另外,从内容上也可看出,一斋在本书当中将朱熹、程子、王守仁这三位进行比较之后,所得出的往往是王守仁的学说最为优秀这一结论。《近思录》卷十三"异端之学"第 4 条载:

> 释氏本怖死生,为利岂是公道? 唯务上达而无下学,然则其上达处,岂有是也? 元不相连属,但有间断,非道也。孟子曰:"尽其心者,知其性也。"彼所谓"识心见性"是也。若"存心养性"一段事则无矣。……①

这是批评佛教割裂了"上达"与"下学"。一斋对这条文字的注释是:

> 朱子以"尽心知性"为知,以"存心养性"为行。程子则以"尽心知性"为上达,以"存心养性"为下学,故以存养一段为竺氏所无也。至于孟子本意,则如王子所云:"尽心知性是圣人分上事,存心养性是贤人分上事。"此说毕竟不可易耳。

一斋认为,朱熹将"尽心知性"看作知、将"存心养性"看作行,而程子(程颢)将分别以"上达"和"下学"来区分"尽心知性"和"存心养性",相比之下,将这两项工夫内容分别认定为"圣人分上事"和"贤人分上事"的王守仁的学说才是不容更改的定论。

---

① 《二程遗书》卷十三,程颢语。

另一方面，在本书中也能找到几处认为朱熹、程子的学说与王守仁的学说有着相同价值的评论。比如，在《近思录》卷八"治国平天下之道"第 5 条：

> 古之时，公卿大夫而下，位各称其德，得其分也。……故皆有定志，而天下之心可一。……①

程颢认定在古代社会，人们的地位与德性是相符的，人人都有志向，人心皆安定。对此，一斋评注道：

> 余姚《拔本塞源论》，可谓详尽无余蕴矣。然其论所归，不出于此条之范围。学者宜反复而得其意。

在一斋看来，《传习录》中卷《答顾东桥书》（即《拔本塞源论》）中的论述比该条记述更加详细，不过所得出的结论则是一致的。然而，须注意的是，尽管与该条一样，《答顾东桥书》也描绘了古代社会安定祥和的景象，但是，正如其中所描述的：

> 夫圣人之心，以天地万物为一体。……唐虞三代之世，教者惟以此为教。

这是说，三代社会景象之所以值得称赞，是因为万物一体之教在当时的社会得以深深扎根的缘故。因此，这完全是根据王学的万物一体论②所得出的结论。一斋认定两者的结论相同，就此来看，他对该条的把握就是以王学的万物一体论为依据的。

通过以上考察可知，佐藤一斋《近思录栏外书》"为学大要"第 83 条依据王

---

① 《易传·履卦·象传》。
② 所谓"圣人之心，以天地万物为一体"，源自程颢（明道）的万物一体观（岛田虔次《王阳明集》，朝日新闻社，1980 年，第 182 页），而王守仁的万物一体观，与程颢相比，更具有流动性特征。关于这一点，参见岛田虔次：《關於中國近世的主觀唯心論——萬物一體之仁的思想》，原载《東方學報》第 28 册，1958 年，后收入岛田虔次：《中國思想史研究》，京都：京都大学学术出版会，2002 年。

守仁的"致良知说",对《近思录》文本进行了批评,此外,正如"异端之学"第4条所示,他对王守仁学说的评价往往高于对朱熹的评价,而在"治国平天下之道"第5条当中,他对程朱学说与王守仁的学说则给予了同样的评价。由此可见,这些评论都是站在王学立场上思考问题的结果。因此,佐藤一斋在《近思录栏外书》中所表现出来的阳明学的立场应当是确定无疑的。

三 《孟子栏外书》的解释

佐藤一斋在《大学栏外书》中,依据王守仁的"致良知说",将《大学》中的"知"解释成"良知",这一点已如上述。那么,对于"良知"一词的出典《孟子·尽心上》的内容,一斋又是如何解释的呢?

在《孟子》文本中,强调了不学不虑即良知良能,孟子曰:"人之所不学而能者,其良能也。所不虑而知者,其良知也。孩提之童,无不知爱其亲者。及其长也,无不知敬其兄也。亲亲,仁也。敬长,义也。无他,达之天下也。"针对于此,佐藤一斋在《孟子栏外书》[①]中评注道:

> 知能之说,不独孟子,《中庸》已有之。……其源又出于《易》"乾以易知,是知也。坤以简能,是能也。"至孟子添出一"良"字,以发明其为本然之善,然后其说始分晓,而其示人为至亲切矣。……故良知即良能之知,良能即良知之能。……其为"良"则无二也已。孟子先分说之,后合言之,为益精详矣。阳明援之释《大学》,遂以为学问标的,盖亦有见于知能合一欤。

一斋认为有关"知能"之说,其实来源于《周易》,孟子在其上加了一个"良"字,这具有非常重大的意义。后来王守仁又在孟子学说的基础上,以此来解释《大学》并以此为学问的核心,对此,一斋表示了完全赞同。从中可以明显地看出,一斋将孟子的"良知"及"良能"的说法,完全置于阳明学的文脉中来

---

① 《孟子欄外書》成书于天保十三年(1842)。

加以考察。另外，在上引两段语录之后，出现了有关"无为无欲"一条，即"孟子曰：无为其所不为，无欲其所不欲，如此而已矣"。对此，一斋加上了这样的评语："其所不为，知其所不欲，是良知也。无为无欲，是致良知也。"认为"无为无欲"也是根源于良知。只是这条评语所针对的孟子文本中并没有"知"字，这一现象本身似乎难以理解，或许可以推断这条评语是在上述两条语录之后，对阳明学的良知概念的补充解释。

王守仁有著名的"万物一体之仁"①的理论，其依据是《孟子·尽心上》的那句名言——"孟子曰：万物皆备于我矣。"在对该条的解释中，佐藤一斋的阳明学式的见解也表现得很明显。他写道：

> 万物皆备于我矣。余姚说无余蕴，本注专就理言，然理气毕竟分不得，必如姚江所说而始得。

在这里，一斋立足于阳明学的万物一体论之上，认为有关万物一体的理论，阳明的论述已经臻于完美。这里所说的"本注"，是指朱熹的《孟子集注》。朱熹在注释该条目时，特意迎合了自己的理论，对此，一斋表示理气不可分，在这一点上，他也完全赞同王守仁的学说。也就是说，在理气论上，一斋也全面赞同阳明学。显而易见，他的选择不是继承朱子学，而是继承阳明学。

四　佐藤一斋未刊稿的学术意义

如上所述，佐藤一斋在《大学》文本中采用了"旧本"，他对《大学》经文中"格物"问题的解释、在《近思录栏外书》中对王守仁"致良知说"的肯定、又将王守仁的学说内容作为依据来引用，甚至在有关《孟子》文本的解释当中，展示出对"良知"和"万物一体之仁"说的肯定，而在理气论问题上也表现出对王守仁学说的赞同，所有这些都表明佐藤一斋在《栏外书》当中是非常明确地以阳明学者的身份来阐发自己的学说主张的。

---

① 王阳明：《传习录》中卷《答顾东桥书》。

　　于是，我们要思考的是，他这样以阳明学者的身份来表明自己的思想，与他作为昌平阪学问所（译者按，指幕府设立的官方学校机构）的儒官地位之间是否存在矛盾呢？

　　众所周知，由于宽政二年（1790）开始实施的所谓"宽政异学之禁"，在幕府以及诸藩管辖的学校中，只能讲授朱子学。因此，对于在以昌平阪学问所为代表的幕府以及诸藩的教学机关中担任职务的人来说，如果尊奉朱子学以外的学问，那么就意味着失业。然而，身为昌平阪学问所的著名儒官的一斋，却能在这样的环境中公然发表倾向于阳明学的言论，而且至少在表面上并没有给自己招来麻烦，这是什么原因呢？其实，答案就在于一斋所编撰的《栏外书》等著作在江户时期始终未能出版发行。

　　直到目前为止，关于佐藤一斋的评价，正如相良亨所说："与其说他在刻意区分朱子学与阳明学的差异，倒不如说他致力于在折衷过程中，探求孔孟精神。"[①]于是，大多数学者都称其为朱王折衷者。然而，之所以会导致这种状况，原因在于人们在进行评价时所能依据的数据，只能是刊刻本以及书简等公开问世的数据，犹如相良亨在进行评价时那样，他所依据的就是当时公开发表的随笔集——《言志四录》。[②]

　　在江户时期，对人的思想进行公开评价的时候，当然只能以刊刻本作为评判依据，这一点是不言自明的。也正由此，如果将一斋生前刊行的著作与其原稿进行对照的话，就会发现其中的有些地方，为了不给自己找麻烦而进行了修改。就连在公开发表的佐藤一斋的代表作《言志四录》之一的《言志耋录》当中，也存在像高濑代次郎所指出的那种情况：刊本与手稿之间前后不一。他说："在刻本《言志耋录》中，未见主张朱陆合并的记录，但在手稿中却可以看到很多。"可谓意味深长。[③]由此可以窥看，尽管身为儒官，却对遭受"蛮社之

---

　　① "朱子學と陽明學とを弁別するよりも、その折中のなかに孔孟の精神をうかがうことを求めたといえよう。"（相良亨：《〈言志四録〉與〈洗心洞劄記〉》，相良亨、沟口熊三、福永光司校注：《佐藤一齋·大鹽中齋》，东京：岩波书店，1980年，第790页）

　　② 《言志録》《言志後録》《言志晚録》《言志耋録》的总称。一斋从42岁（文化十年［1813］）到80岁（嘉永四年［1851］）执笔完成。

　　③ "刻本《言志耋録》には、朱陸の併合を主張したる所を見ずといえども、稿本には甚だ多。"（《佐藤一齋與其門人》，第537页）

狱”的爱徒——渡边华山见死不救，谨小慎微甚于常人的佐藤一斋对于出版自己著作的态度是非常谨慎的。事实上，一斋对发表有关阳明学的著作表现得尤其谨慎，这一点我们从下面的例子中也能了解到。天保四年（1833），大盐中斋（1793—1837）将自己所写的“藤树先生真迹之跋文”和《儒门空虚聚语》的序文以及他站在阳明学立场上为《大学》所做的注释书——《古本大学刮目》一并寄送给佐藤一斋，并请他为《古本大学刮目》写序。可是，佐藤一斋于次年天保五年（1834）才予以回复。在回信中，一斋字斟句酌、小心翼翼地对中斋的两篇文章进行称赞之后，对中斋请他为《古本大学刮目》写序的要求却明确表示："若付梓之际，有姚学（译者按，指阳明学）之味的内容，还当谨慎为宜。"[①] 可见，一旦涉及阳明学著作的出版或公开发表，一斋就采取了有意回避的态度。

于是，在江户时期，《栏外书》系列著作始终没有公开出版，只能是以手稿的形式流传了下来。如上所述，究其原因，与其说是出版经费等外在原因，不如说是一斋自身的主观选择。《栏外书》系列当中最早刊行的是《传习录栏外书》，但是，这已经是在明治三十年（1897），一斋逝世三十八年后的事情了。[②]

在江户时期流传的一斋手稿中最为有名的，可以说是楠木硕水的《传习录栏外书》写本，也就是《传习录读本》三卷。所谓《传习录读本》，是指楠木硕水在《标注传习录》中加入自己的文字而记录下来的写本，他在其卷首的序中这样写道：

> 诸序及句读且用朱书者，皆从一斋先生《读本》写录。但用蓝者，则就陈龙正《阳明要书》录其一二耳。安政六年己未（1859）十二月于江都锡难老轩之下。

于是，《传习录栏外书》就通称为《读本》。另外，从楠木的序跋，我们也能清楚地了解到，本书是楠木硕水在《传习录栏外书》当中增加了校订《阳明先生

---

①　"上木ものなどに姚學めきたる事は致遠慮候。"（高瀬代次郎：《佐藤一齋與其門人》，东京：南阳堂本店 1922 年，第 257 页）此外，关于中斋寄给一斋的书函的翻刻及其解说，可以参见相苏一弘：《大鹽平八郎書簡的研究》第 2 册，东京：清文堂，2003 年，第 640—652 页。

②　启新书院藏版，松山堂发行。

要书》的内容而完成的,而且楠木的校本在《传习录栏外书》的各种写本当中,内容最为丰富也最为浅显易读。①

　　然而必须指出的是,佐藤一斋不公开发表《栏外书》系列著作,并不意味着他对自己的阳明学者身份感到惭愧。现今,佐藤一斋的藏书以及手稿,大部分都收藏在东京都立中央图书馆(旧东京都立日比谷图书馆)河田文库。其中的《栏外书》系列,除了佐藤一斋的手稿以外,还有其弟子所抄写的一套誊写本。②其实,佐藤一斋的字迹很拙劣,上面提到的明治时期刊行的《传习录栏外书》和近年来出版的《佐藤一斋全集》③都是依照这些誊写本整理出来的。一斋为何要对这些不打算发表的《栏外书》让其弟子誊写呢? 当然,他自己并没有对此说明理由,但是我们仍然能够推测他的内心想法。他在天保元年(1830)的《传习录栏外书》誊写本的跋文末尾这样写道:

　　　　……方今学者率皆务博竞多,从事于无用虚文,荡不知返,其弊殆极矣。物极必反,天之道也。吾知不出二十年,世必注明此录,以阐王子之旨者。吾老矣,不及见也。果然,我《栏外》诸说终亦归于覆瓿。虽然,前人为是诠者尠,则后之人或视以为注脚嚆矢,亦未可知也。

　　可见,一斋对《传习录》有着极高的评价,他坚信即便当下的学者都从事无用的空洞学问,二十年后也会注意到《传习录》,而且当"王子之旨"大明于天下之际,我的"《栏外》诸说"一定会起到开端的作用。我们从这篇跋文中能够明显地感受到,一斋对自己身为阳明学者,有着强烈的自负感。正因如此,所以他才特意为了二十年以后,准备了这套《栏外书》的誊写本。

　　然而,一斋的预想似乎有些太过乐观。虽然阳明学的确在幕府末期成了志士们的精神支柱,但是致力于探究《传习录》文本以及"王子之旨"的努力,在经过了很长一段时间之后,仍然没有达到一斋所期望的那种程度。在他写下这

---

①　这部《傳習錄讀本》,现收藏于九州大学图书馆硕水文库。
②　关于这些写本的详细内容,参考东京都立日比谷图书馆编集《東京都立日比谷圖書館藏河田文庫目錄》(1962)。
③　《佐藤一齋全集》,东京:明德出版社,1990—2003 年。

段文字六十年之后的明治三十年（1897），《传习录栏外书》才被首次刊行。此后，尽管有很多中国学者也开始参考这本书，但是，对一斋《栏外书》的创作过程之细节却缺乏研究，对其学术价值以及在研究一斋思想上的重要性并没有被完全认识到。从这个意义上说，且不论二十年以后，即便是在经过了一百八十年之后的今天，《栏外书》系列绝不能让其"归于覆瓿"，我们必须在重新认识其价值的基础上，将其视作新的研究起点继续探讨下去。

五　结　语

综上所述，通过对佐藤一斋思想的探讨，我们了解到其在江户时期未刊的手稿有着非常重要的意义。本文出于论述方便的考虑，仅就《近思录栏外书》《大学栏外书》以及《孟子栏外书》等三部《栏外书》进行了探讨。我相信今后对一斋其他未发表的手稿以及已经刊行的著作与其手稿之间的差异进行考察，对于我们更加全面地研究佐藤一斋的思想是非常必要的。我希望本文能够为今后的这项研究提供一些有用的思路，若能得到博雅的批正，我将深感荣幸。

第十八章　江户儒者对孟子政治思想的脉络性转换诠释

张崑将（台湾师范大学）

前　言

本文所谓的"脉络性转换"之定义，是指将异地传入的文本、思想、法政制度或经贸规范加以"去脉络化"，再予以"再脉络化"于本国情境之中，以融入本国的文化风土或政经制度之中。[①] 职是之故，只要有"本源"与"派生"之关系，就有可能失去脉络而有"橘逾淮为枳"的转换现象，不再是原汁原味。以投票式的政制而言，起源于古希腊雅典城邦，但近代发展出的各个国家之政制，因应各国脉络而有议会民主制、议会共和制、总统制、半总统制等不同形态。以思想诠释而言，思想只要进行诠释，就已经"脉络性转换"了，《庄子·齐物论》中所论一般人常"以是其所非而非其所是"的"彼"与"此"的对待关系，便说明偏见的产生来自于"主客对立"的必然性，所以"转换"根本是必然之事，只有转换的"多"与"少"的问题，并无"没有转换"这回事。

其次，"转换"并不是从 A 到 B 全然不同的关系，而应是 A 与 A+ 或 A− 的

---

① 有关"脉络性转换"系黄俊杰教授近几年来，针对东亚文化交流过程中所提出的方法论课题，参见氏著：《东亚文化交流史中的"去脉络化"与"再脉络化"现象及其研究方法论问题》，《东亚观念史集刊》第 2 期，台北：政大出版中心，2012 年 6 月，第 55—78 页。

关系，即增加了某种成分于 A 上或减少了 A 的某种成分，我们可谓之"转换的增减关系"；即便对立的 A（姑且称为 –A），仍然是一种转换关系，或可称为"转换的相对（对立）关系"，因为无 A 的话，也无法借着对立面的 –A 来强化 B。以思想的转换而言，孔子思想（A）经过孟子的"私淑"转换形成 A+ 或 A–（如性善论），朱子思想再对孔子、孟子思想进行"私淑"转换形成第二层次的 A+ 或 A–（如理学观），这类"转换的增减关系"也很微妙，毕竟增减关系是一种"部分"对"整体"的关系，此消彼就长，此长彼就消，存有一种互相涵摄的关系，即增加了 A 的某成分而成为 A+ 的混合物，但必然使整体的 A 也减少了其纯粹的成分。增加的成分愈多，A 褪色的成分也愈多。太极的阴阳图可以充分说明这个道理，阴盛就阳衰，阳盛则阴衰，故盛衰或增减也有此相互涵摄之关系。

探讨脉络性转换的思想课题，或可针对甚具争议的思想而发，孟子的政治思想便具有这样的特质。由于孟子以民本论的仁政理想为基轴，强调"民贵君轻""土芥寇雠""王霸异质""汤武革命"及"劝诸侯行王道"等君臣相对观的论点，在宋代以前引起过相当多的争议，批评者如荀子（前 313—前 238）有《非十二子》篇，非议子思、孟子，其后东汉王充（27—91）著《论衡》有《刺孟》篇，至宋司马温公（1019—1086）有《疑孟》，李觏（泰伯，1009—1059）有《非孟》，晁说之（1059—1129）有《诋孟》（已佚），黄次伋有《评孟》，冯休有《删孟》（未见其传）等。为孟子辩的有余隐之（允文，约？—1163）并司马、李之说而著《尊孟辨》，朱子又补充余说而有《读尊孟辨》。① 孟子的王霸异质论也引起朱熹与陈亮的王霸之辩，性善论更是千古学者争讼不绝的课题，汤武革命论历来也惹来不少非议。

相较于中国学者对孟子学的争议，日本德川儒者对于孟子的政治思想之争议更为激烈，尊孟与非孟议题几乎笼罩整个德川思想界，启之于德川初期的古学派中彼此的论争，即伊藤仁斋（1627—1705）的古义学派和荻生徂徕（1666—1728）的古文辞学派的尊孟非孟之争。② 再争于程朱学派反对古文辞学派的反

<hr />

① 有关宋儒对孟子政治思想的争辩，参见黄俊杰：《孟子思想史论（卷二）》，第四章"宋儒对孟子政治思想的争辩及其蕴涵之问题"，台北："中央研究院"中国文哲研究所筹备处，1997 年，第 127—189 页。

② 相关研究，可参见河村义昌：《江户时代における尊孟非孟の论争について》，《都留文科大学研究纪要》第 5 集，山梨县，1968 年，第 22 页。

孟思想;更在德川末期因尊王攘夷的勤王武士之鼓吹,孟子的不尊王政治思想,成为众矢之的;到了明治维新以后,孟子的民本论思想又一度成为自由民权派学者撷取民主思想的泉源。

质言之,儒家很少有类似《孟子》这部经典引起广泛的争议。就以"汤武革命论"而言,宋代张九成(1092—1159)著有《孟子传》特批评孟子,针对"闻诛一夫纣"章而评论:"余读此章,诵孟子之对,毛发森耸,何其劲厉如此哉?"[1] 到了日本,因汤武革命论冲击到天皇万世一系体制的根本地位,有伊东蓝田(1733—1809)撰《汤武论》(1771)、佐久间太华著《和汉明辨》(1778)等直言汤武是"篡弑"而非"仁义"。[2] 由于孟子政治思想有这般激烈的争议性,很值得让我们探讨脉络性转换的课题,本文拟从上述脉络性转换的"增减关系"与"对立关系"探索日本德川学者吸收与消化孟子学之际所展现的思想特质。

一 脉络性转换的"增减"关系

如前所言,思想议题在脉络性转换的过程中可以有"增减"关系,亦可以是"对立"关系。本节集中探索孟子政治思想在德川学者的脉络性转换的"增减"关系,又因增减关系有程度强弱的区别,故又可分为"强意的"与"弱意的"脉络性转换关系。本节拟以仁斋学的尊孟学者为例说明之,尊孟学者虽高度肯定《孟子》,但细检之下,有些关键思想仍有被脉络性转换的情形。如果原文本是A,透过对A转换的"增减"关系,成为与A不同的B,图示如下:

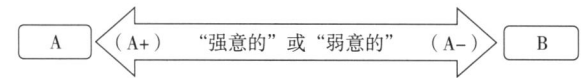

(一)"强意的"脉络性转化关系:以伊藤仁斋的孟子学为例

此类以伊藤仁斋的尊孟思想家为主,指一方面吸收孟子学,另一方面又巧

---

① 张九成:《孟子传》卷四,《景印文渊阁四库全书本》第196册,台北:台湾商务印书馆,1983年,第271—272页。

② 相关研究可参见张崑将:《近世东亚儒者对忠孝伦常冲突之诠释比较》,潘朝阳主编:《跨文化视域下的儒家伦常》上册,台北:台湾师范大学出版中心,2012年,第153—184页。

妙地转化孟子学，如仁斋高度尊孟子，但仁斋的实学性格，减煞了孟子内在超越的心学，故孟子的思想有被"强意地转化"创造而成为仁斋的实学。以下我们以仁斋的管仲论为例。

众所周知，孟子耻为管仲，认为"管仲不足为"（《孟子·公孙丑上》），甚严"仁之心"与"仁之功"之分际。仁斋本于尊孟立场，倡言以仁义为宗[①]：

> 孟子之学，以仁义为宗，而所谓浩然之气，亦皆指仁义之功用而言。

唯仁斋所强调的"仁义之功用"，与孟子所言之"仁义"有别。仁斋虽以爱释仁，但对孟子即"心"以言"仁""义"则有所保留，不承认孟子所强调的"心"的优先性，甚至高度评价管仲，将"管仲之仁"同于"圣人之仁"[②]，甚赞管仲安民济世之功。仁斋《论语古义》中释"桓公九合诸侯"章，如是称许管仲之仁[③]：

> （孔子）但举九合之功，以称其仁，何者？甚能修举王法，挽回风俗，利泽恩惠，远被于天下后世，则其为德甚大矣！故曰："如其仁！如其仁！"盖仁大德也，非慈爱之心顷刻不忘，则固不可许，而济世安民之功，能被于天下后世，则亦可以谓之仁矣。故孟子以伯夷、伊尹、柳下惠，君于百里之地，皆能朝诸侯，有天下为仁，是也。此所以虽高弟弟子，不许其仁，而反于仲许之欤！

从上引文可看出仁斋甚称许管仲之仁，而将之比拟于孟子所称许的伯夷、伊尹、柳下惠等诸圣人，原因是他们皆有"天下为仁"之功，即"仁之大德"的

---

① 伊藤仁斋：《孟子古義》，关仪一郎编：《日本名家四书注释全书》第9卷，东京：凤出版，1973年，第58页。按，以下仅注《全书》页码。

② 伊藤仁斋：《童子問》卷上，家永三郎、清水茂等校注：《日本古典文學大系》第97册《近世思想家文集》，东京：岩波书店，1976年，第52条如是记载：问："圣人之仁与管仲之仁，是同与不同。"曰："同。尧舜之仁，犹大海之水，汪汪洋洋，不可涯涘也；管仲之仁，犹数尺井泉，虽不足观，然遇旱岁，则亦可以资灌溉之利，虽有大小之差，岂谓之非水而可乎！"（第218页上）按，以下仅注《大系》页码。

③ 伊藤仁斋：《論語古義》卷七，《日本名家四书注疏全书》第3卷，东京：凤出版，1973年，第211—212页。

体现。仁斋又为管仲不死君难辩护，谓公子纠虽为兄，桓公为弟，但强调二人嫡庶有别，可不以兄弟议论之，我们从《论语古义》中所见仁斋之论管仲，全是正面评价，并许之为仁。

但令人困惑的是，仁斋既许管仲为仁人，极推尊管仲之事功，却又在《童子问》中说："管仲非王佐之才"，仁斋说①：

> 问："管仲何以不得为王佐之才。"曰："有志、有才、有学，而后可以行王道。无其志，则不能以天下为己任；无其才，则不斡旋大事；无其学，则虽有志、有其才，然在区区功利之间，而不能济大道，此管仲之所以止为管仲也。若使管仲知汤武之道，便是伊、吕之俦。予尝序鲁斋心法曰：'有实学，而后有实德，有实德，则实材随焉，是也。'管仲虽有材，而不足为实材者，为其无学也。"

如前所述仁斋论王道乃就"实德"的成效而言，无关乎个人的道德修养，故推尊管仲之事功，是极自然之结果。这里引文中，仁斋所非议管仲的亦非"实德"，乃在管仲之"无学"，因"无学"故不能有"实学"，因不能有"实学"，故仅在区区功利之间打转而不能知"汤武之道"，因此无法成为伊尹、太公望之王佐之才。如此便衍生一个关键问题，即是：一个仁人，竟可以是"非王佐之才"，岂不矛盾？这牵涉到仁斋对"仁"的诠释问题，仁斋并不似孟子或宋儒将"仁"视为"天之尊爵"（《孟子·公孙丑上》）或可尽天下之理，仁斋的"实德"不限于"仁"，谓"盖以仁之成德，不可以一德尽之也"②。"仁"既被降位与诸德同等地位，而仁斋又重"实德"之功效，因此称管仲为仁人也就顺理成章了，而管仲之所以仅为"霸才"乃因其无"实学"，因无"实学"，则管仲之"才"乃非"实才"，所以只在区区功利之间，不能济大道，如此我们可知仁斋特强调"实学"的重要性甚于"实才""实德"。

就以上仁斋与孟子管仲论的分歧而言，可窥仁斋虽尊孟子学，但在谈王霸

---

① 《童子問》卷上，第49条，第217—218页。
② 《童子問》卷上，第46条，第217页上。

或管仲之际，减煞了"仁心"的优位性，强化了他以"实学"为基准的优先性。这种转换，关键在于仁斋主张"心""性"各殊，反对以"心"言"性"，又认为"仁"乃非"性"之属，而是属于"德"的范畴，强调"圣人贵德不贵心""皆不以心为紧要"①，如丸山真男所言："连开口言德行，发与说扩充的道学者仁斋，政治的契机也要从个人伦理离开而独自化。"② 可见仁斋之"心"是一种"经验意义的认知心"，而非"道德价值意义的超越心"。③质言之，仁斋言"仁"，事实上均只强调孟子"仁"之现实性，减煞了孟子"仁"的根源意义之超越"心"，所以仁斋以"爱"言"仁"，称管仲为仁，着重在"成德"的"爱人"，而较缺乏"成己"的自反自觉根源意义。亦即仁斋着重"成物"的"推广"一面，却未能对"成己"的超越状态加以关心，基本上仍是汉儒以"仁"解释"爱人"的旧套，仁斋后学者原双桂（瑜，1701—1773）在《桂馆漫笔》中即批判说："仁斋之徒，盖皆模糊调停，散漫自恣，不知道之精微。然而其行己亦多庸凡鄙俗，乏俊异卓立之志，阙脱尘超凡之操"④，原双桂之批评，指出了仁斋学问虽尊孟子学却又不是孟子学的问题性。

　　笔者质疑的是，仁斋并没有认为他的学问不是孟子学，但显然他很清楚孟子羞比于管仲、斥管仲仅成就霸道，而何以仁斋最终要以管仲无"实学"来自圆其说？答案可能是：无非想转化孟子以心解释所有"德"或"性"的问题，让孟子学回到"实学"的轨道来。仁斋作为町人学者，在庶民阶层里打滚，他对孟子"不忍仁之心"就可推"不忍仁之政"的那套仁政理论，应该相当保留。太过理想化的"心学"，若做不出利益群生的事情来，那只是"虚学"罢了。因此仁斋驳斥佛、老之说："大凡无补于天下国家之治，无俾于人伦日用之道者，皆谓之

---

　　① 《语孟字义》卷上，"心"第1条，《日本思想大系》第33册《伊藤仁斋·伊藤东涯》，东京：岩波书店，1971年，第132页下。

　　② 丸山真男：《日本政治思想史论》，东京：东京大学出版会，1976年，第60页。

　　③ 有关仁斋思想中的"心"，黄俊杰教授在《伊藤仁斋对孟子学的解释：内容、性质与涵义》一文中，已经指出仁斋将"心"视为"认知心"，以及将"心""性"二分，并就"气质"以论性善，特从"人伦日用"等具体性与特殊性之脉络论人性，对孟子性善说中"人"所同具之普遍必然性、超然性及连续性均有脱逸。参见氏编：《儒家思想在现代东亚——日本篇》，台北："中央研究院"文哲研究所筹备处，1999年，第162页。

　　④ 原双桂：《桂馆漫笔》，《日本儒林丛书》第7册，东京；凤出版，1978年，第29页。

邪说暴行。若佛、老之学，后世禅儒高远隐微之说是矣。"①则可知仁斋重视的是"有补于天下国家之治，有助于人伦日用之道者"的"实学"观。妙的是，仁斋曾出入禅学近十年，对心学有独到的体会，当然也很清楚孟子心学与禅门心学的关键不同，因此笔者认为仁斋不强调孟子心学是"刻意的"，而不是"误解的"，刻意稀释并转化孟子的心学优位性格，回到他深有体会的人伦日用之"实学"，这是仁斋对孟子学"强意地转化"的脉络性转向诠解的一个鲜明例子。这类"强意地转化"往往带有强烈的个人主体性脉络之意向性。

（二）弱意的脉络性转化关系

相较于前小节"强意的脉络性转换关系"，"弱意的脉络性转换关系"指的是一方面赞成孟子学，但另一方面又高度受限于日本封建体制下的尊君脉络，在中日彼此的不同脉络下，企图扭转孟子某些政治思想的解释，以兼容于日本体制中。何以言"弱意"？乃相较于前者带有强意的"主体脉络性"而言，此模拟较不凸显主体性脉络，而是正视时空脉络之不同以求化解二者出现的紧张性。其中最明显之一即是孟子的"是否尊周"的议题，成为辩论的焦点，尤其日本在封建体制下，有其特殊的朝幕体制，"尊周"议题常围绕在是否尊王室的政治意义之议题，因日本有万世一系的天皇体制，幕府将军之实质权力，在名义上仍然需要得到天皇的敕许，当幕府权力结构出现松动之际，尊周议题便特别敏感地涌现而出，而孟子的论点常是儒者论述朝幕紧张关系的引爆点。尊孟儒者碰到这类议题，若不选择回避，则势必要对孟子进行回护，颇费周章，从而出现委婉而"弱意的"脉络性转换的诠释关系。

孟子的不尊周思想，迭受历代学者所指责，尤其到了宋儒引起非常大的争议。学者指出孟子之所以不尊周，除了身处战国时代的政治黑暗背景之外，亦与其王霸之辩与君臣相对观的政治思想体系的内在要求息息相关。②至于日本尊孟儒者似乎倾向解释孟子是尊周之论，非孟儒者则一致批判孟子的不尊周论。例如极为尊孟的古学派伊藤仁斋，他并不指孟子为不尊周，而说："孟子说

---

①　《童子问》卷中，第 10 章，第 223 页上。
②　关于宋儒对孟子不尊周思想的争辩，黄俊杰《宋儒对于孟子政治思想的争辩及其蕴涵的问题》一文有精彩的讨论。

齐梁王以仁义，欲其自悟僭王之非，而尊周室也。"连尊孟者也都倾向解释孟子仍然是尊周之论，显然与宋儒划分孔子尊周、孟子不尊周之论截然不同。于此又可见孟子思想在日本脉络下的求同存异之消融情形，颇缓冲了现实政治的紧张关系。而其间的关键脉络，当不离日本的万世一系之天皇体制，如一位折衷学者冢田大峰（1745—1832）一语道出日本儒者何以辨尊周议题，他说[1]：

> 中夏开辟以来，废兴存亡，皆无常矣，唯以天命与民心，而未必以世系乎。如我东方，开辟以来，世系以御天下，复未尝有天疏民背之上也。未尝有天疏民背之上，则或有天亲民怀之下在焉。然未尝得革天命也。

上述言中国"唯以天命与民心，而未必以世系"，实道出了中日对汤武革命或尊周王室之所以有不同理解的关键原因。如果日本没有万世一系的天皇体制，日本儒者或许不会对孟子的汤武革命论或是否尊周论如此敏锐，但也正因日本有此天皇体制以及其所根据的神话史书，才使得孟子的政治思想能在异国文化中掀起如此大的波澜。由此亦可知，尊孟儒者不太可能把孟子解释为不尊周室者，乃因有此一特殊性的政治脉络，故须用委婉而弱意的脉络性转换方式以回护孟子，如伊藤仁斋之子伊藤东涯（1670—1736）即说[2]：

> 方孟子之时，周室衰弊，不足以服天下，诸侯放恣，民憔悴于虐政，然则劝齐、梁之君，行王道以安天下，文武之心也，不此之出，而还致纷争，故非之固非所以非之。

冈田龟（号月洲）针对反孟论作品的《思问录》，特有以下之评论[3]：

> 孔子之时，天下惟一周王，除吴楚之外，诸侯未有僭号者，君臣之分犹明，故得唱尊周之说。及孟子之时，天下诸侯，尽皆吴楚也，七王国皆

---

①　冢田大峰：《圣道合语》下编，《日本儒林丛书》第 11 册，第 53—54 页。
②　伊藤东涯：《辨疑录》卷三，《日本儒林丛书》第 1 册，第 66—67 页。
③　冈田龟之论，皆收入于评藤泽东畡《思问录》之附录中（《日本儒林丛书》第 4 册，第 2 页）。

方千里，而周才存有七县，又为权臣所夺，分为东西二周，周王寄食其间，当时周人犹不知有王，惟知有权臣耳，况列国乎？而欲使孟子袭尊周之说，请问往何国，见何人，而开口鼓舌。譬如揭衣冠裸国之市，强聒终日，无有一人过而问者，则惟有抱济民之道，深隐岩穴耳。设使孟子如长沮、桀溺，不顾此民涂炭，而独洁其身，吾恐又有以背驰孔子责之者。

又云①：

> 按周烈王时，齐魏皆僭称王，至显王时，他诸侯皆称王，于是君臣之义既绝矣。周室之祚亦亡矣，虽存犹亡也。孟子初至梁，在显王之三十三年，其至齐之年，虽无明据，亦必在至梁之前后。二国之主既以王自居，视周犹一小侯，故孟子亦从而王之，今谓孟子唱劝王之说，诬亦甚矣。

冈田龟从孔孟时代的历史背景已截然不同，论孟子在战国时代根本不存在尊周的问题，因当时的历史脉络是已无周王室可尊，各诸侯已然称王，这是历史事实，并不是孔子时代尚有周王室可尊，因此孟子根本没有倡议劝齐、梁之君为王这回事。伊藤东涯指出向来批判孟子的不尊君或劝行革命之事，都是"非之固非所以非之"，将尊周论还原到孟子时代，认为周室王令已经不行于天下，诸侯纷争，人民憔悴于虐政，故只有一颗"安天下"之心，即文武之心而已，因而主张孟子劝齐、梁为王，只是基于此心，无关尊君与否或劝行革命。以上冈田与伊藤之论都是典型的脉络性转换之解释方法，如将其论点放到日本脉络，当深知其回护孟子之心，采取的是一种"弱意的"方法论立场，方不致令孟子政治思想在日本时空脉络下有所扞格。

二 脉络性转换的"对立"关系

此项"对立"关系，指的是以《孟子》为文本，站在孟子政治思想的对立

---

① 冈田龟之论，皆收入于评藤泽东畡《思问录》之附录中，第4页。

面，对孟子政治思想进行时空对立的脉络性转换。在此对立关系下又勉强可分"时间对立"与"空间对立"的思想特质，前者以古文辞学派的徂徕学为例，后者以吉田松阴及后期水户学之探讨为例说明之。这类对立关系多有"复古主义"（restorationism）的倾向，常欲回到时间久远的继承关系，或是强调日本风土空间的神圣性，以格格不入的孟子政治思想作为参照"经典"，借其批判来凸显其鲜明的政治立场。质言之，本节所谓"对立"并不一定是相反，而是借相对于 A 来使 B 显题化，A 成为凸显 B 的重要思想或文本根据。简单图示如下：

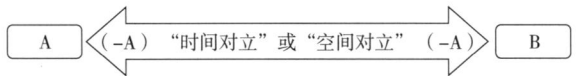

根据以上图示，如果 A 是孟子政治思想，–A 是对立于孟子的政治思想，B 则是被凸显在日本风土空间及时间下的政治思想，此即是典型的脉络性转换。

（一）时间对立关系下的脉络性转换

孟子虽自称"私淑"孔子，但反对孟子思想者，常区分孔子与孟子之别，江户后期儒者冢田大峰《孟子断》的一句话可为代表 [1]：

> 夫孟子之志，则虽固宗孔子也，而其学风则非孔子之正统也。所谓四端之心以求仁义礼智，谓性善以明仁义之有于己，浩然之气以谓仁义之功用，及存心、放心、尽心之说，皆是孔子之所未尝言，言其所未尝言者，岂谓之嫡宗乎哉？孔子则不然，述而不作，信而好古，非先王之法言不敢道，非先王之德行不敢行，曾曰："吾尝终日不食，终夜不寝，以思，无益，不如学也。"孟轲则不主学，徒求之于心，四端、性善、养气、存心、尽心之说，皆是使人自思者也。以孔子见之，则是所谓以思无益而已。以其所谓无益者，如何得岂孔门之关钥。

上述之言是针对伊藤仁斋视"孟子之书，为万世启孔门之关钥者也"之说，充分说明孟子的许多主张是"言孔子所未尝言"。对于仁斋视《论语》为

---

① 　冢田大峰：《孟子断》卷上，《日本名家四书注释全书》第 10 卷，第 5 页。

"宇宙至极第一书",《孟子》是《论语》的最佳解释者,批判这样论点最早的是古文辞学派荻生徂徕,徂徕对治仁斋学的思想武器则是"道存六经"。[①] 从时间轴上,所谓"道存六经"一开始就切断孔子与孟子思想的不同,把《孟子》作为对立关系来凸显其所谓的"先王之道",认为孔子代表"先王之道"之继承者,孟子则是开创"儒家者流"的始作俑者。徂徕极力地浚别"先王之道"和"儒者之道",曾叹道:"吁嗟! 先王之道,降为儒家者流,斯有荀孟,则复有朱陆,朱陆不已,复树一党,益分益争,益繁益小,岂不悲乎。"[②] 徂徕弟子太宰春台也一再说明:"古者未有儒家,子思、孟轲之流,降为儒家。秦汉之际,乃有是名,则与诸子百家为伍而已,曾谓先王之时有儒家乎!"[③] 太宰春台更论孟子之害:

> 轲自以为孔子之徒,而其不达道如是,自是先王之道,降为儒家者流,遂令后世谓儒者难与进取,千百年来,儒生之谈,无补于国家,由轲之误也。然此祸胚胎于子思氏,而成于孟氏,则荀卿之非二子,可谓知言也。[④]

按此处所谓"儒家者流",春台特指为"无补于国家",不为世用,只知教授生徒,舌耕以食者,足见其非孟之深。[⑤] 观其《孟子论》之作,一一批判孟子的养气论、经权论、心性论、王霸论以及管仲论等,《孟子》思想中的重要思想几乎不为春台所接受。

"先王之道"的经典在六经,由于经过孔子的整理,孔子乃有整理六经之功,"道"的源头还不在孔子,所以对于私淑孔子的孟子之著作,只是"私言",但却被宋儒拿来解"孔子之道"对此,徂徕批评道[⑥]:

---

① 徂徕说:"仁智并言,德也。仁义并言,道也。道存六经,诗书者义之府也。"(氏著:《論語徵》甲卷,《日本名家四書注釋全書》第7卷,第9—10页。按,以下仅注《全书》页码。)

② 荻生徂徕:《辨道》,《荻生徂徕》上册,东京:岩波书店,1982年,第200页。

③ 太宰春台:《读仁斋〈易经〉古义》,《附录:春台先生杂文九首》,《日本儒林叢書》第4卷,第36—37页。

④ 太宰春台:《孟子论》下卷,《日本儒林叢書》第4册,第23页。

⑤ 春台论孟子之害的相关论点也可参见氏著:《读仁斋〈論語古義〉》,《日本儒林叢書》第4册,第33页。

⑥ 荻生徂徕:《論語徵》癸卷,第352页。

近世诸老先生多以《孟子》解《论语》，亦未知孟子与外人争者也，岂足以解门内之言乎，其（诸子）解经，皆以理而不以道，可谓不见宗庙之美百官之富矣，其专心四书而忽略六经，亦坐是故耳。

如是，《孟子》成为与"先王之道"对立的经典，形成"古道"失真的源头，导致宋儒借《孟子》解《论语》，使孔子之道失真，如徂徕以下所说[①]：

程朱诸公，虽豪杰之士，而不识古文辞，是以不能读六经而知之，独喜《中庸》《孟子》易读也，遂以其与外人争者言，为圣人之道本然。又以今文视古文，而谓乎其物，物与名离，而后义理孤行，于是乎先王孔子教法不可复见矣。

以上批判宋儒"以今文视古文""不能读《六经》""独喜《中庸》《孟子》"，都凸显出时间轴上的"古"才是"道"的源头，寻"道"必从《六经》之古文辞，不可只从"今文"着手。徂徕的圣人观也是从"古"的立场而发："古有圣人，今无圣人，故学必古。……故欲知今者，必通古；欲通古者，必史，史必志，而后六经益明，六经明而圣人之道无古今，夫然后天下可得而治，故君子必论世。"[②]如是徂徕所谓"圣人—古道—六经—古文辞"都是验证"先王之道"的关键。那么《孟子》的问题在哪里？徂徕说[③]：

孔子尝曰："默而识之"，为道之不可以言语解故也。孟子而下，此道泯焉，务欲以言语尽乎道也，以骋争于不知者之前焉。夫人不可以言喻也，况可以言服其心乎，故其言之明畅备悉，适足以为一偏之说耳。故性善性恶，聚讼万古，程朱性理，不过为坚白之辨，悲哉！

---

① 获生徂徕：《辨道》，《获生徂徕》上册，第 200 页。
② 获生徂徕：《学则》第 4 条，《获生徂徕》上册，第 257 页。
③ 获生徂徕：《论语徵》辛卷，第 301 页。

原来孟子及宋儒的问题是"言语尽乎道",心性论之辨开启宋儒聚讼纷纭的性理学,根本违反孔子"默而识之"的不可道的原则。徂徕认为"道"不能是那样被"言语尽乎道"的道,《孟子》成为徂徕用来凸显"古道"的对立者,由《孟子》的对立,照映出以下徂徕学的特质:

第一,六经的"先王之道"之"古道",并不等于孟子所谓的"王道"之"今道"。

第二,六经之道具体地展现在先王制度之礼乐刑政,根本无孟子抽象的心性论的争议。

第三,只有六经下的君臣绝对观,没有孟子的君臣相对论。

第四,圣人是不可学而至,不是孟子所言"可学而至"。

由此可知,宋儒以孟子为师,开发出更上层抽象玄理的性理学,如今徂徕从孟子的对立面釜底抽薪,找回时间轴的古道。在这里笔者看到了《孟子》在徂徕学上扮演着脉络性转换的对立关系,"时间"是一个相当关键的要素,孟子学成为徂徕回返先王之道轨迹的对立物。

(二)空间对立关系下的脉络性转换

此处空间指的是脉络化的风土,日本儒者在读中国经典之际,将其内容进一步脉络化到日本的风土空间,进行对立性的评论,从而展现日本主体性或认同感。"日本风土"迥异于中国,所以孟子的政治思想有诸多与日本风土格格不入,特别是强调神道论者,对于孟子民贵君轻及易姓革命论相当反感,《孟子》这部经典是作为脉络性转换的对立存在者,颇有刺激日本神皇意识的主体性之作用,我们从幕末的吉田松阴《讲孟余话》、后期水户学藤田东湖的孟子论当中充分可以了解此项思维特色。

风土论多强调空间轴的特殊性,以与中国相较,如以下折衷学者井上金峨(1732—1784)的风土论[1]:

> 我邦表东海,与中国风马牛不相及。先王之制,尚大古之风,缘饰以

---

[1]　井上金峨:《金峨先生焦余稿》,《日本儒林丛书》第13册,第7页。

李唐之礼典，焉得求之中国，而一一无差乎？秦汉以后，不循三代礼乐之治，何况我邦乎？何况我邦之今乎？即风土之异，我之不能为彼而我也，今之不能为古而今也。时使之也，势使之也。

井上金峨道出中日风土之异，乃"时使之也，势使之也"的必然性，不必礼乐文化皆需与中国相同。至于日本要拿出与中国不同的风土且传之久远的文化，学者常提到神道，幕末一位儒学者帆足万里（1778—1852），特别强调日本神道之教与中国截然不同，他说①：

本邦神道，窝霏尔莫尊（引者按，神话中的神）时，已有织祭服之事，其兴庞久。神武帝以来，亦有崇节，至今三千余年，列圣相承，四海之民，仰之如日月，尊之如神明，与异邦屡易姓者不同，亦神道之教，孚于其民也。

以上井上金峨、帆足万里都是儒学者，他们均意识到空间风土化的问题。在江户儒者的诸多文献中，只要涉及日本神道或天皇意识，大多承认此一特殊性的风土，即便朱子学者林罗山及山崎闇斋也都有高度的神道信仰。不过，如果仅仅停留于承认彼此的特殊性，各有其道，难免还有"汉土之归"或"儒主神辅"的遗憾，因此主体性强烈者如吉田松阴等务必把日本特殊的空间性风土，由"特殊性"拉到"优越性"。本节以幕末尊攘志士为例，先论吉田松阴，次论藤田东湖。

对《孟子》进行解释，从而对照出日本主体性最鲜明的即是幕末吉田松阴的《讲孟余话》。松阴在《讲孟余话》中经常注意到中日"空间轴"的根本不同，特别区分"我邦"（日本）与"汉土"的不同性质。这种例子在论"国体""君臣之道""汤武放伐"时特别明显，如解《离娄下》："君之视臣如土芥，则臣视君如寇雠"章时，松阴解曰②：

---

① 帆足万里：《入學新論》，《近世後期儒家集》，东京：明德出版社，1972年，第392页。
② 吉田松阴：《講孟餘話》，《吉田松陰全集》第二卷，东京：岩波书店，1986年，第338—339页。

读书要观主意，如此事，孟子为说宣王，故以君道为主意，若误思臣道亦如是，大非也。若论臣道之时，君虽不君，臣不可不臣是也。虽君观臣如手足，臣观君如国人；虽君视臣如犬马，臣视君却如寇雠者，是云其罪万死，何以偿是。

表面上批评孟子，但从以下之论即知是对照出日本的绝对君臣观，皆以"空间"意识对比出与汉土的不同，如以下解朱子《孟子序说》时说 [1]：

事君而不遇之时，谏死可也，幽囚可也，饥饿可也。……在汉土君道自别，大氐聪明、睿智、杰出于亿兆之上者，以其长为道。故尧舜，让其位于他人；汤武虽放伐其主，不害为圣人。我邦上由天朝，下至列藩，袭千万世而不绝，非汉土之可比。故汉土之臣，譬如签订半季之奴婢，择其主之善恶而转移，固其所也。我邦臣若为谱代之臣，和主人死生同休戚，虽至死，绝不云弃主之道。呜呼！我父母何国之人，我衣食何国之物，读书知道亦谁恩，今稍以不遇主，忽然去是，于人心如何哉！我欲起孔孟与之辨此义。

上述之论形成强烈的空间对比，以"汉土君道"对立于"我邦君道"而凸显出我邦君道"非汉土之可比"，以"汉土之臣"对立于"我邦臣"而发挥我邦臣"绝不云弃主之道" [2]，一一将孟子的观点，对照于空间不同的日本，如是，《孟

---

① 吉田松阴：《講孟餘話》，第 263—264 页。

② 有关"汉土"与"我邦"作为空间的相对引用，《讲孟余话》相当多，再举以下解《梁惠王下》："汤放桀，武王伐纣"章之说："汤武放伐之事，前贤具论矣，然试陈所见。凡汉土之流，皇天降下民，是无君则不治，故必于亿兆之中择以命是，如尧、舜、汤、武其人也。故若不称其'人职'，则不能治亿兆，天必废之，如桀、纣、幽、厉其人。故以天之所命，讨天之所废，何疑放伐。本邦则不然，天日之嗣，永无天坏及无穷者，此八大洲，天日所开之所，日嗣永守者也，故亿兆之人，宜同日嗣休戚，不可复有他念，若夫征夷大将军之类，天朝之所命，称其职者得以居之。故足利氏为征夷，如旷职，直可废是，是和汉土君师之义甚相类。然如汤武，依义讨贼，称承天命，在本邦则不然，天朝天日之嗣，照临宇内，不奉天朝之命，若擅问征夷旷职，所谓以燕伐燕者也，所谓'春秋无义战'者也。故读此章者，若不致审辨，适足以启奸贼之心。"（同上，第 279 页）

子》这部经典仿佛成为对照出日本特殊性甚至优越性的作品，最后松阴还要起孔孟与之相辩君臣之义，堪称发挥脉络性转换的对立关系之极致者。

其次，幕末水户学者藤田东湖撰有《孟轲论》，反驳孟子之王道思想甚烈。东湖首揭："吾每读孟轲之书，观其说王道，深痛孔子之志孤也。遂有知其道绝不可用于神州矣。"[1]东湖读孟子书，想到的是神州之道，并深觉"其道"与"神州之道"相违甚巨，空间对立性甚为强烈。东湖的"神州之道"是对君臣大伦采取绝对性的立场，所以特别批判孟子在战国时期猛劝诸侯为王的不尊周思想，而曰：

> 为轲者，诚宜奉孔子之遗意，明《春秋》之大义。苟可以扶彝伦，尊周室者，汲汲为之，不遗余力。今也不然，开口则谈王道，要其说之所归，不过使齐梁之君王于天下而已。呜呼！周室虽衰，尚有正统在焉，轲生于周之世，食周之粟，何心能忍而发其说。[2]

接着再批孟子之王道与孔子相违：

> 轲平生贵仁义，贱霸术，而无一语及名分，乃反欲隐然移周世之鼎于田、魏强僭之国，其为仁为义，果何物，假使桓、文而在，则鸣罪讨之，将不旋踵，轲岂暇于贱霸术乎哉！由是言之，轲之王道，非孔子所与也，亦明矣。[3]

东湖质疑孟子向诸王陈王道的"仁义"是否为真"仁义"，批评孟子的王道并非孔子所称许，此论像极了徂徕学的区分孔孟，不过徂徕学比较站在"时间轴"上批评孟子的"不够古道"，东湖这里则强调的是"皇室正统"，讲的虽是中国的"周室正统"，真正用意还在"日本皇室正统"，将尊周意识移转到日本空间，以论日本皇室的神圣性。如以下对孟子的易姓革命论大加挞伐，东湖说[4]：

---

① 藤田东湖：《孟轲論》，《東湖全集》，东京：博文馆，1940 年，第 235 页。

② 同上，第 236 页。

③ 同上，第 235—236 页。

④ 同上，第 237 页。

　　　　西土之为邦，能言彝伦，而彝伦常不明，尤疏于君臣之义。夫禅让放
　　　伐，姑置不论，周秦以降，易姓革命，指不胜屈，人臣视其君，犹奴仆婢妾
　　　之于其主，朝向夕背，恬不知耻，其风土然也。……独赫赫神州，天地以
　　　来，神皇相承，宝祚之盛，既与天壤无穷，则臣民之于天皇，固宜一意崇
　　　奉，亦与天壤无穷。而腐儒曲学，不辨国体，徒眩于异邦之说，亦以轲之
　　　书与孔子之书并行，欲以奴仆婢妾自处，抑亦惑矣。

　　东湖拿日本万世一系，与中国的异姓革命对比，以凸显日本臣民对天皇忠
贞无二的君臣大伦，这是典型的借着反孟思想，而强调日本的神皇意识，孟子
之思想在此成为东湖脉络性转换的最佳对立者。由此可窥，幕末尊攘志士有一
股解释孟子的趋势，借着批判孟子来凸显日本的神皇国体论，作为脉络性转换
的对立关系之《孟子》，正扮演这样的角色。这种脉络性转换的对立关系在诠释
史上也不是少见的，证明所有的历史都难逃是"当代史"的解释模式。

三　结　论

　　本文着重在一个思想被脉络性转换后，呈现何种转换"关系"，此类关系约
可区分"增减关系"与"对立关系"两类型，任何一个文本或体制、规范都有可
能是此两类型，甚至可以是另一种创造性的转换关系，端视转换环境的脉络性
之性质如何。

　　首先就脉络性转换的增减关系之"强意"转换而言，此一思维特点在于：虽
然崇敬某经典，但深知经典的某思想有修正的必要，以因应自己的时空脉络，
故企图为之"转化"，以适应新环境之脉络。本文举伊藤仁斋借着"管仲论"来
"转化"孟子学"即心言性"的王道论，来强化他不以心性论为基础的"实学"王
道论。类似这种强意转换也出现在化解《论语》中的君臣关系上，如日本在第
二次世界大战期间，曾删除有关《论语》的教科书中的《宪问》两章，即子路、
子贡质疑桓公杀公子纠以及管仲不死君难而又相之的这两章，在战争中的军国
主义强调忠君殉死的气氛下，对于管仲的不死君难，而孔子仍许管仲"如其仁"

的思想，自然无法接受。① 删除关键的经典内容，笔者认为亦属这类强意的脉络性转换关系。

其次，就"弱意的"脉络性转换关系而言，以日本天皇制为例，天皇制如同毛细孔般地渗入每一阶层，有权力者如幕府将军，拥有废立天皇的自主权，却都自动抛弃这个权力；也有以孔孟的圣人之道为尊的儒者，碰到天皇制的敏感问题，也不得不回避或委婉地诠解儒学经典中有关政治紧张的内容。本文指出这类尊孟学者颇用心良苦，为了祖护孟子，在尊周议题上，不得不诠解孟子为尊周论者，显然是典型的"弱意"之脉络性转换关系，这与"强意"转换仍有区别，即这类诠释者并没有要"化解"孟子以遂己意，而是委婉地诠解与日本相异的部分，希望能互相容。类似这种"弱意"的脉络性转换关系，也常存于怀有强烈的神道信仰之儒者身上，诸如林罗山倡"理当心地神道"，山崎闇斋有"垂加神道"等②，他们一方面尊孔子的圣人之道，另一方面又兼容日本的神道，主张"神儒一其揆"，凡此类型皆可归之弱意转换之关系类型。

最后，再就"时空对立"的脉络性转换的关系而言，本文仅是以孟子政治思想的时空对立为中心，凸显古文／今文的先王之道（时间）及神皇／人皇的君臣之道（空间）之对立关系。扩大言之，诸如国学派几视整个儒学甚至汉文为丧失日本主体性的源头，对立性更为强烈，但也由此对照出日本古言中本有的"言灵信仰"之"优越性"。③ 有关以上脉络性转换的关系之分析，值得进一步诠解与运用。

---

① 战争期间所删除的《论语》教科书中的《宪问》篇两章，是"子路曰：桓公杀公子纠"以及"子贡曰：管仲非仁者与"这两章，泷川龟太郎所编纂的《论语集注》亦被删除此两章而出版，1972 年始被还原并再版，在再版的第一页，原田种成氏记载了这段有关《论语·宪问》的两章被删除并覆刻的过程。以上参见山下龙二：《朱子·徂徕管仲论—倫理主義政治主義—》，《名古屋學院外國語學部論集》第 1 卷《中國關係論說資料》第 32 册第 1 分册（上），东京：论说资料保存会，1990 年，第 547—551 页。

② 关于林罗山的"理当心地神道"与山崎闇斋的"垂加神道"两类的理学神道之比较，可参见拙文：《德川初期朱子学者的理学神道思维：林罗山与山崎闇斋的比较》，黄俊杰、林维杰合编：《东亚朱子学的同调与异趣》，台北：台湾大学出版中心，2007 年，第 169—208 页。

③ 有关国学派的"言灵信仰"之相关研究，可参见王小林：《从汉才到和魂：日本国学思想的形成与发展》，台北：联经出版公司，2013 年，特别是第一章，第 35—70 页。

复旦哲学·中国哲学丛书

东亚朱子学新探

中日韩朱子学的传承与创新

下册

吴 震 主编

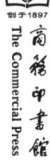

商务印书馆
The Commercial Press

第三篇
韩国朱子学的传承与创新

第十九章　高丽末期韩国对朱子学的吸收

〔韩〕崔英辰（成均馆大学）

前　言

牧隐李穑（1328—1396），高丽末期作为具有代表性的士大夫，他不仅是一位卓越的性理学者，而且是一位出色的政治家。他 14 岁（1341 年）通过国子监考试，26 岁中举，官至宰相。但 1389 年恭让王即位之后，他因受到李成桂党派的弹劾而多次入狱。1392 年朝鲜建国之后，李成桂多次劝其入朝做官，但为了坚守气节，他自始至终予以拒绝，最终在 1396 年于骊兴去世。[①]

牧隐是 14 世纪儒学家的代表，他所生活的高丽后期学界已经基本吸收了朱子学理论，而他对朱子学见解独到，利用朱子学全面展开了其哲学理论。

众所周知，朱子学是发源于北宋时代的新儒学，到了南宋，由朱子集大成，进而使得新儒学思想理论的体系化。朱子学传入时期的高丽思想界动向与中国思想界的动向可以用下表[②]来表示：

---

① 신천식（申千湜）：《목은 이색의 학문과 학맥》（《牧隐李穑的学问及学脉》），一潮阁，1998 年，第 11—18 页。

② 문철영（文喆永）：《고려 유학사상의 새로운 모색》（《高丽儒学思想新探》），经世院，2005 年，第 244 页。

表 1 武人乱之后高丽 / 中国的思想界动向

年 代		高 丽	中 国
1172	明宗 2		朱熹成《论孟精义》《通鉴纲目》
1173	〃 3		朱熹成《太极图说解》，序《中庸集解》
1177	〃 7		朱熹成《论语集注·或问》《周易本义》《诗集传》
1186	〃 16	崔滋生	朱熹成《小学》
1188	〃 18		朱陆太极之辩
1192	〃 22	宋商献《太平御览》	朱熹成《孟子要略》
1198	神宗 1		朱熹集《书传》口授蔡沈，成之
1200	〃 3		朱熹改《大学》诚意章，三月卒
1209	熙宗 5		许衡生，蔡沈序《书集传》
1210	〃 6	知讷卒	
1211	〃 7		朱子门人刘爚，刊行《四书集注》
1220	高宗 7	李仁老卒	
1239	〃 26		姚燧生
1241	〃 28	李奎报卒	
1243	〃 30	安珦生	
1254	〃 41		赵孟頫生
1260	元宗 1	崔滋卒	
1262	〃 3	权溥生	
1263	〃 4	禹倬生	
1280	忠烈王 6		宋亡，集贤大学士兼国学祭酒许衡致仕，翰林学士姚枢卒
1281	〃 7		许衡卒，焚道书
1284	〃 10		立科举法，不行
1286	〃 12		擢用宗室赵孟頫
1287	〃 13	李齐贤、朴忠佐生	
1289	〃 15	元，命安珦为本国儒学提举	
1290	〃 16	安珦立元朝后，携朱子书与孔子、朱子真像转写归国	

续表

年　　代		高　　丽	中　　国
1298	〃 24	李谷生	
1299	〃 25	安珦、闵渍修国史	
1304	〃 30	安珦建议在国学设立赡学钱	
1306	〃 32	安珦卒	
1307	〃 33		制加孔子号曰大成，赐诸王孝经
1308	〃 34	李齐贤入仕	
1310	忠宣王 2		宋濂生
1311	〃 3		增国子生三百人，进用儒者
1313	〃 5		始行科举
1314	忠肃王 1	忠宣王设万卷堂，从江南购入约万卷新书籍	吴澄在国学，姚燧卒
1316	〃 3	李齐贤，巴蜀奉使	以赵孟頫为翰林学士承旨
1317	〃 4	闵渍《本朝编年纲目》撰进	
1319	〃 6	安珦在文庙从祀	
1321	〃 8	崔瀣在元制科中登第	以张养浩为礼部尚书
1322	〃 9		赵孟頫、元明善卒
1323	〃 10		起用吴澄为翰林学士
1324	〃 11		开经筵
1328	〃 15	李穑生	
1330	〃 17		诏加孔子父母、颜曾思孟及二程封爵
1331	忠惠王 1		吴澄卒
1333	忠肃王 2	李谷在元制科中登第	
1337	（复位）6	郑梦周生	
1340	忠惠王 1	成均馆大司成崔瀣卒	复科举取士
1344	（复位）5	修改科举法，定四书为其科目	
1349	忠定王 1	李穑在元国子监中修学三年	
1367	恭愍王 16	李穑为成均馆大司成，李齐贤卒	

本表参考《高丽史》《高丽史节要》《宋史》《元史》等而作

在中国元代之前,朱子学已经由南宋开始传入高丽,这与民间学者及僧侣的努力是分不开的。① 然而,朱子学真正被韩国社会所吸收则是在安珦去元朝访学之后。当时安珦从元朝将朱子的文章以及孔子像、朱子像摹写带到高丽。一般认为朱子学在韩国的传播是从安珦(1243—1306)开始,经由白颐正、权溥、禹倬推广普及,再经由李斋贤—李谷—李穑等继承,进而融入韩国社会。这一时期的朱子学与其说是理气心性论,不如说是以经为主的实践伦理。它反映了当时儒学者对佛教脱离社会现实而导致各种问题出现的情形进行的反省,表达了恢复社会秩序的理想追求。当时李穑正是通过对朱子学的研究,进而构建了当时儒学者所追求的社会改革的理论基础。

众所周知,高丽末期士大夫分为两派,即旧法派和新法派。② 他们都试图把朱子学作为社会改革的思想,但在遇到社会变动所衍生的问题时,二者的解决方式以及政治实践有所不同。前者的中心人物是李穑,他主张在武臣集权期或者元朝干涉期通过恢复高丽旧官制来克服当时所面临的困局,官制改革应该以 "先王之法""古制""旧法" 为基准等。与此相反,后者的代表人物是郑道传,他主张应该全面彻底地改革由于当时的法度、制度所造成的弊端,确立一元化的中央集权制政治体制。新法派认为对先王之法可以进行酌情删减,并尝试以朱子学为基石,制定新的法度及制度。前者则期望在高丽王朝范围之内,推进稳健的改革方案,进而维护既得利益;后者则试图通过改朝换代,进而实现激进的改革,从而排斥既得利益。在思想方面,前者紧密结合朱子学所具有的改革性,将朱子学融合吸收成为维护体制的思想;后者先将朱子学定位为 "正学",同时对《周礼》的国家社会理念、功利主义的汉唐儒学等思想也予以积极的、部分的肯定。③

两派之间主张的不同也表现在对孟子 "恒心 / 恒产" 思想的认识上。前者重视 "恒心",认为 "恒产" 由 "恒心" 所决定,即 "恒产" 是涉及外在的、物质的、社会的概念,而 "恒心" 是涉及内在的、道德的、个人的概念。他认为,导致 "流移""流亡" 崩溃的社会秩序的根本原因在于个人的人性问

---

① 文喆永:《高丽儒学思想新探》,第 244 页。

② 同上。

③ 한영우(韩永愚):《国译三峯集·解题》,古典国译丛书 120,1978 年,第 128—129 页。

题、伦理问题。^① 旧法派虽然也指出了权势阶层的搜刮和国家不合理的经济制度有不足之处，然而这些与个人的道德问题相比，仍然属于次要原因。^② 但新法派的中心人物郑道传引用《管子》和《孟子》的观点，指出"衣食足以知礼节，仓廪实足以知廉耻"，这才是天下太平的基业。^③ 因此他们认为从"恒产"可以产生"恒心"。同时，赵浚认为导致"流移""流亡"之类民心涣散的根本原因在于生产基础的崩溃。他指出，百姓之所以从事艺人、贼寇之类的活动，正是因为没有"恒产"，进而失去"恒心"而导致的。^④ 因此新法派士大夫主要致力于保障农民生计以及稳定小农生产基础等方面的事情。^⑤

本来，李穑与李成桂的交情极其深厚，但是由于旧法派与新法派思想的极度对立，导致二人关系破裂。高丽禑王被罢黜废位之后，权力的中心便倾斜于新法派，然而李穑坚守气节，自始至终坚持了自己的思想。

充满气节精神的李穑思想，其理论根据究竟是什么呢？如前所述，李穑的思想土壤是朱子学，同时，李穑所处的高丽时期，士大夫对朱子学的理解已经达到了相当高的水平，而本论文目的就在于探究朱子学中的理论是否能够构成李穑思想的哲学根基。

一　"费／隐"的形而上学

宋代朱子学的特征是由构成世界的形而上的"理"学和形而下的"气"学而组成的二重构造。后者是通过感觉可以感受到的现象世界，即外显的世界。而前者则无法在现实世界里确实感受，是存在于超越现实世界的内在"秘密世界"。这种世界观的原型，可以在《中庸》第 12 章的"费／隐"以及《周易》的《系辞传》上篇第 12 章中"道／器"等部分里找到，而李穑是根据"费／隐"构建了其世界观的核心观念。

---

① 《稼亭集》卷 3："尔无恒产，因无恒心，故徒流耳。人无恒心，焉往而能容哉。"

② 도현철，《牧隐李穑的政治思想研究》，惠岸，2011 年，第 139—140 页。

③ 《三峯集》卷 7《经国大全·赋典》："衣食足而知廉耻，仓廪实而礼义兴，太平之业，基于此矣。"

④ 《高丽史》卷 118："禾尺才人，不事耕种，坐食民租，无恒产而无恒心，相聚山谷，诈称倭贼，其势可畏，不可不早图之。"（《列传》卷 31《赵浚》）

⑤ 도현철，《牧隐李穑的政治思想研究》，第 239—241 页。

朱子在解释《中庸》的"君子之道，费而隐"时，将"费／隐"的概念定义如下：

> 费用之广，隐体之微。①

也就是说，"费"是指"用之广"，即作用的深远广泛；"隐"是指"体之微"，即本质的隐秘。君子之道具有两面性，即"深远广泛的作用"和"隐秘的本质"。具体内容可以从如下解释中得以诠释。

> 或说形而下者为费，形而上者为隐。曰形而下者甚广，形而上者，实行乎其间，而无物不具，无处不有，故曰费。就其中，形而上者，有非视听所及，故曰隐。②

"费"作为形而下的现象世界，内在蕴含了运行其中却用感觉无法感受到的形而上者的"隐"。朱子认为"鸢飞戾天，鱼跃于渊"的自然现象就是由于形而上者的"理"作用的结果，其根据就是"隐"。③ 以这种世界观为基础，李穑在《之显说》中，做出如下论述：

> 隐不可见之谓也。其理也微，然其著于事物之间者，其迹也粲然。天高地下，万物散殊，日月星辰之布列，山河岳渎之流峙，不曰显乎？然知其所以然者鲜矣。尊君卑臣，百度修举，诗书礼乐之熠兴，典章文物之贲饰，不曰显乎？然知其所由来者亦鲜。④

这篇文章中对"隐"和"显"进行了对比⑤，"隐"是无法感受到的道理，而"显"不仅是指出现这种道理的自然现象，而且还包括"诗书礼乐，典章文物"

① 朱子：《中庸章句大全》。
② 同上。
③ 朱子：《中庸章句大全》："子思引此诗，以明化育流行，上下所著，莫非此理之用，所谓费也。然其所以然者，则非视听所及，所谓隐也。"
④ 李穑：《牧隐文稿》卷10《之显说》。
⑤ "费"和"显"在根本上并不是两个不同的概念，这一点可以从李穑的《之显说》得以确认，即："谓之隐，则彻首彻尾，谓之显，则无声无臭。故曰君子之道，费而隐，鬼神之德，鸢鱼之诗，可见矣。"

之类的社会、文化现象。这一点与将"费"主要解释成为自然现象的现存观点是截然不同的。

李穑的特征可以从《之显说》中关于"显／隐"适用于人心的句子中可见一斑。

> 求之人心，鉴空衡平，物之来也无少私，云行水流，物之过也无少滞。其体也，寂然不动，其用也，感而遂通，光明粲烂，纯粹笃实。谓之隐，则彻首彻尾，谓之显，则无声无臭。故曰："君子之道，费而隐。"鬼神之德，鸢鱼之诗，可见矣。是以显之道，观乎吾心，达乎天德而已矣。①

在这段阐述中，我们可以知道完全将心空出来，不向任何一方倾斜，寂然无声的本质是"隐"，而可以感受到事物的存在，使"道"得以发挥的作用就是"费"。② 如果用18世纪"未发论"的术语来表达的话，那么，"隐＝未发；费＝已发"。③ 李穑强调显／隐之道便是达到了最终实体的境界，即：天德。关于李穑认为可以感受到的世界为"显"，无法感受到的世界为"隐"的观点，在如下章句中有所体现，即：

> 夫理无形也，寓于物。物之象也，理之著也。④

从引文可知牧隐认为世界是无形的"理"，其"理"是由物象构成。同时，从"虽道之在大虚，本无形也，而能形之者唯气为然"⑤ 这句话来看，无形的

---

① 《牧隐文稿》卷10《之显说》。

② 用"天命之性"和"率性之道"来解释"费／隐"的章句，可以从《中庸章句大全》第11章小注里胡云峰的注解中找到。同时从"性"的层面上来解释"费／隐"的章句也是可以找到的，例如："性无不在费，而性之所以为性，则隐也。"但是从"心"的层面来解释"费／隐"的章句却几乎很难找到。

③ 请参见崔英辰：《남당／외암 미발논변의 재검토》(《关于南塘／魏岩"未发"论辩再考》)，《동양철학》(《东洋哲学》)第29辑，2008年。李穑的主张如下文所示："无极之真，难乎名言矣。诗曰：上天之载，无声无臭，其无极之所在乎？故周子作《太极图》亦曰：'无极而太极。'盖所以赞太极之一无极耳，在天则浑然而已，发风动雷之前也；在人则寂然而已，应事接物之前也。发风动雷而浑然者无小变，则应事接物而寂然者当如何哉？"(《牧隐文稿》卷3《养真斋记》)

④ 《牧隐文稿》卷3《葵轩记》。

⑤ 《牧隐文稿》卷1《西京风月楼记》。句意为：尽管"道"存在于太虚，没有本来的形体，但是能够让其显现出来的，只有"气"。

"道"是通过"气"显现并且具体化的。从这篇文章总体来看,可以得知,他将无形的"道"和有形的"气"结合起来,形成形而上学的观点,这种观点可以从权近的《牧隐先生文集序》中得以印证。

> 有天地自然之理,即有天地自然之文。日月星辰得之以照临,风雨霜露得之以变化,山河得之以流峙,草木得之以敷荣,鸢鱼得之以飞跃。凡万物之有声色而盈两仪者,莫不各有自然之文焉。其在人也,大而礼乐刑政之懿,小而威仪文辞之著,何莫非此理之发现也?①

从上述引文中可以知道,"显／隐"的结构分别与"理／文"的结构相对应。引文主张自然界的丰富多彩的现象与社会制度,以及人类的行为都是"理"的发现。由此让人联想到朱子在注解中强调:苍鹰翱翔,鱼儿跳跃都是由于"理"发挥作用的结果。然而,这两个领域并不是分开的,只是世界的两个层面而已。李穑对此提出真知卓识,即隐和显并不是相互冲突的,而是体用同出一源。②

二 内心的宇宙位置及本体

如前所述,"费（显）的形而上学"也适用于内心的世界。内心处于"寂然不动"的状态,即为"隐",而处于"感而遂通"的状态即为"费（显）"。李穑在描述人的内心时,使用了"吾心之太极"的观点,对心进行了极高的评价。

> 范围乎庖羲之俯仰,祖述乎大舜之明察,然后可以会归于吾心之太极也。③

"吾心之太极"可以说是与《太极图说》中的"人极"是等同的概念④,李穑

---

① 权近:《牧隐先生文集序》。
② 李穑《之显说》:"隐也显也非相反也,盖体用一源也,明矣。"
③ 李穑:《观物斋赞》。
④ 周敦颐《太极图说》:"圣人定之以中正仁义,而主静立人极焉。"

认为：“夫人之受是气以生也，乾健坤顺而已矣。分而言之，则水火木金土而已矣。求其阳奇阴耦，阳变阴化之原，则归于无极之真而已矣。”[1] 他用“无极”的概念解释人出生的根源。正如周濂溪所说的“无极而太极”那样，“无极”是强调“太极”无规定性、超越性的术语。

众所周知，就性理学而言，“太极”是表示形而上学的实体——即“理”的终极概念，是构成世界根源的绝对存在。朱子对此有如下论述：

> 正以其究竟至极，无名可名，故特谓之太极。[2]

> 至于太极，则又初无形象方所之可言，但以此理至极而谓之太极耳。[3]

用日常言语难以定义及规定的终极存在被命名为“太极”，太极即是“理之极致”。[4]“吾心之太极”阐明了人的内心成为世界中心的终极实体的道理。

李穑将人的内心规定为终极存在，因此确立了在宇宙之中的位置，这种主张也可从其阐明“天地之心，即人之心也”[5] 的《子复说》中得以印证，他将人类的位置上升到“天地”的位置，而儒教文献中“天”表示“绝对性”。诸如此类的人类观可以在李穑的文集中到处可见。

> 天之体，本于太极，散于万物。脉络整齐，其明大矣。然人之虚灵不昧，虽在方寸之间，然与天也断然无毫发之异。[6]

> 天人无间，感应不惑。[7]

---

[1]　《牧隐文稿》卷3《养真斋记》。
[2]　同上。
[3]　同上。
[4]　《朱子文集》卷三十七《答程可久》：“太极之义，正谓之理之极致耳。”
[5]　李穑：《子复说》：“天地之心，即人之心。”
[6]　李穑：《可明说》。
[7]　《牧隐文稿》卷1《西京风月楼记》。

在上述引文中，他认为人类特别是"人之虚灵不昧"是与天毫无差别的存在，因此，纵向而言，人和天之间没有任何间隔①；横向而言，与万物构成一体②。这是因为人类生来就带有"天德"的原因。③这里的"天德"是指"天生德于予，桓魋其如予何？"④中的"德"，也可以说是《大学》中的"明德"。

关于内心，李穑的见解在《流沙亭记》中得以很好体现。

> 天下之大，圣人之化，与之无穷，此犹外也。人身之小，天下之大，与之相同，此其内也。自其外者观之，东极扶桑，西极昆仑，北不毛，南不雪，圣人之化，渐之被之暨之也。然混一常少，而分裂常多，固不能不慨然于予心焉。自其内者观之，筋骸之束，情性之微，而心处其中，包括宇宙，酬酢事物。威武不能离，智力不能沮，巍然我一人也。⑤

李穑在上述引文中首先提出了内在观点和外在观点，浩瀚的天空和圣人的教化都是外在的，之所以短小的人体躯干与浩瀚的天地可以相提并论，是因为

---

① 李基东在博士论文中，以李穑的"天人无间"为中心，提出如下主张："中国朱子学中，作为创造者的'天'和作为被创造者的'人'之间的关系以'命'和'性'作为媒介联系在一起，形成'合一'的关系。然而，李穑却主张'天人无间'，即将天和人之间的媒介省略，主张天与人之间是紧密结合在一起的。"（氏著：《东洋三国的朱子学（동양삼국의 주자학）》，정용선译，2003年，首尔：成均馆大学出版部，第198页），并且用公式表示出中韩日三国关于朱子学之间的区别：中国朱子学＝天人合一；韩国朱子学＝天人无间；日本儒学＝天人分离（同上，第243—244页）。他在其他论著中也一直强调"天人无间的韩国情结"是韩国思想的基础（氏著：《이색：한국성학의 원천》[《李穑：韩国性学的源泉》]，首尔：成均馆大学，2005年，第151—160页）。该主张在박경심的博士论文中，毫无批判地予以全盘接受，他指出："（李穑的'天人无间'）在天人关系的论述上强调天道与人道的结合，这与程朱学的'天人合一'是不同的"（박경심：《목은 이색의 철학적 인간학》[《牧隐李穑的哲学人间学》]，2009年，第15页）。但是，这类主张却犯了很明显的错误，通过研读《朱子语类》卷17，我们可以知道："天即人，人即天。人之始生，得于天也，即生此人，则天在人矣，凡言语动作视听，皆天也。"作为中国儒学大家的朱子主张，天和人之间不存在任何媒介合为一体的。这种主张还可以从他注解《周易·乾卦·文言传》"夫大人者，与天地合其德……"的章句中看出："人与天地鬼神，本无二理。"诸如此类的章句在朱子的论著中到处可见，由此可知，所谓的"天人无间"观点是儒学的一般理论而已。

② 《牧隐文稿》卷10《可明说》："吾心也与日月合其明。"

③ 李穑：《观物斋赞》："观物有术，有物有则，以言乎迹，则其浅也，或同于绘事之丹青，以言乎理，则其高也，或入于异端之昏默，惟其二之，丧我天德。"

④ 引自《论语·述而》。

⑤ 《牧隐文稿》卷1《流沙亭记》。

在摆脱了一般物理秩序的心境内是完全可能的。在此，李穑的重点在于人的心境。他在《平源说》中说道："所以明其得于师者非外物也，盖吾本性而已。"①因此可以看出他非常重视人类主体的内在世界。并且出于同一观点，他还指出："其本然之体，未尝亡焉，发见于俄顷之间。守之固，扩之充，则在我者，非自外至也。"②进一步强调内心世界比外在世界更加重要。

总而言之，人的内心虽然很小，但是可以囊括宇宙，应对世间万物万事。他在《直说三篇》中说："心之用大矣。经纶天地而有余力，无丝毫之或漏于其外也，是天地亦不能包其量矣。"③同时，他还指出："昭乎日月也，盛乎鬼神也，其亦求之方寸间而已矣。"④

李穑指出，人类具有可以包容宇宙万物的内心，因此即使再强的权势及武力也无法将内心分离，即使再高的智慧也无法阻挡内心与自己的共存，所以自己就像是宇宙的主人公一样，以此强调人类的主体性。由此可见李穑认为只要人的内心得以确立，便可以牢固确立天地的位置，适度发起内心的力量，就可以养育世间万物，呈现社会有序及自然的秩序。⑤

为什么人的内心是"天・太极"绝对的终极存在，人可以囊括宇宙统筹天下呢？李穑认为之所以可以这样，是因为内心的本质——"性"与天是同样的存在。

　　仲舒氏曰："道之大原出于天。"于是乎寐若寤焉，醉若醒焉。然犹曰"苍苍者天也"，而不知民彝物则之出于此，而全体是天也。于是乃曰"天则理也"，然后人始知人事之无非天矣。夫性也在人物，指人物而名之曰

---

　　① 《牧隐文稿》卷1《流沙亭记》。

　　② 《牧隐文稿》卷10《韩氏四子名字说》。句意为：作为根本的本体从来没有遗失过，即使是瞬间依然可以被体现出来。然而坚守并不断扩充我内心世界的取决于我本人，而不是外界。

　　③ 李穑：《直说三篇》。句意为：内心的作用极其之大，即使统筹天下也绰绰有余，丝毫不向外面泄露，因此即使天地也难有容纳它的度量的。

　　④ 同上。句意为：即使充满光明的日月乃至鬼神也都只不过源于内心世界的方寸之间。

　　⑤ 《牧隐文稿》卷10《伯中说》："寂然不动，鉴空衡平，性之体也，其名曰中，感而遂通，云行水流，性之用也，其名曰和，中之体立，则天地位，和之用行，则万物育，圣人参赞之妙，德性尊，人伦叙，天叙天秩，粲然明白。"在这里，李穑并没有将"性"和"心"的概念严格地区分开来，而将重点放在"用"上。如果将其严格地应用于性理学的理气心性论，那么应该将"性"改成"心"。

人也物也，是迹也。求其所以然而辩之，则在人者性也，在物者亦性也。同一性也，则同一天也，奚疑焉。①

李穑引用董仲舒的章句②以及《诗经》里的《烝民诗》，展示了人和事物就是上天的道理。正因为人类不变的本性，即人们喜欢人类本来的美德的价值取向性，而事物的法则来自于上天，因此，人和事物事实上就是上天。这里所指的"天"并不是指蓝色的天空，而指的是"理"，这就是朱子学的根本理论所在。如果清楚这一点，那么就会领悟到人类的每一件事情其本身就是上天的道理。

内含于人类和事物之中的存在根据即是"性"，人类和事物的本性是相同的，并且其本性与上天相同。这篇文章中，遵循"天=理，性=理，天=性"的性理学基本逻辑关系。正因为人类以及事物的"性"与上天是一样的"理"，所以本质上是一致的。

三 "诚"及"敬"的修养论

所有的人与天都是统一体的，人类的本心、本性作为太极，本质上具有"绝对善性"。但是现实却并非如此，"不善"的现象也确实存在，那这是为什么呢？李穑在《可明说》③中提及这个问题，通过如下引文，我们可以找到相应的答案：

本然之善固在也，而人有贤不肖智愚之相去也，何哉？气质敝之于前，物欲拘之于后，日趋于晦昧之地，否塞沈痼，不可救药矣。呜呼！人而至此，可不悲哉？一日克己复礼，则如清风兴而群阴之消也，方寸之间，粲烂光明，察乎天地，通于神明矣。溯而求之，则尧之克明峻德，光被四表者也。④

---

① 李穑：《直说三篇》。
② "仲舒氏曰：'道之大原出于天。'"这是朱子在概括《中庸》第一章时所引用的章句。
③ 《牧隐文稿》卷10《可明说》。
④ 同上。

李穑首先指出对人类而言"善"是本来就有的、普遍存在的。然后,指出在现实生活之所以出现矛盾是因为"气质"和"物欲"两种因素。这与朱子在注释《大学·明明德》时的主张是一致的。朱子指出作为人类,不管是谁天生都有虚灵不昧的明德,但是当"为气禀所拘,人欲所蔽,则有时而昏"①,即品质被掩蔽,被人欲所束缚时,明德就会变得晦暗。李穑在《可明说》中如下感叹道:"呜呼,在天曰明命,在人曰明德,非二物也。而天与人判而离也久矣。"② 由此可见,本来归为一体的"天 / 人"之所以分开的原因,也是因为"气质"和"物欲"两种因素。那么,要想找回原来的"善性",如何才能恢复"天人一致"呢?李穑认为最好的方法就是"克己复礼"。修养论"克己复礼"起源于《大学·传首章》中所引用的"克明俊德"。那么,"克己复礼""明明德"的具体方法是什么呢? 李穑进行了如下论述:

> 生知鲜矣,困学之士,惟力行一言,实入道之门也。力行之道,孜孜屹屹,不舍昼夜。始也,吾心也昭昭之明也;终也,吾心也与日月合其明。③则尧之放勋光被④,亦不能远过于此。其克明之大验欤,可明其思所以践名与字也乎无也。将欲践之,必自三达德,将践三达德,必自一,一者何? 诚而已。⑤

李穑提出了作为修养方法的"力行"⑥,也就是说需要不断的努力。《周易·乾卦》中的《大象传》所说"自强不息",以及乾卦三爻的"终日乾乾夕惕若"就是其具体的实例,通过渐渐的持续的努力,最终达成主体与客体统合,即"主客合一"的结果。

"力行"的具体方法是实践"智仁勇",然而要想实践"智仁勇",就得践行

---

① 转引自朱子《大学章句大全·首章》。

② 李穑:《可明说》。句意为:唉,对于上天而言被称为"明命",而对于人而言被称为"明德",并不是两种不同的存在,当时上天与人分开的时间已经很久了。

③ 转引自《周易·乾卦·文言传》。

④ 转引自《尚书·尧典》的第一章句。

⑤ 李穑:《可明说》。

⑥ "力行"出自《中庸》第20章:"好学近乎知,力行近乎仁,知耻近乎勇。"

"诚"。这种逻辑借鉴于《中庸》20章："智仁勇三者,天下之达德也,所以行之者,一也。"① 对此,朱子解释道,所谓的"达德"上下古今是同一道理,而"一"即是"诚"。② 朱子认为达德是人类普遍被赋予的道德内涵,但是如果没有"诚",就会被"人欲"所阻碍,难以实现达德。③

胡云峰认为"诚"的概念源于"不欺""不息""无妄""真实无妄"等观点。④ "诚"字在《尚书》的"鬼神无常享,享于克诚"章句中第一次出现,《中庸》则用来讲述鬼神的诚实。⑤ 由此可见,"诚"是面对超自然的绝对者,善良之人所具有的心态,是一种没有任何虚伪、纯粹的内心表现的概念。具有代表性的例子就是《大学·诚意章》中章句:"所谓诚其意者,毋自欺也。"⑥ 而要想"毋自欺也",就必须"慎独"。因为在不能被别人所看到的、所听到的地方,自己一个人的时候很容易自己欺骗自己。如果像曾子所教诲的那样:"十目所视,十手所指,其严乎。"⑦ 那么,一个人的时候应该会时刻畏惧。《中庸》中所提及的"戒慎恐惧"是具体的"慎独"方法。所以,李稷主张用"存天理,去人欲"的方法来践行"戒慎恐惧"。

> 戒慎之何? 存天理也。慎独焉何? 遏人欲也。存天理,遏人欲,皆至其极,圣学斯毕矣。⑧

戒慎恐惧是什么呢? 是"存天理","慎独"是什么呢? 是"去人欲"。只有"存天理,去人欲",才能达到极致的境界,完成圣学。只有去掉会遏制"本然之善""明德"的物欲(人欲),"本然之善""明德"才能被恢复,被分开的"人"和

---

① 《中庸》第20章。句意为:"智仁勇"是天下的达德,实践达德的根据只有一个。

② 转引自朱子的上述同处注解:"谓之达德者,天下古今所同得之理也,一则诚而已矣。"

③ 转引自朱子的上述同处注解:"达德虽人所同得,然一有不诚,则人欲间之,而德非其德矣。"

④ 胡云峰:《中庸章句大全》第16章:"汉儒皆不识诚字,宋李邦直始谓不欺之谓诚,徐仲车谓不息之谓诚。至子程子始曰无妄之谓诚,子朱子又加以真实二字,诚之说尽矣。"

⑤ 转引自胡云峰:"六经言诚,自《商书》始,《书》但言鬼神享人之诚,而《中庸》直言鬼神之诚,其旨微矣。"(同上)

⑥ 转引自《大学》传第6章。

⑦ 同上。

⑧ 《牧隐文稿》卷10《伯中说》。

"天"才能重新合而为一。李穑在《子复说》指出"复"的效果就是净化私欲。①

李穑在《寂庵记》中将"戒慎恐惧"与"敬"联系在一起，如下所述：

> 大（太）极，寂之本也，一动一静而万物化醇焉。人心，寂之次也，一感一应而万善流行焉。是以大学纲领在于静定②，非寂之谓乎？中庸枢纽在于戒惧，非寂之谓乎？戒惧，敬也；静定，亦敬也。敬者，主一无适而已矣。主一，有所守也；无适，无所移也。有所守而无所移，不曰寂不可也。③

李穑将《大学》的"静定"、《中庸》的"戒慎恐惧"都定义为"敬"，并且展示了学习"敬"的方法："主一无适。""主一"就是指将内心集中在一处，树立主体性。"无适"就是指内心不要被外物所牵制干扰，不要关心其他地方。因此，"主一"与"无适"并非两种观点。④朱子强调，如果集中一件事情的话，不要向东，也不要向西，而是要集中在中间。因为不到处走，所以只存在于内心。保存好内心，天理自然可以清晰可见。⑤也就是说，坚定地确立主体性，不要被外物所牵制动摇，坚守中心，这就是所谓的"敬"。李穑认为："尊敬上天，向上帝呈上祭享，向四方的神灵敬上至诚，这些都是离不开'敬'的。"⑥所以，李穑在学问以及政治方面一直强调"敬"。

四　结　论

综上所述，李穑对于当时作为先进学术理论的朱子学具有极深的理解，以此为基础构建自己的学问世界。他的学问不单单停留在单纯的学术世界上，

---

① 引自李穑的《子复说》："复之之效也，私欲净矣。"

② 《大学》经第 1 章："知止而后有静，静而后能静。"

③ 《牧隐文稿》卷 6《寂庵记》。

④ 오하마아키라（大滨浩）：《범주로 보는 주자학》（《从范畴的视角来看朱子学》），이형성（李炯成）译，首尔：艺文书院，1997 年，第 235 页。

⑤ 参见同上，第 235 页。

⑥ 李穑：《韩氏四子名字说》："事天享帝，以致四灵，皆不外此。"

而且成为关于高丽末期朝鲜初期变革时期的认识及行为规范的基础。他的观点中尤其引人注目的是关于"人的内心"的见地。如前所述，他认为"吾心之太极"①，规定并认为内心的位置处于"太极"。这与邵康节的"万物生于天地，天地生于太极；太极即是吾心"的观点是一脉相承的。而19世纪在朝鲜性理学界搅起波澜的寒洲李震相所主张的"性即理"，也是根据邵康节的主张而得来的。②

李穑并没有将"心"与"性"严格区分开来，而是将内心归为"太极""天"，把内心的位置偏激地抬升到极高的位置上来。特别是他对心之世界，在思想史上具有极其深远的意义。③他主张从外部层面来看人的躯干虽然很矮小，但是从内部层面来看，人的内心可以囊括整个宇宙。他强调："心之用大矣。经纶天地而有余力，无丝毫之或漏于其外也，是天地亦不能包其量矣。"④在这一论证逻辑中，他指出所谓的真理不是通过外在的对象而获得的，而是应该从人的内部本性去寻找，这也是为什么人类不会因任何权威和暴力而屈服前行的根本原因，而他不为李成桂纠缠不休的劝解所改变、所屈服的根本动力正是源于他这样的学问体系。

赵甜甜　译

---

① 朱子：《易学启蒙》："邵子曰……心为太极。"

② 李震相：《理学综要》卷6《心理之主宰》第四："心者，人之太极也。""心是众理之总会，而人 之太极也。"

③ 岛田虔次认为宋学以后的思想史是内外的斗争史，他主张王阳明是完全坚持宋学所向往的内面主义，并且将"外"的权威最终归结为"内"（转引自氏著：《朱子学和阳明学》，김석근等译，首尔：까치出版社，1986年，第151页）。由此可见，可以认为李穑的学问是朱子学心学的呈现。

④ 李穑：《直说三篇》。

第二十章　栗谷学对朱子学的理论贡献

李红军（延边大学）

前　言

　　本文以中韩儒学的关联性为切入点，从程朱理学的视域，即程朱理学的理论内涵作为尺度，剖析栗谷李珥的哲学思想，并阐述栗谷哲学的特征。朱子学传入朝鲜半岛大概是高丽末朝鲜朝初，通常把安珦（晦轩，1243—1306）看作传入朱子学的第一人。朱子学传入后，经过启蒙期、试用期、交替期，在 15 世纪初逐步成为朝鲜朝的统治理念和官学。16 世纪朱子学在朝鲜朝迎来了鼎盛发展时期，其代表人物有栗谷李珥（1536—1584）和退溪李滉（1501—1570），是朝鲜朝性理学 ① 的双璧。以退溪和栗谷为代表的两个学术倾向，在朝鲜朝遂形成了性理学的两大学脉——退溪学派（岭南学派）和栗谷学派（畿湖学派），决定了朝鲜朝性理学地形图的形成。

　　学界一般把朝鲜朝的性理学看作是宋明理学或朱子学的继承和沿袭。栗谷哲学也不例外，他在《圣学辑要》中也自认为继承了先儒们的思想，尤其是朱熹的思想。② 那么，栗谷哲学仅仅是对朱子学的继承呢，还是具有别于朱子的特

---

　　① 性理学是朝鲜韩国哲学界对朝鲜朝程朱理学的称谓，因为当时程朱理学传入朝鲜半岛之后，以"性理"作为中心范畴侧重谈论了"人性修养"问题，由此把它特称为性理学。

　　②《栗谷全书下》卷36："自是用力益深，进修益专，刻意覃思，精诣实践。其于义理，洞见大原，不待师承，暗合道妙。其功程次第，一本于濂洛宗派，而得之考亭者尤多。"（《附录 4 · 谥状 · 行大提学李廷龟撰》，栗谷思想研究院，1990 年影印本，第 382 页上）

殊性？本论文通过考察栗谷哲学中的"理气之妙""理通气局""人心道心相为终始"等特定范畴和学说，阐述栗谷哲学所具有的相对于朱子学的特征。

一　理气之妙

宋明理学以"理"和"气"来解释和理解世界，因此，理气论自然成为认识世界的手段和思维前提。如何规定"理""气"含义和关系，关系到解决心性论、修养论等其他问题。所以，理气关系问题可以说是理学的首要问题，也是决定其哲学性质的问题。栗谷和朱子在理气概念的解释上基本保持一致，但在理气关系的理解上有一些出入。尤其在理气的先后、动静、体用等问题上表现出"同中有异"，这种有异性就是栗谷哲学的特征。

"理气之妙"是栗谷理解理气关系的思维前提，也是贯穿于整个栗谷哲学体系的逻辑原则。在理气关系的理解上栗谷继承朱子的"理气不相离不相杂"的认识，提出了具有自身特点的"理气之妙"思想。在朱子那里也有理气之妙的思维痕迹，比如，"天下未有无理之气，亦未有无气之理"[1]，"有是理则有是气，有是气则有是理，气则二，理则一"[2]。"形而上者，无形无影是理，形而下者，有形有状是器。然有此器则有此理，有此理则有此器，未尝相离，却不是于形器之外别有所谓理。"[3]但是朱子并没有直接使用过"理气之妙"这一范畴，更没有把"理气之妙"的思维贯穿于整个哲学体系当中。虽然有时使用过"妙"字，但它只是"奥妙""微妙""精妙""神妙""妙处"等对超常态的存在样态和现象的表述而已，不是对关系性的表述或逻辑描述。如此，可以说朱子没有提出过或使用过"理气之妙"。

在栗谷哲学中"理气之妙"既是栗谷的哲学立场，又是他分析和认识宇宙自然和人的根本精神。[4]"理气之妙"在栗谷那里既是自明公理，又是确立理气哲学体系的第一原理。[5]"理气之妙"的表述，不是栗谷的原创，是先人们已经

---

① 《朱子语类》卷一《理气上》。
② 《朱子语类》卷三十九《论语》第 21 章。
③ 《朱子语类》卷五《性理》第 2 章。
④ 黄义东：《栗谷思想的系统理解》卷 1，首尔：曙光社，1998 年，第 43 页。
⑤ 金钟文：《栗谷理气哲学体系研究》，《栗谷李珥》，首尔：艺文书院，2002 年，第 197 页。

使用过的表述①，但是之前基本上是对理气关系的奥妙性的表述，没有把它当作哲学原理。而栗谷把"理气之妙"作为思维方式贯穿到宇宙论、心性论、经世论等整个哲学体系中。② 那么，"理气之妙"在栗谷那里意味着什么？他的哲学内涵如何？

首先，"理气之妙"意味着"理"与"气"的妙合关系，即理与气的"不相离不相杂"的妙合关系。栗谷在《圣学辑要》中有人问"理气是一物是二物？"回答说：

> 考诸前训，则一而二二而一者也。理气浑然无间，元不相离，不可指为二物。故程子曰，器亦道，道亦器。虽不相离，而浑然之中实不相杂，不可指为一物。故朱子曰，理自理，气自气。不相挟杂，合二说而玩索，则理气之妙，庶乎见之矣。③

栗谷把程子的"器亦道，道亦器"、朱子的"理自理，气自气"当作理解"理气之妙"的根据，认为要是整合理解这两个说，就可以看到理气之妙处。"理"与"气"的关系是"一而二二而一"存在样态，是浑然无间、元不相离，是无先后、无离合的共存体。理与气本来就是合一的，并非是什么时间开始合成一体的。如果把理气看成二者，就说明不知其道。④ 理气本自混合，气不离理，理也不离气。对于理气的"妙合"关系栗谷在理无形、气有形的立场上以"无形"和"有形"来说明理与气的妙合关系。他说："无形在有形"⑤，"无涵妙有，有著真无"⑥。栗谷还把理气关系表述为"气发理乘""理通气局"等，这其实就是理气妙合的另一种表述而已。

---

① "理气之妙"的言词最早出现在唐代国师亚父丘对山川形成的说明中。朝鲜朝栗谷之前的先儒们也使用过相同或相似于"理气之妙"的表述。比如，郑汝昌在《理气说》中使用过"理气之妙"，赵光祖在《春赋》中论及过"理气妙要"，刘崇祖在《大学箴》中说过"理气妙合"，徐敬德在《鬼神死生论》中谈过"理气极妙"。

② 黄义东：《栗谷思想的系统理解》卷1，第43页。

③ 《栗谷全书上》卷20《圣学辑要》卷2，第456页下。

④ 《栗谷全书上》卷10《书·理气咏呈牛溪道兄》，第207页上。

⑤ 同上。

⑥ 《栗谷全书上》卷1《赋·理一分殊赋》，第10页上。

"理气之妙"又是"一而二二而一""离合看"的逻辑思维方法。栗谷既不承认无理之气，也不承认无气之理。他说：

> 夫理者气之主宰也，气者理之所乘也，非理则气无所根柢，非气则理无所依着，既非二物，又非一物。非一物，故一而二，非二物，故二而一也。非一物者，何谓也？理气虽相离不得，而妙合之中，理自理，气自气，不相挟杂，故非一物也。非二物者，何谓也？虽曰理自理气自气，而浑沦无间，无先后无离合，不见其为二物，故非二物也。①

从"不相离"的角度上看理与气是"二而一"，从"不相杂"的角度上看理与气是"一而二"。"理气之妙"提倡既要分析，又要综合，既要把握局部，又要把握整体，在"妙合"中把握一切事物。又以"理气之妙"的思维方法来分析和认识先儒们的思想。他说："先贤于心性，有合而言之者，孟子曰：仁，人心是也。有分而言之者，朱子曰：性者，心之理是也。析之得其义，合之得其旨，然后知理气矣。"② 如此，栗谷把"理气之妙"当作认识和把握事物的逻辑前提和思维方法。

"理气之妙"意味着"理"与"气"的协调互补、价值平等关系。考察栗谷的理气论，我们不难发现，"论理必谈气，论气必谈理"。他说：

> 夫理者气之主宰也，气者理之所乘也，非理则气无所根柢，非气则理无所依着。③

> 理虽无形无为，而气非理则无所本，故曰无形无为而为有形有为之主者理也，有形有为而为无形无为之器者气也。④

---

① 《栗谷全书上》卷10《书·答成浩原》，第197页上。
② 《栗谷全书上》卷12《书·答安应休》，第248页下—249页上。
③ 《栗谷全书上》卷10《书·答成浩原》，第197页上。
④ 同上，第208页下—209页上。

发之者气也，所以发者理也，非气则不能发，非理则无所发。①

虽然理与气是"理自理、气自气"，但是不能离开对方孤立存在。这是栗谷在"理气之妙"的立场上阐释理气协调互补关系的表征。"理气之妙"还意味着"理"与"气"在价值上的平等。在存在样态上理与气无先后、不相离，在价值上理与气无高低、无贵贱。"理气之妙"追求的是价值和谐。在现实中我们随处可以见到具有"理"价值或"气"价值的相对范畴。比如，精神、观念、理论、理想、文等"理"的价值范畴，物质、事实、实践、现实、武等"气"的价值范畴。"理气之妙"追求的是精神和物质、观念和事实、理论和实践、理想和现实、文与武的价值和谐。这种价值追求通过栗谷的"得中合宜论"和"文武论"得到证实。他说：

窃谓道之不可并者，是与非也。事之不可俱者，利与害也。徒以利害为急，而不顾是非之所在，则乖于制事之义。徒以是非为意，而不究利害之所在，则乖于应变之权。然而权无定规，得中为贵，义无常制，合宜为贵。得中而合宜，则是与利在其中矣。②

至文不可以无武，至武不可以无文，能文而不能武者，愚未之信也。③

二者如人之两手，如鸟之两翼。其用虽二，而其实则一。④

由此可见，栗谷在经世论上也坚持"理气之妙"的观点。

虽然朱子也有理气之妙的思维痕迹，但是没有把"理气之妙"的思维贯彻到其哲学体系中。而栗谷吸收朱子等先儒们的理气之妙的思维，把它当作自己的思维原则贯彻到本体论、人性论等整个哲学体系中。虽然理学是理气二元的

---

① 《栗谷全书上》卷14《说·人心道心说》，第282页下。
② 《栗谷全书下》之《拾遗》卷5《杂著·时弊七条策》，第560页上。
③ 《栗谷全书下》之《拾遗》卷4《杂著·文武策》，第538页下。
④ 同上，第538页上。

思维体系，但是栗谷以"理气之妙"的思维来更加明确了其关系，扩大了其内涵。这是"理气之妙"来反映出的相对于朱子的栗谷哲学特征。

二 理通气局

在栗谷的理气论中跟"理气之妙"一同成为核心理论的是"理通气局"。"理通气局"是栗谷理解理气的体用、动静问题的立场。至于"理通气局"的表述，栗谷自认为这是他的独创。他说：

> 理通气局四字，自谓见得，而又恐珥读书不多，先有此等言而未之见也。①

对于栗谷"理通气局"的理论渊源，有学者认为源于佛教华严宗的"理事"和"通局"②但是笔者认为程朱理论才是其理论根源。因为栗谷把程朱的"理一分殊"和"体用"逻辑作为"理通气局"思维的根本出发点和基础。他说：

> 以理之乘气而言，则理之在枯木死灰者，固局于气而各为一理。以理之本体言，则虽在枯木死灰，而其本体之浑然者，固自若也。是故，枯木死灰之气，非生木活火之气，而枯木死灰之理，即生木活火之理也。惟其理之乘气而局于一物，故朱子曰，理绝不同，惟其理之虽局于气而本体自如，故朱子曰，理自理，气自气，不相挟杂。局于物者，气之局也，理自理，不相挟杂者，理之通也。③

由此可见，栗谷援用朱子的"理绝不同""理自理，气自气"来说明理通气局。朱子虽然没有表述过"理通气局"，但是使用过"理一分殊""理同气异""气异而理异""理通""理塞"等相似于"理通气局"的表述。对"理一分殊"还有

---

① 《栗谷全书上》卷10《书·答成浩原》，第208页下。
② 李丙焘：《栗谷的生平和思想》，首尔：瑞文堂，1979年，第69页。
③ 《栗谷全书上》卷10《书·答成浩原》，第212页下。

"月映万川"①的形象表述。另外，朱子对理气体用问题以"理同气异"或"气异而理异"等概念进行阐释，即在"理同气异"中寻求"理一"的根据，在"气异而理异"中寻求"分殊"的根据。以此来看，栗谷继承了朱子的"理一分殊说"，而"理通气局"可以说是"理一分殊"的进一步的展开。

"理通气局"是栗谷根据"体用一源"和"理气之妙"的逻辑展开的理论。②也就是说，在"理气之妙"的立场上，展开"理一分殊"的逻辑，把"理一分殊"和"气一分殊"合二为一的结果。③儒家哲学中所谓的"体用一源"就是既把存在以"体"、"用"来分而理解，又把它们看成是"一"的理论。朱子只有对"理"适用"体用一源"的逻辑，以及对"理"展开"理一分殊"的理解，并没有深入对"气"展开"气一分殊"的解释。栗谷却与朱子不同，在"理气之妙"的前提下把"体用一源"的逻辑同时适用于"理"和"气"，展开"理一分殊"和"气一分殊"的认识，创立了"理通气局"说。

栗谷把"理无形"和"气有形"看作是"理通"和"气局"的原因。他说：

> 理气元不相离，似是一物，而其所以异者，理无形也，气有形也，理无为也，气有为也。无形无为而为有形有为之主者理也，有形有为而为无形无为之器者气也。理无形而气有形，故理通而气局。④

栗谷把理气之妙视为前提，在"理无形"和"气有形"中寻找"理通气局"的根据。那么，什么叫"理通气局"？栗谷指出：

> 理通者，何谓也？理者，无本末也，无先后也。无本末无先后，故未应不是先，已应不是后，是故乘气流行，参差不齐，而其本然之妙无乎不在。气之偏则理亦偏，而所偏非理也，气也。气之全则理亦全，而所全非理也，气也。至于清浊粹驳，糟粕煨烬，粪壤污秽之中，理无所不在，各为

---

① 《朱子语类》卷九十四："曰，不是割成片去，只如月映万川似。"
② 黄义东：《栗谷思想的系统理解》卷1，第164页。
③ 宋锡球：《栗谷哲学思想研究》，东京：萤雪出版社，1994年，第65页。
④ 《栗谷全书上》卷10《书·答成浩原》，第208页下—209页上。

其性，而其本然之妙，则不害其自若也，此之谓理之通也。气局者，何谓也？气已涉形迹，故有本末也，有先后也。气之本则湛一清虚而已，曷尝有糟粕煨烬粪壤污秽之气哉？惟其升降飞扬，未尝止息，故参差不齐，而万变生焉。于是气之流行也，有不失其本然者，有失其本然者，既失其本然，则气之本然者已无所在。偏者，偏气也，非全气也，清者，清气也，非浊气也，糟粕煨烬，糟粕煨烬之气也，非湛一清虚之气也，非若理之于万物，本然之妙无乎不在也，此所谓气之局也。①

如上所见，因为"理"无本末、无先后，所以"未应"和"已应"时，其本然之妙，能够自若而"理通"。因为"气"已涉形迹而有本末、有先后，所以在变化流行中，因千差万别，不能自若而"气局"。虽然栗谷把"理通气局"的根本原因看作是"理无形"和"气有形"。但是他具体解释时借用"先后""本末"的时间空间概念，把理的"无形"理解为不受时间空间限制的普遍性，把气的"有形"理解为受时间空间限制的局限性。这是对"无形"和"有形"的明了化解释。

"理通气局"是在"理气之妙"的立场上展开"体用一源"逻辑的理论。所以，它不论在本体上，还是在流行上都要成立。对此栗谷解释道：

> 理通气局，要自本体上说出，亦不可离了本体别求流行也。……本体之中，流行具焉，流行之中，本体存焉。由是推之，理通气局之说，果落一边乎？②

如此，栗谷在本体上和流行上都以"体用一源"来理解。他例举空瓶说对"理通气局"进行了简易的解释：

> 人之性非物之性者，气之局也。人之理即物之理者，理之通也。方圆之器不同，而器中之水一也。大小之瓶不同，而瓶中之空一也。气之一本

---

① 《栗谷全书上》卷10《书·答成浩原》，第209页上。
② 同上，第216页上。

者，理之通故也，理之万殊者，气之局故也。①

方圆之器、大小之瓶的不同是"气局"，器瓶中的水和空气是"理通"。栗谷在
"气之一本"与"理通"、"理之万殊"与"气局"的关系中把握了理气的体用。前
者是本体上的"理一"和"气一"，后者是流行上的"分殊之理"和"分殊之气"。
这是栗谷在"理气之妙"的思维下把"体用"原理贯彻到"理"与"气"认识的结
果。虽然朱子和栗谷没有直接提出"气一分殊"的表述，但是栗谷却在他的《寿
夭策》和《天道策》中分明阐述"气一分殊"的内涵。他说：

> 大小长短物之数也，故天地大且长，而人物小且短焉。合而言之，则
> 天地万物同一气也。分而言之，则天地万物各有一气也。同一气，故理之
> 所以一也。各一气，故分之所以殊也。②

> 一气运化，散为万殊。分而言之，则天地万象，各一气也。合而言之，
> 则天地万象，同一气也。③

如此，栗谷阐述本体上的"气一"在流行上、现象世界上表现为"气万殊"。
但是在"理气之妙"的原则下"理一分殊"和"气一分殊"不能分开，在本体上
和流行上理与气不能离开对方而存在。由此来看，"理通气局"是"理一分殊"
和"气一分殊"的综合表述。对此，栗谷说：

> 气之一本者，理之通故也。理之万殊者，气之局故也。④

> 同一气，故理之所以一也。各一气，故分之所以殊也。⑤

---

① 《栗谷全书上》卷10《书·答成浩原》，第216页上。
② 《栗谷全书下》之《拾遗》卷5《杂著·寿妖策》，第557页下。
③ 《栗谷全书上》卷14《杂著·天道策》，第310页下。
④ 《栗谷全书上》卷10《书·与成浩原》，第216页上。
⑤ 《栗谷全书下》之《拾遗》卷5《杂著·寿妖策》，第557页下。

这一"理通气局"的思维，遂决定了栗谷的"矫气质""复其气"的修养方法。

以上考察中发现，虽然朱子成就了"理一分殊"说，也具有"气一分殊"①的思考痕迹，但是没有深层阐述具有"理通气局"内涵的理论。由此可见，"理通气局"是栗谷的独创。这既是栗谷哲学的特点，也是朝鲜朝性理学深化发展宋明理学的表现。

三 人心道心论

人心道心最初出现在《尚书·大禹谟》"人心惟危，道心惟微，惟精惟一，允执厥中"的所谓的"十六字心法"中。起初，"人心"和"道心"是在本体论上谈论人的心的概念，但它变成伦理道德实践问题之后具有了复杂的样态。有学者认为，在宋明时期谈论人心道心的代表性的人物可以说是程子、朱熹和罗钦顺。朱子在《中庸章句序》中对"人心"和"道心"做了如下解释：

> 心之虚灵知觉，一而已矣。而以为有人心、道心之异者，则以其或生于形气之私，或原于性命之正，而所以为知觉者不同，是以或危殆而不安，或微妙而难见耳。然人莫不有是形，故虽上智不能无人心，亦莫不有是性，故虽下愚不能无道心。二者杂于方寸之间，而不知所以治之，则危者愈危，微者愈微，而天理之公卒无以胜夫人欲之私矣。精则察夫二者之间而不杂也，一则守其本心之正而不离也，从事于斯，无少间断，必使道心常为一身之主，而人心每听命焉，则危者安，微者著而动静云为自无过不及之差矣。②

朱子把人心、道心产生看作是"或生于形气之私""或原于性命之正"。朱子的这些语句后来成为理学界认识和说明人心和道心的根据。

在人心道心论上，朱子对人心和道心、人心和人欲、天理和人欲进行区分。

---

① 《性理大全》卷1："自一气而言，则人物皆受是气而生。自精粗言，则人得其气之正且通者，物得其气之偏且塞者。惟人得其正，故是理通而无所塞，物得其偏，故是理塞而无所知。"
② 《中庸章句序》。

他认为，道心是觉于理的心，人心是觉于欲的心。[①]正心是道心，不正之心是人心。[②]至于人心，朱子跟程颐不同，没把人心看作人欲而予以否定，认为人心的危殆是因为它会成为人欲的萌芽。[③]所以人心本身不是恶的，但要是不精察，就会沦为人欲而变成恶。朱子虽然区别对待道心、人心和人欲，但是主张"自人心而收之则是道心，自道心而放之便是人心"[④]，提示人心和道心互相转化的可能性。对天理和人欲，朱子解释说："人之一心，天理存则人欲亡，人欲胜则天理灭，未有天理人欲夹杂着。"[⑤]也就是一心之中不能夹杂天理和人欲，天理存，人欲灭，天理和人欲不能共存。如此，朱子把人心看作既可以存天理而成为道心，又可以沦落成为人欲的，具有双重趋向的存在。

韩国性理学相对于中国理学的特点在于更加注重"心性"问题，尤其对四端七情、人心道心的谈论上呈现出韩国性理学的特色——论辩。人心道心说是栗谷心性论的中心课题，也是栗谷与牛溪成浑（1535—1598）之间进行论辩的核心主题。在论辩过程中栗谷丰富和发展了人心道心说。

栗谷继承了朱子的思想，认为"道义而发的心是道心，为口体而发的心是人心"[⑥]。栗谷把理气论和人心道心论看成是相互贯通、相互影响的关系。他说：

> 理气之说与人心道心之说，皆是一贯。若人心道心未透，则是于理气未透也。理气之不相离者，若已灼见，则人心道心之无二原，可以推此而知之耳。惟于理气有未透，以为或可相离各在一处，故亦于人心道心疑其有二元耳。[⑦]

这是说，如果不理解理与气的"理气之妙""体用一源""理通气局"的关系，则人心道心的关系也无法透彻，将会误认为人心道心有"二元"。栗谷在"天人合

---

① 《朱熹集》卷五十六《答郑子上》："此心之灵，觉于理者，道心也。觉于欲者，人心也。"
② 《朱子大全》卷六十七："心则一也，以正不正，而异其名耳。"
③ 同上。
④ 《性理大全》卷32。
⑤ 《朱子语类》卷十三。
⑥ 《栗谷全书上》卷14《说·人心道心图说》，第282页下。
⑦ 《栗谷全书上》卷10《书·答成浩原》，第216页上。

一"的立场下，主张理气不是"二元"，所以人心道心也不能是"二元"的，人心道心都源于一心。

栗谷在"理气之妙"的思维前提下，以"理""气"来阐释"人心""道心"。他认为在"气发理乘"的动静流行模式下，"人心"和"道心"都是"气发"的结果。要是"理"乘它的"本然之气"就会成为"道心"，要是"理"乘它的"所变之气"就会成为"人心"，而且具有过与不及。他说：

> 人心道心俱是气发，而气有顺乎本然之理者，则气亦是本然之气也，故理乘其本然之气而为道心焉。气有变乎本然之理，则亦变乎本然之气也，故理亦乘其所变之气而为人心，而或过或不及焉。①

可见，栗谷在人心、道心的产生上坚持了"气发理乘一途说"。栗谷又对朱子的"或原或生"解释道："或原者，以其理之所重而言也。或生者，以其气之所重而言也。非当初有理气二苗脉也。"②认为虽然有重理而言"主理"，重气而言"主气"，但是其源是"一"，不要把朱子的真意误读为"二元"。对人心道心的理气论解释是在朱子那里几乎见不到的栗谷哲学的特点。

栗谷人心道心论的特色是"人心道心相为终始说"。这是栗谷早期对人心道心的认识。有学者认为，栗谷早期把"人心"看成是恶的，晚年把"人心"看成是中立性的，"人欲"才是恶的，并主张栗谷早期和晚年的人心道心论不同。但笔者认为栗谷早期和晚年定论没有不同，在"气发理乘一途"的立场下，始终坚持了"人心"和"道心"的相互转化性。

值得注意的是在栗谷那里，"人心"既是"一心"所发的"善的"和"恶的"结果的总称，又是相对于善的"道心"的恶的"人心"（人欲）的专称，既是"情"结果的"人心"，又是"意"结果的"人心"。栗谷继承朱子的立场，系统阐述了"人心的道心化"与"道心的人心化"为内容的"人心道心相为终始说"。虽然朱子也谈论过"自人心而收之则是道心，自道心而放之便是人心"的人心道心相

---

① 《栗谷全书上》卷10《书·答成浩原》，第210页上。
② 同上，第210页上—下。

互转化的可能性，但只是一句之言，没有进一步深化和展开。而栗谷却把它升华为一种理论。

那么，什么叫"人心道心相为终始"？栗谷解释道：

> 人心道心相为终始者何谓也。今人之心直出于性命之正，而或不能顺而遂之间之以私意，则是始以道心而终以人心也。或出于形气，而不咈乎正理，则固不违于道心矣，或咈乎正理，而知非制伏，不从其欲，则是始以人心而终以道心矣。①

栗谷认为"性命之正"和"形气之私"谁主导谁，就决定"向人心"还是"向道心"转化的方向。那么，人心道心的相互转化如何可能？栗谷认为人心和道心不单单是情，还兼有意。因此人心和道心具有能够被意志改变的可能性。这就给栗谷的"人心道心相为终始说"提供了根据。在这里窥见出栗谷重视意志的特点。这一特点进而在栗谷修养论中以强调"立志"的方式呈现。据于此，栗谷的以理气论来阐释人心道心和"人心道心相为终始说"是有别于朱子的特点。

四　小　结

以上，通过对栗谷理气之妙、理通气局、人心道心相为终始的考察，分析和阐述了栗谷哲学的相对于朱子的特点。

在"理气之妙"上，虽然朱子也有理气之妙的思维痕迹，但没有提出"理气之妙"的表述。栗谷吸收朱子等先儒们的理气之妙的思维，把"理气之妙"当作思维原则贯彻到本体论、人性论等哲学体系中，并以"理气之妙"来明确相对范畴的关系，如理与气、心与性、性与情等范畴。这是栗谷相对于朱子的特征。

在"理通气局"上，虽然朱子成就了"理一分殊"说，也具有"气一分殊"的思考痕迹，但是没有深层阐述具有"理通气局"内涵的理论。"理通气局"是栗

---

① 《栗谷全书上》卷9《书·答成浩原》，第192页上—下。

谷的独创，这既是栗谷理气论的特点，也是朝鲜朝性理学深化发展宋明理学的表征。

在"人心道心相为终始"上，虽然朱子也思考过人心和道心的相互转化问题，但是没有像栗谷那样，以理气论来阐释人心和道心，并提出"人心道心相为终始说"。

综上所述，栗谷虽然继承了程朱理学，但是在展开过程中随处表现出"同中有异"的特征。本论文试图尝试以这种方式剖析和揭示中韩两国的人文内涵差异，加深对两国人文内涵的理解，对"民心相通"的文化交流贡献绵薄之力。

第二十一章　韩国儒学中的"心学"因素

〔日〕井上厚史（岛根县立大学）

一　性理学、实学、心学

把握朝鲜儒学的方法大致分为两类，即以李退溪为代表的"性理学"和以丁若镛为代表的"实学"。譬如，1990年韩国出版的《儒教大事典》中，"性理学"定义如下：

> （性理学）是关于性命与理气的学问。儒教经典最初由与日常生活密切相关的实际经验教训构成，时至宋代，其中加入形而上学的理论体系而得以重新构建，此即为性理学。……性理学通过以理气的概念为中心解释宇宙与人类的形成和构造，深入探索人类在社会中的正确道理，进而开拓出以往训诂学所未能触及的领域。性理学是贯穿宇宙与人生、普遍与特殊的庞大而深邃的学问体系。其核心内容可大致分为太极论、理气论、心性论、诚敬论等。①

这一学问体系"以理气的概念为中心解释宇宙与人类的形成和构造，深入

---

① 儒教事典编纂委员会：《儒教大事典》，1990年，第713—714页。

探索人类在社会中的正确道理"，"大致分为太极论、理气论、心性论、诚敬论等"。该体系在日本和中国普遍称为"宋学"或者"朱子学"①，却为何在韩国被称作"性理学"呢？

尹丝淳对此做如下解释：

> 这是因为，朝鲜的性理学有自己不同于中国朱子学的特点与独特性。首先，仅从术语来看，中国多使用"理学""道学"，在与西欧频繁接触的近代以后，更喜欢使用"新儒学"。而韩国虽然也多用"理学""道学"，但"性理学"一词使用更多。在学问的内容方面，在中国"阳明学"兴盛，它作为广义的性理学，即宋明哲学范畴中的"心学"，代表明代的思想界。然而，在韩国却未看到其兴盛。韩国以"程朱学"为中心的性理学得到显著发展。虽然称作程朱一系的性理学，但韩国关于"四端七情论"等心性论的研究比中国的还要更深入。②

"朝鲜的性理学"，具有区别于中国性理学的"特点与独特性"，诸如"四端七情论"等心性论的研究比中国还要更深入，这一点就体现了其意义。换句话说，朝鲜的性理学不同于中国宋代的"理学""道学以及明代的"心学"，它是对"四端七情论"等心性论做深入研究的学问。的确，在中国与日本并没有产生关于"四端七情论"这种心性论的激烈论争。因此，此说法本身并无欠妥之处，但尽管如此，为何朝鲜又要将心性论的研究称为"性理学"呢？

"性理学"一词原本并没有被用于宋明哲学的研究中。朝鲜儒学中首次出现"性理学"一词，大概是以柳成龙（字而见，号西厓，师从李退溪，1542—1607）《西厓先生文集》卷十七《睡轩集跋》中的记载为开端："郑汝昌字伯勖，河东人，号一蠹。以孝行荐为参奉，辞不就，登第为翰林，官至安阴县监。与金宏弼同志，师金宗直，事性理学。"然而，若不是"性理学"，而是"性理之学"，

---

① 《岩波哲学·思想事典》（东京：岩波书店，1998年，第996页）中对"宋学"做了解释，即"宋学的别名有狭义、广义之分，存在多种说法，如理学、性理学、义理学、程朱学、英语的 Neo-Confucianism（新儒教），等等"，性理学只是宋学的别名。

② 尹丝淳：《韩国儒学论究》，首尔：玄岩社，1980年，第31—32页。

则可追溯至更早的时代。金宗瑞（1390—1453）等编写的《高丽史节要》卷二十四"忠肃王丁巳四年（1452成立）"条中有如下记述。

> 夏四月，检校佥议政丞闵渍，撰进《本朝编年纲目》。上起国初，下讫高宗，书凡四十二卷，渍稍有文藻。而心术不正，不知性理之学，其论昭穆，至以朱子之议为非，所见之偏，类此。①

似乎自高丽时代开始，有关"性理"的学问业已以"性理之学"的称呼被频繁使用。在大量用例中，李栗谷（1536—1584）《石潭日记》卷上隆庆四年庚午关于李退溪的如下记载，不仅是一个朝鲜时代"性理之学"的用例，而且作为对后世影响深远的文本而闻名：

> 十二月辛丑，崇政大夫判中枢府事李滉卒。滉字景浩，性度温醇，少以科第发身，晚乃志于性理之学，不乐仕宦。乙巳之难，李芑忌其名，奏削官爵，人多称枉，芑还奏复爵。滉见权奸执柄，尤无立朝之意，拜官多辞不就。明庙嘉其恬退，累加其阶，以至资宪。滉下居于礼安之退溪，因以自号，衣食仅足，昧于淡泊，势利芬华，视之若浮云。然季年筑室于陶山，颇有林泉之趣。明宗末，屡下召命，滉固辞不至。明庙以贤士不至叹为题，命近臣赋之，又命画工，模滉所居陶山为图而进之，其景慕如此。滉之学因文入道，义理精密，一遵朱子之训，诸说之异同，亦得曲畅旁通，而莫不折衷于朱子。

该文本之所以有名，是因为在近代《石潭日记》被多次发现。首先，李肯翊《燃藜室记述》（1911）卷十八关于宣祖朝儒贤李滉的部分，从《石潭日记》引用了一句"性度温顺，粹然如玉，少以科第，发身晚，乃志乎性理之学，不乐仕宦"（《石潭日记》）②。这一引用成为近代"性理之学"得以再次发现的开端。其

---

① 本文中所引朝鲜儒学者的研究，均引自韩国古典翻译院开设的网站：韩国古典综合（http://db.itkc.or.kr/itkcdb/mainIndexIframe.jsp.）。

② 고전국역총서4《（국역）연려실기술》민족문화추진회，1967年，第838页。

次，张志渊《朝鲜儒教渊源》（1922）记述了"吾东儒教性理之学，自丽季郑圃隐始倡，而历数百年传道继统者，虽不无其人或遭罹史狱或遭士祸，其遗言微旨多不传于世，惟退陶先生深探性理之源，始有四七理气之发明，而于是诸家异同之论起矣"①。或者："朝鲜儒教界，程朱氏性理之学至退溪而始集大成，已有先儒氏定论矣。学于退溪以道学、文章、德行、事业，为一世名公者甚多。"②并将"性理之学"作为大问题提出。他指出，韩国人自高丽时代就已经将朱子学作为"性理之学"加以接受，而且，李退溪深入探讨"性理之源"并引发各种讨论，李退溪才是"性理之学"的集大成者。此外，玄相允《朝鲜儒学史》（1948）第五章中记述了"性理学在朝鲜儒学史上所占的位置""性理学兴盛的原因""性理学的学风""朝鲜性理学的内容"③，并将李退溪与李栗谷作为"性理学者"确定下来。以下《儒教大事典》（1990）中对"韩国性理学"的解释中阐释了"性理学"一词被认为非常恰当地表达了朝鲜儒学的特征这一观点：

> （韩国的性理学）高丽时期接受元代的性理学作为合理且伦理的思想掀起新的学潮。李穑、郑梦周、吉再等指出当时佛教的弊病，主张推崇儒教。郑道传、权近等不仅批判佛教的弊病，进而站在性理学的立场，从学术上批判佛教的教理。通过这些过程，思想史完成了从佛教到性理学的转换。尤其在郑道传、权近等帮助李成桂建成以儒教为国教的朝鲜国，制定法律与国家的基本政策时，发挥了关键作用。另一方面，吉再继承了反对朝鲜建国的郑梦周的学风，建立义理学之学统，该学风由金叔滋、金宗直、金宏弼、赵光祖等继承发扬。但是，性理学迎来其学术上的繁荣时期，则是在进入 16 世纪之后。李彦迪阐明太极即理，徐敬德解释了太虚之气。李滉与李珥是韩国性理学之双璧，他们分别与奇大升、成浑就四端七情进行了精密的论辩。④

---

①　张志渊：《朝鲜儒教渊源》下篇，柳正东译，首尔：三星美术文化财团，1979 年，第 520 页。

②　同上，第 557 页。

③　玄相允：《朝鲜儒学史》，首尔：玄音社，1982 年，第 60—65 页。

④　《儒教大事典》，第 716—717 页。

通过回顾"性理学"这一术语的历史，会发现朝鲜儒学者自高丽时代就已经将宋学（程朱学）作为"性理之学"接受并学习。然而，可以说到16世纪柳成龙时"性理学"才作为术语固定下来，至近代，作为近代的"性理学"被重新解释而备受关注。将李退溪与李栗谷视为"韩国性理学之双璧"无疑是近代的解释，在朝鲜王朝时代，"性理学"一词并不是频繁使用的术语。①

另一方面，普遍认为，从高丽到李退溪、李栗谷的"性理学"流派形成之后，以丁若镛为代表，作为新儒学流派而兴盛的是"实学"。关于"实学"，《儒教大事典》解释如下：

> （"实学"）反对宋明理学的空谈理性，是一种将实证、实用精神作为学问之真谛而兴起的儒学学风。这种学风不论是在中国还是在我国，随着近代意识的萌芽而产生，尤其是在我国，于壬辰倭乱之后萌芽，英、正祖时迎来全盛期。在中国，明末清初始发，盛行了约三个世纪的时间。如此看来，此学风是一种通过充分理解当时的王朝社会，发展儒学的经世理念，提出典型的社会经世政策以及支撑这些政策的理论体系，从而试图调整面临危机的封建社会的思想体系与规定。"实学"一词被用于指这种学风，在我国，是由1930年代郑寅普、崔南善、文一平等民族主义史学家完成的。他们在朝鲜固有的学术意义上，确定"朝鲜学"这一概念，同时将上述朝鲜后期的学术倾向命名为"实学"。②

"实学"这一术语现在已经完全固定下来使用，然而将其解释为是"将实证、实用精神作为学问核心而出现的儒学"或者"伴随近代意识的萌芽而形成的儒学"，其实是近代之后由日本学者提出的。权纯哲指出，稻叶岩吉（1876—1940）发表在《朝鲜》（第166号，1929年）上的《圭斋遗构を手にして—實學派の表彰如何》一文，是最早提到"实学（派）"的资料，并介绍了稻叶的如下观点。

---

① "韩国古典综合"发行的《韩国文集丛刊》的热门检索中，"性理学"有39项，而"性理之学"高达746项。"性理之学"作为"性理学"而固定下来应该还是近代以来的事情。

② 《儒教大事典》，第849页。

不止说圭斋一人，在高丽，包括把棉花种子从中国带回朝鲜的文益渐、于创制谚文（朝鲜文字）有功的申叔舟、改革大同法这种纳税体系的赵翼，还有推行钱法的金堉、深入探究土地制度的朴趾源等人，仔细算来即使在李朝五百年的近代，致力于经世济民，并取得不菲成绩的人应该为数不少。……但是，在我看来，十八先贤中大部分都不属于实学者，他们以谈诗说赋、熟知礼论见长，不同于给百姓生活带来影响的实学派。一方面动辄像口头禅一样谈论现代朝鲜人缺乏经世济民思想而备感困扰，另一方面，又在表彰善于文章诗赋之人之后，说他们还不及这种实学派，持论自相矛盾。①

稻叶将高丽时代以后的"致力于经世济民"，不"谈诗说赋、熟知礼论"，"给百姓生活带来影响"的儒学者全部看作"实学者"。但是，其后的崔南善（1890—1957）在《朝鲜历史》（1931）中认为柳馨远、李瀷、安鼎福、申景濬、柳得恭、韩致奫、李重焕、李肯翊、郑恒龄、丁若镛、朴趾源、洪大容、李德懋、朴齐家等人有"实学之风"，他们的学问是"实证实用之学"，指出他们作为于"英祖、正祖时期兴起的实事求是之学，是李朝思想史上值得关注的现象"。崔南善的这一观点为玄相允的《朝鲜儒学史》所继承，形成了理解当今"实学"的基础。②不过，需要注意的是，稻叶只是将柳馨远之后的儒学家排除出"实学者"之列。按照稻叶的观点，应该把自高丽时代直至朝鲜王朝时代所有的"致力于实学以经邦济世"的儒学者看作"实学者"。稻叶与崔南善的观点不同，源自两人对"实学"的不同认识。稻叶以所有前现代的朝鲜王朝儒学者为对象，而崔南善则将"实学"限定于具备推动朝鲜现代化这一要素的儒学者们。在此意义上可以说对崔南善而言，"实学"是一个极为现代主义的概念。

最后需要指出的是，有时会从"心学"的角度理解朝鲜儒教。《儒教大事典》的"心学"定义是："以'心'为基本概念的思想。心学始于孔孟，吸收了一部分神仙思想与禅学的学术方法，兴盛于宋代的陆九渊、明代的王守仁。广义而言，

① 转引自权纯哲：《韩国思想史中"实学"的殖民地近代性——韩国思想史再考》一，《日本アジア研究》第2号，2005年3月，第13—14页。
② 同上，第9页。

心学是一门修养心的学问，有时也指全体儒学。一般而言，以性为最高原理的程朱哲学称作性理学，与之相对，心学指将心作为最高原理的陆九渊、王守仁的哲学。"①这依据了宋明理学中一般而言的把陆象山、王阳明的学问称作"心学"的定义。

但是，众所周知，李退溪喜欢读真西山的《心经》，这说明朝鲜儒学者对"心"抱有非同寻常的关心。例如，在《朝鲜王朝实录》中曾多次论及"心学"②，试将之征引如下：

（1）太祖15卷，七年（1398戊寅／明洪武三十一年）12月17日（己未）

己未／左政丞赵浚、兼大司宪赵璞、政堂文学河仑、中枢院学士李詹、左谏议大夫赵庸、奉常少卿郑以吾等，撰《四书切要〔四书切要〕》以进。笺曰：人主之治，系于心学，当精一执中，涵养扩充，以为修齐治平之本。历选圣贤之书，《语》《孟》《庸》《学》，盖尽之矣。……伏望清燕之间，时赐睿览，以正心学，由约而博，以尽四书之大旨，温故而知新，日就而月将，则将见终始浃洽，德业隆崇，圣贤之道复明，雍熙之治可致矣。

（2）中宗26卷，十一年（1516丙子／明正德十一年）10月8日（丙辰）

御夜对，讲《近思录》。参赞官金安国曰："文宗于理学，用力潜心，究不怠，至于《近思录》《大学衍义》，亲自参考，以御笔释义，或加点切，沈潜玩味，探其微奥。上若体念笃行，则治化，自此而生矣。"说经奇遵曰："文宗尝曰：'自见《近思录》，所得甚多。'于此，可以知先王沈潜性理之学也。《近思录》，乃心学之阶梯，至为要约，于此用功，而存养省察，先知治心之要，则自然日就高明，万事万务，洞达无碍，所当穷究玩解。自古三代以下之君，孰不欲善治？然未能善治者，以其道学不明，驰心于末务也。帝王当尽其心学，无少间断。"上曰："理学，所当用力。"侍读官韩效元曰："上于理学，向意如此，侍从之人，孰不致意？自上终始如一，以至诚开导，则自然有兴起者矣。"上曰："近来无理学之人，予意则欲其崇尚

---

① 《儒教大事典》，第866页。

② 本文中所引用的《朝鲜王朝实录》，均引自国史编纂委员会所开设的《朝鲜王朝实录》网站（http://sillok.history.go.kr/main/main.jsp.）。《朝鲜王朝实录》中检索"心学"一词，数量达143项。

理学耳。"

（3）明宗4卷，元年（1546丙午 / 明嘉靖二十五年）7月28日（壬午）

壬午 / 上御朝讲。侍讲官周世鹏曰："伊川作四箴，而皆主于礼，朱子曰：'礼者，画出一个天理，可尊则尊，可敬则敬，事事物物，皆随处合理者也。'二帝、三王，皆以礼而合于天理，故人欲不行。人主一身，先明天理，以合于礼，则天下争慕之，贤者乐而行之，愚者畏而从之，天下皆入于天理。此帝王所以重天理者也。夫学术有三，一曰心学，二曰训诂之学，三曰词章之学。是三者，兼行于后世，诂词章，独为之主，而心学则微暗而不行者久矣，是天理不明而然也。后之帝王，不及古昔圣贤者，亦由于舍本而务末也。愿上沈潜玩索，日与经幄大臣，研究探讨，使四方观瞻取则焉。"

（4）仁祖2卷，元年（1623癸亥 / 明天启3年）7月24日（壬子）

上昼讲《论语》于文政殿。右赞成李贵曰："李元翼今方呈病，右相若遇重事，则必云当议于领相，故无一事成就者。今之急务，须择一相臣而委任，使之主断国事可也。"李晬光曰："李贵之言甚当。今有两大臣，而无一担当国事者，恐殿下委任之诚，有所未尽也。殿下即位以来，励精图治，筵臣日进嘉猷，而尚未臻至治者，岂殿下虽有从谏之名，而未尽用言之实耶！书云尔言底可绩，禹拜昌言者，非但嘉其言也，必用其言也。帝王之学，以治心为本，方今所讲《论语》《大学衍义》虽好，犹不若《近思录》《心经》《性理大全》等书也。儒臣中从事学问者，宜常常顾问也。臣恐殿下图治之心，或未免始勤终怠。若以心学为本，则必无是患矣。"

从以上论述可以看出，太祖、中宗、明宗、仁祖等历代人主共同遵守"人主之治系于心学"这一原则。需要注意的是，中宗十一年10月8日条中有记述："文宗（引者按，朝鲜王朝第五代王，1414—1452）尝曰：'自见《近思录》，所得甚多。'于此，可以知先王沈潜性理之学也。《近思录》乃心学之阶梯，至为要约，于此用功，而存养省察，先知治心之要，则自然日就高明，万事万务，洞达无碍，所当穷究玩解。"文宗学习《近思录》虽说明他潜心研习"性理之学"，但更重要的是，文宗主张知悉《近思录》乃"心学之阶梯""治心之要"才是先决条件，这一点说明"性理之学"与"心学"被认为是具有同等价值的学问。

又，明宗元年 7 月 28 日条载："人主一身，先明天理，以合于礼，则天下争慕之，贤者乐而行之，愚者畏而从之，天下皆入于天理。此帝王所以重天理者也。夫学术有三，一曰心学，二曰训诂之学，三曰词章之学。"由此论述可以看出，人主乃"帝王"，必须重视"天理"，修习"心学"。

将在下文详细论述的是，朝鲜王朝的儒学从建国之初即是作为"帝王之学"也就是为政者之学问而存在的，绝不是普通大众的学问。这一点与江户时代的日本儒学有本质的不同。即便同样称之为"心学"，石田梅岩所创"石门心学"也是在构思上与之相对立的学问体系。毋庸赘述，它也不同于中国的象山心学、阳明心学。"朝鲜心学"说到底并未超出宋学的范围，它是于宋学的范围内体认"天理""性理"，并致力于"治心"的学问体系。而且，其直接根源于阐述"帝王之学"的真西山的《大学衍义》。

认识朝鲜儒学时通用的性理学、实学、心学，有其各自的术语变迁史，分别在经历近代的再解释后而通用至今。本文并非要否定性理学、实学这些术语的有用性，而只是想指出，这两个术语是在近代的再解释过程中凸显出来的概念。相比之下，"心学"一词迄今为止虽在解释朝鲜儒学之际鲜受关注，却是朝鲜王朝时代儒者所频繁提及的概念。[①]因此，接下来本文试从"心学"的角度勾勒朝鲜儒学的特征。

二 程朱理学与"心学"

笔者在此通过引用《中国哲学词典大全》（1997）所收录的"心学"定义来介绍现代中国哲学研究者的对心学的一般认知。该辞典对"心学"的解释如下：

> 韩愈（768—824）纳凉联句云："谁言摈朋老、犹自将心学。"（《昌黎先生集》八）此为"心""学"两字连词之始。然指修心之学，非指心学也。邵子（邵雍，1012—1077）《皇极经世》卷八下以"心学第十二"为题，首

---

① "韩国古典综合"发行的《韩国文集丛刊》中，"心学"一词的检索数达到 1546 项之多。

句即云："心为太极。"以"心学"名一学说之系统，当以邵子为始。其他宋儒均用"圣学"，即朱子每言传心，亦未用"心学"也。至王阳明（王守仁，1472—1529）《象山文集序》，则谓"圣人之学，心学也"。尧舜禹之相授受曰："人心惟危，道心惟微，惟精惟一，允执厥中。"此心学之源也。中也者，道心之谓也。道心精一之谓仁，所谓中也（《王文成公全书》七）。象山（陆九渊，1139—1193）之学与王阳明之学，均以为心即是理。故谓圣学即心学，亦至自然。陈建（1497—1567）著《学蔀通辨》，专击阳明。其言曰："圣贤之学，心学也。禅学陆学，亦皆自谓心学也。殊不知心之名同而所以言心则异也。……孔孟皆以义理言心。至禅学则以知觉言心也。……王阳明曰：'心之良知是谓圣'。皆是以精神知觉言心也。……近世不知此而徒诶诶曰：'彼心学也，此亦心学也。陆氏之学，是即孔孟之学也。'呜呼！惑也久矣。"（卷十《终篇上》）此可知心学之名，明代已通行而又与圣学不分矣。于是儒释思想混合，心学乃染禅宗色彩。故顾宪成（1550—1612）叹曰："无声无臭，吾儒之所谓空也。无善无恶，释氏之所谓空也。两者之分，毫厘千里。混而不察，概以释氏之所谓空，当吾儒之所谓空，而心学且大乱于天下，非细故也。"（《顾端文公集》六《心学宗序》）[1]

宋明哲学中，提起"心学"，人们一般会联想到陆象山与王阳明的思想。不过，从"心学"的观点分析以朱子为中心的宋学（程朱学）传统，其实在日本亦曾经十分兴盛。其中，荒木见悟是从"心学"角度分析朱子学的先驱。荒木认为：

朱子自己似乎并未有将自己的立场称作心学的例子。但私淑于朱子的黄东发称赞朱子之师李延平的学问说："心学虽易流于禅，而自有心学之正者焉。"（《黄氏日抄》卷四十二）罗大经所辑《心学经传》十卷（《鹤林玉露》卷十八"文章性理"条）说明，把朱子学称作"心学"的惯例是在朱子没后不久便形成的。以这一趋势为背景，作为典型用法固定下来的是，

---

① 韦政通主编：《中国哲学辞典大全》，台北：水牛出版社，1997年，第112—113页。

见于真西山所编《心经》的开篇赞语："舜禹授受,十有六言,万世心学,此其渊源。"此处的"十有六言",不言自明,指的就是《书经·大禹谟》的"人心惟危,道心惟微,惟精惟一,允执厥中"。西山的这本书,原本就是一个经书以及其他书中所见有关治心存养的关键语句的汇编,但是,由于该书缺乏对朱子学另一重要原则即格物致知的考虑,所以可见西山对格物致知的原则也不无非议的倾向。然而,他力图展示朱子学具有理学与心学两个方面的意图,不仅得到了那些愿意灵活接受朱子学的人们的支持,而且当站在反对朱子学立场的人提及心学时,他也为其创造了将上述十六言作为依据的契机。罗整庵所说的"危微精一四语乃心学之源"(和刻本《困知记》附录《答黄筠溪亚卿》)即属于前一情形。而王阳明在《象山文集序》(《王文成公全书》卷七)中,引用上述十六言,将其作为"心学之源",则属于后一情形。也就是说,心学路线在此发生"串线",并且随之发生了异质的东西可能被纳入心学一词中的事态。[①]

正如荒木所述,"把朱子学称作心学的惯例是在朱子没后不久即开始的",他亦指出,真西山《心经》开篇收录的十六字心传,即《书经·大禹谟》的"人心惟危,道心惟微,惟精惟一,允执厥中",是朱子学"心学侧面"的一个象征,并且受到灵活接受朱子学之人以及持反朱子学立场的人的同时关注。也就是说,将朱子学作为"心学"来理解的传统在过去就存在着。而创造此潮流的代表人物被提出的正是真西山。关于真西山,过去已经积累了大量的研究,在此试就将佐野公治所做的解释做一介绍:

　　私淑于朱子的真德秀(西山,1178—1235)在被后世用于帝王学教科书的《大学衍义》(卷二《帝王为学之序》)中指出,"人心惟危以下十六字,乃尧舜禹传授之心法、万世圣学之渊源。欲学人主尧舜,亦惟学此"。三圣所传授的"心法"在这十六个字中得到体现,而圣学就是学习此十六言。换言之,所谓心学就是学习圣人之心的。毕竟,他本人亦说:"舜禹授

[①]　荒木见悟:《明末宗教思想研究》,"序章—心学と理学",东京:创文社,1979年,第13页。

受，十有六字，万世心学，此其渊源。"(《心经赞》,《真文忠公全集》所收)
这可以看作是对主张"相传授之心""相传之心法"的朱子的继承，是宋明
时期所谓"心学"的早期用例。此外也能见到当时的如下评论"(西山) 先
生之心学由考亭而溯濂洛洙泗之源，存养之功至矣"(颜若愚《心经附注》
后记，端平五年，1234)。于是，作为学习由朱子阐明的三圣传授之心法，
便产生了"心学"这一称呼。①

真西山所著《大学衍义》中，第一卷的标题是"帝王为学之序"，第二卷至
第四卷是"帝王为学之本"，《大学衍义》被看作是"帝王"的教科书。另一方
面，"学习朱子阐述的三圣传授之心法"在《大学衍义》中被认为是"尧舜禹传
授之心法、万世圣学之渊源"被接受，此"心法"后来即被作为"心学"加以
认识。

真西山以后，将三圣传授心法称为"心学"的倾向得到继承。明代初期永
乐年间编纂颁布的《性理大全》《五经大全》《四书大全》等三本大全，作为遵照
程朱学规定了经书理解、儒教教理的国定教科书被广泛使用。其中的《性理大
全》采用和摘录了真西山与吴澄 (草庐) 关于"心学"的言论，这说明在明代初
期"心学"曾被频繁论及。例如，薛瑄认为元代儒者许衡 (鲁斋) 是朱子"心学"
的继承者，陈真晟 (剩夫) 则提出集成了先儒阐明有益于帝王学的"心学之正
教"的相关言论的《程朱圣学纂要》。另外，程敏政 (篁墩) 主张孔孟"心学"自
北宋诸儒直至朱子均得到阐发。魏校 (庄渠) 不仅将"心学"用于人物评价，更
提出了所谓"朱子心学"的三变说。他们论述的"心学"内容未必相同，从元、
明朱陆思想的调和、融合的倾向逐渐带有象山学的色彩。但不管怎样，他们论
述了包含了朱子学的"心学"，并没有将"心学"限定于象山学。②

明永乐帝敕命于 1415 年编纂《性理大全》《五经大全》《四书大全》三本大
全，但实际上在早些时候便完成了他亲自下令撰写的《圣学心法》(1408)。可
以说三本大全是基于《圣学心法》的理念创作的教科书。关于《圣学心法》，三

---

① 佐野公治:《关于宋明时代的所谓"心学"》,《山下龙二教授退官纪念: 中国学论集》, 东京: 研文
社, 1990 年, 第 138 页。

② 同上, 第 140—141 页。

浦秀一有详尽研究,试介绍如下:

> 《圣学心法》自"心学"(王遂《心学》)中引用了北宋五子,即周、邵、
> 二程、张以及南宋张栻、吕祖谦、朱熹、刘清之(刘静春,1134—1190)的
> 言论与编者自己的文章。"心学"的编者将宋代道学系人士的思想理解为
> 心学,不过,关于心学的基础与方法等,《圣学心法》认为四书已对之进行
> 了恰到好处的阐述,认为"中庸是心学之精微,大学乃心学之次第,论语
> 即尧舜孔颜之心法,无不在焉。孟子则千变万化,皆说从心上来"(《圣学
> 心法》卷二／三五)。值得注意的是,不是六经,而是四书被作为解释心
> 学之书得到推荐。此外,心学并非仅以个人的内在修养为主题,它亦被定
> 位于直接关系到经邦治国的学问。"心学应以事功立,心学应以治道明。"
> (《圣学心法》卷二／三四)

> "心学者,统性情,制形气,厚彝伦,明理义,辨物我,合天人,通上
> 下,亘古今,该静动,贯显微。"(《圣学心法》卷二／三三)不止是修己、治
> 人,它亦是统摄一切时空存在,建立秩序的根据,这一表述强烈意识到了
> 心的整体性与根源性。①

在此需要留意以下两点:首先,正如"中庸是心学之精微,大学乃心学之次
第,论语即尧舜孔颜之心法,无不在焉。孟子则千变万化,皆说从心上来"所
述,整个四书均作为关于"心学"(心法)的文本加以认识;其次,"心学并非仅
以个人的内在修养为主题,它亦被定位于直接关系到经邦治国的学问",这即是
说《圣学心法》把心学作为修己、治人,乃至统摄一切时空存在,建立秩序的根
据进行认识,强烈意识到心的整体性与根源性,而对"心学"进行解释。这种理
念为三部大全的编纂所继承。

三浦指出,明初对心学的强烈关心,与金朝灭亡后中国北方地区的心学运
动在重新接受程朱学的趋势的互动中不断收敛萎缩构成鲜明的对照,并且内生

---

① 三浦秀一:《中国心学的棱线——元朝的知识分子与儒释道三教》,东京:研文社,2003年,第16—
17页。

了一场与宋末元初的心学运动的两种立场的激烈交锋，这两种立场分别是作为圣贤之学的继承者的特定的尊朱立场，以及原封不动显现自心方为心学的立场。[①] 考虑到朝鲜儒学的主流是将王阳明作为异端加以排斥，可以认为朝鲜所接受的"心学"明显采取了前一立场，即"作为圣贤之学的继承者所特定的尊朱立场"[②]。

因此，朝鲜儒学自建国之初就将宋学（程朱学）作为"心学"加以吸收，并在此思潮中展开属于自己的思想运动，也即"朝鲜心学"。

三　韩国"心学"的文本特征

在上一节，我们确认了一点：即在宋末元初之际而展开的"作为圣贤之学的继承者特定的尊朱立场"，与此相关，朝鲜心学则继承了这一立场。那么，朝鲜儒学是否就只是单纯接受了中国儒学？为了验证说明这个问题，有必要确认对朝鲜儒学产生影响的"心学"相关文本的特征。以下所列举的文本共有《大学衍义》《四书章图》《圣学心法》《性理大全》《心经附注》五种。[③]

（一）《大学衍义》

由于元朝同高丽曾有着密切联系，明太祖朱元璋一直特别警惕朝鲜王朝同北元的联合动向。[④]因此，在尚处朝鲜王朝建国初期的太宗元年（1392）、三年、

①　三浦秀一：《中国心学的棱线——元朝的知识分子与儒释道三教》，第 18—19 页。

②　吉田公平虽论述说"心学原产于中国。即使在中国，宋元明清时代尤其在心性论领域留下了丰富的思想资源。并且，与心学心性论相关的研究，在明末清初开展的讲学、聚会的场所得以切磋讨论。这并非为了理论而理论，而是为了在现场'让心学发挥作用'进行理论。其确凿证据是王阳明后学频繁开办讲学、聚会活动，进行相互批评的现场"，但吉田所说的"心学"是指三浦所讲的后一种心学，即"认为将自己的内心毫不掩饰地展现出来才是心学的立场"，这不同于朝鲜的心学（参见氏著：《中国近代的心学思想》，东京：研文社，2012 年，第 15—17 页）。

③　据韩国古典综合数据库显示，《韩国文集丛刊》中各文本的检索点击量分别为：《大学衍义》383 件、《四书章图》16 件、《圣学心法》3 件、《性理大全》506 件、《心经附注》111 件。而《朝鲜王朝实录》中的各文本检索点击量分别为：《大学衍义》449 件、《四书章图》5 件、《圣学心法》2 件、《性理大全》90 件、《心经附注》2 件。检索点击量虽不同，但可以确定的是，各文本都是被广范围阅读的文本。

④　宫纪子：《モンゴル时代の出版文化》（《蒙古时代的出版文化》），名古屋：名古屋大学出版会，2006 年，第 235 页。

四年，朱元璋就接连下赐《大学衍义》，同时要求弃用高丽时代所使用的"直译体"（受蒙古语影响的口语体而并非正规汉文）而改用正规汉语，并在太宗二年就立即设置了司译院，加速推进了汉语教育的准备工作。[①] 对于十分重视同明朝关系的朝鲜王朝来说，比起世宗时代所下赐的《四书大全》《五经大全》《性理大全》，建国初期所下赐的真西山《大学衍义》是必须学习的最重要文本。[②]

　　作为南宋朱子学派的代表性儒者之一，真西山在反抗韩侂胄（1152—1207）所实行的伪学逆党之禁（将朱熹及二程之书列为禁书）的同时，致力于道学的复兴。[③] 除了《大学衍义》43 卷之外，真西山还著有为李退溪所爱读的《心经》及《西山读书记》61 卷等书，对朝鲜儒教产生了莫大的影响。

　　真西山的思想特征，是主张把"端庄静一"作为修养工夫；比起致知更强调诚意，比起穷理更强调存养；并把"用敬"作为第一工夫，对理的相关问题表达了自己的见解。《心经》是征引了如《尚书·大禹谟》"人心惟危，道心惟微"、朱熹《敬斋箴》《求放心斋铭》《尊德性斋铭》等有关"心"的圣贤格言而编纂成的书。在正文开头，真德秀把《尚书·大禹谟》"人心惟危，道心惟微，惟精惟一，允执厥中"十六个字称作"万世心学"[④]，并把抑制人心且坚持道心之事称作"心学"。从此以后，朱子后学逐渐习惯性地把朱子学称作"心学"，于是，关注朱子学的心学面相便逐渐蔚为大的潮流。[⑤]

---

　　① 宫纪子：《モンゴル時代の出版文化》（《蒙古时代的出版文化》），名古屋：名古屋大学出版会，2006 年，第 211—228 页。另，孟淑慧认为："元明清三代，随着帝王的高度重视，《大学衍义》成为了经筵必讲之书以及帝王学的教材。可以说，真德秀的正君心理论与王权强固思想对后世政治思想产生了重要影响。"（氏著：《朱熹及其门人的教化理念与实践》，台北：台湾大学出版中心，2003 年，第 333—334 页）

　　② 정재훈，《조선전기 유교 정치사상 연구》，태학사，2005 年，第 8 页，可参见权纯哲：《朝鮮儒學史における〈大學衍義〉と〈大學衍義補〉の意義—李珥の〈聖學輯要〉と柳馨遠の〈磻溪隨錄〉と關連して—》，《埼玉大學紀要（教養學部）》第 42 卷第 1 号，2006 年。又，作为《大学衍义》的历史影响，朱人求曾介绍了如下事例："元仁宗称'治天下此一书足矣'（《元史》卷二四），下令将此书全部译成蒙古文，刊行分赠朝臣。朱元璋于立国之初，曾问宋濂：'帝王之学，何书为要？'，宋濂便推荐《大学衍义》一书，朱元璋即'命书《大学衍义》于两庑壁间'（《御批历代通鉴辑览》卷九九），并率百官在此听宋濂解部分章节。"（真德秀著、朱人求校点：《大学衍义》，上海：华东师范大学出版社，2010 年，第 13 页）

　　③ 日原利国编：《中国思想辞典》，东京：研文社，1984 年，第 235 页。

　　④ 阿部吉雄编：《日本刻版李退溪全集》（下），东京：萤雪出版社，1983 年，第 425 页。

　　⑤ 参见荒木见悟：《明末宗教思想研究》，"序章—心學と理學"。荒木氏认为："心的提升，不过是为了使作为内核的性（理）具有活性，并非给予心可以改变或抛弃性之内核的权限。……有理才有心，这个顺序不能颠倒。此即朱子学的特色，同时也表现出心学的界限。"（第 15 页）这一场合的心学不过是把"性等同于理"作为研究对象的观点而已。

《大学衍义》开头的《帝王为治之序》中，记有："盖人君一身，实天下国家之本，而谨之一言，又修身之本也。'思永'者，欲其悠久而不息也。为人君者，孰不知身之当修，然此心一放，则能暂而不能久必也。常思所以致其谨者，今日如是，明日亦如是，以至无往而不如是，夫然后谓之永。"①因为人君一身是天下国家之本，所以成为人君之人，无论哪一天都不能大意，必须永远把"谨"也就是修身放在心上。

又，《帝王为学之本》中记有："臣按，人心惟危以下十六字（引者按，即《尚书·大禹谟》的'人心惟危，道心惟微，惟精惟一，允执厥中'这十六字），乃尧、舜、禹传授之心法，万世圣学之渊源。人主欲学尧舜、亦学此而已矣。"②正因为"人心惟危、道心惟微"，抑制人心且坚持道心才是"尧、舜、禹传授之心法，万世圣学之渊源"。而对于帝王来说，"修身"是十分必要的，这一点被反复提及。可以说，《大学衍义》是王者必须时常挂在心头的修身解说之文本。③

（二）《四书章图》

在 14 世纪初的元朝，出现了空前的出版风潮，面向初学者的插图本或附有图解的解说本大为流行。作为二程后裔的程复心（1257—1340）著有《四书章图》（1337？），此书是通过图解来阐释四书的文本，是作为这一风潮中的一环而诞生的读物。④

在《四书章图》书前《臞括总要》的"圣贤论心之要"中，关于"敬"有如下说明：

---

① 真德秀编：《大学衍义》，首尔：民昌文化社，1994 年，第 12 页；以及真德秀著、朱人求校点：《大学衍义》，第 11 页。

② 同上，民昌文化社版，第 20 页，以及华东师范大学出版社版，第 26 页。

③ 孟淑慧认为："《大学衍义》的目标是非常明确的，发挥'大学'的本义，即教育帝王，穷尽人臣正君之法，并帮助帝王了解治道之根源。换句话说，《大学衍义》是真德秀为了正君心而写的著作。"（《朱熹及其门人的教化理念与实践》，第 331 页）

④ 宫纪子：《モンゴル时代の出版文化》，第 7 章 "程复心《四书章图》出版始末考"。李退溪在《圣学十图》第二《西铭图》、第六《心统性情图》、第八《心学图》三个地方，引用了"林隐程氏作"之图，说明李退溪对《四书章图》有高度评价。

　　盖心者一身之主宰，而敬又一心之主宰也。学者熟究于主一无适之说，整齐严肃之说，与夫其心收敛，常惺惺法之说，则其为工夫也，尽而优入于圣，亦不难矣。①

　　"一身之主宰"是为心，"一心之主宰"是为敬。学者探明了"主一无适"的内面工夫（《近思录》"存养"篇四八章）与"整齐严肃"的外面工夫（《近思录》"存养"篇四五章），"其心收敛"不容一物（尹和靖语），探求"常惺惺"之法（《上蔡先生语录》卷中），那么进入圣域也就不困难了。

　　那么，"心"与"天理"的关系究竟如何。程复心继"圣贤论心之要"之后，又以"论心之虚灵"为题，论述如下：

　　　　《朱子语类》曰："虚灵自是心之本体，非我所能虚也。耳目之视听，所以视听者即其心也，岂有形象。然有耳目以视听之，则犹有形象也。若心之虚灵，何尝有物?"（卷五，人杰录）窃谓心之本体虚，故具众理，而仁义礼智之性，无不全备，寂然不动者是也；心之本体灵，故应万事，而恻隐、羞恶、辞逊、是非之情，随事发见，感而遂通者是也。②

　　从《朱子语类》中，程复心引用了"虚灵自是心之本体"的观点，并将心定义成是"具众理"且"感而遂通"之物。程复心更是在"论心之神明"的末尾叙述道："主吾身统性情，天也，道也，性也，心也。皆一理也。其妙于无迹者，则言天。其托于有形者，则言道。其赋予于人者，则言性。其存主于人者，则言心。"③认为在都具有"主吾身统性情"这一"妙"行为的特点上，天、道、性及心是相同的。也就是说，对于为什么"敬"（活敬）的修养会带来"心"与"天理"的相合这一问题，程复心试图用所谓的"妙"，即神秘主义的解释来进行回答。

---

　　①　名古屋市蓬左文库所藏《四书辑释章图通义大成》，朝鲜古活字印版一二行本，明正统八年（1443）建昌府儒学丘锡序，隆庆四年（1570）宣赐，第 69 页。
　　②　同上，第 71 页。
　　③　同上，第 73 页。

（三）《圣学心法》

《圣学心法》是明成祖永乐帝（1403—1424 在位）在永乐七年（1409）时，为了训诫子孙（实际上是皇太子朱高炽）而编纂的书。[①] 从各种经传里所记载的圣贤言语中，选择整理出与《大学》的理论，即"正心、修身、齐家、治国、平天下"相关的内容。特别是选取了王遂《心学》中所载北宋五子（周、邵、二程、张）的话语，以及南宋张栻、吕祖谦、朱熹、刘清之的话语，同时编者还引用了自己的文章。[②] 这本书在中国被批评为"模糊事实的欺骗之书"[③]，但在朝鲜却被广泛接受[④]。

比起作为自我修养的"敬"，"永保天命"的"敬天"之"敬"更被重视。天有"视听"人类的能力，天与人是"相为感通"的，所以人心若是无视敬天，那么天命就会离去。故可以认为，象山心学所标榜的"人君之心，莫重于敬天"的观点，在被人们引用的同时也受到了重视。即便永乐帝的意图在书中被强烈体现，但明初的"敬"并非仅仅是为了修己，而是为了强调不能失去天命或是皇权，因此才受到非同一般的重视。这样的解释长期以来从未变更过。这说明当时"敬以直内"正向"敬天"发生转移，或者说"性理之学"正在向"心学"转向。

（四）《性理大全》

明代永乐帝命人编纂了《四书大全》《五经大全》《性理大全》，即所谓的三

---

① 檀上宽：《永樂帝》，东京：讲谈社，2012 年（原刊于 1997 年），第 214 页。

② 参见三浦秀一：《中国心学的棱线——元朝的知识分子与儒释道三教》，第16页。据三浦所言，元末编纂的《宋史·艺文志》中并没有著录王遂《心学》。进入明代以后，虽然可以从一些书目中发现此书名目，但现在此书本身已然亡佚。又，据陈荣捷所言，如诸桥彻次编《大漢和辭典》一样，日本人把"心法"作为心的修养方法，解释为"修心之道""存养心之体，省察心之用之道"。这是受佛教的影响，本来应解释为"要法"，因此《圣学心法》中也解说为"包括圣学全面，所谓要法是也"（陈荣捷：《朱子新探索》，台北：学生书局，1988 年，第 336—338 页）。

③ 檀上宽：《永樂帝》，第214—215 页。另一方面，除了三大全之外，成祖还自己编纂有《圣学心法》四卷（1409），三浦秀一认为这是"心学运动的最初产物"。参见氏著：《中国心学的棱线——元朝的知识分子与儒释道三教》，第 32 页。

④ 参见정재훈，《조선전기 유교 정치사상 연구》，第 177—179 页。

大全。三大全的刊行与传播，带来了儒学史上的一代变革，即科举考试全以此为据，排斥除此以外的所有诸家解释。另一方面，对于逐渐固定化的朱子学解释，也出现了批判的声音。同时，又随着阳明学的出现以及显学化，明末出版了大量的四书解释书。在这一过程中，唤起了对于心之修养的强烈关注。①

实际上，《性理大全》看上去虽然好像收录了各种学说，但若仔细阅读，会发现多数收录的还是真西山及吴澄等心学的言论。在《性理大全》的"圣学"一项中，作为"朱子曰"的内容，采录了如下言论：

> 天下之事其本在于一人，而一人之身其主在于一心。故人主之心一正，则天下之事无有不正。人主之心一邪，则天下之事无有不邪。②

> 帝王之学，虽与韦布不同，经纶之业固与章句有异，然其本末之序，窃以为无二道也。圣贤之言平铺放着，自有无穷之味。于此从容潜玩默识而心通焉，则学之根本于是乎立，而用可得而推矣。③

> 人主所以制天下之事者本乎一心。④

这些言说所指示出的是，借由"人主"即"帝王"的"一心"之状态，可决定"天下之事"，这个被重新构筑起来的学问就是"圣学"。以下所采录的作为"西山真曰"的言说也好，还是作为"临川吴氏曰"的言说也好，都很明显是在进一

---

① 户川芳郎、蜂屋邦夫、沟口雄三：《儒教史》，东京：山川出版社，1987年，第294页。又，关于《性理大全》的重要性，吾妻重二认为："第一……《三大全》是国家教学的主干……且《三大全》作为……官方指定的正统学说，同样发挥了作用。第二，直至明末的二百余年间，《三大全》作为科举判定基准而被广泛运用。对于《三大全》中的解释，无论是承认还是批判，这依然是明代士人不得不参照的书籍。……第三，后世出现了各种各样的类书。……第四，在朝鲜与日本，《三大全》被不断翻刻，读者也因此层出不穷。该书不仅是在中国国内，还在近世东亚地域内成为构成知识分子思想的基础，这一点不容忽视。"（氏著：《宋代思想の研究——儒教・道教・佛教をめぐる考察》，大阪：关西大学出版部，2009年，第122页）

② 《性理大全》卷65《圣学》，大田：保景文化社，1994年，第999页。

③ 同上。

④ 同上。

步补充加强这一结构。

> 西山真曰：惟学可以养此心，惟敬可以存心，惟亲近君子可以维持此心。①

> 人主之学，其要在于诚意正心修身齐家，以为出治之本。②

> 临川吴氏曰：心学之妙，自周子、程子发其秘学者，始有所悟，以致其存存之功。周子云无欲故静，程子云有主则虚。此二言者，万世心学之纲要也。③

> 伊洛大儒，嗣圣传于已绝，提敬之一字为作圣之梯阶。汉唐诸儒所不得而闻也。新安大儒继之，直指此为一心之主宰，万事之本根，其示学者切矣。夫人之一身，心为之主，人之一心，敬为之主。主于敬，则心常虚。虚者物不入也。主于敬，则心常实。实者我不出也。敬也者当若何而用力耶。必有事焉，非但守此一言而可得也。④

《性理大全》这一庞大的选集，是为了指示出"圣学"即"人主之学"乃致力于"敬"之"存心"的学问而编成的文本。而且忠实地沿袭了《圣学心法》的理念。由于《性理大全》，学习"圣学"成为朝鲜儒学家们的义务，他们也因此不得不特别关注"心"与"敬"的问题。李退溪把收录于《性理大全》中的朱子仁说，几乎全文⑤引用在他的《圣学十图》第七《仁说图》中，这是一个能够充分

---

① 《性理大全》卷65《圣学》，第1000页。

② 同上。

③ 《性理大全》卷32《性理四》，第547页。

④ 《性理大全》卷47《学五存养》，第749页。

⑤ "盖仁之为道，乃天地生物之心即物而在。情之未发而此体已具。情之既发而其用不穷。诚能体而存之，则众善之源，百行之本，莫不在是。此孔门之教，所以必使学者汲汲于求仁也。其言有曰克己复礼为仁。言能克去己私复乎天理，则此心之体无不在，而此心之用无不行也。又曰：居处恭，执事敬，与人忠，则亦所以存此心也。又曰：事亲孝，事兄弟，及物恕，则亦所以行此心也。"（《性理大全》卷35《性理七》，第578页）

说明《性理大全》给予朝鲜儒学多大影响的典型例子。[①]

（五）《心经附注》

程敏政（号篁墩，1444—1499），徽州人，受标榜"和会朱陆"的新安理学派影响，对陆象山的心学有极大关注。程敏政曾给元代徽州婺源（朱子故乡）的学者程复心《心学图》作注，撰有《心经附注》（1492）。[②] 此书作为李退溪一生的指针而被其钟爱。在书的前序中，程敏政对于"敬"有如下叙述：

> 盖尝反复绅绎，得程子之说，曰天德王道其要只在谨独，亦曰学者须是将敬以直内涵养，直内是本。朱子亦曰：程先生有功于后学，最是敬之一字，敬者圣学始终之要也。盖是经所训不出敬之一言。[③]

程敏政在此引用了朱子的"敬者圣学始终之要"，并称经书之教应以"敬之一言"为基础。同时在文中，相对于真德秀"《易·坤》之六二曰：君子敬以直内，义以方外，敬义立而德不孤，直方大不习无不利，则不疑其所行也"的说法，《附注》中作为"程子曰"而引用了"尹和靖尝言：（程子）先生教人，只是专令敬以直内。若用此理，则百事不敢妄作，不愧屋漏矣。习之既久，自然直所得也"的言论。且程敏政还加上了按语，评论道："易言敬以直内，义以方外。诚学者希圣之枢要。然敬以直内，其本也。"[④]认为"敬以直内"才是根本。又引用了"朱子曰"的一段话："问人有专务敬以直内，不务方外何如。程子曰：有诸中者必形诸外。惟恐不直内，内直则外必方。"并加上按语："敬义之说，先儒多对举而互言之。考程子此言及胡氏朱子之说，又有宾主轻重之辨。学者详之。"[⑤]可以看出，程敏政认为，敬与义的"宾主轻重"之区别是必要的，而敬才

---

① 关于为什么李退溪引用了这一部分，可参照井上厚史：《李退溪の"誠"と王陽明の"誠"—二人の思想の異同をめぐって—》，島根県立大学北東アジア地域研究センター：《北東アジア研究》第 21 号，第 1—21 页，2011 年。

② 解光宇：《朱子学与徽学》，长沙：岳麓书社，2010 年，第 239—240 页。

③ 阿部吉雄编：《日本刻版李退溪全集》卷下，第 417 页。

④ 同上，第 419 页。

⑤ 同上，第 426 页。

是最为主要的。

至此，我们概览了《大学衍义》《四书章图》《圣学心法》《性理大全》《心经附注》的一些思想特征，从这些文本中可抽出一个共通的"心学"命题，如《四书章图》中"心者一身之主宰，而敬又一心之主宰"、《性理大全》中"人之一身，心为之主，人之一心，敬为之主"等命题所揭示的那样，"心"的问题及其与此相关的作为德目之"敬"的问题开始受到广泛关注。朝鲜儒学家开始意识到对于个人修养而言，最重要的修养是作为一身之主的"心"之修养，而"心"之修养又必须以"敬"为主。

朝鲜受同时代中国即元明时代成为主流的带有"心学"倾向之思潮的强烈影响，在熟读与"心学"相关的文本的过程中，朝鲜儒者形成了自己的思想。也就是说，受同时代中国思想的影响，朝鲜儒学家引发了有关人主即帝王的"治心"问题的强烈要求，并开始关注德目之"敬"的问题，致力于探讨"心之修养在于敬之修养"这一共同命题。

四　韩儒的"心学"与"敬"

那么，朝鲜儒学家对于"心"之修养应以"敬"为主这一命题，究竟做了哪些实际的工作。接着，我们就以权近《入学图说》、李退溪《圣学十图》、李晬光《芝峰类说》、朴世采《心学至诀》作为典型案例，来一窥其基本特征。

首先，权近（1352—1409）《入学图说》（1397）载《天人心性分释之图》，在对"心"的解说中，叙述道："其（命）端微而难见，故曰道心惟微，必当主敬以扩充之。其生于形气者谓之人心，而属乎意，其几有善有恶，其势危而欲坠。故曰人心惟危。尤必当主敬以克治之。"[1] 引用《尚书·大禹谟》中"人心惟危，道心惟微"之句，经由"主敬"来作为修养的解决方法。

接着，在李退溪（1501—1570）《圣学十图》（1568）中，"第九《敬斋箴图》"内引用了真德秀的一段话："西山真氏曰：敬之为义。至是无复余蕴。有志于圣学者，宜熟复之。"[2] 其中第四图《大学图》并不是朱子的《大学图》（见《朱子语

---

[1] 裴宗镐编：《韩国儒学文献集成》卷上，首尔：延世大学校出版部，1980年，第6页。
[2] 《退溪先生全书》卷七《进圣学十图》，《退溪学丛书》第Ⅱ部第1卷《陶山全书一》，第202页。

类》卷十五末），反而采用了朝鲜儒学家权近的《大学图》。至于其中缘由，陈荣捷认为："朱子之《图》乃为大学整个思想而作。退溪所用之《图》乃为人主修养而作。其目的不同，故所采之《图》亦异。《十图》皆根据于朱子思想，则退溪诚忠于朱子者也。"[1] 退溪基于朱子思想的同时，又因为关注作为人主之心的"治心"问题，故采用了权近的《大学图》。众所周知，对于退溪而言，"敬"是最为重要的概念，其核心即《戊辰六条疏》"其三曰敦圣学以立治本"条中所言："或曰帝王之学不与经生学子同，此谓拘文义工缀缉之类云耳。至如敬以为本，而穷理以致知，反躬以践实，此乃妙心法，而传道学之要。帝王之与恒人，岂有异哉？"[2] 退溪主张"道学之要"对于帝王与"恒人"（常人、凡人）而言，并不存在差异。在退溪看来，"帝王之学"以真西山《大学衍义》展开论述的"敬"为核心，而"帝王之学"则具有适用于所有人的普遍性，对此，退溪进行了思想的重新解释，而他的《圣学十图》则是一部如实反映其独特思想的论著。

其次，李睟光（号芝峰，1563—1628）《芝峰类说》（1614）卷五儒道部"心学"条载："薛文清曰：人有斯须之不敬，则暴慢之心生而非礼矣。有斯须之不和，则乖戾之心生而非乐矣。赵静庵曰：持己当使严中有泰，泰中有严，此所谓礼乐不可斯须去身者也，此言好。夫存心之法，自有持敬工夫，先儒言之尽矣。"薛文清（1389—1464），明初儒者，名瑄，号敬轩，谥文清，他的"人有斯须之不敬"之语取自于赵静庵（光祖）的"礼乐不可斯须去身者"，主张"存心之法"在于"持敬"工夫之中。看上去似乎忠实于朱子解释，但李睟光在此文章后半段叙述道："王阳明曰：'此心廓然与太虚同体，太虚之中，何物不有，而无一物能为太虚之障碍。凡富贵、贫贱、得丧、爱憎之相值，即飘风浮霭之往来变化于太虚，而太虚之体，固常廓然无碍也。'余谓此言固善。但从佛语中来。"他对王阳明的太虚说显示出了好感，故其在主张"持敬"的同时，也提出了一些折衷的解释。

最后，朴世采（1631—1695）《心学至诀》（1683）是从经典或先儒之说中抽选了有关"敬"的言说编集而成。卷一收录了《敬之纲·敬之工夫》五项

---

[1]　陈荣捷：《朱子新探索》，第 367—370 页。
[2]　《退溪学丛书》第 II 部第 1 卷《陶山全书一》，第 179 页。

目、《敬之事义》十项目、《敬之病痛》七项目、《敬之地头》十四项目,卷二收录了《敬之配合》三项目、《敬之管摄》十九项目、《敬之功效》三项目。他认为中国古代的传统思想从唐虞的"执中"到孔子的"为人",最终表现为宋代的"居敬"。朴氏还认为,居敬是宋代心学最核心的部分,该书卷一论及了"敬"之工夫的要点、补蔽以及方法,而其记录大多采自真西山《心经》的引文,他坚定认为"心学"要诀在于"敬"的修养。①

由上可见,不仅被称作性理学泰斗的李退溪,从建国期的儒者权近开始,到实学派的李睟光及少论派的朴世采,即使他们的学问立场并不相同,朝鲜儒学家从总体而言,他们都对"心学"(或心法)持有主要的理论关注,且经常把"敬"的修养方法作为探讨的对象。

五 "韩国心学"的特征

从以上的考察中,我们可以发现"朝鲜心学"的三点特征。

第一,朝鲜儒学在朝鲜王朝时代并非被分类为"性理学"派或"实学"派,而是在被称为"心学"的学问领域内进行着钻研。为什么从正式开始接受宋学(程朱学)的朝鲜王朝建国时起,朝鲜儒学家对"心学"持有关注呢? 这是因为在同时代的中国思潮,即元明时代宋学(程朱学)的心学化潮流中,《大学衍义》及《性理大全》开始被明代帝王作为必读文献。朝鲜的君主也要求朝鲜儒学家们进行"人主之治在于心学"这一命题的研究。在实行科举制度的朝鲜王朝,侍奉君主的儒学家们为了能够成为王的智囊,一定会与这个命题相对峙。但《尚书·大禹谟》"人心惟危,道心惟微,惟精惟一,允执厥中"十六字言与同时代的政治状况并不一致,因此朝鲜儒学家们致力于如何合理且整合性地解释这一难题的工作。在此"心学"的思潮中,作为"心"之修养而被重视的就是"敬"。对于"敬"的思索,并非只有李退溪在进行,从权近以来直至朝鲜王朝末期,这是所有儒学家们的共通思想课题。

因此,不能否定的是,若动辄以"性理学"或"实学"这样近代才成立的学

①　《儒教大事典》,第867页。

问范畴为依据来通观朝鲜儒学，往往会产生看错其特征的危险。同时，若过于强调这两个学问范畴，则会有丧失与中国及日本关联性的危险。因此，我们理应有必要把朝鲜儒学作为"朝鲜心学"进行一次重新认知。

第二，关于朝鲜儒学中阳明学的发展，曾经有过把朝鲜儒教特性定义为"朱子学一尊主义"而无视阳明学的时代。近年来，陆续出现了如中纯夫《朝鲜の阳明学》（2013）等扎实的研究成果。据中氏所言："阳明学传入朝鲜应在王守仁（1472—1528）生前的1521年。因此朝鲜阳明学具有可同中国相匹敌的历史时长。但正式且体系化地接受阳明学，应该要等到阳明学传来百年之后，即郑齐斗（号霞谷，1649—1736）出现之时。"[①]中氏认为，对于阳明学的关注，是从17世纪末开始出现的。

但是，如同前文所述，李晬光《芝峰类说》中已出现对阳明学的好感。可以明确的是，在"正式接受阳明学"之前，朝鲜对王阳明已有一定程度的关注。三浦秀一曾说过："宋末元初的心学运动具有两个立场。其一，作为圣贤之学继承者，特别尊崇朱熹的立场；其二，如实地体现自我内心才算是心学的立场。这两个立场又具有在各自内部互相对立争斗的特征。"[②]朝鲜王朝建国时所传入的"心学"化的宋元哲学，本来就是一个与阳明学有着高度亲和性的思想体系。因此在朝鲜王朝，陆象山及王阳明的文本并非是不能阅读的禁书。另一方面，《性理大全》中揭示了学习"圣学"的主要问题便是有关"心"与"敬"的问题，同时也收录了许多陆象山的学说。可以说，在如何解释"心学"这一问题上，根据儒学家各自的关注点或解释方法的不同，如将朱子学（宋学）与陆王心学进行同化、折衷或排斥等，存在各种形态。

第三，李退溪曾对王阳明进行批判，这是在研究朝鲜心学时值得关注的。作为性理学代表的李退溪，留下了批判王阳明的文本，这些文本成为朝鲜儒学是"朱子学一尊主义"的重要根据。在李退溪对王阳明的批判当中，值得注意的是《退溪先生文集》卷四十一《传习录论辩》中的第三个"辩曰"部分：

辩曰：不本诸心而但外讲仪节者，诚无异于扮戏子。独不闻民彝物

---

① 中纯夫：《朝鲜の阳明学》，东京：汲古书院，2013年，第3页。
② 参见三浦秀一：《中国心学的棱线——元朝的知识分子与儒释道三教》。

则，莫非天衷真至之理乎？亦不闻朱子所谓主敬以立其本，穷理以致其知乎？心主于敬，而究事物真至之理，心喻于理义，目中无全牛，内外融彻，精粗一致，由是而诚意正心修身，推之家国，达之天下，沛乎不可御。若是者亦可谓扮戏子乎？阳明徒患外物之为心累，不知民彝物则真至之理，即吾心本具之理。讲学穷理，正所以明本心之体，达本心之用。顾乃欲事事物物一切扫除，皆揽入本心衮说了。此与释氏之见何异？而时出言稍攻释氏，以自明其学之不出于释氏，是不亦自欺以诬人乎？彼其徒之始明者，不觉其堕坑落堑于邪说，乃曰言下有省，亦可哀哉！

这里李退溪所猛烈批判的是，对于朱子"主敬以立其本，穷理以致其知"以及"心主于敬，而究事物真至之理"，即"敬"才是"心"之主的教诲，阳明完全没有理解。关于李退溪对阳明的这段批判，友枝龙太郎说："阳明学说中，完全没有显示出朱子所言的理与气、性与情、心与理、心知与物理、知与行等对立面。继承朱子学的退溪，反对阳明是理所当然的。我们通过这些批判论点可以看出，'理气不离不杂，妙凝对待'的辩证思维是退溪学说的核心。"[①] 但是这个看法只是一面之词。因为阳明所主张的"心即理"这一命题，对于主张"心主于敬"的李退溪来说，是绝对不能容忍的观点。两者的对立，正如三浦所言，"宋末元初心学运动"具有"各自内部互相对立争斗"的特性。李退溪与王阳明的哲学在"心"的实践修养问题上，基于完全对立的立场提出了各自的解答。

稻叶岩吉指出："在李朝五百年的近代历史中，可列举出相当多的致力于实学经济（亦即民生）并取得相当成绩的人物。"如果这个说法是正确的话，"致力于实学经济（亦即民生）"的儒学家并不是从"性理学"或"实学"的立场来进行努力，而是从作为帝王的"治心"之学（"圣学""心学"）的具体实践出发，来构想"实学经济"及"民生"的问题，并提出具体的策略。可以说，所谓"朝鲜心学"，不过是与王者的治世方略密切相关，从而发展起来的学问体系。

程朝侠、戚子君译

---

① 友枝龙太郎：《李退溪—その生涯と思想》，东京：东洋书院，1985年，第144页。

第二十二章 韩儒"理"概念的演变及其特征

邢丽菊（复旦大学）

作为中国哲学的重要概念范畴，"理"在朱子学那里得到了极大的发展。一般说来，朱子学的理概念可以概括为如下四种含义：一是宇宙万物得以生存的"存在原理"；二是规范万物存在样式的"统制原理"；三是作为当为之道的"道德原理"；四是一般常识性的"道理"或"要略"。[①]在朱熹看来，理是所有一切存在的最高原理，其性质是纯粹至善的，理同时兼具本体论和道德论的双重意义。

韩国儒学主要是在吸收中国朱子学的基础上发展起来的，中国儒学的诸多概念范畴也被沿用、继承和发展下来。作为哲学重要范畴的"理"，韩国不同时期的儒者给出了不同的解释。下文将逐一分析韩国性理学大儒退溪（1501—1570）、栗谷（1536—1584）、阳明学大儒霞谷（1649—1736）以及实学大儒茶山（1762—1836）对"理"的不同解释。

一 退溪："理发""理动"与"理自到"

有着"海东朱子"之称的退溪李滉是韩国儒学的重要代表人物，他极其尊崇朱子学，并对朱子学在韩国本土化的发展做出了重要贡献。一般说来，退溪的"理"概念具有如下四个基本特征：第一，实在性。退溪指出："自其真实无

---

① 崔英辰：《韩国儒学思想研究》，邢丽菊译，北京：东方出版社，2008年，第179页。

妄而言,则天下莫实于理;自其无声无臭而言,则天下莫虚于理。"①理虽然能超越现象界,但并不是一介空虚概念,而是一切事物存在、运行并生成的根源所在。在退溪看来,理不是单纯的法则或抽象的概念,是实实在在、生动的主体。第二,尊严性。退溪指出:"不可谓天命流行处,亦别有使之义也,此理极尊无对,命物而不命于物。"②他把理看作主宰世间万物的立法者,至尊无上。退溪还将理这种"命物而不命于物"的主宰性与《尚书》中的"上帝"加以联系并指出:"若有主宰运用,而使其如此者,即书所谓惟皇上帝降衷于下民,程子所谓以主宰谓之帝是也。"③作为人格神存在的上帝,是至尊无上的崇拜对象。上帝的这种人格性形成了理的原型。退溪的理尊思想仅仅从"主理意识"或"理优位说"来理解是很难的,需要借助宗教的层面来理解。退溪对理的敬畏也是发端于这一点。④第三,价值性。退溪指出:"夫舟当行水,车当行陆,此理也。舟而行陆,车而行水,非此理也。君当仁,臣当敬,父当慈,子当孝,此理也。君而不仁,臣而不敬,父而不慈,子而不孝,则非此理也。"⑤"舟当行水,车当行陆"指的是自然法则,"君当仁,臣当敬"强调的是人为法则。"君当仁"是基于人的自律性和价值意识的价值判断。因此,退溪的理更具有"君仁臣敬"的道德法则性,具有强烈的价值意识。第四,能动性。这是退溪最着力强调的部分,突出表现为"理发""理动"与"理自到"。能动性也是退溪之理区别于朱子学最重要的特征,是退溪对朱子学的贡献。

理发说主要体现在退溪的"四端七情说"中。与传统朱子学相比,退溪的独创性在于用理气来分说四端与七情,"性情之辨,先儒发明详矣。惟四端七情之云,但俱谓之情,而未见有以理气分说者焉"⑥。他认为四端是"理发而气随之",这是因为"理而无气之随,则做出来不成"⑦。此处的"随"说明了气是由理来决定的气,根本没有违背理发之可能性;"气发而理乘之",是因为"气而无理

① 成均馆大学大东文化研究院编:《退溪全书》第五册,首尔:成均馆大学出版部,1978年,第185页。
② 同上,第354页。
③ 《退溪全书》第一册,第354页。
④ 崔英辰:《朝鲜王朝时期儒学思想的状况》,首尔:成均馆大学出版部,2005年,第72—75页。
⑤ 《退溪全书》第五册,第185页。
⑥ 《退溪全书》第三册,第167页。
⑦ 《退溪全书》第五册,第203页。

之乘，则陷利欲而为禽兽"①，退溪还指出这是不变的定理。此处用"乘"，除了说明理是搭乘在气上，也表示此处的理是被动的，而气是主动的。退溪也不忘指出，"理发"是在理气共存的前提下"主理而言"。现实中理气不可分，故理不能遗气而独行。退溪的立场是理气有别，且有先后，强调"理气不相杂"，具有明显的理优位意识。虽然退溪用理来解释四端，但最重要的不是理，而是四端。退溪为了将四端的纯善论据放在绝对善的理上才如此解释。换言之，理发不是为了说明理的属性，而是为了树立四端形而上学的依据而提出，以强调四端在现实中可以实现的当为性。退溪的理发说明了理的绝对善性不仅在性这一形而上的层面，在形而下的四端这一现象层面也会自发实现。② 这说明退溪继承了孟子的性善说，用理发来拥护四端的纯粹善性。孟子的性善说揭示了儒家实现"平天下"这一道德目标的先验性根据，程朱提出的"性即理"确立了儒家性善论形而上学的理论依据，那么退溪的理发说则强调纯粹的道德善性在现实中也会得以实现。由此可见，退溪的理发说在儒学发展史上具有重要意义。

理动问题来源于《太极图说》中的"太极动而生阳，静而生阴"，这可以推理出"理动而生气"。如我们所知，朱熹针对周敦颐的《太极图说》指出，宇宙最初的气是由于太极之理的动静而生成的。也就是说，理由于动而生成现象界的阳气。朱熹的这一主张自然引发了争议，理气不可分，况且理无为，那么在没有气的情况下，理如何能单独生成气呢？对此，退溪指出：

> 按朱子常曰，理有动静，故气有动静。若理无动静，气何自而有动静乎。盖理动则气随而生，气动则理随而显。③

如上，退溪明确指出"理动"是因理动则气随而生，而且更为突出的一点是针对太初最初之气的生成，他又提出了自己"气动则理随而显"的看法，并由此推出"太极动而阳气生"的观点是成立的。通过这一推测他得出的命题即是"太极动则阳随而生"，这就是退溪的宇宙太初生成说。如上可见，他的"太极

---

① 《退溪全书》第四册《答李宏仲问目》。
② 邢丽菊：《朝鲜时期儒者对孟子"四端说"的阐释》，《社会科学战线》2006 年第 6 期，第 255 页。
③ 《退溪全书》第一册《答郑子中别纸》，第 608 页。

生两仪说"思想比朱熹更进一步。但"理独存"和"理动"的可能性根据问题对退溪与朱熹而言都是不得不解决的问题，但当时退溪及其门人对"太极之理是否能够独立存在"并没有视为问题，因为退溪提出"理无死灭，理永存"，故他们都根据理的实在性之思维而视太极之理独存为当然。

同时，"理动"问题也是退溪深入讨论的对象。对退溪而言，与这一问题相关的是"理之体用"。这种体用论体现在理上就是，理无为是指理之体，理有为则是理之用。这与他将"四端"解释为"理发而气随之"的逻辑是一脉相通的。此处问题就在于他将无为之理用有为之概念"动"来叙述时产生的矛盾。退溪弟子李公浩也指出，若按照朱子"理无情意、无造作"的观点，则《太极图说》就会引发两个问题：一是会否定太极的创造性；二是若承认太极的创造性，则因当初本无气，就会违背"动静无端，阴阳无始"[1]的原则。而且传统朱子学认为，理无为，气有为，这就与退溪所主张的理的能动性形成矛盾。退溪对此解释说，理的无为之层面是理的体，能动之层面是理的用。理的能动性之所以成为矛盾，因为理既是"无情意无造作"，同时又"能发能动"，即处于矛盾关系的两个概念同时被适用于相同的基体——理，这样矛盾就自然而生了。退溪的办法是，将理分为体与用两个层次，"无情意无造作"属于本体的层次，"能发能动"属于作用的层次，二者类型不同，故不会产生矛盾。[2]退溪门人中虽然也有人对体用论是否可以解决这一矛盾心生疑虑，但在当时确实终止了对此问题的讨论。

"理自到"是退溪在解释"格物致知"时提出的命题。在朱子看来，格物致知就是认识主体通过即物穷理来最大限度地发挥自己知性能力的过程。格物致知的过程实质上就是人心与物理的结合。人心具有这种知的能力，故可以通过知来穷究理。但朱子的这一观点有个疏忽，即作为认识依据的理在这一过程中发挥怎样的作用。朱子在如何具体解释心之理与物之理相遇过程中理所发挥的作用这一点上，陷入了困境。退溪在反复思索之后提出了"理自到"之命题。这一思想转变的契机便是他对"物格"的理解。

虽然"格物"是"用人心来格物"，而"物格"则可以理解为二：一是"即物而格"；二是"物（自己）来格"。在朱子学中，"物格"的"物"指的是"物之

---

① 《朱子语类》卷一《理气上》。
② 崔英辰：《朝鲜王朝时期儒学思想的状况》，第 192 页。

理",则第二层意思"物来格"就会有问题,因为这就意味着"理来格(穷至)",明显违背了朱子的"无情意、无计度、无造作"之理。退溪先前倾向于前者,后来在给高峰写信时意识到这一点,认为"物来格"才是正确的解释。

在退溪看来,"物理之极处"指的不是个别事物之理,而是到了豁然贯通境界之后的理。此处,有必要对理的"无不到"作一仔细说明。第一,区分理之体用。宋明理学吸收了佛教的内容,将存在分为体用两面。第二,认为理之用不是在人心之外,而是人心所至而无所不及。物之理不是通过物理而"自到与我",而是当我全心全力去认识物之理时,它就会自我显现,并与我心之理相会。这是在人心发挥主体作用时实现的,而且随着人心努力的程度不同,物之理就会显现出其用而与人心相会,这时认识的作用才会正常发生。也正是此时,才可以确认出物之理与吾心之理是相同的。因此,退溪说"但恐吾之格物有未至,不患理不能自到也"①。如此来看,朱子"即物穷理"的解释只不过是着重强调了格物过程中主体的作用而已。如果我们将焦点置于"理的作用",那么就需要对"格"进行重新解释,这就是退溪着力的地方。在格物致知的过程中,认识的对象不仅是理,如果说认识的可能性根据是理的话,那么就需要对理在这一过程中的作用进行具体说明。退溪提出"理自到"来试图解决这一问题。对退溪而言,理本身有体用,"无情意、无造作"是理之体,"随寓发见而无不到"是理之用。如此看来,退溪"理到说"的意涵便是:理自能活动发用,且随人心所至而在万物万事中显示其妙用,并且理之发用无所不到,无所不尽。这也可以看成是退溪"四端,理发而气随之"的另一种表述。②换言之,在理发、理动、理到的表述中,理的活动之义昭然若揭,而这其中又有理之体用说贯穿始终。这确实是退溪哲学的创新之处。

二　栗谷:"理气之妙"与"理通气局"

栗谷李珥对"理"概念的阐释主要体现在"理气之妙"与"理通气局"中。

首先看一下栗谷对"理"的理解。与退溪积极强调理的作用并将其规定为

---

① 《退溪全书》第五册,第283页。
② 林月惠:《异曲同调:朱子学与朝鲜性理学》,台北:台湾大学出版中心,2010年,第144页。

"至神之用"不同，栗谷则是被动地规定理，"理何以有万殊乎？气之不齐，故乘气流行，乃有万殊也。理何以流行乎？气之流行也，理乘其机故也"①。在他看来，从质上讲，理在现实中的个别化过程和流行都是依据气而实现的。理只有乘气流行，才可以变化万端。

不仅如此，栗谷还指出"冲漠无朕者，指理而言"②。"冲漠无朕"即理的寂然状态，相当于未发的寂然而静，也就是"本然之理"。同朱子和退溪一样，栗谷也认为理具有超越性和普遍性，至上性和价值性，理是形而上的，但又不是虚无，是一种实实在在的存在，栗谷将其称为"实理"，即理是真实无妄、客观实存的。如此，自然才会有化育之功，人间社会才会有人伦之则。栗谷认为，"实理"在自然界表现为"自然之理"，即"一阴一阳，天道流行，元亨利贞，周而复始，四时之错行"③。"实理"在人间社会表现为伦理道德的原理和规则，即"人伦"。人伦是指君臣、父子、夫妇、兄弟、朋友等人与人的关系，处理这种关系和等级秩序的原则便是"人伦之理"，如臣忠、子孝等，这个理也是客观实有之理。④栗谷认为，"天以实理而有化育之功，人以实心而致感通之效，所谓实理实心者不过曰诚而已"⑤。栗谷强调理是实理，这是对朱子"佛氏偏处只是虚其理，理是实理"的发挥，比退溪的理更具特色。⑥正是在这一基础上，栗谷将此理广泛应用于其理气论、心性论、经世论等层面，也有韩国学者由此指出，栗谷是韩国实学思想的真正发端者。⑦

"理气之妙"是贯穿栗谷哲学体系的基本原则。朱子的言论中也有很多类似的表述，如"天下未有无理之气，亦未有无气之理"⑧，"然有此器则有此理，有此理则有此器，未尝相离，却不是于形器之外别有所谓理"⑨。朱子也使用过

---

① 《栗谷全书》卷 12，第 252 页。
② 《栗谷全书》卷 9，第 183 页。
③ 《栗谷全书》卷 5，第 553 页。
④ 李甦平等：《东方哲学史》，北京：人民出版社，2010 年，第 498 页。
⑤ 《栗谷全书》卷 6，第 570 页。
⑥ 李甦平：《韩国儒学史》，北京：人民出版社，2009 年，第 318 页。
⑦ 代表学者便是韩国高丽大学的尹丝淳教授。参见尹丝淳：《韩国儒学研究》，陈文寿等译，北京：新华出版社，1998 年，第 111—145 页。
⑧ 《朱子语类》卷一《理气上》。
⑨ 《朱子语类》卷五《性理二》。

“妙”字，但都是诸如“微妙”“精妙”“神妙”等对超常态的存在现象的表述而已，并非对理气关系的逻辑性表述。可以说，朱子并没有明确提出“理气之妙”，用“妙”来说明理气关系，是栗谷哲学的创新之处。

“理气之妙”意味着“难见亦难说”，这便是气不离理、理不离气的相即的关系性，说明了理与气的“妙合”关系。栗谷把程子的“器亦道，道亦器”以及朱子的“理自理，气自气”作为理解理气之妙的根据，并综合指出理与气的关系是“一而二二而一”，是浑然无间、不相离，是无先后、无离合的共存体。基于理气的这种特殊关系，必须透过表里看实质，必须通过深层才能正确解释表层现象。表象为现实的气，而其背后是超时空的理，气以理作为根底和依据而存在。若不能从“妙合”上看理气，则容易陷入偏向理或气一端的错误。不仅如此，理气之妙还意味着理气具有协调互补、价值平等的关系，即从价值论上看理气无高低、无贵贱，二者追求的是价值和谐。这在栗谷的“得中合宜论”及“文武论”中可以充分看出。栗谷指出，“权无定规，得中为贵。义无常制，合宜为贵。得中而合宜，则是与利在其中矣”[1]，“至文不可以无武，至武不可以无文，能文而不能武者，愚未之信也”[2]，可见，他在经世论中也坚持理气之妙的思维。

“理通气局”是栗谷的“自谓见得”，虽然深受朱子“理一分殊”的影响，但它却是栗谷“理气之妙”思维最直接的表述。栗谷指出：“理通者，天地万物同一理也。气局者，天地万物各一气也。所谓理一分殊者，理本一也，而由气之不齐，故随所寓而各为一理，此所以分殊也，非理本不一也。”[3]理通指的是，理是超越时空而无形的存在，无本末、无先后，是不变的存在。即使在参差不齐的万殊现象中，也不会失去其自若性，理是一体相通的；气局指的是，气有形迹并受其所限而产生本末和先后，气是有形、有为的存在，具有时空局限性。宇宙万物依据理气之妙而形象化，但无形之理是枢纽、根底，故无变化；有形之气是有为、可变的，故是成为分殊（局）之原因。理通气局说以理的普遍性和气的特殊性为依据，并将“分殊”的依据置于“气之不齐”，用“气局”来解释“理分殊”的原因。在理气共存的现实中，理乘气流行，随着气局的限定，理分殊形成

---

[1]　《栗谷全书》卷5《杂著》，第560页。
[2]　同上，第538页。
[3]　《栗谷全书》卷22，第457页。

物之理、人之理等各类事物的特殊性原理。理依据通的能力，完成由特殊到普遍、由一般到个别的转换。这样看来，"理通气局"是对朱子"理一分殊"的深化，是在理气关系中更加强调了气的能动性。

栗谷虽坚持理的实在性，但也屡次强调指出，任何时候理都不能与气相分离。他既对退溪重视理的态度表示尊敬，又不忘忽略气的作用；既承认理对气的主宰，又认为理不会无气而自发显现。因为"非理则无所发，非气则不能发"的均衡思维是栗谷一贯坚持的主张。但栗谷对气的重视，亦会招来理因气而生的曲解。理通气局对气的关注并不意味着理的逊色，栗谷追求的目标反而在于直视往来于本体与现象的理。他一方面区分气所具有的本然和一般的面目，另一方面在并列说明理通和气局的关系时，通过二者的紧密联系来突出理的自若性。因此对将理气放在一起又综合来看的栗谷而言，理一分殊是理通气局的前奏。

理通气局说与理气之妙说紧密相联，这可以对比栗谷"一而二二而一"的思维来理解。理通气局分为理通和气局两个层面，前者是在理气相合的状态下用本然之理与受气之影响的个体之理来解释性，后者是在气的湛一清虚之本然与流行过程中显现出来的对一般性气的解释。栗谷通过理的普遍性与气的局限性的关系提出"理通气局"，具体说明了"理气之妙"，在重视理气的同时又探索了理气的意义。

三　霞谷：阳明学者的"生理说"

霞谷郑齐斗是朝鲜阳明学的代表大儒，并以其为首形成了著名的江华学派。阳明学自传入朝鲜初期始便被排斥为异端邪说，而霞谷当时在学习阳明学时，与性理学者崔鸣吉（1586—1647）等人有一定的联系，同时也受到了具有反朱子学风的尹拯（1629—1714）的影响。但他抛弃朱子学选择阳明学的目的是为了克服当时在礼讼和党争中形成的虚伪假饰的弊病，试图从阳明学中发现真理。

霞谷阳明学的特征主要体现在"生理说"中。"生理"本见于《传习录》，是王阳明在回答学生"如何克己"时使用的概念。王阳明认为，"生理"所发的视听言动便是仁和善。① 霞谷将这一概念进行了深入发展。② 霞谷认为，“生理”就是精神与生气为一身之理，“其根植在肾，开华在面，而其充即满于一身，弥乎天地”③。生气的根源与智慧相结合，就是生理。生理是生气的灵通性，就人身而言，是生命的根源，也就是心。霞谷多次论及生理：

　　人心之神，一个活体生理。④

　　精神生气为一身之生理。⑤

　　此处的人心之活体就是指精神及仁义礼智的本性。如此看来，霞谷将精神和本性看作“心之体”，是充满活力和生气的“生理”。霞谷非常重视本性，称“性者理之体也”⑥。这种称“性乃生理”“理之体”体现了郑齐斗将“理”的内容看作“性”的思想。

　　具体到人性论来看，霞谷认为，若有了“生理”，人人皆可为尧舜。他指出：“性者，天降之衷，明德也，自有之良也，有是生之德……生生之理於穆流行者，性之源也。”⑦ 明德即良知良能，是先天就有的“生生之理”，所以人人都可以性善，都可以成为尧舜。

　　“生理”在霞谷思想中最核心的意思便是良知，是万事万物之根源。他提出“生理”这一概念，是为了反对朱子的“理”。

　　朱子以其所有条理者谓之理，虽可以之该通于事物，然而是即不过在物之虚条空道耳，茫荡然无可以为本领宗主者也。夫圣人以气主之明体者为理，其能仁义礼智者是也。朱子则以气道之条路者为之理。气道之条路

---

① 李甦平：《韩国儒学史》，第486页。
② 同上，第487页。
③ 《霞谷全集》卷9《存言上》，第285页。
④ 《霞谷全集》卷9《存言中》，第300页。
⑤ 同上，第285页。
⑥ 同上，第298页。
⑦ 《霞谷全集》卷9《存言下》，第310页。

者，无生理，无实体，与死者同其体焉。苟其理者，不在于人心神明，而只是虚条，则彼枯木死灰之物，亦可以与人心神明同其性道，而可以谓之大本性体者欤？可以谓人之性犹木之性，木之理犹心之理欤？①

霞谷认为，朱子之理是个体事物的条理相通以及能够使得个体之气流行运转的条路，是物理。这种理没有实体，没有生气，犹如枯木死灰般，只是机械性、规律性的存在，不能成为人心神明的大本。在此基础上，霞谷也批判栗谷等性理学者所提倡的理只是虚理，不仅没有能动的作用性，而且脱离现实世界以及具体事物，是超越的理、外在的理、没有物质性的抽象之理。霞谷认为性理学之理的根本问题在于"离物而论理"，是"虚之为理"，与气相脱离，没有生命力。对此，霞谷提出了把生理作为本领与宗主的心学思想。

在霞谷看来，生理包括两种意思：一是形而上学的存在原理，二是具有具体活动的生命力。关于理所具有的形而上学的存在原理，霞谷肯定自身的生理与朱子学的理或性具有相同的意思，但朱子学中的理只是作为普遍的原理而存在的，它本身没有统摄、主管万物的能力。霞谷否定了朱子的这种理。霞谷认为，理并不是作为单纯的原理而存在的，它应该对应具体的事态，认识并判断客观对象，同时又是具有活动能力的、生动的存在。因此，他以心的主体性和能动性为基础来解释阳明学，确立了心所具有的本质特性（理）和兼有生动的特性（生）的生理论的学问体系。

不仅如此，霞谷还认为，作为气所灵通的生理应该被定义为神一样的存在，"理者，气之灵通处，神是也"②。生理是一种有神妙生命力的理，是人类能和万物感应的灵明的精神作用。它不是"虚条"，是一种实的存在。但如果在此意义上只是将生理限定为"天地之大德曰生"以及"生之谓性"的层面上，就容易产生对生理的曲解。霞谷认为，性是生理的本质属性，性即生理，生理通过这一本质属性确保了道德性和能动性的依据。"理者，心之神明者，太极上帝"③，霞谷把理定位为心的神明，占有绝对的地位。理是生理的主体，是活泼流动、生

---

① 《霞谷全集》卷9《存言上》，第286页。
② 同上，第235页。
③ 同上，第234页。

生不息的生命的主体,同时也是道德的主体。①

在此基础上,霞谷展开了自己的"良知说",并就良知和生理的关系如下指出:

> 阳明之说曰,良知是心之本体。又曰,良知之诚爱恻隐处,便是仁。其言良知者,盖以其心体之能有知(人之生理)者之全体名之耳,非知以念察识之一端言之也。盖人之生理能有所明觉,自能周流通达而不昧者,乃能恻隐,能羞恶,能是非。无所不能者,是其固有之德而所谓良知者也,亦即所谓仁者也。……不察乎其恻隐之心即良知也,心体之知即生理也。②

在霞谷看来,良知是人的道德本质。同时也是具有持续不断进行道德活动的、能动的存在。霞谷把这种良知看成是一种具有生生不息的道德行为、具有能动生命力的存在。生理可以根据不同的情况而做出感应,或恻隐,或羞恶,或辞让,或是非,这就是良知,是仁。"恻隐之心,人之生道也。良知即亦生道者也,良知即是恻隐之心之体"③,能动的恻隐之心是良知,能动的恻隐之心的本体也是良知。良知即为生理,二者不是单独存在而是本来就为一体。良知同时具有先天的自觉能力和能动的实践能力,是体用一源,也可理解为体用合一。换言之,良知不仅将生生不息的生理作为生命的本质,更是将先天的道德能力与后天能动的实践能力统一起来,真正做到了阳明学的知行合一。这也是霞谷良知说的核心所在。

四 茶山:"依附之品"与"实理"

茶山丁若镛是朝鲜时期实学派思想的集大成者。作为实学派的核心人物,

---

① 金世贞:《朝鲜阳明学者霞谷郑齐斗的良知心学》,《贵阳学院学报(社会科学版)》2015年第1期,第41页。

② 《霞谷全集》卷1,第20页。

③ 同上,第21页。

茶山的学问体制可谓集众家之长于一身。他继承了星湖派李瀷（1681—1763）经世致用的思想，又通过同朴齐家（1750—1805）的交往，吸收了北学派学问。不仅如此，他还受西学影响，接受了考证学的有关知识。朝鲜后期，朱子性理学的发展已过了鼎盛时期，批判其空虚性的声音此起彼伏，茶山思想中也有很多不同于传统朱子学的观点。

就理气论来讲，茶山通常不是理气对举而论，而是各自阐述。茶山认为，理是非独立性的存在，是气与物、事的依附品，理是实理、条理、法则等。

> 理字之义因可讲也，理者本是玉石之脉理，故遂复假借，以治为理。……治理者莫如狱，故官之谓理。……曷尝以无形者为理，有质者为气，天命之性为理，七情之发为气乎？……静究字义，皆脉理、治理、法理之假借为文者，直以性为者有古据乎？①

> 盖气是自有之物，理是依附之品。而依附者，必依于自有者，故才有气发便有是理。然则谓之气发而理乘之者可，谓之理发而气随之不可。②

茶山从各种经传中发掘"理"的原意，认为理原本是玉的脉理，由脉理上引申出治理、法理等意义。他认为，理只是具有事物具体属性和法理属性的局限性意义，并不具有人性、天道之根源的形而上学的意义，因此不能作为普遍性的原理来主宰人类和自然界。理只是"依附之品"，不是独立存在的，是依附于气而表现出自己作用的品象。从存在论上讲，存在的只是气，发生、发展、变化的也是气，茶山理气论的主线实为气本体论。作为"依附之品"，只有存在气以及气的发生、发展、变化，理才得以显现出来。基于此，茶山也说"理非自植者"。这与西方宇宙论将万物分为"自立者"与"依赖者"的思维是一致的，从中可以看到茶山吸收西学的影响。

在此基础上，茶山展开了对朱子"理一"和"太极"的批判。茶山认为，朱

---

① 《与犹堂全书·孟子要义》，首尔：骊江出版社，1989年，第26页。
② 《与犹堂全书·中庸讲义补》。

子学所强调的“太极”“理一”等没有感情、知觉和灵性，不能成为万物存在的根源。“天之主宰为上帝”，上帝具有灵性，因此能够主宰和创造万物。茶山将上帝视为具有人格主宰性的绝对者，并主张其是信仰层面上的“唯一神”。茶山指出，“天之主宰为上帝，其谓之天者，犹国君之称国，不敢斥言之意也”①，天的本质意义来源于“主宰之天”，是万物的一原，是根本。茶山这一思想一方面是发挥了传统儒家经典中天作为人格神的主宰者之性格，另一方面也是吸收了利玛窦等西学者“主宰之天”以及天主意识的影响。此外，茶山还批判指出，朱子学强调的“理一”其实是“面壁参禅”的禅家态度，不过是在重复禅师观念的世界观而已。

关于太极，茶山曾指出：“所谓太极者，是有形之始，其谓之无形之理者，所未敢省悟也。濂溪周先生尝绘之为图，夫无形则无所为图也，理可绘之乎？”②太极是有形的始源，不能看作是无形之理。《太极图说》一方面将太极视为无形的存在（理），同时又用有形的图来表示，因此是不恰当的。茶山彻底否认性理学所认为的“太极是终极存在”这一观点。依据茶山的观点，易从字义上意味着日月，而日月更替就产生了阴阳，卦爻变化法则也得以在阴阳体系中形成。但茶山否定在这种自然秩序的易中来设定终极存在的做法，也反对将太极尊崇为道体，明确指出在“一阴一阳”之外还存在“主宰之天”。茶山认为，易之所作是“圣人所以请天之命而顺其旨者也”③，《周易》一书其实是具有“改过迁善”之伦理目的的“戒律书”。可见，茶山全面否定朱子学将太极或理视为终极存在的看法。

尽管茶山否定传统朱子学的“理”概念，但作为朝鲜实学的集大成者，他对“实理”则做了较多的阐发。在他一生留下的丰富著述中，详解实理之例随处可见。“天下之物，皆实理之所为。故必得是理，然后有是物，所得之理，理既尽，则是物亦尽而无有矣。”④世间但凡存在之物，都是依赖于实理而运行，实理就是事物发生、发展、变化的规律、法则、条理。不仅如此，“圣人之立法命名，皆

---

① 《与犹堂全书·孟子要义》。
② 《与犹堂全书·中庸讲义补》。
③ 《与犹堂全书·周易四笺》。
④ 《与犹堂全书·中庸讲义补》。

有所以然之实理",圣人之所以为圣人,也是发现天地万物的实理,以为万民所实践应用。不仅如此,在阐述儒家德性时,茶山也用实理来强调儒家自在超越的实践论思想。"德者,行吾之直心也;不行,无德也。孝悌忠信,仁义礼智,斯之为德,未及躬行,安有德乎?"[1] 他认为,德就是以实心来行实理,而后有德;不实行实理,则无从谈德。茶山强调实理的做法,意味着儒学是根植于人的现实活动领域的圣人之学,而非谋求彼岸、虚设空求。这也反映了茶山力图回归传统儒家传统洙泗学、重申孔孟儒学大义的学问倾向。

五　结　语

　　韩国儒学虽然是在吸收中国儒学,特别是朱子性理学的基础上形成的,但它并不是单纯的按部就班、移花接木,也不是中国儒学的翻版或复制。韩国儒学是在适应韩国风土人情的基础上,对中国儒学进行了更加深入而细致的发展,从而形成了韩民族的文化精神(Ethos)。如果说中国儒学是宇宙论层面上具有包括性的"远心的哲学",那么韩国儒学则是人性论层面上具有内在性的"求心的哲学"。因为宇宙是"大宇宙",人是"小宇宙",只要认识并了解了人的本质,宇宙便自然而知。中国儒学已经在"大宇宙"方面做足了功夫,于是韩国儒学便开始细致地挖掘人的内面心性。与中国儒学相比,重视人的内在性情与道德情感,确实是韩国儒学的重要特征。这一点在"理"概念的发展演变中也体现得淋漓尽致。

　　上文考察了韩国儒学史上几大重要学派代表人物对"理"概念的不同认识,从中可以一窥韩国儒学思想发展的特色。理这一概念虽然是发端于中国,但儒学东传至朝鲜半岛,在本土化、民族化的过程中还是发生了许多变化,很多的概念术语也因此被改变或创新。性理学者退溪和栗谷基本沿用了朱子学"理"的概念,只是做了不同程度的发挥和延伸而已。退溪的理具有实在性、尊严性、价值性以及能动性之特征,其中能动性在其中尤为突出。传统朱子学一般认为理无情意、无造作,不具有活动性,但退溪为了界分四端与七情,为了强调

---

　　[1] 《与犹堂全书·中庸自箴》。

四端在形而下的现实世界中也能够自由发显，不顾逻辑牵强而强烈主张四端为“理发”，由此也推出了理动、理到说。这些都是为了强调理作为活动主体的作用，具有明显的“理优位”意识。相比之下，栗谷更注重理气二者的妙合，他提出“理气之妙”来说明理气二者的关系，认为二者具有协调互补、价值平等的关系，并结合理气特性将这种关系用“理通气局”来表述，突出了理的自若性与气的局限性，在“理一分殊”的基础上更加凸显了气的活动性作用。阳明学者霞谷则反对朱子的“理”，认为其只是虚理，不仅没有能动的作用性，而且脱离现实世界和具体事物，并提出了自己的“生理说”。霞谷认为，生理不仅能够认识并判断客观事物，同时也是具有活动能力的、生动的存在，在此基础上确立了心所具有的本质特性（理）和兼有生动的特性（生）的学问体系。实学者茶山的理则反映了东西思想的调和，茶山一方面积极反对传统朱子学的“理”，同时又主张儒家的“实理”，强调道德实践的重要性；另一方面吸收西学思想，认为理是非独立存在的“依附之品”，理并非万物之一原，只有上帝才是主宰和创造万物的终极存在。

就思想史的发展来看，哲学是思想的基础，而思想又具有哲学产生的背景。韩国儒学的特征在于不仅重视纯粹的道德性，而且还追求实现这种道德的现实制度和力量。换而言之，韩国儒学追求的是理想道德与现实实践的和谐发展。朝鲜建国之初亟待确立性理学作为官学的权威和地位，要用性理学的“理”来证明朝鲜建国的合理性和正统性，故退溪极力主张理的至尊优位性以及能动性，特别是在退溪生活的 16 世纪，虽然儒学思想的社会体系已经得以确立，但勋旧派固守权势导致诸多社会弊端出现，士林派极力反击却导致士祸发生，在颠倒黑白的现实背景下，为了揭示纯粹的道德义理可以在现实中实现，退溪极力主张理的能动性就是为了从理论上确立人之善行在现实中实现的当为性。到了栗谷时期，士林政治已经趋于稳定，国家经历了太祖和太宗的创业期以及世宗和成宗的守成期，已经得到了一定程度的发展，栗谷认为当时社会正处于“更张期”，主张应该通过一系列有意识的法治措施来实现制度变革，于是他在重视理论和现实的双重基础上提出了“理气之妙”。而且，为了强调社会现实之多样性的变化，他极力主张四端为“气发而理乘之”。到了朝鲜后期，国家经历了壬辰倭乱和丙子胡乱，这也促使性理学观念实现社会制度的变革，但当时性理学者偏重于理气等逻辑性论争，过分空理空谈，并大搞朋党政治而引发祸乱党争，因此阳明学者霞谷以及实学者茶山批判朱子学僵硬的学问体系，积极探索并创建了自己的学问体系。特别是朝鲜后期，面对西方异质文明的侵入，阳明学需要确立心的主宰性和原则性地位，因此霞谷提出了"生理说"。茶山生活的年代处于18世纪中后期，当时受外敌侵略而影响的经济已逐渐恢复，韩国也由传统的农耕社会走向工商社会，士林政治开始衰退，进而出现了强化君权的荡平政治。不仅如此，朱子学的理论体制也已动摇，一系列的社会变化呼吁开放的、多样的思想体系的指导。于是茶山一方面主张回归传统洙泗学，另一方面又吸收了西学之影响，努力探索找到社会发展的新思路。由此可见，韩国儒学之"理"概念的发展与演变，反映了当时社会变化及思想发展的趋势，并为引领时代发展做出了独特的贡献，在韩国儒学思想史上留下了厚重的一笔。

第二十三章　栗谷学派的儒家"图像学"构想

〔韩〕崔在穆（岭南大学）

前　言

"圣学"是在朝鲜中叶形成的特有学问主题。[1] 在孔孟书中提到的"圣学"有两层含义。一为修养领域中的"为圣人之学"；二为政治语境中的"为圣君之学"。事实上李滉的《圣学十图》和李珥的《圣学辑要》的创作思想来源之一，即为周敦颐《通书》中提到的"士希贤，贤希圣，圣希天"之"圣学"意识及"圣人可学而至"的理念。这也是宋学中揭示宇宙论的《太极图》说的创作依据及所有新儒家思想的基础。

通常在论及《圣学十图》时，首先想到的就是李滉。《圣学十图》是李滉在1568年为阐述圣学概要而作。其中为了更明确地阐明圣学和心法要点，李滉对众多的性理学者的图说进行了选择取舍，并附上了自己的见解说明。此《圣学十图》在1681年经吴道一刊行后，于1741年又再次重刊。《圣学十图》的基本构成是十个"图"和"说"，卷尾是吴道一作的跋。李滉《圣学十图》中的这十个图像和说明反映了其全部的学问体系。也可以说此中暗含了关于"天道如何赋予人类（天人合一）？"及"人类如何实践这种被赋予自身的天道（如何实践合

---

[1]　参见刘权钟：《关于儒教图像的分流体系的研究》，《儒学研究》第20辑，大田：忠南大学儒学研究所，2009年，第326页。

一)?"等程朱理学的核心问题。因此其在学术史上拥有重要地位。在李滉向宣
祖呈上《圣学十图》以后,出现了大量与之相关联的注释,其来源有二:一为大
臣奉命所注,一为学者出于研究学问所注。①

　　继李滉的《圣学十图》之后,学界还出现了许多与"圣学"有关的图像,比
如朴世采(1631—1695)的《圣学知行脉络之图》(《南溪集》卷 53)、张显光
(1554—1637)的《圣学之图》(《易学图说》卷 6)、金秉宗(1871—1931)的《圣
学续图》(《秀山文集》卷 5)、李东干(1757—1822)的《圣贤心学四图说》(《砧
山文集》卷 2)、李震相(1818—1886)的《圣可学图》(《心经箓启》)等大概
三十余种。② 可以认为,在朝鲜思想史上,李滉的《圣学十图》不仅成为圣学图
像化的开端,而且还成为学者们纷纷效法的模式。③ 但是还有一部《圣学十图》,
其编辑者暂被推断为朝鲜中期在李滉作《圣学十图》之前就已去世的大儒金范
(1515—1566)。④ 这里,所谓的"推断"一词是针对《圣学十图》中("第一《太
极阴阳候图》"左下端)刻有"后溪"的字样而言的,正是这一点为暂时证明这
幅作品的作者为"金范"提供了证据。

---

　　① 关于这一点可参见李东建:《关于通过传播和注释看朝鲜时代〈圣学十图〉理解的准考察——以 19
世纪诸相为中心》,《阳明学》第 24 号,韩国阳明学会, 2009 年。

　　② 刘权钟:《关于儒教图像的分流体系的研究》,《儒学研究》第 20 辑,第 325—326 页。

　　③ 我们可以看到在韩国思想史上有一种独特的表现方法,即对(作品)核心进行了概括后产生的所谓
"辑要"的传统,这也是韩国思想上最具特色的表达方法之一。当然这种作辑要的传统不仅见于韩国,
在西方的图像学(iconography)、图像解释学(iconology)、中国的易学和《三才图绘》(明代王圻于 1607
年编辑的类书, 80 卷)及黄胤锡的《理数新编》等中也可以看到。关于这一点可参见刘权钟:《关于儒教
图像的分流体系的研究》,《儒学研究》第 20 辑。而在韩国,正是以韩国本民族的精神、思维(ethos)和
表达方式为基础,对中国的思潮进行了概况、重整,体现出韩国式的理解 / 解释的形态和表达特色。正
如金长泰教授曾经指出的那样,在佛教方面,新罗的元晓在研究了很多佛经之后,提出了《华严经宗要》
《涅槃经宗要》等"宗要"型论著。另外义湘也绘制了《华严一乘法界图》,并将华严的广大世界辑要成 7
言 30 句 210 字。在儒学方面,权近《入学图说》中的"图说",李滉编辑的《朱子书节要》的"节要",
李珥编辑的《圣学辑要》的"辑要",还有正祖大王时在古典编辑中的"百选"等形式,都曾经被作者积
极地使用。以上现象说明,当时采用"辑要"已成为学术界的重要学风(参见金长泰:《〈圣学十图〉与
退溪哲学的构造》,首尔:首尔大学出版部, 2003 年,第 3 页注 1)。可以认为,"重要""节要""辑要"为
我们展示的辑要传统,正好与韩国思想史所体现的类似"横说竖说""无碍""通""包含三教"之类的表现
韩国特色的原典有关(参见崔在穆:《吞虚的哲学思想所表现的"会通"思维的来历》,《文学・史学・哲
学》第 33 号,大渤海东洋学韩国学研究院・韩国佛教研究所, 2013 年)。李滉的《圣学十图》可以说也
是这种潮流的产物。

　　④ 檀国大学图书馆所藏,为木板本,帖装 1 册(11 折), 47.2 × 19.0cm,刊写地、刊写者、刊写年均不详。

只是因为金范在李滉《圣学十图》(1568)问世的前两年已去世,假定此为金范作品的话,则可能是在李滉《圣学十图》问世之前或之后(托金范之名)制作的另一部《圣学十图》。但从金范的《圣学十图》中包含李珥的《击蒙要诀》的相关内容来看,相对李滉的《圣学十图》,其更有可能是在李珥的《击蒙要诀》刊行以后所作,同时还可确定该《圣学十图》是与岭南学派的象征——李滉的《圣学十图》相对抗的栗谷学派的独立之作。但遗憾的是,到目前为止,学界虽已发表了有关李滉《圣学十图》的许多种解说本[①],但对金范的《圣学十图》却并未言及。本论文并不是单纯地从介绍新资料的角度来展开论述,而是希望为朝鲜思想史上被压抑(隐没)的部分能够得到重新解读创造机会。

一　金范《圣学十图》的内容分析

本论文所展示的金范《圣学十图》,为檀国大学图书馆收藏的"金范编《圣学十图》",虽然其确切的刊写地、刊写者、刊写年皆不详,但其内容却被清晰地保留了下来。其内容即以①"第一《太极阴阳图》";②"第二《理气生物之图》";③"第三《心统性情全图》";④"第四《心性情善恶图》";⑤"第五《学庸合一之图》";⑥"第六《西铭之图》";⑦"第七《小学题辞之图》";⑧"第八《圣贤道统赞图》";⑨"第九《学校之图》";⑩"第十《教训来裔之图》"为顺序而展开的。

图0[②]:封面

封面上刻有"后溪圣学十图"六个字。至于它的来源,有可能为后辈晚学中的某位学者出于对资料进行整理、分类的需要,根据"第一《太极阴阳候图》"左下端刻有的"后溪"字样而做的标记。

---

①　参见李东建:《关于通过传播和诠释看朝鲜时代的〈圣学十图〉理解的准考察——以19世纪的诸相为中心》,《阳明学》第24号。

②　为区分金范《圣学十图》与其他图表,金范十图下面将以"图0"—"图10"的符号标注,而其他图将以"画1""画2"……的方式标注。

（一）"第一《太极阴阳候图》"

该图是以新儒学的核心概念太极和阴阳及与此核心"不相干"的节气所构成。此图的右上端刻有"弗离十图"的字样。"弗离"即表明包含此图的十图是

图1：第一《太极阴阳候图》

"互不可离"的。图的左下端刻有"后溪"字样的签名，说明此图应归金范所属。

图中间刻有《河图》（有数字1—10）及《洛书》（有数字1—9），表明第一图是以"图书（河图洛书）"为基础而制。普遍认为"河图"是伏羲制八卦的基础之"图"，洛书是夏禹拟制定治理天下方针（《洪范九畴》）的基础之"文"。此图正是通过"图书"的象征意义表现了无极而太极、先天后天，即"太极"的思想。在此基础上，一圈一圈扩大的圆环，第一个圆环的上半圈内刻有"阳仪动"，下半圈内刻有"阴仪静"，象征"两仪"，即为阳之动和阴之静。第二个圆环，分别于左、右、上、下四方刻有少阳（三七）、少阴（二八）、太阳（一九）、太阴（四六），代表"四象"。第三个圆环的上、下、左、右则分别刻有：上①一乾天☰父（九），下⑧八坤地☷母（六）；左②二兑泽☱少女（四）、③三离火☲中女（七）、④四震雷☳长男（二），右⑤五巽风☴长女（三）、⑥六坎水☵中男（八）、⑦七艮山☶少男（一）；表现了"八卦"内容。逆时针方向形成①+②＝九四、③+④＝七二，顺时针方向形成⑤+⑥＝三八、⑦+⑧＝一六的等式关系的设计，展示了"河图八卦"之内容。再接下来的三个圆环中，由内及外依次刻有"元亨利贞"，以及六十四卦及与六十四卦相对应的"二十四节气"。

由此，第一图上部的圆形图是通过天地自然之易（元亨利贞）河图·洛书（＝图书），从根本上揭示了易学的起源并展示了伏羲之易（先天易）＝八卦·六十四卦。当然我们也可以解读出其中暗含着的周文王的易（后天易）＝卦辞·爻辞及"孔子的易"＝十翼等说明易的文辞。这也就构成了"太极→两仪→四象→八卦→元亨利贞→六十四卦→二十四节气为内容的"太极阴阳候图"。此内容亦为朱熹的《易学启蒙》和《周易本义》的构成基础。也就是说，

此图正是以朱子学的易理（世界观＝宇宙观）为基础而作成。图的下部分为以易理来说明此图的内容，即在"无极而太极＝两仪（阴阳）—四象—八卦—六十四卦—二百八十四爻"上达到所谓宇宙起源·生成和发展的释文。

图上所写的文字是以七字为一句进行排列的，对其中解读困难的部分，联系上下文之后复原为（／符号为引用者附加的。以下原文由于版面的缘故，将不做单独翻译，只作为证据列出）："无极而太极，天地／之数，阳五阴十，生／两仪，两仪之数，阳／一九三七，阴二八／四六，生四象，四象／之数，一九太阳，四／六太阴，三七少阳，／二八少阴，生八卦，／八卦之数，九为干，／四为兑，七为坎，二／为震，八为震，三为／离，六为艮，一为坤。[1]／易为六十四卦，而／六十四卦变为三／百八十四爻，其道／至大至神，四时流／行造化无穷焉，故／其用远在六合之／外，近在一身之中，／得之于精神之连，／心术之动，与天地／日月四时鬼神合／其理，然后可以知／二五之变化大哉。"

接着，其后还有"其道至大至神，四时流行造化无穷，故其用远在六合之外，近在一身之中"，及"得之于精神之连，心术之动，与天地日月四时鬼神合其理"的说明文。我们可以把它看作是对《周易》乾卦的"夫大人者，与天地合其德，与日月合其明，与四时合其序，与鬼神合其吉凶"等大人（或圣人）与天地合德的内容之概况。即"其道至大至神，四时流行造化无穷，故其用远在六合之外，近在一身之中，得之于精神之连，心术之动，与天地日月四时鬼神合其理"。也就是说，"太极阴阳候图"立足于易理，体现了"宇宙本体生成包括人类的宇宙万物"（太极阴阳）＋"现象世界的变化·运行（二十四节气）"（＝ Sein／存在）及日常生活中与之相适应而必须进行的政治人伦（＝ Sollen／义务、行为规范）。

"第一《太极阴阳候图》"相当于李滉的《圣学十图》之"第一图《太极图》"。只是金范将"易理＋二十四节气"列在图像之首，李滉的第一图则无此设计。就图中没有加入周濂溪的"太极图说"，而是加入了"易理＋二十四节气"的释文这一点来看，金范的《圣学十图》不是以濂溪的《太极图说》而是以朱子的易学理论为基础而制成的。

---

[1] 《河图》的说明。

（二）"第二《理气生物之图》"

该图继"第一《太极阴阳候图》"而作，表明了理气相融，相互作用，生成万物之理。

具体来说，此图是由 4 个同心圆构成，上下各附有一个小圆。首先上面的小圆将"命"（《中庸》第一章"天命之谓性"的命）置于其中心。"命"字之右为"木（春）元"，下为"火（夏）亨"，左为"利（秋）金"，上为"水（冬）贞"。继第一图之后，此图是通过阴阳理气来说明万物生成之理。

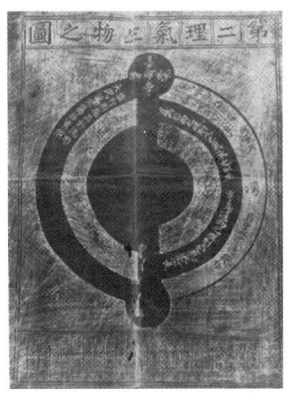

图2：第二 《理气生物之图》

表1 "第二《理气生物之图》"中"命"及 "元亨利贞"之分布示意图

	贞 水	
利 金	**命**	木 元
	火 亨	

此图将"命"设置在中间，显示了依据"天命"而万物得以流行之意。因此，此图起到了上承"无极而太极"，下启阴阳理气发生论的作用。也就是说，此图模仿了周敦颐的《太极图》中与最上面的"无极而太极"相连的第二个圆圈领域的设计方式——以黑阴白阳的标示（[白色部分的]阳→[黑色部分的]阴→阳→阴→阳）完成阴阳交替、"互成其根"的表达。

这种以天命→阴阳理气的方式展开的图像，充分展示了权近（1352—1409）《入学图说》（1397）中的《天人心性合一之图》（这幅图将性理学的核心概念太极、天命、理气、五行、四端、七情等问题缩进一个图表中，简洁地反映了他们的相互关系及各自特性）及对继承此图说思想的郑之云（1509—1561）的《天命图》进行修订的李滉的所谓《天命新图》及其说明《天命图说》（1553）的精髓。①《天命图说》于1553年被正式推出,李滉的《圣学十图》却于15年后的1568年才完成。

该图的四个圆的右半圆的最外侧圆环的中央刻有"浊"字,此字上方刻有《坤卦·象传》中的"至哉乾元,万物资生,乃顺承天,含弘光大,品物咸亨",下方刻有《坤卦·象传》中的"君子以厚德载物"。左半圆最外侧的圆环(中央因磨损无法判断,可能刻有"清"字)的上方刻有《乾卦·象传》的"大哉乾元,万物资始,运行雨施,品物流行",下方因模糊不清已无法判断,有可能为《乾卦》象传中的"君子以自强不息",与乾坤的卦辞形成对应。下端说明文则以四字为一句,内容是:"天命流行,化生万物,理者元亨／利贞,气者／金木火水／土,非理则／气无根底,／非气则理／无依着,理／气循环之／际,人生于／阴阳之中,／天命流行,化生万物,理者元亨／利贞,气者／金木火水／土■■平正／■■■■／明禽兽生／于阴阳,偏／中之正,横／走横飞或／通一路,草／木生于阴／阳偏中之／偏,逆生倒／立全塞不／通。"②

由此可以确定,此图与周濂溪的《太极图说》及承袭朱熹理气人物论的《入学图说》(权近)中载有的《天人心性分释之图》中的《天人心性合一之图》,以及与继承权近的李滉的《天命图说》,具有相同的脉络,且在内容上也是重复的。

图像的最上部,如《中庸》提出的"天命之谓性"一样,天赋之"命"正是用理气来阐明"元亨利贞(理)+五行(气)"的,其目的是根据人类气质的清浊,以说明凡人、君子的等级差异。而李滉的《圣学十图》中无此图。不过我们可以看出李滉的"第一《太极阴阳候图》"中隐含了金范的第一图和第二图。

---

① 这里体现了天人无间的思想。天人无间是指"天人一体",而"天人无间,天人一体"的思想正是李穑在朱子学立足韩国的过程中吸纳的思想。朱子学追求的是"天人合一",牧隐把生养万物的自然界的运行视为天事。自然界如此一成不变地运行的理由,是因为其背后有主宰者操作的缘故。那个主宰者就是天。原来与天合一的人现在也应按照"天"的原貌来生活,而无法那样做的人们应正视自己,力求改变。现在必须要拿出恢复原貌的顽强意志力,砥节励行。恢复与天合一的方法就是要进行人文哲学修养。李穑之后,继承天人无间说的权近作了《天人心性合一之图》。后来,继李彦迪之后完成韩国修养哲学的李滉又将天人无间的思想进一步强化为"天我无间"(参见李基东:《东洋三国的朱子学》,首尔:成均馆大学出版部,2003年)。

② ■为无法解读之字,为引用者所记。

（三）"第三《心统性情全图》"

图3：第三《心统性情全国》

可以认为，该图综合了由张载最先提出、朱熹继承并推广的"心统性情"的信息，以及纳入朝鲜思想史中的权近《天人心性分释之图》中的《天人心性合一图》和《心图》、李滉《圣学十图》的"第六《心统性情图》"和"第八《心学图》"。

可以看出，图上部中心处为模仿权近的《天人心性合一之图》①中的"心"字而作成。"心"的外围是一个圆，在此圆的上端圆弧线上从右至左写有"虚灵"二字，下端圆弧线上则由右至左写有"知觉"二字。图上部的圆内完全利用"心"字的点和笔画，形象地描绘了"心"的活动情况，即在中心的点上写有"性"字，其下写有"仁义礼智信"五常（特征为左右上下为仁义礼智，中间为信），在"性"的正上方写有"命""理"，又接着此二字的正上方写有"生一身该万化"。接着"心"字右边的点上写有"情"字，左边的点上写有"意"；"心"字下面折弯的部分写有"喜怒哀乐恶欲"，如烟花一般上升的一端写着"炎上动"，表明其下方应为"心包是性而居形气之内"。

圆外的上部紧贴圆的右侧为"良心"，左侧为"本心"，它们之间由"合理气统性情"连接。圆外的中部紧贴圆的左侧写有"赤子心"，右侧写有"大人心"。

---

① 画中的"心"即取自权近的"心图"。

画1：权近《天人心性分释之图》中的《心图》

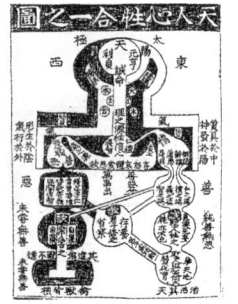

画2：权近《天人心性分释之图》中的《天人心性合一之图》

这暗示了由此向下将展开的"人心—道心"的框架。在图上部圆外的两侧，由右至左分别写有"寂然不动为性／感发遂通为情"及"已发之情为心之用／未发之性为心之体"，由此建立了"性情—体用"论的框架。表明此图是将李滉《圣学十图》之"第八《心学图》"（原为程复心的《心学图》）的大部分及"第六《心统性情图》"（原来上图由程复心作，中、下图由李滉作）的下图下部进行了选择取舍而作成。[①]此图阐释了统摄随性情意的发动而产生的"性（道德性）＝道心"和"情＝人心"的关系，以及弘扬善心的理论和实践等内容。这点集中反映在图的下部分：（性／体—情／用）"感发为"的若干结果：善—固执、唯精—唯一、慎独—戒惧、克复—操存，它们又分别形成左"人心"、右"道心"的构架，同时也成为对此框架的理论和实践的说明。另外在他们之间还插入了四端（恻隐、辞让、羞恶、是非）的内容。

在此框架中，紧接着"人心""道心"下端的为"求放心—存养心""心在—心思"，图最下端的中间为七情（喜怒哀乐爱恶欲），在其两侧，从右至左又分别刻有正心—四十不动心、尽心—七十而从心。结果形成了内心修养的两大形式："性＝体道心（→固执—唯一—戒惧—操存—存养心—心思—尽心—七十而从心）"对"情＝用＝人心（→择善—惟精—慎独—克复—操存—求放心—心在—正心—四十不动心）"。不过这里需要注意的是，存在于原李滉《圣学十图》的"第八《心学图》"（＝程复心的《心学图》）下端圆中间的"敬"字被删去了。这意味着，此图是对继承程复心《心学图》命脉的李滉之"第八《心学图》"

---

① 为便于参考，特载入李滉的《圣学十图》中之"第六《心统性情图》""第八《心学图》"。

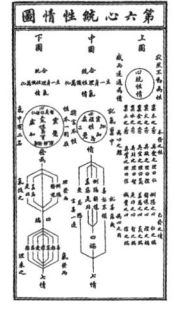
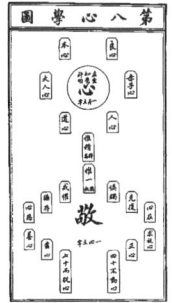

画3：李滉的"第六《心统性情图》"　　画4：李滉的"第八《心学图》"

的质疑及修订。①

不仅如此，金范的《圣学十图》还完全删除了贯通李滉整个《圣学十图》的中心概念"敬"，同时通过展示实际程序，把重心放在了具体实践修养上。也就是说，被推测为金范作品的《圣学十图》应该是在李滉的《圣学十图》之后，并以对其进行修订为目的而作成的，其作者即为从属栗谷学派的或与金范有关的某位托"金范"之名的后学。

（四）"第四《心性情善恶图》"

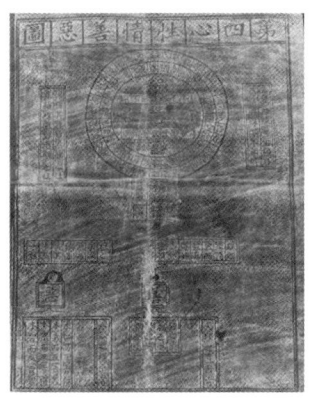

图4：第四《心性情善恶图》

该图是揭示善恶如何在心的性情中产生，又是如何在经验世界里被展开的一幅图。

图的上端中央部分有一同心圆，圆心位置刻有"心性"二字，其右—左—下—上四方刻有"仁义礼智"，形成一立体式格局。这种上为"智"、下为"礼"、右为"仁"、左为"义"的设计，正象征着"北 / 冬 / 藏→东 / 春 / 生→南 / 夏 / 长→西 / 秋 / 收"。"智"下面写有"性即理也理无不善"，"礼"上方为"情即气也气有清浊"。另外"仁义礼智"的外围，有

三个同心圆构成的双重圆环，与"仁"相对的第一层圆环中写着"浑然全具底是仁"，第二层圆环中写着"遇事发出底是仁之用"。同样，"礼"的上方为"粲然有条底是礼"，再上方的圆环中为"行事有文底礼之用"；"义"的上方为"肃然不乱底是义"，再上方的圆环中为"处事得宜底是义之用"。另外，"智"的上方为"莹然含藏底是智"，再上方为"转事记藏底是智之用"。这种设计在体用两方面体现了仁义礼智的意义。另外在同心圆的右侧刻有"五气虽殊实不相外 / 五性虽殊亦不相外"，阐明了"五气"和"五性"不即不离的关系。左侧刻有"单指其理曰本然之性 / 兼指理气气质之性"，说明"本然之性"和"气质之性"在单指理时为本然之性，理气兼指时为气质之性。此图正是以这种方式表述了"心"的本体同一性。

---

① 关于李珥针对程复心的"心学图"中的疑点进行的论述，以及李滉就其间相互矛盾的部分做出回应的内容，可参见咸泳大：《画心——修心修身的儒学者》，《图说韩国学》，首尔：泰学社，2013 年。

接下来为了说明心的作用即"情"是由心从"心"的本体即"性"上得到的"意·志"发动而来的道理，紧贴着这个圆的下端横向标有"意、志"，竖向著有"发为情"。

在紧接着它的右下方写有"理之乘清气而发直遂其本然之性"，为说明之，其下标注了"善"的生成，左侧也写有"理之乘浊气而发遂失其本然之性"，为阐释之，其下又标示了"恶"的生成。另外，右边"善"的下方以"天理之直出者"分别表明"仁之端""义之端""礼之端""智之端"；左侧以"人欲之横出者"分别表明"本仁而反害仁""本义而反害义""本礼而反害礼""本智而害智"的四端的"反害"。它基本上遵循了朱子学的人心分析法和善恶发生论，简洁明了地图释了"心性情善恶"。

此图表明了李珥与李滉的立场不同。李滉据"人心如七情从气中发出（引者按，气发），道心如四端从理中发出（引者按，理发）"出发，提出须通过"敬"的工夫涵养理；而李珥关注的是如何纠正人类的"错误气质"的问题，对此他提出：随着气的清浊程度不同，产生的道心和人心、善与恶，都通过气的领域和"心"的主张，即重视气的"气发一途说"，继而否定了退溪学派的主张。[①] 李滉认为修心是一种极其重要而艰苦的工夫，他曾下定决心对这种"决心"究竟是从什么地方来的问题做过深切思考。为了学问，他倾注了晚年的全部精力，就像一个虔诚的修道士。而李珥则坚持认为心是由气质而发，所以需对气质进行修炼，从而明确认识到了实际修养的问题，认为人与人的气质虽不同，但因气质的偏差可以通过修养得到纠正的缘故，所以恶不是人的本然。[②] 栗谷学派的这种主张被充分反映在"第四《心性情善恶图》"中。

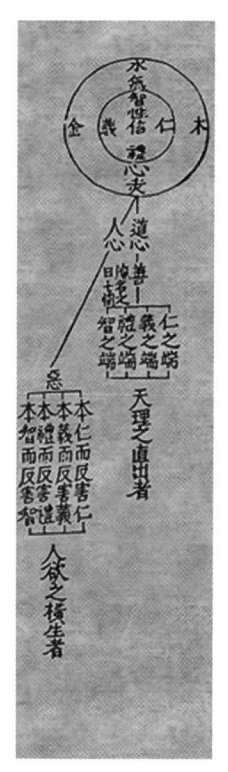

画 5：李珥的《人心道心图》

① 参见咸泳大：《画心—修心修身的儒学者》，《图说韩国学》，第 108—109 页。

② 参见同上，第 109 页。

（五）"第五《学庸合一之图》"

图5: 第五《学庸合一之图》

该图是"学庸"即《大学》和《中庸》"合一"或"须合在一起理解"的示意图。其右侧为《大学》之图解，左侧为《中庸》之图解，因此不妨把此图理解为《大学图》和《中庸图》的合图。

首先在"大学图"上方刻有"三纲（领）"，下方刻有"八条（目）"（黑体表示强调）。"在"的两侧为（明）明德—本、新民—末，"在"下为"止至善"，朝向它的右侧的"〈"形的斜上方刻有"明德求之于此"，斜下方向倒着刻有"知止知止于此"。因为两端共用一个"此"字，所以右侧的"〈"形中上下共 11 字。同样左侧向着"止至善"的"〉"形的斜上端刻有"新民求之于此"，下端倒着刻有"能得得止于此"。因为两侧共用一个"此"字，所以左侧的"〉"形中上下总共 11 字。

图下面以"知止"为"始"，"能得"为"终"，中间置有"定静安虑"四字。其下又记有"格物、致知、诚意、正心、修身、齐家、治国、平天下八条目"，随后又将之两两为一组进行重新归纳，即把"格物—致知"合到其下的"知止之事"，"格物—修身"合到其下的"明德之事"，"诚意—平天下"归结到其下的"能德之事"，"齐家—平天下"合到其下的"新民之事"。最下端又合"知止之事"＋"明德之事"到其下的"穷理正心"，合"能德之事"＋"新民之事"为"修己治人"。

左侧为"中庸图"。把《中庸》首章的"天命之谓性，率性之谓道，修道之谓教"中间的"之"字置于上面的"天命、率性、修道"与下面的"性、道、教"中间，连接上、下字为：天命之性，率性之道，修道之教。

其右下侧又合"不睹戒慎，不闻恐惧，莫见乎隐，莫显乎微"汇为其下的"慎独"，左侧的"中也大本，和也达道，天地位焉，万物育焉"归于其下的"中和"。将其下方的"好学近智，力行近仁，知耻近勇"汇为下面的"三德"。图的最下面为九经，及其内容（修身、尊贤、亲亲、敬大臣、体群臣、子庶民、来百工、柔远人、怀诸侯）。

李滉的《圣学十图》里虽有《大学图》，但无《中庸图》。金范的《圣学十图》中将《中庸图》与《大学图》合在一起制成一图，这正是它的独特之处。

（六）"第六《西铭之图》"

该图是根据张载的《西铭》而绘制的。《西铭》同《东铭》一样以篇幅短小、内容深刻而著名。

该图的中心刻有一圆，圆内左右各刻有《西铭》首句"乾称父，坤称母"，中间以竖排形式刻有"予兹藐焉，乃混然中处"。圆的右上端接着上文，刻有："故天地之塞，吾其体，天地之帅，吾其性，民吾同胞，物吾与也，大君者，吾父母宗子，其大臣，宗子之家相也。"左上端刻有："尊高年，所以长其长，慈孤弱，所以幼吾幼，圣其合德，贤其秀者也，

图 6：第六《西铭之图》

凡天下疲癃残 / 疾惸独鳏寡，皆吾兄弟之颠 / 连而无告者也。"圆中部的右侧刻有"于时保之，子之翼也，乐且不忧，纯乎孝者也。违曰悖德，害仁曰贼"，圆中部的左侧刻有"济恶者不才，其践形惟肖者也，知化则善述其事，穷神则善继其志，不愧屋漏为无忝，存心养性为匪懈"。右下端为"恶旨酒，崇伯子之顾养，育英才，颍封人之锡类，不弛劳而厎豫，舜其功也，无所逃而待烹，申生其恭也。体其受而归全 / 者参乎，勇于从而顺令 / 者伯奇也"，左下端为"富贵福泽，将以厚吾之生也，贫贱忧戚，庸玉汝于成也，存吾顺事，没吾宁也"。

总之，这幅图相对李滉《圣学十图》"第二《西铭图》"来说较为单纯明了。

（七）"第七《小学题辞之图》"

该图是用来说明朱熹为"小学"第一部分作的《小学题辞》即《小学》卷首语而作成。

作者首先将图的右上端刻有的"元亨利贞，天道之常，仁义礼智，人性之纲"释为"天道人性"，接

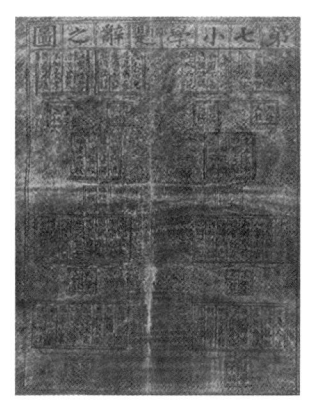

图 7：第七《小学题辞之图》

下来将"凡此厥初，无有不善，蔼然四端，随感而见"归纳为"性发为情"。接着将左上端的"爱亲敬兄，忠君弟长，是曰秉彝，有顺无强"归于下面的"见于性行"一类，将"惟圣性者，浩浩其天，不加毫末，万善足焉"归于下面的"圣之尽性"。接着又合其下方右侧的"众人蚩蚩，物欲交蔽，乃颓其纲，安此暴弃"到其下的"众之汨性"，左侧合"惟圣斯恻，建学立师，以培其根，以达其支"到其下的"兴学说教"。再下方的又合右侧"小学之方，洒扫应对，入孝出恭，动罔或悖，行有余力，诵诗读书，咏歌舞蹈，思罔或逾"到其下的"小学之教"，合左侧的"穷理修身，斯学之大，明命赫然，罔有内外，德崇业广，乃复伏其初，昔非不足，今岂有余"于其下的"大学之教"。最下端右侧合"世远人亡，经残教弛，蒙养弗端，长益浮靡，乡无善俗，世乏良材，利欲纷拏，异言喧豗"于其下的"教学不明"，合左侧的"幸兹秉彝，极天罔坠，爰辑旧闻，庶觉来裔，嗟嗟小子，敬受此书，匪我言耄，惟圣之谟"于其下的"开后学意"。

图中将《小学题辞》的内容按顺序以四字为一句，几乎全盘载入，呈现出与李滉的"第三《小学图》"不同的形态。①

（八）"第八《圣贤道统赞图》"

图8：第八《圣贤道统赞图》

该图为赞颂"圣贤道统"之图，也是说明行祝颂"文庙祭礼"诗时的人物配置图。中央刻有"大成至圣文宣王孔夫子"及孔子祭日，其左右还配置了继承他学问系统的弟子后学，右侧为"颜子、子思、周濂溪、程伊川、朱子"五贤，左侧为"曾子、孟子、程明道、张横渠"四贤。此图特将孔子、颜子、曾子、子思子、孟子定为五圣位，将周濂溪、程明道、程伊川、张横渠、朱子定为五贤。

图左侧最下端分上下两行，列有众多书目：第一行从右至左分别为"周易、书传、诗传、周礼、春秋、礼记、论语"；第二行从右

---

① 参见金秉宗《秀山文集》的《圣学续图》中所载的"《大学经一章图》《大学经一章》《中庸篇题》《乡党篇图》《好学论》《太极图说》《小学题辞图》《小学题辞》《东铭图》《东铭》《四勿箴图》《四勿箴》《心经赞》《屏铭》《大学衍义别录》"。这其中就包含《小学题辞图》。

至左分别为"中庸、孟子、通书、二程全书、朱子大全、纲目、近思录、小学"。此图详细展示了祭祀圣贤时的实际布局，另有人物及他们留下的著作，以示儒家必修之书目，同时也体现了对圣贤的缅怀和赞誉。这幅图的中央还绘制了祭礼时必备的火炉、桌子、脯和水果等用品。

（九）"第九《学教之图》"

该图是关于学（学问）和教（教育）的绘图。

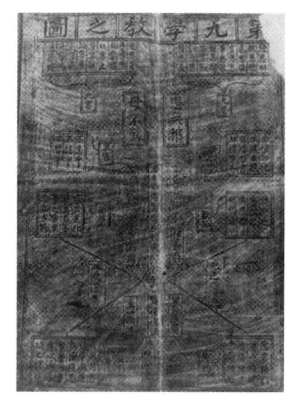

图9：第九《学教之图》

图的最右侧上端列出了出自《论语·季氏》篇、载入李珥《击蒙要诀》（1577）①的"九思"：①视思明；②听思聪；③色思温；④言思忠；⑤事思敬；⑥疑思问；⑦忿思难；⑧貌思恭；⑨得思义。这里将《论语》原文中的"……视思明，听思聪，色思温，貌思恭，言思忠，事思敬，疑思问，忿思难，见得思义"的顺序重新排列为：①视→②听→③色→④言→⑤事→⑥疑→⑦忿→⑧貌→⑨得，成为其区别于原文的基本特征和标志。作者首先考虑的是对"视听色貌言事疑忿得"的分类问题，所以仍将最重要的"视听"列为首位，其次考虑的是形式问题，而将"见得思义"缩为"得思义"，做到了与其他"八思"在句式上的平衡。

接着在上端左侧为对应右侧的"九思"而提出的"九容"：①足容重；②手容恭；③目容端；④口容止；⑤声容静；⑥头容直；⑦气容肃；⑧立容德；⑨色容庄。"九容"出自李珥的《击蒙要诀·持身章第三》。李珥在此中强调了"九容"及"思无邪，毋不敬"的重要性："收敛身心，莫切于九容，进学益智，莫切九思。""'思无邪，毋不敬'，只此二句，一生受用不尽，当揭诸壁上，须臾不可忘也。"因此在"第九《学教之图》"中，"思无邪，毋不敬"以"九容"和"九思"左右挟恃的形态出现。顶着这两句的为"九思"下面的"四勿"和九容下面的"三省"，即出自《论语·颜渊》的"四勿"："非礼勿视，非礼勿听，非礼勿言，非礼勿动"，出自《论语·学而》中的"三省"："不忠乎，不信乎，不习乎。"在

---

① 《击蒙要诀》是1577年栗谷为初学者编辑的简易教材。

"思无邪,毋不敬"下面,位于中心位置的柱子形的长方框中刻有"要持敬字圣学成始成终",紧贴着它正下方的圆中刻有"敬"字。"敬"字下方刻有对此字的释文:"整齐严肃,常惺惺法,主一无适。"且又在"常惺惺法"下面刻有"勿忘勿助,持敬节度"。①

以"思无邪"下面的"柱子"为中心,两侧各刻有周濂溪的"诚无为,几善恶",以举出新儒教中普遍的①宇宙的原理→②被赋予宇宙原理的人心的本质→③社会经验等阶段中的善恶分歧问题,来阐明从宇宙论到人性论的转变过程。②接着在"诚无为,几善恶"的下方各刻有"通动静"(右)和"贯知行"(左)。围绕着"敬"字,在其右侧上下方各刻有"致知""乡约",作为实现"克己复礼"的理论和实践纲领跟随其后,在"改过迁善"的左侧上、下方各刻有"省察"和"成训"。

随后又将"致知"分出"博学之,审问之,慎思之,明辨之"四条目刻于其右,"乡约"又分出"德业相劝,过失相规,礼俗相交,患难相恤"刻于其右;"省察"分出"审其是非,察其真妄,事之方来,念之方萌"刻于其左,"成训"又分出"居敬持志,循序渐进,熟读精思,紧着用力,虚心涵泳,切己体察"等若干小条目刻于其左。

李滉《圣学十图》中无此图。"九思""九容"于1577年才被记录在李珥的《击蒙要诀》中,这一点明确说明了金范的《圣学十图》应该是1568年12月李滉完成《圣学十图》十年之后的作品。

(十)"第十《教训来裔之图》"

该图是"教训"(教育与训诫)和"来裔"(后世子孙)之图。

图的右上端为出自《明心宝鉴》的"范益谦"之十四座右铭中的七戒铭。文句删去"一"到"七"的数字,以"不言"开始:"不言朝廷利害边报差除 /

图 10:第十《教训来裔之图》

---

① 此内容有必要对李珥的"为学之方图"等内容及与之关联性进行再考察。此处不做详论。

② 建议参考周敦颐的《太极图》、权近的《入学图说》及李珥的《人心道心说》。

不言州县官员长短得失／不言众人所作过恶之事／不言仕进官职趋时附势／不言财利多少厌贫求富／不言淫媟戲慢评论女色／不言求觅人物干索酒食。"上端中央为"刑明在侧，无惰尔容，上帝实临，无贰尔心"。"无惰尔容"出自李滉的《古镜磨方》，这一点在庄南轩的《葵轩石铭》中有记载。而"上帝实临，无贰尔心"则出自于《诗经·大雅》的"上帝临女，无二尔心"，对此《心经》中也有引用。左上端载有"十丈赞"，是将邵康节的《十丈夫歌》中的诗句顺序及文字做了相应的处理："青天白日廓乎昭明心镜／泰山乔岳崒乎高大气像／北海南溟①浩无涯岸局量／光风霁月净无尘埃胸襟／花烂春城万化方畅神容／雪满穷壑孤松特立持操②／凤翔千仞饥不啄粟廉隅／鸿宵③求国飞必含芦警戒。"即将原有的 10 行诗句缩为 8 行，删除了原句中的"9—10"，并把顺序调整为"1—2—5—6—3—4—7—8"；每行 12 字中删除"丈夫"后缩为 10 字一句，且在文字上也应上下文的需要有所改动。可以将中间的"毋自欺"看作是其上端右侧及左侧的"七戒铭"和"十丈赞"、下端右侧的"十方"及左侧的"十悔"的总括。其下端右侧刻有："大膳饐哺盘如饱五味读书之方／鸟头鸩羽不敢近口嫌恶之方／三日累粮示师必死进修之方／百斤担荷脊梁自硬任果之方／驺虞鹭鸶不忍害生为善之方／铁轮顶上毫发不动立志之方／止水中间主翁常惺存食之方／雌鸡抱卵未离一窠着力之方／上帝左右神鉴聪明谨独之方／坚壁清野遇敌斯杀克复之方。"左侧记有"十悔"，是对"朱子十悔训"④的变形（其中五个被变用）："少不勤学老大悔／不防私欲陷身悔／不修家业行乞悔／不严墙屋偷盗悔／轮不越役逢厄悔／春不耕种秋获悔／言人疵病辱及悔／醉中妄言醒后悔／早不乘屋渗漏悔／越不赴吊终制悔。"其正下方还记有"无欲当仙／守分当贵／教子当位／务农当禄／屈人当胜／守拙当能／恒默当言／独寝当药／缓步当车／晚食当肉"等十个项目，其中"无欲当仙"即"无欲就会成为神仙"，应该是针对上面"十悔"而提出的一种对应策略。

---

①　原为"南溟北瀚"后改为"北海南溟"。

②　改志节为"持操"。

③　虽看字迹模糊，但可以认为是"鸿鸣九宵"的缩写"鸿宵"。九宵是天的九种变化：即神宵、青宵、碧宵、丹宵、景宵、玉宵、琅宵、紫宵、太宵，又指天的最高处（宫殿）。

④　朱子十悔训：不孝父母死后悔，不亲宗族疏后悔，不接宾客去后悔，不治垣墙盗后悔，春不耕种秋后悔，少不勤学老后悔，色不慎病后悔，富不节用贫后悔，忿不思难败后怀，醉中妄言醒后悔。

二　李滉《圣学十图》的比较考察

以上是我们通过与李滉的《圣学十图》的对比，对金范的《圣学十图》进行了考察。其内容可以总结为以下三点：

第一，暂定为"刊写地、刊写者、刊写年未详，金范编辑的《圣学十图》"，是根据"第一《太极阴阳候图》"左下端刻有的"后溪"字样的签名而确定的。同时据此刻于封面上的"后溪《圣学十图》"字样的出处也有两种假设：第一，或出于某位后学之手；第二，或出于此资料的获得者为便于资料整理，而根据"第一《太极阴阳候图》"下端附有"后溪"之名，进行分类时"随意做的标记"。

第二，金范的《圣学十图》由①"第一《太极阴阳候图》"、②"第二《理气生物之图》"、③"第三《心统性情全图》"、④"第四《心性情善恶图》"、⑤"第五《学庸合一之图》"、⑥"第六《西铭之图》"、⑦"第七《小学题辞之图》"、⑧"第八《圣贤道统赞图》"、⑨"第九《学教之图》"、⑩"第十《教训来裔之图》"十个图像构成。基本上是以"宇宙论（①、②）→心性论（③、④）→功夫论（⑤、⑥、⑦、⑧）→实践论（⑨、⑩）"的顺序设计的。这种从"知"（discipline）到"行"（practice）的框架设计，充分展示了"先知后行"的朱子学式之实践"学知"理念。若将之与李滉的《圣学十图》，即①"第一《太极图》"、②"第二《西铭图》"、③"第三《小学图》"、④"第四《大学图》"、⑤"第五《白鹿洞规图》"、⑥"第六《心统性情图》"、⑦"第七《仁说图》"、⑧"第八《心学图》"、⑨"第九《敬斋箴图》"、⑩"第十《夙兴夜寐箴图》"等进行观察比较，我们可以得出以下几点结论：

1. 金范的①"第一《太极阴阳候图》"相当于李滉的①"第一《太极图》"。

2. 金范的②"第二《理气生物之图》"，李滉无此图。但此图的内容却从属于权近的《天人心性合一图》和继承它的李滉的《天命图说》（1553）的系谱。

3. 金范的③"第三《心统性情全图》"，初看上去与李滉的⑥"第六《心统性情图》"相似，内容上虽是对李滉的⑧"第八《心学图》"（原程复心绘制）之大部、⑥"第六《心统性情图》"下图之下部（李滉绘制）的选择取舍，但事实上却是对程复心之《心学图》的修订。这里值得注意的是, 程复心的《心学图》下端圆中心的"敬"字被删除了。这意味着此图是对程复心的《心学图》及其继承此图的李滉之⑧"第八《心学图》"的否定及修改。不仅如此, 金范的《圣学十图》将贯穿于李滉之《圣学十图》中的核心概念"敬"完全删除后, 把重点集中在了通过实际图表展示具体实践修行的内容上。于是金范的《圣学十图》应是在李滉的《圣学十图》以后出于对其修订之目的而制作的, 显然为李珥学派所作。

4. 金范的④"第四《心性情善恶图》"相当于李滉的⑧"第八《心学图》", 实际内容是对李珥的《人心道心图》(1582)的说明, 也是对李滉主张的"人心与七情一样, 从气中产生"(气生)以及"道心与四端一样从理中产生"(理生)的观点的批判, 并且是对重视气的"气发一途说"的明示。

5. 金范的⑤"第五《学庸合一之图》"相当于李滉的④"第四《大学图》"。

6. 金范的⑥"第六《西铭之图》"相当于李滉的④"第二《西铭图》"。

7. 金范的⑦"第七《学题辞之图》"相当于李滉的③"第三《学图》"。

8. 金范的⑧"第八《圣贤道统赞图》"为金范之独创, 李滉无此图。

9. 金范的⑨"第九《学教之图》"应相当于李滉的⑤"第五《白鹿洞规图》"。其特征是对李珥的《击蒙要诀》(1577)的介绍。

10. 金范的⑩"第十《教训来裔之图》"为作者追加上去的, 李滉无此图。

第三, 金范的《圣学十图》在内容上与李滉的《圣学十图》有近50%的相似处, 其余的可认为是对李滉的《圣学十图》的修订及补充。特别要注意的是, 李滉的《圣学十图》中的⑦《仁说图》、⑨《敬斋箴图》、⑩《夙兴夜寐箴图》, 被金范换成了⑧《圣贤道统赞图》和⑩《教训来裔之图》, 这两幅图是李滉的《圣学十图》所没有的。

第四, 金范的《圣学十图》, 向外(朝鲜之外)参考了中国古典及宋明理学的基本图说设计, 向内则以《入学图说》(1397)—《天命图说》(1553)—《圣学十图》(1568)—《击蒙要诀》(1577)为其主脉。从金范《圣学十图》的内容看, 作者有与李滉的《圣学十图》(1568)做对抗及对其进行补充修订的意图。另从其全面介绍了李珥的《击蒙要诀》的内容上, 还可以推测出金范的《圣学十图》的创作年代至少要比李滉的《圣学十图》晚十年左右。

三 结 语

以上我们对被推定为金范所做的《圣学十图》进行了考察分析，最终我们得出关于"金范《圣学十图》"的研究结果如下：

第一，我们没有从金范的《后溪集》中看到任何与《圣学十图》有关的言论。首先，有必要对我们推测的假定作者金范其人做一简要介绍。金范，籍贯商山（尚州），字德容，本名范，号后溪或桐溪。[1]金范幼年时期，其伯祖父曾在溪谷前建一草亭，金范因依此亭游玩休憩，故自号为后溪或桐溪（梧桐溪涧）。而金范家里另有小轩坐落在溪谷边，于是金范就每天逍遥在草亭和自家小轩之间，并常常一个人一动不动像个泥人似的端坐在那里以写画自娱。[2]其诗词文章古雅简淡，经史子集无所不读，《诗》《书》《论语》《孟子》《大学》《中庸》及《小学》等无所不通，谨学慎行，身心并修，颇有造诣。[3]后金范被以学行荐为玉果县监。玉果即今韩国全罗南道谷城郡，是连接南原和光州的要地。他应明宗之命为官，在职之际曾在学问、政治方面有所进谏。晚年则全心致力于性理学及对后学的教育培养上。著作被其后孙金彦庆编成《后溪先生文集》（简称《后溪集》），于1934年由金相烈刊行。根据其后被编为《韩国历代文集丛书》第1694册的《后溪先生文集》（首尔：景仁文化社，1996年）[4]记载，金范曾著述四编，对心学做了大量论述（《多论心学》）[5]，但此著述在兵燹中因火灾而遗

---

① 参见李埈：《后溪传》，《后溪先生文集》，第92页。

② 金弘敏、金弘微《经明行修玉果县监后溪先生行迹》："伯祖父尝构一草亭于前溪上，公因托为栖迟之，遂自号曰后溪，或曰桐溪。家亦有小轩临溪，公每日逍遥于两间，端坐如泥塑以图书自娱。"（《后溪先生文集》，第82页）

③ "意会则辄遗怀于诗若文，其诗文皆古雅简淡，无一语尘冗，经史子集亦无所不读，而于诗书语孟学庸及小学等书，则皆精研微妙，多所自得，而必欲体之于身上，验之于践履，非但如世儒之只资口耳也。"

④ 卷头为后学权斗寅的序文，卷尾为后学郑葵阳、李性至的跋文，卷一有诗11首，赋8篇，疏1篇，书2篇，跋1篇，碑铭1篇，墓志铭2篇。卷二为《召旨》《批答》《赐祭文》《经明行修玉果县监后溪先生行迹》《后溪传》《旌闾跋》《玉成书院奉安祭文》《丙丁祝文》。《后溪集》中可以看到其中汇集了权斗寅写的《序文》（第10页）、金弘敏、金弘微写的《经明行修玉果县监后溪先生行迹》（第86页）、李埈写的《后溪传》（第92页）、郑葵阳、李性至写的《跋文》（第99—111页）。

⑤ 权斗寅：《序文》，《后溪先生文集》，第10页。

失。据说其中还有《说心》《说学》两篇。

总之，《后溪集》中没有任何关于《圣学十图》的言论。之所以要一再强调这一点，是因为它为我们进一步调查其作者的来源，打开了思路，即"金范的《圣学十图》"是由栗谷学派或与他相关的后学以某种理由托名而作的。

第二，金范《圣学十图》出现在李滉《圣学十图》刊行以后，并以代表栗谷学立场和理念的李珥《击蒙要诀》的内容为主轴。因此可暂将金范《圣学十图》视为某学者（栗谷学派的某位学者）以某种理由托名而作定为结论。也就是说，可以认为金范《圣学十图》的出现比李珥《圣学辑要》（1575）之后的《击蒙要诀》（1577）要晚[1]，故而此作品的作者被确定为金范的观点还略显证据不足，可将其推定为代表栗谷学流派思想的某位学者假托后溪之名而作。当然，从金范曾在连接南原和光州的要地玉果做过县监这一点判断，其与栗谷学派可能有某种联系，但这并不能成为判断其即为此作品之作者的充分证据。

第三，即使这样论述，最后还会留下问题。那就是金范《圣学十图》为什么至今还没有被公布于世？答案可能是考虑到金范《圣学十图》与它之前出现的李滉《圣学十图》在内容和思想上的对立会对已建构起来的学术构架乃至社会造成某种"后果"等原因，或许出于同样原因，作品中对其作者（也许就是栗谷学派或与之关联的金范的后学）也做了"刻意"隐藏。这就给我们留下了一个深入挖掘金范（当然不排除金范之外另有其人的可能性）系谱的课题。[2] 对这个课题的解决，定会对金范《圣学十图》在朝鲜思想史上应有的地位和意义有一正确的评价。

最后须指出，本文一方面对李滉《圣学十图》会因金范《圣学十图》的出

---

[1] 为便于参考特作此表于下：

表 2 金范《圣学十图》关系年表

金范		1515（生）		1566（卒）			
李滉	1501（生）				1568《圣学十图》	1570（卒）	
李珥			1536（生）			1575《圣学辑要》	1577《击蒙要诀》	1584（卒）

[2] 这项课题将另文讨论。

现，面临意义或地位被客观化的过程进行了考察，另一方面又提醒我们：不可把"朝鲜时代诞生的《圣学十图》"当作是一个单独的"思想史事件"来认识，而应该以一种宏观的解读方法来对其进行考察。实际上，李滉《圣学十图》不仅对朝鲜学界有影响，在朝鲜时代，日本也曾对《圣学十图》做了选择性解读。这是笔者最近偶然发现、有据可查的事实。《中江藤树先生全集》中就留有日本阳明学始祖中江藤树（1608—1648）及其门下弟子读过"第十《夙兴夜寐箴图》"的记录。此图为1940年日本刊行《中江藤树先生全集》的中江藤树门人岩佐太郎右卫门的后孙所收藏。众所周知，朱子《夙兴夜寐箴》是以陈柏所做的箴言为基础而作的，并附加了补充说明。《夙兴夜寐箴图》具体说明了从早上睁开双眼到晚上睡觉，在日常生活中实践性学的方法，表明了"敬"为其性学的核心原理。但否定宋学的"敬"、强调"诚"的中江藤树也把它当作日常行为的实践规则，可见其魅力所在。[①] 因此，笔者认为有必要将被称作东亚儒学史的"知行图"全部收入到我们的视野之下，并对《圣学十图》的思想史事件进行重新解读。

钱明　校对

---

① 《中江藤树先生全集》之《夙兴夜寐箴图》的最上部有 "陈柏《夙兴夜寐箴图》笔者未详" 的字样，根据此图为藤树门人（岩佐太郎右卫门）直系后孙（嫡流）所收藏的事实，也许是藤树用以教示门人的资料。参见《中江藤树先生全集》第 5 册，东京：岩波书店，1940 年，第 69 页。

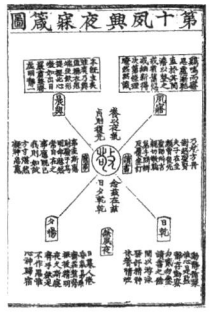

画 6：李滉《圣学十图》
第十图《夙兴夜寐箴图》

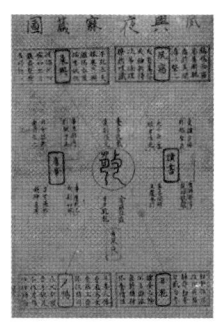

画 7：载《中江藤树先生全集》的
陈柏《夙兴夜寐箴图》

第二十四章　宋时烈的方法论及四七之辩

蔡家和（台湾东海大学）

前　言

　　研究朱子学时，学者常会为朱子言论之不一而感到困扰，例如，关于"心"的意涵：心是气之灵，所以要归属于气？还是心本具性理？究是本心或气心，历来各家的诠释多不相同。[①] 又如，冯友兰曾言：朱子需要两个世界。[②] 而刘蕺山、黄宗羲等人也以朱子"有物先天地"[③]之说，而判朱子似有割裂理气之嫌。朱子自己曾言："山河大地陷了，理还是在。"[④] 如此看来，理与气应当可以分属两个世界，然而朱子又说理气不离，那么，好像又只有一个世界。此外，朱子判理、气的先后，有时是理先气后，有时是理气同时。而朱子谈论孟告之辩时，认为告子四变其说，即所谓诐辞、淫辞、邪辞、

---

　　① "心是气之灵之心，而非超越的道德的自发自律之本心，其本性是知觉，其自身是中性的、无色的，是形而下者，是实然的，也是一个实然之存在。"（牟宗三：《牟宗三先生全集》第7卷，台北：联经出版公司，2003年，第272页）。牟先生认为朱子的心是气，而唐君毅先生则认为，心不只是气，可以有理的成分，称为"本心"亦无不可。

　　② "理学与心学之差别之一，即理学需要二世界，心学只需要一世界。或可谓理学为二元论的，心学为一元论的。"（冯友兰：《中国哲学史》，上海：商务印书馆，1934年，第82页）

　　③ 刘蕺山认为朱子之学有求理于天地之外之嫌。

　　④ "要之，也先有理。只不可说是今日有是理，明日却有是气；也须有先后。且如万一山河大地都陷了，毕竟理却只在这里。"（黎靖德编：《朱子语类》卷一，北京：中华书局，1999年，第4页）

遁辞①，不过也说告子的错谬根源，在于"生之谓性"的主张。②

当面对朱子言论前后不一致的时候该当如何解读？何者才是朱子的定论？关于朱子所留下的文献，或整理自《大全》③，或整理自书信，或出于《四书章句集注》，又或者出于《朱子语类》等，彼此间各有各的谈论重点，而这便是在研究朱子学时所必须面对的方法学问题。④虽然从大方向来看，朱子学整体体系的宗旨相当一致，但是论述之间若干的不一致也是存在着的。当此之时，也就需要寻求解决方法，以下试举几种：

1. 思想前、后期的改变：可将朱子思想内涵视如一持续变动的有机体，又或者，当朱子建构学说体系时，也有可能前、后时期出现差异。如朱子中和旧说的"性体心用"与新说的"心统性情"，此可视为前、后期的思想改变。⑤又例如阳明《朱子晚年定论》的方法运用，也是使用前、后期思想改变的原则方法。⑥

2. 视诠释对象而有不同的说法：例如，关于"心"的定义，在面对佛学时，由于佛家也重视"心"，朱子此时便视"心"的地位居次，而以"性"为重，心即是气，即是佛家所言之"心"，而只到气此一形下之层面；然而，如果面对《孟子》的"本心"时，心便不只是气，而是理气合、心性合的"本心"，涵具形上之层面。

3. 从文献的创作背景来衡量：例如，当《四书章句集注》与《语类》冲突时，则当该以《集注》为主。因为《语类》是上课学生笔记，可以推论这样的记载比起《集注》而言，应当还属思索当中，《集注》则由朱子亲自执笔，则可视为是朱子认真思考后的作品。又由于《语类》是学生笔记，出现讹误的可能性也较大。

---

① "自篇首至此四章，告子之辩屡屈，而屡变其说以求胜，卒不闻其能自反而有所疑也。此正其所谓不得于言勿求于心者，所以卒于卤莽而不得其正也。"（朱熹：《四书章句集注》，台北：鹅湖出版社，1984年，第327页）

② "告子不知性之为理，而以所谓气者当之，是以杞柳湍水之喻，食色无善无不善之说，纵横缪戾，纷纭舛错，而此章之误乃其本根。"（同上，第326页）

③ 韩国儒学所言朱子的《大全》，指的是《朱子文集》。

④ 朱子学说的建构有其自身的方法，如"以义理领导训诂"、《格致补传》的置入、理学的置入等，本文在此不讨论朱子自身治学的方法，而是学者要该如何研究朱子学的方法。

⑤ 朱子写了《知言疑义》用以怀疑胡宏的《知言》一书，即是站在"新说"立场以反对"旧说"，因其"旧说"正是受到胡宏影响。

⑥ 也许书中阳明对朱子的评论未必正确，甚至可能是明知故意。

4. 无法从单一文本而判为定论：例如，当朱子在文章中强调"理气不离"时，却不能因此认定"理气不离"即是定说，亦需考虑到朱子在其他文章也谈"理气不杂"，也就是说，朱子可能兼采二说，此二说于朱子学说中各有妙用、各代表着朱子思想的不同层面。

5. 谈论的次数多寡：例如，朱子有时言"知觉是智之事"，此属形上，有时则言"知觉不可训仁"，此属形下 ①，"知觉"究属形上或形下？这可以透过搜录相关言论，从中分析朱子讲述时的次数多寡，而来判定何者较接近朱子心目中的想法或是主要意思，其中，谈论次数较少的，便要尊重次数较多的说法。

6. 对朱子学说纲领、精神的掌握：有些争议是朱子学说内部的问题，例如，韩儒论争的"四七之辩"、未发心体是属纯善或有善有恶、朱子学是否也是"心即理"之说等，这些问题主要仍需透过对朱子学说的理解与掌握，才能得到比较清晰的结论，当然也可辅以其他或前述各种方法而来归纳、整理出头绪。

在当代新儒家中，研究朱子学较具代表性者，当推牟宗三与唐君毅两位先生。牟先生认为朱子是别子为宗②，而唐先生虽也见及朱子的援引外学③，却以"伟大"来形容朱子之学。唐先生亦不去分别宋明儒学之中谁是正统、谁是别子，而牟先生则认为阳明为正统、朱子为别子。至于牟先生认定朱子的心是气，而唐先生却不如此。④ 唐、牟二先生的看法会有如此差距并不意外，这在韩国儒学史上业已是存在已久的论争，如韩儒"四七之辩"之中，李滉（字景浩，号

---

① "问：'知觉是心之灵固如此，抑气之为邪？'曰：'不专是气，是先有知觉之理。理未知觉，气聚成形，理与气合，便能知觉。譬如这烛火，是因得这脂膏，便有许多光焰。'问：'心之发处是气否？'曰：'也只是知觉。'"（《朱子语类》卷五，第85页）

② "此直线的分解思考之清楚割截所确定的'但理'是超越的静态的所以然，而不是超越的动态的所以然。此静态的所以然之理只摆在那里，只摆在气后面而规律之以为其超越的所以然，而实际在生者化者变者动者俱是气，而超越的所以然之形上之理却并无创生妙运之神用。"（牟宗三：《心体与性体》第一册，《牟宗三先生全集》第5卷，第369页）

③ "按此心为虚灵知觉之一义，初导源于庄子、荀子，而魏晋思想之言体无致虚，与佛家之言空，以及圭峰之以灵昭不昧之知言心，皆在义理上为一线索之思想。"（唐君毅：《中国哲学原论·原性篇》，台北：学生书局，2006年，第428—429页）

④ "人之特有心，即原其气之灵，心亦即指此气之灵而言。此所谓其气之灵，亦其气之清，气之中正，而恒能运行不滞，无昏暗，无偏，故能动能静，能寂能感，而使此天理性理，直接呈现于心，而人乃得有尽心知性等事。然所谓气之灵者，当即不外就气之依理而生，复能回头反照其所依之理而立名。"（唐君毅：《中国哲学原论·导论篇》，台北：学生书局，1986年，第501页）

退溪，1501—1570）依着陈淳的见解，视心是理气合①，至于李珥（字叔献，号栗谷，1536—1584）则认为心是气，发者是气发，而理乘气，理不活动；此双方阵营也都有朱子文本以为根据，而难以得出定论。以下，先透过唐君毅先生之文，来对韩儒面对朱子言论不一的因应之道进行了解。先谈韩元震。

一　韩元震《朱子言论同异考序》

朱子文本之中常有论述前后不一的情形，此前辈早已见及。如唐君毅先生："韩元震《朱书同异考》，尝谓其前后有四说。兹本其言，更加以引申而论之。大率朱子初以人心为私欲，道心为天理'（答张敬夫书）……至于其答吕子约书，谓'操舍存亡，虽是人心之危；然只操之而存，则道心之微，便亦在此'，此则以由人心之操而存，即见道心之微。……"②，唐先生认为，朱子人心、道心之说，前、后历经四变（此处未全抄出），而此一灵感的抒发，则是来自韩国儒者韩元震（字德昭，号南塘，1682—1751）《朱子言论同异考》一作。③

---

① 李滉言："心者理气之合，此非滉说，先儒已言之，所谓'气之精爽'，先生就兼包中而指出知觉运用之妙言，故独以为气之精爽耳。"（《答金而精》[1564 年 9 月 21 日]，《退溪先生文集》卷 29，《韩国文集丛刊》第 30 册，首尔：景仁文化社，1997 年）。又陈淳言："理与气合，方成个心，有个虚灵知觉，便是身之所以为主宰处。"（陈淳撰：《北溪字义》，北京：中华书局，1983 年，第 11 页）

② 唐君毅：《中国哲学原论·原性篇》，第 419—421 页。

③ 韩儒"四七之辩"之中，以李滉为首者，称为东人，以李珥为首者，称为西人。西人又分老论与少论，老论代表人物为宋时烈，而宋时烈的老论又分为湖论与洛论，韩元震（南塘）则属湖论，也可上溯到李珥一脉。参见崔英辰：《韩国朱子学的心说论争研究现况及展望》，朱人求、乐爱国主编：《百年东亚朱子学》（北京：商务印书馆，2016 年），第 3 页（图解）。又韩元震举朱子四变说法如下："窃观朱子之言，果有前后之不同。始则以人心为人欲（一说），而既而改之以为飲食男女之欲，可善可恶者，始则曰：'道心为人心之理.'又曰：'道心性理之发，人心形气之发.'（二说）既而改之，以为：'或生于形气之私，或原于性命之正.'其曰或生或原者，乃即其已发而立论也。（三说）……。其于《禹谟》则曰：'指其生于形气之私者而谓之人心，指其发于义理之公者而谓之道心.'于形气，不下'发'字，于义理，虽下'发'字，而亦以义理字换性命字，则其义亦自不同。谓之义理，则亦共公言者也，非就发处分别理气而言也。又于性命则虽下'发'字亦无妨，以其道心虽是气发，然直由仁义礼智之性而故发也，若形气则终不可下'发'字，谓人心由耳目口体而生则可，谓人心即乎耳目口体而发之则不可。耳目口体是自发之物耶？此朱子所以于形气则终不肯下'发'字，而此乃晚年定论也（四说）。"（按，一说、二说……为笔者所加）（《南塘先生文集》，《韩国文集丛刊》第 202 册，第 143 页）在此韩元震认为，《中庸章句序》并不是朱子最后定论，朱子的定论应是：在形气之私不下"发"字，而于性命之正改为义理之公，则下"发"字。又对于"发"字的重视，应与李退溪、栗谷所重视的"理发"或"气发"有关。

在韩国儒学发展史上，朝鲜一朝之学风大致对朱子相当崇敬，主流即是程朱学，陆王心学反而不显，甚至还会被视为异端。韩国儒者对朱子言论考究得相当精细，依着唐先生的介绍，可以发现韩元震已注意到朱子言论不一致的问题，以下抄出韩元震《朱子言论同异考序》之文：

> 前圣而作经莫盛于孔子，后贤而传义又莫备于朱子，故学者必读孔子之书而后可以尽天下之义理，又必读朱子之书而后可以读孔子之书也。然孔子生而知者也，故其言无初晚之可择；朱子学而知者也，故其言不能无初晚之异同，而学者各以其意之所向为之取舍，往往有以初为晚，以晚为初而失其本指者多矣。朱子之书多失其指，则孔子之书亦不可读也，而道于是乎不明不行矣。尤翁晚岁深以此为忧，既释《大全》之书，又欲考论其同异而辨正之。既始，其功才到十余条而止，呜呼，其可恨也已。元震自早岁即已受读朱子书，反复通考，盖用一生之力其于异同之辨，庶几得其八九于十。于是悉疏而出，或考其日月之先后，或参以证左之判合，或断以义理之当否，以别其初晚，表其定论，而言异指同者，亦皆疏释而会通之，编为一书以续成尤翁之志。僭猥则有之矣，而学者或有取焉，亦庶几乎为读是书之一助耳。元震于此重有感焉，孔子，天地间一人而已矣，朱子，孔子后一人而已矣，有孔子则不可无朱子，而尊朱子者乃所以尊孔子也。不幸世衰道微，邪说并起，甚有以侵侮朱子，改易其说为能事，是诚不知尊孔子也，而其祸将至于率兽食人，人将相食。吁，亦痛矣。[1]

韩元震谓：孔子作经最盛。然而，考察典籍所载，应该说孔子述经、删经而不是作经，一般依《礼记》："作者之谓圣，述者之谓明。"[2]《论语》中孔子则自明："述而不作。"[3]但《孟子》一书却说：孔子"作《春秋》"而乱臣贼子惧。[4]如果孟

---

① 《朱子言论同异考》，《宋子别集丛刊》，首尔：奎章阁，2008年，第1页。
② "作者之谓圣，述者之谓明；明圣者，述作之谓也。"（《礼记·乐记》）
③ 《论语·述而》。
④ "世衰道微，邪说暴行有作。臣弑其君者有之，子弑其父者有之。孔子惧，作《春秋》。《春秋》，天子之事也。"（《孟子·滕文公下》）

子所言是真，那么孔子至多也只是作《春秋》，而无他经之作，应也不至于"作经莫盛于孔子"。

然而，韩氏之语当是别有旨趣。韩氏所属时代为中国清朝，在当时，不仅《五经》，包括《四书》也称得上是"经"，此时《四书》业已经过朱子的编订批注①，其中，《论语》记载孔子语言，《大学》的《经一章》，依于朱子，亦是孔子的话而曾子述记，而《中庸》为子思所编，内容甚多"子曰"之处。另外，如《易传》，一般也被尊奉为孔子及其后学所完成。因此，韩氏认为孔子作经最盛，亦诚有所本。

韩氏又谓："后贤而传义又莫备于朱子！"此指朱子之遍注群经，居功厥伟而可称为道统的接续者。②又曰："必读孔子之书而后可以尽天下之义理，又必读朱子之书而后可以读孔子之书。"③这是站在朝鲜朝之尊孔、尊朱思想上来说。然而，对于孔子或《四书》之言，众家的诠释不尽相同，以宋明理学为例，便有心学、理学与气学等不同学派的诠释。而韩氏则以为，朱子之说最为正统，以朱子诠解《论语》最为准确，此外的心学、气学则不可信。

韩氏又说明，在阅读孔子与朱子的文献时需有不同的切入方法，理由是，孔子与朱子不同。孔子是生而知者——这是程朱与韩氏对孔子的尊称，孔子虽自言："我非生而知之者，好古，敏以求之者也。"④又言："学而不厌，诲人不倦。"⑤不过对于《八佾篇》"孔子入太庙每事问"之叙述，朱子则引尹和靖之语而谓："礼者，敬而已矣。虽知亦问，谨之至也，其为敬莫大于此。谓之不知礼者，岂足以知孔子哉？"⑥此指孔子是生而知者。又如《论语》："十室之邑，必有

---

① 《四书》在十三世纪末成了新圣经以后……"（杨儒宾：《从五经到新五经》，台北：台湾大学出版社中心，2013 年，第 11 页）

② 韩元震之如此认为亦其来有自，如朱子："天运循环，无往不复。宋德隆盛，治教休明。于是河南程氏两夫子出，而有以接乎孟氏之传。"（《四书章句集注》，第 2 页）朱子指出，二程才能真正上接孔孟，而自己则是二程的继承者。

③ 日本儒者伊藤仁斋（1627—1705）也尊奉孔子的《论语》是为"宇宙第一书"，然而伊藤是反对朱子，与韩元震之尊朱不同。

④ 《论语·述而》。

⑤ 同上。

⑥ 《四书章句集注》，第 65 页。

忠信如丘者焉，不如丘之好学也。"① 朱子则诠释为："忠信如圣人，生质之美者也。夫子生知而未尝不好学，故言此以勉人。"② 亦是在说孔子为生而知者。朱子是引《中庸》"生知、安行"之说而来赞美孔子。

韩氏之所以先说孔子是生而知者，显是语带玄机，这是为了要与朱子做一对比，其问题意识便是：孔子是生知之圣，而朱子是学而后得，是"学知、利行"一流，于是在学知的过程里便会经常转变说法，以致有前、后不一的论调。孔子言语未尝有异，朱子则非，而《朱子言论同异考》的著作，便是要替朱子的话语爬梳条理。

朱子既为"学知、利行"者，思想有其前、后转变，那么当该如何得出定见？韩氏认为，这非得经过一番翔实考证不可，不可各凭己意而来解读朱子，否则若将朱子前期说法视为后期，后期视为前期，则离朱子本意愈来愈远，最好能够依着朱子年谱或是书信上所嘱时间等数据，而来进行各种说法的时间考证，才能判读出何者为前期或后期之说。

韩氏此处有可能是在批评王阳明的《朱子晚年定论》。同书以为，朱子晚年思想有所悔悟而转向良知说，举朱子主张心可以顿悟以及"本心"的相关说法等，而视朱子归宗到王阳明的心学。王阳明此举也许是明知故意；朱子早期的"中和旧说"因受胡宏影响，而有性体心用、心能顿悟的说法，不过这也已是朱子早期的文献，后来也有"新说"的提出，王阳明把朱子早期说法当作晚年定论，令人不解。又"本心"二字本是孟子提出，只是在朱子"心具理"的义理下也可论及"本心"，这仍是放在朱子理学体系下来谈论，与王阳明的良知学有段距离。

又韩氏所讥嫌的，也有可能是继王阳明之后的李绂（1675—1750）。李绂的代表著作《朱子晚年全论》，内容即是顺着王阳明《朱子晚年定论》的说法，而且更为激烈；王阳明只抄出朱子的少数文字，李绂却摘录了大量的朱子言论，以证明朱子晚年悔悟而改正为心学。李绂的说法同样不足采信，而韩氏的生年（1682）较李绂稍晚，当时中韩之间的文化传播极为便利，有可能韩氏已接收到李绂的作品内容，所以提出贬斥。

---

① 《论语·公冶长》。
② 《四书章句集注》，第 83 页。

那么，为何一定要对朱子思想之前或后期做出判定？韩氏以为，朱子的思想若不考据出前、后期之分野，则容易产生误解，而朱子思想真意既不可得，也就无法确切地理解孔子，如此，真正的大道、真理也就无从得知。这也是韩氏念兹在兹、用心再三的原因。

韩氏又说，这并非是自己个人的担忧，早在师辈级宋时烈（初名圣赉、字英甫、号尤庵，1607—1689）时便已发现这一问题。[①] 宋时烈是在阅读《大全》[②]、《朱子语类》时，有感于因为各书之间或是同一书中本身论述的不一致，以致造成后学的纷乱与争论，于是着手编撰《朱子言论同异考》一作，不过由于年纪太大，只编列十几条。[③] 而韩氏感念于此，遂而接续宋时烈之慧命，编撰《朱子言论同异考》。

因此，《朱子言论同异考》一书有两个版本，一是宋时烈所编，只有二十多条，另一为韩氏所编，内容较多。不过，韩氏所编版本迄今未收入《韩国文集丛刊》。而当面对朱子言论不一之时，韩氏如何解决？在此韩氏对自己的方法学做了简述。韩氏说，自早便对朱子学熟读再三，对于朱子思想奥义颇为精熟，此为理解朱子思想的基本条件之一，若非如此，则欲处理朱子文献前、后之不同，反而容易失误；而以自己积累的能力来查考朱子言论的异同，大致可以判准出十分之八九。[④]

关于韩氏之方法论，依序有如下步骤：

1. 考查年代为基本功。如中国清代的王白田有《朱子年谱》之考查，而今人束景南也有《朱子大传》《朱子年谱长编》等作品，这些都是为了研究朱子学所下的深功夫。即是从朱子的书信中进行年代的分析与条理，以推断朱子言论的改变。

---

① 韩元震的老师为权尚夏，权尚夏的老师为宋时烈。另外一提的是，韩元震编撰的《朱子言论同异考》（奎章阁本），其中由赵钟业所写序文谈到：此书是"宋子命韩元震编"。不过，宋子（宋时烈）去世之时，考韩元震也只七岁，是否真为宋时烈命令韩元震接续编撰？可能有待考证。

② 这里的《大全》，指的是《朱子文集》，而非《四书大全》《性理大全》等书。

③ 韩元震认为宋时烈只编了十几条，不过根据所留下的数据显示，则共有二十余条。可参见《宋子大全卷》第130卷《杂著·朱子言论同异考》，《韩国文集丛刊》第112册，第414页。

④ 韩元震身处朝鲜朝，当时是研究朱子学最盛的年代，且其师为权尚夏，权尚夏又师宋时烈，宋时烈属老派，为西人栗谷（李珥）的弟子，这些都是当时研究朱子的韩国大儒，韩元震既师承名家，加上自己的殚精竭虑，因此有此自信。

2. 就考查出的证据研究彼此之间的异同。即韩氏所言"参以证左之判合"。

3. 就文献的义理来推断前或后期思想。不过，在这一点上，很容易流为各说各话，例如湖、洛论争之时，韩氏与李柬（字公举，号巍岩，1677—1727）两人便对朱子学的未发心体究为纯善或有善有恶、人性与物性为异或同等问题上进行争辩。

4. 精熟于朱子学才能不为所惑。即是说，朱子的言论乍看之下显得矛盾，不过这仅是表面的冲突，无关于前、后期思想的不同，如果能熟悉朱子学说，也就不会随着字面上的互斥而感到困惑。例如，朱子既言理同气异，也言气同理异；理同者，指人、物皆分受同一天理，无有偏倚，而气异者，则指人、物之气禀彼此不同。又气同者，指人、物皆有其动物性、有其知觉，而理异者，指由于气质的不同，人、物的气质之性也不同。

在此，笔者亦补充几点方法如下：第一，若《语类》之言论则不如朱子自注的《章句集注》来得重要。第二，文献证据数量较少者，便要尊重数量较多者。例如李滉的"理发、理到"之说，虽然朱子也提过，但若与朱子理学整体之相关论述来比较的话，则见出朱子提及"理发、理到"的场合极少，这就比较不能作为朱子的定论。[①] 第三，尽量做到不受派系情结之影响，而让文献自行说话。

以上是韩氏研究朱子说法歧异时的方法论，后文韩氏再度尊朱，强调必须尊朱才能尊孔。韩氏之尊朱，并与尊孔做一联结，有其时代之背景，若是说要透过阳明学以切入、遵奉孔子，亦无不可。然究实而言，朱子以其学术贡献与对《四书》的发扬而受到后世的推崇，亦是当之无愧。

二 宋时烈《朱子言论同异考》论四七之辩

本文写作动机实以宋时烈《朱子言论同异考》一书为主题，特别针对韩儒如何因朱子言论不一而引发"四七之辩"，究其个中原委与韩儒之因应策略，来做一番了解与探讨。宋氏此书中只编写二十余条，之后则由韩元震续成遗志。

---

① "'四端是理之发，七情是气之发。'问：'看得来如喜怒爱恶欲，却似近仁义。'曰：'固有相似处。'"（《朱子语类》卷五十三，第1297页）此处所举"理发"的说法，在《语类》中出现不多，再者，也可能与李滉"理发"的意涵不尽相同。

兹借书中相关于"四七之辩"处来进行讨论①，而在正式编写二十余条之前，宋氏有简单序言：

> 《大全》与《语类》异同者固多，而二书之中，各自有异同焉。盖《大全》有初晚之分，而至于《语类》则记者非一手，其如此无怪也。余读二书，随见拈出，以为互相参考之地。而老病侵寻，有始无终，可叹也已。苟有同志之士，续而卒业，则于学者穷格之事，或不无所补云。②

宋氏此书的问题意识，在于阅读《大全》与《语类》时彼此间甚多的矛盾，甚至《语类》或《大全》自身所论也有不同，这便造成学者很难适切地掌握朱子学。朱子的言论可说四平八稳，常为了两端照应而正、反面兼述，读者若非具有一定的精熟程度，很容易对此感到困扰。例如，关于理与气，有时说两者不离，有时也说两者不杂，这便容易启人疑窦。

宋氏认为《大全》有初、晚之分③，版本不同，内容也随之不同。而《语类》是朱子弟子的笔记，更是容易引起争议，因为即使是同一堂课，学生个人体会不同，笔记内容也就不同，例如，黄榦所记内容不会与陈淳全同。况且朱子的学生甚多而流动频繁，并非一直都待在武夷山，若欲透过学生笔记而窥见朱子思想全貌并不容易。

于是宋氏着手编写此书，对比朱子言论之间的异同而求取真意，当此之际，自己已是垂垂老矣、老病缠身，于是劝勉后进，若有愿意接续此志业者，则对朱子格物致知之学能有一番了解，一方面，能够习得学术知识，另一方面，也能穷通天理，有益于个人的修身处世。

以下，专就书中论列"四七之辩"之条来做讨论。文甚长，开为三段而逐一解析。第二十条第一段，宋氏曰：

---

① 宋时烈论辩"四七之辩"的文章甚多，然与本文方向不全相合，无法将其相关文章一并罗列而进行讨论，或许将来可补一文，以见宋时烈论辩之全貌。

② 《宋子大全卷》第 130 卷《杂著·朱子言论同异考》，第 414 页。

③ 《大全》指《朱子文集》，"初晚之分"指《朱子文集》的编排、出版时间不一，内容也就不同。

《语类》论《大学·正心章》。问：意与情如何？曰："欲为这事是意，能为这事是情。"此与先生前后议论全然不同，盖喜怒哀乐闯然发出者是情，是最初由性而发者。① 意是于喜怒哀乐发出后因以计较商量者，先生前后论此不翅丁宁，而于此相反如此，必是记者之误也。大抵《语类》如此等处甚多，不可不审问而明辨之也。理气说，退溪与高峰、栗谷与牛溪反复论辩，不可胜记。退溪所主只是朱子所谓四端理之发、七情气之发。栗谷解之曰："四端纯善而不杂于气，故谓之理之发，七情或杂于不善，故谓之气之发。"然于七情中如"舜之喜、文王之怒"岂非纯善乎？大抵《礼记》及子思统言七情，是七情皆出于性者也。性即理也，其出于性也，皆"气发而理乘之"。孟子于七情中撴出纯善者谓之四端，今乃因朱子说而分四端七情以为"理之发""气之发"，安知朱子之说或出于记者之误也？②

因《语类》对情与意的解说异于朱子一般的定义，宋氏于是举《大学·正心章》来做说明。《正心章》言：心若有所忿懥、恐惧、好乐、忧患，则不得其正。这里谈的正是情感。又《大学》于此的前一章谈论"诚意"，因而引起问者的质疑：意与情当该如何分别？宋氏认为，《语类》所载与朱子平时所论大不相同，这时也很难用前、后期来区分，因而推断此应是笔记者之误。理由在于，朱子视心发为意，性发为情；其中"心发为意"是指计较、商量，此平常业已考虑、计算在心，至于"性发为情"，则如同乍见孺子坠井之瞬间而突发的情感，此属形下，发源于仁义礼智（形上）之性而非事先忖度、计较者，称为恻隐、羞恶等情（形下）。此为朱子对心、意、性、情的定说，于《语类》中却另有见解。

根据《语类》，朱子言："欲为这事是意，能为这事是情。"其中，"欲为这事是意"之说尚无太大偏差，如阳明言："意之所在为物。"程子言："心有所向便是欲。"皆指"意"为意图。至于"能为这事是情"一句，则与朱子一般对"情"的定义不同，"能为"者是"才"，不该是"情"。

---

① 李珥（栗谷）有情意二歧之说，以致宋时烈对此说的重视而注意到朱子言情、言意有所不同。
② 《宋子大全卷》第130卷《杂著·朱子言论同异考》，第414页。

当然，也可采取较圆融的方式来合会朱子说法。情属形下，形上之理若无形下之情、气作为挂搭，事情则无有作为、无法实践，那么，就把情与气相连，而说"能为这事是情"，如此一来，笔记者未有误记，而朱子《语类》说法与向来的定说也无特别不同，朱子在此只是大致分判意与情，而非精确定义。

而宋氏对此，则是推论概为笔记者的失误，并指出朱子文献中像这样彼此不一的地方甚多，之后，宋氏话锋一转提及"四七之辩"。此系由"情""意"之辩而转向理气之辩、性情之辩。

韩国儒学的"四七之辩"主要有两场论辩，不只一场。虽然目前大致将双方阵营划分为李滉（退溪）一派（东人）、李珥（栗谷）一派（西人），不过，当时和李滉书信往返辩论的是奇大升（字明彦，号高峰，1527—1572），至于李珥则较李滉为晚，对手则是成浑（字浩原，号牛溪，1535—1598）。双方阵营主要的不同在于，李滉认为，理也有活动性，主张理发、理到，而李珥则坚守"气发理乘一途"之说，发者，皆是气发，理只是乘气之机而随之有动、静之异，理是无造作、无计度、无情意而不活动者。

而宋氏属于西人栗谷一脉，西人一派后来又分出老论与少论，宋氏属老论，与尹拯（字子仁，号明斋、酉峰，1629—1714）所属少论分庭抗礼。宋氏大致宗于栗谷。李滉认为，四端是理之发，七情是气之发，而李珥修正李滉，认为：所谓的"理之发"，并非理真的在活动，只是四端之情不为气所杂，而表现出纯善，因此称为"理之发"。其实，李珥这里是把李滉的"理之发"转为自己的意思，李滉应该不会认同。

至于宋氏则以为，其实不必特别区分四端、七情或是理发、气发，因为七情——喜、怒、哀、惧、爱、恶、欲等，有时也可以是纯善（如文王之怒），即如同"四端"；七情可以不离四端，不消于七情之外又分析出四端，七情发端于性，为天性中所不可无，任何人皆有七情。又"七情"不仅《礼记》曾言，在《中庸》虽然只言四情，并不代表不言"七情"，而此"七情"都是气发、理乘。再如《孟子》，只是特别挑出纯善的"四端"，并非将"四端"析分于"七情"之外。因此，只言"七情"便已足够，不需再分四端与七情，李滉区分以"理发""气发"，实是多此一举，因为都是"气发""理乘"。

第二十条第二段提到：

　　栗谷曰："四端亦气发而理乘之。退溪谓：'四端理发而气随之，七情气发而理乘之。'殊不知四端七情皆气发而理乘之之妙也。"又曰："退溪'理发而气随之'此一句大误，理是无情意运用造作之物，理在气中，故气能运用作为而理亦赋焉。观于《中庸》首章章句可见矣。"又曰："退溪理发气随之误，以《太极说》观之则尤晓然。闻太极乘阴阳而流行，未闻阴阳乘太极而行也。故朱子曰：'太极者本然之妙也，动静者所乘之机也，动静即阴阳也。'"①

　　此段是宋氏站在李珥观点而批评李滉，共举了李珥的三段话来做说明。第一段话，李珥认为，"四端"仍是"气发""理乘"，非如李滉所言"理发""气随"，理只是本然之妙，自己不活动而随气活动，如同人骑马，马一出一入，人也跟着一出一入，活动的是马，人不活动。人可以有主宰性，却非就活动性来说。因此，于理处不可言发。

　　第二段话，李珥继续批评李滉的"理发""气随"，引朱子语：理是无情意、无造作之物，因此不可言发。继引《中庸·首章》以及朱子对此的批注以为佐证，《中庸·首章》："天命之谓性，率性之谓道，修道之谓教。"朱子注释："命，犹令也。性，即理也。天以阴阳五行化生万物，气以成形，而理亦赋焉，犹命令也。于是人物之生，因各得其所赋之理，以为健顺五常之德，所谓性也。"②李珥认为，朱子言"气以成形，而理亦赋焉"，即指理附于气上，理犹如骑马之人，自身不活动，能活动是因气而生，因此，人、物之生是气生而理赋于其中。

　　第三段话，李珥举朱子所解《太极图说》以反对李滉。太极是本然之妙，而阴阳是动静所乘之机③，言动者、静者，是气在动或静，不是理，《太极图说》言一动一静互为其根，分阴分阳而两仪立焉，动、静乃阴阳之气所致。李珥强调，只听过朱子说："太极乘阴阳而流行"，而未尝听闻："阴阳乘太极而行也。"只有

---

　　①　《宋子大全卷》第130卷《杂著·朱子言论同异考》，第414页。

　　②　《四书章句集注》，第17页。

　　③　周敦颐："盖太极者，本然之妙也；动静者，所乘之机也。太极，形而上之道也；阴阳，形而下之器也。"(《周敦颐集》，北京：中华书局，1990年，第3页)

人骑马, 岂有马骑人! 若言发, 都是气发, 理是主宰而不活动!

至此, 可知宋氏系以李珥为宗。而其中也有自己的发明, 面对四位前贤大儒, 包括李滉、奇大升、李珥、成浑等, 宋氏提出自己的看法, 而独以朱子为宗, 如第二十条第三段:

> 于此别有所疑而不敢言矣。退溪, 高峰, 栗谷, 牛溪皆以四端为纯善, 朱子以为四端亦有不善者, 未知四先生皆未见此说乎? 夫四端何以亦有不善乎? 四端亦气发而理乘之故也。发之之时, 其气清明则理亦纯善, 其气纷杂则理亦为之所掩而然也。此说愚于《进御心经讲录》, 敢妄僭易之罪而辨订焉。厥后闻有大言斥之者, 不胜惶恐。[1]

宋氏指出, 朱子亦曾言四端也有不善。[2]此韩儒前贤也曾提及, 宋氏非第一人。[3]朱子谓有"恻隐其所不当恻隐", 如妇人之仁, 或辄闻井中有人便信以为真等, 此则容易误事或遭人利用, 则此恻隐之情未必都是善。

而宋氏之如此说明, 则是为了强调, 其实四端与七情之间不用区分太甚, 七情未必就是恶, 而四端也未必就是善! 既然都是情, 也就可能有善、有恶, 那么可以用七情统摄四端, 不消多做分割。意思是, 若如李滉"四端理发、七情气发"的说法, 则是分割太甚, 失去朱子的宗旨; 因为四端也有不当之处, 未必是纯善, 而与七情之可善、可恶相似。此是宋氏的新诠。

不过, 要提醒的是, 宋氏如此之解, 其中对四端、七情概念的定义, 可能与李珥等前贤诸家已有不同。

---

① 《宋子大全卷》第 130 卷《杂著·朱子言论同异考》, 第 414 页。
② "恻隐羞恶, 也有中节、不中节。若不当恻隐而恻隐, 不当羞恶而羞恶, 便是不中节。〔淳〕"(《朱子语类》卷五十三, 第 1285 页)
③ 如韩儒郑汝昌(字伯勋, 号一蠹, 1450—1504): "于不当恻隐处恻隐, 则是恶。"(《一蠹先生续集》, 《韩国文集丛刊》第 15 册, 第 506 页)又如李滉(退溪): "性本纯善, 而才发则气始用事, 故恻隐、羞恶、辞让、是非或有不得其正者, 如不当恻隐而恻隐, 不当羞恶而羞恶, 便是不得其正者。要之, 亦不可不谓之四端也。"(《退溪答李公浩》, 《韩国文集丛刊》第 30 册, 第 382 页)这里提到于不当恻隐而恻隐, 可见郑汝昌与李滉都早于宋时烈而有此论。又奇大升(高峰)与李滉的"四七之辩"中, 奇大升也先于李滉提到类似说法, 李滉则建议暂不讨论此说, 之后两人也就没有多做讨论。

三　结语与反思

本文虽欲阐发韩儒宋时烈（尤庵）"四七之辩"之论，然而碍于未能将宋氏相关论著通盘地做一研读，因此只能将题目锁定于宋氏《朱子言论同异考》之研究朱学的方法论以及同书所载"四七之辩"见解的讨论。就同书所载而论，宋氏对于"四七之辩"争论的解决，即是认为李滉（退溪）"理发、理到"此一不正确的说法，系是源于《朱子语类》笔记者的失误所致。

宋氏于此的论学特色，除了宗于李珥（栗谷）之外，也有自己的体会；宋氏以为，李珥等前贤诸家未能意识到"恻隐其所不当恻隐"，否则，则得借此而来解消李滉"四端理发、七情气发"的分割太甚。又宋氏因见及朱子言论不一的情况，而有《朱子言论同异考》的创发与编写，对于朱子学之研究可说一大贡献。

又本文的写作亦是针对朱子言论之不一致，而该如何会归于一，来提出一些浅见；除了前贤业已提出的方法，诸如思想前、后期的划分、字义上表面的冲突等，这里想特别补充的，便是在进行朱子文献之解读时，容易发生的个人派系见解或情感的纠葛其中，对此则应尽量避免。

以韩元震（南塘）为例，虽然早已意识到朱子言论容易引起纷争的情形，后来还是不免和李柬（巍岩）激发争论，所争辩者，以未发之心体究为纯善还是有善有恶、人性与物性的异同等为主。即是说，包括韩元震与宋时烈，都容易依着师承李珥一派的说法而发言，纵使依笔者之见，李珥一派的说法似也较合乎朱子原意，不过，却也难保不会有个人派系情感的介入，若能尽量降低派系色彩，将会使议论更加公正而令人信服。

朱子的思想可谓宏大精细，所留下的著作、语录等相当丰富，要在这些作品之中条理出朱子的正宗实非易事，即使如韩国儒者大家之毕其一生精力，亦难以得出定论。个中原因之一，拿朱子本身的诠释工作来说，尽管面对着不同重点、脉络或作者的诸部经典，却又欲将其统统会归于自家理气论之统一体系之下，于是朱子努力回护、疏通、贯合，左右照顾、正反皆言，过程中也就容易产生言论不一的情况。当然，或者如宋时烈所指出，义理间的互斥可能源于笔记者的误记或体会不同所致。

这些在在说明研究朱子学的不易，另一方面，也显示出朱子欲如大海之融会百川的企图心以及学识精深的实力。对此，本文也提出几个研究方法以供参考，例如，《集注》会较《语类》来得重要，更符合朱子之原意；朱子思想有其前、后期的区分等。当然，对于朱子思想精熟的研究与掌握，则是学者面对朱子言论不一时的基本功。又如在面对争端时，最好先能找出彼此的共识，才来进行更多的论辩，也许也可以作为达成共识的起点。

至于"四七之辩"究竟何说为正，心是否该为气？这里建议，不如就开放解答，视为朱子后学的一种开展与诠释，借此丰富朱子学的生命。

第二十五章　韩南塘的人心道心思想

谢晓东（厦门大学）

　　人心道心问题是宋明理学的一个重要问题。韩国儒学对此问题颇为关注，发展出了一些有趣的学说。例如，韩国朱子学的四大家（李退溪、李栗谷、宋尤庵和韩南塘）都对此问题有明确论述。[①] 韩儒对该问题的讨论持续了三四百年之久，从而使之成为韩国儒学中的一个主要问题。经过韩国儒家的极富创造性的阐发，人心道心问题便真正成为东亚儒学的重要组成部分。在韩国儒学中，韩南塘（字德昭，号元震，1682—1751）的人心道心说，是李栗谷之后最值得注意者。目前，学界对南塘人心道心思想之研究，颇为不足。[②] 故而，本文拟在前人的研究基础之上，希望能够对相关研究有所推进。

一　道心、人心之概念

　　和李栗谷不同，韩南塘的人心道心思想不存在一个前后演变的历史。南

---

　　① 钱穆：《朱子学流衍韩国考》，《中国学术思想史论丛》第七卷，北京：生活·读书·新知三联书店，2009 年，第 315—402 页。

　　② 钱穆有几页文字谈到了韩南塘的人心道心思想，不过多是批评之语，具体参见钱穆：《朱子学流衍韩国考》，《中国学术思想史论丛》第七卷，第 389—396 页。蔡茂松在南塘的朱熹人心道心思想四阶段说的基础之上提出了五阶段说，其中多有和南塘之《朱子言论同异考》一书对话者。具体参见氏著：《朱子学》，台南：大千世界出版社，2007 年，第 489—491、497 页。韩国学者裴宗镐对南塘的人心道心思想亦略有提及，具体参见氏著：《韩国儒学史》，首尔：延世大学校出版部，1973 年，第 186—187 页。李相坤也对此有叙述，具体参见氏著：《韩元震》，首尔：成均馆大学出版部，2009 年，第 269—286 页。另，郑然守也对此有叙述，具体参见氏著：《南塘韩元震의　圣学工夫论研究》，成均馆大学校东洋哲学科韩国哲学专攻博士论文，2012 年，第 100—112 页。

塘颇为早慧，他在24岁（1705）时就撰写了重要的人心道心思想文本《示同志说》与《人心道心说》。其人心道心说的基本观点在中年的学术辩论中（和巍岩李柬，字公举）以及晚年的《玄石人心道心说辨》（1738）和《朱子言论同异考》（1741）中，均保持不变。南塘对道心、人心的概念具有明确的阐述。

（一）南塘的道心、人心概念

南塘区分了 heart 与 mind。在他看来，"盖血肉之心，五脏之心，有形质者。圆外窍中，其中方寸而神明藏焉，即所谓心也。虚灵知觉之心，无形质者"[1]。血肉之心、五脏之心是有形体重量的，其对应的英文词就是 heart。虚灵知觉之心是无形状重量的，其对应的英文词是 mind。东亚儒学中探讨的人心、道心，是 mind 层面的虚灵知觉之心。接下来，南塘考察了道心、人心的概念。"道心，四七之为道义而发者，善一边也。人心，四七之为口体而发者，兼善恶也。"[2]这里的"四七"是四端七情的简称，因而我们可以把其全称带入该定义中，于是就变成了，"道心，四端七情之为道义而发者，善一边也。人心，四端七情之为口体而发者，兼善恶也。"南塘认为，现实存在的人是由理气化合而成的，其中由气构成形体，由理构成本质。人心是以形体为基础的自然欲望，比如饮食男女等；而道心则是以性理为基础的理性欲望。粗看南塘对人心道心的看法和朱子、栗谷是一致的，但是实际上存在明显不同，此点后文续论。

为了更直观地比较，有必要引入栗谷的观点 A，"情之目有七，曰喜、怒、哀、惧、爱、恶、欲。情之发也，有为道义而发者，如欲孝其亲，欲忠其君，见孺子入井而恻隐，见非义而羞恶，过宗庙而恭敬之类是也。此则谓之道心。有为口体而发者，如饥欲食、寒欲衣、劳欲休、精盛思室之类是也。此则谓之人心"[3]，以及栗谷的观点 B，"道心，纯是天理，故有善而无恶。人心，也有天理，也有人欲，故有善有恶"[4]。分析南塘的定义以及栗谷的观点 A 与观点 B，可以

---

[1]　韩元震：《南塘先生文集》卷29《示同志说》，《韩国文集丛刊》第202册（数据库网络版）。

[2]　同上。

[3]　李珥：《栗谷全书》卷14《人心道心图说》，宋熹准编：《心经注解丛编》第2册，大田：学民文化社，2005年，第121页。

[4]　李珥：《栗谷先生全书》卷9《答成浩原壬申》，《韩国历代文集丛书》第211辑，首尔：景仁文化社，1999年，第122页。

清楚地发现两者的相同点甚多。第一，道心与人心的价值属性相同，即道心纯善，而人心兼善恶；第二，道心、人心的本质相同，即道心是为道义而发，而人心是为口体而发；第三，道心人心都是作为已发的七情的表现形态。但是，不难发现，就定义而言，南塘和栗谷的最大差别在于：南塘认为道心与人心也同时是四端的表现形态，即四端也兼善恶了。其实，这不仅仅是南塘和栗谷的重大差别，也是整个人心道心思想史上南塘的独特之处。在分析这个问题之前，先考察一下南塘对栗谷道心、人心概念的其他两项发展。

（二）南塘对人心、道心概念的其他两项发展

南塘对退溪、栗谷人心道心概念中的两个要点从理气论的角度予以了修正（发展），从而消除了相关概念中难以自圆其说之处。其实，这种修正他人观点的做法，同时也是南塘自己相关思想的体现。

第一，主理主气。从理气论的角度谈心性论是韩国儒学的一大特色，其既体现在四端七情论中，也体现在道心人心论中。南塘明确指出："如以情之善者为主乎理，以情之恶者为主乎气则可。不论情之善恶，而以为或有理为主者，或有气为主者则不可。"[1] 也就是说，南塘认为，主理主气的说法是可以保留的，但是其有一定的适用范围。超出了这个范围，就是不合理的。主理主气只能适用于情之善恶问题，"主理主气，惟于情之善恶者可言"[2]。这个表述没有对情之善恶的具体情形做分疏，故而不够清晰。南塘要表达的意思是，作为已发的情具有明确的善恶结果，或善，或恶，就可以使用主理主气的表述，即情善乃主理，而情恶乃主气。"惟情之善恶，可以理气分主言之。善者气之顺于理，则理为主矣。恶者理之掩于气，则气为主矣。"[3] 而四端七情与人心都是兼善恶的，故而不可以使用主理主气这种表达。"至于四七人道情意，则不可以理气分主为言也，安得谓各有所重乎。"南塘的这个观点，就四端七情与人心道心思想而论，他反对的是退溪的四端主理七情主气、栗谷的道心主理人心主气的

---

① 《南塘先生文集》卷 30《人心道心说》。

② 《南塘先生文集》之《拾遗》卷 6《农岩四七知觉说辨》。

③ 《南塘先生文集》之《拾遗》卷 4《〈退溪集〉答疑》。

观点。① 就人心道心思想而言，具体来讲，其实他反对的是人心主气的看法。② 南塘是一个自觉的一本论者，在善的问题上他主张只有一种善，并且善只有一个本原，那就是理。基于这个立场，由于人心有善有恶，故而必须对其予以进一步分疏。"道心固皆主理而发，人心则其善者主理而发，其不善者主气而发也。"很明显，既然人心之善者乃主理，而恶者乃主气，故而笼统地说人心主气就是不合理的。道心人心是一对概念，由于人心既可主理，也可主气，故而以主理主气这种对待的方式来指称道心人心就是不可以的。南塘的这个论证对于四端七情也是适用的，故而也可以视为是对退溪四端主理七情主气观点的反驳。此点下文会继续证明。基于上述观点，南塘就批评栗谷的道心主理人心主气的看法。"但于此形气二字，亦未深察，故其于牛溪之问诘，终未能说破，而又不得不为主理主气，微有两边底言以迁就之。"③

第二，气用事／不用事之二分法。自退溪以来，韩国儒学中就颇为流行气用事／不用事之二分法。南塘从已发未发的角度对气用事／不用事做了明确的规定："心性以理气之分言之，则性理也，心气也。理无不善，而气有不善。以未发已发之分言之，则未发之时，气未用事，故有善无恶。已发之时，气已用事，故有善有恶。"④ 在南塘看来，未发之时，气不用事，故而只有善。而已发之后，气才用事，故情的表现是有善有恶。为了强化自己观点的效力，南塘认为自己的这个观点来自于朱子。"朱子以未发为气不用事。则已发，当为气用事矣。"⑤ 在确立了原理之后，他据此指出："栗谷先生人心道心相为终始之说，本以人心为掩于形气者故。如此言之，终始未安。"⑥ 南塘之所以觉得不妥当，是因为，"又嫌其语意有欠直截，则遂以人心为掩于形气，道心为气不用事。人心可善可恶，则不可直谓之掩于形气。凡情之发，莫非气发，则道心不可谓气不

---

① "大抵有理发而气随之者，则可主理而言耳，非谓理外于气，四端是也。有气发而理乘之者，则可主气而言耳，非谓气外于理，七情是也。"（李滉：《退溪先生文集》卷16《答奇明彦论四端七情》第2书，《韩国文集丛刊》第30册，首尔：景仁文化社，1997年）"人心道心，可作主理主气之说。"（《栗谷先生全书》卷10《答成浩原壬申》，《韩国历代文集丛书》第211辑，第150页）

② 《南塘先生文集》之《拾遗》卷6《拙修斋说辨》。

③ 《南塘先生文集》卷30《人心道心说》。

④ 《南塘先生文集》卷18《答金弘甫》。

⑤ 《南塘先生文集》之《拾遗》卷4《〈退溪集〉答疑》。

⑥ 《南塘先生文集》卷22《答姜姲》。

用事耳，而皆不免为后学之疑，亦终不能折服牛溪之口，是可恨也！"①也就是说，人心道心都是已发之心，故而都是气用事。在这种情况下，栗谷"以为道心非气用事，而人心独气用事，则恐亦为失也"②。对于南塘来说，气用事不是不好底事："所谓用事者，只指其发动者而言也。"③基于此，他批评了栗谷："夫理不自发，待气而发，则何处而气不用事乎？若以气用事为不好底，则人心独不有善，而其善者即非道心乎？"④确切来说，这个批评只适用于栗谷的人心道心相为始终说，在那时，人心相当于人欲，是恶；而在其晚年的道心人心统一论（道心为主人心听命）中，人心是有善有恶的。⑤南塘认为，栗谷晚年的观点善者是清气之发而恶者是浊气之发⑥，是有待于修正的。在他看来，正确的表述应该是："清气用事则为善情，而浊气用事则为恶情。"⑦具体到人心道心论就是，道心与人心之善者乃清气用事，而人心之恶者乃浊气用事。应该说，经过南塘的发展，关于人心道心与气用事／不用事之关系，就比较清楚与合理了。⑧

（三）南塘独特的道心人心说之根源：四端七情同质论

相对于其前辈李栗谷的"四端即道心及人心之善者"⑨的观点，南塘做出了一个根本的转向，即四端由纯善变成兼善恶（有善有恶或可善可恶），这就使其人心道心思想在东亚儒学中呈现出一种独特的面貌。

"四端"一词来自《孟子》一书，该书有两章提到了该词。其中比较完整

---

①　《南塘先生文集》卷30《人心道心说》。

②　《南塘先生文集》卷29《示同志说》。

③　《南塘先生文集》之《拾遗》卷4《〈退溪集〉答疑》。

④　《南塘先生文集》卷29《示同志说》。

⑤　关于李栗谷人心道心思想的演变，可参见拙文：《人心道心相为始终说是李栗谷的最终定论吗？》，载《中国哲学史》2015年第2期，也可参见李基镛：《栗谷李珥의 人心道心论研究》，延世大学校大学院哲学科1995年8月答辩之博士论文。

⑥　《栗谷全书》卷14《人心道心图说》，《心经注解丛编》第2册，第124页。

⑦　《南塘先生文集》之《拾遗》卷4《〈退溪集〉答疑》。

⑧　不过，韩国儒者金昌协（字仲和，号农岩）认为："栗谷人心道心说，善者清气之发，恶者浊气之发。曾见赵成卿疑之，而彼时乍闻未契，不复深论矣。后来思之，栗谷说，诚小曲折。盖气之清者，固无不善，而谓善情皆发于清气则不可。情之恶者，固发于浊气，而谓浊气之发，其情皆恶则不可。深体认之，可见。"（《南塘先生文集》之《拾遗》卷6《农岩四七知觉说辨》）

⑨　《栗谷全书》卷14《人心道心图说》，《心经注解丛编》第2册，第123页。

的表述是："恻隐之心，仁之端也；羞恶之心，义之端也；辞让之心，礼之端也；是非之心，智之端也。"（《孟子·公孙丑上》）"七情"一词来自《礼记·礼运》："何谓人情？喜、怒、哀、惧、爱、恶、欲，七者弗学而能。"在孟子那里，他是以心善说性善，即以纯善的四端之心来证明性是善的。[1] 不过，在朱熹那里，四端就出现了另外的含义，即四端的表现除了是善之外也有恶。"恻隐羞恶，也有中节、不中节。若不当恻隐而恻隐，不当羞恶而羞恶，便是不中节。〔淳〕"[2] 当然了，朱熹仍然认为四端主要还是善的。在韩国儒学中，和退溪辩论四端七情与理气之关系时，奇高峰（名大升，1527—1572）曾经提到过朱熹所说的四端也有恶的问题。"夫以四端之情为发于理而无不善者，本因孟子所指而言之也。若泛就情上细论之，则四端之发亦有不中节者，固不可皆谓之善也。有如寻常人或有羞恶其所不当羞恶者，亦有是非其所不当是非者。盖理在其中，乘气以发见，理弱气强，管摄他不得。其流行之际，固宜有如此者，乌可以为情无有不善？又乌可以为四端无不善耶？"[3] 不过退溪和高峰并没有就此深入探讨之。[4] 栗谷和成牛溪（名浑，1535—1598）辩论四端七情和人心道心时，似乎并未注意到朱熹的四端也有恶的论述。宋尤庵（名时烈，1607—1689）则注意到了朱熹所说的四端兼善恶的问题："恻隐羞恶之有善恶何也？因性之有善恶而然也。孟子之言性，取善一边而言，故于恻隐羞恶，亦指善一边而言。程、张因孔子性相近之说，而兼言有善有恶之性，则朱子之言恻隐羞恶之有善有恶者，亦因性有善恶而言也。"[5] 南塘接受了朱子和尤庵的观点，然后他就据此批评李栗谷："栗谷所谓四端纯善无恶者，亦恐为不备也。"[6] 以及批评韩国儒者农岩："但四端纯善之论，比朱子说为未备耳。"[7]

---

[1] 牟宗三：《心体与性体》，上海：上海古籍出版社，1999年。

[2] 黎靖德编：《朱子语类》卷五十三，北京：中华书局，1986年，第1285页。

[3] 奇大升：《两先生四七理气往复书上篇》，《高峰集》卷一。

[4] 李明辉：《四端与七情：关于道德情感的比较哲学探讨》，上海：华东师范大学出版社，2008年，第184—187页。

[5] 宋时烈：《宋子大全》卷104《答李君辅》，《韩国文集丛刊》第112册，首尔：民族文化推进会，1993年。

[6] 《南塘先生文集》卷29《示同志说》。

[7] 《南塘先生文集》之《拾遗》卷6《农岩四七知觉说辨》。

南塘对四端七情持有的是同质论的观点。其同质论有两个要点，价值同构与外延同构。南塘告诉人们："四七一情，则皆是气发理乘而皆兼善恶也。"① 也就是说，从价值判断来看，四端和七情是一样的，都是兼善恶的。或者说，四端七情是价值同构的。南塘接着写道："故七情约之为四端，四端衍之为七情。四外无七，七外无四。则四七非二情也。"② 情感的总体可由四端衍化为七情，也可以由七情化约为四端。"盖四端衍之为七情，七情约之为四端，非有二也……四端为经，七情为纬，而错综为一。则七情四端，果是二物乎？"③ 四端七情不是二物，而是一物，是异名而同实。或者说，四端七情是外延同构的。那么，韩南塘追随朱熹、高峰和尤庵的四端七情同质论之观点，其用意何在呢？愚以为，这是为了对退溪的四端七情、人心道心分理气的釜底抽薪，从而一举击溃理气互发说。为了证明四端纯善的必然性和依据，退溪认为这是由于理发，或者说完全是理的作用；而七情之有善有恶的依据，则是气，故而是气发。④ 南塘以朱子的言论为根据，而不是以孟子的言论为根据，指出四端也是兼善恶的。在他看来，这就等于搬去了退溪及其学派理气互发说的根据。可以认为他是想对理论对手予以釜底抽薪，从而一劳永逸地解决问题，即理气互发说是错误的，而气发理乘一途说才是正确的解释四端七情以及人心道心的观点。人心道心问题是在四端七情问题的基础之上产生的，是理气互发说开辟的另一个战场。⑤ 南塘或以为，在理气互发说的两个战场中，四端七情论是主战场，道心人心论是副战场。从主战场摧毁理气互发说之后，再从副战场摧毁之就容易多了。

---

① 《南塘先生文集》卷 29《示同志说》。

② 同上。

③ 《南塘先生文集·拾遗》卷 6《农岩四七知觉说辨》。

④ 确实，退溪是"以分的逻辑为基础确保了善的纯粹性，以合的逻辑为基础构建了善的实践机制"（参见崔英辰：《韩国儒学思想研究》，邢丽菊译，北京：东方出版社，2008 年，第 270 页）。崔英辰的这个观点是非常深刻的。

⑤ 可以从成牛溪的夫子自道中得出这个结论。"浑于退溪之说，常怀未莹。每读高峰之辨，以为明白无疑也。项日读朱子人心道心之说，有或生或原之论，似与退溪之意合，故慨然以为，在虞舜无许多议论时，已有此理气互发之说。则退翁之见，不易论也。"（《牛溪先生文集》卷四《与栗谷论理气》第 2 书，《韩国历代文集丛书》第 119 册，首尔：景仁文化社，1998 年，第 400 页）

二 道心、人心之关系

关于道心人心之关系，南塘的基本观点和李栗谷的晚年定论比较接近。但是，在阐述的清晰性（形象化）上，以及对善的一本说之处理上，他都比栗谷出色。并基于此，他批评了对道心人心之关系的一种理解——道心人心道器论。

（一）人心道心之关系：三条路比喻

笔者以为，南塘对人心道心之关系的阐述，是非常清晰的。他之所以能够如此，是因为南塘使用了一个非常好的比喻。

> 如以人乘马喻之，人则理也，马则气也。人乘马而不相离者，即理乘气而不相离者也。门前之路，事物当行之路也。门前之路有两条路，东边一条路，即道义之路也。西边一条路，即食色之路也。东边路，只是一条平坦正直之路也。西边路，又于其中有两条路。而其一平坦正直之路也，其一荒芜邪曲之路也。人乘马而出门，则其或从东边路而去者，道义感而道心发者也。其或从西边路而去者，食色感而人心发者也。其从东边路而去者，只从一条平坦正直之路而去，即道心之纯善无恶者也。其从西边路而去者，或从其平坦正直之路而去，或从其荒芜邪曲之路而去，即人心之或善或恶者也。其从平坦正直之路而去者，马之驯良而听命于人者也，即气之清明而听命于理者也。其从荒芜邪曲之路而去者，马之不驯良而不听命于人者也，即气之污浊而不听命于理者也。概而论之，则人乘马而出门者，虽有从东从西之不同，而其人乘马则同也。理乘气而发出者，虽有为私为公之不同，而其理乘气则同也。①

根据南塘的描述，可以得出如下结论。人心道心有从一开始就截然一分为二的模式，以及人心道心继而合而为一的模式，当然，这个继而指的是逻辑上的继

---

① 《南塘先生文集》卷30《人心道心说》。

而不是时间上的继而。但很明显，善有两种表现形态：道心（纯善）与人心之合道心者（人心之善）。大门口有东西两条路不同的路，象征着在此处的人心与道心的截然分割。东边路是道义之路，只是一条平坦正直之路，象征着纯善无恶的道心，而西边路则是食色之路。从逻辑上看，可以相信南塘认为道义之路与食色之路代表着路的全体，从而是周延的。而西边的食色之路，即西边路，又于其中分作两条路。换言之，西边路走了一截之后，就一分为二了。西边路之两道分叉口即代表人心之或善或恶，一是平坦正直之路（人心之善），一是荒芜邪曲之路（人心之恶，即人欲）。

　　为了更好地表示南塘的人心道心思想，特地制作两幅图来说明。

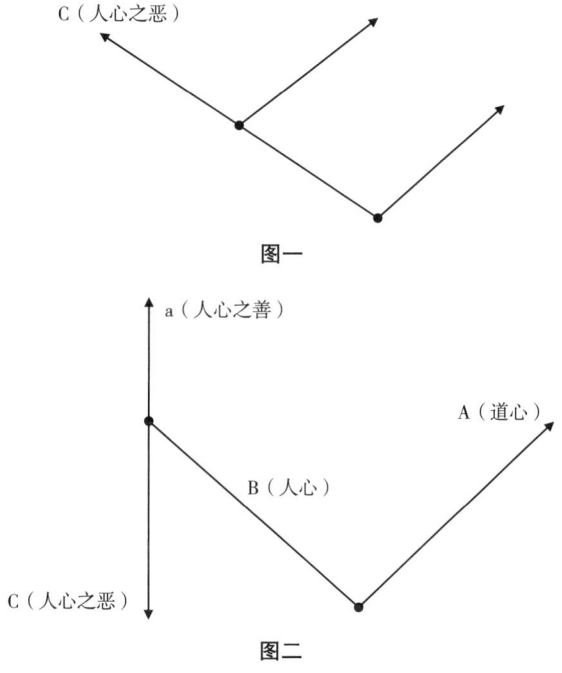

C（人心之恶）

图一

a（人心之善）

A（道心）

B（人心）

C（人心之恶）

图二

根据上图，或许可以提两个问题。问题一：人心之善与纯善无恶的道心之间是什么关系呢？（A与a的关系）它们是同一的呢还是有所不同的呢？根据南塘的描述（平坦正直之路）来看，似乎是同一的。问题二：人心、人心之善者与人心之恶者是什么关系？平面的还是立体的？如是平面的，则似乎是栗谷的理解模式。如果是立体的，则似乎是朱熹的理解模式。下面就来回答这两个问题。

（二）人心之善与道心的关系（人心道心之分与合）

在南塘看来，人心道心之间存在复杂的分与合之关系，先看下面一段材料：

> 所谓以义理之心、食色之心云，与发于君臣父子者，虽曰一矣，而间有些子不同处。人心道心，有分而为二者，有合而为一者。君仁臣敬，父慈子孝，即道心之发于君臣父子者，自与人心不干，此人道之分而为二也。食色之当其可者，即道心之发于食色者而与人心同行，此人道之合而为一也。又就食色而言之，则食色之当其可者，人道之合而为一也，不当其可者，又人道之分而为二也。又就当其可者而言之，则食色之当其可，即人心之听命于道心者。而人心还他人心，道心还他道心，人心道心各还其名。食色，人心也，当其可，道心也。所谓各还其名，则又分而为二矣。《庸序》所谓道心为主，人心听命，分而二之也。《大全》以乡党所记为浑是道心者，合而一之也。①

根据南塘的比喻以及上述的引文，似乎可以得出具有两种类型的善的结论。第一种是和人心无关的道心，是关于道德理性的纯粹之善；第二种则是人心中之合理者，或人心之善，是关于自然之善的（或自然欲望之善）。于是，似乎就可以得出，南塘和栗谷的两种善的结论是一致的。② 但是，南塘明显又是反对二心、二性、二善之类的所谓二本的呀？故而，他又以比较辩证的方式得出了自己的结论。"以人心之善，为与道心异，则是道心之外，又有善情也。此则尤不可知也。人心之善，即是道心，则谓之人心短而道心长可也。人心虽善，而终亦不离于人心境界，则谓之人心道心俱长，亦可也。或以人心短道心长之说为不是，则是不知道心占过人心境界，而人心不能占过道心境界也。"③ 从实质上来讲，人心之善就是道心；从名词上来讲，人心之善是人心，道心是道心，二者

----

① 《南塘先生文集》之《拾遗》卷6《玄石人心道心说辨》。
② 对李栗谷人心道心说中两种善问题之详细分析，可以参见拙文：《精微之境：李栗谷对人心、道心的诠释》，《学术月刊》2015 年第 11 期。
③ 《南塘先生文集》卷29《示同志说》。

有明显区别。因而可以得出结论，南塘是善的一本论者。也就是说，他避免了李栗谷的二善的陷阱。因而，在善的问题上他主张只有一种善，并且善只有一个本原，那就是理。"道心固皆主理而发，人心则其善者主理而发，其不善者主气而发也。"①

此外，南塘的一个观点也值得注意。"君仁臣敬，父慈子孝，即道心之发于君臣父子者，自与人心不干，此人道之分而为二也。"也就是说，道心有直接来自理者，从而和人心没有关系。换言之，人心之外有道心。这就意味着，人心通孔说②和南塘的观点存在部分冲突。对朱熹道心人心关系的诠释具有多种形态，其中之一就是人心通孔说。或许，南塘的看法是对朱子的人心道心思想最终定论的更为合理的诠释。不过，人心通孔说中的组成成分，即自人心可上达返天理也可下达徇人欲，是具有扎实的文献基础的。事实上，南塘也是认为自人心可有两种后果，即人心之善与人心之恶（人欲）。"食色之当其可者，即道心之发于食色者而与人心同行，此人道之合而为一也。又就食色而言之，则食色之当其可者，人道之合而为一也，不当其可者，又人道之分而为二也。"人心（食色）之"当其可"是天理（或道心），而"不当其可者"则是人欲。就此而言，人心确实是通孔。因而，在南塘那里，狭义的人心通孔说也是成立的。就此而言，南塘对"人心"一词的理解，持有的是朱熹的潜能说，而不是栗谷的现实说。故而，南塘对人心持一种立体的理解，而不同于栗谷的平面的理解。因而，如果把广义的人心通孔说（人心之外无道心）调整为狭义的人心通孔说，那么或许该说对于理解东亚朱子学中的人心道心问题就具有更强的解释力。

（三）反驳道心人心道器论

道心人心道器论是关于道心人心关系的一种重要理解，也是南塘重点反驳的一种观点。所谓道心人心道器论，就是指人心是形而下的器，而道心是形而上的道，道心是相当于理气形上学中的理，而人心则相当于气。根据朱熹对理气不离不杂的规定，所以道心人心也是不离不杂的。自早年起，南塘就认为

---

①　《南塘先生文集》之《拾遗》卷6《拙修斋说辨》。

②　广义的人心通孔说的一个要点就是人心之外无道心，具体论述参见谢晓东、杨妍：《朱子哲学中人心道心论与天理人欲论之内在逻辑关系探析》，《江苏社会科学》2007年第2期。

朱熹对道心人心之关系的理解中存在三种模式，其中第一种便是道心人心道器论。"窃观朱子之言，果有前后之不同。……始则曰道心为人心之理。又曰道心性理之发，人心形气之发。既而改之，以为或生于形气之私，或原于性命之正。"① 在我看来，道心为人心之理，其实就是道心人心道器论。当然了，南塘认为道心人心道器论是朱熹不成熟的观点，后来便被放弃了。不过，南塘后来可能觉得承认朱熹曾经把道心视为人心之理，是不利于开展反对道心人心道器论的斗争。于是，他就说道："节录曰：'道心，人心之理。'按：此亦言人心之合义理处是道心云也，非以人心道心分作道器也。记录固欠分明，而学者又多不察，遂以人心为道心之器，道心为人心之理，则尤误矣。"② 这里，南塘就把朱熹的观点和道心人心道器论做出了区分。其实，在我看来，南塘的区分是失败的。朱熹确实曾经持有过该观点，《文集》与《语类》中的相关证据不容否定。不管如何，南塘据此就反对了勉斋（黄榦）的相关观点。"又曰：人心道心，相对而言。犹易之言道与气（引者按，应该是器），孟子之言气与义也。如此则言人心而遗理，言道心而遗气。从人心道心之分者而言，则理气分开，各自有用而不相交涉也。从道器理气之合者而言，则人心道心，发必俱发而不得相舍也，二者无一可矣。"③ 南塘指出，黄勉斋曾经认为道心人心之关系等同于道器关系或理气关系。在这种情况下，人心就是气，从而不包含理，而道心就是理，从而不包含气。从二者关系来看，人心道心一方面各自分开而没有相互作用，另一方面又必然俱发而不可分割。南塘认为这是对人心道心及其关系的错误理解。

道心人心道器论有较为复杂的含义，其中有两个基本要点：人心知觉化、道心性理化。第一，人心知觉化。南塘批评西山（真德秀，1178—1235）在《心经》中错误地解读了朱熹的观点。"更考《性理大全》仁门，真氏曰'知觉属气，凡能识痛痒识利害识义理者，皆是也。'自注曰：此所谓人心。"④ 西山认为人心有知觉，而凡是知觉都属于气的范畴，故而知觉仅仅属于人心。在南塘看来，

① 《南塘先生文集》卷 30《人心道心说》。
② 韩元震：《朱子言论同异考》，忠北大学校尤庵研究所编：《宋子别集丛刊》，大田：保景文化社，2008 年，第 66—67 页。
③ 《南塘先生文集》卷 27《黄勉斋性情说辨》。
④ 《南塘先生文集》之《拾遗》卷 6《〈心经附注〉答疑》。

这种观点是错误的，其要害就在于"以知觉偏属人心"。事实上，人心有知觉，道心也有知觉。"《序文》知觉，始言知觉一而已，中言人心道心之异，终言所以为知觉者不同。上下知觉，皆兼人心道心而言。知寒暖识饥饱，人心之知觉而知觉之粗浅者也。识其事之所当然，悟其理之所以然，道心之知觉而知觉之精深者也。"[①]第二，道心性理化。南塘认为，道心是性理体现在知觉之中，但是道心不即是性理。和人心知觉化相对应，西山在《心经》中犯了把道心性理化的错误。"而合前后说观之，则盖以道心专作理字看。"[②]道心也是已发，故而不是理，而是知觉到理，或知觉的内容是理。如果知觉仅仅属于人心，那么道心就只剩下知觉内容了，即人心之合理状态。在这种情况下，道心就是性理之知觉于人心者，道心确实就是理发，而人心则是气发。在南塘看来，这就是两歧了。

南塘认为，人心知觉化和道心性理化，将产生两个后果。第一，使栗谷学派的人心道心都是气发理乘一途说的理论破产；第二，其一转手就是人心气发道心理发的理气互发说。可以设想，因为李退溪极为重视《心经》[③]，所以他就可能受到了这种观点的影响。而这，正是南塘的看法。[④]在批评朴世采（号玄石，1631—1695）的人心道心说，南塘也认为玄石是犯了和西山、退溪一样的错误，即其观点的实质也是道心人心道器论。[⑤]可以说，反驳道心人心道器论，是南塘道心人心思想的一个基本点，具有重要的理论意义。

三　朱子道心人心说前后不同论

在上文对韩南塘道心人心思想予以分析的基础之上，下文拟考察他对道心人心问题做的考镜源流的工作。本节探讨南塘的朱子道心人心说前后不同论，

---

① 《南塘先生文集》卷20《答权亨叔》。

② 《南塘先生文集》之《拾遗》卷6《〈心经附注〉答疑》。

③ "故平生尊信此书，亦不在《四子》《近思录》之下矣。"（李退溪：《心经后论》，《心经注解丛编》第1册，第347页。"许鲁斋尝曰：'吾于小学敬之如神明，尊之如父母。'愚于《心经》亦云。"（同上，第357页）

④ "以此观之，西山之以人心道心分作理气，不可复讳。退溪之谓人心道心，相资而相发者，恐亦本于此矣。"（《南塘先生文集》之《拾遗》卷6《〈心经附注〉答疑》）

⑤ "而要其旨意之归宿，则不过以人心为形气之发，而以道心为形气中之理而已。"（《南塘先生文集》卷30《人心道心说》）

下一节则探讨他从道心人心思想史的角度对李退溪理气互发说之根源的清理。

（一）早期版本

朱熹人心道心思想前后存在不同，是韩国儒学的一个共识。比如，李退溪就明确指出，就人心是否是人欲的问题，朱熹有前后两说。前说认为人心是人欲，而后说则认为人心不是人欲。[1]李栗谷也有类似的结论。而南塘对此问题，有更加细致的考察和分析。他继承了宋尤庵的志向，在其晚年撰写了《朱子言论同异考》这一名著。在该书中，他颇为详细地考察了朱熹人心道心思想的前后发展。韩南塘以历史的眼光考察了朱熹人心道心思想的前后之不同，其详细程度在古代罕有其匹敌者。不过，在考察这部东亚朱子学的重要著作之前，首先了解一下青年南塘的相关观点，也是一件比较有趣的事情。

> 窃观朱子之言，果有前后之不同。始则以人心为人欲，而既而改之，以为饮食男女之欲，可善可恶者。始则曰道心为人心之理。又曰道心性理之发，人心形气之发。既而改之，以为或生于形气之私，或原于性命之正。其曰或生或原者，乃即其已发而立论也。即其已发而推究其所自有，则以其有耳目口体之形而有是人心，故谓之生于彼。以其有仁义礼智之性而有是道心，故谓之原于此。此所以共公说来，而非就其发处而言也。生字原字，自与发字之意，迥然不同。[2]

南塘年轻时代就对思想的演变（或不同）颇为敏感。其中"以为饮食男女之欲，可善可恶者"的话语，就表明了南塘在对人心一词的理解上，已经掌握了朱熹对人心之规定的精髓。即相对于人心之两种结果——人心之善和人心之恶——而言，人心本身就意味着潜能，其现实化（是一种立体过程）的途径就是天理或人欲（分别对应人心之善和人心之恶）。这就和前文所说的相互呼应，即南塘对人心的理解持和朱熹相同的立场。以前的研究者，对朱熹的人心道心思想的历

---

① "人心为私欲，程门只作如此看。朱子初间亦从之，其说见于《大全·书》《答何叔京》等书者可考。其以为非私欲，乃晚年定论。"（《退溪先生文集》卷23《答赵士敬·别纸乙丑》，第53页）

② 《南塘先生文集》卷30《人心道心说》。

史演变问题，主要是从朱熹对人心一词的规定性之不同而着眼的。但是，南塘不仅注意到朱熹对人心的规定之不同，也注意到了他对道心的规定性之不同。应该承认，这种双重思路是非常高明的。

但是，后一种做法比较冒险。如果能够证成朱熹曾经持有但是后来又放弃了道心为人心之理，以及道心理发人心气发这两种观点[①]，那么固然可以狠狠地打击退溪学派。[②] 但是，这么做一方面证明起来异常困难，另一方面也可能弄巧成拙反而替对方张目。事实上，南塘后来就放弃了独立从道心之不同规定性去考察朱熹人心道心思想的思路，大致上采纳的是以对人心的规定之不同为主，而以对道心规定之不同为辅的思路。这种思路就体现在《朱子言论同异考》这个晚期版本中。

（二）晚期版本

韩南塘在《朱子言论同异考》中指出，朱熹的人心道心思想有初说与后说的基本区分："论人心道心。以人心为私欲，道心为天理者，初说也。（见《答张敬夫书》）以人心之属之形气，道心属之性命，而人心兼有善恶，道心纯善无恶者，后说也。（见《中庸序》文及《语类》中庸门）"[③]这种初说与后说的二分，和早期版本中的复杂区分相比，显得简明扼要。南塘在初说与后说之基本区分的基础之上，又分别对两说予以进一步的划分。"盖先生论人心道心，前以天理人欲言之，后以形气性命言之者，乃其不同之大端也。与此二端之中，又各有不同而分为四端。张吕二书以存亡出入并为人心，许书以操存舍亡分为人心道心，此前之有不同也。其答蔡季通郑子上书，皆以形气性命为言，则蔡书犹有未莹，未若郑书之为直截明白。则此又后之不同也。先生于此，盖屡易其说而后定。"[④]在中年的心说之辨中，可与操存舍亡联系在一起的人心道心范畴引起了朱熹的注意，由此发展了其人心道心思想。在心说之辨的第一阶段，朱熹认为"存亡出入"皆"人心"，而人心为负面。在第二阶段，朱熹改变了之前把道

---

① 至于它们是两种不同的观点还是本质上是同一种观点的两种不同表述，此处存而不论。
② 参见本文第二节第三点的相关论述。
③ 韩元震：《朱子言论同异考》，《宋子别集丛刊》，第63页。
④ 同上，第64页。

心人心分成两截的做法，而把道心人心分属"操存"与"舍亡"，得出了道心善、人心恶这一结论。[①]在其晚年的《中庸章句序》之后，朱熹和友人探讨人心道心问题，在同一时期给蔡季通（元定）和郑子上（可学）的书信中，又有重要差别。即前书有瑕疵（二歧之嫌），而后书人心觉于欲道心觉于理的看法明白易懂。最后，南塘感慨地总结道："盖先生所论人心道心，屡易其说，始以为天理人欲，中虽改之而答蔡书又未免有二歧之嫌。末乃以一心之灵，有觉于理觉于欲之分，而其论始定矣。以先生高明特达之见，犹未能一觑觑到真源，有此见解之屡易，则义理之难精也有如是夫。"[②]

确实，对朱熹人心道心思想的研究，是非常难的一件事。这是因为一方面朱熹的论著极为庞大，要从中筛选出人心道心论述，在能够对朱子著作全文检索之前，颇为不易。另一方面也需要研究者要有很强的辨名析理能力以对其精微复杂的人心道心说予以分析。就对朱熹人心道心思想的历史演变之考察而言，学界有多种观点。唐君毅在韩南塘的四说的基础之上"加以引申而论之"[③]，而蔡茂松则在南塘的四说基础之上提出了五阶段说[④]。在蔡说之前，笔者曾经把朱熹的人心道心思想的历史发展区分为早、中、晚三个阶段。[⑤]蔡茂松的五阶段说，和南塘的差别之处在于，他把南塘提到的《答郑子上》作为第四阶段[⑥]，而把《中庸章句序》一文及之后（1189 年，己酉春三月）符合该文思想的文献，皆列为第五阶段。笔者曾经证明过南塘所提到的蔡书（《答蔡季通》第 2 书）与郑书（《答郑子上》第 10、11 书）的写作年代应该是己酉（1189）而不是辛亥（1191），从而纠正了陈来在《朱子书信编年考证》中对其错误的系年。[⑦]根据这篇考证论文，郑书（《答郑子上》第 10 书）的写作时间应该是在己酉三

---

① 谢晓东：《寻求真理：朱子对道心人心问题的探索》，《河北大学学报》2005 年第 3 期。

② 韩元震：《朱子言论同异考》，《宋子别集丛刊》，第 65 页。

③ 唐君毅：《中国哲学原论·原性篇》，台北：学生书局，1989 年，第 419—429 页。

④ 蔡茂松：《朱子学》，第 489—491 页。

⑤ 谢晓东：《朱熹人心道心思想探微》，陕西师范大学硕士论文（2003）；以及拙文：《寻求真理：朱子对道心人心问题的探索》，《河北大学学报》2005 年第 3 期。

⑥ "朱子答郑子上'此心之灵，其觉于理者，道心也；其觉于欲者，人心也'一语，仍非朱子之定论，而是一时的见解，这种见解可能只有几天而已。"（蔡茂松：《朱子学》，第 502 页）

⑦ 谢晓东：《朱熹〈文集〉与〈语类〉中几则重要材料年代新考》，《中国哲学史》2014 年第 1 期，第 109—115 页，转第 66 页。

月十八日与秋九月之间，也就是说，是在《中庸章句序》(己酉三月十八日) 之后。假如我的考证成立的话，蔡先生所说的郑书独立为第四阶段的看法就是错误的，因为该书在《中庸章句序》之后而不是之前，故而也就无法成为第四阶段的代表。此外，蔡先生还把郑书所说的 "此心之灵，其觉于理者，道心也；其觉于欲者，人心也" 中的 "欲" 理解为与天理相对的人欲 (恶)[①]，这是不合理的。正确的做法应该是把 "欲" 这一个词理解为中性之欲望而不是负面的人欲一词。退一步而言，假设蔡先生的理解是正确的。在这种情况下。那么郑书就无法和第三阶段《答陈同甫》第 8 书中的以 "天理为道心，以人欲为人心"[②] 相互区别，于是郑书就应该划入第三阶段而不是独立为第四阶段。要言之，蔡先生的五阶段说存在明显问题，是不能够成立的。

南塘在《朱子言论同异考》一书中对《答蔡季通》第 2 书予以长篇大论。而我也认为该书是朱熹人心道心思想的重要文本，值得认真对待。这就是下文的任务。

（三）蔡书之疑

由于该信所引起的争议很大，为了论证的便利，首先展现其文本内容便是非常必要的事情。

1. 蔡书之内容

> 人之有生，性与气合而已。然即其已合而析言之，则性主于理而无形，气主于形而有质。以其主理而无形，故公而无不善；以其主气而有质，故私而或不善。以其公而善也，故其发皆天理之所行；以其私而或不善也，故其发皆人欲之所作。此舜之戒禹所以有人心、道心之别，盖自其根本而已然，非为气之所为有过不及而后流于人欲也。然但谓之人心，则固未以为悉皆邪恶；但谓之危，则固未以为便致凶咎。但既不主于理而主于

---

① 蔡茂松：《朱子学》，第 499 页。
② 同上，第 498 页。

形，则其流为邪恶以致凶咎，亦不难矣。此其所以为危，非若道心之必善而无恶、有安而无顷、有准的而可凭据也。故必其致精一于此两者之间，使公而无不善者常为一身万事之主，而私而或不善者不得与焉，则凡所云为不待择于过不及之间而自然无不中矣。（原小注：凡物剖判之初，且当论其善不善；二者既分之后，方可论其中不中。"惟精惟一"，所以审其善不善也。"允执厥中"，则无过不及而自得其中矣，非精一以求中矣。）此舜戒禹之本意，而序文述之，固未尝直以形气之发尽为不善，而不容其有清明纯粹之时，如来喻之所疑也。但此所谓清明纯粹者，既属乎形气之偶然，则亦但不隔乎理而助其发挥耳，不可便认以为道心，而欲据之以为精一之地也。如孟子虽言夜气，而其所欲存者乃在乎仁义之心，非直以此为夜气为主也。虽言养气，而其所用力乃在乎集义，非直就此其中择其无过不及者而养之也。来喻主张"气"字太过，故于此有不察。其他如分别中气过不及处，亦觉有差。但既无与乎道心之微，故有所不暇辨耳。①

关于该信的写作年代，颇有争议。②本文认定其写作时间在己酉（1189）三月十八日与秋九月之间。该信内容丰富，首次出现了后世东亚儒学中的常用表述"主理"以及"主气"两词，也指出了道心之必善而无恶的性质。③与此同时，朱熹试图从本源上对人心道心做根本区分，他认为道心主理人心主气，故而前者（道心）必善。但是，朱熹对人心的说法出现了相互冲突之处，故而就出现了他后来所承认的"语却未莹，不足据以为说"。至于该书所存在的问题，后文会予以详细检讨。

---

① 《晦庵先生朱文公文集》卷四十四《答蔡季通》，朱杰人等主编：《朱子全书》第22册，上海：上海古籍出版社；合肥：安徽教育出版社，2010年，第1989—1990页。

② 谢晓东：《朱熹〈文集〉与〈语类〉中几则重要材料年代新考》。陈来认为该书的年代是在辛亥（公元1191年），而谢晓东否认了这种看法，认为该书的年代应该在己酉（1189年）。李明辉也引用陈来此说，认为《答蔡季通》第2书"系作于光宗绍熙二年（辛亥，1191），时朱子62岁"（参见氏著：《李玄逸的四端七情论与"道心、人心"问题》，吴震主编：《宋代新儒学的精神世界——以朱子学为中心》，上海：华东师范大学出版社，2009年，第252页）。

③ 就此而言，韩国儒学中有人对道心进一步区分为中理与不中理这么两种类型，就不合乎朱熹哲学的本意。比如，南塘认为李柬就有这样的观点，"至于老兄之以人心道心分属本然气质，固为未安。而公举之以道心为有不中理者，尤是未安"（《南塘先生文集》卷9《答崔成仲》）。

2. 南塘对《答蔡季通》第 2 书的看法

在《朱子言论同异考》中，南塘提到了自己读到该信时的心路历程：

> 《答蔡季通》论人心道心书，骤看似以人心为气发道心为理发，故后来为理气互发之论者，尤以此书为左契。然细考之，则实不然。其论人心曰主于形而有质，曰私而或不善。盖皆指耳目口体而言也。何者谓之形？而耳目口体之形可谓之形，而心上发出之气不可谓之形也。谓之私则耳目口体之形可谓之私，而心上发出之气不可谓之私也。盖以仁义礼智之理，与耳目口体之形对言，而曰此公而无不善，故其发皆天理。彼私而或不善，故其发皆人欲云云。此所谓析言之也，非以心中所具之理气析言之，而谓人心从气而发而道心从理而发也。下文所谓清明纯粹，不隔乎理者，亦指耳目口体之形气而言也。耳目口体之气，或有时而清明纯粹，则视自然明，听自然聪，四体自然收束不惰，此所谓不隔乎理而助其发挥者也。饮食男女本乎天理，则人心之发亦莫非性命之所行。而但为发于吾身之私者，故易隔乎理而不得其正耳。幸而耳目口体之气，亦有清明纯粹之时，则虽其发于私者，亦自能得其正而天理不为所隔矣。先生之指，只如此而已。若是指心之发处，则清明纯粹者，既皆属乎人心，而不可认以为道心矣。彼道心之发又是何气也？大抵情之原于性而发于心者，无论四七人道只是一般。而其所以有此人心者，由其有耳目口体之形，固谓之发于耳目口体之气。或有清明纯粹之时，则其视听食息之欲，亦皆自然得其正，故谓之不隔乎理，而助其发挥也。其以此为心之发处，主理主气之证者，盖皆误认也。余旧看此书，亦不解其指，遂妄疑其初年未定之论，而《庸序》之述，亦或有前后本也。偶与季明言，如此方觉其前见之粗谬，而涣然无疑于先生之指矣。

> 《答蔡季通》论人心道心之说，旧尝疑其有二歧之嫌。然其书乃在《中庸序》文既述之后，则又似晚年所论。强为之解，而终涉龃龉，未见其有涣洽之意。则又疑《庸序》之述亦有前后之异，而此书终不得为定论矣。后见先生《答郑子上书》曰："此心之灵，其觉于理者道心也；其觉于欲者也，人心也。昨《答季通书》语却未莹，不足据以为说。"据此则先生果自

以答蔡书为未是矣。子上又问曰："窃寻《中庸序》云人心出于形气，道心本于性命。而《答季通书》乃所以发明此意。今如所说，却是一本性命说而不及形气云云。"先生又答曰："《中庸序》后亦改定，别纸录去。"据此则《中庸序》果亦有前后本之不同矣! 若非子上之屡有问辩，答蔡书几为千古之疑案矣。……

　　又按：答蔡书虽不得为定论，然其指亦非直以人心为发于气，道心为发于理也。但其立语未莹易使人错看耳。[1]

根据南塘的夫子自道，该信曾经令他非常头疼。韩国儒学中的一部分人以该书为佐证，要么认为朱熹是主张理气互发说的，要么利用该书为退溪的理气互发说辩护。[2] 南塘最初也认为朱熹在该信中主张理气互发，不过由于其反理气互发说的立场，他则怀疑该信"有二歧之嫌"。但该信明显又是撰写于《中庸章句序》之后，故而就不应该和该序所代表的朱熹的道心人心思想晚年定论相矛盾。但是该信又确实和《中庸章句序》有明显冲突之处。于是南塘就试图强行调和二者之间的冲突，而这种尝试是不成功的。南塘后来改变了思路，怀疑《中庸章句序》的内容有过明显调整，而该信和调整前的内容是一致的，故而也不是定论。后来，南塘的怀疑在朱熹《答郑子上》第11书中得到了部分证实，《中庸章句序》的内容确实有修正。而在朱熹《答郑子上》第10书中，朱熹亲口承认，"昨《答季通书》语却未莹，不足据以为说"。既然该信连朱熹都认为有问题，不应该成为立论的根据，那么在南塘看来韩国儒学中主张该信支持理气互发说的观点，就是站不住脚的。南塘之前还用心反驳对该信的理气互发说式的利用，其结论是"皆误认也"。即便是这样，南塘还是在论蔡书的最后下了一个按语，再次确证了两点：第一，朱熹的答蔡书不是定论。第二，该书话语有问题。虽然该书并不明确主张人心气发道心理发，但是容易使得人们误会它主张这个观点。内在于韩国儒学的脉络，应该说，南塘的相关观点是有力的。但是，在我看来，南塘囿于自己的问题意识，对"语却未莹，不足据以为说"是针对《答蔡

————————

　　[1]　韩元震：《朱子言论同异考》，《宋子别集丛刊》，第64—66页。
　　[2]　比如，葛庵（李玄逸）就引述该书中的文字为退溪辩护。参见李明辉：《李玄逸的四端七情论与"道心、人心"问题》，吴震主编：《宋代新儒学的精神世界——以朱子学为中心》，第252页。

季通》第 2 书中的哪些话的解读，值得进一步深思。

3. 钱穆对《答蔡季通》第 2 书的看法

史学家钱穆对该信也很感兴趣，他是结合郑子上的相关材料来解读《答蔡季通》第 2 书中存在的"语却未莹"问题的。先看有关郑子上的一条语录："因郑子上书来问人心、道心，先生曰：'此心之灵，其觉于理者，道心也；其觉于欲者，人心也。'可学窃寻《中庸序》，以人心出于形气，道心本于性命。盖觉于理谓性命，觉于欲谓形气云云。可学近观《中庸序》所谓'道心常为一身之主，而人心每听命焉'，又知前日之失。向来专以人可以有道心，而不可以有人心，今方知其不然。人心出于形气，如何去得！然人于性命之理不明，而专为形气所使，则流于人欲矣。如其达性命之理，则虽人心之用，而无非道心……可学以为必有道心，而后可以用人心，而于人心之中，又当识道心。若专用人心而不知道心，则固流入于放僻邪侈之域；若只守道心，而欲屏去人心，则是判性命为二物，而所谓道心者，空虚无有，将流于释老之学，而非《虞书》之所指者。未知然否？〔大雅〕"[1] 这条语录是余大雅在去世之前所记录，时间是 1189 年的夏秋之间。结合《语类》与《文集》的材料，可以认定该条语录中所说的"因郑子上书"指的就是《答郑子上》第 10 书，而"先生曰"的内容应该也在《答郑子上》第 10 书中。由于郑子上的反复追问，朱熹终于说道："昨答季通书，语却未莹，不足据以为说。"[2]

问题在于，"语却未莹"之处何在？在分析这个问题的时候，钱穆提到了一条语录："季通以书问《中庸序》所云人心形气。先生曰：'形气非皆不善，只是靠不得。季通云形气亦皆有善。不知形气之有善，皆自道心出。由道心，则形气善；不由道心，一付于形气，则为恶。形气犹船也，道心犹柁也。船无柁，纵之行，有时入于波涛，有时入于安流，不可一定。惟有一柁以运之，则虽入波涛无害。故曰：'天生烝民，有物有则。'物乃形气，则乃理也。'〔可学〕"[3] 看来，这条语录应该是朱熹、蔡季通和郑子上三人密切联系频繁探讨人心道心问题的

---

[1]　《朱子语类》卷六十二，第 1487—1489 页。

[2]　《晦庵先生朱文公文集》卷五十六《答郑子上》第 10 书，第 2680 页。

[3]　《朱子语类》卷六十二，第 1486—1487 页。

时候。根据《朱子语录姓氏》，钱穆认为该条语录乃郑可学辛亥（1191）所录。蔡季通在给朱熹的书信中强调形气亦皆有善的观点，从而一定程度上为来自形气的人心辩护。而朱熹对蔡氏的相关观点的回应应该就一方面体现在《答蔡季通》第2书中，另一方面也体现在本条语录中。后来，朱熹认识到自己的《答蔡季通》第2书"语有未莹，不足据以为说"。钱穆的解释是："其答季通，谓'人心道心之别，自其根本而已然'，此殆所谓下语未莹也。《语类》此条，亦似把道心与形气划分两边说之，不见其间相沟通处。殆因季通来书主张气字太过，故答语亦不觉主张理一边太过了，未从正面把两边相通合一处提出，故有'语却未莹，不足据以为说'之云也。"①

应该说，钱说有一定道理，其说可以和《答郑子上》第11书中的句子相互对应。"'此心之灵，其觉于理者，道心也；其觉于欲者，人心也。'可学蒙喻此语，极有开发。但先生又云：'向答季通书，语未莹，不足据以为说。'可学窃寻《中庸序》云：'人心出于形气，道心本于性命。'而答季通书，乃所以发明此意。今如所云，却是一本性命说而不及形气。可学窃疑向所闻此心之灵一段所见差谬，先生欲觉其愚迷，故直于本原处指示，使不走作，非谓形气无预而皆出于心。愚意以为觉于理，则一本于性命而为道心；觉于欲，则涉于形气而为人心。如此所见，如何？"②确实，季通强调形气也可以有善，或许是一种主张善由气导的思想。而在朱熹看来，形气之有善，不是来自自身，而是来自理（或道心）。不过，钱穆先生对"下语未莹"处的判断却没有击中要害。

在我看来，《答蔡季通》第2书之所以被朱熹认为是"语却未莹，不足据以为说"，根本原因并不在于人心道心乃出于形气还是本于性命，而是以天理人欲来谈道心人心，这才是要害所在。在该书中，朱熹"以其私而或不善也，故其发皆人欲之所作"的话语，是明显的严重错误。该书在《中庸章句序》之后，不应该出现私而或不善的人心乃人欲之所做的话语。在宋明理学中，人欲一词指的是人的私欲，是不好的恶的东西。而朱熹在《中庸章句序》中对人心的规定是可善可恶，或者说是兼善恶的，故而不能说是人欲。人心是人欲的观点是朱熹的旧观点，他后来在《中庸章句序》里放弃了此观点。故而，"故其发皆人欲

---

① 钱穆：《朱子新学案》第2册，北京：九州出版社，2011年，第23页。
② 《晦庵先生朱文公文集》卷五十六《答郑子上》第11书，第2682页。

之所作"的语言才是"语却未莹"的根本所在。当然了，后面的话语也有问题。
"人心此舜之戒禹所以有人心、道心之别，盖自其根本而已然，非为气之所为有
过不及而后流于人欲也。"这句话也暗示人心流于人欲乃自根本而已然，同样无
法和人心人欲说拉开距离。朱熹在《戊申封事》（1188）以及《中庸章句序》之
后，就抛弃了以天理人欲来谈道心人心的传统思路。但《答蔡季通》第 2 书明
显在那两份文本之后，故而不应该犯这种低级错误。于是，在仅仅一日之隔的
给郑子上的书信，朱熹就以"觉于理"来规定道心，以"觉于欲"来规定人心。
"理"是天理，而"欲"则是欲望而不是人欲。这么表述，就没有问题了。而郑
子上理论修为有限，竟然没有看破此点。而朱熹也没有明说。高明如南塘，也
未能识破此点，反而附和朱熹的错误说法，也说什么"彼私而或不善，故其发皆
人欲云云"，还以《答郑子上》中的相关话语为最终定论，岂不可惜!

四　从道心人心论的角度看理气互发说

　　南塘生活在朝鲜朝中期，当时的韩国性理学论辩之风颇盛。其时，学宗退
溪的岭南学派和学宗栗谷的畿湖学派之间经常发生辩论，而其中理气互发说与
气发理乘一途说在四端七情和道心人心问题上冲突尤烈。在这种情况下，两派
都各自在朱熹及其门徒那里寻找支持，南塘也不例外。就东亚儒学中的人心
道心问题而论，南塘试图从道心人心思想史的角度去清理退溪理气互发说之
根源。

（一）南塘的理气观及其在道心人心问题上的体现

　　在理气观上，南塘采纳了李栗谷的看法而反驳了李退溪的观点。南塘之核
心观点从正面来看是心乃理气合、人心道心均是气发理乘，而从反面来看则是
否定理气互发。退溪的观点是人心是气发理乘，而道心是理发气随。[①] 李栗谷
则认为人心道心均是气发理乘，否认理气互发。就此而言，南塘确实是宗栗谷

---

　　① "四端，理发而气随之；七情，气发而理乘之。"（《退溪先生文集》卷36《答李宏仲问目》，《韩国文集
丛刊》第 30 册，首尔：民族文化推进会，第 310 页，1989 年）

而驳退溪的。"虽然人之一心，理与气合，理无形迹而气涉形迹，理无作用而气有作用。故发之者必气，而所以发者是理也。非气则不能发，非理则又无所发。故大凡人心之发，无非气发理乘，而理气之不能互相发用、互有主张者，固天下之定理也。此其人心道心之发，俱是气发理乘，而本无分路出来之道矣。"① 同于栗谷，南塘也认为理气的区别在于理无形而气有形、理无为而气有为。故而发动者是气，而其根据则是理。既然如此，人心道心之区分又在哪里呢？南塘认为："此朱子所谓心之知觉，一而已矣者也。但其所感者不同，故所发者亦异。食色感则人心发，道义感则道心发，此朱子所谓其所以为知觉者不同者也。然则人心道心之所同者其发处，而其所不同者，即其所为而发者也。其立名之不同者，不在于发处，而只在于所为而发者矣。"② 南塘提出了两种解释，一是所感者不同：食色与道义；二是从动机的角度，即"所为而发者"。就后者而言，似同于栗谷的或为形气或为道义的规定。③

但是，一与二的解释是同一种解释吗？所感者不同是从感觉的内容来区分的，而所为而发者则是从动机的角度来区分的。从表面看来，二者似乎不同。但实际上，感觉的内容与动机是同一的。④

（二）形气与心气之二分

南塘道心人心思想中之最值得注意者，乃是形气与心气之区分。这是他用以判断李退溪和李栗谷思想之正误的标尺。基于此，他驳斥了人心气发、道心理发的退溪之理气互发说。南塘指出，退溪的理气互发说的核心根据在于：视朱熹所讲的形气为心上气。"窃究其分属之由，则亦不过以形气二字，认作心上气看故也。"⑤ 确实，形气≠心气或心之气，生于"形气之私"的人心并不就意味

---

① 《南塘先生文集》卷30《人心道心说》。

② 同上。

③ 《栗谷先生全书》卷10《答成浩原壬申》，《韩国历代文集丛书》第211辑，第144页。

④ 在研究朱熹的人心道心思想时，崔英辰提出过一个区分：即知觉的"根源"与知觉的"对象"。他认为可以将二者有机地结合，从而重构朱熹的人心道心说。或许，知觉的根源、知觉的对象（或内容）和知觉的动机三者具有同一性，它们是异名而同实。该文可以参见崔英辰、赵甜甜：《对朱子人心道心概念及其分歧的再探》，《第七届海峡两岸国学论坛论文集》（2015），第258—265页。

⑤ 《南塘先生文集》卷30《人心道心说》。

着人心是气发（心气之发）。形气与心气之区分非常重要，并不是"推阐过密"，也不是"节外生枝"，不是"似可不必也"，而是非常有必要的区分。① 为了便于理解南塘的这个思想，有必要把朱熹之道心人心思想的最终定论展示出来。

> 盖尝论之：心之虚灵知觉，一而已矣，而以为有人心、道心之异者，则以其或生于形气之私，或原于性命之正，而所以为知觉者不同，是以或危殆而不安，或微妙而难见耳。然人莫不有是形，故虽上智不能无人心，亦莫不有是性，故虽下愚不能无道心。二者杂于方寸之间，而不知所以治之，则危者愈危，微者愈微，而天理之公卒无以胜夫人欲之私矣。精则察夫二者之间而不杂也，一则守其本心之正而不离也。从事于斯，无少间断，必使道心常为一身之主，而人心每听命焉，则危者安、微者著，而动静云为自无过不及之差矣。②

南塘认为，退溪之所以认为人心是气发，而道心是理发，其根本原因在于他在理解朱熹的"或生于形气之私人"时，把"形气"看作是心上气。既然心是理气合，那么人心当然是气发，而道心则是理发。于是，就构成了理气互发的理解模式。"既以此形气认作心上气，则不得不以人心属之气发，而道心属之理发也。其所以误认者，亦只为气之一字所缠缚而动不得也。"③ 在南塘看来：

> 殊不知气者形之始也，命者性之原也。耳目口体之形，固不可谓气也，而非气则形无所始。仁义礼智之性，固不可谓命也，而非命则性无所原。故言形必兼气者，推其始而言也。言性必兼命者，溯其原而言也。若以此气为心上气，则亦以此命为性中之命乎？故其下文曰：人莫不有是形，人莫不有是性，只言形与性而不复言气与命者，岂不以前之言，乃推其所自来而言也。后之言，只指其当体而言也耶。气字若与命字对释，则

---

① 这是钱穆的两个断语。钱穆：《朱子学流衍韩国考》，《中国学术思想史论丛》第七卷，第391页。他还认为该区分"转增纠葛，是亦失之"（参见同上，第394页）。
② 《晦庵先生朱文公文集》卷七十六，《朱子全书》第24册，第3673—3675页。
③ 《南塘先生文集》卷30《人心道心说》。

固如此，然实亦指一身气运之充体者。若无气运之充体者，则所谓形体，不过如枯木顽石，而饥饱寒暖，亦不得以知矣。下文虽单言形字，而气运亦在其中也，此气字果是心上气？则比形字尤紧，何为反去之而不言耶？若以此形气，归之于耳目口体之类，而不滚作心上气，则理气自无二歧之嫌，而知道者亦无难于下语矣！①

可以说，南塘对朱熹的《中庸章句序》中的经典语句的理解非常到位，很大程度上击中了退溪的要害。南塘的这个看法不是一时之见，而是保持终身的定见。如果说《人心道心说》是其早年（24岁）②的作品，那么在其60岁时③所作《朱子言论同异考》中，依然保持了同一看法。《朱子语类》中有陈安卿（植）问朱熹关于"生于形气之私"的问题，朱熹的回答是："如饥饱寒痒之类，皆生于吾之血气形体，而他人无与焉，所谓私也。"④在这句话的后面，南塘下了一个按语，他写道："后人以人心道心分属理气之发而推以及于四端七情者，无他也。只因此形气二字滚合心之气看故也。先生于此自解，形气之说只以为血气形体，而不复兼心志为言，则其所谓生于形气者，非谓发于心之气，而与性命之理分对出来者，多少分明矣。此书之指，既如此，则互发之说，益见其无根据矣。《答李尧卿书》说及安卿而曰：区区南官，只喜为吾道得此人。南官盖指庚戌以后，最为先生晚年时也（此书当与《答黄子耕书》参看）。"⑤南塘在朱熹那里找到了一些反对材料，从而指出了理气互发说缺乏根据。应该说，南塘的观察是有道理的。当然了，南塘对退溪并没有同情地理解，而是一以他所理解的朱熹为标准。

（三）对宋明朱子后学的批评

南塘对东亚儒学中的道心人心思想史予以了全面的审查，并根据自己的核心判断批评了中国宋明时代的朱子后学的一些导致理气互发说的观点，试图起

---

① 《南塘先生文集》卷30《人心道心说》。
② 《人心道心说》文尾有"乙酉腊月"的字样。南塘生于1682年，卒于1751年。
③ 据该书序文中"辛酉季冬后学韩元震谨书"而得出此一结论。
④ 《朱子语类》卷六十二，第1486页。南塘的引文和原文略有出入，但意思是一致的。
⑤ 韩元震：《朱子言论同异考》，《宋子别集丛刊》，第66页。

到正本清源的作用。换言之,南塘之目的在于寻找并反驳退溪理气互发说的历史渊源,从而驳倒退溪。

第一,批判朱熹的及门弟子九峰(蔡沈)。

南塘指出,九峰在《尚书·大禹谟注》之相关内容和朱熹的阐释存在明显不同。为了便于对内容予以比较,先看朱熹的注释。"心者,人之知觉,主于身而应事物者也。指其生于形气之私者而言,则谓之人心;指其发于义理之公者而言,则谓之道心。人心易动而难反,故危而不安;义理难明而易昧,故微而不显。惟能省察于二者公私之间以致其精,而不使其有毫厘之杂;持守于道心微妙之本以致其一,而不使其有倾刻之离,则其日用之间思虑动作自无过不及之差,而信能执其中矣。"①经过比较可以发现,两者的最大差别在于九峰把朱熹的"或生于形气之私"的人心,调整为"或发于形气"。②如果再和朱熹所注解的"指其发于义理之公者而谓之道心"的看法搭配使用,那么其就具有了理气互发的初步形式了。故而,南塘极力阐明朱熹为何一定要使用生字而不是发字:

> 生字原字,自与发字之意,迥然不同。果是发字之意,则所当直著发字,明白晓人,何为著此笼统谬悠之字,笼罩其本旨而启后世无穷之疑乎? 其于《禹谟解》则曰:指其生于形气之私者而谓之人心,指其发于义理之公者而谓之道心。于形气,不下发字。于义理,虽下发字,而亦以义理字换性命字,则其义亦自不同。谓之义理,则亦共公言者也,非就发处,分别理气而言也。又于性命则虽下发字,亦无妨。以其道心虽是气发,然直由仁义礼智之性而发故也。若形气则终不可下发字,谓人心由耳目口体而生则可,谓人心即乎耳目口体而发之则不可。耳目口体,果是自发之物耶? 此朱子所以于形气则终不肯下发字,而此乃晚年定论也。③

---

① 《晦庵先生朱文公文集》卷六十五《尚书·大禹谟解》,《朱子全书》第24册,第3180页。

② "故九峰则于《禹谟注》,改生字以发字,又去私字。私字本自有意思,谓之私则其指耳目口体而言者,又煞分明矣。今去私字,而直云发于形气。则其认作心上气,后人亦难为回互矣。"(《南塘先生文集》卷30《人心道心说》)

③ 同上。

可以说，南塘对九峰一直都持严厉批评的态度，这和他对勉斋的态度形成了鲜明对比。这是因为，九峰对《尚书》的解释在后世影响很大，是官方所认定的权威解本。故而，南塘认为其错误的危害也大。南塘痛心地指出："生于形气，生字改作发字，实启后世二歧之差。而以易私难公解危字，又不若易动难返之为切于危字义耳。……又《答陈安卿》问生于形气之私曰：饥饱寒燠之类，皆生于吾之血气形体，而他人无与焉，所谓私也。其释生字私字形气字之义，至为明白，尤见其不可移动一字也。蔡氏以生字改作发字，而又删去私字，盖未谕乎此矣。"①可以说，南塘对九峰注释的"危害性"有着清醒的认识，难怪其极力抨击。

第二，批评朱熹的及门弟子勉斋。

勉斋是朱熹的女婿，是所谓的道统传人。在其早年，南塘对勉斋的批评颇为严厉。"勉斋则又喜谈发于形气，而又推而为气动理随理动气挟之论。则其以人心道心分属理气之发，实自九峰、勉斋始矣，真所谓七十子未丧而大义先乖者也。其后东阳许氏、云峰胡氏之说，尊信之祖述之。及至我退、牛两先生，则又益主张之推衍之，使理气二物判然有离合，而不复见其有浑融无间之妙，其弊可胜言哉。"②但是，在其中年，南塘虽然一方面继续批评勉斋，但是另一方面也指出勉斋的人心道心说也有早晚之差别。在他看来，勉斋早年持有的道心人心道器论是理气互发说的先驱，而其晚年的道心人心思想却与朱熹是一致的。③这就相当程度上缓和了对勉斋的批评。

第三，批评朱熹的私淑弟子西山。

西山（真德秀）的《心经》一书在韩国影响极大。程敏政在《心经附注》中引用了西山的观点如下："西山真氏曰：'人心惟危以下十六字，乃尧舜禹传授心法，万世圣学之渊源。先儒训释虽众，独朱子之说最为精确。夫声色臭味之欲，皆发于气，所谓人心也。仁义礼知之理，皆根于性，所谓道心也。人心之发，如焰锋悍马，有未易制驭者，故曰危。道心之发，如火始燃，如泉始达，有未易充广者，故曰微。惟平居庄敬自持，察一念之所从起，知其为声色臭味而

---

①　韩元震：《朱子言论同异考》，《宋子别集丛刊》，第68页。

②　《南塘先生文集》卷30《人心道心说》。

③　《南塘先生文集》卷27《黄勉斋性情说辨》。

发则用力克治，不使之滋长。知其为仁义礼知而发，则一意持守，不使之变迁。夫如是，则理义常存而物欲退听之，酬酢万变无往而非中矣。'"[1] 对上述话语，南塘予以了长篇批评。由于批评的内容前文（第二节的第三小点）已经涉及，这里就省略不提了。

第四，批评朱熹后学王柏。

王柏作过一幅《人心道心图》，并加以文字说明。南塘认为这幅图、说皆有问题，他指出："此图以形气性命同置心字中，是以形气为心上发用之气，而以人心道心为各从理气而发也，其失已甚矣。"[2] 看来，王氏也是犯了把形气视为心上发用之气的根本错误，从而导致了道心人心各从理气而发的类似理气互发说的观点。南塘讽刺王氏道："初不察乎大舜朱子之旨为何如也，可谓荒诞无据之甚矣。"[3] 语气不可谓不严厉。

（四）对韩国儒者退溪等人的批评

南塘猛烈地抨击了朱熹之后的道心人心论中的错误倾向，这种批评既指向了中国的宋明理家，也针对以退溪为代表的韩国儒家。不过囿于篇幅，关于南塘对韩国儒学中的相关批评，这里就暂时省略了。

五　小　结

韩国大儒韩南塘持有四端七情同质论，从而认为四端是兼善恶的。在他看来，道心与人心不但是七情，同时也是四端的表现形态。这就区别于李栗谷只从七情出发，认为道心人心都是其表现形态的观点，也和栗谷的四端是道心及人心之善者的观点区别开来。应该说，这两点是东亚人心道心思想史上南塘的独特之处。

南塘区分了形气与心上发用之气，从而奠定了批评理气互发说的基础。南塘限定了主理主气这两种流行表述，其结论是，道心皆主理而发，人心之善者

---

① 程敏政：《心经附注》卷一，《心经注解丛编》第 1 册，第 20—21 页。
② 《南塘先生文集》之《拾遗》卷 6《〈心经附注〉答疑》。
③ 同上。

乃主理而发,其不善者乃主气而发。南塘进一步阐释了气用事/不用事这两个命题,指出道心与人心之善者乃清气用事,而人心之恶者乃浊气用事。南塘批评了道心人心道器论,认为该说是一种对人心道心及其关系的错误理解。道器论有两个基本要点:人心知觉化、道心性理化。

南塘极为精到地分析了朱熹道心人心说之前后不同,同时对朱熹后学中的理气互发说的苗头予以了鞭辟入里的批评。可以说,南塘是东亚儒学中对人心道心问题最具有历史感的思想家。本文之贡献在于,一方面从整体上较为全面而系统地分析了南塘的人心道心说,另一方面也从细节上有所推进,比如较有力地解释了《答蔡季通》第2书中"语却未莹"的问题。

第二十六章　韩国朱子学的"知觉"论争

——以金昌协论"知觉"为例

林月惠（台湾"中央研究院"）

一　知觉论争的缘起与发展

17 世纪朝鲜性理学的发展，不仅夹杂在退溪学派与栗谷学派的分立中，也不免陷于政治党争的激烈对立里，其复杂性远甚于 16 世纪的退、栗时代。虽然如此，17 世纪的朝鲜性理学者对于朱子思想，除了消化吸收外，还做了更细致与深刻的哲学省察，充分发挥朱子思想诸多命题之逻辑发展的可能性。其中，"知觉论争"就是一个典型的例证。[①]

在栗谷学派中，掌握学术与政治发言权的性理学者，当属宋时烈（字英甫，号尤庵，1607—1689）。在学术上，宋时烈长于辩论，对于退溪学派多所抨击；在政治上，他属于西人的老论，历事仁、孝、显、肃四朝，每与南人激烈冲突。其门人中，尹拯（字子仁，号明斋，1629—1714）最为杰出，但因怀尼老少冲突

[①]　韩国学者문석윤（文锡胤）将朝鲜后期重要论争梳理为"四端七情论辩""太极论辩""知觉论辩""未发论辩""人物性同异论辩"，既有宏观的统摄，又有微观的分析，值得参考。参见氏著：《조선후기의 주요논쟁과 쟁점》(《朝鲜后期的主要论争与争点》)，한국국학진흥원 국학연구실（韩国国学振兴院国学研究室）编：《韩国儒家思想大系》第 3 册《哲学思想编》（下），경북：한국국학진흥원，2005 年，第 293—384 页。另参见氏著：《朝鲜湖洛论辩中知觉论的意义——儒教的道德实践与知识问题》，《韩国学论文集》第 7 辑，北京大学韩国学研究中心，1998 年，第 260—265 页。

之分裂，师、生反目成仇；故栗谷学统由另一门人权尚夏（字致道，号遂庵，又号寒水斋，1641—1721）继承。而金昌协（字仲和，号农岩，又号三洲，1651—1708）也是宋尤庵门人，不同的是，金昌协虽然属于栗谷学派，但其思想颇有异彩，并非如权尚夏般地捍卫师说。如对于"四端七情""人心道心"等重要性理学论争，金昌协对李珥（字叔献，号栗谷，1536—1584）的说法或提出修正，或发明言外之旨。[①] 因此，日本学者高桥亨（1878—1967）就认为金昌协是介于"主理派"与"主气派"之间的"折衷派"性理学者。[②] 金昌协除了对退、栗时代的"四端七情""人心道心"论争有自家看法外，对于朝鲜后期的新论争如"人物性同异论""知觉论争"等，也提出独特的见解。而"知觉论争"就是因金昌协提出异说，主张"知觉为心之用"，才引发后期朝鲜性理学者的关切与激辩。

事实上，"知觉论争"的争议点，就在于朱子思想中，"知觉"属于"智之用"或是"心之用"。大多数的朝鲜性理学者，多认为知觉为智之用，未尝质疑。然而，在金昌协之前，其师宋时烈就发现朱子文本中，有"知觉属心之用"与"知觉属智之用"两种不一致的说法。宋时烈写于1628年的《看书杂录》就提到此问题：

> 以知觉属心，此朱子一生说。而一处又以知觉属智，此处不可不仔细分辨。窃谓前所谓知觉，是泛言心之虚明不昧。后所谓知觉，是《孟子》注所谓"识其事之所当然，悟其理之所以然"者。故有属心、属智之异也。[③]

又说：

> 以知觉属心，此朱子一生训说也。其《答吴晦叔》书则乃以知觉为智之用，此非前后异说也。夫知觉有二：其虚灵运用，识饥饱寒暖者，心之

---

① 参见李丙焘：《韩国儒学史略》，首尔：亚细亚文化社，1986 年，第 201—203 页。

② 参见高桥亨：《李朝儒學史に於ける主理派主氣派の發達》，田保桥洁编：《京城法文学会第二部论集》，东京：刀江书院，1929 年，第 267—281 页。

③ 宋时烈：《宋子大全》Ⅴ，卷 131，《看书杂录》，第 3a 页，《韩国文集丛刊》第 112 册，首尔：民族文化推进会，1993 年，第 42 页。本文凡引《韩国文集丛刊》之文集，除首次标明辑数外，其总页数直接以／下标示。

用也，此周、程所谓知觉也；识事之所当然，悟理之所以然者，智之用也，此伊尹所谓知觉也。二者各有所指，不可混沦说也。盖心，气也；智，性也，性则理也。气与理二者不可离，而亦不可杂也。[①]

宋时烈一方面认为"以知觉属心"是朱子一生的训说，另一方面又在朱子诸多文本中，如《孟子集注》[②]《答吴晦叔》[③]等发现"知觉"属于"智"，或属于"智之用"的说法。不过，宋时烈并不认为朱子之说前后不一致，而是指出朱子所谓的"知觉"有两种指涉：一是心之用，如"识饥饱寒暖"；一是智之用，如"识事之所当然，悟理之所以然"。前者指"气"言，后者就"理"说。若用现代的学术术语来说，就"心之用"而言的知觉，属于"感官知觉"（sense perception），从"智之用"来说的知觉，属于对"道德法则"（识事之所当然）与"自然法则"（悟理之所以然）的"知觉"（awareness）。问题是，这两种知觉是否有本质上的理气区分，还是两类不同的知觉而已？朱子与宋时烈似乎都没有意识到这个问题。使这个问题成为一个主题，进而充分讨论、提出论证的则是金昌协。

根据金昌协《年谱》的记载，金昌协于朝鲜肃宗丁丑年（1697）因反对元代胡炳文（号云峰，1250—1333）《四书通》所补充朱子论"智"的文本，与尹拯门人闵以升（字彦晖，号诚斋，1649—1697）展开辩论。金昌协于《答闵彦晖》第1书就指出争议点所在：

> 《大学章句序》"莫不与之以仁义礼智之性"，《小注》云峰胡氏曰："朱子四书称仁曰心之德爱之理，义曰心之制事之宜，礼曰天理之节文人事之仪则，皆兼体用。独智字，未有明释。尝欲窃取朱子之意以补之曰：'智则心之神明，所以妙众理而宰万物者也。'番易沈氏云：'智者，涵天理动静之

---

①　《宋子大全》Ⅴ，卷131，《看书杂录》，第5a/429页。

②　朱子于《孟子·万章上》伊尹所言："天之生此民也，使先知觉后知，使先觉觉后觉也。予，天民之先觉者也；予将以斯道觉斯民也。非予觉之，而谁乎？"批注云："知，谓识其事之所当然。觉，谓悟其理之所以然。"（朱熹：《四书章句集注》，台北：鹅湖出版社，1984年，第310页）

③　朱子《答吴晦叔》第10书云："若夫知觉，则智之用，而仁者之所兼也。"（陈俊民校编：《朱子文集》卷四，台北：德富文教基金会，2000年，第1829页）

机，具人事是非之鉴。'"窃谓两说，只说得心之知觉，与智字不相干涉。智乃人心是非之理，确然而有准则者也。知觉则此心虚灵之用，神妙而不可测者也。夫以知觉，专为智之用，犹不可。况直以言智可乎？且智则理也，而谓之妙众理，谓之涵天理，则是以理妙理，以理涵理。恐尤未安也。①

虽然胡炳文的《四书通》是朝鲜性理学者理解朱子《四书章句集注》的重要参考著作之一②，但金昌协却对胡炳文为朱子《大学章句序》"盖自天降生民，则既莫不与之以仁义礼智之性矣"一语所作小注提出质疑。胡炳文之小注分别以取朱子之言（"智则心之神明，所以妙众理而宰万物者也"）与沈贵珧（号毅斋，生卒年不详）之说（智者，涵天理动静之机，具人事是非之鉴）来界定朱子言"智"之意涵。但金昌协认为此二说是指"知觉"而言，属于心之用，并非"智之用"。换言之，"知觉"与"智"截然不同。不过，闵以升仍然遵从胡炳文之说，以"知觉"属于"智之用"。双方书信辩难六、七回③，闵以升仍然坚持己说，金昌协则"逐一辨破，发明至到"④。之后，在金昌协逝世前几年，也与李喜朝（号芝村，1655—1724）⑤、金时佐（字道以，生卒年不详）⑥等人辩论"知觉"这一论题。因此，从1697年至1707年，金昌协持续关切此论题，立论也愈加精微。

金昌协严分"知觉"与"智"，强调知觉为心之用，被当时的性理学者视为异论，因而引发进一步的论辩。金昌协逝世后，同属宋时烈门人的权尚夏得见金昌协之说，乃批驳之，与其门人韩元震（字德昭，号南塘，1682—1751）讨论

---

① 金昌协：《农岩集》II，卷14，《答闵彦晖》第1书，第1a页，《韩国文集丛刊》第162册，首尔：民族文化推进会，1996年，第4页。

② 高丽末朱子学东传时，胡炳文《四书通》是丽末鲜初儒者理解朱子学的重要凭借，被尊称为东方理学之祖的郑梦周（号圃隐，1337—1392）就因为其讲解朱子《四书章句集注》与后来东传的《四书通》吻合，而令诸儒叹服。《郑梦周传》载云："时经书至东方者，唯《朱子集注》耳。梦周讲说发越，超出人意。闻者颇疑，及得胡炳文《四书通》，无不脗合，诸儒尤加叹服。"（郑麟趾等纂修：《高丽史》卷117，台北：文史哲出版社，1972年，第3册，第442页）

③ 《农岩集》II之卷14中有《答闵彦晖》书共六封，第1封写于丁丑年（1697），故《年谱》载两人辩难"书至六、七度"。参见《农岩集》II，卷36，第14a/425页。

④ 《农岩集》II，卷36，《年谱》，第14a/425页。

⑤ 李喜朝《芝村集》卷8中有写于乙酉年（1705）年的《答金仲和书》，《韩国文集丛刊》第170册，首尔：民族文化推进会，1996年；而金昌协《农岩集》卷13中有写于丙戌年（1706）的《与李同甫书》。

⑥ 《农岩集》中有《答道以》书共四封，最后一封写于丁亥年（1707），参见《农岩集》卷19。

此论题。权尚夏与韩元震的立场是一致的,均主张"知觉为智之用",认为此说法并非意味着知觉之气为智之用,而是指智之理发于知觉上为智之用。对于权尚夏与韩元震的说法,金昌协之弟金昌翕(字子益,号三渊,1653—1722)乃著《论智字说》为亡兄辩解,而金昌协之门人鱼有凤(字舜瑞,号杞园,1672—1744)也著《知与知觉辩》,捍卫金昌协的立场。故对于朱子思想中的"智"与"知觉"之说,属于洛学的金昌协、金昌翕、鱼有凤兄弟师徒,遂与属于湖学的权尚夏、韩元震师徒之立场,针锋相对,辨析入微。其中金昌协与韩元震虽然未正式交锋,但二人的论证最为精微,值得探究。本文限于篇幅,无法处理知觉论争双方的论辩,只集中于金昌协"知觉"说的探讨。①

二 朱子论"智"与"知觉"

如同大多数的朝鲜性理学论争一样,"知觉论争"表面上起于朱子诸多文本之间的不一致,但实际上涉及的是对于朱子思想的理解与诠释。尤其一旦涉及论争,便是以朱子思想为坐标,展开两方面的攻防,一是朱子文本的根据,一是朱子思想的逻辑性。因而,在讨论金昌协对朱子"智"与"知觉"的理解与诠释之前,有必要先梳理朱子对于"智"与"知觉"的相关论述。

---

① 金昌协"知觉"说的相关研究,可参见韩国学者的研究成果。如김태년(金太年):《洛論系의 知覺論 연구》(《洛论系的知觉论研究》)(高丽大学硕士论文,1993 年),此论文通过知觉研究的展开过程来看朝鲜朱子学者如何吸收阳明学的问题意识。而氏著:《지각》(《知觉》),也专章收入한국사상연구회(韩国思想研究会)编:《조선유학의 개념들》(《朝鲜儒学的概念》),首尔:예문서원(艺文书院),2006 年,第 299—321 页。又조남호(赵南浩):《金昌協學派의 陽明學批判:智와 知覺의 문제를 중심으로》(《金昌协学派的阳明学批判:以智与知觉为中心》),한국철학회(韩国哲学会):《철학》(《哲学》)第 39 辑,1993 年,此文从朴世堂的批判过程中,探讨其对王阳明至少论有关知觉的批判;而氏著:《羅欽順의 철학과 조선학자들의 논변》(《罗钦顺的哲学与朝鲜学者的论辩》),首尔大学博士论文,1999 年,第 5 章,特别讨论金昌协与韩元震有关智与知觉的论辩。又문석윤(文锡胤):《朝鮮後期湖洛論辨의 成立史》(《朝鲜后期湖洛论辩的成立史》),首尔大学博士论文,1995 年,从与湖学对比的洛学心性论来鸟瞰知觉研究。又김현(金炫):《조선후기 未發心論의 心學的 전개》(《朝鲜后期未发心论的心学开展》),《민족문화연구》第 37 辑,2002 年,其知觉研究是从重视心的侧面来检讨阳明学的问题意识及其关联性。又이천승(李天承):《農巖 金昌協의 知覺論議와 心의 의미》(《农岩金昌协的知觉论议与心的意义》),《韩国思想史学》第 21 辑,2003 年,此文以金昌协为中心,考察洛学系学者从现实问题中对作为朱子学运作原理的知觉论议所具有的作用。更详细的研究,亦参见氏著:《농암 김창협의 철학사상 연구》(《农岩金昌协的哲学思想研究》),第 4 章,경기도:한국학술정보(京畿道:韩国学术情报),2006 年。笔者则着重从朱子思想的内在脉络,探讨金昌协如何论述"智与知觉"这个论题。

"智"这一个概念，原是儒家经典中的重要概念，而朱子对于"智"的论述，是关联着《孟子》"仁、义、礼、智"而立论的，在其中年的《仁说》与晚年的《玉山讲义》都有所阐释。而"知觉"这一个概念，则出现在朱子的《四书章句集注》中，它一方面是朱子论"心"的核心概念，另一方面也出现在朱子反对"以觉训仁"的论述中。若从朱子思想的发展来看，当今研究朱子思想的学者，大多认为朱子四十岁（宋孝宗乾道五年，1169年）的乙丑之悟所确立的"中和新说"，奠定了其思想的义理架构，即心性情三分而理气二分。① 此后，朱子各阶段的思想发展虽有转进，但并未离开此义理间架。之后，朱子根据"中和新说"的义理架构，与张南轩（名栻，1133—1180）往复辩论"仁"之意涵，而于四十四岁（宋孝宗乾道九年，1173年）写下《仁说》。朱子的《仁说》，一方面阐释孟子的"四端之心"，另一方面也反驳杨龟山（名时，1053—1135）"万物与我为一"之说与谢上蔡（名良佐，1050—1103）"以觉训仁"之说。故朱子之《仁说》也论及"智"与"知觉"，并反对以"知觉"来诠释"仁"。嗣后，直到朱子晚年，朱子也对"知觉"与"智"有所论述。如朱子六十岁（淳熙己酉，1189年）所作《中庸章句序》②提到："心之虚灵知觉，一而已矣。"而朱子六十五岁（宋光宗绍熙五年，1195年）所作《玉山讲义》也阐释"仁、义、礼、智"之义，并发挥"智藏"之说。根据上述的相关文本，笔者依循朱子思想的发展，一方面从"中和新说"、《中庸章句序》来探究朱子的"知觉"之说，另一方面从《仁说》《玉山讲义》来理解朱子对于"智"与"知觉"的诠释。③

---

① 牟宗三指出：中和问题之参究与仁之问题之论辩是朱子思想奋斗建立之过程；并分析出心性情三分、理气二分是"中和新说"的义理格局。参见氏著：《心体与性体》，台北：正中书局，1987年，第353、144页。

② 王懋竑：《朱子年谱》，台北：世界书局，1984年，第168页；束景南：《朱熹年谱长编》，上海：华东师范大学出版社，2001年，第955—956页。二书皆将《中庸章句序》系于淳熙十六（己酉）年，朱子六十岁。但钱穆经细加考证，指出：《中庸章句序》成于淳熙己酉，越两年辛亥，答蔡季通贻书，憾语有未莹。《答（郑）子上书》又曰：《中庸序》后亦改定，别纸录去。今读《中庸序》与《答（郑）子上书》意同，则已是改定之本。人心道心之辩，盖至是始臻定论。如此一来，《中庸章句序》之定稿，当在绍熙二年（辛亥），朱子六十二岁。参见氏著：《朱子新学案》第2册，台北：三民书局，1989年，第113页。

③ 蔡茂松认为朱子论知觉以《中庸章句序》为定论，并以此分为前后两期，详加辨析论述。前期在《中庸章句序》之前，尤以四十五岁前后与张南轩等湖湘学派，以及反对谢上蔡"以觉训仁"为主要内容；后期以六十岁以后《文集》《中庸章句序》《答潘谦之》《答余方叔》，以及《语类》辅录、节录、淳录等所记录知觉之说为重要内容。参见氏著：《朱子学》，台南：大千世界出版社，2007年，第409—448页。本文对朱子知觉说的探究，不从前后期着眼，而以义理问题为论述主轴。

　　有关朱子"中和新说"的文本，王懋竑《朱子年谱》所录的是《已发未发说》、《与湖南诸公论中和》第 1 书、《答张敬夫》。① 若从"中和新说"的问题意识来说，朱子思考的是工夫的入路问题。要言之，朱子苦参"中和"问题，源自于其师李延平（名侗，1093—1163）"令静中看喜怒哀乐未发谓之中，未发时作何气象"之训，但朱子始终无法契入。在此摸索中，朱子受到程伊川（名颐，1033—1107）"凡言心者，皆指已发"的启发，遂认为"未发为性，已发为心"，此是"中和旧说"之思路。之后，朱子又反省到"只将心性对说，一个'情'字都无下落"，乃认为旧说之"已发未发命名未当"。更重要的是，朱子察觉到若以"已发之心"为工夫入手处，则未发时无涵养工夫，"缺却平日涵养一段功夫"②。而这些问题的解决，显然必须对"心"与"性""情"关系有重新的理解，才能找到工夫的着力点。故朱子于《答张敬夫》就开宗明义说："因复体察得见此理须以心为主而论之，则性情之德，中和之妙，皆有条而不紊矣。"③接者，朱子清楚地论述其义理架构：

　　　　然人之一身，知觉运用莫非心之所为，则心者固所以主于身，而无动静语默之间者也。然方其静也，事物未至，思虑未萌，而一性浑然，道义全具。其所谓中，是乃心之所以为体，而寂然不动者也。及其动也，事物交至，思虑萌焉，则七情迭用，各有所主。其所谓和，是乃心之所以为用，感而遂通者也。然性之静也，不能不动；情之动也，而必有节焉。是则心之所以通寂感、周流贯彻，而体用未始相离者也。④

　　根据朱子的思路，心的存在状态有体／用、寂／感、未发／已发、静／动之区分，分别指涉"性"（中）与"情"（和）。故朱子常援引伊川修正后之言解析说："性以理言，情乃发用处，心即管摄性情者也。故程子曰：'有指体而言

---

　　① 《已发未发说》见于《朱子文集》卷六十七，《与湖南诸公论中和》第 1 书见于《朱子文集》卷六十四，《答张敬夫》为第 18 书，见于《朱子文集》卷三十二。

　　② 《朱子文集》卷六十四《已发未发说》，第 3377 页。

　　③ 《朱子文集》卷三十二《答张敬夫》第 18 书，第 1273 页。

　　④ 同上。

者，寂然不动是也'，此言性也；'有指用而言，感而遂通是也'，此言情也。"①
虽然如此，心之自身，以其"知觉运用"又能兼体用、通寂感、含动静、贯未发
已发，管摄"性"与"情"。显然地，朱子认为"心"扮演通贯"性"与"情"的中
介角色，故"心统性情"最能显现"心"的定位与特性。事实上，"性""情"视为
"体""用"关系，原是宋明理学的共识，所谓"性发为情"（性体情用），朱子也
不例外。但由于朱子哲学系统中，"性"只是"理"，本身不具能动性，活动的是
"气"，故体（性）不能直接下贯为用（情），必须以"心"为中介，才能使体用不
相离。在这个意义下，朱子强调"心统性情"时，即意味着"心有体用"② "心之
体用" ③ "心兼体用" ④。

由此我们可以进一步追问："心"何以能扮演中介的角色？又何以能管摄
"性"与"情"？此问题涉及"心""性""情"三者的区分与关联。就"心"之管摄
"性"言，形上之"性"（理）虽具于心却不可见，必须经由形下之"心"的"知
觉"（认识）作用，才能显现。另从"心"之管摄"情"言，二者虽都是气，但
是"心"是"气之灵" ⑤ "气之精爽" ⑥，具有"虚明不昧" ⑦ 的特性，能知觉所具之
"理"（性）；而"情"只是"感于物"后而自然流露之"气"（动），本身不具"虚
灵不昧"的知觉作用，故其动可善可恶，无法决定其方向。故"情"之中节与
否，"特在乎心之宰与不宰" ⑧。如此一来，就"心"与"性"言，心以其"知觉"作
用来管摄"性"，故心是能知觉的认知主体。从"心"与"情"来说，情之"感物
而动"的行动主体仍然在"心"（心感物而动而为情），"心"能主宰情之发用。
由此可见，"心"以其"知觉"作用来管摄"性"与"情"，亦即就性而言，心可知
觉性理而为认知主体；从情来看，心又可知觉外物而为行动主体。因此，牟宗
三精确地诠释朱子"心统性情"之义为："心是认知地统摄性而具有之，行动地

---

① 《朱子语类》（以下简称《语类》）卷五，台北：文津出版社，1986年，第94页。
② 朱子云："心有体用，未发之前是心之体，已发之际乃心之用。"（同上，第90页）
③ 朱子云："心统性情，故言心之体用，尝跨过两头未发、已发处说。"（同上，第94页）
④ 朱子云："心兼体用而言，性是心之理，情是心之用。"（同上，第96页）
⑤ 朱子云："心者，气之精爽。"（同上，第85页）
⑥ 朱子云："所觉者，心之理也；能觉者，气之灵也。"（同上，第85页）
⑦ 朱子云："虚明不昧，便是心……感物而动，便是情。"（同上，第94—95页）
⑧ 朱子《问张敬夫》第6书："情根乎性而宰乎心……中节、不中节之分，特在乎心之宰与不宰，而非
情能病之，亦以明矣。"（《朱子文集》卷三十二，第1245页）

统摄情而敷施发用之。"①换言之，道德意识与行动的成立，就在于由心之认识理而表现为中节之情（依于理，发为情）。

从上述"中和新说"的问题意识与思维架构来看，"心"因其"知觉"作用而统摄"性"与"情"，使心循理（性）而动（情），成就道德之善的行为，并成为工夫论的枢纽。值得注意的是，朱子所谓"心之知觉"，不仅能知觉感性的经验内容（如：知饥饱寒暖），也能知觉抽象的性（如：识事之所当然，悟理之所以然）。因此，若用现代的哲学术语来说，不能仅以一般经验意义的"perception"来理解，而应从更宽泛的角度来看，它是一种"表象力"（Vorstellungskraft, power of representation）。②即使从前述的"感性知觉"与对"道德法则"与"自然法则"的"知觉"（awareness）来说，二者并没有本质上的不同，只因"所知觉"对象的不同，而表现两种不同的知觉。此义在《中庸章句序》有更明显的表述。朱子说：

> 盖尝论之，心之虚灵知觉，一而已矣。而以为有人心、道心之异者，则或生于形气之私，或原于性命之正，而所以为知觉者不同，是以或危殆而不安，或微妙而难见耳。③

在此论述"道心人心"的经典性文本中，朱子明确地指出心只是一个心，以"虚灵知觉"为其特性，但因所知觉对象的不同，而有人心、道心之别。当心认知"理"时，呈现为道德意识，表现为道心；心知觉"欲"（耳目感官之欲）时，

---

① 牟宗三：《心体与性体》第三册，第474页。又说："心之统摄性是主观地认知地统，心之统摄情是客观地行为地（激发地）统。"（同上，第378页）

② 李明辉以"表象力"来翻译朱子的"知觉"，既相应于朱子的用法，也可以避免朱子"知觉"一词在概念上所引起的误解。参见氏著：《朱子论恶之根源》，锺彩钧主编：《国际朱子学会议论文集》上册，台北："中央研究院"中国文哲研究所筹备处，1993年，第574页。韩国学者김태년（金太年）虽以"perception"翻译"知觉"，但也注意到（朝鲜）儒学所谓的"知觉"包含感官知觉与认知道德原理。他指出：人把握世界内在的道德秩序，并在自己身上实践的能力为何？这种作用的机制为何？讨论这些问题便是儒学的知觉论。与西洋的知识传统相比，儒学注重的是道德上的"是、非"，更甚于认知上的"真、伪"。更正确地说，"是"即是"真"，"非"即是"伪"。并认为"理"是知觉的对象，"心"是知觉的主体，"情"则是知觉显现的结果。朝鲜儒者对于心、性、情关系的说明，各存在着微妙的差异，此差异也影响到修养论的不同。参见氏著：《지각》（《知觉》），《조선유학의 개념들》（《韩国儒学的概念》），第299—301页。

③ 《中庸章句序》，《四书章句集注》，第14页。

呈现为感性知觉，表现为人心。① 人心与道心并非对立的概念，故道德认知与感官知觉也并不对立，两者只是知觉种类的不同，究其根源，皆属于气的活动。

就因为心之"知觉"属于气的活动，故朱子在《仁说》中，一方面阐释"仁义礼智"之性理，另一方面也驳斥"以觉训仁"。对于前者，朱子根据"中和新说"的义理架构，做更精细的排比：

> 盖天地之心，其德有四，曰元、亨、利、贞，而元无不统。其运行焉，则为春、夏、秋、冬之序，而春生之气无所不通。故人之为心，其德亦有四，曰仁、义、礼、智，而仁无不包。其发用焉，则为爱、恭、宜、别之情，而恻隐之心无所不贯。故论天地之心者，则曰乾元、坤元，则四德之体用不待悉数而足。论人心之妙者，则曰"人，人心也"，则四德之体用亦不待遍举而该。②

诚如李明辉所言，朱子在此列举四种不同的秩序。从天地之德来说，"元、亨、利、贞"属于存有论的秩序；"春、夏、秋、冬"属于宇宙论的秩序，二者是理与气的关系。就人心之德而言，"仁、义、礼、智"属于存有—伦理学的（onto-ethical）秩序；"爱、恭、宜、别"属于伦理—心理学的（ethico-psychological）秩序，二者是性与情的关系。③ 对朱子而言，天地之德与人心之德相互对应，故性与情的关系，也是理与气的关系，也可以说天地之德具体化于人心之中，即是性与情的关系。就孟子四端之心的理解言，朱子认为心之所以为心，乃在于心具"仁、义、礼、智"之"性"，并以此为体，而能发用为"爱、恭、宜、别"之"情"。这样的理解，显然预设心性情三分而理气二分的义理架构。而且朱子还在《仁说》中借"元、亨、利、贞，而元无不统"来凸显"仁、义、礼、智，而仁无不包"，以显示"仁"之独特意涵。

问题是"元统四德"与"仁包四端"（仁包四德）如何可能？依据朱子"春生

---

① 朱子云："此心之灵，其觉于理者，道心也；其觉于欲者，人心也。"（《语类》卷六十二，第1478页）
② 《朱子文集》卷六十七《仁说》，第3390—3391页。
③ 参见李明辉：《朱子的"仁说"及其与湖湘学派的辩论》，氏著：《四端与七情——关于道德情感的比较哲学探讨》，台北：台湾大学出版中心，2005年，第88页。

之气无所不通"来细察，天地之"元"是透过宇宙论的气化过程（春生之气无所不通），而使"元"统"亨、利、贞"诸德。同样地，人心之"仁"是借由"恻隐之心无所不贯"来包"义、礼、智"诸德。而"恻隐之心"实指"恻隐之情"，也属于"气"的作用。换言之，"元统四德"与"仁包四端"都不是从"元""仁"作为"理"之直接统包其他三德说，而必须透过"春""恻隐"作为"气"之活动的中介，才能间接统包其他三德。而在《元亨利贞说》中，朱子更将天地之德、人心之德都以"心、性、情"三分而"理、气"二分的架构来理解，性之能贯于情，便是以"心"为中介。① 这样的思路，朱子在晚年所写的《玉山讲义》表述得更清楚：

> 盖仁则是个温和慈爱底道理，义则是个断制裁割底道理，礼则是个恭敬摚节底道理，智则是个分别是非底道理。凡此四者具于人心，乃是性之本体，方其未发，漠然无形象之可见；及其发而为用，则仁者为恻隐，义者为羞恶，礼者为恭敬，智者为是非，随事发见，各有苗脉，不相殽乱，所谓情也。……盖一心之中，仁、义、礼、智各有界限，而其性情体用，又各自有分别，须是见得分明。②

又说：

> 于此见得分明，然后就此又自见得"仁"字是个生底意思，通贯周流于四者之中，仁固仁之本体也，义则仁之断制也，礼则仁之节文也，智则仁之分别也。正如春之生气贯彻四时，春则生之生也，夏则生之长也，秋则生之收也，冬则生之藏也。③

朱子的思维很一贯，他再度表达"仁、义、礼、智"是"性"，"恻隐、羞恶、辞让、是非"是"情"，性是情之表现的所以然之理，性也随具体之事而表现为情。

---

① 朱子《元亨利贞说》："元亨利贞，性也；生长收藏，情也；以元生，以亨长，以利收，以贞藏者，心也。仁义礼智，性也；恻隐、羞恶、辞让、是非，情也；以仁爱，以义恶，以礼让，以智知者，心也。性者，心之理也；情者，心之用也；心者，性情之主也。"（《朱子文集》卷六十七，第3361页）
② 《朱子文集》卷七十四《玉山讲义》，第3733页。
③ 同上，第3734页。

因而,"仁"是"温和慈爱底道理","智"是"分别是非底道理",四德之性对应四端之情,各有配属,各有界限,性情体用有别。据此,"分别是非"属于"智"之事(随事发见),与"温和慈爱"之"仁"不同。"仁"与"智"各只是一理,只是对应"恻隐""是非"之情而言的一性。分解地说,"仁"与"智"不能内在地包摄其他诸德。不过,朱子也指出"仁包四端"而为全德。然依朱子"心性情三分而理气二分"的义理架构,无法从"仁"自身分析出"仁包四端",必须借由宇宙论之气化或心性论上气的活动来关联。因而,朱子乃借由"仁字是个生底意思"来"通贯周流于四者之中",由此证成"仁包四端"。朱子所谓"生底意思"是落在气化与情之相引生而彼此关联,故此"包"是气机的贯通,即由春之生而引发夏长、秋收、冬藏而彼此关联。朱子常用阴阳与春夏秋冬之气变为比喻来说明,《玉山讲义》也不例外,故"仁包四端"是以"春之生气贯彻四时"为论据来证成的。

此外,朱子于《玉山讲义》也提及"智又是义之藏",之后在陈器之的追问下,朱子发挥"智藏"之说。朱子说:

> 仁包四端,而智居四端之末者,盖冬者藏也,所以始万物而终万物者也。智有藏之义焉,有终始之义焉,则恻隐、羞恶、恭敬三者皆有可为之事,而智则无事可为,但分别其为是非尔,是以谓之藏也。又恻隐、羞恶、恭敬皆是一面底道理,而是非则有两面。既别其所是,又别其所非,是终始万物之象。故仁为四端之首,而智则能成始,能成终。犹元气虽四德之长,然元不生于元而生于贞,盖由天地之化,不翕聚则不能发散,理固然也。仁智交际之间,乃万化之机轴,此理循环不穷,吻合无间。程子所谓"动静无端,阴阳无始"者,此也。[①]

虽然朱子的"智藏"之说,有其特色。[②]不过,"仁包四端"与"智藏四德"

---

①　《朱子文集》卷五十八《答陈器之二问〈玉山讲义〉》,第 2827 页。

②　日本德川时代朱子学者山崎闇斋(1618—1682)阐发此义,而有"智藏说"。相关研究参见冈田武彦:《朱子と智藏》《朱子の智藏說とその由來および繼承》,氏著:《中國思想における理想と現實》,东京:木耳社,1983 年,第 267—279、280—304 页;亦参见氏著:《山崎闇齋》,台北:东大图书公司,1987 年,《对朱子智藏说的宣扬》,第 125—136 页。亦参见难波征男:《日本朱子学与将来世代——智藏论》,朱杰人主编:《迈入 21 世纪的朱子学——纪念朱熹诞辰 870 周年、逝世 800 周年论文集》,上海:华东师范大学出版社,2001 年,第 403—411 页。本文暂不探究此论题。

之说的论证是一样的，都是透过宇宙论的气化过程来证成的。在阴阳气化的循环过程中，元气为四德之长，但"贞下起元"才能成就天地之化。人心之四端犹如天地之化，"智居四端之末"，类比春夏秋冬之气化，"智"犹如"冬藏"，有终始万物之象，故"智有藏之义"。同样地，"仁为四端之首"，但类比"贞下起元"之气化循环观，智能成始成终。"仁"与"智"借由气化循环而"此理循环不穷"。依此思路推知，也可以说"智藏四德"，故朱子也说："孟子只循环说。智本来是藏仁、义、礼，惟是知恁地了，方恁地是仁、义、礼都藏在智里面。如元、亨、利、贞，贞是智，贞却藏元、亨、利意思在里面。"① 朱子这样论述"仁包四端""智藏四德"与"仁""智"之终始相续，循环无间，显然不符《论语》《孟子》之义。总之，对于"仁包四端"（乃至"智藏四德"）何以可能，朱子从中年《仁说》到晚年《玉山讲义》的思维都很一致，皆是借由气化来证成。故牟宗三精准地指出："此包此贯只是落在气与情之相引生上而见其外在地相关联而已。"② 既然"仁包四端"（智藏四德）是外在地相关联，即是间接地包，必逼显心之"知觉"的中介角色。

值得关注的是，朱子《仁说》除阐明"仁包四德"外，也反驳谢上蔡的"以觉训仁"。朱子说：

> 彼谓"心有知觉"者，可以见仁之包乎智矣，而非仁之所以得名之实也。③

朱子并未相应地理解程明道（名颢，1032—1085）以降至上蔡所言"以觉训仁"之脉络与实义，而迳以己意理解之。朱子认为："上蔡所谓知觉，正谓知寒暖饱饥之类尔。推而至于酬酢佑神，亦只是此知觉，无别物也，但所用有大小尔。然此亦只是智之发用处，但为仁者为能兼之。"④ 严格地说，这不是上蔡之义，而是朱子对于"知觉"的理解。依朱子的理解，"知觉"作为心之认知与感觉能力而言，包含感官知觉，也包含应对酬酢、认识事理，参赞化育。心之知觉

---

① 《语类》卷五十三，第 1290 页。
② 牟宗三：《心体与性体》第三册，第 280 页。
③ 《朱子文集》卷六十七《仁说》，第 3392 页。
④ 《朱子文集》卷三十二《又论仁说》第 14 书，第 1226 页。

只有一个，因其认识对象与运用范围的大小而有区别，不论一般感官知觉或道德认知，基本上都是同质的，同属于"智"之用。在这个意义下，根据"仁、义、礼、智"与"爱、恭、宜、别"各有性情体用之分，朱子事实上是将"知觉"缩小，只局限在"智"之用、"智"之"事"上。故不能以仅相应于"智"之"知觉"（别是非），来理解"仁"。但从"仁包四端"亦可推至"仁包乎智"的角度说，朱子也可以认可"仁者，心有知觉"，但"知觉"不是"仁之所以得名之实"，故反对"心有知觉谓之仁"（朱子所理解的"以觉训仁"之义）。论述至此，笔者认为，就朱子"仁包四端"，驳斥"以觉训仁"脉络下的"知觉"是狭义的（偏言之）"知觉"，仅指涉"智之用"。

综上所述，笔者认为朱子对于"智"与"知觉"的相关论述，必须回到"中和新说"的义理架构来思考。如是，朱子所谓的"智"乃关联着四端而界定为"分别是非底道理"，"智"是"性"，为是非之情（心）的所以然之理。但由于"智"只是理，活动是落在气上说，故必须借由"心"之知觉"分别是非底道理"，才能落实于事上显现为"分别是非"之情。在这个意义下，朱子虽然说"知觉"为"智之用"，但此"用"并非意味着"智"能真正发用，而是"智"（理）借由心之"知觉"而显现在情上，故真正发用的是"心"。由此可以判定，朱子所谓"知觉为智之用"是"虚说"，"知觉为心之用"才是"实说"，也才有真正的指涉与实义。

至于朱子"知觉"之义，因不同的言说情境与脉络，也有广义（专言之）与狭义（偏言之）之别。如在"中和新说"、《中庸章句序》的论述中，正面表述"知觉运用""知觉不昧""虚灵知觉"是心之所以为心的特色，此是广义的知觉，举凡感官知觉或道德认知，都涵盖其中。不过，在"仁包四端"、反对"以觉训仁"的论述中，朱子把心之知觉只局限在"智之德"，不能包含贯通其他诸德，这是狭义的知觉。尤其，此狭义的知觉论述，在反驳"以觉训仁"与忌讳佛教之"知觉运动"（作用是性）的语境下，具有负面的意义。换言之，"知觉"是气，不具有"性即理"的价值高度。①

---

① 朱子云："佛氏元不曾识得这理一节，便认知觉运动做性。如视听言貌，圣人则视有视之理，听有听之理，言有言之理，动有动之理，思有思之理。……佛氏则只认那能视、能听、能言、能思、能动底，便是性。视明也得，不明也得；听聪也得，不聪也得；言从也得，不从也得；思睿也得，不睿也得，它都不管，横来竖来，它都认做性。它最怕人说这'理'字，都要除掉了，此正告子'生之谓性'之说也。"（《语类》卷一百二十六，第3020页）

三　金昌协论"智"与"知觉"

在前述有关朱子"智"与"知觉"的论述中,我们发现从朱子不同脉络下的文本来看,朱子的确说过"知觉"为"智之用"。但从朱子思想的内在逻辑来看,朱子是以"知觉"作为"心"的主要功能与特色,故"知觉"是"心"之用。虽然朱子的文本是理解朱子思想的凭借,但并非必要条件,论争的精彩,就在于对朱子思想的逻辑性之掌握与阐述。因此,对金昌协而言,胡炳文、闵以升等人以知觉属于智之用,涉及的不是文义训诂的问题,而是义理的关键处,故知觉属于心之用或智之用,凸显的是"心性之辨",这是金昌协的问题意识。在此问题意识下,金昌协一定要区分"智"与"知觉"的不同。

(一)金昌协的问题意识

如前所述,金昌协与闵以升的知觉论争的导火线是胡炳文《四书通》的小注。此小注包含胡炳文之说(智则心之神明,所以妙众理而宰万物)与沈毅斋之说(智者,涵天理动静之机,具人事是非之鉴)。金昌协认为此两说所解释的正是"心之知觉",不能以此理解"智"。在金昌协看来,此小注涉及的不仅是文义训诂上的问题,而是对朱子思想的极大误解,不能掌握朱子思想的肯綮处,故不得不辩。就文义训诂言,金昌协批评说:

> 云峰之训智也,虽曰辑朱子之说,而朱子说,本以释《大学》"致知"之"知"。愚未知此"知"字,果与"仁义礼智"之"智",同乎否乎? 所谓神明,所谓妙与宰者,果指性之体耶? 抑指心之用耶? [1]

就义理而言,金昌协更指出问题所在:

> 云峰之训释智字,意在详备,愚非不知也。而敢有疑焉者,疑其于心

---

[1] 《农岩集》Ⅱ,卷14,《答闵彦晖》第1书,第2b/4页。

性之辨未明耳。盖闻之：性者，心所具之理。心者，性所寓之器。仁、义、礼、智，所谓性也，其体至精而不可见。虚灵知觉，所谓心也，其用至妙而不可测。非性则心无所准则，非心则性不能运用，此心性之辨也。二者不能相离，而亦不容相杂。是故语心性者，即心而指性则可，认心以为性则不可。儒者之学所当精核而明辨者，莫先于此。于此或差，则堕于释氏之见矣。①

金昌协这两段论据非常具有说服力。从文义训诂来说，胡炳文取朱子之言为"智"字训解，固有其用心。但朱子《大学或问》所言"知则心之神明，妙众理而宰万物者也"②，本是解释"致知"之"知"。进一步参照朱子《格致补传》"盖人心之灵莫不有知，而天下之物莫不有理，惟于理有未穷，故其知有不尽也"③之说法，胡炳文所引之言，的确是解释"致知"之"知"，从"心"上说，不是解释"仁、义、礼、智"之"智"，不从"性"上言。再者，"神明"一词，也出现于《孟子·尽心上》孟子的章句："心者，人之神明，所以具众理而应万事者也。"④ 显然，"神明"也是就"心之用"而言，"妙"与"宰"亦然，不是用来形容"性"之体。经金昌协还原注文出处后，胡炳文之说，随之破解。故金昌协也批评胡炳文《四书通》："失了义理真脉络。""而类皆从文义训诂上差排推演，备礼说过，全无质悫精深自得意思。"⑤ 言下之意，胡炳文对朱子思想无法掌握。从金昌协对中国朱子学者的批判中，也显示出朝鲜性理学者对掌握朱子思想的自信。

更重要的是，在金昌协看来，胡炳文将训解"心"之注文用来训解"智"字，此乃"认心以为性""认气为理"，已经涉及朱子思想的根本义理问题，所谓"心性之辨未明"。因为，根据朱子"中和新说"的义理间架，性是理，心与情为气。性不可见，必由心与情而显现。虽然就"心统性情"言，性是心之体，情是心之

---

① 《农岩集》Ⅱ，卷14，《答闵彦晖》第1书，第2a—b/4页。

② 《大学或问》上："若夫知则心之神明，妙众理而宰万物者也。人莫不有，而或不能使其表里洞然，无所不尽，则隐微之间，真妄错杂，虽欲勉强以诚之，亦不可得而诚矣。故欲诚其意者，先必有以致其知。"（朱熹：《四书或问》，上海：上海古籍出版社，2001年，第7—8页）

③ 《四书章句集注》，第6—7页。

④ 同上，第349页。

⑤ 《农岩集》Ⅱ，卷14，《答闵彦晖》第2书，第8b/7页。

用。但仅就心与性的关系说，二者也可以是体用关系：性为体，心为用。故金昌协说："非性则心无所准则，非心则性不能运用。"而二者也可以是理气关系：性属于理，心属于气。此即金昌协所言："二者不能相离，而亦不容相杂。"若聚焦于"智"与"知觉"的关系，则"仁、义、礼、智"之"智"是"性"、是"理"，而"心之神明"是就心之"虚灵知觉"言，故"知"（知觉）是"心"，属于"气"之灵。从心性论上说，心不是性，故知觉不是智；性不可见，"即心而指性"，故即知觉之心而见智之性。就理气论言，理气不杂，故知觉与智有别；但理气不离，知觉与智不离。因此，知觉论争所涉及的"知觉"究竟是"智之用"或"心之用"问题，对金昌协而言，"虽似系于训诂文义，实则究乎心性精蕴"①。换言之，金昌协有关知觉论争的问题意识就是"心性之辨"，也可以说是"理气之分合"，亦即"心性理气之辨"②，这是朱子的"义理大原头处"③。因而，从金昌协与闵以升的辩论开始，直到逝世前一年与李喜朝的辩论为止，十年之间，金昌协有关知觉论争的论述，都环绕此"心性之辨"的问题意识而展开。

（二）智与知觉的区分与关联

金昌协有关知觉的主要论说，集中于《农岩集》的《答闵彦晖》（1697）、《与李同甫》（1706）、《答道以》（1707）诸书信中。而在"心性之辨"的问题意识下，"智"与"知觉"必须严格区分，"知觉"不是"智"，也不是"智之用"。金昌协于《答闵彦晖》所提出的论据是：

> 智者，是非之理而居五性之一。知者，灵觉之妙而专一心之用。是非之理，故发见于灵觉之用，而要不可浑而一之也。④

《与李同甫》也分辨得更清楚：

---

① 《农岩集》Ⅱ，卷14，《答闵彦晖》第3书，第10a/8页。
② 《农岩集》Ⅱ，卷14，《答闵彦晖》第5书，第25a/16页。
③ 《农岩集》Ⅱ，卷14，《答闵彦晖》第4书，第12a/12页。
④ 《农岩集》Ⅱ，卷14，《答闵彦晖》第1书，第2a/4页。

　　盖知觉，专一心之德；而智则居五性之一。知觉，气之灵也；智则性之贞也。知觉属火，故光明而不昧；智属水，故渊深而含藏。知觉之功，在鉴照能运用，其妙不可测；智之功，在分别有条理，其则不可易。知觉，如蓍之德，圆而神；智，如卦之德，方而知。此其体段之偏全，气象意思之不同者。然而不可混而一之也。①

　　金昌协虽然在后一封书信中，提出五种对于"智"与"知觉"的区分论据，但主要的论据仍在于朱子的心性论与理气论。从心性论上说，金昌协以"智"为五性（仁义礼智信）之一，与其他四性所具之理有别。如恻隐之情所对应的就是"仁"之性，以此例推之，"智"仅是对应于"是非之心"或"分别之情"而言的所以然之理，是分别判断的标准，并不是分别是非此一活动本身。金昌协根据朱子《论语或问》"智则别之理，而其发为是非"，以及《玉山讲义》"智则是个分别是非底道理"，故有此论断。且此论断的文本与义理根据非常坚实，金昌协坚信："朱夫子之以别训智，两见于《或问》《讲义》，皆手笔也，且其意义明的，自无可疑。"② 然而，对于"知觉"的界定，就较为复杂。如前所述，根据朱子不同问题脉络，"知觉"有广义与狭义之别。狭义的知觉，相应于"智"之"性"而仅为"智之德"，其范围局限于"智"。广义的知觉，则实指"心之虚灵知觉"，此乃心的独特功能，而与性、情有别。因此，不论恻隐（爱）、羞恶（恭）、辞让（宜）、是非（别）之情，都有"知觉"的作用。就此而言，金昌协所谓的"知觉"，当指广义的知觉，故是"专一心之用""专一心之德"，换言之，"智"为"五性"之一，"知觉"则统称为"心之用"。一偏（智）一全（知觉），指涉不同。

　　另从理气论说，类比于"元亨利贞"之四德，"智"为"性之贞"，既是四性（或五性）之一，也是心中所具之"理"。而"知觉"不论从广义或狭义的角度说，它是心的作用，属于"气之灵"。按照朱子心性情三分而理气二分的义理架构，"智"与"知觉"既分属心与性，同样也分属理与气，二者有别。若以知觉为"智之用"，则岂不是"认气为理"？就此而言，"智"与"知觉"的区分，即是"理

---

①《农岩集》Ⅰ，卷13，《与李同甫》丙戌，第37a—b，《韩国文集丛刊》第161册，第562页。

②《农岩集》Ⅱ，卷14，《答闵彦晖》第1书，第4a/5页。

气之分"。虽然如此，金昌协并未忽略朱子"理气不离"之义。金昌协说："盖理气，本浑融无间，而理无形体，因气而著。气之运行，即物可见。故朱子尝曰：'元亨利贞，只就物上看。'亦分明所以有此物，便是有此气；所以有此气，便是有此理，言物则气与理在其中。"① 金昌协很清楚就现实具体的存在言，理气不离。故"智"虽是不可见之"理"，也是形而上之体，但必须借由"虚灵之气"（心之知觉）的发用，才能显现。但这并不意味着"智"（理）与"知觉"（气）没有区别，反而就因为此理气、体用、心性之区分，朱子"即情而名其性""因用而著其体""即气而认性"之逆推式的论证成为可能。因而，金昌协强调："是故善言性者，即气而认性而不认气为性也，因用而指体而不指用为体也。"② 值得注意的是，金昌协不仅掌握朱子理气"不离不杂"之义，也掌握李栗谷"气发理乘"之说。他指出："夫理者，一而已矣。在天而为元亨利贞，在人而为仁义礼智。……必先有理而后有气，而既有是气。则理又乘之而发见焉。即其发见者而观之，则天之四德、人之四性，固皆若因气而分，而自其本原而言之，则气前固已有此理，为四德四性之本体。而其乘气发见者，特其用耳。"③ 又说："盖方其言性也，非无气也，而其本体则理也。及其言情也，非无理也，而其发用则气也。"④ 由这些论述看来，金昌协认为"理"在存有论上虽有其优先性，但实际发用的却是"气"；而就"理"而言的"用"，仅是"发现"之义，所谓："理又乘之（气）而发见焉。"职是之故，当金昌协论辩"知觉"为"心之用"而非"智之用"时，可见其对朱子与李栗谷理气论的精确掌握。

固然从心性论与理气论的分析中，我们可以看到金昌协有关"智"与"知觉"的区分，根据的是朱子思想的内在逻辑性。但面对朱子文本不一致的问题，金昌协也有其回应。我们可以从金昌协之所以坚持知觉（知）"专一心之用"（专一心之德）来分析。金昌协当然明白主张"知觉为智之用"的说法，亦持之有故，但他却认为未必言之成理。金昌协遍考朱子书后分析说：

---

① 《农岩集》Ⅱ，卷14，《答闵彦晖》第4书，第19b/13页。
② 《农岩集》Ⅱ，卷14，《答闵彦晖》第5书，第26b/16页。
③ 《农岩集》Ⅱ，卷14，《答闵彦晖》第4书，第22b—23a/14—15页。
④ 同上，第20a/13页。

　　且如《仁说》、胡、吴、游诸书及《语类》数条之说，皆因当时学者，疑
　　知觉之可以属仁，而言其当属乎智。至如潘书所言，又因论心性情之分，
　　而以知觉属之心。此所谓各随地头说去者也。且不独潘书然耳，如《中庸
　　序》论人心道心，专以知觉为言，此尤难作智之用看。当时若有人并举此
　　两义问于先生曰："知觉既为智之用矣，智之用何以能具此理而行此情？
　　智之用何以为人心道心？"云尔。则先生于此，必明有判决，而其所究极同
　　异剖析而会通之者。不但如今日之写在册子上者而已。惜乎！门人弟子
　　无善问者，不能一言及此，而遂成千古未了之案耳。①

金昌协指出朱子《仁说》《答胡广仲》②《答吴晦叔》③《答游诚之》④与《语类》⑤等
文本，为驳斥湖湘学派"以觉训仁"之说，故将"知觉"只属于"智"，而有知觉
为"智之事""智之用"之说。然而，金昌协认为朱子《答潘谦之》与《中庸章句
序》才是朱子论"知觉"的关键性文本。因为，《中庸章句序》言道心人心，紧扣
心之知觉而言，而《答潘谦之》则论及"心性分别"。尤其，金昌协非常重视《答
潘谦之》，并一度以此书为朱子的"晚年定论"⑥，此书也是金昌协的主要论据，
内容如下：

　　　　性只是理，情是流出运用处；心之知觉，即所以具此理而行此情者也。
　　　　以智言之，所以知是非之理，则智也，性也。所以知是非而是非之者，

---

　　① 《农岩集》Ⅰ，卷13，《与李同甫》丙戌，第38a—b/562页。
　　② 朱子云："盖孟子之言'知觉'，谓知此事、觉此理，乃学之至而知之尽也。上蔡之言'知觉'，谓
识痛痒，能酬酢者，乃心之用，而知（智）之端也。二者亦不同矣，然大体皆智之事。"（《朱子文集》卷
四十二《答胡广仲》第5书，第1812页）
　　③ 朱子云："若夫知觉，则智之用，而仁者之所兼也。……仁者，五常之长，故兼义、礼、智、信，此仁
者所以必有知觉，而不可便以知觉名仁也。"（《朱子文集》卷四十二《答吴晦叔》第10书，第1829页）
　　④ 朱子："若以名义言之，则仁自是爱之体，觉自是知（智）之用。界分脉络自不相关，但仁统四德，
故人仁则无不觉生。"（《朱子文集》卷四十五《答游诚之》第1书，第1996页）
　　⑤ 朱子云："以名义言之，仁自是爱之体，觉自是智之用，本不相同。但仁包四德。苟仁矣，安有不觉
者乎？"（《语类》卷六，第118页）
　　⑥ 金昌协1697年的《答闵彦晖》第一书，认为朱子《答潘谦之》书"此说于心性之辨极其精微，铢分
粒剖，更无去处，殆是晚年定论"（参见《农岩集》Ⅱ，卷14，第3b/5页）。但经辩论后，金昌协1704年
的《答道以》、1706年的《与李同甫》中的看法已经有所松动。

情也。具此理而觉其为是非者，心也。①

　　朱子言简意赅地区分心、性、情，并分别"智"与"知觉"。从义理着眼，此书显然是"中和新说"义理间架具体而微的说明。依"心统性情"来说，性与情分属理气、体用，故性为体，其内容只是理，情为用，既是"流出运用处"，则已经属于气。而性与情必须借由"心"的中介，才能使抽象之性理，落实为具体之情。所谓"心之知觉"，亦即"心有知觉"②，知觉是心的主要功能，相对于"性"与"情"，即是心以知觉"具此理"而"行此情"。更精确地说，心以其知觉作用，认知地统摄性而具有之，行动地统摄情而敷施发用之。心之知觉，既是认知的主体，也是行动的主体。因此，就"智，是非之心"的分析来说，"智"是"性"，是"所以知是非之理"；具体的行动是"情"，即"所以知是非而是非之"。由静态的是非之理，到动态地表现"分别是非"的行动，就是根据"心"以其知觉作用，认知是非之理而发出道德判断以主宰情而产生"是非之"（是是非非）的行为，此即是朱子"具此理而觉其为是非，心也"之义。由此可见，金昌协强调《答潘谦之》之重要性，义理的内在逻辑性大于文本的代表性。③

　　如此一来，根据朱子思想的逻辑性，若"知觉"仅局限于"智之德"而为"智之用"，则"具此理而行此情"即是"以理具理"，是"头上安头"④，不合乎逻辑，无法解读。因此，金昌协认为朱子虽有"知觉"为"智之用"与"心之用"两种说法，但二者是矛盾的。也许朱子因言说脉络而有不同的说法，所谓"各随地头说去"，但严格地从思想的逻辑性看，"知觉"为"智之用"或"心之用"是不相容的两个命题。可惜朱子弟子并未意识到此问题，否则朱子应该能有会通诸说而有所判决，不致留下此"千古未了之案"。当然，在金昌协看来，会通二者的做法，就是将"智之用"与"心之用"之"用"另加界定。故金昌协说："盖

---

　　①　《朱子文集》卷五十五《答潘谦之书》第 1 书，第 2607 页。

　　②　金昌协《答道以》甲申云："盖曰心有知觉，则谓心之知觉，固当矣。"（《农岩集》Ⅱ，卷19，第3b/5页）

　　③　如金昌协《与李同甫》云："潘书与诸说诚难定其孰为先后，然其义终难会通为一，故或疑有初晚之异，是亦不得已焉耳。"（参见《农岩集》Ⅰ，卷 13，第 35b/561 页）由此可见，金昌协坚持以《答潘谦之》为论证的文本根据，实际上是基于朱子思想的内在逻辑性，即此书与"中和新说"的义理间架若合符节。

　　④　金昌协《与李同甫》云："且智即性也、理也，而今曰智之体能具此理，则是以理具理也，庸非所谓头上安头者乎？"（《农岩集》Ⅰ，卷 13，第 36b/561 页）

曰心之用者,专一心之妙用而言也。曰智之用者,偏以智之端绪而言也。智之端绪,则故不能外于心。而若心之妙用,则岂可偏属于智哉?"① 言下之意,不仅"智"与"知觉"有偏全之别,"智之用"与"心之用"也有偏全之分。因为知觉属"心之用"之"用",是指"妙用""发用"而言,"知觉"内在于心,由心直接发用,必然产生实际的行动,这是"实说"的"用"。即使"仁义礼智"四性,也要有心之"知觉"才能具体化,"知觉"并不偏属于"智之用"。若说知觉属"智之用",则只能就"智"(性)与"分别是非"(情、心)的对应而言,是"偏以智之端绪而言"。确切地说,由是非之心之端绪,而逆推是非之理,此即是朱子常用的"即情言性""指心认性",具体地说,"智"之性(理)不离心之知觉而随事发现。由于"分别是非"之"知觉"(心)与"智"之性(理)是外在的关联,故知觉为"智之用"之"用",并非意味着"智"(性理)本身能发用,而仅是意味着不可见之"智"(性理)能因心之"知觉"而发现于"情"上。故"智之用"之"用"是"随事发现"之义,亦可说"智之事"②,此"用"本身不具能动性,是"虚说"的"用"。

此外,金昌协还面对李喜朝、玄德润"知觉之何自"的提问,反驳"知觉为智之用"的说法。金昌协说:

> 夫使知觉而果原于智也,则德久之问而朱子之答之也,何不曰知觉是智之所发,而直以归之于气之虚灵耶?于此审之,则谓知觉为原于智,其是非得失,决矣。③

若依"智"与"知觉"的对应而言,只可以说"智"是"知觉"的所以然之理,这是从存有论的根据来说的,而"知觉"之理仅能对应于"智"。然而金昌协却在朱子《答林德久》得到回应对手的直接答案。朱子面对林德久问"人赋气成形之后,便有知觉,所有知觉者,自何而发端?"时,他的回答是:"知觉,

---

① 《农岩集》Ⅰ,卷13,《与李同甫》,第39b—40a/563 页。
② 金昌协《答闵彦晖》第4书云:"今且以智言之,分别是非正是智之实事。"(《农岩集》Ⅱ,卷14,第18b/12 页)
③ 《农岩集》Ⅱ,卷19,《答道以》己卯,第20b/102 页。

正是气之虚灵处，与形器渣滓正作对也。"① 固然从存有论上说，知觉以智为其存在的所以然之理，但从知觉的发生论来看，"知觉"的本质构造是"气之虚灵"，它是气之发用。就此而言，知觉不原于智，当然也不属于"智之用"。

综上所述，不论从心性论或理气论上说，"智"与"知觉"必然要区分。即使言及"智之用"与"心之用"，二者之"用"，意涵也不同，一为间接的"发见"义，一为直接的"发用"（妙用）义。由此可见，金昌协对于朱子心之"知觉"的掌握，以及"知觉为心之用"的论述，实有其独特的见解。

四　金昌协论"心之知觉"

如前所述，金昌协所谓的"知觉"，是"专一心之德"，它已经从偏属于"智之德"中独立出来，指涉心的主要机能。金昌协对此有正面而精辟的分析，笔者归纳为三个要点来说明：

（一）"知觉""虚灵""神明"为心之特性

金昌协除辩论"知觉"为"心之用"外，更指出"知觉"是"心"的本色，他晚年所写的《答道以》就表明此义。金昌协说：

> 盖心有以理言者，有以知觉言者；知觉是其本色，而理则其所具也。此方细论心性情三者界分，故不但曰心，而必著知觉二字，使无混于性耳。然则此二字，正是紧要眼目，岂得为泛论者耶？且心之为心，只是一个知觉，非于知觉外别有心；而亦非于心之知觉外，别有知觉。②

金昌协更进一步以"虚灵"之气来形容"心体"（心之体段）：

> 今试先论虚灵者之为智与否？盖此二字，于古无之，而朱夫子创

---

① 《朱子文集》卷六十一，第3016页。
② 《农岩集》Ⅱ，卷19，《答道以》甲申，第29a—b/106页。

造，以形容心体者。其著于《中庸序》者，犹是就此心发用处言。至于《大学》注，则专言此心具众理应万事之体用。而直以是蔽之，则其旨益可见矣。……然则心之虚灵，果何为也？盖尝思之：心者无他，气而已矣。专言则聚五行之精英，偏言则属乎火。属乎火，故能光明不昧而照烛万物。聚五行之精英，故能变化无穷，不滞于一方。心之所以虚灵，其理只如此而已。知虚灵之如此，则知觉者。亦可知矣。天下顾安有无理之气哉？而亦何必切切然强属于仁义礼智，然后方免为性外之物哉？①

金昌协认为"心"可从理、气两面说，但这并不意味着心既是"理"又是"气"，这不合乎朱子理气论的逻辑。因此，就理而言心，只能说"心具众理"，而心本身不是理。如此一来，"心"只能属于"气"，所谓："心者无他，气而已矣。"但从心、性、情三分来看，"心"必着上"知觉"二字来形容，否则无法与"性"区分（甚至也无法与"情"区分）。言下之意，金昌协似乎认为朱子以"知觉"来界定"心"有严格的意义，不是随意的泛论。换言之，心之为心，"只是一个知觉"。"知觉"是"心"的真正指涉，一言及"心"即指"知觉"，一言及"知觉"必就"心"言。如是，"知觉"成为朱子论心的核心概念。一言以蔽之，知觉是心的本色。这样的说法，虽隐含于朱子思想中，直到金昌协的正面论述，"心之知觉"才成为一个鲜明而重要的性理学概念。

犹有进者，"心"虽属于"气"，但却是独特之气，所谓："心者，气之精爽。""所觉者，心之理也；能觉者，气之灵也。"在这个意义下，除了可用"知觉"来指涉心外，也可以用"虚灵"来形容心的面貌与特质（心体）。金昌协甚至认为"虚灵"二字连用来形容心体，是朱子所独创。在《中庸章句序》里，朱子以"心之虚灵知觉者，一而已矣"来说明心的发用。而在《大学章句》中，朱子则以"人之所得乎天，而虚灵不昧，以具众理而应万事者也"来解释"明德"。因此，"知觉""虚灵"二者都指涉"心"，故二者可以连言而为"虚灵知觉"。

同时，金昌协也对心之"虚灵知觉"的特性，做了更具体的描述。他认为

---

① 《农岩集》Ⅱ，卷19，《答道以》己卯，第20b—21a/101—102页。

心既然是气之灵，故它是"具五行之菁英"，故能变化无穷，妙用无方。如若要将虚灵知觉对应于"智"之德，则从五行而言，虚灵知觉偏于火，其特性是"光明不昧而照烛万理"。换言之，狭义地从"知觉"与"智"的对应而言，"知觉"的特性即是"照"。因此，金昌协在辩论中常使用镜照的比喻说："智之于是非，固犹鉴之于妍媸。妍媸虽在物，而妍者照其为妍，媸者照其为媸，此非鉴之分别而何？智之为别，正亦如此。"① 又说："夫朱子所谓分别，正亦以知照而言，非有他也。"② 在金昌协看来，"智之于是非"如鉴之于妍媸，"智"如明镜高悬，是分别是非底道理，乃不易之则；而物之妍媸，乃分别是非的结果。根据朱子"智主含藏分别，有知觉而无运用，冬之象也"③ 来说，智无运用，因而分别之作用，即在于心之知觉。故鉴之照物，分别即是"照"之作用，故金昌协以镜照喻"知"（知觉），而有"知照"一语，显示"知觉"的特性。

有趣的是，金昌协对于朱子使用"知觉""虚灵"二字脉络的考察，也精细到锱铢必较的地步。金昌协辨析说：

> 但此两语，虽非有体用之分，而详味其立言命意，却自有所主。虚灵云者，状其德也（只"虚灵"二字，尽此心体用之德）。知觉云者，指其实也（心之所以为心者，只是一个知觉而已）。是亦略有不同矣。是以朱先生文字中，用此两语，各有攸当，不容差互。如《大学章句》："虚灵不昧，以具众理而应万事。"《答潘谦之》书："心之知觉，即所以具此理而行此情"，是皆言心统性情之义。而一则主于解释明字，故以状其德者称之。一则主于分别心性，故以指其实者称之。此皆从分金秤上秤出来。而于前言者，可以见虚灵之兼乎用；于后言者，可以见知觉之兼乎体矣。至于《中庸序》文，专言心之所以为心，则二者并举。以先状其德而后指其实，盖取其备也。而其语意，曰虚灵而能知觉，曰虚灵底知觉云尔。非以二者为有体用之分，而必对举而言之，若云虚灵与知觉也。至其下文，只言知觉而不言虚灵，则亦以人心道心之分，只在于所知所觉、公私之异，故专

① 《农岩集》Ⅱ，卷14，《答闵彦晖》第1书，第4a—b/5页。
② 《农岩集》Ⅱ，卷14，《答闵彦晖》第2书，第8a—b/7页。
③ 《朱子文集》卷四十五《答廖子晦》第5书，第2025页。

以是为言。①

　　金昌协从朱子使用"知觉"与"虚灵"的脉络，指出此二词的立言命意各有不同的重点。"虚灵"出自《大学章句》之注"明明德"，从"虚灵"能"具众理"而言其体，就其能"应万事"而言其用，故"虚灵"是形容"此心体用之德"。至于"知觉"则在《答潘谦之》中有最明确的界定，针对心性之别，是对"心"的实际指涉。换言之，"虚灵"形容"心之德"，"知觉"指涉"心之实"。而最完备的表述则在《中庸章句序》："心之虚灵知觉，一而已矣。"由"虚灵""知觉"并举而非对举，可知"虚灵知觉"是"心"之特性最完备的表述。

　　与"知觉""虚灵"之义相同的，还有"神明"一词。金昌协认为"心之神明"与"虚灵知觉"意涵相同。金昌协说：

　　　　《孟子·尽心》章注："心者，人之神明，所以具众理应万事。"与此"知"字之训大略相同，此非有两个神明也。统言心，则且就人身说其为主宰。专言知，则又就心中说其为妙用。盖心是人身上神明底物事，而其所以神明，只是此个知而已。彼此参互以观，可见此二字，特以状心之妙用而非直说性也。②

　　金昌协指出"神明"一词出现于《孟子·尽心上》"尽其心者，知其性也。知其性，则知天矣"的朱子章句。在此解释脉络下，"神明"可以形容心之妙用，也可以用来形容"知"。因为，一般说心，以心为一身之主宰；说"知"（虚灵知觉），则以其为心之妙用。心之所以神明，就在于"知"。因此，"神明"与"知"（虚灵知觉）可以互换而观，二者都是形容心之妙用。

　　论述至此，我们可以看出金昌协巧妙地将朱子所言的"知觉""虚灵""神明"等词有系统地关联起来，成为说明心之特性的概念。而此说明，又相应于朱子论心的内在逻辑性，将朱子隐而未发之义彰显出来，有其卓见。

---

① 《农岩集》Ⅱ，卷19，《答道以》丁亥，第32a—b/107页。
② 《农岩集》Ⅱ，卷14，《答闵彦晖》第3书，第15a—b/11页。

（二）心之"虚灵知觉"兼体用、贯动静

虽然在朱子心性理气论中，真正的能活动主体是属于"气之灵"的"心"，但并不意味着"心"只能就动处言，只是发用。因而金昌协以"知觉""虚灵""神明"来形容"心"的特性时，也强调"知觉"能兼体用、贯动静，并不只偏于动处或发用时。金昌协说：

> 窃尝谓心之为物，本无体质方所，而又自神明不测，此"虚灵"二字之所以立，而初非有动静体用之殊者也。今也但见其体之在中者，无形可见。而不知其用之应物者，未始有迹。……况"灵"字之义，不止于静一边，尤明白易见者。今不察此，而并以为此心未发之体，此岂为识虚灵之妙者哉。至于知觉，本亦指此心全体昭昭灵灵者而为言。是虽事物未至，思虑未萌，而方寸之中，固常了然不昧。凡其耳目之聪明，身体之容仪，皆有以主宰管摄而不昏不乱者，皆是物也。今说知觉，专以此心感物而动者言之，则又岂足以尽知觉之义哉？大抵心之虚灵知觉，贯动静而兼体用。虚灵之体，即知觉之存于未发者。虚灵之用，即知觉之见于已发者，非有二也。舜瑞之说，以为虚灵无分于动静，而知觉只可言于动而不可言于静，可谓知其一而不知其二矣。……是盖以未发时，不容说有知觉，故须著之理二字，而却不知此时虽未有所知所觉，而若其能知能觉者，则未始不了然，何但有其理而已哉？苟有见乎此，则虚灵之不专于静，知觉之不专于动，而不当分属乎体用者，可知矣。①

金昌协针对当时学者对于"知觉""虚灵"的误解，再度辨明。仅以玄德润（道以）为例，似乎就认为"虚灵"只能形容心之体，"知觉"则指心之用。前者属静时未发之心，后者只动时已发之心。亦即"虚灵""知觉"分属心自身之体用、动静。不过，金昌协却反对此说法。他认为心之"虚灵"无分于动静（未发已发）、体用，"知觉"亦然。就"虚灵"言，本形容"心之德"（心之特性），因其

---

① 《农岩集》Ⅱ，卷19，《答道以》丁亥，第31a—32a/107页。

"具众理"而言体,就其"应万事"而言用。故"虚灵"不能专属于心之静态的描述,就因为心之"虚灵"动静常存,即使人在动时之耳目聪明、身体容仪,依旧是此心之虚灵的主宰。同样地,"知觉"也不偏于心之动态的说明。即使事物未至,思虑未萌之静时,此心仍然"知觉不昧",只是其作用隐而未显。据此,金昌协指出:未发之时,"知觉"即以"虚灵之体"的样态默存于心而不显;已发之际,"知觉"即以"虚灵之用"的发用而见诸行事。金昌协更以朱子《与吕子约论未发》①《答潘谦之》等文本来证明己说。金昌协说:"如潘书所云'心之知觉,具此理而行此情',亦自兼体用说。盖能具此理者,知觉之体也;能行此情者,知觉之用也。其义尤分明矣。"② 如此一来,"知觉"之"具此理"言其体,"行此情"言其用;此与"虚灵"之体用义相同。在这个意义下,"虚灵"与"知觉"名异实同,兼体用而贯动静。

此外,金昌协也认为"知觉"也不能因能所之分,而质疑"知觉"之主体性与存有的常存性。金昌协说:

> 《中庸或问》所云"至静之时,有能知觉者而未有所知觉"。此虽有能所之分,而其为知觉则一而已矣。盖人心虽有知觉,而其用则因事而见。如知寒暖觉饥饱,寒暖饥饱者,所也;知觉者,能也。非所则能无所著。故知觉之用,必因此等而见。若未有寒暖饥饱之前,则虽有知觉,而亦无自以发用矣,非并与知觉之能而无之也。《或问》所谓"能知觉""所知觉",其分盖如此而已。何尝谓"能知觉"者非知觉,而必待有所知觉,然后乃可谓知觉也哉?③

金昌协一再强调心之所以为心,就在于"知觉"。虽然在知觉的实际发用中,必然预设"能知觉""所知觉"或"主体""客体"的认知格局。然而,金昌协认为

---

① 朱子《答吕子约》第11书云:"盖心之有知,与耳之有闻、目之有见为一等时节,虽未发而未尝无。心之有思,乃与耳之有听,目之有视为一等时节,一有此则不得为未发。"(参见《朱子文集》卷四十八,第2182页)据此,金昌协《与李同甫》云:"如与吕子约论未发书,以心之有知与心之有思分别言之,不翅明白。可见此心未发,固自有知觉矣。"(《农岩集》Ⅰ,卷13,《与李同甫》,第30a/559页)

② 《农岩集》Ⅰ,卷13,《与李同甫》,第30a/559页。

③ 同上,第33b—34a/560页。

"知觉"必然就"能知觉"之"心"而言。尽管"能知觉"之心的发用必须见诸所知觉之对象（客体），但即使未有所知觉之对象（客体）之前，"能知觉"之作用仍然默存于心。从"知寒暖饥饱"之例可以得知，吾人并不会因未出现"寒暖饥饱"（所知觉）之现象，就否认心没有"能知觉"的能力。同样地，未发至静之时，心之知觉能具众理，虽未见诸情，但心仍未失其"能知觉"之特性。再者，根据朱子"所觉者，心之理也；能觉者，气之灵也"的能所区分，"具是非之理"的"心"与"所以是非之理"的"性"有所区别。若必须预设"能知觉""所知觉"才能独立说"知觉"之义，无疑将"知觉"之心窄化到动时发用，反而无彰显心之"知觉"兼体用、贯动静之特性，而"知觉"为"能知觉"之主体义也将减杀。

（三）"知觉"与"情"的区分与关联

从金昌协对于"智"与"知觉"的区分中，显示朱子思想中的"心性之别""理气"之分。但从"心统性情"的架构中，我们还可以追问"心"与"情"的区分及其关联。这一区分朱子除了零星比喻式的说明外，并未详加说明，而金昌协在论及心之知觉时，便分析"知觉"与"情"的区分与关联。金昌协说：

> 知觉，乃是人心全体妙用，昭昭灵灵，不昏不昧，通寂感而主性情者也。本不当专以就动处与情相比较。而今且以动一边言之，动底是情，会动底是知觉。非知觉则无以为情，而情外又别无讨知觉处。①

又说：

> 鄙说"非知觉则无以为情，而情外又别无讨知觉处"，此正是离合说。……今只请详味"非知觉则无以为情"一句，自见其宾主对待，不容混合为一。所谓"情外又别无讨知觉处"，亦曰知觉之用只于情上见之，此外更无别涂见得知觉作用处云耳，非便以情为知觉也。若于此二句分明看破，则自无疑于会动是知觉之说。盖人只为有一个觉，故事至物来，自

---

① 《农岩集》Ⅱ，卷19，《与道以》甲申，第28b/105页。

会感动。若其如木石之无知觉，则虽事物来触而顽然不动，不动则又安有所谓情哉？然则动固是情也，而其所以能动者，非知觉而何哉？此恐无可疑者。①

这两段话以两个要点说明"知觉"与"情"的区分与关联。一是：非知觉则无以为情，而情外又别无讨知觉处。一是：会动底是知觉，动底是情。在朱子心性情三分而理气二分的架构中，性是理，心与情俱属于气。因而，心、性之别是理气之分，亦是形而上与形而下的区分；性、情分属体、用，也是理气上下之分。然而同属于形下之气的心（知觉）与情，要如何区分呢？从动静来说，前已述及，心之"知觉"无动静之分，无论动时、静时，心都"知觉不昧"。不过，"知觉"与"情"的关联，只就"动一边"而言。一般而言，所谓"情"是指"感物而动"。但"感物而动"的主体是"心"而非"情"，亦即由于心之感物，才引发情之活动。就此而言，心之知觉为主，情为客，二者有宾主之分，故金昌协说"非知觉则无以为情"，知觉是形成情的必要条件，也是充分条件。但知觉在动时的发用，不能隐而不显，必须落实在情之动上显现，除此之外，别无作用之处，此即金昌协所言"情外又别无讨知觉处"。因此，在动的层面、气的层面上说，金昌协所谓"非知觉则无以为情"意味着知觉与情之"不杂"关系，而"情外又别无讨知觉处"则显示知觉与情之"不离"关系。

显然，知觉与情这种同质的"不离不杂"，与心性、性情而言的异质之"不离不杂"关系不同，由此可进至"动底是情，会动底是知觉"的讨论。金昌协之语比照朱子所言"动处是心，动底是性"②而来，名言虽同，所指不同。朱子所谓"动处是心，动底是性"，并非意味着"心"与"性"皆能动，而是指能动的、会动的是心，而心之能动、会动的所以然之理是"性"。故"动底是性"之"动底"，不能拘泥于字面的文义理解，误以为"动的是性"，而是要从朱子思想的逻辑性来理解，指的是使"动"成为可能的是"性"，性是动之理，而非动自身。朱子比喻说："若以谷譬之，谷便是心，那为粟、为菽、为禾、为稻底，便是性。"③

---

① 《农岩集》Ⅰ，卷13，《与李同甫》丙戌，第31a—32a/559 页。
② 《语类》：问心之动、性之动。曰："动处是心，动底是性。"（卷五，第88 页）
③ 同上，第91 页。

从此譬喻可以得知朱子"动处是心,动底是性"之实义。不过,金昌协提出"动底是情,会动底是知觉"时,难免会让人误解,以为"动底是情"与朱子"动底是性"的意涵相同。事实上,从金昌协强调性只是理,发用的是气(心)来看,金昌协不应会误解朱子之义。故金昌协"动底是情"与朱子"动底是性"二者所指不同,不能混合为一。① 金昌协"动底是情"之"动底"是就字面意义来说,即是朱子常说的"动底物事"②"动底意思"③。用现代汉语说,"动底是情,会动底是知觉"之"底"字与"的"字相通,故金昌协之语即是:"动的是情,会动的是知觉。"此义不难理解,意味着:活动的是情,会活动的是知觉。更准确地说,"知觉"是能动的主体,有活动的能力,由此而产生的活动就是"情"。犹如"目"(眼)之"视觉"之于"视"(看),目之所以为目,即在于目有视的能力(视觉),此视觉能力乃成就视之活动。知觉与情之"不离不杂"由此可以索解。

金昌协上述的说法,字面上虽有些缭绕,但义理的脉络却是清晰的。值得注意的是,"知觉"与"情"之"不离不杂"的关系,与理气不同,金昌协之弟金昌翕就说:

> 性情之分也则其势一串,心情之判也则势有横直。然则性情之界,上下也,非经纬也。心情之际,经纬也,非上下也。性情之分,言之似易。而心情之析,勘得较难。④

金昌翕认为"心情之判"比"性情之分"更难说清楚,同时也指出"性情之

---

① 金昌协《与李同甫》云:"'动底是情',虽若异于朱子'动底是性'之说,其实亦不相妨。朱子之言就动上分心与性,故曰'动处是心,动底是性。'此则就动上分知觉与情,故曰:'会动是知觉,动底是情。'此等要须就实处体认,而嘿会其大意。见其名言虽同,而不害其所指之殊。所指虽殊,而又不害其理之同。然后方为活络,正不当滞泥于文句之间也。"(《农岩集》Ⅰ,卷13,《与李同甫》丙戌,第32a/559页)

② 朱子云:"心是动底物事,自然有善恶。"(《语类》卷五,第86页)。又:"盖礼是个限定裁节,粲然有文底物事;乐是和动底物事,自当如此分。"(《语类》卷十七,第374页)

③ 朱子云:"某尝问伯恭来,伯恭之意亦如此。然据某所见,伊川之说只是非礼勿视听言动底意思。"(《语类》卷七十三,第1857页)

④ 金昌翕:《三渊集》Ⅰ,卷25,《论智字说》,第23a页,《韩国文集丛刊》第165册,首尔:民族文化推进会,1996年,第519页。

分"与"心情之判"不同，性情是理气之分，故是形而上与形而下的超越区分。但"心情之判"不是理气之别，二者同属于气而彼此交错，故以"经纬"关系喻之。事实上，朝鲜性理学中首先使用"经纬说"来理解朱子思想的是被归属于退溪学派的张显光（字德晦，号旅轩，1554—1637）。他在《性理说》中阐发"理气经纬说"。其实，"经纬"是一种譬喻，根据张显光的解释："经即织缕之纵而在柚者也，纬即织丝之横而在杼者也。经则自始至终，通贯直达而无有变易；纬则一左一右，反复往来，而须备曲折。"①据此，他在论"在人经纬"时，也提出了"性情经纬"说。金昌协曾运用此譬喻，也指出："盖性为经，而情为纬，错综迭为体用。须如此看，方为活络，且似周尽。"②情之为用，变化万端；性之为体，其理恒定。二者交迭，不离不杂。而金昌翕也将金昌协的心情关系以"经纬"喻之，亦即"知觉"为经，"情"为纬，因为在情的多样变化中，皆是一心之"知觉"的发用。这样的譬喻，金昌协虽未用于"知觉"与"情"的分析，但从其思想的逻辑性来看，应能接受其弟的诠释，此种诠释也呈现朝鲜性理学独有的特色。

五　结　语

朝鲜后期性理学的"知觉论争"，由宋时烈启其端，继而由金昌协正式将此论题主题化（thematize），提出"知觉"为"心之用"的论据，由此引发朝鲜性理学者的关注，直至韩元震仍以"知觉"是"智之用"与之激辩。在金昌协之前的朝鲜性理学者，并未对朱子思想中"智"与"知觉"所隐含的哲学问题加以思考，而金昌协将此论题提至哲学高度来探究，有其卓见。金昌协认为不论从朱子心性论或理气论来深究，"智"为性、为理，"知觉"为心、为气的区分不容含混。换言之，"智"与"知觉"之辨，即是心性理气之辨。在此问题意识下，金昌协指出朱子言"智"只限于五性（仁义礼智性）之一，但朱子言"知觉"则专属"一心之德"，"知觉"并非只是与"智"对应配属的"智之德"而已，而是心之所

---

① 张显光：《性理说》卷4《经纬说·论经纬可以喻理气》，第1b—2a页，《旅轩先生全书》下卷，仁同张氏南山派宗亲会1982年刊本，第76页。

② 《农岩集》Ⅱ，《农岩续集》卷下《四端七情说》，第67b/518页。

以为心的本色与特性。金昌协也能掌握朱子"性只是理"与李栗谷"气发理乘一途说"之义，在区分"智"与"知觉"之际，指出真正能发用的是气，是知觉，故"知觉"不是"智之用"而是"心之用"。

更重要的是，在论证上，金昌协以朱子《答潘谦之》为文本根据，"中和新说"之心性情三分而理气二分为义理间架，证成心之"知觉"能"具此理"而"行此情"，统摄性与情而成为朱子论心的重要概念。金昌协不仅以"知觉"来界定"心"的特性，还认为"虚灵""神明"亦能形容心之特性。在金昌协看来，"虚灵知觉"最能彰显心之特性，它兼体用而贯动静。犹有进者，金昌协还进一步辨析"知觉"与"情"的关系，从动时、气的层面指出："非知觉则无以为情，而情外又别无讨知觉处。"其弟金昌翕还以"经纬"的交错迭用，解释心（知觉）与情的不离不杂。此种辨析与思路，并未见于中国朱子学的思维架构，但却早已出现在朝鲜性理学"四端七情"的论述中，颇具朝鲜性理学的特色。

不过如同"四端七情"所引发的"道德情感"（四端）与"一般情感"（七情）的异同，从哲学反思来说，金昌协以"知觉"为"心"的主要作用，则心之"知觉"，是否有对"道德法则""自然法则"与"感官"的异质区分？朱子与金昌协似乎未意识到此问题。在这个意义下，"知觉"是属于"智之用"或"心之用"，也涉及"理发"或"气发"的根本问题，或是道德意识的成立问题。这样的提问，以不同的讨论类型，出现在朱子学、阳明学与朝鲜性理学的论述中，甚至涉及儒、释之辨。①且从东亚儒学的视域来看，相较于朝鲜后期的"人物性同异论"论争，"知觉"论争反而是一跨文化的哲学论题，亟待深究。

---

① 阳明逝世后，其弟子聂双江屡屡抨击王龙溪（名畿，1498—1573）的"见在良知"是"以知觉为良知"，王龙溪、欧阳南野乃与聂双江辩论，展开阳明学脉络下"良知与知觉"论辩，详参拙著：《良知学的转折——聂双江与罗念庵思想之研究》，台北：台湾大学出版中心，2005年，第486—515页；又明代朱子学者罗整庵也驳斥阳明的"良知即天理"之说，主张"良知即知觉而非天理"，阳明弟子欧阳南野代师反驳之，强调"良知即天理而非知觉"，此为阳明学与朱子学交锋下的"良知与知觉"论辩，详参拙文：《良知与知觉：析论罗整庵与欧阳南野的论辩》，《中国文哲研究集刊》第34期，2009年3月，第287—317页。而明末云栖袾宏（1535—1615）也不得不划清界限，指出阳明之"良知"并非佛说之"真知"，参见氏著：《竹窗随笔·初笔·良知》，《大藏经补编》第23册，台北：华宇出版社，1984—1986年，第26b—27a页。又朝鲜性理学的"智与知觉"论辩，则源自朱子学内部的脉络，也与罗整庵对阳明学的批判相关。

第二十七章　栗谷后学田愚的四端七情论

李明辉（台湾"中央研究院"）

前　言

"四端七情之辩"（简称"四七之辩"）是朝鲜儒学史中最重要的一场辩论。这场辩论从权阳村（名近，1352—1409）发其端，到朝鲜末期，延续五百年之久。最主要的两场辩论发生于 16 世纪的李退溪（名滉，1501—1571）与奇高峰（名大升，1527—1572）、李栗谷（名珥，1536—1584）与成牛溪（名浑，字浩原，1535—1598）之间。在第一场辩论当中，李退溪占上风，第二场辩论则是李栗谷较占上风。因此，在此后的朝鲜儒学发展史中，李退溪与李栗谷分别成为岭南学派与畿湖学派的宗师。[①]日后的儒者在辩论"四端七情"的问题时，往往可以借李退溪与李栗谷的不同观点为其立场定位。

笔者曾将李退溪与李栗谷在"四端七情"问题上的不同观点表列如下。[②]

[①]　自日本学者高桥亨分别以"主理派"与"主气派"称呼这两个学派以来，学界往往沿袭其说。但笔者认为：这种说法并不准确，而有误导的作用，故不采取其说。这种说法对畿湖学派尤其不公，因为如下文所示，李栗谷虽然否定理的活动性，但并不否定其主宰性。因此，畿湖学派并不会接受"主气派"的称号。

[②]　拙文：《李玄逸的四端七情论》，黄俊杰编：《朝鲜儒者对儒家传统的解释》，台北：台湾大学出版中心，2012 年，第 67 页。

李退溪	李栗谷
理能活动	理不活动
四端与七情为异质	四端与七情为同质
四端则理发而气随之，七情则气发而理乘之（理气互发）	气发理乘一途（理通气局）
四端为自内而发，七情为外感而发	四端与七情俱是外感而发
四端在七情之外	七情包四端

田愚（字艮斋，1841—1922）是朝鲜末期的儒者。他所继承的是畿湖学派的学脉，属于洛论系统。可以想见，他在"四端七情"的问题上主要继承李栗谷的观点，以下即分别论之。

一　理不活动

李退溪与李栗谷在"四端七情"问题上的不同观点可以归结为他们对"理的活动性"之不同看法。李栗谷继承朱熹的观点，主张"理无为而气有为"。李退溪则主张理能活动，并援引《朱子语类》中"四端是理之发，七情是气之发"之语 ① 作为佐证。李退溪有"理发"与"理到" ② 之说，即含有"理能活动"之义。但是《朱子语类》中还有一段更明确的文字：

> 盖气则能凝结造作，理却无情意，无计度，无造作。只此气凝聚处，理便在其中。且如天地间人物、草木、鸟兽，其生也，莫不有种，定不会无种子白地生出一个物事，这个都是气。若理，则只是个净洁空阔底世界，无形迹，他却不会造作；气则能酝酿、凝聚生物也。但有此气，则理便在其中。③

套用牟宗三的说法，朱熹所理解的"理"是"只存有而不活动"。然而，朱

---

① 《朱子语类》卷五十三，北京：中华书局，1986 年，第 1297 页。

② "理到"之说是退溪晚年为诠释《大学》"格物"而提出来的，详参林月惠：《"格物"、"物格"与"理到"——论李退溪晚年物格说》，氏著：《异曲同调——朱子学与朝鲜性理学》，台北：台湾大学出版中心，2010 年，第 109—148 页。

③ 《朱子语类》卷一，第 3 页。

熹并未因此而否定理对于气的主宰性。

对于这点，李栗谷有正确的理解。所以他说："夫理者，气之主宰也；气者，理之所乘也。非理，则气无所根柢；非气，则理无所依著。"① 又说：

> 大抵有形有为而有动有静者，气也；无形无为而在动在静者，理也。理虽无形无为，而气非理，则无所本。故曰：无形无为而为有形有为之主者，理也；有形有为而为无形无为之器者，气也。是故性，理也；心，气也；情是心之动也。②

对于"理无为"与"理为气之主宰"二义，田愚亦把握得很准确。他有《理气有为无为辨》一文，申明其旨：

> 太极有动静之理而无动静，阴阳载动静之理而能动静，亦犹人性有寂感之理而无寂感，人心具寂感之理而能寂感也。先贤谓太极有动静者，只以其有乘气动静之理而言，非谓其有动静之能也。看者以为太极真会动静，则非其实矣。先贤谓太极无动静者，只以其无当体动静之能而言，非谓其无动静之理也。看者斥以太极沦于空寂，则害其辞矣。先贤谓动静气机自尔者，只就其能然处言之，非谓气独作用也。看者疑其气夺理位，理仰气机，则失其指矣。先贤谓阴阳生于太极者，只推其所由本言之，非谓理实造作也。看者以为理有适莫，理有知能，则岂其理乎？③

太极与阴阳的关系即是理与气的关系。田愚一方面强调太极本身不能活动（"无当体动静之能"），另一方面又强调它是动静之根柢（"有乘气动静之理"）。所以他在《猥笔辨》中又说：

---

① 《栗谷全书》卷10，首尔：成均馆大学大东文化研究所，1986年，第1册，第2页上（总第197页）。
② 《栗谷全书》卷12，第1册，第20页下（总第248页）。
③ 《艮斋集》Ⅱ《艮斋集前编》卷13，第49a—50a页，《韩国文集丛刊》第333册，首尔：民族文化推进会，1996年，第74页。本文凡引《韩国文集丛刊》之文集，除首次标明册数外，其总页数直接以／下标示。

大抵理虽曰主宰，而实则自在；气虽曰动静，而实本于理。此前天地、后天地、千古万古不易之定理。①

简言之，太极与阴阳（或理与气）之间是"所以然"与"然"的关系。这种理解完全相应于上文所引朱熹与李栗谷之语。

二　气发理乘一途

李退溪主张理能活动，并据此提出"四端则理发而气随之，七情则气发而理乘之"（简称"理气互发"）之说。②如上文所述，他援引朱熹"四端是理之发，七情是气之发"之语作为文献依据。由于朱熹此语在其言论中仅出现过一次，奇高峰视之为朱熹"一时偶发所偏指之语"③。韩元震在《朱子言论同异考》中则断定此语"或是记录之误，或是一时之见"④。田愚在《理之发气之发》中亦提出如下的质疑：

气之发，谓气发之，固说得去。至于理之发，直作"理发之"三字看，则于道体无为之云，似说不通。在天言之，谓气流行发育之，则得矣。谓理亦流行发育之，则与《语类》淳录答问全然相戾矣，是宜慎思之可也。⑤

田愚的质疑当然是基于朱熹"理不活动"之义。其实，即使我们不怀疑此语确为朱熹所言，此语亦可解释。笔者在他处曾提出如下的解释：

---

① 《艮斋集》Ⅱ《艮斋集前编》卷13，第61a/80页。
② 其《心统性情图说》云："四端之情，理发而气随之，自纯善而无恶；必理发未遂，而掩于气，然后流为不善。七者之情，气发而理乘之，亦无有不善；若气不中，而灭其理，则放而为恶也。"（《退溪先生文集》卷7，《韩国文集丛刊》第29册，第24/207页）
③ 《两先生四七理气往复书》上篇，第22页下；参见《高峰集》第3辑，首尔：民族文化推进会，1988—1989年，第112页。
④ 韩元震：《朱子言论同异考》卷2，第10页上，《域外汉籍珍本文库》第2辑子部第2册，北京：人民出版社，2011年，第26页。
⑤ 《艮斋集》Ⅳ《艮斋集后编》卷17，《韩国文集丛刊》第335册，第22a/292页。

朱子这句话在他自己的义理系统中有明确的意涵，而其中两个"发"字的涵义并不相同："理之发"的"发"意谓"理是四端的存有依据"；"气之发"的"发"则意指心理学意义的"引发"，谓七情是由气之活动所引生。但是在朱子的系统中，既然理本身不活动，自不能说：四端是由理之活动所引发。故对朱子而言，理之"发"为虚说，气之"发"为实说。①

这种解释完全符合田愚的上述说法。

然而，田愚还有进一步的解释。其《农岩四七说疑义》云：

> 凡论情，苟求其本源来处，非特四端是理之发，七情亦是理之发。……若从其能所而分焉，则非特七情是气之发，四端亦是气之发。②

又其《猥笔辨》云：

> 盖从理为根柢上说，则气为理之用，故虽气发，亦可谓之"理发"，如行者虽马，而主者是人，故统而言之曰"人行"也。若据气能作用上说，则理实无情意，故虽善情，但可谓之"气发"，如乘者虽人，而行者是马，故辨而明之曰"马行"也。③

"人行""马行"之喻出自朱熹。例如，他说："理搭在阴阳上，如人跨马相似。"④ 又说：

> 太极，理也；动静，气也。气行则理亦行，二者常相依，而未尝相离也。太极犹人，动静犹马。马所以载人，人所以乘马。马之一出一入，人

---

① 拙著：《四端与七情：关于道德情感的比较哲学探讨》，台北：台湾大学出版中心，2005年，第235页；简体字版，上海：华东师范大学出版社，2008年，第176页。

② 《艮斋集》Ⅳ《艮斋集后编》卷12，第61/78页。

③ 《艮斋集》Ⅱ《艮斋集前编》卷13，第63a/81页。

④ 《朱子语类》卷九十四，第2374页。

亦与之一出一入。①

其后，李退溪、李栗谷、成牛溪都借用过此喻。田愚一如朱熹，以人喻理，以马喻气。田愚以为：若能了解理为气之根底，能主宰气，而气方能作用（活动），则无论我们将四端与七情同视为"理之发"，还是"气之发"，都未尝不可。但这种说法预设了两个"发"字的不同意义。自表面看来，此说似乎是折衷之论，但田愚的基本立场其实并无松动。

田愚的上述说法系呼应李栗谷之说。盖李栗谷认为："大抵发之者，气也；所以发者，理也。非气则不能发，非理则无所发。"②基于这个观点，他反对李退溪的"四端则理发而气随之"之说，故云：

> 所谓"气发而理乘之"者，可也。非特七情为然，四端亦是气发而理乘之也。何则？见孺子入井，然后乃发恻隐之心，见之而恻隐者气也，此所谓"气发"也。恻隐之本则仁也，此所谓"理乘之"也。非特人心为然，天地之化，无非气化而理乘之也。③

李栗谷自己则以"理通而气局"之说来取代李退溪的"理发而气随"之说，如其《圣学辑要》云："论其大概，则理无形而气有形，故理通而气局；理无为而气有为，故气发而理乘。"④他并且将自己的观点称为"气发理乘一途"⑤。

田愚本人于否定"理发而气随"之余，则代之以"理主而气配"之说。其《农岩四七说疑义》云："语情之源，则四、七皆是理主而气配之；指性之动，则四、七皆是气发而理乘之也。"⑥"理主而气配"之"配"可理解为《孟子·公孙丑上》"知言养气"章中所谓"其为气也，配义与道"之"配"。上文引述田愚之说：

①　《朱子语类》卷九十六，第2376页。

②　《栗谷全书》卷10，第1册，第5页上（总第198页）。

③　同上，第5页下（总第198页）。

④　《栗谷全书》卷19，第1册，第59页下—第60页上（总第456—457页）。

⑤　《栗谷全书》卷10，第1册，第27页（总第209页）。亦参见《牛溪集》卷4，第29页上；《韩国文集丛刊》第43辑，第103页。

⑥　《艮斋集》Ⅳ《艮斋集后编》卷12，第66b/80页。

"凡论情,苟求其本源来处,非特四端是理之发,七情亦是理之发。"但这种说法容易引起误解,即将"理之发"误解为理之活动。若代之以"理主而气配"之说,则可以避免这种误解。在这个脉络中,说"四、七皆是理主而气配之",与说"四、七皆是气发而理乘之也",两者之间并无矛盾。因为"理主而气配"意谓理为气之主宰(存有依据),并不违背朱熹"理不活动"之义。

田愚的这种说法也符合李栗谷的观点,其《读栗谷先生答牛溪先生书》云:

> 气发【气固载理而发见,而理则无所知能,故曰气发。】而理乘者【理固藉气而流行,而气实为之材具,故曰理乘。】,何也? 阴静阳动,机自尔也,非有使者也。阳之动,则理乘于动,非理动也;阴之静,则理乘于静,非理静也。【此言理乘也。理乘于动,则理亦动矣;理乘于静,则理亦静矣。而今曰非理动、理静,何也? 朱子曰:"太极,理也;动静,气也。"然则理但乘气之动静而动静耳,不能自动静,故曰非理动、理静也。】故朱子曰:"太极者,本然之妙也;动静者,所乘之机也。"【引此以证自能动静之气也。】阴静阳动,其机自尔,【此就流行上,指此气自能动静,而为太极之器也。】而其所以阴静阳动者,理也。【此从根源处,指此理所以动静,而为阴阳之道也。此两句,总结上文之意也。】①

在这段引文中,田愚抄录李栗谷《答成浩原》第6书的一段文字②,再加上按语(【 】中的文字)。"太极,理也;动静,气也"之语,见上引朱熹以人马喻理气的文字。"太极者,本然之妙也;动静者,所乘之机也",则是朱熹注《太极图说》中的文字。③田愚据此主张:理不能自动静,气方能自动静,又主张:气之所以阴静阳动者,理也。由此可见,他准确地把握了朱熹与李栗谷"理无动静"与"理为气之主宰"之义。

---

① 《艮斋集》Ⅱ《艮斋集前编》卷14,第45a—46b/121页。按,【 】中的文字为原文以小字排印者。以下皆仿此。

② 《栗谷全书》卷10,第1册,第26页下(总第209页)。

③ 周敦颐:《周敦颐集》,北京:中华书局,1990年,第3页。

三　四端与七情同质

既然田愚赞同李栗谷的"气发理乘一途"之说，而将四端与七情均视为"气发而理乘之"，他显然像李栗谷一样，肯定四端与七情之同质性。对李栗谷而言，四端与七情之同质性包含两种意涵：（1）四端与七情俱是外感而发；（2）七情包四端。

关于第一点，李退溪在《答奇明彦论四端七情》第1书中明白表示：

> 恻隐、羞恶、辞让、是非，何从而发乎？发于仁、义、礼、智之性焉尔。喜、怒、哀、惧、爱、恶、欲，何从而发乎？外物触其形，而动于中，缘境而出焉尔。[1]

换言之，四端是自内而发，七情则是感物而动。奇高峰则反对此说。他在其《答退溪论四端七情书》中写道：

> 若以感物而动言之，则四端亦然。赤子入井之事感，则仁之理便应，而恻隐之心于是乎形；过庙、过朝之事感，则礼之理便应，而恭敬之心于是乎形。其感物者，与七情不异也。[2]

李栗谷亦呼应奇高峰之说，而写道：

> 虽圣人之心，未尝有无感而自动者也，必有感而动，而所感皆外物也。何以言之？感于父，则孝动焉；感于君，则忠动焉；感于兄，则敬动焉。父也、君也、兄也者，岂是在中之理乎？天下安有无感而由中自发之情乎？特所感有正有邪，其动有过有不及，斯有善恶之分耳。今若以不待外感、

---

[1]《退溪先生文集》卷16，第9b/408页。亦参见《两先生四七理气往复书》上篇，第4页上；《高峰集》第3辑，第103页。

[2]《两先生四七理气往复书》上篇，第16页下；《高峰集》第3辑，第109页。

由中自发者为四端，则是无父而孝发，无君而忠发，无兄而敬发矣，岂人之真情乎？今以恻隐言之，见孺子入井，然后此心乃发。所感者孺子也，孺子非外物乎？安有不见孺子之入井，而自发恻隐者乎？就令有之，不过为心病耳，非人之情也。①

但奇怪的是，后来李退溪在《答奇明彦论四端七情》第 2 书中却承认："四端感物而动，固不异于七情。"② 这显然是对奇高峰的让步。但李退溪似乎未意识到：此说违背他自己以四端与七情为异质的观点。如果他承认四端与七情皆感物而动，他就得同时承认四端与七情之同质性。然而，紧接着这句话之后，李退溪写道："但四则理发而气随之，七则气发而理乘之耳。"③ 他显然依旧坚持四端与七情之异质性。故笔者认为：整体而言，"四端感物而动，固不异于七情"之说并非李退溪之定见。

关于这个问题，田愚则呼应奇高峰与李栗谷的观点，如其《农岩四七说疑义》云：

> 按《语类》端蒙录曰："'人生而静，天之性'，未尝不善；'感于物而动，性之欲'，此亦未是不善。至'不能反躬而天理灭'，方是恶。"窃谓"感于物而动，性之欲"一句，总包四端七情言，而亦谓之"未是不善"，则何处见得主理、主气之分乎？④

又其《读退溪先生答高峰四七说改本》云："窃意无论四七，皆由感于物而出于性者，恐未可以互发分而二之也。"⑤ 按田愚所引程端蒙所录之语见《朱子语类》卷八十七《礼四·小戴礼·乐记》。⑥ 根据这两处引文，田愚同奇高峰、

---

① 《栗谷全书》卷 10，第 1 册，第 6 页（总第 199 页）。
② 《退溪先生文集》卷 16，第 32a/419 页。亦见《两先生四七理气往复书》上篇，第 40 页；《高峰集》第 3 辑，第 121 页。
③ 同上。
④ 《艮斋集》Ⅳ《艮斋集后编》卷 12，第 67b—68a/81 页。
⑤ 《艮斋集》Ⅳ《艮斋集后编》卷 13，第 20a/100 页。
⑥ 《朱子语类》卷八十七，第 2252 页。

李栗谷一样，将四端与七情均视为"感于物而动"，故是同质的。

至于第二点（七情包四端），李栗谷的观点是：

> 若四端、七情，则有不然者：四端是七情之善一边也，七情是四端之揔会者也。……朱子"发于理""发于气"之说，意必有在，而今者未得其意，只守其说，分开拖引，则岂不至于辗转失真乎？朱子之意，亦不过曰：四端专言理，七情兼言气云尔耳；非曰：四端则理先发，七情则气先发也。[①]

> 五性之外，无他性；七情之外，无他情。孟子于七情之中，剔出其善情，目为四端，非七情之外，别有四端也。[②]

这两段引文相互呼应。依李栗谷之意，四端并非如李退溪所言，是另一种情，而是七情中的善情。因此，四端纯善，七情则有善有不善。换言之，"四端专言理，七情兼言气"。

田愚在《农岩四七说疑义》中明白肯定李栗谷之说，因此说："栗翁见七情不能皆善，故不曰'专言理'，而曰'兼言气'。又未尝皆不善，故不曰'主气'，而曰'包理气'。其察理亦甚精且密矣。"[③]但奇怪的是，接着他又提出"四端亦有不中节"之说：

> 若乃圣人七情，则不可以气为主也，如以气之不循理者，谓之主气，则"四端亦有不中节"者，已有朱子、栗翁之说矣。今以实事论之，自圣贤以至众人，一时见乞儿与病者，其恻隐之发，恐决无如印一板而无少轻重深浅之等矣。见盗贼而憎恶，遇尊贵而恭敬，临事变而是非之发亦然。未知如何？[④]

---

① 《栗谷全书》卷9，第1册，第5页上（总第198页）。
② 《圣学辑要·修己第二·穷理第四》，《栗谷全书》卷20，第1册，第56页下（总第455页）。
③ 《艮斋集》Ⅳ《艮斋集后编》卷12，第67b/81页。
④ 同上。

　　田愚的意思是说：圣人与常人的四端不同，唯有圣人的四端才能完全循理而为纯善；至于常人的四端，则可能不中节而为不善。但这种说法与李栗谷"四端专言理而为纯善"的观点相刺谬，因为李栗谷此说并非只针对圣人而说。

　　田愚在此提到：李栗谷亦有"四端亦有不中节"，不知何所据而言。但朱熹与奇高峰确有此说。朱熹之说屡见于《朱子语类》，如云："恻隐羞恶，也有中节、不中节。若不当恻隐而恻隐，不当羞恶而羞恶，便是不中节。"[①]又奇高峰云：

　　　　夫以四端之情为发于理而无不善者，本因孟子所指而言之也。若泛就情上细论之，则四端之发，亦有不中节者，固不可皆谓之善也。有如寻常人，或有羞恶其所不当羞恶者，亦有是非其所不当是非者。盖理在气中，乘气以发见，理弱气强，管摄他不得，其流行之际，固宜有如此者，乌可以为情无有不善？又乌可以为四端无不善耶？[②]

　　此说固然合乎朱熹之意，但却违背孟子的性善说。因为孟子正是借四端之善来呈现本性之善；若四端亦有不善，他便得放弃性善说。所以，李退溪便批评奇高峰说："'四端亦有不中节'之论，虽甚新，然亦非孟子本旨也。"[③]奇高峰自觉理亏，只好勉强回应说：

　　　　大升从来所陈，皆以四端为理、为善，而今又以为四端之发亦有不中节者，其语自相矛盾，想先生更以为怪也。然若究而言之，则亦不妨有是理，而自为一说也。[④]

四　退溪晚年定论？

　　田愚论四端七情最特殊之处，是他试图弥缝李退溪与李栗谷之间的分歧，

① 《朱子语类》卷五十三，第 1285 页；类似的说法亦见第 1293 页。
② 《两先生四七理气往复书》上篇，第 25 页下；《高峰集》第 3 辑，第 114 页。
③ 《退溪先生文集》卷 16，《韩国文集丛刊》第 29 册，第 41a/424 页。
④ 《两先生四七理气往复书》上篇，第 25 页下—第 26 页上；《高峰集》第 3 辑，第 114 页。

使两者的观点归一。除了如上文第三节所述，他试图缓和"理发"与"气发"的对立之外，他还试图将晚年的李退溪拉向李栗谷的一方，并模仿王阳明的"朱子晚年定论"，而提出可说是"退溪晚年定论"。

田愚为其"退溪晚年定论"所提出的证据主要有两点。其一见于其《李氏瀷〈四七新编〉签目》：

> 　退翁下世前一岁，有夜对说话，其言曰："循理而发者为四端。"此为最后定论。后学于此，盍一审诸所谓循理，是何物循理？谓之"理循理"则不词矣，分明是心循理也。心循理而发，岂非气发之谓乎？气发则理之乘气，不待问而知之矣。有此明据，而后人不及细察，乃使退、栗二先生〔生〕为永久异见之说者，岂非深可痛恨也耶！①

据《退溪年谱》"（明穆宗隆庆）三年己巳先生六十九岁"条下，李退溪与朝鲜宣祖夜对时说道："以情言之，循理而发者为四端，合理气而发者为七情。"②田愚与李栗谷一样，均认为心属于气。其《心说正案辨》云："心为气，性为理，自是吾儒宗旨。"③对田愚而言，"循理而发"实即是"心循理而发"。故李退溪说"循理而发者为四端"，即无异说"四端为气发而理乘之"。田愚在此看到李退溪立场的转变，即向李栗谷的立场靠拢。

田愚提出的另一处证据见其《读退溪先生答高峰四七说改本》。其文曰：

---

① 《艮斋集》Ⅴ《艮斋集后编续》卷5，第78a/241页。其《与崔秉心》亦云："退溪《年谱》二卷十九板：'以情言之，循理而发者为四端。'此是下世前一岁语。而'循理而发'，与'理发而气随之'语势不同，而循之而发者，非心气而何？夫理无形影、无觉为底本体，其循此而发者，乃是心也。然则此与'气发理乘'者，何所别乎？况退翁每以七情为本善（《答高峰书》），又谓'亦无有不善'（《心统性情图说》），然则'气发而理乘之'，亦可通用于四七矣。"（《艮斋集》Ⅲ《艮斋集后编》卷5，《韩国文集丛刊》第334册，第72/253页）

② 《退溪先生年谱》卷2，《韩国文集丛刊》第31册，第19a/238页。其《农岩四说疑义》亦有类似的记载："又考己巳三月夜对说话，有曰：'以情言之，循理而发者为四端。'此岂非指气之循理而发者言乎？恐似与平日所主'理发而气随之'之义不同。此是下世前一岁语，恐当以此为定论。此一义定，则栗翁所主四七，皆是气发而理乘者，何尝别出于退翁'四端循理而发'之外乎？然四端之专言理，实亦无所碍也。"（《艮斋集》Ⅳ《艮斋集后编》卷12，第62a/78页）

③ 《艮斋集》Ⅱ《艮斋集前编》卷13，第55a/77页。

　　　　高峰往复作于己未，而后八年丁卯《答李宏仲书》论性发之义云："见
　　入井而恻隐自然发出，见喜事而喜自然发出。"此合论四七之发，而更无一
　　毫差别。下文又曰："性无形影，而因心以敷施发用者，情也。"又曰："恻
　　隐之情，因心而发也。"【卅六卷十六板】时先生六十七岁也。既曰：性、情
　　皆因心而发，则岂非心发而理乘耶？然则凡言"理之发""理应性发"之类，
　　皆当作"理因心而发"之意看；不然，则将谓人不乘马而出入，岂先生设譬
　　之本指哉？①

文中所引《答李宏仲书》即《答李宏仲问目》。②"恻隐之情，因心而发也"一语
是节引，完整的说法是："恻隐，情也，而谓之心者，情因心而发故也。"③田愚
将李退溪的这些话均解释为"心发而理乘之"之义，而既然心属于气，这等于是
"气发而理乘之"，符合李栗谷"气发理乘一途"之说。

　　然而，田愚的"退溪晚年定论"并不能成立。因为李退溪于明穆宗隆庆二年
（朝鲜宣祖二年）十二月（即 1568、1569 年之交）上呈的《圣学十图》中犹写道：

　　　　四端之情，理发而气随之，自纯善而无恶；必理发未遂，而掩于气，然
　　后流为不善。七者之情，气发而理乘之，亦无有不善；若气发不中，而灭
　　其理，则放而为恶也。④

　　此时李退溪已六十八岁，可见他在晚年犹坚持"理气互发"之论，而非如田
愚所揣测，已放弃"四端则理发而气乘之"之说。

　　此外，李退溪在明穆宗隆庆二至四年（其辞世前三年）与奇高峰讨论"物
格"的问题，而提出"理到"之说，显示他并未放弃"理能活动"的观点。⑤田愚

　　① 《艮斋集》Ⅳ《艮斋集后编》卷 13，第 21/101 页。
　　② 《退溪先生文集》卷 36，第 15a—17b/317—318 页。
　　③ 同上，第 16a/317 页。
　　④ 《退溪先生文集》卷 7，第 24/207 页。
　　⑤ 参见林月惠：《"格物"、"物格"与"理到"——论李退溪晚年物格说》。林月惠在文中指出：李退溪
的"理到"之说肯定理自能活动发用，是其"四端则理发而气随之"之说的另一种表述（第 144 页）。本
文预设其说法，而不赘述。

有一短文《退溪理到》论其事曰：

> 退翁答高峰，改定"理到"之义，是最晚年说。而非但九〔尤〕翁言其
> 与朱子异，虽高峰答书，亦言其闲恐有道理不自在之累，而退翁未有所决
> 而下世，惜矣！①

按奇高峰答李退溪书云："物格理到之说……细观其间，恐有道理不自在之
累。"②"尤翁"指宋时烈（号尤庵，1607—1689）。其《答或人书》云：

> 按退溪于物格，常以"已格"看【见《文集》十八卷】；晚以奇高峰说，
> 改以"理到"看，则始合于朱先生之意。然其中独有所不合者，以为理之
> 用非死物，故能自到。此则大异于朱先生之意矣。③

田愚既知李退溪晚年的"理到"之说与朱熹的思想不合，而犹造出"退溪晚年定
论"，岂非自相矛盾？

五 小 结

总结上文的讨论，田愚在"四端七情"的问题上基本继承李栗谷的思路，而
严守朱熹"理不活动"之义，并呼应李栗谷"气发理乘一途""七情包四端"及
"四端亦感物而动"之说。但田愚在为李栗谷的观点辩护时，也有他自己独特的
论述，例如以"理主而气配之"之说取代李退溪的"理发而气随之"之说。唯独
在"四端亦有不中节"的问题上，田愚违背李栗谷的观点，而直接继承朱熹的观
点。但田愚又造出"退溪晚年定论"，以期弥缝李退溪与李栗谷之间的理论分
歧，使两者的观点归一。然而，无论从文献依据还是思想义理来看，"退溪晚年
定论"都是无法成立的，徒然显示田愚的一厢情愿而已。

---

① 《艮斋集》Ⅳ《艮斋集后编》卷17，第66a/314页。
② 奇大升：《两先生往复书》卷3，第57页上；《高峰集》第3辑，第100页。
③ 《宋子大全》卷122，《韩国文集丛刊》第112册，第22/278页。

第二十八章　韩儒实学思想与朱子学

〔日〕川原秀城（东京大学）

前　言

朝鲜朝宣祖二十五年（1592），丰臣秀吉派大军侵略了朝鲜。这场战役包含休战期前后长达七年（1592—1598），此即倭乱（文禄、庆长之役）。另外，在仁祖期间，后金（清）军队两次（1627、1636—1637）入侵朝鲜，此即胡乱。倭乱、胡乱的战祸是未曾有过的，使得朝鲜社会从根本上发生了巨大变化。作为朝鲜朝前、中期的统治思想的朱子学权威开始下降，其对政治社会的思想影响力也已大不如前。

在社会科学中，对于因为社会变动而导致的深刻的社会危机，一般认为存在两种主要的政治思想上的回应方式。其一是肯定传统价值，重视历史传承，对于固执于"社会模型"的保守主义统治原理及其学术思想进行重新组合与强化；另一种则是绝对地信赖理性，正视"社会现实"，实行革新主义统治原理及其学术思想的变革。在我看来，在朝鲜朝后期，前者即表现为朱子学统治思想的绝对化，后者即表现为朱子学的相对化。

在朝鲜思想史上，最先有组织地推进朱子学的绝对化（教条化），是刚进入朝鲜朝后期时出现的宋时烈（1607—1689）。宋时烈重视朱子学理念的原理和原则，并将其绝对化，即（1）通过理论整理以证明朱子学整体的正确性（无谬性），（2）作为社会全体绝对的指针进行广泛的普及，（3）回归根本的理念并追求严格的应用，以此克服朝鲜社会的危机。宋时烈自定的使命就是"明天理正人心，辟异端扶正学"（权尚夏《尤庵先生墓表》）。宋时烈政治思想的尝试在一定程度上获得了成功，这一点可由朝鲜朝后期的政界与学界中老论与宋时烈学派的持续兴盛得到证明。

另一方面，革新主义的朱子学者面对倭乱、胡乱之后的社会思想危机，正视两班社会的矛盾，拒斥教条（独断学说）而将朱子学相对化，试图通过推进思想的自由和灵活的社会应对以克服深刻的危机。这是因为朱子学业已丧失活力并严重衰退，很少有人还会原封不动地信奉其教义，也很难再对体制性教学的作用寄予期待，而更高层次的"义理"本身则与此相反，乃是天下共有之物，拥有无穷、无限的可能性。

尹鑴（1617—1680）与朴世堂（1629—1703）等人，与宋时烈一样正确地认识到朱子言论中的同异矛盾，以朱子定论（主要是《四书集注》中的学说）为基础进行再考察，或者通过对朱子定论与其他朱子言论进行对比，以此提出与朱子定论不同的观点并主张自身的正当性。他们所追求的不是对朱子学的否定，而是将朱子学相对化、灵活化。另外，郑齐斗（1649—1736）则认真地研究阳明学，并将其研究成果应用于四书解释等方面。虽然不能确定他是否是阳明学者，但是至少可以确定在朱子独尊的朝鲜社会中，朱子学说已经出现了一定程度上的相对化。

初期的革新主义者超越以往的范围，以构想解决社会矛盾的方案，但是作为社会改革论，无论是从质还是从量上看，都是不充分的。具备思想实质的真正的社会改革论，还要等到朝鲜朝后期18世纪实学（朝鲜实学）的登场。实学之名原是指实用之学问，然而朝鲜朝的实学家一方面重视保持朱子学的框架和严分传统异端之观念（宗朱），另一方面又主张即使是异端之言若有可观之处，亦必须学习，并且鼓励超越朱子学的范围（甚至不避攻朱），对于包含实用之术的广泛领域进行读书研究。①

---

① 以上朝鲜思想史的概述，基于川原秀城：《朝鲜思想大观》，《斯文》第123号，2013年。

本文的课题即在于分析朝鲜朝后期实学家的朱子学研究的内容，以期阐明朱子学相对化的内在实质。[①] 具体而言，代表朝鲜实学两大学派的代表人物李瀷（1681—1763）与洪大容（1731—1783）的朱子学研究中所存在的两种互相纠缠的思想性格，即宗朱与攻朱的奇妙混合（既保持强烈的思想正统意识，在本质上对异端思想采取非宽容之态度的同时，又积极地研究异端思想，并将其研究成果融入朱子学体系），以期论证这样一个问题：西学在作为朱子学相对化的结果而出现的朝鲜实学的形成过程中起到了决定性的作用。

一　李瀷的西学与朱子学

李瀷，字子新，自号星湖，祖籍为京畿道骊州，朝鲜朝后期代表性的朱子学者、西学者之一。[②]

（一）强烈的道统意识与异端的西学研究并存

李瀷的一生，经受了 17 世纪末叶激烈党争的冲击，是经常生活在政治剧变之阴影中的两班知识人。其家族为科举合格者辈出的南人名门，曾祖父李尚毅为议政府左赞成，祖父李志安任司宪府持平。其父李夏镇亦为司宪府大司宪，肃宗六年（1680）遭遇了南人大黜陟（又称庚申大黜陟）事件，随之失职而被流放到平安道云山。

肃宗七年（1681），李瀷出生于其父的流放地。第二年，其父李夏镇去世，李瀷随母亲移居先祖坟墓所在的京畿道广州的瞻星里。李瀷资质聪颖，优于常人，但是生而病弱，无法外出就学，其学问主要得益于稍稍年长的仲兄李潜。

---

① 所谓"实学"或"朝鲜实学"，并非是存在于某一特定时期的确定的历史概念，而是后世历史学家为便于解释当时状况而设定的概念。从实学的思想性格来看，形成各种各样相互矛盾的实学观，各种实学观各自主张自己的正当性，这似乎是不可避免的。本文分析的特点是，以接受西学为关键词来考察朝鲜朝的实学，即以朱子学与西学在朝鲜的会通和融合来定义实学。

② 有关李瀷，笔者曾有3篇论文发表，即《星湖心学—朝鮮王朝の四端七情理气の辨とアリストテレスの心論—》（《星湖心学——朝鲜王朝的四端七情理气之辨与亚里士多德的心论》），《日本中国学会报》第 56 集，2004 年；《李瀷の科学思想》，《星湖学报》第 8 号，2010 年；《李瀷の科学論と朱子学の相对化》（《李瀷的科学论与朱子学的相对化》），该文曾于 2013 年"星湖先生逝世 250 周年纪念学术会议"上发表，本文内容基本上源自上述论文。

但是仲兄李潜于肃宗三十二年（1706），以老论金春泽等人企图危害王世子为由而上诉，要求撤换老论的右议政李颐明，引发了肃宗的激怒，拷问之后而被杖杀。仲兄因党争而惨死，李瀷为此而受到极大的冲击，失去了立身出世以及关心世事的意愿，从而放弃了科举考试的学习，此后作为在野的学者而专心于读书和著述。英祖三年（1727），虽被推举为缮工监假监役，他力辞而无意仕进。英祖三十九年（1763）去世，享年83岁。

李瀷的学问大致有三方面组成，（1）在吸收朝鲜朱子学（性理学）一派的李滉（1501—1570）思想的同时，（2）对于欧洲传来的新知识（西学）亦有正面的评价，并以此展开了新考察，另外，（3）受到柳馨远等人经世论的影响，提出了各种社会改革主张。①

李瀷学问的根本在于性理学②，其学统属于退溪李滉→寒冈郑逑（1543—1620）→眉叟许穆（1595—1682）传承的畿湖南人一系。但是，李瀷不止于将自身的师承系于李退溪，而是从个人内心出发，十分仰慕退溪的学德。因此，李瀷模仿《近思录》编集了退溪言行的《李子粹语》，以及为退溪的四端七情论辩护的《四七新编》，从退溪的遗集中分类抄出与礼相关的书札而编纂了《李先生礼说类编》等。另外，李瀷希望通过研究经书及性理学书来把握真理，以供社会之实用。这一点可由保存下来的有关《诗经》《尚书》《周易》三经，《论语》《孟子》《大学》《中庸》四书，以及《家礼》《近思录》《心经》《小学》等大量读书笔记得以证明。《诗经疾书》《书经疾书》等便是此类著述。

李瀷将继承发展朱子学说作为其一生的志向，然而与此同时，他认为如果反朱子学者的异端言论中有不得不看之处，亦应当学习（"异端之书，其言是则取之而已"，安鼎福《天学问答》附录所收李瀷之言），积极地学习西学，果断地利用西学知识来解释儒家经文，并提出多种社会改革论。作为真正的学者必须

---

① 关于李瀷思想的概况，可参见 Kimyongge［김용걸］：《星湖李瀷》，韩国人物儒学史编撰委员会：《韩国人物儒学史》，hangirsa［한길사］，1976年；韩国哲学会：《韩国哲学史》，东明社，1987年；崔英成：《韩国儒学思想史》，首尔：亚细亚文化社，1995年；李相益：《实学的学派成长——星湖李瀷》，韩国哲学史研究会：《韩国实学思想史》，daunsim［다운샘］，2000年，等等。

② 有关李瀷的性理学，可参见张志渊：《朝鲜儒学渊源》（首尔：亚细亚文化社，1973年）与《星湖全集》之《文集》附录卷一李秉修《家状》等。

为了振兴正学而批判异端，但是李瀷不受此拘束，而是在了解异端的同时，视西学研究为学者之当为而予以肯定，不得不说这是作为朱子学者不应有的态度。

在维持朱子学所固有的强烈的排他性之同时，对于必须拒斥的异端却予以宽容，关于这一点或许应当做这样的解释最为稳妥："这是一种承认其他思想也有部分价值的有限的多价值主义。"①

（二）星湖西学的概要

朝鲜朝景宗四年（1724）春，慎后聃拜访李瀷而了解到有所谓"西洋之学"，于是，多次就西学问题，与星湖发生了争论，相关记录便是《遯窝西学辨》。该书大致由（1）《纪闻编》；（2）《灵言蠡勺辨》；（3）《天主实义辨》；（4）《职方外纪辨》所组成。纪闻编的撰写目的在于介绍星湖西学的概要。

根据慎后聃的纪闻编，可以看出李瀷西学所具有的几个基本特征。第一个特征是，虽然李瀷自身最终否定基督教神学，但并不认为西教是耶稣会的阴谋（"张伪教而陷一世"），西学以外的西教也可成为分析考察的对象。例如，尽管慎后聃批评"天堂地狱之说"等西教理论的荒唐性，但是李瀷却介绍了西学的"实用处"（科学内容）而强调其有用性，拥护"利西泰之学"（西学＋西教）。可以说这是通过教学一致之性格特别强烈的《天学初函》来接受西学的结果，与后文讨论的洪大容认为西教不值一提的态度有很大不同。

第二个特征是，将脑主知觉说（"头有脑囊，为记含之主"）与三魂论（"草木有生魂，禽兽有觉魂，人有灵魂"）看作西学的核心命题。②甲辰（1724）春，针对慎后聃的西学"以何为宗"的问题，李瀷自己以"论学之大要"提出上述二说，可见上述说法是可以确定的。另外，戊申（1728）春，慎后聃曾对李翊卫提及，李瀷认同这样的命题。

所谓脑主知觉说，即"脑囊为知与觉的中枢"。李瀷《星湖僿学类选》的

---

① 金光来：《星湖心学形成の研究—堅守と自得の折衷そして西学—》（《星湖心学形成的研究——坚守与自得的折衷与西学》），东京大学博士论文，2015年。

② 参见金光来：《中世キリスト教霊魂論の朝鮮朱子学的变容：イエズス会の適応主義と星湖の心性論》（《中世基督教灵魂论的朝鲜朱子学之变容：耶稣会的适应主义与星湖的心性论》），《死生学研究》第13号，东京大学大学院人文社会系研究科，2010年。

《西国医》以汤若望《主制群征》(1629)为依据，论述了"脑囊为知与觉的中枢"这一观点，将西医的脑主知觉说与东医的心主知觉说予以折衷，认为在人类的两大精神作用中，"感觉与知觉的作用在脑，思考与理性的作用在心"("觉在脑而知在心")。另外他还主张一身流行的形气粗大，主思的心气(心脏之气)则极其细微，而它们的大小也各不相同。

至于三魂论，这是欧洲亚里士多德以来的灵魂论，认为草木只有生魂(生长之心, *anima vegetabilis*)，禽兽有生魂(生长之心)和觉魂(知觉之心, *anima senseitiva*)，人有生魂(生长之心)、觉魂(知觉之心)和灵魂(理义之心, *anima rationalis*)。若将《星湖全集》卷四十一《心说》、卷五十四《跋荀子》以及《星湖僿说类选》的《荀子》合而观之，毫无疑问，李瀷所说的三魂论的论据与《灵言蠡酌》《天主实义》的灵魂论以及《荀子·王制》的"草木有生而无知，禽兽有知而无义，人有生有知亦有义"非常相似。

第三个特征是，李瀷认为"天文筹数法""星历象数学"是"发前人所未发"或"有前古之所未发者"，极口称赞。[①] 乙巳(1725)秋，李瀷解说了十二重天、温带凉带、地圆、日月行度、去极远近，以及地球、月亮、太阳的大小，日行、月行、经星行、纬星行和金星的两耳等，并记述了日月食预报的正确性。另外他还指出，郑玄的"地厚三万里"与西历的"地围九万里"是暗合的。

李瀷对于西欧数理科学的称赞在《纪闻篇》以外的很多材料中也都可以看到。比如根据安鼎福《天学问答》附录，李瀷指出西欧的"天文推步、制造器皿、算数等术，非中夏之所及也"，尤其称赞"今时宪历法，可谓百代无弊"，"西国历法，非尧时历之可比也"。[②]

---

① 有关李瀷的天文数学内容，可参见朴星来:《星湖僿说令의　西洋科学》(《星湖僿说中的西洋科学》)，《震檀学报》第 59 号，1985 年；李元淳:《朝鲜西学史研究》，一志社，1986 年，等等。

② 据《星湖僿说类选·技艺门》的算学，李瀷引用徐光启之说:"徐光启有言曰:'算学能令学理者祛其浮气，练其精心。学事者资其定法，发其巧思。盖欲心思细密而已。'此说极是。"强调作为学术理论与实用技术之基础的算学作用。但是，徐光启的话引自利玛窦口译、徐光启笔录的《几何原本》中徐光启的《几何原本杂议》，确切而言，并没有说到一般算学有如此的重要性。原文为:"此书(《几何原本》)为益，能令学理者祛其浮气，练其精心。学事者资其定法，发其巧思。"这不过是对欧几里得的《几何原本》做出的评价。李瀷将算学作为学问的基础予以很高的评价，这并不仅仅是援引而已，而是高度抽象化后提出的更高层次的命题。按星湖的直觉，他将西欧文明的本质之一的数学所重视的逻辑思维很好地纳入自己的视野中。

（三）星湖的四端七情论

李瀷的心情论、四端七性论是退溪以来朝鲜朱子学内在发展的优秀成果[①]，但同时必须承认其性理学的命题中也有亚里士多德哲学的影响。

李瀷的四端七情论，虽说是沿袭李滉以来的理气范式，但是吸收了奇大升（1527—1572）开始倡导而由李珥（1536—1584）集大成的心发的理气不离的基本原理，并借此重新解释李滉主理的理气互发说（主张四端理发，七情气发），使其焕发出新的生命力。但是，具体到心情论所讨论的心之机能与构造的问题，李滉以宋代张载"心统性情"（《朱子语类》等）为理论根基，从"性"、"情"观点出发论心，而李珥受元代胡炳文"性发为情，心发为意"（《大学章句大全·经一章》小注）的启发，与性、情一样重"意"。对此，李瀷则在性、情、意的基础上，增加了"知觉"问题的讨论，可以看到论点的变化以及论题的扩大。这与朝鲜朱子学的不断扩大进而发生变质的发展趋向是吻合的。

1. 三魂论的影响

李瀷为了证明李滉的理气互发的合理性[②]，从而提出了严分知觉与思考的公私二情论，即将人心＝七情归属于"知觉之心"（私情）、而将道心＝四端归属于"理义之心"（公情）。另外，为了论证源自公私的人心道心说的合理性，通过对草木之心、禽兽之心与人类之心的对比，来分析人所具备的心之构造。[③]

---

①　四端七情论是代表朝鲜朱子学的重要理论。张志渊在《朝鲜儒学渊源》中指出："吾东儒教性理之学，自丽季郑圃隐（郑梦周，1337—1392）始倡，而历数百年……其遗言微旨，多不传于世。惟退陶（李滉）先生深究性理之源，始有四七理气之发明，而于是诸家异同之论起矣。"所谓四端七情论，"四端"指人所具备的道德情感。《孟子·公孙丑上》中所说"仁之端"的"恻隐之心"，"义之端"的"羞恶之心"，"礼之端"的"辞让之心"和"智之端"的"是非之心"。"七情"指《礼记·礼运》的"喜""怒""哀""惧""爱""恶""欲"。七情的特征都是"不学而能"的。

②　蔡济恭所撰《墓碣铭》（《星湖全书》之《文集》附录卷一）就此问题指出：李瀷"患退翁以后，四七理气之说，与朱子所解'道心发于义理，人心发于形气'，《语类》所载'四理、七气'有所抵牾，撰《四七新编》，发挥朱子之旨，羽翼退陶之说"（译者按，退翁、退陶，均指李滉）。

③　李瀷将自己的四端七情论说成是对李滉的理气互发说的转化，然而实质上，这是两种完全不同的心情论。因此我们不得不高度评价李瀷的才华。

在《心说》一文中，李瀷这样说道：虽然土石是无心的，然而"人者，较之于草木而均有生长之心，较之于禽兽而有知觉之心。其义理之心，则彼草木禽兽所未有也。"又说："至于人，其有生长及知觉之心，固与禽兽同，而又有所谓理义之心者。"在星湖看来，植物、动物与人类之心具有如下的分层构造：

> 草木仅有生长之心
>
> 禽兽有生长之心与知觉之心
>
> 人有生长之心、知觉之心与理义（义理）之心

在李瀷看来，知觉之心为人心＝人情，而理义之心则是道心＝四端。

李瀷所说的草木、禽兽、人类的进化分层的心论，其构造非常独特。显而易见，与亚里士多德灵魂论在内容或构造上都基本相同。另外如前所述，李瀷曾经通过《灵言蠡酌》与《天主实义》学习了欧洲哲学的心情论（三魂论）。由此可以断定，李瀷的公私心学受到了亚里士多德哲学的影响是毫无疑问的。

2. 脑囊论（大气小气说）的影响

李瀷在其四端七情论中，论述了心情的发现路径与感应路径，其发现路径由道心＝四端的理发（理直发）与人心＝七情的气发（形气发）的互发二路所构成，相对于此，感应路径则是伴随发现路径而来，两者都属于理气共发的"理发气随"一路。

李瀷指出，首先性"感物而动"，此时生发作为"性之欲"的情（《礼记·乐记》），四端、七情是完全相同的。但是，"吾性感于外物而动，而不与吾形气相干者，属之理发。外物触吾形气而后吾性始感而动者，属之气发"（《四七新编·第八》）。"四端不因形气而直发，故属之理

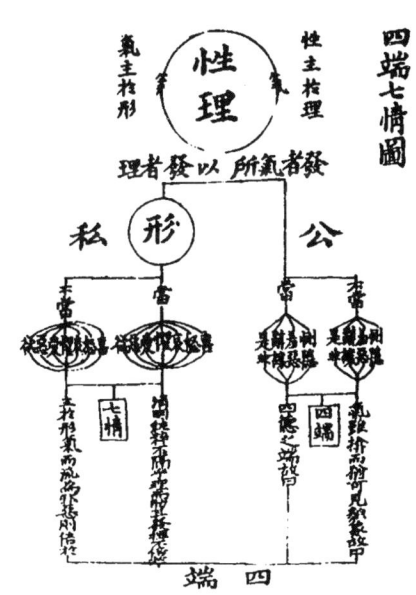

发。七情因形气发，则属之气发。"(《四七新编·重跋》)在李瀷看来，理发意味着理的直接发动，与此相对，情的发动即气发是外物触及形气即身体，从而产生身体感觉（由外部刺激而产生的身体感觉），再传达至心，最后理（或者思考、理性）发动（可参见成于李瀷之手的《四端七情图》）。李瀷所说的气发，由触及形气（身体）而生发，故以此命名，但是从发生的主体来看，则依然是理发而已。

在李瀷看来，心的发现路径虽然有理发（理直发）与气发（形气发）两路，但是紧随发现路径而来的感应路径则只有理发气随（理应气随）之一路。他说："理发气随，四七同然。而若七情，则理发上面更有一层苗脉。所谓形气之私是也。"(《四七新编·重跋》)"心之感应，只有理发气随一路而已。四七何尝有异哉！"(《答李汝谦庚申》)关于星湖心学的"心发"构造，可以表示如下：

四端＝道心（道德的情感）理发气随
七情＝人心（由知觉而生的情感）生于形气之私→理发气随

须注意的是，在李瀷的发现二路与感应一路的心发说当中，就发现而言，讲的是理气互发，就感应而言，讲的则是理气共发。表面看来，这似乎有理论上的矛盾，实际并非如此。李瀷指出：七情气发之气是指形气，与理发气随之气并不相同；所谓七情之气发，是指理发气随的知觉依形气而发。他说："气有大小。形气之气属之身，气随之气属之心。形大而心小也。"(《答慎耳老辛酉》)这是说，形气（一身混沦之气）与心气（神明之气）有大小差异以及灵妙上的不同，而其作用也是根本不同的。

尽管李瀷的二情论可以说是以二情的绝对区别为其特征的，但是之所以说二情完全不同，这是因为最终的感应路径（思考）虽然一样，然其发现路径（知觉与思考）却是不同的，故而知觉与思考的作用部位是有差异的。李瀷自身虽未明言，但不得不说这是一种心理学的命题，即如下的心理二重构造乃是其理论的逻辑前提：（1）与细微的神明之气相关的构造是：心—思考—理发气随，（2）与缺乏灵妙的粗糙形气相关的构造是：脑—感觉—气发。

如前所述，李瀷通过分析《主制群征》所说的西洋医学知识，（1）他了解到气有大小粗细，而大小不同则导致各自机能的差异；（2）他断定感觉与思考是来自不同作用部位的精神能力。上述两个命题，都与星湖的人心道心论非常吻合。星湖在建构其公私心学之际，很有可能是援用了这两个命题，以此作为其思想的前提。这是因为心发的发现二路与感应一路之模型，即（1）"知觉之心"的一身流行的形气为大，"理义之心"的心气为小，（2）感觉与思考是来自不同作用部位的精神能力，完全可以对应于西欧的医学理论。

（四）中西会通与西学的理论优势

李瀷作为朱子学者，他坚信儒学在整体上的正确性（"无谬性"），同时作为西学者，他所追求的是在更高层次上统一中西两学，即17—18世纪西学研究者共同的理想"中西会通"。因此在他的论述中为自己设定了一个目标：即从东亚视角出发，来实现东西理论的无矛盾统一，并以经学理论为优的立场来加以整合／折衷。在上述四端七情论及其论文《天行健》和《跋职方外纪》当中，我们便能看到这样的主题。

1.《天行健》

《星湖僿说·天地门》中的论文《天行健》，根据《易经·乾卦·大象》"天行健，君子以自强不息"，来说明西欧传来的天动说在理论上的正确性，此天动说认为，月轮天、水星天、金星天、日轮天、火星天、木星天、土星天、三垣二十八宿天、宗动天等，都是围绕宇宙中心的不动的地球而公转的。

李瀷认为，第一，《广雅》载"天之距地二亿一万六千七百八十一里"，德国人耶稣会传教士汤若望则说"五亿三千三百七十八里有奇"。两种说法，何者为是，尽管今天难以确定，但是两说都主张天是巨大的物体，这一点是毋庸置疑的。

第二，天既然是巨大的物体，因此不可能一日一循环（"一日一周"），也就是理所当然的了。事实上，中国战国时代的庄周即对"天动"提出疑问，其曰"天其运乎？地其处乎？"（《庄子·天运》）因为在理论上，即便是"地动"说，也能很好地说明天文现象。

第三，但是，中国宋代朱子对于同样的问题，指出"亦安知天运于外，而地不随之而转耶?" 即天一日一转,地亦随之而转,而不及天运一度①,最后说"今坐于地,但知地之不动"(《朱子语类》卷八十六)②。朱子的观点(据星湖,特别是对"地动"说的否定)亦须深入思考。

第四,进而言之,圣人著述的《易经·乾卦·大象》中有"天行健"之说。据此,由于"圣人无所不知",因而所谓"天行健",即指天之自动而不容怀疑,李瀷指出:"可信且从之。"

要之,李瀷根据经书中"天行健"一句来驳斥科学命题的"地动"说③,竭力宣扬当时已成西学定论的"天动"说。顺便指出,李瀷对于上述第二点,可充分说明天文现象的"地动"说——即"地运于内,则三光旋回",做了这样的说明:"如乘舟而舟回,只见岸回,而不自觉其身旋也。"

2.《跋职方外纪》

《星湖全集》卷五十五《跋职方外纪》,以《中庸》的子思语为根据,主张地圆说的合理性,也提出了同样的论述。《职方外纪》是由意大利人耶稣会士艾儒略增译、明末天主教三柱石之一的杨廷筠(1557—1626)所汇编的五卷本世界地理书,完成于明天启三年(1623),收于明末天主教三柱石的另外一人李之藻(1565—1630)编纂的《天学初函·理编》。

李瀷的《跋职方外纪》,开首便引用了《中庸》第26章的"地,振河海而不泄"④。李瀷指出:第一,子思子的说法(前半部分)意味着,并非海洋在陆地中漂浮,而是陆地纳大海于自身。即便在溟海或渤海之外,海洋必然有底,其底部皆为陆地所构成。这与西洋人详细论证的说法相契合,没有丝毫差异。

---

① 《星湖僿说·天随地转》中指出:"朱子曰:'亦安知天运于外,而地不随之而转耶。'其意若曰:'天一日一转,地随而转,不及天一度也。'"这是天地两动说。

② 《朱子语类》卷八十六载:"想是天运有差,地随天转而差。今坐于此,但知地之不动耳。安知天运于外,而地不随之以转耶。"李瀷的引用,则将语句倒了过来。朱子无疑认为"天与地俱转"。但是,对于朱子的天地两动说,李瀷指出"天与地俱转,地亦坠下矣",以此证明朱子的说法是不能成立的(《星湖僿说·天随地转》)。

③ 《易经疾书》就《乾卦·大象》中的说法,指出"地圆九万里,一日一周,已是难矣",明确否定地动说。

④ 《中庸章句》注曰:"振,收也。"

第二，大地将海洋收于其中而海水不外泄，这是因为大地处于天圆的中心位置。由于天由东向西一日一周，所以处于天之运转中的物体，势必因其向心力的作用，而不得不向中心集中。即所谓"在天之内者，其势莫不辏以向中"。地既不下坠也不上升，上下四周皆以地为下、以天为上，其原因是一样的。①

第三，由海洋是附着于陆地的观点，便不难推出"地圆"的命题。因为若向西航行至极，终究将再次进入东海（即所谓"航海穷西，毕竟复出东洋"）。而且，如果在航海的途中观察星象，由于观测地点的不同，天顶亦各有差异，因为南界星可以在低纬度看见，而无法在高纬度看见的缘故。

第四，《职方外纪》记录了西洋人真实的航海记录。例如其中记录了阁龙（哥伦布）寻找到东方大地（实际是美洲，卷四之"亚墨利加总说"），墨瓦兰（麦哲伦）由东洋（实际是美洲）到达中国大陆（实际是亚细亚的马鲁古），绕地球一周（卷四之"墨瓦蜡尼加总说"）等。了解到麦哲伦环球一周的事实，则"子思之指，由此遂明。西士周流救世之意，不可谓无助矣。"

李瀷根据子思的话，否定了"天地载水而浮"（张衡《浑天仪图注》）的传统浑天说／天圆地方说，由此展开论述源自欧洲的地圆说。但是，李瀷的理论也有含糊之处。因为如果反过来看李瀷的说明，也许以下的说法反而在逻辑上更为合理：即以源自欧洲的地圆说为依据，来揭示《中庸》第26章中的一句所隐含的意思，以此否定了传统的浑天说／天圆地方说。《中庸》第26章的这句话只是说"地振河海而不泄"，然而根据李瀷的观点，所谓"地振河海而不泄"就是指"地圆"，这一理论比"天行健"即"天动"的说法，更是一种强辩而已。

3. 西学优越说

李瀷在进行东西科学理论比较研究之际，虽以实现两者的无矛盾统一、以经学理论为优的融合／折衷作为自己的目标，但并没有将儒学／朱子学作为审视标准而让其发挥强烈作用。当他面对异端的西欧科学理论的绝对优越性之

---

① 李瀷亦指出，中国的地势北高南低，但近海而不往下流注，北海未尝干涸，南海未尝增益，这是因为海洋都处于地之上而且皆以天为上的缘故。

际，他承认传统科学存在缺陷，并向本国的知识人简要说明了西欧科学的内容及其先进性。例如阐释日月蚀发生原因的《日月蚀辨》以及说明东西岁差、南北岁差的《跋天问略》等便是此类著作。

李瀷特别赞赏传到东方的欧洲星历象数之学，主张西欧科学确实优于东亚的传统科学。例如除《日月蚀辨》《跋天问略》等以外，他在《星湖僿说·天地门》的《中西历三元》中指出："西国之历，中国殆不及也。泰西为最，回回次之。"同样，在《历象》中，他也指出："今行时宪历，即西洋人汤若望所造。于是乎，历道之极矣。日月交蚀，未有差谬。圣人复生，必从之矣。"这些说法都表明了他的西学优越说。另外，在他的论述中，虽然没有明言西学的优越，但是以其优越性为前提的论述其实也非常多。例如《北极高下说》《论周礼土圭》《地毬》等都是如此。

从西学优越说的立场来看，笼统含糊地主张东西一致，其实这种主张无非是一方面承认西学的相对优越性，另一方面又认为儒学／朱子学当中也有类似之说。在李瀷的科学论当中，西学优越性是默认的逻辑前提，而以李瀷为代表的东亚西学研究者的中西会通论则应理解为这样的理念或思想潮流的结果，即面对18世纪以来显著化的伴随西学东渐而发生的宏观宇宙论乃至范式转换所带来的结果。

二 洪大容的西学与朱子学

洪大容字德保，号湛轩，祖籍为京畿道南阳，朝鲜朝后期代表性的实学家之一。[1]

（一）燕行与思想革命

洪大容生于朝鲜朝英祖七年（1731），比李瀷大约晚五十年。二人不仅所处的时代环境、政治环境，甚至教育环境都不相同。与李瀷出身南人名门不同，

---

[1] 本部分原为川原秀城《朝鲜数学史—朱子学的な展开とその终焉—》（《朝鲜数学史——朱子学的展开及其终结》），第4章"3.洪大容的价值相对主义"（东京：东京大学出版会，2010年）中有关朱子学与社会思想的论述，在此略做补充。关于具体的科学知识，亦可参见此书。

洪大容出身老论世家。另外，洪大容于英祖十八年（1742），有志于"古六艺之学"，列入栗谷李珥→沙溪金长生（1548—1631）→尤庵宋时烈一系的金元行（1702—1772）之门下，属于朝鲜朱子学两大学派——退溪学派与栗谷学派中的栗谷学派，这意味着他是以李珥为楷模来从事朱子学研究的。

洪大容自英祖三十五年（1759）到三十八年（1762）左右，制作了浑天仪。英祖四十一年（1765），随冬至使节赴中国清朝的京师（燕都）。第二年，访南天主堂，与德国籍耶稣会传教士会谈。还与杭州读书人严诚、潘庭筠、陆飞进行了学术交流。回国后，提出"应向中国（从北方）学习"（北学）的主张，朴趾源等人也表示认同。英祖五十年（1774），荫补为世孙翊卫司侍直官。后历任泰仁县监、永州郡守等职。正祖七年（1783）去世，享年53岁。

1. 洪大容与朱子学

（1）燕行前的洪大容

洪大容的实学思想即燕行后的思想，看上去是与朝鲜两班思想不同的价值相对主义，富有批判精神，较诸李瀷更进一步地摆脱朱子学的束缚，从其规范当中释放出来而获得了自由。但是燕行前，洪大容则完全固执于看似老论领袖宋时烈等人之说的以朱子学为独尊的立场。

例如根据《湛轩集》外集卷三《乾净衕笔谈》1766年2月23日的记载，洪大容面对王阳明同乡的中国知识人，断然指出：

> 愚未见陆集，未知其学之浅深，不敢妄论。惟朱子之学，则窃以为中正无偏，真是孔孟正脉。子静如真有差异，则后学之公论，无怪其摈斥。

可见，他对于陆学及阳明学等所采取的似乎是不屑一顾的态度。

（2）燕行后的洪大容

但是燕行之后，这种固陋的想法变得隐晦起来。根据《湛轩集》内集卷二《桂坊日记》1775年2月18日的记载，东宫（后来的正祖）对于洪大容思想中不受学统之拘限的富有弹性的理气理解表示了赞赏：

桂坊（洪大容）之言甚确，观此言则桂坊似不为固滞之论。①

这表明洪大容在燕行之后，其思想信念似乎发生了很大的改变。

2. 思想革命

（1）与浙人的笔谈

洪大容燕行前后思想信念的转变在某种意义上可以说是非常显著的，但是究竟发生了什么变化呢？由于受到资料的局限，要指出其变化的具体内容则并不容易。因此，本文将分析的重点，集中于《诗经·小序》与朱子《诗集传》解释的关系，看一看经过与杭州读书人的讨论，洪大容的理解发生了怎样的变化。②

以下的分析意在表明，通过与思想信念不同的浙人笔谈，洪大容对于构成自己思想基础的朱子学产生了一些怀疑。

（2）笔谈Ⅰ

根据《湛轩集》外集卷二和卷三《乾净衕笔谈》的记载，洪大容与浙人围绕朱子《诗集传》究竟应如何评价进行了讨论，这场讨论始见于 2 月 8 日严诚（字力闇）的记录：

> 力闇曰："朱子好背《小序》。今观《小序》甚是可遵，故学者不能无疑于朱子。本朝朱竹坨（朱彝尊）著《经义考》二百卷，亦辟朱子之非是，而自来之论，亦谓朱子好改《小序》，殆出于门人之手。"

---

① 问答如下："令曰：'然。性理最难言。吾意果主于不相离，而乃云兼知觉为性，则不免语病矣。若理气先后，当云何如？'曰：'气以成形，理亦赋焉，则是气先理后否？春坊或言气先，或言理先。臣曰：理气先后，自来儒者各有主见，而若《中庸》注说，亦非谓成形而后理乃赋焉。臣则以为有则俱有，本不可分先后。盖天下无无理之物，非物则理亦无依著也。'笑令曰：'其言甚好。如是看最无弊。'顾春坊而再三称之。臣曰：'此非臣之创见，即朱子说也。'令曰：'虽然，理气说虽讲之烂熳，于身心日用，终未见切实。'臣曰：'睿教甚当。日用当行之事，切问而近思，随事体行，则性理亦非别物，即散在于日用。及其知行并进，则一原大本，性与天道，可以豁然贯通。初学之坐谈性命，非徒无益而又害之。'令曰：'此言极是。以子贡之颖悟，晚年始闻性道，则初学尽不可躐等。桂坊之言甚当。观此言则桂坊似不为固滞之论。'"

② 洪大容燕行时的一个重大事件，是与耶稣会传教士鲍友营的笔谈。耶稣会士引起的思想革命，详见川原秀城：《朝鲜数学史—朱子学的な展开とその终焉—》。

严诚吸收了当时清朝知识人的朱子学批判，主张应当重视《诗经·小序》（诗序），并批评朱子在编撰《诗集传》（修订本＝今本）时，取郑樵之说，以为《小序》为乱经之元凶而将其删除。这是对拘泥于《诗集传》的攻序派而进行的批判。

（3）笔谈Ⅱ

对此，洪大容于2月10日写了反驳严诚的书信（《与力闇书》）：

> 其破小序拘系之见，因文顺理，活泼释去。……乃其深得乎诗人之意，发前人所未发也。……至若《小序》之说，则愚亦略见之矣。……全不成文理，此则朱子辨说备矣。盖其踏袭剽窃，强意立言，试依其言而读之，如嚼木头，全无余韵。其自欺而欺人也，亦太甚矣。……若以《集注》谓非朱子手笔而出于门人之手，则去朱子之世，若此其未远也。先辈之世，讲明若烛照，虽为此说者，岂不知其为朱子亲迹，而特以举世尊之，强弱不敌，乃游辞伪尊，软地插木，为阳扶阴抑之术也。

不过，严诚回应2月10日的《与力闇书》是在2月23日。严诚对于洪大容的反驳，仅冷淡地吐露一句："《小序》决不可废，朱子于诗注实多蹈驳，不敢从同也。"而且潘庭筠也站在严诚一边，指出："朱子废《小序》，多本郑渔仲。"此外，陆飞也指出："老弟宗朱，极是。然废《小序》，必不能强解也。"并在介绍马端临的说法之同时，指出朱子《诗集传》的不足，而且做出如下结论："鄙意朱子注书甚多，或不无门人手作。"三人的主张都是基于当时新兴的清朝考据学的成果，并无丝毫过激之处，然而洪大容却回应道："此不可以口舌争。请归而详览诸教。或有妄见，当以奉复也。"表示无法认同这样的主张。

（4）笔谈Ⅲ

到了2月26日，洪大容用预先准备好的文章来展开自己的观点，不过跟以前一样，他反复强调："诗之扫去《小序》，为其最得意处，而大有功于圣门矣。及闻兄辈之论，不觉爽然，而自失矣。"严诚等三人对洪大容的反驳又进行了再反驳，据说是"酬酢颇多"。

但是，论战的结果却是洪大容承认自己理论上的失败，向三人表示了自己

内心想法的变化:

> 东国知止有朱注,未知其他。弟之所陈,亦岂敢自以为不易之论耶。至于《小序》,一读而弃之,不复精究。当于归后,更熟看之。

据《乾净衕笔谈》的记录,论战获得圆满结束,据称"诸人皆有喜色"。

（5）燕行后的朱子学批判

洪大容通过与中国清朝知识人的笔谈,接触到新学问的一角,引发了自己的思想革命,开始将批判的锋芒对准作为自己思想基础的朱子学,尽管只是局部的批判。

这类批判在《毉山问答》一书中有显著的表现,虽然他还奉行老论一系的朱子学,然而另一方面他对朱子学末流之弊表明了对决的姿态,并企图加以改革,此即燕行后洪大容的思想立场。这也就是为何在他的思想主张中,并没有朱子学者常见的那种道学式的固执与独断的毛病之缘由所在。

换言之,持价值相对主义立场的洪大容的思想就是在信奉朱子（宗朱）与批判朱子（攻朱）之间取得微妙平衡的基础上而得以成立的。

（二）基本思想

洪大容的基本思想即燕行后的思想与李瀷相同,其特征是在宗朱与攻朱之间保持微妙的平衡。若对其思想特征进行归纳的话,大致有以下三点:

第一,批判形式化空洞化的朝鲜朱子学,立足于朝鲜的现实,主张实用的实际学问（实学）的必要性;

第二,支持中国清朝的善邻对外开放政策,主张必须积极地吸收清朝先进的文物学术（北学）;

第三,提出"以天视物"的价值相对主义的观点。

1. 实学

（1）金元行的影响

不过,上列第一的"实学"观,很有可能是受其恩师金元行的思想影响的结果。这是因为根据《湛轩集》内集卷四《祭渼湖金先生文》（1772）的记载，洪大容曾经得到金元行的如下教诲：

> 问学在实心，施为在实事，以实心做实事，过可寡而业可成。

（2）道学与实学

另外，《湛轩集》外集卷一《答朱郎斋文藻书》（1779）中则提到：

> 吾儒实学，自来如此。若必开门授徒，排辟异己，阴逞胜心，傲然有惟我独存之意者，近世道学矩度，诚甚可厌。惟其实心实事日踏实地。先有此真实本领，然后凡主敬致知修己治人之术，方有所措置，而不归于虚影。

可见，洪大容的实学观并不是对朱子学的否定，而是为了追求真正的朱子学。

2. 北学

上列第二的"北学"即主张必须积极地学习清朝先进的文物学术，重视清朝文化。洪大容通过自身的燕行经历，将此主张付诸实践。从其实践的事实来看，或许与其个人的资质有很大的关联。例如洪大容学习掌握了中国语（北京话）的会话，尽管可能并非十分熟练，另外，他与那些从朱子学（名分论）的立场出发而对辫发感到羞耻的汉族知识人也有深入的交流。

洪大容所追求的与异民族的宽和交往，其结果正呼应了中国清朝的善邻对外开放政策。批判了基于朝鲜朝老论的朱子学（华夷论）的非现实的清朝敌视政策（北伐论），这就意味着宋时烈所提倡的固陋狭隘的自尊自大之政策的失败。归国以后，老论主流派的北伐论者（金钟厚等）批评洪大容与清人的交往乃是违反了朱子学的价值相对主义的交友方式，若从当时两国外交的形势来看，这类批评可以说是必然的反应。

3. 以天视物

（1）人物均论

关于第三点价值相对主义的观点，主要表现在《毉山问答》与《林下经纶》当中。其中，洪大容阐发了自己的基本观点：

> 以人视物，人贵而物贱。以物视人，物贵而人贱。自天而视之，人与物均也。（《毉山问答》）

主张人类中心的价值观是不足取的。而构成其"人物均论"的基础则无非是"以天视物"这一观点。所谓人物均论，与其所属的老论、洛论的人物性同论的基本主张是一致的，且不论他是否自觉地意识到这一点，然而正如以往研究所指出的那样，应当承认他的人物均论确是受到了人物性同论的影响。

（2）域外春秋说

洪大容并没有将"以天视物"设定为人与禽兽草木的本质差别，而是将其价值相对主义观点应用于考察人类社会的各种理论，其因在于他拥有"自天视之，岂有内外之分哉"的观点。他的一个代表性的说法是：

> 孔子周人也。王室日卑，诸侯衰弱，吴楚滑夏，寇贼无厌。春秋者周书也，内外之严，不亦宜乎。虽然，使孔子浮于海，居九夷，用夏变夷，兴周道于域外，则内外之分、尊攘之义，自当有域外春秋。此孔子之所以为圣人也。

这是主张从华夷论的思想中解放出来，批判对异民族的歧视。此即所谓"域外春秋说"。此外，洪大容由这样的观点出发，梦想建立基于能力而没有身份制的万民皆劳的社会（《林下经纶》）。

（三）价值相对主义与西学知识

燕行后的洪大容，就生活在思想与现实或朱子学与反朱子学的矛盾纠结的过程当中，并在趋向不同的两种张力之间保持着微妙的平衡，可以推断此即洪大容价值相对主义得以形成的缘由。不过,《毉山问答》一书所披露的价值相对主义,并不是消极的、脆弱的,而是充满着倡导实学的思想性以及全面否定虚学的毫不动摇的自信。其充满自信的原因在于,他的思想主张有着坚实的理论依据。

1. 地球说与第谷·布拉赫的宇宙体系

据洪大容《毉山问答》,若要问人类社会之当为与价值相对主义得以成立的理论根据何在,则无外乎起源于欧洲的科学知识[①],即(1)地圆说与(2)第谷·布拉赫的宇宙体系。这是因为“人物之生,本于天地”。

洪大容认为大地是由球形所构成的:

> 中国之于西洋,经度之差,至于一百八十。中国之人,以中国为正界,以西洋为倒界;西洋之人,以西洋为正界,以中国为倒界。其实戴天履地,随界皆然,无横无倒,均是正界。

另外,他以第谷的宇宙体系思想为依据,指出:

> 满天星宿,无非界也。自星界观之,地界亦星也。无量之界,散处空界。惟此地界,巧居正中,无有是理。

这是说,不能将地球看作宇宙的中心(“空界之正中”)。

2. 价值相对的社会理想与天地的相对性

洪大容利用西欧的科学知识,揭示了天地的相对性,进而提到“人物之本”“古今之变”“华夷之分”的问题。他认为,中国并非天下的中心,地球也非宇宙的中心。认识到这一点,于是,人们没有必要以中华为贵,也没有必要遵

---

① 洪大容先于他人吸收了西欧科学知识并应用于自己的社会思想,但是其科学理论本身基本没有独创性的见解。朴星来在《洪大容〈湛轩书〉中的西方科学之发现》一文中指出“严格地说他的主张几乎没有独创性”(《震壇学报》第 79 号,1995 年)。

从华夷秩序。

毫无疑问，洪大容坚信本国未来遥远的前途、提倡价值相对主义的社会理想，他的这种心情定能超越时代传达给我们读者每一个人。价值的相对化是必然的。

若对以上所述以命题化的方式做一归纳，那么可以这样说，诱发出洪大容的价值相对主义社会思想，是由于跟中国知识人的真心交流，但是其理论支撑则是传播到东亚的崭新的欧洲数理科学知识。

三　小　结

李瀷与洪大容，将倭乱、胡乱之后显现的朱子学相对化推向极致，是朝鲜朝后期代表性的实学家。可以说他们在学术上的最大功绩就在于将朱子学与西学二者完美地结合了起来。

若要对朝鲜朝后期实学思想的展开做一推断，无疑可以做以下两点归纳：

（1）朝鲜实学不仅与朱子学的学统相关，而且他们个人也是发自内心地尊敬朱子的学德，并以李滉或李珥为楷模，来从事朱子学研究。与此同时，又受到朱子学改革主义的影响，或者因燕行而发生的思想革命，导致他们开始对朱子学做一番相对化的尝试。而引发相对化的无疑是理义。在尹东奎所撰的《星湖行状》中我们可以看到："（李瀷）如其义安则不规规于人己（引者按，不主张学问的优先权［priority］），理得则不切切于毁誉。勇往直前，不顾傍人是非。"这个说法生动地描绘出李瀷等实学家重视理义的研究态度。无疑地，实学家一方面要注意不能大幅度地越出朱子学的架构，另一方面又乐于追随理义而自由地思索。

（2）然而，在追求理义的过程中，他们与西学相遇，这就极大地扩展了实学的视野。与擅长于实用与逻辑的西欧科学的邂逅，其影响尤其之大。实学家经历了由西学东渐而导致的18世纪东亚的宏观宇宙论（cosmology）的转换／变化，并受到西学魅力的影响而开始了真正的西学研究。在西学当中，西欧科学的实用性且又精致的理论，使得这些实学家自觉到自己视野的狭窄，因而产生了巨大的刺激。通过热心地研究西学，其结果使得实学家获得了新的学问路径以及新的知识世界。可以说这是一种对异端持宽容态度的反朱子学的研究方法：即便是异端，只要其中有可学习之处，便应毫不犹豫地加以学习；也是强调中西会通，即强调经学理论为优的朱子学与实学以及西学之间的理论整合与折衷。实学家在西欧科学由微至细的学习／刺激之下，对传统学风进行修正，从而建构起自己的学问构架。

申绪璐译，吴震校

第二十九章　茶山学的易学思想资源[*]

吴伟明（香港中文大学）

前　言

丁若镛（号茶山，1762—1836）是朝鲜易学史上极重要的人物，其地位可与李滉（号退溪，1501—1570）相提并论。退溪重象数推敲；茶山折衷象数义理。退溪治《易》专精，在其著作《易学启蒙传疑》（1557）用创意角度诠释朱熹（1130—1200）的《易学启蒙》；茶山治《易》博大，在《周易四笺》（1804—1808，24卷）及《易学绪言》（1820，13卷）中旁征博引，分别提出具启发性的方法论及对中国历代易学做系统批判。《周易四笺》运用茶山主张的四大方法（他称之为"易理四法"或"四笺"）论六十四卦，《易学绪言》以此四法为标准评价中国历代易学。本研究以《易学绪言》为主，《周易四笺》为副，考察茶山对中国历代易学的评价及其本身的看法，它不但有助了解茶山易学的特色及贡献，而且亦可窥见实学与朱子学错综复杂的关系及朝鲜儒学的创意及其局限性。

一　评论中国易学的标准

丁茶山对《易经》的观点主要见其《周易四笺》及《易学绪言》。《周易四笺》

---

　　* 本文初稿曾刊于《岭南学报》第7辑，2017年5月，第59—72页。特此鸣谢允许使用。

是其个人对六十四卦的解说，内容参考不同学者意见，对朱子尤为推崇。①《易学绪言》以评论中国历代易著为主，分析从伏羲、文王、周公、孔子至明清学者的看法。茶山对中国历代的易学评论受其本身的《周易》观及学术性格所影响。

综观茶山的《周易》思想，最重要的是"四笺"说。其易学重视象数中之卦变及爻变之理，是否懂得此道成为其评价中国历代易学的最重要指标。他在《周易四笺》开宗明义表示：《易》有四法：一曰推移，二曰物象，三曰互体，四曰爻变。"②茶山提出以推移、物象、互体及爻变为研究《易经》的四大方法。推移是注意阴阳升降的关系之道，物象是透过《说卦》了解卦辞爻辞所指之物，互体探讨各卦的组合与相互关系，爻变重视卦中阳爻与阴爻的关系。推移与爻变不可分，物象与互体亦不可分。③他对朱熹之推崇及对郑玄、王弼之鄙视均由此起。"四笺"之中，爻变尤为重要，爻不变，则无推移、物象及互体，但是偏偏历代懂爻变者少，此乃易道不明之故。他谓："自汉以来，爻变之说，绝无师承。此易之所以晦盲也。辟衍之推移也，说卦之物象也，互体之博取也。此三者九家诸易皆能言之。至于爻变之义，自汉至今，绝无影响，此《易》之所以不可读也。"④

第二，折衷主义。茶山为实学大师，重视文献的研究方法。跟朝鲜的朱子学派不同，他治《易》兼采义理及象数，认为义理及象数若不从文字及音韵等训诂学入手，不能明白：

> 欲得经旨，先认字义。诸经皆然，而《易》为甚。……《易》词韵法最严最精，而其格律多变，最难寻索。……察韵苟精则绝句无错，绝句无错则经旨以明，此又学者所宜十分明白者也。⑤

---

① 茶山在《周易四笺》的引文中解释"四笺"是指推移、物象、互体及爻变这四大研究《周易》方法，而且强调这些方法皆已为朱子所发扬。参见《周易四笺》卷1，第3页。

本研究使用收藏在 C. V. Starr East Asian Library, University of California, Berkeley（ https://archive.org/details/Chuyoksajonkwon01rich. ）的版本。

② 《周易四笺》卷1，第1页。

③ 有关茶山象数易的方法，参见冯琳：《丁若镛象数易学初探》，《周易研究》2011年第1期，第70—75页。

④ 《周易四笺》，卷1，第31页。

⑤ 丁若镛：《周易总论》，李锡浩编：《茶山学提要·上》，首尔：大洋书籍，1975年，第250页。此段文字亦见《周易四笺》，卷1，第49—52页。

他建议学《易》前可先读《诗经》以加深对文字及音韵的认识，提出"不读《诗》，无以读《易》。易词之中原有比兴之体者"①。他又用《左传》对照部分《周易》文字，其对爻变的理解最初是受《左传》所启发，曾谓："《左传》在世，爻变之法，无以晦矣。"②他对用训诂方法整理义理及象数的学者给予较高评价。

茶山认为义理与象数必须配合，反对只单独谈义理或象数。这种折衷立场比较接近朱子。③他治《易》兼采象数、义理，虽然严格上来说是以象数为主，但论象数时从不抽离文字。④他亦强调"《易》词之文有象有占"，讨论文字不能不理象数。⑤他尝试折衷义理与象数。茶山对于只谈文字，无视象数的研究者如王弼及程颐都非常不满。他认为《周易》跟《论语》及《孟子》不同，单从文字无法明其理。同样，不理文字，只谈象数亦不可取。基本上他以象数为手段以通义理，曾表示："《易》凡义理皆出卦象。舍卦象而看义理，抑又何法典谟者乎？"⑥他对于卜筮亦有所肯定，相信神灵的存在及接受问卜为通神灵之法。他认为卜筮亦是以明义理为目标："《易》主于筮，而义理寓焉。圣人察进退消长之势，玩升降往来之象，而寓义理于其间。"⑦他反对乱用卜筮："余疏释《易》象为明经也。若有人谓《易》例既明，可以行筮。则不唯占险不及而其陷溺不少。余之所大惧也。今人守正者宜废卜筮。"⑧

第三是其对《周易》本质的看法。茶山重视《易》的道德及科学价值。他认为《易》的大义是劝人悔改，谓："孔子曰：假我数年，卒以学《易》，庶无大过矣。斯可验也。改过曰悔，不改过曰吝。吝悔者，《易》家之大义也。"⑨他以

---

① 《易学绪言》，尹世铎编：《丁茶山全书·中》，首尔：文献编纂委员会，1960 年，第 481 页。

② 《易学绪言》秋之卷 9，第 61 页。此书收藏在 C. V. Starr East Asian Library, University of California, Berkeley (https://archive.org/details/yokhaksoonkwon03rich.)。

③ 方仁：《通过茶山的〈易论〉对卜筮仿真实验功能的考察》，黄俊杰编：《东亚视域中的茶山学与朝鲜儒学》，台北：台湾大学出版中心，2006 年，第 99 页。

④ 茶山从未以象数派自居。究竟他属象数派或义理派，现代学者意见不一。个人认为他是折衷派。

⑤ 《周易四笺》卷 1，第 43 页。

⑥ 《易学绪言》秋之卷 10，第 92 页。

⑦ 《周易四笺》卷 1，第 47 页。

⑧ 《易学绪言》冬之卷 11，第 55 页 (https://archive.org/details/yokhaksoonkwon01rich.)。

⑨ 《周易四笺》，《丁茶山全书·中》，第 241 页。

《易》与三礼不可分,可以互相解说。① 此外,他以《易》为自然法则,是气而非理,从中可明白宇宙万物的运作,曰:"易之为字包函日月,是亦舍气之始。何谓未见气乎?"② 从《易》可明白宇宙万物的运作。因此对他而言,《周易》最终为义理之书,上至圣人之道,下至虫鱼草木皆在其中。他比较重视以《易》说道德及物理的著作。

二　论三代《周易》的形成

茶山熟读中国历代注疏,对中国易学史有一套完整及独特的看法。他以伏羲、文王及孔子为"三圣人"。传统看法以伏羲创八卦,文王作爻辞,孔子作十翼。茶山对此做出订正。他认为伏羲不只画八卦,其实亦创六十四卦及卦变、爻变之法。③ 他说:"余谓八卦、重卦、说卦之物象、卦变爻变之法,一时并兴于庖牺之时。单作八卦,将安用之? 若云卦变之法,当时未有。则损益二卦,何名损益?"④ 此与《汉书·艺文志》以文王作六十四卦之说不同。

此外,他不相信爻辞尽为文王所作,例如部分明夷卦便不是,曰:"《易》之爻词曰:箕子之明夷。又曰王用亨于岐山。其非尽文王所作明矣。"⑤"总由先儒以《易》词为文王所作,而箕子文王不可预言。故曲解至此。然王用亨于西山,王用亨于岐山,并非文王之笔。"⑥ 因"王用岐山"发生在武王克商之后,应是文王以后的人所增补。他相信易词早已存在,文王、周公只是删补而已,故曰:

> 易词非一人所作。盖自夏商之时,有此易词。屡经删补者也。文王演《易》。演《易》者,补入新句于旧词之谓也。若皆新作,曷谓之演? 文王之所未备,周公又从而删补之。⑦

---

① 参见郑吉雄《丁茶山〈易〉学与礼学关系初探》,《茶山学》第 26 期,2015 年,第 51—70 页。
② 《易学绪言》春之卷 3,第 89 页。
③ 《周易四笺》卷 22,第 73 页。
④ 《易学绪言》春之卷 3,第 91 页。
⑤ 《易学绪言》春之卷 2,第 75 页。
⑥ 《周易四笺》卷 12,第 95 页。
⑦ 《易学绪言》冬之卷 13,第 115 页。

跟朱子一样，茶山承认《易》原是作卜筮之用，在周朝始加入政治思想。

茶山的十翼观亦颇有特色。《史记·孔子世家》记："孔子晚而喜《易》，《序》《彖》《系》《象》《说卦》《文言》。"可见至西汉初十翼仍未有定论。汉以后一般以《彖上》《彖下》《象上》《象下》《系辞上》《系辞下》《说卦》《序卦》《杂卦》及《文言》为十翼。茶山指出十翼自西汉田何及费直才有此统称，现今的排列出于郑玄。①他认为此排列有问题，因将本来应独立成经的《大象》及本不属十翼的《文言》编入：

> 昔田何授《易》以二经十翼为十二篇。至东莱费直始合十翼附之经
> 文。其后郑玄又分《彖》《象》诸传附之经下，而《大象传》《小象传》牵
> 连为一。后之儒者遂以《文言》为十翼之一，而《大象传》不能别自为
> 经矣。②

茶山认为《大象》应独立成经，不应视作《周易》的注释书。根据其考证，《大象》附于经文始于西汉费直，东汉郑玄加以沿用。此外，他以《文言》只是《彖》及《象》的辅助读物，本不属十翼。他将《文言》踢出十翼，而将《象》分《大象》《小象上》及《小象下》以配对十翼之数。茶山认为十翼应是《彖上》《彖下》《大象》《小象上》《小象下》《系辞上》《系辞下》《说卦》《序卦》及《杂卦》。③

至于十翼的作者与年份，茶山的看法多少有欧阳修（1007—1072）《易童子问》的影子。十翼之中，他只承认《彖》及《象》出自孔子："孔子取二圣（引者按，文王及周公）之词而发其渊奥，名之曰《彖传》《象传》。各成二篇，为十翼之四。"④至于其余五翼与文言则不能确定作者及年份。他肯定《系辞上》及《系辞下》的道德价值及《说卦》《文言》的参考价值。他相信《文言》《说卦》在孔子以前已经存在，强调不读两者，难以明《易》：

---

① 《易学绪言》春之卷3，第95页。
② 《周易四笺》卷21，第3页。
③ 《易学绪言》秋之卷10，第75页。
④ 《周易四笺》卷22，第3页。

　　《说卦》者，自昔传来之古文也。《文言》者，穆姜所诵之古书也。孔子执此二种古文，以之读《易》至于韦编三绝。今以《说卦》《文言》为孔子所作可乎？盖《说卦》《文言》即《易》词之诂训，非此二种，虽圣人实无以读《易》矣。①

　　茶山高度评价《说卦》，引朱子谓自古有之，非孔子所作，孔子只为其作序词。他称许它可助透过"取象"以明《易》词："文王、周公之撰次易词，其一字一文皆取物象。舍《说卦》而求解《易》，犹舍六律而求制乐，此之谓物象也。"②"易词取象皆本《说卦》。不读《说卦》，即一字不可解。弃钥匙而求启门，愚之甚矣。"③他反对一些人将《说卦》贬为伪书而不加重视。此外，他视《文言》为学《易》的必备字典，谓："《文言》犹言《说文》，专释《易》中文字之义，如《尔雅》之为《诗》诂也。"④他引《史记》及《汉书》说明《文言》在孔子以前已存在，而孔子亦曾引用，但否定梁武帝（464—549）所谓《文言》即文王之言的推测。

　　茶山对中国历代易学的批评多少反映一种新的华夷秩序观，以韩国取代被夷狄入主的中国，成为儒学正统的保存地。李氏朝鲜的本土意识亦在箕子崇拜中呈现。不少韩人认为箕子与古代朝鲜皇室有关，从而强调韩人亦是中国圣人之后。⑤这种想法跟日本的吴太伯皇室祖先论有些相似。⑥茶山经常

---

① 《易学绪言》春之卷 2，第 77 页。

② 《周易四笺》，《丁茶山全书·中》，第 228 页。

③ 《周易四笺》卷 24，第 47 页。

④ 《易学绪言》冬之卷 11，第 9 页。

⑤ 朝鲜半岛早在三国时期已出现箕子崇拜，从而产生"小中华"的概念。11 世纪官方设箕子祠。参见 Young-woo Han, "Kija Worship in the Koryo and Early Yi Dynasties: A Cultural Symbol in the Relationship between Korea and China," in Wm. Theodore deBary and JaHyun Kim Haboush, eds., *The Rise of Neo-Confucianismin Korea*, New York: Columbia University Press, 1985, pp. 349–374. 李氏朝鲜朱子学盛，不少儒者强调箕子为开国之祖，因此韩人跟中国人同属圣人之后。李珥的《箕子实纪》便反映此观点，颂曰："箕子诞位朝鲜，不鄙其民，养之厚而教之勤，变椎结之俗，成齐鲁之邦，民到于今，受其赐。礼乐之习，济济不替，至于夫子有浮海欲居之志。"（《栗谷全书》卷 14《杂著》卷 1，首尔：成均馆大学大东文化研究院，1958 年，第 290 页。后期李氏朝鲜箕子庙林立，韩人以拜孔子之礼拜之。

⑥ 吴伟明：《日本德川前期吴太伯论的思想史意义》，《新史学》第 25 卷 3 期，2014 年 9 月，第 143—170 页。

引用明夷卦《象传》"利艰贞,晦其明也。内难而能正其志,箕子以之"来歌颂箕子的德行,认为箕子将圣人之道带进韩国,令它不致失传。箕子经略朝鲜出自《尚书·洪范》《史记》及《汉书·地理志》,茶山颂曰:"箕子抱先王之道,既不能内明中国,于是东出朝鲜,明此道于夷邦。其道不绝,则其明不息。此圣人之苦心也。"① 他甚至相信部分《周易》之文,包括明夷卦,可能出自箕子之手。②

三　论汉至唐的注释

茶山对汉注的态度复杂。他同意东汉班固(32—92)在《汉书·艺文志》将汉易分经学及筮学两大系统。③ 他以前者为正道,经常引用汉经学家的注释,因其保留不少古《易》元素,有助借此恢复《易》在先秦的面貌。此外,他又赞许汉儒有师承及文学修养:"汉儒师承专明章句,故句读多雅,非后世之所能及。"④ 另一方面,茶山对汉学者的批评亦十分严厉。他认为汉学者治《易》的最大问题是胡乱训诂,弄至纷争不断,而且解说支离破碎:

> 《周易》免于秦火,经文无缺。据《汉书》所论,商瞿以降,师承不绝。降及九家,名闻韡烨,其训诂义理,宜若无谬。胡乃传闻各殊,秉执相舛,傅会穿凿,破碎缠绕,诚不足以建一统于来世。⑤

此外,他又指出汉人不懂爻变,令《易》不明,故曰:"自汉以来,爻变之说绝无师承,此《易》之所以晦盲也。"⑥ "自马融、郑玄、荀爽、虞翻以来,不知何故,遂遭泯昧。千年长夜,无复三圣之旧义。不亦悲哉! 爻不变则象不合,象不合

---

① 《周易四笺》,《丁茶山全书·中》,第317页。
② 李退溪亦认为《尚书·洪范》出自箕子。此说源自《古文尚书·孔安国传》及孔颖达《尚书正义》(《周易四笺》,《丁茶山全书·中》,第317页)。
③ 《易学绪言》春之卷2,第78—79页。
④ 同上,第61页。
⑤ 《易学绪言》春之卷1,第39页。
⑥ 《周易四笺》卷1,第31页。

则《说卦》从而废，而《易》不可读矣。"①

茶山指出西汉淮南九家易学派常犯低级错误，对时人过分推崇郑玄（127—200）最不以为然。他认为郑玄不懂卦变、爻变之理，乱解《易经》，贻害后代至深：

> 唯此郑说，其傅会无理，反甚于诸家之说，而独为后世之所取。天一生水，地二生火，遂为不刊之典，而风水、看相、算命、择吉之流，无不以此为渊薮。穷理之学，实业之家，皆以此说为天经地义。岂不嗟哉！②

此外，他不满郑玄胡乱改字："郑不知卦变爻变，则物象无缘得白，所以多改。今观诸改字亦与本卦物象全然无涉。"③他甚至怀疑郑玄注释的纬书《易乾凿度》根本就是玄所作伪书。对于在汉代出现《易》的纬书，茶山认为全是谬论，不合圣人本旨。

茶山对东汉末荀爽（128—190）及三国东吴虞翻（164—233）相当重视，以二人为汉易两大宗师，并常引述其解说。④他赞曰："其中荀爽、虞翻二家之说，多合经旨。盖易学三十余家，其集大成者，九家也。九家之中，其集大成者二家也。"⑤他认为两人均明推移之义，他们提出的卦变说对其影响尤大。⑥他对东汉马融（79—166）的见解亦颇肯定，曾谓："马融以北辰为太极。今人愕然不信。然求诸字义，极无错误。"⑦

茶山对六朝易学的评价更为严厉，特别是批评魏王弼（226—249）为易学罪人，以其《周易注》为极劣之作："王氏之《易》，不唯卦象全缺，并与字句训诂绝无可考。……自有笺注以来，无此孟浪。"⑧"不幸有所谓王弼者，起以私

---

① 《周易四笺》卷 22，第 60 页。
② 《周易总论》，《茶山学提要·上》，第 271 页。
③ 《易学绪言》春之卷 2，第 46 页。
④ 不过他亦批评虞翻变卦多错，根本不懂爻变。参见《易学绪言》春之卷 1，第 21 页。
⑤ 《易学绪言》春之卷 1，第 41 页。
⑥ 《周易四笺》卷 1，第 13 页。
⑦ 《易学绪言》冬之卷 11，第 19 页。
⑧ 《易学绪言》，《丁茶山全书·中》，第 425 页。

意、小智扫荡百家。凡自商瞿以来相承相传之说，尽行殄灭。"① 王弼只看文字，得意忘象，完全不用《说卦》。茶山认为若不用《说卦》，不依物象，不能了解《周易》文字。他数王弼之罪以引老庄入《易》为大：

> 王弼之学深于老氏，其注《易经》一字一句，咸以其所谓玄虚冲漠之旨，擩之染之，使三圣人御世经国之精义大法，沦之于异端之流，岂不惜哉！②

将王弼注进一步补充的东晋韩康伯（332—380）则被批"其注大传，凡卦象爻象之义，一无所发明，意欲引《易》以合于老庄"③。"王辅嗣、韩康伯不以物象，而全用老庄之旨。诸法悉废。"④ "韩康伯之注全是玄谈，非《易》本旨。"⑤

讽刺的是，茶山最不喜欢、批评最多的易学者正是唐以前两个最有影响力的郑玄与王弼。他认为汉易九家之中，以郑玄最差，而王弼比郑玄更差，曰："案：郑王二家皆不言卦变爻变，将无同矣。然郑氏犹用物象互体，王氏并二者而废之，益孟浪矣。"⑥ "（郑）于九家诸《易》之中，最为下乘，反不如王弼之尽扫物象也。自唐以前，诸《易》尽衰，唯郑王二家霸于一世，岂不异哉？"⑦

茶山较为肯定唐易学，因唐注多集汉魏六朝精华，十分方便参考。他称赞孔颖达（574—648）"邃学精识，独步千古"，但批评他的《周易正义》使用王弼之注及郑玄的解说，而且只重经文，不明象数。⑧ 此外，他称许李鼎祚在《周易集解》及陆德明（550?—630）在《易释文》（又称《周易音义》）致力恢复《周易》的本来面目。⑨ 他指出《周易正义》及《周易集解》的贡献在汇集汉魏诸家之说，而且兼采义理及象数，认为学《易》的最佳途径是以《周易集解》为主，

---

① 《易学绪言》，《丁茶山全书·中》，第 413 页。
② 《易学绪言》春之卷 3，第 124 页。
③ 《易学绪言》，《丁茶山全书·中》，第 427 页。
④ 《周易四笺》卷 22，第 91 页。
⑤ 《易学绪言》春之卷 3，第 111 页。
⑥ 《易学绪言》春之卷 2，第 41 页。
⑦ 同上，第 47 页。
⑧ 《易学绪言》春之卷 1，第 39 页。
⑨ 《易学绪言》，《丁茶山全书·中》，第 413、468 页。

辅以《周易正义》及《易释文》，互相补充以复汉注旧貌。他如此建议：

> 今之学者诚欲学《易》，唯取李鼎祚《集解》十卷，以为拱璧。又就其中，择善而固执之，则庶乎其得之矣。孔颖达《正义》、陆德明《释文》或引汉魏诸家之说。若采而辑之，以补《集解》之缺，亦好古者之所取也。①

他推崇《易释文》不但因它保留汉魏古法，亦因其使用以字音通字义的方法。他又赞陆德明明白卦变爻变之义。不过他认为《易释文》亦讨论王弼注的部分没有价值。

唐注之中，茶山不喜郭京的《周易举正》，因其胡乱篡改文字："《周易》不经秦火，本无错简误字。唐人好改经文。……今郭京改《易》亦是此法。假托王辅嗣手写耳。俗儒犹或疑之，今列举数十条以见真伪妄。"② 茶山不喜王弼及韩康伯，但郭京却假托得其手稿，因此令茶山反感。他对郭京的改字逐一驳斥，订正多达 103 处。③

四　论宋至清的注释

宋注才是茶山的本命，他尤爱朱熹晚年完成的《卦变图》，认为朱子已成功补充荀爽、虞翻论卦变之不足，解决有关卦变的长期争论及恢复《周易》本来的卜筮法。④ 他如此赞曰："大抵卦变之说，自汉至宋，绵绵不绝，至朱子而大者。然《本义》所论，每于十二辟卦之外，博取诸卦，恐是未定之论，故以《卦变图》为正。"⑤ 他指出《卦变图》的最大贡献是阐明推移及互体之义："推移之义，汉儒皆能言之。朱子《卦变图》即其遗也。"⑥ "九家诸《易》皆论互体，王弼独起而

---

① 《易学绪言》春之卷 1，第 41 页。
② 《易学绪言》，《丁茶山全书·中》，第 471 页。
③ 茶山论中国易学史似受实学之父李星湖（1681—1763）的影响，例如其论十翼及评郭京均有星湖影子。茶山在《易学绪言》中常引星湖。他又赞星湖懂爻变之理。
④ 参见林忠军：《象数易学发展史》，济南：济鲁书社，1998 年，第 346—347 页。
⑤ 《易学绪言》，《丁茶山全书·中》，第 436 页。
⑥ 《周易四笺》卷 1，第 13 页。

废之。……苟非朱子重阐斯文，互体之说几乎熄矣。"① 他亦肯定朱子《易学启蒙》阐明爻变之道及《周易本义》为集大成之作："自汉以降，《易》学大备于朱子。明言至理，多在《本义》。"② 茶山虽然对朱子的卦变说推崇备至，以他为集大成者，但其论卦变跟朱子不同，认为朱子之论仍未臻完美。③ 他指出《周易本义》有不少问题，包括其所言有不合古义之处、其论卦变不及《卦变图》全面及不用互体。

茶山对其他宋儒评价一般。他批评程颐《易传》受王弼的影响，完全不理象数及周敦颐（1017—1073）引佛道入《易》。对他而言，邵雍（1011—1077）的象数古怪离奇，难以明白，而且跟"三圣"之意不合，将其列为道士、占卜师之流："邵子天挺人豪，后学所不敢议。然其术仍是郭璞、菅辂之流。"④ 他相信古《易》与数无关："其实三圣古《易》，与算数家毫发无涉。算数之学，又与《河》《洛》毫发无涉。"⑤ 茶山对程颐及邵雍的批评不少引用自朱子。

他对南宋王应麟（1223—1296）的《郑玄易注》评价并不高，因它修辑已失佚的郑玄注。茶山厌恶郑玄，认为应麟搜集郑玄注是浪费精力。他评曰："王伯厚搜辑零落，以为此篇，其志苦矣。然郑玄易说，无推移、爻变之意。其言物象，亦不以《说卦》为本。"⑥

茶山对宋以后的易学兴趣不大，较少提及或引用，而且倾向负面。他比较喜欢元胡炳文（1250—1333）的《周易本义通释》，以其为"朱子之嫡传也。其说于卦变、卦象、卦互之义，所多发明。独于爻变之义，尚昧昧矣"⑦。他在《易学绪言》亦多处引用《周易本义通释》。

他对明清学者批评较多，指出他们不懂互体之说："汉儒说《易》，皆用互体。至朱子其义益章。胡云峰、洪容斋并宗斯义。今人却又昧昧如是，不亦谬

① 《周易四笺》卷22，第89页。
② 《易学绪言》夏之卷5，第47页（https://archive.org/details/yokhaksoonkwon02rich.）。
③ 有关茶山及朱子论卦变的不同，参见林忠军：《论丁若镛推移说与汉宋易学》，《周易研究》2015年第3期，第10页。
④ 《易学绪言》夏之卷6，第115页。
⑤ 《易学绪言》秋之卷10，第116页（https://archive.org/details/yokhaksoonkwon03rich.）。参见曾宣静：《韩儒丁若镛八卦方位学说初探》，《中国文学研究》第20期，2005年6月，第245—286页。
⑥ 《易学绪言》冬之卷11，第31页。
⑦ 《易学绪言》夏之卷5，第71页。

哉？"① 他评明来知德（1526—1604）志大才疏，谓其《易经集注》多误：

> 特其自赞自夸，有若深究而独悟者，故浅学蒙识，疑有真谛，往往宗之为正学。亦易家之大蠹也。其论象数之本，仍遵邵子先天之义而稍变其说。乃欲跨越程朱，扫荡荀虞，实易家之下乘也。②

茶山对《易经集注》之序逐条驳斥，例如批评知德将八卦胡乱配对，将震兑、艮巽连在一起，违反震巽、艮兑相配的原则，故谓："即来氏之《易》，不唯于三圣古义，茫然不省。而邵尧夫先天一部，亦未尝精细一览也，而可以知《易》乎哉？"③ 他又指出知德认为作《易》者凭空想象不对，主张象皆本于真实存在，因此乾卦中的龙是远古存在过的动物。④ 他批评来德自以为懂爻变，其实皆错。对于其易图，他正斥其："痴人心傲，自作怪图。乃欲跨伏羲，以居其上。岂不痴哉？"⑤

茶山颇肯定清考据学，而且亦受其影响。⑥ 他肯定毛奇龄（1634—1713）的学问，在论推移时多次引用奇龄的《仲氏易》，但同时批评他不懂爻变及卦变。⑦ 他对撰写清朝科举教材书《周易折中》的李光地（1642—1718）评价极差，斥骂其为《周易》罪人及朱子叛徒：

> 总之榕树（引者按，李光地之别号）之学，不信卦变，不知爻变，不用互体，不用物象。虽自以为笃信朱子，而不信卦变，则已弃朱子之学。虽自以为博综古今，而汉魏儒说及宋元儒说，其有卦变物象之迹者，悉行淘

---

① 《易学绪言》冬之卷12，第87页。

② 《易学绪言》秋之卷9，第45页。

③ 同上，第57页。

④ 参见方仁：《周易四笺的符号学解读》，《周易研究》2010年第1期，第43—44页。

⑤ 《易学绪言》秋之卷9，第61页。

⑥ 有关奇龄对茶山的影响，参见《论丁若镛推移说与汉宋易学》，第11—13页；辛源俸：《清代思想对茶山成立易学观的影响：以毛奇龄为中心》，《茶山学》第3期，2002年。

⑦ 辛源俸：《朱熹、毛奇龄及丁若镛的〈周易〉占筮观比较研究》，《周易研究》2014年第5期，第38—48页。辛源俸相信茶山的四笺说（又称"易理四法"）是受毛奇龄的影响。参见辛源俸：《清代思想对茶山树立易学观的影响：以毛奇龄为中心》。

汰。唯取其空言剩说敷衍。①

他指光地好谈术数与易图，但均是皮毛，根本不通古《易》：

> 榕树之学，全把算数之糟粕，以河洛之面皮，名之曰易理之根本。其
> 实三圣古易，与算数家毫发无涉。算数之学，又与《河》《洛》毫发无涉。②

回顾中国易学，茶山指出曾出现三次浩劫，分别由郑玄、王弼及李光地
带来：

> 哀哉!《周易》一遭郑玄，既大厄矣。虞翻、荀爽仅仅扶颠。而王弼起
> 矣，再遭王弼，既大厄矣。李鼎祚、朱晦庵绵绵延脉。而李光地又作矣。
> 挟天子之势，据儒宗之位，以灭此既亡之《周易》。③

茶山重视恢复经文的原意以明圣人之意。他对孔子推崇备至，对汉注亦相
当重视。对唐宋以后的易学评价以是否阐明《周易》本旨为原则，因此他充分
肯定朱熹的贡献及对引道释入《易》和不理卦变、爻变的学者提出严厉批评。
他作《周易四笺》就是要透过汉、唐、宋的诸注释，恢复已衰微的易道。不过茶
山十分谦卑，没有大吹大擂自己的贡献。

五 结 语

透过茶山对中国历代易学的评价，此研究可窥见茶山易学的特色、实学与
朱子学错综复杂的关系及朝鲜儒学的创意及其局限性。

丁茶山不愧是东亚易学大师，其对中国历代易学的评价完整而独到，立论
清晰，有破有立，足见其功力之深厚及李氏朝鲜实学派易的一些特色。第一，

---

① 《易学绪言》，《丁茶山全书·中》，第458页。
② 《易学绪言》秋之卷10，第116页。
③ 《易学绪言》，第83页。

对中国历代注疏及汉籍旁征博引，所言皆有所本，非泛泛空论。第二，重唐宋，轻汉及明清的学问。第三，反映民族本位主义，强调韩国为圣人之后及韩国儒学的实力。对历代中国易学的酷评多少隐藏其拨乱反正的抱负及自信。第四，重现《周易》的实用性及政治价值。第五，富怀疑精神，对《周易》的形成及十翼的构成均挑战俗说通论说。他尊古而不泥于古，崇拜圣人却敢质疑俗说。第六，重视研究方法，利用文字训诂及音韵研究《周易》经文及数象及"易理四法"整理中国易学史。

茶山学与朱子学派在方法论及理气论上有颇多对立，不少人将茶山视作反朱子学大将。[①]其实茶山对朱熹的经学及考据学相当重视，并大量采纳其意见。他在《大学》与《中庸》跟朱子不合较多，但二人对《易经》则较同声同气，可见朱子学与实学的关系复杂，它们并非简单的对立，而是多元互动。[②]

茶山儒学规模宏大，思路清晰，一气呵成。他在众多议题上均有全盘认识并有一套自己的看法。在朝鲜易史学上，茶山是有高水平及创意的诠释者，其四笺说别树一帜，令他在东亚易学史上占一重要席位。用四笺论中国易学固然很有特色及成一家之言，但难免有所偏颇及对其他学说或看法的评价过分严苛。他对三代圣人、孔子及朱子的尊敬、经以载道的观点令其易论有相当局限性，例如将八卦，六十四卦、卦变、爻变全归功伏羲便不太合理。此外，不少茶山有意思的观点（例如十翼非全为孔子所作及爻辞非尽为周文王所作）多是点到即止，未能进一步发挥。

---

① Mark Setton, *Chong Yagyong, Korea's Challenge to Orthodox Neo-Confucianism*, Albany: State University of New York Press, 1977.

② 黄卓越：《茶山四书经学的返古主义路径》，茶山学术文化财团编：《茶山的四书经学》，北京：商务印书馆，2008 年，第 120—124 页。

第三十章　韩儒崔象龙的经学思想[*]

金培懿（台湾师范大学）

前　言

众所周知，16世纪朝鲜儒学之泰斗，首推岭南之退溪李滉（1501—1570）。其朱子学说不仅形成所谓的"退溪学派"，影响了此后数百年的朝鲜儒学，更借由姜沆（1567—1618）的传播，而影响了揭开江户儒学序幕的藤原惺窝（1561—1619），令其脱禅归儒，成为江户初期的理学领袖，即使日后藤原惺窝之门生林罗山（1583—1657），亦仍需研读退溪之著作。[①] 不只如此，退溪思想中之"敬"哲学，传播到了江户日本以后，则由山崎闇斋（1619—1682）进一步将之加以深化发展为具有日本特色的"主敬"思想。闇斋更仿拟退溪《朱子书节要》体例，摘录朱子《仁说》与时人张南轩、吕伯恭之问答，以成《仁说问答》一书。[②] 闇

　　[*]　本文系笔者共同主持台湾师范大学"105年迈向顶尖大学计划——朱子学的现代伦理意义"（105J1A0702）之部分研究成果，特此声明，感谢补助。本文初稿刊登于《台湾东亚文明研究学刊》第14卷第2期，2017年12月，第121—169页。

　　[①]　林罗山在寄予朝鲜通信使的信中曾提及："贵国先儒退溪李晃，专依程、张、朱子说，作四端七情，分理气辩以答。奇大升其意谓四端出于理，七情出于气，此乃朱子所云四端理之发，七情气之发也。末学肤浅，岂容喙于其间哉！退溪辩尤可嘉也。"（林罗山：《寄朝鲜國三官使》，京都史迹会编：《林羅山文集》卷14，京都：京都史迹会，1979年，第156页）

　　[②]　《山崎闇齋年譜》记载道："闇斋亦尝曰：'朱子之后，知道者，薛文靖、邱琼山、李退溪也。'文靖见识之高，文庄博文之富，朱门之后，无有出其右者。其后特退溪而已矣。盖退溪平生之精力，尽在《朱子书节要》，可以观其学之醇也。"（山田思淑：《闇齋先生年譜》，日本古典学会编：《山崎闇齋全集》第4册，东京：ぺりかん社，1978年，第414页）

斋弟子佐藤直方更推崇退溪乃是朱子学在东方的真传[①]，日人因此尊称退溪为"东方朱子"[②]。

　　然而，如此兴盛的退溪朱子学，随着其门人在光海君时代遭到排挤，声势日呈衰颓，简言之，截至 17 世纪前半，退溪后学不仅在性理说上未见后出转精之人，在经学研究方面亦未投注一定关心。此种现象即使进入 17 世纪后半，情况依旧，最显著的情况便是庆尚右道的河氏退溪学者们，无论是在性理说或是经说方面，亦未见表现。与之相对的是庆尚左道的退溪后学，如李玄逸（1625—1707）、李栽（1657—1730）一门、权斗寅（1643—1719）、权斗经一门，以及郑万阳（1664—1730）、郑葵阳（1667—1732）等退溪学者，则致力于探究彰显退溪性理学说，以与栗谷学派抗衡，但仍然未见可观之经解著作。

　　一直到了 18 世纪初，李玄逸门人权矩（1672—1749）因为受到近畿南人许穆（1595—1682）影响，而开始提出异议，其《大学就正录》《中庸就正录》等异于退溪的经说，预告了传统退溪学的转变。李栽门人权万（1688—1749）也与其同门李象靖（1711—1781）数度论辩读书次第，六经、四书与朱子著作究竟应该何者为先何者为后？[③] 换言之，18 世纪初期岭南退溪后学，亦即李玄逸门下权氏反省退溪学说而撰作的经解，基本上是来自外部近畿南人的影响。相对于此，岭南退溪学内部堪称处于过渡期，代表性经注乃至经学研究的问世，则需等到 18 世纪中叶以还。最具代表性的应该是李象靖门下弟子对四书的重新诠解，亦即柳长源（1724—1796）《四书纂注增补》、裴相说（1759—1789）《四书纂要》、柳健休（1768—1834）《东儒四书解集评》等书的接续出现，堪称是上接李德弘（1541—1596）《四书质疑》，一振岭南退溪学派之经传注说研究的中兴

---

　　① 佐藤直方言："朝鲜李退溪，东夷之产，而悦中国之道，尊孔孟，宗程朱，其学识之所造，大非元明诸儒之俦矣。"（佐藤直方：《韫藏録討論筆記》，《闇齋先生年譜》，日本古典学会编：《山崎闇齋全集》第 4 册，第 426 页）

　　② 关于李退溪之学思、著作如何影响江户时代之日本学者，详参阿部吉雄：《第三篇日本朱子學史中の李退溪》，《日本朱子學と朝鮮》，东京：东京大学出版会，1965 年。

　　③ 有关 18 世纪朝鲜岭南学者的争论情形，详参金泳：《18 세기 嶺南地方文學・思想論争研究：江左대大山論의 性格과 讽隐・霁山의 仲裁论理》（《18 世纪岭南地方文学思想论争研究：江左大山论争的性格与讽隐、霁山的仲裁伦理》），《东方学志》第 51 辑，1986 年。

时期。①

而笔者此次探讨研究之对象崔象龙（1786—1849），亦师事李象靖门人郑宗鲁（1738—1816），故亦可将之归入18世纪后半岭南李氏退溪学派之一员，而其《四书辨疑》一书，则可视为是接续柳长源《四书纂注增补》、裴相说《四书纂要》、柳健休《东儒四书解集评》之后，岭南退溪学派经注的另一代表作，也是岭南退溪学派四书诠解的再次转向。而提及历来学界研究崔象龙之代表性学者，首推韩国庆尚大学汉文学科之崔锡起教授。崔教授自2007年起便对崔象龙之经学、经注进行一系列研究。崔教授不仅概论了崔象龙的学问特性与经学观②，也分别对崔象龙之《大学辨疑》《中庸辨疑》《论语辨疑》进行了研究③。综合而言，崔教授指出了崔象龙解经的几大特点是：通看的视角、图解经书、四经四书论的独特经学观、试图客观考察经注等。崔教授更进一步指出《论语辨疑》的解释特征是：（1）《论语》图的作成；（2）篇章的构造分析；（3）通看的解释与字义语意分析；（4）本文注释与集注的先儒说论辩；（5）口诀改订。④崔教授对崔象龙经学研究深入剖析，论证详实有据，非常具有参考价值。

而有关崔象龙《论语辨疑》之最新研究成果，应推尹基纶教授。⑤尹教授主要从四个面向考察了《论语辨疑》之解经特征：首先其关注了《论语》篇章的配置问题，接着探究崔象龙如何受容先儒之解说并批判之，然后又是如何把握《论语》本旨以检讨小注，最后则探讨崔象龙之《论语图》承载了何种经义内容及其具有何种位相。尹教授提出的结论是：崔象龙以朱子为根干但却均衡地受

---

① 有关李弘德以降岭南退溪学派李象靖门下四书注解之研究，可参见安秉杰：《退溪学派의 四书注说考》（《退溪学派的四书注说考》），《安东文化》第8辑，1987年，第5—28页；李昤昊：《朝鲜时代朱子学派与实学派对〈论语〉的解释》，张崑将编：《东亚论语学：韩日篇》，台北：台湾大学出版中心，2009年，第41—74页。

② 详参崔锡起：《凤村崔象龙의 学问性向과·经学论》（《凤村崔象龙的学问性向与经学论》），《汉文学报》第17辑，2007年12月，第617—646页。

③ 详参崔锡起：《凤村崔象龙의〈大学〉解释의 特征과 그 意味》（《凤村崔象龙的〈大学〉解释特征及其意味》），《汉文学报》第18辑，2008年6月，第1363—1393页；《〈中庸〉의 分节问题과 崔象龙의 解释》（《〈中庸〉的分节问题与崔象龙的解释》），《汉文学报》第19辑，2008年12月，第1265—1291页。

④ 详参崔锡起：《朝鲜时代经书解释与崔象龙之〈论语〉解释》，张崑将编：《东亚论语学：韩日篇》，第99—150页。

⑤ 尹基纶：《凤村崔象龙의〈论语〉解释의 特征과·经学史의 位相》（《凤村崔象龙〈论语〉解释的特征及经学史地位》），《大东文化研究》第92辑，2015年，第197—227页。

容先儒经说，批判地进行客观理解。又其透过《论语》文本批判而指出经文本旨与朱注龃龉之处。而且崔象龙并非单纯地只是朱注的拥护者，而是岭南退溪学者中能够深化发展又独具特性地研究经学的学者，此即崔象龙于朝鲜经学史中之定位。尹基纶教授堪称是在崔锡起教授的研究基础上，详论了《论语图》如何表明"学""孝""仁"之意义，并仔细探讨了崔象龙对朱子的批判，其研究凸显了崔象龙经学研究的思想性。

本文在上述前辈学者之先行研究成果基础上，亦以《论语辨疑》为研究对象，试图分析《论语辨疑》之解经立场与其所采解经法之间有何关联？又其抱持着何种《论语》观？此种《论语》认识与其所诠解阐释出之核心义理思想有何关联？希望借由探究此等问题，可以进而梳理出崔象龙《论语辨疑》承继接续了何种岭南退溪学之学术发展的内在脉络？又其所采取之解经法代表了何种岭南退溪学派四书注释学史的转向？再将其经学研究成果置于岭南退溪学派之四书注释发展史中，为其下一定位。

一　象龙《论语》观："仁"统意旨，"敬"贯工夫

（一）仁:《论语》全书大旨

关于岭南退溪学派学者崔象龙之学问形态，据本文考察，在此且先一言以蔽之地总括说是：融通退溪门下鹤峰金诚一（1538—1593）与寒冈郑逑（1543—1620）二脉，再旁涉西崖柳成龙（1542—1606）一脉，亦即上承李象靖（1711—1781），兼采愚伏郑经世（1563—1633）、权矩（1672—1749）之为学法，糅合许穆之退溪学改良，再互参畿湖学派如李栗谷（1536—1584）、金沙溪，特别是韩元震（1682—1751）之见解。而崔象龙《论语辨疑》一书更大胆敢与退溪异，立足于近畿南人派所谓"敦仁博义"乃是《论语》大旨这一基础上，明白提出所谓：

谨按论语大旨，先儒以敦仁博义言之，愚未知何以谓之敦仁，又何以谓之博义也。退溪李先生之不从此说，愚无间然。就一部之中而举其大旨，则不得不拈出一仁字。二十篇中无一篇不言仁，无一事不

言仁。①

崔象龙以"仁"为《论语》全书的核心思想，此种断定一个单独概念以统括《论语》全书主旨的做法，当年退溪本人并不赞同，例如退溪曾言：

> 论语大旨，或以为操存涵养。北溪阳村，则皆以仁为言。虽皆大概近似，然此书乃出于一时门人杂记，圣门师弟子问答言行之类，裒集为之，其妙道精义，头绪多端，何可以一二字判断得下耶？……盖敬固圣学之所成始成终者，非专以是为小大学书之大旨也。今人徒见此书有大旨大要之说，于《论语》散记之书，亦必以一二字求大旨，无乃近于牵强而附会邪！②

然时入 17 世纪后半，人称风流诗人的近畿南人派代表孤山尹善道（1587—1671）则主张：

> 若稽圣贤之修辞，各有一篇之要领。感发惩创者，求其直旨则曰思无邪。优优大哉者，一言以蔽，则曰毋不敬。而二帝三王之书，五十八篇之要，不过执中而已。随时而变者，三百八十四爻，消长之义欤。大一统者，二百四十年，谨严之法欤。《庸》之诚也，《学》之敬也，鲁论之敦仁博义，邹篇之遏欲存理，皆其所谓大旨者也。③

时代更下至 18 世纪初，影响安东李玄逸（1627—1704）、李栽（1657—1730）门下之权氏，使得如权矩之《大学》解说不再全遵退溪，权万（1688—1749）则开始意识到六经重于四书，六经四书重于朱著，因此与同门李象靖为

---

① 崔象龙：《凤村先生文集》卷6《经书八图·第三论语图》，《影印标点韩国文集丛刊续》第118册，首尔：韩国古典翻译院，2011 年，第 283 页。

② 李退溪：《退溪集》卷35《答李宏仲乙丑》，《影印标点韩国文集丛刊》第30册，首尔：韩国古典翻译院，2011 年，第 3—4 页。

③ 尹善道：《孤山先生文集二》卷6 上《对经传宗旨策》，《韩国历代文集丛书》第530辑，首尔：景仁文化社，1999 年，第 285 页。

之数度论辩①，遂而渐次发展出与正统退溪学有所不同之学说主张者，亦即同是近畿南人代表的许穆（1595—1682）。许穆延续尹善道的主张，在主君问及《论语》大旨时许穆如下答道：

> 上曰：《论语》大旨，敦仁博义耶？先生曰：然。②

如上所述，崔象龙单独以一个"仁"字以统括《论语》全书大旨的解经法，吾人可以将之视为是19世纪初期岭南退溪学者，由传统退溪学之《论语》义理诠解立场，转向认同近畿南人之《论语》义理诠解模式的代表。换言之，所谓《论语》的中心思想是个"仁"，此种今日看来再自然不过，宛若常识的认知，在朝鲜时期虽然近畿南人尹善道、许穆早在17世纪中叶左右提出，然而此一认知要能被岭南退溪学者所接受，并进而以"仁"作为贯串整部《论语》各章经义解释的核心概念，则从结果而论，却需要经历约一百五十年的岁月，等到崔象龙的《论语辨疑》问世时才凸显出来。

（二）敬：经传一贯工夫

崔象龙在融通近畿南学与岭南退溪后学各派的同时，亦寻绎其师门源头，学承郑宗鲁（1738—1816），上接李象靖、李玄逸，旁涉权万以及愚伏郑经世，再溯源退溪而归抵朱子，标举出《敬斋箴》之"敬"字，以为四经四书之工夫大旨。崔象龙融通"经""传"各书之大旨而如下言道：

---

① 权万于回答李象靖的书信中如下说道："希甫言景文以万不曾劝读朱书，有所云云。万向日之云，非谓朱书不可读，谓不可先读何者。经书为本、为源；朱书为末、为后。有志学问之士，先取三经四书烂熳熟读，其有疑晦，勿全靠注解，以己意反复穷究，费吾心思，然后方始有进。……近来承学之士，先从朱书下手，故学问无心得之工，而文词亦失之太蔓，所以前此相对，关说及此。今景文云云之语，似未领仆之本意，可叹。……今日后辈中属望在吾景文，而却未免有逆取顺守之意，岂不可慨也哉。往在献斋有高生卢生来问读书次第，仆谓经书似茧，外家似丝，吾闻烹茧得丝，未闻烹丝有得。今景文欲舍茧而求丝于丝耶？"（权万：《江左先生文集》卷5《与李景文》，《韩国历代文集丛书》第346辑，首尔：景仁文化社，1999年，第425—426页）而权万以六经重于四书，读经当有次第的主张，亦多次见于其答金振伯、答金仲绥之书信中，详参权万：《江左先生文集》卷5，《韩国历代文集丛书》第346辑，第398—399、414—415页。

② 许穆：《眉叟年谱·眉叟记言》卷2，《影印标点韩国文集丛刊》第99册，首尔：韩国古典翻译院，2011年，第358页。

道无二致而文以时异者，盖事有古今之异宜，言有详略之相发。然其殊途而同归，百虑而一致，则四经四书，一贯之道也。《中庸》之明道，即原于《易》道之精微。《大学》之八德，即本于《书经》之王道。鲁《论》之仁，即著于《礼记》之礼。《孟子》之反经辟邪遏欲存理，即《诗》之性情善恶感发惩创也。以此观之，则四经四书只是一个道也。《易》之大旨时也，而《中庸》之诚无间断即时也。《书》之钦，即《大学》之敬也。《诗》之思无邪，即孟子之存遏也。《礼》之无不敬，即鲁《论》为仁之主乎敬。就夫大旨详其归趣，则八旨之要领，亦不出乎敬之一字。……四经大旨，不出乎敬也。……四书大旨，不出乎敬也。是一个敬字，通贯始终。言经传则八而一也。言工夫则四而一也。近世专意于四经者，或昧于四书；研熟于四书者，或遗乎四经。盖不知四经为四书之基址，四书为四经之注脚也。①

而崔象龙此种以一"敬"而来统摄诸多工夫的主张，即是承继退溪以还而且又是本于朱子学的核心工夫"居敬"。诚如众所皆知的，朱子《敬斋箴》乃在提示动静表里的"为敬"的方法，阐明"敬"之工夫，乃无地不用其力，无时不致其功。当然，崔象龙以"敬"贯串一切工夫的主张，自然也是承自其师门李象靖、郑宗鲁二先生。李象靖曾上疏君王曰：

敬者，悚然如有所畏之名，一心之主宰而万事之纲领也。夫人心无形出入不定，苟无术以持之，则昏昧迷惑驰骛飞扬，其不渊溺而焦火者无几矣。古昔圣贤发端启键，固已致谨于此，丹书之敬胜帝典之钦明是也。后圣之继作，其说寝明，见于《诗》《书》《语》《孟》之旨者，无非所以操存涵养以求无失其本心，而其所以为道，则不越乎敬之一言而已。三代之教，自小学而始之以敬涵养德性，收拾放心，而以立其基本。及其入乎大学，则又终之以敬开发聪明，进德修业，而以收其成功。是盖未尝一日而离乎敬也。②

---

① 崔象龙：《凤村先生文集》卷21《经书八图·序》，《影印标点韩国文集丛刊续》第118册，第551页。
② 李象靖：《大山先生文集一》之《三辞刑曹参议仍陈勉·君德书》，《韩国历代文集丛书》第172辑，首尔：景仁文化社，1998年，第390—391页。

　　李象靖上述观点，亦见于其所撰《敬斋箴集说序》一文中。① 而崔象龙之师郑宗鲁则在其师李象靖之"敬"说基础上进一步如下说分明：

　　　　虽主于敬，敬则心存理得而无私欲，岂非仁在其中者乎？又，敬者圣学之所以成始而成终，修己以安百姓，笃恭而天下平，皆敬之为也。②

　　显然，自李象靖经郑宗鲁而至于崔象龙，"敬"之工夫乃圣学大要、经传大旨，故《论语辨疑》中亦可见崔象龙对"敬"字的标举与进一步析论。例如关于《宪问·子路问君子》中，孔子回答子路"修己以敬"。崔象龙就孔子这一回答则分析道："修己以敬，虽可以告众人，而于子路恐有抑勇之意。"③ 继而又就程子所谓"笃恭而天下平"一句，清楚分析说："恭敬二字，对言则恭主容，敬主事。而专言则恭即敬，敬即恭。《中庸》以敬释恭，此又合恭敬言。"④ 由崔象龙的解释中，吾人不难发现其认为"敬"可抑制"勇"，则静敬之功胜于动勇之效。另外，要能安百姓平天下之大业，并非另有一"笃恭"之工夫，而是程子以"恭"字来言"敬"事之人之外在"容仪"，并非在"敬"外别有一个"恭"的工夫。

　　同样的例证亦可见于《阳货·子曰礼云礼云》中，当程子以"序"与"和"来说明礼乐之别，范、尹二氏则以"敬"与"和"来分说礼乐，而针对程子与范尹二人说法有异，朱子于《论语或问》中原采程子之说 ⑤，然《论语集注》中则反而援用了范、尹二氏之说。现姑且不论当面对朱子经说前后有异时，《论语辨疑》在论辩择取之间，几乎皆以《论语集注》为善；此处针对程子以"序"与"和"来说明礼乐一事，崔象龙基本上认同程子之解释论及了礼乐的本质，也就是"礼"的功效确实在维持人伦次序，但崔象龙却也注意到《论语集注》中朱子

---

　　① 详见李象靖：《大山先生文集六》之《敬斋箴集说·序》，《韩国历代文集丛书》第177辑，首尔：景仁文化社，1998年，第268—271页。

　　② 郑宗鲁：《立斋先生文集二》之《答金仪天问目》，《韩国历代文集丛书》第295辑，首尔：景仁文化社，1999年，第416页。

　　③ 崔象龙：《论语辨疑》之《宪问·子路问君子》，《影印标点韩国文集丛刊续》第118册，首尔：韩国古典翻译院，2011年，第419页。按，《论语辨疑》仅注篇目和页码。

　　④ 同上。

　　⑤ 详参朱熹：《四书或问》，朱杰人等主编：《朱子全书》第6册，上海：上海古籍出版社；合肥：安徽教育出版社，2010年，第881页。

在援用了范、尹二氏以"敬"与"和"解礼乐后,所以特别以圈书"〇"的形式引出程子的注解,乃是程子其后言及:"盗贼至为不道,然亦有礼乐"云云,实非《论语》本章经文之"正义"。①

而笔者以为崔象龙没有说出来的则是:程子以"序"说明"礼"的本质,终不及朱子赞成范、尹二氏以"敬"来说明"礼"之践履,实根源于人心中存有一"敬"。亦即此一心中之"敬"工夫,方才是"礼"之所以成的根本条件。反言之,能用礼乐之人必是"主敬"之"仁人",也唯有"仁人"方能发挥礼乐之效用。崔象龙之师郑宗鲁在回答时人问及同样这一问题时,即如下言道:

> 此章所言,专谓惟仁者方能用礼乐,而礼乐亦惟于仁者为之用。不然,则人心亡焉。不惟人之于礼乐无如之何,而设令欲用之礼乐,亦不为之用。②

如此看来,则此一个"敬"学,正是崔象龙师门得于四经四书八大圣人经书之"一贯"工夫要领,是其浃洽诸经书义理后,日用动静之间,常切点检读书所得,勿使内外二致的"心法"。

至于义理方面,崔象龙在诠解《论语》义理时则标举一"仁"之大旨纲领,以统摄《论语》全书义理归趋,结合以"学"为方法,以"孝"为践德修身要求,三目一贯,串说《论语》思想意涵。关于此点,吾人若辅以《经书八图·第三论语图》来看即可明白。崔象龙试图以"一图"统整《论语》全书要旨,该图之结构亦是以"学"为径为法;以"孝"为根为本;以"仁"为趋为归。"为学""行孝""存仁"乃一贯必然之学《论语》路径,而平常之工夫则在"主敬"。诚如前述,"主敬"正是融通四经四书,亦即融通各"经""传"之独要工夫之一贯大旨。按崔象龙之说,《周易》之"时"乃《中庸》无间断之"诚";《书经》之"钦"乃《大学》之"敬";《诗经》之"思无邪"乃《孟子》之"存理遏欲";《礼记》之"毋不敬"乃《论语》之"存仁主敬"。

我们可将此种融通四经与四书的解经法,视为是崔象龙在李象靖与权万之

---

① 详参崔象龙:《论语辨疑》之《季氏·子曰礼云礼云》,第422页。
② 郑宗鲁:《立斋先生文集三》之《答崔望而问目》,《韩国历代文集丛书》第296辑,首尔:景仁文化社,1999年,第275页。

六经、四书究竟孰重孰轻之争论的基础上，进一步试图弥合两端的做法。[①]换言之，自南人许穆提醒六经乃儒家思想本源以来，其说既然已经由李玄逸门人权矩以及李栽门人权万所吸收，则历经岭南退溪学者百年来之消融吸纳，特别是在鹤峰一派李氏一门的发展下，随着大山李象靖试图统合退溪与栗谷的性理说，大山门人郑宗鲁进而继承此融通自家学说与畿湖学派学说的开放为学立场，时经百年，发展至19世纪前半，岭南退溪学派终于出现了崔象龙《论语辨疑》此种融通一贯之经解。诚如崔象龙于其堂规中就如下说道：

> 讲明义理，莫先于读书。当依退陶伊山院规，以《四书》《五经》为本源，以《小学》《家礼》为门户。其余诸史、子、集，亦为旁通。[②]

另外，在"学"可至于"仁"之间，崔象龙所以主张必须要借"孝"以达仁，此则又是孔门修德之根本。盖得于书册者可否——见诸行事，能否行孝应是检验个人道德之体验实得的基本。关于读书体验与实得践履之问题，李象靖早已如下言及：

> 圣贤书，孰非要切，固不可等差。然既定为科条，则恐当以四书五经为首，《小学》《家礼》为次。如何背诵随宜，下或可添入。皆当以讽玩思绎、体验实得为主。毋以涉猎记诵、奔程务博为心。[③]

讲究体验实得的真学问，势必得回到生活层次来观照，故崔象龙在其所撰《独岩斋堂规》中开头即明言：

---

① 据载，崔象龙守母丧时"守殡哀号，柩前丧有加。自此益加究远大之业，潜心于四子六经，以及洛闽诲退之书。"（《凤村先生文集》卷22《墓志铭》，《影印标点韩国文集丛刊续》第118册，第578页）由此可见，至崔象龙时，关于六经与四书究竟轻重孰重之问题俨然已非问题，其无非皆是圣人经书。故其友朋评崔象龙之学问为："平生积力经书札"（成镇教：《凤村先生文集》卷22《挽词》，《影印标点韩国文集丛刊续》第118册，第569页）；"一生苦心，穷经信古"（金晟运：《凤村先生文集》卷22《挽词》，《影印标点韩国文集丛刊续》第118册，第571页）。而最可证明崔象龙融通六经四书，皆视其为经书的代表性例证，即是其融通四经与四书，做成"经书八图"，自称四经与四书皆为"经书"。

② 崔象龙：《凤村先生文集》卷5《独岩斋堂规》，《影印标点韩国文集丛刊续》第118册，第255页。

③ 李象靖：《大山先生文集一》之《答尹侯》，《韩国历代文集丛书》第172辑，第465页。

象龙尝读《论语》，至群居终日，言不及义，好行小慧，难矣哉之章，未尝不三复叹息。①

正因为关注看重平日寻常生活之修为，所以崔象龙将退溪先生《与丰基郡守论书院事》一编，"揭之壁上，以为朝夕观省警惕之资"②。或许因为如此，所以其解《论语》时也特别看重描绘出圣人孔子之生活细节的《乡党》篇。其言：

按，《乡党》所以画出圣人，而有功于学者最大矣。③

崔象龙此处所谓对学者最大的功效，无非就是借由观圣人孔子平时修为、气象、德行，以反躬自省。故其在注解《卫灵公·子曰群居终日》章时即如下说道：

按，此二句，愚之最憎恶而内自省者，故读《论语》，每三复于此。④

崔象龙以日常生活行事为"践德"之至关重要实践场域的主张，即使在面对所谓的"知识"层面亦无例外。对于子张问"崇德辨惑"一章，《论语大全》小注中齐氏注解说："崇德属行，辨惑属知。"崔象龙则如下批判齐氏此番解释：

按，辨之虽是知，而辨惑亦就行事上说。⑤

如上所述，在崔象龙而言，道德是用来实践的，而知识学问也是为了实践的。⑥ 关于此点，吾人若辅以《经书八图·第三论语图》来看，崔象龙试图将

---

① 崔象龙：《凤村先生文集》卷5《独岩斋堂规》，《影印标点韩国文集丛刊续》第118册，第255页。
② 同上。
③ 崔象龙：《论语辨疑》之《乡党·篇题》，第407页。
④ 崔象龙：《论语辨疑》之《卫灵公·子曰群居终日》，第420页。
⑤ 崔象龙：《论语辨疑》之《颜渊·子张问崇德辨惑》，第413页。
⑥ 崔象龙于堂规中第一条即规订曰："庠塾之设，盖为讲明义理，而本乎五品彝伦。"第三条再进一步明白说道："此堂之会，每在做时文，来会者皆举子也。于为己向里之工，不甚衬切。自今以后，须先取《小学》《家礼》《四子》《心经》《近思录》等书，辨儒学词章内外宾主之分。"（崔象龙：《凤村先生文集》卷5《独岩斋堂规》，《影印标点韩国文集丛刊续》第118册，第255—256页）

《论语》二十篇皆以"为学""行孝"以"达仁"三者来贯串其义理，并以此保证其不离孔门圣学之"正义"①的做法，不也都可看出其讲究体验实得之真学问的态度。无怪乎友朋盛赞其曰：

> 其居家细行，虽使古人在世，盖亦无多让也。②

二　通往"经文正义"：《论语辨疑》之论辨法、态度与意义

（一）融通经传、宗派、异学、中朝、古今诸说之法

如上所述，崔象龙之经学工夫要领，即是本于朱子，承自其师门的"敬"学。至于崔象龙在诠解《论语》时，其学问立场在融通退溪门下诸派的同时，又能兼容栗谷学派一脉，有机融通：（1）《论语集注》与《朱子语类》《论语或问》《论语精义》；（2）《论语集注》与《论语大全》；（3）朱子说与程子说；（4）朱子说与师说；（5）师说与退溪学者诸说；（6）退溪学派诸说与畿湖学派诸说；（7）师说与己说以及诸说与己说等彼此之间之异同，试图得出一个"经文正义"③而不在求必然得崇朱子、遵退溪、守师说，同时崔象龙解经也不以"立己意"为目的。关于此点吾人由崔象龙即使在面对《论语》经文时，仍留意何者为"夫子之意"，何者为记《论语》者以"己意"记录之，例如其言《微子》篇十八章即是记者"参以夫子之意，而以己意记之"④。亦可得到佐证。

其实，此种直就《论语》"经文"以求孔门"正义"的认识，崔象龙之师郑宗鲁在回答时人问及：朱子于《四书章句集注》中，在解释《论语·学而·子贡曰贫而无谄》以及《大学·止于至善》时，虽然皆引用了《诗经·卫风·淇澳》一

---

① 关于崔象龙如何以"学""孝""仁"三者贯串来一统《论语》二十篇之各篇主旨，以及《论语》各篇的"学""孝""仁"三要目又各别分指何种具体事物、修持，《经书八图·第三论语图》清楚写画。相关研究可参见尹基纶：《凤村崔象龙의〈论语〉解释의 特征과 经学史的 位相》（《凤村崔象龙〈论语〉解释的特征及经学史地位》），《大东文化研究》第 92 辑，2015 年，第 197—227 页。

② 金晟运：《凤村先生文集》卷 22《挽词》，《影印标点韩国文集丛刊续》第 118 册，第 571 页。

③ 语见崔象龙：《论语辨疑》之《为政·子曰由诲汝知之乎》，第 390 页。

④ 语见崔象龙：《论语辨疑》之《微子·周有八士》，第 424 页。

诗,但却 "所引者同而所释者异"①。针对此一质疑,郑宗鲁的回答是:

> 凡朱子《集注》之法,一从本文命意而释之。②

换言之,正因朱子解经之法,亦是 "直就经文" 以求圣人学思之正确义旨,故吾人不也可以说:郑宗鲁、崔象龙师弟所主张的直就经文以求经文正义,而不以己意解经的经书诠解法,堪称是受朱子启发之读经、解经要领,而此一为学立场也确实落实为《论语辨疑》的诠解方法。亦即,无论是师门之说抑或异己之说;退溪之说抑或朱子之说;中土儒者之说抑或朝鲜诸儒之说,乃至一己之说,终究得面对经文,"一从本文命意",方是解经正法。笔者以为此种认识不仅确保了崔象龙解经的客观性,或许亦可视为是岭南退溪学者 "回归经书原典" 意识的抬头。

(二)融通论辨诸家经解态度与意义

而崔象龙于《论语辨疑》中透过辩证先师、自家学派前辈,或是对立学派之畿湖儒者,乃至《论语集注大全》所录中国宋、元、明诸儒之经说,又或者对举各家诸说相互论辩之解经法,吾人可以看出《论语辨疑》对中国、朝鲜诸家经解的评价态度有以下三个层面。

第一,对朱子《论语》注解之直接评价。

盖自世宗八年(1426)四书五经大全输入朝鲜,1428 年分别颁予各道刊行为活字本后,大全本四书五经遂成为此后五百年朝鲜社会的经书教本。然而其之所以透过明人之大全而来阅读理解四书,其实无非是想借之理解朱注,而由崔象龙《论语辨疑》看来,此一目的即使到 19 世纪前叶依然未曾改变。亦即,朱注堪称才是崔象龙《论语辨疑》最主要必须面对的对象。

而崔象龙《论语辨疑》中对于朱子《论语》经解之评价,主张朱子解《论语》较之程子更近圣人正义。③ 其又以为:《论语集注》之经说,基本上优于朱子于

---

① 郑宗鲁:《立斋先生文集三》之《答郭汝遇问目》,《韩国历代文集丛书》第 296 辑,第 259 页。
② 同上。
③ 崔象龙盛赞朱注曰:"朱子集注下字,真所谓金秤上秤出来也。"(《论语辨疑》之《为政·子曰诗三百篇》,第 389 页)

《论语或问》《论语精义》或是《朱子语类》等其他朱子著作中的解《论语》之说。至于有关《论语》经义之诠解，虽仍尊崇朱注却已能指正朱注之弊与非。

第二，借《论语集注大全》以评议诸儒。

《大全》所收诸儒注解是非正误多有待辩证。关注《四书章句集注》以外之"朱子说"，乃崔象龙之师叔辈，亦即柳长源（1724—1796）《四书纂注增补》与裴相说（1759—1789）《四书纂要》以来的做法①，其意义无非代表着彼等已然认识到：《大全》所收诸儒注解是非正误多有待辩证。亦即，（1）仅借由《大全》而来理解朱子思想或是经书之"微言大义"，根本是不足的，且彼等亦试图挣脱大全僵固的解经视角。（2）与其透过明人筛选过滤后的诸家经说与朱子之说来理解《四书章句集注》，彼等毋宁选择自己直接面对朱子全体经注与著述。（3）一旦直接就朱注以论四书经文正义后，彼等无非就已与明儒平起平坐，故可以鲜儒自身长期积累的"朱子学"知识素养与修养体得，乃至得力于清儒新解以纠正《四书大全》，也就是辩正明儒乃至宋、元其他诸儒之误谬。

所以柳长源于《四书纂注增补》中特别考察《四书大全》小注谬误，而有《论语小注考疑》一篇。又因为关注到朱子其他著作中之经说，并借此可与《四书大全》中诸家之经解商榷，故而可以想见其有必要同时参考宋、元、明、清诸儒之说法，并能进一步将之与鲜儒之经说切磋，故全书有以"溪训"方式著录十二条退溪的解说，用以互参。因此柳长源《四书纂注增补》除了补入了《四书大全》未收录进的"后儒"诸说，日后更借由参酌清初汪份《增订四书大全》而得以纠正《四书大全》中宋、元、明诸儒之谬误，再将有疑《四书大全》者就教于其师大山李象靖，作成《增补》。

换言之，柳长源基本上仍是通过退溪与大山之经说以理解《四书集注》大旨，其解经的参考值尚未扩及其学问之对立面的畿湖学派，但却已将解经时的参考值从明儒扩大到元、明、清儒之说，又其目的还是在求得正确理解朱注。而裴相说于《四书纂要》中，不仅广参宋、元、明诸儒之说，同时亦广参鲜儒之

①　相关研究请参酌安秉杰：《退溪学派의 四书注说考》(《退溪学派的四书注说考》)，《安东文化》第8辑，1987年，第5—28页；金培懿：《师门正说·乱贼邪说·一己之说——柳建休의〈东儒论语解集评〉연구》(《师门正说、乱贼邪说、一己之说——柳健休的〈东儒论语解集评〉研究》)，《退溪学论丛》第26辑，2016年6月，第7—36页。

说，进而打破学派界线亦参考了畿湖派学者之经解，共引鲜儒著作十八种。而据《四书纂要》中所载《引用先儒姓氏书目》看来，在四十三种的书目中，鲜儒著作即有十八种，近于半数。此事就岭南退溪学派之《论语》注释发展史而言，不可不谓一大跃进。（4）而当彼等可直接就朱注与中、朝诸家解说互参互辨以求四书经义时，朱注的绝对唯一权威性也将就此产生动摇。

第三，对退溪学派《论语》诠解的验证与统合。

诚如上述，当岭南学派诸儒可以直接就朱注与中、朝诸家解说，互参互辨以求四书经义时，不仅朱注的绝对唯一权威性从此动摇，就是对自家学派朝鲜先儒的经解，亦能在有疑处明辨之。故当岭南退溪学的《论语》诠解发展到崔象龙《论语辨疑》时，虽大致遵从先师、太先生之说，却仍不免有未定有疑处。① 而关于《论语辨疑》中援引退溪之说法者，主要性质有三：（1）确定《论语》经文之国音读法，崔象龙主要几乎皆参考退溪之读法，其中仅有一处是参考栗谷之读法②；（2）厘清退溪与《论语大全》说法之异同③；（3）直指退溪解释不精者④。

关于崔象龙《论语辨疑》中试图检证并统合退溪学派诸说此点，其中义理多从其先师郑宗鲁，以及其太先生大山李象靖。但吾人必须注意的是：崔象龙亦援引了西崖柳成龙（1542—1607）门人，亦即愚伏郑经世之经说。⑤ 其中，吾人不得轻看的是：《论语辨疑》全书对愚伏经说的援引，仅见《为政·子曰诗三百》一处，之所以如此，或许与愚伏于《论语杂著》中针对《论语》疑难句节的梳理，原本也就只有七条而已有关。而崔象龙则援引了其中愚伏就《论语大全》小注中，黄勉斋在朱子针对该章说明《诗》语言的特性乃是："其言微婉，且或各因一事而发，求其直指全体，则未有若此之明且尽者"⑥ 的基础上，进一步细分说明道："直指则非微婉，全体则非一事。直指故明，全体故尽，此一言所

① 详参崔象龙：《论语辨疑》之《泰伯·子曰泰伯》，第403—404页。
② 详参崔象龙：《论语辨疑》之《八佾·子曰夏礼吾能言》，第391页。
③ 详参崔象龙：《论语辨疑》之《雍也·子贡曰如有博施》，第400页。
④ 详参崔象龙：《论语辨疑》之《为政·子为政以德》，第389页。
⑤ 详参崔象龙：《论语辨疑》之《为政·子曰诗三百篇》，第389页。
⑥ 朱熹：《论语集注》之《为政·子曰诗三百》，《四书章句集注》，北京：中华书局，1983年，第54页。

以辞约而义该也。"① 亦即，愚伏忧虑读者看了黄勉斋的说明，恐将误解成"直指"与"全体"系为二事，因而指出：

> "直指全体"本谓直指其全体也。勉斋特分解说以明其义，非欲使人读为"直指"与"全体"也。②

亦即，愚伏认为黄勉斋的此种说法，虽是双举分言"直指"与"全体"，但绝非要读者二分"直指全体"以为"直指"与"全体"，关于此点实不可不细究。换言之，愚伏目的在提醒《论语集注大全》的读者，切莫因为"小注"中他儒之说而曲解了《论语集注》中朱子经解之原意。而崔象龙于《论语辨疑》中则原原本本地引用了愚伏此说，笔者以为崔象龙之用心应同于愚伏。事实上，愚伏《论语杂著》虽仅有七条解说，但其诠解《论语》的方法，主要乃引用退溪与栗谷的观点，再旁及《论语集注大全》中小注他儒的说法，以陈述一己之得，或论辩异说内容。此一解《论语》立场，其实与崔象龙自身于《论语辨疑》书前说明其"辨疑"之法乃是："但以所闻于前辈与师友者，与粗得于管窥者，敢为之辨解云"③，堪称如出一辙。笔者以为由此或许就可以解释，何以崔象龙会在其先师郑宗鲁以及太先生李象靖，亦即鹤峰金诚一一脉的退溪后学之外，还会旁涉援引了愚伏之师西崖柳成龙这一脉的退溪后学经解的理由所在。

在此吾人同时必须注意的是：柳成龙曾孙之后代的权矩，亦学于鹤峰一派的李玄逸门下，其《大学就正录并图》等经注，在开陈柳成龙与退溪之学说的同时，亦敢与退溪异而能提出其自身之经说。④ 换言之，解经时敢有疑于师说，进而提出己见，堪称是柳成龙一脉退溪后学的特色。而安东权氏之学远承柳成龙，日后复受近畿南人许穆影响，但因为又学于鹤峰一脉李玄逸以降之李氏门

---

① 朱熹：《论语集注大全》卷2《为政·子曰诗三百》，胡广等纂修：《四书大全》，济南：山东友谊书社，1989 年，第 859 页。

② 郑经世：《论语杂著》，《国际儒藏韩国编四书部论语》卷1，北京：华夏出版社、中国人民大学出版社，2010 年，第 148 页。

③ 崔象龙：《论语辨疑》，第 384 页。

④ 有关权矩《大学》解释的特色，详参姜志沃：《屏谷权矩之〈大学〉解释研究》，庆尚大学汉文学科研究所硕士学位论文，2007 年。

下，可以想见其学风亦必为李玄逸以降之鹤峰一派岭南退溪学者，带来一定程度之冲击与影响。事实上，前述李象靖与许穆争论六经与四书孰重孰轻一事，也是一代表例证。另外，笔者以为此种影响在大山李象靖的另一具体表征，便是其试图融通退溪与栗谷之性理说，而经郑宗鲁则是敢有异于朱说①，而至崔象龙时更有飞跃性的进展。《论语辨疑》中崔象龙不仅敢有疑师说②、修正太先生之说③，进而终能批程子④，且直指朱注之 "可疑"⑤ "太浅"⑥，乃至断定朱注为 "错解"⑦。至于崔象龙《论语辨》疑中，其于畿湖派儒者之经说中，主要参照沙溪与南塘经说，且肯定多而否定少。

（三）明先儒所未言：引权威认定 "己意" 为 "正义"

据本文研究考察，《论语辨疑》之解经立场，堪称力图客观检证中、朝先儒诸说，以还孔门学说真义。换言之，崔象龙诠解《论语》的目的，既不在 "意见" 的提出，亦不在 "创见" 发明，而是志在求孔门学说之 "正义"！然融通中、朝先儒与师门成说或是门外他说，进而论辩孰是孰非之外，崔象龙仍不免发明先儒所未言，有其独到见解之 "己意"。也因为崔象龙解经在求 "正义"，故能不固守一家一派之说，同时也不再一味服膺程朱经说，崔象龙于《论语辨疑》中融通论辩先儒经说之做法有：或折冲其师郑宗鲁与太老师大山李象靖之间说经有异处；或明辨师门定说与朱子权威经解孰是孰非；或以先师说法辩驳朱子早年之说；或引朱注反驳程子之说；或引朱子《论语集注》批驳《论语集注大全》中后儒之误；更以《论语集注》否定《朱子语类》中朱子早年有关《论语》之解说。诸如此类，莫不是崔象龙为求力解《论语》"正义"，故而不执持一固定解经立场，尽可能全视域地融通统合各家经解之证明。而当崔象龙由论辩《论语

---

① 详参崔象龙：《论语辨疑》之《泰伯·子曰泰伯》，第 403 页。
② 同上，第 403—404 页。
③ 同上，第 403 页。
④ 详参崔象龙：《论语辨疑》之《公冶长·颜渊季路侍》，第 396 页。
⑤ 详参崔象龙：《论语辨疑》之《为政·子曰吾与回》，第 390 页；《论语辨疑》之《宪问·子曰不逆诈》，第 418 页。
⑥ 详参崔象龙：《论语辨疑》之《述而·子曰盖有不知而作之》，第 402 页。
⑦ 详参崔象龙：《论语辨疑》之《学而·子曰贤贤易色》，第 387 页；《论语辨疑》之《子路·子曰善人教民》，第 416 页。

集注大全》解经之是非，继而朝向就朱子所解《论语》经义不甚妥帖之处，难免生疑之时，其在朱说"未安"之处，终究必须直面孔圣，提出其诠解《论语》之"己意"。

然崔象龙又该如何确认其自身在读《论语》过程中所产生的有疑处，或是他人不疑有他，而其自身却仍觉有疑之处，亦即诚如上述，在采取开放性尽可能客观全面参酌中、朝先儒前说的解经立场，借由几经融通取舍"辨疑"后，其"所闻于前辈与师友者，与粗得于管窥者"①，是否确实都是其"读《论语》有疑，然后有进"②的孔学正义呢？关于这个问题，若就《论语辨疑》来看，笔者以为崔象龙采用的方法堪称是"引用权威"以证成其"管窥者"并非"己意"，而是《论语》经文之"正义"。而崔象龙主要是援引其师郑宗鲁与朱子的说法来肯定其自身之见解。

例如，《论语集注》在注解《学而·子曰道千乘之国》时，朱子的解释是："言治国之要，在此五者"③，亦即敬事、信、节用、爱人、使民以时等五件事。然而，崔象龙的认识是《学而》应该是在谈论与"学"相关之事项，但却在第五章出现了所谓"道千乘之国"此种谈论"治国"的话语。而如后文所述，因为崔象龙认为《论语》二十篇之安排各有其道理深意蕴藏其中，故既然《论语》首篇是在言"学"乃学者之先务，则此处转言"治国政事"的理由究竟为何呢？针对这个疑问，崔象龙如下说道：

> 按，此篇言学者事，而言此治国之事者，如《大学》言平治。而下篇又以《为政》继于《学而》，则政治之道，岂非学者之所当知乎。④

在此，崔象龙显然先将注经的视角，自《论语》之中调移开来，而用《大学》的例子来说明：即使学者以格物、致知为其为学修养进路的起点，然其最终目的乃在言"治国平天下"。继而，崔象龙再将注经的焦点再度拉回到该章，以为

---

① 崔象龙：《四书辨疑》，《影印标点韩国文集丛刊续》第118册，第384页。
② 同上。
③ 朱熹：《论语集注》之《学而·子曰道千乘之国》，《四书章句集注》，第49页。
④ 崔象龙：《论语辨疑》之《学而·子曰道千乘之国》，第387页。

接着《学而》之后的即是《为政》，可见就《论语》的"篇次"来看，为政的道理确实是学者应当理解知道之事物。然而问题在于朱子又举出杨时所谓："然此特论其所存而已，未及为政也。"①也就是说，杨时以为《学而》本章讲的是为政者的"存心"问题，并未论及实际的执政之"法"。对于杨时的此一说法，崔象龙的说明是：

> 问政亦有专偏言。专言而如"为政以德"，则此五者便是政也。偏言而如"道之以政"，故以此谓未及为政。②

崔象龙清楚地分析了"为政"虽有执政者个人道德层面与施政实务治术层面，并且以"道德"为"专"，以"治术"为"偏"，然而无论所言是专、是偏，无非都是"为政"之言。崔象龙的此番论辩非常精彩，既解明了朱子何以说此章是在谈治国为政之道的理由所在，同时不仅批驳了杨时解经的片面性，但又进一步回应了杨时其下所说的："苟无是心，则虽有政，不行焉。"③亦即无主敬、无信用、不节用、不爱人、酷使人民的为政者，即使有如何高明的治术，恐怕终究还是难以施行开来的。而关于崔象龙自身的此番精彩"论辩"究竟有无正确诠解《论语》该章经义，《论语辨疑》该章最后则援引其师郑宗鲁如下之评论曰：

> 见得是！④

崔象龙在此借由郑宗鲁这一"师门权威"之口，论断了其自身几番论辩后所得出之《论语》经解，是为孔门"正义"。

另外，崔象龙对于朱子理应说出但却未说出的，亦即朱子解释程子说法未

---

① 朱熹：《论语集注》之《学而·子曰道千乘之国》，《四书章句集注》，第49页。
② 崔象龙：《论语辨疑》之《学而·子曰道千乘之国》，第387页。
③ 朱熹：《论语集注》之《学而·子曰道千乘之国》，《四书章句集注》，第49页。
④ 崔象龙：《论语辨疑》之《学而·子曰道千乘之国》，第387页。同样的情形亦见于《八佾·孔子谓季氏》，崔象龙说其师郑宗鲁在评断其解释时："丈席曰甚善。"也是《八佾》的《林放问礼之本》，其师郑宗鲁又再次肯定崔象龙的解释，结果是："诲曰：如是看恐得。"关于此两章论辩注解详见崔象龙：《论语辨疑》，第391页。

尽详细之处，导致时人有所疑虑的部分，崔象龙则进一步详细说明阐述其间意涵后，为证明其自身所思所想之推论合于朱子当时所未曾言者，乃以朱子之前于《论语或问》中虽然未能释疑，日后于《论语集注》中却仍采用程子之说，其理由不外就在崔象龙自身为程子说法所做出的解释。虽然朱子本人并未明说此番理由，但崔象龙以为从朱子仍保留程子说法于《论语集注》中，便可证明崔象龙的以其"一己之意"，揣摩推测出的程子用意与朱子用心，皆是："如愚所言故也。"① 此乃崔象龙以朱子这一四书注解发展史中之"权威解经者"，为其自身所揣摩出的经解背书。

三　篇章次第自有深意：一贯解法、一贯经义

诚如上文所述，除了前述承自岭南退溪后学诸派的解经法之外，作为《论语辨疑》之独到解经特色方法，就在其打破按篇一一逐章诠解之模式，择取重要章节以辨析主要概念，相信《论语》各篇有"一贯"之主旨，故篇名有其深意，各章次序安排有其定理，篇章节次环环相扣，有机贯串《论语》全书经义，融通一贯。故象龙言：

> 《论语》记载之次，恐无一条无意味。②

《论语集注》对二十篇之篇名，或有篇题以解之，如《学而》《公冶长》《乡党》等篇，然说明简单，甚至无篇题者亦不少，如《为政》《里仁》《泰伯》《颜渊》《子路》《卫灵公》《阳货》《尧曰》等八篇即是。但是，《论语辨疑》全书不仅说明各篇次序安排之主旨，更屡屡说明各章次第安排之理由，相信次第安排之间即是攸关论语经文义理深意之处。例如关于《学而》何以被安排在《论语》首篇，崔象龙并不像其师郑宗鲁一样关注所谓：为何朱子说《论语》是"入道之门"，而《大学》却是"入德之门"？这一问题。崔象龙关注的是朱子说道："《学

---

① 崔象龙：《论语辨疑》之《阳货·子曰予欲无言》，第 423 页。
② 崔象龙：《论语辨疑》之《八佾·子曰德不孤》，第 22 页下。

而》篇，皆是先言自修，而后亲师友"①一句，其以为朱子所以会如此注解，重点是在规劝学者要以"自修"为急务。崔象龙并且赞同《论语大全》小注中朱子所谓：为何说"学而时习之"后，下一句就是"有朋自远方来"；《学而》第二章说"其为人也孝弟"；第六章才说"弟子入则孝，出则弟"，其下便接着说"谨而信，泛爱众，而亲仁"；第八章才说"君子不重则不威"，其后又接着说"无友不如己者"。朱子正是以此来说学者应当以"自修"为当务之急。崔象龙反而借此章次安排，推敲出了朱子未曾说出的另一面意涵：

> 可知学问之虽不可专靠师友，而亦不可不靠师友。此意不可不察。②

又如，关于《阳货》之后为何紧接着《微子》，崔象龙的说法是：

> 按，此篇凡二十六章，好底止五章武城弦歌、子张问仁、学诗二南、礼云乐云，余皆不好底者。盖以篇将终矣。叹春秋人物之多不好，而记夫子伤世之心。如下篇衰世之志，故类聚恶底人、病底事，而结之以四十见恶之训。盖为举世而言，恐不必疑其为谁也。③

崔象龙认为：《阳货》被安排在第十七篇，《微子》紧接其后为第十八篇，两篇所录之人物多为恶类，所记之事多为恶事，此乃春秋世风日下之世态炎凉，实属常态，未必如《论语集注》中苏轼所言，指此章是"此亦有为而言，不知其为谁也"④。而春秋衰世之际，时代越往下发展，也正是圣人孔子颠沛流离各国却终未受用的晚年，哲人将萎，圣言将绝，就如同二十篇记载圣人哲言的《论语》也来到尾声。崔象龙继而就《微子》第二章"柳下惠为士师"，与第四章"齐人归女乐"，再度以此两章说明其按篇次安排推测上述经义的合理性，其言：

---

① 胡广等纂修：《学而第一·篇题》，《四书大全》，第 782 页。
② 崔象龙：《论语辨疑》之《学而·篇题》，第 385 页。
③ 崔象龙：《论语辨疑》之《阳货·子曰年四十见恶》，第 423 页。
④ 朱熹：《论语集注》之《阳货·子曰年四十见恶》，《四书章句集注》，第 182 页。

　　言夫子可止则止，而不言可仕官而仕，恐亦衰世之意。①

　　最后再依据《微子》终章的"周有八士"，指出《论语大全》小注中新安陈氏所谓"记鲁末贤人之隐遯，而终以周盛时贤人之众多，其有伤今思古之心乎"②的说法有误。崔象龙乃是根据《论语集注》中，朱子认为此篇中孔子对仁者、贤士皆称赞品列；对隐者人士又有接引之意，故包含此章在内，应该皆是在表达夫子的"衰世之志"③崔象龙进一步厘清朱子所谓的"衰世之志"，就是：

　　变乱为治之志。④

　　然夫子虽有变乱为治之志，贤人隐遁却是衰世常态，故此《微子》"记贤人之隐遁，以寓篇将终之意"⑤。但《微子》后所以又安排进《子张》这类"门人之言"，《论语》编者之用意，乃在"以为此篇如今人文集有附录"⑥。而在附录弟子之言以为《论语》篇终附录之外，最后所以借《尧曰》结束之，崔象龙以为此做法之目的与设想，乃在：

　　以明列圣相承之统，如今之文集附世系也。⑦

　　如上所述，《论语辨疑》主张篇章次第有其微言深意的解经法，屡屡见于《论语辨疑》全书。前述崔锡起教授之先行研究中已就各"章"次第加以剖析说明，笔者在此则聚焦于崔象龙此种以各"篇"次序安排，来推断论辩其间所隐含的《论语》之"正义"与圣人之"微言大义"的做法。盖因设若《论语》各篇篇旨确定，则该篇各章之经义便可范限于一定之意义中，而不至于"歧出"误解圣人

---

① 崔象龙：《论语辨疑》之《微子·齐人归女乐》，第 423 页。
② 胡广等纂修：《微子第十八·周有八士》，《四书大全》，第 1964 页。
③ 朱熹：《论语集注》之《微子第十八·周有八士》，《四书章句集注》，第 187 页。
④ 崔象龙：《论语辨疑》之《微子第十八·周有八士》，第 424 页。
⑤ 崔象龙：《论语辨疑》之《子张·篇题》，第 425 页。
⑥ 同上。
⑦ 同上，第 426 页。

意旨。而此种以一个相对固定之大旨以固定《论语》各篇各章经义的解经法，其实与其以"仁"来界定《论语》全书大旨的解经法相同，堪称是崔象龙解《论语》时"通书""通篇"且"通章"的"一贯"之解经法。又或许正因为崔象龙相信《论语》篇章次第自有深意，故在其自身所撰《在迩录》中，亦仿此做法。例如《在迩录》所录最后一条为《产业》，崔象龙于该条目下说明《在迩录》该篇之所以以该条殿后之理由如下：

> 家政之不可忽，而士者之所当戒，故结之以此。①

崔象龙在其记载日常生活为用的《在迩录》中，之所以以《产业》一项来收摄全篇，正因士人治学、治家当先治理产业，若无产业、田业则奔走衣食，既无暇治学，恐亦难于生活，维持家道。故崔象龙以之系于《在迩录》诸项目之末，作为总结，既发挥收束全书的压轴重点项目效用，亦可见欲为有恒心之士，必要有恒产，"产业"看似为"末"，然而唯士为能。故崔象龙以《产业》一项置于《在迩录》篇末，明其列在末尾之"产业"，乃是一位有恒心之士人，在讲究恪守其前诸多日常为用之事项后，不可忘失忽略之大本，故殿后以收读者眼目，明其要点所在。

继而《在迩录》在《产业》一项之后，又附录有《师弟朋友宾客婚姻长幼》项，崔象龙的说明是：

> 按，四者，非家内日用，而齐家之道，赖而得全，故附记。②

亦即，收在《在迩录》篇后的"师弟朋友宾客婚姻长幼"一项，其所以作为该篇附录，就在此等虽非具体居家日常事务，但却是士之所以为士的修身齐家，与人往来之道，人伦纲常无不系于此等。故《在迩录》全书所载诸项日常生活为用，所言在实务，篇后附以"师弟朋友宾客婚姻长幼"一项，则在表明日常生

---

① 详参崔象龙：《凤村先生文集》卷8《在迩录》，《影印标点韩国文集丛刊续》第118册，第318页。
② 同上，第321页。

活之"家用"事项，若无"人道"以纲纪之，则又岂能"治齐"一家？故从《在迩录》全篇之性质而言，"师弟朋友宾客婚姻长幼"一项当然不在具体之家用事项，故为"附录"。然若就一家之所以立，则无此师弟、朋友、宾客、婚姻长幼等人道纲纪，则具实之家又岂能毅然挺立？所以师弟、朋友、宾客、婚姻长幼等人伦纲常，宛若附于具实之家其后之支撑，虽未见于诸项日常具体家用事务中，却是完善、全备一家之纲要也。故师弟、朋友、宾客、婚姻长幼等虽为具实家政之"附录"，确是一家人事背里之"主干"，无此无以张立一家。如上所述，由此可见主张篇章次第自有深意，既是崔象龙的解经法之一，又是其个人撰述时借之蕴含撰作者之微言大义的作文法之一。

四　结　语

本文将崔象龙《论语辨疑》置于 18 世纪中叶以还，岭南退溪学派迈入经注研究兴盛期的四书注释发展脉络中，而来研究考察崔象龙抱持着何种《论语》观？《论语辨疑》之解经立场与解经法有何关联？又崔象龙之《论语》认识使其聚焦于何种核心义理思想？并借由探究此等问题，梳理出崔象龙《论语辨疑》承继接续融通贯串了岭南退溪学内部诸宗派之为学立场，同时亦涵容了百数十年前近畿南人之经书观、《论语》观，试图描绘出岭南退溪学内部经典诠解、注释的历时发展脉络与样相。目的无非希望可以解明崔象龙《论语辨疑》凸显了何种岭南退溪学派经注特色与经学研究的转向？并为其下一定位。在此兹将本文研究考察之结论内容，条列说明如下：

（1）崔象龙之《论语》解经法，简言之即是融通经传、融通宗派、融通异学、融通中朝、融通古今。具体而言，先行研究已指出的所谓以朱子学为根底，均衡受容先儒诸经说，得以"客观"论辩经义的解经法，借由本文之考察，可知崔象龙之解经，其实不仅承自其师郑宗鲁之敢有异于朱注，同时或恐也受到愚伏早已采用的解经法影响：论辩退溪、栗谷二人之观点，再旁及《论语集注大全》中小注他儒之说法，以陈述一己之得，或论辩异说内容。而当彼等可直接就朱注与中、朝诸家解说互参互辨以求四书经义时，朱注的绝对唯一权威性也就此产生动摇。

（2）崔象龙之经学研究所以能在岭南退溪学派之四书诠解基础上深化前进，敢与朱注异，除了前述其师郑宗鲁之影响外，其师弟学自朱子所谓"一从本文命意"的解经观点，或许才是使得彼等可以据《论语集注》为本，却又不盲从以朱说为绝对权威，但以"经文"为本，力求经文"正义"的主因。而笔者以为此一解经认识与解经法实践，堪称是岭南退溪学者"回归原典"意识的抬头。

（3）关于崔象龙所采借由篇章次第以求圣人微言大义与经文深意的解经法，笔者则关注其论辩《论语》二十篇篇次有其主旨这一问题，说明此法就如同其论断"仁"一字是为《论语》大旨一般，是崔象龙通书、通篇、通章之"一贯"解经法。而当各篇篇旨确定，则该篇各章之经义便可范限于一定之意义中，解经方不至于"歧出"而误解圣人意旨。而主张篇章次第自有深意，既是崔象龙的解经法之一，又是其从事撰述时借之蕴含撰作者之微言大义的作文法之一。

（4）至于崔象龙又是如何确认其自身经解是为"正义"这一问题，历来先行研究并无人进一步指出。本文则说明崔象龙在"有疑必质，有事必咨"①地论辩其研读《论语》经注之疑问后，进而透过权威认定，亦即借由揣摩程朱未说之心意，与透过其师郑宗鲁之亲口首肯认定之方式，而再次确认其经解无误，确实为经文"正义"。

（5）历来研究多以为崔象龙对畿湖学派义理经说的援引，多采用韩元震之说。笔者以为此或许受到《大学辨疑》之影响，因为据笔者之考察统计，崔象龙在注解《论语》时，其对畿湖学者经说的援引，基本上是沙溪金长生与南塘韩元震并重。然而即使如此，从本文所做统计看来，崔象龙主要还是立足于自家学派，以与朱注商兑。

（6）较之于截至目前的研究，在论及崔象龙之《论语》义理诠解时，多关注其于《论语图》中所标举之"学""孝""仁"三者；本文则聚焦于崔象龙所以以"敬"作为一贯四经、四书之工夫，此不仅是源于朱子，本于退溪，承自其师门李象靖、郑宗鲁二先生，且是其自身浃洽诸经书义理后，日用动静之间，常切点检读书所得，勿使内外二致的"心法"，同时亦是崔象龙在李象靖与权万两人争论所谓六经、四书究竟孰重孰轻之基础上，进一步试图弥合两端之为学法。

---

① 李以枯：《凤村先生文集》卷22《挽词》，《影印标点韩国文集丛刊续》第118册，第571页。

（7）岭南经学研究的转向。纵观 18 世纪中叶以还岭南退溪学派之四书诠解发展，彼等解经之参考值无论是广参宋、元、明诸儒之说，或是广参鲜儒之说，进而打破学派界线亦参考了畿湖派学者之经解，乃至关注《四书章句集注》以外之"朱子说"，此乃崔象龙之师叔辈，亦即柳长源《四书纂注增补》与裴相说《四书纂要》一路发展而下的做法，就岭南退溪学派之《论语》注释发展史而言，不可不谓一大跃进。而其意义无非代表着彼等已然认识到：仅借由《四书大全》而来理解朱子思想或是经书之"微言大义"，其实有所不足。故彼等试图挣脱大全僵固的解经视角，选择直接面对朱子全体经注与著述，而一旦直接就朱注以论四书经文正义后，彼等无非就已与中、朝诸儒平起平坐，故可以鲜儒自身长期积累的"朱子学"知识素养与修养体得，纠正《四书大全》乃至宋、元、明诸儒之误谬。而至崔象龙时，更自朱子所谓"一从本文命意"的解经观点，进而以"经文"为本，力求经文"正义"，终于使得 18 世纪中叶以还，发展至裴相说、柳健休等试图搜罗古今、中朝诸儒之经说的解经立场与方法，终于有了转向。亦即直就经文，融通诸法，论辩经义，一贯义理；一贯学脉，旁及对家，直探孔门正义。

如上所述，笔者以为崔象龙此种融通一贯之经学／敬学，乃是融通退溪门下鹤峰金诚一与寒冈郑逑二脉，通时旁涉西崖柳成龙一脉，亦即上承李象靖，兼采愚伏郑经世、权矩之为学法，糅合眉叟许穆之退溪学改良，进而互参畿湖学派李栗谷、金沙溪与韩元震之学说的综合表现，堪称是承继受容 18 世纪以降岭南退溪学派四书学研究之一贯脉络的经学研究成果。

第四篇
比较研究与回顾综述

第三十一章　近世中日儒者的"制心"问题

韩东育（东北师范大学）

前　言

　　中国思想中的"心"，在西方人眼里是一个奇怪的概念。他们词典中的 heart（拉丁语作 *cor*），原是人的生理器官——"心脏"，而能与中国人思考意义上的"心"构成对应关系的，大概也只是意思单调的 thinking。这多少接近于孟子所谓"心之官则思"（《孟子·告子上》），也形似王守仁的延伸说明："心不是一块血肉，凡知觉处便是心"[①]，"知是心之本体，心自然会知"[②]。谙熟东西方学术的梁漱溟，应该更了解中国之"心"与西方相关指代的本质性差异："心非一物也，固不可以形求。所谓人心，离开人的语嘿动静，一切生活，则无以见之矣。是故讲到人心必于人生求之"；"古语云：'直心是道。'求真恶伪者，即人心之直也。伪者欺伪，伪则不直，故恶之。求真，非他，只不自欺耳。求真恶伪是随着人心对外活动之同时自觉中，天然有的一种力量。"[③] 梁氏所谓"天然有的一种力量"中，明显刻录着"我固有之"的中华传统烙印。

[①]　王阳明：《传习录》下，《王阳明全集》上册，上海：上海古籍出版社，1992 年，第 121 页。
[②]　王阳明：《传习录》上，《王阳明全集》上册，第 6 页。
[③]　梁漱溟：《人心与人生》，上海：学林出版社，1984 年，第 2、59 页。

一 中国儒学"以心制心"说的问题考察

唐代李翱在谈及《周易》中"圣人"无所不能的"超人"法力时说:"此非自外得者也,能尽其性而已矣。"为了证明圣人的"自性具足,不假外求"能力,他动用了子思的"尽其性"遗教(《中庸》第 22 章),还进一步勾勒出"道统"的来龙去脉:"子思仲尼之孙,得其祖之道,述《中庸》四十七篇,以传于孟轲。轲曰:'我四十不动心'"①;而"心"和"性"包括与二者相关的全部概念,则似乎早已被孟子一气贯穿:"尽其心者,知其性也。知其性,则知天矣。存其心,养其性,所以事天也。夭寿不贰,修身以俟之,所以立命也。"(《孟子·尽心上》)孟子这样做,当归因于他最早给人"心"赋予了"四端"即"仁义礼智"以绝对意义。从此以后,"心"便逐渐演变为具有高度自律功能的内在控制装置,而关于该装置得以成立的原因,思、孟的解释亦似乎未见差异,即"仁义礼智,非由外铄我也,我固有之也,弗思耳矣"(《孟子·告子上》)。"心"既然被赋予了"绝对"的价值,那么,孟子把人的四肢百体亦依此甄别出贵贱高下和三六九等,好像也就没有什么应否可以计较。起初,当他抛出"体有贵贱,有大小,无以小害大,无以贱害贵,养其小者为小人,养其大者为大人"这一命题时,学生公都子曾表示不解:"钧是人也,或为大人,或为小人,何也?"答曰:"从其大体为大人,从其小体为小人。"公都子又问:"钧是人也,或从其大体,或从其小体,何也?"答曰:"耳目之官不思,而蔽于物。物交物,则引之而已矣。心之官则思,思则得之,不思则不得也。此天之所与我者。先立乎其大者,则其小者不能夺也。此为大人而已矣。"由于孟子认定"心"的内在管控力量远强大于外在的礼法规约,因此,他十分反感告子的"仁,内也,非外也;义,外也,非内也"这一旨在否定"仁"以外其他"三端"意义的说辞,尽管他似是而非的回敬不如弟子们的代答更符合其思想逻辑。但这却意味着,孟子似乎只有通过价值坚守和不懈论证,才能使自己的理论和实践保持逻辑上的圆通和一贯性。于是他要求,小自口腹耳目,大到生死抉择,凡有操守者,其生命当中的全部知行活

---

① 李翱:《复性书》上,《全唐文》卷 637,北京:中华书局,1983 年,第 6434 页。

动,都不应离开这一内在的道德命令和精神规定。孟子的伟辞名句——"生,亦我所欲也,义,亦我所欲也。二者不可得兼,舍生而取义者也"(《孟子·告子上》),还为世人展示了"君子"们在大限将至或慷慨就义时的凛然和决绝。

思孟理论给儒学带来的心性化转向,就学术背景而言乃诱发于老庄抽象"道德"刺激下的心性论补足需求,正如韩愈为弥补中华"世典"在形上学上不及佛教的缺憾遂以"三书"经典(《孟子》《大学》《中庸》)去代替"六经"体系一样。然而如实而论,起初在学理上最接近孟子逻辑的思想发挥者,当首推李翱及其《复性书》。这样讲,是因为李翱所谓"性""情"对立,几乎完全沿袭了孟子的"大体"与"小体"、"本然之性"和"气质之性"的早年框架:"人之所以为圣人者性也,人之所以惑其性者情也。喜怒哀惧爱恶欲,七者皆情之所为也。情既昏,性斯匿矣。非性之过也,七者循环而交来,故性不能充也。"为了证明孟子"我四十不动心",李翱还以设问的方式具体描述出"不动心"的状态:"或问曰:'人之昏也久矣,将复其性者,必有渐也,敢问其方。'(李翱)曰:'弗虑弗思,情则不生,情既不生,乃为正思。正思者,无虑无思也。'"而为了证明儒学高于佛学,"静"亦不如"诚",于是在谈到以上做法是否具足时他说:"未也,此斋戒其心者也,犹未离于静焉。有静必有动,有动必有静,动静不息,是乃情也。《易》曰:'吉凶悔吝,生于动者也。'焉能复其性耶?"曰:"如之何?""曰:方静之时,知心无思者,是斋戒也。知本无有思,动静皆离,寂然不动者,是至诚也。"①

然而,当宋儒朱熹对孟子和张载表示赞赏,认为"性、情、心,惟孟子、横渠说得好:仁是性,恻隐是情,须从心上发出来,心统性、情者也","心,主宰之谓也","心是管摄主宰者,此心之所以为大也"②的时候,李翱言说的偏颇处,乃逐步显露出来。换言之,李翱为与佛学争高下而抛出的"正思者,无虑无思"和"知本无有思"等观点,显然连孟子"心之官则思"的前提也丢弃了。表明这时的李翱已经把孟子的"心"等同于"性",而且还只是所谓寂然不动的"本然之性"。这或许可以被视为其泥守于孟子"我四十不动心"命题的结果,但是,

① 李翱:《复性书》上,《全唐文》卷637,第6433页;《复性书》中,《全唐文》637,第6435页。
② 黎靖德编:《朱子语类》卷五,北京:中华书局,1994年,依次见第93、94、97页。

"不动心"不等于"心不动",而且事实上,孟子对"心"的变动不居实态还是有着清醒认识的:"孔子曰:'操则存,舍则亡;出入无时,莫知其乡',惟心之谓与?"(《孟子·告子上》)而朱熹的相关理解,似也未尝离孟子太远:"孟子言'操则存,舍则亡,出入无时,莫知其乡',只是状人之心是个难把捉底物事,而人之不可不操。出入,便是上面操存舍亡。入则是在这里,出则是亡失了。"①这表明,李翱为了灭"情"复"性",已不惜把鲜活的"心"弄成了鲜有生机的枯槁,以为只有这样,"性"才不至于为"情"所惑,也才可以最终控制"情"并消灭"情"。这一"心=性"的等式逻辑,显然与朱熹对孟子的心性论诠释,发生了微妙的差异——"心"乃由两部分构成,一曰"性",一曰"情"。其中,"性"又分为"本然之性"和"气质之性",而只有"气质之性"才易于滑为"情"并堕入"欲"。唯此,"心"便应具有强大的自律功能从而发挥"以心制心"即"心统性情"的自控作用。这种分析,显然比李翱的"一刀毙命"式把握多一些原理上的回旋余地和逻辑上的通达性。有趣的是,明儒王守仁为了证明"心"所固有的恒定自控力,还不惜否定了孔子所揭示的人"心"属性:"澄问'操存舍亡'章。(阳明)曰:'出入无时,莫知其乡',此虽就常人心说,学者亦须是知得心之本体亦元是如此,则操存功夫,始没病痛。不可便谓出为亡,入为存。若论本体,元是无出入的。若论出入,则其思虑运用是出。然主宰常昭昭在此,何出之有?既无所出,何入之有?程子所谓腔子,亦只是天理而已。虽终日应酬而不出天理,即是在腔子里。若出天理,斯谓之放,斯谓之亡。又曰:'出入亦只是动静,动静无端,岂有乡邪?'"②然而确切地讲,这些林林总总的细微差异,却未能构成上述言说之间的本质性背反。事实是,无论是强调"枯槁之心"还是"鲜活之心",也无论是主张"以性灭情""心统性情",还是否定"心有出入",它们的主张者均试图通过"心"来控制"情"并最终消灭"情",所以问题的本质并不在此,而在于下面难以解释的系列疑惑,即:"以心制心"论果真成立吗?如果成立,该如之何才能够成立?可如果不成立,那么,怎样的知行理论才能真正发挥"制心"的功能?

---

① 《朱子语类》卷五十九,第 1400 页。

② 王阳明:《传习录》上,《王阳明全集》上册,第 18 页。

　　在回答这些问题之前，孔子当年的一个说法显然无法避谈："已矣乎！吾未见能见其过而内自讼者也！"（《论语·公冶长》）关于"内自讼"，朱熹的解释是："'已矣乎'者，恐其终不得见而叹之也"，"'内自讼'者，口不言而心自咎也。人有过而能自知者鲜矣，知过而能内自讼者为尤鲜。能内自讼，则其悔悟深切而能改，必矣。夫子自恐终不得见而叹之，其警学者深矣！"（《四书集注·论语·公冶长》）孔子的感慨，缘于他对人们心口不一现象的长期审视和反思："始吾于人也，听其言而信其行；今吾于人也，听其言而观其行。"（《论语·公冶长》）正因为"不光要听他怎么说，还要看他怎么做"这种"以行察知"的人心观察方法已成为孔子待人接物的基本准则，于是，后儒无论想怎样通过圣人的言论来支持自己的"内自讼"——"以心制心"观点，都不易找到确固的对应点。[1] 韩愈没有贸然将《论语》纳入到其心性论体系中，反映了他的谨慎（韩愈：《原道》）；而李翱表述中所频频发生的顾此失彼现象，则只能归因于他缺乏这一谨慎。值得注意的是，李翱的矛盾，竟每每会发生在他的自问自答中："不虑不思之时，物格于外，情应于内，如之何而可止也？以情止情，其可乎？（李翱）曰……情互相止，其有已乎！"[2] 可是，既然无法做到"以情止情"，并且"以情止情"的做法还无异于循环式游戏，那么，"以心制心"云者，又如之何可以成立？至于王阳明所谓"心学四诀"（四句教），还几乎在弟子们的讨论中被解构了：

　　　　丁亥年九月，先生起复征思、田。将命行时，德洪与汝中论学。汝中举先生教言，曰："无善无恶是心之体，有善有恶是意之动，知善知恶是良知，为善去恶是格物。"德洪曰："此意如何？"汝中曰："此恐未是究竟话头。若说心体是无善、无恶，意亦是无善无恶的意，知亦是无善无恶的知，物亦是无善无恶的物矣。若说意有善恶，毕竟心体还有善恶在。"德洪曰：

---

　　① 如李翱称："呜呼！性命之书虽存，学者莫能明，是故皆入于庄、列、老、释。不知者谓夫子之徒不足以穷性命之道，信之者皆是也。有问于我，我以吾之所知而传焉，遂书于书，以开诚明之源，而绝废弃不扬之道，几可以传于时，命曰《复性书》，以理其心，以传乎其人。呜呼！夫子复生，不废吾言矣！"（李翱：《复性书》上，《全唐文》卷 637，第 6434—6435 页）
　　② 李翱：《复性书》中，《全唐文》卷 637，第 6435 页。

"心体是天命之性，原是无善无恶的。但人有习心，意念上见有善恶在，格致诚正，修此正是复那性体功夫，若原无善恶，功夫亦不消说矣。"是夕侍坐天泉桥，各举请正。①

不难发现，"四句教"中的王阳明，特别是那句"无善无恶是心之体"的表述，不但在本体的意义上虚化了孟子所谓"固有"之"善端"，还不啻把自己变成了告子的代言者；而"破山中贼易，破心中贼难"②等阳明子隽语，也只能使"为善去恶是格物"的内在自我格斗不得不转向外在物理矫正，即"事上磨练"③。正由于在心学表述上出现了上述乱象，所以，《尚书·商书·仲虺之诰》中"以义制事，以礼制心"④之固有意义，才始终无法被人为取缔。据清代学者阎若璩考证，"《仲虺之诰》，在《荀子》作《中蘬之言》，《左传》作《仲虺之志》，《史记·殷本纪》作《中䢫》"⑤。这种反对"慎独""良知"之道德自治进而主张由"他律"取代"自律"的人事治理方法，事实上曾在社会失范、人心失控的春秋战国时期，引发过一大批伦理、政治学者的追捧，诸如"今人之性恶，必将待师法然后正"（《荀子·性恶》）、"隆礼贵义者其国治，简礼贱义者其国乱"（《荀子·议兵》）、"君人者，舍法而以身治，则诛赏与夺，从君心出矣"（《慎子·君人》）、"慕贤智，国家之政要在一人之心矣"（《慎子·威德》）、"一人之识识天下，谁人之识能足焉"（《慎子·逸文》）、"有尺寸而无意度"（《韩非子·安危》）"释法术而任心治，尧不能正一国；去规矩而妄意度，奚仲不能成一轮"（《韩非子·用人》）、"夫圣人之治国，不恃人之为吾善也，而用其不得为非也。恃人之为吾善也，境内不什数；用人不得为非，一国可使齐。为治者用众而舍寡，故不务德而务法"（《韩非子·显学》）等不一。而且，按照韩非的说法，那些崇"心

① 王阳明：《传习录》下，《王阳明全集》上册，第117页。
② 王阳明：《与杨仕德薛尚谦》，《王阳明全集》上册，第168页。
③ 王阳明说："人须在事上磨，方立得住，方能静亦定，动亦定。"（《传习录》上，《王阳明全集》上册，第12页）又，"人须在事上磨练做功夫，乃有益。若只好静，遇事便乱，终无长进。那静时功夫，亦差似收敛，而实放溺也"（《传习录》下，《王阳明全集》上册，第92页）；又，"汝若以厌外物之心去求之静，是反养成一个骄惰之气了。汝若不厌外物，复于静处涵养，却好"（同上，第103页）。
④ 阮元校刻：《十三经注疏》上，北京：中华书局，1980年，第161—162页。
⑤ 阎若璩：《尚书古文疏证》（上）卷二，上海：上海古籍出版社，1987年，第246页。

治"而弃"法度"的做法,已不啻废公立私的"私智妄作"且亟待禁绝:"君子立法以为是也,今人臣多立其私智以法为非者,是邪以智,过法立智。如是者禁,主之道也。"(《韩非子·饰邪》)不宁唯是,宋代的陈亮、叶适和清朝的戴震、章学诚等一大批思想家,亦纷纷附议首肯之,从而在中国历史上形成了迤逦不断的实务主义思潮。

值得注意的是,当中华世界的"心性命理"和"实学事功"这两种学说同时漂洋过海并驻足日本后,曾引起过日本官、学各界的高度重视,以至于江户时代中后期,这两种对立的学说还被日本人放置到解剖台上,或条分缕析,或入室操戈,在日本学界上演了一场不为中国所知的学术论战。有学者甚至认为,这场历时一个多世纪的思想缠斗及实学派的胜出,还为日本的早期近代化,奠定了本土的思想基础。①

二　江户儒学"以礼制心"说的盲点所在

形成于中国南宋时期(1127—1279)的朱子学,在镰仓(1185—1333)中叶即开始了东传日本的过程。这一过程略显漫长,直到江户时代(1603—1867)初期,日本学界才对朱子学有了体系性的认识和把握。无疑,这得益于德川幕府的提倡。根据井上哲次郎的整理和归纳,当时的朱子学至少已形成了"京学派及惺窝系统""惺窝系统以外的朱子学派""南学及闇斋学派""宽政以后的朱子学派"和"水户学派"等派别。② 丸山真男更多凸显了"京师派"和"海南派"的作用③,而朱谦之则在前两者的基础上做了进一步的细分,即"京师朱子学派""海西朱子学派""海南朱子学派""大阪朱子学派""宽政以后朱子学派"和"水户学派"诸家等④。这些流派,至少展示了朱子学曾有过的异国阵容,其给德川时代所能带来的影响似乎也不可小视。然而,就整个过程而言,朱子学几乎在被"京学派"树立起来的同时,即招来了许多学者的批判,而且随着时间的推

①　丸山真男:《日本政治思想史研究》,第一章第三节,东京:东京大学出版会,1952年。

②　井上哲次郎:《日本朱子学派之哲学》,东京:富山房,1905年。

③　丸山真男:《日本政治思想史研究》,第一章第二节,第37页。

④　朱谦之:《日本的朱子学》,北京:生活·读书·新知三联书店,1958年。

移,这种批判还日趋猛烈,结果亦如大家所熟知的那样,是朱子学在日本学界的日渐式微和"古学派""国学派"乃至"启蒙学派"的先后崛起。

日本人所理解的朱子学,一般被呈现为以下概念结构 ①:

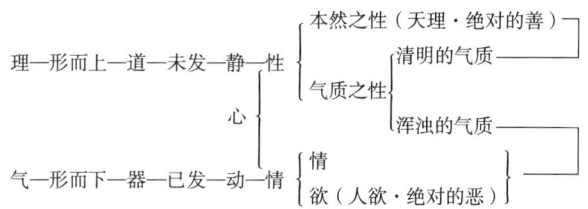

在这个图示中,朱子学俨然铺展于一系列对立项中。这对于充满实务诉求和昂扬向上气氛的江户日本而言,无疑十分重要。换言之,在中国被朱子学斥为"气"的大部分选项,恰恰是日本社会所急需。于是,在这一特定的时空背景下,日本学界对朱子学的怀疑甚至批判,便通过易于被日本各界所接受的方式,次第展开。

贝原益轩(1630—1714),是日本江户时代初期的儒学家、博物学家、本草学家和平民教育家。他早年笃信并专讲朱子学,但到了晚年,乃开始对朱熹的学说表示怀疑,认为天地之间,都是一气,理气决是一物,无先后,无离合。在这样的基本判断下,他采用两端观照的方法,对朱子学提出质疑:一是用孔孟证伪,一是以佛老归谬。关于前者他认为:"敬是修己之工夫,所以存诚也。然圣人之门,以忠信为主,未闻以敬为主。苟主忠信,复以敬为主,是一心有二主也。居敬固可贵,然而为主者不在于此而已矣","其为心也,寂寞枯槁,而不和不乐;其接人也,则无慈祥温和之实,而有严责刻薄之意。是其为人也,不仁不恕,其容有拘束急迫之意思,而无从容不迫之气象。且宋季诸儒,说敬者偏重,以敬为心之主。自是以来,后世之学,往往效其尤,只知以偏严为重,而不知忠信慈爱之为最重。苟偏重于严毅俨恪,而轻于忠信慈爱,则恐曲谨刻薄,流而为色庄内荏之人,君子以为奈何乎!"他甚至称:"圣人之教,以礼为先,宋儒专以理学立教,与圣人之教异。且宋儒先上达而后下学,如以太极图说为初教是也。是皆与圣人之教不同。夫学亦圣人之言为万世之法,论语一书所载是也,

---

① 韩东育:《日本近世新法家研究》,北京:中华书局,2003 年,第 86 页。

不要求乎外。苟求乎外，则恐流而为异学也。"而说到后者即所谓"异学"，益轩则径将矛头对准佛老："朱子之做说话，往往用禅语者多矣。如论作文曰：但读史汉韩柳，而不能使精研取老僧头去。又曰：一捆一掌血，一棒一条痕之类。恐是初年学禅习气之所染未能脱去。又好为戏谑者间有之，说霍光之家奴甦生事之类是也，如二程子，全无此二事。无极而太极，是华严法界观之语也。法界观是唐杜顺和尚所作，相传而至于周子，若太极本无极，及主静立人极，此自佛老之徒所传来，朱子尊信于周子也至矣，故信出于周子而不为疑也。体用一源，显微无间，是唐清凉国师华严疏之词。此二语俱浮屠之所言，宋儒以为周程之所始说者，何耶！"又，"朱子曰：未有天地之先，毕竟是有此理。又曰：当初无一物，只是有此理。笃信（引者按，益轩名）窃谓可怪先贤正大光明之学，而有斯言，即是老子道生天地，有生于无之说也。"

对于朱子学，贝原益轩显然还停留在怀疑和感觉判断层面，其态度也总是表现出两难："盖孟子之后，虽豪杰之士多矣，然知道立教之人，但当以二程为最，其次则无如朱子。虽然，其德未及圣人，其学亦恐未至圣处。然则后学之人，于二程及朱子，固可贵也，可信也，然如其言论，恐不与孔孟合者亦多矣，不可比并也。学者……信其可信，疑其可疑，则可也。"[1]可是，到了"古学派"，特别是古学派之集大成者徂徕学派阶段，日本学界对朱子学乃至思孟学派的看法，开始发生质变："一日凤冈过柳泽侯，侯使徂徕伴接。凤冈谓曰：'闻汝近倡异说以驳程朱。驳程朱犹恕之，然其驳程朱者，乃驳思孟之渐也。至驳思孟则吾决不少假'。徂徕顿首拜谢。"[2]实际上，"驳程朱"这一步的迈出，在当时的日本思想界，已殊属不易。按照松宫观山的说法，在当时，"圣门之学，无非论心者也"[3]。这意味着，对朱子学的宣战，势必要直面"心性"论者的普遍不满和围攻。[4]

徂徕学又称"古文辞学"，是日本近世中期以批判程朱理学和思孟心学为特

---

① 贝原益轩：《大疑録》卷下，《日本思想大系》第34册《貝原益軒・室鳩巣》，东京：岩波书店，1970年，依次见第401、397、400、388页。

② 原念斋：《先哲叢談》，东京：有朋堂书店，1928年，第37页。

③ 国民精神文化研究所编：《學論二编》，《松宮観山集》第二卷，东京：第一书房，1987年，第86页。

④ 小岛康敬：《徂徕学と反徂徕》，东京：ぺりかん社，1987年，第218、254页。

征的学术思想体系。该学派创始人荻生徂徕（1666—1728），长期致力于将形而上理想还原为形而下现实的实学转换工作，并将这一工作展开于从"人性论"到"人情论"、从"仁论"到"礼论"以及从"天论"到"人论"等一系列转变过程中。① 其中，从内在自律的"仁论"到外在他律的"礼论"之转变，集中体现了江户时代日本思想界对"心性论"的反思主旨。荻生徂徕在担任"柳泽侯"——幕府第五代将军德川纲吉侧用人柳泽吉保的幕僚时，曾协助处理过一起弃母逃生者案件。对此，那些"信仰朱子学，以理学为筋脉，专行心上诠议"的儒者，多主张应按道德观而不是实定法，以"弃亲罪"来断狱。徂徕的意见显然与儒者们相左，因为在他看来，"此人出离领地，当责者一在地方官郡奉行，其次在家老，其次在其他相关者"。换言之，官方不应该用"心"的诠释来断狱，而应从政治上去追究在位者的责任，吉保遂以为然② ；而在处理"四十六义士"为主君申冤并擅杀仇家一案时，徂徕则首次明确提出了他本人一以贯之的最高原理依据："义者洁己之道，法者天下之规矩也。以礼制心，以义制事。今四十六士为主报仇，是知士者之耻也。虽为洁己之道，其事亦义，然限于党事，毕竟是私论也。……今定四十六士之罪，以士之礼，处以切腹自杀，则上杉家之愿不空，彼等不轻忠义之道理，犹为公论。若以私论害公论，则此后天下之法无以立。"③

如前所述，"以义制事，以礼制心"的人事对待原则，出自《尚书·商书》的《仲虺之诰》。荀子对《中岂之言》（《仲虺之诰》）的研究意味着，荀学摈弃内在"心治"而大倡外在"礼治"的学术主张，承继了包括孔子在内的先王先哲对充满不确定性之"心"的怀疑主义态度。实际上，孟子从"心"中去寻找天然善的"性善论"和人生最大课业乃"求其放心而已矣"（《孟子·告子上》）的知行构图，已明显遇到了人的善行究竟是先天属性（仁爱）还是后天习得（礼乐）这一重大理论问题，它与荀子及其"性恶论"之间发生争执，原属正常；而荀子能明确提出"人之性恶，其善者伪（引者按，人为）也"之命题，是因为在他看来，孟子的天然"性善"说几乎无法用内心去证明，却可以被外物来证伪——"今

---

① 韩东育：《日本近世新法家研究》第二章。
② 《政谈》卷一，《日本思想大系》第36册《荻生徂徕》，东京：岩波书店，1973年，第289—290页。
③ 荻生徂徕：《徂徕拟律书》，转引自丸山真男：《日本政治思想史研究》，第75页。

孟子曰'人之性善。'无辨合符验，坐而言之，起而不可设，张而不可施行，岂不过甚矣哉！"(《荀子·性恶》)荻生徂徕在"回到先秦""回到诸子"的学术途路中，显然遇到了同样的问题；而他对荀子学说的追随甚至笃信，则凝结于其早期作品——《读荀子》(1706)一书中。当时，他供职于柳泽吉保，并担任着幕府第五代将军德川纲吉的学术顾问。《荀子》这部给徂徕学赋予了基础理论框架并规定其逻辑走向的重要著作，历来为日本学界视为徂徕学的"祖型"，岩桥遵成[①]、津田左右吉[②]、大江文成[③]等著名学者，均有相关论述。今中宽司的总结还显示，"就以往的研究看，《荀子》学说乃徂徕学之祖型，已成定论"[④]。然而值得注意的是，由于"性善论"和"性恶论"均将人的善、恶属性归诸先天固有，加上两者都极力排斥不待"思虑"或思虑发生前人的基本欲求和欲望——"人情"，因此，徂徕对于其理论"祖型"的荀学，往往只取"礼乐"而不取"性恶"，在提倡外在规约的同时，则补之以韩非子"凡治天下，必因人情"(《韩非子·八经》)的"人情论"。其内在逻辑可以被表述为："大抵心、情之分，以其所思虑者为心，以不涉思虑者为情""故心能有所矫饰，而情莫有所矫饰。"[⑤] 由于"人者，人情也"，而"人情"又每每表现为"人欲"，所以，"人欲"之不可去，犹"人情"之不可无："人欲者，人之所必有而不可去者也。程、朱乃言'人欲净尽，天理流行'，岂不妄哉！"唯此，理想的政治，就应该是"道"合乎"人情"而不是相反，即"至道固不悖人情，人情岂必皆合道哉！"[⑥]他明言，指望那颗难以把握的"心"从内部来控制人的不易把握的外在行为，不异于痴人说梦："善恶皆以心言之者也。孟子曰：生于心而害于政。岂不至理乎？然心无形也，不可得而制之矣。故先王之道，以礼制心。外乎礼而语治心之道，皆私智妄作也。何也？治之者心也，所治者心也。以我心治我心，譬如狂者自治其狂焉，安能治之？故后世治心之说，皆不知道者也。理无形，故无准。"[⑦] 又说："夫斟酌者

---

① 岩桥遵成：《徂徕研究》，东京：名著刊行会，1969年，第253—254页。

② 津田左右吉：《シナ思想と日本》，东京：岩波书店，1938年。

③ 大江文成：《本邦儒学史論考》，东京：全国书房，1944年。

④ 今中宽司：《徂徕学の基礎的研究》，东京：吉川弘文馆，1969年，第144页。

⑤ 荻生徂徕：《辨名》下，《日本思想大系》第36册《荻生徂徕》，第242页。

⑥ "荻生徂徕：《蘐園八筆》《蘐園九筆》《蘐園五筆》，《荻生徂徕全集》第1卷，东京：みすず书房，1973年，依次见第380、391、314页。

⑦ 荻生徂徕：《辨道》，《日本思想大系大系》第36册《荻生徂徕》，第205页。

何？求合人情也。传曰：非从天降也，非从地出也，人情而已矣。则圣人之制礼，本于人情矣。故今行礼而求合人情，可谓弗悖矣。"① 徂徕自觉对古今人情的认识是清醒的，对韩非所谓人"皆携自为心也"（《韩非子·外储说左上》）的命题，亦有着深刻的觉解。"以利害为心者，凡人之情也"② "或曰名利得失，毫不动心，皆不知道者之言也已"③ 等言说，为我们理解徂徕何以会反对以朱子学为代表的宋儒，提供了便利：第一，宋儒将"仁"内在化为"爱之理""心之德"；第二，宋儒"以仁为性"；第三，宋儒以"性"来变化"气质"；第四，宋儒于"心"上求"仁人"；第五，宋儒以"修身"为"仁"之本。他慨叹那些泥守于"内圣外王"的儒者，以为一个简单的自我教化——"修身"，就可以平步"治国安邦"的政治领域："（后儒）谓天下国家举而措之。是以其解仁，或以天理，或以爱，专归重于内，而止于成己，岂不悲乎！"④ 他的话，也显然广泛伤及了那些自视清高的心性学者："无用之心法诠议、理非之争等，可谓无用之学也！"⑤

顺着这一逻辑，徂徕弟子太宰春台（1680—1747）的措辞，似尤显激烈。他先是回到人事治理规则的原点，将"仲虺之言所谓'以义制事，以礼制心'"⑥ 奉为圭臬，继而请出孔子，以强调圣人何以"不教人治心"的道理："孔子曰：'操则存，舍则亡。出入无时，莫知其乡，其心之谓与？'孔子之说心，唯此一语，他不经见。亦可以见先王之道，不务治心也。孔子特语心之去无定处尔。夫人心者，善动之物也。……圣人明知心之不可治，故不教人治心也。然则圣人果弗治心乎？曰：圣人未始不治心，而不必治耳！"⑦ 他对心性论的来源是清楚的，唯此亦十分欣赏荀子的说法："中庸所云之重诚字说，子思以前未有也。荀子诽子思，即以此义也。（子思者）毕竟后世心学之鼻祖也，故不可谓荀子无见地也。"⑧ 在他看来，那些大讲"习得心性之学即可垂拱而治"者，其实他们首先便

① 《徂徕集（抄）·復安澹泊》，《日本思想大系大系》第 36 册《荻生徂徕》，第 540 页。
② 《徂徕集》（抄）·答東玄意問》，《日本思想大系大系》第 36 册《荻生徂徕》，第 543 页。
③ 《辨名》上，《日本思想大系》第 36 册《荻生徂徕》，第 215 页。
④ 同上，第 512 页。
⑤ 《政談》卷四，《日本思想大系大系》第 36 册《荻生徂徕》，第 444 页。
⑥ 《聖学問答》卷之上，《日本思想大系大系》第 37 册《徂徕学派》，东京：岩波书店，1972 年，第 76 页。
⑦ 《斥非附録·内外教辨》，《日本思想大系大系》第 37 册《徂徕学派》，第 423 页。
⑧ 《聖学問答》卷下，《日本思想大系大系》第 37 册《徂徕学派》，第 103 页。

是："其心虽思圣人之道，而其实则难去私癖"，其终则"皆违心者审矣"！① 他发现，人的实情，即便人中君子亦未尝可以违拗。君子与常人的不同，只在于他可以通过外在的礼数来管控自己的行为，而不至于信马由缰："圣人之道也，外见妇女，心思之美女也。虽悦其色，而身无非礼之举者，即为守礼之君子也。'以礼制心'云者，是之谓也。所谓治心，谓其心之欲，不可随意放任而遂之之谓也。"② 为此，春台还特举《左传》中"宋华父督见孔父之妻于路"的故事，以为论证之典据：

> 宋华父督见孔父之妻于路。目逆而送之，曰：美而艳。遂杀孔父而取其妻。夫见人妻于路，目逆而送之，固非；杀其夫而取之，尤非。其谓之美而艳，岂非乎哉。假使他君子见之，而人问焉曰何若？则君子亦且曰：美而艳。何则？实不可揜也。若观孔父之妻，而不见其美，则无目者也；若见其美，而告人曰不美，则诈也已。见美者目，美之者心。虽圣人，岂有以异哉。但制之以礼义，弗敢纵欲，斯之谓君子。心目之罪，在所不问。先王之道乃尔。释氏则不然。务在治心。虽身不敢行非度，苟心有不善，即以为罪。故其笃行者，虽睹毛嫱西施，则闭目想其腐肉朽骨，以内自禁其欲，难矣哉。人心之灵，何所不至？苟身弗为不善，斯可已矣。更问其心之所思，过矣。圣人以礼制心。心不须治而靡不治。释氏以心治心。予以为非治之，乃乱之也。何则？所治固心，治之者亦心。一而不二。治之而治者，虽治矣，其治之之扰，不可胜言也。③

春台所捕捉到的，或许应该被理解为"心"的单纯本质，即"心"作为"活物"，不过是对生命本身的自然反应而已。"见其美而告人曰不美则诈也已""君子小人皆趋利避害"这一人之"好色好利"之欲，在春台看来，应该是人心的真实。通过对变动不居之"心"的"生物学"特征（"活物"）和"见色生情""见利生欲"之"心"的"生理学"特质（"利物"）合而观之，春台仿佛极大地接近了人心的

---

① 《太平策》，《日本思想大系大系》第 36 册《荻生徂徕》，第 449 页。
② 《聖学問答》卷下，《日本思想大系大系》第 37 册《徂徕学派》，第 126 页。
③ 《斥非附録·内外教辨》，《日本思想大系大系》第 37 册《徂徕学派》，第 423 页。

本来状态和单纯本质。正是在"活物"之"人心"的比照下，宋儒的"性理之心"就自然变成了"死物"。在这些"事实"面前，不解人情者而反欲治国平天下，又如之何而可能呢？然而，当对外部规矩的重视被臻于极致，太宰春台的表述，亦开始走向极端："圣人之教，首重衣服，休问内心如何。但先着君子之服，习君子容仪。其次，教君子言语。如是久之，则渐成君子之德矣。德者，非别物也，衣服、容仪、言语之所凝者也。此义可见诸礼记表记。圣人之教，由外入内。惟纯粹圆熟，方可表里一致。"[①]细心者不难发现，太宰春台在强调其言说的正当性时，不是借用"圣人之道"，就是归诸"先王之道"。先圣先王是否说过这样的话，在春台看来并不重要，重要的只在于如何通过权威借助手段来达成自己的理论目的。在这种情况下，对手段的夸张性动用，势必会导致其学说走向上的过度与偏颇。

李泽厚在谈到太宰春台上述倾向时指出："日本……虽然输入了朱子学和阳明学，但其神道与经验论结合所致力的是外在理性的建立，即对行为规范、姿态仪容等礼文细节的坚决确立和严厉执行，而并未去着重内在心性的塑造，特别是没有致力于各种意念、情欲具体的理性化和'合理化'即道德化。"[②]这至少带来了两个方面的新问题：首先，就日本文化而言，其过于务实的生活态度和思想倾向果真能解决人心问题吗？如果能，大量的自绝自杀现象和全无人性的对外屠戮行为该如何得到解释？如果不能，何以中国史籍当中会不时有"海东之国未有贤于日本者"[③]等溢美之词？其次，对中国文化来说，传统的"心性"理论若果真如此不堪，它的作用发挥何以会历时千载而不衰？是什么样的因素能够给"心"赋予如此强韧的力量？可反过来说，既然君子的成就离不开"修心养性"，那为什么在中国历史上会产生那么多的空论家甚至伪君子？这意味着，中日学界的"制心"否定论，恐怕与"心性"问题曾经遭遇过的简单化处理有关，而这种处理，还普遍造成了东亚学界在相关认识上的盲点。

① 《聖学問答》卷上，《日本思想大系大系》第37册《徂徠学派》，第95页。
② 李泽厚：《中日文化心理比较试说略稿》，载《华文文学》2010年第5期。
③ 《明太宗实录》卷五〇"永乐四年春正月己酉"，台北："中央研究院"历史语言研究所，1962年，第753页。

三　盲点的发生逻辑与"制心"守恒问题

心性论的盲点，应发生于对问题原点的偏执性裁剪。如前所述，孟子出于自律原则对心性论的"天然善"定位，无疑会招致荀子他律指向下的"天然恶"拮抗。但是，心性的善、恶标准，就原理而言，乃形塑于社会的伦理价值、政治价值、历史价值以及人类长期进化而来的灵长类基因，而非任何人之想当然。在这个基本判断下我们发现，后学对孟荀思想的极端性理解，其实已把他们的思想切割成了截然对立的单向度体系，致使两者的很多客观性表述，因无法纳入"全立场"的观察视野反而被排除于孟、荀本人的思想体系之外。然而事实是，即使是特别强调"性善论"的孟子或"性恶论"的荀子，似乎都未尝从基本判断中真正走失。

毋庸讳言，孟子的确讲过"仁义礼智，非由外铄我也，我固有之也"(《孟子·告子上》)，但他同时还说："君子所以异于人者，以其存心也。君子以仁存心，以礼存心。"(《孟子·离娄下》)问题是，既然仁义礼智"非由外铄我也，我固有之也"，那又何必要求"君子"们再去走一道将仁和礼外化于心的内置程序呢？我以为，这恰恰意味着，仁义礼智伊始并不是、至少还没有升华为内在的心性道德，而只是外在于人心的社会伦理规则；同时也意味着，孟子本身并非不知道仁义礼智本发乎外的道理，只不过是把重点措置于"存心"后的心性提升和道德强化工作而已。其所谓"仁，人心也；义，人路也。舍其路而弗由，放其心而不知求，哀哉！人有鸡犬放，则知求之；有放心而不知求。学问之道无他，求其放心而已矣"(《孟子·告子上》)等说法，已形象地交代了这一点；而"义，人路也"中的"义"，在《礼记·丧服四制》中则不仅不在"心内"，甚至还被排除于"门内"，而被定位为纯粹的外在规则和人事管理准绳："门内之治恩掩义；门外之治义断恩。"

与此相似，偏执于外在礼乐的荀子，也并非对"心"的现象及其功能作用，全无觉解。不仅如此，当人们看到其相关文字时还会惊异地发现，他对"心"的理解程度其实并不比孟子更差。荀子先是描述了人心不在焉或失魂落魄时四体五官的"不仁"反应："心忧恐，则口衔刍豢而不知其味，耳听钟鼓而不知其声，目视黼黻而不知其状，轻暖平簟而体不知其安。故向万物之美而不能嗛也。假而得间而嗛之，则不能离也。"（《荀子·正名》）他发现，人的知行活动应该展开于这样一个程序，即"君子之学也，入乎耳，著乎心，布乎四体，形乎动静。"（《荀子·劝学》）这意味着，"心"才是主宰人一切的枢机，且具有难以为外物所动的自主能力："耳目鼻口形能各有接而不相能也，夫是之谓天官。心居中虚，以治五官，夫是之谓天君"（《荀子·天论》），"心也者，道之工宰也。道也者，治之经理也。心合于道，说合于心，辞合于说"（《荀子·正名》），"心者，形之君也，而神明之主也。出令而无所受令。自禁也，自使也，自夺也，自取也，自行也，自止也。故口可劫而使墨云，形可劫而使诎申，心不可劫而使易意，是之则受，非之则辞。故曰：心容，其择也无禁，必自现，其物也杂博，其情之至也不贰"。他甚至认为，只有虚静的"心"，才是"道"的感知器："人何以知道？曰：心。心何以知？曰：虚壹而静。"（《荀子·解蔽》）荀子的"化性起伪"（《荀子·性恶》）说虽表现出鲜明的"木受绳则直，金就砺则利"（《荀子·劝学》）的他律道德倾向，但在仁义等外在价值应内化于心并努力坚守之的程序和态度问题上，荀子的看法与思孟之间似未尝有异："君子养心莫善于诚，致诚则无它事矣。惟仁之为守，惟义之为行。诚心守仁则形，形则神，神则能化矣。诚心行义则理，理则明，明则能变矣。"（《荀子·不苟》）

那么，该如何解释以上现象呢？我以为，这些矛盾当发生于东周时代的"礼废乐坏"以及知识界为保存周礼而发起的"藏礼于仁"却又不甘于"藏礼于仁"的思想运动。孔子无疑是这场运动的最早发起者。其全部逻辑根据，体现在下列论说中："人而不仁，如礼何？人而不仁，如乐何？"（《论语·八佾》）、"克己复礼为仁。一日克己复礼，天下归仁焉"（《论语·颜渊》）、"孔子曰：'能行五者于天下，为仁矣。'请问之，曰：'恭、宽、信、敏、惠'"（《论语·阳货》）、"信近于仁，言可复也；恭近于礼，远耻辱也"（《论语·学而》），等等。显然，"礼乐"的基本原则，几乎都被孔子藏入了"仁"中，甚至"亲亲""尊尊"这一周制根本，也被完好地保存到"仁"的范畴中来，即"其为人也孝弟，而好犯上者，鲜矣；不好犯上而好作乱者，未之有也。君子务本，本立而道生。孝悌也者，其为仁之本欤！"（《论语·学而》）"礼"虽然内在化为"仁"，但"礼"的基本原则并未被改变，而且孔子把"礼"内藏于"仁"的目的，是指望日后机会降临时再将"礼"外在化，来复制周代的礼乐制度："吾之于人也，谁毁谁誉？如有所誉者，其有所试矣！"（《论语·卫灵公》）然而时至战国，"礼废乐坏"程度日深，由"言必称利"和"杀人盈城"现象所造成的政治无力感加上道家超然物外的形上论压迫，逼使孟子只能去全力捍卫"心"这个唯一可以内藏和保存西周礼乐制度的精神载体，并以为只有把孔子的"仁"和老子的"性"璧合为人与生俱来且不容置疑的"善本体"，才能为仁义礼智"四端"固有于"心"的"性善论"，赋予绝对的属性。但是，孟子的不甘，亦同时表现为其谈"心性"亦谈"井田"、言"恒心"亦言"恒产"等外在实践冲动上。孟子把"复礼"大任悉数寄托给一个纯粹的精神群体——"士"，并不意味着他不懂"恒产"与"恒心"的因果关系——"民之为道也，有恒产者有恒心，无恒产者无恒心。苟无恒心，放僻邪侈，无不为已"（《孟子·滕文公上》），而只是表明其无力回天时的不得已选择："无恒产而有恒心者，惟士为能。"（《孟子·梁惠王上》）按，孟子约生于公元前372—前289年之间，四十九年后，荀子诞生（约前313—前238）。孟、荀虽有近二十四年的生命交叉期，但从荀子在稷下学宫"三为祭酒最为老师"时已五十几岁（《史记·孟子荀卿列传》）等情形看，荀子的名噪士林阶段距离孟子的学术成熟期在绝对时间上已晚了半个多世纪，且荀子卒年的238年，去秦国发动大规模统一战争的公元前230年，也只剩下八年时间。这个计算的意义在于，与孟子对时势的绝望而不得不寄望于理想王国的理论指向不同，荀子已经明显看到了天下大势，并断定那将是一个外在政治力学要发挥主导和决定作用的礼乐刑政时代。所以，他尽管充分注意到"心"在人的自我控制中所具有的特别意义，但在如此动荡的年代和政治大势面前，其作用的发挥却只能越发式微甚至于事无补。这恐怕也是荀子何以最终将自己的精力全部倾注于外在政治的原因所在。侯外庐指出："一般说来，荀子的礼的思想，源于儒家的孔子，然而他的天道观和所处的时代不同于孔子，因而他的礼论，也就变成了由礼到法的桥梁。……这一段话（引者按，指《礼论》的开篇部分）所说的虽是礼的起源，但他所注视的却是法——'物'的'度量分界'。如果把引文中的'礼'字换成'法'字，不就成为法的起源论了吗？"①而更进一步的判断

---

① 侯外庐等：《中国思想通史》第1卷，北京：人民出版社，1957年，第575页。

还显示："倘若想依礼来规矩社会生活，就必须进一步强化对礼所具有的外在意义的认识。从这个意义上讲，荀子虽说在根本上仍行走于儒家的道路上，但实际上已经将礼外化为法，并以此为人类教育之方法和手段。这一点，实具有贯通儒法两家的桥梁意义"，"所谓的儒家理论，其实已经被荀子外在化。在与孟子的对立和冲突中，荀子最终成为通向法家的桥梁"，"荀子重视国家的统治意义，从而在认可伴随着强制的法本身应具有更大的价值这一点上，堪称法家的先驱。"① 荀子能成为韩非的老师，并且韩非对"心治"的高调排斥和"不务德而务法"等大声疾呼，与上述时代走势，显然无法切离。当然，法家的显学化，也终于使这一他律强化理论被推向极端。值得注意的是，韩非（约前280—前233）死后第三年，秦始皇便开始了吞并六国的统一战争；而无论人们怎样强调秦朝的短命与韩非等法家无关，秦始皇对韩非理论的激赏，却是难以被抹去的事实。

而当我们把眼光转向日本时，黑住真教授的一个观察，无疑为研究者开启了别样的视角，即"一个形成于'距离作用'的惹人注目的现象，发生在远离中国大陆的岛国——日本。它集中体现在日本的思想不问原本产生于中国的思想本身所固有的构成秩序和顺序，而能够对各种思想进行比较自由的组合和发展这一特点上"②。这意味着，日本学界在运用中华思想来思考和解决本国问题时，一般不会考虑那些思想的发生背景、流变规律甚至矛盾现象，而更多只根据自身的社会需要和精神诉求来导入并裁剪对方的理论体系，哪怕其思想和行动每每会走向偏颇甚至极端。为了强调他律的重要性并由此而凸显儒门自律道德之弊端，荻生徂徕的言论不但被指摘为"驳程朱者，乃驳思孟之渐也"，甚至为找到心性论的"始作俑者"，竟不惜逆溯孔子，试图从根源上否定儒学的政治价值。于是，当说到"仁义礼智，自思孟发之"时③，便旋称"自仲尼不得其位也，其平生与门弟子所讲论，率多自修之言。及后大儒君子，亦多详内而略外，则流风所弊，后学者陋隘之见"④，还将孔子偶一言之的人性问题，夸张成儒

---

① 田中耕太郎：《法家の法実証主義》，东京：福村书店，1947 年，依次见第 32、61、62 页。
② 韩东育：《日本近世新法家研究》，"序言"，第 5—6 页。
③ 《蘐園三筆》，《荻生徂徕全集》第 1 卷，第 513 页。
④ 《蘐園随筆》卷一，《荻生徂徕全集》第 1 卷，第 463 页。

门归趋之必然："孟子以前亦言性,孔子之时既然!"①顺着这一思路,徂徕的孙弟子海保青陵(1755—1817)甚至公开否定了其祖师亦未敢小觑的中华"先王之道":"先王之礼乐刑政,美则美矣,而于今无用。不啻闲余之谈,童子玩具也!"②并认为被儒家称为"霸道"者,才是真"王道"③,而儒者所谓"乱世",才是真正的"治世"!④然而,青陵的发言,在日本或许然,在中国却未必然。司马谈的《论六家要指》,称法家"可行一时之计而不可长用也";贾谊在《过秦论》中也讲,秦朝的速兴速灭,是因为"仁义不施,而攻守之势异也"⑤。这种认识反差的形成,表明日本学界其实并不真的了解中华思想的变动背景和具体过程,当然,对于该思想可以企及的高度和深度,也就缺乏必要的理解。就是说,他们把对方并非简单的思考简单化了。

首先,日本学界对中国思想者们进行相关讨论时的事实背景,还缺乏必要的了解。他们无法感受孟子大倡"心性论"的原因乃起自对"猛于虎"之现实"苛政"的绝地反抗,也并不了解朱熹终极思考的"理一元论"实发生于北宋王安石变法的失败和南宋偏安的金瓯有缺现实,更无法理解王阳明在明廷政治发生严重危机时何以会如此强调"心学"。有学者指出,北宋王安石变法的失败,对近世儒家外王一面的体用之学构成了一大挫折。于是,南宋以下,儒学的重点转到了内圣一面。一般地说,"经世致用"的观念慢慢地淡泊了,讲学论道代替了从政问俗⑥;而王阳明政治实践的失败,也无法不使其学术本身转向"内敛之学"——心学。他试图通过"人人都具有的良知","把决定是非之权暗中从朝廷夺还给每一个人"⑦。尽管从近现代的观点看,唯一具有可操作性并能够切实"格正君心之非"的法律准绳,在心学体系中只能转为"精神胜利"和"政治冷感"。

---

① 《蕙园八筆》,《荻生徂徕全集》第1卷,第562页。

② 海保青陵:《萬屋談》,蔵並省自编:《海保青陵全集》,东京:八千代出版株式会社,1976年,第395页。

③ 海保青陵:《富貴談》,《海保青陵全集》,第525、526页。

④ 海保青陵:《稽古談》,《海保青陵全集》,第14页。

⑤ 青陵显然不了解汉初对秦政的纠偏行动,曾凝结成董仲舒《春秋》断狱理论下的"原心定罪"法(《汉书·哀帝纪》);当然,也不了解酷吏张汤竟由此而恶知生成了"腹诽之法"(《史记·平准书》)。

⑥ 余英时:《论戴震与章学诚》,北京:生活·读书·新知三联书店,2000年,第338页。

⑦ 余英时:《现代儒学论》,上海:上海人民出版社,1998年,第11页。

其次，在思想的高度和深度上，日本学界的思考还存在着巨大的提升空间。带着日本的感觉，丸山真男笔下的朱子学颇显不堪："朱子学的理，既是物理，亦是道理；既是自然，也是当然。这里，自然法则和道德规范已连为一体。……值得注意的是，连接着的双边关系并非对等，而是从属，即物理对道理、自然法则对道德法则的无条件服从。在这种情况下，对等性是不被承认的。……可以说，朱子学中宇宙论乃至存在论充其量不过是其人性论的'反射'而已。"① 这一点也被史华兹所发现，他说："朱熹学派的新儒家哲学家们深深信奉修身的重要性。既然内部王国是人性的王国（性），他们自然非常关心性的属性。然而正是性的内部王国把人与宇宙合为一体。"② 这些见解，似乎均针对朱熹的下列说法而发，即"天下无无理之气，亦无无气之理"。然一旦需要二者择一时，则朱子学理论体系中便"惟余理而不见气"。用朱熹自己的话说就是："未有天地之先，毕竟是先有此理""万一山河大地都陷了，毕竟理却只在这里！"③ 这其实已呈现出理学的终极属性：既找到了与老庄"先天先地"之"道"的结合点，也仿佛在超时空的"理"世界中实现了"道"与"心、性、天、理"间的一体圆融。尽管这种极致性表达无法证明其与《论语》"性与天道"论之间的同质关系，也尽管孔子从来就没有对此做过任何阐释，但是，迄今的哲学科学和全部知识体系，却无法对朱熹的表述进行辩难和证伪。一个必须承认的事实是，朱熹发现了人类法则乃至天地标准的有限性和宇宙规律的无限性这一重大理论问题，借用冯友兰的话，他其实发现了"高于道德价值的价值"，即"超道德价值"。④ 日本学界对理学的批判，尽管很符合日本社会的发展需求，但也有诚实如丸山真男者的坦率和直言，即"观念论"，是日本思想传统中的一大弱项。它使日本人对有关规范的理想和作为历史的创造者与计划者之超越神等能够脱离时间制约的绝对者的构想，表现出一定的能力欠缺。这使得日本人的政治行动缺乏规范性制约，在政治手段的使用上，亦显得比较"自由"。于是，反

---

① 丸山真男：《日本政治思想史研究》，第25—26页。
② 史华兹：《儒家思想中的几个极点》，原载 Confucianism in Action，后收入田浩（Hoyt Cleveland Tillman）主编：《宋代思想史论》，吴艳红译，何兆武校，北京：社会科学文献出版社，2003年，第107页。
③ 《朱子语类》卷一，第4页。
④ 冯友兰：《中国哲学简史》，北京：北京大学出版社，1996年，第4页。

道德和奇袭、谋略等行为受到称赞，而战略上的思考和长远目标的设定能力，却颇显薄弱。然而，在缺失普遍主义观念论的日本人身上，倒也凸显出其他民族，特别是在中国人身上所少有的特点，即脱离观念论的实证主义，以现实为中心的进步观，传统习惯对进化论的开门延纳，以及对空想和理想主义的不自觉排斥等。由于观念论和形而上学对于时间的所谓自由构成和操作观念，即站在时间之外来操作时间，进而干预历史本身的主体观念，在不长于如此思考的日本人身上不易产生，因此，历史认识过程中带有附加和随意色彩的主观主义和价值判断，便很少出现在日本的史书当中。①

再次，用物理手段去诠释心理活动，因不甚了解唯此亦难以理解在长期而发达的成熟文明下累积而成的人性基因和自律能力，而只能使结论的适用范围变得逼仄和狭窄。受韩非子"目不见睫"言说的启发，海保青陵认为："目可观他物，而不可自视其目；心可虑他物而不可自虑其心，是无可奈何之事也。他人之善恶可虑可见，或同视之，或异视之。自身之善恶皆不可虑也，或全然不见，或尽附异见。可以他人为智，而难以自智其智。以人为智者，以他人之事可见也；难以自智者，以不能自见故也。"② 为了证明上述理论的正确性，他试图通过"我观我"的方式，对人在外物刺激下的"心理反应"进行"物理实验"。其实验程序是：先对着镜子去"我观我"，继而发现"我为物"，而最终证明芸芸众生"皆利我"③；其实验理念是："知己乃第一要务：我面目为何等面目，我音声为何等音声，我行走为何等行走，我之待物也如何待物，知此乃第一要务也。若然，则试将我心置诸我身之外。置我心于我身之外，观我身若观他人者，乃措心于天之谓也。今有人击人偶，殴其头，我不怒也。击我，则怒也。倘我有美事，不妨视己如人。能视己事若人事，则可易己为人也。若击他人己不怒，则人击己亦不怒矣。如此将人情所不能忍者化而为能忍，是自控也。所谓胜己者，此之谓也。"他试图说明，只有将自己的"魂"从自己的身体中分离出来，并将其打入他物，一个"我"才能变成了两个"我"。只有两个"我"互相面对时，

①　丸山真男：《歴史像と政治観》，《丸山真男講義録》第四册，第一章第三节，东京：东京大学出版会，1998 年，第 66—81 页。

②　海保青陵：《老子国字解》，《海保青陵全集》，第 818—819 页。

③　海保青陵：《前識談》，《海保青陵全集》，依次见第 570、571—572、576 页。

才能真正弄清"我"的本来面目。而了解了自己的实际状态,也就认清了他人的真面目。可这种"胜己之法"的推演,说到底,无非是对"以心制心"原理颇显笨拙的再证明。所动用的手法虽不乏意义,但苦思焦虑的结果却无法真正解决"心"问题本身:(1)一旦将内在自律问题假设为外在物理程序,那么,问题的前提和出发点便被人为地取消了,这意味着,假设最终也只能是假设;(2)当该方法中的"自控"理想一旦遇到"人情","心"的存在方式之一"我"和"心"的另一种存在方式"物"的相互调控功能,就会瞬间失效。这种无法做到真正等量齐观的物我关系,最后竟被他本人说破,即"凡人之性爱己者也"①"凡人之情,视外物重于吾身者,未尝有也"②。

位处中日之间的朝鲜学界,在"心性论"问题上曾贡献过与其地理位置相仿佛的中间值。哪怕已有相当实学倾向者如李氏朝鲜王朝后期学者丁若镛(号茶山,1762—1836),也能在中国朱子学和日本古学派思想的交汇处,提出他相对客观的言说。河宇凤的研究显示,丁茶山固然对朱子学的某些思想不甚赞同,但不像古学派那样持极端性反对意见,而是有理有节;古学派认为百姓不存在内在性故而主张行愚民政策,但丁茶山却把民众视为具有主体自律性的存在。③小岛康敬亦指出,丁茶山并没有像荻生徂徕和太宰春台一样,明确提出"以心制心"断不可行之类的命题。就是说,茶山在关于人的心性自律或自我统御能力问题上,并没有选取徂徕和春台的极端式路线,这与他所谓"性者人心之嗜好"这一定义有关。但他同时强调,"性"虽然可表现出人心的某种喜好倾向,但这并不意味着人心中原本就存在着先天而内在的价值根源。从这个意义上讲,茶山并不认为"仁义礼智"是先天驻足于人心中的内在之德(心之玄理),而是附着于道德实践结果上的思想概念。④值得注意的是,丁茶山在人能否实行自我管束的问题上,曾不止一次地动用"天"或"神"的惩戒功能,即所谓"以天制心":"古人实心事天,实心事神。一动一静一念之萌,或诚

---

① 海保青陵:《老子国字解》,《海保青陵全集》,第818—819、871页。
② 海保青陵:《善中谈》,《海保青陵全集》,第492页。
③ 河宇凤:《朝鲜実学者の見た日本》,東京:ぺりかん社,2001年。
④ 小岛康敬:《18世紀東アジア儒教思想史の中の徂徕学派と丁茶山—"以心制天""以礼制心""以天制心"—》,《アジア文化研究》第34号,東京:国際基督教大学アジア文化研究所,2008年3月。

或伪或善或恶,戒之曰日监在兹,故其戒慎恐惧,慎独之切真切笃,实以达天德。"[1] 然而,在老庄荀韩乃至程朱陆王的思想体系中,"天"或"神"已更多被"道""理""心""性"所取代;而在日本实学如徂徕学派的思考当中,"天"则至多被处理为与荀子相似的"不可知"的存在。

在西方,古希腊奥林匹斯山上德尔斐神殿的一块石碑铭言,引人注目,即"认识你自己"。据说,苏格拉底曾将其视为自身哲学原则的主旨;而对于主体或主体性问题做出明确的阐释,则一般被认为肇始于近代西方哲学。笛卡尔曾明确提出的主体哲学思想——"我思故我在",似乎也首次表明了思维的自我主体性地位,即思维主体的确定性。有学者指出,从德国哲学来看,作为主体,自我首先是自我"立法者"。它"通过自己的自由的自律,使自己成为神圣的道德律的主体"。主体自己决定,这是第一位的。其次,作为主体,"人类自身是目的,且决不能仅仅被当作手段"。这也是人类成为道德立法者的原因,人因此获得尊重。第三,自我主体是"人类自身所有的欲望与爱好的基础"。用黑格尔的话说,主体既是自在的亦是自为的:"我即意识的意识,或自身成为意识的对象化。"[2] 然而,当我们把眼光移向中国古典时会发现,被提取于"轴心期"核心时段的老子及其"道法自然"原理,其实早就展示过东方哲学的古老智慧并赢得了真正的思考者雅思贝尔斯的礼赞和尊重。人们之所以无法找到"自我作则"和"以心制心"原理中类似于数学定理式的推导和证明,大概只能说明"人之所以为人"这一发育于五千年中华文明史的人类基因及其表现形式——"自控力",曾经升华为华夏族可以意会而不必言传的下意识反应。值得注意的是,现代神经学科的科学实验,已通过思想黑箱的功能外现而逐渐捕捉到往古只停留于感觉层面的心性特征和规律,尽管其研究的对象是人脑而不是人心,也尽管其过于数据化的定量分析有时反而会使分析本身遭遇无法被精确化的科学主义屏障。

能否做到"以心制心",是说人类自我意志当中的"正能量"部分能否有效地克服和战胜其"负能量"部分,抑或如之何才能求取两种能量间的合理性

① 丁若镛:《中庸讲义》卷一,茶山学术文化财团编:《增补与犹堂全书》卷二,首尔:景仁文化社,1987年,第71页。

② 沈顺福:《荀子之"心"与自由意志——荀子心灵哲学研究》,《社会科学》2014年第3期。

平衡。科学界把能够掌控该平衡的行为主体锁定为"意志力"（The Willpower Instinct）。美国心理学家凯利·麦格尼格尔（Kelly McGonigal）说："所谓意志力，就是控制自己的注意力、情绪和欲望的能力"，"'自我意识'能帮你克服困难，实现最重要的目标。这就是我能想到的对'意志力'最恰当的定义。"重要的是，"意志力是种生理本能，它和压力一样，通过不断进化来保护我们不受自身伤害"。这种已被上升到人的"生理本能"高度的意志力，按照科学家的说法，乃得益于远古时期人类的生存所需及其大脑的进化。但是，人脑究竟是怎么进化而来的呢？麦格尼格尔给出的答案是："我们的前额皮质进化了。"这里所说的"前额皮质"，是指位于额头和眼睛后面的神经区。斯坦福大学神经生物学家罗伯特·萨博斯基（Robert Sapolsky）的实验结果显示，现代人大脑里前额皮质的主要作用是让人选择做"更难的事"。其中，前额皮质被分成三个区域，分管"我要做""我不要"和"我想要"三种力量。前额皮质的左区负责"我要做"，它能帮助你处理枯燥、困难或充满压力的工作；右边的区域则可以控制"我不要"，它能克制你的一时冲动；第三个区域位于前额皮质中间靠下的位置，它会记录你的目标和欲望，决定你"想要什么"。实验证明，这个区域的细胞活动越剧烈，人采取行动和拒绝诱惑的能力就越强。即便大脑的其他部分一片混乱，但这个区域也会记住你真正想要的是什么。这意味着，一个看似完整统一的大脑，其实分布着控制人的各类思考和行动的若干指挥中枢，亦如一位神经学家所指出的那样，"我们只有一个大脑，但我们有两个想法。或者说，我们的脑袋里有两个自我，一个自我任意妄为、及时行乐，另一个自我则克服冲动、深谋远虑，我们总是在两者之间摇摆不定"。至此我们不妨假设：倘若现代神经生物学产生于"轴心期"时代或中古时期，那么其理论素材应更多采撷于先秦思想、中世佛学和宋明理学的相关言说而不是相反。事实是，当人们看到"意志力不但区分了人和动物，也区分了每一个人"之类的结论时[1]，便很容易会想起先秦诸子用以区划人与动物畛域的"人兽之辨"理论和甄别人间质量高下的"君子小人"标准[2]；而下面所能呈现的两者关系无疑更加有趣："神经学

---

[1] 凯利·麦格尼格尔：《自控力》，王岑卉译，北京：文化发展出版社2013年，依次见第1、246、48、6—7、10、5页。

[2] 韩东育：《诸子"人兽观"理论与学说分合》，《东北师大学报》1989年第6期。

家发现，如果你经常让大脑冥想，它不仅会变得擅长冥想，还会提升你的自控力，提升你集中注意力、管理压力、克服冲动和认识自我的能力。一段时间之后，你的大脑就会变成调试良好的意志力机器。在你的前额皮质和影响自我意识的区域里，大脑灰质都会增多"，又，"科学研究发现，自控力不仅和心理有关，更和生理有关。只有在大脑和身体同时作用的瞬间，你才有力量克服冲动。研究人员逐渐认识到……当你最需要意志力的时候，你能够学会将自己的生理机能调整到这种状态。这样，当你再面临诱惑的时候，自控力就成了你的本能反应"。[1] 由于这些表述几乎就是对庄子"息之以踵"、孟子"不动心"、中土佛教"参禅冥想"和宋明理学"守静持敬"等一系列思维训练活动及其自控理论的注脚，因此，李翱倡言之略显极端的"心性"独立意义，或可在新的语境中获得某种早熟意义——"问曰：'昔之注解《中庸》者，与生之言皆不同，何也？'曰：'彼以事解者也，我以心通者也。'"[2] 重要的是，"以心制心"的科学意义，事实上还更多体现在以下近乎功利的表述中，即"人类大脑里不是只有一个自我，而是有很多不同的自我在相互竞争，争夺控制权。这里面有想获得即时满足的自我，有铭记远大目标的自我，有现在的自我，也有未来的自我。"

这意味着，人，也只有人，才是更看重"远大目标"和"未来自我"的存在。唯此，通过社会评估给自身定位并谋求其社会价值的实现，已成为长期进化下人的基因反应。当然，这种已升华为人性基因的评估标准，首先一定是"人之所以为人"，然后才是人之所以为"好人"、为"君子"、为"圣人"。孟子"人之所以异于禽兽者几希"和荀子"始乎为士终乎为圣人"的提倡，都不失为那个时代对以上两种属性的评价尺度或评估标准。李翱所谓"天地之间，万物生焉，人之于万物，一物也，其所以异于禽兽虫鱼者，岂非道德之性全乎哉？受一气而成形，一为物而一为人，得之甚难也。生乎世，又非深长之年也。以非深长之年，行甚难得之身，而不专于大道，肆其心之所为，则其所以自异于禽兽虫鱼者亡几矣"[3]，也进一步验证了麦格尼格尔的科学逻辑："在考虑如何做出选择时，我们经常想象自己是别人评估的对象。研究发现，这为人们自控提供了强

---

① 凯利·麦格尼格尔：《自控力》，依次见第 17、26 页。
② 李翱：《复性书》中，《全唐文》卷 637，第 6436 页。
③ 同上，第 6437 页。

大的精神支持。预想自己实现目标后会非常自豪的人，更有可能坚持到底并获得成功，预想自己的行为会受到谴责也很有效。"然而，尤其重要的是，"自控受到社会认同的影响，这使得意志力和诱惑都具有传染性"①；而这种"认同"和"传染性"，在几千年的原生文明区域和模仿有余、重表轻里的次生文明之间，其实已形成了巨大的文化基因落差；而模仿所带来的一时性外在发达，还足以使"科学主义"的实验效应在后者身上功能锐减。

但是，孟子对"体有贵贱"之所谓轻贱部分的过分贬抑，却显示出他价值判断上的情绪和极端。事实上，"心"之外的人体器官，同样是人类感知世界的重要触角，也是人类生存时不可或缺的动力背景因素。而且，比起千百年来靠人的自觉积淀才形成的"人之所以为人"的理性基因，那种人类与生俱来且并不需要心性积淀的本能式条件反射，往往比人的理性表现要更加直接，也更容易形成群体倾动效应。特别当内在的基因式反应已堕为空洞的理论说教时，这种情况则尤其如此。这有助于我们理解，为什么老庄最终会不要伦常，以及荀韩又何以要轻内重外甚至弃内保外的真实逻辑——它体现了现实生活在走投无路时社会控制模式的无奈转移。②重要的是，如果寻不准"以心制心"和"以礼制心"之间的平衡点，换言之，如果过分强调"以心制心"或"以礼制心"，那么，等待这两种极端性意识形态的，便都是社会政治的倾斜式崩塌。麦格尼格尔称："'道德许可'最糟糕的部分并不是它可疑的逻辑，而是它会诱使我们做出背离自己最大利益的事"，因为"如果没有了欲望，人们就会变得沮丧；如果没有了恐惧，人们就没法保护自己，远离伤害。在意志力挑战中获胜的关键，在于学会利用原始本能，而不是反抗这些本能"。他的说法，体现了一个不易撼动的事实："为了让我们的头脑远离有害的思想和感受，我们努力去摆脱它们，但往往事倍功半。相反，如果我们想要获得心灵的平静和足够的自控力，我们就需要认识到，控制自己的思想是件不可能的事。我们能做的就是，选择自己相信什么，选择自己要做什么。"这意味着，麦格尼格尔接下来的说法，还不失为对人类行为的忠告："在追求自控的过程中，我们不应该把所有的意志力挑战都

---

① 凯利·麦格尼格尔：《自控力》，依次见第 192、206、213 页。
② 韩东育：《法家的发生逻辑与理解方法》，《哲学研究》2009 年第 12 期。

放在道德标准的框架中。我们总是轻易地认为，自己做过的善行，或是仅仅考虑要去做的善行，给了我们道德上的许可。如果只按照'正确'和'错误'来判断做过的事，而不是牢记我们真正想要的东西，就会带来与目标相抵触的冲动，并允许我们做出妨碍自己的行为。想要做到始终如一，我们就需要认同目标本身，而不是我们做善事时的光环。"[1]"度"，在他的思考中显然被赋予了更根本的意义；而"历史必须从中华帝国说起"[2]的黑格尔感慨意味着，"大同"目标下凝结而成的五千年中华古老智慧——"允执厥中"，即便在今天，亦同样不乏可矫正内外极端取向的价值守恒意义。

---

① 凯利·麦格尼格尔：《自控力》，依次见第 82、12、241、100 页。
② 黑格尔：《历史哲学》，王造时译，北京：商务印书馆，1963 年，第 160 页。

第三十二章　田艮斋的朱子学理解与牟宗三说法的比较

杨祖汉（台湾"中央大学"）

引　言

朝鲜朝末期重要儒者田愚（号艮斋，1841—1922）的思想以李栗谷（李珥，1536—1584）为宗，顺栗谷对理气心性的理解，来诠释朱子的思想理论，栗谷的重要见解表现在他对朱子哲学的理解与诠释上，他反对李退溪的"理气互发"说，主张"气发理乘一途"，强调了理的不活动。除了说气发理乘外，又主张"理通气局"，即理为普遍者，无为、无变化，而由于乘气而表现，为气所局限。又认为道心并不是理发。人心、道心的不同，是在反省心用于性理或用于形气之后的说明，并非表示二者在源头上有气之发与理之发的不同，所谓"源一而流二"。又明说"心是气"，不同于退溪言心是"理气合"。而栗谷所言的工夫重在"养气"，因为理无所作为，人用功只能在气上，如果可以通过养气的工夫，使气恢复为"本然之气"，就可以使生命符合理的规定而行。栗谷这些主张，即他对朱子学的诠释，都强调了性或理不活动，心是气，心理为二，修养工夫或实践的动力不能从理本身给出。[①]他此一对朱子学的诠释，与中国当代牟

---

① 以上有关李栗谷的思想见解，见李栗谷《答成浩原》的多封书信，载于《栗谷全书》卷9、卷10，首尔：成均馆大学大东文化研究院，1986年。对于这些思想见解的分析，参见拙著：《从当代儒学观点看韩国儒学的重要论争》，第五章"李栗谷、成牛溪'四端七情与人心道心'的论辩"，台北：台湾大学出版中心，2005年，第217—328页。

宗三先生对朱子的理解相近，只是牟先生认为朱子这一形态的思想是他律的伦理学，不合于儒学的正宗、即孔孟的传统；而栗谷当然是以朱子学为儒学的正宗的。田艮斋的说法既然以栗谷为宗，则他对朱子的理气心性论的诠释也当然是接近牟先生对朱子思想的衡定。艮斋又根据他的理解，来与当时朝鲜朝各学派对朱子心性论的不同诠释论辩。从他这些论辩中，也可以更明确看到他对朱子思想的理解。如上文所说，牟宗三先生对朱子思想衡定为儒家的别子，认为按朱子的理气心性论的说法是给不出道德实践的真正动力，不能开出真正的道德实践行动之源，而艮斋的说法则认为朱子的思想为儒学的正宗，朱子的理气心性论的种种有关说法，是丝毫不能动摇的。艮斋此说并非只因为崇信朱子与栗谷，或只依朱子的文献的诠释来立论，而是对于朱子的说法何以是合理的，何以是儒学的正宗给出了理由，做了详细的说明。而若以牟先生的朱子学诠释来对照，可以看出艮斋的说法，正可以为被牟先生视为别子，并非成德之教的本质的工夫的朱子学理论，给出一个回应，说明了这一个理论形态正是儒门必须要有的讲法。故艮斋的有关论辩，可以视为与牟先生的朱子学诠释对垒；即艮斋与牟先生对朱子学的理解大体相类似，但却给出了迥然不同的评价。

一　牟先生对朱子学的衡定

牟先生对朱子学的衡定是研究宋明理学者所周知的，本文不拟详说，简列其要点如下 [①]：

第一，心性二分、心性情三分、心与理为二。心需要通过知理、明理而使心合理，为静涵、静摄的横摄系统。也是他律的伦理学。

第二，理气为二，气是活动，凡活动都属于气，理不活动。理是存有但不活动，故理的神义、心义都被去掉了，都归于气。理为静态之存有，是只有超越的所以然之义。朱子所说的理虽显形而上的存有义、超越的所以然义，但作为客观存有的理，未必是道德意义之理，故牟先生说此为道德意义的减杀。

---

① 牟先生对朱子哲学的分析，详见牟宗三《心体与性体》第三册，在此书第一章第四节（第42—70页）则有简要论述（台北：正中书局，1969 年）。

第三，由于心性或心理为二，故心不是实践的客观根据所在，心不能自主，需以敬涵养，使心依理而行，但此一涵养是涵养气心，只能养成良好习惯，不能洞开实践行动之源。故此一形态的涵养，牟先生称之为"空头的涵养""涵养气心"。又由于心不即理，必须要通过致知格物来明理，从明理而起真正的道德实践。但由格物而知的理是事事物物的"所以然之理""存有之理"，而不能保证是道德之理，故通过格物致知而知存有之理，也不能保证能理解道德之理。如是，道德实践的动力也给不出来。

第四，故牟先生认为朱子的思想形态不合于孔孟，乃至于宋儒周、张、大程的义理，他们都是属于"直贯创生"的形态，肯定"心即理"，即认为人有道德的自我，或道德的主体，此道德的主体即是性理的具体呈现，性命天道通而为一，故本体或道体、性体是即存有即活动。性体的活动，就是本心，故心的活动并不属于气。孔孟言仁，或从心说仁义礼智，都表示了人可以呈现其道德主体，而此道德主体既然可以与性命天道通而为一，则在道德实践上就可以证实道体为即存有即活动，人可以于本心、仁体即道德主体的呈现时，通过反己自证，如牟先生所说的"逆觉体证"的工夫，如此就可以当下呈现道德的主体，或甚至是天道、性体，从体起用给出道德实践行动之源，即给出了实践的动力。牟先生据此认为五峰蕺山系与象山阳明系的义理形态虽不同，但乃是"一圆圈的两来往"①，合而为儒学的正宗、大宗。而朱子的思想理论形态，由于与孔孟及宋明理学的大宗不同，故牟先生判之为儒门的"别子"，对于成德之教，朱子的理论可以是一重要的辅助的形态或工夫，而不是"本质的工夫"。因为不能保证可以给出真正的道德行动的根源动力之故。

二　艮斋朱子学诠释的要点

艮斋著述繁多，讨论的问题也非常丰富，但他的思想主旨十分明确，他主张"性为心本""性师心弟"，也强调"性尊心卑"，亦肯定吴熙常（号老洲，1763—1833）提出的性为心宰之论。以上诸说意思相近，或可说相同。《艮斋

---

① 牟宗三：《心体与性体》第一册，"综论"，第48页。

集》①中从各方面来论述此意，而也以此意为主来极力维护栗谷之说，力抗当时主张理有作用、活动的芦沙学派，及认为心的活动中有理的作用表现的华西学派，及甚至主张由于心的本体是理，故主张心即理的寒洲学派（李寒洲的心即理说当然与象山阳明的说法不同，但也强调了理在心中的本有的作用，心不能只从气来论）。艮斋的论辩虽多，其要旨则十分清楚，也可以说艮斋重重复复，从各方面来论证或说明"性师心弟"的主张。从这些论辩中，也可以看到他对朱子的理气心性论，确有一很清楚而一贯的理解。艮斋的想法，先条列如下：

第一，田艮斋的理气心性论都以朱子为标准，在有关的论辩中，都征引朱子的文献作为诠释的根据。而他对朱子学理的诠释，大多符合牟先生对朱子思想的衡定。即理气二分，活动者是气，理不活动，而由于心是活动，故心不能是理。心虽然具有"虚灵明觉"的能力，与一般所谓的形气不同。但心并不能自主，不能作为道德实践的根据。在关于心是气这一点上，艮斋与牟先生理解略有不同，艮斋强调了心的虚灵与形气不同，在这问题上他承接了吴老洲的有关说法。牟先生对朱子所说的心是气之灵虽然也有分析，但没有强调心之虚灵与形气的不同。依老洲与艮斋的说法，心的虚灵虽然是气，但可以与理通彻无间。由于有此一区分，艮斋与老洲都有"心本善"或心的尊贵值得肯定之说，但心虽善，仍然并不可恃，由于心会活动变化，不一定常依理而行，甚至流于恶。强调了心的虚灵容易通彻于理，故心可以弘道、明理，而这也是人能修养而成圣贤的根据所在。但即使如此，心仍不能自主，不能说心的这一些作用就是理的作用，理只能是一静态的、无变化的存有，如果有变化、有造作，就会如同心一般可上、可下，而不能作为价值的标准。这是艮斋心论的特别强调之处，也是理解他的"性师心弟""性尊心卑"说的关键所在。由于心虽善，但不可恃，故必须以性理为尊，而性理由于是标准所在，故不能有活动变化，此一说明正好给出了理何以不能活动的理由。另外，如果理能活动、能造作，艮斋认为就不能说"理弱气强"，而不能说理弱气强，理对气应该就有完全的决定性、主宰性，如果是如此，则人心何以会常不如理呢，人的修德成圣何以又如此艰难？圣人在人类中何以如此罕见，人类以往的历史何以常是治日少而乱日多，而令人感叹？

---

① 田愚：《艮斋集》，《韩国文集丛刊》第 332—336 册，首尔：景仁文化社，2003 年。

在个人的遭遇上，何以好人不能有善报，而恶人反而有得善终？这些事实都证明了理的不活动，而气虽依理而行，但气化参差不齐，非理所能完全主宰。

第二，艮斋对朱子学的诠释虽然大体遵从栗谷的有关见解，但也有比较细微而深入的论辩，如艮斋对于心虽然不是性而为气，但心有虚灵的特性，而可以知理，甚至通彻于理，如上文所已说者；而从心这一种特别的作用，便给出了人可以以心明理，逐步从凡入圣，即变化气质以成为圣贤，使人成为有道德价值的存在，而在宇宙间足以俯仰天地而无愧，如此可见心的特殊与价值所在。但虽然心有如此尊贵的特性，心、性仍必须严格分别。心不能因为有此特性与价值，就自以为可以做主，而与性同一层次，可以对性不加以敬慎、奉持。另外，从心的依性理而行，而可以从事道德实践，修养而成为圣贤，由于是依性理或以性理作为根据才可以达到如此的效果，则根据此意，说性理是造成了人生种种有价值的行为，给出了这些有价值的活动，本来也是可以的。但仍是不可如此说，即对性理还是不能说有活动，或能活动。因为如果从性理是现实上种种道德价值的活动之所从出，而直接说为性之作用，让人误以为性理本身有活动性，那就使性理的地位等同于气化的活动，这对于性理是一贬抑，是不可以的。故艮斋认为朱子对于经典上天道有活动的文献都要理解为并非道体或性体本身有活动，而是气化流行，依理而活动，之所以如此严加分辨，是要避免理被等同于气化的作用，亦开启了心以为可以自主，不必以性理为尊之机。这是艮斋在论证理气心性的义理时，特别用心分别的地方。从这里可以看到艮斋的思辨性，及他的特别用心所在。艮斋的这些论辩表现了他对朱子学的特殊体会，也可以说是比栗谷学更进一步的地方。

第三，由以上的讨论可知，艮斋对朱子理气心性论的理解大体同于牟先生所衡定，此可见对朱子思想大意、理论形态的掌握，牟先生的理解是有道理的。即从二人所理解的大略相同，可见朱子的文献应如此了解，即心、性为二，心是气；但凡活动皆是气，性理为只存有而不活动。当然从上文说栗谷对朱子的诠释处，也已经证明牟先生对朱子哲学的诠释与对朱子文献的分析，是有相当根据的，即从牟先生、栗谷、艮斋对朱子文献都有相类似的诠释，可见此一诠释形态并非主观或偶然。但对朱子的文献理解虽然相似，评价或判断却大有不同。在牟先生认为朱子为别子，非儒学的正宗，而在艮斋则认为是儒门要义。换言之，艮斋坚守着心性为二、理气为二、理不活动、心属于气、性尊心卑等朱子的明确见解，而认为这是儒门的根本大义，不可稍有逾越。艮斋据此理解，如上文所说对朝鲜朝当时重视理的能动性，或理的主宰性，或认为心的活动中有理的呈现等说法，都严加驳斥。认为是混漫了心性理气的分际。艮斋此一做法当然是有以朱子学为权威、正宗及卫护栗谷的主张的宗派意识在；但他也能说明何以此一理论形态是合理的，即他认为他所主张的心是气，虽是虚灵明觉，可涵众理而应万事；但心因为活动变化，便会流于不善，故必须以性理作客观根据。心必须明理、依理而行，即以性为尊，心不能自主；而理无造作，即不能活动，气无理虽然是不可能的，但理弱气强，气之运作，参差不齐，故人心的活动、历史的运会，未必能合理。这些牟先生所认为的朱子学的缺点（最根本的一点是道德实践力量的不足），在艮斋都成为朱子学所以为合理之处。从此一对比可以突显艮斋思想的特色，艮斋性尊心卑、性师心弟或性为心宰等说，通过与牟先生的诠释的对比，凸显了艮斋学的特色与艮斋所理解的朱子学的形态。

　　第四，由于艮斋对于朱子的理气、心性论的主张都给出坚持，又做了何以要如此理解的说明，这等于是对朱子的形态给出了何以是合理的一个理论说明。这也可以视为对朱子理论形态的批评的回应，从这个角度来看，艮斋的朱子学诠释正好是对牟先生批评朱子是儒门别子的回应，或可说正好是针对牟先生的批评而为朱子辩护，这是本文所以要将艮斋与牟先生的朱子诠释加以对照的用意。当然，如果牟先生的批评有道理，即朱子确是他律的伦理学，而艮斋的理解既然大略同于牟先生，则便是站在朱子是他律的伦理学这个立场上来回应，以辩论朱子学是合理的，而如果事实是如此，虽然艮斋给出种种理由来说朱子此一形态是合理的，但只是说明了他律的伦理学此一形态的意义。如果儒学不能是，或不能走向他律的伦理学，则艮斋的辩护无补于朱子为儒门的别子此一论断。即朱子既属于他律形态，而与孔孟传统不同，便不能是如艮斋所强调的，是儒门该有的，甚至是最好的理论形态。即如此理解艮斋与朱子，则朱子与艮斋的思想形态是否就是牟先生所判的他律伦理学呢？如果是，则诚如康德所说，他律的伦理学是假的道德之源 ①，如此则朱子与艮斋的学问理论就

---

　　①　康德：《道德底形上学的基本原则》，第二章，牟宗三译注，《牟宗三先生全集》第15卷《康德的道德哲学》，台北：联经出版公司，2003 年，第 92—93 页。

不切于道德实践。但是否真的是如此？这问题或须做更仔细的讨论。朝鲜朝儒者不论是主理派（以退溪为主）或主气派（以栗谷为主），对于心的理解与体会都不把心只看作是气或形气，而认为心是"理气合"，或心之为气是虚灵而可以"通彻于理"者，此则给出一条朱子心论特别理解的进路[①]，此说可能相应朱子原意，如此则可以用心的本知理作为人可以成德的超越根据，这样便或可以免于牟先生所说朱子是他律的论理学之质疑。吾人可以再更进一步借康德所说的以理为先与以自由为先，都可以理解何谓无条件的实践[②]，为根据来说明朱子系与阳明系可以是殊途而同归的，都可以成立的儒家成德之教的两个形态，由此而论证朱子与艮斋并非他律的伦理学。

艮斋在其论辩中，的确也提出了论据，他的说明也有道理，依此吾人可以讨论艮斋此一"性尊心卑""性师心弟"的主张，是否也是儒家该有的形态，而并非他律的伦理学。当然，如果艮斋的理论不必是他律的伦理学，则顺着艮斋所理解的朱子的理气心性论，也不必是他律的伦理学。故若诚如牟先生所说，朱子是他律的伦理学，则艮斋的朱子学诠释，便不足以为朱子辩护。如果艮斋的朱子学诠释有其道理，也不违背儒学的本质，则对于艮斋此一形态即其对朱子学的诠释之微意，便有阐发的必要。艮斋学或朱子学之未必为他律的伦理学的关键，在于虽然主张心性为二，理不活动，而活动者只是气，心也只能是气，但并非必如牟先生所说的心与理截然不能相通，平行为二，而是二者可以相通的。心的虚灵本来可通于理，故心知对于理是本有所知。由于道德之理是由义利之辨来理解的，愈致知格物，便可愈明此当然之理，由是亦可加强人的道德意识，而希望反躬实践，按此纯粹而无条件下命令之法则而行。这便希望自己现实之意志成为合理的意志。另外，由于正视自己意念的不纯粹，对于这要吾人无条件地遵行之法则便会起敬意，由尊敬而引生实践之动力。此虽然走不上反身逆觉、直下畅通行动实践之源的途径，但通过对本知的道德法则的加深了解，也可以有相应于道德义务的实践行动。对于道德之理是否有本知，即道德法则是

---

① 朱子论心虽然明说心是气，但也有心与气是有分别的说法。如《朱子语类》卷九十五："贺孙问：'神既是管摄此身，则心又安在？'曰：'神即是心之至妙处，滚在气里说，又只是气。然神又是气之精妙处。到得physical，又是粗了。'"

② 康德：《实践理性底批判》，《牟宗三先生全集》第15卷，第178页。

否如康德所说为"理性的事实"，是先天的，并非由后天经验而得来，对于朱子与艮斋是否为他律的伦理学的形态，是最关键的一点。

第五，对于艮斋最强调的性师心弟的主张，其中隐含的微意也很有阐发的价值。儒家是要显发人生命中本有的道德意识以成德，将人理性的自我要求，即要自己行其所当行，严义利之辨之精神畅通出来，以挺立人的道德人格。此一成德之教当然是肯定道德实践是人自己对自己的要求，即人有其本有的道德主体，道德法则的要求其实是人自发的、自主的自我要求，故理不能在心之外，道德之理虽然是客观而普遍的，但并不是一在心之外的客体或对象的存在。故孟子必强调"义内"。此可见孟子、陆王之学的确是理有必至的理论形态。但从法则之为人所本知的理论事实出发，也可以通过对理的逐步了解，而肯认此理的要求，也就是我们对自己的要求，是人的性分所在。于是明理的过程，也就是道德意识的加强的过程，同时也是实践的动力源源不绝提供出来的过程。如果此说可通，则虽区分了心性之为二，即强调性为心所依循，但所明之理与所依之理与心为二，但心与理并非截然分开，若对此性理真有所知更能证明此是性分本有者。如果朱子学可以作以上的理解，则现在加上了艮斋的诠释，则可以进一步阐明此一形态特有的价值。

此即是说，在肯定道德实践是按无条件律令而行，故人之实践道德是摒除其他有条件的种种想法，而只依自己理性上所肯定的理所当然者而行动，此一强调了无条件而自发、自由的实践之形态，应是凸显了人的自作主宰的特性的，在此意义下，是否也需要或也容许以性天为尊，而不敢自主，即不敢自以为是，时时对性理或道德法则维持敬谨不违的态度呢？自主与以理为尊、谦卑自持是否相冲突呢？如果性尊心卑、性师心弟说与儒家的本质不兼容，则艮斋所阐发的只是朱子这一形态本身的义理，而无关于儒家的成德之教；如果朱子与艮斋的说法可以与儒家的本质兼容，则艮斋此一形态所表现的特殊精神，便可以是对儒者，从事成德之学的人的很好的提醒。即在强调自发自主的道德实践时，要留意此心必须是以性理（道德法则）作为依循的对象，或要正视此自发自主的道德主体是以道德法则作为内容的，即需要正视"心即理"的理的成分，要以理来定心。即从指点本心启发仁体为实践进路的逆觉体证之学，必须进一步体会到此本心良知所含有的道德法则的种种内容，不能只强调良知的自主、虚灵，而忽略法则的意义。再进一步，由于体会到人的感性欲望的限制，理解到在感性影响下人的心灵不一定常常可以呈现以无条件的律令来表现道德实践的要求，此即艮斋与吴老洲所谓的心本善，而不可恃，于是随时以性理作为心所奉持的对象，这也应该是道德实践一个该有的形态。

在牟先生的宋明理学三系说的主张中，胡五峰、刘蕺山的"以心著性"说，也表现了虽然人可以当下自主的实践道德，而肯定心即是性理，心是无限心；但道德实践在人的现实生命中呈现时，不能不受到生命的有限性所限制。只能逐步地实现具有无限意义的性与天道，而显一以性天为尊而要求自己的道德自觉之实践，步步形著，具体化天道，而可以拉成一无限的实践过程。当然，牟先生所如此诠释的五峰蕺山系虽然有心、性之分设，但心、性也可以顿时是一。心、性之分设，是在以有限的生命实现无限意义的天道的设想下，所显示出来的实践上的距离。人不能一下子做尽该做的事，人的道德实现与天道的生化流行亦有广狭的不同，故要作上说之区分。其实道德自觉的心的活动与实践在其意义上，可以与天道的生化浑然不分，或顿时是一；故心、性分设或以心著性，并不同于艮斋之言性为心宰、性尊心卑或性师心弟，在艮斋心、性之不一，绝不能消泯。艮斋与五峰、蕺山之不同，也的确不容易消泯或疏通。但艮斋之说若通过与康德理论的比较，尤其是与康德论尊敬（敬重）的见解相比较，则可以看出艮斋此一性师心弟说，也有其合理之处。此一形态与基督教的说法，如基督教对于人的骄傲之为大罪，有特别的强调，是否亦相似呢？如果强调艮斋此说，即认为其性尊心卑、性师心弟论是儒门要义，是否会把儒学转向基督教？这也是需要讨论的。当然，对于人的骄傲自大之为严重的生命问题，认为是可以毁掉人的德行之义，不只是基督教重视，佛教对增上慢的责备也是很严的，有增上慢者甚至会下无间地狱；另外，晚明的王学学者强调为善而忘善，以无善无恶的心情为根基才能真正为善去恶，也多少表达了人的为善而自以为是善，的确非要去除不可。在康德实践理性批判书中，亦言对于人的自大必须加以彻底的打击，也表示了与艮斋相同的思考。即在与纯粹的道德法则相比较时，可以看到人心的不纯粹，此时人是毫无自大的理由者。此等意后文再论。

三　艮斋朱子学思想的旨趣

以下引几段艮斋有关的文献来讨论上说之意：

> 　　见今无事静坐，读书养素，庶几自乐；而隐微之间，时复有波浪摇荡，往往至于溃决，以此自觉有个苦恼不快处。究其病源，静中操持，主宰既不坚牢，是以于欲动未动之间，霎时放松。此为私欲下种插根之处，下梢便至于不可奈何之地。此濂溪之几字，横渠之豫字，所以为有力也。窃想文丈于此，一如下水船相似，恁地滔滔顺流去矣。然晦翁又有也要柁要楫之戒，计应在著意、不著意之间，用了些子气力也。①

此段表达了艮斋于静坐内省时，体察到生命内部隐藏了私欲，而"时复有波浪摇荡，往往至于溃决"，此可见人在静而无事时生命并不稳当。此一对生命潜藏着私欲的体会，应是艮斋对于心的活动或心作为人的生命主体并不能信任之原因。他对于生命本身原是有毛病，或践德必须先克服生命中早已潜伏着的敌人，即须克服欲望对践德的意志时时起反弹的倾向，颇有体会。因此，他认为理才是确定而不动摇的，心固然可以明理而不断努力向上，但若不以理作为根据，而自作主张，则在自我做主，而要从事道德实践时，很可能受到隐伏的私欲所影响，自以为善而却暗中有私欲流荡其间。文中对于金丈的工夫，给出了批评，提醒他在自然顺当的实践中，需要随时留心，工夫是在著意与不著意之间。

> 　　伏蒙询及拙修四种说，愚不慧，何足以知之。第以妄意推测：本然命物云者，指此理至善之体，为万化之原而言也。然命物之云，语涉作用。若改之曰"本然主宰"，则几矣。但拙修本意，谓理本有自主张一途，此大

① 《艮斋集》I《答凤岩金丈》，裴宗镐编：《韩国儒学数据集成》中，韩国：延世大学校出版部，1980年，第20—21页。按，以下仅注《集成》页码。

误也。乘气流行，即气之动静，理亦随而动静者也。浑融合一。即推之于前不见其合，引之于后不见其离者也。分开各主张，即拙修所谓理气之发，分而为二者也，此又大误也。其以栗翁见处，为偏于流行浑融者，亦考之不详而言之太轻矣。栗谷先生尝论阴静阳动，一神两化之妙。而结之曰："孰尸其机，呜呼太极。"又曰："气非理则无所本。故曰无形无为而为有形有为之主者理也。"考诸本集，此意极多。但其言尸与主者，皆以自然而言，非如拙修所见之意，故辄疑其不及于本然主宰也。《巍岩集·杂著》有《辨沧溪、拙修理气说》，而曰："林公日录，有深攻栗谷说。而赵则其所陵驾先生者，益无忌惮矣。"因有大辨论，而中间并及农岩之序沧集，三渊之作拙志，其说甚长，幸一取览焉。①

此段对于理的不活动给出了说明，他不赞成理可以命物之意，认为"命"有理给出了作用之意，故主张把命物改为"本然主宰"。即表示理是在气化流行的活动中，使气如此，"本然"便无造作之意。理是气之活动的所以然，此所以然并不能造作或活动，即理乃是一"使然者然"，对于气的活动给出超越的规定，而它本身并不活动。理气浑融，不能认为理是"自有主张"。艮斋引栗谷之语来说明此意，栗谷认为阴阳动静是"机自尔也"，即阴阳气化的所以活动是气本身在活动，不是有使之者，当然阴阳活动之所以如此，人可以说是太极所主宰，故栗谷又曰："孰尸其机，呜呼太极。"② 太极是气化活动的超越的所以然，但此理（太极）对于气的决定并非在气的动静变化中给出主使作用，故栗谷又有"非有使之者"之言。艮斋此处之分析，对朱子所说理为气之主宰但理又不活动，给出了说明。即理并非对阴阳之气化的活动给出了实质上的生发或触动，气化的活动是气机自己所引发的，但气的活动变化是以太极作为超越的根据。气机自尔，但其所以如此，是太极为之主。当然此作为超越的根据使然者然的太极或理，不能是气化本身的活动，二者有形上、形下之不同。但是否理不是气化的活动就不能活动呢？是否有不是气化而比气化高一层的纯粹活动，

---

① 《艮斋集》I，第22页。
② 李珥：《理一分殊赋》，《栗谷全书》卷1，第9页。

如牟先生所说的神感神应的活动,此活动并不能以气论,这是可以进一步讨论的。

> 理活气死,理苟如是,孔子之言"人能弘道,非道弘人",何也?孟子之不专求之道义,而又必以养死局底气,又何也?朱子之言"苟不知所以养气焉,则略知道义之为贵,而欲恃之以有为,亦且散漫萧索而不能以自振",又何说也?(《语类》诸说,无不如此)且人理皆善,而气或未纯,故凡庸未易为圣贤。而今也未纯底死而无力,至善底活而有为,则生知安行,何待上智而后能也?稽诸圣言,既不契;推之实事,又不验。此必别有所指而后人不能会得欤!(项闻柳穉程于理气说,颇觉其误,就师稿中标出十余条立疑义,以示金监役而不相合。金门诸人,至有侵斥之说。勉庵崔台对林君奭荣言:柳之所改,一从田说云矣。然时未见其文字,极以为恨耳。)理气合而神明,此以孟子尽心章注对看,而判其误。如尊谕更快。心统性情,统有兼包义。(《孟子集注》云:"仁兼统四者。")恐无上统下之意也。《语类》有统百万军语,遂认作上下看。然则磨蚁之谕,亦将为气大理小之证乎?明儒薛蕙讥横渠云:"性,太极也。太极之上,不当复有物而统之。"是其为说与华老异,而误看统字则同也。愚尝谓与其卑性而为华西,宁尊性而为薛蕙也。①

艮斋认为如果说理是活动的,而气是死的②,则不合于孔子所说人能弘道,非道弘人之语意。《论语》此章朱子的《集注》引张横渠之言:"心能尽性,人能弘道也。性不知检其心,非道弘人也。"艮斋即依此注语来论说,认为人能弘道是心的作用,而性不能检点人的心,就表达了道或性本身不会有造作活动之意。艮斋又引孟子养气之说来证明气是活动的,认为如果气是死的,则孟子言养气就

---

① 《艮斋集》Ⅰ,第22—23页。
② "理活气死"是李华西之说,其言曰:"识理之言,理字活而气字死;不识理之言,气字活而理字死。"(《华西雅言》卷一,裴宗镐编:《韩国儒学资料集成》中,第4页;参见李丙焘:《韩国儒学史略》,首尔:亚细亚文化社,1986年,第300页)按一般的理解,气是流行、活动,不会是死的;故华西此处所谓的死、活,应是相对而言,即认为理比气更为灵动。由此亦可见华西所理解的理,有活动性。

是不必要的工夫了。他又引用朱子对孟子养气章的说明来证义，依朱子，如果没有气的帮助，则人的道德实践，是散漫萧索的，这可见朱子对气的理解。即如果气是死的，怎么可能对于实践有帮助，而认为人需要养气呢？此段中又说，假设气是死而无力者，而理则是活而有为者，则理对于气就可以有完全的主宰，于是人的为善应该就很容易，就不能说为圣为贤是艰难的，或生知安行只有上智的人才可能。即应该人人都可以很容易成为圣贤，而事实上并非如此。故艮斋认为理气的存在情况，应该是如朱子所说的气强理弱，理虽然是超越的所以然，或气的存在根据，但它对气没有实际上的造作。

"理活气死"是李华西之说，艮斋上引文中提到，华西门人柳省斋（名重教，字樨程，1821—1893）对华西的讲法后来有所修正。华西主张明德为理，认为心可以"以理言"与"以气言"，理活气死之论又表达了理有活动性。柳省斋对其师之说后来确有修正，认为心之正说应该是气，而不能是理。此义当然是艮斋所赞成的，故有"未见其文字，极以为恨"之语。对于理气合而为神明之说，艮斋表示反对。按此是讨论《孟子》"尽心知性"章朱子注"心者，人之神明，所以具众理而应万事者也"之文意，艮斋认为此"神明"只是就心的活动或作用说，并不含理在内。艮斋认为"明德"只是心，而人可以以此心来具理而应万事；心虽然有此妙用，但此作用只是心而不能是性，性并不造作。

对于"心统性情"此一朱子所特别重视之语，艮斋的理解是"统"是兼包之意，而非上统下，故心统性情依艮斋的理解，心虽然可以统性情，但此统要从心兼性情，或心包性情来理解，而不是心可以自我做主、由上而下的统驭性情。依朱子心通过明理之理而使情绪的活动合理，这是心统性情的之意，此处也可以表示心的做主，但其做主必须要依性理为根据，如是则心的做主应如牟先生所说是"管家之主"，而非"主人之主"。李华西与李寒洲都认为从心之能统性情就可以看到在心的活动中有理的作用表现，"统"便是理的作用。而艮斋则主张心的统须从兼包之意来规定，并非上统下之统。即他不认为心统性情之统可以有理的作用在，统是活动、是有造作的，只能是心。他又引明儒薛蕙之言，认为太极是最高的存有，不能在太极之上更有统之者。此处的分析相当精细，也表达了心统性情可以有两层主宰的含义。理对于气当然有最终的决定性或主宰性，如果不合理便不能长久存在。不合理者虽然可以暂时存在，或存在相当时日，但其存在必不能恒久，也不会被人认为是真实的，或值得的存在。此可见理对于气有规范性，或主宰性，但这是超越的主宰，现实上的气化的具体如何存在，则决定于气化本身的作用。此即上段所说的本然主宰之意。理的主宰也可以说是不主之主、不宰之宰，存在界当然由理所规定，但以何种形态存在，能存在多久，那是气机的作用。人当然可以按照理来要求现实，希望现实的存在成为合理的存在，但何时能实现此一理想，也须看现实上求实现理想的气或势是否有力，这是人需要奋斗的理由。艮斋此说对朱子的理气论给出了较为详细的说明，的确也比较能说明何以在肯定理是气的主宰的前提下，又可以承认现实的存在的不合理。

　　柳稺程据《老洲杂识》一段，以证明德之为理者，可谓徒得其言，而不察其指者矣。盖老洲泛论学问之当主理，故概举仁性道德之属以为言耳。其间有知觉无知觉、有情意无情意之分，则不暇论也。夫明德分明是虚灵光明之心，能包得仁性道理，而做出德行事业者也。若浑沦说，则谓之形而上之理，亦无不可。苟以其浑沦者言之，如形色之有长短浅深者，孟子亦谓之天性。心之有思虑计度者，邵子亦谓之太极。满山草木之有青黄碧绿者，朱子亦谓之太极。则老洲之指明德谓形而上之理，亦何足异乎？若不究其立言之微指，而直把明德以为理，则理如何虚灵不昧？理如何能具？理又如何能应事？苟如其见，则佛家之认灵觉为性，指作用为性，乃为洞见道体之言。而孔子之"非道弘人"，朱子之"理无情意"，反归于含糊儱侗之科矣！吾未知老洲先生晚年所见果如是否也？柳稺程每以人心虚灵，以具众理而应万事者，直指为形而上之理。如此则朱子释孟子尽心心字曰"人之神明，所以具众理而应万事者也"，又释大学致知知字曰"心之神明，妙众理而宰万物者也"。又答潘谦之书曰"心之知觉，所以具此理而行此情者也"。此皆当以理看耶？心是理，则知性性字，又是何物？知是理，则格物物字，又是何物？知觉是理，则具此理理字，又是何物？假如其见，则是形而上之理能具得形而上之理；形而上之理能妙得形而上之理，形而上之理能格得形而上之理矣。是形而上之上，又有形而上者。岂不为头上有头之说耶？愚故曰："浑沦说，则心神明德，皆可以理

言也；分开说，则心神明德，皆是有思虑运用底，不可复目之以形而上之
理也。"①

此条艮斋讨论明德的意义，他认为明德是心。当时韩儒有明德是心抑或是性的
争论，所谓"明德论争"，此一辩论也相当有意义。②艮斋主张如上一条所说，
明德是心，心以其虚灵明觉具备性理来应万事，虽关联性理但虚灵是心的作用，
不能说是性，即性理不能有作用。艮斋此处的论辩，明白表达了心性为二，而
以心之知具理之意。故他说："明德分明是虚灵光明之心，能包得仁性道理，而
做出德行事业者也。"他又认为如果浑沦地说明德是形而上之理也可以，这是因
为心能给出德行事业是由于能以性理为根据，从用来说体，则可以说这用就是
体，如孟子"形色天性也"之说。但这是浑沦说，不能直接以明德理解为理。艮
斋对明德的论辩，即是心性不同之辨。艮斋认为如果没有此一分别，就会如佛
教以灵觉为性，作用为性，如此则理气不分别。艮斋又举了几则文献来说明，
他举出了朱子在孟子尽心章对心的注解，释大学致知之知字都是与明德注语相
类。③故解释应该一律，都是指心。

太极有动静之理而无动静。（有其理，故谓之道体。无知能，故谓之无
为。）阴阳载动静之理而能动静。（载其理，故谓之气机；能运用，故谓之有
为。）亦犹人性有寂感之理而无寂感，人心具寂感之理而能寂感也。（此数
句，欲质之前圣后贤，而订其是非，窃愿并世君子，各以所见见教也。）先
贤谓太极有动静者，只以其有乘气动静之理而言，非谓其有动静之能也。
看者以为太极真会动静，则非其实矣。（太极有动静，与《朱子大全》"性之
蕴该动静"，的是一意，而认之为真会动静，则其将曰性能检其心乎？）先
贤谓太极无动静者，只以其无当体动静之能而言，非谓其无动静之理也。

---

① 《艮斋集》I《与凤岿金丈》(巳亥)，第23—24页。

② 关于此问题，本书第十二章已论及，又牟宗三先生亦注意到此问题，认为朱子所说的明德应该是指
性，虽然连关到心来说，但实指是性，参见牟宗三：《心体与性体》第三册，第374页。

③ 据艮斋文中所引，朱子对于"心""知"的解释都用"所以具众理……"来说，此句所说的具理，应
该是说"心具"，而非"性具"。"心具"是心性不同，而心能具理；"性具"则是仁义礼智为性所"本具"。
朱子之意明显是"心具"。

看者斥以太极沦于空寂,则害其辞矣。(太极无动静,与《论语集注》"道体无为",的是一意。而目之以沦于空寂,则其将曰道体沦于空寂乎? 先贤谓动静气机自尔者,只就其能然处言之。非谓气独作用也。看者疑其气夺理位,理仰气机,则失其指矣。)《楚辞天问》朱子注曰:"一动一静,一晦一朔,皆阴阳之所为,非有为之者。"《语类》曰:"天只是一气流行,万物自生自长、自形自色,岂是逐一粧点得如此?"两语正与栗翁"阴阳动静,机自尔也,非有使之云者",恰恰相符。此亦将曰"气夺理位"? 又曰"天命之外又一本领乎"? 亦将曰"太极动静全仰于气机",又曰"气机疑于专擅乎"? ○《语类》曰:"屈伸往来,是二气自然能如此。"(《阴符经》朱子解曰:"人心自然而然者,机也。"此两语与"机自尔"参看。)先贤谓阴阳生于太极者,只推其所由本言之,非谓理实造作也。看者以为理有适莫,理有知能,则岂其理乎? (勉斋曰:"太极动而生阳,静而生阴。太极不是会动静底物,动静,阴阳也。只看太极乘着什么机,乘着动机,便动;乘着静机,便静。太极随阴阳而为动静,阴阳则于动静而见其生。不是太极在这边动,阳在那边生。")凡吾儒所以讲明太极阴阳之说者,欲以识夫心性之妙,施诸言行事业,而传先圣之道,以立后学之标准,成百王之法,以开万世之太平。其志其事,岂小乎哉? 假设至善之性,能寂能感,而使心气身形,不敢有须臾之闲、毫厘之差,则岂非古今天下之所同愿? 特以太极虽全,而阴阳或偏;天命虽善,而禀质或恶。加以性微而心粗,理弱而气强,故天地之大也,人犹有所憾;千年之久也,治日常少而乱日常多。至若颜、闵诸子之具美质奋大志,而学于圣人至于数十年者,宜若粹然无瑕玷,浑然无间断矣,何故犹时有不善? 其日月至者,又往往焉。是安可以空言装点得成? 请世之君子,且就此处精核其所以然之故,而一以治心澄气,以循吾性中本体自然之理,而冀其日近圣人之门墙。慎毋若老佛二家之主气。而谓之外气然后为道之教也。[1]

此段开首之数句,分辨了理气之不同,及理无动静,即为"静态的存有",而不

---

[1] 《艮斋集》Ⅱ《理气有为无为辨》(癸卯),第74—75页。

活动, 活动者是气之义, 说明得十分清楚。故艮斋自己对此数语, 十分有自信。
此段后文是艮斋是对奇芦沙的主张之回应。芦沙反对栗谷所说的 "理无为, 而
气有为" 之说, 认为如果理无作用, 而活动造作者都是气, 则理便成为一附随气
之后的多余的存在, 这样的 "理" 不可能比气更为尊贵; 而古来的圣贤经典都是
以理为尊, 认为气是为理所主宰的, 故理一定有其可以主宰气的力量, 虽然其
作用或力量不同于气。于是芦沙推论出虽然凡有形可见的力量都是气, 但气一
定为理所主宰, 故理的力量一定不需要借着有形的作用来表现, 于是他说理自
有其主宰的力量, 不需要借着有形的气的作用来帮助。即理可以说单靠它自己
的无形的力量, 就可以主宰无论如何强有力的气。芦沙此意可以用来说明道德
法则或道德义务的力量是单因为是理而给出来的, 道德法则只以一 "理所当然"
就足以给出令人不得不依循的要求。道德法则是以无条件的令式给出的, 人的
依道德之理而行或服膺义务只因为是理所当然之故, 除此以外不能有其他。即
人不能因为别的理由, 如道德行动会产生利益, 让人有利可图, 故而去实践道
德。如果是后者之情况, 便是假的道德行为。这是人对道德法则本来的了解,
或人一旦反省何谓道德法则或义务的行为都可以知道道德实践是无条件的, 故
假如人依义务意识或仔细思考道德法则, 确会了解到道德的行动是单因为是法
则或义务的缘故, 而去行动。故单就道德法则或义务意识, 就足以命令人要去
遵循, 丝毫不需要凭借别的力量; 越能去掉其他的想法或牵连, 就越能看到道
德法则的力量所在。故纯然的道德法则其力量是最大的。奇芦沙所表示的理的
主宰的力量, 是在于理作为一切存在的根基, 这种力量当然是天地间最大的力
量, 而不是气化活动所能比拟的。故他认为理所以有比气为尊之位就是因为它
单因其自己就可以给出主宰气的力量, 理之力量完全不依赖气, 这的确是对道
德之理给出了很相应的说明 (芦沙本人没有明白分析出道德之理的这种性格,
但他的论证很适合来说明道德之理之为无条件, 且越知其无条件, 越具理之力
量。所说的理当然是道德之理。) 故芦沙所认为的理本身有他的作用是可以成
立的, 而艮斋则严格依循理不活动、无造作, 气才有活动, 能造作之分别, 对于
芦沙之批评栗谷做出详细的辩驳 (详见其《猥笔辨》及《猥笔后辨》)。艮斋的
驳论如同上文所说, 理无造作, 对于气的主宰是不主之主, 即是对存在界进行
超越的规定, 使然者然, 而不是实际上给出具体可见的作用, 使气直接接受其

主宰。而气的阴阳往来是自然如此，故曰"气机自尔"。艮斋表示了对理气的关系与作用，而所以要做出严格的区分，是为了对人的心性的作用有充分的了解。即透过对理气论的说明，以明白规定人心的作用与性理的关系。艮斋借此说明了心是活动，而性理不活动，不活动者是标准所在，而心是活动的，故可以学性，但也因为活动所以并不稳定，必须以性为尊。此义也如上文艮斋运用孔子所说"人能弘道，非道弘人"之说来表示之意，人心能有作用而道或性不能有其作用，如或不然就违反孔子的语意。当然如果按照宋儒如程明道的一本论，可以说只此心即是天，即主体或主观上所给出来的弘道、知天的心的作用，也就是天道本身的作用，主观的讲是心的尽性，客观地讲是天道的创造活动，而这两者其实是一回事。如同牟宗三先生所说不管是主观地讲或客观地讲都是同一本体的创生性的活动流行[1]，故明道也可以说"穷理尽性至于命三事一时并了"。又说"天人合一"是多了一个"合"字。依明道的思路对于"人能弘道，非道弘人"便可以理解为当人在弘道，即自觉地以道为效法的对象而努力实践时，就是道在人的生命中的体现，此时也可以说是道在弘人。故如果只说人能弘道，便不能说明道其实是最后的根源；而如果只说道能弘人，便忽略了人的自觉是必要的，故主观面的自觉弘道，与客观面的道的生化流行，其实是一事。如果可以这样理解道与人的关系，则艮斋的说法，也并非定解。不能只依孔子原文说只能以心尽性，不能说性体作用于人心。

此段的最后，艮斋给出了一个理如果活动，便属不合理的论证。他认为如果理有作用，而能使"心气身形"完全按照理的规定而活动，则当然是古今所有人所共同意愿。但事实并非如此，在天地间阴阳的往来、自然的气化常有差失，使人感觉到天地虽大，人仍有所憾，在人间的历史则治日少而乱日多，即使像颜渊、闵子般具美质、大志，从学于孔子多年，但仍不能成圣，这是何故呢？艮斋认为其中是有深微的缘故的。由此艮斋便推论出性理必须是无造作、无活动才会如此。即理对气虽有超越的决定，但理弱气强，并不能使气完全听命。艮斋这一番讨论含蕴了很深的哲学问题，即他要借理气的理论来说明人间恶的来源。当然，此中所谓之恶，亦须做一区分；人间之道德上之恶不同于大自然所

---

① 牟宗三：《心体与性体》第二册，第三部分论二，第一章第六节，言明道一本论处。

表现的自然之恶，自然气化的流行有时不守既往的规律，而造成灾害，虽然常常危害极大，但并非道德上的恶，人对之无可奈何，也不能责怪。对于人的气性参差所造成的恶，如下愚者之不移，不能改善其无知或凶残之性情，此亦可视为自然的恶。但即使人在气禀上有轻浊厚薄的不齐，人之为恶，并不可归咎气性，因人做出的行动，是经过心（意志）的自由抉择的。在人知恶者不可为，亦可不为之情况下，仍做出恶事，这便是道德上的恶。对于人所造成的道德的恶，便会深恶痛绝，认为那是不该发生的而却发生了。人必须对道德的恶负责，而道德上的恶不能只从气性或气质之不齐来说明。艮斋似乎要用理不能完全决定气来说人心的常不依理，但如果是如此，则人之为恶，便是自然的恶，这样的说明对于恶的产生并不充分。仔细看艮斋的语意，也不是只从气性上的不齐来说，对于心的作用，即心有从理或不从理的"不稳定性"，此如朱子诗所云之"人心妙不测"。对此艮斋他似乎有特别的考虑或体会。

> 栗翁尝言"阴阳动静，机自尔也，非有使之也"。芦沙《猥笔》深驳之。然以愚观之，朱子雅言"才有作用，便是形而下者"。动静者，作用也，故曰"机自尔也"。孔子分明说"天之生物，栽者培之，倾者覆之"。而朱子却言"此非有物使之然，但物之生时，自长将去，恰似有物扶持佗。及其衰也，自消磨去，恰似个物推倒佗，理自如此"。孟子分明说"天之生物，使之一本"。而朱子却言"自然之理，若天使之然也"。伊尹分明说"天之生民使先知觉后知"。而朱子却言"天理当然，若使之也"。此何以故？只是恐人错认使字为作用之意，则害道大矣！故另下若字、恰似字、非有物使之然字，以见其无作用之使也。故曰"非有使之也"。栗翁岂无所受而妄言之哉？且如"人能弘道"，机自尔也；"非道弘人"，非有使之也。盖"人心有觉"，是阴阳动静之机也；"道体无为"，是太极自然之妙也。①

此段艮斋引朱子语说明道的作用，不能照字面来理解。朱子在注解经典时，把

---

① 《艮斋集》Ⅱ，第 79 页。

凡有言天或道或理有作用之语处，都表示只是理之当然，并非理有作用。艮斋认为这便是朱子之微意，即恐怕人错会了理是有作用的。

> 窃尝思之，自乡人而至于为圣为贤，岂非夺天地之造化者乎？其功夫虽存乎心，而其本源一出于性。然则谓之"道能弘人"，亦何不可？而圣人之言如此，此宜深思其故。夫道是至尊之实，而为万物之主者；若乃降而与有作用者同科焉，则道器上下之分乱，而无以杜此心觊觎之萌矣。呜呼！圣人之指微矣哉！（以此防心，后世犹有此心自称大理具小理者。）抑又思之，心之能事，至于敬尊德性，义扶世教，铸凡作圣，竖人参天，其有功于人何如哉？虽假以形上之名，宜若无可惜者，而圣人之于心，乃不肯与道齐头并脚，是又何故？释氏不知之为道，而天上天下惟我独尊，我是心，自我也，心虽磨炼得极精细，比之冲漠无朕之道，毕竟微有迹。盖灵之与真，原自有辨而然也。圣人不欲指心以为道，其谨严之意，岂不以是欤！此是吾儒第一义理，亦第一防闲，欲以奉质于曩哲，而既未可得，则亦愿并世与后来之贤者，与之是正。①

此段前半表示由于心的作用能使人成圣贤，是由于以理作根据，于是从以理为根源而认为道能弘人，应该是可以的。但何以圣人不这样讲？这是有特别深意的。艮斋认为圣人如此表示，不肯认为性理是有作用的，是不让有作用的气与理站在同一层位上，以免开启了觊觎之机。此即前文所说的，艮斋强调了理不能活动，理作为价值的标准，天地的主宰，不能活动变化，如果有活动变化则理的尊位便保不住，而与气同一层次。故理与气或道与器、形上、形下之不同，必须严格区分。艮斋此处可说是对性理是只存有而不活动，给出了一个颇为有力的说明。此一严格的区分，也防范了心自以为可以与性同等的想法。因为心是气，有作用变化。此段的后半强调了心的作用，固然是十分可贵的，但即使心如此可贵，圣人仍然不认为心可以与性有同样的尊位，不肯让心、性同列。艮斋认为这是儒学的"第一防闲"，他对此意讲得非常郑重。此段如前文所已叙述

---

① 《艮斋集》Ⅱ，第 81 页。

的，艮斋对性的规定，即性、理不能有作用，此如同牟先生所说的朱子所言之理是"存有而不活动"；对心之规定，即认为心是活动，故心只能是气，不能是理，此亦同于牟先生所认为的，朱子之言心，是以心为气。艮斋除了做出以上的规定外，又对所以会有如此的规定的理由，做出了说明。艮斋认为此一理气心性论，是可以给出一个最合理的心性之分位关系的说法，而根据此心性关系论，会让心以性为尊、遵理而行。艮斋认为儒家成德之教必须在于心以性为尊、为本，而且心不敢僭越、不敢自主的情况下，才能达成目的。而凡以心为尊，认为心就是理，强调心的自主而不肯以理为依循的理论，都是异端之说，不能使人真正成为德者。此一论辩，便证成了艮斋所主张的"性师心弟"论。此可说是对心性必须为二，给出了道德实践的论证。

四　艮斋与牟先生朱子诠释之比较及艮斋之说的特殊含义

从艮斋对奇芦沙的批评，可以清楚看到艮斋理气论的见解，他强调了理的不活动、不造作，理对气的主宰是不主之主、不使之使。气化的流行，阴阳的往来，是其机自尔，即是气化自然如此，并非由于理的直接作用。而理与气的这一种关系也决定了心性的存在情况，艮斋认为心是气，虽然心之为气是虚灵明觉，因此可以具理以应事，但不能因为心可以具理应事或统性情，而说心的作用是理的作用。心与理的关系应该是心理为二，心是气，可以活动，而性或理不活动，不活动的性理是心的遵循的标准。故艮斋的理气论决定了心性的存有地位，理气论与心性论是一致的，心是气而不是理，心与理有形上与形下、活动与不活动的分别，此意在艮斋批评李华西与李寒洲的相关理论上可以看到。另外，艮斋主张朱子对大学所说的明德的注语，是表示了明德为心，以明德之心具理以应事，虽然心是可以具理应事而为明德，即心是有尊贵的地位者，但心的尊贵比不上性的尊贵。即心虽尊贵，是人可以成圣贤的关键所在，但心还不能与性相比拟，性才是价值的标准，真正的道德实践的根据所在。此处艮斋的分辨非常严格，他认为必须严格分辨心性的不同，不让心因为有其尊贵，而有僭越性的可能。

由以上的讨论可知艮斋的思想非常一贯，他的论辩都环绕着要证成性尊心卑、性为心本或"性师心弟"的主张。"性师心弟"尤其是他的独特说法。^①他反对从心的活动来说理，也反对性理本身可以活动，这正好是如上文所说，与牟宗三先生对朱子学理解相似，而牟先生据此判朱子学为别子，非孔孟嫡系，艮斋则以为是儒学第一要义，是最重要的防闲所在，这真是见仁见智了。牟先生的判断当然是有根据的，因为如果心理为二，心对于理必须依循，不能自作主张，如此，怎样能免于是他律的形态之批评呢？当然根据艮斋的说法，或艮斋、吴老洲、洪梅山一系的说法，认为心之为气，是虚灵而通彻于理的，这可以用来说明或解释朱子虽然规定心为气之灵，但不同于一般所谓的形气，这可给出一心虽是气，但本知理的讲法。这可以为朱子的《格物补传》所说"因其已知之理而益穷之，以至乎其极"及心虽然要靠格物穷理才能充分了解理而豁然贯通，但这豁然贯通是有对于理的本知、已知作为根据的。如果可以这样理解朱子的语意，则不同于牟先生所说朱子是从存有论的所以然来规定道德之理，且对于此所以然之理是必须通过经验的认知才可能知道的。若如牟先生所说，则朱子难免于他律道德的形态，而且对于所以然之理之知是没有保证的。当然即使是如艮斋、老洲等所说，规定心之虚灵可以通于理，未必是可以说得通的。因为假如心只是气而不是理，则心气虽然是灵，可以认知，但其认知的作用一定能通彻于理、不隔于理之善吗？这也是无保证的。如果一定要说气之灵与理无间而通彻于理，则只是独断的规定。因为理是理、气是气，有形上形下的不同，何以一定可以通彻？此不能有合理的说明。退溪及主理的一系，认为理有其活动性，理在心中本有其作用，这可能是使朱子跳脱他律的伦理学更好的说法。故奇芦沙肯定理有它不同于气，也不依靠气而自发的作用，可能是对理有真正的体会，而不能不有的说法。而李寒洲强调心的本体是理，说可以讲心即理，与李华西认为心的活动有理的作用在，也是于肯定朱子的理气心性论的架构下，要说明道德实践的动力的根源的合理的讲法。但此一系的说法要肯定心是"理

---

①　艮斋曰："性师心弟四字，是仆所创，然六经累数十万言，无非发明此理，可一以贯之。中夜以思，不觉乐意自生，而有手舞足蹈之神矣。彼不曾自体者，辄疑性是无言之理，如何能为心之师？陋哉言乎！孔子人师也，其道且有不待言而显者，故尝欲无言，而颜氏便能默识。圣人之蕴，亦不言而化，而教万世无穷矣。今性之发见于日用之间者，精微曲折，无非至善。以若心之神明灵觉者，何待逐一指点，而后知其为可师而学之耶？但得心弟自虚以受教，则厥德将与天地同其体用矣！"（《艮斋集》后编卷14《性师心弟独契语》，第18页）

气合",此说虽有朱子弟子陈淳的说法为根据,但形上的理与形下的气如何可以合而为心的活动呢? 也有说明上的困难。艮斋对此说,亦曾明白表示反对。①

以上的问题还需更进一步的深思,即吾人是否可以根据艮斋、老洲等韩儒之说,来论证朱子的义理形态并非他律的伦理学? 近年我撰写了几篇论文,试图论证朱子未必如牟先生所说,是他律的伦理学。② 因为朱子对于心与理本有所知,及持敬的工夫是有内在的根源者之义,曾一再说及,现在加上艮斋、老洲对于朱子所说的"心"的理解,即心不同于一般的形气,有其虚灵明觉,而可以通于理,似乎可以更增加上说的说服力。但要充分证成此一对朱子学的新诠释,必须要多引证朱子的文献来作说明,对此,本文暂不再论。而希望探讨一下艮斋此一非要以性为心之所遵从的想法之含义。即虽然肯定心有其明理、弘道的特殊作用,而承认心有其尊贵,但仍要严格区分心性的不同;由于要严格区分心性的不同,故也要严格的规定理为不活动。即使从气的活动的依据是理,理是心的活动作用的根据,本来可以说道能弘人,但何以艮斋仍认为不可如此说? 他是要避免道或理有作用、有活动的说法。何以艮斋立论如此严格? 这一定是他对人心的作用的不稳定、不可测很有体会的缘故。人心如果从理,的确可以上达弘道,使无形的道的意义落实在具体的存在中,以有形的、自觉的生命使无形的道德价值具体实践出来,而建立起人文化成的人间世;但人心也可以在感性欲望影响时,顺欲而下坠,这时心的灵明就用在感性欲望的满足的追求上,而这一种追逐、下坠,也可以是无穷无尽的,会产生极大之恶。可能艮斋对于这种心的不可测,可上达也可以下坠的特性很有体会。另外,从性尊心卑、性师心弟的强调中也可以看到艮斋对于心的自尊特别要打压,他应是认为心由于自尊而对性有所僭越,而这也就是人类罪恶之产生的一个重要的根源。如果这样说是对的,则艮斋此意与康德及基督教对人类的骄傲的看法是相似的。康德说当人面对纯粹的道德法则的时候,不可能仍然有它的骄傲与自大,对于骄傲与自大必须打压。康德说:

---

① 参见田愚:《白山先生四书讲说》,《艮斋全集》第九册,大田:学民文化社,2011 年,第 368 页。

② 较为完整的叙述,请参见拙著:《程伊川、朱子思想型态的当代诠释之反省》,郑宗义、林月惠合编:《全球与本土之间的哲学探索——刘述先先生八秩寿庆论文集》,台北:学生书局,2014 年,第 237—271 页。

　　现在，道德法则（单是这道德法则才真正是客观的，即在每一方面皆
是客观的），它依最高的实践原则完全排除了那自我贪恋底影响，并且无
限定地抑制了这自满自大（即把自我贪恋底主观条件规定为法则的那自满
自大）。现在，不管是什么，它如果在我们自己的判断中抑制了我们的自
满自大，它即以这自满自大为可耻（贬抑了自满自大）。因此，道德法则不
可免地谦卑了每一人，当一个人他把他的本性底感性脾性与这法则相比较
时。凡一个东西，其观念作为我们的意志之一决定原则，在我们的自觉中
谦卑了我们，它即唤醒了对于它自己的尊敬，只要当它本身是积极的，而
且是一决定原则时。因此，道德法则主观地说甚至是尊敬底一个原因。①

康德认为对比于道德法则，人心是没有什么可以值得骄傲自大的，因为在面对
道德法则的无条件的要求，而且也是吾人对此法则的要求不能不承认、不能不
遵从的时候，就可以反显出我们现实的心思、想法是不纯粹的，甚至不可能是
纯粹的。即是说，我们现实上的意志与我们理性所给出来的道德法则相比，是
远有不如的，在此时我们就必会产生谦虚的心情。可能用谦虚还不能表达这一
种与法则不能相比的感受，用“谦卑”可能更好。这是康德在对法则有充分的
分析后，对现实的人性产生了上说的对比后的实感。这一实感应该也是诚恳从
事于道德实践的人普遍的感受。有道德自觉而反身要求自己的时候，总会感到
现实生命的活动远不如自己依理性而给出来的理想，而面对此一理性的理想，
人该有的情感便是谦卑。当然此时也会产生尊敬（敬重），此一对道德法则的尊
敬程度，依康德，是会与现实上的人性与道德法则相比的差距成正比。即人感
觉自己现实上与法则相比距离越大，则对法则的尊敬就会越强，于是在人面对
道德法则而越了解道德法则的纯粹无条件的意义后，便越会产生尊敬，而此尊
敬就会使现实上的人的生命活动、人的意念往道德法则的规定处而努力，这也
可以是对以法则为尊、以己心为卑的思想形态，可以给出实践动力的说明。即
由于现实生命与道德法则之比较，而生谦卑、尊敬；由对道德法则的尊敬，而

---

① 康德：《康德的道德哲学》，《牟宗三先生全集》第 15 卷，第 248 页。

要现实的生命、意志与法则处接近，而如果不会向法则处接近，便不能说是尊敬了。

依以上的说明可知艮斋性尊心卑、性师心弟之说，确有其理据。即依康德的分析，现实的人性或人的现实的意志虽然可以了解道德法则，但一旦与自己所了解的或甚至所肯认的、遵从的法则相比时，却远有不如。这一种实感是人从事道德实践时一定具有或一定产生的，如果此说可以成立，则性尊心卑的主张便是恰当的，如果在与法则相比时，认为自己与法则是同样的纯粹、无私，那就缺乏了真诚的自省。而缺乏了此真诚的自省，则德性的长进，只是虚幻的想象。当然如果是象山阳明一系的当下体证本心而立大本，以逆觉的道德本心当下做主，而自信、自肯，那情况当然不一样，那是如象山所说，太阳一出，魑魅魍魉便消。那是以本心此一道德主体或道德本体的呈现，以冲破现实生命的习气或私欲。人的生命不是没有私欲，但这一些魑魅魍魉在真生命的道德本体的呈现下，当下就可以消融，如果不能让真生命、吾人生命中的太阳呈现，则人能做的成德工夫便应是对性体或道德法则敬谨奉持，不敢逾越。是故象山阳明系与朱子（包括艮斋）可以是两路并存的成德工夫。

当然可以对艮斋的"性师心弟"说给出如牟先生的质疑，即如果心性为二，性理在心之外，去遵理、循理而行的动力如何发生呢？此可以依上文的分析给出解答，即在分析道德法则的意义时，人不能不因为现实的生命、意志远不如法则的纯粹而产生惭愧、谦卑之感，于是尊敬法则之情便会油然而生，一旦产生尊敬，就会自我要求朝向法则所给出的方向，从事实践，这就会由内心真诚地给出实践的动力。而且只由尊敬法则而给出的实践的动力，是越发觉自己不如法则纯粹，而越会产生的。于是对艮斋所强调的必须以性为尊、以心为卑的立论根据，便有很好的说明。即越能强调性天之尊就会越有实践动力的产生。如果以心为尊而逾越性体，则此一尊敬的效力就没有了。当然牟先生会认为明道所说的从天道的於穆不已说敬，才能给出敬体的存在，能肯认敬体，敬的力量才会绵绵不绝。而朱子则反对人先寻找敬体，可见朱子不能有"承体起用、逆觉体证"而生之工夫动力，但朱子之说也可以如同艮斋或康德，即只要人对法则能有了解，则根据此对法则的了解，进一步求了解的时候，或格物穷理的时候，人就会产生对法则的敬意，如此也可以说明敬的力量的根源。以上说明了艮斋所以强调性尊心卑、性师心弟之故,借康德的对尊敬产生的说明,可以很明白地表达艮斋的思想重点。也可以说明艮斋此一说法,即由明理而生敬,可以不是他律的伦理学。

艮斋此一形态,可以说是从处卑而让自己的生命上升;也可以说是越处卑就会越会使自己的生命往上拉,这也可以表示朱子喜欢说以敬来"提撕"生命之意。这越处卑就会越使自己有真正的提升,可说是生命中的一种奇诡的现象。而此一意义可以用基督教对骄傲的分析与打压来说明。上述康德的说法,应该也是站在基督教的思想传统下的一个说法。基督教认为人的骄傲是魔性的表现,认为撒旦之所以从天使长堕落为魔鬼,是由于他的骄傲,他要与上帝同等。这虽然是神话式的讲法,但其中所表示的人的骄傲,是严重的罪性,认为许多的罪恶是由骄傲所产生,是有其道理的。此意可以与艮斋之说相参。① 即虽然实践之主体是心,由心之明理可见到"为仁由己",表现了心的自由、自主,但在对本心良知体认不真切的人,此说亦容易引发妄自尊大的想法,人都习惯于以自己为重,在自然的天性上容易自夸、自得,若由此而引发骄傲,会产生极大的恶。这是人在实践之途会遇到的重大问题,为克服此,则将在自我做主中的作为实践根据的性理,即道德法则抽出来,与心分开,作为心所依循、奉持的客观的标准,即使心可自觉地实践而证心、理是一,但仍可以因感性的限制有违离法则的可能而戒慎恐惧,以性理为奉持之对象。则可见这性师心弟,心不以自己为标准的形态,有其实践上之合理性。牟先生特别重视"以心著性"之义理形态,亦可由此义来理解。故艮斋之说,或可启发出儒学与基督教的伦理思想,有一会通或至少可相互观摩、相互推重之道。

---

① 关于基督教对人的骄傲之为大罪,在 C. S. 路易斯(C. S. Lewis)之 *Mere Christianity* 论之甚明(*Mere Christianity, The complete C.S. Lewis Signature Classics,* Harper one, New York, 2002, pp. 15–18)。参见中译本余也鲁译:《返璞归真》第 3 部第 8 节"大罪",香港:海天书楼,1998 年,第 96—101 页。

第三十三章 仁斋、戴震与茶山的比较研究*

〔美〕艾文贺（成均馆大学）

前　言

复杂的形上学建构是宋明理学最显著的特征之一。然而，尽管宋明理学流派林立，但是他们都主张同一种形上世界观，即我们所处的现实世界是由"理"（principles）和自生性的物质元素——"气"共同生成和维系的。倘若从伦理学角度看，"理气关系"决定了宋明理学对道德本质、德性与人性关系以及工夫论等问题的建构。实际上，这些讨论皆旨在回答如何建构"自我"这一问题。在 18 世纪，日本、中国、朝鲜的三位思想家 ① 却不约而同地对这些思想论

＊　特此感谢艾琳・M. 克莱恩（Erin M. Cline）、金英敏（Youngmin Kim）、金圣文（Sungmoon Kim）、迈克尔・斯拉特（Michael R. Slater）、贾斯汀・蒂瓦尔德（Justin Tiwald）以及 Youngsun Back 为我提供了丁若镛的著作文本，并对本文多篇草稿提出建设性的讨论、评语和修改建议。感谢迈克尔・卡尔顿（Michael Kalton）一起探讨本文中谈及的多个问题，并慷慨分享他关于丁若镛哲学思想的未完著作。感谢埃里克・哈里斯（Eirik Harris）就初稿提出的评语和建言。本文在谈到仁斋和丁若镛的著作中的特殊术语时将提供韩语（韩：）或日语（日：）的罗马音（译者按，英文中用中文重点标示的概念第一次出现时将给出原文英语表述）。

① 如果对这些思想家的著作尚不熟悉，我们在脚注中提供了英文学界最为权威的详细参考资料，以便读者开始了解他们的哲学思想。

述提出了尖锐的批评,尤其是针对程朱学派[①]。与程朱理学将伦理奠基于形上学所截然不同的是,这三位思想家基于一套以人为本的伦理学说,将人们的情感、欲望、需求以及广义上的福祉置于其思想的核心地位。本文拟对他们思想中的核心观念加以介绍和比较,并指出他们对于程朱学派的多数批评是合理的。这种批评可以说代表了儒家思想中的独特面向,甚至对我们理解儒学传统在当代的丰富性、多样性以及启发性具有重要意义。此外,本文旨在通过这三位思想家提出的哲学观点,揭示其当代意蕴,尤其关注他们关于“恕”(sympathetic consideration,同情的考量)的主张。在开始简要介绍三位思想家对宋明理学的批判之前,有必要先初步感受一下其理念之颠覆和影响之深刻达到何种程度。与此同时,我们亦须认识到和高度评价这些思想家为彻底恢复儒家传统的根基所做的努力,而这些努力本身就可被视为一项深刻的传统实践。

　　那么,倘若要了解这项努力的颠覆性特点,我们就不得不先回到宋明理学的伦理学那里,那种伦理学基于形上学而产生,具有普遍性以及严苛性。在宋明理学中,一个饱受赞誉而又知之甚少的思想特质便是“万物一体之仁”的总括性律令(comprehensive imperative to care for the universe as oneself)。[②]宋明儒者从佛道思想中汲取价值观念及思维方式,对“万物一体之仁”做出各种发挥,其丰富性超越了古典儒学的任何表述。早期的古典儒学对“仁”(benevolence, care)的观念推崇备至,但是“仁”的主要对象是亲人及在一个更大范围内和谐共处的社会中的人。尽管“君子”也应当“爱物”,但是他们的核心关怀在于避免暴力,但他们无论如何不会因此认为这和吃肉或献祭动物存在冲突。不过,与之相比,宋明理学家例如张载(1020—1077)在《西铭》等

[①]　程朱学派是指程颐(1033—1107)与朱熹(1130—1200)的思想为代表的思想学派。关于程朱学派的介绍,请参见 A. C. Graham, *Two Chinese Philosophers: The Metaphysics of the Brothers Ch'eng*, Revised Second Edition, La Salle, IL: Open Court Press, 1992, 中译本有程德祥译:《中国的两位哲学家:二程兄弟的新儒学》,郑州:大象出版社,2000 年; Wing-tsit Chan, Chu Hsi: *Life and Thought,* Hong Kong: Chinese University Press, 1987, 中译本有陈荣捷:《朱熹》,北京:生活·读书·新知三联书店,2012 年; Wing-tsit Chan, Chu Hsi: *New Studies*, Honolulu, HI: University of Hawaii Press, 1989, 中译本有陈荣捷:《朱子新探索》,上海:华东师范大学出版社,2007 年,以及 John Makeham ed., *Dao Companion to Neo-Confucian Philosophy,* Dordrecht; London: Springer, 2010, chapters 4, 5, 8, and 9。

[②]　关于这一哲学宗旨如何落实于宋元明三代的日常实践中,包弼德(Peter K. Bol)有出色的研究(*Neo-Confucianism in History,* Cambridge, MA: Harvard University Press, 2008, 中译本有王昌伟译:《历史上的理学》,杭州:浙江大学出版社,2010 年)。

著作中提出了一套全新的观点，我在这里想突出强调：

> 乾称父，坤称母；予兹藐焉，乃混然中处。[①] 故天地之塞，吾其体；天地之帅，吾其性。民，吾同胞；物，吾与也。大君者，吾父母宗子；其大臣，宗子之家相也。
>
> 尊高年，所以长其长；慈孤弱，所以幼其幼。[②] 圣其合德；贤其秀也。凡天下疲癃残疾、惸独鳏寡，皆吾兄弟之颠连而无告者也。[③]

对宋明理学家而言，诸如此类的"一体"关怀是他们的基本共识。例如，周敦颐（1017—1073）"拒除窗前草"的原因就在于他认为自己与草处在"一体"的状态中，王阳明（1472—1529）亦有"天地万物为一体"的说法，这是说"仁"不仅是对人和动物的爱，也指向植物，甚至非生物。[④]

仁斋、戴震以及茶山[⑤]都对宋明儒学形上学基础提出明确批判，他们认为这些形上学特质表明有来自儒学外部的影响侵入并削弱了儒家传统，并从根本上腐蚀了古典儒学的内涵和旨趣。所以，对他们来说，清除这些来自外部（佛道）的影响，恢复他们所认为的儒家传统的本真意义便成了首要的目标。根除形上学的基础也就意味着，"万物一体之仁"这一伦理要求的对应基础也同样遭到了瓦解。于是，这些思想家就必须对儒家伦理在其本质、形态、工夫和基础等问题上受到的挑战做出回应。正如我们将要看到的，仁斋仍然保有宋明理学的"万物一体之仁"的总括性律令[⑥]，他的相关主张特色鲜明、令人印象深

---

① 《乾》是《易》的首卦，代表"天"和"阳"；《坤》是《易》的第二卦，代表"地"和"阴"。

② 这一说法来自《孟子·离娄上》，孟子曰："道在尔而求诸远，事在易而求之难。人人亲其亲、长其长而天下平。"

③ 张载：《张载集》，北京：中华书局，1978 年，第 62 页。

④ 有关王阳明"天地万物一体"，参见 Philip J. Ivanhoe, *Confucian Moral Self Cultivation,* Second Edition, Indianapolis, IN: Hackett Publishing Company, 2000, pp. 59–73；关于周敦颐"不除窗前草"，参见 Wing-tsit Chan trans., *A Source Book in Chinese Philosophy,* Princeton, NJ: Princeton University Press, 1969, p.462, 中译本有杨儒宾等译：《中国哲学文献选编》，南京：江苏教育出版社，2006 年，第 398 页。

⑤ "茶山"是丁若镛的号，行文中概称"茶山"。

⑥ 须指出的是，对于"万物一体之仁"，理学正统观点与仁斋和戴震这些思想家的观点之间存在区别。理学家假设人与宇宙天地间的其他事物（日、月、行星、恒星）具有一种深层次的形上学意义的一体性。而仁斋和戴震看到的是，人类以某种方式与其他人、物、事联结在一起。

刻,但其形上学基础与宋明儒家却截然不同。戴震和茶山思想也或多或少受到宋明理学"一体"关怀之伦理思想的影响,但是亦不同于仁斋。他们二人都主张"一体"关怀的重要责任指向的是包括人在内的所有的生物。不过,戴震与茶山的不同之处在于,他认为这一道德责任与我们对他人的道德责任相类似,其根据是我们具有想象自己与所有生物的福祉感同身受的能力。戴震和茶山都认为我们的"一体"关怀不必扩展至非生物,这也体现出"恕"在他们建构各自伦理哲学中的重要性,因为对于那些无法感同身受的事物,我们并没有关照它们的一般道德责任。总而言之,本文的主要旨趣在于,厘清这三位思想家如何在瓦解宋明理学形上根基的前提下试图以各自不同的方式填补其留下的道德空白。

由上所见,尽管这三位思想家都认为自己投身于一项颠覆性的哲学事业,但须指出,他们自认为这项努力的目的在于捍卫并恢复古典儒学,而非从根本上革新儒学传统。[①] 他们意识到,贬斥佛道、推崇儒学亦是在一个新的时代以一种新的形式捍卫传统,这甚至可以比作孟子(前 371—前 289)迫于杨朱(前 370—前 319)和墨子(前 370—前 319)的挑战而不得不做出回应。[②] 当然,尽管与孟子的这些相似之处能够帮助我们理解这些 18 世纪思想改革家的哲学本质和动机,但认识到他们的努力与孟子的不同之处也很重要。与孟子面对外部挑战而维护儒学传统显然不同的是,仁斋、戴震和茶山认为自己不仅要对基于佛道思想的外部挑战做出回应,还要面对来自儒学内部的敌人——以宋明理学为典型的儒学歧出。在这个意义上,他们的批评则更多地类似于荀子(前313—前 238)。荀子不仅批评了诸子,同时也批评了儒家,尤以孟子为代表。但是与荀子的比较也存在另一细微的差异。在批评孟子时,荀子从来不认为孟

---

① 在这个意义上,他们的这种自我认知与新教改革者马丁·路德(1843—1546)和加尔文(1509—1564)极其相似。在后面的论述中,我们也会看到,他们的共同点在于其哲学思想的出发点乃是文本考据。早期的新教改革者不仅主张回归圣典的权威性,而且试图将他们的神学思想奠基于审慎的文本考证之上,这种考证的目的便是获得基督教义的"原初性"和"本真性"。感谢斯拉特(Michael R. Slater)教授提出了新教和这些儒学论述的相似点。

② 戴震在《孟子字义疏证序》中已明确指出这一关联,仁斋几乎与戴震持相同立场,参见清水茂编:《童子问》第 65 章,东京:岩波书店,1970 年,第 157 页。戴震和仁斋都声称,自己就像孟子一样,之所以参与到这些论辩当中,并不是因为热衷于争论,而是别无选择。

子的问题在于不加批判地从对立学派中汲取资源而动摇了儒学传统。这与18世纪的这些思想家有很大不同，而这一点恰恰是仁斋、戴震和茶山批判程朱的重点所在。

面对一系列新的挑战，这三位思想家以及同时代的儒学家发展出一套独特而又有趣的哲学方法，这种方法与前人大相径庭。在他们看来，来自外部的因素侵入和腐蚀了儒学。因此，他们试图找出并清除这些外部因素，推翻对经典的错误阐释，恢复他们所认为的古代经典的本义。基于此，他们发展和采用了一套以考据学为本的义理学方法。① 沿着这一思路，他们力图推本溯源，探求早期儒家经典中特殊术语的本义。他们认为，唯有通过系统的考据学，才能重构圣人之意。② 另外，这一方法说明三位思想家对义理思辨的无根据性有着共同的担忧。仁斋、戴震和茶山极为担忧也小心避免以个人的"私意"作为哲学思考的基础，与孔子（前551—前479）"思而不学则殆"的告诫遥相呼应。③ 他们采用的考据学方法具有"道问学"的优势，即"道"的获得必须通过回溯以及遵循圣人之教。因此，本文的另一主要意旨即描述并解释这一哲学转向以及为建构一个清晰、客观的儒家伦理学基础所做出的相关探索。

一 伊藤仁斋的伦理学

伊藤仁斋以其创新、独特和有趣的方式反驳了宋明理学家的"理"以及"理气（日：ki）关系"论。他们一般将"理"视为明确的形上实体，区别于现象界。一定程度上，"理"存在于现象界背后，为万物提供规范性的结构和标

---

① 艾尔曼将这一过程视作从理学到朴学的转变，毋宁说，这种转变是以考据学为本的义理学。他对清代思想中的这一现象有相关探讨，参见 Benjamin A. Elman, *From Philosophy to Philology: Intellectual and Social Aspects of Change in Late Imperial China,* Cambridge, MA: Harvard University Press, 1984，中译本有赵刚译：《从理学到朴学：中华帝国晚期思想与社会变化面面观》，南京：江苏人民出版社，2012年。

② 这种重新发现"道"的古义的倾向与同时代其他学者对考据学的兴趣和看法并不相同，其区别在于其他学者认为考据学并没有重建义理的使命。

③ 语见《论语·为政》。

准。但仁斋否认存在这样一个本体意义上规定标准的"理"。他认为这种理念从不属于儒家思想，而是来自佛、道的思想源头，后来偷偷渗透到儒家传统中来的。[①]后文提到的戴震和茶山的思想也有这个特点。仁斋倡导一种他称之为"古义学"（study of ancient meanings；日：kogigaku）[②]的方法，以此揭露和根除佛道的异端思想因子，将儒家思想正本清源。所谓的"古义学"即对经典中的核心概念进行逐个分析。他严格遵循这种方法，力图把观点完全建立在概念的"古义"（ancient meaning；日：kogi）之上。他相信这样就能避免仅靠"私见"（personal opinion；日语：shiken）得出"妄意"（wild ideas；日：mōi）。如前所述，这里分析的三位思想家都相信，毫无根据、过度主观的思辨是宋明理学家最普遍的谬误来源之一。

仁斋一方面强硬而无情地批判宋明理学家陷于无节制的主观思辨中，认为他们没能抵挡住佛道思想的影响，另一方面却并没有扬弃他们富有特色的"万物一体之仁"的思想主张。他还为这种伦理立场提供了全新的证明——"一元气"（unified original qi，日语：ichigenki）。他认为现象界的万物由"一元气"构成，这种气又受形于生生不息的"天道"（Way of Heaven，日：tendo-）。在这种观念下，"理"（日：ri）仅仅意味着气的各种构组中所体现出来的良善秩序。

> 天地之间，一元气而已……[③]

---

① 由考据学和义理学的角度出发，仁斋详尽论述了这一问题。他自始至终批评宋明理学依据的某些核心文本。例如，他撰述了一整篇文章质疑《大学》在儒学经典中的合法性，后收录于《語孟字義》的附录中。参见吉川幸次郎、清水茂编，伊藤仁斋、伊藤东涯著：《語孟字義》，东京：岩波书店，1971 年。此外，仁斋还认为《礼记》中的《乐记》章受到了道家思想的启发。

② 与德川时代其他儒者一样，如林罗山（1583—1657），仁斋也曾读过陈淳的《性理字义》，并深受其影响，以至于将其作为撰写《语孟字义》的灵感来源和参照。关于这一影响，参见 *ItōJinsai's GomōJigi and the Philosophical Definition of Early Modern Japan,* trans. by John Allen Tucker, Leiden: Brill, 1998），p. 19etc；陈淳著作的英译，参见 Ch'en Ch'un, *Neo-Confucian Terms Explained (the Pei-hsitzu-i* 北溪字义), trans., ed., and with an introduction by Wing-tsit Chan, New York: Columbia University Press, 1986。

③ 《語孟字義》"理"篇第1条，第115页。参见 *ItōJinsai's GomōJigi and the Philosophical Definition of Early Modern Japan*, p.19。

> 理字与道字相近，道以往来言，理以条理言。故圣人曰天道[①]，曰人道，而未尝以理字命之……[②]

佛道关于万物一体的理念分别建立在"空"（nothing，日：ku）和"无"（emptiness，日：mu）这两种混沌无分的状态之上。相比之下，仁斋却诉诸一种生生不息的"气"，强调了经验世界中物性而充满生机的特点。这种观点为人类的情感、欲望和需求的重要性提供了一种崭新而稳定的形上基础。人的情感、欲望和需求一定程度上不再是修身成德的关注重点，而成为美满人生的理念核心。仁斋坚持认为经典中清晰地表明了，道德工夫是在厘清一个人的情感、欲望和需求并以合适的方式塑造其本性的过程中实现的，而不是理学家所认为的通过平情遏欲来揭示潜藏之"理"的过程。

仁斋的伦理学视野建立在"万物一体之仁"的基础之上，为了进一步论证这个观点，他提出了一句个性鲜明的主张："圣人能识天地之一大活物（living thing，日：katsubutsu）。"[③] 仁斋认为我们可以把"一元气"想象成一个单一、庞大的"有机体生命"。尽管这种说法在形式和命题上都很原创，但与宋明理学著作中周敦颐不除窗前草、张载众所周知的《西铭》或之前提过的王阳明"天地万物为一体"的理念不无相似。其中最鲜明也最重要的区别在于，仁斋的观点以"气"为本而非以"理"为本。仁斋主张将世界视为一个单一、庞大的"活物"，这个主张与"盖亚假说"[④]等当代环境理论具有重要的相似之处。而且和"盖亚

---

① 这里英文中将"天"译为大写"Heaven"，在这个意义上，"天"指主宰宇宙的有意识的道德主体。小写"heaven"通常指自然之天，多与"天地"一起出现（译者按，英文中"天"的大小写区别在译回中文时并没有特意突出，而统一为"天"。读者当留意与天地一起出现的多为英文小写 heaven 的情况，而在仁斋和茶山的部分"天"单独出现时都对应大写 Heaven）。

② 《語孟字義》"天道"篇的第 1 条，第 124 页。参见 *ItōJinsyitiai's GomōJigi and the Philosophical Definition of Early Modern Japan*, p.71。

③ 《語孟字義》"理"篇的第 1 条，第 124 页。参见 *ItōJinsai's GomōJigi and the Philosophical Definition of Early Modern Japan*, p. 101。

④ 例如约瑟夫·E.劳伦斯（Lawrence E.Joseph）在《盖亚：一个观念的演进》（*Gaia: The Growth of an Idea*）中所引的乔安娜·梅西（Joanna Macy）的著作。参见 Lawrence E. Joseph: Gaia: The Growth of an Idea, New York: St. Martin's Press: 1990: p. 243。"盖亚假说"有多种形式，由詹姆斯·勒夫洛克（James Lovelock）最先提出，他主张地球是一个自我运转的系统，在这个意义上，世界是一个独立的有机生物体。

假说"的多种版本一样，仁斋的形上主张也带有大胆的道德命令：如果宇宙是一个单一的活物，我是其中的一个部分，那么我也就应当将宇宙其余部分视为我自身的各个部分。① 此处，我们可以看到他是如何延续了宋明理学家"万物一体之仁"的宏大命题的。

仁斋认为"天"是上述"一元气"的来源，但仁斋的道德哲学中"天"的重要性不及茶山。后文将会谈到，茶山将"天"或"上帝"视为一种意志清晰、目的明确、主动关心人类的至高神灵，并会直接与每个人交流。仁斋有言："天犹君主，命犹其命令"②，并且表明"……上天监临，人之善恶淑慝。而降之吉凶祸福"③。这些评论不仅流露出他自身对于"天"的信念，也清晰地指向对宋明理学一般观点的驳斥，理学家认为的"天"整体而言缺乏道德意识，亦非道德主体。仁斋则相信"天"是道德的终极来源，是一种不可见的力量，维护着整个世界的道德机体。不仅如此，他也并没有将"天"视为万能的造物神，或某个性情温和、关照人类、与每个人同在的人格化上帝。关于"鬼"（ghosts，日语：oni）、"神"（spirits，日语：kami），他也表达了类似的观点。对此，他明确反对宋明理学将这些实体简化为"阴""阳"之伴随现象（epiphenomenal）的倾向。仁斋坚持认为鬼神是有意识的、活跃的、值得尊敬的，但就像他将宇宙视为单一"活物"的观点一样，他关于灵性实体的信念常常接近于某种泛灵论的表述，这种看法认为宇宙的不同方面充满了一种有知觉的道德和灵性力量。

根据仁斋的看法，以"理"表述的良善秩序并非以先在、固定或静止的形式存在，并不是实践或构成性的规则（practice or constitutive rules）④，而更像是一

① 关于自我与世界同一这一普遍的理想，传统哲学与宗教、东西方思想以及当代心理学和哲学都有着众多不同表述。例如，印度教谈到"灵魂"（atman）与"婆罗门"（Brahman）之间的关系时并不会谈及万物都是自我的一部分，而是说人如何与所有受造物保持连续性，成为无间断整体中的一部分。与佛教所不同的是，印度教强调自我的现实存在，这在某种意义上与儒家关于自我的观念更为接近。感谢艾琳·M. 克莱恩（Erin M. Cline）指出这一重要的比较。

② 《語孟字義》"天命"篇第1条，第118页。参见 *ItōJinsai's GomōJigi and the Philosophical Definition of Early Modern Japan*, p.83.

③ 《語孟字義》"天命"篇第5条，第119页。参见 *ItōJinsai's GomōJigi and the Philosophical Definition of Early Modern Japan*, p.87.

④ 关于这两种规则之间的差异，参见 John Rawls, "Two Concepts of Rules," *Philosophical Review*, 64, 1 (Jan., 1955), pp. 3–32, DOI:10.2307/2182230。

组抽象概括。"理"来自经验世界中现象中的良善秩序,而不是倒过来为其设定标准。"理"本身太过静态、太过死板,无法捕捉到这个世界或我们的道德生活中富有活力和创造力的本质。它们给出的是生活的片段,而不是生命本身动态的过程。

> (童子)问:理字何故不足为生生化化之原乎?
>
> (仁斋答)理本死字,在物而不能宰物。在生物有生物之理,死物有死物之理,人则有人之理,物则有物之理,然一元之气为之本,而理则在于气之后,故理不足以为万化之枢纽也。[①]

按照宋明理学家的主流看法,"理"往往被描述为某种网格,我们将情感、欲望和需求铺在其上,又把世间各种对象、情境和事件套入其中,使所有这些符合于理。仁斋认为该主张与道德本质和人们的真实道德经验不符。"道"是一种千变万化、生机勃勃的潜能,能够生成人类生活中无限多变的条件和各色情境。

仁斋认为,对于"道"的错误理解大部分归咎于宋明理学家误解了儒家经典中"理"这个词。一方面,他们受到佛道思想中用词的蛊惑,用呆板、僵死和冰冷的"空"或者"无"等仁斋认为分别代表佛道的思想特征取代了原本富有生机和温度的儒家经典理念。另一方面,他们屈从于佛道思想传统中形而上学的义理思辨风格。就这样,他们遗弃了儒家传统中最为精华的特色:其建立在对于道德的真实日常践行之上的根基。

> (问)圣人每以道字为言,而及于理字者甚罕矣。若后世儒者,倘舍理字[②],则无可以言者矣。其所以与圣人相龃龉者,何哉?
>
> (仁斋答)后世儒者,专以议论为主,而不以德行为本,其势自不能然。且以理为主,而必归于禅庄。盖道以所行言,活字也,理以所存言,

---

[①] 《童子问》中,第68章,《日本古典文学大系》第97册,东京:岩波书店,1966年,第237页。

[②] 古典儒学的文本没有出现过宋明理学意义上的"理"字,《论语》中也没有"理"字。在《论语》中,孔子弟子以四科著称,"德行""言语""政事""文学",参见《论语·先进》。这些显然都是就行为而言,仁斋在这里主要着眼于四科中的"德行"。

死字也。①

如果我们回溯"理"字在儒家经典中的本义，就会发现这个字曾被用作形容事物的恰当秩序，需要通过一致的研习和践行发掘出来。和茶山一样，仁斋也不无赞同地引用了二世纪初的一本字书《说文解字》中关于"理"的解释："玉石之文理"②。这种秩序的终极来源就是"天道"，简单来说就是"一阴一阳往来不已"③。"阴""阳"两股基本力量之间的互动描绘了一种"生生不已"的过程，这种永无止息地创造生命的过程就是"天地之大德"④。

人类一边体验，一边因而开始理解由"天"生成的这种宏大的规范性模式，但并非通过避世、静修、在其内心搜寻众理，而是通过探索、发现以及努力配合在真实生活事件中发现的恰当秩序。这样一种积极、务实的举措会开发和锤炼他们的从道之心（mind）、性（nature）与志（intention）。达道者会发现他们的情感、欲望和需求并没有因此而遭到消灭或削减，而是得到了合理排序，从而与自然世界和谐一致。根据仁斋的观点，儒家的修身成德根本没有像理学家误认为的那样着力于情感或自然能力方面。

> 凡心性情才才意等字，有必用功夫字，有不必用功夫字……若情才字，皆不必用功夫。何者？以善其性，则情自正，存其心同才自长。先儒（引者按，即宋明理学家）有"约情"之语，盖不理会此意耳。学者审焉。⑤

---

① 《語孟字義》"理"篇第 2 条，第 124—125 页。参见 *Itō Jinsai' Gomō Jigi and the Philosophical Definition of Early Modern Japan*, p. 103。

② 戴震并没有引用《说文》中的这个词条，但引用了《说文》序。序提到传说中的造字者——仓颉，注意到鸟兽所留下的痕迹便是所谓的"分理"，受此启发而造（译者按，戴震原文为："许叔重说文解字序曰：'知分理之可相别异也。'"[戴震：《孟子字义疏证》，北京：中华书局，1982 年，第 1 页]）

③ 《語孟字義》"天道"篇第 1 条，第 115 页。参见 *Itō Jinsai's Gomō Jigi and the Philosophical Definition of Early Modern Japan*, p.71。这里的"道"与《易传·系辞上》的第 5 章中的说法有所呼应。

④ 《語孟字義》"天道"篇第 4 条，第 116 页。参见 *Itō Jinsai's Gomō Jigi and the Philosophical Definition of Early Modern Japan*, p.75。

⑤ 《語孟字義》"情"篇第 3 条，第 139 页。参见 *Itō Jinsai's Gomō Jigi and the Philosophical Definition of Early Modern Japan*, pp.150–151。

儒家的"道"直接而简单地与我们周遭的日常世界相呼应，并帮助我们处理日常，与之和谐共处，这与他们所认为的佛道抽象、玄妙、天马行空的教义形成了鲜明对比。

> 君子之道，本诸身，征诸庶民。考诸三王 ① 而不谬，建诸天地而不悖，质诸鬼神而不疑。②

尽管在伦理生活和人性本质之间存在着某种可喜的呼应，但人们依旧需要一套持久投入的学习程序，方能充分理解何为恰当，并完全按照道德规范重塑自身。仁斋用了与荀子思想中非常相似的语言，宣扬"学"的必要性和价值所在。

> 盖人性有限，而天下之德无穷。欲以有限之性而尽无穷之德。苟不由学问，则虽以天下之聪明不能，故天下莫贵乎学问之功。又莫大于学问之益。而非但可以尽我性，又可以尽人之性，可以尽物之性，可以赞天地之化育，可以与天地并立而参矣。③

儒家所说的"学"既包含了常规的文本研习，也包含了身体力行，这种学的一个重要组成部分是规律而持续地践行"恕"（日：jo）④。仁斋竭力反对宋明理学家对"恕"的阐释，他们将"恕"形容为通过反思自身的情感、欲望和需求

---

① "三王"指禹、汤、文王。

② 《語孟字義》"道"第5条，第124页。参见 *ItōJinsai's GomōJigi and the Philosophical Definition of Early Modern Japan*, p.99。

③ 《語孟字義》"学"篇第2条，第147页。参见 *ItōJinsai's GomōJigi and the Philosophical Definition of Early Modern Japan*, p.185。

④ 英文中"恕"通常译为empathy（感同身受）或"sympathetic concern"（同情的关切），这两种译法都无可厚非，但在仁斋这里，"恕"的概念与这两者略有不同。"感同身受"意指感他人所感，"同情的关切"指对于他人的幸福积极关注的情感，这两者皆为仁斋所主张的一部分。不过，两者都没有包含这样一层意思，即将 empathetic concern（感同身受的关切）作为一种批判性的立场，即试图评价及修正自己的感受以便于合乎某种客观的标准——"道"，这就是我将"恕"译作 sympathetic consideration（同情的考量）的内涵。

来衡量和评价他人。一般而言，程朱将这种推己及人的延伸性评估称为"推己"①，这里存在着某种显而易见的危险。理学家相信所有人的内在都拥有一种完满具足的道德感，这就有可能导致放任和纵容个人完全沉溺于一己之见和个人偏好之中。仁斋对此反对道，理学家所认为的"恕"恰恰是一种倒退。他认为与其说"恕"是教导人们以自身作为衡量和评判他人的标准，不如说是我们同情理解他人的方式。有了这样一种更为深刻的理解，我们就能相应地调整与他人的相处之道以及对道德的理解。茶山和戴震也提出了类似的批评，而且和仁斋一样都看到了理学家们偏离正道的那种倾向。如果相信每个人都天赋一种圆满具足的道德心，一个可能的后果会是将个人喜好或意见抬高到宇宙道德真理的层面。在此，我们也看到了三位思想家在反对形上地阐释儒家传统的观念背后有着务实而又深刻的意蕴，他们还清晰地表达了对情感、欲望和需求的重视，赞成其在修身成德以及成就美满人生的方面所起到的重要作用。正如仁斋所言：

> 竭尽己之心为忠（日语：chū）。忖度人之心为恕（日语：jo）。按《集注》引程子"尽己之为忠"，当矣。但"恕"字之训"觉"未当，《注疏》作忖己忖人之义②，不如以"忖"（日语：hakaru）字训之之为得。言待人必忖度其心思苦乐如何也，"忖己"二字未稳。故改之曰"忖度人之心"也。夫人知己之所好恶甚明，而于人之好恶，泛然不知察焉。……苟待人忖度其所好恶如何，其所处所为如何，以其心为己心，以其身为己身。③

---

① 在朱子哲学的语境下，"推己"是"推己及人"的缩略表述，通常英译为"in ferring from oneself"。正如贾斯汀·蒂瓦尔德（Justin Tiwald）所言，朱熹认为"推己及人"和"以己及人"具有重要差异，"推己及人"带有某种接近于类比的推论，其决定性因素在于"己"。参见 Justin Tiwald: "Sympathy and Perspective-Taking in Confucian Ethics," *Philosophy Compass,* 6, 10, Oct., 2011, pp.663–674., DOI: 10.1111/j.1747-9991.2011.00440.x.

② 这句话改写自邢昺（932—1010）对《论语》"一以贯之"篇的一个注解。参见《论语注疏》，形昺的说法是"忖己度物"，而仁斋将其解释为"忖己度人"。

③ 《語孟字義》"忠恕"篇第 2 条，第 142—143 页。参见 *ItōJinsai's GomōJigi and the Philosophical Definition of Early Modern Japan,* p.167.

后世学问，所以大差圣人之意者，专由以持敬致知为要，而不知以忠恕为务也。盖道本无分人己，故学亦无分人己。苟非忠以尽己，恕以忖人，则不能合人己而一之也。故欲行道成德，则莫切于忠恕，又莫大于忠恕。苟以忠恕为心，则万般功夫，总有与物共之之意，而不至独善其身而止……①

本文提到了三个以取代程朱形上伦理学为目的的方案，每一个都特色鲜明，在此仁斋为我们提供了第一个可选方案。他批判了儒家正统遭到佛道思想的侵蚀，受到妄见臆测的思辨理论的玷污，这些使得宋明理学偏离了圣人原本的意思。仁斋主要专注于《论语》和《孟子》，因为他认为这两个文本最清晰也最精确地浓缩了传统中务实的伦理哲学。仁斋竭力通过考证分析和义理论辩的结合，表明宋明理学家将"理"作为伦理基础的理论整体上是错误的。就像大多数传统的儒家学者一样，他遵循着孔子"述而不作"的信条。②他摆脱了宋明理学家脱离古典儒家原义的做法和过度主观的思辨风格，转而拥护"古义学"。这条路径促使他发展出一套关于美满人生的更有活力的理念，以疏导有方的情感、欲望和需求作为其根据和界定。人类情感不会被根除或限制，而是得到引导和塑造；它们是"善"的基本组成要素。但是，善的源头并不是人性本身，而是"道"。"道"是生命、能量和创造力奔流不息的泉源，"一元气"从"道"中倾泻而出。"道"给予天地万物以规范性的形态、方向、意义和律动。仁斋把整个宇宙看作"活物"，作为这一巨大有机体的组成部分，人类理当拥抱其使命，像关爱自身一样关怀天地万物。如此，仁斋一方面否定了宋明理学中的诸多核心信条、文本和风格，另一方面他却保留了他们富有特点的"万物一体之仁"的道德命令，仁斋在这方面比其他两位思想家走得更远。

---

① 《語孟字義》"忠恕"篇第5条，第144页。参见 *Itō Jinsai's Gomō Jigi and the Philosophical Definition of Early Modern Japan*, pp. 170–171。

② "述而不作"出于《论语·述而》。当然，这并不是说儒家学者从来没有对经典进行解释和拓展，而是说他们始终将自己作为古典传统的传承者和宣扬者，而不是自行设计一套全新的生命哲学。

二　戴震的伦理学

毋庸置疑，戴震在治学的各个方面都取得了极高造诣①，在当时他很快就成为一流的"考证学"（evidential learning）专家之一。"考证学"是一门治学方法，其主要内容是对古代经典进行文本考据和字义训诂，以便能够在哲学上重构经典文义。这种治学方法受到本文论述的三位思想家的极度青睐，也是他们进行哲学反思时所采取的主要方法。②考证学带有一点现代和科学的特色，与戴震对历算、天文、地理、音韵等多方面的广泛涉猎及其整体上的学术气质十分贴合。

戴震并没有阅读过仁斋和茶山的著作，但他也尝试用文字训诂和注疏的方法去发掘何为"道"，而不仅是所谓的"事"（the facts）。在他看来，通过考据的方法进行历史重构是唯一能够理解并复兴儒家之"道"的途径。与此同时，如果求学有道，这套学问亦是修身成德的最佳手段。这也恰恰是他创作《原善》和《孟子字义疏证》这两部主要义理著作的初衷。戴震在这两部作品中多采用经典注释和分析的形式。从中可见他与仁斋、茶山一样都对经典本义和考证方法怀有同样的坚定信念。

戴震的方法是通过对"考证学"来通达经典的本义，这在当时乃至如今都不被人理解。但平情而论，他的这两部义理论著恰恰反映出一个杰出的思想家是如何致力于严肃而惊人的义理重构大业的。他认为通过考据首先能够证明的就是经典本义已受到佛道思想的入侵而变得意义不明，并且在形而上思辨的误导下被埋没了两千多年，即便是如程朱这样的正统儒家开创者也未能免除这些思想的毒害。三位思想家对宋代以降的儒者发出一致的批判，认为他们从根本

---

① 有关戴震哲学思想的介绍，参见 Justin Tiwald, "Dai Zhen (Tai Chen, 1724–1777)," *Internet Encyclopedia of Philosophy,* http://www.iep.utm.edu/dai-zhen/和 "Dai Zhen on Human Nature and Moral Cultivation," John Makeham, *Dao Companion to Neo-Confucian Philosophy,* pp. 399–422; Kwong-loi Shun, "Mencius, Xunzi and Dai Zhen: A Study of the Mengzi ziyishuzheng," Alan K. L. Chan ed., *Mencius: Contexts and Interpretations,* Honolulu: University of Hawai'i Press, 2002, pp. 216–241; 以及 PhilipJ.Ivanhoe, "Dai Zhen," in *Confucian Moral Self Cultivation,* pp. 88–99。

② 艾尔曼在《从理学到朴学：中华帝国晚期思想与社会变化面面观》中详尽介绍了这场考据学运动，并讨论、分析了戴震在其中的贡献。

上错解了"理"的本质及其在整个儒家伦理体系中的位置和作用。

> 六经、孔、孟之言以及传记群籍，理字不多见。今虽至愚之人，悖戾恣睢，其处断一事，责诘一人，莫不辄曰理者。①

戴震这里所批判的是几乎所有宋明理学家具有的一个共识，那就是"理"规定了宇宙间万物的秩序，"理"铭刻于人心之中，可通过修身所得。按程朱的说法，就是心具众理，这就解释了为什么人可以通过适当的学习、冥想和反思来理解世间众象。我们心中的"理"和物上的"理"是能够融会贯通的，这就是所谓的"理会"。根据这个观点，本具之理受到遮蔽仅仅因为粗浊之"气"的妨害。我们要么对"理"视而不见，要么对其理解有偏。为了修身成德，个人必须去除由粗浊之气构成和维系的一己私欲，从而使心中所具之理能够主导我们的知行。

戴震对于这种传统的理学理论以及相应的修养工夫论都不认可，跟仁斋和茶山一样，他坚持要回到他所认为的"理"的原意，也就是在恰当的情感、欲望以及行为中可以找到的良善秩序。在戴震那里，"理"是规定性的，但不是形而上的。

> 古之言理也，就人之情欲求之，使之无疵之为理；今之言理也，离人之情欲求之，使之忍而不顾之为理。此理欲之辨，适以穷天下之人尽转移为欺伪之人，为祸何可胜言也哉！②

宋明理学的正统观点对于工夫实践蕴含着某种深远却极其危险的影响。由于它认为每个人心里都事先拥有完善的道德知识，这就可能会导致人们以"意见"（仁斋称之为"私见"）充当道德真理。戴震坚信，我们必须尽可能避免过度倚重个人的内省，而应该去学习经典，反思周边世界的经验，以我们所发现的天下人之所同情、同欲为标准来调节我们的个人欲求，而这些同情、同欲能

---

① 《孟子字义疏证》，第 4 页。
② 同上，第 59 页。

够引领人们实现人生的充实圆满。

> 昔人知在己之意见不可以理名，而今人轻言之。夫以理为"如有物焉，得于天而具于心"。未有不以意见当之者也。今使人任其意见，则谬；使人自求其情，则得。子贡问曰："有一言而可以终身行之者乎?"子曰："其恕乎! 己所不欲，勿施于人。"……惟以情絜情，故其于事也，非心出一意见以处之，苟舍情求理，其所谓理，无非意见也。①

这里我们可以发现，戴震也把"恕"视为调节、引导和构建个人在具体处事时的道德情感反应的恰当方法。同时，也是更为重要的，他将"恕"视为一种日常训练，坚信这是能够提升道德感受力的最佳方法。戴震同另外两位思想家一样，把"恕"看作是修身的基础。

我们可以看到，一个宏大而重要的思路在戴震的思想和著作中一再重现。如果我们沿着这条思路，像戴震一样拒斥当时广受认同的理学家的主张——人内在地拥有"理"这种完善的道德知识且此理铭刻在"本心"（original minds）或呈现在"本性"（original nature）之中，同时如果我们也相信客观道德秩序或"不易之则"（invariant norms）和人性中"原善"的存在，那么戴震哲学的各个部分就能够自洽。宋明理学把修身看作是一个识别、去除和驱散"私欲"（self-centered desires）从而使内心中道德之"理"重现光辉的过程，在戴震看来，这样的观点无法令人信服。因为，轻则，通过这种方式得到的充其量是个人意见而非"不易之则"；重则，也更有可能剥夺天下人之同情、同欲等重要资源，而这些恰恰是理解美满人生的基础。之前的引文说得很清楚，我们应当避免一己之见，而去寻求众人共有的真实情感。这首先须从个人的情感欲求出发，以践行"恕"的方式规范它们，使其合乎道德。②"恕"并非简单附和或模仿他人的

---

① 《孟子字义疏证》，第4—5页。

② 戴震关于"恕"的讨论，参见 Justin Tiwald, "Is Sympathy Naive? Dai Zhen on the Use of *Shu* to Track Well-Being," in Kam-por Yu, Julia Tao, and Philip J. Ivanhoe eds., *Taking Confucian Ethics Seriously: Contemporary Theories and Applications*, Albany, NY: SUNY Press, 2010, pp. 145–162 and "Dai Zhen 戴震 on Sympathetic Concern," *Journal of Chinese Philosophy*, 37, 1 (Mar., 2010), pp. 76–89.

情感,也不仅仅是把我们的欲求投射转移到他人身上,而是通过想象来体会他人的情感欲求,以此作为形成我们自身感受的重要视角,从而塑造和推扩我们的个人情感。吸纳别人的情感就像吃饭一样,我们的道德感受力就是在理解消化这种情感经验中得到滋养发展的。

> 人之血气心知,其天定者往往不齐,得养不得养,遂至于大异。苟知问学犹饮食,则贵其化,不贵其不化。记问之学,入而不化者也。自得之,则居之安,资之深,取之左右逢其源①,我之心知,极而至乎圣人之神明矣。②

通过以"恕"的践行为核心的学习过程,我们得以领会到道德之"理"这种"不易之则"。我们并不是重现或者恢复先天已存在于内心之中的道德之"理",而是在日常中发现它们,渐渐看到究竟什么才是"遂生"(fulfillment of life)的因素。换句话说,道德之"理"确实存在,但发现它们需要对初始的道德情感和道德潜能长时间地推扩、塑造和充实。从这个视角来看,以程朱为代表的理学家对道德秩序的本质以及相应的工夫论显然存在理解上的偏差,在佛道学说以及他们自身主观臆测的影响下,错误地建构、曲解了早期儒家尤其是孟子的学说。

这个重要思路在戴震对考证学的信奉中反复出现,从他两部义理著作所采用的体例中也可看出这一点。他的早期著作《原善》原本的三章是对儒家传统中的核心概念的纯义理探讨。然而戴震意识到,这样的安排可能导致他的个人观点凌驾于儒家传统的本意之上,甚至还会使得后者被前者所遮蔽,这是他所不愿意看到的,因而他重写了《原善》,精心选择了一些经典例句,附上了相应的评注,而将原先的三章作为导读。他的《孟子字义疏证》则是同类型更为广

---

① 转引自《孟子·离娄》,"孟子曰:'君子深造之以道,欲其自得之也。自得之,则居之安;居之安,则资之深;资之深,则取之左右逢其原,故君子欲其自得之也。'"

② 《孟子字义疏证》,第8页。在这段文字中,戴震以类比的方式提到了两种知识获取途径,一是理学家所谓的"心知"(即已臻完善的知识),二是"问学"。他认为不管是哪种情况下,我们和知识之间都不会是那种让我们"自得"其养和"取之左右逢其源"的关系。"心知"和"问学"这两种知识获取方式的类似之处在于,都把获得的知识视为"所得者藏于中",而不是内化后与其他认知能力融为一体。感谢贾斯汀·蒂瓦尔德提出这个问题,并帮助我清晰了观点。

泛的尝试，这本书从《孟子》中的关键篇章开始，以全体经典文本为资源对几个特殊术语的意义展开了仔细的论证。

圣人理解成就人生的"不易之则"。而我们要理解这种超越时间的道德智慧，就不应该脱离情感欲求[①]，同样也不能够仅仅向内省察而不加批判地接受和顺从偶发的个人情感欲求去行事。相反，我们应该向圣人和这个世界去寻求答案。我们必须反复锻炼自己"恕"的能力，持续而审慎地研习经典和了解周遭世界，在这个过程中推扩、塑造和充实我们的初始道德情感和潜能，直到能够领悟善的真谛以及促成圆满人生的因素。在这个漫长而谨慎的学习过程的尽头，我们终将发现道德之"理"这一"心之所同然者"，亦即"圣人先得我心之所同然"之"理"。

戴震为我们提供了 18 世纪的东亚思想家中另一种批判和拒斥程朱理学形而上世界观的范本。程朱认为，本具于心的"理"可被理解为某种先在的道德秩序或规范性标准，由"气"构成的这个物质世界，包括人的各种情感欲求，都受到"理"的规定。戴震不仅认为这种传统观点有误，甚至视其为之后的道德实践方面的很多严重问题的源头。例如，如果一个人误认为道德的基础深藏于每个人的心中，那么他极容易把自己的个人意见误认为是宇宙真理。如果人们之间的这种意见发生冲突，那些有权有势之人的意见往往能够占上风。换言之，宋明理学的正统观念在实际操作上会更容易倒向最有权势者和最能言善辩者一边。[②]

> 自宋以来始相习成俗，则以理为"如有物焉，得于天而具于心"，因以心之意见当之也。于是负其气，挟其势位，加以口给者，理伸；力弱气慑，口不能道辞者，理屈。[③]

---

① 强调好恶之情、好恶之感是戴震哲学的一个重要特质。有关讨论参见 Justin Tiwald, "Dai Zhen's Defense of Self-Interest," in *Confucian Philosophy,* supplement to the *Journal of Chinese Philosophy,* Supplement to Volume 38 (Dec., 2011), pp. 29–45。

② 事实上，宗派之争不仅是戴震时常面临和积极应对的严峻问题，对仁斋、茶山来说也亦复如是。感谢金圣文指出了这一重要的问题。

③ 《孟子字义疏证》，第 4 页。

基于这些原因，戴震坚决反对理学传统，不过和仁斋一样，他并没有摒弃理学家们"万物一体之仁"的主张，但他认为这种"仁"背后的基础是人自身与其他生物之间深刻的形而上连续性纽带。[1] 戴震描述了一个将我们的"自然"倾向和情感推扩、塑造和充实的过程，最终达至对道德之"必然"律令的领会。在这个过程中，我们逐渐意识到与其他人、物和事之间的纷繁联系，意识到在大道之中万事万物都有其位置和角色。就像仁斋那样，戴震把成就完满人生视为大道的一部分，是"生生不息"之宇宙造化的一种彰显。

> 人道，人伦日用身之所行皆是也。在天地，则气化流行，生生不息，是谓道。[2]

如果没有对自身情感欲求的肯定和接纳，那么我们也无从谈起与这世间其他事物之间的关联性以及何为"必然"。戴震确信，切实应用他的这套方法将使众人都能企及普遍的真理。我们共有的天性能确保达成对"遂人之生"与"天地生生不息"的共识。戴震还认为，随着我们对共有的道德生活的领会，并据此合力践行，那么我们就会感受到自身扩充并联结到一个更为宏大的道德秩序中，成为其中的一部分，而这种体会将带给我们特殊的喜悦和极大的满足感。

> 凡意见少偏，德性未纯，皆己与天下阻隔之端；能克己以还其至当不易之则，斯不隔于天下。[3]

戴震体会到的是喜悦，而康德感受到的是敬畏。对于二者之间的区别，一

---

[1] 上面曾指出，戴震主张"仁"不应拓展至非生物，这与宋明理学家的观点存在极大差异。这个缩小的范围与戴震对"情"和"恕"的强调有关，因为我们无法对非生物感同身受或者同情它们（尽管我们不能同情植物，甚至大多数的动物，但几乎仍会不由自主地发挥想象，以关照自己生命的方式同情它们）。基于此，戴震与仁斋有所不同，仁斋构建的形上图式更具活力，也仍然保有宋明理学强调的关怀天地万物的特质。在后面的论述中，我们可以了解到茶山哲学的特点及其对"上帝"的高度重视决定了他的"万物一体之仁"的范围比戴震更为广阔。

[2] 《孟子字义疏证》，第43页。

[3] 同上。

种理解是，对于戴震，道德的经验和领会来自、成型和扩充于个人对自我的感知。一个人越是发现自己与"道"相符，他对于自我的感知就越广阔，他的感情联结和安全感也越强，也就会更加愉悦。对于康德而言，道德法则是凌驾于我们之上的，就像上帝一样要求我们对其始终忠诚、敬畏和崇敬。①

戴震提供了一套精密而系统的伦理理论，在这套理论里，他用人的情感欲求以及对"恕"的倾向和践行来解释人性和我们在此世的位置。他用一种更自然主义、更全面的理论取代了宋明的形上思想，这在今天看来依然很有借鉴价值。但和仁斋一样，他试图保留理学形上传统中更有活力的"万物一体之仁"的道德命令，他认为我们的最终目的在于认识及领会与世间众生之间无法割裂的联系以及照料它们的广泛责任。

三　丁茶山的伦理学

与仁斋和戴震一样，丁若镛反对宋明理学中"理"的观念和修身工夫，茶山将儒学伦理的唯一合理基础归于"上帝"的意志，主张修身成德亦须奠基在"情""欲"的合理发展上。有学者曾指出，茶山的这一思想倾向很有可能受到传教士著述的影响，而其兄信仰天主教，也可能影响了茶山。他还阅读过并高度评价了德川时代儒学家的著作，其观点的形成至少一定程度上受到伊藤仁斋和荻生徂徕等人的影响，他与荻生徂徕的立场尤为接近。② 不过，不管茶山思想

---

① 在康德看来，敬畏感来自于道德律令的自我立法以及理性对于现象界的分离，同时允许人超越非理性的倾向，但是戴震的观点不包括也无法容忍在现象界之外构建另一个世界。David W. Tien 曾对戴震等儒家思想家中这种一体性和特殊之乐是道德生活中一部分的观点有所论述，参见 David W. Tien, "Oneness and Self-Centeredness in the Moral Psychology of Wang Yangming," *Journal of Religious Ethics*, 40, 1, Mar., 2012, pp. 52−71。以及 Philip J. Ivanhoe, "Senses and Values of Oneness," in Brian Bruya ed., *The Philosophical Challenge from China*, Cambridge, MA: MIT Press, Forthcoming, 2014, and "Happiness in Early Chinese Thought," in Ilona Boniwell, Susan A. David and Amanda Conley Ayers eds., *Oxford Handbook of Happiness*, Oxford: Oxford University Press, 2013, pp. 263−278。

② 马克·赛顿（Mark Setton）曾介绍了茶山哲学可能受到的一些影响，参见 Mark Setton, *Chŏng Yagyong: Korea's Challenge to Orthodox Neo-Confucianism*, Albany, NY: SUNY Press, 1997, pp. 128−138。关于茶山本人及其思想与天主教的密切关系，参见 Shin-jaKim, *The Philosophical Thought of Tasan Chŏng*, 译自 Tobias J. Körtner and Jordan Nyenyembe, New York: Peter Lang, 2010, 以及 Don Baker, "Thomas Aquinas and Chŏng Yagyŏng: Rebels Within Tradition," *Tasan Hakbo*(*Journa lof Tasan Studies*), 3, 2 (2002), pp. 32−69。

究竟源自何处,他力图通过考据和义理的论述重新对古典儒学文本进行精心的历史重构,这是毋庸置疑的。

如同仁斋和戴震所主张的那样,茶山也认为宋明理学中"理"的论述杂糅了佛道两家的影响,也没有古典儒学的文本支持,因而不甚可信①:

> 后世之学,都把天地万物无形者、有形者、灵明者、顽蠢者,并归之于一理,无复大小主客,所谓"始终一理,中散为万殊,末复合于一理"也。此与赵州万法归一之说②,毫发不差。盖有宋诸先生,初年多溺于禅学,及其回来之后,犹于性理之说,不无因循。……夫理者何物?理无爱憎,理无喜怒,空空漠漠,无名无体,而谓吾人禀于此而受性,亦难乎其为道矣。③

由上可见,茶山对宋明理学的一个主要的批评在于其将"理"作为抽象的形上实体。在这个意义上,"理"便是不可见、不活动的事物,在现实世界中无知觉亦无因果作用,但在宋明理学家看来,这样的"理"是天地万物的本原,甚至是一切善的标准。但是茶山和仁斋、戴震一样提出了一套截然相反的观点,他主张"气"必须先于"理"而存在,"理"是"气"在此世表现出的良善秩序。基于此,在形上学、道德观和工夫论层面,"理"都不是第一性的。

对于宋明理学形上学的其他特质,茶山亦提出异议。例如,仁斋和戴震主张宇宙的生成根源于"阴""阳"的相互作用,但是茶山却不那么认为。从"理"为经验世界之条理这一立场出发,他认为"阴""阳"并不是物质实体,也并非形上之理,他通过考据和义理的方式,进而认为"阴""阳"也只不过是经验世界中的两种属性:

---

① 迈克尔·C.卡尔顿(Michael C. Kalton)对茶山哲学有精要的介绍,并将其置于历史背景中加以理解。参见 Michael C. Kalton, "Chŏng Tasan's Philosophy of Man: A Radical Critique of the Neo-Confucian World View," *Journal of Korean Studies*, 3 (1981), pp. 3–37.

② 指唐代著名禅师赵州从谂(778—897),参见 Heinrich Dumoulin, *Zen Buddhism: A History—Volume I: India and China*, New York: Mac Millan, 1988, pp. 167–168.

③ 李篪衡编:《茶山孟子要义》"尽心知性"章,首尔:现代实学社,1994 年,第 579 页。

朱子曰"天以阴阳五行，化生万物，气以成形，理以赋焉"，今案：阴阳之名，起于日光之照掩。日所隐曰阴，日所映曰阳。本无体质，只有明暗，原不可以为万物之父母。①

茶山对宋明理学形上学的另一项批评在于"性"（human nature，韩：song）的概念。他反对"性即理"的说法，而"性即理"是宋明理学的形上学和伦理学的核心观念。我们在引言部分曾经提到，理学家的主流说法主张人生而具有纯粹完美的道德禀赋，这种禀赋的来源即"理"。"理"不仅存在于人，也同样存于天地万物中。人与天地万物的差别就在于，人可以通过后天的修养工夫不断穷理以实现这种普遍之性。②但是茶山对这些说法提出了几个方面的批评。首先，前面已指出，茶山反对理学家所认为的"性"只是无知觉、无因果作用亦无生气的"理"，如此之理何以提供道德行动所需的理解和动机不甚明了。其次，在茶山看来，理学家并没能区分人兽之"性"的本质差异。

今先正之言，反以为本然之性（韩：bonyeonjiseong），人物皆同，而气质之性（韩：gijiljiseong），人与犬不同，顾安得无惑哉？本然之说，本出佛书。③

茶山指出，"仁"——儒家的首德，是修养工夫的效验，而非先天禀赋。我们通过始终选择发用"天"所赋予的道德本心成为有德之人。下文我们还会继续回到这个观点。一个选择之所以在道德上是善的，仅仅因为这是选择发用本心的结果。

在后面的论述中，我们还会看到，"上帝"赋予人的是道德禀赋之端绪，而

---

① 丁茶山：《中庸讲义补》"天命之谓性"章，金诚镇编，郑寅普、安在鸿修订：《与犹堂全书》第二册卷4，首尔：新朝鲜社，1938年。

② 朱子此说难解。陈来认为，朱熹思想成熟以后的"性"论主张只有人才有具足的道德禀赋，此说虽有争议，但也有一定道理。无论如何，这是对传统观点的一个修正，而且茶山并不是这样解读朱子的。参见陈来：《朱子哲学的理气观研究》，《陈来自选集》，桂林：广西师范大学出版社，1997年，第77—138页。

③ 丁若镛：《论语古今注》"性相近，习相远"章，《与犹堂全书》第二册卷15。

不是理学家所言的完满具足的、抽象的"性"。"上帝"还赋予人们选择如何生活的自由。人在初生时并没有圆满的道德本性，却具备了"嗜好"（韩：kiho），其中一些可以向善发展，而另一些则为了感官享受。

> 性者，人心之嗜好也。如蔬菜之嗜粪，如鞭蕨之嗜水。人性嗜善，行善集义则茁壮，行恶负心则沮馁。[①] 先儒言性，皆非孟子之本旨也。[②]

在这里，茶山提出了与仁斋和戴震非常相近的说法，甚至与孟子等早期思想家的哲学也有相通之处。人生而禀赋一种共同的人性，其中除了其他嗜好和倾向，还包含了对道德的喜好和乐趣，这些倾向大体上归属于"气"的范畴。如果人们遵循这些倾向，即孟子所谓的"大体"[③]，那么他们就会道德健全、"茁壮"发展。戴震谈到了推动生命的力量，茶山在提及何以达至"健全"生活时也秉持了同样的看法。成就道德并不仅是针对个体生命的健全和茁壮而言，更是将其扩展至家国社会，并最终实现个人、家庭与社会的健全。如果我们这样理解茶山的意思，或许也应当这样理解，这就为我们选择道德提供了上佳的理由。但是选择道德到底可能吗？茶山进一步阐释了《孟子》中一个鲜有阐发的意蕴：对自由意志的确证。

> 故天之于人，予之以自主之权，使其欲善则为善，欲恶则为恶，游移不定，其权在己，不似禽兽之有定心。故为善则实为己功，为恶则实为己罪。此心之权也，非所谓性也。[④]

假定我们可以做出正确选择，由此而来的问题便是，我们究竟如何做出可靠的选择？既然我们不具备圆满的道德心，而只有软弱而有待完善的道德倾向，而且这些尚不具足的道德倾向还必须时不时地与人性中追求感官享乐的欲

---

① "集义"和"沮馁"的说法，以及有关农作物的比喻出自《孟子》。参见《孟子》"知言养气"章。
② 丁若镛：《大学讲义》传第七（八）章，《与犹堂全书》第二册卷2。
③ 关于"大体"和"小体"，参见《孟子·告子上》"先立乎其大"章。
④ 《茶山孟子要义》，第498页。

求做斗争，那么我们又如何确知是非对错？受孟子启发的每一种道德修养论都会主张，正确的道德决定即某种深层次的特殊愉悦，这种愉悦来自于对正确的道德行为的反思，但是茶山却通过对"恕"（韩：seo）的作用的探讨提出了一种新说。他区分了两种"恕"，一是"推恕"（inferential sympathetic consideration，韩：chuseo），茶山认为这是儒家成德之学的主要路径，在两者之间更为重要。二是"容恕"（accommodating sympathetic consideration，韩：yongseo），理学家往往持这一观点①，但是"容恕"并不是成德之学的主要部分，正如后面将要提到的，它会引发道德上的危险。

> 恕有二种。一是推恕，一是容恕。其在古经，止有推恕，本无容恕，朱子所言者，盖容恕也。……推恕，容恕，虽若相近，其差千里。推恕者，主于自修，所以行己之善也，容恕者，主于治人，所以宽人之恶也。斯岂一样之物乎？②

显而易见，在古典儒学中，"推恕"是"恕"的唯一形式，这也是成德之学最根本的实践。然而，茶山发现了"推恕"在不同场合的区别，其一是考虑他人施于我的行为让我看到该行为是否恰当，其二便是从我所不欲的也让我看到不应当施于他人，但是茶山认为在这两种情境中，我们皆须以"推恕"来做出正确的行为。③这种行为导向的关注在茶山的伦理学中随处可见。

> 《中庸》曰："施诸己而不愿，亦勿施于人。"④此推恕也。子贡曰："我不欲人之加诸我也，吾亦欲无加诸人。"⑤此推恕也。此经曰："所恶于上，

---

① 在现代韩语和中文里，"容恕"本意为"宽恕"，茶山生造了这个词专指朱子对"恕"的理解。

② 《大学公议》第十三章，《与犹堂全书》第二册卷1。

③ 茶山认为，"推恕"使人起身行动帮助他人，而"容恕"却让人倾向于不行动。对于这一区别，我们可以从下面两个例子的区分来考虑，一是我在赈济处主动提出帮助那些有困难的人，因为我如处在他们的境地，我也需要受助。二是理解导致冒犯者错待我的原因和缺陷，从而忍受敲诈，甚至将复仇行为合理化。

④ 《中庸》第十三章。

⑤ 《论语·公冶长》。

毋以使下，所恶于下，毋以事上。"①此推恕也。孔子曰："己所不欲，勿施于人。"②此推恕也。推恕者，所以自修也。故孟子曰："强恕而行，求仁莫近焉。"③谓人与人之交际惟推恕为要法也。④

"容恕"即理学家所理解的"恕"。在茶山看来，"容恕"虽然有其价值，但并非成德之学的核心，而且存在极大的危险。"容恕"意指理解并隐忍他人对我的不敬行为。例如，如果有人突然对我态度恶劣，"容恕"便使我能够设身处地从他（她）的认知和情绪角度来思考产生这类行为的根源。也许我会渐渐看到之前没有意识到的方面，也许是我最近的某些成就在此人看来是一种威胁，或导致其产生嫉妒。我曾以为对方会为我的成就感到高兴，但是如果我站在"容恕"的立场上，便能体会他的感受和行为何以背道而驰。在这种理解下，我也会原谅、容忍这些行为，正如帕斯卡尔（Blasie Pascal，1623—1662）所言："理解即原谅"。"容恕"让我们避免了一些可能加剧紧张关系的无效行为，不至于阻碍自我道德修养的成就。不过，这种对他人的"容恕"可能会掩盖他们的不合理行为，甚至纵容或加剧双方最为恶劣的处事倾向。

由上可见，茶山关于"恕"的观念与仁斋、戴震的说法非常类似，但与此同时，茶山的观点有其独特之处，他就"恕"的性质和作用方面提出了新解。先说相同点，茶山以为"恕"即指对他人表示同情的理解，这种理解可以丰富、克制乃至塑造信念和情感，使之越来越合乎于"道"。"恕"在扩展我们自身与他人的沟通和联系上，提供了一种认知和情感意义上的道德良方。不过，在这些共同点之外，茶山与仁斋和戴震所不同的是，茶山并没有将"恕"拓展至人以外的天地万物，或许一部分原因在于他热切关注和反对理学家所谓的"性"乃是内在具足、普遍存在于天地万物之中的。⑤《孟子》中注明的"仁民爱物"章便区分

①《大学》第十章。

②《论语·颜渊》《论语·卫灵公》。

③《孟子·告子上》"万物皆备于我"章。

④《大学公议》第九章，《与犹堂全书》第二册卷1。

⑤ 前面曾提到，茶山在所有著作中都讨论到了这个问题，表现出坚决反对宋明理学的立场。这一论辩即人性物性之争，自18世纪开始，它成为韩国儒学史上的第二个著名的论争。参见专题讨论 "The Horak Debate in Eighteenth-Century Joseon," *Korea Journal,* 51, 1（Spring, 2011）。

了一系列不同的道德责任。

> 君子之于物也，爱之而弗仁；于民也，仁之而弗亲。亲亲而仁民，仁
> 民而爱物。

茶山解释道：

> 二人为仁。人与人相接，方可有仁之名。于物，不当仁也。佛氏之禁
> 毁，是仁于物也，墨氏之兼爱，是亲于人也。[1]

茶山认为"仁"只能用来描述人与人之间的关系，他还将"仁"与佛家和墨家的"仁"进行比较来进一步说明儒家的"仁"是指人与人相接，但是茶山的对佛、墨的批评同样适用于宋明理学，理学家主张天地万物无论有无生命，都禀有普遍之性，缺少对天地万物福祉的关怀就会被看作"不仁"。在理学家看来，"不仁"的意思很模糊，在当时，既有伦理意义上的"不仁"，又有医学意义上的"痿痹"。如果一个人无法知觉到天地万物，那么便如同医书所说的手足痿痹。这两种不仁之人未能看到和领悟人与天地万物之间的内在关联。[2] 周敦颐拒除窗前草便是当时广受认同的这一观点的具体例子。

当然，茶山、仁斋和戴震显然不同意理学家的说法，但是仁斋和戴震与茶山也有所不同，他们两位对天地万物整体抱有一种更为广泛的仁爱与关怀，但他们所依据的人与世界的联系则有别于理学家。此外，他们也将"恕"作为人感同身受地理解和欣赏其他生物之需求和福祉的恰当方法。然而，茶山与这两位儒者显然大异其趣，在茶山的论述中，他至少并没有明确表明我们对人以外的事物负有直接的道德责任。[3]

顺着茶山关于上帝的观点来看，既然生物和其他事物都是上帝的造物，那

---

① 《茶山孟子要义》，第 579 页。

② 若这是茶山观点，那么至少在这个意义上它非常接近于康德。

③ 在下面所引的第二段文字中，茶山认为使万物尽其本分可以带来自我的道德完善，这与我在这里所持的观点类似。

么我们应当关照它们也是合情合理的。毋庸置疑，这是茶山所熟悉的天主教哲学的思想，这种思想延续至今，但本人尚未找到任何茶山持有这种观点的相关证据。相反，在茶山的另一些论述中，他明确指出创造世界的目的就在于为人类造福。

> 仰观乎天，则日月星辰森然在彼，俯察乎地，则草木禽兽秩然在此，无非所以照人煖人养人事人者。主此世者，非人而谁？天以世为家，令人行善，而日月星辰、草木鸟兽，为是家之供奉。今欲与草木鸟兽，递作主人，岂中于理乎？①

显然，茶山的说法是针对理学家而言的，理学家主张天地万物皆禀受了普遍的"理"，"理"表现在人就是"性"。但在其他文字中，茶山指出，有德之人照看天地万物乃是"天"所赋予的责任，而这同时也意味着道德涵养工夫的持续性和不间断性。

> 尽其性者，尽其所受于天之本分也。自修而至于至善，则我之本分尽矣。治人而至于至善，则人各尽其本分，而其功在我矣。修山林川泽之政，使草木禽兽，生育以时，毋殀毋孼，校人养马，牧人善牲，农师殖五谷，场师毓园圃，使动植含生之物，各尽其生育之性，则物各尽其本分，而其功在我矣。山林、川泽、农圃、畜牧之政废，则万物之生，夭阏横乱，不能茂盛，而圣人者修而学之，则万物之生，蔚然丛茂，郁然肥泽，使天地改观，其谓之"赞天地之化育"，不亦宜乎！②

在这段文字中，茶山认为有德之人对其他生物应具有延伸性的责任，尽其性的同时也有助于提升自身道德和实现本性。由此一来，问题便成了，我们究竟为何要承担这样的责任并且作为自己的本分来尽心呢？茶山在这里并没像戴

---

① 《论语古今注》"性相近" 章，《与犹堂全书》第二册卷 15。
② 《中庸自箴》第二十二章，《与犹堂全书》第二册卷 3。"赞天地之化育" 出自《中庸》第二十一章，感谢 Youngsun Back 指出这一点以及提供了相关注释，并推进了这一问题的探讨。

震一样论证这一点，戴震认为其依据根源于我们有能力对生物产生同情之感，然而我们可以猜想，茶山没有提出这一观点的原因或许是不想让此类说法导向理学家所认为的人与天地万物共有一个性的立场。无论怎么说，茶山思想中这一倾向与仁斋和戴震截然不同。

茶山思想中的另一重要面向即他否认人生而禀赋关于"道"的完满知识，仁斋与戴震同样如此。唯有通过考察经典，广泛而仔细地体验周遭世界，才能不断调整人情之端绪，使其合乎客观的道德秩序。宋明理学常以《孟子》"万物皆备于我"章来解释这一点，茶山的诠释也正是针对此而来，孟子说：

> 万物皆备于我矣。反身而诚，乐莫大焉。强恕而行，求仁莫近焉。

在理学家看来，"万物皆备于我"表明了强烈的形而上学关怀，但是茶山试图颠覆这种说法，因此他对孟子的这段话给出了另一种解释：

> 此章乃一贯忠恕之说。我好色，便知民亦好色，我好货，便知民亦好货，我好安逸，知民之亦好安逸，我恶贱侮，知民之亦恶贱侮。路欲先行，门欲先人，阶欲先登，席欲先坐，冬欲先温，夏欲先凉，饥欲先食，渴欲先饮。日用常行万物之情之欲，皆备于我，不必问其情察其色，而后知人之与我同也。……此孔子所谓一贯，谓万物纷错，我以一恕字贯之也。孔孟之学，其真切卑近如此，而先儒于孔子一贯之说、孟子万物之角，皆言之太广，释之太阔，通天地万物之理，而无一不具于方寸之中。浩浩荡荡，靡有涯岸，使后学茫然不知入头著手之处，岂不恨哉？ ①

茶山思想的最显著特质是将"上帝"（韩：sangje）和"天"（韩：cheon）提升到至关重要的地位，尽管事实表明茶山曾读过天主教的著作，信仰天主教并深受其影响，但是同样需要清晰地看到，茶山的"上帝"和"天"一定程度上来自于古典儒学。正如我们下面将要看到的，茶山在诸多论述与他所熟知的天主教

---

① 《茶山孟子要义》，第 571 页。

思想显然不符,甚至相悖。

上面曾提到,茶山反对理学家的主要方面即"理"无知觉和无因果的特点,在这个意义上,"理"也就不能成为现实世界的根源,也无法提供道德洞见或道德动机。不过,茶山将这个论点的道德面向直接延伸到了经验世界:既然"理"是无知觉的,那么我们也就不能知觉和反思"理",进而选择并遵循道德规范。沿着这个思路,茶山认为"上帝"才是世界的创造者,同时又是道德规范的根源和维系者,某种客观的道德秩序需要这样一个创造者作为前设。

> 上帝者,何? 是于天地、神人之外,造化天地、神人、万物之类,而宰制安养之者也。谓帝谓天,犹谓王为国,非以彼苍苍有形之天,指之为上帝也。①

从"上帝"之声是否可闻,其行或形是否可见的意义上而言,在此世"上帝"无法言说,亦没有明显可见的作为。"上帝"凌驾于现世之外,超乎感官。不过,"上帝"赋予人许多天赋,其中就有道德之心,"天"通过道德之心昭显其意志和意愿。

> 天之喉舌,寄在道心②,道心之所徵告,皇天之所命戒也。人所不闻,而己独谛听,莫详莫严,如诏如诲,奚但谆谆已乎? ③

一方面,"天"赋予了人一种听其命谕的能力,另一方面,也赋予了人选择是否遵循"天"告诫的自由。

---

① 《春秋考微》,《与犹堂全书》第二册卷36。在这段文字中,茶山认为"天"是自然之天。在其他文本中,茶山将这一自然意义的天和神圣之天以及道德之天区分开。在神圣之天和道德之天的意义上,"其谓之天者,犹国君之称国"。参见《茶山孟子要义》"尽心知性"章,第569页。

② 在这里,茶山基于"道心"(mind of the Way,韩:dosim)和"人心"(human mind,韩:insim)的区分,但是他提出了与不同于宋明理学的观点。对茶山而言,"道心"指从天那里禀赋的道德本心,是通向"上帝"的管道或是"上帝"的体现。"人心"指的是发出一切思维活动和欲望的肉心。

③ 《中庸自箴》第一章,《与犹堂全书》第二册卷3。

　　　　天赋我性，授之以好德之情，畀之以择善之能。此虽在我，其本天命
　　　　（韩：chonmyong）也。①

　　茶山将"上帝"作为现实世界和道德秩序的本原，这是说我们必然要预设一个宇宙生成的第一因，宇宙的实际存在才有可能，同时，也须预设一个智能之心，才有可能创造出宇宙和道德秩序。在茶山看来，理学家的"理"不足以充分解释宇宙生成和道德秩序的产生这两个现象，事实上任何纯粹物质的解释都无法做到。虽然"上帝"超乎人的一般感知之外，但是人可以通过内省倾听"道心"来了解"上帝"。茶山关于内在的道德之心的论述与阳明的说法同中有异，阳明认为人生而禀赋具足的道德本心，即"天心"（"帝心"）。但是对茶山而言，"道心"只是天志的一种端绪，是企及上天意志的有限途径，而不是圆满具足的道德指引。我们须遵循天命的指引进而通过不断涵养以达至德性完满成就。有幸的是，"天"给予我们以自由和意志，使人们能够做出正确的选择并付诸实践。

　　茶山关于"上帝"的诸多论述与他所熟知的天主教思想具有共通之处，但是我们在前面也已指出，茶山的思想与天主教仍多有不符，其思想更多来源于古典儒学。一个极端的例子可以说明这一点，即茶山思想并不存在末世论：茶山的著作中也从未出现过天堂或地狱的论述。进而言之，他并没有将"上帝"视为创造世界、统治世界、温情的人格化身。尽管在某种意义上，"上帝"显然也是一个能动者，有着广泛的意志，以类似于道德良知的形式临在于每个人心中，对人的灵魂状态洞若观火，但是他的人格色彩仍然是模糊的，虽然他有确定的功能，但并没有明确的人格。也就是说，"上帝"并没有像你我一样对自我有种积极和特定的兴趣。同样重要的是，虽然人的道德良知和自由意志来自于"天"的赐予，但是"上帝"并不必然引向"救赎"，即道德的完善和成就。更进一步，上面曾提到，茶山认为"天"创造世间万物乃是着眼于人，"天"将人立为包括动植物在内的天地万物的主宰，因而人应当关怀天地之间的生物，但是茶山并不主张这种关怀的依据在于这些生物是"上帝"的创造物。茶山将他有关

──────────

① 《中庸自箴》第一章，《与犹堂全书》第二册卷3。

"上帝"的信念扎根于早期儒学文献中常见的神性表述中,这同时也是茶山哲学的重要遗产。正是因为茶山诉诸儒家经典中"帝"的观念,他的"上帝"观为我们提供了早期儒家传统中一个独特的面向、设定和意旨。

四　结　论

对仁斋、戴震和茶山的思想进行比较研究是一项充满趣味和收获的工作。本文碍于篇幅有限,在结论部分,我仅抽取其中三个洞见略加阐释。其一关乎儒家传统的本质,其二有关儒学和所有伦理系统对道德形而上学的持续挑战,其三在于这三位思想家是如何帮助我们理解对他人的情绪认同感在道德生活中所起的作用。

这些杰出的儒家学者代表了地球上最伟大和最有趣的三种文化,研究他们的思想则有助于我们理解儒家传统内部的丰富性和多样性。人们普遍认为儒家的传统见解是单一而同质的,这样的看法经久不衰。研究这三位儒学家的思想也会帮助我们学会如何驳斥这类主张。三位思想家对宋明理学大多数的主流思想展开了尖锐的批评,并且呼吁人们以一种更敏锐的历史眼光来欣赏经典传统。同时,他们还贡献了一种哲学思辨的新方法与新体例,姑且可称之为"考据义理学"(philological philosophy)。这是儒学义理论述值得玩味的新门类,不仅不同于经典的体裁,也不同于源远流长的注经体,亦有异于宋元明流行的语录体和义理思辨风格。现代研究儒家的学者也深受这些 18 世纪儒者们所采用的这种考证式论理方法,他们把大量的精力和注意力投入到论证特殊术语的真意和本义上,以此批判那些声称是由他人提供的错误解读。在我们的时代,声称对儒家思想造成潜移默化影响的佛道学说似乎被"西方哲学"所取代,不过在研究范式和风格上,当代学者还是要感谢本文重点研究的这三位儒家学者所做出的贡献。

通过阅读仁斋、戴震和茶山的作品,我们还会感受到儒学以及其他伦理传统正在面临的一个挑战——如何找到坚实的理论基础。上文引言和正文中都提到,这三位思想家明确反对宋明理学的形上学,特别是他们的"理气"世界观。宋儒认为"理"是规范标准,为"气"所构成的经验世界提供结构、律动和意义。

在本文开头，我们概述了这一形而上学图式是如何成为宋明理学的伦理学基础的，特别是如何为其富有特色的"万物一体之仁"的主张提供根据的。然而这三位思想家一方面都反对理学家的形上学传统，另一方面，他们都在不同程度上以各自不同的方式保留了理学家普遍持有的"一体"关怀论，并为这一总括性律令建立起有别于宋明理学的理论基础。

在伊藤仁斋提供的替代理学的形上图式中，活跃而动态的"道"通过"一元气"的产生持续不断地生成和维系着生命。"空""无"之说皆关乎宇宙原初与一体问题，我们最好将仁斋"一元气"的主张理解为与佛道这些主张相关联的儒家观点。他认为，"一元气"作为一种天地万物所共有的元素，代替了"空"或"无"，为"万物一体之仁"提供了理论基础。此外，"一元气"的本质是活动的、温暖的、富有创造力的，其根源则是有觉知、有关照、有活力的"天"，尽管同时"天"又是模糊的、非人格化的。两者一同与佛道思想中所谓的僵死、冰冷和静态的宇宙本原形成鲜明对比。仁斋清晰地表明，宇宙本身就是一种单一的、有活力的有机整体，他提出这个观点是为了证明"万物一体之仁"的合理性。此外，由于我们与天地万物共同享有"一元气"，因而我们就能够也应当采取"恕"的方法，感受和思考我们对待万物的方式，学会欣赏万物的不同需求和福祉。

戴震提供了一种更为自然主义式的儒家伦理视角，在某些方面会让我们联想到荀子哲学。[①] 但与荀子不同的是，他将对"遂生"的追求与"道"本身"生生不息"的普适特点联系在一起。前者只是后者的一部分，或是后者的一种彰显。有了这种更为广大的形而上图式，戴震主张关照天地万物的伦理目的显得更为进取。这种关怀有其深刻的意义，也与我们自身相关，并且通过对"恕"的践行能够付诸实现。他的道德理想要求人们理解并欣赏人与万物的本分、功能和关系，这里指向的并不仅仅是人类及其各种需求和欲望，也包括世间一切生灵，因为万物都是天地生生之力的彰显。正是这种观点使得戴震坚持认为包括人类、动物和植物在内的一切生灵都需要得到关注和妥当的照料。

丁若镛则认为，道德关怀的真正基础在本质上是神学的。儒家伦理的基础

---

① 关于荀子如何诉诸于更大意义上的"道"并将其作为规范性原则的讨论，参见 Philip J. Ivanhoe, "Ahappy Symmetry: Xunzi's Ecological Ethical," in T. C. Kline III and Justin Tiwald eds., *Ritual and Religioninthe Xunzi*, Albany, NY: SUNY Press, 2014, pp. 43–60。

最终是"上帝"的意志,是一种神谕论。茶山为这个主张提供了义理和考据两方面的理由,再次体现出这里提到的三位思想家共同倡导的方法。尽管仁斋认同"天"在更为形而上学的意义上起着强大的作用,但他倾向于弱化经典文本中更为清晰的神学面向。从他最喜欢引用的两个经典出处《论语》和《孟子》中也可见一斑。戴震对儒学的阐释着眼于全部儒家经典,但如前所述,他的思想受荀子这位儒家离经叛道者的影响最深,荀子明确而一反常规地捍卫了将天的概念自然化的立场。茶山一方面也受到荀子哲学的深刻影响,另一方面他也强有力地论证了自己的观点,他认为经典毫不含糊地要求人们清晰地认知到"上帝"才是世界与道德的始源、基础和维系者。由此,他为儒学提供了一种有力而清晰的神性表达,挑战了遵循传统的现代学者。对于贯穿在经典 ① 中的具有神学意味的篇章,他们常常倾向于忽略或含糊其辞。茶山认为"恕"的工夫会引导和重塑我们对他人的情感以及随后的行为。与仁斋或戴震不同的是,他并没有把"恕"运用到其他生物上去。但他相信我们依然肩负着照料其他生物和努力开发其禀赋的紧迫任务。

最后,在道德心理学层面,三位思想家的哲学都让我们看到对他人的情绪认同何以有助于道德理解和道德提升,这是一种全新而有力的理解方式。近年来,在当代伦理学家、实证心理学家、认知科学家、灵长类动物学家以及进化论生物学家之间掀起了一股对感同身受和利他主义相关现象的研究浪潮。② 他们中产生了各式各样的观点,其中一个颇具影响力的看法是,"感同身受"是一种

---

① 顾立雅(Herrlee G. Creel)(1905—1994)坚持认为并充分论证了儒家传统具有神学性质,参见 "Was Confucius Agnostic?" *T'oung Pao*, Second Series, 29, 1(1932), pp. 55-99。最近的类似观点见 Kelly James Clark and Justin T. Winslett:"The Evolutionary Psychology of Chinese Religion: Pre-QinHigh Godsas Punishers and Rewarders," *Journal of the American Academy of Religion,* 79, 4 (Dec., 2011), pp. 928-960, DOI: 10.1093/jaarel/lfr018。近来关于《论语》中这个问题的最为充分的讨论参见 Erin M. Cline, "Religious Thought and Practice in the *Analects*," in Amy Olberding, ed., *The Dao Compani on to the Analects*, New York: Springer, 2014。在中国,近代儒学复兴运动中较有影响者,如蒋庆和范瑞平,在儒学的诠释过程中也十分重视其神学面向。

② 关于这种观点,最为成熟和清晰的哲学阐发来自迈克尔·斯洛特(Michael Slote),参见他的 *The Ethics of Care and Empathy*, London: Routledge, 2007, and *Moral Sentimentalism,* Oxford: Oxford University Press, 2010。斯洛特从心理学家马丁·L. 霍夫曼(Martin L. Hoffman)的著作中广泛而清晰地汲取灵感。关于霍夫曼的思想,参见 *Empathy and Moral Development: Implications for Caring and Justice*, Cambridge: Cambridge University Press, 2007 Reprint。

感他人所感的能力，帮助我们从他人的情感、欲望和需求角度产生理解、关心和行动。大体而言，这就是感同身受—利他主义假说的看法。还有人认为，一种"同情的关切"的态度进一步让我们从主动为他人着想、关心他人福祉的视角，来看待他人的情感、欲望和需求。这就意味着我们可以成功做到这一点而不必首先思考他人的真实感受。①

仁斋、戴震和茶山审慎地探讨了对他人的情感、欲望和需求的情绪认同感在修身成德方面所起的作用，但是他们关于"恕"的理念阐发有着更大的意义，超越了上述两种影响巨大的观点。"恕"要求我们感他人所感（此为"感同身受"的强调点），也要为了他人的福祉主动地表示关切（此为"同情的关切"的强调点）。此外，"恕"的行为目的是磨砺我们自身对于事件和境遇的理解和情绪反应。要达成对他人的观点感同身受这一目标，就需要把他人观点作为自己的情绪视角，通过这些视角来塑造和引导我们自身的理解和反应，不仅仅适用于这一个特殊事件或情境，也适用于同类型的其他事件或情境。换言之，"恕"是一种情感和认知的双重疗法，旨在提升我们对道德的理解和感知，并培养一种适度而和谐的道德感。

上述这些洞见关乎儒家传统的本质和未来潜力，以及如何在今日理解儒家传统，也关乎儒学伦理主张的理论基础所面临的挑战，及其对理解道德心理学的贡献，尤其有助于理解对他人的情绪认同感能够在道德理解力和感知力的发展中所起的作用，所有这些都说明了三位思想家的哲学价值，以及比较其思想差异的研究意义。谨希望本文不仅能对这方面的尝试贡献绵薄之力，亦能鼓励更多学者在未来开展此类研究。

张黛英、刘昊、王韵婷译

---

① 斯蒂芬·达沃尔（Stephen Darwall）对此及相关的情绪认同问题有详细而启发性的讨论，参见其研讨会文章："Empathy, Sympathy, Care," *Philosophical Studies*, 89, 2–3 (Mar., 1998), pp. 261–282。

第三十四章　韩国儒学研究的视野与反思[*]

林月惠

前　言

　　韩国儒学研究,以朝鲜时代(1392—1910)为主干①,发展五百余年,无论性理学,或是阳明学、实学,都立论深刻而展现独特的哲学思考与思想的丰富性,有别于中国与日本的儒学,值得关注。尤其是现今韩国学界的韩国儒学研究成果,汗牛充栋,许多儒者的思想与哲学议题,都得到充分的讨论。在此研究成果上,若能打开比较视野(comparative perspectives)的研究,应能使韩国儒学研究更为深入与多元。

　　笔者近十余年来,从中国宋明理学研究(主要是朱子学与阳明学)转入韩国儒学研究,因而开拓研究视野。研究之际,非常庆幸自己有机会能与朝鲜名儒的伟大灵魂相遇,也能进入他们的思想世界参与思考,进而发现韩国儒学的独特性,及其对中国儒学的启发。笔者此文,将基于研究所思、所得,先反省日本学者高桥亨(1878—1967)的韩国儒学解释框架之限制,指出韩国儒学史内部也有必要进行"概念史"(Geschichte des Begriffs, history of concepts)的厘清工作。这项工作有必要从韩国儒学与中国儒学、东亚儒学、西方哲学等比较视

　　* 本文所参考的韩国学界研究成果,由安东大学郑宗模助理教授、成均馆大学金玫研究教授译读与讨论,谨申谢忱。

　　① 本文所讨论的韩国儒学,指涉朝鲜时代儒学,但因行文之便,或用朝鲜儒学。

野,进行反思。我们的目的在于:期待韩国儒学的诸多论题重新具有活力,能得到更好的理解,也能成为东、西方哲学可以共同探究的哲学议题。

一　韩国儒学研究的概念史清理

韩国儒学研究不易,儒者文本积累数百年,义理辨析入微;研究者不仅要有汉学(sinology)的基本功,更需要哲学(philosophy)的敏锐度与思辨力,否则难以进入韩国儒学的精神世界,也难以掌握韩国儒学的精髓。依笔者管见,韩国儒学研究所凭借的"文本"(text),就有其独特性。因为,研究者首先面对的就是多重文本的交错[①],如果研究者无法对此多重文本的来源与义理脉络有清楚的掌握,便可能如堕五里雾中,摸不着头绪,而越说越糊涂。更值得注意的是,韩国儒学的思想内容多以"论争"(debate)方式进行,参与的儒者众多,各有不同的学派或政治立场,动辄往复辩论多回,甚至论辩数百年而不息。如何在对立的论争中,以严谨的逻辑与论证,分辨双方思路与论点的不同,又能彼此联结与统合,这需要哲学的概念分析与思辨训练。仅以朝鲜性理学的论争为例,表面上起因于朱熹诸多文本的不一致,但实际上涉及诸儒者对朱熹思想的理解与诠释。一旦涉及论争,双方便以朱熹思想为坐标,展开两方面的攻防:一是朱熹文本的根据,一是朱熹思想的内在逻辑性。就此而言,韩国儒学研究,既需要尊重且掌握多重文本的解读(不能绕过文本,凭空立说),也需要辨析诸哲学概念与论题的异同,以思考普遍哲学问题。换言之,就韩国儒学研究而言,精读文本与哲学分析,脉络化(contextualization)与去脉络化(de-contextualization)[②],缺一不可。

---

① 以性理学为例,对朝鲜时代的儒者而言,先秦儒学如四书、五经等儒学经典,是第一重文本;而朱熹对四书、五经的理解与诠释,便构成第二重文本。重要的是,李退溪(名滉,1501—1571)与李栗谷(名珥,1536—1584)对朱熹思想的理解与诠释,又构成第三重文本。此三重文本都具有权威与经典的地位,如何在此三重文本中,取得经典文本与朱熹思想的一致性或融贯性,主导着朝鲜性理学者的思想世界。

② 李明辉《中西比较哲学的方法论省思》指出:比较方法必然包含两个表面上相互对立、实则相互补充的特性,即"脉络化"与"去脉络化"(《东亚文明研究通讯》第3期,2004年4月,第31页)。笔者认为此方法也适用于韩国儒学研究。

不可否认，自从日本学者高桥亨于 1929 年发表《李朝儒學史に於ける主理派主氣派の發達》后，"主理派／主气派"的解释框架（framework），影响韩国儒学研究甚大。[①] 但随着韩国学界对于韩国儒学研究的累积与深入，20 世纪 90 年代左右，开始出现批判的声音，如李东熙、崔英辰、韩亨祚、赵南浩等学者，皆认为高桥亨之说有待商榷。近年来，高桥亨的解释框架也再度在韩国学界引发讨论，2005 年与 2011 年，韩国学界皆出版高桥亨的专辑[②]，2012 年 9 月台湾大学也举办"东亚视域中的韩国儒学研究"国际学术研讨会[③]，聚焦于高桥亨的解释框架，进行客观的学术批判，并寻求新的解释框架。

笔者认为，高桥亨以"主理派／主气派"的框架来解释朝鲜儒学，相较于以往以"人物""学派"为主的朝鲜儒学研究，在方法论的自觉上，有其创新之功。尤其，他以汉文学科的学术训练，在文献资料的搜集与考证上，扎下深厚的基础，这是其优点，也是今日韩国儒学研究者所应具备的基本功。然而，韩国儒学思想研究不等于汉学研究，除基本功外，还须具备哲学性的思维才能入其堂奥，彰显韩国儒学思想的深度。高桥亨的问题就在于他缺乏哲学的思辨与敏锐度。简言之，高桥亨以朝鲜儒学重要的"主理""主气"概念为理论判准，将朝鲜儒学分为"主理派／主气派"。问题是，朝鲜儒者的"主理""主气"概念，不等同于高桥亨所杜撰的"主理派""主气派"（韩国儒学文本从未出现此概念）。[④] 前者是朝鲜儒学本有的重要概念，具有理论简别的意义，且有多义性（polysemy）；后者是高桥亨在概念不清之下所虚构的分派，在义理简别与描述功能上，都不能精准地掌握朝鲜儒学。但因高桥亨"主理派／主气派"分类以

---

① 从殖民地时期至今，如韩国学者玄相允的《朝鲜儒学史》（1949）、裴宗镐的《韩国儒学史》（1974）、刘明锺的《韩国哲学史》（1979）、李丙焘的《韩国儒学史略》（1986）等，多采取高桥亨"主理派／主气派"（"主理／主气"）的解释框架。

② 参见 2005 年 9 月《오늘의 동양사상》（《今日的东洋思想》第 13 号，首尔：艺文东洋思想研究院），以"해방 60 년, 우리속의 식민지 한국철학"（"解放 60 年，我们内部的殖民地韩国"）的专辑为题，检讨高桥亨之说；2010 年 6 月《大同哲学》第 55 辑也出版高桥亨专辑（釜山：大同哲学会）。

③ 2012 年 9 月 28 日，台湾大学人文社会高等研究院主办了"东亚视域中的韩国儒学研究"学术讨论会。会议论文集收入林月惠、李明辉编：《高桥亨与韩国儒学研究》，台北：台湾大学出版中心，2015 年。

④ 高丽大学金炯瓚教授提醒笔者："朝鲜时代'主理/主气'用语的使用，是在强调'主理'倾向的前提下，对理气关系的相对评价。故'主理派／主气派'的问题应该与'主理／主气'的概念用语问题区分来看。"笔者同意此见，谨致谢忱。

"主理／主气"概念为根据，致使韩国学者检讨高桥亨之说时，将"主理派／主气派"等同"主理／主气"，产生不少混淆。

　　严格地说，朝鲜性理学的发展，有岭南学派与畿湖学派之别，而没有"主理派"与"主气派"的区分。当然，岭南学派与畿湖学派的激烈对立，岭南学派的李葛庵（名玄逸，1627—1704）与畿湖学派的宋尤庵（名时烈，1607—1689）都是关键性人物。李栗谷（名珥，1536—1584）或畿湖学派并未自称为"主气派"，岭南学派柳稷（号百拙庵，1602—1662）曾批评栗谷的理气说是主气论，且是异端。如此一来，"主理"为正学，"主气"为异端，就带有价值评判，"主气"乃带有负面评价。不过，在朝鲜性理学尊重性理的共识下，不论岭南学派或畿湖学派，都无法接受"主气派"的标签。更重要的是，若仔细检视高桥亨"主理派／主气派"解释框架的"论据"（reasons for justification），就可以发现，高桥亨因为无法掌握朱熹的哲学思想，遂无法理解"四七论争"的哲学思辨性，且又泯除朝鲜儒者"主理""主气"的多义性，致使其解释框架无法使诸多重要核心概念有清楚的定位，也无法简别不同儒学系统的根本差异，毫无理论效力可言，反而混淆并曲解了朝鲜儒学史。因此，高桥亨的解释框架该是寿终正寝的时候了。①

　　虽然韩国儒学研究者已经意识到高桥亨解释框架的限制，但笔者认为在提出新的解释框架前，仍有必要内在于韩国儒学的脉络，对于诸多具有多义性的重要概念进行概念史的清理，以呈现韩国儒学细致、复杂、丰富的思想内核，进而汲取思想资源，回应当代的问题，或普遍哲学问题的提问。一般而言，韩国儒学的研究者，在解读多重文本时，不难发现，诸儒者所使用的核心概念，如心、性、理、气、理发、气发、主理、主气、道心、人心、四端、七情等，在诸儒者的理论建构与工夫实践中，各有不同的含义与联结，其意义结构也有差异。这种概念的多义性也显示哲学思考向度与焦点的不同，故韩国儒学概念史的逐步

---

　　①　笔者对高桥亨解释框架的分析与批判，参见拙文：《韩国儒学史"主理派／主气派"的解释框架之检讨：兼论东亚宋明理学研究》，锺彩钧主编：《东亚视域中的儒学：传统的诠释》，台北："中央研究院"，2013年，第201—256页；又参见拙文：《论中、韩新儒学的解释框架：以牟宗三与高桥亨为例》，郑宗义、林月惠合编：《全球与本土之间的哲学探索：刘述先先生八秩寿庆论文集》，台北：学生书局，2014年，第375—406页。

清理有其必要性与重要性。笔者以"主理"与"主气"、"理发"与"气发"为例，做简要的分析。

就韩国儒学的发展而言，"主理""主气"此对概念，从李退溪开始直至韩末，虽是固有的传统术语，但此对概念在诸多朝鲜儒者的文本中，各自有不同的含义，有其多义性。如退溪将"主理""主气"与"理发""气发"相对应，其含义着重在"性发为情"的根源处，故"理发"（四端理发而气随之）＝"主理"（四端主于理而气随之），"气发"（七情气发而理乘之）＝"主气"（七情主于气而理乘之）。①然而，栗谷反对退溪的"理气互发"，认为仅就"气发"（气发理乘）的方向发展，才有所谓"主理"、"主气"可言，故"气发"包含"主理"与"主气"。②又如韩末崔惠冈（名汉绮，1804—1877），也使用"主理""主气"此对概念，但其含义乃在指涉"性理学"（主理）与其自身的"气学"（主气）。③故若无视于"主理""主气"概念的多义性，将无法简别诸儒思想的异同，而流于一偏之见。例如，即使我们采取退溪"主理""主气"相互对立的含义，但"主气"并不意味着否定理的实在性，"主理"也不意味着否定气的活动性。又如，虽然栗谷的"气发"包含"主理""主气"，但仍然重视"理无为"的根源性。不论退溪或栗谷，皆以体现人性之善，性理之价值为归趣。即使岭南学派与畿湖学派，皆不背离此种性理的思想主旋律。

另就"理发""气发"来说，这两个概念也是韩国儒学的核心概念，对于退溪与栗谷思想的理解，最为关键。然而，"理发""气发"之"发"，也有多义性，须视诸儒者使用的文本脉络与义理系统而定。举例而言，退溪、奇高峰（名大

---

① 李退溪云："七情之发，虽不可谓不由于五性，然与四端之发对举而言，则四端主于理而气随之，七情主于气而理乘之。"（《退溪集》卷11《答李仲久》，第6a页，《韩国文集丛刊》第29册，第304页）

② 李栗谷云："且四端谓之主理可也，七情谓之主气则不可也。七情包理气而言，非主气也。人心道心，可作主理主气之说，四端七情则不可如此说。以四端在七情中，而七情兼理气故也。"又云："人心、道心俱是气发……气顺乎本然之理者，固是气发，而气听命于理，故所重在理，而以主理言。气变乎本然之理者，固是原于理而已，非气之本然，则不可谓听命于理也，故所重在气，而以主气言。"（《栗谷全书》卷10《答成浩原》第2书，第7b—8a页以及《答成浩原》第6书，《韩国文集丛刊》第44册，第201—202、212页）

③ 崔汉绮云："烛中自有照物之理，主理者之言也。火明乃是照物之气，主气者言之也。主理者，推测之虚影。主气者，推测之实践也。"（参见《推测录》《推气测理》，《增补明南楼丛书》，首尔：大东文化研究院，동아시아［东亚］学术院，2002年）

升，1527—1572）、栗谷等儒者在讨论理气、心性问题时，他们主要所使用的词汇是"发"或"发见"。值得注意的是，他们沿用古汉语的用法，将"发见"等同"发现"，含义相同，意味着理、气①或心②、性、情③的显现、呈现。即使有些儒者使用"发现"，其含义也同于"发见"。不过，在退溪与高峰论辩"理发""气发"时，双方皆用"发用"一词。④而栗谷在辩驳退溪"理气互发"时，也常使用"发用"一词。⑤再者，"发动"一词，本来出现于朱熹之文，而栗谷在说明"气发"时，也使用此一词汇。⑥因此，就古代汉语（或朝鲜儒者的用法）而言，"理发""气发"之"发"，可以意味着"发见"（同"发现"）、"发用"、"发动"诸义。后两者与动力（活动性、能动性）有关，而"发见"就有歧义，既可以指（理、气）的主动显现（呈现），也可以指（理、气）的被动显现（呈现）。此在解读"气发"之"发"时，"发见"（发现）、"发用"、"发动"相联结，明显地指出"气"的主动显现，具有活动性、能动性，较无疑义。但涉及"理发"之"发"时，仅就"发见"而言，就有两种解读与理解。一是"理"主动显现，具有活动性、能动

---

① 如奇高峰云："但理弱气强，理无朕而气有迹，故其流行发见之际，不能无过不及之差。此所以七情之发，或善或恶，而性之本体，或有不能全也。"（《高峰集》第 3 辑，首尔：民族文化推进会，1988/1989 年，第 102 页）又李退溪云："今之所辩则异于是，喜同而恶离，乐浑全而厌剖析，不究四端、七情之所从来，概以为兼理气，有善恶，深以分别言之为不可。……至于其末，则乃以气之自然发见为理之本体然也，是则遂以理、气为一物，而无所别矣。"（《退溪集》卷16《答奇明彦论四端七情第一书》，第 11b 页，《韩国文集丛刊》第 29 册，第 409 页）

② 李栗谷云："朱子曰'良心'者，本然之善心，即所谓仁义之心也。平旦之气，谓未与物接之时清明之气也。……故平旦未与物接，其气清明之际，良心犹必有发见者。"（《栗谷全书》卷21《圣学辑要·修己第二》，第 16a 页，《韩国文集丛刊》第 44 册，第 427 页）

③ 李栗谷曰："浮云蔽月，而光辉或闯发于云闲。义之间架，虽有物欲之蔽，而羞恶之情，时或发见，亦犹是也。"（《栗谷全书》卷31《语录》，第 9a 页，《韩国文集丛刊》第 45 册，第 233 页）

④ 李退溪：《答奇明彦论四端七情》第 2 书："盖人之一身，理与气合而生，故二者互有发用，而其发又相须也。互发，则各有所主可知；相须，则互在其中可知。"（《退溪集》卷 16，第 30b，《韩国文集丛刊》第 29 辑，第 418 页）又奇高峰《答退溪再论四端七情书》："今曰'互有发用，而其发又相须'，则理却是有情意，有计度，有造作矣。又似理、气二者，如两人然，分据一心之内，迭出用事，而互为首从也。"（《高峰集》第 3 册，第 138 页）

⑤ 李栗谷云："况理气之混沦不离者，乃有相对互发之理乎？若朱子真以为理气互有发用，相对各出，则是朱子亦误也，何以为朱子乎？"（《栗谷全书》卷 10《答成浩原》第 4 书，第 12b，《韩国文集丛刊》第 45 册，第 204 页）

⑥ 李栗谷云："人之喜怒哀乐，犹天之春夏秋冬也。春夏秋冬，乃气之流行也。所以行是气者，乃理也。喜怒哀乐，亦气之发动也。……是故：性，理也。心，气也。情，是心之动也。"（《栗谷全书》卷 12《答安应休》，第 20b，《韩国文集丛刊》第 45 册，第 250 页）

性；一是"理"无活动性、能动性，必须借由"气"才能显现，在这个意义下，"理"是被动显现。如此一来，就涉及退溪的"理发"："理"是否能活动？

不过，令当今学者混淆的是，现代汉语中，保留且使用"发现"，而无"发见"，其含义并非古代汉语的显现、呈现之义。但在韩语与日语中，虽保留"发见"（발견，はっけん）与"发现"（發顯、발현，はつげん）两词汇，但其用法与含义，已经与古代汉语不同了，两个词汇的含义有别。若用英文来表达，现代韩语的"发见"，意指 discover, find；"发现"（發顯），意指 present, reveal, manifest。对比之下，现代汉语的"发现"与现代韩语的"发见"含义相近，而不同于现代韩语的"发现"。因此，在现代汉语与韩语学者，虽以同一词汇"发现"来理解退溪的"理发"时，其含义却不同。另就"发用"一词来说，古今汉语的含义相近，意指 generate。

职是之故，在中国，就使用古今汉语的台湾学者而言，退溪的"理气互发"或栗谷的"气发理乘"时，两者之"发"（理发、气发），都有活动义、能动性、主宰性，故多以"发用"理解之，少用"发见"（显现、呈现）之义。因此，根据朱熹"气能凝结造作，理却无情意、无计度、无造作"[①]之思路，台湾学界研究韩国儒学的学者多有共识：即朱熹之"理"作为"存在之理"，是"只存有而不活动"（merely being but not at the same time activity）[②]，是万物存在的存有论根据；而真正化生万物（能凝聚生物）的是"气"，气有活动义、能动性。在此理解下，栗谷的"发之者，气也。所以发者，理也。非气则不能发，非理则无所发"、"理无为而气有为，故气发而理乘"（气发理乘一途说）等论述，相当准确地诠释朱熹理气论，故栗谷是朱熹思想的忠实继承者。另一方面，退溪就四端七情之讨论所揭示的"理气互发"（四端之情，理发而气随之……七者之情，气发而理乘之），则显示"理发"之"理"能"发用"，具有活动义、能动性、主宰性。若再参照退溪的"理动""理到"诸说，就发现退溪的见解超越朱熹的理气论，有所发明，是朱熹思想的创造性转化者。

然而，在韩国学界，学者对退溪"理发"之"发"的解读，多从古代"发

---

① 黎靖德编：《朱子语类》卷一，台北：文津出版社，1986 年，第 3 页。

② 此乃牟宗三（1909—1995）对朱熹之理的判定，参见氏著：《心体与性体》第一册，台北：正中书局，1987 年，第 58—59 页。

见"（现代韩语"发现""发显"）来理解，意味着"理"之显现、呈现（理自身显现或理在气上显现）。据此，退溪之"理发"不涉及"理能否活动"之问题。①退溪与朱熹一样，在论及四端七情时，都聚焦于情之根源（所从来）问题，而不是理之活动。在这个意义下，退溪之理发、气发，只是揭示四端与七情在价值论上各有不同来源，其立场与观点与朱熹相同，退溪才是朱熹的继承者。相对地，栗谷错解朱熹与退溪对于四端七情的讨论，迳从存有论的角度来质问，可说偏离朱熹、退溪的论题了。另一种解读是，退溪之"理发"虽也从"理之发见"来理解，但着重在理自身的显现，而理之所以能显现，乃因其自身能活动、能发用，故退溪之"理发"，意味着"理能活动"。②借此彰显四端作为道德主体的纯粹性、超越性、能动性，此乃退溪对朱熹思想的进一步发展。

　　事实上，有关"理发""气发"的多义性，不仅显现在前述的不同理解上，朝鲜时代儒者的解析更为细密。如退溪学派的李寒洲（名震相，1818—1816）以"横说"来诠释退溪的"理气互发"说（理之所发、气之所发），又以"竖说"来阐释四端七情都是"理发一途"。③而栗谷学派的田艮斋（名愚，1841—1922）认为"气发理乘一途说"才是四端七情的本旨，以此为逻辑前提，从情之根源上说，四七都可说是"理发"；从以情之作用者为中心看，四七都可说是"气发"。④由此可见，面对五百余年的韩国儒学思想之积淀，当今研究者有必要内

---

① 如李承焕认为，退溪的"发"没有"能动性"的意义而只有"呈现""实现"之义，所以并不违背朱子的理气论。参见氏著：《횡설과 수설》（《横说与竖说》），서울：휴머니스트，2012 年，第 208、322、364 页。又文锡胤对认为，"理发"与理的"能动性""活动性"无关。在他看来，退溪晚年的"理到说"才具有"能动性"的含义。参见文锡胤：《퇴계에서 이발과 이동，이도의 의미에 대하여——이의 능동성 문제》（《退溪哲学中的"理发"与"理动""理到"的意义——理的能动性问题》），《退溪学论集》第 110 册，2001 年。

② 崔一凡：《퇴계철학에서 리의 활동성 문제에 관한 연구》（《对退溪哲学之"理的活动性"问题的研究》）一文，整理退溪主张"理的活动性"有三种模式：（1）李光虎、崔英辰从"体用论"的角度解释"理发"与"理的活动性"；（2）李东熙从"尊理"的宗教性角度解释"理发"之意义，即以"崇高的、宗教性绝对者"的地位来解释"理发"之功能；（3）杜维明、成中英认为，"理发"是肯定理的"既存有又活动"的命题。所以，退溪暗地里离开朱子而接近孟子学、阳明学的模式。韩国的李相殷也指出过这种可能性。又安载晧在《퇴계 리발설 재론："리의 능동성"의심과 부정에 대한 반성》（《再论退溪的理发说：检讨对"理的能动性"的怀疑与否定》）一文（2011）批判文锡胤对"理发说"的怀疑，以及李承焕对"理发说"的否定。

③ 参见金文镕：《한주 이진상의 사단칠정론》（《寒洲李震相的四端七情论》），民族과사상연구회编：《四端七情论》，首尔：民族과사상연구회，1992 年，第 422—426 页。

④ 参见张淑必：《전간재의 사단칠정론》（《田艮斋的四端七情论》），《四端七情论》，第 456—466 页。

在于韩国儒学的脉络,逐步进行概念史的清理工作。

二　对比视野下的韩国儒学研究

近十年来,在中国,台湾学界的韩国儒学研究者,在研究韩国儒学之前,已经是中国哲学与西方哲学的研究者。由于此前理解经验与研究专业之故,在进行韩国儒学研究时,往往就立足于比较的视野。兹就以下三种对比视野反思之。

(一)韩、中儒学的比较研究

对台湾学界的韩国儒学研究者言,韩国儒学研究,打开中国宋明理学的研究视野,激荡更深的思考;也在对比研究下,意识到"他者"的重要性,进而正视韩国儒学的主体性与独特性。因此,如何进入韩国儒学思想的内在脉络,一直是台湾学界韩国儒学研究者需要努力之处。同样地,这样的研究经验与所得,应该也适用于韩国学者。笔者发现,韩国学界的韩国儒学研究者,也试图以韩、中儒学的对比研究来深化韩国儒学,也提出独特见解。

如赵南浩的博士论文《罗钦顺的哲学与朝鲜儒者的论辩》[1],对于罗钦顺的哲学思想如理气论、心性论、理一分殊论等,皆内在于中国明清思想的脉络与朱熹思想,有细致的分析与精准的把握。更重要的是,他进一步分析罗钦顺哲学对韩国儒学的影响与内在关联。且分别从退溪学派与栗谷学派的人心道心论辩、金昌协与韩元震的智与知觉论辩、任圣周与吴熙常的理一分殊论辩等,展开论述。这样的比较研究,借由朝鲜儒者的哲学论辩,深化罗钦顺"理气论"与"心性论"的可能意涵,也展现韩国朱子学的特色,值得关注。

又如丁垣在的博士论文《立足于知觉说的李珥哲学之解释》[2],虽以栗谷哲学为主题,但也约略采取韩、中儒学的比较研究。此论文主要以知觉说来解释栗谷的思想,并重新为栗谷哲学定位。丁垣在认为知觉说是将知觉视为心的核

---

① 赵南浩:《羅欽順의 철학과 조선학자들의 논변》,首尔大学哲学研究所博士论文,1999年。

② 丁垣在:《지각설에 입각한 이이철학의 해석》,首尔大学哲学研究所,博士论文,2001年。

心功能,此乃中国哲学传统的思维倾向。且出现在先秦的荀子、《礼记》的《乐记》《大学》、《易·系辞》等文献中,更在周敦颐、张载、胡宏、罗钦顺、王廷相、王夫之、戴震的理论里反复出现。在此论文中,丁垣在也借栗谷知觉说的立论,辨析栗谷所理解的"心统性情""气发理乘""理通气局""人心道心""理一分殊"都与朱熹不同,因而主张栗谷并非朱子学。此说一出,自然引起韩国学界的争论。[①]这样的论述,从中国哲学的研究者看来,有所保留。仅以朱熹与胡宏(号五峰,1105—1161)的"知觉"为例,朱熹的"知觉"是就"心之虚灵知觉"而言,与栗谷的"心是气"的义理脉络相承,心既可知觉理,也可知觉欲。而胡宏则继承程明道(名颢,1032—1085)以降"以觉训仁"的传统来阐释"心之知",故此心不是气,而是理的发用,而心之"知"(自知)即是心之"觉"(自觉),具有"感通"的能力,而非对外物刺激的"反应"。就此而言,栗谷之"知觉"同于朱子,而与胡宏迥然有别。由此可见,在此韩、中儒学的比较研究上,研究者必须进入且熟悉韩国儒学与中国儒学的思想脉络中,才能得到双赢的收获。

(二)东亚儒学视野下的韩国儒学研究

目前韩国儒学研究,从东亚儒学的视野切入,逐渐受到重视。据笔者所知,以往韩国、日本、中国等地的学者,对于韩国儒学的研究,多是孤军奋斗,鲜少有交流的机会。但自2000年以来,由于台湾大学黄俊杰积极推动东亚文明与东亚儒学的研究,加上台湾大学人文社会高等研究院的成立,提供从事东亚儒学研究者学术交流的平台,也促成东亚地区儒学研究者的学术交流合作。影响所及,韩国学界与日本学界,都深感韩国儒学的研究,必须放在东亚儒学的整体视域中来考察。其中,素来在韩国儒学研究起步较早,学术积累较多的日本学界,乃自觉对于韩国儒学的研究,必须充分整合东亚地区学者的研究实力,才能卓然有成。因而,日本岛根县立大学井上厚史乃以"東アジアにおける朝鮮儒教の位相に関する研究"("东亚朝鲜儒教的位相之研究")为主题,得到日本文部科学省为期五年(2011—2016)的研究计划。这是一个以日本学者为主,

---

① 如李相益就数度撰文批评丁垣在的论点,而孙英植也参与论辩,支持丁垣在的见解。赵南浩也在《지각설, 경험론 그리고 철학사》(《知觉说、经验论与哲学史》)一文中,批评孙英植过于忽视在中国哲学传统中所出现的"知觉说",带有互相不同的脉络或蕴含。

整合东亚地区韩国儒学研究者的共同研究计划。由于笔者多年来参与台湾地区与日本的韩国儒学研究计划，略陈以下反思。

　　台湾学界将韩国儒学置于东亚视野研究时，虽也注意到中、日、韩的儒学发展差异，但却偏向"异中求同"的论述。如台湾学者杨儒宾的《异议的意义——近世东亚的反理学思潮》[①]，就将丁若镛（号茶山，1762—1836）所代表的朝鲜时代实学，与中国乾嘉学者如戴震、阮元，以及日本古学派的伊藤仁斋、荻生徂徕视为同一思维形态，都纳入东亚"反理学"（反朱子学）的思潮。固然回归六经先秦儒学、重视经世致用、喜用文字训诂或经史考证方法等，三国儒者有其相似处。然而，笔者认为，孕育于性理学土壤的韩国实学，从李瀷（号星湖，1681—1763）到丁若镛，并未泯除其"经之以心性之学，纬之以经济之业"的学术性格，故与中国乾嘉学者或日本古学派学者的立论根基迥然有别。因为，后两者摒弃了儒学的超越面，而韩国实学者虽然强调经世致用，但仍保有儒学的超越面。若深入朝鲜儒学的脉络来看，丁若镛所代表的实学果真与性理学对立？二者的关系是矛盾还是相容？是断裂还是连续？抑或是批判地转化？在此思考下，丁若镛的实学与其说是"反朱子学"，不如说是"脱朱子学"。

　　又如日本学者泽井启一，在其《荻生徂徕と丁若镛の"古學"的プラクテイス》[②]一文中，反省丸山真男"近代化论"式的评价，不应全然接受地应用于荻生徂徕与丁若镛的研究上，而须注意到二者各有其日本与韩国儒教发展的特殊脉络。相较于东亚儒学中"实学"的模糊定义，他重新提出"古学"，来为日本的古学派、朝鲜的实学、中国明清的"经世致用之学"的不同方法论之间搭建研究讨论的平台。他虽意识到"古学"概念充满日本色彩，但在论述"古学"作为方法论时，也未忽略中、日、韩儒者的差异。例如丁若镛"以经证经"的经学方法论，就与徂徕的"古文辞学"不同；二者虽未曾否定古来儒教的有效性，但他们对理想社会的想象与制度的设计，也存在相当大的差异。

　　因此，当从东亚儒学的视野研究韩国儒学时，在"同中有异""异中有同"的

---

　　①　参见杨儒宾：《异议的意义——近世东亚的反理学思潮》，台北：台湾大学出版中心，2012年。
　　②　泽井启一：《荻生徂徕と丁若镛の"古學"的プラクテイス》，"東アジアにおける朝鮮儒教の位相に関する研究"第五回研究发表会"记念讲演"，2013年12月20日，埼玉大学。

对比下，更能丰富并凸显韩国儒学的特色。只是研究者必须努力地进入韩、中、日儒学的内在脉络，意识到不能陷入"见林不见树"的化约论，也不能止于"见树不见林"的自我限制。

（三）比较哲学视野下的韩国儒学研究

如同中国哲学所面临的挑战一样，韩国儒学研究也必须正视比较哲学的视野。相对于东亚儒学的视野，比较哲学的视野充满更大的思想异质性，但其意义不在于以西方哲学的框架或思考强加于韩国儒学研究，而是在于厘清或思考韩国儒学的开放成素（open element）。[1]

2012 年瑞士现象学家耿宁（Iso Kern, 1937—　）出版德文专著：*Das Wichtigste im Leben: Wang Yangming*（1472-1529）*und seine Nachfolger über die "Verwirklichung des ursprünglichen Wissens"*，中文译本《人生第一等事：王阳明及其后学论"致良知"》也在 2014 年出版。[2] 耿宁既是现象学专家，又长期从事佛教唯识学、中国儒家心学的研究。此书以深厚的汉学功力与敏锐的哲学思考，用现象学的意识分析来研究中国的阳明学，为现象学与中国哲学研究开启相互发明与内在联结的可能性，也将中国儒学精神传统，带到当代中、西方哲学的论域里，使它重新具有活力。依笔者管见，韩国儒学研究在比较哲学视野下，也能开放更多东、西方哲学对话的可能性。[3]

在中国，如台湾学者李明辉，他本身是康德研究专家，又是中国哲学的研究者，也从事韩国儒学研究十余年。他的韩国儒学研究专著《四端与七情——关于道德哲学的比较哲学探讨》，就紧扣"道德情感"这一问题意识，将韩国儒学最重要、最独特的哲学论题——四端七情，与德国伦理学、中国哲学加以比较研究，指出不同文化传统之间有共同的伦理学问题，而四端七情也涉及"对于道德价值的'领会'属于何种性质"之哲学问题。就此而言，舍勒（Max

---

① 此乃劳思光在论及中国哲的回顾与展望时所提出的观念。参见氏著：《中国哲学的回顾与展望》，刘国英编：《虚境与希望——论当代哲学与文化》，香港：香港中文大学出版社，2003 年，第 166 页。
② 耿宁：《人生第一等事：王阳明及其后学论"致良知"》，倪梁康译，北京：商务印书馆，2014 年。
③ 耿宁的一本现象学专书有韩文翻译，是以他的博士论文为基础。배의용译：《후설과 칸트》（*Husserl Und Kant*），首尔：哲学과现实社，2001 年。

Scheler, 1874—1928）所开启的现象学伦理学（价值伦理学），对"价值感"的说明，也许更能丰富或打开韩国儒学与西方哲学的对话空间。

又如韩国学者金炯孝，也采取比较哲学的视野研究韩国思想。他在《从元晓到茶山——韩国思想的比较哲学解释》[1]一书中，择取韩国佛教的元晓（671—686）、知讷（1158—1210）、儒学的退溪、栗谷、茶山为代表，以比较哲学的视野进行研究，见解独到。如他从自然神学的观点来看退溪思想，指出退溪思想中"理学""上帝学""心学"的三位一体，并对退溪的"理到"（理自到）说，"敬"的工夫，从"超越的上帝学"之建立来阐释。又如他也从现象学的角度，来诠释栗谷的"四端七情""人心道心"，借由梅洛-庞蒂（Maurice Merleau-Ponty, 1908—1961）的知觉现象学，来分析栗谷思想中"心""性""身"三者融合的关系。此外，他也敏锐地指出茶山思想"焦点不一致"的现象，分别从"知性的实用学"（心身一元论）与"意志的实践学"（心身二元论）来阐释茶山的"实学"。又高丽大学李承焕近著《横说与竖说》也以西方道德心理学（moral psychology）与分析哲学的"乘伴"（super venience）关系来理解退溪与栗谷的思想，虽有争议，但也值得参照。

三 结 语

在中国哲学的研究上，劳思光（1927—2012）屡屡强调"在世界中的中国"（China in the world）[2]，呼吁中国哲学研究须与世界其他哲学传统对话，以取得其学术的立足点。

笔者认为，重新思考韩国儒学研究，也会有"在世界中的韩国儒学"（Korean Confucianism in the world）之期待与展望。韩国学界在韩国儒学研究的学术累积上独步东亚，人才辈出，有其优势。然而，从比较视野来进行韩国儒学研究，将韩国儒学的诸多哲学论题"主题化"（thematize），成为东、西方哲学可以共同探究的哲学议题，是亟待努力的。

---

[1] 金炯孝：《원효에서 다산까지——한국사상의 비교철학적 해석》（《从元晓到茶山——韩国思想的比较哲学解释》），首尔：清溪出版社，2000 年。

[2] 参见劳思光：《旨趣与希望》，刘国英编：《虚境与希望——论当代哲学与文化》，第 221 页。

　　虽然不同观看方式或使用的哲学语言，不免令传统韩国儒学研究者感到"陌生"，但却也带来既有分析与思考模式的"摇晃"与"位移"，它将要求研究者对韩国儒学进行更好的理解或重新诠释。这可说是激发我们再深入韩国儒学研究，使其活化的"动力"所在！

第三十五章　台湾学界韩国儒学研究的反思

蔡家和

　　新近之韩国儒学因着韩战过后经济的大力发展，学术方面也随之兴起，展开对古典文献全面性的探索。韩国对于古典文化的保存不遗余力，例如"韩国古典综合数据库"便以电子文字方式，对韩国儒学数据进行充分的保留与发扬。而在中国，台湾学界也因着早期与韩国关系密切，而与韩儒文化有着进一步的交流。

　　台湾学界对韩国儒学的研究，早期如钱穆 [①] 与唐君毅先生。唐先生论及韩南塘《朱子言论同异考》一书，认为朱子之言人心、道心，前、后曾四变其说，而因着南塘的启发，唐先生也对朱子人心、道心说法的转变有了新的评价。韩国文字虽发展得早，但韩国儒学的书写、著述则常以中文为主，故韩国学者想研究儒家古典文献，常会到台湾地区或中国大陆学中文。早年韩国与台湾学界关系密切，韩国学生留学者多。例如，当时东海大学哲学系蔡仁厚教授就有八位韩籍学生 [②]，蔡教授也于1979年到韩国演讲，体会到韩国学界对朱子学的尊

［①］　钱穆：《现代对退溪学之再认识》，《钱宾四先生全集》第21册，台北：联经出版公司，1994年，第503—511页；《朱子学流衍韩国考》，《新亚学报》第12卷，1977年8月，第1—69页，亦收入其《中国学术思想史论丛》第七卷，台北：东大图书公司，1979年，第289—365页，亦收入《钱宾四先生全集》第21册，第399—502页。

　　［②］　根据李明辉教授的描述："蔡仁厚曾任中国文化大学哲学系教授、东海大学哲学系教授。他指导过不少韩国留台学生的博硕士论文，与韩国的关系颇为密切。他发表过六篇有关韩国儒学的论文，其中两篇讨论田愚的学行与思想。比较值得注意的是《李退溪"辩知行合一"之疏导：兼论日本阳明学派的实践精神》一文。此文旨在澄清李退溪对王阳明'知行合一'说的误解。"（《台湾学界关于韩国儒学的研究概况》，《台湾东亚文明研究学刊》第7卷第1期，台北：台湾大学出版中心，2010年6月，第261页）李教授特别推举蔡教授此文，乃与其对退溪的见解有关，李教授认为退溪与阳明的距离并不如预期中的远。

敬；而后牟宗三先生也曾在梁承武教授、邝锦伦教授的陪同下，到韩国"退溪学会"发表演说，其演说内容现则收录于《时代与感受》[①]一书。

在中国，台湾学界与韩儒学界之交流，早期[②]有留学韩国的蔡茂松教授，曾任教于彰化师范大学及成功大学历史系，他在韩国成均馆大学取得博士学位，目前关于韩儒之著作计有二书及文章近三十篇[③]；另有王苏教授，淡江中文系教授，其关于韩儒的著作计有书一本及文章约十六篇。如再加上李明辉、杨祖汉（两本）、蔡振丰、林月惠四位学者的作品，此乃本文目前所收集到的八本专书。这里排除了专书论文，期刊论文，及硕博士论文，另外如韩国学生在台用以取得学位的论文作品，内容虽是韩国儒学，因其属韩国学者的作品，本文亦不算在内。本文主要讨论台湾学界学者的专书。

又本文主要立基于李明辉的一文，《台湾学界关于韩国儒学的研究概况》，此文初发表在2008年11月研讨会上，最后投稿发表于2010年6月。[④] 故2008年以前台湾学者的文献，李教授已处理过，读者可自行参酌，本文暂略。至于2008年以后，本文将以前述李明辉、杨祖汉（两本）、蔡振丰、林月惠等四位学者的作品为主。此五本著作之中有三本系出版于2008年之后，其中杨老师新书《从当代儒学观点看韩国儒学的重要论争续编》，既属《续编》，便不得不论其

---

① 牟宗三：《访韩答问录》，《牟宗三先生全集》第23卷，台北：联经出版公司，2003年，第215—233页。另有一文《访韩观感记》（同上，第235—236页）。

② 此依李明辉教授的分法，以1992年为分水岭，在此之前为早期。

③ "这些论文除了延续其博士论文的主题，讨论李退溪（名滉，1501—1571）与李栗谷（名珥，1536—1584）的哲学思想之外，还广泛涉及张显光（字德晦，号旅轩，1554—1637）、宋时烈（字英甫，号尤庵，1607—1689）、郑齐斗（字士仰，号霞谷，1649—1736）、金昌协（号农岩，1651—1708）、李象靖（字庆文，号大山，1711—1781）、任圣周（字仲思，号鹿门，1711—1788）、吴熙常（字士敬，号老洲，1763—1833）、丁若镛（号茶山，1762—1836）、李恒老（号华西，1792—1868）、李震相（字汝雷，号寒洲，1818—1886）、田愚（字子明，号亘斋，1841—1922）、奇正镇（号芦沙，1798—1879）、东学思想，以及李柬（字公举，号巍岩，1677—1727）与韩元震（字德昭，号南塘，1682—1751）关于人性、物性同异问题的'湖洛论争'。此外，他还有一部专著《韩国近世思想文化史》。"（李明辉：《台湾学界关于韩国儒学的研究概况》，第260页）

④ 2010年后，台大高研院所编著而相关于韩儒的书如下：黄俊杰：《东亚文化交流中的儒家经典与理念：互动、转化与融合》（修订版）；张崑将：《阳明学在东亚：诠释、交流与行动》；黄丽生编：《边缘儒学与非汉儒学：东亚儒学的比较视野（17—20世纪）》；黄丽生编：《东亚客家文化圈中的儒学与教育》；黄俊杰编：《朝鲜儒者对儒家传统的解释》；林月惠、李明辉编：《高桥亨与韩国儒学研究》；黄俊杰编：《东亚视域中孔子的形象与思想》；黄俊杰：《思想史视野中的东亚》；黄俊杰：《东亚儒家仁学史论》。

《初编》（2005 年出版）；又杨教授之前、后两本著作中，对于朱子学的评价有所转变，甚值关注！此外，李明辉教授对韩儒学术耕耘已久，理解亦深，本文则选其专著《四端与七情——关于道德情感的比较哲学探讨》（2005 年出版）[①] 来做研究。

　　以上所举五本著作都在"台湾大学出版中心"出版，系属于黄俊杰[②] 所领导的"东亚儒学研究"之研究团队。在东亚儒学的研究上，相对而言，研究日本的学者多，研究韩国的学者少。而四位学者与当代新儒家亦深有渊源，如李明辉、杨祖汉、林月惠等皆是，因此也可说，当代新儒学，特别是牟宗三先生的学问，对于韩国儒学的评断发挥了重要影响力。[③] 其中的原因，乃因早期韩国学者[④]多到台湾地区来学习中文及儒学，而当时的气氛使得当代新儒家发挥了重要作用。故早期韩国研究儒学的学者常是牟先生或是蔡仁厚的弟子，而这些弟子学成回韩后，成了学者，继而邀请台湾学界的新儒家学者到韩国开会讲学。长此以往，遂令台湾学界研究韩国儒学领域中，与当代新儒家颇有渊源。

　　这里所谈的当代新儒家系以牟先生为主，相较下，同为当代新儒家代表的唐君毅与徐复观，两人多居香港，且高弟不若牟先生之多。[⑤]

---

　　① 李明辉：《四端与七情：关于道德情感的比较哲学探讨》，台北：台湾大学出版中心，2005 年；简体字版，上海：华东师范大学出版社，2008 年。

　　② "自 2006 年起，'东亚文明研究中心' 研究计划转型为 '东亚经典与文化' 研究计划，并入台湾大学刚成立的人文社会高等研究院。目前他（黄俊杰）是人文社会高等研究院的院长。贯穿这前后相续的几个研究计划的是 '东亚儒学' 与 '经典诠释' 两大主轴。"（李明辉：《台湾学界关于韩国儒学的研究概况》，第 262 页）此乃李教授对于黄教授的推崇，而黄教授也有韩儒的研究作品，现已退下高研院院长一职。

　　③ 试举例于杨祖汉老师的问题意识，他说："栗谷这些主张，即他对朱子学的诠释，都强调了性或理不活动，心是气，心理为二，修养工夫或实践的动力不能从理本身给出。他此一对朱子学的诠释，与当代牟宗三先生对朱子的理解相近，只是牟先生认为朱子这一型态的思想是他律的伦理学，不合于儒学的正宗、即孔孟的传统；而栗谷当然是以朱子学为儒学的正宗。田艮斋的说法既然以栗谷为宗，……而艮斋的说法则认为朱子的思想为儒学的正宗。"（氏著：《从当代儒学观点看韩国儒学的重要论争续编》，台北：台大出版中心，2017 年，第 567—568 页）杨老师的研究发现，牟先生对朱子的诠释，如心是气、理不活动等，都与艮斋、栗谷相近，何以艮斋视朱子为正宗，而牟先生对朱子的评论是别子为宗。笔者试回答，乃因牟先生是心学，而艮斋是朱子学，故对朱子的理解相近，结论却不同，一个是正宗，一个是别宗。这里也看出牟先生对于台湾学者之韩儒研究发挥了影响力。

　　④ 例如，曾任韩国"艮斋学会"会长的梁承武教授，他担任会长一职时间甚长，现已退休。梁教授曾留学台湾，师事过牟宗三、戴琏璋教授等，他常邀请两岸学者到韩国参加田艮斋思想之研究会议。

　　⑤ 徐复观先生后来到香港发展，其思想重点亦不在宋明理学，而是着重于儒学与政治的结合；至于唐君毅先生待在香港的时间居多。

在韩国五百多年的朝鲜李朝期间，主要盛行者是朱子学，它如心学家郑霞谷及其弟子相对较少，亦在江华岛发扬心学，影响力比不上朱子学。又如实学家丁茶山，亦属少数。故韩儒之大宗者，系以朱子学为主。韩儒的三大论争包括：第一是四七之辩，第二是湖洛论争，第三是朱子学可否视为心即理之说。此三大论争皆以朱子学为标准，而争论谁人较得朱子之正宗诠释权。因此朝鲜朝主要是朱子学的流衍。

而台湾学界对于韩国儒学的诠释，受了牟先生的影响，其判别韩儒的标准亦常以牟先生的评价为主。牟先生对于朱子的评价结果，包括：

第一，"别子为宗"。视朱子学不合于先秦儒者，先秦儒者当为"心即理"，但此"别子为宗"，虽不是原始儒学之正宗，却也自开一大宗。①

第二，朱子是以讲知识的方式讲道德，而不是纵贯的天道、性命相通的直贯之说，是一种认知的横摄方式。

第三，朱子的理是但理，存有不活动；理不能下贯而为心，只有"性即理"。心不即理，只能说为心具理，此具又是后天的具，而不是先天的。因为牟先生定义"心即理"才是先天的即理、具理；朱子所言心是气，而无理。

第四，朱子所言之敬是空头的敬、空头的涵养；因为未格物之前，小学工夫就要涵养，然此不知理，故涵养为空头。

以上是牟先生的见解，此对台湾学者的韩儒研究发挥了重大影响。

一　台湾学界研究韩国儒学的主要成果

本文将讨论的四位学者，共有五本专书。除此五本，历来尚有王苏的《退溪学论集》②，及蔡茂松的《退溪、栗谷性理学之比较研究》③《韩国近世思想文化

---

① "伊川、朱子不是儒家的正宗，我称之为'别子为宗'。什么叫'别子为宗'呢？这是根据《礼记》而来的。譬如说有弟兄两人，老大是嫡系，是正宗，继承其父；老二不在本国，迁到他处，另开一宗，而成另一个系统，这就叫做'别子为宗'。朱子就是居于这样的地位。现在那些拥护朱夫子的人一看到'别子为宗'就很不高兴，以为有伤朱夫子之尊严。其实这又伤了他什么尊严呢？他能另开一个宗派，岂不很伟大吗？"（《牟宗三先生全集》第 29 卷，第 416—417 页）

② 王苏：《退溪学论集》，台北：文史哲出版社，1992 年。

③ 蔡茂松：《退溪、栗谷性理学之比较研究》，首尔：成均馆大学出版部，1985 年。

史》①，共有八本专书。本文所讨论者不包括编辑各家论文集而为专书者、硕博士论文（有些是韩国学者留学时的毕业论文）、专书的单篇论文、期刊论文，以及台湾学者译注韩国专书。

八本专书中，王苏与蔡茂松属早期，蔡茂松乃毕业于韩国成均馆，具备韩文能力，但主要是历史学的训练。此等前期作品，李明辉一文已处理，本文略过。

本文所论四人五书，包括李明辉、杨祖汉、蔡振丰及林月惠等人作品，这些韩儒研究著作都还在发展中。其中较特别者乃杨祖汉，其于 2005 年出版《从当代儒学观点看韩国儒学的重要论争》（以下简称《初编》），2017 年又发表一本书《从当代儒学观点看韩国儒学的重要论争续编》（以下简称《续编》），乃是杨教授近年来韩儒作品的收集；其《初编》对朱子学的见解系采牟宗三的判准，而新近《续编》则有新的论断，不全同于牟先生，因此本文亦将借助于杨老师的前后转变，而来评述台湾学者对韩儒研究的发展轨迹。

以下，依出版顺序而来讨论，首先是李明辉作品。

（一）李明辉《四端与七情：关于道德情感的比较哲学探讨》

前述五本书中，李明辉的著作最先出版，系出版于 2005 年，而笔者本文所参考者为其华东师大简体版，系出版于 2008 年。此书有三个附录，除了第一附录为张南轩《仁说》的原文外，余二附录为资料之选注，其中一个是李退溪与奇高峰关于"四端七情"的书信往返之选，系依书信时间先后做排序，让读者可以顺利地掌握两人论理的前后脉络。李教授又于其中做注，即帮读者找出退溪与高峰用语的出处，概皆出于《朱子语类》或《孟子》之原文。另一附录是关于成牛溪与李栗谷的论辩，对双方书信资料之选注。

全书除《序言》《导论》外，共有九章，主题是四端与七情，讨论范围从康德、朱子、蕺山，再到韩国儒学。第六、七、八、九章与韩儒有关。第六章谈李退溪与奇高峰的四七之辩；第七章谈李栗谷与成牛溪的四七之辩；第八章谈李退溪与王阳明；第九章结论处谈李退溪的理能活动之意义。全书的主轴系以四

---

① 蔡茂松：《韩国近世思想文化史》，台北：东大图书公司，1995 年。

端七情的道德情感贯穿之。

"四七之辩"乃韩儒的三大论辩之一，因着退溪与栗谷两人立场的不同，退溪主要是理气互发之说，所谓的四端是理发而气随之，七情是气发而理乘之。至于栗谷则为气发理乘一途说，即不论是四端或是七情所发者都是气在发，理不活动，而为气化活动的背后之主宰。也因着两人的争辩，而有后来东人与西人之分裂①，东人为退溪学派，或称为岭南学派；西人为畿湖学派，或称栗谷学派②。

李明辉教授此书对于韩国"四七之辩"有着重要的判断，视退溪的理发之说乃违背朱子，而栗谷的见解则合于朱子。又退溪之说虽不合于朱子，但可以往阳明"心即理"的方向前进，李教授的见解系合于牟宗三先生对于朱子学的分判，以及牟先生对宋明理学三系说之见解。所谓牟先生的三系说，乃伊川与朱子为一系，系别子为宗，理为但理，存有不活动；至于阳明是为心学，心即理，但其客观面论述较少，却可合于先秦儒学；至于第三系，则为五峰、蕺山系③，所谓的心即理，主观的良知与客观的天理两面可相通而贯穿，此乃牟先生所谓的道德形上学，天道、性命相通为一。此中，阳明与五峰、蕺山系其实是一致的。

李教授的贡献即是站在牟先生的立场，为韩国儒学相争数百年之久的"四七之辩"做一分判，以断定孰是孰非。乃栗谷为正，可得于朱子学之正统，而退溪虽不合于朱子，但可合于孟子、阳明学。此书的另一贡献，乃对于李退溪与奇高峰、成牛溪与李栗谷双方书信的整理，让后继研究者可以轻松上手，减少在文献整理上的时间。

至于李教授另一文《台湾学界关于韩国儒学的研究概况》，则可谓对于台湾学界的韩儒研究文献一网打尽，做了很多下学工夫，相当仔细。其文分 1992 年

---

①　西人与东人的党派分裂表，可参见李丙焘：《党派分裂表》，《韩国儒学史略》，首尔：亚细亚文化社，1986 年，第 176—177 页。

②　可参见崔英辰：《韩国朱子学的心说论争研究现况及展望》，《百年朱子学》，北京：商务印书馆，2016 年，第 3 页。

③　"所以我在《心体与性体》中把宋明理学分为三系：伊川、朱子是一系，陆、王是一系，胡五峰、刘蕺山是一系；这最后一系就是继承周濂溪、张横渠、程明道。"（《牟宗三先生全集》第 29 卷，第 393 页）

为前期，1992 年后为后期，前期以蔡茂松、王苏等人为主，后期的代表人物，则包括黄俊杰、杨祖汉、林月惠，以及他自己等。李教授以其留学德国的背景，于文中进行了中、西比较，视朱子学近于晚期康德，而杨时、湖湘学派等人近于席勒现象学伦理学。而其问题意识在于，四端之心是否可为形上之情？四端是否可以先天名之？这是李教授的贡献。

本文的重心与李教授之文稍有不同，他是重在概况的介绍，而本文则重在述评，当然，拜读该文令本文的书写获益良多。

（二）杨祖汉《从当代儒学观点看韩国儒学的重要论争》

此书就出版次序而言，晚了李明辉一书数月，但在韩儒的研究上，杨老师起步甚早。1997 年际，笔者即于"中央大学"修习杨老师的韩国儒学课程，此时杨老师已写了一些关于"四七之辩"的论文，对于李退溪、李栗谷二人之学已做讨论。

杨老师此书除了处理"四七之辩"，更涉及"湖洛论争"：即李柬与韩元震之间的争论，双方争辩朱子学所言的心体未发时是纯善，还是有善有恶？另一争论点是人性、物性之同异。[①] 韩元震认为人性、物性相异，而李柬认为人性、物性相同，二者的发言都是站在朱子学的观点。

杨老师此书另有李晦斋与曹汉辅的无极太极论辩，此则似于中国的象山与朱子论辩《太极图说》是否受有道家、道教的影响。其书又介绍了中国明儒罗整庵之学传至韩国后受到栗谷的欣赏，当然也是有所质疑，因为整庵主要是修正朱子理气论，而视理气一物。至于杨教授判整庵则属朱子学 [②]，理气虽不离，

---

① "杨祖汉的研究成果则辑成《从当代儒学观点看韩国儒学的重要论争》一书。此书主要探讨朝鲜儒学中的三大争辩：一是李退溪与奇高峰、李栗谷与成牛溪间的'四七之辩'，二是李彦迪（号晦斋，1491—1553）针对曹汉辅（号忘机堂，生卒年不详）所进行的'无极太极之辩'，三是韩元震与李柬间的'湖洛论争'，涉及'人性物性异同论'及'未发时之心体是纯善抑或有善有恶'两个问题。此外，此书还探讨了两个较小的主题，即曹植（字楗仲，号南冥，1501—1572）对'四七之辩'的批评，以及尹拯（号明斋，1629—1714）与宋时烈间的'怀尼论争'。在这五项主题中，除了李退溪与奇高峰、李栗谷与成牛溪间的'四七之辩'以外，其他主题都是台湾学界过去所忽略的。"（李明辉：《台湾学界关于韩国儒学的研究概况》，第 264 页）李教授认为当时杨老师一书的贡献有三，一是怀尼论争，一是无极太极之争，一是湖洛之争，此在当时 2005 年之际，台湾学者尚未论及。

② 整庵学之归属，有判其为朱子学，即为理学，亦有判其为气学，如大陆学者陈来等人。

但还是不杂。

除了四七之辩、湖洛论争、无极太极论辩外，该书还提到尹明斋之学。栗谷的弟子金长生，金长生之弟子有尤庵（宋时烈），尤庵又有弟子尹明斋，尤庵与明斋因着明斋父亲之墓志铭的导火线，遂有"怀尼之争"。在韩国称尤庵（宋时烈，1607—1689）为老派，明斋（尹拯，1629—1714）为少派，所谓的"怀尼之争"，其中的原因之一乃尹鑴著书质疑朱子，而为尤庵痛恶，至于尹明斋则表同情，故双方（怀与尼，此地名）更加交恶。双方的争辩点则在于如何评判人格之修养。

杨老师该书所处理韩国儒门的论辩，都与朱子学相关，亦不好处理，相对而言，中国的朱子学便没有这么多的纷争，若有，其纷争形态亦不相同。

又于书名处所见，杨老师系以"当代儒学"作为评判韩国儒学的标准，所云"当代儒学"，主要以其师牟宗三先生为准。牟先生视朱子的心是气，则合于栗谷，故杨老师视栗谷之说合于朱子，而退溪则是创造性的诠释，因为理既可活动，则下贯到心，因为心即理，此则合于孟子。

但本文这里想强调的是，在孟子本身并无所谓心即理或不即理的问题，孟子本身没有理气论，理气论是后人加在孟子身上。此非指孟子不谈到理、不谈到气。其实孟子言理处甚少，如"始条理""终条理"，"理义之悦我心"等，大概也只有这些。这几句看来，便与"心即理"不同。"心即理"指的是心就是理——天理就在人的良知处显！"心即理"比配于孟子，应为理义之即我心，而不是理义之悦我心。即在孟子本身没有理气论的问题。

《初编》为杨老师于2005年时的想法，至2017年出版《续编》时，观点已有转变。无论如何，杨老师《初编》所论也是准确的，因为依其书名，本来该书即是站在"当代儒学"——牟先生的观点，来面对韩儒争论。此书的贡献在于又将韩儒研究更加推进，涉及范围更广，甚值推荐。

（三）蔡振丰《朝鲜儒者丁若镛的四书学：以东亚为视野的讨论》

蔡教授一书出版于2010年，以研究丁若镛为主。韩国儒学近于宋明理学，若把宋明理学分为心学、理学、气学，则丁若镛较近于气学，或以时代为区分，丁氏可以被称为实学、古学。

韩儒并非只有朱子学,尚有心学 ①、实学。实学家的丁若镛近于戴震之学,读其书,则甚近于戴震、焦循做学问的方式,系以复古为本,用古义来诠释孔孟,亦近于日本江户时代学者伊藤仁斋。这些学者被称为实学、朴学一派,而反对程朱学。

台湾学界少有研究韩国实学 ②,蔡教授于此领域则颇具贡献。该书主要论点放在丁若镛的四书学,若与朱子相比,两者的四书学则有天壤之别。朱子以理气论置入《四书》,已非先秦原意,而茶山却是想要回到古义。蔡教授除了研究台湾学界所欠缺的茶山学,并把茶山学与日本江户学者如伊藤仁斋、荻生徂徕做一比较,此则不同于前举李明辉、杨祖汉、林月惠教授等,概皆与牟宗三先生有关;又茶山既是反对朱子学,故作者也要谈到朱子学,因此其学问面向可谓宽广。

该书分别就丁茶山的《论语》《孟子》《大学》《中庸》进行研究,丁氏之实学本不赞同朱子学,这是学界所共认。而丁氏又受有西学天主教的影响,作品中常谈到"上帝",此"上帝"究竟是天主教的上帝,还是中国古义的上帝?于学界未有定论。至于蔡教授则认为,丁氏书中的上帝虽受有西学影响,但上帝一词的内容则为古义中国学的上帝,而不是西学的上帝。

(四)林月惠《异曲同调——朱子学与朝鲜性理学》

林教授一书亦出版于 2010 年,若说李明辉是以"四端七情"贯彻全书,则林教授概以"人心道心"贯穿全书,全书主题由整庵的人心、道心之说出发。整庵对于朱子的人心、道心之见解有所转变,本来在朱子学而言,人心乃人之虚灵知觉去知觉形气之私,道心乃心之知觉去知觉性命之正,而到了整庵,则以道心与人心分别代表着性与情,而为一种体用论。整庵之说流传到韩国,也造成了影响,而林教授此书即是以整庵的人心、道心发端而贯穿全书。

---

① 如心学家郑霞谷,韩国学界每年都会举办会议以纪念郑霞谷,亦会邀请台湾地区的学者参加。郑霞谷之弟子颇多,因此台湾学界于韩儒心学之研究上尚有很大的发展空间。

② 黄俊杰:《东亚近世儒学思潮的新动向:戴东原、伊藤仁斋与丁茶山对孟学的解释》,氏著:《儒学传统与文化创新》,台北:东大图书公司,1983 年,第77—107 页。黄教授算是台湾学界研究丁茶山较早的学者。

林教授的贡献在于，透过对韩文文法的分析，对退溪的理到说做出更多义理上的理解。[1] 前述杨祖汉教授已提到整庵与李栗谷的关系，而林教授则推进到奇高峰与李退溪对整庵的评价，以及李一斋与卢稣斋双方对整庵人心、道心的论辩。又林教授对于资料的搜集亦是最为完整，无论是中文、韩文、日文、英文等数据兼多述及，此对于接引后学裨益不少。而其对于整庵学的判断，依其书名看来——"异曲同调"，应是认为整庵与朱子学的思想仍是一致，未如大陆学者陈来教授所言的系已转往气学方向。

（五）杨祖汉《从当代儒学观点看韩国儒学的重要论争续编》

杨老师在康德哲学、牟宗三哲学、韩国儒学等面向甚为精到，透过此书更可看出这项特点。本书收集了其近二十年的作品，除"自序"与"结论"外，共有十八章，加上"导论"，共有十九章，都曾发表于刊物上，其内容多与韩儒研究相关，重点亦多放在韩儒的论争。在《初编》时已讨论"四七之辩"与"湖洛论争"，而《续编》则及于第三大论争：朱子学可否为"心即理"之说；系以艮斋为主，而围绕着与李华西、李寒洲、柳重教等人的论辩。

由《续编》的题目看来，本书仍以当代儒家为主题，其中有牟宗三先生的观点，也加进不少康德学、唐君毅先生的意见，已较前书涉猎更广。《初编》主要是依于牟先生的朱子学观点，视朱子学是别子为宗，而《续编》除了参考牟先生外，也参考唐先生，此二人对于朱子所言心义见解不同；牟先生认为心只是气[2]，而唐先生认为，心可以言及本心，则有理有气。

如杨老师言："从此处便可见到理本身的力量，此力量及作用不同于形气，故不必如形气般有具体之活动，而自有巨大之作用。"[3] 此乃用来解释韩儒奇芦

---

[1] "其《'格物'与'理到'：论李退溪晚年物格说》一文结合了义理研究与韩文语法分析，是近年来有关李退溪研究的杰作。此外，她为了研究韩国儒学而苦学韩文，是少数能吸收现代韩国学者的研究成果之台湾学者。"（李明辉：《台湾学界关于韩国儒学的研究概况》，第 266 页）此乃李教授对林教授的赞赏。

[2] "陆、王可以说'心即理'，但朱夫子不能说'心即理'，只能说'性即理'——心和理是两回事，属于两个范畴；性是理，属于形而上的范畴；心是气，属于形而下的范畴；两者不同，必须分开。"（《牟宗三先生全集》第 29 卷，第 400 页）

[3] 此处杨老师自言是参考唐君毅先生的说法，参见唐君毅：《由朱子之言理先气后论当然之理与存在之理》，氏著：《中国哲学原论·原道篇》卷三附录，香港：新亚研究所，1974 年。又杨老师之言，出于氏著：《从当代儒学观点看韩国儒学的重要论争续编》，台北：台湾大学出版中心，2017 年，第 424 页。

沙之言,亦自言其根据是以唐先生对朱子言理的见解为主,即理可以有活动,虽不同于气之活动。若如此,则唐先生可有近于奇庐沙的见解,亦可近于李退溪的见解。至于牟先生的见解则近于李栗谷,所谓"气发理乘一途"之说,发动者是气,理只是随气而活动。

《初编》与《续编》二书已把韩儒三大论争都述及了。第三论争系以田艮斋为首,而艮斋其师承是忠于李柬、金昌协、宋时烈、栗谷这一脉,特别是尊栗谷,与奇庐沙之主理而近于退溪不同。故艮斋除了与"心即理"说一派做论辩[①],亦与奇庐沙论辩。《续编》可谓以艮斋为首,而述及与艮斋论辩者如李华西、李寒洲、吴老洲、宋渊斋、柳重教等人。艮斋与奇庐沙之辩称为《猥笔论辩》,此外,尚论及郑三峰的辟佛论、任鹿门的主气说,以及对权尚夏的反对。权尚夏虽为宋时烈的弟子,但为湖派,而艮斋则近于洛派,故两人思想有所差异。

杨老师的二书,对于韩儒的阐发可谓不遗余力,可谓台湾学者之中研究韩儒作品最多、最广者,与前期的蔡茂松一样地广泛,对韩国儒学研究很有贡献。

二 台湾学界韩国儒学研究的若干评论

（一）李明辉

李明辉在其书《导论》处提到:

> 经由对这两场四七之辩的讨论,我们可以确定,尽管李退溪与其论敌同样推崇朱子,但他所代表的思路实远于朱子,而近于陆王,但吊诡的是李退溪对陆王之学却无好感,并且对于王阳明的学说提出严厉的批判。这也是阳明学过去在韩国始终无法与朱子学相抗衡的重要原因之一。[②]

---

① 艮斋与柳省斋、李华西、李寒洲等人所论辩的"心即理",与阳明的"心即理"有所不同;艮斋等人所论议的"心即理",是朱子学式的"心即理",近于心具理的意思。

② 李明辉:《四端与七情:关于道德情感的比较哲学探讨》,上海:华东师范大学出版社,2008年,第8页。

但笔者在此要进一步指出：在退溪对阳明的误解背后，他们两人在思想上的距离其实并不如退溪本人所想象的那么大。①

此可看出，李明辉预取了牟宗三先生对宋明儒学的三系说，而有如此判断结果。三系说判程朱学为别子为宗，理存有而不活动；又视阳明学为心学，此心学与心即理之学可相通，理即存有即活动，理可下贯于心。如今退溪改造朱子学，使得理可以活动，若如此则可以贯穿于心，心即理，故可与阳明学相通，然而退溪却对阳明学无好感。本文以为，李教授系以牟先生架构诠释退溪学，而退溪本人却没有这个架构，若真欲理解退溪，仍应以其本人见解为准，而不需外取一个架构来套用。

李教授认为退溪与阳明距离不大，而退溪本人则认为其与阳明距离甚大。此说法已是牟先生三系说的置入。其实，以理能活动而言，退溪可以与奇芦沙相通，上文杨祖汉已做分析，理可有其活动性，此取唐君毅先生的朱子学诠释而足。如是，则退溪还是朱子学（站在唐先生立场），而不必往牟先生的诠释走②，也较合于退溪本人的想法。

李教授还有另一观点，认为退溪的四端之善情系为形上，其言：

> 高峰坚守朱子的观点，视四端与七情为同质，但退溪却背离了此一观点，而主张四端与七情是异质、异层的。……进而言之，四端与仁义礼智之性，连同本心，均属于超越层面，而非如朱子所设想的，四端七情同属于气，而落于自然层面，尽管这种理解与朱子的理解不同，但却符合孟子的思想。③

即高峰与朱子都不视理有活动性，故活动者是气，而理不活动，理只是随

---

① 李明辉：《四端与七情：关于道德情感的比较哲学探讨》，第257页。

② 牟先生"心即理"之体系，其实还是受有熊十力的影响，而熊十力的体系是建构而成。熊先生言："西人谈道德不澈心源，（此心即是宇宙真源，故曰心源。）"（氏著：《中国哲学与西洋科学》，《熊十力全集》第4册，武汉：湖北教育出版社，2001年，第568页）

③ 李明辉：《四端与七情：关于道德情感的比较哲学探讨》，第258页。

气而动,故无论四端、七情,都是气在活动,而理乘之。李教授则认为,七情为气,而四端为理,故为异质。但在退溪本人应不至于与朱子有如此大的差距,因为在退溪而言,四端是"理发而气随之",七情是"气发而理乘之"。四端为纯善,乃仁义礼智贯于气中,故有理、有气,七情也是有理有气。七情有时亦可以为善,而四端总是善,在此先不讨论四端是否有其"恻隐其所不当恻隐"之时。①李教授认为七情为气,而四端为理。然依退溪之说,四端是有理有气,只说成是理亦不够。

李教授之言,可能是依牟先生见解而来,牟先生言:

> 在此关节上,道德感、道德情感不是落在实然层面上,乃上提至超越层面转而为具体的,而又是普遍的道德之情与道德之心,此所以宋、明儒上继先秦儒家既大讲性体,而又大讲心体,最后又必是性体心体合一之故。此时"道德感"不是如康德所说的那"设想的特别感觉",而"道德情感"亦不是如他所说的"在程度上天然有无限地差别变化,它对于善与恶不能供给一统一的标准"这实然的纯主观的道德情感,而是转而为既超越而又内在、既普遍而又特殊的那具体的道德之情与道德之心。这种心、情,上溯其原初的根源,是孔子浑全表现的"仁":不安、不忍之感,怜悯之感,悱启愤发之情,不厌不倦、健行不息之德等等。这一切转而为孟子所言的心性:其中恻隐、羞恶、辞让、是非等是心,是情,也是理。②

牟先生把情视为形而上者(其所谓的全神是气、全气在神之说),理气合一者只能气上提而为理,而不是理下堕而随气。这种讲法把心、情、理、仁四者等

---

① 如韩儒郑汝昌(字伯勋,号一蠹,1450—1504):"于不当恻隐处恻隐,则是恶。"(《一蠹先生续集》,《韩国文集丛刊》第 15 册,第 506 页)又如李滉(退溪):"性本纯善,而才发则气始用事,故恻隐、羞恶、辞让、是非或有不得其正者,如不当恻隐而恻隐,不当羞恶而羞恶,便是不得其正者。要之,亦不可不谓之四端也。"(《退溪答李公浩》,《韩国文集丛刊》第 30 册,第 382 页)朱子与退溪(退溪与高峰辩后,亦受奇高峰影响)都有恻隐其所不当恻隐之说,在孟子,恻隐是心,而不该会有不当之恻隐;至于朱子,恻隐已下降为情,情感若无理性之指导,则可能盲目发狂,故有恻隐其所不当恻隐之说。

② 《牟宗三先生全集》第 5 卷,第 121 页。

同言之，此是牟先生的心学体系，但是否可以放在退溪身上则值得商榷，因为退溪还是心性情三分的格局。

也因着退溪言理可以活动，于是李教授便以理可以下贯到心，于是此心、此情也是形上的。牟先生所用在孔子、阳明、孟子身上的，却不一定可以用在退溪身上，退溪也不一定会遵守牟先生的判准，因为牟先生是心学，而退溪却不是心学，毕竟他还是理学，无论四端七情仍都有形下成分在；而且牟先生即存有即活动的判准，亦不需用在退溪身上，故其四端七情都是有理有气，四端是理发气随，而七情是气发而理随，虽都有理有气，但重在情与气。如退溪言曰：

> "恻隐，气也；其所以能是恻隐，理也。"固北溪之说也，质之师门，而不见斥，然滉亦尝疑"恻隐气也"一语，太主张气字，不无侵过理界分了。宏仲非之，似不为无理，但宏仲说亦有差，盖理发为四端，所资以发者气耳；其所以能然，实理之为也。①

退溪的四端七情还是依于朱子的理气为二的架构，并非依于牟先生的架构。退溪此段明言，理发为四端，所资以发者气耳。有理有气，而不是只有形上义，李教授采用牟先生的"全神所贯"，故气亦提而为理，然退溪却无此意思。而且当退溪言恻隐其所不当恻隐之时，表示四端亦有其非理部分，故四端不是纯为形上之理。则四端与七情亦非全为异质（理与气之不同）。当然，李教授作为牟先生弟子，以新儒家观点评断韩儒，守师门而为阐发，亦有其贡献。

（二）杨祖汉《初编》

杨祖汉于2005年出版的《从当代儒学观点看韩国儒学的重要论争》一书，其义理与李明辉教授相近，因为判准都以牟先生为主，视朱子的理是不活动，而栗谷的气发理乘一途，则近于朱子学，于是判退溪的理会活动已超出了朱子学，退溪有回到孟子学之倾向，因为在牟先生而言，孔孟之学都是心即理之学，

---

① 《韩国文集丛刊》第30册，第311页。

也是道德形上学，所谓天道性命相通为一，而其相通者，乃心即理也。至于朱子心是气，只能说心具理，而不是心即理。如杨老师言：

> 但综上面两段引文来看，（退溪）亦已有此方面之自觉。于四端发时，须积极去作之工夫应是如孟子所说之工夫，当然是扩充，但在扩充之前，应有一逆觉之工夫。孟子举见孺子入井事为例，……便是牟宗三先生所谓之逆觉。①

> 由以上之讨论，可知退溪为肯定理之活动义，已不自觉地走上一与朱子思想不同的，近于心学的型态。退溪自觉志要弘扬朱子学，但当他依孟子义以论四端之情时，却不自觉地越出了朱子的藩篱。②

杨老师认为退溪之说，系理能活动，则是近于牟先生的逆觉觉证，此种自觉，乃心即理的自觉，故以孟子之学来比配退溪之学。然而，依于孟子，四端是心而不是情，孟子言情并未有情感的意思，孟子之四次言情，其实都是实情，乃因着朱子把恻隐比配为情，而后才有四端、七情之不同的比较。在孟子而言，四端是心。此牟先生与杨老师都知道孟子言情不是情感。③且在孟子而言，是否有心即理之说呢？其实未必，因为在孟子而言，无所谓心即理或不即理，把孟子学说视之为心即理，乃牟先生以阳明为正统，而以阳明标准来诠释孟子。在孟子而言，其实理气论是不显的。

如朱子言"孟子终是不备"，此不备者，乃是不备于气。孟子不备于气，则不用理气论以诠释孟子。孟子言理处亦甚少。孟子言始条理、终条理，理义之

---

① 杨祖汉：《从当代儒学观点看韩国儒学的重要论争》，台北：台湾大学出版社，2005年，第172页。

② 同上，第180页。

③ 牟宗三言："'乃若其情'之情非性情对言之情。情，实也，犹言实情（real case）。'其'字指性言，或指人之本性言。……本当说非性之罪，但孟子何以忽然想到一个'才'字，而说'非才之罪'？此并无何严重之理由，只变换词语而说耳。'才'是材质、质地之意，即指'性'言。……故在孟子，心、性、情、才是一事。心性是实字，情与才是虚位字。性是形式地说的实位字，心是具体地说的实位字。性之实即心。性是指道德的创生的实体言，心是指道德的具体的本心言。"（氏著：《心体与性体》第三册，台北：正中书局，1969年，第416—417页）

悦我心，只三四处涉理①，若如牟先生视孟子为"心即理"，则孟子应言"理义之即我心"，而不是"理义之悦我心"②，心与理为主客之关系，纵使此义理之为客，不是在对象上，是心自行给出，理义与心仍似为二物。在此，杨老师亦是遵守牟先生的见解，而以即存有即活动的心学解释孟子。

（三）林月惠

杨祖汉于前书中讨论了栗谷对整庵的见解，而林月惠亦论及整庵学对于韩国的影响，推进到奇高峰与李退溪对于整庵的评价。在栗谷本人，虽知整庵微有理气为一物之说，但他对整庵的评价甚高，认为三人之中整庵最高，其次退溪，其次花潭。此意思杨老师于前书已论及。而林教授则进到了奇高峰与退溪对整庵评价，其言：

> 奇高峰与李退溪对于罗整庵的《困知记》持保留批判的态度，立场较为一致；而当时的学者卢稣斋则尊信罗整庵之《困知记》。③

又奇高峰言：

> 其书所称"道心，性也；人心，情也"，及"理气为一物"，及"良知非天理"云云，皆与圣贤本旨，舛错谬戾，此不须更辨。④

整庵之学在韩国亦受到重视，然所获评价则高、低不同，栗谷高尊之，而退溪与奇高峰则多有批评。⑤但韩国此三位大儒都看到了整庵的理气为一物之说。整庵之学大致是朱子学，又重气，于人心、道心说有进于朱子外，理气论处对朱

---

① "貉稽曰：'稽大不理于口。'……"（《孟子·尽心下》）这里有一处言理。朱子亦改理为赖。

② 或许有人认为，孟子的仁义礼智根于心，便是心即理之说。此说不确！因为仁义礼智是德，德之端从心而发，如有根而生发，需要扩充，故不可谓"心即理"。"心即理"等同于认定心就是仁义礼智，然而，依于孟子，心不是仁义礼智，只是具仁义礼智之端。

③ 林月惠：《异曲同调：朱子学与朝鲜性理学》，台北：台湾大学出版中心，2010年，第151页。

④ 《高峰集》卷2《论困知记》，第1辑，第45b页。

⑤ 也因罗整庵近于气学，故韩儒主气者，如栗谷，便予以尊高，而主理者如退溪，便不予尊高。

子亦有反省。

然整庵之学到底要归于何处呢？之所以有此难题，乃在于整庵于天道论视理气为一物，似近于气论，但在心性论处却视心与性为二。其实在中国，刘蕺山与黄宗羲已经看出整庵的学问性格，理气为一，而心性为二，蕺山师徒二人评其天人不一。黄宗羲言：

> 第先生之论心性，颇与其论理气自相矛盾。夫在天为气者，在人为心，在天为理者，在人为性。理气如是，则心性亦如是，决无异也。人受天之气以生，祇有一心而已，而一动一静，喜怒哀乐，循环无已，当恻隐处自恻隐，当羞恶处自羞恶，当恭敬处自恭敬，当是非处自是非，千头万绪，辚辚纷纭，历然不能昧者，是即所谓性也。初非别有一物立于心之先，附于心之中也。先生以为天性正于受生之初，明觉发于既生之后，明觉是心而非性。信如斯言，则性体也，心用也；性是人生以上，静也，心是感物而动，动也；性是天地万物之理，公也，心是一己所有，私也。明明先立一性以为此心之主，与理能生气之说无异，于先生理气之论，无乃大悖乎？岂理气是理气，心性是心性，二者分，天人遂不可相通乎？①

后学者对于整庵的见解大致相近，如陈来教授之看法亦近于蕺山、黄宗羲，而韩国儒者如栗谷，亦稍批其理气一物，而未批其心性一物。可见整庵之学，在天道论处，理气为一，而人性论处，心性为二。此概如黄宗羲所言：天、人不相通。至于林教授的见解，其言：

> 如陈来就认为罗整庵的理气论与心性论不一致，而有以下的论断："从哲学史角度看，罗钦顺与朱熹的理气观有很大的差异，明显地从理学

---

① 沈善洪主编：《黄宗羲全集》第八卷，杭州：浙江古籍出版社，1992年，第408—409页。又黄宗羲之说本于其师刘蕺山之言："先生（引者按，指罗整庵）既不与宋儒天命、气质之说，而蔽以'理一分殊'之一言，谓理即是气之理，是矣。独不曰性即是心之性乎？心即气之聚于人者，而性即理之聚于人者，理气是一，则心性不得是二；心性是一，性情又不得是二。使三者于一分一合之间，终有二焉，则理气是何物？心与性情又是何物？天地间既有个合气之理，又有个离气之理；既有个离心之性，又有个离性之情，又乌在其为一本也乎？"（《黄宗羲全集》第七卷，第18页）

向气学发展。但从理学史的观点，决定一个思想家的学派属性，主要决定于他心性论和功夫论，即他对于心性的看法和对修养方法的看法，这是我们研究理学史的一个基本方法原则。否则我们就难以理解罗钦顺这一类的思想家对朱学的明确认同，难以理解当时后来学者视罗钦顺为'朱学后劲'的普遍看法。"……尽管陈来从哲学史与理学史的角度以图说明罗整庵理气与心性论的不一致，即理气论属于气学，心性与功夫论属于朱子学，然而，此论断仍有待商榷。一是陈来依旧囿于以罗整庵为气的框架；二是他也忽略研究理学史的基本方法原则，是要从理学家对本体论（理气论、心性论）与功夫论（修养论）合一着手，此即是宋明理学家所强调的理用一源之共法；三是陈来仍然无法从理论内部解决罗整庵理气论与心性论的不一致或矛盾之处。①

黄宗羲希望整庵能天人为一，然最后见不到其天人为一，黄宗羲理想下的天人为一，乃其天道、人道都是气论，理是气之理，性是心之性。但整庵不如此，故只好批评其为天人不一。而林教授亦希望整庵能天人为一，是以人道的心性为二，通而上达，以至天道论亦是理气为二，故视整庵是朱子学。然整庵学乃是深思了二十余年的成果，正是要修正朱子，如杨祖汉老师亦是有见于此，其言：

> 整庵作《困知记》，据他自己说，是深思二十余年然后写的，如是怎会有书中言心性言理气不一致的情况出现呢？这是很不合常理的。②

笔者的博士论文亦处理罗整庵，当时视其天人不一系为尊天的思想，因为于天道上，理、气为一，理只是气之理，天道的气化流行都能合理；然于人道论，心不是性，心、性有距离，故要以心合性，做到心、性为一，即是以人法天的尊天论。这是笔者当时博论的看法。

---

① 林月惠：《异曲同调：朱子学与朝鲜性理学》，第156页。
② 杨祖汉：《从当代儒学观点看韩国儒学的重要论争》，台北：台湾大学出版社，2005年，第336页。

若依韩儒前贤见解，除了卢稣斋外，则对整庵的理气论多有保留、批评。此因韩儒概皆宗于朱子，朱子言天人合一，心性为二，理气为二，而整庵却是要理气为一物。纵使栗谷欣赏整庵，还是对其理气论有微词。韩儒既奉朱子学的二元论为宗，即不太欣赏整庵理气一元之说，此一元论甚至可称之为气论。

林老师书中有处一至二页的长批注①，其中把当今学者对整庵学的定位一一做了介绍，如张岱年唯气的说法、冯友兰气学的说法等，这些学者的见解又影响了后学，如陈来教授等。在中国，又有如大陆学者胡发贵将整庵理气为一物视为气一元论，其见解写入《罗钦顺评传》一书②；台湾学者刘又铭反对唯物论的说法，但还是用气本论。而日本学者山井涌、韩国学者刘明锺也都主张整庵为气的哲学。

至于林教授③其实是以牟宗三先生、也以韩儒为主，对于整庵的理气一元之说保留，而进而视其一元之说只是理气不离的意思，但理气还是不杂，故整庵之学还是朱子式的天人合一，心性为二，理气为二。林老师举例与她见解相近的学者，如美国华霭仁（Irene Bloom）则认为，把整庵学视为气的哲学的看法应做商榷，不该如此视之；韩国崔真德反对整庵是唯物论；在中国，香港学者郑宗义主张整庵的理气一物为内在一元论的倾向，反对其为唯气论、气本论。④

依笔者之见，整庵的天道论中，理只是气之理，的确可以说成是一种气论，至于性不是心之性，则似乎走不上蕺山、黄宗羲的气论，但或许其心性论也如蕺山所言，性本只是心之性，犹如一心气之周流，诚通诚复，心、性虽本是一气周流，性本是心之性，但因着后天之杂染，使得心不能如理表现出性，于是心不能即于性，故要做工夫以复本体；即性本来是心之性，因着污染，而有距离，于是如同朱子之见解，要做工夫以复本体，使性回到是心之性。故其主张：天

---

① 林月惠：《异曲同调：朱子学与朝鲜性理学》，第160—161页，注29。

② 胡发贵：《罗钦顺评传》，南京：南京大学出版社，2001年，第166—208页。

③ 林月惠教授提到荒木见悟反对将气学定义为唯物论，但这似乎无法判断荒川教授对整庵的见解，只表现了气论不可用当今的西方唯物论辞语定义。若说整庵学非唯物论，却是一种气论，大致林教授亦不接受。（参见《异曲同调：朱子学与朝鲜性理学》，第160—161页，注29）

④ 郑宗义视整庵为内在一元论倾向，近于牟先生，至于视其非唯物论，则不近于牟先生，牟宗三言："此既反对'理先气后'，又反对'歧理气为二'，盖亦不知先后之实义，复亦不知二不二之实义也。罗整庵并朱子、濂溪皆反对之，固无是处，即梨洲谓'歧理气'不'出自周子'，亦未能知此中之蕴也。"（《牟宗三先生全集》第5卷，第410页）牟先生视整庵与黄宗羲两人有自然主义的意味。

人本一,因杂染而不一,需做工夫以复回于天人一体。

若如此,也许可以保留其为气学之说,因为整庵对于太极阴阳之义是如此,整庵言:"有物先天地,无形本寂寥,能为万象主,不逐四时凋,此高禅所作也,自吾儒观之,昭然太极之义,夫复何言?然彼初未尝知有阴阳,安知有所谓太极哉?此其所以大乱真也。"①这里不把太极视为阴阳之外,若外之,则为禅,而不为儒,可见太极不在阴阳之外,太极是众理之总名,如整庵言:"或者因易有太极一言,乃疑阴阳之变易,类有一物主宰其间者,是不然,夫易乃两仪四八之卦之总名,太极则众理之总名也。"②故太极不是一物主宰于其间,而是众理之总名,理只是气之理。

这也是整庵学难以判定的难题。韩国学者因着朱子学,而常把整庵往朱子的理学方向判;而在中国,台湾学者因着牟先生的两层存有论思考(不是全部皆如此),较容易把整庵往理学推,而大陆学者因着唯物的思维,容易视其为气论。笔者亦有上述气学的方式以解决其天人不一的见解。③整庵之学的评判容易流为各说各话,或许就保持其评判的多样性吧。

(四)蔡振丰

黄俊杰称蔡教授之著作为中文学界关于丁茶山的研究推进一步,因为中文学界于此的研究少,台湾学界相关研究者更是少数。

蔡教授其书第三章对丁茶山之学做一定位,学界主要以实学视之,视其反对朱子学,因为朱子不是古义。至于学界的争论,则是丁茶山当该属于洙泗之学,还是受有西学影响,当然,也可能兼具二者。但洙泗之学是指回到古义,则丁茶山的上帝之说,或者属之古义,或者属之西学,难以兼具,因为古义的上帝与西学的上帝并不同,如西学的上帝系三位一体,超越于世间之外,有其审判,以及天堂、地狱等说,此则已越出华文古义范围,此可作为判别古学上帝与西

---

① 罗钦顺:《困知记》,北京:中华书局,1990年,第438页。

② 同上,第5页。

③ 如把整庵的天道论视为理气不离,则似乎小看了整庵二十余年的思考。整庵二十余年思考应当不会只是误会一场。笔者认为,若有不同的整庵学的见解,皆可开放,皆可视为诠释学的开展。至于朝鲜朝儒者对于整庵的评断,亦值得当今学界参考。

方上帝之判准。蔡教授大致是判其为洙泗之学,本文亦予以肯定。

至于赞成丁茶山受西学影响的另一派学者①,亦是认为人性论是重要线索。若加以检视,其人性论有性嗜好之说,当批注《孟子》"广土众民,君子欲之,所乐不存焉。中天下而立,定四海之民,君子乐之,所性不存焉"② 时谈到:

> 余尝以性为心之所嗜好,人皆疑之,今其证此矣。欲、乐、性三字,分作三层,最浅者欲也,其次乐也,其最深而遂为本人之癖好者性也。君子所性犹言君子所嗜好也。但嗜好犹浅,而则自然之名也。若云性非嗜好之类,则所性二字不能成文。欲、乐、性三字既为同,则性者,嗜好也。③

性虽可为嗜欲,则此处的"性"释为"生而有之"亦可,但茶山亦有"自然之名也"的看法,故两者(嗜好与生而有之)互通。若以《孟子》"口之于味"章而言,口之于味是性,则口的嗜欲于味道,亦为吾人之性,茶山之说似乎可通。

但蔡教授认为,丁若镛必不肯定戴震之说,其言:

> 丁若镛与戴震(1724—1777)之论性,在文字上虽有相近,但丁若镛(1762—1832)必然不会同意戴氏性为人之血气心知本乎阴阳五行者,丁若镛之反对朱熹理气论正由于朱子学中的形上学论述,因此他应该也不能同意戴震由阴阳五行之气化来说明性的意义。④

丁茶山晚于戴震,应知戴氏学说,但查阅茶山的著作,则未见相关戴氏之论述。蔡教授认为茶山必不同意戴氏的性为血气心知之说,理由是戴氏属一种气论的形上学。然而,笔者认为,仅以气的形上学来做判准,未必可靠。这里,先谈戴震以血气心知论性,与茶山之以嗜欲论性,两者是否可以相合?如下文,

---

① 其实依蔡振丰教授的见解,丁茶山的上帝说法有受西学影响,但那是外缘,内容则是中国古义的上帝,如此则可解决争议。

② 《孟子·尽心篇》。

③ 丁茶山:《孟子要义》,《与犹堂全书》第4册,总第576页。

④ 蔡振丰:《朝鲜儒者丁若镛的四书学:以东亚为视野的讨论》,台北:台湾大学出版中心,2010年,第89页。

戴震言：

> 盖方其静也，未感于物，其血气心知，湛然无有失（扬雄《方言》曰：
> 湛，安也，郭璞注云，湛然，安貌），故曰天之性。及其感而动，则欲出于
> 性，一人之欲，天下人之同欲也，故曰性之欲，好恶既形，遂己之好恶，忘
> 人之好恶，往往贼人以逞欲，反躬者，以人逞其欲，思身受之之情也，情得
> 其平，是为好恶之节，是为依乎天理（《庄子》，庖丁为文惠君解牛，自言：
> 依乎天理，……适如其天然之分理也）。①

这一段乃戴震对于《乐记》"人生而静，天之性也"②一段的诠释，也因为血
气心知之性的说法，也是从《乐记》而来③；戴震认为，人生而静，此时未感于
外物，故其血气心知之性未有差失，此乃天性，乃生而有之的人这一类的血气
心知。至于其感物而动，乃依于性之欲也，性自有其欲，这也是自然，故戴震认
为这是以情絜情、以己之恕道推己及人，这是性之欲，也是合理，唯一旦好恶无
节，才落于恶。可见戴震亦是以性之欲谈论血气心知自有其欲，一人之欲而絜
矩于万人之欲，此与茶山以嗜欲说性颇为一致。戴震既以性是血气心知，血气
则自有其嗜欲，故戴、丁二说实可相通。

而戴震尚有阴阳五行生化万物的讲法，与茶山可能不同，此诚如蔡教授所
言。戴氏以天道为阴阳五行，而茶山则以上帝观来统天④，此上帝系超越于天地
神人之外者⑤，戴氏的造化之天与茶山的上帝自有不同。

---

① 《戴震集》，上海：上海古籍出版社，1980 年，第 266 页。

② 《乐记》一段的原文："人生而静，天之性也；感于物而动，性之欲也。物至知知，然后好恶形焉。好
恶无节于内，知诱于外，不能反躬，天理灭矣。"

③ 其实血气心知为性，乃出于《礼记·乐记》，其言："夫民有血气心知之性，而无哀乐喜怒之常，应感
起物而动，然后心术形焉。"若说茶山为古学、实学，则复于《礼记》以言性，亦与戴震相近，故难说茶山
必反戴震。

④ "古今大病，全在乎认天为帝，而尧舜周孔不如是错认。故以今眼释古经，一往多误，凡以是也。上
帝者何？是于天地神人之外，造化天地神人万物之类，而宰制赡养之者也。谓帝为天，犹谓王为国，非
以彼苍苍有形之天指之为上帝也。"（《韩国文集丛刊》第 283 册，第 363 页）

⑤ 韩国学者白敏祯认为："丁若镛极力主张自己所说的上帝不是指自然心界天地或天空，而是创造天
地、改变天地的一种本质上的存在。"（氏著：《丁若镛哲学思想研究》，苏州：苏州大学出版社，2013 年，
第 70 页）

（五）杨祖汉《续编》

以下，分三点来略做论述。

第一，杨祖汉认为：

> 当然从上文说栗谷对朱子的诠释处，也已经证明牟先生对朱子哲学的诠释与对朱子文献的分析，是有相当根据的，即从牟先生、栗谷、艮斋对朱子文献都有相类似的诠释，可见此一诠释型态并非主观或偶然。但对朱子的文献的理解虽然相似，评价或判断却大有不同。在牟先生认为朱子为别子，非儒学正宗的评论，而在艮斋则认为是儒门要义。换言之，艮斋坚守着心性为二、理气为二、理不活动、心属于气、性尊心卑等朱子的明确见解，而认为这是儒门的根本大义，不可稍有逾越。……这些牟先生所认为的朱子学的缺点（最根本的一点是道德实践力量的不足），在艮斋都成为朱子学所以为合理之处。①

杨老师的意思是，栗谷、艮斋对于理的诠释都是不活动、都是气发理乘一途之说，而与牟先生相近，然而判断的结果却为悬远。艮斋断朱子为正宗，且能得于孔孟之学，而牟先生却判之为别子为宗。这里想提醒的是，视朱子为别子，乃在于牟先生体系中还有一个判准，乃心即理的判准、理即存有即活动之说。然此是牟先生的判准，艮斋则无，故艮斋视朱子最为正宗，与牟先生判法不同。

杨老师此处的见解与以往已有不同，以往以牟先生为正，则艮斋同于朱子，则艮斋亦是别子，但如今则不以艮斋为别子，也不以朱子为别子。②

---

① 杨祖汉：《从当代儒学观点看韩国儒学的重要论争续编》，台北：台湾大学出版中心，2017年，第574页。

② "朝鲜儒者不论是主理派（以退溪为主）或主气派（以栗谷为主），对于心的理解与体会都不把心只看作是气或形气，而认为心是'理气合'，或心之为气是虚灵而可以'通彻于理'者，此则给出一条朱子心论特别理解的进路，此说可能相应朱子原意，如此则可以用心的本知理作为人可以成德的超越根据，这样便或可以免于牟先生所说朱子是他律的论理学之质疑。"（杨祖汉：《从当代儒学观点看韩国儒学的重要论争续编》，第576页）杨老师以心本知理来回应牟先生视朱子为别子的问题，与《前编》有不同。杨老师的证据，在于朱子的《格致补传》处，谈到"已知之理而益穷之"，可见心对理本有其基本的明白。

第二，杨老师诠释奇庐沙时言：

> 故人对道德之理的认识，不只是认识到一个客观的事实，而是一旦认
> 识之，便肯定此理之真实性，并受其影响。从此处便可见到理本身的力
> 量，此力量及作用不同于形气，故不必如形气般有具体之活动，而自有巨
> 大之作用。①

杨老师此言是对于奇庐沙义理之描述，但于最后处杨老师加注②，认为这是
合于唐君毅先生对于朱子的诠释。唐先生此文甚长，杨老师未明言哪一段，但
从文义看，是谈论对于理的了解愈多，则理更能生发活动性，一方面理自有活
动，一方面使得气从于理。唐先生言：

> 盖吾人虽可谓觉理之作用时，已有气从之，然吾人必先觉理之作用乃
> 有气从之，即必先肯定理之真实性，乃有从之而真实之气，吾唯愈肯定理
> 之真实性，吾之气乃愈随之而从理而生。吾肯定理之真实性之肯定一停
> 止，吾之认识此理之活动即停止，而从理而生之心气，亦即懈弛而退堕。③

此乃对理的了解能生发力量，此力量能使气随理生。杨老师以唐先生对理
的了解能产生活动力的见解，以诠释奇庐沙，而庐沙的主理之说又有近于退溪
之处，则退溪的理发、理到说，则可如朱子之学即可，而不必如牟先生所言，理
之活动下贯到心，而为心即理，而成为阳明学。杨老师或唐先生的判别，似乎
更能合于朱子学与韩国儒学。

第三，杨老师引艮斋之气质体善说，以为心体不只是气，更且是一种气质
之善体，艮斋言：

---

① 杨祖汉：《从当代儒学观点看韩国儒学的重要论争续编》，第 424 页。
② 杨老师自注言："此处参考唐君毅先生的说法，见唐君毅《由朱子之言理先气后论当然之理与存在
之理》，《中国哲学原论·原道篇》卷三附录，香港：新亚研究所，1974 年。"
③ 唐君毅：《由朱子之言理先气后论当然之理与存在之理》上，《中国哲学原论·原道篇》卷三附录，
台北：学生书局，1986 年，第 465 页。

夜气所存是良心，则此是气质，而朱子分明说人暮夜休息，则其气复清明耳。(《孟子或问》)此岂不知清浊粹驳一定于有生之初，朝昼梏亡，纷然于既发之后而云尔哉?(考诸《语类》本章，其说皆同《或问》。)窃意人之气质若不是原来清粹底，如何才静来便清了? 所谓变化者，亦非捡出浊来弃在一隅，却将个清底替换也。其发而不中节，亦有说焉。朱子论天地之气何尝不善，只滚来滚去便有不正；愚亦曰：人之气质何尝不善，只滚来滚去便有不中。故欲治气，只于发后用省察矫揉之功，若未发时，如何得澄治? 窃意气质体善之说，深有补于学问之功，盖知其本清而有以为恢复之地，则其心岂不耸喜而乐用其力也哉! 至于湛一清虚，栗翁本非以气质言，此一义当别论，未可草草打过也。①

艮斋乃顺从李柬一系而来，再上溯于宋时烈、栗谷，故其言栗谷有气质体善之说，此与李柬认为未发之时心体纯善有关。未发时若有心体可以为气质体善，则心不该只是气，应该为气之灵才能有此境界，若只是气，则有善有恶，而义理将往李柬之敌派韩南塘之说靠近，韩氏认为未发心体有善有恶。此属湖洛论争，而艮斋近于李柬。

杨老师对此则评论言：

朝鲜儒者不论是主理派(以退溪为主)或主气派(以栗谷为主)，对于心的理解与体会都不把心只看作是气或形气，而认为心是"理气合"，或心之为气是虚灵而可以"通彻于理"者，此则给出一条朱子心论特别理解的进路②，此说可能相应朱子原意，如此则可以用心的本知理作为人可以成德的超越根据，如是或可以免于牟先生所说朱子是他律的伦理学之质疑。③

---

① 《艮斋私稿续编》续卷10《遂庵集记疑》，《艮斋全集》，第112页。

② "朱子论心虽然明说心是气，但也有心与气是有分别的说法。如《朱子语类》卷九十五：贺孙问：'神既是管摄此身，则心又安在?'曰：'神即是心之至妙处，滚在气里说，又只是气。然神又是气之精妙处。到得气，又是粗了。'"(此乃杨老师之自注，吾人引用)

③ 杨祖汉：《从当代儒学观点看韩国儒学的重要论争续编》，第576页。

这是对于牟先生所视心只是气的见解的反省。杨老师认为，韩国儒学的主理或主气派之说，并不谓心只是气，如退溪以陈北溪（陈淳）为主，视心是理气合；至于栗谷，则近于艮斋，有气质体善之说，则未发心体可以纯善。何以能如此？因为心是气之灵，而不止于气，若止于气，则心之未发有善恶。可见出杨老师《续编》一书已与《初编》见解不同，《续编》已不认为朱子的心只是气，心是气之灵，气与气之灵还是有别。而这说法应是针对牟先生而来，亦不认同牟先生判朱子学属他律伦理学。

三　小　结

以上我们对台湾学界近年来的韩国儒学研究进行了总体性的回顾，特别是对上述五本论著进行的分析和探讨，除蔡振丰的茶山实学研究外，其他四书都用心力于韩国儒学朱子学。此四本书的作者（杨、李、林三位教授）都是牟宗三的学生，所以其判定韩国儒学的归属亦常以当代儒学以为判准。然而，若当代儒学改取唐君毅的义理，则判别结果将有差别，如杨祖汉《续编》一书中，兼引了唐的见解，于是与自己前期《初编》看法不同，也与李明辉、林月惠的见解有异。相异的原因，略为归纳：第一，采用唐先生对朱子的判准，第二，心不再只有气，此乃受有栗谷、艮斋的影响，与牟先生的心只是气的见解亦不同。第三，心之知理，是本知理，而不是后天格物后才能知理。

在此，本文肯定杨《续编》之贡献，其兼采牟先生、唐先生二位当代新儒代表人物之说，已为后继者扩展视野。至于杨的《初编》以及李明辉、林月惠的研究亦有重要建树，他们于朱子学的判摄原本是源于牟先生观点而来而阐扬了师说。

无论如何，在中国，台湾学界的韩国儒学研究由于这些学者的努力，留下了不可磨灭的成就，对于中韩儒学的发展与交流可谓贡献卓著！因着这一股韩国儒学的研究，相信必能为朱子研究启发新的观点与视野。

第三十六章　近年来中国朱子学研究述评

陈佳铭（台湾中正大学）

前　言

在宋明理学史乃至儒家哲学史中，朱子具有集大成且不可撼动的地位。然而，朱子哲学在形成的过程与发展流衍中，却也遭遇许多批判与质疑。于朱子当时，就有象山与其争议，批评朱子是"支离" [1] "学不见道" [2] "见道不明" [3]。朱子之后对其体系的检讨，可分为两方向：

其一，即认为朱子的理与气会造成一种二元倾向，故想拉近理与气的距离，以至于欲提升气的地位，最后甚至造成一种"气本论"或"唯气论"，这样的主张以罗整庵、王廷相、刘蕺山、黄宗羲、王船山等人为代表。对于朱子理气二分的批评，并不在本文的主要讨论范围，故省略此部分的论述。

其二，即为承袭象山的"支离""不见道"之批评，把焦点置于朱子心与理为二，以及格物穷理与儒家内圣成德之学不相应的问题。这一脉宋明理学史的流衍，从明代陈白沙开其端而至阳明集大成。白沙首先指明此问题即在"心与理"的关系，他从朱门的吴康斋学，但发觉"此心与此理未有凑泊脗合处"，故他转

---

[1]　陆九渊：《语录上》，《陆九渊集》卷34，台北：里仁书局，1981年，第427页。
[2]　同上，第414页。
[3]　同上，第419页。

向为"见吾此心之体隐然呈露"①的体证道德本心形态。到了王阳明，他亦是从质疑朱子格物入手，他说"求理于事事物物之中"，是为"析心与理为二"也，甚至批评为"此告子义外之说"②，故他主张"心即理"③"万事万物之理，不外于吾心"④。总而言之，从象山到整个明代心学对朱子的批评，即不外于对其"心与理"为二，以及其格物形态为支离、义外，而产生了种种议论。

一　朱子学诠释的三种观点

朱子学到了当代，在现代学术视角的研究之下，所产生的争议更大，但也更具哲学意义。朱子学的诠释与判定，大致可区分为三大方向。其一，是顺着陆王对朱子的批判来理解朱子，这可以牟宗三先生为代表；其二，即是不以为朱子有理气二分、心与理为二等问题，不承认程朱、陆王有太大的差异，而视两者是可融合的，这是以钱穆先生为代表；其三，即为调和前述两种观点，不离理气二分、心与理为二的框架，却欲把心与理巧妙地结合在一起，以增加朱子哲学的道德动力的诠释，是以唐君毅先生为代表。

（一）　牟宗三先生对朱子的格物形态及"心与理"之关系的论断

牟宗三先生对朱子哲学的判定，于当代中国哲学之研究中，实为前无古人的成果。而且，他的观点亦为承接阳明乃至象山对朱子的批判而来，即是关注于"心与理为二"的问题，以及格物的思想形态之考察。

在《心体与性体》一书中，牟先生首先从"中和旧说"与"中和新说"的分判论起，牟先生以为朱子在"旧说"中的心是接近于孟子、陆王的道德本心，他说："朱子对于大本之中，天命流行之体，乃至心性，全无谛当之契会。依前书，其应函之义理方向当该是纵贯系统，当该是孟子学，然而朱子未能洞彻明透也。……此旧说固蒙眬间可代表另一系义理，然朱子根本未能

---

① 陈献章：《复赵提学金宪》第1书，《陈献章集》卷2，北京：中华书局，2008年，第415页。
② 王守仁：《答顾东桥书》，《王阳明全书》卷2《传习录中》，上海：上海古籍出版社，1992年，第45页。
③ 王守仁：《王阳明全书》卷2《传习录上》，第2页。
④ 王守仁：《答顾东桥书》，《王阳明全书》卷2《传习录中》，第45页。

入也。"① 因此，到了"新说"之后，朱子就确认其体系为"理气二分、心性情三分"，此时的心已失去本心义，牟先生以为："依朱子'中和新说'书所表示之义理间架，心并不是道德的超越的本心，而只是知觉运用之实然的心，气之灵之心，即心理学的心。"② 而且，此心并不具道德本心的自发、自律之动力，是为认知作用的心，故其心与理只能以一种认知的方式联结，是为"心与理为二"，故牟先生说："心之具此理而成为其德是'当具'而不是'本具'，是外在地关联地具，而不是本质地必然地具，是认知地静摄地具，而不是本心直贯之自发自律的具，此显非孟子言本心之骨架。"③ 因此，对反于陆王的"心即理"，朱子虽有时也言"心与理一"④，但这是一种"当具"地合一，而非"本具"义。

牟先生认为朱子是"心与理为二"，且工夫进路落实于格物穷理，故其讲道德成为一种"泛认知主义"，他说："即就道德之事以穷之，其所穷至之理道而为外在的理道，纳于心知之明与此外在理道之摄取关系中，其道德力量亦减杀。是以其泛认知主义之格物论终于使道德成为他律道德也。此非先秦儒家立教之本义、正义与大义也。"⑤ 所以，牟先生以为朱子无法接上孔子言仁，以及孟子言良知本心义，他是一种以知识来讲道德的形态，只能成为作道德实践的助缘而已。所以，牟先生对朱子的"理"的属性的判定，是为"只存有而不活动"，虽朱子说了许多形容天道生生不已的话语，但牟先生以为因其心与理为二，故此理并没有道德创生之动力，故只能是一存有论的解析下的"所以然之理"，故他说："依朱子对于'存在之然'所作的'存有论的解析'，其由存在之然推证其所以然之理，其如此把握的实体（性体、道体）只能是理，而不能有心义与神义，此即实体只成存有而不活动者，因此，即丧失其创生义。"⑥ 如此，若参看朱子对理的"无情意""无计度""无造作"或"净洁空阔底世界"⑦ 等描述，牟先生所论的确言之成理。

---

① 牟宗三：《心体与性体》第三册，《牟宗三先生全集》第7卷，台北：联经出版公司，2003年，第102页。

② 同上，第270页。

③ 同上。

④ 如朱子言："儒、释之异，正为吾以心与理为一。"（参见朱熹：《晦庵先生朱文公文集》卷五十六《答郑子上》，朱杰人等主编：《朱子全书》第23册，上海：上海古籍出版社；合肥：安徽教育出版社，2010年，第2689页）

⑤ 牟宗三：《心体与性体》第三册，《牟宗三先生全集》第7卷，第437页。

⑥ 同上，第531页。

⑦ 朱熹：《朱子语类》卷一，《朱子全书》第14册，第116页。

（二）钱穆先生的朱子心学

完全不同于牟先生的区分，即不承认程朱、陆王有不可逾越的鸿沟，或可说不认同象山、阳明对朱子的批判的，就是钱穆先生的朱子学。钱先生有《朱子心学略》一文，此文开宗明义即说："程朱主性即理，陆王主心即理，学者遂称程朱为理学，陆王为心学，此特大较言之尔。朱子未尝外心言理，亦未尝外心言性，其文集语类，言心者极多，并极精邃，有极近陆王者，有可以矫陆王之偏失者。不通朱子之心学，则无以明朱学之大全，亦无以见朱陆异同之真际。"① 这就表明了钱先生的观点，即程朱、陆王虽有差异，但不能说朱子的心不是良知本心，这两系统仅是在工夫上不同，甚至朱子可补陆王之不足与流弊，代表钱先生是宗朱的立场。

钱先生并不二分理气，故心与理的关系在他来看是贯通为一的，是为"理气一体"②，又说"然朱子言理气，乃谓其一体浑成而可两分言之，非谓是两体对立而合一言之也"③，强调理与气是一体的，但是的确有分，可说是"理气两行，一体浑成"④。因此，心与理的关系也是如此，故钱先生说"故论心与理之关系当活看。自宇宙自然界言，则理气本是一体贯通，无气则理无存着处。自人言，则心与理亦一体贯通"⑤。以此，钱先生有一段话最能代表他的立场，他说："就其本始言，则是心与理一。就其终极言，亦是心与理一。就其中间一段言，则人生不免有气禀物欲之蔽，非可不烦修为，便是具众理而可以应万事。此是朱子平实指陈，论其最后根据，则仍必推溯至其理气之一体两分说。"⑥ 若按钱先生的诠释，朱子仍主张人有"心即理"之心，但因为气禀物欲之杂，此"心即理"之心并不能表现，故不得说人是"心即理"，他又说："人欲己私，就理之大原而言，固不得谓其与天俱来，亦不当谓是心所本有。然终不得谓人更无人欲己私。盖人心自属气一边，不得遽谓之心即理也。"⑦

---

① 钱穆:《中国学术思想史论丛》第五卷，台北：东大图书公司，1991 年，第 131 页。
② 钱穆:《朱子新学案》第 1 册，台北：三民书局，1989 年，第 40 页。
③ 同上，第 238 页。
④ 同上，第 51 页。
⑤ 钱穆:《朱子新学案》第 2 册，第 3 页。
⑥ 同上，第 7—8 页。
⑦ 同上，第 6 页。

钱先生以为朱子之所以重格物穷理，并非是逐于外物，反倒是在恢复"心即理"的状态，他说："因此格物穷理，不可说是向外逐物。若把心与物分隔了使不相接，则在物将不见有理，在心亦无理可得。只说心即理，便是说空说妙。一切空妙，则只有悟，不须学，朱子谓万无是事。"[①] 以此，陆王是误解了朱子的格物穷理，且自身陷于单提"心即理"的说空说妙之虚玄境地。钱先生以为朱子是为物我内外合一之学，故他说："理具于心，同时亦是物具于理。必待格物致知，使在物之理同时即是在心之理，而后内外合一，一理贯通，始可谓之心即理。期间尽有曲折次序，亦如生命之有成长历程，非可一蹴以几。"[②]

（三）唐君毅先生的心本具理

唐君毅先生在其《中国哲学原论·导论篇》《中国哲学原论·原道篇》《中国哲学原论·原性篇》《中国哲学原论·原教篇》，以及《哲学论集》中，有多篇探讨朱子哲学形态的文章。[③] 唐先生与前述的牟、钱二先生的相异之处，就是他既承认程朱、陆王的相异，而又能强调于朱子学的道德动力，如在关键的心与理的关系上，他就说："此性理之原超越地内在于心，以为心之本体之义，朱子与陆王未有异。其与陆王的分别，唯在朱子于心之知觉，与其中之性理内容，必分别说。故心之虚灵知觉本身，不即是性理。"[④] 唐先生明确朱子是心与理为二，但他的诠释的特色，就在于保持朱子的理气二分、心理为二，但却又能见出朱子对心的理解，是以一种"本具"的方式合一。

唐先生与牟先生最大的不同就是不把朱子的心完全归属于气，他以为"则朱子之言心，实以心为贯通理气之概念。心乃一方属于气，而为气之灵，而具理于其内，以为性者。……心之为气之灵，即心之所以赖以成用，心之所以能感而遂通，性之所以得见乎情者。故依朱子，心之所以为心，要在其为兼缩和

---

① 钱穆：《朱子新学案》第 2 册，第 8 页。

② 同上，第 9 页。

③ 游腾达先生的《唐君毅先生的朱子学诠释之省察——以心性论为焦点》一文，对唐君毅先生的朱子学特色举出有"心为贯通理气之概念""未发之心体""心本具理以为性"三点，可供学者参考，请参见游腾达：《唐君毅先生的朱子学诠释之省察——以心性论为焦点》，《鹅湖学志》第 42 期，2009 年第 6 期，第 54—55 页。

④ 唐君毅：《中国哲学原论·原教篇》，台北：学生书局，1990 年，第 274 页。

理气"①，由于并不把朱子的心视为形而下的气心，更不会把其仅当作心理学式的认知心，故唐先生有时把朱子的心讲得有接近陆王的纯善心体，如他说："朱子在心性论上，确立此心体之自存自在，而依乎此心体之虚灵明觉，以言其内具万理，以主乎性；外应万事，以主乎情。……则其发用流行，亦当心理如如，不特体上是一，用上亦当一。"②这就指出了心中性理是以一种"内具"的方式结合，且朱子体系中有一"心理如如为一"的"心体"。是以，唐先生是承认朱子思想中有纯善的"具理"之本心，他说朱子"未尝不言'超乎一般之动静存亡之概念之上'之本心或心体。此本心或心体，乃内具万理以为德，而能外应万事以为用，亦原自光明莹净，广大光明"③。

所以，唐先生以为就具有纯善的本心而言，朱子与象山的分别不大，他说："自此核心上看，则其言本心，明有同于象山言本心'不以其一时之自沉陷自限隔而不在'之旨者。此中之异点，盖唯在依象山义，此'去物欲气禀'之工夫，即此本心之自明自立之所致；而朱子则有一套涵养主敬之工夫，以直接对治此气禀物欲之杂，此一套工夫又似纯属后天之人为者。"④就此而言，朱陆的差异并非在于本心之有无，而是在于朱子专在对治与本心夹杂的气禀物欲，而陆王是专就于挺立发明本心而已。因此，唐先生也不会以"他律道德"或"泛认知主义"来看格物穷理，他说："此心之接事物，而更求知其理，即所以昭显此性理。此心之'似由内而往外，以求理于外，而摄取之于内'之格物穷理之事，即所以去其'形气之梏，闻见之滞'，以使此心所得于天之'超越地内在于心之性理'，由上而下，由内而出，以昭显于心之前，而为吾人之心所自明之事。……其与陆王之言性理即心之体，由心之发用中见者，正无殊异。……则朱子固可谓此求之于外所得之理，亦原是吾心中所固有之理，求诸外，正所以明诸内。"⑤唐先生以为格物穷理虽看似向外求理，但其实是明"吾心中所固有之理"，其最终所达至的目的与陆王是一致的。

① 唐君毅：《中国哲学原论·导论篇》，台北：学生书局，1993 年，第 501 页。
② 唐君毅：《中国哲学原论·原教篇》，第 204—205 页。
③ 唐君毅：《中国哲学原论·原性篇》，台北：学生书局，1991 年，第 638—639 页。
④ 同上，第 640 页。
⑤ 唐君毅：《中国哲学原论·原教篇》，第 274 页。

二 当代朱子学之论争

以上，简述了牟、钱、唐三位先生对朱子的诠释。如上所述，他们分别代表了三种不同的诠释角度，故近来对朱子学的研究观点也不脱这三种，本文将依序介绍。首先，虽大致承认理气二分、心性情三分的格局，却如唐先生欲对其做修正与检讨的有李瑞全、陈来、杨祖汉三位先生，本文把其称为"心本具理的诠释系统"；其次，坚持牟先生这最具影响力的诠释系统，甚至还为其辩驳的，提出李明辉、刘述先二位先生来讨论，把此种论述称为"维护牟宗三先生的诠释系统"。最后，不同意陆王对朱子的批判，或不以为程朱、陆王有太大差别的，并完全脱离理气二分、心性情三分的框架，有类于钱先生的诠释，本文举出金春峰、杨儒宾、杜保瑞三位先生来加以论述，可称为"朱陆会通的诠释系统"。

（一）心本具理的诠释系统

以"心本具理"的角度来对朱子进行诠释的学者，大抵皆欲对牟先生的观点做一些修正，其中的李瑞全与陈来先生，皆同后述"维护牟宗三先生的诠释系统"的李明辉先生有所论辩。

1. 李瑞全先生的"朱子的道德学型态之重检"

李瑞全先生有一篇《朱子道德学型态之重检》的学术论文，关注于朱子能否纳入某种程度的"自律道德"道德哲学体系，这一篇文章引起很有意义的讨论，李明辉先生撰文加以回应，甚至牟宗三先生也有一评语。

李瑞全先生是以牟先生对陆王、朱子、康德的系统分判入手，他以为"牟先生依于义理型态上的分别，判定康德为介于朱子与王阳明之间"，他以为"康德之否定道德情感所达到的境界是类乎'尊性卑心而贱情'的境界，与孟子及陆王系有所差异。但朱子与康德却非常接近。……朱子与康德在心性情的评价上实有相似的表现。因为在朱子的系统中，性为理自足以为尊，心下属为气，……朱子亦近乎'尊性卑心而贱情'"[①]。接着，李瑞全先生指出朱子似乎无

[①] 李瑞全：《当代新儒学之哲学开拓》，台北：文津出版社，1993年，第207页。

法归入康德所列入的"他律道德"之任一的形态①，其中，"存有论的理性的圆满概念"是最接近朱子系统的，但李瑞全先生指出："依朱子的系统，性理固然是道德实践的目标，但却不是由道德实践决定，反之，性理决定道德实践的指向与实质内涵；其次，性理也不是如康德之理念那样只投向一可能经验之外的虚构的点，性理是可依于道德实践而体现于人生的经验之中的道德实在。"②因此，朱子似乎也不能归于"理性的圆满概念"这一"他律"系统。

所以，若按康德的"意志"与"道德法则"的区别而言，李瑞全先生说"康德的道德主体为严格意义的意志，则意志为属于物自身界的存有，只提出道德原则而不能直接发动行为，而意念虽是选取的机能，由于它自身并不即是善，必须有待道德情感的助力，而意志也只有通过由道德法则之不知如何引起道德情感来促使意念选取合乎道德法则的要求的格准而行"，就此而论，对比"朱子的以中性的心去涵具性之理而发为行动才有道德行为，两者之相应几若合符节"，故两者的差异仅于康德是有道德法则是由意志所创造的意涵，而朱子则没有这层意义。③

是以，李瑞全先生也指出朱子的道德哲学形态与康德之异同，首先，"康德的道德法则是意志之自由创造，自律立法，而朱子之性理中的仁义礼智并非人所创造，乃是根本自存的道德原则。但是，朱子之性理却也不是从外而来的，乃是人性中所根本自有，是性所自具本具的，不待外求的"④，李瑞全先生也肯定朱子有"自存的道德法则"。再者，就性与心的关系而言，朱子虽然其"性之为'只存有不活动'，并不能直接发动道德的行为，不像孟子之本心，阳明之良知等均为'即存有即活动'者"，故朱子成就道德必须"赖于心的涵养察识，吸纳性之理而依之发为行动"。⑤同样地，康德亦有类似的形态，其"意志也只是订立法则，但是创立了道德法则之后，意志即没有进一步发动道德行动的功能，而是转由另一部分的机能，即意念，去完成。道德法则甚至不能直接入驻意念

---

① 李瑞全：《当代新儒学之哲学开拓》，第 209 页。
② 同上，第 212 页。
③ 同上，第 207、240 页。
④ 同上，第 219 页。
⑤ 同上，第 220 页。

而发动行为"①。因此，朱子与康德有其相同之处，即其"均不同于孟子陆王之以本心良知为自定义方向，自立法则，并发动完成一个道德行为"②。

具体而言，于道德实践的进程而言，朱子的方式为"就心本身而言，乃是中性的。心依理而行，则表现为道德行为，心不依理而行，则表现为不道德行为，此所以朱子非常重视心的涵养工夫，以性理来贞定它的取向"。康德也是如此，其"意念在道德上也是中性的。意念之能否成就一道德行为端视乎它在决意中所选取的格准是什么：它可以选取一个合乎道德法则的格准以成就一道德行为，也可以选取一不合道德法则的格准而产生一不道德行为"③。

是以，李瑞全先生结论"在完成道德行为及与此相关的实践工夫论方面，康德有较多的曲折，也比朱子更为支离"④，并说"朱子与康德的系统可说在伯仲之间而已。由此可见，朱子的系统实较接近康德的自律型态的一端"⑤，又说"专就性之内具仁义礼智作为心之活动的道德原则，而与心为同属于一身，而仍可说为'关联合一式的自律型态'。……而朱子的型态可说是自律意义最为薄弱的一种"，李瑞全先生最后以"最薄弱的自律"来称朱子的形态。⑥ 然而，后来牟先生对李瑞全先生此种观点应当不尽赞同，牟先生以为"朱子之性理是'存有的性理'，'性不是人之机能'"⑦，指出朱子与康德的关键差异⑧。李瑞全先生的观点，引起后述李明辉先生的关注，李明辉先生对他的回应，将于后文详述。

---

① 李瑞全：《当代新儒学之哲学开拓》，第 220 页。

② 同上。

③ 同上，第 221 页。

④ 同上。

⑤ 同上，第 207、222 页。

⑥ 同上，第 221 页。

⑦ 同上，第 241 页。

⑧ 本人在"中央大学"进行博士后研究之时，曾经与李瑞全先生讨论，他当时应是接受了牟宗三先生的看法，即以为朱子的性理只是存有之理，而不能做为道德之理。然而，在他回复李明辉先生的《敬答李明辉先生对"朱子道德学型态之重检"之批评》一文中，他却说了："朱子是以性理去贞定心之道德取向。朱子的性理虽同时是形上之理，却仍是以道德义为首出的，而这也是孟子陆王一系以至宋明儒之大宗所共尊的通义"，好似又与牟先生观点不同（参见同上，第 239 页）。

2. 陈来先生对"朱子哲学中'心'的概念"之解析

陈先生对于朱子的心的讨论，早在《朱熹哲学研究》一书就有对"性犹太极也，心犹阴阳也"[①]有所谈论，他说"太极阴阳之譬在朱熹只是用以说明心与性（理）的不离关系，不是以心为气，就人之心脏而论，或可言气（构成），然无哲学意义。而知觉之心不属形而下者，不可言气。……气之灵是说气的虚灵特性，指意识是气的一种功能，并不是说心就是气"[②]，他反对直截把心判为气。

陈来先生有《朱子哲学中"心"的概念》一文回应牟宗三先生之判朱子的心属气的问题，陈先生从朱子的文本指出其心绝非可直截等于气，首先，就"心犹阴阳""心之动静是阴阳"[③]，他再说"'犹'指认识、好像，这是说性与心的关系类似于太极与阴阳的关系：……'犹'字表示朱子只肯定了两种关系的相类性，但并未肯定心是气"[④]，又说"朱子不说心是阴阳，而说'心之动静是阴阳'，……阴阳在中国哲学中的意义很广泛，从而太极阴阳作为一种模式，不限于指述理和气这样的关系，……并不表示实体的意义，如心之动为阳、心之静属阴，但这不是说心之动是阳气、心之静是阴气"[⑤]，陈先生指出朱子的心是阴阳，不可直接以理气架构下的气之实体视之。另外，针对朱子的"心比性，则微有迹；比气，则自然又灵"[⑥]，陈先生则解为"心与性不同，心与气也不同，既不能说心是形而上者，又不能说心是形而下者"[⑦]，认为心不能直指为气。对于朱子的"人之能言语动作、思虑营为，皆气也，而理存焉"[⑧]这一段话，陈先生再论道："朱子决不能承认一切知觉都是发于气，也不能承认心全都是气之发。如果把孝悌忠信的'道心'，也说成是气，是气一边，那显然是朱子所不能受的。……朱子仍在强调动作思虑'皆气也，而理存焉'，强调发为孝悌忠信的道心'皆理也'，发为孝悌忠信者即是心，所以即使在《语类》卷四的一卷语录中，

---

① 《朱子语类》卷五，《朱子全书》第 14 册，第 222 页。
② 陈来：《朱熹哲学研究》，台北：文津出版社，1990 年，第 185 页。
③ 《朱子语类》卷五，《朱子全书》第 14 册，第 218 页。
④ 陈来：《中国近世思想史研究》，第 118 页。
⑤ 同上，第 119 页。
⑥ 《朱子语类》卷五，《朱子全书》第 14 册，第 221 页。
⑦ 陈来：《中国近世思想史研究》，第 121 页。
⑧ 《朱子语类》卷四，《朱子全书》第 14 册，第 194 页。

朱子也并非肯定心就是气。"①

对于朱子的理气架构，陈先生以为朱子并没有应用于心性论中，他说"朱子从不把意识活动系统（即'心'本身）归结为'理'或者'气'。钱穆、牟宗三先生也是把朱子哲学理解为一种'非理即气'的二元性普遍思维。在他们看来，心既然不是性，不属于理一边事，那就应当属于气"，陈先生以为用"非理即气"来框架朱子的一切，可能会造成错误。所以，他以为"朱子拒绝把'形而上／形而下'这样的分析模式引入对'心'的讨论，这也意味着'理／气'的分析方式不适用于朱子自己对'心'的了解"②，且又指出"如果一定要把'理''气'的观念引入'已发'来分析，那么，应用于已发的知觉之心的'理''气'观念的意义就要发生变化，而不是存在意义上的理气观念了"③，陈先生以为朱子并非直接把心当作气，且即便心有气的意思，但那气也并非存有论上的气之实体。

是以，陈先生结论道："在朱子哲学中，知觉神明之心是作为以知觉为特色的功能总体，而不是存在实体，故不能把对存在实体的形上学分析（理／气）运用于对功能总体的了解"，他提出以"功能总体"④来理解朱子的心，即指出朱子的心可说要以一种作用、功能来理解才恰当，故他又说"'心'是统括性情的总体性范畴，并不是要素"⑤。这样的结论，就是把朱子的心视为一种"必具""本具"理的整体作用，陈先生也说"把知觉之心全部归结为气，那么，不单'道心'也属于气，人的良心和四端都成了气一边事，心之知觉在内容和根源上都变成了与理无关的气心，这等于否认人有道德理性。所以，'心即理'和'心即气'同样是朱子所反对的"⑥。

3. 杨祖汉先生对牟宗三先生的朱子学诠释之反省

杨祖汉先生近来用力于对朱子哲学欲提出新解⑦，他通过对朱子的持敬思

---

① 陈来：《中国近世思想史研究》，第 124 页。
② 同上，第 127—128 页。
③ 同上，第 129 页。
④ 同上，第 128 页。
⑤ 同上。
⑥ 同上，第 129 页。
⑦ 杨祖汉：《朱子心性工夫论新解》，《嘉大中文学报》2009 年第 1 期，第 195—210 页。

想进行研究，认为"新说中所谓的'未发时'之持敬工夫，应亦是有良心之活动作根据……此情未发时之心，是'心体流行'之心……而性理，亦'就心体流行处见'"。另外，杨祖汉先生以着朱子之高弟陈北溪的一句"理与气合方成个心"①作为证据，说"若从理与气合来理解朱子所说的心，则此心虽非即是理之本心，但亦可有理直接发于心，即心是良心，善端之可能"。就此而言，朱子的心就是"理气合"的一种状态，故吾人做朱子工夫，可时时实感道德之理之作用，这就是朱子的良心作用，就也就可支持唐先生的"心本具理"的意思。并且，因此心的确有气的成分，故朱子的确不是"心即理"，但朱子的关注即是"气心"，这是在提醒吾人之心常是处于私欲夹杂的状态，这就解释了恶的起源之问题。

杨祖汉先生又有一篇论文②，他以为朱子的"人莫不有知，就是'知理'之义，此知是人人都有的，如孩提之童的知爱知敬，但此种知只是'大略'之知"，这也就是伊川所说的"常知"，是指"道德之理是人人本来就有了解的"，但只有此层次的"知"仍不够，必须进至于"真知"，故朱子说要"因其已知之理而益穷之，以求至乎其极"。是以，朱子的形态并非是本不知理而要往外求理，故杨祖汉先生即结论"伊川、朱子虽不能肯定'心即理'，但仍可说理不在心之外。于是，伊川、朱子并不能被视为是'心与理为二''理在心外'的他律型态"。

杨祖汉先生在《牟宗三先生的朱子学诠释之反省》一文，再以"从'常知'到'真知'"的观点来检视朱子论"明明德"之处，杨祖汉先生说："我认为朱子明德注是表示心本具理，理很容易为心所明白，此即涵'常知'之义。而此对理本有所知之明，需要充分发挥出来，才能把心所本具的理的意义全幅彰显。所谓'然其本体之明，则未尝有息者'是表示对于性理的了解是本有的，此即'德性之知'，也就是'常知'，'因其所发而遂明之'则是顺常知而进一步加强，如果达至真知的地步，便可以'复其初'，即把心中本有的性理的意义完全表现出来。"③杨祖汉先生即以为朱子之格物是以"吾人本来就已经知道的道德之理"

---

① 陈淳：《北溪字义》，北京：中华书局，1983 年，第 11 页。

② 杨祖汉：《程伊川、朱子"真知"说新诠——从康德道德哲学的观点看》，《台湾东亚文明研究学刊》第 8 卷第 2 期，台北：台湾大学出版中心，2011 年 12 月，第 177—203 页。

③ 杨祖汉：《牟宗三先生的朱子学诠释之反省》，《鹅湖学志》第 49 期，2012 年 12 月，第 194 页。

为根据、基础，而格物穷理就是"从常知进到真知"的过程，而格物的目的就在于"对道德之理能够有一个定然而不可移，非如此不可的肯定，或决断"①。

在《从主理的观点看朱子的哲学》一文，杨祖汉先生又指出朱子可言康德之对道德法则的尊敬之意，他说："朱子在此处也大体表示了此意，即他认为假如我们了解到君仁、臣敬、父慈、子孝这些当然之则时，我们便会自然而然的，不容自己的要按照这些法则而行，这里让人体会到道德法则对人心的影响。而假如当我们认识到道德法则的时候，会产生这种感受，就可以说这是道德法则所产生的实践力量。"② 在此文中，杨祖汉先生又借朱子的"因其所固有之不可昧者""因其所甚意之不能已者"③ 来阐释，杨祖汉先生言"但此固有者不只是性具之意而已，又是吾心之所不可昧者。……可见朱子所谓的不可昧是就心中有性理发用来说的。而所谓'从其所甚易'及'因其所甚意之不能已者'，……此'甚易'很明显是从伦常日用中容易看到的父慈子孝等理来说。据此可知，心的不可昧与甚易见的当然之理，是格物致知论的两个实践的根源，而此二根源都是人人本有的"④，杨祖汉先生也调整了牟宗三先生的"心具理"的判定，而是以本有之理的观点来看朱子的心与理之关系。

接着，杨祖汉先生也试图回答了"对于理本有所知，何以不能讲'心即理'呢？朱子何以反对'心即理'，而确定的讲'心与理为二'"⑤ 这一问题，杨祖汉先生是运用了康德"自然的辩证"之说，即"对此康德称为'根本恶'（radical evil）。这种根本恶潜伏在人的生命中，每当人意识到道德法则而要去为善的时候，这种倾向就会发生作用，暗中要把无条件的、义务性的行为，加入了追求私利的目的作为行动的动力"⑥，即朱子以为人虽本知善、明理，但为善之时必有气禀私欲夹杂其中。因此，杨祖汉先生描述朱子成德工夫为"朱子对于气禀的限制的强调，他对于心具理虽然肯定，但对于此心当下可以呈现为自发、自由

① 杨祖汉：《牟宗三先生的朱子学诠释之反省》，《鹅湖学志》第 49 期，第 203 页。

② 杨祖汉：《从主理的观点看朱子的哲学》，《当代儒学研究》第 15 期，2013 年 12 月，第 135 页。

③ 朱熹：《四书或问·中庸或问上》，《朱子全书》第 6 册，第 551 页。

④ 杨祖汉：《从主理的观点看朱子的哲学》，《当代儒学研究》第 15 期，第 139 页。

⑤ 杨祖汉：《论朱子晚年训门人的有关问题》，《当代儒学研究》第 17 期，2014 年 12 月，第 19 页。

⑥ 杨祖汉：《"以自然的辩证来诠释朱子学"的进一步讨论》，《当代儒学研究》第 13 期，2012 年 12 月，第 125 页。

的从事道德实践的主体……即心体义在朱子并不能挺立。这应该是朱子对于为善便会引发生命的反弹，使人不能贯彻其为善的意志，此一实践的困难有深刻的体认之故"，即朱子深刻体认到仅以逆觉式的方式行善，则人欲必隐藏、埋伏其中，故他即选择格物致知的渐修之路。杨祖汉先生就此即言"虽然不能肯认心即理，但从心对理的常知的加强，就可以引发依理而行的动力；对理越能真切了解，便越有力量依理而行。此一透过对于道德之理的知而引发实践动力的工夫途径应该也是可行的"①，杨祖汉先生可说是证成了朱子虽本知理，但同时又必须做格物穷理，这两种形态是可并存调和的。

是以，杨祖汉先生认为牟先生的"空头的涵养"也可以调整，他以为"朱子对于心原来知理是肯定的，则若能持敬涵养，便可保持此心明理的气象"②，即指出持敬并不仅是心气的工夫，而是此心气中即有理，故敬是维持此"理气合"之心的清明、严肃或戒慎恐惧，故并非"空头的涵养"。杨祖汉先生又引用"中和新说"③的话语来论，他说："朱子会说'事物未至，思虑未萌，而一性浑然、道义全具'，即此理原具于心，而不是如牟先生所说的此'具'只是'性具'。此处可以说心性的作用不同，但性理的作用确可以在心的虚灵中表现。当然由于心不就是理，心的虚灵虽可表现理，但仍要以持敬的工夫维持心的合理状态。"杨祖汉先生进而以为"而如果持敬就可以维持心的合理，则心的虚灵中如果没有理的作用，此意就不能说了"，故他做出结论道："持敬涵养所维持的是理与气两种作用都有的虚灵明觉。"④

（二）维护牟宗三先生的诠释系统

根据以上所述，不论是李瑞全先生对朱子能否归入自律道德的检讨，或陈来先生对朱子的"心"的"功能总体"的论定，以及杨祖汉先生的"从常知到真知"的朱子新解，都是与唐君毅先生的"心本具理"相符合，是修正了牟先生对朱子的"心属气"或"心与理为二"的判定。对此，李明辉先生颇不以为然，故对于朱

---

①　杨祖汉：《论朱子晚年训门人的有关问题》，《当代儒学研究》第 17 期，第 19 20 页。
②　杨祖汉：《从朱子思想看道德教育》，《揭谛》第 26 期，2014 年 1 月，第 18 页。
③　朱熹：《晦庵先生朱文公文集》卷三十二《答张钦夫》，《朱子全书》第 21 册，第 1418—1419 页。
④　杨祖汉：《从朱子思想看道德教育》，《揭谛》第 26 期，第 20 页。

子的"心属气"再加以申明,并引文献佐证。由于李明辉先生对李瑞全先生及陈来先生皆有撰文回应,故此部分即先论李明辉先生,再论刘述先先生的观点。

1. 李明辉先生对朱子"心"之判定

首先,对于李瑞全先生的《朱子伦理学可归入自律伦理学吗?》,他提出反对之意。李明辉先生直接指出"在朱子的系统中并无相当于道德主体的概念。比较有资格充当道德主体的是'心'。但朱子系统中的'心'属于气(尽管是气之灵),其本身是中性的,可善可恶,故不可能是立法者。至于朱子底'性'只是理:'性是许多理,散在处为性'。此'理'并非道德主体所制定之理,而是存在之形上根据"[①],李明辉先生按牟先生之意以为朱子的心属气,并非当作道德主体的良知本心,虽其心具理,但此理他认为仅是形上学中的存有之理,并非道德之理。所以,陆王、朱子系统虽皆能说"性即理",但李明辉先生以为:"这个命题在朱子与孟子、陆、王底系统中却有完全不同的意义。孟子、陆、王均肯定本心即性,故其言'性即理'即涵着道德主体之自我立法,亦即自律之义。但在朱子心、性二分的义理间架下,'性即理'这个命题却不涵自律之义。因为朱子底'性'只是理,不是道德主体;而'心'既落在气上,形上之理对它而言,自然是外在的。在此如何有自律之义呢?"[②]

针对陈来先生的观点,李明辉先生在《朱子论恶之根源》一文就稍加提及,他持反对的立场说:"陈先生之翻案并不成功,其理由如下:第一,陈先生既然承认:'在朱熹看来,无论在哪个意义上心与性、与理都不相同'心显然只能归属于气,因为在朱子理、气二分的义理间架中,不可能存在一个居间的领域。第二,朱子归诸心的两项重要特征——有善恶、能活动——亦是气之特征。"[③]所以,李明辉先生以为"尽管朱子赋予'心'一种主宰能力,使他似乎有一种类乎道德主体的地位,但只要他属气,便不能超脱于气禀之决定;而这将使心之主宰能力成为一种虚妄的假相"[④],即只因朱子的心是置于形而下之气,则形上

---

① 李明辉:《朱子伦理学可归入自律伦理学吗?》,李瑞全:《当代新儒学之哲学开拓》,第229—230页。
② 同上,第230页。
③ 李明辉:《朱子论恶之根源》,锺彩钧主编:《国际朱子学会议论文集》上册,第568—569页。
④ 同上,第576页。

的性理必定是外在、他律的，故朱子虽有心作为主宰等义，但这仅是一种"虚妄的假相"。

李明辉先生其后于《朱子对"道心""人心"的诠释》一文中，即正式回应陈来先生的说法，李明辉先生以为"朱子的心性论是其理气论之缩影，犹如小宇宙之于大宇宙。……如果性、情关系可以纳入理气论之中，心何独能例外"①，他又提出四点证据：第一，"在朱子理、气二分的义理间架中，不可能存在一个居间的界域，必归于气"；第二，"朱子认为心具有两项主要特征，即有善恶、能活动，而这也是气之特征"；第三，"朱子在《胡子知言疑义》中明白驳斥胡宏'心无死生'之说。反之，朱子认为人之心有死生，则其属气，殆无疑义"；第四，"对朱子而言，知觉并非人所独有，禽兽亦有知觉，不过禽兽与人之知觉有昏明之异。再者，在人类当中，由于气禀之不齐，其知觉亦有昏明之异。这显示：知觉之有无与昏明系由气所决定，故知觉属于气，亦无疑义"。② 李明辉先生以为没有理由把心性论就排除于朱子理气架构之外，且其气心是会生死、有善恶的有限之心，表示此心是牟先生所说的"心理学式的心"。在人禽之辨中，朱子是以知觉的昏明来区别人与禽兽，而知觉的强弱之关键在气的清浊程度，故可证明此知觉只是认知心，故朱子体系中是没有本心义的。

而且，对于朱子的"心聚众理"或陈来先生的"功能总体"之说，李明辉先生认为："因为我们将朱子心性论系统中的道心、良心与四端均归属诸气，并不等于否定心与理之关联。心依然可以凭其知觉涵摄理（这是其虚灵之所在），并且在这个意义下成为实践主体。就心能涵摄理而言，我们可以将心视为一种道德理性，只是这种道德理性并不像康德的'实践理性'那样，可以制定道德法则。"③ 就此而言，李明辉先生以为即便朱子的心与理可说为一"功能总体"，但此种心与理之联结仍只是"知觉涵摄理"的一种"作用"，并不能使朱子的心有道德本心之义。

---

① 李明辉：《朱子对"道心""人心"的诠释》，蔡振丰主编：《东亚朱子学的诠释与发展》，台北：台湾大学出版中心，2009 年，第 95 页。

② 同上，第 95—96 页。

③ 同上，第 97 页。

2. 刘述先先生对朱子哲学的诸观点

刘述先先生有《朱子哲学思想的发展与完成》之专书,此书的主要观点大抵与牟先生的诠释一致。首先,对于心与理的关系,刘先生判定为"经验实然"的气心,理由在于朱子的体系"理"不能有作为,"心"有其作为,故"心不可能是理"。但是,"心具众理"且"心又有主宰义",故"心"可作为"理气之间的桥梁",故"心"是"极其特殊的东西"。但是,"心"虽是理气间的桥梁,但却不是"心即理"的意思,即使朱子常说"心与理本来贯通",但仍是"理无心则无着处"的"心具众理"的说法。总之,以"心"为气而"心具理",这与牟先生是相同的。[①]

对于朱子的格物中的"豁然贯通",刘先生视其是一种"异质的跳跃",即朱子"对于分疏之理的探究只不过是一跳板",最终仍必须贯通于"同一生理、生道""一超越的形上学的根据"。[②] 至于朱子的"理气为二",刘先生对此相当关注,曾撰文《朱熹的思想究竟是一元论或是二元论?》一文收录于他的朱子之书为附录。他判定朱子理气论是"形上构成的二元论",但亦同意钱穆先生的某些观点,认为朱子可讲"功能实践的一元论",即"理气之间自然融一,互补互依;道器相即,形上穿透在形下之中",且理气于功能上可"互相融贯,根本就不产生彼此分离的问题"。[③]

在《朱熹的思想究竟是一元论或是二元论?》文中,刘先生也明确以为朱子的"致知格物穷理"只能是"助缘而已,不足以立本心"。[④] 刘先生以为朱子混漫了良知主宰的"德性之知"与当作助缘的"闻见",他举出阳明的"良知不由见闻而有,而见闻莫非良知之用,故良知不滞于见闻,而亦不离于见闻"[⑤] 来论,他说"此则朱子也不能违背者。而良知之发用必藉见闻,但二者的层次则不容许错乱。……朱子却缺少了分疏,此其病也。……若穷的是天理,则在求放心之外不能再另外说穷理,若穷的是事理、物理,则不必与求放心有任何直接的关连,盖天理虽不外事理、物理,却与之分属两个不同的层次,不可混在一

---

① 刘述先:《朱子哲学思想的发展与完成》,台北:学生书局,1995 年,第 233—234 页。

② 同上,第 540 页。

③ 同上,第 640—647 页。

④ 同上,第 656 页。

⑤ 王守仁:《答欧阳崇》第 1 书,《王阳明全书》卷 2《传习录中》,第 71 页。

起说"①，由于刘先生亦把朱子的心视为气心，故以为朱子的工夫是于心外求理，且格物所得的知识又与道德之理混淆不清，这是朱子理论的错误之所在。但是，刘先生也以此肯定朱子，他以为"闻见之知决不是可以忽略的东西。……阳明已体认到，良知要具体实现，就离不开闻见之知。德性之知……这确不假外求，属于宋儒所谓'理一'的层次。……还必得有真正具体落实外在化的'分殊'的层次"②，刘先生指出德性之知不可能空讲，必须通过闻见才能分殊出去，这就是朱子格物的价值之所在，故刘先生言"朱子一生之所以能够成其大，正在他之把精力的大部分放在分殊的探究上。……由此可见闻见之知与德性之知之间有一高度辩证性的关系：良知要真正具体落实外在化，显发其作用，就不能离开见闻"③，刘先生强调闻见之知不可废的必要性，虽他虽服膺于牟先生的判定，但却对朱子学作为助缘的价值，实给予了高度的肯定。④

（三）朱陆会通的诠释系统

以上，论述了有类于唐君毅先生的"心本具理的诠释系统"与"维护牟宗三先生的诠释系统"，并论述两系的种种论辩。其争论之所在，还是在于从陆、王所展开的心与理为二之批评，以及对牟先生的理气二分、心性情三分的格局的承认与否。而在此部分，我们所要论述的"朱陆会通的诠释系统"，大抵是跳脱了心与理、心性情等框架，宏观地以同属儒学的视野来看程朱与陆王，也就是不以为两者的心性论有不可会通的差异。

1. 金春峰先生的《朱熹哲学思想》一书的观点

金春峰先生对朱子的理解，是贯彻朱子是有"本心义"的观点，他以为朱子的心性是"道德自律系统"，其"'本心'实即是道德理性"。⑤ 以此观点，象山的"心即理"与朱子的"心之本体"即成"殊途同归"，但金教授以为朱子与象山

---

① 刘述先：《朱子哲学思想的发展与完成》，第 531 页。

② 刘述先：《理想与现实的纠结》，台北：学生书局，1993 年，第 258 页。

③ 同上，第 258—259 页。

④ 刘述先先生的诸多看法，张子立先生有很详尽的介绍，请参见张子立：《论道德与知识两种辩证关系：朱子格物致知说重探》，《中正汉学研究》第 27 期，2016 年 6 月，第 163—190 页。

⑤ 金春峰：《朱熹哲学思想》，台北：东大图书公司，1998 年，第 3 页。

之差异, 是在于朱子从本心区别出了 "思虑营为之心或私欲、意见之心、习俗之心", 这与前述唐、钱二位先生的观点是相同的, 即把朱、陆的差异置于是否关注于对治 "气禀物欲之私" 之上。①

金先生亦认为朱子的理是心内的道德法则, 他说 "这种'理', 用朱熹的话来说, 亦是'得于天而具于心者。'……朱熹所重视的是道德问题, 这问题康德称之为'实践理性'。……其内含实质是一'合当如此做'的判断, 故称之为'实践理性', 即'道德理性'。当此'道德理性'未感物而动, 处于未发状态时, 它在人心中灵虚不昧, ……而当其感物而动时, 它即发出种种道德判断, 展现为种种道德行为"②, 金先生把朱子直接讲为 "心即理", 把朱子的理类比为康德的道德法则。以著朱子的《观心说》③一文, 金先生也是作如此解, 他说 "朱熹猛烈批评以另一心操此心, 或以另一心存此心之佛之'观心说', 而强调道德本心之自律自觉, 自我操存。此道德本心原于天理之正, 其存其亡, 只表现于心之正与不正, 而心之正与不正, 心亦是自知的, 因为它'具万理而应万事', 是先验自足的。这种本心思想, 显然是对'旧说''粹然天地之心''良心''本然亲爱之心'等等思想的发展"④, 以此可见金先生以为朱子从早年旧说开始, 都是强调人人皆有此 "具万理而应万事" 之心。

对于格物思想, 金先生认为朱子有三阶段的发展, 第一阶段是 "中和旧说" 前后, 这时的形态为 "格物、读书、向外穷理, 没有心学心性观作为基础"。第二阶段为逐渐由 "旧说" 转向 "中和新说" 的过渡时期, 而直到作《大学章句》之前, 此时提出 "建立了心学的心性观", 提出 "主敬以立其本, 穷理以致其知", "涵养本原" 成为学工夫的基础, 金先生以为此 "本原" 为 "仁义义理之心", 而 "穷理致知则主要指存养、扩充、推致本心之良知"。到了第三阶段, 作《大学章句》之后直到朱熹逝世, 是为 "以'明明德'为中心而讲格物致知", "'明明德'成为朱熹格物致知说的纲领"。⑤ 按此观点, 他把朱子的格物形态定位为 "是在'明明德'的宗旨下提出的, 主要是'存天理、灭人欲', 复本心全德

---

① 金春峰:《朱熹哲学思想》, 台北: 东大图书公司, 1998 年, 第 270—273 页。
② 金春峰:《朱熹哲学思想》, 第 5—6 页。
③ 朱熹:《晦庵先生朱文公文集》卷六十七《观心说》,《朱子全书》第 23 册, 第 3278—3279 页。
④ 金春峰:《朱熹哲学思想》, 第 60 页。
⑤ 同上, 第 157—160 页。

之明"，且格物致知就是要"扩充良知、或通过读书，以圣人之教导启迪内心本具之道德理性，使之由暗而复明"①，金先生即把朱子的格物归于"明明德"作为宗旨，并以格物穷理的目的就是在于恢复本心。

2. 杨儒宾先生对朱子"格物与豁然贯通"中的"心"之阐释

杨儒宾先生有一篇著名的学术论文《格物与豁然贯通——朱子〈格物补传〉的诠释问题》，其中对朱子格物心境中的心与理之属性皆有所讨论，他以为"朱子一再强调：格物穷理虽然不能离开事事物物，因为'理'确实是在事物之上。但一旦学者体得了这个'理'后，他就会发现：原来所谓外在的理，其实是本心固有的东西，'才明彼即晓此'，这就是'合内外之理'"②，认为格物就是在明本心之理，这是合于朱子的理论预设，因朱子有"性即理"重要命题，也必蕴含着"天人合一"之最高境界，故若"从'本体论的原则的立场'考虑，我们当然可以说：天下无性外之物，因此也无性外之理"，故所穷格之理其实就是"吾性中固有的"③。

对于朱子的"心"，他以为"朱子设定了一种根源意义、准超越之道心概念"④，因而"当朱子说'心与理一'或'豁然贯通'时，那时的心是究竟意，他与始源意义的'道心'重合了，这样的心确实极接近'本心'的概念"⑤。所以，这时的心与理之关系即为"心之全体……万理具足"⑥"不须去贯通，本来贯通"⑦，或者"不是理在前面为一物，理便在心之中。心包蓄不住，随事而发"⑧，可说"实在有些'心即理'的气味了"⑨。

---

① 金春峰：《朱熹哲学思想》，第 3 页。
② 杨儒宾：《格物与豁然贯通——朱子〈格物补传〉的诠释问题》，锺彩钧主编：《朱子学的开展——学术篇》，台北：汉学研究中心，2002 年，第 240 页。
③ 同上，第 241 页。
④ 同上，第 242 页。
⑤ 同上，第 243 页。
⑥ 《朱子语类》卷五，《朱子全书》第 14 册，第 230 页。
⑦ 同上，第 219 页。
⑧ 同上。
⑨ 杨儒宾：《格物与豁然贯通——朱子〈格物补传〉的诠释问题》，锺彩钧主编：《朱子学的开展——学术篇》，第 242—243 页。

　　所以,杨儒宾先生以"恢复本心"来阐释格物。此即,人因有"气质"之偏颇,"聚众理"的心就黯淡了,道心变成人心,人偏离了"本来"的自己,因而"学者的致知活动都是'才明彼即晓此',都是增加了一份对自己的理解。或者说:重新拾回了一部份的自己",杨儒宾先生即结论"'格物穷理'的真实内涵是工夫论,他不是要增加,而是要恢复'本心'原本具有的万理。所以等到学者'豁然贯通'之际,最终的也是最初的自我找回了"①。

　　杨儒宾先生另有《理学论述的"自然"概念》一文,他对牟宗三先生的"只存有而不活动"有些回应,杨儒宾先生以为"程朱重理是事实,'存有而不活动'的标签也有文献及理论双方面的理据。然而,就程朱两人而言,他们恐怕不会将动能从理或道的内涵中排斥出去"②,他又说"笔者当然承认程朱的'理'或'道'如要有创生力,它需要'气'的配合……他可以质疑:理如果没有某种动能,他如何与气相合,引发创生的行为"③。因着此质疑,杨儒宾先生此文特别强调朱子的理的"能然"之义,他说:"理有'能然',此义恐怕会引发极大的纠纷。……我们也有理由正视另一种理学史的面貌:在朝鲜儒学史中,主张朱子的理具能动性者,不仅不乏其人,而且还可说是主流的观点之一。从李退溪的'理发''理到'之说,直到任圣周的理气为一的湛然之气之说,我们都可看到程朱学派中人尝试将能动性向度带进'理'内涵之努力。"④所以,杨儒宾先生即结论:"气虽为动力,但使之动的目的因却是'理','理'不是静态的存有。……朱子学不是铁板一块,它毋宁蕴含了其他发展的可能性。"⑤杨儒宾先生不论在格物形态方面,以及对理的能动性方面,皆有极精到的见解。

3. 杜保瑞先生对牟宗三先生的朱子诠释之回应

　　近年对牟宗三先生的朱子诠释直接起来反对的学者,可以杜保瑞先生为代

---

　　① 杨儒宾:《格物与豁然贯通——朱子〈格物补传〉的诠释问题》,锺彩钧主编:《朱子学的开展——学术篇》,第244页。
　　② 杨儒宾:《理学论述的"自然"概念》,《中正大学中文学术年刊》第14期,2009年12月,第23—24页。
　　③ 同上,第24页。
　　④ 同上,第25页。
　　⑤ 同上。

表，杜先生的宋明理学观点有其独特的观点与创发的概念，本文无法完全按照他的脉络与范畴来介绍，只能提及一些杜先生对朱子诠释的要点。

首先，他指出牟先生太过标举其"道德形上学"的立场，故对朱子的形态无法正视。他以为朱子对"本体的理气心性等存有范畴作一思辨的反省"，这是一种"说概念定义的存有论问题"，此系统本不是在谈"实践的动力问题"。而且，牟先生都以"朱熹的存有论系统为朱熹之真正意见"，但对朱熹的"本体宇宙论的动态的实践活动的话语"，却都判为"意义贞定不住"。[①] 杜先生的观点大抵是以为朱子的形上学常是在说一种概念的解析，故朱子在做理气论的论述之时，本就会忽略伦理学上的道德实践方面的谈论，故虽朱子体系中亦有道德形上学的面向，但牟先生皆省略不谈而无法肯定。

另外，对朱子的工夫论问题，他以为牟先生是"把朱熹从存有论进路讨论形上道体与性体的思路放在工夫实证的进路来解读，这就当然会对朱熹的工夫理论有所误解"。他以为朱子的"存有论形上学"与"工夫论"思路当二分，即若把朱子对"存有论的纯理反思"的形上学，混淆而当作朱子的工夫论亦以此为基础，则会以为朱子没有"心学式"的工夫论，即会以为是一种泛认知主义的形态。总之，杜先生以为"陆王确是多讲工夫（心学工夫）"，并少讲形上学，但是伊川、朱子确是多讲形上学，但工夫（心学工夫）理论并不缺乏，会对朱子有所误认，皆在于无法见出朱子除有形而上的解析的进路，亦有挺立心学式的道德主体的面向。[②] 简单地说，杜先生是指出了牟先生太过以道德形上学为标准分判朱子的问题。

三　结　论

通过以上的论述，本文展示了当代朱子学的三种诠释角度，分别为"心本具理的诠释系统"与"维护牟宗三先生的诠释系统"，以及"朱陆会通的诠释系统"，分别承接或相符于唐君毅、牟宗三及钱穆三位先生的立场，其争议之所在，也就在如何看"心与理"的关系。以下，即以三点结语，提出本文对朱子的

① 杜保瑞：《南宋儒学》，台北：台湾商务印书馆，2010年，第247—260页。

② 同上，第332—335页。

心的看法。

（一）对朱子的心必须重新定位

第一，朱子的心与陆、王的本心之内涵有所不同，朱子的心并非完全具足的。此即，朱子以为心中性理只是一善端，故此心仍须通过培养才能成为完全，尤其，必须通过吾人去格物穷理，才能使此心按照自身本有之理如如地发动。

第二，朱子的心不只是道德主体亦为认知主体，他并不把知识与道德截然二分。是以，若严格区分知识与道德，则对朱子的系统中的心会有所误解。

第三，朱子之心中性理是一呈露的端倪，但此端倪是夹杂于形躯欲望中，故心与私欲是夹杂的，此杂于私欲的心就是"气心"。所以，我们可说朱子并不专就于纯善之心去做工夫，他的心力仍放在"气心"上，故我们可说他做工夫的枢纽在"气心"亦可。

第四，朱子的本心义是一端倪。并且，当吾人完全私欲尽净复其纯净时，这时的心也可称"心与理为一"的本心。但是，在未完全复本心之前，这中间段有私欲夹杂的状态，就是本心与私欲夹杂的气心。但是，究极而言，朱子体系中是有一纯善而具理的心体。

（二）必须正视朱子本有"已知之理"的意思

经过以上对朱子的心的重新定位，即可把牟先生的气心调整为"心本具理"，必须正视朱子的一些心中有"已知之理"的话，才能对其心的属性有恰当的理解。此即，朱子的格物穷理是预设了人人皆有"已知之理"，故必谓"本体之明，则有未尝息者，故学者当因其所发而遂明之"[1] "盖人心之灵莫不有知，……莫不因其已知之理而益穷之"[2]，或者朱子强调格物致知就是"即事物上穷得本来自然当然之理，而本心知觉之体光明洞达"[3]，也明讲做穷理工夫是"所存之心、所具之理，不是两事"，故格物穷理要致知的理，其实也是心中本有的理。以此而言，即便朱子并非"心即理"，他的体系中的确有人心本具的"道

---

[1]　朱熹：《四书章句集注·大学章句》，《朱子全书》第 6 册，第 16 页。
[2]　同上，第 20 页。
[3]　朱熹：《晦庵先生朱文公文集》卷五十《答潘文叔》，《朱子全书》第 22 册，第 2290 页。

德之理",即人人对道德法则本有"常知"的理解,而格物并非外求,其重点在于使自身对本知的道德之理达至于"真知"的确信。

（三）"反对逆觉体证"与"心中本具性理"可同时成立

针对以上的两点结语,学者往往会以朱子之严斥象山或湖湘学派,来加以反驳,即质疑:"即朱子既然本知道德之理,会何要反对心学呢?"对此,本文以为朱子之所以反对心学式的学派,是他以为工夫不是单去发明或逆觉本心,他认为必须把心当主体,故他反对"以心求心",当心中本具的性理呈现之时,不是又须立一个心去发明它或逆觉它,而是要当下以此心作主宰去为善去恶。

故在《语类》^①中有一段,他指出人有两种心,一是"是底心",一是"不是底心",而当"知得不是底心底心,便是是底心",这是指吾人欲体会"是底心"(纯理的善心),只是要此心去觉知"不是底心"(私欲或人欲),这时吾人就当下体认了心中纯善之性理,而工夫"只是将这知得不是底心去治那不是底心而已",且"知得不是底心便是主,那不是底心便是客。便将这个做主去治那个客"。对朱子而言,心是主体,而私欲习气是物件,而逆觉本心等于是把心贬为对象、客体,故他以为工夫仅是在于以心中本具之理去对治气心之私欲而已。因此,朱子又说"更那别讨个心来唤做是底心""不是已醒了,更别去讨个醒",也就是说,当道德本心呈现之时,不是又立一个心去发明它或逆觉它,而是要当下以此心作主宰去为善去恶。简单地说,朱子以为道德本心不是吾人需去把捉、悬想的对象,而此心只是一实践的主体而已。例如,他说当人自觉自身已有"非礼之心",则这样的道德自觉就是本心,而此心当下便作用"莫要视",而不是要在从此自觉中去体证一本心,而再去逆觉或发明,等等。或许,我们可说朱子以为道德心是一实践的主体,而非欲去观想的物件。而且,成德工夫即在于践履,不在于体悟。

所以,朱子的工夫是当"心中性理"呈现之时,就直截在此"心静理明"之境中,以此性理去做"存天理、去人欲"之功,而非是要反身逆觉。因此,他反对象山之逆觉形态并不表示他不能"本知"心中"本具"的性理。

---

① 《朱子语类》卷十七,《朱子全书》第14册,第577—578页。

第三十七章　近年来日本朱子学研究评述

陈晓杰（武汉大学）

　　日本对于中国文化的吸收与借鉴，由来甚久，这一点早已众所周知。相对而言，中国尤其是大陆地区，历来对日本的历史和文化关注不够，或是了解不深。而儒学作为过去东亚地区"汉字文化圈"的核心成分之一，在今天也依然是值得重视的，日本对于中国儒学（日本学界通常称为"儒教"）之研究也有悠久的历史，而学界对于日本之儒学研究的翻译与介绍尽管在改革开放后有很大改进，但依然不尽如人意。

　　以朱子学研究为例，日本汉学有非常悠久的朱子学研究传统，二战以后，日本朱子学研究的成果更是层出不穷，其学术水平可以说是在世界范围内都是遥遥领先的。但是，大陆研究者能够读到的翻译与介绍可谓少之又少，而综合性的评述，至今为止似乎只有石立善[1] 在 2006 年所撰写的《战后日本的朱子学研究述评：1946—2006》[2] 长文。本文在其基础上，试图向国内读者介绍近年来的日本学者朱子学（本文所谓"朱子学"指狭义的朱熹学问及思想）研究的最新成果。另外需要说明的是，这里所谓的"近年来"，由于笔者受留学期间所能收集的材料所限，又要顾及"最新"的研究成果，所以最终择取的年代范围仅限于 2011 年至 2013 年，这是需要读者鉴谅的。

　　范围设限自然会使本文的评述对象大幅度减少，但是基于目前国内出版界

---

[1]　以下，人名引用均采取第一次全名引用，之后只称姓的方式，敬称也一律忽略。

[2]　原载徐洪兴主编：《鉴往瞻来——儒学文化研究的回顾与展望》，上海：复旦大学出版社，2006年。

对日本汉学的重视虽有所提升，然而其对宋明理学研究的翻译与介绍依然相对薄弱的现状，故本文不仅将具有代表性的单篇论文列入介绍范围，同时也将对各主要著作及论文的内容进行介绍与评述，并在第三部分试做一综合评论。

一　论　著

以下介绍的论著排序以出版年月先后为准。

（一）高梨良夫①:《エマソンの思想の形成と展開——朱子の教義との比較の考察》(《爱默生的思想形成与展开——与朱子教义的比较考察》，东京：金星堂，2011 年 4 月)

高梨良夫不仅对于笔者，对日本本土的朱子学研究者想必也是个很陌生的名字，这并不奇怪，因为高梨本人的本行是美国文学，研究对象则是美国作家爱默生，朱熹是放在比较对象的位置上的。历来做比较研究是一件很吃力不讨好的事情，尤其是中西比较，牵涉两大完全不同的文明，不仅牵涉到对知识积累的极高要求，而且比较研究本身的方法论就很成问题，至今仍然有不少人对此持怀疑态度。而在日本的中国思想界，除了少数学者对西方哲学、文化有一定的关注之外，大部分学者以及学生对此几乎都没有兴趣。像高梨这样本身以"西"为本而进行中西比较研究的研究著作无疑本身就具有一定的意义。正如高梨在序言中所说，日本在明治时期开始关注爱默生，当时的学者便多以禅宗或者阳明学思想来理解爱默生，重视后者的"内在"而忽视了晚年的"超越"志向。但是在明治以及大正时期如此把握爱默生，我们可以佛教东传到中国而产生的"格义"来进行理解——日本长期以来耳濡目染的都是中国传来的文化与思想，在近代化过程中接触到大量陌生的西方文化与思想，就如同中国人要理解佛教一样（以道家之"无"来比附佛教之"空"），是以佛教之"空"或者儒教之道德来理解爱默生。这种比较研究本身是有其内在动力和历史发生学意义

---

① 以下，凡在石立善文章中介绍过的人物，其生平与著作一律省略，仅介绍近两年来出版的新著或者论文。高梨良夫，硕士就读于东洋大学，之后在耶鲁大学、哈佛大学担任研究员，现任长野县短期大学教授。具体研究业绩请参见：http://www.nagano-kentan.ac.jp/profs/en/takanashi.pdf.。

的。而高梨现在要对连大学生都很少会去关注的爱默生以及在日本几乎被普通人遗忘的朱熹来进行比较,我们当然要肯定其客观的学术价值与意义,但是与此同时是否会感觉到一丝知识分子的无奈与寂寞呢?

言归正传。因为本文的主旨是介绍朱子学研究,且笔者对爱默生的了解程度也只是读过其散文集而已,因此下面的评述还是围绕其对朱熹的论述来展开。首先值得肯定的是,高梨对于朱熹的理解非常扎实,除了少数误读和偏差之外,很难看得出这是一位从 2000 年才开始研读朱子学相关文献乃至中国传统思想的文学研究者。而且其文风平实,论点之展开基本都有翔实的材料作佐证。在笔者看来,高梨对朱熹的理解要远远高于大多数目前日本近世儒学研究领域的学者。在字里行间,我们都可以看出作者对于研究对象既有着深切的同情与认同但又不过分投入而成为"护教"论,实在是非常难能可贵。但平稳的文风与不好做惊人之论的分析是比较正面的说法,从另一个角度说,高梨对朱熹的整体把握与理解,基本上停留在日本战后形成的朱子学研究主流认知(岛田虔次、荒木见悟等)的范围之内,缺乏独特的见解与想法。当然笔者这样说或许太苛刻了。毕竟高梨的研究主题是爱默生,因此或许他通过对朱熹的比较而对爱默生的理解提出了新的看法,但至少在朱子学研究的视角来看,这点很关键。其次,高梨所做的思想比较研究从章节结构(参见附录介绍)中就可以看出,是以爱默生为轴心来进行的,这样的讨论会带来的问题就是,作为比较的对象仅仅是为了在某一个主题上作为比较才会受到关注。这牵涉到比较研究的方法问题,仅举一例说明。第一章第二节"圣人与学者",高梨在这里将受到贵格会教派影响的爱默生与主张人人皆能成圣的朱子学放在一起,认为双方都承认凡人通过后天努力就能成为圣人或者"真正之人",同时拒绝对孔子与耶稣的神格化。这牵涉到儒家的圣人论问题,事实上,在孟子之后直到汉唐,儒家对孔子的神格化以及强调圣凡之别基本可说是定论,但是人皆可成圣是北宋道学提出的口号,并非朱熹首创,此其一;朱熹固然不和春秋公羊学或者谶纬之说那样主张孔子有神力,但是朱熹心目中"生知安行"的孔子不要说对常人,对士大夫而言都是遥不可及的理想,因此要说成圣之可能性以及圣凡之间距离的拉近,朱熹既非首创者,在宋明儒学谱系中也并不特别,否则我们就无法理解为什么到了明代的王阳明提出"致良知"之说而掀起的狂潮，也无法理解日本古学派对朱熹之学是"好高骛远"的过激批判。亦即是说，比较研究如果缺乏有效的参照系和标准，那么拿本身就处于不同思想文化中的思想来进行比较，其论断的严谨性与说服力是很值得怀疑的。另外，高梨对于朱熹的"理""天""太极"的理解都存在一定的偏差（第196、205、208、225页），对于"天"意义的多重性与复杂性，"理"与"太极"的非实体性都没有提及，而这些关键性的理解与把握对于比较"太极"与"大灵"、"理"与"理性"而言是非常重要的。瑕不掩瑜，高梨此书未必称得上中西比较研究的成功之作，但依然有其重要的参考价值而值得一读。

（二）吾妻重二、朴元在编著：《朱子家礼と東アジアの文化交渉》（《朱子家礼与东亚的文化交涉》，东京：汲古书院，2012 年 3 月）

2009 年 11 月 3 日，由韩国国学振兴院以及关西大学文化交涉学教育研究据点（ICIS）共同在韩国举办了《朱子家礼と東アジアの文化交渉》（《朱子家礼与东亚的文化交涉》）的国际研讨会，2012 年正式出版同名论文集。

如标题所显示的，关键词是"家礼"与"东亚"。会议的参与者包括中国、日本、韩国的家礼研究者，研究课题则围绕"家礼"在古代东亚地区（韩国、日本、琉球、越南）的传播与变化而展开。事实上，过去的朝鲜王朝非常重视朱子学，并以官方的形式对家礼的传播起了决定性的作用，因此时至今日，韩国的朱子学研究以及礼学研究都非常兴盛，但因为笔者对韩国朱子学之研究不甚了解，因此仅介绍至此。而中国以及日本的朱熹研究，历来都把朱熹视为"思想家"或者"哲学家"，因此偏向于对具有一贯性的重大思想问题的关注，而对儒学理论如何制度化、生活化乃至世俗化等具体思想问题却缺少必要的关心与扎实的研究。该论文集的主要编者之一吾妻重二，从大约十年前就开始关注礼学的问题，并在 2003 年初步完成了文公家礼的实证研究。① 之后他的研究重点也一直放在家礼的传播问题上，有兴趣的读者可以参看最近由吴震编译出版的

---

① 《朱熹〈家礼〉の版本と思想に関する実証的研究》（平成 12 年度～14 年度科学研究費補助金・基盤研究（Ｃ）（2）研究成果報告書，课题番号 12610017，2003 年）。

《朱熹〈家礼〉实证研究——附宋版〈家礼〉校勘本》（上海：华东师范大学出版社，2012 年）。

因为是会议论文集，各篇文章的风格、关注焦点与研究方法等都不尽相同，但笔者认为，该论文集的总体水平应属于上乘。不论其研究对象是对家礼以及礼学的思想层面的把握，还是具体东亚各国家礼版本的传播、变化或者家礼具体在生活实践中之落实与矛盾，均给人以主题明确、论据充实之感。笔者推荐读者去看吾妻撰写的《日本之〈家礼〉受容——以林鹅峰〈泣血余滴〉〈祭奠私仪〉为中心》一文，该文前半部分是对日本江户时代儒者对《家礼》之受容与实践的概括性论述，由此我们可以大致了解当时的儒者与《家礼》之关系（年鉴有全文翻译）。

笔者对礼学以及家礼完全是外行，但作为一个哲学研究者来看，对于家礼的研究事实上牵涉到很多重要的理论问题值得思考。例如最基本的，不管是朱熹本人还是日本、韩国的儒者，都面临着社会风俗与儒家正统理念之间的巨大隔阂，换句话说，就是正统之"礼"与民间之"俗"的矛盾，同时还夹杂着正统与异端（主要是佛教的火葬与相关仪式，道教的水陆法会等）的斗争问题。[①] 因此如何一方面尽可能地保证儒家理念在现实世界中的贯彻，另一方面又要兼顾可实施性和受众层面的问题。尤其是像日本近世儒学，从津田左右吉开始，学界就普遍认为，朱子学甚至儒教思想在近世日本的影响仅停留在思想层面，只是知识分子的一种研究兴趣，而在社会的一般生活层面，其对人们的行为方式之影响则相当有限，政治层面上儒者无法通过科举这样的途径晋升为士大夫来治国平天下，宗教上幕府则全面指定佛教丧葬仪式为正统，在这种极端困难的情况下，正如该论文集中吾妻等研究者所证明的那样，江户时代的儒者依然凭借着自己的信念积极思考如何在现实中实践家礼的可能性。但是从另一方面来看，本身日本学界的定论指的是整个社会层面的情况，基本无法上升为统治阶级的日本儒者不管怎么努力，其对家礼的实践与思考究竟能在多大程度上推翻此定论，仍然是未知数。

---

① 事实上已经有不少日本学者对此问题从不同角度进行了精彩的分析，例如小岛毅的《中国近世における礼の言説》中对淫祠毁坏以及地方志的篡改问题的论述、京都大学的寺田浩明所做的法制史研究等。

（三）陶德民等编著：《朱子学と近世・近代の東アジア》（台北：台湾大学出版中心，2012 年 3 月）

在 2012 年 3 月，由台湾大学出版发行了陶德民、黄俊杰、井上克人等编辑的《朱子学と近世・近代の東アジア》，该书的论文主要来自 2010 年 9 月于日本关西大学召开的朱子诞辰 880 周年国际研讨会，在编辑时又加入了若干台湾学者的论文。因为本文的论述范围是日本学者的朱子学研究，因此对于中国以及韩国的学者之论述不做介绍。

由此，所剩下的能介绍的文章严格地说仅剩下四篇：吾妻重二所撰写的《朱熹と釈奠儀礼改革》是旧文（《東アジア文化交渉研究》第 4 期，2011 年 3 月），故不做介绍；日本阳明学之重镇荒木见悟的弟子柴田笃的《朱子学における仁の思想》，尽管开篇以 "宗教性" 为切入点，但整篇论文对朱熹的 "仁" 思想的讨论更多地是以介绍性质为主。另外，绪方贤一的《礼が形作る身体》，可以看作是与近年来由吾妻重二等主导（更早的至少可以上溯到小岛毅在 20 世纪 80 年代所做的相关研究）的朱子学 "礼学" 研究的文献实证研究相平行的理论探讨，但绪方所提出的相应视角以及观点，包括身心关系，"礼" 之规范对于 "身体" 乃至无意识层面的影响，等等，均未有超越目前学界之研究的认识或者观点。

最后想介绍一下主编者之一的井上克人撰写的《科学技術時代における朱子学の倫理的課題 ——〈西欧的知性〉と〈東洋の叡智〉》。井上是日本关西大学文学部教授，专攻是西方哲学，不过井上的知识范围很广，包括佛教、儒教等方面亦有研究成果，故此文可以看作是西哲专家对中西思想文明的综合探讨。但是，正如该文标题所显示的，"西欧" 与 "东洋"（在这里，"东洋" 可以简单理解为相对于西方文明的 "东方"），以及 "知性" 与 "睿智"（或者 "理性" 与 "直观"）的对比图示，更多地让我们想起萨义德所说的 "东方主义"。西方文明尤其是 20 世纪以后日益发达的科学技术以及产业发展所带来的负面作用以及环境问题等，被简单地归结为 "近代化" 的恶果：人与自然的分离，超越之向度的丧失（"上帝已死"），而以朱子学为代表的宋学则主张 "天地一体之仁"，朱熹的主静之思想可以解决海德格尔所说的 Ge-stell 的 "挑衅"（Heraustfordern）问题。

井上将当今之技术时代归结为海德格尔所提出的 Ge-stell 时代，但是海德格尔认为近代科技是 Gestell、而 "风车" 则不是的看法,正如近年来学者所指出的,是很有问题的。① 因为尽管农夫之 "耕地" 与风车之利用是依赖于 "大地" 或者 "风力" 之自然,而不像近代科技那样是可以排除自然条件与场所而对自然进行肆意地榨取,但事实上 Gestell 有 "组合而成之物" "骨架" 等含义,"风车" 在这里意义上正是典型的 Gestell。因此海德格尔也好,井上也好,认为前近代对于自然的征用与近代对自然之 "挑衅" 有实质性的区别,可能是值得商榷的。与极端反技术论的老子以及庄子不同,儒家在原则上并不反对对于自然之征用,这在朱熹则称之为 "尽物性":"尽物性,只是所以处之各当其理,且随他所明处使之。它所明处亦只是这个善,圣人便是用他善底。如马悍者,用鞭策亦可乘。然物只到得这里,此亦是教化,是随他天理流行发见处使之也。如虎狼,便只得陷而杀之,驱而远之。"(《朱子语类》卷六十四,第 1570 页)善奔跑之 "马" 与 "鞭策" 之关系也好,"虎狼" 与 "陷而杀之" 也好,事实上都是由人自身之立场所决定的,这和海德格尔所说的 "风车" 其实是一样的道理:因为儒家认为人之生存价值不言自明地凌驾于天地万物,但为什么这是不言自明的?这在朱熹则根本没有设想过,或者说,在当时的时代与技术条件下,是没有必要设想的问题。

(四)小仓纪藏:《入門　朱子学と陽明学》(东京:筑摩书房,2012 年 12 月)

　　小仓这本书是作为筑摩新书(ちくま新书)系列之一而推出的文库本 "新书"。小仓本人原来专攻德国文学,后来留学韩国首尔大学,专攻东洋哲学,其著作颇丰,据友人说,尤其在韩国学界受到高度评价,笔者也曾经看过其近著《朱子学化する日本近代》(《朱子学化的日本近代》,东京:藤原书店,2011年),然而一看之下却不免有点失望。在这里仅以这本 "入门读物" 为例,略加介绍。我们首先应当肯定小仓的用心,他在序言中就强调,尤其是在战后,儒教 ② 遭到了很大的误解,被置于彻底否定和妖魔化的境地。小仓与很多日本的中国哲学学者一样,都指出,这些贬低儒教的人基本上都是不懂儒教的。小仓

---

① 加藤尚武:《ハイデガーの技術論》(东京:理想社),桧垣立哉:《ゲシュテルとパノプティコン》(《现代思想》2010 年 12 月,2011 年 1 月连载)等。

② 日本学界惯称 "儒教",这与中文学界的以 "儒学" 为主流的说法相映成趣。

并不打算为朱子学与阳明学"护教"："在对朱子学的世界观进行扎实的理解的基础上再进行批判，则意义重大。"（第9页）这确实是很持平的说法。但是很遗憾，小仓对于朱子学的"入门"式导读却实在无法说是"扎实的理解"，恰恰相反，其论说中充满了各种令朱子学研究者感到诧异的"高论"。开篇，小仓就以西班牙的修道女为例，说阅读能给人以神秘的"宇宙快感"，这种快感在传统中国中也能找到，例如朱熹那样的士大夫阅读《论语·学而》的"学而时习之，不亦说乎"，"从这样的文字罗列上，如果无法得到恍惚式的肉体的快感，就无法理解朱子学的士大夫的世界观"（第16页）。这令笔者哑口无言。通过阅读而获得神秘体验或者快感那或许是有的，但是为何这种宗教神秘主义就一定能套用到南宋士大夫身上去呢？况且这个说法并无任何文献的依据。事实上，该书每发惊人之论，却很少提示相应的文献依据。小仓作为德国文学研究出身，在该书的最后一章畅谈西方哲学与中国哲学之结合与比较，但是例如在接下去的第20页，他又将朝鲜的"两班"阶层与民众相对立，说农村中个人的情欲之快乐是与四书五经这样的东西无关而受到压抑的，尤其是女性阶层。在女权主义之研究发展到今日、而福柯的《性经验史》[1]早已破除了"压抑—解放"的神话的时代，小仓依然在用弗洛伊德的精神分析等来理解传统社会的男女关系，不由得让我们想起近代化过程中控诉"礼教吃人"以期全面反传统的那段往事。

（五）木下铁矢：《朱子学》（东京：讲谈社，2013年）

此书属于讲谈社出版的一系列古典普及型研究，因此与一般意义上的学术著作在定位上略有不同。该书可以说是木下对近十多年来自己研究之汇总，但因为要顾及一般读者，无论在论证还是引用材料上都会受到限制。因此，笔者毋宁想向国内同仁介绍一下木下先前的研究成果。木下原来研究清朝考据学，后转为专攻朱子学，1999年出版《朱熹再読——朱子学理解への一序説》（《朱熹再读——朱子学理解的一个序言性解说》，东京：研文社）可以说是其力作，木下在书中提出了诸多崭新而敏锐的观点，很值得仔细研究。对此，石立

---

[1] 《La volonté de savoir(Volume 1 de histoire de la sexualité)》，1976年。

善在述评中也有介绍，就不再重复了。之后，木下继续从事朱熹思想研究，并将2000—2007年为止的九篇相关论文汇集成新著《朱熹哲学の视軸——続朱熹再読》（《朱熹哲学的视线——续朱熹再读》）。在这里仅以《续朱熹再读》的第一章"朱熹の思索、その面差しと可能性"（"朱熹之思索，其面相及其可能性"）为例进行介绍。通常人们都把朱熹理解为所谓"二元论者"、即理气、阴阳、已发未发等二项对立之思维，然而在木下看来，朱熹本人毋宁说是力图打破这些二元之对立的，这体现在朱熹对"心"的理解上："心则通贯已发、未发之间，乃大易生生流行、一动一静之全体也"（《文集》卷四十三《答林择之》），"心是与性相独立、性之具在的'场所'，并且是时时变换的独特之'场'"，与此同时，"心"和"太极"都是"无对"之存在，朱熹将其特征描述为"妙"字（"盖太极者本然之妙也，动静者所乘之机也"），木下通过对"神"、"妙"以及"机"之分析，指出"使阴阳之相互转换得以进行的运转之机关（switching），此转换运转之作用便是太极"（第17页），所谓"作用"，木下用"事件存在"来区别于通常意义上的"物件存在"。何谓"事件存在"？例如朱熹对"夫仁者，己欲立而立人，己欲达而达人"的解释是："以己及人，仁者之心也。于此观之，可以见天理之周流而无间矣。"不说"仁者之心，以己及人"，正是排除日常思维的先有某物件、然后对此物件进行描述的方式，而倒转过来是以事件性的"以己及人"为先，此事件才能与"天理之周流而无间"相联系。同样的，通常我们理解宋明儒学之"万物一体"论是建立在形而上学式的"人物均受天地之气（理）而生"的基础上，但是朱熹曾明确否认此说法："不须问他从初时，只今便是一体……他那物事自是爱，这个是说那无所不爱了，方能得同体。若爱，则是自然爱，不是同体了方爱。"对他者乃至万物之爱是自然生起的"事件"，先在于"彼此是否同体"的理论性思维。木下在这篇文章中反复强调的是什么？是朱熹在努力克服所谓常识性的思维（实体化、二元对立等），或者毋宁说，木下所看到的朱熹的形象，在很大意义上是木下自己的思索之深刻性的折射——对于先有某物后有某事的（主语与述语的语言之惯性与主语先在性的捏造，这至少可以上溯到尼采对康德的批判）思维惰性的批判，以及对"事件""此时此刻"之强调，不难让我们联想到诸如怀海特（Whitehead）等西方哲学家破除实体化思维的努力。

二　论　文

（一）市来津由彦:《朱熹の四書注釈における"解説"的言辞の特質とその形成》(《东洋古典学研究》第 32 集，2011 年 10 月，第 25—47 页)

任何一个初步阅读过朱注的读者都会发现，与言简意赅而侧重于解析字义的汉唐古注相比，朱熹的"新注"非常翔实且侧重义理层面之阐发，但是很少有人对朱熹的这种诠释手法本身进行过认真思考。市来的论文就是一个初步的尝试。

市来开篇就用"说明"来界定朱熹对四书的诠释工作，例如立于天地之间的人之存在方式与自我认识的解释，这些看来自明的东西与四书本文相比较，其实是具有高度抽象的形而上学构造意义在内的，所以我们才说朱熹是儒学史上最有"体系性"(在此"体系"取通俗义)思考能力的思想家。市来对"说明"进行了初步划分：①情绪、感情之共感；②实践知识；③(理论)知识。①和②中"身体"的要素相对比较重要，而③则不然。这个区分为什么重要，是因为朱子学(广义而言，"理学"与"心学"都是如此)不是书斋里面的空想学问，不管是内圣还是外王都与具体实践相结合，例如讲"内圣"、讲"修身"，都牵涉具体的工夫和方法讨论，而事实上例如二程的很多说法都属于"体验"之知的范围，这种"知"在传达上存在很大的问题，如同你现在对我说"这个桃子很好吃"，但是我如果没有吃这个桃子，就很难真正"体验"你说的"好吃"(当然不是说不能"理解"，这需要去看维特根斯坦)。朱熹之师李侗要朱熹体认"喜怒哀乐未发之气象"也好，湖湘学派的"先察识后存养"也好，都属于实践知识优先于理论知识的范畴，而朱熹对此均未能有所契合而烦恼不已。在之后有四十岁"己丑之悟"，从原来的以性为未发、心为已发，转变为心同时有"已发(用)、未发(体)"，朱熹的新说并非出于"体验"，而是基于"说明"，也就是理论之阐明。由此理论，工夫论上的实践也相应得到确认，即"先存养后查识"，强调主敬涵养，这正与"中和旧说"时候相反，亦即是说：是先确认理论，然后由此确定实践方向，而不是相反。而这种思路也是朱熹的四书诠释工作的基本框架。同时，市来指出，朱熹的这种强烈的理论先行向导，尤其是在进行形而上学建构的时候, 面临着如何打通形而上与形而下的问题。这个问题的解决在四十至四十五岁之间, 此期间正是朱熹撰写《太极图说》与《西铭解义》之时。特别是后者中所提出的"一统而万殊, 万殊而一贯"的"理一分殊"思想, 可以说是最核心之成果。

（二）小路口聪:《朱熹の"慎独"の思想》(《东洋大学中国哲学文学科纪要》第 20 号, 2012 年, 第 35—83 页）

小路口聪这个名字对大陆学者而言可能比较陌生, 到目前为止其研究据笔者所知, 只有 2010 年由吴震编辑出版的《思想与文献——日本学者宋明儒学研究》(上海: 华东师范大学出版社) 中收录了他的一篇论文, 即《陆九渊的"当下即是"是"顿悟"论吗——"即今自立"哲学序章》(《"即今自立"的哲学——陆九渊心学再考》, 东京: 研文社, 2006 年)。① 因此在这里简单介绍一下。小路口聪, 1958 年生, 东洋大学教授, 文学博士。主要从事朱子学、陆象山以及阳明学的相关研究。主要著作《"即今自立"の哲学——陆九渊心学再考》(东京: 研文社, 2006 年), 论文有《王龙溪の"根本知"をめぐる考察—あるいは、"生"の哲学としての良知心学—》(《王龙溪"根本知"的考察——作为"生"之哲学的良知心学》,《阳明学》第 18 号, 2006 年)、《"非暴力"主义としての"仁"の思想—朱熹の"生"の哲学再考—》(《作为"非暴力主义"的"仁"的思想——朱熹"生"的哲学再考》,《东洋大学中国哲学文学科纪要》第 16 号, 2008 年)、《人に忍びざるの政とは》1—4 (《何谓不忍人之政》,《东洋学研究》第 43—46 号, 2006—2009 年) 等。②

小路口聪与木下铁矢③ 两人关系甚好, 有趣的是两人在写作时所用的日语也都非常难懂, 这点至少在《"即今自立"的哲学》一书中是如此, 但是当我们阅读这篇论文时却不会有这种感觉。文章开始就引用朱熹的话来点明中心议题: 针对当时盛极一时的禅宗思想的"前后际断"而主张儒家思想中自有安顿之工

---

① 该书中对朱熹的思想之把握也很值得参考与借鉴, 有兴趣的读者可以参见该论文中小路口分析朱熹的"当下"与"合下"的段落。

② 以上介绍依据《思想与文献》的"作者一览"。

③ 关于木下, 请参见石立善的介绍。

夫，接下来小路口引用程颢的"纯亦不已，此乃天德也……其要只在慎独"的说法，"纯亦不已"的说法需要参看"子在川上曰：逝者如斯夫，不舍昼夜"的朱熹注解。[①] 在朱熹看来，天道之连续与不间断，就如同川流不息之流水那样，人之生命与全部存在依据都由天赋予，就应当以此天德、天道为模板，对自己之本心时刻省察，不容有丝毫间断，而朱熹心目中的圣人，也正是如此，像颜回这样的高徒能够"三月不违仁"，是"自三月后，却未免有毫发私意间断在，但颜子才间断便觉，当下便能接续将去。"但这毕竟是有瞬间之间断，此间断便不与天道相似。而这种工夫论，在朱熹主要是以贯通已发、未发的"敬"为主旨，此已经是常识，而小路口在文章中则重提《中庸》中的"慎独"工夫，指出"慎独"与"戒慎恐惧"并不一样，后者是未发工夫，前者是已发工夫，而慎独的已发工夫，是针对当下一念刚要发动之时、亦即是周易所说的"几"。小路口认为，王阳明的"致良知"和王龙溪的"一念独知"思想都可以上溯到朱熹的"慎独"论上。另外，刚才本文介绍了市来的文章，事实上我们可以马上应用到小路口的论文中。其一，小路口指出"慎独"工夫论的最终依据是"天道"的"纯亦不已"，这一点正好验证了市来的"先确认理论，然后由此确定实践方向"的朱子学理路。其二，朱熹将《中庸》的"慎独"与"戒慎恐惧"进行区分，其文献依据是"是故……故……"这两个连接语的不同，但更根本上说，是出于其对已发未发进行二分又要进行联系的思路，这在诠释思路上也属于市来所说的"说明"性格。

另外，小路口在第 71 页提到"只有自己才会知道的"独知，即便我与他人相处，我所思考的东西依然可能是他人无法查知的，因而有陷入独我论的危险。在这里笔者窃以为是过度诠释了，因为朱熹虽然依据大学的"诚意"章说心之所发"其实与不实，盖有他人所不及知，而己独知者"，但此他者无法察觉之"知"只是相对意义上的无法查知，换句话说，朱熹并没有用近代独我论式的思路来理解自我意识、体验与他者意识的绝对差异性。"人所不知而己所独知"如果并非独处之情形（《语类》中另外一种说法是"隐微独处"），则是限定于一念发动之当下的"几"，换句话说是念头刚起来的一瞬间，他人确实会无法察觉，

---

① 对此，有兴趣的读者可以参见木下铁矢《朱熹再読—朱子学理解への一序説—》的第三章，石立善的文章中也有提及此章。

但是如果进一步展现到行动上，例如我欲为善，但是念头中却有一丝不善或者要誉之心，则必定会显露出来，否则我们就无法理解《大学》中说"人之视己，如见其肺肝然"的说法，换句话说，有不实的念头而想在众人面前隐瞒，其实未必能瞒得住，这只是"自欺"，故君子必定要对自己念头之发动"戒慎恐惧"。另外，这从第 69 页小路口所引用的二程之语也可以看出。"且如昔人弹琴，见螳螂捕蝉，而闻者以为有杀声……人有不善，自谓人不知之，不知天地之理甚著。"人所发之意念即便不通过言语、表情或者行动，而是"琴声"这样间接的感应都能为人所察觉。

（三）马渊昌也 ① :《宋明期儒学における静坐の役割及び三教合一思想の興起について》(《宋明儒学静坐的意义以及三教合一思想的兴起》,《言语 · 文化 · 社会》第 10 号，学习院大学，2012 年 3 月)

马渊主攻是明代思想，其研究目前为止被翻译为中文的也不多，例如前面介绍的《思想与文献》中收录了《从刘宗周到陈确——宋明理学向清代儒教转换的一种形态》。马渊没有单著，2011 年出版了编著《東アジアの陽明学——接触 · 流通 · 変容》(东京：东方书店，2011 年 1 月)一书。论文则有《明代中期における『老子』評價の一形態—王道の事例—》(《中国哲学》二八，北海道中国哲学会，1999 年 12 月)、《劉宗周から陳確へ—明代儒教から清代儒教への転換の一側面—》(《日本中国学会報》五三，日本中国学会，2001 年)、《清涼澄観の安国批判をめぐって—初発心成仏と一生有望—》(《東洋文化研究》第 7 号，学习院大学东洋文化研究所，2005 年 3 月)、《唐代華厳教学における三生成仏論の展開について》(《駒沢大学佛教学部論集》三六，驹泽大学佛教学部，2005 年 10 月)、《明代後期における"気の哲学"の三類型と陳確の新思想》(奥崎裕司編:《明清とはいかなる時代であったか》，东京：汲古书院，2007 年)等。②

---

① 简单介绍一下：马渊昌也，1957 年生。东京大学大学院博士课程(中国哲学、1988 年)、驹泽大学大学院博士课程(佛教学、2006 年)满期退学。1998 年开始担任学习院大学外国语教育研究中心教授。

② 以上依据学习院大学公开的研究者业绩: http://www.gakushuin.ac.jp/univ/fltrc/introduction/staff/staff_mabuchi.html.。

讨论宋明儒学静坐问题的论文其实并不少，马渊此文的特点可以归纳如下：首先，考察对象的范围很广，涵盖了宋元明时期，但同时又不是泛泛而谈的资料罗列，而是以井筒俊彦的《意識と本質》(东京：岩波书店，1983年)所提出的"表层＝分节——深层＝无分节"的架构为基本理论依据来理解宋明儒学对于静坐的态度，简而言之，就是儒者一方面承认"静坐"之意义与功效，另一方面又对思想上的最大异端亦即佛教相当敏感，深恐自己的工夫会陷入空虚寂灭之道中去，因此马渊用"不即不离"四个字来概括总体趋势，是非常有整体性视野的。其次，在这种整体性视野中，马渊并没有忽视个别性的特殊与例外，因为不管是朱熹所师从的李侗，还是明初的陈献章，乃至之后的薛蕙(1489—1541)，他们整体所呈现的气象明显偏向静态，而静坐并不仅仅被视为"精神安定之手段"①，对这股思潮，朱熹直到晚年也一直是持警惕态度的。第三，马渊在文章第5节中以明末东林党的朱子学者高攀龙为例来说明明末清初朱子学者之间对于静坐态度的分歧，马渊指出高攀龙以朱熹的"半日静坐半日读书"为依据，其对静坐的看法也接近于李侗，但是活跃于清初的陆陇其则针对性地提出了严厉批评，认为高攀龙和顾宪成这些所谓"朱子学者"都偏向于"静"而不自觉地流入禅宗。第四，马渊在文章第6节指出明代后期之后开始出现具体指导"静坐"之方法的手册，并将王龙溪、颜均、袁黄和高攀龙的事例整合起来进行考察，这在笔者看来是一个值得重视的看法，因为事实上从本文接下来要介绍的中嶋隆藏的论文来看，光凭借资料文献，朱熹究竟是如何具体实践"静坐"仍旧存在很多暧昧不清的地方。对静坐的实践进行明确的界定以及方法上的讨论，要等到明代中期以后，而这显然与阳明学的兴起以及其对佛道的相对开放态度也有关系。

（四）中嶋隆藏：《朱子の静坐観とその周辺》(《朱子的静坐观与其周边》，原载《东洋古典学研究》第25集，后收入《静坐》，东京：研文社，2011年)

中嶋并非朱子学的研究者，该论文开篇即说："历来的中国思想研究并不是

---

① 对这个问题，其实牟宗三早就提出过两种证悟的基本工夫论路数，一是通过静坐修养等观未发气象和心体，此偏向内在与静态，二则是通过日常实践来进行磨炼，主张事上磨炼的阳明学便是如此。

没有接触过朱熹的静坐观，但是大多是从哲学研究的角度、在讨论动静观时候附带提及，还没有直接以静坐为主题的研究"（第 117 页），但事实上在该文注释中他也坦率承认自己遗漏了吾妻重二所撰写的《静坐とは何か》（初出 2000年），而中嶋通过《朱子语类》的资料对朱熹一生中对"静坐"的看法与观点进行了整理，但是本身相关资料的搜集就并没有什么困难，而在资料整理的基础上，中嶋缺乏有深度的分析，也并没有由此对朱熹的"静坐"观提出什么新的观点，朱熹究竟是如何理解"静坐"的问题依然没有得到解决。

（五）井川义次:《若きライプニッツと朱子の邂逅: シュピツェル〈中国文芸論〉をめぐって》（《年轻的莱布尼兹与朱子的邂逅——关于舒比采的"中国文艺论"》，堀池信夫编:《知のユーラシア》[《知性的欧亚大陆》]，东京: 明治书院，2011 年 7 月）; 堀池信夫《〈中国自然神学論〉の鬼神—ライプニッツの朱子解釈—》（《"中国自然神学论"的鬼神——莱布尼兹的朱子解释》，《东洋研究》第 184 号，2012 年 7 月）

笔者把这两篇论文放在一起介绍，一则是因为研究的直接对象都是莱布尼兹，二则是因为井川是堀池的弟子。两篇论文均围绕 18 世纪的西方哲学家开始关注中国哲学、由此直接或间接地影响了他们的思想而展开。在一般人的印象中，西方哲学家对中国思想的评价大概就是黑格尔的那段著名的话了，但是人们往往忘却了在这之前有过截然不同的评价，包括法国启蒙运动的思想家们。堀池有他自己的打通"东—中—西"的宏大构想，但至少在笔者看来这直接牵涉到化解"西方／欧洲中心论"的大问题。不过如果回到文章本身来看，和前面介绍过的高梨的研究一样，因为关注的焦点是莱布尼兹如何理解朱熹，而莱布尼兹也主要是为了（1）站在耶稣会的立场反对天主教正统，后者认为朱子学属于无神论，莱布尼兹则以为是有神论，（2）由此，莱布尼兹证明了自己的单子论和神学思想是不分中西而具有普遍性的。对于朱子学研究者而言，这类研究本身并没有提供多少对朱熹本身思想的新理解或者认识。但尽管如此，至少说明在不同的研究领域，在过去的时代，西方思想家或者文人确实或多或少接触到朱子学，并由此对他们的思想产生影响，朱子学之影响绝不仅限于"东亚"的范围。

（六）辻井义辉《朱熹哲学における「主宰」論—関係性と主体的責任をめぐる問い—》（《朱熹哲学的"主宰"论——围绕关系性与主体责任的提问》，《日本中国学会报》第 64 号，2012 年）

在当今日本，能够选择朱子学并进行认真踏实研究的年轻人屈指可数，辻井就是其中的一位，从本文附录的研究成果列表中我们也可以看到辻井在这两年的努力。在这里限于篇幅，仅以这篇比较有代表性的论文的分析为例。辻井这里所说的"主宰"，正如其论文第二章中所强调的，主要是指心性论领域中，即《大学或问》中所谓"妙众理而宰万物"的"心"，仅从此章对于"物"的分析就可以看出，辻井对于文献是具有一定把握能力的。① 但是既然是在心性论领域讨论心的主宰，除了日本的相关研究之外，中国也有很多相关研究。辻井的分析看似严密，但是细读之下仍然存在着不少问题。例如其引用的资料 23、24 都提到"心之为物，实主于身"、"人之一心……以为一身之主者"，显然牵涉到身心关系问题，而辻井却没有给予适当的关注或评论。笔者在这里再提供两条材料："心者，人之所以主于身者也；一而不二者也；为主而不为客者也；命物而不明于物者也。"（《文集》卷六十七《观心说》）"人之一身，知觉运用莫非心之所为。则心者，固所以主于身而无动静语默之间者也。"（《文集》卷三十二《答张敬夫》第 49 书）人的感觉、思维、情感、欲望乃至肢体运动，无不受到心的支配——这种观点，是先秦时代孟荀以来的固有观点，朱熹在继承这个传统的基础上有何新意、包括朱熹如何理解"身"与"欲望"，都是需要探讨的基本课题。其次，文章第四章讨论"人欲"，这里自然就带出了"人心"与"道心"的概念，朱熹说人要由"道心"为之主宰，意思是说人心与道心是"心"的两个层面，心作为一种知觉，知觉得道理者为道心，知觉得人欲者为人心。在这里，如何理解"人心"是非常重要的，因为我们通常以《中庸章句序》为基准，但是辻井所引用的《朱子语类》的材料（卷六十二，第 2014 页）却将"人心"的知觉范围扩大到"知理"，这并不是朱熹对"人心"的主要理解，相反是朱子后学真德秀的看法。② 对于道心人心理解的缺乏必要敏感的辻井说"对于朱熹，辨别作为

---

① 顺便提一下，这一点蒙培元在《理学的演变》第 41 页中早就已经指出了。

② 《西山先生真文忠公文集》卷三十一《问不仁》。

天理之'是'与作为私欲之'非'"（第 165 页），然而正如资料 22 所说，"为私
欲所胜，客来为主"，换句话说，人心不可能全无，但是不可使其盖过道心之义
理，打个简单的比方：人要吃饭穿衣那是天经地义的，但是人进一步要吃好的
穿好的那就是人欲之私了。所以这里并不是首先以何者为"是非"（人心不等于
"非"，任人心作主宰方才是"非"）的问题，而正是如何理解"主宰"的问题。

**（七）牛尾弘孝 [①]：《朱子学における静坐・居敬の解釈をめぐつて（補
編）》（《围绕朱子学静坐、居敬的解释（补编）》，《中国哲学论集》37、38 合并
号，九州大学中国哲学研究会，2012 年 12 月）**

　　和本文刚才介绍过的第三、四两篇论文一样，牛尾弘孝的论文也讨论朱熹
的静坐观，但是与前两者不同的是该文明确的论战性质。当然说"论战"也是
相对于时下日本中国思想史研究的"温和"性和不敢轻易批判前辈学者之学风
（私下如何又另当别论）而言，如果按照中国大陆学界讨论之标准来看，牛尾的
文章绝不能算偏激，这点首先希望读者明鉴。

　　该文首先列举了吾妻重二的《静坐とは何か》（《什么是静坐》）和笔者先前
介绍的中嶋论文的观点，认为两者固然在观点上有所不同，但都认为朱熹之静
坐是"精神安定"之手段与修养方法。牛尾认为，吾妻将儒者之静坐分为"精神
安定之手段"和"求得内在之自觉或者自我觉醒"，这种区分在实践上是否可能
是值得怀疑的，并尖锐地指出，此区分以"朱熹的静坐并不指向宗教体验"为
前提，但是究竟什么是"宗教体验"，吾妻并没有给出说明。牛尾接下来以荣格
研究专家汤浅泰彦以及宗教哲学研究大家井筒俊彦为例，向我们展示了以"宗
教体验"为核心的朱熹静坐观认识。汤浅和井筒都借用了分析心理学专家荣格
（C. G. Jung）的"表层—深层"心理学理论，认为程朱所讲的静坐等工夫论都有
独特的心理经验为前提，而绝非单纯的文献分析所能理解。牛尾指出，上述两

---

　　① 九州大学文学硕士学位，现为大分大学教育福祉科学部教授。著作有《叢書日本の思想家》第 13 册
《淺見絅齋・若林強齋》（东京：明德出版社，1990 年）、《傳習録索引》（共著）（东京：研文社，1994 年），
论文有《楊慈湖の思想：その心學の性格について》（《中國哲學論集》，九州大学，1975 年）、《朱熹思想
における心の工夫と豁然貫通—未發、已發說を理解するために—》（《九州中國學會報》，九州中国学
会，2005 年）、《朱子學における "静坐・居敬" の解釋をめぐつて》（《中國哲學論集》，2008 年）等。

者的解释除了岛田虔次之外，中国思想研究者几乎未给予任何关注。牛尾的批评牵涉两个很大的问题：其一，不管是否属于"宗教"体验，"静坐"这样的实践都具有很强的"体验"性和不可言说性，在事实上儒家之静坐实践已经完全断绝的情况下，仅仅依靠文献之考据和研究，没有此类体验的学者是否可能真正"理解"静坐的意义。其二，为了理解静坐之体验，使用西方心理学、哲学等理论的正当性如何。第一点其实是老问题，亦即是说，没有实践与体验之人是否可能理解"静坐"或者"顿悟"等体验，而哲学家史泰斯（W. T. Stace）就曾尝试分析冥契主义。[①]第二点直接与第一点相关，因为仅仅依据文献的话，一般人确实很难深入了解此类体验，因此需要借助各种理论或者心理学、文化人类学等工具的辅助，但是日本的中国思想史学界，正如牛尾所抨击的那样，对于参考西方之哲学以及理论大多抱着嗤之以鼻或者怀疑的态度[②]，因此只要用了西方之观点便被认为是旁门左道或者异端邪说。但是另一方面，牛尾并没有对为了解释朱熹之静坐观而借用荣格的理论正当性问题做出正面的解释，这同样是有失偏颇的。荣格对西方哲学抱着强烈的敌视态度，但是他所建立的深层心理学理论也好，著名的"集体无意识"（collective unconscious）和"原型"（archetype）说也好，事实上既无法证实也无法证伪，在笔者看来更大程度上是披着经验主义外表的形而上学，用本身就存在缺陷和问题的理论（尽管确实在日本曾经红极一时）来解释朱熹，其正当性很值得怀疑。

　　牛尾在该文第二章中对朱熹的"居敬"观进行了探讨和整理。吾妻在《居敬前史》中提出两个观点：（1）朱熹之"敬"是"心理之紧张状态"，是无对象性的，（2）这种对敬的把握与古代儒教是相通的。牛尾首先指出，古代儒教之"敬"都是针对鬼神或者祖先，而不是"无对象性"，关于这点，其实江户时代的儒者例如伊藤仁斋和荻生徂徕早已对朱熹的无对象式之敬和古代儒教之敬天地鬼神之间的区别有所察觉，并给予了严厉的指责与批判。其次，牛尾认为朱熹

---

①　*Mysticism and philosophy*，中译本参见杨儒宾译：《冥契主义与哲学》，台北：正中书局，1998年。

②　他在注释35中还特地引用岛田虔次的话："我放弃了所谓中国哲学专家所容易陷入的对于狭义之专家以外的学者之发言的轻视态度，而决定与这部大著（引者按，山本命：《宋时代儒学的倫理学的研究》，东京：理想社，1973年）对决，由此对决，我想将中国思想中独特的东西明确地进行理论化而为之努力"。

的"敬"是有对象的,这个对象就是"天理"。确实在《文集》以及《语类》等文献中,我们无法找到"敬理"或者类似的说法,但是牛尾指出,在《论语集注》的"畏天命"段落,朱熹解"天命"为"天所赋之正理",并且"大人"与"圣人之言"也是"天命之所畏",而朱熹又曾说过"敬是畏谨""敬只是一个畏",那么显然可以有以下推论:敬=畏=畏天命=畏天理。但在笔者看来,牛尾的解释并没有充分的说服力。因为朱熹固然说"敬"是"畏",但由此并不能证明"畏天命"的"畏"就直接等同于朱熹的"居敬"工夫论,而完全有可能只是朱熹为了描述"敬"之状态的心理紧张性,而指出此状态与畏惧鬼神天命之宗教虔敬是有相通之处的。

(八)木下铁矢:《「仁義礼智信」か「仁義礼智」か──現在の朱子学理解を問う─》(《"仁义礼智信"还是"仁义礼智"? ——对当今朱子学理解之疑问》,《吉田公平教授退休纪念论集》,东京:研文社,2013 年)

事实上,曾经有好几个日本并非研究朱子学的老师以及同学都问笔者是否看过此文,何以该文会受到如此关注? 木下近几年来一贯地批判岛田虔次的朱子学理解,在木下看来,由于岛田式解读的重大偏差,时至今日,日本的朱子学研究对朱熹都普遍存在严重的误读。就朱子学而言,最核心的概念无疑是"性"与"理",朱熹继承二程之观点,主张"性即理",而对于"理",在后文还会提到,无论是中国还是日本,都存在很多种解释,但就"性即理"这一命题而言,绝大多数研究者都偏向于从"本质"(essence)上去进行理解,木下在第一节就举了日本朱子研究的代表人物吾妻重二的说法:"就人而言,人存在之理是'仁义礼智信'。仁义礼智信才是人之所以为人的根据,是仁与动物或者植物相区别开的本质(存在规定)。"这个说明比较简略,接下来木下以日本思想史研究者渡边浩(渡边是丸山真男弟子)为例,依照渡边之理解,"理"能判定某个体究竟属于"人"还是"桃子"或者"椅子"等类别,并且是此各个类别之特定的"应有之存在方式"(在るべき在り方),这显然与吾妻所说的"本质(存在规定)"如出一辙──桃子是桃子,是因为桃子所应有的存在方式亦即是"理"之内在性。木下认为,这种"本质"论属于经院哲学所讨论的"本质存在"(essentia)与"事实存在"(exsistentia)之范畴中的"本质存在":本质存在是"某物是什么"，亦即是说面前某物究竟是桌子还是椅子，而事实存在说的是某物是否实际存在，例如面前是否有一张桌子。那么，朱熹所说的"理"就成为区分"人"与其他类别的"本质"所在。但是，木下仅举了一例，就动摇了上述看似理所当然的解释：在《孟子·离娄下》中，朱熹如此解释孟子的"人之所以异于禽兽者几希"：

> 人物之生，同得天地之理以为性，同得天地之气以为形。其不同者，独人于其间得形气之正，而能有以全其性，无少异耳。（《四书章句集注》，北京：中华书局，1983 年，第 293 页）

朱熹明确指出：人与物同得"天地之理"，理无所谓完全不完全，区别就在于人与物得到"天地之气"是不同的，人能得"形气之正"，故能"全其性"而已。接下来木下还花了很大的篇幅介绍与分析岛田等先行研究的问题所在，而在笔者看来，关于"理"是否是人之本质规定这一点，在朱熹本身的文脉中，其实就是"理同气异"论，而二程就已经注意到了这一问题，云："天地之间，非独人为至灵，自家心便是草木鸟兽之心，但人受天地之中以生尔。人与物，但气有偏正耳。"（《河南程氏遗书》卷二）朱熹的"气有偏正"说显然源于二程。用"气"来解释人与其他生物之不同固然可行，但朱熹仍然需要解释：同样作为"人"，人与人之间何以存在着先天或者后天的巨大差距？木下引用了岛田的说法，岛田认为："五行"（金木水火土）对应"五常"（仁义礼智信），既然万物之基本组成都是"五行"，那么五行之间的比例差异就决定了即便同样是"人"，如果"木气"盛则性格偏于"仁"，"火气"盛则偏向"礼"。由此，木下认为，岛田依然是在主张"理"之本质主义论。但公允地说，在原文中岛田并没有说此处之"仁"即是"理"，而毋宁可能是说："仁"等"五常"之德在现实世界中所展现出来的程度，是由"气"亦即"五行"所决定的，因此这依然可以说是"理同气异"论。包括朱熹有时候说"理有偏全"，这依然是在后天"理"被"气"遮蔽而产生的差异，从"理一分殊"的角度来说，人与其他万物之间的"理"不可能是"异"。岛田将"理"解释为"仁义礼智信"，并不妨碍他以及学界主流的"本质＝存在规定"之理解。在之后，木下还针对岛田之说法，提出"性＝理"的内容究竟是"五常＝仁义礼智信"还是"仁义礼智"的问题，并依据朱熹文献的检索结果以及理论分析，论证了晚年朱熹是站在"仁义礼智"一边理解"性＝理"的立场。但如果岛田并不是以"理异"来把握人与人之间的差异的话，那么"是四德还是五常"的讨论相对于"存在规定"说之批判而言，可能并不那么重要。

（九）福谷彬：《孔孟一致論の展開と朱子の位置—性論を中心として—》（《孔孟一致论之展开与朱子的地位——以人性论为中心》，《日本中国学会报》第 65 集，2013 年，第 103—118 页，以下简称《孔孟》）

福谷彬是京都大学文学研究科博士，硕士时期就开始研究朱熹，取得了一定成果。研究儒学者动辄称"孔孟之道"，但孔子与孟子之一致性并非理所当然，从汉代开始，出现认为孔子与孟子在根本思想上一致的观点，而福谷认为，此"孔孟一致论"的最终完成是程朱理学。福谷在该文中以"人性论"为切入点，对思想史上的"孔孟一致论"进行了梳理。关键句其实就两句，孔子曰："性相近，习相远"，"唯上智与下愚不移"，而孟子主张"性善"，"人皆可为尧舜"，就字面意思来看，孔子持阶层式人性论，而孟子主张人性向善之普遍性。福谷首先梳理了扬雄、王充、韩愈的"孔孟一致论"观点，指出他们都以《论语》的阶层式人性论为基础，调停《论语》与《孟子》。到了汉代，董仲舒以爱敬父母之德为"孟子之善"，以遵从三纲五纪为"圣人之善"。而作为唯一现存古注的作者赵岐，对孟子的"圣凡一致论"则理解为："圣人亦人也，其相觉者，以心知耳。故体类与人同，故举相似也。"于是圣人与凡人只有形体意义上的相似。这依然是延续了阶层式人性论的观点。到了北宋，王安石推崇孟子，但认为孟子所说之"性"其实是表现在外面的"情"，赞同孔子的性相近论，但是，王安石与前人不同之处在于，"下愚"并非"不可移"，而是不愿意努力去"移"，因此从理论上说，"下愚"也存在向上之可能性。到了朱熹的时代，福谷首先整理了道学的谱系，指出张载所提出的"气质之性"与"本然之性"的区分至为关键，由此，孔子所说的"性相近"就是"气质之性"，孟子所言"性善"则是"本然之性"，而"下愚"也只是自己不愿意"移"而已。"同样是孔孟一致论，朱熹认为，既然孟子正确地继承了孔子之思想，那么由孟子之思想完全可以逆推出其由来，亦即孔子之思想，这毋宁是以《孟子》为基准而理解《论语》。"（第 113 页）

当然，福谷也指出，朱熹并没有因此而抬高孟子的地位，他始终强调，孟子之思想来源于孔子，不可言《孟子》胜过《孔子》，与此同时，朱熹还认为，《论语》的记载多切实具体，而《孟子》则多从理论方面着眼，两书各有特色。

（十）福谷彬:《『资治通鑑綱目』と朱子の春秋学について—義例説と直書の筆法を中心として—》（《〈资治通鉴纲目〉与朱子的春秋学——以"义例说"和"直笔"书法为中心》，《东方学》第 127 辑，2014 年 2 月，第 66—82 页）

众所周知，朱熹编纂的《资治通鉴纲目》（以下简称《纲目》）是以司马光的《资治通鉴》（以下简称《通鉴》）之体例与笔法为准，从大义名分论之立场进行修改的作品，其体例模仿《左传》，"纲"之笔法也多采用"春秋笔法"。但是，朱熹本人一直反对"一字之褒贬"那样的穿凿附会，认为孔子是依据鲁史而"直笔"写成，否定"义例说"，而另一方面，在《纲目》中事实上却存在着大量褒贬的书法，因而例如大名鼎鼎的内藤湖南早就指出其中存在的矛盾，福谷为了解决此矛盾，重新探讨了朱熹的春秋学观点。首先，福谷认为朱熹春秋学的独创性即是"义例说之否定"与"直笔说之提倡"（第 67 页），但事实上这两点在朱熹之前都早已有人提出，例如唐人啖助就提出"美恶在于事迹，见其文足以知其褒贬"，北宋蜀学的崔子方更明确批判《公羊传》《谷梁传》的所谓"日月为例"说，此皆为治春秋之常识，不多赘述。福谷指出，朱熹从年轻时候开始就对"义例说"抱有怀疑，在晚年的《书临漳所刊四经后》依然如此认为。最有代表性的是《朱子语类》中的一段话：

> 春秋所书，如某人为某事，本据鲁史旧文笔削而成。今人看春秋，必要谓某字讥某人。如此，则是孔子专任私意，妄为褒贬。孔子但据直书而善恶自著。
> 何谓"鲁史旧文"？
> 如晋史书赵盾弑君，齐史书崔杼弑君，鲁却不然，盖恐是周公之垂法，史书之旧章。

福谷指出，此说依据的是杜预的"义例说"。在杜预看来，在孔子笔削之前就存在的春秋书法之规定是"凡例",与之相异的是"变例",所谓"变例"就是孔子"一字褒贬"之新意。由此可见,朱熹否定的"义例说"是指"变例",而非"凡例"(第70页)。但问题在于,福谷可能过于夸大了杜预与朱熹之间的差异。杜预虽然看似像今文经学家那样主张孔子通过"不书""故书"等解经语来"微显阐幽",但"正例"与"变例"之外还存在着无例可言的情况:"其经无义例,因行事而言,则传直言其归趣而已,非例也。"因而在今文经学家看来是"例"的很多东西杜预都不承认。

但是,如果一味否认圣人褒贬之义,那么孔子修春秋的意义究竟何在就成了问题。因此朱熹说:"春秋一发首不书即位,即君臣之事也。书仲子嫡庶之分,即夫妇之事也……一开首,人伦便尽在。"朱熹所指的是隐公元年之记事。经文所记录之事件在朱熹看来,都是与人伦相关的教训,因此即便孔子不加一字之褒贬,其内容也已经有所谓"大义"在了。福谷还引用了另一条相关的材料:

> 当时天下大乱,圣人且据实而书之,其是非得失,付诸后世公论。盖有言外之意。若必于一字一辞之间,求褒贬所在,窃恐不然。

福谷指出:"朱子一方面否定《春秋》有一字褒贬,主张直书说,另一方面认为其中有'言外之意'",并认为这并不矛盾(第72页)。例如《朱子语类》卷五十八中有如下记录:

> 孔子已自直书在其中。如云:夫人姜氏会齐侯于某,公与夫人姜氏会齐侯于某……此等显然在目,虽无传亦可晓。

这里牵涉到的是鲁桓公与夫人文姜在访问齐国时,齐襄公与文姜通奸,桓公知情却反而被杀,文姜也没有返回鲁国。虽然《左传》有详细记载,但朱熹认为光看经文中反复提及"姜氏"的记载就能够明白事情之缘由。由此,福谷总结道:"通过记录事实,使得毁誉褒贬自见,与此同时,为了明此毁誉褒贬,而通过直书史实的记录者之作为,以上两点即是朱子所认为的'直笔之笔

法'。"（第 73 页）

在分析完朱熹的春秋观之后，福谷进一步考察了《纲目》之编纂与朱熹春秋学的关联。在初稿完成阶段（1172），朱熹在序文中点题："因两公四书（引者按，即司马光的《通鉴》《通鉴目录》《通鉴举要历》和胡安国的《通鉴举要补遗》），别为义例，增损隐括，以就此编。"但是，在淳熙六年（1179）《朱文公文集》卷四十六的《答李滨老书》中，朱熹却说："通鉴之书，顷尝观考，病其于正闰之际，名分之实，有未安者。因尝窃取春秋条例，稍加隐括，别为一书而未及就。"此"别为一书"当为《纲目》之"凡例"。对于"凡例"之修订，福谷引用了文集卷三十七《答尤延之书》来证明其与春秋学的关系。按照司马光《通鉴》之旧例（现不可考），事王莽之臣者去世时皆书"死"字，但对于同样侍奉王莽的扬雄，记录却是"是岁，扬雄卒"。对此，朱熹在书信中说："正以其（引者按，指扬雄）与王舜之徒，所以事莽者虽异，而其为事莽者则同……所以著万世臣子之戒明。虽无臣贼之心，但畏死贪生，而有其迹，则亦不免于诛绝之罪。此正春秋谨严之法。若温公之变例，则不知何所据依。"在朱熹看来，司马光对王莽之臣书"死"是"直笔"，那么对于同样是王莽之臣属的扬雄就没有理由网开一面。

朱熹还从其他史书中吸收"直笔"之写法。例如《后汉书》中对于曹操而书"夏五月丙申，曹操自立为魏公"，朱熹就很称许，他对于《通鉴》中的"夏五月丙申，以冀州十郡封曹操为魏公"的"封"字很不以为然，并在《纲目》凡例之"篡贼"条目中写道："至王莽、董卓、曹操等自得其政，迁官，建国，皆依范史，直以自为自立书之。"福谷对此评论道："《纲目》中的'曹操自立'之记述，与其说是朱熹以自己的意图对《通鉴》进行笔削，不如说是《通鉴》对《后汉书》的记述进行了不恰当的修改，而朱熹又重新还原到范晔《后汉书》原先的记述中去。从先前所述的朱子春秋学的立场来讲，不是通过一字之褒贬来进行笔削，而是以尊重旧史之记述与旧例的立场出发，直书事实。"（第 77 页）同样，《纲目》中有名的"蜀汉正统论"等也都出现在"凡例"中，福谷认为，这并不是朱熹本人下褒贬之意，而只是参取"史法之善者"。

以上就是 2011—2013 年的日本学者之朱子学研究概况。由于笔者之学识限制，难免挂一漏万，敬请谅解为感。在进入综合评价的章节之前，笔者认为必须提及的是已经于 2010 年逝世的日本著名学者沟口雄三。沟口的著作这几年在大陆已经陆续出版，虽然笔者没有翻看过所以不知道具体翻译水平如何，但是从翻译的速度之快就可以看出大陆对沟口的重视程度。但是石立善的战后朱子学研究评述中除了一个不起眼的注释之外却只字不提沟口，不知何故。既然现在已经陆续有中译本，所以笔者也不想在这里班门弄斧地对沟口进行介绍。沟口确实没有一部朱熹或者朱子学的专著，其成名作《中国前近代思想の屈折と展開》（东京：东京大学出版会，1980 年）也没有专门讨论过朱熹，但沟口在 1987 年与日本思想史专家相良亨共同合作的中日概念史比较研究非常著名。沟口作为中国思想的研究者分析了《中国の『理』》（《文学》第五五卷、第五号，1987 年）、《中国の『天』》（上、下）（《文学》第五五卷，第十二号、1987年，第五六卷、第二号，1988 年）以及 "心" "自然" 等观念的演变①，特别是沟口对宋明时期的 "理" 以及 "天" 的解读、认定朱熹的 "天" 就是 "理法化" 之天，这些对于日本的朱子学研究都具有非常深远的影响。在这之后，沟口又和其弟子伊东贵之②以及近代史大家村田雄二郎共同编写了《中国という視座》一书，沟口在书中基本上重复了他先前的朱子学解读。

时至今日，沟口对朱熹的 "天即理" 之解释仍然笼罩在学界上空，笔者对此曾专门写过文章，强调沟口所忽视的 "主宰" 意义的实体之天以及对 "天地之心" 之理解的重要性。但即便我们认为沟口的解读未必正确，也不表示我们

---

① 这些论文在沟口逝世之后编辑成书。《〈中国思想〉再発見（放送大学叢書）》（东京：左右社，2010年），国内已有译本：《中国的思想》（北京：中国财富出版社，2012 年）。

② 石立善同样没有介绍东大出身的伊东贵之，因此在这里简单介绍一下。伊东贵之，1962年生，原为武藏大学教授，现任国际日本文化研究中心综合研究大学院大学教授，文学博士。主要从事中国近思想史特别是清代政治思想史以及日中比较文学、比较思想等研究。主要著作《思想としての中國近世》（东京：东京大学出版会，2005 年），合著有：《中国という視座》（《これからの世界史》第 4 册，东京：平凡社，1995 年）、岸本美绪编《東アジア・東南アジア傳統社會の形成：16—18 世纪》（《世界历史》第13 册，东京：岩波书店，1998 年）、淡江大学中国文学系主编《台湾儒学与现代生活国际学术研讨会论文集》（台北：学生书局，2000 年）、沟口雄三和小岛毅主编《中国的思维世界》（孙歌等译，南京：江苏人民出版社，2006 年）、奥崎裕司编《明清はいかなる時代であったか——思想史論集》（东京：汲古书院，2006 年），以及徐洪兴、小岛毅、陶德民、吴震主编《东亚的王权与政治思想》（上海：复旦大学出版社，2009 年）等。关于朱子学的研究方面，可以参见其在《中國という視座》中撰写的《朱子學は何故「成功」したか—「静態學的」朱子學理解を超えて—》一文以及《思想としての中國近世》中对清初朱子学者吕留良的研究。尤其是前者很值得参考，对以 "静态" "停滞" 来理解朱熹思想的主流观点，伊东给予了有力的反驳。

能够忽视他的存在，就好比中国的朱子学研究者必须研读牟宗三的研究、日本思想史和政治史研究者必看丸山真男、西方哲学研究者必读柏拉图与笛卡尔一样。而沟口对朱子学做出的另一个巨大贡献，就是2007年开始由他所发起和倡导的《朱子语类》的日文翻译活动。[①]本来，沟口从80年代就开始自行组织语类的翻译会，20年之后，这当中的年轻一代成长而成为中坚力量（垣内景子、恩田裕正等），而沟口则对全国学者发起了号召，呼吁将这个东亚世界过去的共同遗产进行现代日语的翻译。因为《语类》中牵涉到政治、文化、历史等各个方面的内容，需要广泛的文化工作者的参与与投入。我们很难想象沟口等人是花了20年时间才翻译出《语类》的前三卷，更难想象若没有沟口这样有威望与人脉的学者的呼吁，《语类》之翻译几乎不可能。当然，因为有了先前的翻译经验之积累，加之全国范围内的思想史研究者的全面参与，我们期待着能在二三十年之后见证这一百四十卷之翻译大业的完成。或许有些学者会感到不解，觉得翻译工作不过是给看不懂中文的人看的东西，实则不然。《朱子语类》本身属于语类体，看似通俗易懂，实则一方面对话中掺杂了不少方言，另一方面朱熹所使用的词汇与某些概念并不容易理解，例如木下铁矢曾经分析过的"骨子"，或者小路口聪论朱熹的"当下"与"合下"。在很多情况下，正因为使用的都是看似通俗的词汇，研究者往往会容易忽略其中所隐含的朱熹的特有思维。正确翻译《语类》的前提是对内容的精准把握，这是非常需要下功夫和心思的。因此某种程度上可以说，对语类的翻译本身就是一种"解读"与"理解"，尽管解读本身未必一定是唯一的。

另外，在前面提到的《朱子学と近世・近代の東アジア》一书的附录（一）收录了恩田裕正的《『朱子語類』訳注刊行会の活動について》一文，该文对于语类译注出版会的成立以及目前的进展情况有很详尽的介绍，推荐读者参考。

三　反　思

通过上文之介绍与分析，笔者认为可以大致归纳出如下特点：

[①]　http://www.asahi.com/culture/news_culture/TKY200709110091.html.

第一，研究方法与关注焦点非常分散与多样化，但是并没有出现新的方法论或体系性构造的研究。

第二，除了个别学者之外，所有研究都秉承日本中国学研究的优良传统，以扎实的文献资料为基本来展开论述，很少有浮夸之言辞或者高飞车的结论。

其次，近几年来，不仅是朱子学研究，整个近世思想研究的领域都逐渐把目光转向广阔的"东亚"视野。进一步可以分为两大领域：

第一，中国的近世儒学如何在东亚其他国家之间传播和流通（版本与文献考证为主）；日本、朝鲜等国家在官方层面如何看待朱子学与阳明学（政治、文化、社会层面）；民间以及思想家如何看待朱子学、阳明学（思想、哲学、文化）。

第二，直接研究日本、朝鲜的近世儒学思想与文化，或者相应进行比较思想研究。

当然，这两者之间存在着交叉的情况，例如日本朱子学者如何实践"家礼"就是如此，但大致上第二块研究课题不是什么新的领域，战后日本和韩国都有相应的研究，只是在过去中国朱子学研究者很少关心日本、韩国的朱子学，而这几年则不然，研究者的核心人物均不同程度的转向上述两大领域的研究：吾妻重二的研究先前已经介绍过，不再赘述；先前提到的市来津由彦则参与了小岛毅等人组织的"宁波计划"，并在去年编辑出版了《江戸儒学の中庸注釈》（东京：汲古书院，2012 年），马渊昌也则在 2011 年编辑出版了《東アジアの陽明学——接触・流通・変容》；其他朱子学研究的重镇，例如大东文化大学的三浦国雄近年来在研究日本朱子学（山崎闇斋门派）；土田健次郎则很早以前就开始关注日本思想史研究和现实问题，去年还出版了《"日常"の回復：江戸儒学の"仁"の思想に学ぶ》（东京：早稲田大学出版社，2012 年 4 月）。

但是笔者想要首先指出的是，从"东亚"的视角进行思想史研究，其实这种想法至少可以追溯到 1967 年，岛田虔次在名著《朱子学と陽明学》（东京：岩波书店）中倡议"从中国、朝鲜、日本的通史角度"来撰写朱子学史。那么，为什么在近十年来日本的朱子学思想界才开始有所行动呢？在以"东亚"为主题的各种研究层出不穷，甚至设立新学科点（东亚文化研究课）等表面的繁荣景象之下，反观传统的朱子学研究，我们不得不感到一丝凉意，但这其实并不是因为"东亚朱子学研究"所造成的反差,而是近二三十年来日本的朱子学研究一直都在走下坡路的现状之反映。

笔者丝毫没有否认以"东亚"这样的广阔视角进行朱子学研究意义的想法。笔者想追问的是,对于朱熹也好、朱子门人与后学也好,其研究本身难道已经到了无可研究的地步吗? 笔者先前在研究南宋的真德秀,作为《大学衍义》的作者,其在世的时候正是朱子学从"伪学"逐渐转变为"正统"的时期,像这样一位重要的人物,近几年来大陆方面陆续有一些研究著作出现,但是日本这边除了总计三四篇论文之外就乏人问津;又例如刚才笔者在介绍马渊的文章时提出的对"朱子后学"的界定问题。其次,朱熹本人虽然只有在朝四十余日,但是他与南宋政治有着千丝万缕的关系,从政治、历史层面去认真梳理朱熹以及朱子后学(真德秀、明代东林党等)之处境的研究,过去日本学者曾做出一些重要研究,但急需探讨之课题以及问题依然很多。笔者希望目前方兴未艾的以东亚为视野的朱子学研究能够产生马太效应,而对传统的思想、历史等研究领域产生积极的作用。

附录一

近十年来日本朱子学研究著述简目

傅锡洪、陈晓杰、〔日〕福谷彬（京都大学）

【编者按】

本目录的制定参考了以下几篇《综述》：

陈晓杰：《2011—2012 年日本学者朱子学研究现状述评》（《朱子学年鉴：2011—2012》，北京：商务印书馆，2013 年）；

陈晓杰：《2013 年日本学者朱子学研究现状述评》（《朱子学年鉴：2013》，北京：商务印书馆，2014 年）；

傅锡洪：《2014 年日本学界朱子学研究综述》（《朱子学年鉴：2014》，北京：商务印书馆，2015 年）；

〔日〕福谷彬：《2015 年日本学界朱子学研究综述》（《朱子学年鉴：2015》，北京：商务印书馆，2016 年）；

〔日〕福谷彬著，廖明飞译：《2016 年日本学界朱子学研究综述》（《朱子学年鉴：2016》，北京：商务印书馆，2017 年）。

编者在此基础上，略做增订，增加了若干日本学者对日本朱子学及韩国朱子学的研究论著。但仍有许多遗漏，故名"简目"，特此说明。最后感谢京都大学福谷彬助教提供了 2016—2017 年度的部分论著书目，并感谢《朱子学年鉴》允许转载上述各篇《综述》。

一　论著、译注

1. 土田健次郎编：《近世儒学研究の方法と課題》（东京：汲古书院，2006 年）

2. 前田勉：《兵学と朱子学、蘭学、国学——近世日本思想史の構図》（东京：平凡社，2006 年）

3. 黑住真：《複数性の日本儒教》（ぺりかん社，2006 年）

4. 木下铁矢：《朱子学の位置》（东京：知泉书馆，2007 年）

5. 佐藤仁：《宋代の春秋学——宋代士大夫の思考世界》（东京：研文社，2007 年）

6. 裴宗镐著、川原秀城监译：《朝鲜儒学史》（东京：知泉书馆，2007 年）

7. 冈田武彦：《朱子の伝記と学問》（东京：明德出版社，2008 年）

8. 吾妻重二、二阶堂善弘编：《東アジアの儀礼と宗教》（东京：雄松堂出版，2008 年）

9. 吾妻重二：《宋代思想の研究：儒教・道教・仏教をめぐる考察》（大阪：关西大学出版部，2009 年）

10. 木下铁矢：《朱子：「はたらき」と「つとめ」の哲学》（东京：岩波书店，2009 年）

11. 木下铁矢：《朱熹哲学の視軸——続朱熹再読》（东京：研文社，2009 年）

12. 井川义次：《宋学の西遷——近代啓蒙への道》（东京：人文书院，2009 年）

13. 三浦国雄：《朱子伝》（东京：平凡社，2010 年）

14. 前田勉：《江戸後期の思想空間》（东京：ぺりかん社，2009 年）

15. 高梨良夫：《エマソンの思想の形成と展開——朱子の教義との比較的考察》（东京：金星堂，2011 年）

16. 小仓纪藏：《朱子学化する日本近代》（东京：藤原书店，2011 年）

17. 川原秀城、金光来编译：《高橋亨：朝鮮儒学論集》（东京：知泉书馆，2011 年）

18. 吾妻重二、朴元在编：《朱子家礼と東アジアの文化交渉》（东京：汲古书院，2012 年）

19. 吾妻重二著、吴震编译：《朱熹〈家礼〉实证研究——附宋版〈家礼〉家校勘本》（上海：华东师范大学出版社，2012 年）

20. 吉田公平：《中国近世の心学思想》（东京：研文社，2012 年）

21. 小仓纪藏：《入門朱子学と陽明学》（东京：筑摩书房，2012 年）

22. 井上克人、黄俊杰、陶德民编：《朱子学と近世・近代の東アジア》（台北：台湾大学出版中心，2012 年）

23. 土田健次郎：《"日常"の回復——江戸儒学の"仁"の思想に学ぶ》（东京：早稲田大学出版部，2012 年）

24. 木下铁矢：《朱子学》（东京：讲谈社，2013 年）

25. 小岛毅：《朱子学と陽明学》（东京：筑摩书房，2013 年）

26. 小岛康敬编：《礼楽・文化——東アジアの教養》（东京：ぺりかん社，2013 年）

27. 泽井启一：《山崎闇斎——天人唯一の妙、神明不思議の道》（东京：ミネルヴァ书房，2014 年）

28. 青木洋司：《宋代における『尚書』解釈の基礎的研究》（东京：明德出版社，2014 年）

29. 细谷惠志译注：《朱子家禮》（东京：明德出版社，2014 年）

30. 吾妻重二、井泽耕一、洲协武志：《朱子語類訳注：卷 84—86》（东京：汲古书院，2014 年）

31. 垣内景子编、训门人研究会译注：《朱子語類訳注：卷 117—118》（东京：汲古书院，2014 年）

32. 中岛谅：《陸九淵と陳亮：朱熹論敵の思想研究》（东京：早稲田大学出版部，2014 年）

33. 土田健次郎：《江戸の朱子学》（东京：筑摩书房，2014 年）

34. 田中秀树：《朱子学の時代：治者の「主体」形成の思想》（京都：京都大学学术出版会，2015 年）

35. 川原秀城：《朝鮮朝后期の社会と思想》（东京：勉诚出版，2015 年）

36. 李滉著、難波征男译注：《自省録》（东京：平凡社，2015 年）

37. 垣内景子：《朱子学入門》（东京：ミネルヴァ书房，2015 年）

38. 中纯夫编、朱子语类大学篇研究会译注:《朱子語類訳注:卷15》(东京:汲古书院,2015年)

39. 吾妻重二、秋冈英行、白井顺、桥本昭典、藤井伦明译注:《朱子語類訳注:卷87—88》(东京:汲古书院,2015年)

40. 绪方贤一、白井顺:《朱子語類訳注:卷98—100》(东京:汲古书院,2016年)

41. 三浦秀一:《科挙と性理学》(东京:研文社,2016年)

42. 福田殖:《宋元明時代の朱子学と陽明学》(《福田殖著作集Ⅰ》,东京:研文社,2016年)

43. 福田殖:《日本と朝鮮の朱子学》(《福田殖著作選Ⅱ》,东京:研文社,2016年)

44. 宫下和大:《朱熹修養論の研究》(千叶:丽泽大学出版会,2016年)

45. 绪方贤一、白井顺译注:《『朱子語類』訳注:卷九十八・九十九〔張子之書:一・二〕/卷一百〔邵子之書〕》(东京:汲古书院,2016年)

46. 渡边浩:《東アジアの王権と思想》(东京:东京大学出版会,增补新装版2016年)

47. 高山大毅:《近世日本の「礼楽」と「修辞」——荻生徂徠以後の「接人」の制度構想》(东京:东京大学出版会,2016年)

48. 伊东贵之编:《「心身/身心」と環境の哲学:東アジアの伝統思想を媒介に考える》(东京:汲古书院,2016年)

49. 细谷惠志:《薛瑄と明代朱子学の研究》(东京:明德出版社,2016年)

50. 原田正俊编:《宗教と儀礼の東アジア:交錯する儒教・仏教・道教》(东京:勉诚出版,2017年)

51. 大岛晃:《日本漢学研究試論:林羅山の儒学》(东京:汲古书院,2017年)

52. 下川玲子:《朱子学から考える権利の思想》(ぺりかん社,2017年)

53. 垣内景子编、训门人研究会译注:《『朱子語類』訳注:卷119～121》(东京:汲古书院,2017年7月)

二　论　文

1. 子安宣邦：《朱子学と近代日本の形成——東亜朱子学の同調と異趣》(《台湾东亚文明研究学刊》第 3 卷第 1 期, 2006 年 6 月)

2. 夫马进：《朝鮮通信使による日本古学の認識——朝鮮燕行使による清朝漢学の把握を視野に入れ》(《思想》第 981 号, 东京：岩波书店, 2006 年 1 月)

3. 夫马进：《一七六四年朝鮮通信使と日本の徂徠学》(《史林》第 89 卷第 5 号, 京都大学文学部, 2006 年 9 月)

4. 土田健次郎：《東アジアにおける朱子学の機能——普遍性と地域性》(土田健次郎編：《アジア地域文化学の構築》, 东京：雄山阁, 2006 年)

5. 夫马进：《一七六五年洪大容の燕行と一七六四年朝鮮通信使——両者が体認した中国・日本の "情" を中心に》(《東洋史研究》第 67 卷第 3 号, 东洋史研究会, 2008 年 12 月)

6. 吾妻重二：《水户德川家と儒教儀礼——祭礼を中心に》(《アジア文化交流研究》第 3 号, 关西大学アジア文化交流センター, 2008 年)

7. 辻井义辉：《朱熹哲学における心と気の流れをめぐる問題—気質論と心性論との橋梁—》(《白山中国学》第 17 号, 2011 年 1 月)

8. 吾妻重二：《朱熹の釈奠儀礼改革について—東アジアの視点へ—》(《東アジア文化交渉研究》第 4 期, 2011 年 3 月)

9. 辻井义辉：《朱熹の気質論—感じ、思考し、運動するメカニズム—》(《東洋大学大学院紀要》第 47 号, 2011 年 3 月)

10. 辻井义辉：《朱熹気質論における『心 』の位置と役割》(《東洋学研究》第 48 号, 东洋学研究所, 2011 年 3 月)

11. 市来津由彦：《朱熹の四書注釈における「解説」的言辞の特質とその形成》(《東洋古典学研究》第 32 期, 2011 年 10 月)

12. 木津祐子：《『朱子語類』"有" 構文における「存在」義》(《東京大学中国語中国文学研究室紀要》第 14 号, 2011 年 11 月)

13. 中岛隆藏：《朱子の静坐観とその周辺》(原载《東洋古典学研究》第 25 集,

后收入《静坐》, 东京: 研文社, 2011 年）

14. 井川义次:《若きライプニッツと朱子の邂逅: シュピッツェル〈中国文芸論〉をめぐって》（堀池信夫编:《知のユーラシア》, 东京: 明治书院, 2011 年 7 月）

15. 中岛隆博:《小人がもし閒居しなければ—朱熹の思想—》（宫本久雄等编:《公共哲学の古典と将来》, 东京: 东京大学出版会, 2005 年, 收入氏著:《共生のプラクシス——国家と宗教》, 东京: 东京大学出版会, 2011 年 10 月）

16. 吾妻重二:《日本における〈家禮〉の受容——林鵝峰〈泣血余滴〉〈祭奠私議〉を中心に》（吾妻重二、朴元在编:《朱子家禮と東アジアの文化交渉》, 东京: 汲古书院, 2012 年）

17. 辻井义辉:《朱熹哲学における "知覚" 論》（《白山中国学》第 18 号, 2012 年 1 月）

18. 小路口聪:《朱熹の「慎独」の思想》（《東洋大学中国哲学文学科紀要》第 20 号, 2012 年）

19. 马渊昌也:《宋明期儒学における静坐の役割及び三教合一思想の興起について》（《言语・文化・社会》第 10 号, 2012 年 3 月）

20. 辻井义辉:《朱熹哲学における心の様態観》（《東洋大学大学院紀要》第 48 号, 2012 年 3 月）

21. 堀池信夫:《〈中国自然神学論〉の鬼神—ライプニッツの朱子解釈—》（《東洋研究》第 184 号, 2012 年 7 月）

22. 辻井义辉:《朱熹哲学における "主宰" 論—関係性と主体的責任をめぐる問い—》（《日本中国学会報》第 4 集, 2012 年 10 月）

23. 牛尾弘孝:《朱子学における静坐・居敬の解釈をめぐって（補編）》（《中国哲学论集》第 37、38 合并号, 九州大学中国哲学研究会, 2012 年 12 月）

24. 木下铁矢:《「仁義礼智信」か「仁義礼智」か—現在の朱子学理解を問う—》（收入《吉田公平教授退休紀念論集》, 东京: 研文社, 2013 年）

25. 牛尾弘孝:《朱熹の鬼神論の構造—生者と死者をつなぐ領域—》（收入《吉田公平教授退休紀念論集》, 东京: 研文社, 2013 年）

26. 辻井义辉:《朱熹哲学における感応と理》(《東洋大学中国哲学文学科紀要》第 21 号,2013 年)

27. 辻井义辉:《朱熹の「おのづから」の哲学》(《白山中国学》第 19 期,2013 年 1 月)

28. 福谷彬:《孔孟一致論の展開と朱子の位置—性論を中心として—》(《日本中国学会報》第 65 集,2013 年)

29. 福谷彬:《『資治通鑑綱目』と朱子の春秋学について—義例説と直書の筆法を中心として—》(《東方学》第 127 辑,2014 年)

30. 种村和史:《嚴粲詩緝所引朱熹詩説考》(《慶應義塾大学日吉紀要中国研究》第 7 号,2014 年)

31. 鶴成久章:《『四書纂疏』所引の朱子学文献について:『朱子語録』を中心に》(《中国中世文学研究》第 63—64 号,2014 年 9 月)

32. 新田元规:《程颐・朱熹の祖先祭祀案における身分的含意:元・明人の評価を手がかりに》(《中国哲学研究》第 27 号,东京大学中国哲学研究会,2014 年)

33. 吾妻重二:《東アジアの儒教と文化交渉:覚え書き》(《現代思想》第 42 卷第 4 号,2014 年 3 月)

34. 吾妻重二:《朱子学——巨大的知识体系》(傅锡洪译,吾妻重二校,《台湾大学人文社会高等研究院院讯》第 32 期,2014 年 9 月;后以《朱子学的知识体系及其在东亚的普遍意义》为题发表于《厦门大学学报》2015 年第 1 期)

35. 儿玉宪明注解:《朱熹律呂新書序注解》(《東アジア:歴史と文化》第 23 号,新潟大学東アジア学会,2014 年 3 月)

36. 木津祐子:《不定指称としての“一箇”成立前史:『朱子語類』の場合》(《中国語学》第 261 号,2014 年)

37. 重野宏一:《『詩經』桑中篇をめぐる呂祖謙と朱熹の論爭》(《詩経研究》第 36 号,2014 年 12 月)

38. 服部宽风:《朱熹の〈论语〉解释形成に関する部分的考察》(《名古屋大学中国哲学論集》第 14 号,2015 年)

39. 孙路易：《朱子の理》（《大学教育研究紀要》第 10 号，岡山大学外国語教育センター，2014 年 12 月）

40. 种村和史：《段昌武毛诗集解所引朱熹诗説考》（《慶応義塾大学日吉紀要中国研究》第 8 号，2015 年）

41. 土田健次郎：《『論語集注』はどのような書物か》（《国学院中国学会報》第 61 号，2015 年 12 月）

42. 细谷惠志：《山崎闇斎『文会筆録』に見る明代朱子学：胡居仁を中心として》（《了徳寺大学研究紀要》第 9 号，2015 年）

43. 井ノ口哲也：《朱子学と教育勅語》（《中央大学文学部紀要》第 257 号，2015 年 2 月）

44. 中島谅：《陸九淵とその初伝の門弟—傅夢泉と楊簡を中心に—》（《実践女子大学 CLEIP ジャーナル》第 11 号，2015 年 3 月）

45. 重野宏一：《『呂氏家塾讀詩記』における朱熹の舊注について》（《詩經研究》第 37 号，2015 年 12 月）

46. 津坂贡政：《書人蔡襄とその書の評価にみる朱熹の時代観と美意識》（《書法漢学研究》第 18 号，2016 年 1 月）

47. 石山裕规：《朱子学の「官学化」時期をめぐる一試論：宋から明を対象に》（《明大アジア史論集》第 20 号，2016 年 3 月）

48. 种村和史：《継承と刷新：宋代詩経学の理念と方法》（《慶応義塾大学日吉紀要中国研究》第 9 号，2016 年 3 月）

49. 吾妻重二：《『家礼』の和刻本について》（《東アジア文化交渉研究》第 9 号，2016 年 3 月）

50. 松野敏之：《宋代訓蒙書と朱熹『小学』》（《国学院雑誌》第 117 巻第 11 号，2016 年 11 月）

51. 川原秀城：《豊穣な知の世界—退溪学成立前夜の朱子学をめぐって（1）—》（《中国思想史研究》第 37 号，2016 年 7 月）

52. 福谷彬：《胡宏と朱子：両者の相異の根源としての經書理解》（《中国思想史研究》第 37 号，2016 年 7 月）

53. 望月勇希：《楊萬里心学思想研究序説：「中庸」の解釈を中心として》（《東

洋古典学研究》第 42 号，2016 年 10 月）

54. 小岛毅：《『論語』の解釈変更：古注から新注へ》（《文化交流研究：東京大
学文学部次世代人文学開発センター研究紀要》第 29 号，2016 年）

55. 垣内景子：《朱熹の「敬」》（収入《「心身／身心」と環境の哲学：東アジア
の伝統思想を媒介に考える》，2016 年 10 月）

56. 土田健次郎：《心学としての朱子学》（収入《「心身／身心」と環境の哲学：
東アジアの伝統思想を媒介に考える》，2016 年 10 月）

57. 青木洋司：《黄震の『四書集注』解釈—『黄氏日抄』を中心として—》（《国
学院中国学会報》第 62 号，2016 年 12 月）

58. 斎藤成治：《王應麟『困學紀聞』における「四書」解釈について》（《国学院
中国学会報》第 62 号，2016 年 12 月）

59. 福谷彬：《陳亮の「事功思想」とその孟子解釈》（《集刊東洋学》第 116 号，
2017 年 1 月）

60. 林文孝：《「仁と為す」か「仁を為す」か：朱熹『論語集注』のもとでの『論
語』顔淵篇「克己復礼為仁」の訓読》（《境界を越えて：比較文明学の現
在》，《立教比較文明学会紀要》第 17 号，2017 年 2 月）

61. 三浦国雄：《『応酬彙選』の中の『朱子家礼』》（《宗教と儀礼の東アジア：
交錯する儒教・仏教・道教——儒教儀礼の伝播と変容》，《アジア遊学》
第 206 号，2017 年 3 月）

62. 中島諒：《鵝湖の会再考—陸九齢、陸九淵の思想詩二首を中心に—》（《実
践女子大学人間社会学部紀要》第 13 号，2017 年 3 月）

63. 中島諒：《陸学の「人心」「道心」論：いわゆる「朱陸折衷」の淵源を辿る》
（《言語・文化・社会》第 15 号，2017 年 3 月）

64. 伊香賀隆：《朱熹の「河図洛書」解釈：『易学啓蒙』「本図書第一」の分析》
（《白山中国学》第 23 号，2017 年 3 月）

65. 孫路易：《朱子の「君子」》（《岡山大学大学院社会文化科学研究科紀要》，
2017 年 11 月）

近十年来韩国朱子学研究著述简目

邢万里（复旦大学）

【编者按】

本目录的制定，参考了以下著作与论文：

邢丽菊：《韩国儒学思想史》，北京：人民出版社，2015年；

〔韩〕崔英辰：《韩国朱子学的心说论争研究现况及展望》，朱人求、乐爱国主编：《百年东亚朱子学》，北京：商务印书馆，2016年；

赵甜甜：《百年栗谷学研究的考察与展望》，朱人求、乐爱国主编：《百年东亚朱子学》，北京：商务印书馆，2016年；

〔韩〕姜真硕、林明熙：《2011—2012年韩国朱子学研究资料汇编》；姜真硕：《2013年韩国朱子学研究相关资料》《2014年韩国朱子学研究资料汇编》《2015年韩国朱子学研究资料汇编》《2016年韩国朱子学及韩国儒学研究目录》《2017年度韩国学者对朱子学及韩国儒学的研究目录》；赵甜甜：《2013—2014年韩国栗谷学研究资料汇编》（以上分别载《朱子学年鉴：2011—2012》—《朱子学年鉴：2017》，北京：商务印书馆，2013—2018年）；

同时，另据韩国学术期刊数据库Dbpia、KISS，收录了部分相关论文。

近年来，在中韩学界有关韩国朱子学的研究不断深入，成果可谓浩如烟海，本篇附录仅为“简目”，特此说明。

一　论著、译著

1. 최영진,〈한국유학통사〉, 심산출판사, 2006（崔英辰:《韩国儒学通史》, 首尔: 心山出版社, 2006 年版）

2. 한국철학사상연구회,〈논쟁을 통해 본 한국철학〉, 예문서원, 2006（韩国哲学思想研究会:《由论争来看韩国哲学》, 首尔: 艺文书院, 2006 年）

3. 문석윤,〈湖洛論爭: 形成과 展開〉, 동서사, 2006（文锡胤:《湖洛论争: 形成与展开》, 首尔: 东西社, 2006 年）

4. 이동희,〈조선조 주자학의 철학적 사유와 쟁점〉, 성균관대학교 출판부, 2006（李东熙:《朝鲜朱子学的哲学思维与争端》, 首尔: 成均馆大学出版部, 2006 年）

5. 윤사순,〈유학자의 성찰: 한국문화 속의 본원철학 탐색〉, 나남출판, 2007（尹丝淳:《儒学者的省察: 韩国文化中的本源哲学探索》, 首尔: 罗南出版社, 2007 年）

6. 한국국학진흥원 편,〈韓國儒學思想大系〉, 예문서원, 2005—2008（韩国国学振兴院编:《韩国儒学思想大系》, 首尔: 艺文书院, 2005—2008 年）

7. 崔英辰:《韩国儒学思想研究》, 邢丽菊译, 北京: 东方出版社, 2008 年

8. 柳承国:《韩国儒学与现代精神》, 姜日天、朴光海等译, 北京: 东方出版社, 2008 年

9. 杨祖汉:《从当代儒学观点看韩国儒学的重要论争》, 上海: 华东师范大学出版社, 2008 年

10. 최영진 주필,〈한국유학사〉, 신문사, 2009（崔英辰主编:《韩国儒学史》, 首尔: 新文社, 2009 年）

11. 李甦平:《韩国儒学史》, 北京: 人民出版社, 2009 年

12. 徐远和、李甦平、周贵华、孙晶主编:《东方哲学史》（近代卷）, 北京: 人民出版社, 2010 年

13. 林月惠:《异曲同调——朱子学与朝鲜性理学》, 台北: 台湾大学出版中心, 2010 年

14. 琴章泰:《韩国儒学思想史》, 韩梅译, 北京: 中国社会科学出版社, 2011 年

15. 李红军:《朱熹与栗谷性理学比较研究》, 延边: 延边大学出版社, 2011 年

16. 方浩范:《韩国性理学与宗教文化》, 延边: 延边大学出版社, 2011 年

17. 윤사순,〈한국유학사: 한국유학의 특수성 탐구. 상, 하〉, 지식산업사, 2012(尹丝淳:《韩国儒学史: 韩国儒学的特殊性研究》(上、下卷), 首尔: 知识产业社, 2012 年)

18. 한국사상사연구회 편,〈조선유학의 개념들〉, 예문서원, 2012(韩国思想史研究会编:《朝鲜儒学的概念》, 首尔: 艺文书院, 2012 年)

19. 蔡振丰:《东亚朱子学的诠释与发展》, 上海: 华东师范大学出版社, 2012 年

20. 김경호,〈동양적 사유는 어떻게 탄생했는가: 이理와 기氣의 조화와 충돌 그리고 탈출〉, 글항아리, 2012(金京浩:《东洋思维是如何诞生的: 理与气的调和、冲突及解脱》, 首尔: 文坛, 2012 年)

21. 이승환,〈횡설과 수설: 400 년을 이어온 성리 논쟁에 대한 언어분석적 해명〉, Humanist, 2012(李承焕:《横说与竖说: 对延续 400 年的性理论争的语言分析阐释》, 首尔: Humanist, 2012 年)

22. 이광호,〈퇴계와 율곡, 생각을 다투다〉, 홍익출판사, 2013(李光虎:《退溪与栗谷观点论争》, 首尔: 弘益出版社, 2013 年)

23. 문석윤,〈동양적 마음의 탄생: 마음心을 둘러싼 동아시아 철학의 논쟁들〉, 글항아리, 2013(文熙胤:《东方式心的诞生: 围绕心进行的东亚哲学论争》, 首尔: 文坛, 2013 年)

24. 황의동,〈이율곡 읽기〉, 세창미디어, 2013(黄义东:《读李栗谷》, 首尔: 世昌传媒, 2013 年)

25. 张立文:《李退溪思想世界》(修订版), 北京: 人民出版社, 2013 年

26. 张立文:《朱熹与退溪思想比较研究》, 北京: 人民出版社, 2014 年

27. 정항교,〈栗谷先生의 詩文學〉, 이화문화, 2014(郑亢教:《栗谷先生的诗文学》, 首尔: 梨花文化, 2014 年)

28. 정항교,〈율곡선생 금강산 답사기〉, 書藝文人畫, 2014(郑亢教:《栗谷先生金刚山踏查记》, 首尔: 书艺文人画, 2014 年)

29. 이동희,〈유학이란 무엇인가: 공자 맹자 순자 주자 그리고 퇴계 율곡〉,
   傳統文化研究會, 2014（李东熙:《儒学是什么: 孔子、孟子、荀子、朱子和
   退溪、栗谷》, 首尔: 传统文化研究会出版部, 2014 年）

30. 吴锡源:《韩国儒学的义理思想》, 邢丽菊、赵甜甜译, 上海: 复旦大学出版
   社, 2014 年

31. 태암 황의동교수 정년기념논총 간행위원회,〈율곡학과 한국사상의 심층
   연구: 台巖 黃義東教授 停年記念 論叢〉, 책미래, 2014（台岩黄义东教授
   退休纪念论丛刊行委员会:《栗谷学与韩国思想的深层研究: 台岩黄义东教
   授退休纪念论丛》, 首尔: 书未来, 2014 年）

32. 이종일,〈선현들, 사회복지를 말하다: 해월·다산·퇴계·율곡·원
   효·다석의 사회복지사상〉, 이문출판사, 2014（李宗一:《圣贤们说社会
   福祉: 海月、茶山、退溪、栗谷、元晓、多夕的社会福祉思想》, 首尔: 利文
   出版社, 2014 年）

33. 강봉수,〈동양도덕교육론〉, 제주대학교 출판부, 2014（姜奉秀:《东洋道
   德教育论》, 济州: 济州大学出版部, 2014 年）

34. 马正应:《李退溪美学思想研究》, 济南: 山东大学出版社, 2014 年

35. 邢丽菊:《韩国儒学思想史》, 北京: 人民出版社, 2015 年

36. 周月琴:《〈心经附注〉对退溪心学形成之影响研究》, 北京: 学苑出版社,
   2015 年

37. 张品端:《朱子学与退溪学研究: 中韩性理学之比较》, 厦门: 厦门大学出版
   社, 2015 年

38. 李明辉、林月惠编:《高桥亨与韩国儒学研究》, 台北: 台湾大学出版中心,
   2015 年

39. 杨祖汉:《从当代儒学观点看韩国儒学的重要论争续编》, 台北: 台湾大学人
   文社会高等研究院东亚儒学研究中心, 2017 年

40. 陈来:《近世东亚儒学研究》, 北京: 北京大学出版社, 2018 年

41. 金香花:《理心和会——李退溪的道德世界》, 北京: 中国人民大学出版社,
   2018 年

二 论 文

1. 郑仁在:《朱子学在韩国的展开》,《东亚朱子学的同调与异趣》,台北:台湾大学出版中心,2006 年

2. 田炳郁:《韩儒四端七情论辩的展开及其意义》,《鹅湖学志》第 36 期,2006 年 6 月

3. 洪正根:《朝鲜学者韩元震的性三层说以及任圣周对此的见解》,《齐鲁文化研究》,2006 年

4. 김태년,〈남당 한원진 사상의 배경과 형상 과정〉,〈한민족문화연구〉, 20, 2007(金泰年:《南塘韩元震的思想背景及形成过程》,《韩民族文化研究》第 20 辑,2007 年)

5. 梁承武:《韩国朱子学的研究现状与发展前景》,《杭州师范大学学报(社会科学版)》第 2 期,2008 年

6. 葛兆光:《寰中谁是中华?——从 17 世纪以后中朝文化差异看退溪学的影响》,《天津社会科学》第 3 期,2008 年

7. 최영진,〈南塘／巍巖 未發論辯의 再檢討:退溪／高峯의 四端七情論爭과 對比하여〉,〈동양철학〉, 29, 2008(崔英辰:《对南塘、巍岩未发论辩的再探讨:退溪、高峰的四端七情论争及对比》,《东洋哲学》第 29 辑,2008 年)

8. 최영진,〈18~19 세기 조선성리학의 심학화 경향에 대한 고찰〉,〈韓國民族文化〉, 33, 2009(崔英辰:《对 18—19 世纪朝鲜性理学的心学化倾向考察》,《韩国民族文化》第 33 辑,2009 年)

9. 李昤昊:《退溪的论语翻译学与解释学》,张崑将编:《东亚论语学:韩日篇》,台北:台湾大学出版中心,2009 年

10. 姜真硕:《从韩国哲学发展背景再论退溪哲学》,《嘉大中文学报》第 1 期,2009 年 3 月

11. 赵骏河:《〈朱子家礼〉与沙溪金长生的礼学》,《朱子学刊》,2009 年

12. 金基柱:《朝鲜性理学与〈心经附注〉》,《当代儒学研究》第 8 期,2010 年 6 月

13. 金基柱:《从牟宗三先生之观点来看朝鲜性理学之展开》,《东海哲学研究集刊》第 15 期, 2010 年 7 月

14. 홍원식,〈19 세기 '낙상' 퇴계학파와 '낙중' 한주학파의 분립과 성이논쟁: 한계 이승희의 '조변'을 중심으로〉,〈유교사상연구〉, 39, 2010(洪元植:《19 世纪"洛上"退溪学派与"洛中"寒洲学派的分立以及性理论争——以韩溪李承熙的"条辨"为中心》,《儒教思想研究》第 39 辑, 2010 年)

15. 강정인,〈율곡이이(李珥)의 정치사상에 나타난 대동(大同)·소강(小康)·소강(少康): 시론적 개념 분석〉,〈한국정치학회보〉, 44, 2010(姜正仁:《栗谷李珥的政治思想中出现的"大同""小康""少康": 试论概念分析》,《韩国政治学会报》第 44 辑, 2010 年)

16. 김태완:〈사계 김장생의 예학과 사회정치사상〉,〈율곡학연구〉, 21, 2010(金泰玩:《沙溪金长生的礼学与社会政治思想》,《栗谷学研究》第 21 辑, 2010 年)

17. 황의동:〈율곡학의 계승과 창신〉,〈충남대학교 유학연구〉, 23, 2010(黄义东:《栗谷学的继承与创新》,《忠南大学儒学研究》第 23 辑, 2010 年)

18. 邢丽菊:《朝鲜儒者巍岩的未发心性论以及对朱熹理论的新阐释》,《中国哲学史》第 4 期, 2011 年

19. 邢丽菊:《朝鲜儒者南塘的人物性异论及对朱熹理论的新发展》,《社会科学战线》第 1 期, 2011 年

20. 文碧方:《从"湖洛之争"看朝鲜儒者的朱子性理学诠释》,《现代哲学》第 6 期, 2011 年

21. 권상우,〈19 세기 嶺南退溪學의 定說과 創新의 二重奏: 李震相의 '心卽理'에 대한 李萬寅과 張福樞의 입장을 중심으로〉,〈유교사상연구〉, 43, 2011(权相佑:《19 世纪岭南退溪学的定论与创新二重奏——从李万寅与张福枢的立场来看李震相的"心即理说"》,《儒教思想研究》第 43 辑, 2011 年)

22. 이상익,〈율곡학파의 퇴계학 비판〉,〈퇴계학논집〉, 130, 2011(李相益:《栗谷学派的退溪学批判》,《退溪学论集》第 130 辑, 2011 年)

23. 윤사순,〈寒洲 李震相의 性理學的 '心卽理說'〉,〈공자학〉, 20, 2011(尹丝淳:《寒洲李震相性理学的心即理说》,《孔子学》第 20 辑, 2011 年)

24. 张品端:〈이황의 주희 리학理學에 대한 계승과 발전〉,〈한국국학진흥원〉, 2011(《李滉对朱熹理学的继承及发展》,《韩国国学振兴院》, 2011 年)

25. 黎昕:〈주자사상의 조선반도 전파와 영향에 대한 고찰〉,〈한국국학진흥원〉, 2011(《试论朱子思想在朝鲜半岛的传播与影响》,《韩国国学振兴院》, 2011 年)

26. 解光宇:〈주자와 퇴계의 심학心學에 대한 평가 및 그 의의〉,〈한국국학진흥원〉, 2011(《对朱子及退溪之心学的评价及其意义》,《韩国国学振兴院》, 2011 年)

27. 김재경,〈성리학에서 '형식' 의 문제 - 주자 성리학을 중심으로〉,〈동양철학연구〉, 65, 2011(金在京:《性理学中的 "形式" 问题——以朱子性理学为中心》,《东洋哲学研究》第 65 辑, 2011 年)

28. 전홍석,〈조선조 주자학, 이기심성론의 한국유학적 전개 양상〉,〈문명교류연구〉, 2, 2011(全洪爽:《朝鲜朱子学, 理气心性论之韩国儒学的展开》,《文明交流研究》第 2 辑, 2011 年)

29. 孙炳旭著、姜雪今译述:《韩国儒学之静坐法》, 杨儒宾、马渊昌也、艾皓德编《东亚的静坐传统》, 台北: 台湾大学出版中心, 2012 年

30. 최영진,〈19—20 세기 한국성리학에 있어 '心即理' 와 '心是氣' 의 충돌〉,〈동양철학연구〉, 73, 2013(崔英辰:《19—20 世纪韩国性理学 "心即理" 与 "心是气" 的冲突》,《东洋哲学研究》第 73 辑, 2013 年)

31. 이동희,〈艮齋의 朱子・退溪・栗谷의 性理說에 대한 해석: 雜著「晦・退・栗 3 선생의 설에 대한 질의」를 중심으로〉,〈간재학논총〉, 15, 2013(李东熙:《艮斋对朱子、退溪、栗谷性理说解释的研究: 以〈杂著・对晦、退、栗三先生之说的质疑〉为中心》,《艮斋学论丛》第 15 辑, 2013 年)

32. 유연석,〈율곡학의 관점에서 본 호락논쟁의 쟁점과 낙론의 성격 : 未發論과 人物性論을 중심으로〉,〈율곡학연구〉, 26, 2013(刘延瑞:《从栗谷学的观点来看湖洛论争的焦点和洛论的性格——以未发论与人物性同异论为中心》,《栗谷学研究》第 26 辑, 2013 年)

33. 김경호,〈호락논변 이후, 율곡학과 미발론의 철학적 문제의식: 리기동실과 심성일치를 중심으로〉,〈율곡학연구〉, 26, 2013(金景浩:《湖洛论争

以后，栗谷学派对未发论的哲学问题认识——以理气同实和心性一致为中心》，《栗谷学研究》第 26 辑，2013 年）

34. 장숙필，〈호락논쟁 이전 율곡학파의 미발론과 인물성동이론〉，〈율곡학연구〉，26，2013（张淑必：《湖洛论争以前栗谷学派的未发论与人物性同异论》，《栗谷学研究》第 26 辑，2013 年）

35. 김경호，〈율곡학파의 심시기와 철학적 문제의식〉，〈율곡학연구〉，27，2013（金景浩：《栗谷学派的心是气及其哲学问题意识》，《栗谷学研究》第 27 辑，2013 年）

36. 김승영，〈율곡학파의 이단상 계열이 이해한 '리'의 의미〉，〈동양철학〉，39，2013（金承英：《栗谷学派的李端相派系所理解的"理"的意义》，《东洋哲学》第 39 辑，2013 年）

37. 조성환，〈'실천학'으로서의 '실학' 개념 : 율곡 개혁론의 철학적 기초〉，〈철학논집〉，33，2013（曹成焕：《作为实践学的"实学"概念：栗谷改革论的哲学基础》，《哲学论集》第 33 辑，2013 年）

38. 陈来：《中韩朱子学比较研究的意义》，《中国社会科学报》，2014 年 3 月

39. 洪军：《论整庵理气说对栗谷理气论的影响》，《中国哲学史》第 4 期，2014 年

40. 유성선，〈中國의 栗谷學 研究 現況 및 成果 研究〉，〈한중인문학연구〉，42，2014（俞成善：《中国的栗谷学研究现状与成果研究》，《韩中人文学研究》第 42 辑，2014 年）

41. 선병삼，〈退溪의 四七論에 대한 栗谷의 비판은 정당한가?〉，〈유교사상연구〉，55，2014（宣炳三：《栗谷对退溪四端七情论的批判正当与否?》，《儒教思想研究》第 55 辑，2014 年）

42. 전성건，〈17~18 세기 퇴계학파의 율곡학파에 대한 대응의식과 사상사적 지평 : 성호와 대산의 사단칠정론을 중심으로〉，〈태동고전연구〉，33，2014（全圣健：《17—18 世纪退溪学派对栗谷学派的对应意识与思想史的比评——以星湖和大山的四端七情论为中心》，《泰东古典研究》第 33 辑，2014 年）

43. 주광호，〈주자학적 구조에서 본 栗谷 易學의 특징〉，〈동양철학〉，40，

2014（朱光镐：《在朱子学结构中看栗谷易学之特征》,《东洋哲学》第40辑, 2014年）

44. 김경호,〈율곡학파의 심학과 실학: 경계적 사유와 실천의 잘림길에서〉,〈한국실학연구〉, 28, 2014（金景浩：《栗谷学派的心学与实学: 界线思维与实践的十字路口》,《韩国实学研究》第28辑, 2014年）

45. 김낙진,〈17세기 퇴계학파의 栗谷 李珥와 栗谷學 인식〉,〈율곡학연구〉, 28, 2014（金洛进：《17世纪退溪学派的栗谷李珥及栗谷学认识》,《栗谷学研究》第28辑, 2014年）

46. 김세정,〈율곡학을 통해 본 인간과 자연의 소통과 공생의 해법〉,〈율곡학연구〉, 28, 2014（金世正：《通过栗谷学看人类与自然沟通与共生之法》,《栗谷学研究》第28辑, 2014年）

47. 이천승,〈18세기 호락논변에 끼친 율곡학의 영향: "理通氣局說"을 중심으로〉,〈율곡학연구〉, 28, 2014（李天承：《栗谷学对18世纪湖洛论辩的影响——以"理通气局说"为中心》,《栗谷学研究》第28辑, 2014年）

48. 팽요광,〈격물치지（格物致知）와 성현경계（聖賢境界）——률곡（栗谷）의 격물치지론（格物致知論）을 중심으로〉,〈율곡학연구〉, 28, 2014（彭耀光：《格物致知与圣贤境界: 以栗谷格物致知论为中心》,《栗谷学研究》第28辑, 2014年）

49. 이향준,〈리（理）, 사물（事物）, 사건: 이이（李珥）의 경우〉,〈율곡학연구〉, 29, 2014（李向俊：《理, 事物, 事件——李珥的看法》,《栗谷学研究》第29辑, 2014年）

50. 손흥철,〈율곡（栗谷）리통기국논（理通氣局論）의 内包와 外延〉,〈율곡학연구〉, 29, 2014（孙兴彻：《栗谷的理通气局的内包与外延》,《栗谷学研究》第29辑, 2014年）

51. 전병욱,〈退溪와 栗谷의 心統性情說〉,〈율곡학연구〉, 29, 2014（田炳郁：《退溪与栗谷的心统性情说》,《栗谷学研究》第29辑, 2014年）

52. 김현수,〈17세기 전반 栗谷學派 禮學의 爭點과 傾向 연구——『疑禮問解』『疑禮問解續』중심으로〉,〈한국철학논집〉, 41, 2014（金贤秀：《对17世纪初栗谷学派礼学论争的焦点和倾向研究——以〈疑礼问解〉、〈疑礼问

解续〉为中心》,《韩国哲学论集》第 41 辑, 2014 年）

53. 전현희,〈퇴계와 율곡의 인심도심설: 주자 심론의 한국적 전개〉,〈한국
   철학논집〉, 41, 2014（全炫熙:《退溪与栗谷的人心道心说——朱子心论在
   韩国的展开》,《韩国哲学论集》第 41 辑, 2014 年）

54. 김춘식,〈율곡의 인재등용론〉（金春植:《栗谷的人才登用论》,《韩国行政
   史学志》第 34 辑, 2014 年）

55. 박광희,〈율곡 인간관의 미학적 고찰〉,〈한국사상과 문화〉, 72, 2014（朴
   光熙:《栗谷人类观的美学考察》,《韩国思想与文化》第 72 辑, 2014 年）

56. 김익수,〈한국사상（韓國思想）[철학（哲學）]: 율곡（栗谷）의 인성교육
   론（人性教育論）（1）——주로 격몽요결（擊蒙要訣）을 중심으로〉,〈한국
   사상과 문화〉, 73, 2014.（金益秀:《韩国思想（哲学）: 栗谷的人性教育论
   （1）——以〈击蒙要诀〉为中心》,《韩国思想与文化》第 73 辑, 2014 年）

57. 정연수,〈血氣와 心氣에 관한 栗谷學派 氣質變化論 研究—栗谷·巍
   巖·南塘을 중심으로〉,〈유교사상연구〉, 58, 2014（郑然秀:《栗谷学派关
   于 "血气" 与 "心气" 的气质变化论研究——以栗谷、巍岩、南塘为中心》,
   《儒教思想研究》第 58 辑, 2014 年）

58. 이영호,〈조선의 주자문집 주석서와 그 의미〉,〈대동문화연구〉, 88,
   2014（李英浩:《朝鲜的朱子文集注释书及其意义》,《大东文化研究》第 88
   辑, 2014 年）

59. 임옥균,〈주자（朱子）, 적생조래（荻生徂徠）, 정약용（丁若鏞）의『논어
   （論語）』해석（解釋）의 차이（差異）（1）- 공야장（公冶長）을 중심（中
   心）으로〉,〈동양철학연구〉, 78, 2014（林玉均:《朱子、荻生徂徕、丁若镛
   在〈论语〉解释上的不同——以公冶长为中心》,《东洋哲学研究》第 78 辑,
   2014 年）

60. 김현수,〈사계（沙溪）김장생（金長生）의『경서변의（經书辨疑）·중용
   （中庸）』연구〉,〈한국사상사학〉, 48, 2014（金贤秀:《沙溪金长生的〈经
   书辨疑·中庸〉研究》,《韩国思想史学》第 48 辑, 2014 年）

61. 陈来:《韩国朱子学新论——以李退溪与李栗谷的理发气发说为中心》,《厦
   门大学学报（哲学社会科学版）》, 2015 年, 第 1 期

62. 오지환,〈퇴계(退溪)『성학십도』의 도덕철학적 기반〉,〈동서철학연구〉, 76, 2015(吴知焕:《退溪〈圣学十图〉的道德哲学基础》,《东西哲学研究》第 76 辑, 2015 年)

63. 이상익,〈退溪學派의 '以心使心'에 대한 해석〉,〈퇴계학논집〉, 137, 2015(李相益:《对于退溪学派"以心使心"的解释》,《退溪学论集》第 137 辑, 2015 年)

64. 양명수,〈퇴계 사상에서 리의 능동성의 의미〉,〈퇴계학논집〉, 138, 2015(梁明秀:《在退溪思想中理之能动性含义》,《退溪学论集》第 138 辑, 2015 年)

65. 김동희,〈退溪思想體系研究를 위한 小考 - 그 리기묘합적(理氣妙合的) 사유〉,〈한국사상과 문화〉, 80, 2015(金东熙:《关于退溪思想体系研究的小考——其理气妙合的思考》,《韩国思想与文化》第 80 辑, 2015 年)

66. 이치억,〈退溪의 마음공부〉,〈동양철학연구〉, 81, 2015(李致亿:《退溪的修心工夫》,《东洋哲学研究》第 81 辑, 2015 年)

67. 谢晓东:《人心道心相为始终说是李栗谷的最终定论吗?》,《中国哲学史》, 2015 年, 第 2 期。

68. 윤사순,〈통일의 사상적 기반에 대한 율곡학적 모색〉,〈율곡학연구〉, 30, 2015(尹丝淳:《栗谷学对统一思想之基础的探索》,《栗谷学研究》第 30 辑, 2015 年)

69. 김세서리아,〈율곡(栗谷)의『선비행장』(先妣行状)에 대한 여성주의 독해: 사임당의 보살핌 행위와 여성주의 보살핌의 윤리를 중심으로〉,〈율곡학연구〉, 30, 2015(金世绪利亚:《对栗谷〈先妣行状〉的女性主义解读——以师任堂的关怀行为与女性主义关怀伦理为中心》,《栗谷学研究》第 30 辑, 2015 年)

70. 이치억,〈송대 성리학자들의 인仁사상에 관한 소고〉,〈국학연구〉, 28, 2015(李致亿:《关于宋代性理学者"仁"思想的浅见》,《国学研究》第 28 辑, 2015 年)

71. 김경수,〈천인론을 통해 본 최한기와 주희의 보편성 비교〉,〈한국학연구〉, 54, 2015(金景秀:《通过天人论比较崔汉绮与朱熹的普遍性》,《韩国

学研究》第 54 辑, 2015 年)

72. 권상우,〈유학의 대중화와 대중적 유학: 성리학과 동학〉,〈철학논총〉, 81, 2015（权相佑:《儒学的大众化与大众的儒学——性理学与东学》,《哲学论丛》第 81 辑, 2015 年)

73. 姜云:"The Features of Korean Zhuism in the Late Choseon Dynasty",〈철학논총〉, 86, 2016（《朝鲜王朝后期韩国朱子学的特点》,《哲学论丛》第 86 辑, 2016 年)

74. 이현선,〈李滉의 程顥 철학 해석과 명대 유학 비판—「定性書」의 주요 개념을 중심으로〉,〈유교사상연구〉, 65, 2016（李贤仙:《李滉对程颢哲学的解读及对明代儒学之批判——以〈定性书〉的主要概念为中心》,《儒教思想研究》第 65 辑, 2016 年)

75. 천병돈、노병렬,〈樗村 沈錥의 주자학〉,〈양명학〉, 43, 2016（千炳敦、卢炳烈:《樗村沈錥的朱子学》,《阳明学》第 43 辑, 2016 年)

76. 김기현,〈주자학의 미발（未發）개념 정립 과정〉,〈양명학〉, 44, 2016（金基炫:《朱子学"未发"概念的确立过程》,《阳明学》第 44 辑, 2016 年)

77. 정선모,〈조선후기『주자어류』연구의 특징:『주자어류고문해의』의 편찬배경을 중심으로〉,〈한국문화〉, 74, 2016（郑善慕:《朝鲜后期〈朱子语类〉研究的特征——以〈朱子语类考文解义〉的编纂背景为中心》,《韩国文化》第 74 辑, 2016 年)

78. 김기주,〈사단칠정논쟁四端七情論争, 퇴계退溪와 고봉高峯의 학술적 교류와 도덕적 탐색〉,〈국학연구〉, 29, 2016（金基柱:《四端七情论争, 退溪与高峰学术的交流与道德的探索》,《国学研究》第 29 辑, 2016 年)

79. 김혜수,〈주자의 적자지심에 대한 윤리학적 해석〉,〈철학탐구〉, 44, 2016（金惠淑:《对朱子"赤子之心"的伦理学解读》,《哲学探究》第 44 辑, 2016 年)

80. 정호훈,〈조선전기『小學』이해와 그 학습서〉,〈한국계보연구〉, 6, 2016（郑浩勋:《朝鲜前期对〈小学〉的理解及其学习书》,《韩国系谱研究》第 6 辑, 2016 年)

81. 조준호,〈柳健休『東儒論語解集評』의 研究〉,〈고전번역연구〉, 7, 2016

（曹俊浩：《柳健休〈东儒论语解集评〉的研究》,《古典翻译研究》第 7 辑,
2016 年）

82. 황지원,〈기대승(奇大升)의 리기심성론(理氣心性論)과 사칠론(四七
論)〉,〈동아인문학〉, 38, 2017（黄志源：《奇大升的理气心性论与四七
论》,《东亚人文学》第 38 辑, 2017 年）

83. 이상호,〈초기 퇴계학파 제자들의『심경부주心經附註』이해와 퇴계학
의 심학적 경향〉,〈국학연구〉, 34, 2017（李尚浩：《早期退溪学派弟子对
〈心经附注〉之理解及退溪学的心学倾向》,《国学研究》第 34 辑, 2017 年）

84. 김태완,〈주희의『무이도가』(武夷櫂歌)와 조선 도학자의 반응〉,〈한국
문학과 예술〉, 24, 2017（金泰琬：《朱熹的〈武夷櫂歌〉与朝鲜道学家的回
应》,《韩国文学与艺术》第 24 辑, 2017 年）

85. 최보경,〈'미발지중(未發之中)'에 대한 나흠순과 율곡의 이해〉,〈용봉
논총〉, 51, 2017（崔宝京：《罗钦顺与李粟谷对"未发之中"的理解》,《龙凤
论丛》第 51 辑, 2017 年）

86. 이창규,〈주희(朱熹) 지각론(知覺論)과의 비교를 통해 본 김창협 지
각론(知覺論)의 특징〉,〈한국철학논집〉, 52, 2017（李昌奎：《通过朱熹
知觉论及与其之比较看金长协知觉论的特征》,《韩国哲学论集》第 52 辑,
2017 年）

87. 안재호,〈철학치료와 주희의 수양론—心개념과 涵養을 중심으로〉,〈철학
탐구〉, 47, 2017（安在浩：《哲学治疗与朱熹的修养论——以心的概念与涵
养为中心》,《哲学探究》第 47 辑, 2017 年）

88. 김기현:〈『소학』저술과 '미발함양' 공부의 상관 관계〉,〈도덕윤리과
교육〉, 57, 2017（金基贤：《〈小学〉著述与"未发涵养"工夫的相关联系》,
《道德伦理与教育》第 57 辑, 2017 年）

89. 심도희,〈蘆沙 奇正鎭의 리기론과 사칠론〉,〈동아인문학〉, 40, 2017（沈
道熙:《芦沙奇正镇的理气论与四七论》,《东亚人文学》第 40 辑, 2017 年）

90. 张品端:《韩国儒学史上的"湖洛论争"——以魏岩与南塘为中心》,《孔子
研究》第 1 期, 2018 年

91. 강경현,〈한국 주자학 연구의 두 시선〉,〈한국학연구〉, 49, 2018（姜京

贤:《韩国朱子学研究的两种眼光》,《韩国学研究》第 49 辑, 2018 年)

92. 유정연,〈鄭齊斗와 中江藤樹의『大學』解釋 比較〉,〈양명학〉, 50, 2018
   (尹正妍:《郑齐斗与中江藤树的〈大学〉解释比较》,《阳明学》第 50 辑,
   2018 年)

93. 최영진,〈欲求에 대한 孟子의 인식과 性理學的 展開—人心道心說을 중심
   으로〉,〈동서인문학〉, 54, 2018 (崔英辰:《孟子对欲求的认识及性理学之
   展开——以人心道心说为中心》,《东西人文学》第 54 辑, 2018 年)

后 记

关于本书的编撰缘起及其过程略做几点说明。

首先须说明的是，在2013年申请的国家社会科学基金重点项目，名称为"日韩朱子学的传承与创新"，内含两个子课题："日本朱子学的传承与创新"及"韩国朱子学的传承与创新"。不过，呈现在读者面前的这部《东亚朱子学新探——中日韩朱子学的传承与创新》专题论集却逸出了最初的课题设计范围，一上来收入的三篇文章所探讨的却是有关"东亚儒学"何以可能而又何以必要的若干问题，对这些问题做研究史的回顾以及理论上的反思，将有助于广大读者对何谓"东亚"以及为何开辟"东亚儒学"研究领域等问题加深了解。

其次，主编者利用手中的"权力"，增加了"中国朱子学"的研究内容，使得呈现在读者面前的这部论集能"堂而皇之"地冠上了"东亚朱子学"的名义。当然，就内容实质而言，名称的改变并没有导致本项目研究之内容有根本的变异，相反，由本书的四篇结构看，内容有所增加和扩展。至于篇幅增加的缘由，这是因为在项目立项之后的研究过程中，研究计划不得不随着研究进程而发生相应的变动，其中最重要的两项变动就是有关"东亚儒学"研究的方法论反思以及中国朱子学研究的参与，理由是显而易见的，东亚儒学研究应当让中国儒学出场，换言之，这是因为"中日韩朱子学"共同构成了东亚文化传统的重要特色之一。

其三，本项目的性质为集体项目，具有国际性团队合作的特色，项目组成员包括中（含有在东亚儒学研究领域取得卓越成绩的台湾学者）、日、韩东亚三国学者，使得本项目研究团队不再受国家地域的局限，而具有国际化和开放性的学术共同体特色；另一方面，由于来自不同国度和地区的学者所受学术训练的不同，学者之间的研究方法以及观点诠释等方面也必存在差异，故而在"东亚儒学"的视域中，重新审视东亚地域历史文化传统中的"朱子学"就更需要各国学者在合作方面的高度耐心，也需要大家本着开放、积极的姿态来促进彼此的对话和互动。就结果言，目前这部专题论集充分反映了当今国际学界有关东亚朱子学研究的最新成果，在大陆中国哲学界属首次较为集中的高水平展示。

总之，此次研究项目的顺利推动，使我们意识到，未来的儒学研究有必要走向东亚乃至世界，如同"比较哲学"（如中西比较哲学）已在国际学界占有一席之地，未来，东亚儒学或东亚哲学也将成为跨文化比较研究的一个重要领域。而这一问题意识能否随着本研究论集的出版，得以在广大读者的面前呈现出来？这是我们所期待的。

最后需要说明的是，在项目结项的论集编辑过程中，为求论题的相对一致性，故对原作者的论文标题进行了调整和删定，以使整部论集的各章题目显得更为眉目清晰（如删去了某些论文的副标题）。这是需要各位作者鉴谅的。

在这项任务繁重的研究项目终告完成并顺利出版之际，我必须对参与本项目资助的各种学术会议以及积极提供出色论文的海内外各位学者表示由衷的感谢！对复旦大学哲学学院提供出版资助以及商务印书馆有关编辑的辛勤工作谨致谢意！我还要特别感谢研究生王韵婷、赵正泰、金瑞、唐青州、刘兵、邢万里、李洁、张亦辰等在会议会务、论集编校、资料复印等许多方面付出的各种辛苦！

吴　震

2018 年 10 月 30 日一稿

2019 年 4 月 18 日二稿

2020 年 4 月 20 日三稿